ISLAND
unter USA-Besatzung seit Juli 1941
ATLANTISCHER OZEAN
NORWEGEN
neutral bis April 1940
Bergen
Oslo
SCHWEDEN
Stockholm
GROSS-BRITANNIEN
Kriegserklärung Sept. 1939
Liverpool
Coventry
London
IRLAND
Dublin
DÄNEMARK
neutral bis April 1940
Nordsee
Ostsee
Königsberg
Hamburg
NIEDER-LANDE
neutral bis Mai 1940
Berlin
DEUTSCHES REICH
Kanal
BELGIEN
neutral bis Mai 1940
Köln
LUX.
Sudetenland
Anschluß Sept. 1938
Böhmen u. Mähren
besetzt März 1939
annektierter Warthegau
Lodz
Paris
alliiert bis Juni 1940
FRANKREICH
München
Wien
Anschluß März 1938
ÖSTERREICH
SCHWEIZ
ewige Neutralität
Vichy
besetzt ab Nov. 1942
Mailand
Kriegserklärung Juni 1940
besetzt Sept. 1943
KROATIEN
proklamiert April 1941
DALMATIEN
ital. besetzt April 1941
PORTUGAL
Lissabon
Madrid
SPANIEN
Korsika
ITALIEN
Rom
Balearen
Sardinien
Tanger
Algier
MITTELLÄNDISCHE
Sizilien
Casablanca
ALGERIEN
bis Nov. 1942
Kolonie Vichy
Tunis
MAROKKO
bis Nov. 1942
Kolonie Vichy
TUNESIEN
bis Mai 1943
Kolonie Vichy
Malta
Tripolis
LIBYEN

Deutsches Imperium 1939–1943
Reichsgebiet (Grenzen von 1937)
Gebiete unter deutscher und italienischer Besatzung
Achsenstaaten, Verbündete
Alliierte
Neutrale Staaten
Quellen
Ploetz: Geschichte des Zweiten Weltkrieges
Schieder: Handbuch der Europäischen Geschichte
Maßstab
0 200 400 600
Weißes Meer
FINNLAND
Kriegserklärung Juni 1941
sinki
Leningrad
eval
Estland
Reichs-
Lettland
mmissariat
Moskau
Smolensk
SOWJETUNION
verbündet mit Deutschem Reich bis Juni 1941
in Allianz mit England ab Juli 1941
auen
Kowno
Ostland
Minsk
Woronesch
Reichs-
Kiew
kommissariat
Ukraine
ment
Stalingrad
Astrachan
Kaspisches Meer
Odessa
Krim
RUMÄNIEN
brit.-frz. Garantie April 1939
Achse ab Nov. 1940
Bukarest
Schwarzes Meer
Baku
ULGARIEN
neutral bis März 1941
Istanbul
Ankara
TÜRKEI
neutral bis März 1945
Teheran
IRAN
brit. alliiert seit Sept. 1941
Athen
SYRIEN
brit. alliiert seit Juli 1941
Bagdad
IRAK
brit. alliiert seit Mai 1941
Zypern
Damaskus
Kreta
MEER
PALÄSTINA
Jerusalem
brit. Mandat
Pers. Golf
SAUDI-ARABIEN
neutral bis 28. Febr. 1945
Kairo
ÄGYPTEN

Jörg Friedrich
Das Gesetz des Krieges

SERIE PIPER
Band 2116

Zu diesem Buch

Rechenschaft über 30 Millionen Tote wurden von den Wehrmachtsführern beim Nürnberger OKW-Prozeß 1948 verlangt. Zum ersten Mal sind hier aus dem Mund der Täter die erschütternden Details des Rußlandfeldzuges zu hören: Wie wurde Leningrad ausgehungert? Wozu wurden die Juden auf der Krim getötet? Wie wurde durch Völkermord ein Publikum befriedigt? Auf der Basis der Prozeßprotokolle entstand mit diesem Buch ein zeitloses Kompendium, eine Kriminologie des Militärhandwerks, die wissenschaftliches Neuland betritt und packenden Lesestoff bietet.

Jörg Friedrich, geboren 1944 in Kitzbühel. Lebt als Publizist in Berlin. Buchveröffentlichungen: »Freispruch für die Nazi-Justiz«, »Die Kalte Amnestie« (SP 1553), »Licht in die Schatten der Vergangenheit«. »Das Gesetz des Krieges« ist das Ergebnis eines Forschungsprojektes der Stadt Nürnberg. Jörg Friedrich erhielt für dieses Buch den Ehrendoktor der Historischen Fakultät der Universität Amsterdam verliehen.

Jörg Friedrich

Das Gesetz des Krieges

Das deutsche Heer in Rußland 1941 bis 1945
Der Prozeß gegen das Oberkommando der Wehrmacht

Piper
München Zürich

Von Jörg Friedrich liegt in der Serie Piper bereits vor:
Die kalte Amnestie (1553)

Das Buch entstand aus einem Projekt der Stadt Nürnberg zur Erschließung der Akten des Prozesses der Vereinigten Staaten von Amerika gegen das Oberkommando der Wehrmacht.

ISBN 3-492-12116-0
Neuausgabe 1995
2. Auflage, 4.–6. Tausend April 1995
(1. Auflage, 1.–3. Tausend dieser Ausgabe)

Satz: FotoSatz Pfeifer GmbH, Gräfelfing
Vorsatzkarten: Jutta Winter
Druck und Bindung: Clausen & Bosse, Leck
Printed in Germany

Inhalt

Teil I
Das Kriegsrecht

Kapitel 1
Die Gewalt und die Regel

Militärkaste, Heiliger Krieg, Feldherr

Inmitten des Sac de Limoges, der Erstürmung der befestigten Stadt am Fuße des Zentralmassivs im Jahre 1370, ereignete sich eine eigentümliche Begegnung von Siegern und Besiegten, die Jean Froissart, der Chronist des Hundertjährigen Krieges, überliefert. Dem englischen Heer, angeführt vom Schwarzen Prinzen, war es nach zweiwöchiger Belagerung gelungen, den Mauerwall zu unterminieren, ein zwölf Klafter breites Loch zu sprengen und in die Stadt zu fallen, die ihre Verteidiger, der Graf von Berri, die Herren Jehans de Villemur, Rogier de Biaufort u.a. erst jüngst den Peers entwunden hatten.

Der Schwarze Prinz wähnte Verrat im Spiel, begangen durch seinen alten Vasallen, den Bischof von Limoges. Deshalb brannten die englischen Ritter auf Vergeltung. Sie erschlugen, wem sie begegneten, Mann, Weib, Kind, denen es gar nichts half, daß sie vor den Rasenden auf die Knie stürzten und »Gnade« flehten: »Gnade, Ihr edlen Herren!« Selbst der trockene Froissart bemerkt, er wisse nicht, warum die Herren mit den armen Leuten kein Mitleid zeigten und sie unterschiedslos niedermetzelten, ob sie Verrat begangen hatten oder nicht.

Als die französischen Statthalter gewahrten, was ihren Untertanen widerfuhr, sagten sie sich: »Wir sind alle tot, verkaufen unsere Haut aber so teuer, wie es Rittern geziemt«, sammelten sich auf einem Platze, entrollten ihre Banner und erwarteten den Gegner. Nach prächtigem Gefecht mit den englischen Anführern überreichte Jehans de Villemur, Huges de la Roce und Rogier de Biaufort, die Capitains der Stadt, ihre Schwerter mit den Worten: »Signeurs, wir sind die Eurigen, Ihr habt uns bezwungen, behandelt uns nach dem Recht der Waffen.« »Bei Gott, mein Sire Jehans«, erwiderte der Graf von Lancaster, »etwas anderes hatten wir nicht im Sinn. Wir behalten Euch als unsere Gefangenen.« Nachdem sie

Limoges gründlich geplündert, verwüstet und angezündet hatte, verließ die englische Truppe den Kampfplatz und zog sich mit Beute und Gefangenen nach Cognac zurück, ihrem Quartier.

Sechshundert Jahre später läßt sich schwer begreifen, was die Ritter untereinander nach dem ›droit des armes‹, dem Recht der Waffen, abwickelten. Sie garantierten einander Pardon, welches sie den Zivilisten verweigerten, soviel ist offenbar. Warum nur trägt das Privileg der Krieger den Titel des Rechts? Das Kriegsrecht ist bis zum heutigen Tag ein wenig einleuchtendes Gebilde. Daß Kriege einen Rechtszustand herstellen, scheint angesichts ihrer grenzenlosen Willkür unglaubhaft.

Der Kriegsbrauch gewährte den Belagerern befestigter Städte zügellosere Attacken als in der Feldschlacht, ein Zugeständnis an den hohen militärischen Nutzen solcher Objekte. Ohne den Besitz von Städten waren Geländegewinne nicht zu kontrollieren. Den Truppen gebührte für das Risiko des Ansturms auf die wohlgerüstete Zitadelle eine Prämie, die Aussicht auf Plünderung und Vergewaltigung. Den Städtern wiederum war dies Geschick als verdiente Strafe für ihre Verstocktheit zugedacht, mit der sie sich dem Ansinnen des belagernden Fürsten auf Kapitulation widersetzten. Der Aggressor rechnet mit der Einsicht seiner Opfer in ihre Ohnmacht. Anderenfalls haben sie sich die Folgen ihrer Unvernunft allein zuzuschreiben.

Verschonung von Zivilisten war dem Belagerer schon aus praktischen Gründen verwehrt: Der Festungsbau hatte es zu vollendeter Kunst gebracht. Das plumpe Erstürmungsgerät kam vor Gebrauch der Kanone nicht gegen die Defensive an. Ein wirksamer Druck des Aggressors auf den Festungskommandanten entstand indessen durch Blockade der Zufahrtswege. Die Wallanlagen hielten stand, die Einwohner aber waren auszuhungern. Ein Gebot nicht des Übermutes, sondern der militärischen Notwendigkeit. An sich verdankte das Rittertum seine seit dem 11. Jahrhundert in Europa beginnende Adelung als waffentragender Kaste der Schutzbedürftigkeit der wehrlos Schwachen, der Frauen, Kinder, Greise, Kranken. Jedoch vergoß der Edle deren Blut nötigenfalls weit unbedenklicher als das seinesgleichen. Das Recht der Waffen regelt den Gefechtsablauf, den die Kriegerkaste so galant einrichtet, wie es eben geht.

Die Galanterie der Kombattanten fußt auf Gegenseitigkeit und gleicht einem Vertragsverhältnis. Einvernehmlich rückversichert sich das Waffenhandwerk gegen unsinnige Verluste. Weil der Krieg in ein Kastenmonopol eingezäumt ist, achtet die Kaste auf ihren Erhalt und schreibt sich Gesetze vor, die sie an der Ausrottung untereinander hindern. Verbote erließ der Mund der Kirche. Das Zweite Laterankonzil ächtete 1139 die Armbrust nebst Pfeil und Bogen, Waffen, die das aufkommende Fußvolk bediente und von dem Ritterheer mühsam abzuwehren waren. Andere Regeln, wie die Entlassung von Gefangenen gegen Lösegeld, vereinbarte und kontrollierte die Zunft selbst, strittigenfalls durch Anrufung von Gerichten. Für die Verbindlichkeit der Regel spricht, daß der auswärtige Kläger sich mit seiner Forderung an ein Heimatgericht des Beklagten wenden mußte und konnte.

Anders als die Garantien der Krieger untereinander sind die Regeln zum Schutze des Zivils keine Verträge, sondern Versprechen. Es beherrscht sie der Vorbehalt. Im heiligen Krieg, den Papst Innozenz III. 1209 gegen die Sekte der Albigenser ausrief, waren die Kreuzritter unter Simon von Montfort von aller Rücksicht freigestellt. Gegen Zusage von Sündenablaß zog das Heer nach Südfrankreich, die dortige Bevölkerung auszumerzen, die mehrheitlich der Lehre der frommen Güter- und Geschlechtsgemeinschaft huldigte. Im Sturm auf die Städte, insbesondere auf Béziers, Carcassonne und Toulouse, wurden Ketzer so wenig geschont wie rechtgläubige Katholiken. In der Eile waren sie unmöglich zu unterscheiden. Die Kreuzritter möchten getrost alle miteinander erschlagen, riet der päpstliche Legat. Die Schuldfrage löse sich im Jenseits. »Gott wird die Seinen schon wiedererkennen.« Die ketzerische Seite ließ ebenfalls die gebotene Zurückhaltung fallen. Infolge der besonders anstößigen Gleichstellung der Frauen spendeten diese ihr zu Sehnen geflochtenes Haar den Bogenschützen und waren damit, auch nach modernem Verständnis, Bestandteil der kriegerischen Aktion. Die Kreuzritter dünkte dies nicht so erheblich wie die Generäle des 20. Jahrhunderts. Der Zivilschutz endet ohnedem jenseits der Zugehörigkeit zur Römischen Kirche. Davon zeugt das Massaker des Kreuzritterheeres von Raimund Pilet, Tankred und Gottfried von Bouillon im Juli 1099 an den Juden und Muslimen Jerusalems.

Die Stadt, eine der gewaltigsten Festen ihrer Zeit, war mit unzureichender Rüstung belagert worden. Den überdies vom Klima geplagten Rittern hatte der gegnerische Kommandant Ifthikhar ad-Daula durch Vergiften der Brunnen die Wasserversorgung abgeschnitten. Von Weissagern angespornt, gelang dennoch aus tiefer Depression heraus die Herstellung von hölzernen Belagerungstürmen, die an der Nordmauer durch einen Handstreich der Brüder Gottfried und Eustachius von Bouillon zu einem Einstieg verhalfen, der rasch Verwirrung und Panik unter den Verteidigern auslöste, so daß Ifthikhar die Waffen streckte und mit seinen Truppen gegen Zusicherung eines enormen Lösegeldes wohlbehalten ins Freie geleitet wurde, wo er sich aufs neue der islamischen Streitmacht anschloß. Nach dem Abschied der gegnerischen Truppen kosteten die Kreuzritter den bitteren Sieg aus, vernichteten die Einwohner Jerusalems und machten weder Halt vor der Moschee noch vor der Synagoge. Die Juden, die dort Zuflucht gesucht hatten, wurden mit ihrem Gotteshaus wie auf einem Scheiterhaufen angezündet und verbrannt, die Muslime in ihrer Moschee erstochen.

Von den Exzessen der Belagerungen und Kreuzzüge gegen Ketzer und Ungläubige abgesehen, hat der ritterliche Krieg die geringsten Verluste gefordert. Ritterschaft und Hilfstruppen sind strikte Professionalisten gewesen, die gegeneinander keine besondere Vernichtungswut hegten. Nicht wegen ihres ausgeglichenen Temperaments, sondern durch einen Gefechtsstil, den persönliche Tugenden wie Waffengeschick, Kraft, Ausdauer und Tapferkeit prägen. Verlauf und Risiko solchen Einsatzes erscheinen dem Kombattanten halbwegs übersichtlich und rational. Zudem war ihrem Geschäftsinteresse durch das Lösegeldwesen am besten gedient, welches verlangte, daß der Gegner lebendig, zahlungsfähig und zahlungswillig sein mußte. Saumseligen Schuldnern drohte das Ehrengericht. Könige und Herolde verhandelten sorgsam Forderungen gegnerischer Ritter an heimische Vasallen. Die mittelalterlichen Juristen stimmten darin überein, daß der Gefangene, im Unterschied zur Antike, kein Sklave sei und seine Auslösung kein Verkauf. Das ist der Fortschritt. Paris von Pozzo verglich die Gefangenschaft mit einem Feudalvertrag: »Wenn sich ein Mann ergibt und der Sieger ihn als Gefangenen anerkennt, schließt er einen Vertrag mit ihm, daß er sein captive und nicht zu töten ist.« Dies schließt seitens des Unterlegenen die Zahlungspflicht ein. Kavaliere regelten den Fall unblutig. »Um Lösegeld zu erpressen«, lehrt Pozzo dementsprechend, »soll ein Mann den Gefangenen nicht foltern. Anders verhält es sich mit Bauern, zumindest dem Brauch der Söldner nach.« Gefangene Bauern sind, um Bagatellsummen zu schinden, aufgehängt, geröstet, zwischen zwei Pferde gespannt und zerrissen worden, ohne daß ein ›Gesetz der Waffen‹ davon berührt gewesen wäre.

Am Ende des 15. Jahrhunderts hatte der Krieg die Fesseln des Rittergefechts abgeworfen und mit ihnen dessen Rechtsbegriffe. Schweizer Bauern, ungeübt, doch erbittert ihre Sache durchfechtend, die Befreiung der Kantone vom Reiche Habsburg, lockten das arglose Invasionsheer der Edelleute in unwegsames Gelände, wo ihre Künste jäh versagten und sie sich vom erbosten Landvolk übel zurichten ließen. Der Volkskrieg betrat die Bühne mit jener Wildheit, die regulären Truppen späterhin noch viel Verdruß bereiten sollte. Den Schweizern war es verboten, in der Schlacht Gefangene zu machen. Alle Gegner, die übrigblieben, wurden anschließend niedergemacht. Scharfe Anordnungen erst nötigten den Bauern Gnade ab für Frauen und Kinder. »Es ging ein Schrekken her vor den eidgenössischen Kriegern«, schreibt Hans Delbrück, »nicht nur wegen ihrer Tapferkeit, sondern auch wegen ihrer Schonungslosigkeit.«

Die Religionskriege des 15. und 16. Jahrhunderts, namentlich in Deutschland und Frankreich, weniger in Holland und England, haben immer wieder in breiten Volksschichten den Hang erweckt, zur Vernichtung der Gottlosen zu schreiten und ein rechtsfreies Gemetzel unter ihnen abzuhalten. Bauernverbände mochten sich von den berüchtigten Landsknechtshaufen keineswegs übertreffen lassen. Die Grausamkeit der Dilettanten wird, anders als der erwerbsmäßige Terror der Berufssoldaten, wie zur Selbstverwirklichung vollzogen. Herzog Franz von Guise, der Katholikenführer in den Hugenottenkriegen, überliefert die Erstürmung des Schlosses Penne im Agenais (August 1562) durch eine Truppe spanischer Söldner, denen der Innenhof und die Ställe, gefüllt mit verschreckten Frauen und Mädchen, in die Hände fallen: »Die Frauen mußten die Steintreppe hinuntergehen; die Spanier, die im Schloßhof standen, unten an der Treppe, brachten sie um. Sie seien alle verkleidete ›Lutheranos‹ gewesen, behaupteten sie. In dieser Stunde erkannte ich, daß die Leute des Don Loys zum größten Teil junge Rekruten waren, denn erfahrene Soldaten töten keine Frauen, und jene brachten über 40 von ihnen ums Leben. Ich war sehr aufgebracht darüber. Auch die Hauptleute waren entrüstet, konnten aber nichts dagegen tun, denn sie behaupteten, es wären verkleidete ›Lutheranos‹ gewesen.«

Die frisch zu den Waffen gepreßten Bauernsöhne töteten nicht allein aus Religionseifer. Nebenher heischten sie einen Ausgleich für die Verwüstungen, die der Krieg in den Landanbau trug. Kahlgefressen von den vagabundierenden Heeren, mit Infektionskrankheiten durchseucht, entließ das gequälte Bauerntum eine erbitterte männliche Jugend ins Feld, die dem Krieg heimzahlte, was er ihren Familien zugefügt hatte. Gewaltsamkeit entlastet. Doch gebot die Kriegsraison den abgebrühten Offizieren nicht minder scheußliche Gemetzel, wie der Herzog von Guise vergleichsweise kaltblütig referiert: Gefangene genossen in diesem Krieg kein Pardon, je tapferer einer gefochten hatte, desto weniger. »Gerade deshalb ließ ich ihn hängen«, schreibt Guise, »da ich fest davon überzeugt war, daß er sich nie auf unsere Seite schlagen würde, denn er war völlig starrsinnig und stand ganz im Banne dieser Religion; sonst hätte ich ihn verschont.«

Guise kritisiert auch den militärischen Unfug des Lösegeldhandels, da durch ihn »der Krieg nur in die Länge gezogen würde«. Strenge und Grausamkeit empfehlen sich aus wohlverstandener Friedfertigkeit. »Sonst nimmt die Gewinnsucht derart überhand, daß man lieber die Fortführung des Krieges wünscht als sein Ende.« Das militärische Zweckdenken kam in Mode, auch im Schrifttum. Den Herzog berührte angesichts des Frauenmassakers im Schloßhof von Penne nicht allein sein Mitleid. Die blutrünstigen katholischen Rekruten waren im Anblick der lutheranischen Frauen der Befehlsgewalt der Hauptleute entglitten. Dem Blutrausch hingegeben, degenerierte die Truppe zur Meute. Keine militärische Notwendigkeit, sondern private Mordlust lenkte ihre Spieße, Pistolen und Fäuste. Anders als die Ritter, hatten sie ein Verhalten im Kampfe nirgends erlernt.

Ritterliches Waffenrecht diente, wie die Waffenkunst selbst, dem Ausweis der Nobilität. Ritter war, wer die Waffen beherrschte und zu gesittetem Streit mit seinesgleichen taugte. Die Waffentechnik machte die Courtoisie zunichte. Schon die Vervollkommnung der Armbrust bewirkte, daß jeder Fußknecht einen Ritter vom Roß holen konnte. Vollends die Feuerwaffe, die Mitte des 14. Jahrhunderts bereits verfügbar war, erübrigte den gesamten Helden. Die Aufrüstung traf auf Unbehagen. Schützen, die mit den noch recht unvollkommenen Flinten gefangen wurden, hackte man die Hände ab, stach ihnen die Augen aus, stopfte die Büchsenschmiede in ihre eigenen Kanonenrohre und zündete das Pulver. Was hat es geholfen?

Träger der verächtlichen Feuerwaffen waren überwiegend Söldnerbanden, angeführt von vagabundierenden Kriegsunternehmern, die sich und ihre Banditen jedwedem Souverän vermieteten. Die unerhörte Tödlichkeit der Religionskriege beruhte, neben der Potenz der Waffen und dem Vergeltungshunger, den die gerechte Sache hervorruft, auf dem Eintritt plebejischer Schichten in die Arena, die kein ständischer Ehrbegriff bindet. Die Überreste der Ritterschaft, der niedere Landadel, bleibt erhalten als Reservoir des Offizierskorps. Es paukt seinen Männern eine neue Tugend ein, die Disziplin. Disziplin ist die Verhaltensregel von Kombattantenhaufen, die kein Gefechtsethos kennen.

Nach Disziplin verlangt zumal das neue, Geschosse feuernde und empfangende Vorrücken von Infanterieverbänden. Disziplin äußert sich im Drill, im Gehorsam und in der Haltung nach Vorschrift. Vor dem 17. Jahrhundert hat es keine disziplinierten Heere gegeben, und erst im 18. wuchsen sie zur Gewohnheit heran. Das früheste geschriebene Militärstrafgesetz, die »Schwedische Disziplin«, 1632 von Gustav Adolf zur Zügelung seiner Verbände im Dreißigjährigen Krieg erlassen, verbietet Gewaltsamkeiten gegen die Bürger befreundeter Städte (§§ 91–100). Das verhinderte keineswegs, daß die Einwohnerzahl des überwiegend protestantischen Augsburg in den Jahren der schwedischen Besetzung, 1632 bis 1635, von 80.000 auf 18.000 schrumpfte. Der Krieg 1618 bis 1648 raffte vierzig bis fünfzig Prozent der deutschen Landbevölkerung dahin, in Gegenden Württembergs, der Pfalz, Schlesiens und Pommerns über 66 Prozent. Außerstande, die Kosten langwieriger Auseinandersetzungen zu tragen, luden die Parteien sie den Bodensassen auf. Als nimmersatter Konfiskateur wälzte die Söldnerhorde sich als pure Landplage durch die Religionskriege, stillte auf den Bauerngehöften neben ihrem Hunger zugleich ihre Zerstörungswut, ihren Peinigungsdrang. Willkür vereinfacht auch die Plünderei. Dem Gebieter des Terrors bleibt nichts mehr versagt.

Mag sein, daß die Allmachtsgelüste der sengenden, marternden Landsknechte die Ohnmacht tilgten, die aus der gestiegenen Mortalität des Krieges erwuchs. »In einem Augenblick flog die Luft so häufig voll singender Kugeln über uns her«, schreibt Grimmelshausens Simplicissimus über die Schlacht von Wittstock im September 1636, »davon duckten sich die Furchtsamen, als ob sie sich in sich selbst hätten verbergen wollen. Im Treffen selbst suchte jeder seinem Tod mit Niedermachung des Nächsten, der ihm aufstieß, vorzukommen, das greuliche Schießen, das Geklapper der Harnische, das Krachen der Pieken und das Geschrei, beides, der Verwundeten und der Angreifenden, machte neben den Trompeten, Trommeln und Pfeifen eine erschreckliche Musik! Da sah man nichts als einen dicken Rauch und Staub, welches schien, als wollte er die Abscheulichkeit der Verwundeten und Toten bedecken, in demselbigen hörte man ein jämmerliches Wehklagen der Sterbenden und ein lustiges Geschrei derjenigen, die noch voller Mut staken. Die Pferde, nachdem sie ihrer herzhaften Last, die sie kommandiert hatte, entladen worden, verließen die Menschen in ihrer Wut und Raserei, rissen aus und suchten im weiten Feld ihre erste Freiheit. Die Erde, deren Gewohnheit ist, die Toten zu bedecken, war damals an selbigem Ort selbst mit Toten überstreut, welche auf unterschiedliche Manier gezeichnet waren, Köpfe lagen dorten, welche ihre natürlichen Herren verloren hatten, und hingen Leiber, die ihrer Köpfe mangelten; etliche hatten grausam- und jämmerlicher Weiß das Ingeweid heraus, und anderen war der Kopf zerschmettert und das Hirn zerspritzt; da sah man, wie die entseelten Leiber ihres eigenen Geblüts beraubet und hingegen die Lebendigen mit fremdem Blut beflossen waren, da lagen abgeschossene Arme, an welchen sich die Finger noch regten, gleichsam als ob sie wieder mit in das Gedränge wollten, hingegen rissen Kerles aus, die noch keinen Tropfen Blut vergossen hatten; da sah man zerstümmelte Soldaten um Beförderung ihres Tods, hingegen andere um Quartier und Verschonung ihres Lebens bitten. Summa Summarum, da war nichts anderes als ein elender jämmerlicher Anblick.« Den Jammer des Schlachtfelds, das Rasen der Sinne, die Wehrlosigkeit des Infanteristen vor der Bahn der Kugel büßen gewöhnlich die Nächst-Wehrlosen, das Zivil. Es ist dem Terror preisgegeben wie die Soldateska dem Geschoß.

Die Einnahme Magdeburgs, einer der reichsten deutschen Städte, am 20. Mai 1631 durch die katholisch-kaiserlichen Truppen Tillys, nennt der Historiker Schiller eine Würgeszene, »für welche die Geschichte keine Sprache und die Dichtkunst keinen Pinsel hat. Nicht die schuldfreie Kindheit, nicht das hilflose Alter, nicht die Jugend, nicht Geschlecht, nicht Stand, nicht Schönheit können die Wut des Siegers entwaffnen. Frauen werden in den Armen ihrer Männer, Töchter zu den Füßen ihrer Väter mißhandelt, und das wehrlose Geschlecht hat bloß das Vorrecht, einer gedoppelten Wut zum Opfer zu dienen. 53 Frauenspersonen fand man in einer Kirche enthauptet. Kroaten vergnügten sich, Kinder in die Flammen zu werfen, – Pappenheims Wallonen, Säuglinge an den Brüsten ihrer Mütter zu spießen. Einige ligistische Offiziere, von diesem grauenvollen Anblick empört, unterstanden sich, den Grafen Tilly zu erinnern, daß er dem Blutbad möchte Einhalt tun lassen. ›Kommt in einer Stunde wieder‹, war seine Antwort. ›Ich werde dann sehen, was ich tun werde; der Soldat muß für seine Gefahr und Arbeit etwas haben‹.« Deutschlands alter Schlachtruf, »Alles gewonnen, alles gewonnen«, der auch in Magdeburg erscholl, hatte hier einen immerhin faßlichen Inhalt. Drei Tage Plünderung waren mit den Männern zuverlässig vereinbart.

Das Kriegsverbrechen erwächst nach Schillers Begriffen im Verhältnis von Führung und Gefolgschaft. Die Widerrechtlichkeit des Exzesses kommt allein den Offizieren zu Bewußtsein, die an den General appellieren. Tilly wird mit der Verantwortung belastet. Sein Schweigen bestimmt Magdeburgs Geschick. Es befördert die Meute zu Herren über das Leben aller Bürger. Anscheinend begreift Tilly die Rechtsbedenken seiner Unterführer, hegt selbst keinerlei Rachegelüste, schuldet es jedoch seinen Leuten, »alle Begierden einer viehischen Seele zu kühlen«. Grimmelshausen meldet weitaus lakonischer, »was für Grausamkeiten, die in diesem, unserem Teutschen Krieg hin und wieder verübt worden«: Die Reiter, die den Bauernhof entzweischlagen, den Bauern foltern, um Wertsachen zu finden, das Vieh abschlachten und die Magd im Stall vergewaltigen, holen sich das Lebensnotwendige aus dem längst leergeräumten Land, das nichts mehr herzugeben hat. Statt des Soldes wurde gezahlt mit der Konzession zu plündern und zum Verlustieren. Unterhalt und Bewegung solcher Menschenmengen wären den armen Gesellschaften des 17. Jahrhunderts gar nicht möglich gewesen. Wie hätten sie den Dreißigjährigen Krieg anders ausfechten sollen, wenn nicht als Raub- und Vernichtungsfeldzug?

Schiller empfand den Magdeburger Exzeß 150 Jahre später als Zivilisationsdebakel: »Schauderhaft, gräßlich, empörend war die Szene, welche sich jetzt der Menschlichkeit darstellte. Lebende, die unter den Leichen hervorkrochen, herumirrende Kinder, die mit herzzerschneidendem Geschrei ihre Eltern suchten, Säuglinge, die an den Brüsten ihrer toten Mütter saugten. Mehr als 6.000 Leichen mußte man in die Elbe werfen, um die Gassen zu räumen; eine ungleich größere Menge von Lebenden und Leichen hatte das

Feuer verzehrt, die ganze Zahl der Getöteten wird auf 30.000 angegeben.«

Vermutlich kam es zum Brand Magdeburgs durch den Nordoststurm, der sich im Laufe der Schindereien erhob und verstreute Herde zu einer kolossalen Fackel anfachte. Doch es entsetzte sich über das Zerstörungswerk Tillys und des Nordostwinds nur die geschädigte Partei. Pappenheim, der Kommandeur der Sturmtruppen, schrieb dem Kaiser nach Wien, »daß seit Trojas und Jerusalems Zerstörung solch ein Sieg nicht sei gesehen worden«, und das ganze katholische Deutschland vernahm mit Frohlocken, daß die Kaiserlichen mit dem Schrei »Jesus Maria« die Wälle erklommen hatten.

Greuel von Sturmtruppen nach Überwältigung belagerter Städte verzeichnet die Kriegsgeschichte wieder und wieder. Bei der Einnahme von Maastricht im Jahre 1579 machten die spanischen Einheiten ein Drittel der Bewohner nieder. Der Sturm auf Antwerpen 1576 riß 7.000 Personen in den Tod. Nicht im Kampf, sondern in einem Exzeß der Hab- und Geschlechtsgier, den noch die erstarrten Leichen bezeugten. Die das leblose Tableau später auffanden, in allen erdenklichen Verkrampfungen, verrenkt, zerstückt, meinten den Höllensturz der Verdammten zu erspähen. In der Tat liegt eine Strafaktion vor. Im Belagerungszustand sind, anders als im Feld, Militär, Verteidiger und Zivil unzertrennlich. Der Belagerer, der während des oft jahrelangen Quartiers vor den Mauern harte Strapazen erduldet, Nachschubmängel, Ausfälle der Städter, Entlastungsangriffe ihrer Alliierten bestehen muß, erfährt den Durchhaltewillen der Belagerten als Quelle überflüssiger Verluste. Vermögen Waffen die Festung nicht zu schleifen, ist die Moral ihrer Insassen zu brechen. Die militärisch längst fällige Kapitulation wird ohnehin nur durch die verbockte Zivilverteidigung hinausgezögert.

Bei der 18monatigen Belagerung von Siena (1552/53) ließ der General Montluc Frauen und Mädchen zwischen 12 und 50 Jahren registrieren, in Arbeitsgruppen erfassen, mit Körben, Schaufeln, Hacken ausrüsten und bei Strafe des Todes befehlen, auf Signal zu den Wällen zu eilen, Lücken zu reparieren und notfalls Geschosse abzufeuern. Weil das Aushungern auf Dauer die schärfste Belagerungswaffe war, oblag es dem Festungskommandanten, die Vorräte zu behaushalten. Montluc, der seine Verteidigung Sienas exakt notiert hat, entschied, die »nutzlosen Münder« zu entlassen. Niemand erhob Einspruch. »Die Liste dieser unnützen Personen umfaßte 4.400 oder mehr, von aller Elendigkeit und Verlassenheit das ärgste, das mein Auge je erblickt hat..., und diese armen Teufel mußten sich zum Feind begeben, der sie zurückschlug auf die Stadt hin. Mit diesem einen Ziel war das ganze in Waffen stehende Lager Tag und Nacht beschäftigt, sie ganz an den Fuß der Mauer zu jagen, wo sie alsbald die kleine Wegzehrung verspeisen sollten, die wir ihnen überlassen hatten. So wollte man nur sehen, ob die Stadt aus Mitleid mit diesen elenden Geschöpfen revoltierte. Doch bewirkte man nichts damit, obwohl sie in diesem Zustand 8 Tage dalagen ohne Nahrung als Kräuter und Gras, worauf die Hälfte von ihnen verschied ... Wohl waren zahlreiche Mädchen und hübsche Frauen darunter, die Wege zum Entkommen fanden, da sie die Spanier des Nachts in ihre Quartiere schleppten und einige kräftige und entschlossene Männer bahnten sich gleichfalls einen Weg. All diese machten jedoch nicht den vierten Teil aus und der ganze Rest ging elendiglich unter. Das sind die Auswirkungen des Kriegs. Oft müssen wir aus Notwendigkeit grausam sein, um die Absichten des Gegners zu vereiteln.«

Die Preisgabe der nutzlosen Esser vermochte Siena nicht zu retten. Beide Seiten hatten mittels dieser Kranken an das Erbarmen des Gegners appelliert, damit ihm daraus ein Nachteil entstünde. Doch war die Pein der Unschuldigen ein Erpressungsmittel, das keinen erpreßte. Im Gegenteil. Indem die Kranken der Verantwortung beider Kriegsparteien anempfohlen waren, brauchte ihr keine zu genügen. Der Belagerungszustand und die Erstürmung wählen das Zivil als Geisel und Strafobjekt. Die 13.000 im Jahre 1590 bei der Belagerung von Paris durch Heinrich IV. Verhungerten und die in Magdeburg Erschlagenen und Verbrannten sind der nämlichen Philosophie geopfert worden. Der Übergriff, die schreiende Greueltat, verströmten den heilsamen Schrecken. Er setzt den Gegner erzieherischem Druck aus, dem er desto energischer zu trotzen schwört. Alsbald wird der Exzeß zur gerechten Vergeltung für die Unbekehrbarkeit verhängt. Letzte Zuflucht des Militärs sind Strafaktionen, um den Krieg zu führen, und Kriegführung, um strafen zu können. Exempel militärischer Kunst gelten als die schönere Wahl, die leider der Härte des Lebens weichen, wenn anders nichts zu gewinnen ist.

Die Steigerung des Krieges in Straf- und Vernichtungskrieg erprobte sich neben dem Schleifen der Städte im Verwüsten der Landschaft. Kahlschlag der Flur, Raub von Saatgetreide, Jäten der

Nutzpflanzen erzeugen Todeszonen, in denen Heere und Ansässige nicht überlebensfähig sind. Engländer verfuhren im 16. und 17. Jahrhundert entsprechend in Irland, Franz I. 1536 in der eigenen Provence zur Blockade der Invasion Karls V. Leonardo da Vinci riet dem Fürsten von Mailand, entlang seiner Marschroute die Obstbäume zu vergiften. Artifizielle Hungersnöte ziehen Seuchen nach sich. Krankheiten, die Heere stets mit sich schleppen, wie Grippe, Ruhr, Gelbsucht, Fleckfieber entvölkern durch Hunger geschwächte Landstriche bis zu Millionenzahlen. Das Massensterben betritt den Kriegsschauplatz wie eine natürliche Nebenerscheinung, wenn nicht als vom erzürnten Himmel herabgesandte Plage.

Friedrich Schiller, der den zurückliegenden verheerenden Krieg als Erwachen »der alten barbarischen Wildheit« angesichts der »kaum auflebenden besseren Sitten« auffaßte, wollte ihm dennoch eine Wohltat zugestehen: Halb Europa habe er in eine »allgemeine Staatensympathie« entlassen. Der Weltbürger erblicke mit Genugtuung, wie die Kriegsparteien sich als im Wohl und Wehe verquickte Familie kennengelernt und endlich eine »Teilnehmung der Staaten aneinander« gefunden hätten. Mit den aufgeklärten Denkern seiner Zeit teilte Schiller die Gewißheit, daß Krieg kein Zeichen von Zivilisation, sondern barbarischer Verkehr von Wilden sei, denen, ungebildet und roh, noch keine vernünftigen Arten der Streitregelung zu Gebote stünden. Vom Menschheits- und Weltbürgerprinzip her sei die Militärlösung entbehrlich, und ehe sie ganz überwunden, gelte es, den Krieg einzugrenzen, zu humanisieren und jene blutrünstigen Leidenschaften der Religionskriege zu bändigen. »Vergessen wir niemals«, schrieb 1758 Emer de Vattel, der einflußreichste Kriegsrechtsgelehrte des Ancien régime, »daß unsere Feinde Menschen sind. Trotz der unerfreulichen Zwangslage, unser Recht mit Waffengewalt verfolgen zu müssen, sollen wir uns doch nicht der Nächstenliebe entäußern, die uns mit dem Menschengeschlecht verbindet. Auf diese Weise werden wir die Rechte des Vaterlands beherzt verteidigen, ohne die Rechte der Menschheit zu verletzen.«

In § 62 seiner »Metaphysik der Sitten« begründet Immanuel Kant die Vernunftsidee einer friedlichen Gemeinschaft aller Völker mit der Kugelgestalt der Erde. Der Boden, auf dem ein jedes siedele, berechtige als Abschnitt eines Ganzen dazu, »sich zum Verkehr untereinander anzubieten«. Es sei dies »nicht etwa philanthropisch, sondern ein rechtliches Prinzip«. Schon aus der glücklichen Naturanlage des Meeres, das die Küsten aneinanderschließe, entspringe ein Rechtsverhältnis, nämlich »das Recht des Erdenbürgers, die Gemeinschaft mit allen zu versuchen und zu diesem Zweck alle Gegenden der Erde zu besuchen«. Kant nennt den Anspruch der Weltbürger, mit seinesgleichen zu verkehren, »ohne das der Auswärtige ihm darum als einem Feind zu begegnen berechtigt wäre«, das »ius cosmopoliticum«, Weltbürgerrecht. Weil in einer Menge benachbarter Menschen nur der Friede einen gesetzlich gesicherten Zustand gewähre, mache es »den ganzen Endzweck der Rechtslehre« aus, daß »durch allmähliche Reform nach festen Grundsätzen versucht und durchgeführt wird, in kontinuierlicher Annäherung zum höchsten politischen Gut, zum ewigen Frieden hinzuleiten«. Auch wenn der ewige Friede »eine unausführbare Idee« sei, könne man unschwer die politischen Grundsätze ausführen, die ihn näherrückten.

Als praktisches Organ riet Kant zu einem permanenten Staatenkongreß, »durch welchen allein die Idee eines zu errichtenden öffentlichen Rechts der Völker, ihre Streitigkeiten auf zivile Art, gleichsam durch einen Prozeß, nicht auf barbarische (nach Art der Wilden), nämlich durch Krieg zu entscheiden, realisiert werden kann«. Die Frage stelle sich keineswegs, »ob der ewige Friede ein Ding oder Unding sei, sondern wir müssen so handeln, als ob das Ding sei, was vielleicht nicht ist, und dem heillosen Kriegführen, worauf als den Hauptzweck bisher alle Staaten ohne Ausnahme ihre inneren Anstalten gerichtet haben, ein Ende zu machen«. Wer dies als frommen Selbstbetrug einschätzt, brächte nur den abscheulichen Wunsch hervor, lieber aller Vernunft zu entbehren und sich »mit den übrigen Tierarten in einen gleichen Mechanismus der Natur geworfen anzusehen«. Anders als manche Philosophen lehrten, könne von einer natürlichen Gutartigkeit des Menschen gar keine Rede sein, statt dessen von einem angeborenen radikalen Bösen. »Daß ein solcher verderbter Hang im Menschen gewurzelt sein müsse, darüber können wir uns bei der Menge schreiender Beispiele den förmlichen Beweis ersparen.« Die Kriegstapferkeit bilde zwar einen allgemeinen Gegenstand der Bewunderung, und indem sich der Mensch Zwecke zu setzen vermöge, die er noch höher schätze als sein Leben, beweise er auch eine gewisse Erhabenheit in seiner Anlage: »Aber man sieht doch an der Behaglichkeit, womit die Sieger ihre Großtaten des Zuhauens, Niederstoßens ohne Verschonen u.dgl. preisen, daß bloß ihre Überlegenheit und die Zerstörung, welche sie bewirken konnten ohne einen anderen Zweck, das sei, worauf sie sich eigentlich etwas zugute tun.«

Dem als Wildnis des Naturbösen gezeichneten Krieg haben die Juristen des aufgeklärten Absolutismus mit Regeln zugesetzt, den für unersättlich gehaltenen Vernichtungswunsch einzudämmen. »Ein Gesetz in diesem gesetzlosen Zustand zu denken«, höhnt Kant die »leidigen Tröster«, sei dem Begriffe nach schwierig, »ohne sich selbst zu widersprechen«. Wer immer den Hugo Grotius (1583 bis 1645), den Nestor jener Schule, studiert, wird mit eben dem Einwand zu kämpfen haben. Hineingeboren in die spanische Besetzung der Niederlande, Justitiar der Ostindiengesellschaft, später Generalstaatsanwalt, verfaßt Grotius sein »De jure in pace et belli« im Dreißigjährigen Krieg absichtlich zur Mäßigung seiner Schrekken. Deshalb war er genötigt, dem Übel zur Hälfte entgegenzukommen. Das Kriegsrecht muß praktikabel sein im Krieg und in Militärschädel passen, die ihren Sieg bedenken und sonst nichts. Darum können die Gesetze des Krieges nicht viel mehr sein als die Bräuche des Krieges, die Grotius mit absonderlicher Vorliebe für antike und biblische Präzedenzfälle, ansonsten aber unumwunden realistisch summiert:

Der Krieg gegen einen Souverän ist zugleich allen seinen Untertanen erklärt. Anzugreifen, zu verletzen, zu erschlagen sind jene, die sich auf gegnerischem Territorium bewegen. Erlaubt ist es auch, solche, die bedingungslose Kapitulation akzeptieren, zu erschlagen, wie Cäsar den Vercingetorix. Tötung des gegnerischen Feldherrn pflegten die Römer am Tage des Triumphs als ständige Gewohnheit. Hingegen dürfen nicht Mörder gedungen werden zur Tötung eines Königs in dessen Quartier. Schon Alexander tadelte mit Recht Darius dafür, daß dieser auf seinen Kopf einen Preis ausgesetzt hatte. Der Kriegsbrauch gestatte grundsätzlich, die Gefangenen zu töten, einschließlich Frauen und Kinder, so wie der Psalmist jenen glücklich preise, der die Säuglinge der Babylonier gegen den Felsen schleudere und wie Titus jüdische Frauen und Kinder den Löwen im Zirkus habe vorwerfen lassen. Weder Titus noch der Psalmist gelten jedoch als grausam veranlagt. Uneinheitlich gestaltet sich das Kriegsrecht hinsichtlich erbeuteter Sklaven des Gegners. Erschlagen sei nicht verboten, doch regelten die Staaten den Fall verschieden. Juden und Franken schenkten ihnen die Freiheit, Christen und Muslime hingegen suchten ein Lösegeld zu erzielen. Als Gnadenakt des Kommandeurs seien Gefangene auch in die Sklaverei zu überführen, welche zwar gegen die Natur, im Völkerrecht indessen üblich sei. Dem Sklaventum verfallen zudem die in der Sklaverei Geborenen; schon Tacitus habe betreffs der schwangeren Frau eines germanischen Führers vermerkt, daß auch ihr Bauch der Sklaverei unterliege. Wenn der Kommandeur berechtigt sei, sie zu töten, könne ihm nicht verboten werden, sie um seines Vorteils willen zu verkaufen. In Bürgerkriegen erlitten die Gefangenen meist darum den Tod, weil sie unverkäuflich seien.

Ein Fall von Kriegsverbrechen stelle hingegen die Vergewaltigung dar, die weder der Sicherheit diene, noch zur Strafe ausgeübt werde. Zwar »ist es mit dem Kriegsrecht nicht unvereinbar, daß alles Besitztum des Feindes dem Sieger zur Verfügung steht. Doch zu einer besseren Schlußfolgerung sind jene gelangt, die nicht allein die Verletzung erwogen haben, sondern die ungezügelte Lust des Akts; des weiteren den Umstand, daß solche Akte nicht zur Sicherheit noch zur Bestrafung beitragen, und infolgedessen im Krieg ebensowenig unbestraft bleiben sollten wie im Frieden.«

Unstrittig sei das Recht zur Geiseltötung, sowohl jener, die sich selbst ausgeliefert, als auch derer, die gestellt worden seien, Frauen und Kinder nicht ausgenommen, da sie häufig als Geiseln Verwendung fänden. Erbeutung und Zerstörung gegnerischen Eigentums habe Cicero für erlaubt erklärt, weil Personen, die rechtmäßig getötet, auch ausgeplündert werden dürften. Geheiligte Stätten sind nicht zu verschonen. Erstens sind sie dem Eroberer nicht heilig, zweitens gibt der sich Ergebende auch seine Heiligtümer preis. Nach Flavius Josephus sei die Zerstörung des Jerusalemer Tempels im Einklang mit den Gesetzen des Krieges gewesen. »Ferner können Friedhöfe verwüstet, Grabsteine erbeutet, nicht jedoch die Leichen der Verstorbenen mißhandelt werden.« Für die Besatzungsherrschaft gilt der von Ariovist formulierte Grundsatz, wonach der Eroberer den Eroberten behandelt nach Belieben. Rom habe den Okkupierten nie nach anderem als dem eigenen Urteil regiert. Der Sieger ist souverän. Das ist die Staatenpraxis und der Rechtszustand, ein anderer läßt sich nicht erkennen, und es macht keinen Unterschied, ihn einen Unrechtszustand zu heißen.

Ob die Norm für Recht oder Unrecht gilt, ändert nichts an ihrer Maßgeblichkeit. Das ethische Gebot lanciert Grotius als Ratschlag zur freiwilligen Mäßigung unter günstigen Umständen. »Denn es gibt manches«, sagt Cicero, »das nicht richtig, selbst wenn es gestattet ist.« Solche Handlungen, fügt Grotius hinzu, gälten nur darum als »gesetzlich«, weil sie ungestraft blieben. Die Kluft zwischen Gesetz und Gerechtigkeit habe Seneca angelegentlich der Sklavenhaltung bewiesen. Wieviel Leid dürfe man hier ungestraft zufügen und wie widerstrebe eine solche Behandlung dem Wesen der Gerechtigkeit und Güte! Lobenswert ist die Verhältnismäßigkeit, einen Strafgrund zu besitzen, doch milde zu bleiben. Verhältnismäßig wäre es, Kinder und Greise prinzipiell zu schonen sowie Frauen, ausgenommen Schwerverbrecherinnen. Schonung verdienten ferner die Männer der Religion und Wissenschaft, Bauern und Kaufleute, Kriegsgefangene, die sich ergäben. Augustinus pries die Goten, die Kapitulanten und solchen, die in den Tempel geflüchtet waren, das Leben gelassen hatten. »Was ihnen nach dem Gesetz des Krieges erlaubt gewesen wäre, erachteten sie als ihnen unerlaubt.« Geiseln, die stets die Untaten ihres Staates hätten büßen müssen, möge man nur bei persönlicher Schuld töten.

Das Verwüsten der feindlichen Territorien empfiehlt Grotius ausschließlich, um Nachschublinien zu kappen und so die Friedensbereitschaft zu beschleunigen. Verzichtbar wäre die Zerstörung von Gütern, die sich der Feind anderweitig verschaffen kann, die zum Kriegführen nicht vonnöten, geheiligt oder geweiht sind. Wie Thukydides schreibt, sei das Feindesland nichts weiter als ein Pfand. Je besser gepflegt, desto mehr wiege es. Großmut sei angebracht, wo immer sie möglich, damit der Feind nicht der Verzweiflung anheimfalle und sich desto schwerer überwinden lasse. Die feindliche Moral zerbreche auch durch Milde.

In den Kriegsbräuchen, die dem Grotius vorschweben, ist der Gegner kein Rechtssubjekt, statt dessen überwältigte Kreatur, dem Sieger auf Gnade oder Ungnade ausgeliefert. Den Sieg kostet man als Unterwerfung aus. Die Geschlagenen erlangen Frieden durch Annexion. Der Feindstaat wird Provinz, das ist das Kriegsziel. Der Kampf geht auf Gedeih und Verderb. Es sind die Religionskriege, die spanische Strafkolonisierung der Niederlande, die den Rechtsbegriff prägen. Mäßigung der Schlagkraft ist keine Pflicht, sondern Benefizium. Doch es existiert nur soviel Recht, wie durchsetzbar ist. Es folgt, wie Grotius' Nachfahre Emer de Vattel lehrte, »Schritt für Schritt dem Bedürfnis und dem Erfordernis des Falles, überschreitet nicht diese Grenzen«.

De Vattels Rechtslage hatte sich so gründlich geändert wie die Kriegslage, weshalb er mit Autorität verwerfen durfte, was ganz aus der Mode gekommen war. »Einige Leute haben sich zu der ungeheuerlichen Meinung verstiegen, der Eroberer sei unumschränkter Herr über seine Eroberung, als könne er über sie wie über sein Eigentum verfügen ... Geben wir uns nicht mit Leuten ab, die die Menschen wie verkäufliche Ware behandeln. Untersuchen wir die Sache lieber auf der Grundlage der allgemein gültigen und der Menschheit wohl anstehenden Grundsätze der Vernunft.« So unvernünftig konnte kein Fürst des 18. Jahrhunderts sein, um zu verkennen, daß allenfalls die eigenen Vasallen noch wie verkäufliche Ware zu behandeln waren. Außerhalb seiner Domäne existierten Bürger leidlich gefestigter Staaten; Mächte einer kontinentalen Balance, die nur begrenzten Vandalismus zuließ.

»Europa stellt ein Staatensystem, ein Ganzes dar«, konstatiert Vattel, »in dem alles durch die Beziehungen und die verschiedenen Interessen der diesem Erdteil verbundenen Nationen untereinander verbunden ist. Die unablässige Aufmerksamkeit der Souveräne für alle Vorgänge, die Dauereinrichtungen der Gesandtschaften, die ständige Folge von Verhandlungen machen aus dem heutigen Europa eine Art Republik, deren unabhängige, aber durch die Gemeinsamkeit der Interessen verbundene Mitglieder zur Aufrechterhaltung von Ordnung und Freiheit zusammenwirken. Daraus ist das berühmte Prinzip des Gleichgewichts der Mächte entstanden. Man versteht darunter eine Ordnung der Dinge, die jede Macht verhindern soll, die absolute Vorherrschaft zu erlangen und den anderen ihren Willen aufzuzwingen.«

Die Balance der Dinge schließt auch die gewaltsame Wahrung von Rechten ein: zur Abwehr von Angriffen, als Hemmnis eines einseitigen Machtzuwachses, zur Erzwingung von Ansprüchen, zur Strafe für erlittene Unbill. Die »entarteten Helden«, die, obzwar sie »der Pöbel in seiner törichten Bewunderung fast den Göttern gleichstellt«, ohne Anlaß und Recht Kriege entfesseln, mit dem Leben der Untertanen ihr Spiel treiben, den Handel stören, die Preise treiben, die Nationen zur Rüstung zwingen, gegen das Glück und die Sicherheit aller Völker komplottieren, sollten »als Feinde der Menschheit behandelt werden«. Völker, »die stets zum Losschlagen bereit sind« und »gewissermaßen vom Kriege leben«, seien Ungeheuer. »Alle Nationen haben das Recht sich zusammenzutun, um diese wilden Völker zu strafen und sogar auszutilgen.« Wer will indessen darüber entscheiden? »Es kann der Fall so liegen, daß beide Streitteile gutgläubig sind.« Beide sind einander Feind, doch nicht aus Bosheit und Mißgunst, wünschen gegenseitig keinerlei Übel, versuchen nur, ihren Rechten Nachdruck zu verleihen. Darum stützt alles Kriegsrecht sich auf den Satz: »Der förmliche Krieg muß hinsichtlich seiner Wirkungen als beiderseitig gerecht angesehen werden.« Es spielt keine Rolle, wer triftigen Grund zum Losschlagen hatte. Eine Rechtsbeziehung zwischen einander bekriegenden Menschen muß jeder Seite die Gerechtigkeit ihrer Sache einräumen. Denn anders bequemen sich nicht beide zur Respektierung von Kampfregeln. Regeln gelten nur bei allseitiger Anerkennung. Dazu sind aber nur Teilhaber eines achtbaren Kriegführungsrechts willens. Hingegen findet der als »Feind der Menschheit« Vermaledeite darin keinen Vorteil. Mag er sein, was er will, das Völkerrecht findet keine Instanz und keinen Gewinn, ihn dingfest zu machen. Zumal die Nationen »keinen Richter über sich anerkennen«.

Der Krieg könne nicht auf beiden Seiten gerecht sein, schreibt de Vattel, müsse jedoch so angesehen werden. Die Fiktion des »Justus hostis«, des gerechtfertigten Feindes, nötigt den einen wie den anderen »uns doch nicht der Nächstenliebe zu entäußern, die uns mit dem Menschengeschlecht verbindet«. Auf die Verläßlichkeit von Abmachungen zwischen Feinden gründet sich geradezu die Wohlfahrt der Menschen. »Was würde aus den Kriegsgefangenen, aus den kapitulierenden Besatzungen und den sich ergebenden Städten, wenn man nicht auf das Wort des Feindes bauen könnte? Der Krieg würde in Zügellosigkeit und Grausamkeit ausarten, seine Leiden hätten keine Grenzen mehr. Und wie könnte man den Krieg schließlich beenden und den Frieden wiederherstellen? Gibt es nicht Treu und Glauben unter Feinden, so wird der Krieg mit Gewißheit nur durch völlige Vernichtung einer der Parteien enden.« Die Liquidation einer Partei hat gar nichts Verlockendes. Der Unterlegene soll später nämlich den Siegerwillen ausführen. De Vattel rät, »daß man sich in Verlautbarungen jedes beleidigenden Eindrucks enthalten soll, der Gefühle von Haß, Erregung und Wut offenbart. Die Helden Homers beschimpften sich mit Ausdrücken, wie ›Trunkenbold‹ und ›Hund‹, und ebenso maßlos war auch ihre Art zu kämpfen. Friedrich Barbarossa und andere Kaiser, und auf der Gegenseite die Päpste, behandelten einander nicht maßvoller. Wir wollen lieber an unseren milderen und menschlicheren Sitten festhalten und die Mäßigung nicht als unnütze Höflichkeit betrachten, denn sie kann erhebliche Folgen haben.«

In Anbetracht dessen hat der Krieg des 17. Jahrhunderts kuriose Umgangsformen entwickelt, in der jener Beifall fand, der als Belagerer dem belagerten Stadtkommandanten kleine Erfrischungen in die Festung reichen ließ. Carlo Goldoni beschreibt einen Waffenstillstand, der während der Belagerung von Pizzighetone 1733 vereinbart wurde. In den Quartieren beider Seiten stellten die Offiziere Tische auf, luden die gegnerische Seite zu Konzerten und Bällen ein und vergnügten sich prächtig im Schatten der Zelte und Bäume. Proviant strömte aus den Magazinen, Gaukler und Bühnenkünstler stellten sich ein, das Volk pilgerte von nah und fern zum lustigen Fest. Die Courtoisie wurde gelegentlich bis ins Schlachtfeld gepflegt. Bei Fontenoy (1745) stritten der englische und französische Gardechef, welcher dem anderen das Vorrecht der ersten Salve gewähren dürfe. Die zweite Salve war sowohl artiger wie wirksamer. Der Beginner lud umständlich nach; der nächste stürmte derweil auf Kernschußweite heran und mähte alles nieder.

Die Schonung kriegsgefangener Offiziere genoß bei Engländern und Franzosen, Völkern, die auf 500 Jahre Rivalität zurückschauten, einen speziellen Rang. »Nach einer Übung«, schreibt de Vattel, »die den Anstand und die Menschlichkeit der Europäer in helles Licht setzt, läßt man einen kriegsgefangenen Offizier auf Ehrenwort frei. Er kann auf diese Weise die Zeit der Kriegsgefangenschaft in seinem Vaterland und im Schoße seiner Familie verbringen und der Gegner, der ihn freiließ, ist seiner ebenso sicher, wie wenn er ihm Fesseln angelegt hätte.« Es hatte sich nämlich die Überzeugung gebildet, daß Kriegsgefangenschaft keine Straf-, sondern Schutzhaft sei, mit dem alleinigen Ziel, den gegnerischen Soldaten aus dem Gefecht zu ziehen. Freilich ist seine Exekution der bequemste Weg, oder, wie Heinrich V. am Nachmittag von Azincourt (1415) befahl, der einzige Ausweg. Die geschlagen gewähnten Franzosen sammelten sich seinerzeit zum Angriff, der Heinrichs Rücken bedrohte. Hier standen die Gefangenen eingepfercht. Aus Sorge, sie könnten befreit, erneut in die Schlacht geworfen und ihm zum Verderben werden, ließ der König durch 200 Bogenschützen eine Minderzahl von ihnen abschießen, teils zur Einschüchterung, teils zur Entledigung.

Momente, in denen die Pflege und Haft von Gefangenen den Fronten notwendige Kräfte und Mittel rauben, die eigene Mannschaft gefährden, die Kasse überfordern, stellen den Feldherrn auf eine harte Probe. »Hat man dann das Recht«, fragt de Vattel, »sie töten zu lassen, oder schickt man sie zurück und stärkt dadurch den Feind, so daß man Gefahr läuft, bei anderer Gelegenheit von ihnen überwältigt zu werden?« Karl XII. von Schweden, nach der Schlacht von Narva durch seine Gefangenen behindert, ließ sie entwaffnet ziehen. Zar Peter, sein Kontrahent, verschleppte aus Furcht die bei Poltawa Gefangengenommenen nach Sibirien. »Heute ist die Sache einfach«, lehrt de Vattel: »Man sendet die Kriegsgefangenen auf ihr Ehrenwort zurück, in dem man ihnen die Verpflichtung auferlegt, sich bis zu einer gewissen Zeit oder bis zum Kriegsende des Kampfes zu enthalten. Im Laufe des letzten Krieges gab es dafür verschiedene Beispiele. Einige holländische Truppenteile unterwarfen sich der Verpflichtung, sich während eines oder zweier Jahre der Kampfhandlungen gegen Frankreich und seine Verbündeten zu enthalten. Einem in Linz eingeschlossenen französischen Korps wurde der Rückmarsch über den Rhein unter der Bedingung gestattet, daß es bis zu einem bestimmten Zeitpunkt gegen die Königin von Ungarn nicht eingesetzt würde.«

Eine weniger erfreuliche Episode ist aus dem Siebenjährigen Krieg überliefert, als Friedrich II., nach der Schlacht bei Lobositz die Elbe passierend, das irrende sächsische Heer gewahrte, das den Anschluß an die österreichische Hauptmacht unter Feldmarschall Browne versäumt hatte. Ausgehungert und niedergeschlagen ergab man sich den Preußen. Friedrich vereinbarte mit dem sächsischen Oberkommandierenden Freilassung der Offiziere und Übergabe der Gemeinen zu beliebigem Zweck. Der erfüllte sich wie folgt: In Gegenwart des Königs, der die Sachsen schon seit langem hinter seine Fahne scharen wollte, wurde ihnen der Treueid abgenommen, bei Widerspenstigkeit mit Fäusten eingebleut. Friedrich prügelte wacker mit, zur Besserung eines Fähnrichs, der weder Ehrgeiz noch Ehre im Leib habe, weil er nicht in seine Dienste treten wolle. Die Gefangenen füllten zehn preußische Regimenter, brachten jedoch kein Glück. Nach der Winterpause, im Frühjahr 1757, desertierten die Sachsen bataillonsweise zu den österreichischen Freunden und durften dort als Exilarmee noch sechs Jahre lang gegen ihre Quälgeister fechten.

Der Siebenjährige Krieg, den die Zeitgenossen mit seinen 400.000 Toten für den blutigsten der bisherigen Geschichte hielten, verhalf den Preußen zu dem Ruf der ersten Militärmacht des Kontinents, nicht aber zum Kurfürstentum Sachsen, das sie doch sieben

Jahre faktisch annektiert, ausgeplündert und mit sinnloser Verwüstung gedemütigt hatten. Daß der Okkupant sich für seine weitere Kriegführung mit Nahrungs- und Futtermitteln, Rekruten und 48 Millionen Talern versorgte – mehr als einem Drittel der Gesamtkosten des Krieges –, mag bei großzügiger Betrachtung rechtsverträglich sein. Immerhin waren die Mengen für das allseits bedauerte Land ruinös. Die Geiselnahme von 120 Leipziger Kaufleuten zur Lösegelderpressung mag gleichfalls angehen, wenn man die hinterhältigen Begleitumstände übersieht. »Die Sache wird großen Lärm in ganz Europa machen«, befürchtete der britische Gesandte Mitchel: »Die Kaufleute wurden vier Tage nach der Eröffnung der Messe verhaftet, obgleich ihnen eine feierliche Erklärung für ihren Schutz und für die Sicherheit der Messe gegeben worden war.« Unnötig demütigend dünkt indes, daß 17 Großkaufleute, die 17 Monate in Haft verbracht hatten, allmorgens mit der Frage geweckt wurden: »Nun ihr Hunde, wollt ihr bezahlen?« Derlei Fürstenfrevel goutierte das 18. Jahrhundert ebensowenig wie die folgenschwere Verwüstung der Schlösser Groschwitz und Hubertusburg. Zwar hält de Vattel Strafmaßnahmen grundsätzlich für statthaft, doch »zu ihrer Rechtfertigung bedarf es Gründe von entsprechendem Gewicht«. Selbst der friderizianische Despotismus kannte das Verweigern eines Befehls, dem die gewichtigen Gründe fehlten. Nach der Einäscherung des Jagdschlosses Hubertusburg meldete der britische Gesandte Mitchel »Dinge von solcher Gemeinheit, daß ich mich wirklich schäme, sie zu erzählen. Diejenigen unter Friedrichs Offizieren, die Ehre im Leib haben, betrauern im Geheimen, was geschehen ist.«

Da keine Toten zu beklagen sind, zeugt die Scham des friedrichfreundlichen Gesandten von einer schönen Empfindsamkeit, desgleichen der Kummer der preußischen Offiziere, das auszuführen, »was gemessen an den Maßstäben des 20. Jahrhunderts«, wie der britische Militärhistoriker Christopher Duffy urteilt, »eine höchst alltägliche Sache ist, damals aber als Greueltat galt: Die Zerstörung und Verwüstung königlicher Schlösser in Sachsen«. Der vom König gegen hohe Belohnung dazu angestiftete General Saldern entgegnete eisig: »Eure Majestät schicken mich stehenden Fußes den Feind und dessen Batterien anzugreifen, so werde ich herzhaft gehorchen; aber wider Ehre, Eid und Pflicht kann ich nicht, darf ich nicht.« Friedrich Adolph von der Marwitz, ein 37jähriger Oberstleutnant, quittierte auf selbiges Ansinnen den Dienst, eine Konsequenz, die ihn so grundsätzlich dünkte, daß er sie als Lebensmotto in seinen Grabstein meißeln ließ: »Er wählte Ungnade, wo Gehorsam nicht Ehre brachte.«

Da kein Offizier der königlichen Armee den vandalischen Befehl exekutieren mochte, stets mit dem Hinweis, die Folgen tragen zu wollen, gelangte er an ein irreguläres Sonderkommando, das »Frey-Bataillon« des Abenteurers Quintus Icilius, der das Geschäft in wenigen Stunden erledigte, »und zwar mit solchem Eifer, daß bloß die nackten Mauern übrig blieben«.

Friedrichs Auspowerung Sachsens ist ein europäischer Skandal gewesen. Der Mißbrauch des neutralen Fürstentums zum Kriegskostenausgleich, »nach welcher man in den benachbarten Landen nicht bloß Proviant und Fourage, sondern auch alle streitbare Mannschaft und alles nur erpressen könnende Geld mit der äußersten Härtigkeit erzwingt«, wie das gegnerische Österreich klagte, wirkte als Rückfall in die Barbarei des Dreißigjährigen Kriegs. Friedrich fühlte sich unter einem so peinigenden Rechtfertigungsdruck, daß er die sächsischen Staatsarchive beschlagnahmte, um nach Indizien für gegnerische Verratspolitik zu fahnden. Sein Nachfahre, Wilhelm II., suchte im übernächsten Jahrhundert mit dem gleichen Forschungseifer, die Neutralität des überfallenen Belgien zu widerlegen.

Preußen übereignete sich fünf von sechs Millionen Talern Steuereinnahmen in Sachsen, doch nicht kraft Besatzungsrechts. Es bedurfte dazu sächsischer Strafwürdigkeit. Doch fand sich kein Beweispapier. Statt dessen empörte der Überfall auf die Kabinettsakten das internationale Publikum fast mehr als der ganze Feldzug. In seiner Bedrängnis plagte den König am wenigsten das Rechtsgewissen. Er wußte sich in lauterstem Notstand. Wie sollte er der Koalition von vier Großmächten, Österreich, Rußland, Frankreich, Schweden, trotzen, die »destruction totale« seines Staates geschworen hatten? Das friderizianische Eliteheer und das Feldherrengenie seines Führers waren zu blitzschnellem Siegeslauf fähig, nicht aber zu einem Verschleißkrieg an vier, fünf Fronten gewappnet. Die Ausdehnung des kriegswirtschaftlichen Fundaments entschied über Bestand oder Untergang Hohenzollerns. Sein ewiges Kranken an Geld, Zeit und Truppen offenbarte die gleiche militärische Zwangslage, die auch den für unverzeihlich gehaltenen Brand Dresdens im Juli 1760 auslöste.

Friedrich, hastig zwischen verschiedenen österreichischen Verbänden manövrierend, um sie getrennt zu fassen und aufzureiben, entdeckte in einer Verzögerung Marschall Dauns die passende Gelegenheit, 14.000 in Dresden garnisonierende Österreicher einzukesseln. Mangels Zeit und Ruhe zur förmlichen Belagerung ließ Friedrich die Stadt vom Schloßgarten aus kanonieren. Mehrere 50-Pfund-Mörser schlugen in das Schieferdach der ehrwürdigen Kreuzkirche. Die Holzteile fingen Feuer. In hohem Bogen stürzte der Turmhelm in die winkligen Gassen. Glut sprühte in die Nachbarschaft, bis sich unvermutet Flammenherde in der gesamten Altstadt zu einem Flächenbrand zusammenschlossen. Wohlvertraut klingen dem Heutigen die nachgereichten Gründe der Preußen: Der Turm der Kreuzkirche sei mit Geschützen ausgerüstet gewesen und habe deswegen zerbombt werden müssen. Desgleichen hätten die Mörsereinschläge in der Altstadt allein den Festungsanlagen gegolten. Der Präzisionsmangel der Geschütze, technisch unvermeidbar, habe die Zivilgebäude versehentlich in Mitleidenschaft gezogen. Darin erschöpfte sich indessen der ganze Erfolg. Die beabsichtigte Kapitulation der Garnison ist mißlungen. »Daß keine mit einer starken Besatzung versehene Festung«, wie der junge Offizier Friedrich Anton von Retzow erkannte, »sich durch ein bloßes Bombardement zur Übergabe zwingen läßt, mußte der König aus mehreren Vorfällen derart, welche die Geschichte aufgestellt, und besonders aus dem Beispiele von Prag im Jahre 1757 abstrahieren können.« Noch zweihundert Jahre später bezweifelten die Strategen allerdings diese Theorie und hielten die Bomben nicht für explosiv genug.

Nach Dresdens Brand trugen die Ingenieursoffiziere und Artilleriekommandeure den königlichen Zorn davon. Wegen des Fehlschlags oder des angerichteten Desasters? Wenn schon das Kriegsrecht verletzen, dann um einschneidender Vorteile willen. Anscheinend besaß diese Kaste ein Organ, zu verspüren, welch schlimmen Preis sie forderte. Die Chronik des Siebenjährigen Kriegs vermeldet nach dem Maßstab seiner Zeit vielerlei Frevel, die, mit den vor- und nachher geübten Sitten verglichen, Nebensachen sind. Sie galten jedoch keineswegs als recht und billig, hart, aber angemessen, furchtbar, aber unvermeidlich, tragisch, aber schicksalhaft, nicht einmal als negligéable. Die Opfer sind nicht vogelfrei gesetzt. Das Recht wurde selbstverständlich gebrochen, indessen anerkannt. Der Rechtsverletzer verabschiedet sich nicht vom Rechtsgedanken. Er weiß es de Vattel nachzuempfinden, der verlangt, »zu schonen sind jedenfalls die Gebäude, die der Menschheit zur Ehre gereichen. Hierzu gehören Gotteshäuser, Grabstätten, öffentliche Gebäude und alle wegen ihrer Schönheit ehrwürdigen Werke.« Das Recht des Okkupanten, »das feindliche Land zum Unterhalt seines Heeres und zur Bestreitung aller Kriegskosten heranzuziehen«, ist so geläufig wie die Regel: »Will jedoch ein Heerführer sich eines makellosen Rufes erfreuen, so muß er die Kontributionen in Grenzen halten und dem Vermögen der Leistungspflichtigen anpassen.«

Die ideale Manier wird Ludwig XIV. zugesprochen, der mit seinen Gegnern Verträge über die Höhe der anfälligen Besatzungskosten abschloß, ferner über die Weise, sie bei den Bürgern zu kassieren und das Durchzugsgebiet zu begrenzen, in dem solche Belästigungen zuzulassen seien. Auch Ludwig wurde seiner Makellosigkeit nötigenfalls untreu und steht in den Annalen als ein Classicus des Kriegsverbrechens verzeichnet: der Verwüster der Pfalz. »In der ganzen Welt«, warnte de Vattel, »erhob sich gegen diese Art des Kriegführens ein Schrei der Entrüstung.« Wiederum entsteht der Exzeß aus einer charakteristischen Überforderung der Heeresstärke.

Im Pfälzischen Erbfolgekrieg, 1688 bis 1697, erhob Ludwig Erbansprüche zugunsten seiner heftig widerstrebenden Schwägerin Liselotte. Auf seine überrumpelnde Art bekräftigte der König den Rechtstitel mit der Besetzung des linken Rheinufers zwischen Neuß und Mainz, brachte damit aber eine große Allianz des Deutschen Reiches, Englands, der Niederlande und Spaniens in Harnisch. Zu Recht vermuteten diese hinter der Erbsache Frankreichs Griff nach der Kontinentalherrschaft. Ein Ziel, das sich militärisch erst 120 Jahre später durch die von der Französischen Revolution entwickelte Kriegführung realisieren ließ. Einstweilen überstieg die Eroberungslust noch den überaus mageren Finanzrahmen der absolutistischen Armeen. Angesichts der ihm drohenden Seeinvasion benötigte Ludwig Verbände zum Schutz der französischen Atlantikküste, dünnte die Besetzung der linksrheinischen Städte bis auf Mainz und Philippsburg aus, wo er sich zu verschanzen gedachte, und ließ auf den Rat Louvois', seines Kriegsministers, die Orte, die nicht mehr zu halten waren, demolieren und abbrennen, um dem Feind keine Chance zu geben, sich dort zum Angriff festzusetzen. Zerstört wurden Speyer mit Dom, Kaisergräbern und Reichskammergericht, Heidelberg mit Schloß, Worms, Mannheim und Bingen. Zudem brandschatzte Ludwig die gesamte Pfalz.

Möglich, daß durch Schleifen der Festen das wehrlos gesetzte Territorium annexionsreif gewalzt werden sollte. Ein Argwohn, der erst Historiker des 20. Jahrhunderts befiel, als der Vernichtungskrieg nach solchen Kalkülen operierte. »Man verheert ein Land«, schrieb de Vattel siebzig Jahre nach dem Ereignis, »um sich einen Schutzgürtel zu schaffen und seine Grenzen gegen den Feind zu sichern, den man auf andere Weise nicht zurückhalten zu können vermeint.« Zar Peter der Große habe auf der Flucht vor Karl XII. achtzig Meilen eigener Erde zu Ödnis verbrannt, weil dessen Ansturm anders nicht aufzuhalten gewesen sei. »Das Mittel ist zugegebenermaßen hart«, doch warum solle dem Feinde etwas untersagt sein, was man notfalls auch sich selbst zufüge? Eine bei dem klugen de Vattel verwunderliche Scholastik, die eher zu den deutschen Wehrmachtsgenerälen paßt, die 1943 beim Dnjepr-Rückzug darauf rekurrierten. Immerhin knüpft der Rechtslehrer die »verbrannte Erde« an ernste Zwangslagen, wie sie Ludwig in Verfolg der Erbansprüche Liselottes von der Pfalz nicht anmelden konnte. De Vattel tadelt den König als »Plage für die Menschheit«, obgleich er den grausamen, rachsüchtigen Kriegsminister für den Urheber des Terrors in der Pfalz hält. Die Haftung trifft den Führer des Staates.

Der Wüstlegungsplan mußte den erbitterten Widerstand der Pfälzer provozieren, denen anders denn mit Schreckensmethoden nicht beizukommen war. Dazu taugen grausame Höflinge, insoweit sie sich flinker in ihre Aufgabe fügen. »Man muß diese Leute unbedingt zur Vernunft bringen, indem man sie entweder hängt, oder ihre Dörfer abbrennt«, notiert Louvois. »Wenn die Deutschen sich nicht auf die Seite einer anständigen Kriegführung stellen, soll man sie in ihrer Unmenschlichkeit überbieten.« Nicht lange und die Pfälzer hießen die Franzosen »Kannibalen«, welche ihrerseits den Pfälzern »nur noch Gesicht und Gestalt von Menschen« zuerkannten. Gesagt, getan! Ludwig ließ als Vergeltung für jedes ihm angezündete Gebäude deren fünfzig des Gegners verbrennen; die Deutschen vergalten jeden Brand mit der Exekution zweier Gefangener. Den Franzosen hat das Feuerlegen nicht geholfen, ihre Festen fielen. Gehalten hat sich nur die Methode. Schon wenige Jahre später, 1704, erinnerte sich die im Spanischen Erbfolgekrieg stehende Gegenseite, die unter Prinz Eugen ohne rechten Erfolg das frankobayerische Heer in der Gegend Augsburg-Ingolstadt belauerte, der vorbeugenden Flächendemolage.

»So sehe ich letztlich«, schrieb der Prinz, »daß kein anderes Mittel, als daß endlich das ganze Bayernland samt allen umliegenden Bezirken totaliter verheert und verwüstet werden müßte, um für's künftige denen Feinden die Gelegenheit zu benehmen, daß sie weder aus dem Bayernland, noch sonsten dort herum den Krieg nicht länger prosequieren können.« Der Sieg der englisch-habsburgischen Seite bei Höchstädt erübrigte den bereits in Vollzug gesetzten Plan. Rücksichtnahme war es nicht, die Bayerns Verheerung aufgehalten hat.

Sind Friedrich, Ludwig und Eugen schonendere Naturen gewesen als Tilly, Alba, Napoleon und die Feldmarschälle des 20. Jahrhunderts? Sie hätten kundig über die »Humanität« doziert, höhnten die Kritiker des Ancien régime, seien aber wenig human gewesen. Ihre Empfindsamkeit beschränke sich auf eine Modeattitüde, wie der Puder und die Perücken, mit denen sie sich zierten. Hinter seiner verfeinerten Eleganz sei das Jahrhundert so grimmig und grausam gewesen wie das wüste vorangegangene. Vor und nach dem Kampfe wechselten die Generalstäbe exquisite Höflichkeiten. Zwischen den gegnerischen Offizieren, einer internationalen Kaste, die heute diesem, morgen jenem Fürsten diene, walte eine Waffenbrüderschaft. Deren Handwerk gelte als das nobelste aller Karrieren, werde in ganz Europa nach den nämlichen Regeln ausgeübt, und mit der größten Hochachtung voreinander bekämpfe man sich in desto blutigerer Rage. Der Krieg, schreibt Albert Sorel, habe dieser Gesellschaft die Wahrheit über sich geoffenbart, so wie er alle Zeit dem Menschen die geborgten Hüllen abstreife, ihn nackt zeige, seine Schwächen, Laster und Leidenschaften bloßlege. Damit der Mensch im Kriege die Herrschaft über sich nicht aufgebe, bedürfe es steten Mühens einer althergebrachten Zivilisation. Ist dem absolutistischen Europa diese Probe mißglückt? Wenn ja, wie wollte man die Gegenwart ertragen?

Das Imago vom Krieg als Arena des menschlich Urbösen, wie es auch Kant vorschwebte, gezähmt von mehr oder minder soliden Zivilationshemmnissen, läßt den Heutigen schlechtwegs verzagen und führt im Rückblick zu eigentümlichen Befunden: Gemessen an seinen Kriegstoten und Verwüstungen, bildete der verknöcherte Feudalabsolutismus den Gipfel der abendländischen Menschenliebe. Das 20. Jahrhundert beschreibt hingegen den Tiefstand des Lebenshasses. Die Vorstellung, die Intensität der Kriege werde geprägt von dem Raum, den eine Gesellschaft dem menschlichen

Destruktionsbegehren zugesteht, ist durchaus umkehrbar: Die Zerstörungslust wird entfacht vom Kriegstypus. Er mag in Gemetzel führen, die im Geist der Gotteskindschaft nicht zu überstehen sind. Wenn die Feldzüge Ludwigs XIV. den Blutzoll derer Napoleons, Gustav Adolfs oder Hitlers bei weitem unterschreiten, kann der Grund dafür nicht im gesteigerten Humanismus der Bourbonen liegen. Der Krieg war zu teuer für ihre Verhältnisse. Das gilt für alle Souveräne der Zeit. Friedrich II. schreibt in seinen General-Prinzipien, »daß unsere Kriege kurtz und vives seyn müssen, weil ein langwieriger Krieg das Land depeuplieren, Unsere Ressources aber erschöpfen würde«. Das Heer verschlang siebzig Prozent des preußischen Staatshaushalts; weitere Kosten sind nicht ordentlich zu decken gewesen.

Das den Franzosen nachgebildete stehende Heer ist der Zwilling des Beamtenheeres. Im staatlich finanzierten Heer und im Staatsfinanzwesen tritt der moderne Staat ins Dasein. Prunk und Ruhmsucht der herrschenden Dynastie umfängt ein berechnender Organismus. Entfaltung von Wirtschafts- und Streitmacht ist sein Metier. Infolgedessen wird die Ökonomie strategisch, die Militärstrategie ökonomisch angefaßt. Der Ökonom erobert Märkte, der Stratege haushaltet mit den Kräften. Der Feldherr sieht sich ausmanövriert, und achtsam streckt er die Waffen. Das Heer ist ein Kapital und wird nicht nutzlos verschwendet. Beiderseits obwaltet das Bemühen, den Gegner mattzusetzen, ohne eigene Truppen zu verschleißen. In seinem Lehrbuch über die Kriegskunst verwirft Moritz von Sachsen, Marschall der Franzosen und einer der erfolgreichsten Heerführer des 18. Jahrhunderts, das Schlachtenschlagen, insbesondere zu Beginn eines Krieges: »So bin ich auch überzeugt, daß ein fähiger Heerführer die Hauptschlacht vermeiden und den Krieg nach Belieben fortsetzen kann.« Dies barbarische Geschäft meinten gelehrte Strategen nunmehr in einen Zweig der Wissenschaft zu überführen. Die blutigen Kriege hätten sich überholt und Schlachten werde man keine mehr erleben. Zukünftig seien die Feldzüge durch Manövriergeschick zu entscheiden. Tatsächlich vermochte selbst ein so raublustiger, zäher Militarist wie Ludwig XIV. jahrelang die Lande zu durchqueren ohne ernstere Feldschlacht. Kritischen Situationen wichen die Generäle aus, um ihre Heere nicht aufs Spiel zu setzen. Wenn der Marschall Turenne in einen Landstrich einrückte, ließ er sein Kommen durch Glockengeläut melden.

Der Beruf des Feldherrn erfüllte sich in der Kunst unblutiger, taktischer Operation. Nur eingefleischte Skeptizisten wie Kant beharrten auf dem unkalkulierbaren, blindwütigen Wesen des Kriegs, der keinem aufgeklärten Sinn erschließbar und darum als unverbesserliches Tatarengewerbe abzuschaffen sei. Truppenbewegungen, Schlüsselpositionen, Geländekunde ließen sich, bei geeigneter Vorkenntnis, in Geometrie ausdrücken, und geometrisches Maß verriet den unschlagbaren Operationswinkel. Ströme, Gebirge, Wasserscheiden, Sammelpunkte, Versorgungsdepots verwandelten sich durch Militärmathematik in Figuren. Und wenn die als Linie gedachte Versorgungsbasis mit dem Scheitel des operierenden Heeres zu einem Dreieck verbunden werde, dürfe der obere Winkel nicht spitzer als 60 Grad ausfallen. Die Armeeführer des 19. und 20. Jahrhunderts haben auf diese Kunstfertigkeiten, die vom Westfälischen Frieden bis zur Französischen Revolution 150 Jahre lang Kriegführung durch Kriegverhütung anstrebten, mit herzlicher Heiterkeit reagiert. Lazare Carnot, 1793 zum französischen Kriegsminister berufen, schreibt, daß die Militärakademien seiner Jugend nicht lehrten, Festungen zu behaupten, sondern sie im Anschluß an einige Formalitäten ehrenvoll zu übergeben, und der preußische Feldmarschall von der Goltz spottete, daß »ein echter Stratege jener Periode glaubte, ohne Logarithmen-Tabelle nicht mehr drei Mann über die Gosse führen zu können«. Es ist der von der Goltz jenes Ersten Weltkrieges, dessen Generäle keine Gosse überqueren konnten, ohne Hunderte von Männern preiszugeben.

Die reine Manöverstrategie mit ihren mathematischen Doktrinen, die hauptsächlich der Kostenersparnis gehorchten, hat es minder auf Gefallene abgesehen, mehr auf unprätentiöse Erfolge, wie das Erobern von Magazinen, Schlüsselpositionen und das Zermürben der gegnerischen Nerven. Den Feind wochenlang hin- und hermarschieren zu lassen, ohne die Chance eines Angriffs zu bieten, zählte als militärische Leistung. Weil sich seit dem Dreißigjährigen Krieg die Heeresstärken verdreifacht hatten und von den mageren Bodenerträgen der Kriegsschauplätze nicht mehr zu verpflegen waren, Plünderei überdies für mißlich galt, legten die Truppen Magazine entlang der Marschroute an. Solche Nachschublinien zu unterbrechen, gegebenenfalls selbst von den gegnerischen Vorräten zu zehren, die Kosten der Gegenseite zu strapazieren, die seinigen zu schonen, mochte die Kapitulation erzwingen, ohne Schwund zu leiden an den eigenen Kräften. Gefechte hingegen waren verlustreich. Das Musketenfeuer, auf 30 bis 50 Schritt Distanz eröffnet, riß klaffende Lücken. Die Schlachten des Siebenjährigen Kriegs, Vorboten der kommenden, kosteten Ausfälle zwischen 15 und 20 Prozent. Bei Torgau ließen die siegreichen Preußen ein Drittel ihrer Truppen, 16.670 Mann, die Russen bei Zorndorf die Hälfte der ihrigen, 18.000 Mann, in einem Gefecht von neun Stunden. Niemand, der König eingeschlossen, verstand, was hier geschah. Die Tödlichkeit solcher Treffen nötigte den gegnerischen Generälen gelegentlich die Übereinkunft ab, ihre Salven über die Köpfe hinweg abzufeuern. Erhalt der Heere war oberste Kommandeurspflicht. »Mein Gott«, rief Österreichs Marschall Daun Friedrichs gefangenen Offizieren bei Torgau zu, »warum opfert Ihr König soviel Leute, er sieht doch, daß es ihm nichts hilft!« Daun hatte am frühen Nachmittag jenes naßkalten 3. November 1760 über 5.000 preußische Grenadiere binnen dreißig Minuten unter der Artillerie seiner Zentralstellung fallen gesehen. So viele überflüssige Feindtote empörten ihn.

Das verachtete Leben der Rekruten begibt sich aller Brüderlichkeit. Sie überfallen einander in eben der stumpfen Vernichtungswut, mit der das Feuer in die Regimenter fährt. »In den Bauch der Erde hätt' ich mich verkriechen mögen«, berichtet der Rekrut Bräker von der Schlacht bei Lobositz, »und eine ähnliche Angst, ja Todesblässe sah man bald auf allen Gesichtern ... Itzt avancierten wir bis unter die Kanonen. Potz Himmel, wie sausten da die Eisenbrocken ob unsern Köpfen weg – fuhren bald vor, bald hinter uns in die Erde, daß Stein und Rasen hoch in die Luft sprang – bald mitten ein und spickten uns die Leuthe aus den Gliedern weg, als wenn's Strohhälme wären.« Die mit Branntwein traktierten Infanteristen fliehen gewissermaßen aus dem Artilleriebeschuß ins gegenseitige Gemetzel. »Unsere geborenen Preußen und Brandenburger packten die Panduren wie Furien. Ich selbst war in Hast und Hitze wie vertaumelt und, mir weder Furcht noch Schrecken bewußt, schoß ich fast alle meine 60 Patronen los, bis meine Flinte halb glühend war. Preußen und Panduren lagen überall durcheinander und wo sich einer von diesen letzteren noch regte, wurde er mit der Kolbe vor den Kopf geschlagen oder ihm ein Bajonett durch den Leib gestoßen. Und nun ging in der Ebene das Gefecht von Neuem an. Aber wer wird das beschreiben wollen. Wo jetzt Rauch und Dampf von Lobositz ausgieng; wo es krachte und donnerte, als ob Himmel und Erde hätten zergehen wollen; wo das unaufhörliche Rumpeln vieler Hundert Trommeln, das herzzerschneidende und herzerhebende Ertönen aller Art Feldmusick, das Rufen sovieler Commandeurs und das Brüllen ihrer Adjutanten, das Zetter und Mordiogeheul sovieler Tausend elenden zerquetschten halbtoten Opfer dieses Tages alle Sinnen betäubte.«

Aus der Schlacht bei Zorndorf berichtet der Unteroffizier Johann Wilhelm von Archenholtz von einer unaussprechlichen Erbitterung beider Parteien: »Schwer verwundete Preußen vergaßen ihre eigene Erhaltung und waren immer noch auf das Morden ihrer Feinde bedacht. So auch die Russen. Man fand einen von diesen, der tödlich verwundet auf einem sterbenden Preußen lag und ihn mit seinen Zähnen zerfleischte.« Das erkaltete Schlachtfeld am kommenden Morgen, dem 27. August 1758, beschreibt der Rittmeister von Prittwitz: »Tausende von Verwundeten, humpelnd an ihren umgedrehten Musketen, die mit dem Kolben unter den Achseln zu Krücken geworden waren, andere auf Händen und Füßen kriechend, aus Wasserlöchern schlürfend, andere in ihren letzten Zügen von Angst und Schmerz sich in den Erdboden grabend, Pferde, die Därme hinter sich herschleppend oder auf drei Beinen springend, bei der Explosion von Munitions- und Pulverwagen verschmorte Artilleristen, die einen unangenehmen brandigen Gestank von sich gaben ... Ich sah Stellen, wo die Kavallerie gemetzelt hatte und Menschen und Pferde untereinander lagen, wobei mir die Wut, die in den Gesichtern der Gebliebenen noch zu bemerken war, am meisten auffiel.«

Die Wut überdauerte die Schlacht. Verwundete Russen wurden von preußischen Soldaten und Bauern lebendig begraben. An Pflege kein Gedanke. Viele schleppten sich Tage und Wochen durch das Gelände, bis das Leben sie verließ. Auf Feld und Weg, an Bäume gelehnt, verwesten ihre Leichen, zusammen mit den Abertausenden Gefallenen, die schwarz, zerstückt, Mensch und Pferd, in der Spätsommerhitze zerfielen. Die Erbarmungslosigkeit traf Freund und Feind. Der Geschlagene, Wehrlose, Sieche fiel anderentags dem Mob in die Hände, der ausweidete, was Brauchbares noch an den Erstarrten, Zerschmetterten, im Blute Verkrusteten zu finden war. »Eine Menge verworfener Menschen«, schreibt Archenholtz über das mit Preußen und Österreichern beladene Torgauer Schlachtfeld, »Soldaten, Troßknechte und Weiber schwärmten in dieser Blutnacht auf dem Wahlplatz herum und beraubten die Lebendigen und die Toten. Nicht das Hemd wurde den hilflosen Verwundeten gelassen.«

Zu dieser Zeit, 1760, zählte Preußens Armee 260.000 Mann; nicht mehr als die Hälfte davon Preußen, die anderen Mecklenburger, Thüringer, Böhmen, Sachsen, Polen, Schweizer. Was bewegte diese Männer, sich dermaßen für Friedrich II. malträtieren zu lassen? Der König selbst bezweifelte, daß solche Gefahren mit gutem Willen gemeistert würden: »Die Furcht muß es sein.« Die Fürchterlichen sind zugleich Furchtsame. Den Kommandeur leiteten Ehre und Ehrgeiz. Der Gemeine hingegen fechte nur, wenn »er seine Offiziere mehr fürchtet, als die Gefahren, denen man ihn aussetzt, denn sonst wäre niemand im Stande, ihn durch den Kugelhagel von 300 Kanonen zu geleiten, die ihn zu vernichten suchen«. Dazu benötigt der Mensch ein Motiv, eine seelische Kondition, die Furcht zu Angriffslust steigert.

Fragend, wie es zur Bildung der kriegerischen Masse komme, was den Soldaten in die rätselhafte Bereitschaft versetze, soviel und alles aufs Spiel zu setzen, nennt Elias Canetti an einer Stelle die Feigheit des einzelnen vor dem Tode. Das schlimmste, was den Menschen im Kriege passieren könne, sei ihr gemeinsamer Untergang. Der habe indessen ein Gutes, dem einzelnen den Tod zu ersparen, den niemand ins Auge fassen möge und jeder über alles fürchte. Zu Tausenden in den Tod zu ziehen, sei halb so schlimm. Außerdem glaubten die Soldaten nicht daran. Sie hätten nämlich die Möglichkeit, das über sie verhängte Urteil abzuleiten und weiterzugeben: »Ihr Todableiter ist der Feind, und alles, was sie zu tun haben, ist, ihm zuvorzukommen. Man muß nur rasch genug sein und keinen Augenblick mit dem Todesgeschäft zögern. Der Feind kommt einem wie gerufen ...«

Wer dies Geschäft flieht, rennt desto sicherer in den Tod. Hitler hat die Regel einprägsam formuliert; der Soldat kann sterben, der Deserteur muß sterben, möglichst einsam, schmählich und qualvoll. Jedem, der altpreußischem Schlachtentod durch Fahnenflucht auswich, drohte ein weit gräßlicheres Ende, nämlich totgeprügelt zu werden. Die Flucht aus den meist mit List und Gewalt rekrutierten absolutistischen Heeren erreichte bis zu fünfzigprozentige Quoten. Desertiert wurde während der Schlacht, auf Märschen, in Verkleidungen als Handwerker, Matrose oder gar in Frauenkleidern. Die preußische Disziplin ahndete den Versuch beim ersten Mal mit zwölf, im Wiederholungsfall mit 24 und beim dritten Mal mit 36 Spießrutenläufen. Der Sträfling schritt dabei halbnackt durch eine Gasse mit Haselstecken bewaffneter Kameraden, vor ihm ein Sergeant mit gezücktem Gewehr, der ihn an beschleunigtem Gehen hinderte. Die wuchtig dreinschlagenden Rutenträger wurden ihrerseits von einem Korporal überwacht, der allzu gedämpfte Hiebe mit Stockschlägen quittierte. Trommler und Pfeifer spielten dazu muntere Melodien, um das Geschrei zu übertönen. Wiederholter Spießrutenlauf endete zumeist tödlich. »Da mußten wir zusehen«, schreibt Bräker über die Eindrücke der Beistehenden, »wie man sie durch 200 Mann, achtmal die lange Gasse auf- und ab Spißruthen laufen ließ, bis sie athemlos hinsanken – und des folgenden Tags aufs neue dranmußten; die Kleider ihnen vom zerhackten Rücken heruntergerissen und wieder frisch drauf losgehauen wurde, bis Fetzen geronnenen Bluts ihnen über die Hosen hinabhingen. Dann sahen Schärer und ich einander zitternd und todtblaß an und flüsterten einander in die Ohren: ›Die Verdammten Barbaren‹.«

Die Mißhandlung des Fahnenflüchtigen ist ein Teil der Dressur des Soldaten zum Kriege gewesen, den er als Erwerb, nicht als Pflicht ansah. Die Dienstherren wechselten, und ihr Kriegsglück ließ den Muskoten passionslos. Das Ideal verlangte auch restlos detachierte Zivilisten. Rousseau lehrte, daß der Krieg keine Beziehung von Mensch zu Mensch, sondern von Staat zu Staat sei, und der preußische Prinz Heinrich erntete Ruhm dafür, daß während seiner Feldzüge die Bauern zwischen den gegnerischen Lagern pflügten, ernteten und ihre Fuhrwerke unversehrt zwischen den Vorposten hindurchlenkten. Bürger kriegführender Staaten reisten unbehelligt in Feindesland, genossen geselligen Verkehr, und gelegentlich kreuzten in artifiziellen Linien Söldnerheere im Gelände, halb aus fremden, zwielichtigen Gesellen bestehend, stets mit einem Fuß in der Fahnenflucht. Friedrich getraute sich darum weder bei Nacht noch durch Wald und Gebüsch zu marschieren.

Die barbarische Zurichtung der Männer gehört zu dem Konzept eines mechanisch entseelten Kriegswesens. Despotisch domestiziert, sparsam behaushaltet, marionettenhaft ausgetragen, das Töten und Sterben gleichermaßen in sturen Drill gezwängt, der die lästigen Affekte beherrschen möchte: Angst, Panik ebenso wie Tollheit und Blutrausch. Ob 75 oder 76 Marschschritte in der Minute, ob alle fünf oder alle sechs Sekunden eine Gewehrsalve, die Länge des Haarzopfes, das Greifen der Büchse, den Winkel des Einschwenkens, alles will das Rokoko-Militär reglementieren. Der absolute Herrscher beugt sich keinem Diktat des Krieges.

Darum prügelt er seine Soldaten zu Gliederpuppen und gestaltet das Operationsfeld zum Schachbrett. Bedauerlicherweise verlangt die Anarchie des Gefechts ihren Tribut, andererseits besänftigt die Philanthropie des Geisteslebens die Sinne der Kommandeure. Im Ergebnis gehorcht der Krieg des 17. und 18. Jahrhunderts den Zwecken der Souveräne und hat dadurch eine Begrenzung erfahren wie nie zuvor oder danach. Eigentümlicherweise fand die partielle Humanisierung des Krieges ein Ende, als ihr Prophet, der Aufklärungs- und Brüderlichkeitsgedanke, die politische Macht erlangte.

Volk in Waffen, Guerilla

Die Französische Revolution entsagte in der Verfassung von 1791 der kriegerischen Eroberung und dem Einsatz militärischer Gewalt gegen die Freiheit der Völker. Als die Republik sieben Monate später Österreich den Krieg erklärte, löste sie damit ungekannten Jubel im Volke aus. Seine wirklichen Feinde, versicherte die Kriegsdeklaration, seien aber nicht die österreichischen Brüder, sondern die ungerechte Aggression ihres Königs gegen ein freies Volk. Die landesverräterische Konspiration Ludwigs XVI., mit seinem emigrierten, hinter dem Rhein verschanzten Adel und den benachbarten Dynastien, mochte man für bedrohlich, einen Präventivschlag für angemessen halten. Grund bestand auch zur gegenteiligen Annahme. Weder der gekränkte Ludwig noch die kochenden Emigranten vermochten die Herrscherhäuser Europas zur Intervention anzustacheln. Von den Bourbonen hatten sie nicht viel Freundliches erfahren. Was nützte ihnen mehr als ein innerlich zerrissenes, geschwächtes Frankreich?

Über die Identität des Angreifers und des Angegriffenen besteht häufig Dissens, so auch bei den Revolutionskriegen. Hat die Republik, bedroht durch die europäische Reaktion, ihre Existenz verteidigt? Oder ist sie revolutionärem Imperialismus verfallen? Unstrittig ist, daß im Verlauf der Revolution jene Tendenz obsiegte, die den Einmarsch billigte, wenn er die Nationen aus feudaler Knechtschaft löste. So hielt sich auch der revolutionäre Impuls lebendig. »Ein Volk, das nach 10 Jahrhunderten der Sklaverei die Freiheit errungen hat«, fordert der Girondist Brissot bereits im Dezember 1791, »muß Krieg führen, um die Freiheit auf unerschütterliche Grundlagen zu stellen; es muß Krieg führen, um die Freiheit von den Lastern des Despotismus reinzuwaschen, und es muß schließlich Krieg führen, um aus seinem Schoß jene Männer zu entfernen, die die Freiheit verderben könnten.« Die unsterbliche Verfassung der Republik werde einen Siegeszug um die Welt antreten, verkündigte Jacques Hébert in seinem Blatt ›Le Père Duchesne‹. Auf welche Weise? Nach der erfolgreichen Kanonierung des österreichisch-preußischen Koalitionsheeres bei Valmy stand Europa offen. Der Oberbefehlshaber des unterlegenen Heeres, der als fähigster General seiner Zeit angesehene Herzog von Braunschweig, hatte in seinem Manifest vom 25. Juli 1792 nach Kreuzritterfaçon die heidnische Bevölkerung von Paris ihrer »Pflicht und Schuldigkeit« erinnert, »sich sogleich ihrem König zu unterwerfen«, für dessen Unversehrtheit sie hafte, anderenfalls er »eine beispiellose und für alle Zeiten denkwürdige Rache nehmen und die Stadt Paris einer militärischen Exekution und dem gänzlichen Ruin preisgeben werde«.

Tatsächlich war Ludwigs Schicksal dem Herzog keine einhundert Gefallenen wert. In klassischer Manier des Ancien régime räumte er den Kampfplatz, um sein Heer zu schonen. Zudem vermißte er bei dem französischen Bauern den flammenden Royalismus und nahm unbeschwert Abstand von seiner Mission. Anders die Republik. Sie hatte das herzögliche Manifest schallend beantwortet und verhielt sich auch wortgemäß. Ganz Europa sei in Brand zu setzen, rief Brissot und der Abgeordnete Chaumette verhieß: »Das Gebiet zwischen Paris, Petersburg und Moskau wird bald französisiert und jakobinisiert.« Allerdings auf lokalen Hilferuf. Gruppen politischer Gewährsleute in Belgien, Holland, England und der Schweiz ersuchten dringlich um militärischen Beistand zur Zerschlagung der heimischen Reaktion. Der Nationalkonvent folgte dem Appell und versprach »allen Völkern, die ihre Freiheit wiedererlangen wollen, Brüderlichkeit und Hilfe« (Dekret vom Dezember 1792). Zum Entgelt begehrte die Republik eine Arrondierung entlang ihrer »natürlichen Grenzen«: Rhein-Schelde, Alpen und Pyrenäen. Ein Groß-Frankreich, erreichbar allein durch ein Interventions- und Annexionsprogramm, das Ludwig XIV. in den Schatten stellte. England, Holland, Spanien, Portugal und die meisten deutschen Staaten traten der gegenrevolutionären Koalition bei. Frankreich berief die »Nation in Waffen«. Mit dem Volksheer trat der moderne Krieg in die Arena. Als am 23. August 1793 im Konvent der Erlaß zur

Levée en masse verlesen wird, sind die Abgeordneten von Rührung übermannt. Ein zweites Mal möchten sie jene Worte hören, die den Dienst sämtlicher Bürger zur Verteidigung ihres Gemeinwesens beschwören: »Die jungen Männer sollen kämpfen, die verheirateten sollen Waffen schmieden und die Versorgung übernehmen. Die Frauen werden Zelte und Kleider anfertigen und in den Hospitälern helfen; die Kinder werden Verbandszeug herstellen; die alten Männer sollen auf den öffentlichen Plätzen den Mut der Kämpfenden wecken, die Einheit der Republik und den Haß gegen die Könige predigen. Die öffentlichen Plätze werden in Kasernen umgewandelt, die öffentlichen Häuser in Munitionsfabriken ...« Nicht länger schlugen sich gepreßte Söldner mißmutig für dynastische Transaktionen raffgieriger Souveräne. Zugleich mit dem Staat war auch der Krieg in Volkes Hand gewechselt. Patrioten stritten für ihre Emanzipation.

Der Gegner hatte kein Vaterland, kein politisches Ziel außer der Verewigung seiner Despotie im Bunde mit allen Despoten des Kontinents. Die Sache der Freiheit war die Sache der Nation, die sie errungen hatte. Die Interessenten der Unfreiheit koalierten in der Fremde. Eine trübe Internationale habitueller Zänker und Neider, die allein ihr unnatürliches Standesprivileg vereinte. Ihren altmodischen Heeren waren die 700.000 jungen französischen Bauern und Handwerker schon durch ihre Überzahl gewachsen, die Rede ging von einer Million: Nie zuvor war eine solche Streitmacht für denkbar gehalten worden, schon wegen der erforderlichen Waffen und Textilien nicht. Keine Nation außer Frankreich hätte solche Menschenmengen munitionieren und einkleiden können. Was ihnen an Drill, Routine und Führung fehlte, machten sie wett durch Übermut und eine neue, auf Tapferkeit und Phantasie beruhende Kampfesweise. Die herkömmlichen, meist überalterten Truppen pflegten etwa beim Abfeuern ihrer Salven keine Ziele zu avisieren, sondern, so schnell es ging, zu repetieren. Die Revolutionsarmisten schwärmten in lockeren Kolonnen aus und schossen, wie ein britischer Beobachter klagte, »so scharfsichtig wie Frettchen und so behende wie Eichhörnchen«. Sie zielten auf Mann und wollten treffen. Ein königstreuer französischer Offizier, nun auf die Gegenseite verschlagen, hält den Schrecken der traditionellen Armeen fest, die der neue Soldatentypus als gebrauchsuntüchtige Museumsstücke zerklopfte: »50.000 wilde Tiere werfen sich schäumenden Mundes wie die Kannibalen in Hochgeschwindigkeit auf Soldaten, deren Mut durch keinerlei Leidenschaft erhitzt ist.« Das Volksheer beseelten andere Interessen als friderizianische Rekruten. Darin lag seine Qualität und man umhegte die Motivation, welche in Preußen der Prügel einbleute. Eintritt in die Armee verhieß in dem bevölkerungsüberreichen Land den Aufstieg in die verwaisten Offiziersränge. Ohnedies folgte die enthusiastische Verteidigung der Republik aus den wirtschaftlichen Chancen, die sie der Mehrheit der Bürger einräumte. Doch in 22 Jahren Krieg schmilzt dergleichen dahin. Der Kampf wird sein eigenes Motiv. Auserkorene sind, die ihn suchen. Entartete jene, denen er gilt. Die Gefechtsglut übersteigt den gesunden Eigennutz und offenbart sich als Element eines geschichtlichen Ringens. Seine Umrisse entstehen erst bei kundiger Deutung. Im Geschichtskrieg existiert der Feind doppelt: als gegnerisches Heer und als gegnerisches Prinzip. Den Feind als kämpfendes Heer lokalisieren die Sinne, und man lernt ihn durch Erfahrung kennen. Der Feind als Prinzip wird erst durch Propaganda greifbar. Sie deutet ihn, anders als Emer de Vattel und seine Generation, nicht länger als den sein Recht suchenden Mitmenschen. »Le sang impur«, so will es die »Marseillaise«, sein unreines Blut soll den Boden tränken. Gemeint ist indessen das Blut der feudalen Kaste und ihrer Werkzeuge im Unterschied zur Brudernation. Ihr gilt die ausgestreckte Hand. Der Nationalkrieg wird abgelehnt. Nationen werden nicht bekriegt, nur neronische Existenzen. Warum sollten sich die Völker bekriegen?

Unerlöste Völker, die sich vom revolutionären Funken der einmarschierenden Franzosen nicht hinreißen lassen, sondern wie die Belgier und Holländer im Konservatismus verharren, dünken die Invasoren allenfalls rückständig, verblendet und bockig. Die überlegene Gesellschaftsordnung erteilt Frankreich die Mission der historischen Avantgarde, der Erzieherin Europas. Die Kosten der Befreiung, beschloß der Konvent im Dezember 1792, fällt den Befreiten zur Last. Mit Philanthropie allein ist die Expedition nicht zu finanzieren. »Die Philanthropie«, erklärt St. Just im Oktober 1793, »hat 100.000 französische Leben und 1,2 Millionen in bar geopfert.« Zwei Jahre später empfiehlt der Abgeordnete Merlin de Douai die territoriale Verrechnung: »Um sich für die Schäden und Unkosten des gerechten Krieges zu entlohnen, kann und muß die Republik Länder, die ihr nützen können, entweder als Eroberungen zurückbehalten oder durch Verträge erwerben, ohne die Einwohner zu befragen.«

Zur revolutionären Expansion in fortschrittsgehemmten Gebieten eröffnet die Republik »Schwesterrepubliken«. Die Marionettenstaaten geloben, das Programm der politischen Neugestaltung des Kontinents wirtschaftlich abzustützen. Holland wird umbenannt in »Batavische Republik«, Oberitalien in »Cisalpinische Republik«; die deutschen Rheinlande, die annektierten Nizza, Savoyen und Belgien entwickeln sich zu Hilfsquellen französischer Großraumplanung. Durch die Eroberung Italiens gewinnt der General Bonaparte 50 Millionen Livres, ein Fünftel davon fließt in die Staatskasse, den Rest teilen sich Feldherr und Truppen. Der Nettogewinn der Feldzüge in Preußen und Polen, abzüglich der Kriegskosten, betrug nach französischer Rechnung 359 Millionen Livres, die Hälfte der gesamten Staatseinnahmen im Jahre 1807.

Zwischen 1805 und 1812 kassierte Frankreich den halben italienischen Haushalt. Oberitalien benötigte zwanzig Jahre, um Hunger, Krankheit und Apathie zu überwinden, Spanien und Polen waren auf Generationen beschädigt. Sachsen erinnerte Betrachter an Schilderungen aus dem Dreißigjährigen Krieg. Schuld trug gewiß nicht der Vandalismus der französischen Generäle, die anfänglich mit dem festen Vorsatz losmarschierten, für jeden Suppentopf zu zahlen. Comte de Custine, einer der drei bourbonischen Generäle, die sich in den Dienst der Revolution gestellt hatten, erzwang sich auf dem Marsch von Valmy durch die Pfalz nach Frankfurt Disziplin durch Vollstreckung der Todesstrafe an Plünderern. Anders, so schrieb er dem Kriegsminister, sei die Stadt Speyer vor der Verwüstung nicht zu retten gewesen. Geraubter Besitz sei rückerstattet, die Ordnung wiederhergestellt und Frankreichs Ehre gerettet. »Dies ernste Exempel hat die Zustimmung der gesamten Armee gefunden.« Nicht auf die Dauer. Die Strafverfolgung privaten Marodierens erscheint kurios neben den herben Requisitionsforderungen, die Custine und andere der Bürgerschaft von Speyer, Worms und Frankfurt auferlegten.

Zwischen Marodieren und Requirieren besteht vom Standpunkt der Manneszucht ein erheblicher, vom Standpunkt des Beraubten ein geringfügiger Unterschied. Die Befehlslage in der französischen Armee bewahrte ihn bis hinein ins brennende Moskau. Faktisch nährte sich die Truppe mit fortschreitender Zeit und Ausdehnung des Kriegsschauplatzes auf beiderlei Weisen. Wie anders wären solche Menschenmassen zu verpflegen gewesen? Was die schwachentwickelten Transportwege an Nachschub holten, ersetzten allein Munition und Gerät. Die hektische Blitzgeschwindigkeit der Napoleonischen Armeen, ihr offensiver Drang nach der Entscheidungsschlacht, nach scharfer Verfolgung und Destruktion des geschlagenen Gegners, all die bewunderten Neuheiten der Kriegskunst reagierten auf eine drückende Mangellage. Der Kontinent erlag allenfalls einer überrumpelnden Schockstrategie. Bei der schmalen Heimatbasis war dem Strategen kein Dauerkrieg vergönnt.

Mit der Unbesiegbarkeit der Revolutionsarmee war es zudem bald vorbei. Ihre Fulminanz kam so lange zur Geltung, wie sie den hölzernen Zwangsrekruten und der zögerlichen Taktik der Royalisten entgegentrat. Mühsam, zäh und blutig wurde der revolutionäre Nationalkrieg, sobald sich seine Züge zu verallgemeinern begannen. So hilflos, wie die Söldnerheere des Ancien régime dem Volksheer, begegnete dieses einer Kampfform, die Volk und Krieg verband wie keine zweite, der Guerilla. Kombattant und Nichtkombattant sind hier wie dort zweierlei, nur kann sie der Gegner nicht auseinanderhalten. Der Guerillero ist irregulär. Er meidet eine Uniform, schießt aber auf Uniformierte. Der Hinterhalt verschafft ihm seinen einzigen Vorteil gegenüber allzu vielen Nachteilen.

In der neuzeitlichen Armee ist die Uniform mehr als ein Berufsanzug. Der damit Bekleidete ist ein Werkzeug des Staates, welcher durch seinen Rock den Anspruch kundtut, »seine Untertanen in den Krieg, wie auf eine Jagd und zu einer Feldschlacht, wie auf eine Lustpartie zu führen« (Kant). Über das Leben der Uniformierten verfügt der Staat, er verschleißt es nach Gutdünken. Dagegen gilt kein Einspruch, Fahnenflüchtige verfallen dem Tode. Der Guerillero ficht auf eigene Rechnung. Sein Wehrwille ist nicht Ausfluß der Staatsgewalt, sondern persönlicher Entschluß. Mit seinem Gegner, dem Okkupanten, verbindet ihn kein Geschäft, keine Abmachung, keine Zukunft. Der Guerillero und der Okkupant begegnen einander in hemmungsloser Feindschaft. Einer ist für den anderen purer Verbrecher. Die Verbrecher zollen einander keine Achtung als Justus hostis. Den ungerechtfertigten Gegner beschützen auch die Kriegsregeln nicht. Alle Ansprüche werden wechselseitig aberkannt.

Die französische Armee begegnet der Guerilla in Preußen, Tirol, Rußland, Spanien und im eigenen Land. Gewöhnlich ist der Bürgerkrieg in sich rechtlos, weil die Parteien auf gegenseitige Vernichtung abzielen. Dafür sind Rechtsregeln nicht erforderlich. Die Rebellion royalistisch und religiös gesonnener Bauern in der Vendée, dem Gebiet zwischen Loire und Sèvre, südlich der Bretagne, entstand aus administrativen, vornehmlich antireligiösen Mißgriffen der Zentralregierung, geriet indessen im März 1793 geradewegs in die Schlingen der konterrevolutionären Adelspartei, die wiederum mit den Invasoren England und Preußen im Bunde stand. Nachdem die mehr noch von ihrem Glaubenseifer als von den Landbaronen und Priestern verhetzten Bauern mit Sensen, Mistgabeln und Vogelflinten einige schwach befestigte Städte und Garnisonen überrumpelt hatten, setzte der Konvent eine 100.000-Mann-Truppe gegen sie in Marsch. Niemand war zu Verhandlungen aufgelegt. Die Bauern massakrierten unterschiedslos, was ein Soldaten-, Beamten-, ja ein Städtergesicht trug. In der Garnison Mashecoul, dem Ort der heftigsten Raserei, kettete der Mob summarisch zum Tode Verurteilte zu sogenannten Rosenkränzen aneinander. Hinaus auf die Felder gezerrt, hub die Kette ihr eigenes Grab aus. Die Kugel warf sie vom Rande nieder. Für ein ländliches Rachegemetzel kosteten die Vorgänge in Mashecoul den enormen Preis von 400 Personen. Eine reguläre Armee erzielt derartige Verluste im trägen Scharmützel. Doch entsandte die Republik, wiewohl unchristlich, einen »Kreuzzug«. Sein Befehl lautete, die Rebellen auszumerzen, das Land zu verwüsten und abzubrennen, auch die Ernte.

Die Generäle Westermann, l'Echelle und Kléber verwandelten die Vendée in einen Haufen Asche. Westermanns Vollzugsbericht vom Dezember 1793 an den Wohlfahrtsausschuß meldet eitel Stolz: »Es gibt keine Vendée mehr, Bürger. Unser freies Schwert hat sie mitsamt ihren Frauen und Kindern vernichtet, und ich habe sie im Schlamm und Morast von Savenay begraben. Gemäß den von Euch erteilten Befehlen, habe ich Kinder unter den Pferdehufen zermalmt und Frauen massakriert, die jetzt keine Straßenräuber mehr in die Welt setzen werden. Ich habe mir nicht vorzuwerfen, einen einzigen Gefangenen gemacht zu haben. Ich habe alles ausgelöscht, die Landstraßen sind mit Leichen übersät. An manchen Stellen sind sie so zahlreich, daß sie Pyramiden bilden.« Der Geist, in dem Nationen sich ihre Denkmäler aus Leichenstapeln setzten, brauchte noch seine Zeit. Doch drückte die Ungeduld. Der reale wie der verkündigte Genozid war militärisch überflüssig, diente allerdings als Fanal. So wie der Vendée würde es all denen ergehen, die Hand an die Republik legten.

Nach Anfangserfolgen gegen die erstaunlich furchtsam reagierenden Soldaten wichen 50.000 Rebellen über die Loire in die Bretagne aus. Die Zurückgebliebenen pazifizierte Lazare Hoche, der junge, fähige Befehlshaber der republikanischen Truppen, der das gesamte Territorium abriegelte. Vieh und Getreide wurden beschlagnahmt, die Notabeln der Gemeinden zu Geiseln genommen und Freilassung gegen Abgabe der in den Dörfern versteckten Waffen zugesagt. Sobald die militärische Aufgabe gelöst war, vollzog sich der Maßnahmeteil. Wälder, Höfe, Ortschaften vergingen in Flammen, häufig mit den Bewohnern. »Ich verbrenne und töte weiterhin alle, die ihre Waffe gegen uns erhoben haben«, meldet der Kommandant einer der zwölf »colonnes infernales«, die, auf ›Befriedungsmarsch‹ durch die Region, die Bevölkerung durchsiebten. »Es geht voran, wir machen mehr als Hundert pro Tag nieder; alle, die wir für unsere Feinde halten.« Grundsätzlich einzuebnen waren Städte und Dörfer, die Rebellenhaufen Quartier gewährt hatten. Ihre Mitverschworenen, die Frauen und Kinder, wurden zu Zigtausenden bajonettiert, in Flüsse geworfen, mit Schießpulver zerrissen. Das Fortschrittsdenken eilte den beschränkten Verfahren voraus. Der aus den Reihen der Sansculotten arrivierte General Rossignol ersuchte die Chemiker um Entwicklung von »Minen, Gas oder anderen Möglichkeiten, den Feind zu vernichten, einzuschläfern oder zu ersticken«.

Herkömmlicher erging es den in der Bretagne vagabundierenden Bauern. Die Strategen der Konterrevolution hatten sie zur »Groß-Königlichen, katholischen Armee« ernannt. Erst sollten sie militärisch erstarken, um alsdann die heimatlichen Fluren zurückzuerobern. Das Heimweh kam früher als die Kampfkraft. Die Bauern marschierten zurück zur Loire, trafen bei Le Mans und Savenay zu ihrem Unglück die Heere von Kléber und Marceau, die 15.000 von 20.000 Mann ohne Pardon niedermachten.

Die Säuberung der Vendée im Jahre II des neuen Kalenders fügt dem weltanschaulich gespeisten Vernichtungseifer der älteren Religionskriege eine säkularisierte Variante hinzu: die der geschichtlichen Vollstreckung. Die katholisch-reaktionären Bauern sperren sich nicht gegen den rechten Glauben, sondern gegen die Zukünftigkeit der Welt. Die Entwicklung hat sie zum Absterben verurteilt. Ihre Insurrektion ist nutzloses Aufbäumen gegen das Erleiden des geschichtlichen Untergangs. Der dieses Gesetz an ihnen vollstreckt, benötigt kein weiteres. Gegen Werden und Vergehen gibt es keinen Widerruf. Die Grausamkeit des Geschichtskriegers entspricht dem Walten der Natur. Als auserkorenes Werkzeug der Vorsehung steht er jeden Gewissenskonflikt durch. Es gibt nichts zu entscheiden. Hart gegen sich und andere, versieht der Roboter der historischen Notwendigkeit seinen Auftrag. Zur Ausrottung Wehrloser bedarf es einer Ideologie, insbesondere für die Akteure. Anders wären sie von gewöhnlichen Kriminellen nicht mehr zu unterscheiden. Man benötigt dazu auch graue Pflichtnaturen. Der Terror hatte solche Massen zu bewältigen, daß kriminelle Mordlust daran die Geduld verlöre. Da die Guillotinen in Lyon zu langsam arbeiteten, wurden 350 der 2.000 Hinrichtungsopfer durch Kanonen zerfetzt. In Nantes, wo Epidemien in den überfließenden Gefängnissen wüteten, verfrachtete man nächtens Tausende Personen auf Lastkähne, um sie in der Loire zu ertränken. Das Verfahren trug den Namen »Senkrechtdeportation«. Der Aufstand der Vendée kostete schätzungsweise 250.000 Personen das Leben, ein Drittel der Bevölkerung einer reichen Provinz, die als verlassene, schwarze Einöde zurückblieb.

Am 4. Mai 1792 hatte die Nationalversammlung einen Erlaß zum Schutz der Kriegsgefangenen verkündet, dessen Wortlaut alles zuvor niedergelegte Recht an Humanitätsgarantien übertraf: Gefangene stünden unter dem Schutz von Nation und Gesetz; sie würden aus der Kriegskasse ernährt, und zwar entsprechend den vergleichbaren Diensträngen im französischen Heer. »Ungerechtfertigte Härten oder Beleidigungen, Gewalt- oder Mordanschläge gegen Kriegsgefangene werden nach demselben Recht bestraft, als wären diese Greuel gegen Franzosen gerichtet.« Nun also waren sie gegen Franzosen gerichtet. Doch kriegsrechtliche Schutzbestimmungen haben noch nie jemandem Schutz geboten, wenn der Garant sein Interesse daran verliert. Er verschont seine Gefangenen, um selbst in der Gefangenschaft verschont zu werden. Kann er darauf nicht rechnen, mag er darauf verzichten. Meint er in diese Situation erst gar nicht zu gelangen, ist die Geschäftsgrundlage für ihn entfallen. Die Siegerin der Vendée, die revolutionäre Heimatarmee, war ein wesentlich aus Kadern der Volksbewegung, den Sansculotten, gebildeter Verband, der die Pariser Schreckensherrschaft des Wohlfahrtsausschusses in die Provinz hineintrug. Die Garde eines solchen Regimes fürchtet nicht, in Gefangenschaft zu geraten, würde im Ausnahmefall ohnehin erschlagen und erwartet nach einer Niederlage kein Morgen. Am Rande ihres Zusammenbruchs, das europäische Koalitionsheer mit einem Fuß im Land, flüchtete sich die Republik in den Terror. »Die Republik besteht in der Ausrottung all dessen, was sich ihr entgegenstellt«, bemerkte St. Just ganz zutreffend; und der Volkstribun Marat notiert zur Zeit des Aufstands im Juni in sein Tagebuch, daß es nicht einen Menschen gebe, »der nicht fühlen würde, daß eine Revolution sich nicht festigen kann, ohne daß eine Partei die andere zermalmt hat«. In den Napoleonischen Kriegen kehrt sich das Prinzip der Selbstvergewisserung durch Zermalmen nach auswärts. Daraus erwachsen mit den Partisanenbewegungen, namentlich in Rußland, Preußen, Spanien und Portugal, revolutionäre Gegner, die sich durch Gegenterror festigen. Auf seinem Marsch von Toledo nach Córdoba im Juli 1808 mußte der General Pierre Dupont einige hundert Invaliden zurücklassen. Sie warteten im Hospital von Manzanares, nahe Valencia, auf das Eintreffen nachrückender Verbände. Als Dupont umkehrte, fanden seine Männer ihre Kameraden an den Bäumen hängend, verstümmelt, viele gekreuzigt, in Stücke zerrissen, zersägt. Wie sich herausstellte, hatten Priester aus Valencia das Massaker an den Kranken angestiftet. In der Guerilla radikalisierte der niedere Klerus die ohnehin schon ausgeprägte Grausamkeit der Bauern, Hirten, Eseltreiber und Handwerker, denen das Kriegsrecht einerlei war. Wie sollten sie je davon vernommen haben? Die mittelständische und Bildungsschicht kollaborierte mit den progressiven Eindringlingen. Sie räumten die örtlichen Fossilien aus dem Wege, die Inquisition, die Folter, die Feudaljustiz, die Plage der Klöster. Es herrschte Vernunft. Die bourbonische Dynastie Spaniens, untereinander spinnefeind, ließ sich folgsam internieren, die reguläre Armee wurde hurtig geschlagen, wie noch jedes Traditionsheer. Der herrenlosen nationalen Sache bemächtigten sich so kuriose Führer, wie der Student Mina in Navarra, der ›El Médico‹ gerühmte Arzt Paladea in La Mancha, der Bettelmönch Sapia in Soria und allen voran der legendäre ›El Empecinado‹, der Unbeugsame, ein kastilianischer Bauer, der an der Straße nach Saragossa lagerte.

Die Guerilla kehrte die Taktik des Revolutionsheeres um. Jenes suchte die Schlacht, schlug und verfolgte den Gegner, um ihn nach Möglichkeit bis zum letzten Mann zu beseitigen. Anders die Partisanen. Äußerstenfalls attackierten sie Patrouillen aus dem Hinterhalt, wie ›El Cura‹, der Priester Geronimo Merino, der zwei Bataillone Marineinfanteristen überfiel und 13 Offiziere und 200 Mann im

Gefecht tötete. Gewöhnlich wurden Nachrichtenwege unterbrochen, so daß kein Kurier sich ohne 300 Mann Begleitung auf den Weg machen konnte. Die Guerilla kontrollierte die Landzonen und schnitt die Militärgouverneure wirksam vom Steuereinzug ab. Joseph Bonaparte, dem Marionettenkönig, fehlten drei Viertel der nötigen Staatseinkünfte. Waffen- und Verpflegungstransporte, Konvois mit Beutegut gelangten nicht mehr an ihr Ziel. Abgelegene Garnisonen erlebten manch blutigen Schabernack und wichen klüger zurück. Dort, wo sich die französische Macht befestigte, saß sie unangefochten, sonst nirgends. Es gelang ihr nicht, das Land zu beherrschen. Sie war ihr eigener Gefangener und haderte mit sich selbst. Spanien ließ sich mit 80.000 Mann erobern, doch nicht mit 250.000 Besatzern unter Kontrolle zwingen. Eine auf zweihundert lokale Sabotageherde verteilte Rotte, mit fließender Anzahl zwischen zwanzig- und fünfzigtausend Personen, hielt die gloriose Streitmacht Napoleons in Schach. Sein Feldherrengenie verzagte an dem »spanischen Geschwür«.

Wie das gegnerische, so nährt sich auch das Partisanenheer. Seine Beziehung zum Zivil ist weniger romantisch als zu vermuten. Ohne dessen Hilfe ist kein Partisanenkrieg durchzuhalten, soviel ist wahr. Sie braucht allerdings nicht freiwillig geleistet zu werden. Wer zögert, seine Sympathie impulsiv zu bezeugen, erlernt den Patriotismus nach Aussprache, anderenfalls zwangsweise. »Schlechte Spanier«, die mit dem Feind kollaborierten, leisteten Buße und Geldspenden. Je tiefer sie verstrickt, desto heftiger der Druck auf Kaufleute, Bauern und Dorfgemeinschaften zwecks Nahrung, Unterschlupf, Nachrichten und Verstärkung. Der Gegner hegt über diesen Lebensnerv keinerlei Zweifel, im Gegenteil. Indem er das Zivil zu leibhaftigen Repräsentanten der unsichtbaren Guerilla erklärt, ist ein Kampfziel verfügbar. Gekämpft wird um das Wissen, das mutmaßlichen Sympathisanten mit Verhörpraktiken entrissen wird, die der soeben abgeschafften Folter und Inquisition nichts schuldig bleiben. Zudem eigneten sich die Wohlhabenden und Honoratioren als Geiseln. Um den berühmten Guerillero Julian Sánchez aus Salamanca zu zähmen, setzte der General Marchand 1809 die acht größten Schafsbesitzer Kastiliens unter Arrest und ließ verkünden, hinfort seien sie für weitere Aktionen des Sánchez haftbar. Gewalthandlungen der Banditen sühnten die Bürgermeister, Advokaten, Priester und Ärzte künftiger Tatorte mit ihrem Leben. Würden die Dörfer solch einen Aderlaß verkraften, ohne der Guerilla ihre Unterstützung zu entziehen? Anderenfalls warteten weitergehende Pressionen. Der Partisanenkrieg windet die Barbarei fort und fort, Vergeltung übertrifft Vergeltung, so daß die militärischen Beobachter der Zeit eine restlose Entartung des Krieges zu erleben glauben, ein Hohn auf alle soldatische Gesittung.

Blanker Verdacht, mit den Partisanen im Bunde zu stehen, lieferte ganze Städte bestialischer Rache aus. Bei der Eroberung des portugiesischen Oporto kam es bei der Flucht der Bevölkerung zum Einsturz einer Brücke. In Gegenwart der französischen Armee unter Marschall Soult, einem der erfahrensten napoleonischen Generäle, ertranken die Flüchtlinge in den Fluten, wurden dabei unter dichten Beschuß genommen, und ihre Leichen dienten, mit Planken überdeckt, den Einmarschierenden als Behelf für die zerbrochene Brücke. In Oporto erschlugen sie 10.000 Zivilisten. Die ohnmächtigen Portugiesen zahlten es einigen französischen Gefangenen heim, die in ihre Hände gefallen waren, befestigten sie auf offener Straße an Mauerwerk, rissen ihnen die Augen aus dem Kopf, schnitten die Zungen ab und verstümmelten ihre Glieder. In diesem Zustand, noch halb lebendig, wurden sie von ihren Kameraden entdeckt. Ein Stachel nur zu weiterem Morden, Plündern und Vergewaltigen. In der Stadt Saragossa, die von den Truppen unter Marschall Lanné monatelang belagert und am 29. Januar 1809 genommen wurde, lieferten die Bewohner den Eindringlingen eine dreiwöchige Schlacht um jedes Haus und jeden Keller. Frauen und Kinder töteten Soldaten, wo sich die Gelegenheit bot, und die Soldaten schlugen zurück, bis sie 32.000 Zivilisten niedergemacht hatten. »Was für ein Krieg«, sinnierte Lanné, als er mit seinem Gefolge durch die entvölkerte Stadt ritt, »gezwungen zu sein, so viele tapfere oder, wenn man will, auch irrsinnige Menschen zu töten.«

Irrsinn und Zwang sind im iberischen Guerillakrieg ununterscheidbar geworden. Die Verwüstungen und Greuel der französischen Armee während ihres Rückzuges aus Spanien gehorchen keinen Kampfnotwendigkeiten mehr. Der britische General Sir Thomas Picton beschreibt sie als Zwangshandlungen außer Verstand Geratener. Bauern werden zu Diensten als Träger und Geländeführer gepreßt, anschließend gefoltert und erschlagen, Priester mit der Kehle auf angespitzte Baumäste gepfählt, Dörfer meilenweit an jeder Flanke der Marschkolonnen angezündet, die Bauernschaft umgebracht. »Ihre Grausamkeiten sind so zahlreich und von einer Art gewesen, daß der Name der Franzosen hier für Generationen zum Abscheu werden muß.«

Die Methoden der Guerilla flößten den Engländern, obgleich mit ihr verbündet, mehr Schauder als Sympathie ein. Deren Blindwütigkeit und Unkenntnis der Kriegsbräuche deuchten sie geradewegs einem minderwertigen, in Schmutz und Aberglaube verharrenden Volkscharakter zu entspringen. Ähnlich betrachteten es die Franzosen. Bei aller Feindschaft waren sich die zwei regulären Armeen in ihrem Abscheu vor der Partisanenplage einig. Infolge der darin zutage tretenden Kultur- und Gesetzlosigkeit der Spanier fühlten sich die Engländer zu entsprechend minderer Disziplin verpflichtet. Bei der Rückeroberung ehedem französisch besetzter Städte fielen sie wie Tataren über die Einwohner her. Für die Qualen der französischen, in Guerillahand gefallenen Gegner wiederum bewies man aufrichtiges Mitgefühl. Lord Wellington, der englische Befehlshaber, kaufte den ihm angeschlossenen Partisanen Gefangene gegen Geld ab. Zu einem ordentlichen Kriegsgefangenenwesen sind Partisanenverbände schwer in der Lage. Auch wenn nicht aus Vergeltungshunger getötet wird, schaffen Transport, Ernährung und Quartier unüberwindliche Probleme. Wo Engpässe auftreten, wird der Ballast abgeworfen. Schonung ist lästig, gefährlich, und Kriegsverbrechen zahlen sich aus. Partisanen gehorchen der Not so umstandslos wie die Offiziere. Diese sind pragmatische Köpfe und überwinden gegebenenfalls selbst ihren Groll gegen die Guerilla. Deren Vertrautheit mit dem Hinterhalt zeitigt im Bündnis mit einem ordentlichen Heer vorzüglichen Nutzen.

Wo Freischärler auftauchen, ist meist ein herkömmlicher Generalstab nicht fern. Das Operieren mit einer Freischärlerbande birgt gar zu verlockende Überraschungselemente. Das Verhältnis zwischen Regulären und Irregulären ist in Wirklichkeit sehr eng. Häufig wechseln, wie bei der frühen Niederlage der spanischen Armee, Scharen jüngerer Kommandeure ins Lager der Guerilla über. Sie ist die ideale Form, nach einem Zusammenbruch Widerstand zu organisieren. Auch Operationen der Engländer im iberischen Krieg ließen sich leichter und geschmeidiger im Verein mit ortskundigen und verdeckten Gruppen durchführen, die einzigen am Platze, denen Wellington einen realen militärischen Wert zumaß. »Jedes Dorf ist eine starke Festung«, hatte er bereits in einem früheren Krieg erkannt, »zu deren Besitznahme gute Truppen vonnöten sind. Manchmal sind zehn, zwölf von ihnen durch natürliche oder konstruierte Verteidigungsanlagen von größter Wirksamkeit verbunden.« Hier, im Indienkrieg, hatte Wellington auf der Anti-Guerilla-Seite gefochten und gleich Napoleon die Dorfgemeinschaften terrorisiert, um den Aufständischen ihre Basis zu entziehen. Das Zivil ist im Partisanenkrieg die Zielscheibe, die Pressionen beider Seiten erduldet, dennoch keiner davon angehören kann, ohne sich die Rache der anderen einzuhandeln.

Napoleon hielt den Widerstand der Spanier für den charakterlichen Defekt eines meuchelmörderischen, abergläubischen, von 300.000 Mönchen irregeführten Volkes, das, wie er seinem Statthalter in Hamburg, Davout, im Dezember 1811 anvertraute, mit den arbeitsamen und vernünftigen Deutschen nicht zu vergleichen sei. In Wirklichkeit beobachteten preußische Dichter und Generäle neidvoll den Unabhängigkeitsdrang der iberischen Völker, ja brachten es selbst zu einigen Manifesten, die an Temperament wohl mit den spanischen konkurrierten. An Taten fehlte es. Von den geknüppelten Rekruten und geduckten Untertanen der Hohenzollern war dies auch schwer zu erwarten. Das königlich-preußische Landsturmedikt vom April 1813 rief zur Levée en masse, wie zwanzig Jahre zuvor die Revolution in Paris. Der Zivilist möge die feindliche Versorgung unterbinden, Versprengte töten, Lebensmittelvorräte vernichten, Mühlen, Brücken, Boote und Dörfer verbrennen, in Wäldern und Bergen Zuflucht suchen, von dort aus mit Beilen, Sensen und Schrotflinten über die Invasionsarmee herfallen, ihren Befehlen zur öffentlichen Ordnung keineswegs gehorchen, damit ihre militärischen Operationen steckenbleiben. Terror und Repressalien seien zur Notwehr erlaubt, welche alle Mittel heilige. Dieser Text, schreibt Carl Schmitt mißbilligend, lese sich wie eine Art Magna Charta des Partisanentums. Darum wurde ihr bereits drei Monate später die Insubordinanz gestrichen. Wenn Terror in Preußen, dann geht er von der Staatsgewalt aus.

Was Friedrich Wilhelm III., von enthusiastischen Generälen wie August von Gneisenau genötigt, zu Papier brachte, hatte Frankreichs Heer soeben erlebt, aber kaum begriffen. Es vertraute gläubig seinem mobilen Drall. Doch ließen die Tücken des Volkskriegs von den Invasoren nicht mehr ab. Der napoleonische Eroberungsgeist, längst von der militärischen Fraternité zur imperialen Aggression angewachsen, sammelte 1812 all seine Kräfte, den englischen Widersacher abzuschütteln. Die Kontinentalherrschaft war auf Rußland auszudehnen, ein Staat, mit dem man zunächst einvernehmlich die Britischen Inseln abzuriegeln versuchte, der aber insgesamt die rechte Botmäßigkeit nicht erkennen ließ. Eine militärische Lektion des größten Feldherrn seiner Zeit mochte dem abhelfen. Das kühne Unterfangen gemahnte eines hundert Jahre zurückliegenden, fatal geendeten Präzedenzfalls. Doch fehlten dessen Anstifter, Karl XII. von Schweden, die Vorzüge des Empereurs. Das 120.000 Mann starke Schwedenheer war ihm in achtzehn Monaten dahingeschmolzen, die mitgeführten Nahrungsmittel verdorben, Schuhwerk und Kleidung zerschlissen. Seine Majestät, der 27jährige Abenteurer Karl, mahnte der englische Begleiter Jeferyes nach acht Monaten, werde »statt einer furchterweckenden Armee nur noch einen Haufen halbverhungerter Bettler nach Rußland führen«. Nach der Entscheidungsschlacht bei Poltawa, im Juni 1709, hatte der siegreiche Zar Peter den gefangenen General Rehnskjold gefragt, wie er es habe wagen können, das riesige Rußland mit einer Handvoll Soldaten anzugreifen? »Sein König«, antwortete der General, »habe eben dies befohlen, und seinem Herrscher zu gehorchen sei ihm eine heilige Pflicht.« Peter reichte dem gescheiterten Widersacher den Degen zurück, pries seine Loyalität und brachte einen Toast dar auf die Kriegskunst »Bruder Karls«. Das war die Manier des 18. Jahrhunderts.

Als der Pazifist Leo Tolstoi 150 Jahre später Napoleons Rußlandfeldzug beschrieb, amüsierte er sich über die Klagen des Eindringlings, daß die Verteidiger außerhalb der Regeln operierten: »Als ob es für das Umbringen von Menschen überhaupt irgendwelche Regeln geben könnte!« Die Vernichtung Napoleons, die (schon vor Zar Peter angewandte) Selbsteinäscherung von Städten, Dörfern und selbst der Metropole Moskau, das Zurückweichen der Armee Kutusows, um den Feind tiefer und tiefer ins Landesinnere zu ziehen, und schließlich die Partisanen: Solches habe mit den Traditionen früherer Kriege nicht das geringste mehr gemein. »Der Knüppel des Volkskrieges hatte sich in all seiner drohenden und großartigen Kraft erhoben und fiel immer wieder nieder, ohne nach irgend eines Menschen Geschmack oder nach irgendwelchen Regeln zu fragen, mit törichter Einfalt, aber völliger Zweckmäßigkeit und drosch, als gelte es einen Nagel einzuschlagen, immer wieder auf die Franzosen ein, bis die ganze Invasionsarmee hin war.« In der Seele des spanischen und russischen Partisanen walteten nicht die graziösen Gefechtsregeln des Duellkriegs. »Er drischt so lange«, frohlockt Tolstoi, »bis in seiner Seele das Gefühl der Erbitterung und des Rachedurstes von dem Gefühl der Verachtung und des Mitleids abgelöst wird.«

Die Streitkräfte des Nordischen Kriegs, diejenigen Karls und Peters zusammen, zählten 200.000 Mann, die Obergrenze der im 18. Jahrhundert gegeneinander aufgebotenen Kombattanten. Allein Napoleon zog 1812 mit über 600.000 Gefolgsleuten in Rußland ein, das größte Heer, das die Geschichte je erlebt hatte, zur Hälfte aus Franzosen bestehend, nebst 136.000 Deutschen, 90.000 Polen und Litauern, 40.000 Österreichern, 32.000 Italienern und Kroaten, 9.000 Schweizern und 5.000 Spaniern und Portugiesen. Eine Europa-Armee. Der Kaiser pflegte in den unterworfenen Ländern sogleich Rekruten für die anschließenden Eroberungen auszuheben. Seine Züge speisten sich aus beidem: dem Kapital wie dem Menschenwachstum des Kontinents seit Mitte des 18. Jahrhunderts. Darum konnte Bonaparte dem Fürsten Metternich vertraulich mitteilen, es koste ihn keine Mühe, monatlich 30.000 Soldaten zu verbrauchen.

Womöglich war diese Generosität die Ursache seines Scheiterns. Nachdem er im spitzen Keil Moskau erreicht hatte, waren ihm 90.000 Mann verblieben. Mit besserer Verpflegungsvorsorge und bequemeren Marschvorkehrungen hätten sich die von Anbeginn horrenden Verluste begrenzen und dem Gegner tiefere Angst einjagen lassen. Napoleon hätte mit 200.000 Mann in Moskau anlangen müssen, schreibt sein glühendster Verehrer Clausewitz. »Das wäre möglich gewesen, wenn er sein Heer mit mehr Schonung und Sorgfalt behandelt hätte. Aber das sind Dinge, die ihm ewig fremd gewesen sind.« Er hegte andere Vorlieben. »Der Leichnam eines Feindes riecht immer gut«, gestand er seinem Vertrauten Coulaincourt und ritt nach vollbrachten Taten das Schlachtfeld ab, um zu bewundern, wie malerisch die Leichenhügel dalagen. Nach der Schlacht von Borodino, dem blutigsten bisher bekannten Treffen, fünfzig Meilen westlich von Moskau, blieben 58.000 Körper liegen, die zu beerdigen eine eigene Armee von Tausenden russischen Bauern gegen Tagelohn antrat. Der Aufenthalt in dem verbrannten Moskau wurde für die Armee zu einer trügerischen Schwelgerei inmitten des verlassenen Guts der geflüchteten Einwohner. Die offene Metropole erwies sich als Fata Morgana. Napoleon erkannte dies, je länger er dort weilte. In den Ruinen gerieten seine Soldaten außer Kontrolle, beluden sich mit Pelzen, Seide, Tafelsilber, Delikatessen, versanken im Alkoholrausch. Der Großen Armee fehlte es nur an einem, den Grundnahrungsmitteln. Das Land wartete, daß die Eindringlinge an sich selbst zugrunde gingen. Es verweigerte ihnen Quartier; das genügte. Soweit der Proviant nicht ausreichte, hatte die Armee immer aus dem Land gelebt. Entweder durch Plünderung oder durch Ankauf. Die russischen Bauern wollten sich weder plündern noch bezahlen lassen. Von der Kanzel war ihnen verkündet worden, daß der Kaiser der Antichrist sei. Das heilige Moskau versank seinetwegen in Asche. Das Heer, dem im russischen Winter von November bis März die Bleibe geraubt war, machte sich auf den Rückzug die Kalugaer Landstraße hinab. Vor seinen Augen wiederholte sich das nämliche Schauspiel. Die Dörfer und Scheunen gingen in Flammen auf, bevor sie Nahrung boten. Hungrige, die seitwärts streunten, wurden erschlagen, gleich, ob sie kaufen oder marodieren wollten. Die Lehre vom Justus hostis war den Russen so einerlei wie den Spaniern. In ihren Augen bestanden die Eindringlinge aus Schurken und Räubern. Marschall Murats Kavallerie, die glanzvollste der damaligen Welt, verendete erbärmlich am bäuerlichen Starrsinn. Mit gehißter weißer Fahne beschwerte sich ein Kavallerie-General bei russischen Muschiks. Wie brächten sie die Grausamkeit auf, »über arme Männer auf der Suche nach ein wenig Heu« herzufallen? Selbst ein Vertreter der »Nation in Waffen« konnte sich das Zivil des Überfallenen nur in gütiger Dienstbereitschaft vorstellen. Sie reichte aber nicht weiter, als gegebenenfalls Hilfesuchende zu füttern, betrunken zu machen und ihnen sodann die Kehle durchzuschneiden. Solche Weisungen des Partisanenführers Dawydow vermochten selbst Appelle des frommen Zaren Alexander nicht zu mäßigen. Mal in kleinen Kommandos, mal in vieltausendköpfigen Verbänden griffen Bauern und Kosaken Nachzügler, Fouragierer und Quartiermeistereien der Großen Armee an, die mutlos nach Nahrung, Brennmaterial und Unterkünften suchten. Außer einem gnädigen Tode stand nichts mehr zu hoffen. Selten genug wurde er gewährt. Unter brüllendem Gelächter entkleideten die Partisanen vor Kälte und Hunger von ihren Marschkolonnen abgekommene, allein die gefrorenen Felder durchirrende Soldaten, brachten ihnen Wunden bei und überließen sie dem Schnee. Clausewitz, der dem Martyrium drei Tage beiwohnte, glaubte, »nie im Leben diese greuelvollen Vorstellungen wieder loszuwerden, an welche sich die Seele hier gewöhnen mußte«. Wilson, der englische Gesandte, überliefert

Verbrennungen und Begräbnisse bei lebendigem Leibe. Sechzig nackte Gefangene traf er bei anderer Gelegenheit, »deren Köpfe auf einem gefällten Baum lagen, während russische Männer und Frauen mit langen Stecken singend um sie herumtanzten und auf ihren Schädel einschlugen«. Die Armee war dem ausgeliefert, Vergeltung ließ sich schwer üben. Die Weite verwischte die Konturen der Dörfer. Strafpatrouillen riskierten keinen Ausritt.

Unterdessen vollendete der Winter sein Werk. Die Temperaturen sanken auf 20, 23, ja 35 Minusgrade. Der Schnee ballte sich an den Stiefeln, Kleider froren am Körper fest und der Atem in den Bärten. Um die Nacht zu überstehen, setzten die Männer stehengebliebene Häuser in Brand und wärmten sich an den Flammen. Aus dem Schlafe wachte die Hälfte nicht mehr auf. Die Pferde wurden lebend verzehrt, man schnitt ihnen unterwegs Stücke aus dem Leib, denn das Geschlachtete gefror. Soldaten trennten sich Finger von der Hand, um sie zu essen und ihr Blut zu trinken. Die Erschöpften, tot Zusammengebrochenen, dienten den Kameraden zur Nahrung. Im Juni 1812 hatten 600.000 Soldaten die Memel überschritten, die größte Armee der bisherigen Geschichte. Davon kehrten im Dezember 1813 30.000 zurück. 370.000 waren durch Gefecht, Krankheit, Hunger und Witterung zugrunde gegangen. Von 200.000 lebendig in russische Hand Geratenen überlebten 85 Prozent die Gefangenschaft nicht. Nach russischen Angaben befanden sie sich bei Gefangennahme in aussichtsloser Verfassung. Verwundete hatten die Franzosen ihrem Schicksal überlassen. 300 von ihnen befreite ein Trupp des Generals Tschoglokow in Wjasma aus einer brennenden Kirche, angezündet von ihren eigenen Leuten.

Napoleon verlor die Liebe seiner Soldaten nicht. Auch sein Gegner Kutusow begnügte sich damit, ihn aus dem Land zu jagen. Klug oder nicht, der viel kritisierte Verzicht, den Kaiser zu fassen und gefangenzusetzen, sollte in den Schlachten der Jahre 1813 bis 1815 noch weit über 200.000 Soldaten das Leben kosten. Die für die Begegnungen von Leipzig und Waterloo in Frankreich ausgehobenen Rekruten waren halbe Kinder.

In den Napoleonischen Kriegen starben im Gefecht, an Hunger, Kälte und Wunden etwa eine Million Menschen. Dem Urheber all dessen wurde nach dem Leipziger Sieg der sechsten gegen Frankreich gerichteten Europäischen Koalition in Fontainebleau der Thron entzogen und die Insel Elba vermacht. Formgerecht dankte der Kaiser ab und trat eine kleinere Regentschaft an. Als der Elbische Herrscher elf Monate später in Cap d'Antibes auf französischen Boden zurückkehrte, küßten die ihm aus Grenoble entgegengeworfenen Truppen schluchzend seine Hände und Knie, führten sich auf wie die Narren und konnten von Bonaparte nur mit Mühe in die Stadt zurückgeführt werden, wo ihn die Stadtverwaltung stolz begrüßte. Die Schlacht bei Waterloo, in der ihn die Koalition erneut um den Preis von 47.000 Getöteten und Verwundeten auf beiden Seiten mit knapper Not besiegte, änderte die rechtliche Erörterung des Falls Napoleon. Schon seine Rückkehr hatten die Wiener Kongreßmächte am 13. März 1815 als einen Schritt bezeichnet, mit dem er »sich selbst des Schutzes der Gesetze begeben hat«. Als Outlaw, »Feind und Störenfried der Ruhe der Welt«, habe er sich »der öffentlichen Rache ausgeliefert«. Nach dem Siege hoffte Feldmarschall Blücher, wie er seiner Frau schrieb, »daß Bonaparte mich und Lord Wellington ausgeliefert wird. Ich werde wohl nicht klüger handeln können, als ihm totschießen zu lassen. Es geschieht die Menschheit dadurch ein Dienst.«

Wellington dachte, anders als die Preußen, an die kriegsrechtlichen Komplikationen. Die siegreichen Feldherren würden durch solch eine Maßnahme nur ihren Namen blutbefleckt der Nachwelt überliefern. Auch Englands Premierminister Lord Liverpool bekundete, daß der Gegenstand »very nice legal questions« aufwerfe, mit peinlichen Folgen. Als in England der Plan ruchbar wurde, den Kaiser nach St. Helena zu verbannen, fragte man sogleich, in welcher Eigenschaft? Als Kriegsgefangener? Dann wäre er nach Friedensschluß gemeinsam mit den anderen Kriegsgefangenen zu entlassen. Die Preußen hielten den Friedlosen für geächtet und drängten England, »daß Bonaparte *uns* ausgeliefert wird«, wie Gneisenau schrieb, »um ihn vom Leben zum Tode zu bringen. So will es die ewige Gerechtigkeit, so bestimmt es die Deklaration vom 13. März, so wird das Blut unserer am 16. und 18. getöteten und verstümmelten Soldaten gerächt.«

Ein Rechtssatz, der geschlagene Feldherren und Staatsoberhäupter der Rache der Sieger auslieferte, war 1815 unbekannt. Grotius mochte, unter Berufung auf Cäsars Umgang mit dem Vercingetorix, dieser Ansicht zuneigen. Im 18. und 19. Jahrhundert war sie ein barbarischer Anachronismus. Das Recht des Souveräns und Armeechefs zum Kriegführen stand nicht in Frage. Ob als Angreifer oder Verteidiger, ob gerechtfertigt oder willkürlich, machte keinerlei Unterschied. Bonapartes Kriegsrechtsverstöße wurden gar nicht eingeklagt. England als Patron der spanischen Guerilla, Preußen mit seinem Landsturmedikt und Rußland mit seinen Partisanengreueln eigneten sich schlecht als Kläger. Napoleon, der mit fast allen Staaten Europas im Krieg gelegen hatte, mußte als Aggressor unschädlich gemacht werden, seine Untat war der Angriffskrieg. Bestrafung oder Sicherheitsverwahr, der Titel der Zwangshaft änderte nichts an der Maßnahme: einem Eingriff in das freie Kriegführungsrecht der Souveräne. Um den Fall rechtsverträglich zu gestalten, wurde Napoleon, der unlängst 124.000 Mann ins Feld geführt und um Haaresbreite eine Koalition von fünf Mächten bezwungen hätte, vom Regenten zum Insurgenten degradiert. Rückgekehrt von Elba, war er nicht mehr Herrscher der Franzosen, sondern Chef einer Horde Freischärler gewesen. Kein legitimer Belligerent, sondern »un rébelle redoutable«, wie 1818 auf dem Aachener Kongreß in einem »Protocole séparé relatif à Bonaparte« festgestellt wurde. Mit dem Bruch des Vertrags von Fontainebleau sei ihm sein politischer Status abhanden gekommen. Nicht länger habe er den zivilisierten Nationen jene Rücksichten und Privilegien abverlangen können, die sie einer ordentlichen Staatsmacht schuldeten. Als vom Glücke verlassener Abenteurer liege sein Schicksal nunmehr im Gutdünken der von ihm insultierten Regierungen. Der Rang des Kriegsgefangenen sei vom Völkerrecht geregelt, nicht so der Napoleons. Zu seinen Gunsten spreche keinerlei geltendes Gesetz, sein Fall könne allein per Ausnahmegesetz behandelt werden, nach Maßgabe der unveräußerlichen Menschenrechte. Ein Rechtsverfahren gehörte anscheinend nicht dazu. Die Kriegsursachen brauchten nicht untersucht zu werden. Auch nicht die Aufführung der restaurierten Bourbonen in Frankreich, die zu der 100-Tage-Herrschaft Napoleons geführt hat. Für schlechthin ungerecht und schädlich wurde die von der Revolution eingeleitete, von Napoleon vollendete und pervertierte Aggression gehalten.

In der Tat fand der kaiserliche Imperialismus in dem üblichen Staatenduell des 17. und 18. Jahrhunderts keinen Präzedenzfall, nicht einmal im Hegemonialstreben Ludwigs XIV. Schockiert von der passionierten Wut des modernen Volkskriegs wurde besonderer Umstände halber die alles Kriegsrecht tragende wechselseitige Achtung der Staatenlenker als legitime Belligerenten suspendiert. Kontinentalunternehmen wie das napoleonische zerstörten das

Mäßigungsprinzip dieses Brauchtums. Die Figur eines internationalen Outlaws belebte nunmehr die ältere Lehre vom gerechten und ungerechten Krieg, die nach den Massakern der Religionskriege aufgegeben worden war. Gerechter Krieg bedeutete einmal Vertretung der gerechten Sache, der christlichen. Der Papst hatte den christlichen Herrschern die Vollmacht zum Kreuzzug gegen die ewig ungerechten Feinde, die Sarazenen und Juden, erteilt. Ein Rechtstitel auf unbeschränkten Vernichtungskrieg. Die gleiche Legitimation setzte auch die spanischen Conquistadores in Fahrt, der Missionsauftrag der katholischen Kirche an die Krone Kastiliens zur Missionierung der Neuen Welt. Mit ihrer Widersetzlichkeit gegen den Glauben verletzten die Indianer Mexikos und Perus flagrant das geltende Völkerrecht. Friedlicher Bekehrung unzugänglich, forderten sie Zwangsmaßnahmen gegen sich heraus, die im übrigen auch zum Schutz der bereits christianisierten Indianer geboten waren.

Die Bluttaufe der Konquistadoren veranlaßte den Dominikaner Francisco de Vitoria, Vater des europäischen Kriegsvölkerrechts, zu dem Satz: »Die Indianer sind Menschen und keine Affen.« Es sei mit ihnen zu verfahren wie mit Kriegsgefangenen des christlichen Abendlands. Dies aber beharrte auf der gegenteiligen Rechtsansicht. Die bis an die Schwelle des 20. Jahrhunderts fortgesetzte Landnahme der europäischen Völker auf den übrigen Kontinenten beruhte auf lauter gerechten Kriegen gegen Rassen minderwertiger Zivilisationsstufen. Als die Kritik am verkehrten Gott infolge der Revolution nachließ, fiel das Augenmerk auf die nunmehr zum Untergang verdammten Lebensweisen. So haben es noch Hegel und, bei aller Kolonialismuskritik, auch Marx und Engels gesehen. Dem Fortschritt in Gestalt des christlichen Kaufmanns mußten sich die Wilden mit geschichtlicher Notwendigkeit unterwerfen. Anders hätte sich der Okkupationszustand nicht begründen lassen. Hingegen wäre eine Annexion Belgiens durch einmarschierende Kongolesen völkerrechtlich inakzeptabel gewesen.

Das Kriegsrecht bestand aus vernünftigen Absprachen konsolidierter Nationalstaaten, die jeder für sich die gerechte Sache weiter verfochten, doch gegeneinander keine Jurisdiktion beanspruchten. Im Kriege mochte getrost ein jeder sein Recht suchen. Indem man einander das Bekriegen einräumte, gelobte man den Schaden zu regeln: durch Schranken des Gefechts und der vom Zivilleben zu sondernden Gefechtsebene. In den Genuß der Regel kam der alleinig zum Krieg Befugte, der europäische Souverän. Die revolutionäre Volkssouveränität führte gegen die Despoten einen so gerechten Krieg wie diese gegen die Wilden. Die Republik, das überlegene Zivilisationsprinzip, trachtete den Despotismus nicht zu besiegen, sondern abzuschaffen. Dadurch stand sie zu ihrer Verwunderung nicht mit einer Streitmacht, sondern einer Gesellschaft im Krieg. Den spanischen Katholiken und russischen Bauern lag die heimische Dynastie dichter am Herzen als der fremde Befreier. Weil zwei nationale Ordnungen jeweils auf Gedeih und Verderb ihr Überleben ausfochten, gaben sie auf die Kriegsregeln nicht sonderlich acht. Die iberische Guerilla war die Antwort auf die französische ›Nation in Waffen‹, eine Maßnahme der militärischen Daseinsbehauptung. Als die europäische Restauration Bonaparte als irregulären Freischärler und friedlosen Aggressor verstieß, war damit zugleich die zügellose Expansion zwischen 1793 und 1815 geächtet. Allein der spanische Feldzug Napoleons hatte soviel Menschenleben gekostet wie der gesamte Siebenjährige Krieg, 140.000 Personen. Die Revolutionskriege zählten 29.000 Gefallene (ohne Vendée), die Napoleonischen 560.000. Die Gesamtverluste der durch Kriege und Bürgerkriege der Revolution, durch Waffen, Wunden, Krankheit, Kälte und Hunger Vernichteten, werden in neueren Berechnungen mit zwei Millionen angegeben. Waffentechnisch hatte sich seit Friedrichs Zeiten wenig geändert. Die Multiplikation der Verluste rührte von den Eigenheiten des Volkskriegs: der Armierung großer Bürgergruppen, ihrer Identifikation mit dem Kriegsziel und der Erbitterung der Kämpfe. Sie haben den Kontinent dermaßen erschöpft, daß seine Kriege die nächsten einhundert Jahre hindurch Mäßigung wahrten. Zumindest sank die Zahl der Gefallenen.

Zwischen 1815 und 1914 töteten oder verwundeten einander tödlich 512.000 europäische Soldaten; weniger Getötete und Verwundete als in zehn Jahren Napoleonischer Kriege. Weitere 113.000 Männer fielen in den Kolonialkriegen. Wieweit es sich hier um Militärbegegnungen handelt, ist ungewiß. Eine Gegenüberstellung der Gefallenen beider Seiten rechtfertigt den Verdacht von Ausrottungsmaßnahmen. Der 15jährige Krieg Spaniens um seine lateinamerikanischen Besitztümer (1810 bis 1825) kostete das Land 35.000 Soldatenleben. Gleichzeitig verringerte sich die Bevölkerung Venezuelas, Neu-Granadas, Ekuadors und Mexikos um 769.000 Personen. Die Vereinigten Staaten verzeichneten im Krieg auf den Philippinen (1899 bis 1902) 823 Gefallene, die Filipinos 16.000. In einer einzigen Schlacht, jener bei Omdurman (1898), töteten die Engländer mit Maxim-Maschinengewehren 20.000 Sudanesen; ihre eigenen Verluste waren verschwindend gering. Eine Feuerbegegnung läßt sich dergleichen schwerlich nennen. Die britischen Soldaten freuten sich herzlich an ihrer überlegenen Waffe. Hinter ihrem Maxim waren sie unverwundbar. Das ist der Antrieb zur technischen Innovation. Eingeschlossen ist darin die Ausrottung des Rückständigen. So liegt der Gedanke nicht fern, unter Umständen auf Waffen ganz zu verzichten und die blanke Vernichtung zu organisieren. Der französische General Pelissier etwa ließ in Algier einen Araberstamm in eine Höhle drängen und durch Rauch ersticken. Auf andere Weise bedienten sich die Deutschen des nämlichen Prinzips: Abriegeln und umkommen lassen. Das kaiserliche Heer vernichtete 1904 im Krieg gegen die Hereros 65.000 Menschen und verlor 127.

Generalleutnant Lothar von Trotha, der die aufständischen Hereros am 11. August 1904 bei Waterberg entscheidend geschlagen hatte, mochte sich damit nicht begnügen, trieb die Überlebenden in die Omaheke-Wüste und sperrte ab. »Ich, der große General der deutschen Soldaten«, proklamierte Trotha am 2. Oktober 1904, »sende diesen Brief an das Volk der Herero. Herero sind nicht mehr Deutsche Untertanen. Sie haben gemordet, gestohlen, haben verwundeten Soldaten Ohren und Nasen und andere Körperteile abgeschnitten und wollen jetzt aus Feigheit nicht mehr kämpfen ... Vom Volk der Herero muß jeder das Land verlassen. Wenn das Volk dies nicht tut, so werde ich es mit dem groot Rohr dazu zwingen ... Innerhalb der deutschen Grenze wird jeder Herero mit oder ohne Gewehr, mit oder ohne Vieh erschossen. Ich nehme keine Weiber und keine Kinder mehr auf, treibe sie zu ihrem Volke zurück oder lasse auf sie schießen. Das sind meine Worte an das Volk der Herero.« Nach monatelanger eiserner Abriegelung machten sich zu Beginn der Regenzeit Patrouillen auf die Suche nach den Verdursteten. Vier Fünftel des Herero-Volkes sind so vernichtet worden.

Trothas Brief an die Hereros motiviert den Ausrottungsplan mit Greueln an deutschen Verwundeten, Kriegsrechtsverstößen. Der Genozid hingegen tritt als legitime Vergeltung auf. Ihr Prinzip besteht gewohnheitsrechtlich allerdings aus der Verhältnismäßigkeit von Vergeltung und Vergoltenem. Ein Unrecht wird durch ein entsprechendes gesühnt, um vor weiteren Übergriffen abzuschrekken. Es soll dadurch der Rechtszustand wieder zur Geltung gelangen. Ein Blick auf den Umfang des europäischen Kolonialbesitzes lehrt, daß die Zwecke des Kriegsrechts daran vorbeigingen.

Am Ende des 19. Jahrhunderts hatten acht westeuropäische Mächte, England, Frankreich, Deutschland, Italien, Spanien, Portugal, Belgien und die Niederlande, ihr 2,6 Millionen Quadratkilometer umfassendes Staatsgebiet um 28,6 Millionen Quadratkilometer vervollständigt, einem Fünftel der Erde. »Seit den Mongoleneinfällen des 13. Jahrhunderts«, schreibt der englische Militärhistoriker Major Fuller, »hatte es keine Eroberung vergleichbaren Ausmaßes gegeben.« Im ganzen maßvoller als die Goldene Horde, vermochten die kolonialen Mächte ihre Landnahme nicht nach dem untereinander üblichen Kriegsbrauch abzuwickeln. Ohne ernsthaften Gegner ist dies nämlich überflüssig. Zum Zwecke ihrer Zivilisierung waren ganze Kontinente davon ausgenommen.

In den eigenen Reihen brach sich der Prozeß der Zivilisation auf andere Weise Bahn. Während der Napoleonischen Kriege, ihrer Beweglichkeit halber mit einem miserablen Sanitätswesen ausgerüstet, erreichte die Quote der an Verwundungen Gestorbenen elf Prozent. Nach der Leipziger Völkerschlacht sind aus der Masse der tot oder lebendig Liegengebliebenen noch am siebten Tag Verletzte vom Feld gelesen worden. Im Krimkrieg, 1853 bis 1856, zwischen Rußland und einer Vier-Mächte-Koalition aus Briten, Franzosen, Türken und Italienern war die Sterblichkeitsquote französischer Verwundeter auf 29 Prozent emporgeschnellt. Ferner erlag nahezu die dreifache Anzahl der durch Waffeneinwirkung gestorbenen Soldaten Ruhr- und Choleraepidemien, durchschnittlich jeder vierte Teilnehmer. Ohne recht erkannt zu werden, verlangte die Modernität dieses ersten Artilleriekriegs ihren Preis. Die Wunden veränderten sich mit dem breiteren Wirkungsradius der Geschosse. Weil dagegen schlecht Vorrücken war, verharrten Hunderttausende von Männern in Stellungen unter freiem Himmel und in feuchter Erde. Unvorbereitet auf die medizinischen und hygienischen Konsequenzen des Waffenfortschritts, sahen die Generäle ihre Fronten zu Seuchenherden verkommen. Bei der Belagerung von Sewastopol, dem ersten entwickelten Stellungskampf, suchten sie die Misere durch Materialeinsatz zu überwinden. Die britische Marine und ihre Verbündeten feuerten vom Schwarzen Meer her eineinviertel Million Projektile in die Stadt. An diesem Leistungsbeweis der frühen Industrie gingen fünfmal so viele militärische und zivile Verteidiger zugrunde, wie sie Rußland in sämtlichen Feldschlachten des Krimkrieges einbüßte.

Die Strafaktion

Die militärtechnische Radikalisierung des Krimkrieges, ausgebrochen nach Streitigkeiten um Gebetsstätten russisch-orthodoxer Christen im ottomanischen Jerusalem, mißachtete man vielleicht anbetrachts der vernünftigen Kriegszielpolitik. Die einsichtige Sache täuscht über die schmähliche Handhabung hinweg. Wie in vorrevolutionärer Zeit zügelten kundige Kabinette den Streitverlauf. Sie begnügten sich, an jenem vulkanischen Winkel die Tektonik des Staatensystems neu auszubalancieren. Leidenschaften haben sich nicht daran entzündet. Den Anschluß an den Enthusiasmus des Volkskriegs vollbrachte erst der nächste Vorbote des vollindustrialisierten Gefechts, der amerikanische Sezessionskrieg. In den 48 Monaten vom April 1861 bis zum April 1865 töteten die Armeen der Nord- und Südstaaten der USA 190.000 Männer. Die Gesamtzahl aller dem Krieg und den Kriegsfolgen erlegener Amerikaner übersteigt eine halbe Million. Damit hatte niemand rechnen können. Abseits der traditionsbeladenen Schlachtfelder West- und Mitteleuropas, unkundig der im Krimkrieg zutage getretenen Waffenwirkungen, betraten an den Ufern des Mississippi und in den Ebenen Virginias junge, dürftig ausgebildete, gänzlich ahnungslose Rekruten die Vorhölle der totalen Kriegführung. Der erste Schußwechsel bei Fort Sumter löste Freude im ganzen Lande aus, die Glocken läuteten, Menschen stürzten auf die Straßen, einander zu beglückwünschen, ob all der künftigen Siegeslust.

Als die mangelhaft geführten Truppen des Nordens in dem ersten Treffen am Bullrun in den feindlichen Geschoßhagel gerieten, liefen sie auf und davon. Die exzellenten Heerführer des Südens waren von der Effizienz ihres Schießgeräts nicht minder verblüfft und versäumten, auf die nunmehr ungeschützt preisgegebene Hauptstadt Washington zu rücken. Der Norden, inspiriert von Clausewitz' Theorien und deutschen Emigranten, hatte das Ziel gefaßt, die abtrünnigen Südstaaten in einer geschwind inszenierten Entscheidungsschlacht napoleonischen Stils zu bezwingen. Angesichts dreifacher Truppenüberlegenheit und erdrückender Rüstungsvorteile ein plausibles Vorhaben. Es kostete zwei Jahre vergeblichen Anstürmens, um durchschauen zu können, daß mit den revolutionären Eigenschaften der jetzigen Waffengeneration Napoleons Militärdoktrinen überholt waren. Seit der Belagerung Sewastopols und den Krim-Schlachten an der Alma, bei Balaclava und Inkerman im Herbst 1855 hatten die seit fast zweihundert Jahren bewährten Instrumente Friedrichs und Napoleons, die Muskete, der Kavallerieangriff, das Bajonett und der mit Elan vorgetragene Durchbruch, aufgehört zu wirken.

Die Modernisierung der Handfeuerwaffe erneuerte den gesamten Krieg. Feuergeschwindigkeit, Treffsicherheit und Reichweite der alten Muskete wurden durch den gezogenen Lauf des Gewehrs vervielfacht. Von zuvor 90 Metern dehnte sich das Schußfeld auf 450 Meter. Vermittels des Zündhütchens löste sich die Kugel auch im Regen. Ein Schütze vermochte hinfort auf große Distanz zu feuern, ohne seinerseits gesehen oder getroffen zu werden. Verfügten beide Seiten über ein solches Instrument, gruben die Schützen sich klugerweise im Erdboden ein, vor Überfall geschützt durch eine für besonders teuflisch angesehene Neuheit, den Stacheldraht. Der Angreifer verlor sein Ziel aus dem Visier, mußte, um es zu treffen, seine eigene Deckung verlassen und sich, vorwärtsstürmend, dem Beschuß des Verteidigers aussetzen. Mit Schrapnells und Granaten zielte die Artillerie in hohem Bogen, den Mann im gegnerischen Graben von ferne bereits auszuschalten, erreichte es aber nicht, dem Angreifer aus seinem prinzipiellen Nachteil zu helfen. Major Fuller hat in der nunmehrigen Unsichtbarkeit und Allgegenwart des Geschosses die Quelle einer modernen Angst gesehen, wie sie vorher nicht auf der Welt bestand. Bisher konnte die vom Feinde ausgehende Gefahr spätestens im Moment ihres Ausbruchs erschaut werden. Insoweit blieb die Hoffnung auf Ausflucht. Damit war es vorbei.

In der Ratlosigkeit der Strategen, eine Entscheidung herbeizuführen, hatte Ulysses S. Grant, der Oberbefehlshaber der Nordarmee, die Haltung ausgeprägt, »unausgesetzt auf den Feind einzuhämmern«, wie Hans Delbrück schreibt, »in der Berechnung, daß er selbst seinen Verlust ersetzen könne, der Gegner nicht«. Eine einzige Schlacht, die bei Shiloh, kostete mehr Gefallene als alle früheren Kriege der Vereinigten Staaten zusammen. Die Reserven auf allgemeine Wehrpflicht gegründeter Armeen sind aber dadurch nicht arg strapaziert. Zumal wenn eine weitere, die Kriegskunst umwälzende Neuerung, die Eisenbahn, dafür sorgt, daß ausgeruhter Ersatz pünktlich zur Stelle ist. Durch den Eisenbahntransport kann das demokratische Programm des ›Volks in Waffen‹ erst wahrhaft ausgeschöpft werden. Die Süd-Konföderierten schickten insgesamt 1,3 Millionen Männer, 90 Prozent ihrer Wehrfähigen, ins Feld, die Union 2,9 Millionen bzw. 45 Prozent der Wehrfähigen. Ein solcher Mobilisierungsgrad beginnt, den Unterschied zwischen Militär und Zivil aufzuweichen. Nicht nur, daß all diese hurtig in Waffen gekleideten Bürger verkappte Zivilisten sind. Auch nimmt an ihrem plötzlichen Kriegserlebnis die gesamte Zivilgesellschaft bangen Anteil. Mehr als das. Der Sezessionskrieg befördert sie in den Status der eigentlichen Kriegspartei. Sie ist die Trägerin des Wehrwillens, das Heer ihr bewaffneter Arm der Vergeltung. Als im November 1864 die Abwahl Präsident Lincolns zugunsten der Verständigungspolitiker droht, erobert, evakuiert und verbrennt General William T. Sherman Atlanta und verwüstet General Philip Sheridan das Shenandoah-Tal in Nordvirginia, die Versorgungsbasis so mancher Vorstöße der Rebellen auf Washington. Die eigens geschaffene ›Army of Shenandoah‹ mit 10.000 Kavalleristen verbrannte 2.000 Farmen und schleppte aus einer 75-Meilen-Zone jedes Pferd, Rind und Schaf. Sheridan, einer der größten Kavallerieführer aller Zeiten, versprach den Virginiern, ihnen »nichts zu lassen, als die Augen zum Weinen«. Die Aktionen befriedigten die zwischen Erschöpfung und Groll schwankende Gemütslage im Norden. Lincoln behielt die Präsidentschaft, Grant und Sherman holten zu einer Zangenbewegung aus, die den Konföderierten unter Lee den Garaus bereitete.

Weniger entscheidend als zukunftsweisend sind Shermans taktische Eingebungen gewesen, an welche die Kriegführung aller Parteien 1939 bis 1945 anknüpft. Sherman, den die südliche Sklavenhalterpartei den »Attila des amerikanischen Kontinents« nennt, ist ein eingefleischter Modernist gewesen, gleichwohl dem Kriegsrecht streng ergeben. Beheimatet bei den klassischen Autoren seines Gewerbes, quittierte er Kontroversen wie etwa um die Behandlung Atlantas ungern mit Ausflüchten zur ›militärischen Notwendigkeit‹. Die Regeln waren ihm elastisch genug: »See the books.« Die Rechtslehre hat die Vernichtung der Arsenale der gegnerischen Kriegführung seit jeher gebilligt. Im Ton gerechtfertigten Behagens notiert George W. Nichols, ein Stabsoffizier Shermans, in der Nacht des 15. November 1864 vor den lodernden Ruinen Atlantas: »Das sind die Maschinenfabriken, wo die Kanonen der Rebellen gegossen und geschmiedet worden sind, die so manchem treuen Verteidiger unserer nationalen Ehre den Tod gebracht haben. Die Lügner haben die Kriegsmunition aufbewahrt, die hier zu unserer Vernichtung gestapelt worden ist. Die Stadt, die neben Richmond mehr als jede andere die Mittel zur Kriegführung beigeschafft hat, sie existiert nicht mehr als Instrument, mit dem die Feinde der Union Unheil säen.« Atlanta existierte weder in dieser noch in anderer Eigenschaft. Versonnen beschreibt Nichols den Himmel über der Stadt. Eine einzige züngelnde Flammenwand wölbt sich empor. Glühende Asche zischt durch die Luft, jeden Augenblick detonieren mit scharfem Knall das in den Munitionsdepots gelagerte Schießpulver und Granaten. Die Stadt setzt sich gewissermaßen selbst in Brand. Verlassen von allen Einwohnern, die rußigen Straßen und Häuser ausgestorben, »überzieht eine fürchterliche Stille und Einsamkeit die Szene und bedrückt selbst die Herzen derer, die froh sind, das alles zu zerstören«. Der Krieger muß den Anblick seiner Erfolge ertragen, und die Verheerungen seines Elements stimmen ihn gelegentlich demütig. Je weniger man von den Leiden weiß, desto unbeschwerter kann man sie verhängen.

Von Atlanta brach Sherman auf zum ›Großen Marsch‹, quer durch Georgia nach Savannah an der Atlantikküste. General Lee, der mit der Hauptmacht des Südens nahe seiner Hauptstadt Richmond Grant gegenüberstand, sollte auf diesem Wege von der Versorgung abgeschnitten und im Rücken gepackt werden. Zudem galt es, die Bevölkerung Georgias die Verbrechen ihrer Regierung fühlen zu lassen. Shermans Befehle forderten Zerstörung aller Güter und Einrichtungen, die der Rebellen-Armee von Nutzen seien. Ein einwandfreies Begehr. Nützlich war zweifellos der Stolz der Nation, die Durchdringung des Kontinents mit Eisenbahnen. Mit wahrer Hingabe rissen die Unionisten die Geleise aus dem Boden, beschlossen, sie dauerhaft unbrauchbar zu machen, und fertigten, weil das Knicken nicht reichte, Geräte, den Stahl zu erhitzen und um Telegrafenmasten zu winden; auf diese Weise wurden über fünfhundert Kilometer Bahnstrecke demontiert. Sherman durchquerte Georgia in vier Wochen mit 60.000 Mann. All diese sollten tagtäglich legitime Zerstörung und Requisition unterscheiden von illegitimer Brandschatzung, Verwüstung und Plünderung. Ein Dampfhammer in Marietta durfte angezündet werden, das dortige

Gerichtsgebäude keinesfalls. In der Hitze übersah man den Unterschied, und von den beiden Flammenherden sprühten Funken, die das ganze Geschäftsviertel entzündeten. Das war die Schuld des Windes sowie derer, »die diesen Krieg erzwungen haben, samt seiner unvermeidlichen Schrecknisse«, schreibt Hitchcock, Shermans Adjutant. Das lodernde, funkensprühende Gerichtsgebäude, wiewohl entleert, schockierte den General und die Stabsoffiziere. Solchen Übergriffen der Untergebenen sei nicht Herr zu werden, klagte Sherman, »stellen Sie so viele Wachen vor das Gebäude, wie Sie wollen, die Leute schlüpfen hinein und legen Feuer«.

Der Anblick der Feuersbrunst, legal oder illegal gelegt, gewährte der ganzen Truppe ein tiefes inneres Erlebnis. »Ein Drittel des gesamten Horizonts steht in Flammen«, notierte Hitchcock am 15. November. Sherman vermute, dies müsse fünfzig Meilen entfernt noch zu sehen sein. Zunächst quillt der Rauch, dichte, schwarze Wolken, danach züngeln die Flammen, bis große Feuerwogen den Himmel hinaufrollen. »Nunmehr stehen die Skelette der großen Lagerhäuser als Silhouette gegen und inmitten von Wänden brüllender, hochschießender, wütender Flammen, dann rollen die erbitterten Wellen weniger hoch, sind von tieferer Farbe, sinken und vergehen. Nur ein düsteres Glimmen kommt von nackten, geschwärzten Wänden.« Eine Illumination weniger militärischer als seelischer Notwendigkeiten. Nichols registriert einen Bahnhof in Millen, der wie alle Bahnhöfe verbrannt wird, allerdings »eine Holzkonstruktion von ausnehmend graziöser Proportion besitzt. An drei Stellen gleichzeitig wurde sie angezündet, und ihre Zerstörung war ein glänzendes Schauspiel. Das Gebäude brannte langsam, obwohl genügend Wind wehte, die dicke Rauchsäule anzuheben und die exquisite Architektur zu enthüllen, die in Feuerlinien gezeichnet war.« Vollends surreal in dieser frühen Version einer flambierten Kriegslandschaft klingt die Beschreibung eines meilenweit in Brand stehenden Waldes. Großartig, schreibt Nichols, und manchmal grauenvoll sei der Anblick der Flammen gewesen, die wie scheuende Pferde über den Boden rasten. »Als wir uns einem dieser von Flammen und pechschwarzem Rauch erfüllten Wälder näherten, schienen die Phantasien der Kindheit Gestalt anzunehmen, Drachen und fürchterliche Tiere den Eingang eines verbotenen Landes zu hüten. Wagen, Reiter und Fußvolk tauchten einer nach dem anderen in die Glut, um hier und dort in gleißendes Licht gebadet wiederzukehren. Das Feuer versengte uns

Haare und Kleider, unsere verstörten Tiere rasten in angstvoller Agonie mal hier, mal dorthin. Es lag eine entsetzliche Erhabenheit in dieser Szene, die ich niemals vergessen werde.«

Weil das Einäschern des Okkupationsgebiets keine Menschenleben kostet und die Verwüstung Georgias mit der Miene heiter-methodischer Scouts abgeleistet wird, amüsieren sich General und Stab diebisch über jenen alten Schwarzen (»old darkey«) von Tennille, der seine Befreiung mehr als Tour von Pyromanen erlebt: »Von den Yanks kommen einige hier herunter und verbrennen zuerst den Bahnhof, dann kommen ein paar mehr und verbrennen die Geleise, dann kommen noch ein paar mehr und verbrennen die Häuser. Die Yanks sind die destruktivsten Leute (›most destructionest people‹), die ich je gesehen habe.« Häufiger indessen freuten sich die Schwarzen, Fabriken und Plantagen brennen zu sehen. Die Südstaatenregierung mühte sich heftig, die Kollaboration zu unterbinden. Zeitungen meldeten, daß Negerfrauen auf Tanzbällen der Besatzungsarmee reihenweise vergewaltigt und darob wahnsinnig geworden seien. Partisanen kleideten sich in Yankee-Uniformen und prügelten schwarze Plantagenarbeiter halb zu Tode. Mit Greuelpropaganda ließ sich das nördliche Kriegsziel der Sklavenbefreiung aber nicht beschädigen.

»Täglich und stündlich«, schreibt Nichols, »ereignen sich entlang unserer Marschlinie die allerpathetischsten Szenen. Tausende von Negerinnen schließen sich den Reihen an, manche tragen Haushaltsgegenstände, manche Kinder auf ihren Armen. Ältere Jungen und Mädchen trotten an ihrer Seite ... Die Mehrheit versteht das Eintreffen der Yankees als die Erfüllung tausendjähriger Verkündigungen. Der ›Tag des Jubels‹, die Hoffnung und das Gebet eines Lebens ist eingetroffen.« Unübersehbar hat der Anblick der Sklavenwirtschaft der nördlichen Kriegführung ein Strafelement zugesetzt, das über die militärische Notwendigkeit hinausreicht. Die Plantagenneger, notiert Nichols, seien die unwissendsten und unwürdigsten Wesen, die er jemals angetroffen habe. Anscheinend richteten die Sklavenhalter sie auf die Stufe ihrer Ochsen und Esel ab. »Es kocht einem das Blut, die Beweise der Herzlosigkeit und Grausamkeit dieser Weißen zu sehen. Ich glaube fest daran, daß wir das göttliche Instrument der Gerechtigkeit sind und sie nun zur Rechenschaft gerufen werden für ihre schamlosen Verbrechen.« Dies, erklärte Sherman seinen Offizieren Mal um Mal, sei ihre höhere Berufung. »Es gibt im Süden eine Klasse von Leuten, die ausgerottet werden muß, bevor Frieden herrschen kann im Land.« Aber das waren Redensarten.

Von der Küste aus wendete sich Sherman nach Norden durch Carolina auf Richmond zu. Nichols' Beschreibung des Gegners nimmt an Schärfe zu. Fabrikarbeiterinnen fallen ihm als ungekämmt, schlampig und unwissend auf. Sie kauen Tabak und rauchen. Ihre Behausungen sind überfüllt, verschmutzt, verlaust. Sklavenhaltende Landbesitzer ähneln den Faultieren, lungern provozierend träge herum, sehen tatenlos den requirierenden Soldaten zu und bringen fast die Energie nicht auf für ihr klägliches Lamento, daß sie nun verhungern müßten. Feiger als Kinder, heulend, wie geprügelte Schuljungen, lächerlich, hilflos, stöhnten diese pseudoaristokratischen Neger-Schinder um die Wette, und kein Soldat oder Offizier der Nordarmee empfinde etwas anderes für sie als Abscheu und Ekel. »Ich habe die verstümmelten Körper der Schwarzen gesehen, die auf die bloßen Launen ihrer grausamen Herren hin gefoltert wurden, doch hat mich der Fluch der Sklaverei, ihr herabsetzender, demoralisierender Charakter nirgends so beeindruckt, wie angesichts dieser Süd-Caroliner. Die oberen Klassen verkörpern den Abschaum und die unteren den Dreck der Zivilisation.« Auf diese verkommene Sklavenhalteroligarchie stürzte sich Sherman wie ein Racheengel (»avenging Nemesis«). Das von der Armee durchquerte Gebiet werde auf lange Zeit keinen Nachschub mehr liefern. »Unsere Arbeit war eine Art Vernichtung (›annihilation‹).«

Als Columbia, die Hauptstadt Südcarolinas, am 12. Februar fiel und die Schwarzen ein besonders anrührendes Willkomm entboten – »Thank the Almighty God, Mr. Sherman has come with his company« –, gestaltete sich die Vernichtungsarbeit wie folgt: Die Notenpresse wurde beschlagnahmt und samt Papier und Druckstöcken zerkleinert. »Dieser Verlust«, notiert Nichols, »ist für die Rebellen-Regierung irreparabel.« Columbia werde »the visit of Shermans army« in bitterer Erinnerung behalten. Weder in dieser noch in der nächsten Generation – »nein, nicht in einem Jahrhundert kann diese Stadt sich von dem tödlichen Schlag erholen«. Mit Sorgfalt zerstörte Shermans Company die wohlgefüllten Waffenarsenale und Rüstungsschmieden, Lagerhäuser mit Mehl, Fleisch, Getreide, die Brücken, öffentlichen Gebäude, Metallgießereien, Rohstoffe jeder Art. Der Besitzverlust sei keineswegs das Schlimmste. Der Geist sei gebrochen, der arrogante Stolz, die unziemliche Eitelkeit. »Ihre eingebildete, unnahbare, unbesiegbare Sicherheit ist erbarmungslos überrumpelt worden.« Die alteingesessenen Familien seien ohne Bleibe. Weggewischt die ehrwürdigen Heimstätten, wo soviel Erinnerung und Tradition, die Hinterlassenschaft von Generationen versammelt war. Ihren Haß gegen die Yankees könnten die Gedemütigten nicht verhehlen, gestünden jedoch ihre Ohnmacht ein gegenüber der Gewalt des Nationalgedankens, »verkörpert in unserer Armee und Marine«.

Die ganze Unkultur des Süd-Staatlers liegt letztlich in seiner nationalen Bindungslosigkeit. Die bloßen Gewinninteressen der sklavenhaltenden Oberschicht allein hätten Sezession und Krieg nicht herbeiführen können, wenn dem einfachen Volk auch nur ein Minimum an Erziehung anhaftete. »Die traurige Wahrheit ist, daß das Volk des Südens nie eine Vorstellung von der Idee der Nation besessen hat. Sie wissen nicht, was es heißt, ein Amerikaner zu sein.« Dennoch rechneten sie dazu, deshalb der Krieg, der nach zugespitztem Begriff gar kein Krieg war, sondern Rebellion. Demzufolge wäre die Konföderation kein Staat, sondern eine kriminelle Vereinigung; die Konföderierten gälten nicht als Belligerenten, sondern als aufständische Banditen, die bei Gefangennahme standrechtlich erschossen gehörten.

Für den Süden war der Norden ein ungerechter Eindringling, Aggressor und Vernichtungskrieger, der die staatliche Existenz der Konföderation leugnete, ja auszulöschen trachtete. Auch der Norden sah mit der Sezession den Fortbestand der Vereinigten Staaten gefährdet. Beide Seiten wähnten, um die blanke Existenz zu fechten. Nur eine Seite würde den Zwist lebendigen Leibes überstehen. Auch wenn der Kampf in Wirklichkeit als Krieg zweier Staaten geführt wurde, mithin in Respekt zwischenstaatlichen Rechts, beinhaltete er die Abschaffung des einen durch den anderen. Darum wählte Sherman zum ersten Adressaten seines Kriegs die gegnerische Bevölkerung. Sie war ja nicht befugt, einen rebellischen Staat zu bilden und eine rebellische Armee zu unterhalten. Am Volke lag es, der unstatthaften, kriminellen Regierung die Gefolgschaft zu kündigen und seine Loyalität pflichtschuldig der Union zu widmen. Da Überzeugung nicht fruchtete, mußte die Ungültigkeit des Verratsregimes in Richmond zum Erlebnis gebracht werden. Sie vermochte ihren angeblichen Bürgern nicht die Unversehrtheit von Leib und Besitz zu gewährleisten. Richmond wußte keine staatliche Ordnung zu stiften. Shermans Company, das Instrument göttlicher Gerechtigkeit und Washingtoner Staatsmacht, lehrte die Südstaatler ihre Unterworfenheit unter den legitimen Souverän. Es zeichnete ihn die Fähigkeit aus, seine Strafnormen durchzusetzen. Wer die Eisenbahn zertrümmern, die öffentlichen Gebäude entzünden und die Baumwolle beschlagnahmen kann, ist offenkundig Inhaber der vollziehenden Gewalt. Dies wird um so deutlicher, je drastischer die Maßnahme. »Offensichtlich ist es ein Prinzip auf diesem Marsch«, schreibt Hitchcock, »der Bevölkerung von Georgia ein sicheres Gefühl des persönlichen Elends zu vermitteln, das der Krieg mit sich führt, sowie der absoluten Hilflosigkeit und Unfähigkeit ihrer ›Regierenden‹, des Staats oder der Konföderation, sie zu beschützen. Und ich muß sagen, daß ich mehr und mehr glaube, daß der Krieg nur noch durch dieses Mittel beendet werden kann.« Es falle bitterlich schwer, den Lebensbedarf Tausender von Personen zu verzehren und zu zerstören, fügt der nachdenkliche Adjutant hinzu, gepeinigt, den Schrekken und Schmerz dieser Frauen und Kinder mitanzusehen, auch wenn sie persönlich geschützt seien. Wenn aber all dieser Schmerz, Schreck und Hunger dazu beitrage, ihre kämpfenden Gatten und Väter zu lähmen, und den Despotismus zu stürzen, der sie angeblich dazu zwinge, die Union zu bekämpfen, dann sei alle angerichtete Verzweiflung »am Ende eine Gnade«.

Die Heilsamkeit des Schreckens verlangt, daß Shermans Vandalismus greulicher sei als der Führer des Südens, Jefferson Davis, der seine Leute störrisch einem verlorengehenden Krieg darbrachte. So klagen es den Okkupanten die Soldatenfrauen. Insgeheim befürworten sie die Sache des Nordens und möchten von der Unbill des Krieges verschont, ja, von der Invasionsarmee chevaleresk davor in Schutz genommen werden. Nach Shermans Begriffen ein törichtes Ansinnen: Der Gatte und Vater tötet im Feld unsere Männer, und wir sind dazu da, ihm Haus und Familie zu hüten? Keineswegs. Je unerträglicher der Krieg für die Heimat, desto geschwinder kapituliert die Truppe. Was hält sie noch an der Front, wenn der Gegner die Heimat kontrolliert? Shermans Marsch durch Georgia, den reichsten Staat der Sezession, führt die Macht der Vereinigten Staaten vor Augen, Zivilisten nach Gutdünken zu traktieren. Unter demokratischen Verhältnissen trägt die Wehrkraft aller den Krieg, darum müssen ihn alle zu spüren bekommen. Anders verliert der fanatische Kriegsherr nicht sein Amt. Darum konzentriert der Militärstratege seine Attacke auf den Gegner und dessen Staatsvolk in gleicher Weise. Zumal wenn die Streitkräfte einander die Waage halten, bleibt die Zermürbung der Zivilisten als einziger Ausweg. »Nichts kann diesen Krieg beenden«, notiert Hitchcock, »als eine Demonstration ihrer Hilflosigkeit und der elenden Unfähigkeit von Jefferson Davis, sie zu schützen.« Seinen Offizieren schärfte Sherman ein, wenn Krieg, dann komplett: »Er muß Zerstörung und Elend bringen, die Unschuldigen so wie die Schuldigen leiden lassen; er muß das Plündern und Töten mit sich bringen. Sonst taugt er nicht mehr als ein Mummenschanz.« Ohne Unterwerfung wäre der Krieg endlos. »Gott helfe uns.« Nachts, am Lagerfeuer, verarbeitete Sherman seine ethischen Bedenken: »Ich muß mein Herz gegen all diese Dinge verhärten. Wie konnte ich dieser armen Frau heute helfen? Dafür gibt es keine Hilfe. Meine Soldaten werden ihr alles abnehmen. Dafür ist Jefferson Davis verantwortlich.«

Für den Raub privaten Besitztums, den streunende Soldaten auf eigene Rechnung vornahmen, fühlte sich Sherman indessen selber verantwortlich. Plünderern wurde die Todesstrafe angedroht. Die Entfernung der Männer von der Truppe zwecks persönlicher Bereicherung ließ sich schwer eindämmen. Leichter sei der Gegner zu fassen, bemerkte Sherman, als diese Strolche. Weil die Einwohner Georgias und Carolinas ihre Juwelen, das Porzellan, die Nahrungsvorräte vorsorglich in Gärten, auf Wegen und Friedhöfen vergruben, waren die Yankees fieberhaft auf Schatzsuche unterwegs und wühlten das Gelände sinnlos um und um. Sherman gab sich Hitchcock gegenüber ratlos. Disziplin sei mit keinerlei Mittel durchsetzbar. Hitchcock, Jurist und gebürtiger Südstaatler, bezweifelte kaum Shermans Autorität, dem Kriegsrecht Geltung zu verschaffen. Offenkundig fügten sich die Übertretungen reibungslos in die allgemeine Zielsetzung der Operation. Die von Sherman verlangten rechtmäßigen und die von ihm untersagten unrechtmäßigen Schreckenstaten dienten derselben militärischen Notwendigkeit. Verbote waren dagegen machtlos, objektiv nicht zwingend und trotz einiger Militärgerichtsverfahren überwiegend deklamativ. Die von dem Kommandeur eingestandenen Versäumnisse, die Mannschaften zur Rechtsfolgsamkeit zu zwingen, mag man auch als laxe Form von Erlaubnis auffassen.

Der amerikanische Sezessionskrieg, eine frühe Dämmerszene totaler Kriegführung, konnte erst ab 1918 richtig gedeutet werden. Die Industrialisierung des Gefechts, gepaart mit dem Aufbäumen nationaler Leidenschaften, die nur bedingungslose Selbstaufgabe des Gegners (»unconditionel surrender«) stillt, hätte den Planungsstäben die künftigen Kriege erläutern können. Doch schienen die Konturen zu undeutlich, der Schauplatz zu weit abgelegen, die Novitäten zu sehr der Absonderlichkeit des Zwistes verhaftet. Moltke, Preußens Generalstabschef, hielt den gesamten Konflikt für die Balgerei unzivilisierter Horden. Zumindest ein Resultat fand aber militärische Anerkennung: Die mitten im Krieg entstandenen US-Kriegsrechtsartikel von Lieber und Halleck, die erste neuzeitliche Gesetzesvorschrift für Armeen im Feld. Sie diente den Preußen als Muster ihres Reglements von 1870 und löste im preußisch-französischen Krieg angeblich alle Probleme. Dem militärischen Ermessen räumen Lieber und Halleck weitesten Spielraum ein. Alles andere wäre allerdings vergeblich. Die Generäle kämpfen notfalls auch ohne Rechtsartikel. In ihrer Natur liegt, daß sie nicht zwingend befolgt werden. Halleck, Generalstabschef, und Lieber, ein deutschstämmiger Historiker, unterziehen sich allerdings der Mühe der Systematik und erklären ihre Regeln von Grund auf:

Der Krieg ist ein Zustand bewaffneter Feindschaft zwischen souveränen Nationen und Regierungen. »Das Völkerrecht erlaubt jeder souveränen Regierung, gegen einen anderen souveränen Staat Krieg zu führen.« (Art. 67). Adressat der Kriegführung ist allerdings das Staatsvolk. Die Menschen leben in Gemeinschaften und dulden ein gemeinschaftliches Los im Guten wie im Bösen, im Frieden und im Krieg (Art. 20). Darum ist der Bürger des feindlichen Landes ebenfalls Feind »und als solcher den Härten des Kriegs ausgesetzt« (Art. 22). Mit fortschreitender Zivilisation unterscheidet man zwischen Bewaffneten und Zivilisten. Letztere sind zu schonen, »soweit die Erfordernisse des Kriegs es zulassen«. Unzulässig sind allein Ermordung, Versklavung, Verschleppung, Folterung und Brunnenvergiftung. Erzürnt hörte Lieber etwa von dem Versuch der Südstaaten, in New York durch Einschmuggeln infizierter Kleider eine Gelbfieberepidemie zu entfesseln. Erlaubt hingegen ist die Vernichtung von Eigentum, die Unterbrechung von Verkehrs- und Nachrichtenwegen und die Blockade des Feindes zur Verhinderung der Lebensmittelzufuhr. Artikel 17 besagt, daß der Krieg nicht allein mit Waffen ausgetragen wird, »es ist rechtens, den gegnerischen Kriegführenden, ob bewaffnet oder unbewaffnet, auszuhungern, so daß es zur beschleunigten Unterwerfung des Feindes kommt. Wollen einzelne Zivilisten dem Hunger entfliehen und die Stadt verlassen, können sie zurückgetrieben werden, um die Kapitulation zu beschleunigen. Das Bombardieren ziviler Einrichtungen ist möglich, empfohlen wird, die betroffene Ortschaft rechtzeitig davon zu unterrichten, um Frauen und Kindern die Gelegenheit zum Abzug zu geben« (Art. 19). Unterlassung ist jedoch keine Ungesetzlichkeit, denn »die Überraschung mag eine Notwendigkeit sein« (Art. 17).

Die Bevölkerung schuldet dem so verfahrenden Okkupanten Gehorsam bei Strafe des Todes. Schonung gebührt nur dem gutartigen, duldsamen Bürger. Eine solche Figur ragte gewissermaßen noch aus der Zeit der Rokokokriege in das moderne Kriegsrecht. Zivilschutz, der nur für Kollaborateure gilt, ist im Saeculum der Volkskriege nicht viel wert. Halleck, ein juristisch vorgebildeter, altmodischer Mann, glaubte selbst nicht an die Existenz des teilnahmslos neutralen Privatiers, der sich mit jedweder Exekutivgewalt phlegmatisch abfindet. Die Zivilisten, schrieb er an den in Tennessee stationierten General Rosencrans, teilten sich in drei Klassen:

Die erste von ihnen kollaboriert aus ganzem Herzen, verdient Protektion und ist von Requisitionen auszunehmen. Klasse zwei sympathisiert mit ihrer nationalen Regierung, beschränkt sich indessen auf ihre Privatangelegenheiten und läßt sich nicht zu feindseligen Akten verleiten. Diesem Kreis seien die Besitztümer zu belassen, Belästigungen zu ersparen, jedoch Requisitionen und Quartier abzuverlangen. Nicht mit Waffengewalt, aber in bekundeter Feindseligkeit steht die Klasse drei dem Okkupanten gegenüber. »Wir haben sehr ernsthaft unter dieser Klasse gelitten, und es ist Zeit, daß die Kriegsgesetze entschlossen gegen sie eingesetzt werden.« In Frage kommen Bestrafung wegen mangelnden Gehorsams, Kriegsgefangenschaft und Abschub. Zu den Kombattanten rechneten alle drei Klassen nicht. Spione, Informanten und Gewaltwiderständler ziehen sich geradewegs den Tod zu. Vom Zivilisten wird Entgegenkommen erwartet. Es ist dies dieselbe für die nationale Sache aufgeputschte Person, die sich auf dem Papier mit innerem Vorbehalt, aber ohne Fackelei den Erfordernissen der Gegenseite fügt.

Toleranter als mit den Zivilisten verfahren die Instruktionen mit den Partisanen. Beide Kriegsparteien beschäftigten getarnte Kommandos zur Sabotage jenseits des Gefechtsfeldes: ein als ›Petit guerre‹ recht traditionsreicher Brauch. Die ›Irregulären‹ kämpfen außerhalb der Regeln, aber auf jeder Frontseite, und das ist auch eine Regel. Die Sezession verlangte, ihre Saboteure als Kombattanten anzuerkennen, anderenfalls sie Vergeltung übe und Kriegsgefangene töten werde. Halleck beauftragte Lieber, dem das Problem aus Preußens Befreiungskrieg persönlich vertraut war, einen praktikablen Weg zu finden. Er bewies preußischen Zuschnitt.

Partisanen, die als separate Verbände unter dem Kommando der regulären Armee operieren, sind bei Ergreifung als Kriegsgefangene zu behandeln. Frei gebildete Banden hingegen, die sich gegen die Besatzer auflehnen, hinter den Linien Terror stiften, der militärischen Disziplin nicht unterstehen und die Kriegsregeln ignorieren, werden wie Straßenräuber, Piraten und Spione eingestuft, mithin aufgehängt.

Die ganze Fürsorge der Instruktionen gilt, wie zumeist im Kriegsrecht, dem Erhalt des kriegerischen Instruments, der durch die Industrialisierung der Schlacht immer verletzlicheren Armee. Angeschwollen um Millionen Wehrpflichtige, denen Kriegsbräuche fremdartig und uneinsichtig waren, bedurfte das Verhalten im Krieg formulierter Gesetze. In einer Sphäre, die Massentötung abwickelt, fällt ungeübten Teilnehmern eine Selbstkontrolle schwer.

»Wer einen entwaffneten Gegner tötet«, heißt es in Artikel 71, »wird zum Tode verurteilt.« Eine dermaßen krasse Abschreckung heiligt das Lebensrecht des Wehrlosen und zügelt den Hang, sich daran zu vergreifen. Den Schutz des Gefangenen haben die Instruktionen mit jener schönen Deutlichkeit garantiert, die der Zivilschutz entbehren muß: Pardon wird gegeben; Kriegsgefangene sind zu ernähren und medizinisch zu versorgen. Sie gelten als Staatsfeinde, keineswegs als Sträflinge, dürfen nicht gezüchtigt werden »durch grausame Einkerkerung, Nahrungsmangel, Verstümmelung, Tod oder irgendeine Barbarei«. Allerdings sind »alle Kriegsgefangenen Vergeltungsmaßnahmen unterworfen« (Art. 59); sie haften für eventuelle Verbrechen ihrer Partei. Es waren diese altvertrauten Bräuche, die der Süden ständig verletzte.

Der Krieg wütete auf südlichem Gelände. Die Konföderierten trugen die Hauptlast, hatten den Schaden, während der Norden prosperierte. In dieser Situation sind die Gefangenen gefundene Objekte der Revanche. Ein Großteil der Erbitterung der Sherman-Armee in Georgia rührte vom Anblick der verlassenen Kriegsgefangenenlager her, der unbegrabenen Leichen der Kameraden, der eingezäunten Flächen ohne Wasser und Unterkünfte. »In Gefangenschaft geraten«, notiert Hitchcock, »bedeutet wahrscheinlich, sofort die Kehle durchgeschnitten zu bekommen.« Am Leben bleibe, wer einen Eid auf die Konföderierten leiste. Dies war, von Exzessen abgesehen, kriegsübliche Greuelpropaganda. In Wahrheit verendete jeder dritte Yankee im Gewahrsam der Konföderierten an Krankheit.

Vier Monate nach der Kapitulation verhandelte ein Militärgericht gegen Henry Wirz, »Offizier im Militärdienst der sogenannten Konföderierten Staaten von Amerika in Andersonville im Staate Georgia«. Der Anklage zufolge hatten Wirz und Vorgesetzte sich verschworen, Gesundheit und Leben der Unions-Soldaten, die im Gefangenenlager Andersonville einsaßen, zu zerstören und zu vernichten. Die 45.000 Männer beschrieb der dort wirkende Armeearzt Dr. Roy als die »schrecklichsten Exemplare von Menschen, die ich je gesehen habe«. Das Gericht erhielt Zeugnis von einer teils lebendigen, teils toten auf dem Gelände ausgebreiteten Schicht Leiber, eingegraben in Erdlöcher, in Kot und Ungezieferschwärme gestreckt und mit schwärenden gasbrandigen Wunden übersät, mit amputierten und wieder amputierten Gliedern, halb oder ganz nackt. Das Lager war durchseucht von Typhus, Ruhr, Malaria, Lungenentzündung, Skorbut. Gefangene konnten nicht essen, weil ihre Kauwerkzeuge zerstört waren, wie Dr. John Baets bezeugte. Sie baten um Knochen, die sie zertrümmern und auslutschen wollten. »Die Männer humpelten an Krücken, andere krochen am Boden, mit Zinntellern im Mund, weil sie diese Gegenstände anders nicht tragen konnten. Ich machte verschiedene Berichte über die Zustände, doch keiner wurde beachtet.«

Wirz, gebürtiger Schweizer, im Zivilleben Arzt, gab sich als »Werkzeug in der Hand meiner Vorgesetzten« zu erkennen. Die knappen Rationen, die Überfüllung des Lagers, den Mangel an Kleidung und Unterkunft habe er nicht zu verantworten. Seine Pflicht sei vielmehr »anstrengend und unerfreulich gewesen«, und er bitte das Gericht, ihm zukünftig eine Wache zu stellen, die ihn vor der Rache früherer Gefangener bewahre. Sein Leben sei in Gefahr. Nach Wirzens groben Angaben waren in Andersonville 12.000, in Wirklichkeit 7.712 Lagerinsassen gestorben. Zur Verhinderung von Ausbrüchen hatte der Kommandant vor den Palisadenring eine Todeszone gelegt. Flüchtende wurden bei Betreten erschossen. Die Disziplin sicherten ferner Foltergeräte, eine Hundemeute sowie das Aneinanderketten, die ›gangchain‹. Der Ankläger der Vereinigten Staaten bemerkte, daß noch niemals ein Sterblicher vor Gericht eine ähnliche Verbrechenslast habe verantworten müssen. »Man schaudert angesichts der Tatsachen und verzweifelt fast an dem Zeitalter, in dem wir leben.«

Denkwürdig ist, daß Wirz auch der unmenschlichen Verletzung von Völkerrecht angeklagt war. Welche Despotie die Konföderierten auch immer in die Welt setzen wollten, sie seien verpflichtet gewesen, »jene internationalen Gesetze anzuerkennen und zu befolgen, die Anwendung auf alle finden und notwendigerweise finden müssen«. Der Andersonville-Prozeß endete nach zwei Monaten Verhandlung und 160 Zeugenaussagen. Das Gericht verurteilte Wirz am 24. Oktober 1865 wegen Verletzung und Vernichtung von 45.000 Soldaten, Rebellion gegen die Vereinigten Staaten und Mißachtung der »laws of war« zum Tode durch den Strang.

Das Streben, die Gesetze des Krieges, jahrhundertelang ein Ehrenkodex der militärischen Kaste, in einem Normenkatalog des Militärstrafrechts und Völkerrechts unterzubringen, gehört der philanthropischen Bewegung des 19. Jahrhunderts an. Eine feierliche Zivilisationserwartung bemächtigte sich der letzten Schattenreiche: Sozialmisere, Frauenemanzipation, Aberglaube, Krieg, seine prinzipielle Abschaffung und vorläufige Milderung.

Die Schlachtfelder des amerikanischen Sezessionskriegs sahen als erste eine gründliche Verwundetenpflege. Napoleon, der Abgott seiner Soldaten, überließ die Getroffenen ihrem Schicksal. Mit Verbandszeug und Medikamenten wollte man sich nicht übermäßig belasten. Die Feldscher der Zeit wußten zerschossene Glieder ohnedies nur durch Amputation zu behandeln, so daß mit Wiederherstellung der Kampfkraft selten zu rechnen war. Zudem töteten die Lazarette mehr Menschen durch Seucheninfektion, als sie zu heilen imstande waren. 1861 bis 1865 begleiteten insgesamt 2.000 Samariterinnen der ›United States Sanitary Commission‹ die Armeen und sammelten getreu dem Gelöbnis, »immer der Kanone folgend«, ein, was diese übriggelassen hatte. Es gab etwas zu retten. Hygieneregeln und Schmerzbetäubungsmittel waren entdeckt, Transportkapazitäten geschaffen. Clara Barton, eine Angestellte im Washingtoner Patentamt, begeisterte eine Nation, einschließlich Generäle und Präsident, für das Sanitätswesen. Die unbeirrbaren Engel des Schlachtfelds, wie Clara Barton, Florence

Nightingale und Henri Dunant, gelangten zu Weltruhm. Letzterer, ein Genfer Bankier auf Geschäftsreisen, den es irrtümlich in das Gefechtsgebiet von Solferino verschlagen hatte, rüttelte mit einer rasch verfaßten Reportage über das Los der 40.000 Verwundeten die Salons und Fürstenhäuser auf. »Der Anblick des Schlachtfelds«, schrieb Dunant dem General de Beaufort, »ist nichts im Vergleich mit der Verzweiflung der Unglücklichen, die ohne Pflege, ohne Hilfe, ein, zwei, ja drei Tage auf einem Haufen liegen und sich verlassen glauben. Ich habe alte Soldaten gesehen, die weinten wie Kinder ... Ich habe viele gefunden, denen man seit Tagen nichts zu essen oder zu trinken gebracht hatte; viele, die trotz ihrer furchtbaren Wunden nicht verbunden waren und die durch eine etwas schnellere Hilfeleistung zu retten gewesen wären. Andere wiederum blieben tagelang ohne Verbandwechsel, weil sich niemand um sie kümmerte. Fast alle waren nackt, noch blutüberströmt, bedeckt mit Fliegen und Würmern. So lagen sie auf Steinen oder auf Stroh, das in ihre Wunden stach, inmitten eines scheußlichen Schmutzes und eines entsetzlichen Gestanks. Und all dies tagelang.«

Solche Sätze verfehlten keineswegs ihre Adressaten. Die Generäle des 19. Jahrhunderts blieben von der rapide gesteigerten Tödlichkeit ihres Instrumentars nicht unberührt, insbesondere, wenn sie nicht von Sieg gekrönt war. Rosencrans geriet angesichts der 23.000 Mann Verluste der Schlacht von Chickamauga ins Schluchzen, und Napoleon III., wahrlich eine hartgesottene Natur, stammelte bei Sedan erstickt: »Vor allem muß das Feuer aufhören ... Zuviel Blut ist geflossen.« Die Feldherrn mußten sich daran gewöhnen, was sie ihren Männern zuzumuten hatten.

Dunants Eingebung bestand weniger im Nachweis mangelhafter Verwundetenfürsorge; soviel war augenfällig. Den Beifall fand der Vorschlag zu ihrer Neutralisierung. Ein unkriegerisches Organ der Menschlichkeit, das Rote Kreuz, beanspruchte ungehinderten Zugang zum Kriegsschauplatz, um die Verletzten aus seiner Gewalt zu ziehen. Über den Konfliktparteien waltete eine unparteiliche dritte Instanz, die sich dem Fortleben der kampfunfähigen Kreatur geweiht hatte. Darin waren sich Militaristen und Antimilitaristen einig, und es kam zum ersten Abkommen des Kriegsvölkerrechts, der Genfer Rotkreuz-Konvention von 1864, der 48 Staaten beitraten. Nach rund einhundert Jahren hatte man jenen Standard wieder erreicht, der unter den ökonomischen Generälen des Ancien régime gegolten hatte: Vor dem Gefecht wurden einstens Verträge unterzeichnet, worin die Lage der Feldhospitäler angegeben war nebst der Zusage, diese nicht unter Beschuß zu nehmen noch zu behindern, das Sanitätspersonal gewähren zu lassen und nicht gefangenzunehmen. In den Revolutions- und Napoleonischen Kriegen war die Verwundeten- und Gefangenenfrage fallengelassen worden. Aus ersichtlichem Grund. Die Geschwindigkeit der Bewegung, die heftige Animosität unter den Gegnern, der gegenseitige Argwohn und die Furcht, kriegsentscheidende Vorteile preiszugeben, behinderten die notwendigen Absprachen. Was die Befehlshaber im Kavaliersverkehr nicht mehr abwickeln konnten, ist Materie von Staatsverträgen geworden.

Seit der Rotkreuz-Konvention von 1864 ist Kriegsrecht eine von Staaten ausgehandelte Vertragslage. Gegenüber seinen Partnern übernimmt der Staat die Pflicht, dem Vertrag seinen Soldaten gegenüber Gesetzeskraft zu verschaffen. Bezeichnenderweise überträgt die 64er Konvention die Rechtsverwirklichung einem neutralen Organ. Wenn man so will, ist alles Kriegsrecht eine neutrale, den Feindseligkeiten entzogene, beide Seiten verpflichtende Instanz. Der kriegerische Vernichtungswille respektiert keinen Zivilstatus, keine Gefangenen und keine Verwundeten. Das Zivil ist der Nährboden der gegnerischen Streitmacht. Gefangene und Verwundete binden Kapazitäten, hindern die Bewegung und verleiten die eigenen Leute zur Kapitulation. Von sich aus ist der Krieg total, verschlingt alles, auch sich selbst.

Im Kriegsrecht verständigen sich die kriegführenden Staaten über den Rahmen des Konflikts: das Vorher und Nachher, Eröffnung und Schluß, den Radius der militärischen Mittel, die exemten Sphären des Zivil- und Wirtschaftslebens, der Religionsausübung, der Kunst, Denkmäler und der Abwicklung von Kriegsnebenfolgen, wie Kosten, Verwundeten- und Gefangenenfürsorge. All dies unterbricht, belästigt die Militäraktion. Gleichwohl wird dadurch das kriegerische Instrument gepflegt. Soldaten, die kein Pardon zu erwarten haben, geben sich nicht geschlagen, fechten unerbittlich oder auf aussichtslosem Posten und verursachen zusätzliche Verluste. Heeresverbände, die Verwundete nicht kurieren, scheuen das Risiko und meiden den Kampf. Generäle, die das Zivil schikanieren, rufen Partisanenbewegungen hervor, steigern deren Zulauf und verzetteln ihre Kräfte. Soldaten, die plündern, brandschatzen und vergewaltigen, verfallen dem Triebleben, degenerieren zur Horde, entziehen sich der Disziplin und Kommandogewalt. Kriegsverbrechen sind Kriegsverbrechen nicht unbedingt, weil sie verwerflich, sondern weil sie militärisch unsinnig sind. Von Fall zu Fall mag dies verschieden sein. Darum scheuten die Generäle die gesetzliche Präzisierung des Kriegsbrauchs.

Moltke, der berühmteste Soldat seiner Zeit, erläuterte dem Heidelberger Juristen Johann Caspar Bluntschli die Vergeblichkeit legaler Vorkehrungen, die nie auf die Erfordernisse des Moments paßten und laufend mißachtet werden müßten. Die Lage ist kompliziert und überraschend, die Vorschrift allgemein. Moderne Kriegführung mit ihren vielfältigen Angriffsobjekten, der Eisenbahn, dem Nachschub, der Kalkulation mit gegnerischer Finanzkraft und Moral, verlange keine Festlegungen, sondern Flexibilität. Der Humanität sei am besten durch eine humanistische Sensibilisierung der ganzen Nation gedient. Damit hatte es seine wahre Not.

In Deutschland schmachtete der einflußreichste Denker seiner Zeit, Friedrich Nietzsche, nach der »entsetzlichen Heiterkeit und Tiefe der Lust in allem Zerstören, in allen Wollüsten des Siegs und der Grausamkeit«. Freiwilliger Sanitäter im Krieg von 1870/71, verspürte er nunmehr »die Spannung, welche eine lange Einschließung und Einfriedung in den Frieden der Gemeinschaft gibt«. Wiedererlangung des seelischen Gleichgewichts erwartete er sich von »der Wildnis«, »vielleicht von einer scheußlichen Abfolge von Mord, Niederbrennung, Schändung, Folterung«. Das »autonome, übersittliche Individuum, ... die Bestie der Tat ... das frohlockende Ungeheuer« labt sich an der »Strafe als Fest, nämlich als Vergewaltigung und Verhöhnung eines endlich niedergeworfenen Feindes«. Das schreibt sich flüssig und wird von einer Lesergeneration geschlürft, der in den vierzig Jahren von 1871 bis 1914 das Kriegserlebnis abhanden gekommen war. Sie fand keinen Ersatz und wurde je behüteter, desto ärger von dem Verlust und begleitenden Phantasien geplagt. Keinem Kriegsverlust, sondern einem Daseinsverlust in der Sekurität. Dem Verlust des »Wohlgefühls, seine Macht an einem Machtlosen unbedenklich auslassen zu dürfen«, dem Verlangen nach »Abstand von der Überfülle des Mißratenen, Kränklichen, Müden, Verlebten, nach dem heute Europa zu stinken beginnt«. Seine Prosperität, sein Fortschritt ersticken den Zeitgenossen, und er grübelt, ob nicht zur wachsenden Kraft und Vollkommenheit ein »teilweises Zugrunde-Gehen« gehört, eine »Zahl-Verminderung«, denn »auch das teilweise Unnützlich-Werden, das

Verkümmern und Entarten, das Verlustig-Gehen von Sinn und Zweckmäßigkeit, kurz der Tod gehören zu den Bedingungen des wirklichen progressus«.

Das progressive Dezimieren der Unnützen ist kein Los, das Gleichgeartete sich bereiten, in Sonderheit nicht die Kampferprobten. Das ritterliche Ideal, welches die Waffenkunst dem Schutz des Gebrechlichen widmet und Krieg den Wehrfähigen, Gleichgerüsteten vorbehält, dem Unbewehrten aber versagt, die Ethik des legitimen Gefechts der Aug in Auge blickenden Belligerenten, die Substanz des jahrhundertealten Kriegsvölkerrechts ist der Philosoph bitter leid. Das Gegenteil ist richtig. »Die Kranken sind die größte Gefahr für die Gesunden; nicht von den Stärksten kommt das Unheil für die Starken, sondern von den Schwächsten ... Die von vorneherein Verunglückten, Niedergeworfenen, Zerbrochenen, sie sind es, welche am meisten das Leben unter Menschen unterminieren ... Hier spinnt sich beständig das Netz der bösartigen Verschwörung – der Verschwörung der Leidenden gegen die Wohlgeratenen und Siegreichen. Hier wird der Aspekt des Siegreichen gehaßt.«

Der Feldzug der »Eroberer- und Herrenrasse, der der Arier«, durch die »Irrenhaus- wie Krankenhausluft von jeder Art Europa«, hat dortselbst kein Vorbild. Sogar Napoleon, »diese Synthesis von Unmensch und Übermensch«, eignet sich zum Idol seines philosophischen Deuters schlecht. Als jemand, »der in den modernen Ideen und geradewegs in der Zivilisation etwas wie eine persönliche Feindin sah«, hätte er sich ungern herbeizitieren lassen. Diskutabel wäre hingegen, wieweit die vermißten »paar kriegerischen Jahrhunderte, die in der Geschichte nicht ihresgleichen haben«, von dem sensitiven Nietzsche, der im Feldpostbrief der Mutter über das »stark nach Leichen riechende Schlachtfeld« klagte, nervös antizipiert worden sind. Daß »wir ins klassische Zeitalter des Kriegs getreten sind, des gelehrten und zugleich volkstümlichen Kriegs im größten Maßstab«, ist zutreffend geweissagt. Abzuwarten bleibt, ob darauf »alle kommenden Jahrtausende als auf ein Stück Vollkommenheit mit Neid und Ehrfurcht zurückblicken werden«.

Denkwürdig immerhin ist, daß zur Zeit der Kodifizierung des Kriegsvölkerrechts ein Hymnus auf das Kriegsverbrechen populär wird, das Nietzsche als »Instinkt des wilden, freien, schweifenden Menschen« verkündigt, der sich »eine Folterstätte, eine unsichere und gefährliche Wildnis schaffen mußte«, der dem »Schutz- und

Heil-Instinkte eines degenerierenden Lebens« ade sagt, um sich »in aller Kraft vorstellig zu machen, bis zu welchem Grade die Grausamkeit die große Festfreude der älteren Menschheit ausmacht«. Den verwunderlichen Frontaufriß des modernen Kriegs, der frohlockenden Überwältigung ohnmächtiger Menschenschwärme durch Kanoniere und auftrumpfende Bomber, mag man in der Losung: »die Menschheit als Masse dem Gedeihen einer einzelnen stärkeren Spezies Mensch geopfert – das wäre ein Fortschritt«, ungefähr wiedererkennen. Nietzsches offene Frage, »wozu Mensch überhaupt?«, entwickelt sich ganz folgerichtig aus solchen Gelüsten und ist bei deren Beharrlichkeit zunehmend schwieriger zu beantworten. Doch versorgte die philosophische Kraftentladung die Ankunft des Massenvernichtungskriegs allenfalls mit einem fetischistischen Beigeschmack. Ernst Jünger, der genauer wußte, wovon er redete, steuerte später eine literarische Materialschlachtextase bei. Der Reiz fand Anklang; daß einer stärkeren Spezies Mensch zum Durchbruch verholfen wäre, ist vorläufig nicht zu erkennen. Ja, Nietzsches Richtung und die philanthropischen Pazifisten artikulieren bei gegensätzlicher Bewertung denselben Verdacht, daß die Spezies Mensch nicht länger das Geschehen steuert. Ob sie sich durch Menschenversöhnung oder -verachtung ihrer selbst vergewissert, ist ganz einerlei angesichts des Umstandes, daß die männliche Jugend alsbald von dumpfen Robotern niedergewalzt werden sollte, ob mit Nietzsche oder Goethe im Tornister.

Das ratlose Beieinander von Militaristen und Antimilitaristen gipfelte unter leidenschaftlicher europäischer Anteilnahme 1899 in Den Haag, einer Friedenskonferenz, die zu guter Letzt die Haager Landkriegsordnung hervorbrachte. An der Schwelle des totalen Krieges geloben die Unterzeichner humane Abwicklung. Sie fürchten, was auf sie zukommt, kein Zweifel. Zumal Zar Nikolaus I., der Initiator, fürchtete das Schnellfeuergewehr, das die Donaumonarchie, seine Rivalin am Balkan, einzuführen begann. Die Überlegenheit des preußischen über das französische Gewehr hatte den Feldzug 1870/71 entschieden. Durch die rapide Entwicklung des Infanterie- und Artilleriebeschusses war der ganze noch von Napoleons Schlachtenlenkertum erleuchtete Krieg eine unkalkulierbare Angelegenheit geworden. Paradestücke wie die brausende Kavallerieattacke waren zu antiquiertem Mummenschanz geworden durch die über Hunderte von Metern hingestreckte Todeszone aus Artillerie-Infanteriegeschossen, die eine wohlgestaffelte Batterie aus Haubitzen, Mörsern und Maschinengewehren abfeuerten. Weder Mensch noch Pferd vermochten sich in diesem Hagel aufrecht zu bewegen.

Seit 1870 hatten mehrere Nationen die Wirkungsweise von Munition im Gewebe durch Schießversuche an Leichen wissenschaftlich erprobt und waren dadurch imstande, Projektile herzustellen, die vom eben entstandenen Ambulanzwesen nicht ohne weiteres zu schließende Wunden rissen. Bei der Belagerung von Paris im Januar 1870 war es Moltke mit Kruppschen Kanonen geglückt, aus sicherem Abstand von über sieben Kilometern, unerreichbar durch Abwehrfeuer, in die Stadt hineinzuschießen, mal die Toten im Grabe zu treffen, mal das Odeon-Theater, die Kirche St.-Sulpice, mal einer Greisin auf offener Straße den Kopf abzureißen, Schulkinder zu zerfetzen oder eine Zechrunde im Bistro explodieren zu lassen. Auch wenn von den 12.000 Granaten nur 97 Personen getötet, 278 verwundet worden waren und die Panik der Bevölkerung sich nicht recht einstellen wollte, eröffnete die Methode Perspektiven. Zudem stand sie mit dem Kriegsrecht in Einklang, solange die Stadt hinter Forts befestigt und verteidigt war. Dennoch erschrak ein preußischer Kronprinz dazumal über die Meldung, daß seine Artilleristen eine Ansammlung von Betern vor der Kirche niedergestreckt hatten: »Mir kehrt eine solche Nachricht das Herz um.« Generäle, die der Fernbombardierung ihrer Barbarei wegen widersprochen hatten, ließen sich am Ende von der schieren Waffenleistung überzeugen. Wer verzichtet freiwillig auf solche Trümpfe, zumal Clausewitz überzeugend dargelegt hatte, daß Kriege grausam geführt werden müssen, um kurz und barmherzig zu sein. Das Friedensziel gebietet zu schlagen mit allen, insbesondere den unerträglichen Mitteln.

Der Gedanke, daß die militärischen Chancen und Notwendigkeiten nicht ihrer eigenen Logik anheimzustellen seien, kam dem ins Hintertreffen geratenen Zaren Nikolaus. Die preußischen, britischen und amerikanischen Modernisten sowie die Generalstäbe dünkten solche Anwandlungen weltfremd, indes fühlten auch sie sich gelegentlich geniert. U-Boote, Giftgase, Tretminen, Dum-Dum-Geschosse wurden, wie schon die Armbrust 600 Jahre zuvor, als teuflische, eines Krieges unwürdige Waffen empfunden. Die Haager Friedenskonferenz ging einen Schritt weiter und untersagte den »Gebrauch von Waffen, Geschossen oder Stoffen, die geeignet sind, unnötig Leiden zu verursachen«. Was nötig, was unnötig ist, entscheidet der Verursacher. In drei Fällen verhängten die Delegierten uneingeschränkte Verbote: Die unterzeichneten Parteien verzichteten auf Projektile, die sich im Körper ausdehnen und abplatten, wie Teilmantelgeschosse (Dum-Dum und ähnliche). Anders als die ehedem kugelförmige, nun konisch-zylindrische Munition bohren solche Ladungen keinen glatten Schußkanal, sondern zerfetzen das Gewebe und erzeugen Verblutung oder Verkrüppelung. Vom Einsatz ausgeschlossen waren außerdem Geschosse, »die der Verbreitung von erstickenden oder anderen schädlichen Gasen dienen«, ferner Ballons, die Sprengstoffe und Projektile abließen bzw. Verfahren ähnlicher Natur. Dem lag die Furcht zugrunde, der Gegner könne undurchdringliche Abwehrstellungen am Himmel passieren und das nichtsahnende Heer arglistig befeuern. Bezeichnenderweise wurde der Krieg aus der Luft als einziger auf eine Laufzeit von fünf Jahren begrenzt. Anscheinend sah man in diesem Element Perspektiven voraus.

In gewisser Weise humanisieren solche Regeln die Verwundung des Kombattanten. Der Mann soll sauber aus dem Gefecht genommen werden, ob tot oder reparabel. Das Geschoß muß hart und glatt, seine Bahn nicht hinterrücks, seine Ladung nicht unsichtbar und tückisch sein. Eine wehmütige Reminiszenz an den Duellkrieg.

Den Beschuß der Nicht-Kombattanten regelt der Haager Landkrieg nach herkömmlicher Sitte. Die Modernisierung der Kanonade nötigt zu keinem geziemenden Zivilschutz. Artikel 25 verbietet das Bombardieren unverteidigter Städte. Anders ausgedrückt: Die offene Stadt, die dem Gegner Zutritt einräumt, kann sich die Zertrümmerung ersparen. So haben es bereits Dschingis-Khan und Timur gehalten. Zudem liegt die Entscheidung, ob eine Stadt verteidigt wird, gewöhnlich nicht im Belieben ihrer Bewohner. Infolgedessen muß sie, um dem Bombardement zu entkommen, zur Kriegsrebellion greifen. Sie hätte alsdann den Angriff ihrer eigenen Streitmacht zu gewärtigen.

Den Okkupanten eines Landes bekleidet die Haager Landkriegsordnung mit dem Insignium der legitimen Staatsmacht, die er treuhänderisch ausübt. Beschlagnahmt wird, was der verjagten Regierung gehörte, die öffentlichen und militärischen Installationen. Privatbesitz bleibt unangetastet, das Plündern ist untersagt. Hingegen werden Steuern erhoben, die Landesgesetze gepflegt, die Religionsausübung geschützt, Ruhe und Ordnung garantiert. Die Pflicht des

Okkupierten zum Gehorsam geht ohne sonderliche Erwähnung schlüssig daraus hervor. Widerstand ist zwecklos oder auch nicht, jedenfalls illegal. Weil die Okkupation kein Gewalt-, sondern ein Rechtsverhältnis darstellt, wird der Rebell gerichtlich verfolgt, und ausdrücklich genießt der Spion nach Artikel 30 Anrecht auf einen Prozeß. Spione verdienen als Staatsbeauftragte herausgehobenen Schutz. Kollektives Abstrafen von Bürgern für Ausschreitungen Dritter ist unerlaubt, vorausgesetzt, daß »die Bevölkerung nicht als mitverantwortlich angesehen werden kann«. Ansichtssachen legen den Militärbefehlshaber nicht fest.

Das Besatzungsstatut der Haager Landkriegsordnung löst das Verhältnis zwischen Eindringlingen und Unterworfenen aus der Glut der Feindseligkeit. Ist das Volk ordentlich überwältigt, wird ihm Schonung zugesagt. Der Okkupant kostet die Okkupation nicht aus als Frucht des Sieges. Vielmehr füllt er das Vakuum der Staatsmacht. Der Okkupierte behandelt ihn dafür nicht länger als illegitimen Aggressor und vertauscht die Treue. Die geschlagene Autorität verliert, die überlegene gewinnt die staatsbürgerliche Loyalität. Die Haager Landkriegsordnung verordnet nicht ›Weh dem Besiegten‹, sondern sein Wohl. Es liegt nämlich im Interesse des Krieges, daß er endet.

Der umfangreichste Teil der Konvention, mit 16 Artikeln, gilt den Kriegsgefangenen, eine gewohnheitsmäßig längst erhärtete Rechtsmaterie. Entwaffnete werden auf Dauer der Kämpfe sicherheitsverwahrt. Die Quelle der Schwierigkeiten verdeutlicht der einleitende Artikel 4: »Die Kriegsgefangenen unterstehen der Gewalt der feindlichen Regierung, aber nicht der Gewalt der Personen oder der Abteilungen, die sie gefangengenommen haben. Sie sollen mit Menschlichkeit behandelt werden.« Folglich liegt die Gefahr darin, daß die in der Hitze des Gefechts gefangennehmende Einheit ihre Überlegenheit impulsiv nutzt. Der Gnade des Stärkeren wären ja Männer ausgeliefert, die ihn soeben tödlich bedroht, seine Kameraden erlegt haben und keine Gelegenheit verstreichen lassen, ihm Verdruß zu bereiten. Großmut ist da zuviel verlangt. Darum muß die Abteilung wissen, daß sie einen Gefangenen des Königs in Händen hält. Der König garantiert seine Unversehrtheit. Alle weiteren Vorschriften schmücken die Regel aus, daß der Soldat bekämpft, aber nicht bestraft wird und im Gewahrsam des Feindstaates nicht seine Pflichterfüllung büßt, sondern sicherheitshalber von ihr ferngehalten wird. Den Soldaten der Gewahrsamsmacht ist er gleichgestellt in Nahrung, Kleidung und Quartier. Seinen Unterhalt verdient er durch Arbeit, der Lohn entspricht den lokalen Verhältnissen, der Überschuß wird ausgezahlt. Die Arbeit soll nicht militärische Zwecke fördern. Im Unterschied zum Zivilisten darf der Soldat nicht untreu werden. Seine unbenommene Treue mag ihn sogar zur Flucht verleiten. Mißlungener Versuch ist ein Disziplinarvergehen. Ferner gilt die freie Religionsausübung, Brief- und Paketverkehr mit der Heimat sind zoll- und portofrei. Nach Friedensschluß erfolgt in kürzester Frist Entlassung. Der Schutz des Kriegsrechts gebührt dem Zivil und dem Kombattanten, ungeschützt hingegen bleibt der widerstandleistende Nicht-Kombattant. Freischärler erhalten Kombattantenstatus, wenn sie vier Bedingungen erfüllen:

»1. Daß jemand an ihrer Spitze steht, der für seine Untergebenen verantwortlich ist.
2. Daß sie ein bestimmtes, aus der Ferne erkennbares Abzeichen tragen.
3. Daß sie die Waffen offen führen.
4. Daß sie bei ihren Unternehmungen die Gesetze und Gebräuche des Krieges beachten.« (Art. 1)

Die Haager Landkriegsordnung handelt von der Kriegsmannschaft in drei verschiedenen Eigenschaften: als Gefechtstrupp, als Okkupant, als Gefangenhalter. 60 Artikel versuchen, Soldaten an Handlungen zu hindern, die ihnen weniger ihre Charakterlosigkeit als die militärische Lage laufend eingibt: sich rasche Vorteile durch quälende Waffen zu verschaffen, die Zivilisten gewaltsam in Schach zu halten, die Pflicht zur Gefangennahme zu lockern. Wenn man so will, sind hauptsächlich die Krieger vor sich selbst geschützt. Sie sind ja ebenso Objekte quälender Waffen, angriffswütigen Zivils und verweigerten Pardons. Je selbstzerstörerischer der Krieg, desto dringlicher seine Kanalisierung. Darum das Gesetzgebungsfieber am Vorabend des totalen Gefechts. Die Innovationskraft der Waffenindustrie, die Verletzlichkeit städtischer Massenquartiere, die Fanatisierung der Nationen, die Millionenzahl der Rekrutierten und Gefangenen bedurfte mäßigender Vernunft, um nicht das erprobte Institut des Krieges an die Anarchie zu verlieren. So geriet der Vater aller Dinge unter Legalitätskontrolle.

Hinzuzufügen bleibt, daß die gesamte Haager Landkriegsordnung nur der Anhang zu einem Abkommen über den vollständigen Kriegsersatz ist. In 60 Artikeln entwerfen die 26 Unterzeichneten ein Modell gewaltfreier Konfliktlösung. Krieg wäre demzufolge das faustrechtliche Austragen von Zwisten über Rechts- und Interessenstandpunkte. Gesittete Instrumente gelangten ebensogut zum Ergebnis. Sie sind dem bürgerlichen Zivilprozeß nachgebildet. Zwei Streitparteien tragen ihren Fall vor den neutralen Richter, der nach geltender Gesetzesregel entscheidet oder den Vergleich stiftet. Die Partei, die ihr Recht mit Gewalt sucht, ist von vornherein kriminell, wie auch immer ihre Sache bestellt sein mag. Der Gewaltweg steht Rechtsgenossen nicht zu.

Mit aller erdenklichen Behutsamkeit konstruierte die Konferenz ein freiwilliges Vermittlungs- und Schiedsverfahrenssystem, den überholten Krieg abzulösen. Jeder Situation war eine gute Empfehlung zugedacht. Bei schwelenden Differenzen zwischen Nationen, »die weder die Ehre noch wesentliche Interessen berühren und einer verschiedenen Würdigung von Tatsachen entspringen«, möge man erst gar keine Animositäten schüren. Klüger sei es, eine internationale Untersuchungskommission einzusetzen, die »durch eine unparteiische und gewissenhafte Prüfung die Tatfragen aufklärt«. Kommt es dennoch zum Spannungsfall, der gewöhnlich in die Mobilisierung einmündet, soll keinesfalls zu den Waffen gegriffen werden. Die Vertragsmächte vereinbarten, nunmehr »die guten Dienste oder die Vermittlung einer befreundeten Macht oder mehrerer befreundeter Mächte anzurufen«. Die Freunde schlichten, beheben Verstimmungen, gleichen Ansprüche aus. Ist Schlichtung vergebens, wird die Sprache der Gewehre durch das Urteil der Internationalen Schiedskommission ersetzt, »aufgrund der Achtung vor dem Rechte«. Verfahrensregeln und Besoldung dieses in Den Haag ansässigen Organs sind geklärt worden. Wer sich seiner bedient, unterliegt der »Verpflichtung, sich nach Treu und Glauben dem Schiedsspruche zu unterwerfen«.

Die Konferenzparteien einigten sich nicht leicht auf das Substitut des Krieges. Den Balkanstaaten mißbehagte, sich ihre Fehden durch die sachliche Untersuchungskommission abjagen zu lassen, die US-Amerikaner wollten ihre Hegemonie auf dem Kontinent nicht Schiedsgerichten überantworten und Wilhelm von Hohenzollern, dessen Kriegspläne auf Tempo, Pünktlichkeit und Überrumpelung abstellen, ärgerte sich über die Schlichterei. »In meiner Praxis«, notierte er für seinen Außenminister von Bülow, »werde ich mich nur auf Gott und mein scharfes Schwert verlassen und berufen. Ich scheiße auf die ganzen Beschlüsse.« Drei Monate nach Abschluß der Haager Verträge brach der Burenkrieg aus. Ohne Vermittlung, Untersuchungskommission und Schiedsspruch. Hingegen bekämpfte die britische Kolonialarmee die burischen Partisanen Jan Smuts nach unerwarteten Rückschlägen mit einer bis dahin nicht erlebten Systematik. Major General Lord Kitchener, Oberbefehlshaber der Empiretruppen, verwandelte das gesamte Gelände in eine militärische Sperrzone, befestigt von Blockhäusern, eingezäunt mit Stacheldraht. Farmen gingen nach Shermans Muster in Flammen auf. Schlüsselgebiete wurden entleert, Frauen und Kinder in Konzentrationslager verschleppt.

Zur gleichen Zeit lieferten sich philippinische Guerillas und die US-amerikanische Besatzungsmacht Gefechte im Stil des iberischen Kriegs Napoleons. Folter und Massaker schraubten sich beiderseitig empor. General Bell hieß die Zivilisten in zwei Klassen teilen, Freund oder Feind. Letztere seien zu töten oder gefangenzusetzen, ersteren Aufenthalt in Militärzonen anzuweisen, Nahrungsmittel außerhalb davon zu zerstören oder zu konfiszieren. Von acht Uhr abends an galt Ausgangssperre. Filipinos, die sich später auf Straßen bewegten, wurden bei Anblick erschossen. Für jeden aus dem Hinterhalt erschossenen US-Soldaten bestimmte das Los einen der Gefangenen zur Exekution. Brigadegeneral Smith, auch »Roaring Jake« genannt, verbot seinen Männern überhaupt, Gefangene zu machen. »Ihr sollt töten und verbrennen – je mehr ihr tötet und verbrennt, desto besser gefällt es mir.« Man belaste sich bereits mit so vielen Gefangenen, daß die Befehlsausführung darunter leide. Offenbar befürchtete Smith, vor lauter Gefangenenfürsorge den Krieg zu vernachlässigen. Der Einfachheit halber solle jede waffenfähige Person bis zur Altersgrenze von zehn Jahren getötet und die Insel Samar in eine gähnende Wildnis verwandelt werden.

Wie in anderen Rechtsgebieten, so gewährleisten auch im Kriegsrecht die Gesetzestexte keineswegs ihre Befolgung. Man brauchte keine Handlungen zu verbieten, wenn nicht die heftige Neigung bestünde, sie zu verüben. Die Gesetze schaffen das Kriegsverbrechen nicht ab, sie prägen allenfalls die Verbindlichkeit der Regeln. Dazu muß sich die Landesjustiz aber zur Hüterin geschützter Interessen des Feindes machen. Die US-Armee, die im April 1902 den hochverdienten »Roaring Jake« in Manila anklagte, setzte seine Leute selbigen Tages dem rechtswidrigen Treiben der philippinischen Guerilla aus, die vor keinem Massaker zurückschreckte.

»Der Gerichtshof ist darum nachsichtig«, heißt es im Urteil, »angesichts des unzweifelhaften Beweises, daß der Angeklagte nicht alles das meinte, was seine lapidaren Worte implizierten; daß seine Untergebenen daraus keine solche Bedeutung entnahmen und die Befehle niemals in diesem Sinne ausgeführt wurden, ungeachtet der Tatsache, daß ein verzweifelter Kampf geführt wurde gegen einen grausamen und wilden Feind.«

Das Gericht schöpfte seine Beweise aus den Aussagen von Befehlsempfängern, die potentielle Mittäter waren. Die Vernehmung von Filipinos hätte vermutlich andere Beweise zutage gefördert. Als US-Richter und Ankläger 47 Jahre später in Nürnberg aus dem Munde deutscher Generäle hörten, daß ihre Befehle etwas anderes meinten, als sie ausdrückten, und ihre Untergebenen bezeugten, alles grundsätzlich gegen den Wortsinn ausgeführt zu haben, zogen die Amerikaner höhnische Mienen. Mit Grund. »Roaring Jake« wurde verurteilt zum Ausschluß aus der Armee; ein gewiß parteiliches Urteil. Der barbarische Captain Wirz in Andersonville hatte US-Soldaten der Nordarmee gepeinigt, keine Filipinos. Außerdem gehörte sein Gericht der gegnerischen Kriegspartei an. Dies verschärft das Urteil. Allerdings gilt die Justiz der Sieger erst recht für parteilich. Der Unterlegene versteht sie gar nicht als Instanz des Rechts, sondern als Organ der Rache. Das Kriegsrecht hat es nicht zu unparteilichen Gerichten gebracht. Darum steht die Verwirklichung seiner Normen durch Strafsanktionen auf äußerst schwachem Fuß. Ein Recht aber, das weitgehend auf Selbstdisziplin beruht, schüchtert den Rechtsverletzer nicht ein.

Die Haager Friedenskonferenz, von der Entwicklungsfähigkeit ihres Regelwerks durchdrungen, hatte nach 1899 und 1907 ihre dritte Zusammenkunft auf das Jahr 1915 anberaumt. Dazu ist es nicht mehr gekommen. So mußte die Landkriegsordnung, so provisorisch sie war, auf die Felder Flanderns, Ostpreußens, Serbiens, Tirols ziehen. Doch ist sie fast das einzige gewesen, das 1914 bis 1918 vom herkömmlichen Landkrieg übriggeblieben ist.

Die industrielle Feldschlacht

Der zeitweilige Militärdiktator Erich Ludendorff preist in seinen Kriegserinnerungen das deutsche Besatzungsregiment im besetzten Gebiet Rußlands. Um die freie Religionsausübung zu gewährleisten, »gingen wir in dem Entgegenkommen so weit, daß wir die Ausgabe von Weizenmehl an Juden zur Matzen-Erbackung ermöglichten«. Die Verwandtschaft zwischen jiddischer und deutscher Sprache förderte den Umgang. »Die erste jüdische Volksküche, die in Kowno entstand, trug meinen Namen. Der Feldrabbiner Rosenack hatte mich darum gebeten.« Außerdem war »der Jude als Zwischenhändler unentbehrlich«. Kurz, der Oberbefehlshaber Ost, ›Oberost‹, benötigte eine kollaborationsfähige Schicht, und niemand eignete sich besser als die vom antisemitischen Zarenjoch erlösten Juden. Ansonsten sollten die Lokalsitten, getreu nach Haager Landkriegsordnung, erhalten bleiben. Weil die Bevölkerung Anspruch auf eine Gerichtsbarkeit nach Landesrecht besitze, habe man mühselig die russischen Gesetzbücher übersetzt, damit sich die Richter orientieren konnten. »Ich glaube, kein anderes Volk als das deutsche wird solche Umstände mit im Kriege genommenen Gebieten machen. Der deutsche Richter hat hier in armen, verlausten litauischen Städtchen nach fremden Gesetzen mit gleicher Objektivität und gleichem Ernst Recht gesprochen, wie in Berlin nach den eigenen Gesetzen. Wer macht uns dies nach?« Dank sei dem Reiche nicht beschieden gewesen. Die jüdischen Bolschewisten hätten die deutschen Frontsoldaten ideologisch verdorben und kampfuntauglich gemacht. Die Propaganda der Westfeinde wiederum habe es verstanden, »uns als Hunnen in der ganzen Welt derart zu verschreien, daß wir nicht dagegen ankommen können«.

»Germans Burn Babies« meldete die englische Presse im September 1914. Belgien sei ein einziges Schlachthaus. Frauen würden zur Entkleidung gezwungen und von den deutschen Eindringlingen erschossen, Greise zu Tode gefoltert, Schulkinder auf Bajonette gespießt. »Die zivilisierte Welt steht auf gegen die Grausamkeiten des Kaisers. Die Menschheit ruft laut nach Vergeltung.« Später druckte die Regierung einen »Deutschen-Verbrechens-Kalender«; jeden Monatszettel illustrierte ein »crime against humanity«. Eigentümlicherweise tauchte nicht ein einziges unfrisiertes Photo der vielen Greuelopfer auf.

Der kaiserliche Generalstab wußte mit der Flut geschändeter Nonnen und erstochener Säuglinge nichts Klügeres anzufangen, als dies neuartige Aufputschmittel der Volksseele zu kopieren. Fortan verübten die Belgier an deutschen Soldaten Gewalttaten, wie man sie sonst nur von afrikanischen Negern kenne. »Die belgische Zivilbevölkerung«, heißt es in den vom deutschen Hauptquartier lancierten Feldpostkarten, »schießt aus jedem Haus, aus jedem dichten Busch mit völlig blindem Haß auf alles, was deutsch ist.« Insbesondere die »Weiber« wüteten in Exzessen an wehrlosen Soldaten, meldete Prinz Heinrich: »Blendung der Verwundeten, Abschneiden der Zungen, Kastrieren, Abschneiden der Gliedmaßen, Ermordung der Verwundeten, die schon auf Tragbahren liegen«. Und da wunderten sich die Belgier, heißt es in der ›Kölnischen Zeitung‹, »wenn wir gegen Zivilbevölkerung, die auch nur im Verdacht der Täterschaft steht, rücksichtslos vorgehen«. Die Selbsterhaltung gebietet der ›Kölnischen Zeitung‹, »in Strömen von Blut und in Massen von Trümmerhaufen diese Greuel zu ersticken. Dieser Schandfleck im zivilisierten Europa muß mit glühendem Eisen ausgebrannt werden.«

Solchen Ansprüchen hat sich das Heer versagt. Der rechte Flügel, dem nach Plan des verstorbenen Grafen von Schlieffen 22 Tage Zeit blieb, das neutrale Belgien zu durchqueren, um den Franzosen in die nördliche Flanke zu fallen, begehrte von den Belgiern Duldsamkeit, nichts weiter. Weil dieses Volk den deutschen Durchzug als Aggression verstand und ihm neben seinen Streitkräften sporadisch Guerilla-Scharmützel in den Weg warf, fand sich das kaiserliche Heer in den Zustand legitimer Selbstverteidigung versetzt, tadelte die belgische Rechtlosigkeit und übte gelegentlich scharfe Vergeltung gegen wirkliche, vermeintliche oder vorgeschützte Attacken. Tatsächlich erlaubten es die knapp bemessenen deutschen Kräfte in der Eile nicht, ihre Strecke mit Garnisonen abzusichern. Belgischer Widerstand konnte militärischer Notwendigkeit wegen nicht anders als durch Terror in Schach gehalten werden. Rabiate Geiseltötung und Einäscherung, die klassischen Repressalien, schirmten den Weg der 1., 2. und 3. Armee ab vor den tückischen Belgiern, die gar nicht kriminell genug sein konnten, um den erforderlichen Terror zu rechtfertigen. Kaum, daß den Freischärlern Zeit blieb, die erforderlichen Übergriffe zu begehen, die das Reichsheer zu ahnden wünschte.

Am ersten Tag des Einfalls wurde abschreckungshalber das Dorf Battice bis auf die Fundamente abgebrannt, und sechs Geiseln wurden getötet. Drei Tage später wußten die deutschen Blätter bereits, daß sich bewaffnete Priester an die Spitze marodierender Freischärlerbanden gesetzt hatten, Brunnen vergifteten, Wachposten Augen und Zungen zerstachen und dergleichen mehr. Auf den Bahnstationen lasen die von weit her anrückenden deutschen Infanteristen von Falltüren, die in Belgien unter den Füßen klaffen, von Horden rasender, verblendeter Bauern, die aus Kirchen stürzen, und von scharfen Schüssen aus dem Faltenwurf der Soutane. An Ort und Stelle nahm man keinen Schluck aus Brunnen, den Einheimische nicht vorgekostet hatten; fußkranke Marschierer weigerten sich zurückzubleiben, um dem sicheren Gemetzel zu entgehen, und hinter jeder zweiten Fensterlade war das Klicken von Gewehrverschlüssen zu vernehmen. Das arbeitsame, gemütliche Volk der Belgier verwandelte sich innerhalb weniger Tage in ein lauerndes Gezücht von Meuchelmördern. Eigentümlicherweise gerieten zumal die Priester, gemeinhin Künder des Sittengebots, in den ärgsten Verdacht. Entpuppte sich, wie Nietzsche schon gelehrt hatte, ihr Evangelium als arglistiger Trug, den heldischen Menschen hinterrücks an seiner Kraftentfaltung zu hindern, war der deutsche Unteroffizier nunmehr von gottesfürchtigen Hemmungen entbunden. So wurde als Freischärler, Franktireur, Bandit selektiert und beseitigt, wer immer im Umkreis verdächtiger oder unregelmäßiger Vorgänge auffiel.

Der Franktireur war ein nomineller Feind. Ein solcher bedarf keiner Überführung, sondern bloßer Designation. Nicht wer franktiriert, wird zu Tode gebracht, der Getötete vielmehr war Franktireur. Das Urteil beweist seine Schuld. Jahre und Jahrzehnte später ist noch gestritten worden, ob jemals Franktireurs gelebt haben.

In der Tat besaß Belgien neben seinem Heer eine Bürgermiliz, die, mehr oder minder eingestanden, zur Sabotage überging. Der feldgraue Koloß, der sich durch das Land wälzte, begehrte weiter nichts, als zur festgesetzten Zeit die Flanke des französischen Heeres zu fassen. Nach der in Den Haag niedergelegten Konvention über die Rechte und Pflichten neutraler Staaten im Landkrieg durfte König Albert den Durchzug nicht gewähren, den das Reich, des vorzüglichen Bahnnetzes wegen, allein durch Belgien legen konnte. Frontaler Durchbruch durch den Festungsgürtel entlang der deutsch-französischen Grenze hätte mehr Zeit und Blut gekostet, als der notwendige Schwenk retour an die Ostfront vertrug. Dort weilte Deutschlands zweiter Gegner, Rußland, dem in Schlieffens Planung nach exakt 42 Tagen zu begegnen war. Ohne Verzug, denn Ostpreußen lag schutzlos zu seinen Füßen.

Schlieffens die Strategen bis heute bestechende Eleganz löste die mit dem französisch-russischen Bündnis entstandene Einkreisung durch eine kühne Choreographie. Strittig ist, warum sie mißlang, unstrittig, daß bisher nichts Schlüssigeres vorgetragen wurde. Der Neutralitätsbruch berechtigte Belgien nach Artikel 10 der Haager Konvention, gewaltsame Gegenmaßnahmen zu ergreifen. Doch nur im Rahmen der Landkriegsregeln. Nachdem der Kruppsche 42-cm-Mörser das Grenzfort Lüttich, ein Wunderwerk des Festungsbaus, mühelos entzweigesprengt hatte, verfiel das belgische Heer halb in Panik, halb in Apathie. Was blieb nach dem Fall Lüttichs, um dem Eindringling den Weg zu versperren? Versprengte Soldaten, die Miliz und zivile Patrioten machten sich an den Wegen zu schaffen. Gleise, Transportzüge und Stationen explodierten. Ein Akt legitimer Kriegführung, soweit er von regulären Kombattanten ausgeübt wurde. Um diese Qualifikation zu erfüllen, hätten sich die belgischen Militanten allerdings ihres einzigen Schutzes begeben müssen, der Unkenntlichkeit. Die Sabotage in einem eroberten, gegnerisch kontrollierten Land läßt sich nicht mit Uniform, Abzeichen und offener Waffe veranstalten. In Übereinstimmung mit der Haager Landkriegsordnung zerstörten die Belgier Brücken, blockierten Straßen, verabsäumten jedoch, militärische Insignien anzulegen, und vergingen sich damit im Sinne des Kriegsvölkerrechts an dem Eindringling. Als Justus hostis durfte er sie nunmehr, auf frischer Tat gestellt, standrechtlich erschießen, oder aber, militärgerichtlich überführt, auf das Schafott bringen.

Die Deutschen bevorzugten den kurzen Prozeß. In ihrer Hast hatten sie weder die Zeit, alle Strecken zu patrouillieren, noch Rechtsuntersuchungen anzustellen. Sie kamen zu der Ansicht, daß in jedem Belgier ein Franktireur stecke und die nächst der tatsächlichen oder möglichen Sabotagestelle aufgegriffene Person schuldig genug sei. So beschleunigt sich die Vergeltung, steigt die Abschrekkung und festigt sich der Glaube, daß jenes Volk so neutral nicht gewesen sein könne. Der Franktireur-Taumel, propagandistisch eingefädelt schon vor Abmarsch, annullierte die Neutralitätsverletzung und sicherte das Blitztempo des Durchzugs mit ebensoviel Terror, wie ihn die ärgerliche und überflüssige Widerspenstigkeit der an und für sich nebensächlichen Belgier erforderte.

In der Tat gelangte das Reichsheer in einer beispiellosen Marschleistung mit geringem Verzug und gewissen Routeabweichungen an seinen Gegner, die französische Streitmacht. Bei den Grenzschlachten in sengender Augustsonne erlitt diese Verluste von 210.000 Mann in zwölf Tagen. Die Deutschen vermochten sich bis zur Marne durchzufechten und erlebten dort jenes Debakel ihrer spät beanspruchten Kontinentalherrschaft, das sie im Fortlauf des

Jahrhunderts unter Aufbietung noch so vieler Millionen Menschenopfer nicht mehr umzukehren vermochten. Sie zogen sich wenige Kilometer westwärts an den Aisne zurück und verschanzten sich dort vorläufig, um dem Gegner weiter nördlich doch noch in die Flanke zu fallen, wie Schlieffen es ihnen aufgetragen. Sein ingeniöser Plan war gescheitert, jedoch zu spät. Der weitere Krieg bestand wesentlich in der Rückeroberung seines Geländegewinns. Das war das ganze Unglück.

Generaloberst von Kluck, der Befehlshaber der rechtsäußeren Flügelarmee, bekam den französischen Rücken nicht mehr zu fassen, weil sein Gegenspieler Joffre ein Gleiches mit ihm versuchte. Beide Armeen suchten in atemlosem Wettlauf den Ansatz zum Ausflankieren, bis die Atlantikküste ihn abschnitt. Vom Meer zur Schweizer Grenze standen sich fortan in zwei Linien über drei Millionen Männer gegenüber. Gewappnet mit gleichwertigem Instrumentar, geführt von gleichbefähigten Generälen, beseelt von gleicher Tapferkeit und angewiesen auf den einzig denkbaren Erfolg, den Durchbruch. Aller Voraussicht nach stand er kurz bevor. Die Deutschen hatten dank ihrer legendären Organisation und Planung einen glänzenden Teilsieg davongetragen und standen fünf Tagemärsche vor Paris, der von den Vätern so glorreich belagerten Stadt. Wer wollte hier weichen?

Die Franzosen konnten gar nicht weichen, sondern allenfalls kapitulieren. Sie hatten dem preußischen Schlachtengenius Einhalt geboten auf der ganzen Linie. Früher als vermutet, hatte der russische Verbündete in Ostpreußen angegriffen, durch Hindenburg bei Tannenberg eine Niederlage empfangen, aber danach noch 25 Divisionen von der West- und Heimatfront abgezogen. Das Reich war in eben jenen Zweifrontenkrieg manövriert, den sein strategischer Plan geschickt zu umgehen versprach. Es saß in der Zange, welche die europäische Diplomatie aufgespannt hatte. Deren Saat ging auf. Selbst die perfekteste Militärmaschine der Welt mußte an der Überzahl der Gegenkoalition wie der verewigte Napoleon zugrunde gehen. Die Briten rekrutierten bereits ein riesiges Landheer. Der Durchbruch konnte den vereinten Kräften im Jahr 1915 nicht mißraten. Kurz, beide Seiten hegten überaus wohlbegründete Erwartungen. Erst nachdem sich das dritte Element, das noch niemand wahrhaft kannte, das Medusenhaupt des totalen Krieges enthüllte, dämmerte der Verdacht, daß jener den Parteien seine eigenen Bedingungen diktiere. Im Anblick ihrer unentrinnbaren

Zwangsläufigkeit erschien nach zwei Jahren alles Trachten der Führer naiv und eitel. Der Krieg war nicht mehr zu führen; er verlangte bei Strafe des Untergangs bedingungslosen Gehorsam. Und nur durch den Untergang einer Seite kam das entfesselte Element zum Halt. Vollends einfältig wirkten die zur Schadenslimitierung in Den Haag ausgehandelten Kriegführungsgesetze.

Die peinigenden Dum-Dum-Geschosse wurden nicht abgefeuert, statt dessen Granaten, die zu spitzgezackten Splittern zersprangen, um die gräßlichsten je erblickten Geweberisse anzurichten. Infolge der Hitzeentwicklung des mit 500 Metern pro Sekunde auftreffenden Geschosses begegnete der Chirurg Sauerbruch einer Muskulatur »wie gekocht«. Der Grundsatz, das Zivil von Kriegshandlungen auszunehmen, realisierte sich dergestalt, daß im Frontgebiet gar kein Zivilleben mehr möglich war. Kombattanten genossen das Anrecht auf Pardon, doch löschte die Artillerie die Männer zumeist gnadenlos aus, ehe sie aufeinandertrafen, um Gefangene zu machen. Kam es dazu, fehlte für die Dauer des Artilleriebeschusses die Möglichkeit, sie abzuführen. Kriegsgefangene waren nur in Ausnahmesituationen zu machen. Das tabuisierte Gasgeschoß endlich wurde von Deutschland 1915 allgemein eingeführt, indem man das Gas nicht, wie untersagt, verschoß, sondern aus Kanistern entweichen und vom Wind in die gegnerischen Linien wehen ließ. Liefermängel und eigene Skepsis hinderten die Deutschen, den vom Ersteinsatz des Chlors erzielten Durchbruch bei Ypern mit nachsetzender Infanterie zu nutzen. Verdun, die Somme, die 3. Ypernschlacht, die verlustreichsten Massaker der bisherigen Zeitrechnung, wären bei einer Überrumpelung durch konzentrierten Ersteinsatz von Gas der Welt erspart geblieben. Es war von allen Waffen des Kriegs die am wenigsten tödliche.

Vielleicht wäre der einzig wirksame Humanitätsschutz das Verbot der Eisenbahnen gewesen. Die Deutschen, welche die Artillerieschlacht von Verdun mit 2,5 Millionen Granatabschüssen einleiteten, benötigten dazu 1.300 Transportzüge. Zur Präparierung des Somme-Schlachtfeldes verfeuerte Field-Marshal Haig insgesamt 27 Millionen Granaten, 4.000 Tonnen täglich, auf 13 Transportzügen eintreffend. Kaum ein zweites Gelände in Europa bot beiderseits genügend Verkehrslinien, die zyklopische Kriegsmaschine zu versorgen. Das Reich, das 1914 im Westen 44 Infanteriedivisionen zu je 17.000 Mann und 42 Reserve- und Ersatzdivisionen aufgeboten hatte, führte einer jeden Division täglich 100 Tonnen Nachschub zu. Der Krieg hätte sich gar nicht aus diesem Felde fortbewegen können. Er wäre, wie zeitweilig im Winter 1914/15, an Unterversorgung erstickt.

Nachdem die fünf Hauptmächte, Deutschland, Frankreich, England, Österreich und Rußland, sich einander je eine Million Mann Verluste beigebracht hatten, ein knappes Drittel davon tödliche, waren ihre Kapazitäten vorerst ausgeschöpft. Zudem weichte die Westfront auf in einem seit Menschengedenken nicht erlebten Regen. Flüsse quollen aus ihren Betten und schütteten die Gräben zu. Die Schützen wateten knietief in lehmigem Wasser; die umgebende Erdkruste zerging in bodenlosem Morast. Eine scheußliche Erkältungs- und Grippeepidemie bemächtigte sich der durchnäßten Heere, denen, oft auf Rufweite gegenüberliegend, die natürlichen Plagen gewisse Kameradschaftsgefühle einflößten. Obendrein wartete das Weihnachtsfest. Gerührt lauschten die Streitparteien den allbekannten Liedern der Christenheit und lancierten einen bifrontalen Tauschhandel mit Tabak, Wurst und Schokolade, welche die besorgte Heimat ihren Söhnen reichlich spendete. Unterdessen füllten sich die kahlen Munitionsarsenale, damit die erlösende Bresche in den gegnerischen Abwehrring gesprengt und die Insassen in einem gutgezirkelten Bewegungsmoment abgeschnitten und vernichtet werden konnten. Es kostete Frankreich zwei Großoffensiven, in der Champagne und im Artois, mit 1,4 Millionen Mann Verlusten, um festzustellen, daß der angestrebte strategische Punkt nicht einzunehmen war.

Das Reich, das 1915 seine Initiativen dem Osten gewidmet hatte, stand zwischen Flandern und dem Elsaß trotz reduzierter Besatzung unerschütterlich in der Defensive. Das Grabensystem hielt allem Ansturm stand. Ein Loch ließ sich mit Gewalt nicht schlagen, eine Umgehung der hermetisch verriegelten Frontlinie kam zu spät, es gab keine Nachschubwege abzuschneiden, kein rückwärtiges Gebiet aufzuwiegeln, keine List auszuhecken, keinen Hinterhalt zu legen, keine Überraschung zu starten. Die klassische Kriegskunst war verbraucht. Eine neue Dimension betrat statt ihrer das zerwühlte Feld, die maschinelle Ausrottung.

Wider Erwarten zeitigten die Maschinenwaffen keine entscheidende Wirkung. Sie stumpften aneinander ab, wurden ersetzt, vervollkommnet, vervielfacht und bis zur Weißglut beansprucht. Außer ihrer gegenseitigen Abnutzung und unermeßlichem Verschleiß von Leibern erzielten sie aber keinerlei militärischen Vorteil. Die Kontrahenten registrierten ungläubig und alsbald angewidert, daß ihre kolossalen Waffenarsenale zu nichts dienten. Der kindische Vorderlader der verflossenen 300 Jahre hatte weit mehr Effekt gemacht. Weil anderes Gerät fehlte, warf man Abermillionen Tonnen von Geschützen und Granaten an die Front, füllte die Gräben mit anderen Männern und wartete, daß irgendein Kraftakt die Blockade löse. Der Zustand war nicht beabsichtigt, er ist ausgebrochen. Als die Waffenparks der Mächte nach dem unglücklich gescheiterten Schlieffen-Plan in die Waagestellung fanden, nahm das Verhängnis unentrinnbar seinen Lauf. Aschfahl fügten die Zeitgenossen sich dem Zwang, welchen die neuen Destruktionswerkzeuge gegen sie ausübten, und es dauerte eine Zeitlang, ehe sie deren Vertilgungsprinzip annahmen. Die 1915 zutage getretene Interaktion der gegeneinander losgelassenen Waffenindustrie wirkte wie folgt:

In den Treffen des späten 19. Jahrhunderts hatten Feuerbeschleunigung und Reichweite des modernisierten Gewehrs das schon immer blutige Liniengefecht aufrecht vorrückender Infanteristen zu einem verlustreichen Massaker gemacht. Instinktiv gruben die Schützen sich in die einzig ihnen schutzgewährende Erde. Als die Industrie Maschinengewehre in den Graben lieferte, war er gegen einen mit Handfeuerwaffen anstürmenden Gegner einigermaßen sicher. Der aus Maschinengewehren strömende Kugelhagel macht das dem Unterstand vorgelagerte Feld unpassierbar. Im Weltkrieg erhielt der Graben obendrein eine Brüstung aus zwei 30 Meter breiten, um Stahlrahmen geschlungenen Stacheldrahtverhauen. Bevor ein Angreifer diese Gürtel überwunden hatte, war er mit Sicherheit erschossen.

Die Aufgabe, den mit MG und Stacheldraht bewehrten Graben auszuschalten, war, wenn überhaupt, dann nur maschinell lösbar. Das erforderliche Gerät entwickelte sich aus der jahrhundertealten Feldkanone. Krupps Fabrikation stählerner und gezogener Rohrläufe, die rotierenden oder sprengstoffgefüllten Geschosse mit Zeit- und Aufschlagzündern, vor allem aber das hydraulische Rückstoßsystem der Franzosen schufen aus der klobigen Artillerie das zentrale Instrument des Weltkriegs. Eine gegliederte Batterie seriell feuernder Geschütze versprach den tiefen Unterstand vis à vis zum sicheren Grab zu verschließen. Die Haubitze mit der gekrümmten Geschoßbahn zertrümmerte die hintere Kommunikations- und Versorgungsstruktur des gitterförmigen Grabensystems. Auf die rückwärts der Stellungen postierte Gegner-Artillerie zielte die flach und weit schießende Kanone. Den vordersten Grabenlauf wiederum brachte der aus hochsteilem Winkel treffende Mörser zum Einsturz. Sein riesiges Kaliber zerriß den Stacheldraht und wirbelte tonnenschwere Erdfontänen empor, die alles Leben unter sich verschütteten. Anschließend hastete das Fußvolk geradeaus, um die erstorbene Stellung zu besetzen. Als die Infanteristen des Jahres 1915 synchron mit dem knapp vorauseilenden Begleitbombardement das Niemandsland zwischen den Linien durchquert hatten, bemerkten sie, daß ihre Kanoniere miserable Arbeit geleistet hatten. Diese mußten nämlich blind schießen, ohne die gewohnte Justierung des Rohrs nach den ihnen von Vorposten oder Ballons gemeldeten Zielfehlern. So rannten die Angreifer falschen Glaubens in ihr Verderben. Sie trafen auf hartgeschüttelte, doch schießtüchtige Grabenabwehr und verbluteten elend im intakten Stacheldraht. Noch trotzten die Tiefbauschächte den Artilleristen, die fieberhaft ihre Technik ausfeilten und Berge von Granaten horteten. Die Schlachten des Jahres 1916 eröffneten mit einem tagelangen Orkan kilometertiefer Einschläge, der die Verteidigungszone definitiv pulverisieren mußte. Die Briten belegten sie vor der Somme-Schlacht mit einer Tonne Material pro Quadratmeter. In das von Menschen und gefügten Gegenständen entblößte Territorium würde die Infanterie endlich ungefährdet vorstoßen können.

Das Trommelfeuer schickte die Grabeninsassen in eine andere Welt. Die Rinnen waren, um Druckwellen und Geschoßsplitter aufzufangen, in Zack-Zack-Linien gezogen worden. Von Holzstempeln abgestützt, ragten Höhlen tief ins Erdreich, in denen sich die Besatzungen verkrochen. Die Männer schrien, flehten, weinten, rasten wie panisches Getier umher oder klammerten sich kindlich aneinander. Das 24stündige Gehämmer der pfeifend niedersausenden Granaten schleuderte sie taumelnden Puppen gleich durch den Unterstand, daß die Helme klirrten. Die Luft erstickte in Rauch, Staub, Wellen von Druck und Getöse; den Raum erdrückten die unentwegt durchgepflügten, jäh aufspritzenden und wieder hinabprasselnden Erdmassen. Der Takt der Einschläge teilte die Zeit. Jedes Intervall bemaß erneut die Lebensfrist. Druck reißt Gewebe auseinander, das war die Arbeit dieser Industrie. In der Tat war das Trommelfeuer des Ersten Weltkrieges als Walz- und Preßwerk angelegt, das Körper teilte, zerkleinerte und mit dem Boden vermischte. Wie von Hebeln und

Zangen bewegt, fielen die Grabeninsassen in den tödlichen Winkel zum Geschoß. Von der Arbeit des Artilleriehammers, den getrennten Gliedmaßen, Köpfen, Rümpfen, war der Boden nach einigen Jahren durchsetzt. Den Soldaten graute nicht sonderlich vor ihrem Endzustand. Sie hatten sich in die Dekomposition, den Schauder, den Gestank, den Schleim eingelebt, fürchterlicher war der primitive, unbeholfene Zertrümmerungsprozeß.

Die zyklopischen Geschütze schleuderten den Tod nur mühsam in die Gräben. Um das Leben dort auszumerzen, mußten wochenlang Türme von Projektilen in ein und dasselbe Areal gepumpt werden. Durch die plumpe, mechanische Erschütterung einer Front, die vor Verdun 17 Kilometer entlanglief, durch Explosionsdruck, Granatsplitter und Grubeneinsturz sind nicht Millionen von Männern zu treffen. Selbst wenn obendrein die hinteren Versorgungswege zerstört werden, die Ersatz, Nahrung, Verwundetentransport und Befehle schleusen, hält ein Kern an Verteidigern durch. Um ihn so lange auszudünnen, bis der angreifenden Infanterie ein Durchbruch gelingt, speit auf ihn der Schlund der Hölle. Ziellos, ungeschlacht und desto ausdauernder. Wann sonst sind Wesen, um sie auszulöschen, derart gefoltert worden?

In seinem Buch ›Leben der Märtyrer‹ hält der französische Dichter und Arzt Georges Duhamel, der bei Verdun ein Feldlazarett leitete, die Verbrechen der »Zerfetzungswerkzeuge« an Geschöpfen fest, die »uns an zerschossene, überall lecke Schiffe erinnern«. Duhamel zählte bis zu dreißig, vierzig und noch mehr Wunden, verklebt von Schmutz und Ungeziefer, empfing Torsi von Patienten, die getrennt von ihren Gliedmaßen das fliehende Leben aufzuhalten suchten, »Wracks, unfehlbar dem Untergang geweiht«. »Es erfüllte uns mit bitterer Bewunderung, wie der zerbrechliche menschliche Organismus es aufzunehmen vermag mit den Zerstörungen einer kaum beherrschten, an Brutalität die blinden Naturkräfte überbietenden Chemie. Und besonders wunderten wir uns darüber, daß das menschliche Fleisch – etwas so Zartes, von Harmonie Gebildetes, Harmonie Schaffendes – solche Stöße und solche Zerrüttung ertragen konnte, ohne sich sofort in seine Bestandteile aufzulösen.«

Der Weg der infiniten Auflösung ängstigte über die Todesangst hinaus. »Von einer Kugel zu sterben ist gar nichts«, notierte der französische Jesuit Paul Dubrulle bei Verdun, »Teile unserer Existenz bleiben intakt; doch zergliedert zu werden, in Stücke gerissen, zu Brei reduziert, das ist eine Furcht, die kein Fleisch erträgt und das Wesen des großen Leids in der Bombardierung ist.« Dubrulle, der nach einem Granatenangriff blanke Eingeweide in den verkohlten Ästen eines Baumes fand, dazu einen aufgespießten menschlichen Rumpf, enthauptet und flach gedrückt, rief Christus an, daß er solchen Unwürdigkeiten an seinen Kreaturen ein Ende bereite. »Wir baten Gott, unsere Tötung zu verhindern und uns nur tot sein zu lassen. Der Übergang ist zu grauenhaft. Wir hatten nur ein Verlangen, das Ende.«

Die gottverlassene Pein der bald Zerstückten ist keine Schmerzensangst. Dubrulle zerbricht an der Herabwürdigung zum entseelten Stoff. Frühere Schlachten hatten Soldaten das Leben genommen und Tote zurückgelassen. Das änderte sich. Die Materialschlacht materialisiert den Teilnehmer. Er fällt nicht wie eine geschlagene Person, sondern wird aufgerieben wie Kreide. Die erbärmlichen Raspel, von den Einschlägen noch im Tode weiter zermahlen, übersäten das Feld als dünstender Kompost. Der Verwesungsgestank betäubte in der Sommerwärme des Jahres 1916 dermaßen die Sinne, daß die Soldaten doppelte Ration Tabak empfingen.

Der Verarbeitungscharakter des Artilleriekriegs hat in der Verdun-Schlacht eine kriegsgeschichtliche Wende ausgelöst. Seit jeher sind zum Zwecke der Einnahme befestigter Städte hohe Verluste gezahlt worden. Der Besitz der Festung mochte so viele Vorteile einräumen, daß ein krasser Blutzoll noch rentabel erschien. Als der Generalstabschef des Reichsheeres, von Falkenhayn, seinem Kaiser im Dezember 1915 einen Angriff auf Verdun vorschlug, war er an diesem Platz wenig interessiert. Weder der einen noch der anderen Seite bot das Gelände hohe taktische Vorteile. Dennoch vermutete Falkenhayn, daß Verdun nicht preisgegeben würde und »die französische Führung gezwungen ist, den letzten Mann einzusetzen«. Der Name der Stadt, in der die Erben Charlemagnes Frankreich und Deutschland 843 zu zwei Reichen teilten und welche die Jahrhunderte hindurch den östlichen Heerscharen die Stirn bot, symbolisiert die Nation. Wie Kutusow das heilige Moskau mit allen Kathedralen abzubrennen, war der sentimentalen Bourgeoisie nicht gegeben. So leidenschaftlich wie sie die aristokratischen Geschlechter geköpft hatte, verteidigte sie nun deren Gemäuer.

Von Falkenhayn, der das Grabensystem für undurchdringlich hielt, sah sich nach einer anderen Bresche um. In der französischen Moralbeschaffenheit lag eine Angriffsfläche verborgen. Das hat der Feldherr klug erkannt. Um die Eroberung Verduns abzuwenden, würde der Gegner auf kleinem Frontabschnitt beliebig viele Verteidiger konzentrieren, nötigenfalls opfern und ersetzen. Deutschlands 5. Armee, geführt vom Kronprinzen, könnte sie unter schärfsten Artilleriebeschuß nehmen und »weißbluten« lassen. Entweder müsse Frankreich unter den Verlusten seinen Durchhaltewillen einbüßen oder aber seinem Stolz mehr Soldaten opfern, als der Platz militärisch rechtfertige. Durch irrationale Verausgabung des Menschenersatzes werde alsdann die Gesamtfront zusammenbrechen. Deutschland hingegen schonte seine Kräfte, indem es zum Durchbruch auf Verdun ansetze, allerdings mit halber Kraft. Die Angriffsarmee durfte gar keinen Durchbruch schaffen, weil der Gewinn der Festung nebensächlich war, verglichen mit dem Gewinn an Weißgebluteten. Dazu mußte die Schlacht eine Zeitlang unentschieden toben. Notwendigerweise schickte Deutschland seine ahnungslosen Soldaten zuhauf in den Tod, insbesondere bei den absichtlich zu knapp bemessenen Sturmtruppen. Falkenhayns Kriegslist hat die 5. Armee sicherheitshalber nie erfahren. Sie verzweifelte in höchster Not am Ausbleiben der Verstärkung. Die List erforderte Vernichtung dieser Truppenteile. Wie hätte ihnen das mitgeteilt werden sollen? Die Rentabilität des Falkenhayn-Plans basierte auf einer angenommenen Vernichtungsquote von 2:5. Durch den Verlust zweier Männer war der Verlust von fünf Gegnern zu erzielen. Bei zweieinhalbfachem Überschuß mußte, nach einer gebührenden Ausrottungsperiode, unweigerlich der Sieg der deutschen Waffen eintreten.

Gegenüber dem magistralen Schlieffen-Plan beleidigt Falkenhayns Abschlachtungsstrategie die Fachwelt bis heute. Welch primitives, zynisches Niveau ist von der Kriegskunst hier erklommen. Zu Falkenhayns Gunsten könnte allenfalls vorgebracht werden, daß er Schule gemacht hat. Sein Kalkül, ›welche Ausrottungsdichte entzweit die Zivilmoral?‹, sollte, zumal in bedrängter Lage, noch mancher Befehlshaber durchrechnen. Die Saldierung ›weißgebluteter‹ Völkerscharen beiderseits der Abschußrampen gehört zu jedem Operationsplan. Gewiß gälte Falkenhayn als kaltblütiger Meister der Kriegspsychologie, hätte er sich nicht so flagrant verkalkuliert. Als er die Schlacht im Dezember 1916 abbrach, beklagten beide Seiten gleiche Verluste, zusammen etwa 700.000 Mann. Der deutsche Generalplan erwies sich im komplexen Befestigungssystem von Verdun mit seinem Gürtel aus zwanzig Stahl- und Betonforts als öde Theorie. Verzweifelte Ausfallangriffe und erbitterte Selbstverteidigung wechselten zum Verwirren zwischen den zwei Parteien. Die Franzosen unter Pétain konterten mit unvermuteter Geschicklichkeit und Härte. Nach einer Zeit ging es um nichts weiter als um die Erlösung Wehrloser vor der Artillerie. Eine französische Einheit, die zwei Stunden lang irrtümlich im Feuer der eigenen Kanoniere lag, traf Anstalten, diesen Unmenschen mit Granaten zu Leibe zu rücken. Verdun blieb in französischer Hand, und der Krieg hatte sich unterdessen einem anderen Schwerpunkt zugewendet, dem Entlastungsangriff der Engländer an der Somme.

Der britische Militärhistoriker John Terraine erkennt in der von Falkenhayn angerichteten Katastrophe »einen tiefen endemischen Fehler im deutschen Kriegssystem«. Man verspricht sich enorme Erfolge, wie die Vernichtung der französischen Armee, vom Einsatz relativ geringer Kräfte. Tritt das Mißverhältnis zutage, behilft man sich mit allen erdenklichen Mitteln. Der »Opportunismus der deutschen Taktik« ließ das Heer nicht mehr los und geleitete die Führer des Rußlandfeldzugs 1941 bis 1945, des nächsten großen Landkriegs, zu den absonderlichsten Versuchen. Berge von Gegnern durch Vernichtung abzutragen, galt dort bereits als Naturrecht der zahlenmäßig schwächeren Partei. Der Angriff auf die Kriegsmoral des Zivils wiederum bedurfte keines Umwegs über die Massentötung uniformierter Söhne und Gatten. Um deren nicht enden wollendes Massaker abzukürzen, verfiel man im Zweiten Weltkrieg auf den Ausweg, das Zivil selbst zu massakrieren.

Das Jahr 1916 hat Europa in einen allseitigen Selbstvernichtungswahn gestürzt, der in der Historie kein Beispiel kennt. Die fünf Mächte fügten einander Verluste von vier Millionen Mann zu. Nach dem Ende der zweiten Abnutzungsschlacht an der Somme befiel, insbesondere in England, die Politiker angesichts ihrer Militärs ein Argwohn. Deren Gabe, Männer in den Tod zu schicken, dünkte so grenzenlos wie ihr Talent, die Front zu bewegen, minimal. Es fragt sich jedoch, warum ausgerechnet 1914 bis 1918 bei allen Kriegsparteien eine Generation von Befehlshabern operierte, die, anders als die Klasse der Friedrich Hohenzollern, Wellington, Napoleon und Moltke, aus Barbaren und Stümpern bestand. Auch ist nicht dargelegt, auf welche Weise die Blockade der sich gegenseitig belagernden Festungsgräben im Westen aufzuheben gewesen wäre? Die Waffe, mit der gefochten wird, das Verhältnis der einander gegenüberstehenden Kräfte, die territoriale Ausgangsposition und die Sinnesart der teilnehmenden Nationen geben einem Krieg die Gestalt. Solange kein Ausstieg existiert, findet er nicht aus seiner Haut. Die Millionenheere, die sich auf den Schienen geschwind zur Front werfen, auffüllen und versorgen lassen, sind nicht mit Hurra aus dem Feld zu schlagen. Die Kapazität zur Massenfertigung von Waffen zerrinnt einer industriellen Großmacht nicht plötzlich in der Hand. Der Enthusiasmus eines vaterländischen Publikums für die gerechte Sache ist durch Schlachtenopfer kaum von heute auf morgen zu zähmen. In einer der längsten Friedensperioden des Kontinents war zudem ein Gleichgewicht in der Güte der Waffen erzielt worden, so daß sich unglücklicherweise nirgends ein einseitiger Rüstungsvorsprung gebildet hatte. So waren alle Züge eines langwierigen, mörderischen Verschleißkriegs beisammen.

Die deutsche Seite verteidigte im Westen zwischen 1915 und dem Frühjahr 1918 im wesentlichen ihren provozierenden Geländegewinn. Hauptgegenstand des Krieges war insoweit, den überragenden Okkupanten hinter seine Grenzen zu drücken. Durchbruch und Umfassung, die klassischen Vernichtungsfiguren, fanden bis zuletzt keinen Ansatz, blieb das Ermatten. Unter den Umständen des Stellungskriegs ermattet der Gegner nur durch Blutverluste. Ihn auszubluten hieß, die eigenen Männer so unbarmherzig in seine Feuerzone zu treiben, bis die gegnerische Energie verzehrt war. Zu der Manier Falkenhayn gab es keine Alternative mehr.

Um die Angreifer irgendwie vor Beschuß aus den gegnerischen Stellungen zu beschirmen, hatten die Artilleristen den Wurf des Granatvorhangs eingeübt. Nach ausgiebigem Trommelfeuer kletterten die Sturmtruppen schwer beladen aus ihren Gräben und trabten in mäßigem Tempo durch das Niemandsland zur gegenüberliegenden Brustwehr, dem Drahtverhau. Aus einigen Kilometern Entfernung legte die eigene Artillerie den Läufern einen vorwärtswandernden Schild explodierender Geschosse vor die Füße. Dies sollte die MG-Schützen im gegnerischen Graben, die das Trommelfeuer überlebt hatten, daran hindern, die Deckung zu verlassen. Gelangte der Angreifer heil an die Brustwehr, mußte er rasch ein Loch im Stacheldraht erspähen, den Wall erklimmen, die Grabeninsassen von oben mit Handgranaten ausschalten, den Graben besetzen, ihn von restlichen Verteidigern mit Gewehr und Bajonett säubern, allerdings eilends, denn der Artillerievorhang hatte keine Augen und wanderte stetig auf die dahinterliegenden Grabenringe zu. Der Infanterist durfte ihn keinesfalls verpassen, sonst geriet er ins Sperrfeuer der gegnerischen Artillerie.

Bei aller Kunst, welche die Kanoniere im Jahre 1917 errungen hatten, handelte es sich dabei für die Infanterie oft um ein selbstmörderisches Prinzip. Die Synchronisation der Bewegungen hätte einen Funkverkehr verlangt, wie ihn erst der Zweite Weltkrieg kannte. Mangels Kommunikation mit den Batterien aber ging der Kontakt zwischen Angriffswelle und Vorhang leicht verloren. Gelegentlich prasselte er in die eigenen Reihen. Das Feuer der Gegenseite wurde nur der Theorie nach abgeriegelt. Wenn die Angreifer in langen Reihen, drei Schritte zum Nebenmann, die schützende Erdhülle verließen, umfing sie ein tödlicher Äther. Jenseits des unwegsamen, aufgewühlten, verschlammten Ackers gingen Maschinengewehrsalven los. Die vornübergebeugten Läufer drängten sich instinktiv aneinander. Viele strauchelten, kippten schweigend auf das Gesicht. Die zweite Welle sah die Leichen der ersten vor sich auf der Strecke. Der Weg zur Brustwehr war der Wettlauf um das Leben. Auch für die Verteidiger. Hatte der Gegner den Draht passiert, war der Graben verloren. Doch war es der Artillerie meistens mißlungen, ausreichend Schneisen in den Draht zu hauen. Ihn zu zerschneiden fehlte die Zeit. Ehe dies vollbracht war, hatte die Kugel den Ankömmling durchbohrt. Am 1. Juli 1916, dem Angriffsbeginn an der Somme, verloren die Engländer 60.000 Mann. Ein Drittel davon starb in den ersten Stunden.

Die Befehlshaber, welche die Unvernunft weiteren Anrennens hätten erkennen können, erfuhren in ihren hinteren Quartieren erst mit unendlicher Verspätung, was sich abspielte. Akutes Eingreifen von Generälen in den Schlachtablauf zählte den ganzen Weltkrieg über als eine Seltenheit. Die Schlacht war zu blutig und ihr Gelände zu unübersichtlich, um die Feldherren mitten hineinzustellen. Und weil sie fernab vom Geschehen quartierten, floß noch mehr Blut, denn kein anderer konnte ein sinnloses Gefecht abbrechen. Die Infanteristen blickten der Vernichtungsindustrie führerlos in den Schlund. So lernten sie das Gefühl der totalen Nichtigkeit kennen. Das Leben der Läufer war entbehrlich, wenn es ihnen nur gelang, mehr gegnerisches Leben zu verschleißen, als sie selbst besaßen. Die Verlustraten zählten. Das feindliche Heer mußte abgetragen werden, Mann für Mann.

1918 stellte sich heraus, daß die Deutschen ihre Verluste der Menge nach ersetzt hatten, jedoch in minderer Qualität. Das kaiserliche Heer lag im Schlamm von Verdun und der Somme begraben. Dem Ersatz fehlte die Ausbildung, er gehörte nicht zur Blüte des Kampforgans, den Jahrgängen der 21- bis 28jährigen. Vor allem fehlte das Rückgrat der Regimenter und Bataillone, die Unteroffiziere. Diese beinharte, opferbereite Kaste hatte den Weltkrieg wahrhaft angeführt und überproportional dafür gebüßt. In der ›Kaiserschlacht‹, dem letzten Aufbäumen des ausgezehrten Korpus im Frühjahr 1918, zeigte sich die Hinfälligkeit der deutschen Wehr. Sie war kampfuntüchtig geworden, und Ludendorff nahm sie vor der restlosen Vernichtung aus dem Krieg.

Unter Entrichtung des vollen Preises hatten England und Frankreich nach den Regeln dieses Krieges gesiegt. Die ihn lebend verließen, Sieger und Besiegte, gelobten sich, unter diesen Regeln nie wieder anzutreten. Es würde keinen Krieg mehr geben oder einen gänzlich anderen. Er mochte sein wie er wollte, nur anders als die Schlächtereien vor Verdun und an der Somme. Infolgedessen wurde es wirklich ein anderer, gräßlicherer.

Der Hegemonialkrieg der europäischen Staaten vernichtete etwa neun Millionen Männer; an kriegsbedingten Seuchen und Mangelkrankheiten starben ebenso viele Zivilisten. In eigentümlichem Gegensatz zu dem trostlosen Menschenverschleiß um wenige Kilometer Schlammboden wurden allseits großräumige Kompensationsgewinne entworfen, die den nationalen Aderlaß notdürftig mit politischem Sinn versahen. England genehmigte sich die Annexion des deutschen Kolonialbesitzes, Frankreich wünschte die Zergliederung des Reiches, insbesondere einen linksrheinischen Pufferstaat. Deutschland wiederum begehrte Einverleibung Belgiens und Luxemburgs. Allesamt irreale Projekte, wie sonst aber ließen sich die absurden Kosten an Leib und Leben der Bürger rechtfertigen? Weder der Ursprung noch der tatsächliche Ausgang des Krieges boten dafür einen verständlichen Grund. Frankreich hatte 1914 eine Beistandsverpflichtung gegen Rußland eingelöst, den Rückgewinn Elsaß-Lothringens und eine Entkräftung des linksrheinischen Rivalen erhofft. Im Ergebnis war 1918 Rußland als Großmacht aus Europa verschwunden. Für den schmalen Streifen Elsaß-Lothringens hatte man mit 1,35 Millionen Toten und 3 Millionen Hektar verwüsteten Landes bezahlt. Deutschland aber bildete nach dem Zusammenbruch Rußlands und des Habsburger Reiches eine größere Bedrohung als zuvor.

Deutschland wiederum hatte ursprünglich nur Habsburg zu einem Handstreich gegen Serbien anstiften wollen. Die Gelegenheit eignete sich nämlich, Serbiens Schutzmacht Rußland und der französisch-russischen Entente eine Schlappe beizubringen. Anstatt dadurch die Zange um das Reich zu lockern, verlor es seinen letzten Verbündeten Habsburg, büßte seine Streitmacht nebst deren Bezugsperson, den Hohenzollernkaiser, ein und wurde den Gegnern mit 132 Milliarden Goldmark tributpflichtig.

England hatte sein Amt als Ordnungsmacht ausüben wollen und dabei im Landkriege so traumatische Verluste erlitten, daß es der kontinentalen Intervention müde wurde.

Die Friedensordnung von Versailles hat den Kontinent umgestaltet wie keine zweite. Drei Großmächte, Rußland, Habsburg und das Ottomanenreich, verschwanden. Dafür entstanden Polen, die Tschechoslowakei, Ungarn, die baltischen Staaten, ein anderer Balkan und die arabische Staatenwelt. Allerdings sind die bedeutsamen Ergebnisse des Ersten Weltkriegs nirgends mit seinen Zielen verwandt. Und dem Ziel, das die Grenzen am geringsten verschob, wurden die meisten Opfer dargebracht: der Verjagung des deutschen Heeres aus Belgien und Nordfrankreich. Die bis Juli 1918 bestehende Frontlinie, die von der Atlantikküste westlich Ostendes senkrecht bis Soisson verlief, östlich über Reims und Verdun bis zur Saar einbog und der Reichsgrenze entlang nahe Mülhausen an der Schweizer Grenze endete, empfanden die Kombattanten beider Seiten schlechterdings als existentiell. Für die Deutschen verkörperte sie die Raison ihres Unternehmens, den kostbarsten Ertrag ihres Waffengeschicks und das einzige Unterpfand, das einen weiter nicht besiegbaren Gegner zu irgendwelchen Konzessionen zwänge. Franzosen und Belgier hatten keine Wahl, als den Heimatboden von Eindringlingen zu befreien. England konnte Ludendorff am Ärmelkanal ebenfalls nicht dulden. Rückblickend ergab der höchste Menschenverlust aller bisherigen Kriegsgeschichte den territorialen Vorzustand. Zum Preis von viereinhalb Millionen Menschenleben blieb alles beim alten.

Der herkömmlichen Staats- und Kriegskunst graute vor sich selber. Auch die britischen und französischen Feldmarschälle wußten keine Strategie, als an den undurchdringlichen Fronten so lange

Männer und Material zu verschleißen, bis die Beharrungsenergie des deutschen Heeres aufgezehrt war. Will man die Ausdauer des Schlachtens nicht als eine militärische Lösung anerkennen, dann hat es keine solche gegeben. Die emsige Friedensdiplomatie fand in den vier bleiernen Jahren Krieg ebensowenig einen Ausweg wie in den vier hektischen Juliwochen von 1914. Durch die unerhörte Mobilisierung des heimischen Publikums, die zur Spende von Finanzen, Rekruten, Arbeit, zur Hinnahme von Not und Verlust erforderlich war, begab sich die Politik allen Spielraums. Das hysterisierte Vaterland schwelgte in Annexions-, Niederwerfungs- und Strafgelüsten, die Kompromisse gleich Niederlagen wirken ließen. Der Kriegsenthusiasmus ignorierte zumal den Krieg. Vor den Erlebnissen im Schlamm vor Verdun schotteten sich die Städte weitmöglichst ab. Der Krieg war zu einem weder militärisch noch politisch zu bändigenden Element geworden. Darum kam es zwischen 1918 und 1928 zu dem ernst gemeinten Versuch, ihn rechtlich zu verbieten.

Der Versailler Friedensvertrag kodifizierte eine neue Weltordnung, gewidmet dem alleinigen Ziel, Kriegsausbrüche zu unterbinden. In den politischen Eliten nagte bei allen wechselseitigen Vorwürfen der Argwohn, in der Julikrise 1914 versagt zu haben. Das überkommene Sicherheitssystem des Gleichgewichts der Kräfte diente auch weniger dazu, den Frieden zu wahren, als den Krieg nicht zu verlieren. Die dazu geschlossenen Koalitionen hielten die kontinentale Machtverteilung in der Waage. Dies mag den Aggressor abschrecken, insoweit ihm das Übergewicht über den Gegner fehlt. Bei zuversichtlicher Mentalität kann er ebensogut sein Glück erproben. Lassen ihn die Partner nicht im Stich, steht ihm keine stärkere Macht gegenüber, als er sie selbst anführt, vielleicht gar eine brüchigere. Was wäre den Menschen erspart geblieben, hätten sich die Koalitionen in der Julikrise ungleichgewichtig gruppiert? Serbien von Rußland verlassen, Rußland von Frankreich oder beide von England, würden jenen achtwöchigen Feldzug zur Klärung der Verhältnisse erlaubt haben, den alle Seiten für erträglich, wenn nicht nützlich hielten. Alsdann hätte das siegreiche Deutschland den nächsten Gegner niedergemacht.

Die aus dem Krieg geborene Völkerbundidee hingegen eignete sich theoretisch als einzige, den Aggressor zu entmutigen. Weil alle Bundesgenossen dem Frieden verschworen sind, hat der Kriegstreiber alle gegen sich. Damit entfällt sein Anreiz, und der Krieg verschwindet aus der Welt. Bekanntlich ist der Versuch kläglich fehlgeschlagen. Dem Aggressionskrieg von 1939, von allen seinen Opfern jahrelang vorhergesehen, haben sie nach Leibeskräften den Weg geebnet. Daraus wird dem Völkerbund gemeinhin der bitterste Vorwurf gemacht. Das Prinzip sei gesund! Wären die Staaten nur seinen Idealen gefolgt, hätten sie ihren Interessen am besten gedient. Statt dessen folgten sie ihren Interessen und schadeten ihnen ganz und gar. Warum nur hat der Völkerbund solch vernünftige Grundsätze so unvernünftig mißachtet? Nachdem man sie zugunsten der Nationalsozialisten beharrlich ignoriert hatte, klagte man diese in Nürnberg immerhin des aktiven Verstoßes an. Das Angriffsverbot gilt bis auf den heutigen Tag. Seit dem Scheitern des Völkerbunds ist ihm indessen alle Ernsthaftigkeit genommen. Ist es denn irreal, so wäre dem Kriegstreiber nur mit Krieg beizukommen. Das macht den Bruch der im Völkerbund idealisierten vernünftigen Welt desto bewegender.

Die pazifistische Bewegung, die zur Haager Landkriegsordnung führte, hat bereits 1899 den Krieg abzuschaffen gesucht und damit Regeln bewirkt, wie er besser auszutragen sei. Was hat es geholfen, auf der Schwelle des Jahrhunderts der industrialisierten Menschenvernichtung die alten Kavaliersbräuche heraufzubeschwören? Bei dem fortan zu leistenden Einsatz hat sich ihnen zuliebe keine Nation, wenn es hart auf hart kam, den Untergang geleistet. Das Gesicht eines Krieges tritt den Teilnehmern mehr oder minder gebieterisch gegenüber. Sie können ihn sich nicht aussuchen. Aber sie können ihn lassen. Was liegt näher, als einen gegenseitigen Verzicht zu vereinbaren? Den Militärs und Gesandten in Den Haag dünkte der Kriegsverzicht 1899 eine fromme Utopie. Zwanzig Jahre später wußten sie, daß totaler Krieg nicht minder utopisch war. Seine Verhütung ist seither nicht weiter gediehen als zuvor. Die der Haager Landkriegsordnung beigefügte »Konvention zur friedlichen Regelung internationaler Konflikte« enthielt bereits alle Therapien, derer die Staatenwelt realistischermaßen fähig ist. Den streitenden Parteien werden die guten Dienste neutraler Vermittler sowie eine gerichtsförmige Schiedsstelle angedient. Ein überzeugter Aggressor läßt sich davon wenig genieren. Das Deutsche Reich, dem der großserbische Terrorismus gegen seinen Partner Habsburg hoch gelegen kam, nahm die Vermittlung der englischen Seite interessiert in Anspruch, um zu sondieren, ob London eventuell den Franzosen beizuspringen gedächte. Auch das war eine Konfliktbegrenzung, doch vornehmlich, um dadurch freie Hand zum Losschlagen zu erhalten.

So wie der Zwist eingefädelt war, besitzt der Erste Weltkrieg in der Historiographie keinen verbindlichen Aggressor. Deutschlands Einfall in das neutrale Belgien, der die Feindseligkeiten formal einleitete, erwirkt allerdings einen solchen Augenschein. So trefflich das Attentat von Sarajewo sich eignete, das deutsche Kriegsinteresse in den österreichischen Satisfaktionsanspruch zu hüllen, so verkehrt paßte dieser auf den 1905 von Schlieffen niedergelegten Kriegsplan. Nach Schlieffen mußte das Heer durch einen belgischen Korridor in Nordfrankreich einmarschieren, während der Sarajewo-Konflikt allenfalls Rußland tangierte. In der Kürze der Zeit ließ sich der Schlieffen-Plan nicht nach dem Kriegsanlaß gestalten. Dieser stand zum Plan gewissermaßen seitenverkehrt. Darum mußte sich der Krieg nach dem Schlieffen-Plan gestalten. Das Räderwerk des Aufmarschs eines Millionenheeres, die Eisenbahnstrecken, Fahrpläne, Nachschubfolgen, jahrelang ausgefeilt, geübt, beschleunigt, ließ sich nicht in entgegengesetzte Richtung drehen. Der strategische Gedanke verlangte, Frankreich in den 42 Tagen zu schlagen, die Rußland benötigte, sein schwerfälliges Heer zu mobilisieren. Alsdann schwenkte der pünktliche Sieger ostwärts; anders ließ sich die Zweifrontensituation schwer bewältigen.

Nachdem es der Politik mißlang, die Situation im Westen zum Verteidigungsfall zuzuspitzen, zog das Heer unter derb konstruierten Vorwänden gegen Frankreich zu Felde. Weil das ganze Erfolgsgeheimnis in Schlieffens genialem Drehtüreffekt lag, den Gegner nordwestlich auszuflanken und in verdrehter Schlachtordnung von Paris aus nach Osten in den eigenen Festungsgürtel zu pressen, benötigte das kaiserliche Heer exakt 22 Tage Aufenthalt in Belgien. Ein Angriff auf das Land war keineswegs vorgesehen, den Belgiern sollte die Durchzugsroute kurzfristig abgemietet werden. Planwidrig verschloß sich König Albert der dezent vorgetragenen deutschen Bitte. Der belgische Neutralitätsstatus untersagte strikt die Bereitstellung von Aufmarschzonen. Darauf konnte der Plan keine Rücksicht nehmen. Das Reich überfiel unabsichtlich Belgien, blieb trotz einzigartiger Marschleistungen planwidrig an der Marne stecken, sah sich wiederum planwidrig drei Heeren konfrontiert, dem belgischen, britischen und französischen, vermochte ihnen aber eine so eminente Gegenwehr zu liefern, daß selbst, nachdem es im November 1918 technisch geschlagen war, halb Belgien östlich der Frontlinie Antwerpen-Verdun noch fest in deutscher Hand lag. Die zuzüglich des amerikanischen nunmehr vier Heere umfassende Feindkoalition scheute es, den Krieg auf deutschen Boden zu tragen, und gab sich mit einem Waffenstillstandsabkommen zufrieden, das die Verlierer gern als ehrenhaften Kompromiß gesehen hätten. Die Sieger aber hatten einen verwerflichen Aggressor für einen grauenhaften Preis wieder hinter seine Grenzen gezwungen. 60 Prozent der 8,4 Millionen eingezogenen Franzosen bezahlten mit Tod, Verwundung und Invalidität. Auf Basis der Entwaffnung des daran schuldigen Störenfrieds ließ sich nunmehr das neuartige Sicherheitssystem aller Friedfertigen gründen.

Für den Verlierer sah die Welt bei Waffenstillstand traditioneller aus: Der seit Hunderten von Jahren ausgetragene Machtkampf um den Kontinent hatte eine zusätzliche Runde durchgemacht. Das militärische Ergebnis, kein Unentschieden, doch ein gemischtes, ging nach festem Brauch in den jetzo politisch auszuhandelnden Balancezustand ein. In Versailles erst lernte Deutschland die Lage des nach totalem Kriege total Unterworfenen kennen. Hundert Jahre nach Napoleon erfuhr ein weiterer Expansionist die mittelalterliche Stigmatisierung des ungerechten Kriegers.

Artikel 1 bis 26 des Friedensvertrags entwarf den künftigen Bund der ewigen Rechtsfrieden stiftenden Völkerfamilie, Artikel 27 bis 440 regelte die Sicherheit durch Knebelung eines potentiell unverträglichen Hegemonialstaats. Die Völkerbund-Utopie war von Anbeginn eingelassen in die herkömmliche Realpolitik zur Eindämmung drohender Übermacht. Wenn man so will, ein doppelter Boden des Sicherheitsbedürfnisses, das sich nicht ausschließlich dem amerikanischen Professor für Staatsrecht Woodrow Wilson anheimstellen mochte, welcher der ratlosen Nachkriegswelt Kants ›permanenten Staatenkongreß‹ aufstülpte.

Der Völkerbund war der 14. und letzte Punkt eines »Programms des Weltfriedens«, das der US-Präsident im Januar 1918 proklamierte. Seit einem Jahr warb er bereits um einen Frieden ohne Sieg. »Die Menschheit sehnt sich nicht nach dem sogenannten Gleichgewicht der Mächte, sondern nach der Freiheit des Lebens.« In Sonderheit sehnten sich die amerikanischen Kaufleute nach freien Schiffahrtswegen zu ihren europäischen Märkten. Deutschlands U-Boot-Krieg gegen Handelsschiffe, seine Vergeltung für die britische Seeblockade, schadete den merkantilen Interessen der USA, die den ineinander verbissenen Kontinentalmächten so schnell keine politische Lösung zutrauten. Wilsons Vorschläge zur Selbstbestimmung der Nationen machten insoweit einen vernünftigen Schnitt durch die Landkarte. Die Kriegsparteien konnten sich unter dieser idealen Zielsetzung von ihrem unpraktischen Annexionismus nobel verabschieden. So wie die Fronten verliefen, hieß nationale Selbstbestimmung Rückzug des Reichs aus Belgien, Auflösung des Habsburgerreichs und Neuordnung der zwischen Deutschland und Rußland gelegenen polnischen, baltischen und ukrainischen Territorien.

Noch ehe Deutschland, militärisch zusammengebrochen, so viele Besatzungs- und Einflußzonen eingebüßt hätte, schloß es sich nach einigen Rückfragen in Washington dem Wilsonschen Idealismus an. Generäle und Minister der Hohenzollern huldigten der Völkerverbrüderung; ein glimpflicher Preis für schadloses Davonkommen von Reich und Armee. Deutschlands Gegner hatten Wilsons 14 Punkte nicht akzeptiert, verfolgten allerdings seit 1914 eine eigene Völkerrechtspropaganda.

Wilhelms Belgien-Invasion trug ihm das Kainsmal des Aggressors und Usurpators ein. Nachdem er nämlich an seinem ursprünglichen Transitkorridor festgenagelt worden war, beanspruchte er das Land als Entschädigungsgewinn für den gescheiterten Schlieffen-Plan. Nach seinerzeitiger Staatenpraxis zählten weder Angriff noch Eroberung als Untugenden. Dazu wurden sie erst zwischen 1914 und 1919, um den Belgienschänder Wilhelm als Geißel der Zivilisation anzuprangern. Dergestalt entwickelten sich England-Frankreich-Rußland, die Triple-Entente, zu Kantianern, priesen den Aggressionsverzicht und die Heiligkeit von Rechtsverträgen. Nach Lage der Dinge mußte das Prinzip dem jungen, dynamischen Deutschen Reich am übelsten bekommen.

Kants permanenter Staatenkongreß erfuhr, als er 1919 in Versailles ausgerufen wurde, seine Verwirklichung durch einen absonderlichen Kreis von Interessenten. Amerika, Urheber des Unternehmens, boykottierte bereits die Gründung. Mit dem Friedensschluß war seinen Handelsinteressen ausreichend gedient. Die kontinentalen Siegermächte rahmten die Friedensbruderschaft in die Unterwerfungsklauseln des Versailler Vertrags: Entzug von Flugzeugen, Panzern, Schlachtschiffen, schwerer Artillerie, Truppenführern. War das Reich der Mittel zur Aggression beraubt, hatte man sich seine Friedfertigkeit weit zuverlässiger gesichert als durch Redensarten. Deutschland schließlich sah sich durch die falsche Verheißung auf siegerlose Friedenspartnerschaft um den Gewinn seines Truppenrückzugs geprellt. Belgien geräumt für nichts, für Wilsons blasses Prinzip der Selbstbestimmung der Völker! Nicht Sicherheitspartner, sondern bedingungslos Geschlagener, gelobte das nationale Lager die Gelegenheit abzuwarten zur Revanche. Damit begann das Jahrzehnt des ewigen Friedens.

Von 1918 bis 1928 konstruierte die Staatenwelt an einem Kriegsverhütungssystem im Kantischen Sinne. Der ›permanente Kongreß‹ mit Sitz in Genf hub an, alle Streitfragen einvernehmlich zu schlichten. Sagte den Kontrahenten das Schlichtungsergebnis nicht zu, verkündete der vierzehnköpfige Rat des Völkerbunds einen Beschluß. Fiel der Beschluß einstimmig aus, so konnten die dagegen verstoßenden Parteien mit wirtschaftlicher und Waffengewalt zur Annahme gezwungen werden. Die Völkerbundsmitglieder, zu denen nach langem Sträuben ab 1926 auch das Deutsche Reich zählte, entsagten feierlich der Unsitte, einander zu bekriegen. Damit waren zunächst einmal die vielen neuen, in Europa gezogenen Grenzen zementiert. Um eine Revision durchzusetzen, hätte Deutschland etwa, das seine neuen Ostgrenzen nicht billigte, im Streit mit Polen eines einstimmigen Votums des Genfer Rates bedurft. Bei der mutmaßlichen Mehrstimmigkeit mochte der Petent sein Begehr anderweitig verfolgen. Doch »jeder Angriffskrieg ist und bleibt verboten«, bekräftigte die Bundesversammlung vom 24. September 1927. Im Pariser Vertrag vom August 1928 schließlich verpflichteten sich nahezu alle Staaten, ihren Streit »niemals anders als durch friedliche Mittel« zu lösen. Da die Selbstverteidigung davon unberührt blieb, stand wiederum die Urfrage des gerechten Krieges zu entscheiden: Wer schreitet zu gerechter Defensive, und wer ist der ungerechte Aggressor? Gefunden wurde eine inhaltsarme, aber brauchbare Formaldefinition: Aggressor ist derjenige, der, ohne die Verhütungsprozedur des Völkerbunds zu bemühen, Gewaltmittel einsetzt.

Das Genfer Vernunftsystem entband zwei logische Unheilsfolgen: 1. Jede Revisionspartei entwickelte sich mit hoher Wahrscheinlichkeit zur Kriegspartei. Denn zulasten eines Revisionsopfers war kaum Einstimmigkeit zu erzielen. 2. Das Ensemble der Friedensparteien hätte es alsdann mit einem Desperado zu tun, der sein Recht in der Aggression suchte. Wider ihre schiedliche Natur müßten sie ihn einstimmig ächten und kollektiv bekriegen.

Um dem lästigen Sanktionskrieg auszuweichen, mochte sich ein Flügel der Friedenspartei dazu bequemen, den Revisionisten zu saturieren. Der Kriegstreiber erzielt bei den Pazifisten seine schönsten Erfolge. So geschehen im Münchener Abkommen 1938 unter Verstoß der Bundespflicht gegenüber der ihre Sudeten einbüßenden Tschechoslowakei. Im verschärften Falle konnte der Aggressor um des Friedens willen getadelt, die Aggression indessen toleriert werden. Nicht aus Feigheit, sondern aus wohlerwogener Mäßigung. Deshalb duldete der Völkerbund 1931 den Angriff Japans auf die Mandschurei und 1935 den Angriff Italiens auf Abessinien. Unter Umständen mag es nämlich geboten erscheinen, einen Lokalkrieg wie in Abessinien mißbilligend hinzunehmen, um Mussolini, den Aggressor, nicht in das Lager eines weit Aggressiveren, Hitlers, zu treiben. Am Ende waltet, wie im Juli 1914, wieder Bündnispolitik. Wer strategisch günstig Verbündete plaziert, schlägt los. Besser sogleich als unter ungünstigeren Konstellationen. Hitler hatte mit Stalin einen solchen Verbündeten akquiriert, daß Polen nicht mehr zu verteidigen war. Was warf die britisch-französische Garantieerklärung für Warschau dagegen in die Waagschale?

Die Realpolitik hat nichts realisiert, das Sicherheitssystem hat nichts gesichert. Dabei scheint sein Gedanke doch den Frieden unerschütterlich zu machen. Der Streitlustige einigt sich gütlich oder ist mit der Gesamtheit der Staatenwelt konfrontiert. Fände das Prinzip universelle Anerkennung, zahlten sich Überfälle nicht im geringsten aus. Doch blieb der kantischen Idee nur ein kurzes Intermezzo in der Welt beschieden. Zwischen der Völkerbundsatzung von 1919 und Japans mandschurischer Invasion 1931 erstreckt sich das Kuriosum der sich selbst beendenden Kriegsgeschichte. Wie sich schnell herausstellte, ein untauglicher Versuch am untauglichen Objekt.

Vorausgesetzt sind dabei utopische Kunststaaten, deren Hauptzweck die Kriegsverhütung wäre: Ihr Handelsinteresse, ihr Einflußstreben, ihren Konkurrenzwettbewerb ordneten sie anstandslos dem Pazifismus unter. Niemand suchte vermittels des Störenfrieds Vorteile über Dritte zu erlangen, an deren Streit zu verdienen, Rivalen loszuwerden. Vom schlechten Beispiel des Aggressors verspräche sich keine Macht einen gerufenen Präzedenzfall für eigene Handstreiche. Man hielte sich aufwendig parat und gäbe notfalls Gut und Leben, um sich, für welche bizarren Völkerscharen auch immer, mit den respektabelsten Herrschern anzulegen. Es lebten keine nachsichtigen Verwandten, ängstlichen Nachbarn, treuen Verbündeten, geschworenen Neutralen, Religions- und Rassenbrüder, nur unbestechliche Kosmopoliten. Kurz, Staaten wären erfordert, die sich statt eigener Machtvermehrung konstant der Weltordnung widmeten. Sie wären mithin gar keine Staaten, sondern, wie Kant so hochgemut schreibt, fraternelle Segmente der Erdkugel. Als ihre Stunde nahte, waren sie aber anders.

Großraumkrieg

Die Kriegsächtungsverträge mag man als eine naive Kinderei ansehen. Der geächtete Krieg war dadurch keineswegs abgeschafft. Der Anspruch ist nicht von dieser Welt, wiewohl sich alsbald zeigte, daß ein kollektives Sicherheitssystem, gegründet auf das Prinzip der Intervention gegen jedweden Aggressor, den Völkern einen Verlust von 50 Millionen Menschenleben erspart hätte. Die Staaten, denen die militärische Garantie der Weltordnung bei dem ersten Bewährungsfall, Japans Okkupation der Mandschurei im September 1931, als irreal erschien, standen zehn Jahre später am Rande ihrer Existenz. Wer in England aber hätte diesen Kostenpunkt voraussehen können?

Die Briten verfügten als einzige der damaligen Mächte über das nötige Inventar einer Seeblockade. Ihre Flotte hätte sich am mandschurischen Kontinentrand zwischen die Okkupationsarmee und die japanischen Mutterinseln schieben müssen. Imposanter noch wäre die Abriegelung des Rechtsbrechers von allen Zufuhren gewesen. Wer wollte so viel verlangen? Der Einsatz einer Flottenexpedition auf kolossaler Distanz zu ihrer Heimatbasis zwecks Belagerung einer erstklassig gerüsteten Großmacht in deren heimischen Gewässern kam den Zeitgenossen partout nicht in den Sinn. Warum das frischgeknüpfte Sicherheitssystem seine Tüchtigkeit an jener eiseskalten, unwirtlichen Fläche im Nordostwinkel Asiens erweisen sollte, die zwar so viel wie Deutschland und Frankreich zusammen maß, doch einem örtlichen Scherz zufolge nichts als Sojabohnen und Banditen hervorbrachte, das leuchtet nur der historischen Kontemplation ein. Sie weiß inzwischen, daß in diesem gottverlassenen Boden der Anfang vom Ende steckte: die Botschaft an den Aggressor, sein Glück zu suchen, soweit es ihn trägt.

Im Strom der Geschehnisse tauchte sogleich das dem neuzeitlichen Kriegsrecht vertraute Dilemma auf: die relative Unkenntlichkeit der Aggression. Darüber würden weder die beteiligten noch die unbeteiligten Parteien ein Einvernehmen erzielen, wie die Rechtslehrer der Aufklärungszeit wußten. Der Völkerbund, der auf Beschwerde Chinas eine Untersuchungskommission einsetzte, identifizierte allerdings nach 17 Monaten Arbeit Japan als den Angreifer, doch nur im streng formalen Sinn. Über die wahre staatliche Beschaffenheit der Mandschurei und mehr noch das in jener Erdzone geübte Völkerrecht konnte man zu gemischten Ansichten kommen. Darum gewährten die Völkerbundsmitglieder China 1933 die Satisfaktion der Verurteilung Japans, versagten jegliche nach Artikel 10 und 16 der Charta garantierte Hilfe und ließen dem Aggressor freie Bahn zum japanisch-chinesischen Krieg von 1937 bis 1945, der das Opfer von 5 bis 10 Millionen Zivilverlusten und 10 Millionen Militärverlusten kostete: nächst dem deutsch-russischen Krieg von 1941 bis 1945 die blutigste aller Menschheitskatastrophen.

Formal gehörte die Mandschurei zu China, einem Staat, der durch aggressiv erzwungene Einfluß- und Hoheitsrechte eines Spaliers von Kolonialmächten – England, USA, Frankreich, Deutschland, Rußland, Japan – zu Beginn des Jahrhunderts in die Auflösung getrieben worden war. Selten nur fußte die Staatsmacht in Südostasien auf der territorialen Integrität souveräner Völker. Das Selbstbestimmungsrecht der Nationen galt woanders. In Indien, Burma und Malaysia walteten die Briten, in Indochina die Franzosen, in Indonesien die Niederländer, auf den Philippinen die Amerikaner kraft kolonialen Durchsetzungsvermögens. Nach Völkerbundstatuten wären diese Besitztümer jedenfalls nicht zu erlangen gewesen. Die in der vorstatutorischen Zeit erstarkten Mächte untersagten mittels Völkerbundstatut Japan, was sie selbst fortwährend genossen. Solche Rechtsregeln wirkten auf die kolonialisierten Nationen des Raumes nicht sonderlich überzeugend. Den Dünkel ihres pazifistischen Sicherheitssystems mit ererbtem Eroberungsgewinn empfanden selbst die Kolonisten. Zumal Japans Sache, formal betrachtet, gar so übel nicht dastand. Die chinesische Mandschurei, nördlich der Großen Mauer gelegen, war von 1900 bis 1905 bereits Rußland einverleibt, im Krieg von 1905 an Japan verlorengegangen, anschließend nicht von ihm annektiert, wohl aber mit Duldung Pekings wirtschaftlich erschlossen und verwaltet worden. Mit dem Untergang des Kaisertums 1911 zerfiel für knapp zwanzig Jahre auch der chinesische Staat. Seine nominellen Regierungen wußten auf dem alten Territorium keine intakte

Staatsmacht zu entfalten. Sie zersplitterte in Gouvernements, wo lokale Armeechefs mittels privat gedungener Söldner Ordnung hielten.

Ein solcher Gouverneur hatte sich auch in der Mandschurei niedergelassen, protegiert von den dort festeingesessenen Japanern. Als die nationale Partei ›Kuomintang‹ in China sich daranmachte, in Kanton, später in Nanking, eine Zentralregierung wiederherzustellen und die regionalen Armeechefs gewaltsam zu beugen, bat der mandschurische Gouverneur chinesischer Zunge, Tschang So-ling, seine Schutzmacht Japan gar um Waffenhilfe. Die Helfer standen schon im Lande. Dort ging die öffentliche Gewalt gar nicht von der Regierung aus. Alle reale Kontrolle übte ein Japan-Konzern aus, die Südmandschurische Eisenbahngesellschaft, Inhaberin der lokalen Industrie und Gründerin von 25 Städten. Der Sicherheit der Anlagen und der 240.000 japanischen Angestellten diente ein eigener Militärverband. Die ›Kwantung-Armee‹ übernahm im Fortlauf des Geschehens den Beruf, die Lunten zu zünden. In einer Serie verdeckter Provokationen schafften die Heißsporne der Kwantung-Armee 1928 Tschang So-ling aus dem Wege, sprengten 1931 inkognito Bahngleise, um einen Anlaß zu konstruieren, Anarchie zu verhindern, Ruhe zu schaffen und die Mandschurei der staatlichen Reorganisation Chinas zu entziehen. Denn Tschangs Sohn drohte dem Sog der von Tschiang Kai-schek entfachten Nationalbegeisterung zu erliegen. Längst war die Mandschurei zum faktischen Rohstoff-, Industrie- und Arbeitsreservoir, der Schmiede der ostasiatischen Reichsgründung fortentwickelt. Japan, die westlichste der asiatischen Mächte, fühlte sich als geborene Erbin der untergangsgeweihten Westkolonien. Ihr Weltkrieg hatte die Kolonialisten ausgelaugt, und eine unverbrauchte Juniormacht prüfte die Hinterlassenschaft.

Die Beherrschung dieses Großraums besaß eine natürliche Gravitationsmitte, China. China war seit altersher von Norden erobert worden, dem Gebietssockel der mongolischen und mandschurischen Nomaden, deren Abwehr einmal die Große Mauer diente. Chinas letzte Dynastie, die Mandschus, entstammten dem wilden Norden. Im Februar 1932 rief die Kwantung-Armee ihr Protektorat zum Staate Mandschukuo aus. Pu-Yi, der 1911 gestürzte Mandschu-Kaiser, wurde zum Staatsoberhaupt bestellt. Japan hatte in einem Blitzkrieg von fünf Monaten 580.000 Quadratkilometer entlang der mandschurischen Bahngleise okkupiert und das an Zahlen überlegene Heer des chinafreundlichen Tschang des Jüngeren verjagt. 1933 folgte die

Okkupation der chinesischen Nachbarprovinz Jehol. Das Jahr 1935 erlebte die Unterminierung der Provinzen Tschahar in der inneren Mongolei und Hopeis südlich von Peking. Das Jahr 1937 legte das Fundament für den Angriff auf ganz Nordchina. 1941 und 1942 rückte Japan, um die unerreichbare, nahe Tibet verschanzte Kuomintang-Armee von ihren südostasiatischen wie südpazifischen Versorgungslinien und den angelsächsischen Verbündeten abzuschneiden, in Französisch-Indochina, Holländisch-Indonesien, Britisch-Burma, Malaysia und in die US-amerikanischen Philippinen ein.

Japans Krieg hatte mit der Einnahme des Festlanddegens Mandschurei begonnen, einem Gebilde von zweifelhafter Staatlichkeit. Sein Ausbau zur wehrwirtschaftlichen Basis speiste die Invasion in den strategisch begehrten Lebensraum China. Im Halbbesitz des chinesischen Kontinentalblocks proklamierte das winzige Inselreich den Rassenkrieg zur Befreiung der farbigen Völker Südostasiens von der Herrschaft der weißen Eroberer.

Eine derartige Kriegsutopie verformt das herkömmliche Aggressionsinstrument, die Armee. Der Rausch der Überfälle nimmt ihr den Gleichgewichtssinn. Sie traut ihrer Verve Wundertätigkeit zu. Die japanische Wehrmacht, im Treffen gegen Rußland 1905 ein tadellos fechtender, ritterlicher Verband, offenbarte in China die barbarische Niedertracht der Horden Dschingis-Khans.

Japans China-Armee unterscheidet sich von den übrigen Kombattanten des Zweiten Weltkriegs durch den Kultus des Selbstopfers und die kollektive Lasterhaftigkeit des Umgangs mit Wehrlosen. Das Leben preisgeben heißt eine dem Soldaten ständig abverlangte Pflicht. Das Schwelgen im Exzeß wiederum ist eine dem Landkrieg innewohnende Degeneration. Vom Führungsstandpunkt gilt Todesbereitschaft als erwünscht, Tobsucht als unerlaubt. Mannschaften, die zu plündernden, vergewaltigenden und metzelnden Haufen verkommen, entgleiten, wie insbesondere deutsche Wehrmachts-Generäle bezeugten, rasch der Befehlsgewalt. Ein Befehlshaber, der seinen Untergebenen ihr Triebleben nicht beschneidet, kann sie auch nicht zum Sterben zwingen. Seltsamerweise kennt die chinesische Kampagne nicht nur Generäle, die unfähig erscheinen, Disziplin zu wahren, sondern zudem ihre Überschreitung verlangen. Vorgesetzte reizten ihre Männer zum Martern und Bajonettieren von Zivilisten, um sie an den Gedanken zu gewöhnen, »den Chinesen nicht als menschliches Wesen zu betrachten, sondern als minderwertiger als einen Hund oder eine Katze«.

Um Kriegsgefangene nicht als Kombattanten, sondern als Banditen behandeln zu können, wurde der Krieg formal als Strafaktion betrachtet. Der japanische Generalstabsangehörige Muto berichtete vor dem Tokioter Kriegsverbrecherprozeß 1948, daß man die zunächst unklare Frage 1938 entschieden habe: »Weil der chinesische Konflikt offiziell ›Vorfall‹ hieß, würden festgenommene Chinesen nicht als Kriegsgefangene betrachtet.« In den Stabsakten seien gar keine Gefangenenzahlen vermerkt worden, sondern nur die Kapitulation gewisser »Elemente«. Das ›Element‹ ist eine vom Zweiten Weltkrieg entwickelte Figur.

Der nationalsozialistische Völkerrechtsgelehrte Carl Schmitt hat 1950 beklagt, die überlieferte Rechtsgestalt des Justus hostis, des gerechtfertigten, sein gutes Interesse verfechtenden Feindes, sei »mit der Steigerung der technischen Vernichtungsmittel« abhandengekommen. Deren ideologisches Begleitphänomen sei die Deklaration des Gegners zum Verbrecher und Unmenschen. »Der Bomben- und Tiefflieger gebraucht seine Waffe gegen die Bevölkerung des feindlichen Landes vertikal, wie der heilige Georg seine Lanze gegen den Drachen gebrauchte. Indem man heute den Krieg in eine Polizeiaktion gegen Störenfriede, Verbrecher und Schädlinge verwandelt, muß man auch die Rechtfertigung der Methoden dieses ›police bombing‹ steigern. So ist man gezwungen, die Diskriminierung des Gegners ins Abgründige zu treiben.« Schmitt selbst hat genug davon verstanden. Man dehumanisiert den Feind keineswegs aus Gedankenverirrung. Der Terror widerfährt ihm nicht infolge vermeintlicher Niedertracht. Die Niedertracht wird ihm bescheinigt infolge der militärischen Notwendigkeit des Terrors.

Schmitt kapriziert sich auf das Police-bombing, weil darin den Seinigen das Los der ›Elemente‹ zufällt. Das erläutert er der siegreichen Luftkriegspartei.

Die Schädlingsjagd im Landkrieg wirkt weniger als Projektion neuerer Waffentechnik. Den deutschen und japanischen Schindern scheint es um herkömmlichen Raubbau und Rassendünkel zu tun. Sie peinigen ihr Opfer von Angesicht. Darin mag sich eine Charakterverfehlung ausdrücken. Aber gemeinhin folgt das Militärwesen nicht der Seelenverfassung des Soldaten. Seine Quälereien sagen wenig darüber aus, warum der totale Krieg sie zuläßt, der doch ansonsten Material, Gelände, Gesellschaft und Mensch seinen Erfordernissen anverwandelt. So wenig er Kombattant und Zivilist voneinander trennt, so sehr vermischen sich Gefecht und Terror.

Aus unterschiedlichen Beweggründen hat jede Partei des Zweiten Weltkriegs zu dem Gemisch gegriffen. Das Ergebnis scheint bei Japans Chinaexpedition von besonders lasterhafter Art. Der Fall des deutschen Heeres in Rußland dünkt wiederum systematischer und zugleich tiefer im ›ideologischen Begleitphänomen‹ verwurzelt. Das anglo-amerikanische Terrorbombardement schließlich wirkt vollends als Maschinengeschehen. Im Element der Luft tritt der Bomber-Crew weder ein Untermensch noch überhaupt ein Mensch gegenüber. Sie betrachtet ihn weder als Kombattanten noch als Gefangenen, sondern betrachtet das Zielgerät, welches den Punkt markiert, wo den Pfuhl der Finsternis seine verdiente Strafe ereilt. Der seelische Prozeß der Degradation des Feindvolkes zu vertierten Existenzen, welche sinnvollermaßen dezimiert, abgenutzt oder welch tristem Zweck auch immer ausgeliefert werden, kommt nur für den Landkrieger in Frage. Es mag ihm insoweit leichter fallen, als er im Landkrieg nicht viel rücksichtsvoller behandelt wird.

Die chinesischen und japanischen Streitkräfte, die im Sommer 1937 in Nordchina aufeinandertrafen, belegten einander Nacht um Nacht mit Maschinengewehrfeuer, verweilten über Wochen in ihren Stellungen, oft genug ohne Proviant, Nachtruhe und medizinische Versorgung. In den schweren Bodenschlachten entlang der Eisenbahnlinie Peking–Wuhan lernten die Truppen zudem die Tücke des Tieffliegerfeuers fürchten. Als die Invasionsverbände Paoting, die erste Bahnstation, erreicht hatten, spürten sie bereits das Hauptelend von Expeditionen in Landmassen wie China und Rußland, die Nachschublücken. Im flandrischen Stellungskrieg 1914 bis 1918 waren die Männer gewissermaßen mit der Bahn in den Graben transportiert worden. Munition und Nahrung trafen über bestens organisierte Linien ein. Weil der nunmehrige Kriegsschauplatz dem Verteidiger eine endlose Rückzugstiefe bot, hing der Verfolger von flüssiger Verbindung zu einer Basis ab, die den anschwellenden Verschleiß von Treibstoff, Munition, Ersatzteilen, Kost und Reserven sicherstellte. Vor Paoting erlebten 30.000 Japaner Empfindlichkeit und Isolation selbst leichter, kleiner Truppenteile, die, vom Gegner gezogen, der Raum verschluckt. Die vom Sommerregen durchgeweichten Straßen zogen alle Fahrzeugkolonnen in den Schlamm. Die 1. Armee unter General Katsuki lag vor starken Befestigungen am Flußufer nördlich der Stadt, sah sich in ihrer Klemme, aber nach einiger Zeit vom unvermuteten Rückzug des Gegners erlöst und stürzte sich nun besinnungslos vor Wut in die Siedlung als der einzigen Nahrungsquelle weit und breit. Paotings Einwohner erlebten als erste die Wutanfälle, denen sich der Eindringling von nun an regelmäßig hingab. Der Raub von Lebensmitteln und Leben waren ihm eins. So wurden 25.000 Personen ohne viel Gegenwehr erschlagen und, soweit weiblich, prinzipiell vergewaltigt.

Der US-Militärattaché Colonel Stilwell führte die Preisgabe der Stadt verärgert auf die Unfähigkeit der Kuomintang-Armee zum Offensivgefecht zurück. Viel spricht allerdings dafür, daß die Chinesen sich der Terrorisierung des Zivils auf ihre Weise bedienten. Anders ist schwer erklärlich, warum sie alles dazu Notwendige unternahmen, den Kampf nach Schanghai hineinzutragen, der bevölkerungsreichsten Stadt des Landes.

Schanghai beherbergte internationale Viertel, die Residenz der früheren Kolonialmächte, die fortwährend extraterritoriale Rechte wahrnahmen. Den ganzen Krieg hindurch trachtete Tschiang Kai-schek die alten Hegemonialstaaten der Region, voran die USA und England, den japanischen Herausforderer niederringen zu lassen. Ihr Eingreifen wäre am ehesten durch einen Schlag der Japaner gegen die ausländische Enklave Schanghais provoziert. Um dergleichen anzuzetteln, bedurfte es, weil die Japaner keine Neigung erkennen ließen, eines Köders. Er fand sich in Gestalt der Kuomintang-Elitetruppen, 48.000 von deutschen Besatzern unter General von Falkenhausen sorgsam gedrillte Männer. In einer für ihn gänzlich untypischen Weise offerierte Tschiang Kai-schek seinen kostbaren Besitz zur Schlacht. Er postierte sie um die Dreieinhalbmillionen-Stadt Schanghai und die Straßen nach Nanking, seinem 300 Kilometer entfernten Regierungssitz.

Japan mochte die Gelegenheit zu einer Entscheidung nicht ausschlagen und eröffnete damit die Reihe der Städteschlachten, fortgesetzt in London, Leningrad, Kiew, Stalingrad, Hamburg, Dresden, Warschau, Berlin, Tokio und Hiroshima. Zeitgenossen erschien das in Schanghai angezettelte Inferno als Fortgang von Verdun. Die Vernichtungsenergie der industrialisierten Militärmacht raste nicht mehr auf gesonderten Totenäckern, sondern dort, wo sich ihr Druck potenzierte, in den Quartieren der zivilen Massen. Was vermöchte auf den Feind größeren Eindruck auszuüben? 2.000 Personen starben in den überfüllten Vierteln der internationalen Kolonie unter Fliegerbomben. Fatalerweise fielen sie von chinesischen Maschinen herab. Unklar ist, ob aus Unerfahrenheit der Piloten oder wegen des Provokationsgebarens der Kuomintang. Diese plazierte 50 Divisionen mit 700.000 Mann in und um Schanghai, Japans General Matsui 10 Divisionen mit 300.000 Mann.

Der japanische Artilleriebeschuß kostete auf chinesischer Seite zeitweise Tausende von Opfern pro Stunde. Um seine eigenen Artilleristen nicht als Ziele preiszugeben, ließ der Angreifer bei Tag das Feuer einstellen, um blindlings in der Nacht zu schießen. Dazu gesellten sich die Schiffsgeschütze, die vom Hafen aus die Stadt ins Visier nahmen, ferner die nun habituell Wohngebiete bombenden Flugzeuge sowie Hunderte von Panzern, die in den Straßenfluchten den Stellungskrieg übten. Die militärischen Verluste betrugen nach sieben Wochen annähernd 140.000 Mann. Von der Zivilbevölkerung heißt es, daß niemand in einem Umkreis von 4,5 Quadratkilometern entkommen sei. Monate später wirkte die Stadt auf Besucher wie nach einem Erdbeben.

Matsuis Truppen zogen landeinwärts, den Jang-tse hinab nach Nanking, der gegnerischen Metropole, eine in der Ming-Dynastie gegründete Stätte ernster Wissenschaft und Kunstpflege. Die kleine Stadt quoll über von Flüchtlingen, teils aus Schanghai, teils aus dem dichtbesiedelten ländlichen Zwischengebiet. Dort vergnügte sich die japanische Luftwaffe bei der Menschenjagd. An den militärisch wertlosen, unverteidigten Weilern der Bauern und Hühnerzüchter erprobten die Piloten ihre Tüchtigkeit. Sie trainierten mit sichtlichem Übermut den Sturzflug, das Zielen mit Bordgewehren auf fliehende Personen und das Lenken klobiger Bomben auf ziegelgedeckte Bambushütten. In den Krankenhäusern trafen Leiber ein mit zerrissenen Eingeweiden, verbrannten Muskelsträngen, abgebrannten Gliedmaßen, halbierten Gesichtern, wie sie zuvor nur die Feld-Chirurgen der Materialschlachten von 1916 zu Gesicht bekommen hatten.

Das Schanghai-Expeditionskorps, dem unterwegs in Suchow reichlich Gelegenheit zum Plündern von Seidenballen, Oberbetten und Hausrat geboten worden war, befand sich in aufgeräumter Laune. Eine Blutmühle wie die von Schanghai gab es nicht mehr zu bestehen. Doch wann immer die Japaner in schwach verteidigtes Gelände vorstießen, entlud sich die angestaute Spannung in orgiastischen Greueln. Aus Schanghai ist davon nichts bekannt. Dort, wo Stahl und Pulver Ernte hielten, fanden zusätzliche Exzesse keinen Platz. Nanking hingegen bot so gut wie keinen Widerstand. Die

Kuomintang wich mit Sack und Pack nach Westen und überließ ihre Hauptstadt mit dem Mausoleum Sun Yat-sens, des Staatsgründers, dem Belieben des Siegers. Als dieser am 7. Dezember 1937 in die Außenbezirke eindrang, verließ Tschiang Kai-schek seinen Sitz. Zur Sicherheit legten die Japaner den Ort noch zweieinhalb Tage unter Bomben und Granaten, bevor sie am 13. Dezember 1937 triumphalen Einzug hielten, wähnend, der Feldzug sei gewonnen.

Die unblutige Eroberung feierte das Schanghai-Korps sechs Wochen lang mit einem Taumel der Mordlust, wie sie die Neuzeit noch nicht kannte. Die Deutsche Botschaft unterrichtete Außenminister Ribbentrop, daß Greuel und Verbrechen hier nicht das Werk von Individuen, sondern einer ganzen Armee seien, die sich als eine »bestialische Maschine« entpuppe. Die Soldaten rasten wie die Wilden. General von Falkenhausen, Militärattaché und Instrukteur der Kuomintang-Streitkräfte, meldete angewidert, daß nurmehr von einem »brutalen militärischen Mob« die Rede sein könne. Das Urteil des Tokioter Militärgerichtshofs nennt eine Zahl von 200.000 Ermordeten, nahezu jeder zweite Stadtbewohner.

Die Exzesse gewannen die Aufmerksamkeit des wißbegierigen Publikums in Japan, welches am 7. Dezember aus der Zeitung erfuhr, daß zwei Unteroffiziere, Mukai und Noda, jüngst einen Wettbewerb unentschieden hätten abbrechen müssen. Sie erzielten keine Einigkeit, welcher von ihnen als erster 100 Chinesen mit dem Samurai-Schwert im Laufe gefällt habe. Nach einer Woche berichtete Tokios Presse, man habe das Rennen mit dem Ziel von 150 Geköpften wieder aufgenommen. Ausgedehntere Massaker brauchten Gründe. Mehr als 20.000 junge Männer führte Matsuis Armee mit rückwärts gebundenen Armen vor die Stadtmauern und mähte sie im Maschinengewehrfeuer nieder. Alle standen unter dem Verdacht, in Zivilkleidung verborgene Soldaten zu sein. Vergebens die Mühe, angesichts der trunkenen Horden Reißaus zu nehmen. »Die Regel scheint es hier zu sein«, notierte ein westlicher Beobachter, »daß jeder, der wegrennt, erschossen oder bajonettiert werden muß.«

Den Japanern mißbehagte die Menge der ausländischen Zeugen in der Regierungsstadt, welche entgeistert die kaiserliche Botschaft bestürmten, wo die ehrenhafte Tradition der Samurai-Krieger geblieben sei? Die Botschaft kabelte die Anschuldigungen ratlos nach Tokio. Dort gab es wenig zu veranlassen, weil einer der Befehlshaber am Platze, Prinz Asaka, der Onkel des Kaisers war. Die geschockten Ausländer, auf den Straßen mit Tausenden vor ihnen auf die Knie fallenden Chinesinnen konfrontiert, flehend, sie vor den Bestien zu erretten, erfuhren von den Botschaftsdiplomaten ausgesuchte Höflichkeit. Die siegreiche Armee brauche ihre Belohnung.

Die berauschte Soldateska war genügend bei Verstand, ihre Übergriffe gegen Ausländer zu kontrollieren. Schlimmeres als Plünderung brauchten die Fremden nicht zu befürchten. Wagenkolonnen, hochbeladen mit geraubtem Mobiliar, schwankten kilometerlang durch die mit Leichen übersäten Straßen. Doch unterschieden die besinnungslos wütenden Räuber zwischen chinesischen Opfern, denen sie die geleerten Häuser abzubrennen pflegten, und ausländischen, die gewöhnlich mit der Schändung ihrer Nationalflagge davonkamen. Es war ihnen gar zugestanden, die Frauenehre zu schützen und, sofern sie sich getrauten, die Scheusale davonzujagen. Man fühle sich nicht komfortabel, notierte ein christlicher Kavalier, alsdann ein Bajonett auf der Brust oder einen Revolver an der Schläfe zu spüren. Der Besitzer wünsche einen nur allzu innig aus der Welt. Doch blieb es beim Wunsche. Chinesinnen und ihre Anverwandten hingegen, die Widersetzlichkeit durch Weinen und Schreien äußerten, verfielen dem Tode. Der Furor gehorchte einer gewissen Selbstdisziplin; soviel fällt auf. Die japanischen Befehlshaber gaben ihren Männern inoffiziell Instruktionen zur Vergewaltigung von Frauen mit auf den Weg: »Damit wir keine Probleme bekommen, bezahle sie mit Geld oder töte sie in einer Ecke, sobald du fertig bist.« Das ist ein bezeichnender Ratschlag. Die Auszahlung des Opfers, die es zur Hure deklariert, dient einem Extra-Zweck. Die ausgelöschte Ehre gilt ebensoviel wie der ausgelöschte Leib. Aussagen japanischer Soldaten legen nahe, daß ihr epidemischer Vergewaltigungsdrang seine Lust aus der Demütigung gewann. »Wir fingen eine vierköpfige Familie. Wir spielten mit der Tochter wie mit einer Hure. Doch als die Eltern darauf bestanden, die Tochter zurückzuerhalten, brachten wir sie um. Wir spielten weiter mit der Tochter und töteten sie anschließend.« Ein Drittel solcher Szenen ereigneten sich bei hellem Tageslicht. Man suchte nicht die Verborgenheit. Eltern, Gatten, Kinder nahmen oft als Zwangszeugen teil. Nachbarn wurde befohlen, die Opfer zuzuführen. Deren Jugendreiz lenkte nicht unbedingt die Auswahl. Die Täter griffen zu grotesken Paarungen, schändeten Greisinnen so emsig wie Kleinkinder, gelegentlich kolonnenweise. Ähnliches berichten auch Beobachter vom sowjetischen Einmarsch in Ostpreußen und Berlin 1945. Erotische Momente spielen die geringste Rolle. Allenfalls irritieren sie den Schänder, der nicht die Attraktion, sondern den Unwert seines Objektes erfahren will. In Einzelfällen mag dies devianten Triebregungen zuzuschreiben sein. In Nanking schändeten indessen keine bizarren Landsknechte, sondern an die 50.000 eher bigotte Wehrpflichtige.

Die Raserei der japanischen Familienväter hat den Zeitgenossen Rätsel aufgegeben, zumal moderne Armeen nötigenfalls alle erdenklichen Massaker zulassen, den sexuellen Exzeß aber strengstens ahnden. Die Männer sollen sich nicht zu sehr an das Leben klammern. Weil das als »Rape of Nanking« in die Historie eingegangene Phänomen von Offizieren toleriert, angestiftet und sogar mit betrieben worden ist, vermutete so mancher dahinter weniger Orgiastik als berechnenden Terror.

Frauen des geschlagenen Feindes rechnen unter archaischen Kriegerstämmen zum Beutegut. Marokkanische Kolonialtruppen, die im Frühjahr 1944 unter französischem Befehl die Gegend nördlich von Neapel besetzten, gebärdeten sich beim Einzug in die Dörfer wie toll. Übermannt von der Begierde, flohen sie haufenweise die Fahne, um sich weit hinter den Linien auszutoben. Britische Kommandeure setzten inmitten der Kampfhandlungen Truppen ein, um gegnerische Frauen vor den eigenen Verbündeten zu schützen. Das Interesse enthaltsam aufgewachsener junger Berber auf Notzucht in der Fremde versteht sich ohne weiteres. Darauf kommt es aber nicht an. Entscheidend ist, was das Interesse der Vorgesetzten zuläßt.

Die Befehlsgewalt in Nanking war verworren; Matsui machte den Männern nachträglich gar Vorwürfe. Anders ließ sich das befremdende Einvernehmen der Führung auch nicht vertuschen. Während die Nankinger Horde tobte, hörten die protestierenden Engländer, die Obristen, Leuteschinder die sie waren, müßten auf ihre Leute Rücksicht nehmen. Die Truppe habe aus unerzogenen, im Armeedienst brutalisierten Bauern bestanden, denen man eine Prämie für die Entbehrungen schuldig gewesen sei. Dergleichen ist später auch den Rotarmisten in Berlin zugute gehalten worden. Marschall Schukow habe ihren Vergeltungsdurst nicht mehr zügeln können. Bei der martialischen Disziplin, mit der zumal die japanische und die russische Armee geführt wurden, läßt sie der Generalstab schwerlich aus Ohnmacht und Rührung zur Meute verkommen. Für einen blutigen Karneval währten die sechs Wochen von Nanking auch zu lange, insbesondere in Anbetracht des Rückzugs der Kuomintang-Armee, die, wie Matsui nach einer Weile kritisierte, inzwischen über alle Berge war. Den Vorteil, einem fliehenden Gegner nachzusetzen, anstatt die Soldaten im Quartier aus Dankbarkeit erst 20.000 Frauen vergewaltigen zu lassen, erfassen Generäle aber gewöhnlich ohne längeres Zaudern. Es besteht gar die Ansicht, der durch den ›Rape of Nanking‹ eingetretene Zeitverlust habe Japan den Sieg gekostet. Wenn dem so ist, müßten Gründe für das Verweilen beim Terror existieren.

Bald nach dem Einmarsch in Nanking ließ Tokio der Kuomintang über deutsche Unterhändler ein Friedensangebot machen. Die Bedingungen waren angesichts eines Gegners, der in den bevorstehenden Schlachten noch über eine Million Mann ins Feld schicken konnte, erstaunlich: China sollte eine japanfreundliche, antikommunistische Haltung einnehmen, in den nunmehr besetzten Teilen eine japanisch kontrollierte Regierung dulden, einem von Japan und Mandschukuo eingerahmten Wirtschaftsblock beitreten und den Eindringlingen Kriegsentschädigung zahlen. In der alten und der neuen Hauptstadt Peking und Nanking entstanden bereits Kollaborationsregierungen. Wie sich später herausstellte, hielt man Marschall Tschiang Kai-schek selbst für den geeignetsten Kollaboranten. Es umgab ihn der Ruf der Bestechlichkeit. Solche Konditionen werden nur einem Gegner zugemutet, der keine Ehre mehr zu verlieren hat.

Die Kuomintang, ihre Hauptstadt nahezu kampflos räumend, gab sie einer Behandlung preis, die den Staat sein Gesicht verlieren ließ. Zumindest nach japanischen Begriffen. Wenn der ›Rape of Nanking‹ neben der Bestialität seiner Vollstrecker etwas offenbarte, dann die Ohnmacht der Nationalregierung, die Frauen ihres Volkes davor zu bewahren. Dies ist der Unterricht des Terrors. Das Opfer lernt seine Verlassenheit kennen. Keine Macht wehrt der Willkür des eingetroffenen Gebieters über Leben und Tod. Er verfügt beliebig über Besitz und Ehre. Widerstand ist zwecklos. Es gibt keine Wahl, als dem Souverän des Massakers zu erliegen oder ihm Tribut zu leisten. Ein anderer Schutz existiert nicht mehr. Diese Lehre war den deutschen Empfängern des Luftbombardements ebenso zugedacht wie den sowjetischen Partisanendörfern. Falsche Treue zu der weichenden Staatsmacht am Platze hat einen fürchterlichen Preis.

Das Militär drückt die Linien an der durchlässigsten Stelle ein. Dies, so lehrten die Denker des totalen Kriegs, sei das Zivil. Weil es am schmerzempfindlichsten reagiere, führe seine Bedrängnis am ehesten zum Zusammenbruch, verkürze den Konflikt und erspare eine Menge Blutvergießen bei den kostbaren Truppenteilen. Gewiß ist die Schändung der Frauen unterhalb der blanken Ausrottung das unerträglichste Druckmittel. Kalkulierte Massenvergewaltigung, schrieb seinerzeit die amerikanische Schriftstellerin Emily Hahn aus eigenem Augenschein, sei »der schnellste, sicherste Weg, eine Gemeinschaft zu demütigen. Ich glaube, sie vergewaltigen aus einer beinahe religiösen Pflicht, als Opferhandlung für den Sieg und als Symbol triumphaler Macht.« Die Chinesen verspotteten das Nachbarvolk seines kleineren Wuchses wegen als »deformierte Zwerge«. Die Geschmähten, gegürtet mit riesigen Samuraischwertern, geschnürt in einen harschen Ehrenkodex, halfen sich mit der Sucht zu besudeln und zu erniedrigen. Als Kinder der Sonnenkönigin verliehen sie sich der älteren Kultur gegenüber Vorzüge. Sobald die Japaner den übervölkerten Inselraum sprengten, um ihr Lebensrecht in den angrenzenden Weiten zu erkämpfen, schufen sie sich ihren logischen Widerpart. Sie gaben ihm die Merkmale einer verderbten Subkreatur. China, das sich in Vergessenheit seines ostasiatischen Erbes den westlichen Kolonialisten und Kommunisten hingegeben hatte, bedurfte der Pflegschaft durch eine unbequeme Kriegerrasse. Ihr Despotismus, weltanschaulich grell ausstaffiert, entsprach zudem exakt der verfahrenen Kriegslage.

Nach der Eroberung Nankings sah man sich der Rückseite des Erfolges ausgesetzt. Es galt, gewaltige Militäreroberungen politisch zu kontrollieren, während der Gegner noch Staatsgewalt reklamierte. Japan hatte die Kuomintang westwärts ins Landesinnere gedrückt, ihr Verluste von 700.000 Mann beigebracht, doch nicht aus dem Feld geschlagen. Im Jahre 1938 mühten sich die Japaner, ihre Stellungen im Norden und in der Mitte Chinas miteinander zu verbinden, die wichtigsten Eisenbahnstrecken oberhalb der Nord-Süd-Scheide des Jang-tse in die Hand zu bekommen und unterhalb des Flusses das Industriezentrum Wuhan zu besetzen. Dieser Stützen beraubt, würde Tschiang sich nicht ewig behaupten können. Den Friedensfühlern gegenüber hatte er Sturheit bewiesen, seine Haupttugend. Doch in der Defensive griff der Generalissimus nicht zaghafter zu den Mitteln des totalen Krieges als der Angreifer.

Die Japaner hatten als natürlichen Treffpunkt zwischen ihrer

Nordchinesischen Armee und dem Zentralchinesischen Korps, der Schanghai-Armee, die Stadt Suchow am Südrand der Schantung-Provinz gewählt. Wiederum vermochte sich die Kuomintang-Armee behende zurückzuziehen und meldete als ihren Erfolg, daß keine Offiziersränge oberhalb des Hauptmanns in japanische Gewalt gefallen seien. Die Truppen des Generals Hata hielten sich an den Einwohnern Suchows schadlos, tauchten Kinder und Greise in Flugbenzin, damit sie ihnen als Fackeln den Exerzierplatz beleuchteten, übten den korrekten Bajonettstoß in die Brust aufgereihter Versuchspersonen und vergewaltigten wie gewohnt. Dem Ruf, der solchen Kriegern vorauseilte, wollten sie nichts schuldig bleiben. Die Einnahme Suchows eröffnete den Weg nach Chengchow. Dort kreuzen sich zwei bedeutende Bahnstrecken, die Peking-Wuhan-Linie und die Ost-West-Linie von der Küste nach Sian, wo sich in den Bergen die roten Partisanen eingenistet hatten. Tschiang verfiel zum Schutz Chengchows auf einen Ausweg, der absolute Schonung seiner Kräfte versprach. Die Linien verliefen südwärts des Mittellaufs des Hwanghos. Der Gelbe Fluß, die ›Plage Chinas‹, bedrohte die Bauern Jahrtausende hinweg durch den Hang, sein Bett zu verlassen und bei der Suche nach einem neuen Lauf das Land oft Hunderte von Kilometern zu überschwemmen. Der Zwang, die Ufer einzudeichen, hatte in Nordchina einst die Staatlichkeit entwickelt. Angesichts der Gefahr, daß Japan sich der Eisenbahn entlang der voraussichtlichen Fluchtlinie der Kuomintang bemächtigte, beschloß Tschiang, den herkömmlichen Schrekken Chinas zum eigenen Segen zu nutzen. Die nördlich von Kaifeng am Gelben Fluß stehenden Verfolger konnten aufgehalten werden. Eine Ladung Dynamit genügte, die Deiche zu zerreißen. Offenbar mißtraute Tschiang dem damit betrauten General Shang-Chen und fragte unentwegt die Vollzugsmeldung nach.

Das Dynamit wurde im Rücken der japanischen Vorhut angebracht, nachdem Shangs Truppen gehörigen Abstand gewonnen hatten. Dem Ereignis wohnten in- und ausländische Betrachter bei, die halb gespannt, halb schaudernd erlebten, wie der träge Strom die ihm dargebotene Lücke nicht wahrnehmen wollte. Die lehmige Flut wirbelte ungehalten die Bresche entlang, als sähe sie Tschiangs Geheiß nicht ein, ihre alte Plage zu entfesseln. Dann stemmte sie sich mit einem furchtbaren Aufröhren gegen die aufgesperrte Lücke und schüttete eine Woge nach Südosten, die 4.000 Dörfer und elf Städte unter sich begrub, zwei Millionen Menschen obdachlos machte und sich bei Schanghai in den Jang-tse warf. Tschiang vernichtete dergestalt eine Million Bauern durch Ertränken, mehr als das Fünffache der Opfer des ›Rape of Nanking‹. So gewann er einen Vorsprung von zwölf Wochen.

Japan eroberte im Oktober 1938 Wuhan und ließ Tschiang einstweilen 1.500 Kilometer westlich marschieren und in der Gebirgsstadt Schungking eine schattenhafte Nationalregierung gründen. Nachschublinien in diese Einöde zu schlagen, überstieg den ohnehin schon zerdehnten Aktionsradius Japans. Es gebot über ein Drittel des Landes, jenen Teil, den zu besitzen sich lohnte, nämlich einen Großteil seines Flußsystems, neun Zehntel des Eisenbahnnetzes, die Küstenlinie, die Universitäten, Industriezentren, Agrarzonen. 170 Millionen Chinesen standen formal unter japanischer Herrschaft. Sie fußte nunmehr auf einer den westlichen Kolonialmächten ebenbürtigen Machtbasis und verlegte sich darauf, die bequemliche Rumpf-Kuomintang zu belagern, von ihrer künstlichen Versorgung abzuschneiden und auszuhungern. Der in Europa heraufziehende Krieg sollte binnen zwei Jahren die Gelegenheit schaffen, Tschiangs letzte Brücken zur Außenwelt über Indochina und Burma abzubrechen.

Die in zwei Blitzsiegen erzielte kontinentale Expansion vermochte Japan, ein 70-Millionen-Volk wie die Deutschen, nicht durch Anschluß zu bewältigen. Dazu fehlte es ihm allein schon an Verwaltungspersonal. Das Regiment über die im totalen Krieg zusammengerafften Reiche nährt sich von der Kollaboration. Friedliche Kollaboration gedeiht zunächst angesichts von Terror, dem durch Schocks angezeigten Herrschaftswechsel. Mit dem Abschluß der Eroberungsphase stoppt allerdings der Graus. Sobald man sich auf ein Leben mit den Unterworfenen einrichtete, verschwand das Vergewaltigen und Bajonettieren. Die Chinesen wurden auch nicht länger als Ratten deklariert. Der ideologische Unfug verlor seinen Sinn.

Spezialeinheiten der Armee bereisten die Dörfer, erläuterten die japanische Präsenz und ermunterten zum Aufbau lokaler Selbstverwaltungsorgane. Die agrarischen Produkte wurden gekauft und die Arbeitsleistungen bezahlt. Erst 1943/44, auf dem Scheitelpunkt des pazifischen Kriegs, verpflichtet ein Zwangsgesetz die arbeitsfähigen Männer im Alter von 17 bis 45 Jahren zu einer dreijährigen Dienstzeit. Prinzipiell wurden Partner gebraucht und gefunden. Kollaboration als Massenverhalten benötigt keine politische Seelenverwandtschaft, sondern den Anpassungsdruck unabänderlicher Herrschaftsverhältnisse. Die Herrschaft der Japaner in China war allerdings geschmälert durch ihre pure Minderzahl. Sie behauptete sich in den Städten sowie entlang der Hauptverkehrswege. Abseits davon verblieb aber nicht das erforderliche Netz von Ortskommandanturen und Polizeistationen. Dort, wo die Okkupationsherrschaft nicht faktisch, sondern nominell bestand, schlüpften die Partisanen in das Vakuum.

Die dorfgestützte kommunistische Partei baute weit geschickter als die städtisch-korrupte Kuomintang an einer rivalisierenden Nationalregierung. So teilte sich das Okkupationsgebiet in drei Zonen: partisanenkontrollierte Gebiete, japanische Kollaborationsgebiete und Zwielichtgebiete mit beiderseitigem Einfluß. Letztere suchte der Besatzer durch Propagandaeinsatz von den Vorzügen seiner Ordnungspolitik zu überzeugen. Die Partisanen pflegten nämlich eine ruhestörende Propaganda der Tat, um die Grenzen der Fremdherrschaft zu demonstrieren: Den Eindringlingen gelang es nicht, minder stark geschützte Versorgungskonvois durch das Gelände zu bringen. Sie rollten unweigerlich in den Hinterhalt, Eisenbahnen, Straßen, Brücken und Telegrafenlinien explodierten zu Füßen der illegitimen Benutzer, Saboteure in den Städten griffen die Quartiere des Okkupanten an. Diese routiniert geführten Stöße waren das Werk einer militärisch organisierten Truppe, der Roten Armee.

Die Flucht der Kuomintang hatte ausreichend versprengte Soldaten unterwegs zurückgelassen, welche die Kommunistische Partei sammelte, einem einheitlichen Kommando unterstellte, aus ihren Einflußgebieten versorgte und mit Reservisten verstärkte. Die Rote Armee bediente sich der klassischen Guerilla-Taktik: der Sabotage, des Überfalls aus dem Busch, des Operierens in kleinsten Kommandogruppen. Doch hatte die Zeit seit der blutigen Wegelagerei in Napoleons Spanien die Guerilla nicht unberührt gelassen. Sie wuchs an ihren Aufgaben. Um die Logistik moderner Streitkräfte zu erschüttern, fußte sie ihrerseits auf einer komplett militarisierten Gesellschaft. Ohne Technik und Wissenschaft, Erziehung und politische Ideologie aufzubieten, konnte die Rote Armee nichts mehr erreichen. Überdies hing sie mannigfach vom militärischen Apparat der Kuomintang ab. Träge und kampfscheu, suchte sie einen irregulären Flügel, der hinter den japanischen Linien Unruhe stiftete. Zu Tschiangs Leidwesen mußte er die Kommunisten fördern, denen er ebenso spinnefeind gesonnen war wie den Japanern. So nährte und würgte er den Partner zugleich, damit er nicht übermächtig werde. Die Nebengefechte der rivalisierenden Armeen änderten gleichwohl nichts an der Zweigleisigkeit der Kampfesweise. Der totale Krieg zu Lande drängt nach einer sekundären Truppe, die abseits der Regeln das Hinterland bearbeitet. Dem gehorcht der Okkupant, der dort die Ansässigen terrorisiert, um sich Sicherheit zu verschaffen; daneben sabotiert der Okkupierte, um Unsicherheit zu schüren. Der Effekt ist gleich. Die Rolle des rückwärtigen Gebietes als Versorger der Heeresmaschine und Durchlaufbahn für Transporte und Kommunikation zieht es in die Feindseligkeiten hinein. Abseits des Gefechtsfelds ist der Rücken die Zone eines speziellen Terrors.

Die Japaner behandelten die Pro-Partisanengebiete als Schlachtfeld gemäß der ›Alle-Drei-Politik‹: Alles einnehmen, alles verbrennen, alles töten. Ein 1.500-Einwohner-Dorf im Norden, das die 8. chinesische Routen-Armee unterstützte, wurde im Januar 1940 nachts von 5.000 Japanern und Kollaborateuren umzingelt. Die Bauern erwachten vom Rattern der Maschinengewehre, die alsbald schwiegen, weil sich kein Widerstand darbot. Zum abschreckenden Exempel wurden die Familien auf ölgetränkte Lappen geführt und lebendig verbrannt. Einen verzögerten Tod starben jene, denen Informationen über Partisanentätigkeit aus dem Leibe gefoltert wurden. Der Terror erfüllt grundsätzlich dann seinen Zweck, wenn er mehr Personen von Widersetzlichkeit abschreckt als ihr zutreibt. Soviel läßt sich nüchtern kalkulieren.

Urheber der ›Alle-Drei-Politik‹ war der Befehlshaber der Shanxi-Provinz, Okamura Neiji, einer der fähigsten Generäle Japans. Was ihm an konventionellen Sicherheitsmaßnahmen zu Gebote stand, schöpfte er aus. Nordchina war mit 10.000 Forts befestigt und von 10.000 Kilometern Sperrgräben durchzogen zum Schutz von Bahngeleisen. Ein schulgerechtes Bemühen, das sich in der Weite verlor. Insoweit inszenierte Neigi seinen Terror weniger übermütig denn ratlos vor einem alles verschlingenden Ziel. Japan war der Okkupation Chinas nicht gewachsen. Vernünftigerweise hätte es den geordneten Rückzug antreten müssen. Ein solcher Ausweg steht dem totalen Krieger aber nicht offen. Solange ihm die Instrumente gehorchen, marschiert er voran in die Unendlichkeit.

Vom Beginn des Jahres 1940 startete die Rote Armee, halb assistiert und halb attackiert von der Kuomintang, eine Serie von Offensivschlägen, die in der legendären Operation der ›Hundert Regimenter‹ während der Nacht des 20. August gipfelte. Der 8. Routen-Armee unter General Tschou Deh, dem ›Roten Napoleon‹, gelang ein Überraschungsschlag gegen sämtliche Hauptbahnlinien Nordchinas, Brücken, Geleise, Stationen, Blockhäuser, Wälle, Gräben. Ein Unternehmen dieser Dimension, das den Gegner Monate ohne funktionierenden Transport ließ, setzt eine so dichte Kontrolle über das Land voraus, daß ein Okkupant verzweifeln müßte. Die beiden chinesischen Armeen hielten zwei Millionen Männer unter Waffen und standen im Begriff, 400.000 weitere auszurüsten. Die Kosten aber überstiegen den Rahmen des China Erschwinglichen.

In der Tat war dem Lande 1939 auf Betreiben des US-Finanzministers Morgenthau ein Kredit von 25 Millionen Dollar eingeräumt worden, um »im Pazifik eine demokratische Regierung zu bewahren«. Großbritannien führte der Kuomintang über die Burma-Straße Armee-Bedarfsgüter zu. So mochten Japans Strategen der Vorstellung verfallen, das festgefahrene China-Problem durch Blockade der südostasiatischen Zugänge zu lösen. Zur Not ließ sich die fortdauernde Renitenz der Chinesen als eine westliche Verschwörung auslegen. Ohne die hintergründigen Kolonialisten war die Kuomintang kein Gegner. Anzeichen sprechen dafür, daß die Umdeutung des Krieges auch niedrigeren Rängen im Kopf rumorte. »Ich bin ein japanischer Oberst und bedaure sehr den Krieg zwischen China und Japan«, heißt es in der Botschaft eines Befehlshabers aus der Provinz Hupeh an das örtliche Partisanen-Quartier. »Ich bin ein Mann Ostasiens und ihr seid Männer Ostasiens. Warum führen wir Männer derselben Rasse Krieg? Mein Reich ist dabei, eine glückliche Welt aufzubauen, in welcher Japan, die Mandschurei und China vereint vorwärtsschreiten. Rußland, Frankreich, England und Amerika sind alle mit ihren eigenen Angelegenheiten befaßt und liegen miteinander im Streit. Sie haben keine Zeit, an China zu denken. Warum begreift eine Armee dies nicht? Seht euch den Zustand der chinesischen Armeen an, die auf unsere Seite treten. Sie fühlen sich sehr glücklich. Hand in Hand mit der japanischen Armee bauen sie Ostasien neu auf.«

Nahezu zwei Jahre vor seinem Ausbruch am 7. Dezember 1941 ist hier die Ideologie des pazifischen Kriegs dargelegt. Die Ausdehnung des Schauplatzes in den kontinentalen Großraum ruft ein mystifiziertes Feindbild hervor: die westliche Rasse, der die asiatische Rasse ihren Lebensraum entwindet. Auch das Deutsche Reich verschärfte mit der Globalisierung seines Krieges im Dezember 1941 die Abwehr der ›jüdischen Weltverschwörung‹. Utopische Kriegsziele suchen Sinnbilder. Hinter dem vermeintlichen Feind zeichnet sich der Schatten des wahren Feindes ab, der Quelle aller Bedrängnis. Ihr zu begegnen auf Sein oder Nichtsein, muß der Weltkrieg gewagt werden. Der Weltfeind läßt keine Wahl.

Als Japan in den ›Mandschurischen Vorfall‹ stolperte, dann in Nordchina intervenierte, nach Zentralchina gelockt wurde und schließlich die Hauptstadt Chinas schändete, um sich als Schutzmacht vor sich selber zu empfehlen, war der ostasiatische Rassenkrieg noch nicht geboren. Es sei denn, als Strafexpedition gegen das chinesische Untermenschentum. Doch unversehens stellte sich eine Blutsbruderschaft mit dem vormaligen Rattengezücht heraus. Der Austausch erfolgte in dem Moment, als aus dem fruchtlosen Belagern des vorgeschobenen US-Günstlings Tschiang Kai-scheks der Krieg zur Herausforderung der alten Kolonialmächte gediehen war.

Was veranlaßt einen Staat, sich zehnfacher Übermacht zu stellen? Die Antwort der Japaner überzeugt. Besser losschlagen als abzuwarten, bis die Übermacht auf das Fünfzehnfache steigt. Seit zwanzig Jahren spekulierte die kaiserliche Flotte auf ein Treffen mit der US-Navy. Die Schere zwischen den Verbänden öffnete sich zusehends zu amerikanischen Gunsten. Noch wußte man der erdrückenden Industriekapazität der Vereinigten Staaten Modernität, Initiative und Moral entgegenzusetzen. Das sind Vorzüge, die rasch Tatsachen schaffen. Vom Plafond des Überrumpelungserfolges läßt sich eine Weile standhalten, ein politischer Kompromiß aushandeln, vorausgesetzt, man hält Faustpfänder, die abzuringen hohen Blutzoll kostet. Demokratien vertragen schwer nur Verluste.

Allerdings hatte ein ähnliches Kalkül die Japaner zuvor nach China gelockt. Das Land lag zerstritten, zerstückt, so daß seine überwältigende Raum- und Menschenfülle beherrschbar schien. Der Eroberer konnte dort einen Soldaten pro Hektar bereitstellen und zahlte täglich 5.000.000 $ Okkupationskosten, zeitweilig gelang es, eine Million Kollaborateure zu bewaffnen. All das führte dennoch nicht zum Siege, sondern laugte die Ressourcen aus. Die Expansion des Kriegsgebiets war nur durch weitere Expansion durchzuhalten. Im Besitz der Öl- und Kautschukvorräte Indonesiens und Indochinas ließe sich der enorme Verschleiß besser fortsetzen! Besitznahme der südostasiatischen Märkte wiederum provozierte Krieg mit den USA, der generell für geschichtsnotwendig galt. Als Beiprodukt der gestockten China-Expedition kam er ungelegen, käme aber künftig noch ungelegener. Der Krieg wucherte in die Weite, nicht mit Absicht, zwangsläufig. Für China waren ursprünglich 150 Tage veranschlagt.

Ein vorgefaßter Plan lag dem wahrhaftig nicht zugrunde. So wurde einer unterschoben. Sonst hätte der Kaiser erklären müssen, daß alles mißlungen und er vor dem Mißlingen in immer abenteuerlichere Frontbildungen geflüchtet sei. So kann man schwer Krieg führen. Weit schlüssiger war es, seit Anbeginn den Lebenskrieg der asiatischen Rasse beabsichtigt zu haben. Auch Hitler stand im Dezember 1941 vor Legitimationsproblemen. Um ehrlich zu sein, hätte er gestehen müssen, seit 1939 stets die Lage verkannt zu haben. Als er Polen annektierte, hatte er nicht mit der Kriegserklärung Englands und Frankreichs gerechnet. Als er die Herausforderung annahm, hatte er nicht mit Englands Unbeugsamkeit gerechnet. Als er hilfsweise Rußland unterwerfen wollte, hatte er nicht mit der Verteidigungsfähigkeit der Sowjetmacht gerechnet. Als er sich von Mussolini in den Balkan ziehen ließ, hatte er nicht mit der Resistenz der Partisanen gerechnet. Und daß ihn seine Bündnispolitik nötige, inmitten dieser ungelösten Konflikte der USA den Krieg zu erklären, war auch nicht so vorgesehen. Davon hätte man im Dezember 1941 die Volksgenossen wahrheitsgemäß unterrichten können. Klang es statt dessen nicht weit glaubhafter, schon immer die Weltverschwörung der jüdischen Rasse prophezeit zu haben, wie sie sich nun als höchst real erweise? Der Feind zieht die täuschenden Masken vom Gesicht. Endlich kann er als das ergriffen werden, was er ist: die ewig antagonistische Rasse. Sie ist das dem totalen Kriege angemessene Vernichtungsziel. Als Folge eigener Mißkalkulationen ist jedenfalls die Fehde mit der Welt nicht aufzunehmen.

Im Unterschied zu Hitler konnten die Japaner einen minder fabulösen Rassenfeind präsentieren. Unter den südostasiatischen Nationen hatte Japans Provokation des Völkerbunds in der mandschurischen Krise einige Genugtuung hervorgerufen. Ein Glied der farbigen Familie brach das Gesetz der fertigen Verteilung der Welt unter die überseeischen Kolonialisten. Glänzender noch der Lichtblick, als Japan ab September 1940 in den Kolonialbesitz selbst eindrang. Kaum hatte Hitler Frankreich und Holland überwunden, England an die Schwelle der Niederlage geführt, ergriff Japan die Gelegenheit, Tschiangs Verbindungen zur Außenwelt zu kappen: die britische Burma-Straße und die französische Eisenbahn Hanoi–Nanking. Die blitzhafte Unterwerfung erst Vietnams, dann Kambodschas entfachte imperiale Phantasien. Außerdem nötigte Amerikas Unduldsamkeit gegen die Desperado-Imperien Deutschland und Japan zum großangelegten Gegenzug. Vor das Ultimatum gestellt, alle Eroberungen seit 1931 zu annullieren oder eine Handelsblockade zu gewärtigen, stürzte sich Japan in den Krieg gegen die USA. Im Dezember 1941 eröffnete es mit einem doppelseitigen Schlage gegen Pearl Harbour und das britische Malaysia einen Kriegsschauplatz über eine Spanne von 9.000 Quadratkilometern. Er erlebte alsbald einen der rasantesten Angriffszüge der Neuzeit. Bis Juni 1942 kontrollierte Japan zusätzlich Holländisch-Indonesien, Britisch-Burma und die US-amerikanischen Philippinen. In Singapur erbeutete es 130.000 britische Gefangene bei eigenen Verlusten von 3.000 Mann. Auf den Philippinen starben nach der Kapitulation von April bis Dezember 1942 27.000 Amerikaner und philippinische Hilfstruppen im japanischen Gewahrsam. Sie erlagen auf Todesmärschen ihren Wunden, erstickten in vollgestopften Güterwaggons an Luftmangel und verbluteten bei mutwilligen Menschenversuchen und Metzeleien. Die japanischen Greuel gegen die alliierten Kriegsgefangenen erreichten Ausmaße, daß die Alliierten es vorzogen, sie zu verschweigen. Sie mieden angesichts solcher Demütigung einen irreparablen Ansehensverlust. Um so tiefer waren die Nationalisten in Indonesien und Hinterindien beeindruckt, wie souverän eine asiatische Macht mit den ehedem furchteinflößenden Herrennaturen umzugehen wußte. Japans Aggression und Terror widerlegte in den Augen von Indonesiern, Indern, Burmesen, Siamesen, Filipinos den herablassenden Unmündigkeitsvorwurf, den selbst die Völkerbundcharta gegen gewisse Kolonialvölker erhob, die »noch nicht in der Lage sind, unter den Verhältnissen der modernen Welt sich selbst zu regieren« (Art. 22). Unter der Parole »Asien den Asiaten« führte Japan den Entmündigten die Verletzlichkeit ihrer Gouverneure vor. An den niederländischen Soldaten, die auf Timor fünf Tage lang mit rückwärts gefesselten Händen unter Schreien, Schlägen und Tritten einer Viehherde gleich in Lager getrieben wurden, vollzog sich in den Augen der Indonesier die irdische Gerechtigkeit. Sie spürten hinter der Barbarei das Triumphgepränge. Das japanische Heer verachtete die Gefangennahme wie die Gefangengabe. Es tötete die Kapitulanten gern an Ort und Stelle, wählte hier aber den langwierigeren Weg. Was dabei die unterlegenen Verteidiger Singapurs von allen Schikanen am meisten geschmerzt habe, schreibt ein australischer General, »war der Prestigeverlust des britischen Personals bei den Einheimischen wegen der schändlichen Behandlung, die ihnen in den Händen der Japse unter den Augen der Einheimischen zuteil wurde«.

Die westlichen Geschäftsleute in der Region benötigten eine Zeitlang, ehe sie die Bedrohung durch den »gelben Zwerg« ernst nahmen. Angesichts »verschiedener Exemplare von Untermenschen in schmutziggrauen Uniformen, die, wie man uns sagte, japanische Soldaten sind«, wollte der britische Oberkommandierende Fern-Ost partout nicht glauben, »daß sie einen intelligenten Kampfverband bilden würden«. Königin Wilhelmine der Niederlande empfahl im Privaten, sie »wie Ratten zu ertränken«, sobald man Deutschland erledigt habe. »Diese Nation zu schlagen«, erläuterte ein US-Propagandafilm, »ist so notwendig, wie man einen verrückt gewordenen Hund in der Nachbarschaft erschießt.« Allerdings nicht so einfach.

1942 unterstellte der zeitweilige Führer der Kongreßpartei, Nehrus Rivale Chandra Bose, den Japanern in Burma eine indische Befreiungsarmee. Ein Jahr später entdeckte die Tokioter ›Großasiatische Konferenz‹ den Emanzipationsgeist, der Japan und die örtlichen Nationalisten in seinen Besatzungsgebieten einte. Alsbald reagierte der Westen sensibel. In der Chungking-Vereinbarung wurden seine traditionsreichen extra-territorialen Rechte in China aufgehoben. England erwog, sein Kolonialreich nicht länger als seinen Besitz denn als Treuhandverwaltung anzusehen. Dem panasiatischen Rassengedanken traute man eine ansteckende Kraft zu. Gemeinschaftsbildend, feindfixiert und unversöhnlich, wie er beschaffen war, kam er der Wehrkraft sehr zunutze. US-Regierungsbeamte untersuchten, wie anfällig ihre schwarze Bevölkerung auf einen antiweißen Gegner reagiere und trafen Vorkehrungen. Japan in der Rolle des Vorkämpfers der farbigen Völker versprach Widerhall. Man hielt es für allzu naheliegend, daß der Rassenkrieg in die gegnerische Nation eingeschleust würde, um die innere Front aufzuweichen. Ähnliches widerfuhr bereits den Briten, denn von ihrem Standpunkt aus waren die Inder Untertanen der Krone; die reguläre indische Armee kämpfte unter königlicher Fahne. In der Japan dienstbaren indischen Sezessionsarmee ließ die Rassenverwandtschaft allerdings zu wünschen übrig. Nach dem Urteil ihrer Kameraden betrugen sich die Japaner dort »wie die Tiere«. Eine Solidarität farbiger Völker lag ihnen fern. Bei der Eroberung Singapurs töteten sie sicherheitshalber 130.000 Chinesen. Die Indonesier litten weit ärger unter japanischer Okkupation als je an den Niederländern.

Die meisten Japaner, allen voran ihre Führung, hielten den mit dem Pearl-Harbour-Überfall lancierten Panasiatismus insgeheim für Unfug. Es gibt dergleichen weder ethnisch noch historisch. Doch lassen sich Zielsetzungen wie die des Pazifischen Kriegs leichter in ein ›ideologisches Begleitphänomen‹ kleiden als in das Geständnis akuten Ölmangels. 80 Prozent der japanischen Ölzufuhr stammten aus den Vereinigten Staaten. Ihr Lieferboykott ließ keinen anderen Ausweg offen als eine Besetzung der Förderquellen Indonesiens und Burmas. In der Strategiekonferenz der militärischen und politischen Eliten des Landes am 5. November 1941 fiel der Angriffsbeschluß mit Rücksicht auf die »Selbstbewahrung«. Die Emanzipation der südostasiatischen Rasse kam niemandem in den Sinn. Selbstbewahrung meint im Herbst 1941 allerdings die Bewahrung des mandschurischen und chinesischen Lebensraums. Rückzug bedeutet nur Selbstaufgabe.

Ende 1943 verlor Japan die strategische Initiative zur Luft und See. Es fehlte ihm auch die Flotte, um die eroberten Rohstoffe heranzuschaffen. Über die indonesischen und philippinischen Inselstützpunkte senkte sich lautlos der Belagerungszustand. Die Besatzer warteten, ob es den Amerikanern gefiel zu bombardieren, zu landen oder sie im toten Winkel des Pazifiks verzagen zu lassen. Der unaufhaltsam entfalteten Materialüberlegenheit des Gegners hatte Japan nichts gegenüberzustellen als Härte gegen sich und andere. Die erste Landungsoperation auf Neuguinea trug dem Verteidiger 13.000 Mann Verluste ein. Davon gerieten 0,3 Prozent in Gefangenschaft. Die Kommandeure hämmerten den Soldaten zuvor die Federleichtigkeit des Todes ein: »Ihr müßt hinnehmen, daß die Division nahezu ausgelöscht werden wird.« Wer sein Leben lieber wegwirft, als daß er sich geschlagen gibt, gönnt seinen Knechten nicht zu überdauern. Den Wechsel der beherrschten Insulaner auf die Seite der künftigen Herren ließ der suizidale Ehrbegriff nicht zu. Pharaonenhaft reißt er die Untergebenen mit ins Grab. Der Rückzug ist eine Strecke unberechenbarer Greuel. Der total Besiegte wünscht, daß mit ihm die Welt verschwände.

Der Tokio-Prozeß hat das kultische Rasen der todgeweihten japanischen Garnisonen überliefert. 800 Männer, Frauen und Kinder wurden in St. Paul's College, Manila, von Maschinengewehrfeuer niedergemäht. In Calamba büßten 2.500 Personen durch die Kugel ihren Wohnort; dort war einst der Begründer der philippinischen Unabhängigkeitsbewegung geboren. Später verlangten Armeevorschriften, mit Erschießen von Filipinos keine Munition zu verschwenden. Besser man ertränke sie im Fluß oder sprenge sie in die Luft. Tagebuchnotizen japanischer Soldaten vom Februar 1945 vermelden den Wandel zu puren Todesschwadronen. Den Amerikanern, die seit Januar die Insel zurückeroberten, konnte kein militärischer Widerstand dargeboten werden. Getarnt in isolierten Nestern, kündeten die Geschlagenen nur noch mit Massakern von ihrer Existenz. Weil die 6. US-Armee die philippinische Guerilla den Dschungel auskämmen ließ, jagten die versprengten japanischen Trupps die nächstbesten Dörfler, um sie als nominelle Guerilleros lebendig zu verbrennen. Die Soldaten notierten Ausbeuten von über tausend Personen täglich. Das Urteil des Tokio-Prozesses zitiert schließlich Zeugenaussagen und Dokumente, die gewohnheitsmäßigen Kannibalismus bekunden: »Zeitweilig wurde dieser Verzehr des Fleisches ihrer Feinde zur festlichen Gelegenheit in Offiziersunterkünften gestaltet. Sogar Offiziere im Rang von Generälen und Konteradmirälen nahmen teil. Fleisch ermordeter Gefangener oder aus diesem Fleisch hergestellte Suppe wurde bei Mahlzeiten von Japanern unterhalb des Offiziersranges gereicht. Die Beweise zeigen, daß dieser Kannibalismus sich zutrug, während andere Nahrungsmittel vorhanden waren.«

Die grelle Barbarei der japanischen Kriegsmanier ließ den Gegner nicht unberührt. Die US-Truppen radikalisierten ihren Kampfstil in einer sie selbst verwundernden Weise. Sie äscherten burmesische Dörfer ein, die pro-japanischer Sympathien verdächtig waren, verweigerten Pardon, erschossen lästige Gefangene, schnitten Toten die Goldzähne mit dem Kampfmesser aus dem Kiefer. »Ich habe Burschen gesehen, die das mit Verwundeten gemacht haben und mit dem Messerschaft die Zähne locker geschlagen haben«, berichtet Eugen Sledge, der Chronist des Inselkriegs auf Okinawa. »Wie konnten amerikanische Boys das tuen? Wenn einen die Situation zurückwirft in den Zustand der Wildheit, ist alles möglich. Als Lindbergh einen Trip auf die Philippinen machte, war er entsetzt über die Art, in der amerikanische GI's über die Japaner redeten. Wir waren Wilde ... Jemand war ein ganz gesittetes Kerlchen und wurde jetzt ein Wilder des 20. Jahrhunderts.«

Der Betrachter liebt die Gestalt des gerechten Krieges. Alle Schande trifft die ungerechte Partei. Ein und dasselbe Treffen kann aber nicht auf zwei grundverschiedene Weisen ausgetragen werden. Rechtlosigkeit verschafft Vorteile und die Streiter des Guten mögen um dessentwillen nicht ins Hintertreffen kommen. Japaner, die bei der Gefangennahme die versteckte Granate zücken, weil ihnen die Gefangenschaft untersagt ist, erhalten mit der Zeit kein Pardon. Sie werden gnadenlos niedergemacht. Wer übermütig die Fesseln des Kriegsrechts abstreift, erzieht den Gegner nicht zur Mäßigung. Er schleust ihn in die Spirale des Terrors, der aus der Ferne fernliegend dünkt und aus der Nähe das Nächstliegende von allem ist. »Wir waren in einem schrecklichen Geschäft, die japanischen Städte zu verbrennen«, rekapituliert aus langem Abstand ein Pilot der 20. US-Luftflotte. »Das heißt, Frauen, alte Leute, Kinder. Ein Teil von mir, eine überlebende Barbarenstimme sagt: Tut mir leid, daß wir irgendeinen am Leben ließen. Ich wollte, wir hätten sie alle umgebracht. Natürlich, sobald der erste Impuls von der Vernunft überdeckt wird, sagt man sich: Hör mal zu, das ist das Menschengeschlecht, versuchen wir, uns zivilisiert zu benehmen. Ich hatte nie den Ehrgeiz zum Krieger. Ich mußte mich konditionieren, mich gegen meinen eigenen Tod versichern. Ein Mittel dazu ist Haß. Ich wünschte mir alle Japaner tot.«

Als wollten sie den Ausrottungsgeist bannen, den die unterlegenen Achsenmächte dem Kriegswesen hinterlassen hatten, hielten die gerechtfertigten Sieger anschließend Kriegsverbrecherprozesse ab. Tokio, Nürnberg und zahllose Tatorte erlebten aufwendige Purgatorien, aus denen die verflossenen Rechtstraditionen neu beglaubigt wieder auferstehen sollten. Es wurden, wie die Haager Friedenskonferenzen und der Völkerbund, Stätten einer versöhnlichen Menschheit ohne besondere Folgen.

Pioniere des Terrors

Die japanischen Greuel während der Befreiung der Philippinen sind Gegenstand eines denkwürdigen US-Militärgerichtsverfahrens in Manila gewesen. Am 2. September 1945 hatte der Inselkommandant, General Yamashita, kapituliert, am 8. Oktober stand er bereits unter Anklage. Yamashita versicherte dem Gericht aus sieben Generälen, daß alle ihm zur Last gelegten Untaten wider seine ausdrücklichen Wünsche und Befehle zustande gekommen seien. Durch den geschwinden Vormarsch der Amerikaner sei das Nachschub- und Kommunikationswesen erlahmt. Eine Kontrolle über seine moralisch und disziplinarisch zerfallene Truppe habe er nicht mehr ausüben können, deren Übergriffe nicht geahnt.

Das Urteil vom 7. Dezember 1945 ist juristisch beachtlich, weil der Angeklagte eines Verbrechens, begangen durch Unterlassung, überführt wurde. Yamashita unterstellte Offiziere hatten als Anti-Guerilla-Aktionen kaschierte Massenmorde befohlen. Zentralbefehle Yamashitas waren nicht nachweisbar, möglicherweise haben sie nie existiert, weil ein Oberbefehlshaber ständige Gewohnheiten seiner Kampfverbände als selbstverständlich voraussetzt. Das Gericht beschloß, Yamashita für die Zustände in seinem Befehlsbereich insgesamt in Haftung zu nehmen. Die Übertragung des Kommandos über Militärverbände »ist verbunden mit hoher Autorität und schwerer Verantwortung. Das gilt in allen Armeen, die ganze überlieferte Geschichte hindurch.«

Yamashita präsentierte sich dem Gericht als Ignorant, den es nicht kümmerte, wie die Gefechtsebene ihre Aufgaben löste. Dort hatten sich ureigene Methoden bewährt. Japanische Oberbefehlshaber, folgerte das Urteil, »operieren in einem Vakuum, fast in einer anderen Welt«. Vom Rechtsstandpunkt sei dies einerlei. »Dort, wo Mord, Vergewaltigung und niedrige Rachelust weit verbreitete Delikte darstellen und keine wirksame Anstrengung des Befehlshabers vorliegt, die Verbrechen aufzudecken und zu kontrollieren, kann ein Befehlshaber für das rechtlose Handeln seiner Truppen verantwortlich und sogar strafrechtlich haftbar gemacht werden.« Yamashita wurde zum Tode durch den Strang verurteilt.

Die Bestätigung des Urteils über seinen einstigen Gegner oblag dem US-Oberbefehlshaber Süd-West-Pazifik und nunmehrigen Gouverneur Japans, Douglas MacArthur. Der 66jährige General hatte 1903 die Militärakademie Westpoint verlassen, der 58jährige Yamashita im Jahr 1908 die von Hiroshima. MacArthur diente vor dem Ersten Weltkrieg in Japan und auf den Philippinen, Yamashita war als Militär-Attaché studienhalber nach Europa gereist. Beide Militärs wuchsen auf in der vom 19. Jahrhundert ererbten Tradition des Kriegshandwerks, das sie lehrte, mit Bravour zu operieren und auf dem passenden Gelände rechtzeitig den Entscheid in der Schlacht zu suchen. Es war die knapp 200jährige Epoche des freien Kriegführungsrechts. Allesverschlingende Existenzkämpfe gegen Kreaturen der Hölle wähnte der militärische Rationalismus überwunden. Die gegnerischen Offiziere achteten ihr Metier und insoweit einander. Auf diesem waffentragenden Stand, bescheinigte MacArthur dem verurteilten Yamashita, habe er einen Makel hinterlassen. Darin bestehe sein größtes Verbrechen. Denn solchem Betragen wohnten weitreichende, düstere Folgen inne. »Die Traditionen des kämpfenden Mannes sind lang und wurzeln in der vornehmsten menschlichen Eigenschaft, der Aufopferung.« Yamashita habe diesen unentbehrlichen Standard verfehlt und seinen Soldateneid gebrochen. »Der Soldat, ob Freund oder Feind, ist mit dem Schutz der Schwachen und Wehrlosen betraut. Das genau ist das Wesen und der Grund seines Daseins.«

MacArthur bestätigte das Todesurteil und erteilte Anweisungen für den Vollzug. Yamashita sei zu hängen ohne Uniform, Ehrenzeichen und Insignien des militärischen Standes. Dessen Niedergang erlebte MacArthur so wie befürchtet, allerdings ohne es zu bemerken. Denn zum Schandfleck seiner Profession wurde er alsbald selbst.

Im Winter 1950 gerieten die Truppen der Vereinigten Staaten im Rahmen eines UN-Expeditionskorps zur Verteidigung Süd-Koreas in Bedrängnis. Als sie den nord-koreanischen Aggressor zurückgeworfen und seine Hauptstadt Pjöngjang eingenommen hatten, eilte Chinas Rote Armee zur Hilfe und versetzte der 8. US-Armee unvermutet herbe Schläge. Am 24. Dezember 1950 verlangte UN-Oberbefehlshaber MacArthur den Einsatz von Atomwaffen gegen Ziele in Nord-Korea und China. Vier Bomben waren Ansammlungen koreanischer Streitkräfte zugedacht. Weitere vier den Luftwaffenzentren. Sechzehn Atombomben sollten auf »feindliche Einrichtungen und Industrie-Schwerpunkte« fallen. In der Tarnsprache des Luftkriegs sind dies die städtischen Verkehrs-, Kommunikations-, Regierungszentren und Industriezonen.

Wenn nur die vier dafür relevanten chinesischen Großstädte, Schanghai, Peking, Wuhan und Tientsin, bombardiert worden wären, hätten 15 Millionen Chinesen das Schicksal der Bürger Hiroshimas und Nagasakis erlitten. Der politische Stratege trachtete das amerikanische Atom-Monopol auszunutzen, bevor die Sowjetunion gleichzog. MacArthur, zum Schutz der Schwachen und Wehrlosen bestellt, stünde als deren größter Schlächter in den

Annalen verzeichnet, hätte ihn Präsident Truman nicht zuvor des Kommandos enthoben. Wäre es nach MacArthur gegangen, hätte ein einziger Präventivschlag, die Zivilisation vor dem Kommunismus zu retten, in China mehr Tote gekostet als acht Jahre japanischer Terror. Weil Truman ihn vor seinem Aufopferungswillen in Schutz nahm, blieb MacArthur die verehrungswürdige Vatergestalt, der Befreier Südostasiens von der japanischen Barbarei.

Das Verlangen nach Abwurf von sechzehn Atombomben auf besiedelte Ziele dünkt rechtswidrig nach dem von MacArthur selbst proklamierten Maßstab des christlichen Ritters. Die Verschonung des inoffensiven Zivils entsprach aber zwischen 1935 und 1945 nicht einmal dem Kriegsbrauch derer, die sie salbungsvoll verkündeten. Allerdings läßt die Haager Landkriegsordnung einen anderen Rechtsstandpunkt gar nicht zu, der Zivilschutz berührt ihre Substanz. Müßte sie nicht als ›non usus‹ delariert werden, – gewohnheitsmäßig seit längerem außer acht gelassen? Ein von den Rechtsgenossen nirgends ausgeübtes Recht verliert seinen verpflichtenden Charakter, soviel steht fest.

Gleichwohl ist die Gültigkeit des herkömmlichen Kriegsrechts von keiner Partei in Zweifel gezogen worden. Die faktisch eingerichtete zweite Front, den Terror gegen die bürgerliche Kriegsmoral, quält man unter grotesken Verrenkungen in die welken Regeln: Die Opfer des Terrors erhalten demnach die vorgesehene Quittung für Obstinanz und Sabotage; Exzesse wären der Führung unbekannte Befehlsverstöße örtlicher Einheiten. Angegriffene Zivilgebiete erwiesen sich als partisanenverseucht, dienten als wehrwirtschaftliche Basen oder waren vom Bombenflugzeug nicht eindeutig identifizierbar.

Der angesehene britische Militärhistoriker und zeitweilige Faschist Major Fuller sorgt zumindest für Klarheit mit der Auskunft: »Die neue Technik des Krieges ist auf der Idee des Terrors aufgebaut.« Mit der antiquierten Prozedur, die militärischen Kräfte des Gegners langwierig zu zerkleinern, sei nunmehr Schluß. Im Ergebnis habe die gegenseitige Abnutzung der Armeen den seelischen Zusammenbruch eines der Kontrahenten bewirkt. Weiterer Opfer überdrüssig oder unfähig, strecke er die Waffen. Den ganzen Vorgang könne man abkürzen, im Idealfall auf Stunden. Der Kriegswille einer Nation braucht nicht mehr auf dem Umwege über ihre Streitkräfte gebrochen zu werden. »In der neuen Form wird derselbe moralische Zusammenbruch durch einen direkten Angriff auf die Nerven der feindlichen Zivilbevölkerung erreicht. Es ist besser, ihren Willen plötzlich zu betäuben, als ihn bis zur Bewußtlosigkeit verbluten zu lassen.«

Nach klassischer Auffassung bewirkt Krieg, einer Partei den Willen der anderen aufzuzwingen. Die Annahme fremden Willens ist ein vernunftgesteuerter Akt. Unter den Verhältnissen moderner Massengesellschaften läßt sich das Volk von politischen Demagogen aber belügen, täuschen und um die letzte Vernunft bringen. Dagegen weiß die gewandelte Kriegslehre ein Mittel. »Denn sie trägt den Krieg direkt und in einer dramatischen Form in die gedankenlosen Massen hinein und erweckt augenblicklich ihren Selbsterhaltungstrieb.« Es ist zu umständlich und zu unsicher, die Strategie vom gegnerischen Verstand abhängig zu machen, zumal mit dessen Vorhandensein nicht gerechnet werden kann. Sicher hingegen ist eines: »die Erweckung eines Instinkts«. Die Instinktreaktion tritt ein, wenn es gelingt, »Schrecken zu erregen; daher besteht die Absicht, die hinter dieser neuen Technik des Krieges steckt, darin, den Feind wahnsinnig zu machen, wenn auch nur vorübergehend«.

Fuller, einer der führenden Militärdenker des Jahrhunderts, sah seine Ratschläge im Gaskrieg des italienischen Marschalls Badoglio in Äthiopien bestätigt. Dessen Flugzeuge trieben die barfuß kämpfenden Äthiopier auf senfgasgetränkten Böden zusammen. Die Verwundungen waren so verheerend, »daß ihre Moral wie mit einem Zauberstab zusammenbrach«. Durch ihre instinktergreifende Natur erwies sich die Begasung als kriegsentscheidende Waffe: »Von Brisanzgranaten zermalmt und vom Senfgas verbrannt, lösten sich die Truppen, von panischem Schrecken ergriffen, in fliehende Haufen auf. Vom Wahnsinn erfaßt, wichen sie zurück, wurden verfolgt und am 3. April in dem Blutbad am Ashangi-See völlig zersprengt, wo die aufgelösten, demoralisierten Barbaren mit Bomben und Maschinengewehrfeuer aus 140 Flugzeugen belegt wurden.«

Mit der Zeit lernten die äthiopischen Soldaten, der Gefahr aus dem Wege zu gehen. Der Zivilisationswille der Italiener führte erst zum Ziel, als ihnen eine Methode zur Vergiftung der verstreut wohnenden Bauernpopulation einfiel. Badoglio rüstete seine Flugzeuge mit Gaszerstäubern aus, die riesige Landflächen mit einem feinen Regen überzogen. Aufeinanderfolgende Staffeln von Maschinen gewährleisteten eine ausreichende Dichte des Gasteppichs. Weil Senfgas langsam tötet, wiederholten die Piloten ihr Manöver so lange, bis von Ende Januar 1936 an Flüsse, Seen,

Weiden, Äcker, Mensch und Vieh gründlich kontaminiert waren.

Der ›Angriff auf die Nerven des Feindes‹ erzielte eine raschere Entscheidung als in den eher langwierigen Kolonialkriegen üblich. Darin erblickte Fuller die Humanität des Gasterrors. Der Terrorist intensiviert den Schrecken und lenkt ihn auf den empfindlichsten Punkt. So gelangt er mit sparsamsten Mitteln zu dem raschesten Erfolg. Die Bezwingung der gewappneten gegnerischen Streitmacht ist der blanke Widersinn. Soviel hatte der Weltkrieg bewiesen. Das Militär ruiniert sich unter fürchterlichen Kosten an ausgebildeten Männern und Material und verzögert endlos die Entscheidung, bis eines der wertvollen Instrumente oder beide zerrieben sind. Dazu sind sie Fuller zu schade. Warum sollten sie einander ergebnislos zugrunde richten? »Die größte Demoralisierung findet in den Herzen der Bevölkerung selbst statt, wo die Hilflosigkeit angesichts der unablässigen und allgemeinen Gefahr fühlbar wird.« Der ideale Adressat des Krieges ist der Hilflose, das hatten die Militärs lange übersehen.

Gewisse Beschränkungen legte ihnen das Kriegsvölkerrecht auf, das etwa im Genfer Protokoll vom 17. Juni 1925 den Gas- und Bakterienkrieg verbot. Dazu hatte sich mit seiner Unterschrift auch Italien verpflichtet. Nationen gehorchen Fuller zufolge nur der Pflicht zur Selbsterhaltung. Darüber hinaus reagierten sie prinzipiell amoralisch. »Denn gleich einem Menschen, der um sein Leben kämpft, kann keine Nation es sich leisten, sich selbst mit Regeln in Fesseln zu schlagen.« Alle bisherigen Regeln verkürzen sich auf die eine: »Der sicherste Schutz ist, wenn man in der Lage ist, einen betäubenden Schlag zu führen.« Der Gewappnete aber läßt sich schwieriger betäuben als der Überrumpelte. Da die militärische Logik einen Angriff auf die Zivilbevölkerung fordere, müsse der Krieg »die Form eines coup d'etat annehmen«, eines Überfalls, der aus heiterem Himmel »vor allem schreckenerregend« wirke.

Fullers latenter Haß auf die städtischen Massen läßt ihn alle erdenklichen Schocks abwägen, die so rasch und so billig wie möglich Gefügigkeit erzeugen: Gas, Bakterien, Feuer, Bomber, Raketen, eventuell Giftstoffe, die unerträgliche Zahnschmerzen auslösen oder Hautblasen ziehen. Die Tötung empfiehlt der Stratege allein insoweit sie unvorhersehbar, willkürlich und panikerregend ausfällt. Es kommt nicht auf die Zahl der aus der Welt geräumten Gegner an. Die Ausgelöschten sollen die am Leben Gebliebenen eines Besseren belehren. Fullers Pädagogik des Massenmords rechnet nach dem Angstschock mit instinktiver Kollaborationsbereitschaft. Falls sich die Gegenseite der gleichen Taktik bedient, benötigt die davon bedrohte Nation dringend den Faschismus. Der Terror, der von außen die Zivilisten in die Knie zwingen will, ist notwendigerweise auch von innen aufzuwenden, um dies zu verhindern. Das unter Umständen noch demokratisch realisierbare Konzept »ein Volk in Waffen« wird abgelöst durch »die Idee, ein Volk in Disziplin zu setzen, d.h. ein Volk, das moralisch darauf vorbereitet ist, Luftangriffe auszuhalten«. Die gleiche Kriegerrasse, die aus dem Flugzeug den Phosphor regnen läßt, um Angstreflexe zu verursachen, überzeugt am Boden die Leute, »daß es am sichersten ist, still zu sitzen. Wenn ihre Häuser getroffen werden, dann werden sie getötet werden, aber wenn sie im Freien überrascht werden, dann werden sie niedergemäht und viele werden zu Tode getreten werden: ›Wenn die Bomben fliegen, bleib ruhig stehen und liegen‹, sollte ihr Motto sein.« So sorgt ein und dieselbe Kaste von innen und außen, daß garantiert alles untergeht. Von außen, indem der Terror potenziert wird, damit er schneller wirkt, von innen, indem ein totalitärer »Schiffsdrill« dafür sorgt, ihn länger auszuhalten.

In ihrem Erscheinungsjahr 1936 mochte man Fullers Schrift als Einfall eines vom Weltkrieg zum Misanthropen gemachten Majors mißverstehen. Das Zivil soll am eigenen Leib schmecken, was es den Militärs des Industriezeitalters zugemutet hat. Die Realität bestätigte indessen Fullers wissenschaftliches Renommee. Als Utopist des totalen Krieges war er von den Ereignissen binnen sechs Jahren eingeholt. So praktisch waren seine Visionen, daß gleich jede Seite damit etwas anzufangen wußte.

Zwei gegen Ende des Ersten Weltkriegs eingesetzte Waffen hatten überdies dem weithin verachteten Militärwesen eine Zukunftsaussicht besorgt. Sie waren zu unvollkommen gewesen, um das Treffen noch zu beeinflussen, belebten jedoch die Vorstellung eines nächsten Krieges. Weil der menschliche Leib der Maschinenkraft des Geschosses nicht standhält, vor ihr in den starren Boden wich und dadurch die Emission der Projektile nur vervielfachte, ließ er sich auf eine einzige Weise auf das Schlachtfeld zurückholen: in Maschinen eingelassen, die sowohl beweglich als auch kugelfest waren. Die Entwicklung des Verbrennungsmotors erlaubte die Konstruktion des Flugzeugs und des Panzers, der Instrumente des Zweiten Weltkriegs. Im Panzer drang der Chauffeur unbeschädigt durch das Sperrfeuer, und im Flugzeug entzog er sich dessen Wirkungsgrad. Manche Planer sahen Elemente des Ritterturniers wiederkehren. Der Kampf dieser Waffenführer untereinander würde dem öden Abschlachten der Massenheere nirgends mehr gleichen. Statt der überforderten Wehrpflichtigen maßen sich hochspezialisierte Duellanten. Überlegenes Ingenieurswesen und höhere Waffentüchtigkeit ermöglichten wieder Entscheidungen. Die letzte Entscheidung kam der Waffe zu, die in das heimatliche Zentrum des Durchhaltewillens einschlägt: den Sitz der Kriegszielplanung, der Waffenschmieden, des Vergeltungsfiebers, der unsinnigen Preisgabe von Abermillionen Soldatenleben.

Im Ersten Weltkrieg hatten deutsche Flieger 300 Tonnen Bomben über England abgeworfen, 1.413 Personen getötet und Wellen von Panik zumal in London ausgelöst. Winston Churchill schrieb im Jahre 1925, daß seine Antwort schrecklicher als alles Dagewesene ausgefallen wäre. Der Zusammenbruch des deutschen Landheeres erübrigte den Schlag. »Tausende von Flugzeugen hätten die deutschen Städte einschließlich Berlin mit Bomben belegt. Zu dieser Luftschlacht von 1919 ist es nicht gekommen, aber ihre Ideen leben weiter... Vielleicht wird es sich das nächste Mal darum handeln, Frauen und Kinder oder die Zivilbevölkerung überhaupt zu töten.« Seltsamerweise stimmten Militärstrategen, Politiker und Publikum in dieser Erwartung überein. Der Auslöschungskrieg stand bevor. Nach allgemeinem Glauben in den europäischen Städten gab es gegen Luftbombardements mit Sprengstoff, Feuer und Gas keine Verteidigung.

Die Idee des ›Pulverisierens‹ und ›Ausradierens‹ von Wohnvierteln eilte den praktischen Möglichkeiten indessen weit voraus. Über drei Jahre furiosen Bomberkriegs waren vonnöten, um die Einäscherung von Zivilgebieten technisch und psychisch zu bewältigen. Als die Kontrahenten das Gefecht aufnahmen, war ihnen selbst vor den Fähigkeiten dieser Waffe bang. Präsident Roosevelts Ersuchen, Zivilziele zu verschonen, wurde schleunig begrüßt. Die Bomben sollten militärisch nutzbare Objekte treffen, Verkehrswege, Rüstungs- und Rohstoffindustrien. Die Royal Air Force erwog zunächst, Fabriken ausschließlich nächtens im Leerzustand anzugreifen. Noch im September 1940, inmitten der Schlacht um England, schlug Charles Portal, Befehlshaber des Bomber Command, die Proskription von zwanzig deutschen Städten vor. Ihre Bewohner sollten über Radio vor der nahen Zerstörung gewarnt werden. So ließ sich die Moral zermürben, ohne Leben auszulöschen. Das Zivil konnte seine Häuser im Stich lassen und das Weite suchen.

Die Taktik kam erst fünf Jahre später zur Anwendung. Nicht durch Portal, sondern durch das XXI. US-Bomberkommando unter General Curtis Le May. Elf japanische Städte erfuhren durch Flugblattabwurf, daß eine unbestimmte Anzahl von ihnen zur Bombardierung vorgesehen sei. Folgenden Tags wurden sechs der Städte verbrannt. Zwischen dem 27. Juli und 5. August 1945 wiederholte sich der Zyklus noch zweimal. Auf den Flugblättern stand zu lesen, daß die US-Air Force alle Rüstungsanlagen zerstören müsse, die den Militaristen Japans zur Verlängerung eines Krieges dienten, den es unmöglich gewinnen könne. »Doch Bomben haben keine Augen und man weiß nicht, wohin sie fallen. Wie Ihr wißt, wünscht Amerika, das für Humanität steht, keine unschuldigen Menschen zu verletzen, so daß Ihr besser diese Städte verlassen solltet. Ihr seid nicht Amerikas Gegner. Unsere Gegner sind die japanischen Militaristen, die Euch in diesen Krieg hineingezogen haben.« Eine Tötung von Japanern war gar nicht vonnöten. Es genügte vollauf, wenn sie von ihren Arbeitsstätten flohen, panisch die Landstraßen verstopften, die Versorgung mit Wasser, Energie, Nahrung zusammenbrechen ließen. Gehorchte die Stadtbevölkerung den Anweisungen des XXI. Bomberkommandos, war die japanische Staatsmacht ausgeschaltet. Vermochte sie ihre Bürger weder zu schützen noch in Schach zu halten, entfiel auch der Truppenbefehl. Nach dem Verlust des Luftraums hat die Bodentruppe nicht mehr viel zu verteidigen.

Der Bombenangriff auf Vorwarnung ist im Zweiten Weltkrieg Ausnahme geblieben. Er setzt nämlich den Zusammenbruch jeglicher Luftabwehr voraus. Eigentümlicherweise ist es die Verletzbarkeit des fürchterlichen Bombers durch Abwehrwaffen gewesen, die ihn auf die Vernichtung von Zivil ausweichen ließ. Ankündigung dünkte viel zu gefährlich. Der Einsatz neuester Radargeräte und wendiger, schnellsteigender Jagdflugzeuge widerlegte die in den dreißiger Jahren vorwaltende Theorie, der Bombenträger dringe unaufhaltsam zur Abwurfstätte. In Wirklichkeit erwiesen sich die Maschinen im Luftkampf als schwach geschützt. Bomben und Treibstoffreserven zur Erlangung der nötigen Reichweiten beschwerten das Fluggerät in einem Grade, der es zur leichten Beute flinker Jäger werden ließ. Es wußte sich nicht zu wehren.

Der Radarschirm meldet den Anflug des plumpen Bombergeschwaders, das trotz automatischer Bordwaffen schlecht fremden Luftraum durchdrang. Es war mühelos abzufangen und grenznahe zu dezimieren, noch bevor Gelegenheit eintrat, die Fracht ins Ziel zu lenken. Abgesehen davon erforderte ein Treffer auf Fabrikgelände Tageslicht, wolkenfreien Himmel, niedrige Flughöhe, einiges Glück und feste Selbstmordabsicht. Die Beschränkung von Luftbombardements auf militärische Ziele, zu der die Gegner sich eingangs mehr oder minder ehrlich verpflichtet hatten, kostete sie Verlustraten, die diese vielversprechende Waffengattung gänzlich unrentabel machten. Womöglich hätte man sie im Handumdrehen eingebüßt.

Weder England noch das Deutsche Reich besaßen die Fähigkeit, einander mit Landstreitkräften zu überwinden. Nach der Eroberung Frankreichs lag die einzig denkbare Westfront in der Luft. Um das Angriffswerkzeug zu erhalten, konnte es sich allein in der Nacht bewegen. Vorerst existierte nämlich kein nachts manövrierfähiger Jäger. Das kleinste im Dunkeln zu treffende Ziel aber war eine Stadt. Auch das nicht immer sicher; noch im Mai 1941 fiel die Hälfte der britischen Bomben auf offenes Feld.

Die Absicht, ausschließlich Industrieanlagen anzugreifen, erwies sich nach einjähriger Praxis als Illusion. Die Theorie wurde keineswegs fallengelassen, denn etwas anderes ließ sich kriegsrechtlich schwer vertreten. So beabsichtigten die Generalstäbe der Lüfte weiterhin Rüstungsfabriken zu bombardieren und legten die Ziviltoten dem unabänderlichen Präzisionsfehler zur Last. Bei dieser Version blieb es, auch als elektronische Zielgeräte von 1944 an präzisere Treffer zuließen und zugleich ganze Großstädte zur Fakkel aufgingen. England weigerte sich strikt, Massentötungsvorsatz gegen Zivilisten zuzugestehen. Das Luftfahrtministerium gab noch im März 1943 »die Versicherung, daß wir nicht willkürlich Deutschlands Frauen und Kinder bombardieren«. Fünf Monate zuvor hatte Portal, nunmehr Chef des Luftstabs, in einem Strategiepapier »Zivilverluste von schätzungsweise 900.000 Toten und 1 Million Schwerverletzter« projektiert. Solche Kriegsziele müssen vor dem Gewissen der Krieger abgeschirmt werden. Wer eine Bombenladung ausklinke, schrieb Curtis Le May in seinen Erinnerungen, werde sich auch bei geringer Phantasie das Kind in seinem Bette vorstellen, dem eine Tonne Mauerwerk auf den Kopf falle, oder das dreijährige Mädchen, das um seine verbrannte Mutter klage. »Dann muß man sich von diesem Bild abwenden, um den Verstand zu bewahren. Und ebenfalls, um den Dienst fortzusetzen, den die Nation erwartet.« Zur Schonung des Gemüts hatten die Luftstrategen Begriffe wie das »de-housing« geprägt, Einebnung städtischer Wohnquartiere, sowie das Axiom der Waffengattung, das »moral bombing«. »Moral ist ein kosmetisches Wort«, schreibt der britische Militärhistoriker John Terraine. »Es bedeutet die Bedrohung mit Massaker.«

Der Londoner Massenpresse gingen diese Worte leichter von der Zunge. Das deutsche Volk solle »den Tod von nahem riechen«, forderte die »Sunday Dispatch« im Frühjahr 1943. Die Zivilmoral ergibt sich dem Ausrottungsrausch, der ebenfalls aus Deutschland bezeugt ist. »Man glaubt«, notiert Ernst Jünger am 24. September 1943, »daß die Vernichtung großer Teile oder gar der Gesamtheit der englischen Bevölkerung möglich sei.« Es fehlte allein an der Wunderwaffe mit Genozid-Kraft. »Freilich ist man überzeugt, daß solche Wünsche auch auf der Gegenseite bestehen. So kommt es in der Brandwüste zu Hoffnungen und Träumen schauerlicher Art, die sich mit der Auslöschung großer Völker beschäftigen.« Ein schonungsloser Streich könnte dies blindlings rasende Publikum zur Vernunft bringen, rechneten die Militärs, und den Krieg erheblich abkürzen. Insbesondere die Arbeiterschaft werde Hitlers alsdann so überdrüssig wie 1918 des Hohenzollern. Die seinerzeit von England über das Reich verhängte Hungerblockade, der man dort 800.000 Tote zurechnete, hatte das Proletariat plangemäß kriegsmüde und rebellisch gemacht. Weil der Mensch schneller verbrennt als verhungert, mochte die Friedensbereitschaft durch Phosphorbomben um so rascher eintreten. Überdies riet zum Angriff auf die proletarischen Massenquartiere ein praktischer Grund: Sie waren leichter entflammbar.

Seit den Tagen der Erstürmung Magdeburgs durch Tilly und Dresdens durch Fridericus Rex hatte das Reich den betagten Kriegsbrauch des Stadtanzündens nicht erlebt. Den Brand von Magdeburg, ein europäisches Ereignis, erklärten sich die nüchterneren Köpfe durch das unbeabsichtigte Zusammenwirken einiger Brandstifter mit einem verhängnisvollen Wind sowie der thermodynamischen Reaktion des Feuersturms. Eine Erscheinung, die nicht in Vergessenheit geraten war, zumal die Brände von Moskau und Atlanta die alte Übung in die Neuzeit befördert hatten. Als die Öffentlichkeit der Zwischenkriegsjahre das Luftbombardement antizipierte, war die biblische Szenerie des vom Himmel herabregnenden Feuers sogleich gegenwärtig. »Die einzelnen Feuerherde schließen sich zusammen«, prophezeite die ›Berliner Illustrierte Zeitung‹ 1927 (Nr. 18). »Die erhitzte Atmosphäre schießt wie ein Riesenkamin nach oben. Die längs des Erdbodens nachstürzende Luft erzeugt den Feuersturm, der wiederum die kleinen Brände weithin zur Entfaltung bringt.« Genauso hat es sich fünfzehn Jahre später ereignet. Das im Brandherd entstehende Vakuum saugt zu einem orgelnden Sturm beschleunigte Luftmassen auf, die Menschen, glühende Gegenstände, Feuerzungen durch die Straßenfluchten wirbeln, weitere Zonen entzünden, neue Herde entfachen, bis sich die Stadt zur lodernden Flammenhölle zusammenschließt. Ein solcher Zustand ist aus einem Bombergeschwader heraus nicht ohne weiteres herbeizuführen. Die schiere Menge der benötigten Maschinen stellt hohe Navigationsanforderungen. Das Verhältnis von Brand- und Sprengstoffen will sorgfältig kalkuliert und die Bausubstanz des Zielobjektes richtig gewählt sein. Wenn nicht, wird der gegnerische Luftschutz der Brände Herr.

England und die USA, die Mächte des ›strategic bombing‹, haben zwischen Lübeck im März 1942 und Tokio im März 1945 das Verfeuern der Städte von Grund auf studiert. Um die zivile Kriegslüsternheit auszutreiben, sind im Reich 57.000 Kinder unter vierzehn Jahren vernichtet worden. Der Feuersturm wußte zwischen ihnen und den Führertreuen nicht zu unterscheiden. Ein moralischer Effekt war nur unter den Arbeitermassen zu erzielen. Die Arbeitermassen waren nur durch Entzünden der städtischen Massenquartiere zu beeindrucken. Das Entzünden dieser dicht verschachtelten Gebäude setzte den Sturmmechanismus in Gang, der kollektiv straft. Unterschieden wurden weniger militärische und zivile Ziele, sondern gut und schlecht brennbare Städte. Das Maß des risikolos anzurichtenden Schadens lenkte den Einsatz. Lübeck, die erste vom Flächenbombardement heimgesuchte Stadt, glich in den Augen Arthur Harris', letzter Chef des Bomber Command, »mehr einem Feueranzünder als einer menschlichen Wohnstätte«. Sie war über den Ostseeraum gut anzufliegen und mangels rüstungswirtschaftlich nützenswerter Anlagen unverteidigt. Daß sich die mittelalterliche Fachwerkarchitektur den Brandkriegsstrategen als ein idealer Scheiterhaufen darbieten würde, ließ sich nicht ahnen. Es gab keine Industrie am Ort, nur winklige Gassen und die fatalen Balken im Gemäuer.

Auf die bauliche Struktur der Städte, die Konzentration und Sozialschichtung der Einwohnerschaft verwandte die Royal Air Force sorgfältige Wissenschaft. Dementsprechend war das Zusammenwirken von Brand- und Sprengwirkung abgestimmt. Ein Erfolg des Angriffs auf Hamburg bestand in der Zerstörung des städtischen Wasserrohrsystems. Rettende Löschtrupps hätten die Ausbreitung des Feuers sonst unter ihre Kontrolle bringen können. Als bedeutsam erwies sich zudem die Konzentration der zweiten Angriffswelle auf die östliche Stadthälfte mit ihrer extremen Wohndichte, so daß darin bei einem Abwurf von 96.000 Stabbrandbomben pro Quadratkilometer kein Leben mehr möglich war. In den kilometerweit lodernden Straßenfluchten herrschten Temperaturen von 800 °C. Die Mehrzahl der Einwohner ist in den Luftschutzkellern ihrer Häuser zerschmolzen oder durch Kohlenmonoxidentwicklung vergast worden. Der einzige Fluchtweg führte über die Straßen, in denen der Feuersturm in Orkanstärke raste. Einzelne energische Naturen schlugen sich zu Wasserarmen durch, Kanalisationsrohren, unterirdischen Verliesen, die sie noch rechtzeitig aus der Todeszone führten. Die anderen wurden nach tagelangem Ausglühen der Mauern zerfetzt und verkohlt wie die Artillerieopfer vor Verdun aufgefunden. »Wie entsetzlich müssen diese Menschen gestorben sein«, schreibt eine der Davongekommenen. »Die kleinsten Kinder lagen wie gebratene Aale auf dem Pflaster, die Hände vorgestreckt, um sich vor der erbarmungslosen Hitze zu schützen.« In dieser Haltung endeten die meisten Ausbrüche aus den Kellern. Die kochende Atmosphäre zwang die Flüchtenden nach wenigen Schritten, sich auf den Erdboden zu werfen und durch Vorhalten des Armes das Einatmen der Glut zu drosseln. Die Heißluft, welche die Atmung unterbrach, die Schlotströmung inmitten der quadratkilometergroßen Öfen, mit Sturmesstärke Sauerstoff und alles Lebendige zugleich in ihren Schlund saugend, die Druckwellen detonierender Minen, welche die inneren Organe zerrissen, verwandelten die Städte binnen Halbstundenfrist in Todeskäfige. Darin vollzog sich ein Ausrottungsgeschehen, das dem Kriege neu war.

Herkömmliche Kriegsgreuel enthalten eine gewisse Begegnung von Täter und Opfer. Selbst in seiner Wehrlosigkeit will es überwunden sein. Seinen Einspruch muß man niederkämpfen. Die Ausrottung erfolgt anders. Das Luftbombardement schafft einen lebensvernichtenden Zustand. Darüber gibt es nichts zu verhandeln. Wie ihn das Opfer meidet, ist dessen Entscheid. Es unterliegt einem von oben herab verhängten Belagerungszustand und zieht sich, wie alle Belagerten, sein Verderben selber zu. Ehe die Person indes Zeit zu kapitulieren findet, umschließt sie bereits das Flammenmeer. Den 19 Prozent Kindern unter den 40.000 Hamburger Toten bleibt von vornherein keine Wahl. Der Adressat des ›moral bombing‹ ist das diffuse Volksganze, und die Gebombten büßen den Tod als Geiseln für seinen Durchhaltewillen. Weil das Volk sich als politischer Träger der Aggression dem Kapitulationsaufruf nicht fügt, muß der Preis des Durchhaltens erhöht werden. Aus dem Erpressungsinstrument wird der Arm der gerechten Strafe. »Operation Gomorrha«, der Code-Name für den Hamburger Angriff, bezeichnet das Gottesurteil über die sündige Stadt.

Strafe ersetzt die nervlichen Zermürbung, die ihrerseits das Präzisionsbombardement ersetzt hatte. Weil die Treffgenauigkeit als zu schwierig und riskant erschien, wich die Royal Air Force auf ›moral bombing‹ aus, das seinen Zweck ebensowenig erfüllte, so daß die Peinigung sich zuletzt selbst genügte. Als im Sommer 1944 die präzise, gefahrlose Zerstörung von Rüstungs- und Verkehrsanlagen technisch herangereift war, ließ das Flächenbombardement keineswegs nach. Beide Seiten hatten im Schlag-Gegenschlag-Verfahren das Kampfmittel akzeptiert. Das Zivil selbst erhob keine Einwände dagegen, Millionen Tonnen von Brand- und Sprengstoffen auf den Kopf geschleudert zu bekommen. Je mehr herunterfiel, desto inbrünstiger der Wunsch zu doppelter Vergeltung. Darum lehrt eine weit verbreitete Theorie, das Flächenbombardement habe sich im Zweiten Weltkrieg gewohnheitsrechtlich durchgesetzt.

Die amerikanische Luftflotte hatte über dem Reich zunächst das ›baby killing‹ gemieden, statt dessen den wirksamsten Effekt des gesamten Bombenkriegs erzielt durch die Präzisionszerstörung der deutschen Ölraffinerien, um ein Jahr später im pazifischen Krieg ein Brandbombardement zu entfesseln, das an Systematik und Todesopfern präzedenzlos war. In der unbestimmten Opferzahl von etwa 900.000 Personen sind auch die 200.000 Toten von Hiroshima und Nagasaki enthalten. In der Atomwaffe ist der politische Wille zum ›moral bombing‹ zur technischen Eigenschaft geworden. Die Bombe kann gar nicht präzisieren. Ihr Wirkungsradius orientiert sie auf die Zivilmoral. Deshalb verbietet sich dem Vernehmen nach ihre Anwendung. Im pazifischen Krieg reihte sich ihr Einsatz in die Kette von Brandbombardements, die im Angriff auf Tokio vom 10. März 1945 mit 88.000 Toten kulminierten.

Ähnlich wie im Luftkrieg von 1942 bis 1943 über dem Deutschen Reich hofften die Vereinigten Staaten, die extremen Verluste einer Festlandsinvasion in Japan meiden zu können. Denn nach der geglückten Landung in der Normandie hatte der Landkrieg so mörderisch getobt wie in Rußland seit drei Jahren. Wie viele Menschenopfer sollten den so aussichtslos wie blindlings rasenden Achsenmächten noch dargebracht werden? Die Schlacht um die eingekesselte Hauptstadt, Berlin, eines bereits militärisch besetzten und nicht mehr existenten Reichs, hatte die Rote Armee zwischen dem 16. April und 8. Mai 1945 304.000 Gefallene, Verwundete und Vermißte gekostet. Im Koma bäumten sich die zerschlagenen Imperien mit solchen Destruktivkräften auf, daß das Verlangen nach dem »Knock-out-Blow« wuchs. Davon hatten die Luftstrategen seit zwanzig Jahren geträumt. Ein Ende mit Schrecken und Schonung zugleich. »Die restlichen deutschen Städte«, schrieb Bomber-Chef Harris an einen Zweifler, »sind nach meiner Meinung nicht die Knochen eines einzigen britischen Grenadiers wert.« In Japan stünde man vor der Wahl, die Städte flachzulegen, um dem Heer den Weg zu bahnen, oder nur Fabriken zu bombardieren »und anschließend auf Kosten von 3–6 Millionen Verlusten einzumarschieren«. Der Brief datiert vom 29. März 1945, sechs Wochen nach Dresden und 19 Tage nach Tokio. Es blieb noch die Schwelle nach Hiroshima zu nehmen, ein Ziel, das gewählt wurde, weil die ruhigen Wetterverhältnisse in der Talmulde erlaubten, die radioaktive Verstrahlung der Einwohner frei von Klimastörungen zu studieren. Etwaige Hemmungen der Flieger hatte ein gewisser Colonel Harry Cunningham in einem US-Truppenblatt vom Juli 1945 erschöpfend zerstreut: »For us there are no civilians in Japan.«

Die Rechtmäßigkeit des Flächenbombardements ist bis heute strittig. Militärisch hat es sich durchgesetzt. Ein Verzicht, Zivil zu zerbomben, ist nicht geleistet worden, seitdem die Waffe existiert. Im chinesisch-japanischen Krieg ab 1937, im italienisch-abessinischen 1935 und im Spanischen Bürgerkrieg haben die späteren Achsenmächte den Usus begründet, den die Deutsche Wehrmacht über Warschau, Rotterdam und Belgrad lückenlos fortführte. Insoweit Völkerrecht Vertragsrecht ist, hat die anglo-amerikanische Seite sich durch die Sitten des Gegners entpflichtet gesehen. Abgesehen von ihren unvergleichlich niedrigeren Opferzahlen lassen sich die ersten deutschen Luftangriffe indessen leichter mit dem formalen Recht vereinbaren. Artikel 25 der 1907 novellierten Haager Landkriegsordnung verbietet das Bombardieren unverteidigter Städte »durch welche Mittel auch immer«. Zu den verteidigten, bombardierungsfähigen Städten rechnet das Zusatzabkommen über Beschuß von See auch solche mit militärischen Anlagen, Waffenlagern und Rüstungsbetrieben. Die Angriffe auf Warschau, Rotterdam und Belgrad verfolgten das kriegsrechtlich erlaubte Ziel, dem Heer den Zugang in die verteidigte Stadt zu öffnen. Unerlaubt sind Zivilbombardements, um die Regierung in die Knie zu zwingen. Tatsache ist allerdings, daß sich die Staaten die Erlaubnis dazu erteilt haben, wann immer es ihnen die militärische Notwendigkeit riet. Anscheinend kannten sie sich gut genug, um soviel vorauszusehen. Der Entwurf einer Luftkriegsregelung, den eine Haager Juristenkonferenz im Auftrag der späteren Sieger des Zweiten Weltkriegs im Februar 1923 vorlegte, ist von ihnen nie ratifiziert worden. Der Text wollte nach Artikel 22 Luftbombardements zur Terrorisierung der Bevölkerung explizit verbieten. Auch durften militärische Ziele nicht unter Inkaufnahme ziviler Nebenschäden attackiert werden. Darauf mochten sich die Regierungen nicht festlegen. Ob der Rechtsraum dadurch offengeblieben oder die Zivilvernichtung gar durch die Staatenpraxis seit dem Zweiten Weltkrieg zum Kriegsbrauch geworden ist, ließ sich nicht einhellig klären. Eine Regel, die nirgends gilt, kann aber ebensowenig Rechtsnatur besitzen wie ein Zivilmassaker. Das geschriebene Kriegsrecht besitzt keinen Artikel, der Zivilbombardierung aus der Luft verbietet. Ist sie darum erlaubt? Wenn Massaker rechtens wären, könnte man allerdings auf Recht generell verzichten.

Der ganze Sinn der Kriegsordnung hatte darin bestanden, die Plagen des Krieges doppelt zu mildern: durch Eingrenzen des Streits auf besondere Organe, die Streitkräfte, und durch Verpflichtung der Streiter auf Kampfregeln, die verhindern, daß sie sich gegenseitig ausrotten. Daß die Krieger den Krieg auf den Leibern der Unbewaffneten austragen, um rascher und schonender zu Resultaten zu gelangen, stellt die Tradition auf den Kopf. Im industrialisierten Krieg wird rationalisiert. Der Ziviltote ist preiswerter zu erzielen als alle anderen Objekte. Ein Einbruch in die mechanisierte Front ist ein unerhört kapitalintensives Unternehmen, wie der Erste Weltkrieg gelehrt hatte. Weil Briten und Deutschen 1940 die Kapazität fehlte, auf dem gegnerischen Territorium zu landen, befeuerten sie einander aus der Luft. Weil es zu umständlich und verlustreich war, Militärziele zu treffen, töteten sie das Zivil. Als dies zum Sieg nicht genügte und die Angloamerikaner zur Invasion in Europa und auf den Pazifik-Inseln ausholten, bombardierten sie weiterhin Wohnzonen, um den Blutzoll der Landung zu reduzieren. Zudem stand jegliches Fluggerät in Gebrauch, das man momentan besaß – präzises und unpräzises –, und flog seine Einsätze rund um die Uhr, weniger nach juristischen als nach technischen Geboten.

Unter dem Axiom des neuzeitlichen Kriegsrechts, der beiderseitigen Legitimität des Waffengangs, verletzt das Flächenbombardement das Substrat der Regeln. Selbst wenn die explizite Verbotsnorm 1923 hintersinnig zum Scheitern gebracht, wenn ferner dieser Gefechtsbrauch verallgemeinert und auch vom Zivilopfer nicht geächtet worden ist, so verträgt er sich mit keinem Rechtszustand. Die Barbarei hat sich durchgesetzt und wird auch durch ihre Universalität nicht besser. Formal betrachtet nehmen die Alliierten an den Greueln des Zweiten Weltkriegs teil. »Wir müssen der Tatsache ins Auge sehen«, verkündete Präsident Roosevelt öffentlich, »daß moderne Kriegführung im Stile der Nazis ein schmutziges Geschäft ist. Wir mögen es nicht, wir wollten auch nicht hineingeraten, aber wir sind nun mal drin, und wir werden dagegen kämpfen mit allem, was wir haben.«

Zweifellos war das unfertige Flächenbombardement das einzige, was die westalliierte Seite im Entscheidungsstadium des Krieges in die Schlacht zu schicken hatte. »Wir besitzen kein Landheer, welches die deutsche Militärmacht schlagen könnte«, schrieb Churchill am 8. Juli 1940, während der Luftschlacht um England, an Beaverbrook, seinen Luftminister. »Die Blockade ist zerbrochen, und Hitler kann sich aus Asien und vielleicht aus Afrika versorgen. Wenn er von uns zurückgeschlagen wird oder keine Invasion riskiert, wird er sich nach Osten wenden, und wir haben nichts, um ihn zu stoppen. Doch es gibt ein Mittel, das ihn zurückholt und erledigt, und das ist ein absolut verwüstender und auslöschender Angriff sehr schwerer Bomber von unserem Lande auf das Nazi-Heimatgebiet.« Hätten die Vereinigten Staaten bei einer puren Defensivhaltung Englands in den europäischen Krieg eingegriffen? Wenn ja – hätte die Rote Armee von Hitlers Überfall bis zur Invasion 1944 die Bürde des Kriegs allein verkraftet? Hätte nicht eine von der Luftverteidigung ganz oder weitgehend befreite Wehrmacht, eine von der Schädenreparatur entlastete Wehrwirtschaft, die Sowjetunion 1942 bezwingen können? Solange diese Fragen offenstehen, wiegt das Argument Noble Franklands, des Autors der amtlichen britischen Luftkriegsgeschichte: »Die große Amoralität, die uns 1940 und 1941 zur Wahl stand, war, den Krieg gegen Hitler-Deutschland zu verlieren. Der Verzicht auf die einzig verfügbaren Mittel des direkten Angriffs hätte einen großen Schritt in diese Richtung bedeutet.«

Frankland beansprucht für seine Seite den Bellum justum, das mittelalterliche Prinzip des gerechten Kriegs. Die Anti-Hitler-Koalition verfocht die bessere Sache. Das Fortleben von Recht und Zivilisation auf dem Kontinent hing an dem Sieg ihrer Fahnen. Eben darum maß sie sich eine Strafgewalt zu gegen das Deutsche Reich, dessen Bürger am eigenen Leibe ihre Verantwortung für die Schrecken spüren sollten, die ihre Truppen über die Welt gebracht hatten. Auch hatte dem Zivil nach dem letzten Krieg 1918 das Erleben der Niederlage gefehlt. Vermeintlich hatte Verrat das deutsche Heer bezwungen. Daraus war die Attraktion der Hitlerschen Revanchepartei entstanden. Die Strafziele legitimierten das angloamerikanische Luftbombardement notfalls auch ohne militärischen Nutzen, schrieb Frederick Anderson, Stabsgeneral in der US-Luftwaffenführung: »Wir erwarten, daß die Tatsache, daß Deutschland restlos geschlagen ist, vom Vater auf den Sohn, sodann auf den Enkel weitergegeben wird, bis schließlich eine Abschreckung entsteht, künftige Kriege zu beginnen, die Scheu, an einer Ordnung mitzuwirken, deren Hauptziel aus Krieg besteht.« Einstweilen hat sich diese Erwartung erfüllt. Ohnmacht und Untergangserfahrung pazifizieren.

Die deutschen Generäle, die sich vor dem Nürnberger Gerichtshof zu rechtfertigen hatten, sahen sich durch den alliierten Luftterror vollauf bestätigt. Der totale Krieg stellte andere Regeln auf. Den klassischen Unterschied von Zivil und Kombattanten hatte die Wirklichkeit überholt: Im industrialisierten Krieg sammelte sich die Wehrkraft eines ganzen Volkes. Die Unendlichkeit der Zerstörungsmittel, ihre Beschaffung und Erduldung zehrt am Lebensnerv der Gesellschaft. Das Unternehmen steigert sich zum Existenzkampf. Die Schicksalsschlacht einer Nation um Bestand oder Untergang ist aber die gerechte Sache schlechthin. Sie legitimiert jegliches Mittel. Die Lanzen des modernen Lebenskrieges sind heilig wie jene der Ritter Christi. Der Stich in das Herz des Ungläubigen kann nicht sündig sein.

Grotius, de Vattel und die Kanoniker des geschriebenen Kriegsrechts verwarfen die Lehre vom gerechten Krieg, weil er sich keinem Gesetz beugt. Die Kriegsformen des 20. Jahrhunderts, der totale, der Partisanenkrieg, der Klassen- und der ›Heilige‹ Krieg, bestätigen die alten Denker. Nicht daß es den modernen Kriegern an Moral mangelt. Im Gegenteil, sie fließen über davon. Ihr Vernichtungsgeschäft prägt sie förmlich zu Moralisten. Der Zorn über die gegnerische Amoral beseelt den Gebrauch der Strafinstrumente. Die konzilianten Feldherrn des aufgeklärten Absolutismus und der frühen Bourgeoisie, die den Krieg so meisterlich limitierten, waren gewiß die tieferen Humanisten. Etwas anderes konnten sie sich kaum leisten. Die Budgetrücksichtnahme trieb zur Versöhnlichkeit. Aus den Niveauschwankungen der Charaktere läßt sich die Geschichte der Kriegsverbrechen nicht erklären. Die Humanität ist dem Druck der Kriegslage nicht gewachsen. Indem der Krieg um das Ganze geht, behält er sich alles Erdenkliche vor. Seine Verbrechen gedeihen zumal an der überspannten, der verfahrenen, scheiternden Aufgabe, die sich ihre Täter erzieht. Das gilt auch für die Meister des Metiers, die deutschen Strategen.

Der Ruf zum Rassenkrieg

Am 11. Juli 1943, einem Sonntag, beauftragte Hitler den NSDAP-Sekretär Bormann, die Vernichtung der europäischen Juden aus der öffentlichen Debatte zu nehmen. Der Führer hatte eine deprimierende Woche hinter sich. Samstag früh waren zwei angloamerikanische Armeen unter Patton und Montgomery auf Sizilien gelandet. Im Westen entstand, wie seit zwanzig Monaten befürchtet, eine zweite Front. An der Ostfront, die fast alle Kräfte band, lief seit dem 4. Juli die letzte deutsche Offensive, die Schlacht im Kursker Bogen. Hitler hatte sie gegen sein Gespür bewilligt und sah sie fehlschlagen. Die Panzer blieben im dichten Sperrgürtel der Sowjets hängen, die unermeßliche Ressourcen auffuhren. Das Reichsheer drehte sich zum Rückzug.

In der Nacht von Donnerstag auf Freitag der fraglichen Woche warf die Royal Air Force 1.600 Tonnen Bomben auf Köln ab, das zweite Mal innerhalb von vier Tagen. Es war der Gipfel der seit

Anfang Juni währenden Zerstörungen des Rhein-Ruhr-Gebiets, der Reichswaffenschmiede. Der Dom wurde getroffen, und den Deutschen ging insbesondere dieser Angriff zu Herzen. Dabei nahm das Nationaldenkmal inmitten der zu 90 Prozent zerstörten Altstadt den geringsten Schaden. Die Hohenzollernbrücke lag im Rhein, das Hotel Großer Kurfürst und die Eisenbahndirektion stürzten zu Boden. Vielleicht ließen die Piloten den Dom als Zielmarkierung stehen, wahrscheinlicher aber ist eine Abdrift der Bomben, die sich dem Luftsog verdankt, den die Niederlegung des umgebenden Häuserkranzes erzeugt hat.

In der Angst um den Dom steckte der Schock der Hilflosigkeit. Er stand verlassen. Die Frauen vor allem witterten, daß die Regierung aus Schwäche den Frevel erdulde und fürderhin sich alles gefallen lassen müsse. »Wenn wir zurückschlagen könnten«, zitiert der SD die Stimme der Volksgenossinnen, »hätten wir das schon lange getan, ehe der Kölner Dom kaputtging, aber wir können nicht.« Ungläubig blickte das Volk auf die Führung, die stillschweigend zusehe, wie eine schöne Stadt nach der anderen systematisch ausradiert werde, Tausende Einwohner fast täglich umkämen, ohne daß Rache an den Briten geübt werde. Das Schlimmste sei das ohnmächtige Abwarten der Schläge. »Rache unsererseits brennendst erwartet«! Die Katholiken haderten hilfesuchend mit dem Papst, der endlich sein Wort gegen solche Niedertracht schleudern möge. Dann wieder zweifelte man an sich selbst. »Der Herrgott würde so etwas nicht zulassen, wenn das Recht auf unserer Seite wäre und wir für eine gerechte Sache kämpfen würden.« Der Segen Gottes habe sich vom Führer abgewandt. »Es liegen auch Stimmen vor« notiert der SD, »die die Bombardierung des Kölner Doms und anderer deutscher Kirchen in Zusammenhang mit den seinerzeitigen Zerstörungen der Synagogen in Deutschland gebracht haben.«

Ein Jahr zuvor noch waren die Deutschen hauptsächlich mit Nahrungsengpässen befaßt, suchten nach frischem Gemüse und wunderten sich allenfalls, wie die RAF unbeschadet bis nach Augsburg gelangen konnte. Die Stadt baue hervorragende Jäger, von denen keiner am Himmel auftauchte, eine schlechte Reklame. Zunächst argwöhnten die Bürger, daß jeweils andere Städte sich listig die Verteidigungswaffen angelten. Ende September entdeckten sie, daß die Waffen überall nicht ausreichten, Deckung zu geben. Das Gefühl der Schutzlosigkeit breitete sich aus und die Erwartung einer Katastrophe.

Im Frühsommer 1943 fielen die Ruinenstädte der Ruhr in panische Nervosität. Die Regierung versagte. Überdies zweifelte man am Beistand der Zentralmacht. Berlin habe Westdeutschland abgeschrieben und frage nicht danach, wie die Ausgebombten lebten. Tage nach den Angriffen stürzten Mauern ein, detonierten Blindgänger und Zeitzünder. Mangels Gas, Wasser, Strom könne man weder kochen noch sich waschen. Das Hauptproblem aber waren die Umquartierungen. Obdachlose würden bürokratisch wildfremden Menschen in die Wohnung gesetzt. Immerhin waren im Altreich bis Anfang 1943 die Quartiere von 160.000 Juden frei geworden. Doch raubte allein die Nacht vom 11. auf den 12. Juni 1943 120.000 Düsseldorfern die Unterkunft.

Die Menschen interessierten sich nicht länger für die Ostfront noch für überhaupt einen Krieg, sondern forschten in den Wehrmachtsberichten allein nach dem Niedergang der Bombardements. Keiner gestand es ein, doch jeder hörte den verbotenen Londoner Rundfunk. Erzählungen Evakuierter wurden begierig aufgenommen, kolportiert und die schaurigsten Grotesken kritiklos für wahr gehalten. Frauen sollten unter der unerträglichen Nervenanspannung mit ihren Kindern aus dem Fenster gesprungen sein. Mütter ertränkten ihre brennenden Säuglinge im Fluß. Die Hitzetoten schrumpften allesamt zu kleinen Mumien. Die Amerikaner hätten Phosphorkanister entwickelt, welche in der Luft ausregneten und die Menschen zu lebenden Fackeln verwandelten. Unzählige erblindeten; unheilbar Verwundete würden von der SS erschossen. Phantastische Verlustzahlen zirkulierten, kein Angriff, der nicht zehn- bis fünfzehntausend Tote kostete. Die Regierung solle wissen, daß der Luftterror auf die Dauer nicht zu ertragen, die seelische Leistungsfähigkeit überschritten sei. In einem halben Jahr stehe nichts mehr im Rheinland aufeinander, die Vergeltung möge nicht länger warten, sonst könnten die Ereignisse in Panik und Revolution umschlagen und Ruhe erzwängen nur noch umherfahrende Panzer. Ob denn keine Möglichkeit existiere, das Volk vor dem Luftterror zu schützen, welcher Gasschutz für Klein- und Kleinstkinder vorgesehen sei, das Gummi der Volksgasmasken fange leicht Feuer.

Vergeltung mittels Gas, Gas als Massenvernichtungsmittel, wurde 1943 breit erörtert. Die Wut auf Briten und Amerikaner erreichte Siedehitze. Selbst Christen schworen, daß diese Brut mit Stumpf und Stiel ausgerottet gehöre. Nach dem Brand von Wuppertal, der im Mai 1943 2.430 Personen tötete, verfasse die relativ gefestigte Arbeiterschaft Trutzgesänge, lobt der SD: »Ihr Mörder trugt viel Schmerzen in diese Stadt und Feuersnot, sogar das / Kind am Mutterherzen schlugt ihr samt Greis und Vater tot./ Das peitscht uns auf, Euch nun zu hassen mit wildester Verbissenheit, weil / Ihr mit allen Judenrassen das Schandmal von der Wupper seid.«

Der Sänger schöpft aus den Parolen verflossener Tage. Der SD konstatiert eine Entfremdung von den Propagandafloskeln. Das Interesse an der Schuldfrage habe drastisch nachgelassen, es helfe nur noch eine fürchterliche Vergeltung gegen London. Gleichwohl herrschte 1943 allgemein der Eindruck, daß Deutschland seinerseits von der jüdischen Rache heimgesucht sei. Man stellte Gedanken an, welche Städte bisher davon ausgenommen blieben, und die Nürnberger entdeckten, daß Fürth und Frankfurt verschont wurden, weil sie Judenstädte seien. Zwischen Deportationen und Bombardements bestünden geheime Zusammenhänge. Hätte man die Juden gewissermaßen als Faustpfänder in den Städten und Ghettos belassen, so wären sie auch nicht bombardiert worden. Die Ansicht grassierte im Pöbel wie unter der Intelligenz. Die jüdische Revanche tagte.

Daß Deutschland einen Krieg gegen das internationale Judentum ausfechte, war nahezu ein Allgemeinplatz. Die Furcht führte indes zu allem anderen als zur Kapitulation. Es war fruchtlos, vor den Juden zu knien, weil sie kein Pardon kannten. Die Deutschen hatten keine Alternative zum Endsieg, weil die Juden ihnen die Judenvernichtung heimzahlen würden. Der Weg zurück war versperrt, indem die Juden bereits tot waren. Als Hitler Bormann auftrug, die Vernichtungsdebatte einzudämmen, lebten die Opfer der ›Endlösung‹ zu drei Vierteln nicht mehr. Die Konsequenz daraus lautete, daß Hitler sein Versprechen nicht einlösen konnte. Die Kriegsschuldigen waren zu Millionen beseitigt und trotzdem die Stärkeren geblieben. Eben der Verdacht ging um, bis Hitler ihn kurz vor seinem Ende selber teilte.

Letzteres braucht nicht zu verwundern, weil eine Person sich leicht in ihr Wahnsystem verfangen kann. Der Wahn eines beträchtlichen Volksteiles ist indes materielle Gewalt. Außerdem kann die Illusion der Massen nicht aus einem gemeinsamen Defekt ihrer Köpfe stammen. Die Diagnose diagnostiziert nichts. Woher stammt der Defekt? Von Hitler? Wie konnte er den Juden wider allen Augenschein die Rolle des Kriegsschuldigen zuweisen, bestraft mit einem Genozid, der den Gegner nicht im geringsten traf, sondern eine unsinnig dazu deklarierte Volksgruppe, gleichgültig ob sie dem deutschen Nationalverband, einer verbündeten, einer feindlichen oder einer längst geschlagenen Nation angehörte. Darum gilt die Judenvernichtung nicht als Kriegsverbrechen, sondern als weltanschauliche Tat unter dem dünnen Vorwand einer Repressalie. Denn die Juden stifteten nicht zu Feindseligkeiten an, begingen keine Sabotage, Spionage, zersetzten nicht die Wehrkraft, infizierten nicht die Gesundheit im Besatzungsgebiet und organisierten keine Partisanenbanden. Alles das wurde laufend vorgeschützt, meist wider besseres Wissen, fand aber weithin Glauben.

In ganz Europa wucherte das Bedürfnis nach einem Pariavolk, um es den Ärger jeglichen labilen Daseins büßen zu lassen. In Kroatien hielt man die Juden für Agenten der Serben, in der Slowakei für Agenten der Tschechen, in Polen, der Ukraine und dem Baltikum für jene der Russen. Vichy-Frankreich steckte voller jüdischer Emigranten, welche die nationale Wiedergeburt belasteten, und die Friedenssehnsucht raunte den Westeuropäern zu, daß die Juden der Verständigung mit Deutschland ungewollt im Wege stünden, weil sie daran naturgemäß nicht teilnähmen.

Hitlers Krieg gegen die Juden, dem alle militärischen Züge fehlten, wurde rundum den Kriegsmaßnahmen zugerechnet, soweit diese nämlich auf das seelische Erleben zielen. Hitler hielt Krieg zuvorderst für eine Sache der Bereitschaft: Hingabe auf der eigenen, Entmutigung auf der anderen Seite. Der Führer bearbeitete den Willen oder Unwillen durchzuhalten. Weil diese Bereitschaft versagte, sei Deutschland 1918 unterlegen, nicht mangels Nachschub. Das hätten die Juden bewirkt, und Hitler bewirke das Gegenteil. Beide kneteten denselben Stoff, und darum lautete die Frage, er oder sie? Die Frage mag illusionär sein, darauf kommt es aber ebensowenig an wie auf das innerste Tatmotiv. Vielleicht haben Hitler und Himmler den Juden besagte Kräfte insgeheim gar nicht zugetraut und waren allein von ordinärem Rassenhaß beseelt. Das kann sein. Entscheidend aber ist, inwieweit das verlautbarte, das kriegsbedingte Motiv akzeptiert wurde. Das erst verhalf der Illusion zum Durchbruch, der Tat zu Tausenden von Tätern und Hitlers Parole zur physischen Gewalt. Sie ist entfacht durch idiotische Obsessionen, wie so vieles Handeln im Krieg. Fraglich ist allerdings, ob ihm Rassenverfolgung nutzt oder schadet?

Die Historiographen stimmen überein, daß die Deutschen in ihrem Wahn den Judenmord militärischen Interessen vorgezogen hätten. Er kostete sie knappsten Transportraum, billige Arbeitskräfte und schuf unnötige Feinde, gewiß. Allerdings gibt es noch weitere Belange.

In den zwei Jahren vom Herbst 1939 bis zum Herbst 1941, da die Kampagnen ein unstetes, wechselndes Gesicht zeigten, tastete auch Hitlers Judenpolitik ziellos im Raum. Die ›Endlösung‹ rafft dann 75 Prozent ihrer Opfer binnen jener 11 Monate zwischen dem März 1942 und dem Februar 1943, die das Gesicht des Krieges prägten. Das Wort zirkuliert schon lange vorher, meinte aber jeweils Verschiedenes. Hitler wußte nicht voraus, welches Ende seine Lösung nähme. Er suchte danach, hatte es indes mit ständig wechselnden Kriegslagen zu tun. Sie schlugen den Rahmen für das Los der Juden. Als Hitler ihnen am 30. Januar 1939 im Reichstag das Ende ihrer Rasse in Europa androhte, hielt er ganze 328.000 davon betroffene Personen in seiner Gewalt, Deutsche, Österreicher und Sudetenländer, 3 Prozent der avisierten 11 Millionen. Wie und wann man der übrigen 97 Prozent habhaft würde, das ließ sich unmöglich erkennen.

Nach dem ersten Feldzug waren den Deutschen jählings 3,3 Millionen ausgeliefert, die sie um einiges, doch nicht sehr viel rabiater als die Christ-Polen zu schinden und zu vertreiben trachteten. Beide galten dem Eroberer für Schrottvölker. Im annektierten Landesteil, dem ›Warthegau‹, hub das ethnische Säubern an. Gauleiter Greiser schob die Juden ostwärts in das besetzte Generalgouvernement Polen, um Siebenbürger Schwaben Platz zu schaffen. Man besitze ein Land erst dann, verriet Himmler, wenn auch der letzte Einwohner dem eigenen Volk angehöre. Die bolschewistische Methode der Vernichtung sei jedoch als undeutsch abzulehnen.

Das übervölkerte Generalgouvernement mochte keine fremden Juden aufnehmen, Berlin projektierte ein Reservat östlich Lublins, scheiterte indessen an der Frage, wovon Millionen Internierter leben sollten. Greiser wiederum, weniger planorientiert, gierte danach, seinen Gau-Juden vergrabene Schätze abzujagen, und sperrte die Gemeinde Lodzs erpressungshalber in ein Ghetto. Die Ghettos sind Provisorien, Abschiebelager unbestimmten Ziels gewesen. Die Warschauer Gemeinde, mit 500.000 Angehörigen die größte der Welt, ist ghettoisiert worden, vorgeblich um das Fleckfieber einzudämmen. Den deutschen Hygienikern schien Judentum eine Infektionsseuche zu sein. Doch verlausten die Juden nicht, weil sie Juden waren, sondern weil sie ausgeplündert, pauperisiert und zusammengepfercht waren. Auch dies wiederum weniger, weil sie Juden waren, sondern weil der Okkupant den Osten als eigenen Siedlungsraum ausersehen hatte. Das Volk ohne Raum schlug sich die Schneisen an der nachgiebigsten Stelle. Den Deutschen half ihr Rassismus, denn tatsächlich war niemand so leicht zu entfernen wie die Juden. Den zu Heloten degradierten Polen fiel es nicht ein, die Nächstschwächeren zu schützen. Der Elende distanziert sich vom Elenderen, der ihm nur tieferen Abstieg anzeigt. Ja, der Paria nützt, zieht er doch die Wut des Eroberers auf sich und entlastet die übrigen. Die Schinder sind nicht genug, um jeden zu schinden.

Als die Wehrmacht im Frühjahr 1940 sechs Länder in Nord- und Westeuropa einnahm, gerieten weitere 423.000 Juden unter Reichsverwaltung, 3,8 Prozent der Bedrohten. Sondergesetze wurden erlassen, doch weder Ghettos errichtet noch Vertreibungen eingeleitet. An und für sich sind weniger Menschen müheloser zu quälen, doch der Okkupant zügelte seinen Rassismus, weil die Okkupation anderes bezweckte als in Polen. Hitlers Europa suchte kollaborierende Nationen, die ihrer Nationalität entsagten und sich der Führungsmacht rassistisch beigesellten. »Alle ethnischen Elemente«, schrieb 1941 der französische Dichter Drieu de la Rochelle, »sind arisch im Gegensatz zu den jüdischen, halb-semitischen und negroiden Elementen. Aus dieser Sicht ist Germanismus die Speerspitze des Europäertums.« Demgemäß schlug das Reichsaußenministerium in eine alte Kerbe des französischen Antisemitismus, die Evakuierung der Juden auf eine Kolonialinsel im Indischen Ozean, der ›Madagaskar-Plan‹. Selbst Hitler aber konnte sich die Verschiffung von vier Millionen Personen inmitten des Kriegs nicht vorstellen. So versprach man, den ganzen Spuk auf die Nachkriegszeit zu vertagen, wenn England kapituliert habe. Die Route nach Madagaskar kreuzte nämlich britisch-amerikanischen Hauptschiffahrtsverkehr, zudem lagerte das französische Territorium vor britischem Küstenbesitz in Afrika. Englands Beihilfe bedeutete letztlich, 330.000 jüdische Engländer auszuliefern. Der wahrlich international ausgreifende Plan ist leeres Geschwätz, das aber Goebbels noch Anfang März 1942 im Tagebuch erwähnt. Zu dieser

Zeit war bereits über eine halbe Million sowjetischer Juden von Polizisten vernichtet worden in dem Inbegriff eines Rassenkriegs.

Vor Abmarsch hatte man den Bolschewismus und seine Streitmacht zu Kreaturen des Judentums ausgerufen. Beide zugleich und eines durch das andere seien endgültig auszurotten. Polizei und Wehrmacht teilten sich in die Aufgabe. Wenige Ghettos, kein Umsiedeln, sondern Genickschüsse vor der Grube. Der Beschluß verwundert. Die Sowjetunion beherbergte den weitaus größten Anteil am jüdischen Volk, über fünf Millionen Personen. Eine solche Menschenmasse mit Karabinern zu erschießen, fällt nicht leicht. Vollends sinnlos erscheint es, derartig Gemeinden lückenlos ausrotten zu wollen. Zwangsläufig trieben die Häscher ihre Opfer in die Flucht. Sie benötigten drei Jahre, um weit weniger als die Hälfte einzufangen. Nirgends sonst sind die Juden zeitgleich mit dem Heereseinmarsch getötet worden; dies widersprach schlechterdings der deutschen Devise, den Gegner einzukesseln, dann zu vernichten.

Im Rückblick eröffnen die Morde während des Rußlandfeldzugs die ›Endlösung‹, welche acht Monate später westwärts springt, die polnischen Ghettos leert und die Städte Westeuropas durchkämmt. Solch eine Perspektive übergeht allerdings die Gestalt des Rassenkriegs. Der Eindruck entsteht, es hätten Hitler und sein Kreis den Weltkrieg als Deckung benutzt, ihr Erzanliegen zu verwirklichen. Die Judenvernichtung in Europa ist aber keine Separatmaßnahme vor beliebigem Horizont gewesen. Der Rassenkrieg reagiert auf den Kriegsverlauf und enthält ein strategisches Wollen. Der Judenmord war ein Regulativ der deutschen Kontinentalherrschaft, anders erklärt sich nicht der Tathergang. Warum beginnt das Mordgeschehen ausgerechnet verquickt mit dem Geschwindmarsch eines hochriskanten Feldzugs, anstatt in den windstillen polnischen Ghettos, deren Insassen zum allgemeinen Verdruß die Ernährungsbilanz belasten?

Der Theorie nach haben sich im Sommer 1941 Antibolschewismus und Judenhaß zur kritischen Masse gefügt, welche eine bis Ende 1944 währende Kettenreaktion quer durch Europa auslöste. Damit verträgt sich indessen schlecht, daß Stalins Judenbolschewismus Hitlers Hauptverbündeter gewesen ist, während der Rassenkrieg beiläufig Hunderttausende Kleingewerbler in den polnischen Ghettos Hungers sterben ließ und vom Abtransport der westjüdischen Bourgeoisie in eine ozeanische Strafkolonie phantasierte. Das ungleichzeitige Durcheinander der rassistischen Beschlüsse und Maßnahmen dünkt das Werk realitätsflüchtiger Zwangscharaktere; es sei denn, man verstünde es als Beantwortung des Kriegschaos, wie es im übrigen auch die Zeitgenossen taten. Dies nimmt dem Ereignis nichts von seinem Fluche, erklärt aber besser die Selbstverständlichkeit der Exekution. Darin waren die Eliten der Nation verwickelt, nicht bloß Hitler und seine Schergen, Rassenkrieg kann nur von Staaten geführt werden; er hat eine Ökonomie, eine Legalität, eine Diplomatie, eine Polizei und ein Militär. So viele Wahnbesessene mögen sich notfalls zusammenfinden; es sind aber dieselben, die zugleich einer Welt vier Jahre hart Paroli geboten haben. Vergebens, doch offenbar wachen Sinnes. Ihren Krieg ließen sie nicht von aufschiebbaren Passionen stören.

Hitlers Krieg gliederte sich territorial in den westlichen und den östlichen Schauplatz, in Kampfgebiete und Okkupationsgebiete, in aufgelöste, fortzuerhaltende, besiegte, kollaborierende und verbündete Staaten. Die Chronologie unterscheidet den polnischen Lokalkrieg, den Griff nach der Kontinentalherrschaft, den Aufbruch in den russischen Großraum, den Umschlag in den Weltkrieg gegen die Dreimächtekoalition, den Abnutzungskrieg, die Eröffnung der zweiten Front im Westen und den Zerfall des Imperiums. Der Rassenkrieg pulsiert mit der inneren Bewegung dieser Sektoren. Die Ghettophase reagiert auf die Konfusion der Siedlungspolitik im aufgelösten Polen, der Madagaskar-Plan entwirft die arische Bürgerschaft der europäischen Pax germanica, die Polizeimorde in Rußland versinnbildlichen die Zerschlagung der bolschewistischen Herrschaft.

Der Bolschewismus war nominell die Herrschaft der KPdSU, inhaltlich die Staatssklaverei. Deren Kontroll- und Enteignungspraxis wollten die Deutschen völlig intakt lassen. Die Arbeitssklaven wurden vom roten Joch befreit, doch nur von seiner Röte. Himmlers Polizisten fielen im Verein mit baltischen und ukrainischen Dienstmannen über die Juden her, um ihnen die nationale und wirtschaftliche Unterjochung zu vergelten. Das Judenjoch war so fiktiv wie die empfohlene Befreiung; es zählte aber der Glaube daran. Darum ließ das einziehende Heer dreitausend Polizisten an der Spitze einer über dreißigfachen Anzahl bodenstämmiger Gehilfen auf die Juden schießen. Dies war, halb spontan, halb inszeniert, das Medium des Abfalls von Moskau. Besseres konnte den Deutschen nicht widerfahren, ihre schlechtgerüstete Kampagne abzukürzen, als ein Einsturz des jüdischen Stalin-Staats. Das Volk im

Besatzungsgebiet ließ ihn im Stich und erlebte, teils geängstigt, teils begeistert, seine Höllenfahrt am Los des Judentums. Der Eroberer hoffte auf leichte Beute im ersten Ansturm, anderenfalls drohe das Fiasko. Gedeih und Verderb des Reiches besorgten seine Führer mehr als der Verderb der Juden, weil sie Juden waren.

Im Winter 1941/42 nahmen der Krieg und die Rassenkampagne ihre endgültige Bahn. Dem Reich trat eine weltumspannende Allianz entgegen, die es als Weltverschwörung zur Finis germaniae ausgab. »Heute erst«, verkündete Hitler, »erkennen wir das ganze Ausmaß der Vorbereitungen unserer Feinde. Heute sehen wir das Zusammenspiel der jüdischen Drahtzieher über eine ganze Welt verteilt, das im gemeinsamen Angriff einer Verschwörung, die Demokratie und Bolschewismus zu einer Interessengemeinschaft vereinte, ganz Europa vernichten zu können hoffte.« Goebbels deutete Stalins neuen Bund nüchterner. Er bezwecke, »nur das nackte Leben zu retten«. Im August 1939 hatte Goebbels den Pakt mit Rußland als »genialen Schachzug des Führers« begrüßt. »Wir leben in einer Zeit ewig sich wiederholender Wenden ... Allen strahlt die Freude aus den Augen.« Darum erschien dem Chronisten die Wende zum Schlechteren zwei Jahre später wohlvertraut: »Was gilt diesen Verbrechernaturen noch ein weltanschaulicher Unterschied, den sie ohne Rücksicht über Bord werfen, wenn es sich darum handelt, das nationalsozialistische Deutschland auszulöschen.« Anders als der bedrängte Stalin handelte Präsident Roosevelt allerdings ohne Not. »Er spielt den Biedermann und ist in Wirklichkeit ein ganz blutrünstiger, deutschfeindlicher Kriegshetzer. Es fällt uns eine Fotografie in die Hand, auf der er als Freimaurer mit dem Lendenschurz abgebildet ist. Wir bringen sie ganz groß in der deutschen Presse heraus. Denn so muß das deutsche Volk ihn sehen, als eines der Häupter in der großen Weltverschwörung gegen Deutschland.«

Hitler wußte, daß Karikaturen ihm nicht helfen würden. Er benötigte kein Zerrbild der Verschwörer, sondern ihre Personifikation. Die herkömmliche Greuelpropaganda wechselte zur exemplarischen Tat. Die Alliierten hatten nämlich einen Repräsentanten im deutschen Machtbereich. »Wir wissen, welche Kraft hinter Roosevelt steht. Es ist jener ewige Jude, der seine Zeit als gekommen erachtet ...« Doch während er es fertigbrächte, ein Volk nach dem anderen in den Krieg zu ziehen, »ging über Volk und Volk eine antisemitische Welle hinweg, und sie wird weiterwandern und Staat um Staat erfassen, der in diesen Krieg eintritt. Jeder wird eines Tages als antisemitischer Staat daraus hervorgehen.« Jene Welle bewirke »ein allmähliches Zusammenschmelzen der verschiedensten europäischen Völker gegenüber dem gemeinsamen Todfeind«. Sein Untergang war ihrer aller Sache. Der Krieg könne nur damit enden, daß entweder die arischen Völker ausgerottet werden oder daß das Judentum aus Europa verschwindet.

Hitler hielt sich viel darauf zugute, daß er diese Konsequenz bereits im Januar 1939 im Reichstag angekündigt hatte. Darauf kam er unentwegt zurück, und zwar in dem Stil von Weissagung und Erfüllung. Nur leide seine Prophetie an der Skepsis des Publikums. Man nehme ihn nicht ernst genug. Als er vor zweieinhalb Jahren »die Ausrottung des Judentums in Europa« prophezeit habe, sei er erneut ausgelacht worden. »Von denen, die damals lachten, lachen heute Unzählige nicht mehr, und die jetzt noch lachen, werden es vielleicht in einiger Zeit auch nicht mehr tun. Diese Erkenntnis wird sich über Europa hinaus über die ganze Welt verbreiten.« Nein, von einem Geheimprojekt kann keine Rede sein. Europas Entledigung vom »Weltbrandstifter« ist eine öffentliche Angelegenheit gewesen. Die »jüdische Schicht, die als Parasit am Ende den eigenen Nährboden zerstört, auf dem sie gedeiht«, den Völkerfrieden, habe alsdann »seine Rolle in Europa ausgespielt«. Dafür sorgten die »harten Fäuste« Deutschlands, die »mit allen Vorbereitungen, die getroffen sind, diesen Feind der Menschheit erneut fassen und so lange schlagen, bis der Vernichtungswille der jüdisch-kapitalistischen und bolschewistischen Welt gebrochen ist«, und »nicht die arischen Völker ausgerottet werden, sondern das Judentum«. Sobald »das Ergebnis dieses Krieges, die Vernichtung des Judentums«, eintrete durch »jene Maßnahmen, die geeignet waren, die eigenen Völker vor dieser internationalen Vergiftung endgültig in Schutz zu nehmen«, herrsche allseits »die wahre Erlösung, wenn die Gefahr verschwindet«.

Trotz dieser wiederholten, in Presse und Funk millionenfach verbreiteten Absichten und Vollzugsanzeigen, der Beschwörung des Redners, ihn doch wörtlich zu nehmen, trotz der alledem exakt entsprechenden Maßnahmen, wollten die Hörer und Leser im nachhinein darüber getäuscht worden sein. Den Ernst der lächerlichen Metaphern konnte man nicht ahnen. Was der angstgebietende Herr über Leben und Tod seinen Getreuen unermüdlich als die Hauptsache einhämmerte, ihre einzige Überlebenschance, das haben sie nicht gewußt. Denn waren schon seine Regierungsadressen nicht geheim, so doch seine krankhaften Antriebe. Seine blutige Paranoia hielt er hinter politischem Zinnober verborgen. Hitlers Tatmotiv war nicht das penetrant von ihm ausposaunte, sondern ein verborgenes, privates, sein mörderischer Rassenwahn. Den hatte er tatsächlich geheimgehalten. Daß den Juden gar nicht ihre Kriegsschuld vergolten wurde, sondern ihr harmloses Judentum, den Irrsinn konnte keiner ahnen. Um der Ahnungslosigkeit der Deutschen willen ist der vehement von ihnen proklamierte Rassenkrieg zum demagogischen Unfug entstellt. Als wahre Mordursache gilt der gestörte Sinn der NSDAP für Menschlichkeit und Toleranz.

Tatsächlich zeugt Goebbels' Privattagebuch von schweren Phobien, auftretend als Schmutzekel. »Fahrt durch das Ghetto«, heißt es über einen Besuch in Lodz. »Wir steigen aus und besichtigen alles eingehend. Es ist unbeschreiblich. Das sind keine Menschen, das sind Tiere.« Hier stelle sich eine chirurgische Aufgabe. »Der Jude ist ein Abfallprodukt.« Goebbels' Symptome kehrten zwei Jahre später im Wilnaer Ghetto wieder. »Hier hocken die Juden aufeinander, scheußliche Gestalten, nicht zum Ansehen, geschweige zum Anfassen. Die Juden sind die Läuse der zivilisierten Menschheit, man muß sie irgendwie ausrotten.« Andererseits war Goebbels weniger von den Juden besessen als vom Schmutz, den er gleichermaßen bei den Polen sucht. »Fahrt über polnische Straßen. Das ist schon Asien ... Allerdings bin ich auch nicht sehr dafür zu haben, daß Lodz eine deutsche Stadt werden soll. Das ist ja nur ein Dreckhaufen, in dem fast ausschließlich Ausschuß an Polen und Juden wohnt ... Und wir hätten diese Stadt so gut als Abladeplatz benützen können ... Unterwegs polnische Höhlenwohnungen besucht. Das gibt's nur einmal.«

Hitler hat den Reiz des Degouts weder gesucht noch öffentlich verlautbart. Seine Amtsreden kleiden politische Verhältnisse in einen Rassenkonflikt wie die Marxisten in einen Klassenkonflikt. Die Wissenschaft der Zeit entdeckte rundum latente Triebkräfte. Unter der Oberfläche waltet der Drahtzieher, das Grundübel, das Weltgesetz, das Geschichtsziel. Das sinnfällige Debakel ist vom Infektionsherd her zu bekämpfen, sonst droht der Untergang der Menschheit. Der Rassenfeind changiert allerdings nach taktischem Bedarf. »Der Führer meint, der Bolschewismus sei die dem Slawentum heute entsprechende Staatsorganisation«, notiert Goebbels im Januar 1940. »Stalin sei ein moderner Iwan der Schreckliche oder meinetwegen auch Peter der Große. Und daß das Land nicht lache, das habe es unter dem Zaren auch nicht getan ... Für uns gut so. Lieber einen schwachen Partner als einen noch so guten Bündnisvertrag.« 22 Monate später stellt sich heraus, »daß, wenn Stalin auf der Bühne vor dem Vorhang sichtbar ist, hinter ihm alle diejenigen Juden stehen, die in einer zehntausendfachen Verästelung dieses gewaltige Reich führen«. Gegen dieses »Instrument in der Hand des allmächtigen Judentums« mußte »am 22. Juni morgens« das Abendland errettet werden. Damals »setzte nun dieser größte Kampf der Weltgeschichte ein«. Solch ein Schwenk ist nicht rassisch verblendet, sondern klassische Politik. Stalin wurde nicht angegriffen, weil er ein Judenbüttel war, sondern er mutierte vom modernen Zaren zum Judenbüttel, weil man ihn angriff. Der Schimpf machte ihn verächtlicher. Ähnlich kam das ganze Verschwörungsgespinst zustande.

Hitler prophezeite im Januar 1939 keineswegs jene buchstäblich so eingetroffene Endlösung. Im Gegenteil; seine Worte sollten den Kontinentalkrieg aufhalten, der später den Genozid erst ermöglichte. Deutschland wünschte zunächst in der Tschechoslowakei und in Polen souverän zu schalten, ohne daß sich England und Frankreich einmischten. Darum hofierte Hitler die dortigen Friedensparteien, die ihm Mittel- und Osteuropa als Einflußsphäre zugestanden. Churchills Flügel aber war das Kriegslager, das Hitler schmähte, so rüde er irgend konnte. Es säe Zwietracht zwischen befreundeten Völkern, spinne Intrigen, stifte Inflation, fröne der Rachsucht und Profitgier, begünstige die Juden, ja bestehe aus Juden. Dann versprach er »Deutschland den Deutschen«. Deutsche lebten auch in Böhmen und Danzig, Gebieten, die infolgedessen auch zu Deutschland gehörten. Damit ihn niemand des Bluffs verdächtige, zitierte Hitler das Schicksal seiner inneren Feinde, die sich vor seiner Machtergreifung nur über ihn amüsieren konnten. Die Laune sei ihnen vergangen, wie sie dem äußeren Feind vergehen werde. Wer seine Machtergreifung nach außen verhindere, werde unterliegen wie jene. Das stärkte auch die Zuversicht nach innen. Alle würden soviel Respekt vor Hitler zeigen wie seine Deutschen, sonst würden sie vernichtet. Die Judenpolitik hatte ihm daheim viel Zulauf beschert, warum nicht überall in Europa, das mancherorten weit antisemitischer war als das Reich. Rassismus ist ein Bindemittel, das alle bindet, die an der höheren Rasse teilhaben.

Bezeichnenderweise bedroht Hitler im Krieg das Judentum nie im Namen Deutschlands. In Rassenfragen ist der Nationalsozialismus der Präzeptor Europas. Goebbels ärgert sich in seinen Tagebüchern meist über die Juden in der Reichshauptstadt. Dreißig Prozent arbeiten, siebzig Prozent lungern herum und stänkern. Er möchte Berlin judenfrei machen, denn er ist der Gauleiter von Berlin. Hitler ist der Gauleiter Europas. Neben ihm marschiert die »gewaltige Front nationaler Staaten«, »die europäisch-arischen Völker«, »das junge erwachende Europa«, »die wahre Jugend der sozialen und nationalen Freiheit der Welt«. Daran ist etwas Wahres. Zunächst im praktischen Sinne, daß Hitler ohne erwachendes Europa seinen Völkermord gar nicht vollstrecken konnte. Zur Verwaltung des besetzten Frankreichs besaß er 3.000 Kopf Personal. Hingegen standen dort 100.000 französische Polizisten, 30.000 davon in Paris, wo 148.000 Juden lebten. Sie sind nach Karteien des Pariser Polizeipräfekten verschleppt worden. Die Deportationen des Sommers 1942 stützten sich hauptsächlich auf solche einheimischen Apparate. Deutschland fehlten die Männer, solche Kräfte zwangsweise gefügig zu machen; es ist auch nicht nötig gewesen.

Im unbesetzten Vichy-Frankreich begannen die ersten antisemitischen Maßnahmen kurz nach Waffenstillstand und zwei Monate vor denen des Wehrmachtsbefehlshabers in Paris. Von der Niederlage gedemütigt, dürstete das Pétain-Regime nach Konzentration der nationalen Kräfte. Frankreich quoll über von Flüchtlingen, welche die heimische Art gefährdeten, und die Deutschen rieten, sich vordringlich jener Staatenloser zu entledigen. Diese Taktik führte in den meisten Ländern zum Erfolg. Unter den 25.000 aus Belgien deportierten Juden waren zwei Drittel keine belgischen Staatsbürger. Auch blieben 72 Prozent der im Lande lebenden Gemeinde verschont. Die Belgier litten weit weniger an Antisemitismus als die Franzosen, führten die üblichen Diskriminierungsgesetze zögerlich und gemildert ein, fanden sich aber gleichwohl als erstes okkupiertes Land bereit, im Dezember 1941 polnische, tschechische und russische Juden abzuschieben.

Den Deutschen konnte deren Herkunft vom Standpunkt der Endlösung aus einerlei sein. Sie führten das Projekt politisch durch und versprachen sich davon politischen Ertrag. Die Preisgabe der Flüchtlinge diente als Hebel, das Wirtsvolk zu radikalisieren. Selbst Pétain mochte die alteingesessenen Juden, Kriegsveteranen, Ordensträger, Versehrten nicht gern opfern. So warteten die Deutschen klüger ab und schraubten geduldig am Gewinde. Heimische Juden verfielen dem Abtransport, sofern sie straffällig geworden waren. Das erwies sich als bequemer Kompromiß.

Die Langsamkeit der Entjudung im Westen verwundert. Im Generalgouvernement Polen operierten die Mörder in rasender Hast. Das Lager Treblinka, 600 m lang, 400 m breit, erzielte mit Dieselmotorabgasen zwischen Juli und Dezember 1942 675.000 Tote. In Belgien begann der Abtransport im Februar 1942, nach eineinhalb Jahren betraf er auch belgische Staatsbürger, und der letzte Zug nach Auschwitz verließ das Land am 31. Juli 1944, acht Wochen nach der alliierten Invasion. Da 90 Prozent der belgischen Juden in zwei Städten lebten, Brüssel und Antwerpen, traf der Vernichtungswille auf keinerlei technische Hindernisse. Wenn es die Deutschen eilte, stellten sie auch genügend Waggons. Aus Ungarn ist 1944 binnen drei Wochen das Zehnfache der Opfer Belgiens aus zweieinhalb Jahren deportiert worden.

Vom Standpunkt des genozidalen Rassenwahns sind die Zeitabläufe rätselhaft. In Rußland konnte es den Einsatzgruppen nicht schnell genug geschehen, dementsprechend viele Opfer sind ihnen entwichen. Das minderte aber nicht den Demonstrationseffekt. In Polen konnten die Opferzahlen nicht groß genug sein, dementsprechend auffällig verschwand eine halbe Million Warschauer kurzerhand vom Erdboden. Die Versorgungslage duldete keinen Aufschub. Aus Belgien versickerten die Juden quälend langsam, ohne Geheimnis und zum kleinen Bruchteil in den Tod. Die Deutschen unterzogen ihren prospektiven Partner hier einem moralischen Abnutzungsprozeß, zersetzten seinen Skrupel, jonglierten mit seiner Angst und schmiedeten ihn fest und fester an ihr Blutgeschäft. Kurz, Hitler verfuhr mit seiner Völkerfront wie mit den Deutschen und zog die erzieherische Tat so einprägsam und detailliert in die Länge, wie er sie auch proklamierte. Es gab, wie er stets hinzufügte, die Kreise, die ihn lieber nicht ernst nehmen mochten. Doch versuchte er mit Wort und Tat alles mögliche, sie eines anderen zu belehren.

Der Rassenkrieg, eine Variante, die ihrem Strategen Hitler fortdauernde Faszination sichert, erscheint, wie übrigens auch seine Militärfeldzüge, als ein schlüssiges System, die souveräne Selbstentäußerung seines Schöpfers. Seine Untat gilt seither als singulär. Den Ruf der Einzigartigkeit genoß er seit jeher, von nun an im Bösen. Er war aber nicht der luzide Architekt des Schicksals, sondern ein geschickter Hasardeur. Er besaß einen funktionierenden Instinkt für anderer Schwächen, Feigheit und Ängste. Sein vorgebliches Vermächtnis, die Judenvernichtung, zerfällt in sehr disparate

Abschnitte und Schlachtfelder. Sie zeigen eine je eigene Taktik, sind schwer miteinander vergleichbar, gehorchen keinem Generalkalkül, sondern entwickeln sich aus unvorhersehbaren Umständen. Als im Herbst 1941 die Vernichtungsphase heranreifte, existierten fünf getrennte Schauplätze. 1. das Generalgouvernement Polen und der Warthegau; 2. Front und Etappe des Rußlandfeldzugs; 3. die Staaten des westlichen Besatzungsgebiets; 4. die Verbündeten und Satellitenstaaten; 5. das Reich.

Im Generalgouvernement beschränkte sich die Judenfrage auf die Entleerung von Raum; an der Ostfront behandelte man die Juden als die faßbare Seite des materiell schwer zu fassenden Bolschewismus; die Besatzung im Westen nominierte die Juden zu Sachwaltern und Subversanten der allgegenwärtigen Kriegspartei, der sich der europäische Schutzverein der Pax germanica erwehre; die Verbündeten und Satelliten pflegten einen eigenen Antisemitismus, dem die Deutschen ihre Mordkampagne überstülpten, um die Koalition auf Stehen oder Fallen zusammenzuketten; die Reichsbürger schließlich erfuhren Ende 1941, daß der Krieg, dessen Erfolg sie bisher so berauscht hatte, ein Judenkomplott sei. Ernüchtert sahen sie das Schlachtenglück fahren und das Debakel von 1918 aufziehen, das Werk derselben Komplotteure. So ward den abermals Verlorenen ein Sieg in der Niederlage zuteil und die Endlösung präsentierte sich als das einzige, das von dem Endsieg übrigblieb. Der Dolchstößer wurde nunmehr mit ins Grab gerissen. So hat Hitler sein Projekt im Reiche begründet und spätestens als die Antwort in Bomben vom Firmament regnete, fand man ihn bestätigt.

Bis heute sucht die Wissenschaft das Datum des zentralen Vernichtungsbefehls. Der Beschlußmoment besagt aber nicht viel. Endlösungen der Judenfrage haben die Nazis dauernd beschlossen und revidiert. Entscheidender ist, warum die eine davon der Realität schließlich standhielt. Als die Einsatzgruppen im Baltikum und in der Ukraine zu morden begannen, stand Deutschland im Zenit seines Ruhmes. Hitler rechnete, bis Wintereinbruch Chef des größten Imperiums der Erde zu werden. In dem Falle hätte er zeitweilig Entspannungspolitik betreiben müssen. Das angelsächsische Friedenslager wäre charmiert und eilig die Schiffs- und Bomberflotte gebaut worden, die zum Angriff auf die Seemächte bitterlich fehlte. Innerhalb der vier Monate bis zum avisierten Einzug in Moskau töteten die Einsatzgruppen drei oder vier Prozent der sowjetischen

Juden, und bisher existiert kein Nachweis, daß ihr Auftrag das prophezeite Ende der jüdischen Rasse in Europa auslösen sollte. Allerdings wußten weder Hitler noch Goebbels, wie ihr Fluch eintreten werde. Es ging ihnen ewig im Kopfe herum. Im August 1941 sah Goebbels den Tag gekommen, erstaunlicherweise im Baltikum:

»In den großen Städten wird ein Strafgericht an den Juden vollzogen. Sie werden von den Selbstschutzorganisationen der baltischen Völker massenhaft auf der Straße totgeschlagen.« Auch der Führer meine, »im Osten müssen die Juden die Zeche bezahlen«, die Prophetie bewahrheite sich »mit einer fast unheimlich anmutenden Sicherheit«. Anscheinend überrumpelte selbst Hitler die Revanche des stets von ihm angerufenen jungen Europa. Im November sind die Erwartungen gedämpfter. »Die Litauer stellen keine besonders hochwertige Rasse dar«, zumal ihre desolate Hauptstadt Wilna von zu vielen Polen bevölkert werde. Immerhin seien die Reihen der Juden »sehr stark gelichtet«. Das Rachegericht der niederen Rassen an der niedrigsten ist grauenhaft gewesen. »Zu Tausenden sind sie niedergeschossen worden und werden jetzt noch zu Hunderten füsiliert.« Die Welle verebbt, begräbt keine fünf Millionen Sowjetjuden und nicht das Weltjudentum. Den Tatbeitrag der Deutschen gibt das Tagebuch gar nicht wieder, nur den politischen Erfolg, auf den es ihnen ankam. Inzwischen sind in Rußland ebenso viele Wehrmachtsoldaten gefallen als Juden ermordet, auch das ganz gegen die Prophezeiung.

Im Februar notiert Goebbels elektrisiert den Wandel von der Betrachtung zur Initiative. Derweil hat sich am Mordgeschehen in Rußland nicht das mindeste geändert, nur der Zusammenhang, der Sinn, das Subjekt: »Dieser jüdische Terrorismus muß aus ganz Europa mit Stumpf und Stiel ausgerottet werden. Das ist unsere historische Aufgabe... Der Führer gibt noch einmal seiner Meinung Ausdruck, daß er entschlossen ist, rücksichtslos mit den Juden in Europa aufzuräumen. Hier darf man keinerlei sentimentale Anwandlungen haben. Die Juden haben die Katastrophe, die sie heute erleben, verdient.« Am 27. März weiß Goebbels, was sich in der Tat seit zehn Tagen am Rande des Generalgouvernements in Belzec südlich von Lublin vollzieht. Er verschweigt den Ort, die Tatwaffe, und beachtet eine neuerdings verabredete Geheimhaltung von Einzelheiten. »Es wird hier ein ziemlich barbarisches und nicht näher zu beschreibendes Verfahren angewandt und von den

Juden bleibt nicht mehr viel übrig. Im großen kann man wohl feststellen, daß 60 Prozent davon liquidiert werden müssen, während nur noch 40 Prozent in der Arbeit eingesetzt werden können ... Die Prophezeiung, die der Führer ihnen für die Herbeiführung eines neuen Weltkriegs mit auf den Weg gegeben hat, beginnt sich in der furchtbarsten Weise zu verwirklichen ... Es ist ein Kampf auf Leben und Tod zwischen der arischen Rasse und dem jüdischen Bazillus. Keine andere Regierung und kein anderes Regime konnte die Kraft aufbringen, diese Frage generell zu lösen.« Das ist die Weissagung. Innerhalb von neun Monaten nimmt die Rache der füsilierenden Litauer die Stufe zum europäischen Rassenkrieg.

Das Stocken der Winteroffensive vor Moskau und Amerikas Beitritt zur antideutschen Allianz erfüllen Hitlers Kriterium des Weltkriegs. Deutschland, das, wie er Goebbels anvertraut, nie einen Zweifrontenkrieg gewonnen habe, ist umklammert. Der Westen, seit eineinhalb Jahren Hinterland, wird künftig wieder Kampfgebiet werden und unterdessen infiltriert. Die Infiltration ist Deutschlands Achillesferse. Den Raum tief im Rücken der Gefechtsfelder beargwöhnte man seit 1918 als Hinterhalt. Seither sind die Risiken immens gewachsen. Wie verfeinert der Gegner die Präzision des Bombenabwurfs? »Es kann Nebel bei uns sein oder nicht«, meldet Göring, Chef der Luftwaffe, »der Engländer findet bei uns die kleinste Dreckmühle.« Hitler, ein Technikus, tippt auf Infrarotgeräte. Die Experten lenken ihn auf abgründigeres Terrain. Möglicherweise haben Saboteure Peilsender versteckt, die, durch Funkstrahl bei Anflug in Betrieb gesetzt, die Bombe ins Ziel lotsen. Im Münchener Bürgerbräu schwor Hitler den alten Kämpfern, den Rücken im Blick zu behalten: »So sagen sie jetzt zum Beispiel: ›In der Etappe wird ein Aufruhr ausbrechen.‹« Noch immer sehe man die Gegenseite »diesen jüdischen Strohköpfen nachlaufen, die immer wieder erklären: Man braucht es nur genauso machen, wie man es schon einmal gemacht hat.« Doch haben die Deutschen aus der Vergangenheit gelernt. »Ein November 1918 wird sich in der deutschen Geschichte nicht wiederholen. Die Hoffnung auf eine Zersetzung unseres Volkes ist kindlich.« Längst steht es nicht mehr allein; seine Basis ist den engen Landesgrenzen entwachsen. »Diesem Prozeß, der von den Juden betriebenen Dekomposition von Völkern und Staaten, hat nun das junge, erwachende Europa den Krieg angesagt.« Die Heimatbastion, die 1918 morsch zusammenbrach, erstreckt sich nun breit über den Kontinentalsockel. »Das

Gebiet, das in Europa indirekt für diesen Kampf arbeitet, umfaßt schon jetzt 350 Millionen.« Zu den Verbündeten und Neutralen ist das direkt arbeitende Gebiet zu addieren, »das Gebiet, das wir besetzt haben, das Gebiet, das wir jetzt in unsere Verwaltung genommen haben«. Es umfasse weitere 250 Millionen Menschen und werde restlos in die Produktion eingespannt. »Das kann man uns glauben.« Deutschland habe harte Fäuste und werde mit der Subversion seiner Gegner fertig. »Wenn einer glaubt, sich gegen die Besatzung auflehnen, oder durch Meuchelmord sie vielleicht erschüttern zu können, dann werden wir zuschlagen.« Widerstand ist zwecklos, denn ihm »tritt nicht mehr ein bürgerliches Deutschland mit Glacéhandschuhen entgegen, sondern das nationalsozialistische«.

Das nationalsozialistische Deutschland wartet nicht auf den Angriff, sondern schlägt präventiv. Eigentlich könnten die Amerikaner auf dem Kontinent nichts ändern, vorausgesetzt, das Reich sorgt vor: »Wir sitzen fest in Europa und werden uns das Heft nicht aus der Hand nehmen lassen. Es ist allerdings möglich, daß dadurch der Krieg noch um ein erkleckliches verlängert wird. Das muß in Kauf genommen werden; denn schließlich ringen wir ja jetzt um unseren nationalen Bestand ...« Dann kommt Hitler auf »eine energische Politik gegen die Juden« zu sprechen, »die«, notiert Goebbels, »uns allerdings nicht unnötige Schwierigkeiten verursacht«. Keiner wird, wie in Wilna, vor aller Augen totgeschlagen. »Evakuierung der Juden soll stadtweise vorgenommen werden«, das erlaubt Flexibilität. Die Situation sei heute günstiger als 1917, beruhigt Goebbels den Führer; seinerzeit »wurde im Reichstag eine Friedenserklärung abgegeben, die ersten Munitionsarbeiterstreiks flammten auf«. Der Führer meint, »auch im November 1918 wäre noch einiges zu machen gewesen, wenn ein energischer Mann brutale Machtmittel angewandt hätte. Daß das nicht geschah, ist für das deutsche Volk ein Unglück erster Klasse gewesen.« Zum Glück ist der brutale Mann jetzt da, dem auch die deutschen Arbeiter nicht in den Rücken fallen. »Jeder deutsche Arbeiter wünscht heute den Sieg ... Die Deutschen beteiligen sich an subversiven Bewegungen immer nur, wenn die Juden sie dazu verführen. Deshalb muß die jüdische Gefahr liquidiert werden, koste es, was es wolle.«

Das Attentat auf Heydrich in der Prager Vorstadt nimmt Goebbels als Vorboten der von London gesteuerten Chaotisierung. »Ich habe keine Lust, mir unter Umständen von einem 22jährigen Ostjuden eine Kugel in den Bauch schießen zu lassen.« Darum erstelle er augenblicklich eine Judengeiselliste. »Die Juden sind ein europäisches Unglück; sie müssen auf irgendeine Weise beseitigt werden, da wir sonst Gefahr laufen, von ihnen beseitigt zu werden.« Der Krieg macht das Leben billig. »Die Lebensmittellage in den besetzten Ostgebieten ist außerordentlich prekär. Es sterben dort Tausende und Zehntausende an Hunger, ohne daß ein Hahn danach kräht.« Perspektivlosigkeit schürt bekanntlich die Gewaltbereitschaft: »Ich sehe eine sehr große Gefahr darin, daß sich in der Hauptstadt des Reiches 40.000 Juden, die nichts mehr zu verlieren haben, auf freiem Fuß befinden. Das ist ja geradezu eine Herausforderung und eine Aufforderung zum Attentat. Bricht das einmal los, dann ist man seines Lebens nicht mehr sicher.« Im übrigen spielt es gar keine Rolle, ob die angstgequälten, ausgepowerten Juden schießwütig sind. Auch wenn das noch ungeklärte Heydrich-Attentat vermutlich vom britischen Secret Service oder von fallschirmspringenden Bolschewiken begangen worden sei, brauche man ein greifbares Vergeltungsopfer. Man tötet nicht den Aufruhrstifter, sondern dämmt den Aufruhr durch Massentötung; das beeindruckt immer. »Jedenfalls halten wir uns an den Juden schadlos ... Je mehr von diesem Dreckzeug beiseite geschafft wird, um so besser für die Sicherheit des Reiches.«

Zugleich mit den Juden soll auch der asoziale Ballast beseitigt werden. Der Führer, der auch ein Züchter der völkischen Wehrkraft ist, »erklärt noch einmal seine Forderung der Schaffung eines Gleichgewichts zwischen dem Verlust an Idealisten und dem Verlust von Negativisten. Seine Beweisführung ist absolut überzeugend. Wir haben in diesem Kriege so viele Idealisten verloren, daß dagegen auf der negativen, kriminellen Seite ein Gegengewicht geschaffen werden muß.«

Aderlasse an der Front sind eine unnatürliche Auslese. Die Starken vergehen und die Untüchtigen bleiben am Leben. Darum verlangt das biologische Gleichgewicht, bei steigenden Einbußen im Gefecht die heimische Population zu entschlacken. Anders gewännen die Minderwertigen den Krieg, und das Opfer des soldatischen Menschen wäre um seinen Sinn gebracht. Diesen Lehrsatz hat die Nachkriegszeit von 1920 hervorgebracht; er erklärte den republikanischen Moralverfall. Am Ende des Zweiten Weltkriegs war die Bilanz ausgeglichen. Die ausgerotteten Negativisten hielten den gefallenen Idealisten die Waage. Das Reich verlor über vier Millionen

Soldaten und etwa eineinhalb Millionen Zivilisten durch Bombardement und Vertreibungsfolgen. Den Proporz der Vernichtung hatte Goebbels bereits in einem Artikel vom 16. November 1941 suggeriert: »Die Juden sind schuld«, schuld am Tode jedes deutschen Soldaten. Bis Jahresende war eine Million Mann gefallen, verwundet oder gefangen. Das seit September ausgeteilte Stigma des gelben Davidsterns kennzeichne den Verantwortlichen. Ihr Geschick war von nun an umweht von den Schlachtenopfern und ihr Leben ein Ärgernis.

Goebbels fühlte seit einiger Zeit, daß der Rußlandfeldzug daheim mit einem überholten und inzwischen grundfalschen Propagandakonzept arbeitete. Die Moral der Deutschen war gar nicht auf Verluste eingestellt. Wie sich alsbald im Bombenkrieg erwies, tröstet nur eines, Vergeltung. Im Sportpalast erzählte Hitler einer Hörerschaft von Krankenschwestern, Invaliden und Arbeitern, »daß das vielleicht Entscheidende für unsere Partei war: Siege ertragen kann jeder Schwächling, Schicksalsschläge aushalten, das können nur die Starken! Die Vorsehung gibt aber nur jenen den letzten und höchsten Preis, die es vermögen, mit Schicksalsschlägen fertig zu werden.« Zur Erleichterung erinnerte der Führer an seine Prophezeiung und versprach: »Zum ersten Mal wird diesmal das echt altjüdische Gesetz angewendet, ›Aug' um Aug', Zahn um Zahn‹.« Der Starke duldet nicht im Stillen, sondern forscht nach den Ursachen. »Je weiter sich diese Kämpfe ausweiten, um so mehr wird sich – das mag sich das Weltjudentum gesagt sein lassen – der Antisemitismus verbreiten. Er wird Nahrung finden in jedem Gefangenenlager, in jeder Familie, die aufgeklärt wird, warum sie letzten Endes ihr Opfer zu bringen hat. Und es wird die Stunde kommen, da der böseste Weltfeind aller Zeiten wenigstens auf ein Jahrtausend seine Rolle ausgespielt haben wird.« Das war am 30. Januar 1942, acht Wochen nach Abtransport der ersten 22.000 Juden aus dem Reich nach Osten, zehn Tage nach der Wannseekonferenz, einen Monat vor der ersten Einäscherung einer deutschen Stadt, Lübeck, aus der Luft.

Hitlers Rassenkrieg wendete sich nach Kalkulation der Wannseekonferenz gegen 11 Millionen Personen. 11,3 Millionen mögen es real gewesen sein, 10,9 Millionen lebten 1942 im deutschen Machtbereich. Die aus dem Reich zu deportierenden Juden stellten demnach einen Anteil von 2,3 Prozent, gemeinsam mit den Gemeinden der besetzten und verbündeten Länder in Nord-, West- und Südosteuropa eine Fraktion von 21 Prozent. Etwa vier Fünftel der eingekreisten Opfer sind Polen und Russen gewesen, die einen siech und halbverhungert in Ghettos gepfercht, die andern im Visier der Wehrmacht. Sie waren das Zentrum der Endlösung. Eine Aufruhrgefahr ging nicht von ihnen aus, sie unterminierten keine Durchhaltemoral, sie waren auf andere Art Negativisten. Die Ghettos, ursprünglich Zuschußregionen, hatten sich mit der Zeit hochgearbeitet und vermochten ihre Insassen bis 1942 vielerorts wirtschaftlich selbst zu erhalten. Ein Teil der Gouvernementsverwaltung blockierte solche Mühen, um die Anzahl ziellos umhergeschobener Personen zu dezimieren und die Siedlungsdichte zu lockern. 1941 sind ebenso viele Juden ohne expliziten Tötungsauftrag verhungert wie gleichzeitig durch Führerbefehl in Rußland erschossen wurden.

Im Oktober entstand im Warthegau ein Vernichtungslager, vermutlich um sieche, infektiöse, nicht ghettoisierte und subsistenzunfähige Juden abzuschöpfen. Die erste Tötung mit Motorabgasen in Kulmhof geschieht am 8. Dezember 1941, zufällig der Tag nach Pearl Harbour. Hitler habe »Endlich!« gerufen, notiert Goebbels, wahrscheinlich aus Freude, daß die USA fortan im Pazifik abgelenkt seien. Immerhin erahnte man den Zufluß von Gütern, die Zuversicht, die der Roten Armee aus der Wende erwüchsen. Sowjetrußland war ohnedem nicht ›wie ein Kartenhaus zusammengefallen‹, Hitler hatte sich grob verrechnet und der Winter warf das deutsche Drei-Millionen-Mann-Heer in eine peinigende Versorgungslücke. In der Frühsommeroffensive würden die Nachschubwege in die Tiefen des Kaukasus eintauchen. Vorräte und Ernten hatte der weichende Gegner zerstört; die Oberbefehlshaber des Ostheeres erwogen, die russischen Großstädte verhungern zu lassen, eine Kalkulation mit 20 Millionen Toten. Der Generalstab war bereits daran gescheitert, die unerwartet hohe Beute sowjetischer Kriegsgefangener zu ernähren, ein Fehler, den man im Januar gründlich bedauerte. Das Leben zwei Millionen arbeitsfähiger junger Männer sei gedankenlos vergeudet worden. In dieser Lage, da die Deutschen ständig die Existenz von Völkerscharen durchrechneten, fiel auch das Los über die polnischen Ghettos. Dort versorgten nicht, wie Goebbels annahm, vier Arbeitsfähige sechs Arbeitsunfähige, sondern deren zwanzig. Doch war ein Arbeiter im Ostraum nicht dazu bestimmt, zehn Artgenossen zu erhalten, sondern einen Wehrmachtsoldaten. In dem Sinne resümierte die Regierung des

Generalgouvernements am 24. August 1942 die begonnene Vernichtung: »Die Versorgung der bisher mit 1,5 Millionen Juden angenommenen Bevölkerungsmenge fällt weg, und zwar bis zu einer angenommenen Menge von 300.000 Juden, die noch im deutschen Interesse als Handwerker oder sonstwie arbeiten ... Die anderen Juden, insgesamt 1,2 Millionen, werden nicht mehr mit Lebensmitteln versorgt.«

Die Judenvernichtung auf dem Gebiet des aufgelösten Polen kostete tatsächlich 2,7 Millionen Menschenleben, 45 Prozent aller Endlösungsopfer. Dem steht eine Quote von 5,8 Prozent der Opfer in den Besatzungszonen Nord-, West- und Südosteuropas gegenüber, die wesentlich jene 4,9 Prozent im möglichen Landegebiet der Alliierten an der Atlantikküste enthält, Frankreich, Belgien und Holland, die Hitler fest im Griff zu halten versprach. Von den 10,9 Millionen bedrohten Opfern lebten 1,47 Millionen, knapp 13,5 Prozent, nicht in den Grenzen unterworfener Gegner, sondern guter Verbündeter, meist Waffenbrüder. Die Überzahl, 1,2 Millionen, beherbergten Ungarn und Rumänien. Beide suchten ihre Juden allerdings vor den deutschen Henkern zu bewahren, Rumänien mit Erfolg, Ungarn mit Mißerfolg. Ähnlich wie Pétain mißbehagte auch Admiral Horthy und Marschall Antonescu der Mord an diskriminierten, doch eingesessenen Bürgern. Dazu riet auch der politische Instinkt, dem Reiche gegenüber einen Manövrierraum zu bewahren.

Kroatien und die Slowakei, zwei Kreaturen Hitlers, erschlugen ihre Juden mit Genuß oder lieferten sie devot zur Rampe. Pavelic und Tiso, ihre Regenten, glaubten an kein Leben nach dem Bündnis. Ungarn und Rumänien hingegen, auch Bulgarien und Italien, spekulierten auf Seitenwechsel. Begehrten sie Anschluß an den Sieger, der die bedingungslose Kapitulation auf seine Fahnen geschrieben hatte, benötigten sie einen Ausweis ihrer Souveränität, ein Merkmal, das sie von Hitler trennte. Die Juden dünkten sie ein Handelsobjekt, um Entree bei der Allianz zu finden. Bezeichnenderweise folgte der Vollzugsbeamte der Endlösung, Heinrich Himmler selbst, dem nämlichen Einfall. Er ließ über alliierte Geheimdienste sondieren, ob Teile der über 700.000köpfigen Gemeinde Ungarns gegen Rüstungsgüter verrechenbar seien. Der ganze Rassenkrieg könne auch eingestellt werden zugunsten einer gemeinsamen Front gegen den Bolschewismus. Hitler untersagte die Geschäfte bei Strafe des Todes. Er gönnte weder sich noch Deutschland noch Ungarn noch sonstwem eine Zukunft.

Wer die Seite des Juden ergreife, laufe mitten im Kriege zum Feind über, das hatte Goebbels schon im Herbst 1941 geschrieben, als der Davidstern angeheftet wurde. Die Verbündeten lasen es jetzt umgekehrt; wer den Absprung suchte, rettete Juden. Darum mußten sie getötet werden, um Verrat zu vereiteln.

Die Endlösung, die Klammer, welche den Europablock gegen den Weltfeind zusammenhielt, war unlöslich. Der Untergang der Juden besiegelte zuletzt den ihrer Mörder; keiner verläßt den Tatort! Der Haltebefehl, gemeinsam bestehen oder untergehen, keinen Fußbreit Boden preisgeben, eher das Leben, Vernichtung austeilen, einstecken, doch niemals innehalten, kam von weit her, aus dem Schützengraben von 1915/16. Hitler hat der Ostfront Mal um Mal diese Botschaft aufgedrungen. Den moralischen Halt im Hinterland hatte er mit dem Schlag gegen den Hinterlandsfeind verknüpft. Wer schlägt, kapituliert nicht, das wurde den Verbündeten ebenso wie den Deutschen eingeschärft. Man kämpfe mit dem Rücken zur Wand, nach Nibelungenart. Am 1. August 1943, während der Feuerstürme von Hamburg, schrieb das ›Hakenkreuz-Banner‹, die Nationalsozialisten hätten kraft ihrer Lösung der Judenfrage die Brücken hinter sich abgebrochen, desgleichen die Brücken hinter dem ganzen deutschen Volk. Als Horthy mit dem ungarischen Volk zum anderen Ufer überlaufen wollte, besetzten die Deutschen das Land, stellten aber nicht ihren Militärbefehlshaber an die Spitze, sondern Ungarns Radikalfaschisten. Die letzten 200.000 Juden Budapests rotteten sie im November gemeinsam aus.

Mit den litauischen Totschlägern hatte man begonnen, mit den ungarischen Pfeilkreuzlern schloß man ab. Es war von Anfang bis Ende ein europäisches Projekt, bestimmt zum moralischen Durchhalten des Hitlerschen Kontinentalkriegs. Als zeitweiliger Herrscher Europas hat Deutschland die Devise des inneren Rassenkriegs erspürt, ausgegeben und angeführt. Eine Europa-Armee hat ihn geschlagen, anders hätte er keinen Erfolg gehabt. Die Ungläubigkeit, daß sich dergleichen in der Heimat der Zivilisation vollzog, hält bis heute an. Die Endlösung der Judenfrage ist verfremdet worden zum Geheimauftrag einer wahngeschüttelten Hakenkreuzhorde, mystifiziert zum Eklat des überkommenen Judenhasses. Die Juden sind das überkommene Pariavolk des christlichen Abendlands gewesen, das ist der Ausgangspunkt. Die Deutschen wiederum, gedemütigt von der Niederlage, geduckt unter dem Versailler Knebelvertrag, beförderten sich zwanghaft zu Herrenmenschen und brauchten dazu einen Untermenschen, das ist der Anschlußpunkt. Sie griffen ohne besondere Phantasie die seit altersher Gezeichneten, wen sonst? Die Ausrottung des Pariavolkes ging daraus aber nicht hervor, bis zur Erklärung des Rassenkriegs; er war die Bedingung nach innen und außen. Der Rassenkrieg ist ein Derivat des totalen Kriegs, das zeigen die Stationen der Endlösung, die Parolen ihres Anstifters wie das Echo im Fußvolk hinlänglich.

Der totale Krieg ist nicht länger der Staatenkrieg des klassischen Kriegsvölkerrechts. Er ist ein Völkerkrieg, geführt mit der versammelten Produktivkraft des Landes, durchgehalten in moralischer Exaltation und belohnt von riesiger Beute. Helotenvölker werden erbeutet, welche die Arbeit verrichten, den Boden, die Nahrung, das Leben preisgeben müssen wegen ihrer temporären Überzahl. Parias sind vonnöten, um an ihnen den Terror zu exemplifizieren, der das Publikum befriedigt oder schockt, jedenfalls gefügig macht. Wie die Materialschlacht das Material, benötigt die moralische Schlacht Schuldige. Wenn drüben die Moral bricht, spart der Gegner Blut und Waffen, wenn hüben die Moral hält, erträgt die Heimat Verluste. In beiden Fällen helfen Schuldige. Der Okkupant weist dem besetzten Volke die Urheber seines Elends, der Schmach seiner Niederlage. So ist der Okkupant kein Unterdrücker, sondern Befreier. Er befreit von den Plagen, die er selbst schickt, und fordert alsdann Treue im Kampf. Im Heimatkriegsgebiet bewährt sich Moral im Erdulden. Die Männer rafft der Verschleißkrieg, Haus und Gut, Frau und Kind verbrennt der Bombenteppich. Das hat der Kriegsherr seinen Leuten nicht vorausgesagt; er ist selbst von der Infamie des Schuldigen überrascht, den er gleichwohl seit jeher beargwöhnt. Nun möge der gerechte Volkszorn alle Pein dem Peiniger heimzahlen. Die letzte Schuld, die aneinanderschmiedet, ist die eigene. Wer sie teilt, wird von dem Gegner kein Pardon erfahren. Denn die vom Volk, vom Waffengefährten, vom Kollaboranten vollzogene Strafe am Schuldigen gilt bei dem Feind nicht als gerecht. Er wird vielmehr den Gerechten selbst als Schuldigen behandeln, darum lohnt es nicht, die Waffen zu strecken. So ist der Paria der Stabilitätsgarant im totalen Krieg. Die Moral ist dort ein eigenes Schlachtfeld.

Die Endlösung der Judenfrage hat die Aggression nicht einen Tag dem Siege nähergebracht, nur angefeuert, gestreckt. Dies allerdings ist die Voraussetzung des Sieges und braucht eine Strategie für sich. Das Durchhalten, Dulden, die Abfuhr des Nervendrucks ist die Kombattanz des Zivils. Der Rassenkrieg dient ihm als innerer Motor. Dessen Motorik ist in Europa mit Hitler erlahmt, aber nicht erloschen. Darin ist er Meister geblieben, und die Funktion seiner Waffe hat sich tief eingeprägt. Vom Humanitätsgewissen fünf Dekaden in Bann gelegt, als das Ultra-Böse geächtet, kehrt der Genozid ins Triebleben des Mobs zurück. Die gestauten seelischen Destruktivkräfte suchen nach Objekten. Der wiedererwachende Krieg öffnet die Schleusen und Hitler redivivus ist der Stratege des inneren Gefechtsfelds.

Hitlers Generation, 1915 in den Mahlstrom der industrialisierten Schlacht geworfen, lernte den Menschen als Verschleißmaterial kennen. Hitler und andere Futuristen spürten, daß diese Rolle Perspektiven barg. Die Ausrottung mußte im nächsten Treffen an ihren Ursprung zurückkehren, in die Metropolen, das politische, produktive Hinterland, um maximal zu wirken. Das prophezeiten sie alle, und so wurde es denn die Botschaft des Zweiten Weltkriegs, daß jeder Opfer sei, jeder Beliebige.

Diese Kriegserwartung ist seither die normale. Das Zivil selbst meint nicht mehr, jenseits der Arena zu weilen, und rechnet nicht mit Pardon. Nach 1945 herrschte in Europa allerdings ein schmaler Vorbehalt. Der Zivilvernichtungskrieg sei eine Drohgebärde, aber undurchführbar. Die Fähigkeit dazu genüge vollkommen, ihn zu verhüten. Aus dem Grunde zauderten die Westmächte schon 1938 mit dem Militärschlag. Sie waren fähig, doch kaum bereit, und verstanden Hitler nicht, der minder fähig, doch desto bereiter war. Mit der Spekulation auf die gegnerische Unlust erzielte er die Erfolge, die seine Mittel bedeutend nachbesserten. Schließlich traten die Mächte zu Hitlers Konditionen an, darunter seine barbarische Kriegsmanier, denn er hatte die Initiative. Auf ritterliche Art war er nicht mehr aus dem Feld zu holen. Diese Mentalität kam ganz abhanden. Zu Recht hatte man anfangs das Massaker gescheut. So führte man es aber rascher herbei. Jedes Mittel ist unschlagbar, dessen sich alle bis auf einen enthalten. Gewaltverzicht verlockt den Aggressor. Die frühere Staatskunst gab Gewaltsamkeit frei und limitierte sie durch geregelten Gebrauch. Das ›Gesetz des Krieges‹ war ein Jahrtausend lang eine Fessel. Es hat ihn gebändigt und zur Zivilisationsform gepreßt. Europa, das Gelände der permanenten Schlacht und Schlachtenruhe, ist auch die Schule dieser seltenen Kunst gewesen. Die Deutschen haben den Begriff entfesselt durch verdrehtes Lesen. Das Gesetz des Krieges sei nichts anderes als dessen eigenes Diktat. Der Soldat unterstehe der Pflicht zu siegen, sonst keiner. Der Rassenkrieg hat diese Formel zu Ende geführt; Sieg ist Vernichtung, Niederlage ist Untergang, und das Recht gehört dem Überlegenen.

Kapitel 2
Sieger und Besiegte

Kriegsverbrecher, Anklage, Debellatio

Um die Mittagszeit des 8. Mai 1945, einem Dienstag, landete der Chef des Oberkommandos der Wehrmacht, Feldmarschall Wilhelm Keitel, auf dem Flugplatz Berlin-Tempelhof, um die Kapitulation seiner Streitkräfte gegenüber der Roten Armee zu unterzeichnen. Tags zuvor hatte Keitels Stabschef Jodl im US-Hauptquartier zu Reims die gleiche Handlung vollzogen. Die Sowjetunion wünschte indessen ein eigenes Zeremoniell. Sie hatte das deutsche Heer im gewaltsamsten Landkrieg aller Zeiten niedergekämpft und hegte Argwohn, daß sich das Reich ins westliche Lager rettete. Bei der profunden Rußlanderfahrung der Wehrmachtsoffiziere ein schlüssiger Gedanke.

Keitel wurde in Karlshorst, dem Sitz Marschall Schukows, mit Delikatessen bewirtet, denen der schlichte Hannoveraner Militärverwaltungsexperte insgeheim zugetan war. Unter dem asketischen Hitler hatte er seine Neigung nie ausleben können. Statt dessen avancierte er wider Willen zum Feldmarschall, ein erlauchter Titel, mit dem der preußische König nur außerordentliche Erfolge im Feld belobigte. Keitel hingegen verdankte die Bürostelle seiner nervösen Beflissenheit gegenüber dem Führer, den die Generalität vor dem Kriege mit einer gewissen Reserve betrachtete. Die einzige Gruppe im Staat, wie Jodl bitter vermerkte, die Hitler sein Genie abspreche.

Während Keitel in Karlshorst zum ersten Mal in seinem Leben gefrorene Erdbeeren speiste und den Text der Kapitulationsurkunde studierte, verstrich auf der Gegenseite die Zeit mit Protokoll- und Rangstrittigkeiten. Die Signierung des Dokuments durch den Feldmarschall, der mit Marschallstab, Monokel und goldenem NSDAP-Parteiabzeichen auftrat, war eine völkerrechtlich bedeutsame Handlung. Erst später zeigte sich, daß niemand wußte oder klarstellte, was sie zum Inhalt hatte. Am Morgen des folgenden

Tages flog Keitel nach Flensburg zurück, wo neben dem Oberkommando der Wehrmacht die geschäftsführende Reichsregierung Dönitz saß. Vier Tage wickelte er einvernehmlich mit dem Gegner die dem Generalstab obliegende Demobilisierung ab. Am Samstag, dem 13. Mai, wurde Keitel von einer englisch-amerikanischen Delegation an eigens verabredeter Stelle, dem Luxusdampfer Patria, in Kriegsgefangenschaft genommen. An der Spitze war ein Generalleutnant erschienen, der Leiter des Verbindungsstabs der Alliierten Befehlshaber beim OKW, Lowell Rooks, im Rang drei Stufen niedriger als der Feldmarschall. Keitel versicherte höflich, daß er diese Folge der bedingungslosen Kapitulation erwartet habe und zu tragen bereit sei. Am 13. August wurde Keitel zur Anklage vor dem Internationalen Militärgerichtshof nach Nürnberg überführt.

Die amerikanische Gefängnisverwaltung zog seine Orden ein und trennte die Rangabzeichen von der Uniform. Keitel protestierte unter Hinweis auf die Genfer Konvention. Artikel 6 verbietet die Konfiskation der Insignien, und Artikel 19 erlaubt, sie in der Gefangenschaft zu tragen. Offiziere genießen überdies das Anrecht auf gleiche Behandlung wie die entsprechenden Dienstränge der Gewahrsamsmacht. Der Angeklagte erfuhr jedoch aus dem Munde des Gefängniskommandanten, eines Obersten, daß er nun nicht mehr der Feldmarschall Keitel, sondern der Verbrecher Keitel sei.

Justice Jackson, der Ankläger der Vereinigten Staaten, wußte als Angehöriger des Obersten Gerichtshofs, daß es sich um »Gefangene unter dem Verdacht von Kriegsverbrechen« handelte. Indes war ihm in Kenntnis der Beweislast sein Verdacht längst Gewißheit, schrieb er doch dem Präsidenten Truman: »Unsere Wahl besteht darin, sie als ehrenhafte Kriegsgefangene mit den Privilegien ihres Ranges zu behandeln oder sie als Kriegsverbrecher einzustufen. In diesem Falle sollten sie auch so behandelt werden.« Die Anklagebehörde riet dem US-Kriegsministerium, den Militärs unter den Beschuldigten – Keitel, Jodl, Dönitz, Raeder und Göring – den Gefangenenstatus abzuerkennen. Sicherheitsgründe verbäten, diese Männer pausenlos von Journalisten befragen zu lassen. Sie würden »die Möglichkeit der Presse dazu nutzen, untereinander und an noch nicht ergriffene Verbrecher Informationen zu übermitteln.« Eine gescheitere Begründung lieferte 1949 General Telford Taylor, der in Jacksons Team die Anklage gegen den Generalstab führte:

Unter normalen Umständen könne bei Abschluß der Feindseligkeiten eine größere Anzahl Kriegsgefangener in Gewahrsam bleiben, auf den Verdacht von Kriegsverbrechen hin überprüft werden, während ihre Demilitarisierung und Entlassung anlaufe. Doch habe man 1945 im ruinierten Nazi-Deutschland eine Reihe von Personengruppen vorübergehend festhalten müssen. »Die Hauptziele der Besatzung waren die ›Beseitigung von Nazismus und Militarismus in all ihren Formen‹ aus den deutschen politischen und gesellschaftlichen Verhältnissen. Die Regierung des Dritten Reiches hatte sich zerlaufen und verschwand vollkommen von der Bühne. Es gab keinen sofortigen Weg, eine demokratische deutsche Zentralregierung ohne mehrjährige Zwischenphase wiedereinzusetzen. Die gesamte Aufgabe der zentralen Verwaltung mußte von den Besatzungsmächten übernommen werden. Die früheren Spitzenbeamten der Reichsregierung und der SS, die führenden Parteifunktionäre und Hunderte anderer Nazis, Nazihelfer oder Kollaborateure mußten unverzüglich verhaftet und eingesperrt werden. Ganz abgesehen von der Tatsache, daß reichliche Beweise für eine Strafanklage gegen viele von ihnen existierten, wäre diese Gruppe sonst eine schwere Bedrohung für die Sicherheit der Besatzung und ein unüberwindliches Hindernis für die Entwicklung demokratischer, sozialer, politischer Einrichtungen in Deutschland gewesen.«

Über die Einrichtung besiegter Länder gemäß den politischen Idealen des Okkupanten sagt das Völkerrecht freilich nichts aus. Nach der Haager Landkriegsordnung ist dergleichen unzulässig. Der Okkupant übt im Besatzungsgebiet Staatsgewalt aus, jedoch treuhänderisch für die von ihm verdrängte Regierung. Er darf dort keine Revolution veranstalten. Seine Maßnahmen dienen der allgemeinen Ordnung und seiner eigenen Sicherheit. Keinesfalls erlaubt ihm die Regel, Personen zu verhaften, die eine vom Besatzer eingeführte Gesellschaftsordnung gefährden. Im Besatzungsgebiet lebt die Gesellschaft nach eigener Façon, ausgenommen die dem Erhalt des Besatzungszustandes geschuldeten Zahlungen und Dienste.

Die Deutschen verlangten von den Siegern keineswegs den Erhalt des Nationalsozialismus. Selbst die von Hitler testamentarisch betraute Flensburger Reichsregierung grübelte über ihren Daseinssinn. Indessen vertrat sie gewiß eine Mehrheit der Landsleute in dem Bemühen, den Soldaten in Gefangenschaft das Tragen der Hoheits-, Orden- und Ehrenzeichen zu erlauben. Britische und amerikanische Kommandeure hatten die zumeist mit Hakenkreuz versehenen Dekorationen ablegen lassen. Die Rune widersprach dem Umerziehungsgedanken. Im Oberkommando der Wehrmacht plagte man sich keineswegs damit, die Wunden zu lecken. Krieg ist die kürzeste Zeit Gefecht und Opfer, die längste Zeit hingegen Legende und Mythos. Die Kriegerkaste kümmerte sich nunmehr, das Vollbrachte in die Siegel ewigen Angedenkens zu pressen. Waren die Leistungen der deutschen Waffen vom Hakenkreuz zu trennen? »Der Befehl zur Ablegung des Hoheitszeichens«, heißt es in einer Expertise des Oberkommandos, »wird von der Nachwelt als eine freiwillige Aufgabe desjenigen Zeichens angesehen werden, unter dem in 6 Jahren Krieg Millionen von Soldaten und Männern und Frauen der Heimatfront für ihr Vaterland gefallen sind.«

Der Ansicht pflichtete auch Generalfeldmarschall Erich von Manstein bei, der strategische Genius des deutschen Heeres. Im Zeugenflügel des Nürnberger Gefängnisses einsitzend, wo Kommandant Andrus ihn neugierigen Besatzungsoffizieren nebst Damen als eines seiner besten Beutestücke, den »Gangster Mannheim«, vorzustellen pflegte, verfaßte der Bezwinger von Sewastopol eine Denkschrift. Sie diente der Verteidigung des Generalstabs, der als »kriminelle Organisation« unter Anklage stand. Der Zeugenauftritt der Offiziere galt nicht der Abwehr des Schuldspruchs noch der Einwirkung auf die verhetzten Zeitgenossen. Manstein kehrte den Blick auf das Urteil der Weltgeschichte, die, von der Leidenschaft der Parteiungen frei, dereinst aufs neue ihre Taten wägt: Was lohnt es, sich elende Freisprüche der Vergeltungsjustiz mit Verleugnung der Wahrheit zu erkaufen? »Es kommt nicht in Frage, von dem Nationalsozialismus als innenpolitischer Grundidee abzurücken.« Manstein riet vorzurücken und »für alle Zeiten die Unrechtmäßigkeit des Gerichtes, der Anklage, des Verfahrens klarzustellen und die Tatsache festzulegen, daß die Armee ihre Pflicht gegenüber dem deutschen Volk erfüllte«. Vor der Beschuldigung, kriminelle Hitlerbefehle ausgeführt zu haben, war die Wehrmacht schon aus rechtssystematischen Gründen gefeit. Was ist das Maß des Rechts im Staat? »Mit dem Zeitpunkt, als dem Führer die oberste richterliche Gewalt übertragen wurde ... konnte kein Befehl des Führers als ›Verbrechen‹ angesehen werden.«

Wurden sie nicht als solche angesehen, mochten sie es dennoch sein. Gewöhnlich spielt es im Rechtswesen keine Rolle, ob der Verbrecher seine Verbrechen erkennt. Es kommt darauf an, ob er sie hätte erkennen sollen. Das Potsdamer Abkommen vom 2. August 1945 beseitigte »alle nazistischen Gesetze, welche die Grundlagen für das Hitlerregime geliefert haben oder eine Diskriminierung aufgrund der Rasse, Religion oder politischer Überzeugung richteten.« Die Befolgung solcher Gesetze und Befehle lieferte auch rückwirkend keine Rechtfertigung: »Kriegsverbrecher und alle diejenigen, die an der Planung oder Verwirklichung nazistischer Maßnahmen, die Greuel oder Kriegsverbrechen nach sich zogen, teilgenommen haben, sind zu verhaften.«

In striktem Widerspruch zu den nach Haager Landkriegsordnung dem Okkupanten auferlegten Pflichten beseitigte er die NSDAP samt SS, SA, SD und Gestapo. Und auch die Wehrmacht, die friedlich ihre Männer demobilisierte, wurde »einschließlich des Generalstabs, des Offizierskorps, der Reservisten, der Kriegsschulen, der Kriegsvereine völlig und endgültig aufgelöst, um damit für immer der Wiedergeburt oder Wiederaufrichtung des deutschen Militarismus und Nazismus vorzubeugen«. Dies war der Inhalt der bedingungslosen Kapitulation. Eine ähnliche Niederlage hatte die Neuzeit noch nicht erlebt. Als Jodl und Keitel die Kapitulation unterzeichneten, hatten sie keiner Annullierung ihres Staates zugestimmt. Gewöhnlich kapitulieren die Streitkräfte, die Regierung gibt sich geschlagen, der Staat besteht fort. Was dem Deutschen Reich aber zugestoßen ist, hat sich seither nicht aufhellen lassen. Ist es untergegangen, hat es eine zeitweilige Lähmung durchgemacht? Die seit langem vorbereiteten Kapitulationsdokumente lagen versehentlich weder in Reims noch in Berlin vor.

Die Unterzeichner galten bereits zum Zeitpunkt des Zeremoniells nicht als Spitzen der Wehrmacht, sondern als Outlaws und Chefs einer kriminellen Gruppe, des Generalstabs. Ebenso erging es der Flensburger Reichsregierung, die am 23. Mai 1945 verhaftet wurde. Zwei Drittel ihrer Minister gelangten als Kriegsverbrecher vor den Nürnberger Gerichtshof. Die Liste der Anzuklagenden hatte die ›United Nations War Crimes Commission‹ vor Monaten zusammengestellt. Doch wickelten die Besatzer den formalen Geschäftsverkehr lieber mit den Kriminellen ab, weil sie ihnen als den einzigen Autorität im Volke zutrauten. Nur Dönitz, Keitel und Jodl konnten die Wehrmachtsoldaten zum Niederlegen der Waffen veranlassen. Hatten sie dazu die Macht, dann hatten sie auch die Staatsmacht. Arg reduziert, aber nicht reduzierter als Ebert 1918.

Wenn Ebert regieren konnte, dann, weil die Front bei Waffenstillstand mitten durch Belgien verlief. Daß Dönitz nichts zu regieren übrigblieb, lag an der alliierten Usurpation der Staatsmacht, keineswegs an ihrem Zusammenbruch.

Die Legende will, daß das Nazi-Regime angesichts seiner militärischen Niederlage rückstandslos verdampfte. Wie erklärt sich indessen, daß die verdampfte Staats- und Heeresspitze der Roten Armee zwischen dem 16. April und 8. Mai 1945 Verluste von 304.000 Mann beibringen ließ? Allein in der am 22. April begonnenen Schlacht um Berlin opferten noch 23.000 Wehrmachtsoldaten ihr Leben zur Verteidigung des Dritten Reichs. Im Ruhrkessel kämpften vom 2. bis 21. April 1945 31 deutsche Divisionen. In den Städten des Südens und Westens führten Gauleiter, Standrichter und Polizei ein blutiges Regiment, sprachen Tausende von Todesurteilen über Kapitulanten, bewaffneten Kinder mit Panzerfäusten und machten sporadischen Umsturzversuchen den Garaus. Diese Obrigkeiten tauchten bei Einnahme ihres Herrschaftsgebietes vorsichtshalber unter, weil ihnen Amtsenthebung, Arrest und Strafe angedroht waren. Ein Zusammenbruch der Staatsmacht über ihre Staatsbürger ist jedoch nicht überliefert.

Die vorgebliche Verpuffung des Staates benannten die Besatzer aber als Grund für die Nichtanwendbarkeit der Haager Landkriegsordnung. Sie trafen ein »No states' land« an, wie der US-Völkerrechtslehrer Kelsen schrieb. Die Träger des Nazi-Systems hatten sich davongemacht, die militärische Gegenwehr versiegte, und damit verflüchtigte sich zugleich die Grundannahme der Haager Landkriegsordnung. Den Alliierten war der Vertragspartner abhanden gekommen, der Adressat ihrer Rechtspflicht. Die Occupatio bellica unterstellt nämlich den Kriegszustand handlungsfähiger Mächte. Deren eine liefert den Kriegsschauplatz. Der Teil ihres Bodens, der in gegnerischen Besitz fällt, wird für die Dauer der Feindseligkeiten vom Gegner treuhänderisch verwaltet. Er errichtet eigene Souveränität, jedoch unter Wahrung der vorgefundenen Ordnung. Eingriffe beschränken sich auf den Sicherheits- und Versorgungsbedarf. So kam es 1914 bis 1918 dem kaiserlichen Heer schwerlich in den Sinn, alle belgischen Bürgermeister und Polizeipräfekten abzusetzen. Für das anglo-amerikanische Expeditionskorps hingegen war es schlechthin unzumutbar, den lokalen Vertreter Himmlers und der NSDAP im Amt zu dulden. Nicht aus Sicherheitsgründen. Die Betroffenen ersehnten nichts inniger, als sich den Westmächten anzuschließen. Kriegsziel war indessen die Ablösung und Bestrafung der Feinde des Menschengeschlechts, ob während, ob nach den Kampfhandlungen.

Als ab 1948 eine nachgewachsene Staatsgewalt, die Ministerpräsidenten, von den Besatzern die Haager Landkriegsordnung einklagten, erfuhren sie, daß diese ein Institut auf Dauer des Krieges sei. In Deutschland gälte nichts dergleichen.

Zwischen Kapitulation und Friedensschluß ersetzt, nach Völkerrechtssitte, eine Occupatio mixta die Occupatio bellica. Die Occupatio mixta ist ein rechtlich ungeregelter Zustand. Der Okkupant mag darin schalten nach Belieben. Er findet in der UNO-Charta, insbesondere im »Selbstbestimmungsrecht der Völker« (Art. 1, 2), einen Rahmen, aber einen dehnbaren. Artikel 53 und 107 (›Feindstaatenklausel‹) verlieh Zwangsmaßnahmen gegen die früheren Achsenmächte und dem Besatzungszweck des Potsdamer Abkommens eine Extra-Legitimation. Die Alliierten sind außerdem während und nach Abschluß der Kriegshandlungen unterschiedslos verfahren. Ein Unterschied zwischen dem Entnazifizierungsgebaren der besetzenden Truppen in den fünf Wochen Occupatio bellica auf Reichsgebiet und der Militärdiktatur in der Occupatio mixta ist nicht ernstlich auszumachen. Nein, die Achsenländer konnten und sollten keine Besetzung nach Buchstaben der Haager Landkriegsordnung erfahren. Bei der Landung in Sizilien im Juli 1943 übergaben die Amerikaner die lokale Ordnung gar der Mafia. Ortskundige Padrones aus Chicago befanden sich an Bord der Invasionstruppen. Die Rechtsunterschiede zwischen Occupatio bellica, mixta und Gouvernement über No states' land waren den Eindringlingen einerlei. Die Staatenpraxis dieses Krieges hat Generalissimus Stalin in gültige Worte gefaßt: »Wer immer ein Gebiet besetzt, erlegt ihm auch sein eigenes gesellschaftliches System auf.«

Den meisten Völkern, ausgenommen die Bundesdeutschen und Österreicher, bereitete diese Regel wenig Freude. Gleichwohl hat die seinerzeit alltägliche, unlängst in der halbamtlichen ›Geschichte der Bundesrepublik Deutschland‹ wiederholte Kritik die Okkupanten getadelt: »Nach ihrer Auffassung hatten die Deutschen ihnen gegenüber keine rechtlichen Ansprüche« (Theodor Eschenburg). Die Ansprüche von Deutschen auf Herausgabe arisierten Besitzes, auf Sühne gegenüber Mördern, Folterknechten und Freiheitsberaubern existierten sehr wohl. Desgleichen erhielten Rechte auf

Leben, Unversehrtheit, auf rassische, religiöse und politische Nichtdiskriminierung ihre Gültigkeit zurück. Der Grundanspruch an den Staat auf Gewährleistung der Elementarrechte ist von den westlichen Militärgouverneuren zum ersten Mal seit 1933 in Deutschland anerkannt worden. Eingeschränkt war allerdings das öffentliche Recht. Anders ließ sich der bestehende Unrechtsstaat nicht restlos zerschlagen. Eine Restitution von Raubgut, Entschädigung für Schäden an Leib und Leben, eine Ahndung von Kapitalverbrechen waren durch demokratischen Mehrheitsbeschluß keineswegs herzustellen. Selbst vierzig Jahre Bundesrepublik haben dazu nicht ausgereicht. In Abwägung zweier Rechtsgüter wählten die Okkupanten von der UNO-Staatengemeinschaft gebilligtes Maßnahmerecht. Unzufrieden waren naturgemäß die davon Betroffenen.

Die Maßnahme, den Nürnberger Gerichtshof einzurichten, schuf revolutionäres Recht, das nichts revolutioniert hat. Es blickte auf keinen Präzedenzfall zurück und fand keine Nachfolge. Besatzungsgerichte dienen gewöhnlich der Verfolgung von Straftaten im Besatzungsgebiet. Das Staatshandeln eines verflossenen Regimes der Jurisdiktion fremder Staaten zu unterwerfen setzt einen totalen Souveränitätsverlust voraus, so daß die Rechtsregeln eines solchen Verfahrens normalerweise unanwendbar sind. Unter welchen Umständen sollte ein Außenminister der Sowjetunion wegen Entfesselns eines Angriffskrieges gegen Afghanistan vor ein internationales Gericht gestellt werden? Welches Konsortium überführte einen chinesischen Regierungschef der Unmenschlichkeiten in Tibet?

Die zwischen 1946 und 1949 in Nürnberg abgehaltene Prozeßserie ist wegen Anwendung von Sonderrecht gewissenhaft kritisiert worden. Der Kritik halten die Urteile stand. Das wahrhaft Sonderbare daran ist indessen ein total demontiertes Staatswesen, das sich samt seinen Anführern, seiner Generalität, Ministerialbürokratie, Justiz, Polizei, Industrie und Medizin fremder Macht zu rechtlicher Beurteilung ausliefert. Gewöhnlich ist Strafrecht ein Regulativ zwischen Landeseinwohnern, erzwungen durch öffentliche Organe. Zwischen Staaten vermitteln Verträge oder regiert Gewalt. Völkerrecht ist Vertragsrecht. Es kennt vor und nach Nürnberg keine Strafsanktion gegen den Verletzer. Wenn man so will, genießt kriminelles Staatspersonal einen internationalen Vertrauensschutz auf Straffreiheit. Fällt es der Revolution zum Opfer, mögen Personen, denen die Flucht mißlingt und keine Füsilierung an Ort und Stelle widerfährt, vor ein Tribunal geraten. Es existiert jedoch keine internationale Ordnung, die Strafansprüche an Staatsverbrecher stellt. Das einzige Exempel traf die Unterlegenen des Zweiten Weltkriegs, Deutsche und Japaner. Da alle anderen unbehelligt bleiben, ja, jeglicher Versuch fehlt, die in die Grundsätze der Vereinten Nationen inkorporierten ›Nürnberger Prinzipien‹ auch nur in den flagrantesten Fällen anzuwenden, mag man die ›Kriegsverbrecherprozesse‹ von 1946 bis 1949 eine Maßnahme in juristischer Hülse nennen. Es gibt kein Recht, dem alle entrinnen, außer einem. Daraus geht allerdings weniger die Rechtlosigkeit der Nürnberger Prozesse als die der Vor- und Nachwelt hervor. Wenn eine der schaurigsten Verbrecherbanden der Neuzeit, die kambodschanischen Khmer Rouge, von der UNO Sitz, Stimme und einen Rückweg zur verlorenen Staatsmacht erhielten, statt abgeführt zu werden, beweist dies nicht deren Unschuld. Es beweist, daß die UNO nicht mehr als ihr Vorgänger, der Völkerbund, zur Rechtsverwirklichung taugt.

Die Anklage der deutschen Kriegsverbrecher ist, anders als gemeinhin unterstellt, nicht unter Straf- und Vergeltungsaspekten erhoben worden. Die Plädoyers der Ankläger kreisten vielmehr um die Idee der Prävention: Durch die Abstrafung der Eliten des Dritten Reiches sollten die Normen des Völkerrechts gefestigt werden. Strafandrohung nötigt die Staatsorgane, Völkerrechtsregeln mit derselben Verbindlichkeit einzuhalten wie nationales Recht. Die Haager Landkriegsordnung war in innerstaatliches Recht der Signatare überführt und damit der klassischen Sanktionsgewalt unterstellt. Gleichwohl zählten Delikte am Feinde als häßliche Sünde. Den Schöpfern von Nürnberg schwebte als abschreckendes Beispiel das Theater um die deutschen Kriegsverbrecher des Ersten Weltkriegs vor Augen. Nach Artikel 228 des Versailler Vertrages erkennt die deutsche Regierung »die Befugnis der alliierten und assoziierten Mächte an, vor ihre Militärgerichte solche Personen zu stellen, die wegen einer gegen die Gesetze und Gebräuche des Krieges verstoßenden Handlung angeklagt sind … Die deutsche Regierung hat den alliierten und assoziierten Mächten oder derjenigen von ihnen, die sie darum ersuchen wird, alle Personen auszuliefern, die angeklagt sind, eine Handlung gegen die Gesetze und Gebräuche des Krieges begangen zu haben …«

Im Dezember 1919 hatten die Sieger eine Liste von 1.530 Personen aufgestellt, die im Januar auf einen unverzichtbaren Kern von

895 abgeschmolzen war. England, Frankreich, Italien, Belgien, Polen, Rumänien und die Jugoslawen verlangten Auslieferung. Zu den Beschuldigten zählten der Kronprinz und seine Brüder, Prinz Rupprecht von Bayern, der Großherzog von Hessen, der Herzog von Mecklenburg, die Feldmarschälle von Hindenburg, von Bülow und von Mackensen, die Generäle Ludendorff, von Kluck und der Großadmiral Tirpitz. Außerdem stand, nach Artikel 227, Wilhelm II. von Hohenzollern, ehemaliger deutscher Kaiser, unter öffentlicher Anklage wegen »schwerster Verletzung der internationalen Moral und der Heiligkeit der Verträge«. Wilhelm hatte in Holland Asyl gefunden. Den Haag verweigerte jedoch seine Auslieferung, weil dort ein Straftatbestand der Moral- und Vertragsverletzung unbekannt war. Wilhelm, der Kriegsentfesselung bezichtigt, hatte 1914 dazu das volle Recht besessen. Infolgedessen wurde ihm Bruch der belgischen Neutralitätsgarantie angelastet. Dieser war zwar völkerrechtswidrig, aber nicht strafwürdig. Der Kaiser hätte nach dem Vorbild Napoleons in Verbannung geschickt werden können. England und Holland verhandelten über Indonesien, eventuell Java. Holland griff zu Ausflüchten. Wilhelm könne in der brodelnden Kolonie Unruhe stiften. Gegen seinen Willen mochte man ihn ungern verschleppen. Mehr oder minder waren allen Regierungen Maßnahmen gegen den Kaiser unsympathisch. So erlangte er die übliche Rückversicherung fliehender Staatschefs: Die ihn greifen wollten, hatten ihn nicht, und die ihn hatten, griffen nicht. Als Asylant benötigte Wilhelm nur die Protektion eines einzigen Aufnahmestaates. Soviel läßt sich zur Not besorgen.

Der gesamte Strafkomplex des Versailler Vertrages stockte mangels Zugriffs auf international Beschuldigte, solange sie Unterschlupf in einem geschäftsfähigen Staatswesen fanden. Die nach Artikel 228 nominierten deutschen Kriegsverbrecher vermochte die aus Sozialdemokratie, Demokraten und Zentrum gebildete Reichsregierung beim besten Willen nicht auszuliefern. Für die vergötterten Schlachtenführer standen die Kabinettsmitglieder mit ihrem Leben gerade. Zentrumsminister Erzberger, Leiter der Waffenstillstandskommission, der die parlamentarische Mehrheit für die Ratifikation des Friedensvertrags beschaffte, war der bestgehaßte Mann im Land. Als er im August 1921 dem zweiten Versuch eines Mordkomplotts von Reichswehr- und Freikorpsangehörigen erlag, war den Siegern bereits ein kapitales Zugeständnis abgehandelt.

Seeckt, Chef des Truppenamtes, drohte im Falle erzwungener Auslieferung der Generäle mit Wiederaufnahme des Kriegs. Von Abwehrstellungen an Elbe und Weser aus wollte man westwärts marschieren. Ein Partner war bereits in Aussicht genommen, Sowjetrußland. In dieser Lage offerierte die Regierung, die Kriegsverbrecherfälle dem Leipziger Reichsgericht zu übertragen.

Ultra-patriotische Blätter geißelten die eigenhändige Exekution der Siegerwillkür und publizierten Kriegsverbrecherlisten der Gegenseite. Ludendorff, Falkenhayn und andere kannten jedoch ihre Justiz und erklärten sich zur Rechenschaft bereit. Die Leipziger Prozesse nötigten den Oberreichsanwalt Ebermayer zum »traurigsten und schmerzhaftesten Auftritt« seiner Laufbahn. Das Publikum bereitete den Angeklagten Ovationen und beschimpfte ausländische Belastungszeugen. Soweit keine Freisprüche wegen erwiesener Unschuld oder mangels Strafbarkeit nach deutschem Recht erfolgten, verhängte das Gericht wenige Monate Haft für Schwerstdelikte wie Gefangenen- und Geiselmord. Die Vollstrekkungsbeamten vergaßen, die Gefängnistüren abzusperren, und ließen alle Verurteilten entkommen. Anfang 1922 deklarierten die Alliierten die Verhandlungen zur Farce, zogen ihr Beweismaterial zurück und verlangten Auslieferung nach Artikel 228.

General von der Goltz riet der Welt im März, zu erkennen, daß Zigtausende Veteranen, die Reichswehr und die Polizei den Auszuliefernden Deckung gäben. Die Verbündeten erkannten die Vergeblichkeit ihres Begehrs. Klagte das Reich die Kriegsverbrecher an, gingen sie glorifiziert daraus hervor. Klagten die Sieger an, zerbrach die Republik. Strafverfahren reizten die Revanchegelüste, ruinierten die Versöhnungspartei und rechtfertigten die Missetaten. Nach der im Locarno-Vertrag erzielten Entspannung unterließen die Alliierten weiteren Verfolg des Artikels 228. Nur das Leipziger Reichsgericht fand keine Rast, ehe es nicht 800 Fälle geprüft und ordnungsgemäß eingestellt hatte. Alle Anschuldigungen entpuppten sich als unbegründet. Im Juni 1933 schloß der Oberreichsanwalt die Akten. Zumindest der Angriff auf die Ehre der deutschen Waffen war siegreich zurückgeschlagen.

Die Lehren aus der Kriegsverbrecherfrage nach Artikel 228 zogen die Gegner des Reiches im nächsten Krieg. Man war ehedem beides, zu milde als auch zu harsch gewesen. Tausend Deutsche anzuschuldigen, doch nicht einen Briten oder Franzosen, beleidigte den Gerechtigkeitssinn. Die Reichswehr hatte Beweismaterial über

Greuel der Gegenseite vorgelegt, das Ermittlungen verdiente. Andererseits hatten sich die Verbündeten erpressen und demütigen lassen. Der Versailler Vertrag peinigte die Unterlegenen als ein Zwangsdiktat, doch mehr noch als Heimtückeinstrument. So geschlagen fühlten sie sich nicht, um widerstandslos jeden Oktroi dulden zu müssen. Das war das Werk von Verrätern in den eigenen und Betrügern in den gegnerischen Reihen. Um eine Nation zu zwingen, ihren Kaiser und seine besten Feldherren als Kriminelle auszugeben, ist Unterjochung vonnöten. Jener Rechtszustand, der 1945 mit Debellatio angezeigt wurde: Zertrümmerung des Staates und Austausch gegen Besatzungsdiktatur. Statt dessen ersparte man den Deutschen 1918 das Erlebnis ihrer tiefen Niederlage, ließ sie aber deren Konsequenzen kosten. Zudem in der eigentümlichen Gestalt von Kriegsschuld und Rechtsverfahren.

Das neuzeitliche Völkerrecht kannte keine Kriegsschuld und ebensowenig Strafprozesse gegen Kriegsverbrecher. Die Haager Landkriegsordnung war dem nationalen Militärstrafrecht einverleibt und verpflichtete einen jeden Staat, gegen Übertretungen selber einzuschreiten. Über gegnerische Sanktionen an Staaten oder Individuen, die regelwidrig fochten, existierten keine geschriebenen Abmachungen. Gewohnheitsrechtlich stand dem Verletzten allerdings Vergeltung frei. Dazu benötigte er keinen Strafprozeß. Wenn Wilhelm von Hohenzollern und seine tausend Gefolgsmänner nach Auffassung des Gegners Recht und Verträge gebrochen hatten, mochte dieser das Reich okkupieren und angemessene Revanche üben. Das entsprach der Rechtslage, nicht aber dem Geschmack der Zeit. Gleichwohl deuteten die Deutschen das aufgezwungene und einseitige Kriminalverfahren als Racheakt. Im Gewande der Justiz wurden die Wunden des Krieges vergolten. Dementsprechend nachhaltig fiel die Reaktion aus. Im Krieg von 1939 bis 1945 griff das Reich von vornherein zum Vergeltungsprinzip und erprobte systematisch, was es hergibt. Den Juden wurde vergolten, am Kriege schuld zu sein, die Bolschewisten erlitten Vergeltung für ihre Verbrechernatur, die Rotarmisten für ihre Inferiorität, den Partisanen vergalt man, ihr Vaterland unterstützt und den Bauerndörfern, die Partisanen unterstützt zu haben. Den Geisteskranken wurde ihr überflüssiger Hunger vergolten und den Einwohnern von Leningrad ihr Durchhaltewille. Den gegnerischen Arbeitskräften wurde ihre Waffenproduktion vergolten, die Zigeuner erfuhren Vergeltung für ihr Talent zur Spionage, die Asiaten für ihre Verschlagenheit. Der ganze Krieg übte Vergeltung für die Deutschland 1918 zugefügte Schmach.

Eigentümlich am deutschen Vergeltungsexzeß ist seine vorbeugende Natur. Die Vergeltung wird zumeist beschlossen, ehe sich das Vergoltene ereignet hat. Sie rechtfertigt sich aus ihrer Abwehr gegen eine mit Verbrechern peuplierte Welt. Verbrecher und Kulturzersetzer regieren die Sowjetunion, Banditen verteidigen die Dörfer des Balkans, Luftpiraten bombardieren deutsche Städte, entlassene Sträflinge sabotieren Wehrmachtseinrichtungen in Frankreich, und Rassenschädlinge umklammern die britische und amerikanische Regierung. Ihnen wird mit gleicher Münze heimgezahlt. Die universelle Aggression des Verbrechertums läßt keine andere Wahl, denn Terror ist die einzige Sprache, die es versteht. Außerdem löst sich der alte Streitfall. Endlich tritt zutage, wer die wahren Verbrecher beheimatet, das verfolgte Reich oder die Welt der Verfolger.

Im Jahre 1940 erfuhren die Verbündeten von Polens Exilregierung über den neuartigen Umgang der Deutschen mit dem Feind. Der polnische Wunsch, Kriegsverbrecherprozesse anzudrohen, stieß jedoch auf böse Erinnerungen. Mit fortschreitender Radikalisierung der Wehrmacht schienen Sühnemaßnahmen unausweichlich. England, Amerika und Rußland, die Hauptverbündeten, wollten indessen bis in das Jahr 1944 hinein einem zweiten Disput mit den Deutschen über Gerichtszuständigkeit, Beweisprobleme, Strafbarkeit usw. ausweichen. Nunmehr war Debellatio vorgesehen, die den Besatzer in die Lage setzen würde, einige zehntausend Täter als Vogelfreie zu proskribieren und auf Anruf zu töten. Die Schuld von Organen wie SS, Reichsregierung, Wehrmachtsführung dünkte von erdrückender Evidenz. Vergeltungsmaßnahmen waren genugsam angekündigt, um bei Besetzung auf einen Schlag vollzogen zu werden.

Im Abstand betrachtet fragt sich, wie solch ein Plan überhaupt zur Erörterung stehen konnte. Die Strafdebatte beider Kriege kannte die Einwände von Rechtsdoktrinären, daß blutigen Maßnahmen unter Umständen regelverträglicher seien als hingebogene Gerichtsverfahren. Den Wehrmachtsgenerälen wurden allerdings in Nürnberg ähnliche Maßnahmen als Verbrechen angerechnet. Gewiß waren die weitgehend der Himmler-Polizei anvertrauten Aufträge, die bolschewistische Funktionärskaste zu beseitigen, systematisch geplant, während die alliierten Massenexekutionen vage und teils unernste Absichten blieben. Zudem war, wenn je einer, dann die alliierte Seite des Zweiten Weltkriegs zur Vergeltung befugt. Die Wehrmacht vergalt teils präventiv, teils, um ihre Aggression durchzusetzen. Bedenkenswert ist immerhin, daß beide Seiten auf dem Hauptkriegsschauplatz eine Debellatio anstrebten. Sie läßt dem Sieger freiere Hand.

Neben den rechtlichen und moralischen Aspekten bietet der debellierte Feind eine politische Klippe: Wie mit den Eliten des verflossenen Systems fertigwerden? Das undebellierte Kaiserreich hatte seine herrschende Kaste in die Republik gerettet. Dort verbündete sich ein Flügel mit der massenwirksamsten Partei, der NSDAP, um die Republik, das Geschöpf der Niederlage, zu beseitigen. Gemeinsam schufen sie alsdann die zur Revanchepartie geeignetste Staatsform, das Führersystem. Weil der fatale Dolchstoß Ludendorffs Westfront vermeintlich aus der Heimat ereilt hatte, mußte auch diese feldmäßig eingerichtet werden. Seit 1933 funktionierten Streitkräfte und Heimat nach dem gleichen Prinzip von Befehl und Gehorsam. War die Armee im Felde ungeschlagen, brauchte Deutschland zum Endsieg nur in Kasernendrill genommen zu werden. Demzufolge hätte die Unvollkommenheit des alliierten Sieges von 1918, der Verzicht auf einen Kehraus der Eliten, die Welt den größten Aderlaß aller Zeiten gekostet. So ungefähr betrachtete die Anklage der Nürnberger Prozesse ihr Amt. Um Frieden zu bekommen, war das Reich zu debellieren, um es zu debellieren, mußten seine Eliten ausgetauscht werden, um sie auszutauschen, mußte die alte Equipe beseitigt oder geächtet werden. Um sie zu ächten, mußte sie kriminalisiert, überführt, eingesperrt oder aufgehängt werden. Keitel, als Wehrmachtschef zur Unterzeichnung der bedingungslosen Kapitulation gebeten, als ranglose Verdachtsperson in Nürnberg angeprangert und als Schwerverbrecher zum Tode verurteilt, erbat von dem Tribunal zuletzt die Gunst eines »Soldatentods«. Er wollte nicht am Strick enden.

Im Falle der vorübergehend avisierten Massenexekutionen hätte sich Keitel um die Kugel nicht sorgen müssen. Die Vollstreckung des Urteils vollstreckte jedoch zugleich die Ächtung. Keitels Bitte wurde abgelehnt, denn der Soldatentod war das, was ihm am allerwenigsten zu gönnen war. Das ganze Gerichtsverfahren diente dem Nachweis, daß Keitel sich vorsätzlich außerhalb des ›Droit des armes‹, des Gesetzes der Waffen, gestellt hatte. Keitel mußte darum den Banditentod sterben. Die Nürnberger Prozesse verfolgten nämlich in erster Linie einen volkspädagogischen Gedanken. Die Eliten des Reiches sollten verschwinden, indem ihr elitärer Rang verschwand. Das Tribunal war eine Tribüne, aufgeschlagen, um den Bürgern des künftigen deutschen Staates die Verworfenheit des verflossenen vorzustellen. Davon hatten sie womöglich keine Ahnung. Der Nationalsozialismus, das Bündnis zwischen Partei-Mob und Elite, wäre alsdann keine Veranstaltung der Nation gewesen, sondern die Verschwörung einer Outlaw-Kaste, der Kriegsverbrecher. Die Beseitigung des Nationalsozialismus vollzog sich in effigie, mittels Ächtens dieser Kaste. Ihr physischer oder moralischer Untergang läuterte die nunmehr Demokratie, Menschenrecht und Völkerversöhnung pflegende Gesellschaft.

Die Anklagebank des von den Vier Mächten 1946 abgehaltenen Hauptkriegsverbrecherprozesses sowie der von 1947 bis 1949 geführten zwölf Nachfolgeprozesse der USA spiegelt den grotesken Bund von NSDAP-Schergen und Patriziat, verluderten Ideologen und technokratischen Experten. Kaltenbrunner, der glasige Polizeibüttel, Heß, der verschrobene Parteiadjunkt, Dönitz, der U-Boot-Enthusiast, und Schacht, der weltläufige Finanzmagier, bildeten zusammen eine seltsame Verschwörung. Flick, den genialen Konzernarchitekten, Pohl und die abgestumpften Goldzahnräuber, die aasigen Juristen und medizinischen Würger, die Schergen der Einsatzgruppen, den diplomatischen Goethe-Menschen von Weizsäcker und die ledernen Marschälle der toten Rußlandlegionen – sie alle zwang die amerikanische Anklage in das Pandämonium der als ›Nazi-conspiracy‹ firmierenden Reichsverwaltung.

Ihre Tätigkeit hatte sich auf Bürger und Territorium der Alliierten gerichtet, damit berief sie die Zuständigkeit einer internationalen Gerichtsbarkeit. Deren Gesetzesgrundlage, das als Lex specialis geschmähte Londoner Statut, später umgewandelt zum Kontrollratsgesetz Nr. 10, versammelt überwiegend jahrhundertealte Delikte: Unter dem Rubrum ›Kriegsverbrechen‹ und ›Verbrechen gegen die Menschlichkeit‹ sind Mord, Totschlag, Körperverletzung, Raub, Freiheitsberaubung inkriminiert. Der Rahmen der heimischen Strafbarkeit war materiell in keinem Punkt überschritten. Die einzige Ausnahme, der Anklagepunkt »Vorbereitung und Führung von Angriffskriegen«, zitiert die Literatur irreführend als Beweis für den Einsatz rückwirkenden Rechts in Nürnberg. In der Tat verbietet ein fundamentales Rechtsprinzip,

Handlungen zu bestrafen, die zur Tatzeit nicht verboten waren. Eine Verurteilung von Aggressoren war 1939 ungebräuchlich und hat sich bis heute nicht durchgesetzt. Der im Pariser Vertrag von 1928 niedergelegte Angriffsverzicht stellte Zuwiderhandeln nicht unter Strafe. Es existieren keine Staatsverträge mit Strafandrohung für wortbrüchige Politiker, Militärs und Beamte. Vertragsbruch wird allenfalls mit Vergeltung an dem ungetreuen Staat geahndet, nicht an seinem Personal.

Die Anklage hat den Aggressionsvorwurf rückwirkend erhoben, soviel ist richtig. Zudem hat sie die Kriegsentfesselung als das verwerflichste aller Verbrechen bezeichnet. Kein einziger der 199 Angeklagten wurde indessen allein der Aggression wegen angeklagt, und nur einer, Rudolf Heß, allein ihrethalben verurteilt. Dieser Anklagepunkt findet sich stets mit herkömmlichen Delikten gekoppelt, die für das Strafmaß auch den Ausschlag gaben. Aggression wurde weniger rückwirkend bestraft als für strafbar deklariert. Ein feierlich begründetes Unterfangen ohne jeglichen Erfolg.

Schließlich inkriminiert das Londoner Statut die »Mitgliedschaft in einer kriminellen Vereinigung«, die in der Sache mit der angelsächsischen Rechtsfigur der ›Verschwörung‹ einhergeht. Seit dem 17. Jahrhundert wurden damit Komplotte gegen den König geahndet, insbesondere dann, wenn sie nicht zur Ausführung gelangten. Zudem erlaubt das sogenannte Organisationsdelikt, Amtspersonen als Mittäter anzuklagen. Ihr persönlicher Tatbeitrag bedarf keines zusätzlichen Beweises, dem Mitglied wird der Taterfolg der Gruppe zugerechnet. Denn wer auf einem Piratenschiff anheuert, heißt es im Einsatzgruppenurteil, weiß auch, daß gekapert wird. Im fraglichen Falle bestand das Problem allerdings darin, daß das Staatsschiff kaperte. Als verbrecherische Organisation hat die Nürnberger Anklage neben dem NSDAP-Leitungskorps, der Gestapo, SS, SA und Reichsregierung auch den »Generalstab und das Oberkommando der Wehrmacht« benannt. Eine Gruppe, die sich fest zu dem Ziel zusammengeschlossen habe, Angriffskriege zu führen, Kriegsverbrechen zu begehen oder rassische, politische und religiöse Verfolgung zu treiben. Im Ursprungsland des methodischen Generalstabswesens eine seltsame Devianz.

Mit der Kriminalisierung des ›Generalstabs‹ zielte die von den Vereinigten Staaten und der UdSSR vorgetragene Anklage auf die Tradition. Ein Organ dieses Namens existierte gar nicht in der Wehrmacht. Der Große Generalstab war 1919 kraft Artikel 160 des Friedensvertrags aufgelöst worden. Zurück blieb der achtunggebietende Kultus eines unfehlbaren Präzisionsinstrumentes preußischer Kriegskunst. Ferner hatte ein charakteristisches Training der Offiziere überdauert, persönliche Entscheidungen nach kollektiv gehegten Standards zu treffen. Die Eigenart des deutschen Heeres lag keineswegs im Kadavergehorsam. Es reformierte frühzeitig das brandenburgische Reglement, Befehle der Spitze stur durchzuexerzieren. Das friderizianische Feldherrngenie war transformiert in den so routinierten wie verantwortungswilligen Apparat. Die Ankläger titulierten ihn als ›Generalstab‹, wie um Scharnhorsts und Moltkes Erbe zu beschlagnahmen.

Die kriminelle Gruppe, datiert ab Februar 1938, war beziffert auf 130 Offiziere, errechnet zunächst aus den Spitzenstellungen im Oberkommando des Heeres (OKH), der Marine (OKM), der Luftwaffe (OKL) und in ihrem Dachverband, dem Oberkommando der Wehrmacht (OKW); insgesamt 20 Personen. Hinzu zählten ferner 110 Oberbefehlshaber, ein Rang, der den Chefs von Heeresgruppen, Armeen, Luftflotten und Marinegruppen eignete. 91 dieser Offiziere gehörten dem Heere an, darunter die klangvollsten Namen: die Feldmarschälle von Rundstedt, von Bock, von Leeb, von Manstein, Kesselring, von Kluge, List, von Küchler, von Kleist, von Weichs, Paulus, Schörner, Model, von Brauchitsch, die Generalobersten Halder, Guderian, von Arnim, Heinrici, Hoth, Reinhardt, Student (PS 3.739). Von den Kommandeuren der Armeekorps und Divisionen an abwärts endete die beschuldigte Organisation. Auch waren die Frontstäbe ausgenommen. Die Division, die Grundeinheit, umfaßt 10.000 bis 18.000 Mann, ein Korps mindestens zwei Divisionen, eine Armee mindestens zwei Korps und eine Heeresgruppe mindestens zwei Armeen. Kriminalität begann infolgedessen auf der Ebene der Führung von mindestens 40.000 Mann im Feld.

Wenn die Beschuldigten eine Gruppe bildeten, mußten sie die Verbrechen mit Hitler oder untereinander vereinbart haben. Der Nachweis gelang der Anklage des Vier-Mächte-Prozesses allein im Punkte ›Angriffskrieg‹. Aufmarsch- und Überfallpläne waren in der Regel unter Beteiligung derjenigen Oberbefehlshaber ersonnen worden, die sie später ausführen mußten. Hitler in seinem Mitteilungsbedürfnis hatte dem Kreis der Oberbefehlshaber überdies stundenlange Vorträge gehalten und sie hinreichend über seinen Angriffshunger unterrichtet. Aus Rechtsbedenken hätte die Generäle daraufhin den Entwurf von Einmarschplänen verweigern müssen. Insoweit sie aber mit ihrem Sieg rechneten, fühlten sie sich vom Pariser Vertrag nicht geniert. Der Rücktritt des Heeresstabschefs Beck, auch ein Bandenmitglied, gründete sich im September 1938 nicht auf das Angriffsverbot, sondern die Furcht vor überfrühtem Losschlagen.

Das Bild der Wehrmachtskriegsverbrechen zeigte sich 1946 erst in den äußeren Umrissen: Am westlichen Schauplatz war alliierten Sabotagetrupps der Pardon verweigert worden, sowjetisches Zivil hatte zu Millionen für den Okkupanten Arbeit ableisten und Verschleppung ins Reich erdulden müssen. Anstelle ordentlicher Besatzungsgerichtsbarkeit trat in Rußland die Willkür des Offiziers. Die Reichtümer des Landes waren begierig hinweggerafft, der Rest verwüstet und abgebrannt worden. Das Heer hatte sich von Einheiten der Himmler-Polizei begleiten lassen, die unter dem Vorwand der Partisanenbekämpfung zur Ausrottung von Juden und Asiaten geschritten waren. Die Befehlswege dieser Untaten, ihre Urheberschaft und Motive ließen sich aus erbeuteten Wehrmachtsakten so schnell nicht rekonstruieren.

Die angeklagte Gruppe war in systematische Kriminalität verwikkelt gewesen. Am Ursprung standen nicht verrohte Untergebene. Die Regelverletzung besaß vielmehr militärische Organisation und gelangte auf dem normalen Befehlsweg vom Führer an die Mannschaften. Mochten Zweifel bleiben, ob ein bewußtes Angriffsverbrechen begangen worden war, so ließ sich etwas anderes deutlich erkennen: Verbrechen im Feld hatten die Kriegführung durchwirkt wie ein organischer Bestandteil. Die Organisation der Greuel differiert nicht sonderlich von der des Nachschubwesens. Warum aber das Kriegsverbrechen seine üblichen Züge der Disziplin- oder Charakterlosigkeiten wildgewordener Verbände und Befehlshaber verloren hat und als offizielle Befehlslage aufkreuzte, wußte die Anklage während der gesamten Nürnberger Prozesse nicht darzulegen. Sie charakterisierte die verstörende Assimilation von Kriegshandwerk und befehlsmäßiger Kriminalität als nazistisches Banditentum. Der ruhmreichste Flügel des waffentragenden Standes, der deutsche Generalstab, hatte sich einem plötzlichen Satanismus hingegeben. Aus nüchtern-bravourösen Professionalisten waren die Oberbefehlshaber einer eingeschworenen Gang geworden.

Wenn man so will, fällt aber die Dekadenz des Generalstabs zusammen mit dem Aufstieg des Kriegsverbrechens. Vom Exzeß zügelloser Tatarenseelen arrivierte es zur kalkulierten Stabsarbeit. Was unterschied einen Rundstedt, Halder, Manstein charakterlich von den MacArthurs, Pattons und Schukows? Wird das Handeln des Generalstabs begreiflicher, wenn man ihn sich als Syndikat vorstellt?

Die politische Pädagogik der Nürnberger Anklage verlangte, im Volke Abscheu und Abstand hervorzurufen. Das Urteil des Vier-Mächte-Prozesses, ein außerordentliches Rechtsdokument, enthält hingegen einen denkwürdigen Absatz, der die NS-Strategen als frühvollendete Ausprägungen eines avantgardistischen Prinzips zeichnet: »Fest steht, daß Kriegsverbrechen in größtem Ausmaß verübt worden sind wie nie zuvor in der Kriegsgeschichte. Sie wurden in allen von Deutschland besetzten Ländern und auf hoher See begangen, unter allen nur erdenklichen Grausamkeiten und Schrecken. Kein Zweifel kann darüber bestehen, daß sie größtenteils aus der Auffassung der Nazis vom ›Totalen Krieg‹ stammen, mit der die Angriffskriege geführt wurden. Denn bei dieser Auffassung des ›Totalen Krieges‹ werden die den Konventionen zugrunde liegenden sittlichen Ideen, die den Krieg menschlicher zu gestalten trachten, als nicht länger in Kraft oder Geltung befindlich angesehen. Alles wird dem gebieterischen Diktat des Krieges untergeordnet. Regeln, Verordnungen, Versicherungen und Verträge, eines wie das andere, haben keine Bedeutung mehr; befreit vom hemmenden Einfluß des Völkerrechts wird der Angriffskrieg von den Naziführern auf möglichst barbarische Weise geführt. Demgemäß wurden Kriegsverbrechen begangen, wann und wo immer der Führer und seine engsten Mitarbeiter sie als vorteilhaft betrachteten. Zum größten Teile waren sie das Ergebnis kalter verbrecherischer Berechnung. In manchen Fällen wurden Kriegsverbrechen mit Vorbedacht lange im voraus geplant. Im Falle der Sowjetunion sind die Ausplünderung der zu besetzenden Gebiete und die Mißhandlung der Zivilbevölkerung bis in die geringsten Einzelheiten festgelegt worden, bevor der Angriff begann.«

Vor Gericht hatten die sowjetischen Ankläger allerdings ein Abbild des Rußlandfeldzuges entworfen, das von gar keinem Kriege zu handeln schien. Die Justizräte ketteten surreale Tableaus einer Nachtmahr aneinander, als seien die Deutschen aufgebrochen, um in den abwegigsten Scheußlichkeiten zu wetteifern. In der Halbinsel Kertsch auf der Krim, welche Mansteins 11. Armee besetzt hielt, hätten die Deutschen etwa 245 Schulkinder mit Kaffee und Kuchen vergiftet. »Der deutsche Feldscher rief Kinder, für die der Kaffee nicht reichte, ins Ambulatorium, wo er ihnen die Lippen mit starkem Gift bestrich. Nach einigen Minuten waren alle Kinder tot.« Im Bezirk Kalinin sollen Soldaten die hochschwangere Frau eines Rotarmisten gefesselt und vergewaltigt haben. »Nach der Vergewaltigung durchschnitten sie ihr den Hals, durchstachen ihr beide Brüste und schnitten sie auf sadistische Weise ab.« Im Bezirk Smolensk »trieben die faschistischen Scheusale mehr als 200 Schüler und Schülerinnen, die zur Einbringung der Ernte eingetroffen waren, auf dem Felde zusammen. Die Kinder wurden umzingelt und bestialisch niedergeschossen. Eine bedeutende Gruppe von Schülerinnen wurde von den Hitler-Faschisten für die Herren Offiziere ins Hinterland mitgenommen.« Das kann nicht sein.

Der sowjetische Anklagevortrag ist gespickt mit offensichtlichen Greuelphantasien der Propagandabüros. An anderer Stelle heißt es: »Am 29. September 1941 trieben die Hitler-Banditen Tausende friedlicher Sowjetbürger in der Ecke der Melnik- und Doktorowskajastraße zusammen. Von dort führten die Henker sie zum Babi Jar und erschossen sie, nachdem sie ihnen alle ihre Wertsachen abgenommen hatten. Die Bürger M.E. Petrenko und N.T. Gorbadchewa, die in der Nähe des Babi Jar wohnten, erzählten, sie hätten gesehen, wie die Deutschen Säuglinge in die Grube geworfen und diese lebend mit ihren toten oder verwundeten Eltern begraben hätten. Man sah, wie die Erde von den Bewegungen der noch lebenden Menschen schwankte.« Andere Augenzeugen überlieferten, »daß im Dezember 1942 ein außerordentlich grausames Massenmorden knochentuberkulöser Sowjetkinder, die sich in ärztlicher Behandlung im Sanatorium des Kurortes Teberda befanden, stattgefunden hat«. Krankenpfleger hatten beobachtet: »Sieben deutsche Soldaten, die mit dem Wagen gekommen waren, schleppten aus dem Sanatorium 54 schwerkranke Kinder von drei Jahren aufwärts hinaus und legten sie in mehreren Schichten in den Wagen (es waren kranke Kinder, die sich nicht bewegen konnten, daher konnte man sie nicht in den Wagen jagen, sondern legte sie schichtweise hinein). Darauf warf man die Türe zu, ließ Gas einströmen und fuhr aus dem Sanatorium weg.«

Dem Gericht wurden Fotoserien vorgelegt, welche Oberjustizrat Smirnow wie folgt kommentierte: »Dies ist eine Aufnahme, die einem toten Gestapomann abgenommen wurde. Sie wurde während der Kämpfe in diesem Abschnitt gemacht. Hier wird ein Mädchen geschlagen. Auf dem nächsten Bild werden Sie sehen, was die Gestapo mit dem Mädchen weiter macht ... Hier kann man nicht recht verstehen, was man mit ihm macht; ob man es am Haar aufhängt oder auf gewöhnliche Art; aber die konvulsivischen Bewegungen ihrer Hände zeigen, daß sie am Halse aufgehängt wird. Das ist jedem Kriminalisten klar. Ich bitte Sie, das tierische Gesicht des Schuftes zu betrachten, der sie erhängt ... Dies ist eine Aufnahme, die einem toten Gestaposoldaten abgenommen wurde. Ukrainische Frauen müssen nackt an ihren Henkern vorbeilaufen, die dastehen und lachen ... Dies ist eine Aufnahme, die eine Maschine zum Zermalmen von menschlichen Knochen darstellt. Daneben steht ein Gefangener, der diese Maschine bedient. Die Knochen von ungefähr 200 Menschen konnten zur gleichen Zeit in dieser Mühle zermahlen werden. Durch die Kommission wurde festgestellt, daß etwa 200 Kubikmeter Knochenmehl von dieser Maschine hergestellt wurden.« Die Maschine sei leicht transportabel konstruiert gewesen und auf der Rampe von Autoanhängern betrieben worden. Mit den Autos habe man kurz vor dem Rückzug der Wehrmacht die Stätten älterer Massengräber abgefahren, die verwesten Leichen exhumiert, sie aus Angst vor Entdeckung verbrannt und die Knochen pulverisiert.

Die vier letztgenannten Szenen sind authentisch. Die Erde allerdings konnte sich bei der Schlucht von Babi Jar nicht bewegen, weil Pioniereinheiten die Schlucht gesprengt und die Leichen klaftertief begraben hatten. Die beobachteten Bodenbewegungen mögen allerdings von anderwärtigem Hörensagen richtig wiedergegeben worden sein. Sie rühren aber nicht von lebendig Begrabenen, sondern aufsteigenden Leichengasen her. Die Tötung der tuberkulösen Kinder wurde mit Sicherheit nicht von Soldaten, sondern von Polizisten vorgenommen, die aber wahrscheinlich im Einvernehmen mit Offizieren handelten. Ähnliche Aufträge wurden gelegentlich wegen Bedarfs an Lazaretten und Quartier erteilt. Auch die Knochenmühle ist Wirklichkeit. Als Greuelphantasie hingegen erscheint der Vorwurf, daß »die Hitleristen das Knochenmehl als Material für die Ausbesserung der Wege und als Düngemittel verwendeten«. Schwer vorstellbar auch die Szene des 14jährigen Knaben Wanja, »dem die Hitleristen mit einer rostigen Säge den rechten Arm abgeschnitten haben«, sowie der von Fernartillerie in Leningrad getroffene Knabe Leo, der »mit den Worten ›verdammter Hitler‹ in den Armen seiner Mutter starb«.

Der Wirklichkeit entsprechen wiederum Massenerschießungen, wie sie das Anklagebeweisstück USSR 342, Augenzeugenbericht des Gefreiten Paul Kluge, wiedergibt: »Wir waren im Begriff, in die Kasernen zurückzugehen, als ein großer Omnibus voll mit Frauen und Kindern in den Friedhof einfuhr. Wir gingen zum Friedhof zurück. Dann sahen wir, wie aus dem Omnibus eine Gruppe, bestehend aus einer Frau und drei Kindern im Alter von drei bis acht Jahren, an ein bereits ausgeschaufeltes Grab von ungefähr zwei Metern Breite und acht Metern Länge hingeführt wurde. Die Frau mußte in das Grab hineinsteigen und nahm dabei ihr jüngstes Kind auf dem Arm mit. Die beiden anderen Kinder wurden ihr von zwei Männern des Exekutionskommandos gereicht. Die Frau mußte sich nun mit dem Gesicht zur Erde ins Grab legen. Ihre drei Kinder zur Linken in der selben Weise angereiht. Dann stiegen vier Männer des Kommandos ebenfalls in das Grab, legten ihre Gewehre so an, daß die Mündung etwa 30 Zentimeter vom Genick entfernt war und erschossen auf diese Weise die Frau mit ihren drei Kindern.«

Die realen und die phantasierten Greuel des sowjetischen Anklagevortrags unterscheiden sich nur in Nebensachen. Die Erfindungen erfüllt die Welt der Gruselmärchen, in denen aus Knochenasche Gräser blühen und abgesägte Arme wieder anwachsen. Den höflich Kinder in die Grube reichenden Schutzmann aber holt keine Phantasie ein. Er ist der Antichrist, der Schluß macht mit der Welt. Am Ende sieht es dort aus wie in der Steinbruchhöhle östlich der ukrainischen Stadt Artemowsk: »400 Meter vom Eingang befindet sich eine kleine vermauerte Öffnung. Nach Freilegung dieser Öffnung wurde eine Verlängerung des Tunnels in Form eines schmalen, steil aufsteigenden Durchgangs entdeckt, der in einer breiten, ovalen Höhle, 20 Meter lang, 30 Meter breit und drei bis vier Meter hoch, endet. Die ganze Höhle war mit menschlichen Leichen gefüllt. Sie waren dicht aneinander gedrängt und der Rücken dem Eingang der Höhle zugewandt. Dies ist charakteristisch, denn auch hier wurden die Erschießungen mit jener für die Deutschen so typischen Methode, dem Genickschuß, durchgeführt. Aufgrund der Aussagen der Bewohner von Artemowsk wurden am 9. Februar 1942 mehrere tausend Menschen in die Marmorsteinbrüche getrieben. Hierauf wurde eine andere Gruppe in die Höhle getrieben, um auf den toten und sterbenden Opfern der ersten Gruppe ebenfalls erschossen zu werden. Auf diese Weise wurden die Leichname in mehreren Reihen aufeinander geschichtet.«

Woher stammten die ›Menschen‹, deren Sterben die ›Bewohner von Artemowsk‹ in Einzelheiten zu berichten wissen? Welchen Ortes Bewohner waren sie? Vermutlich ebenfalls die von Artemowsk und Umgebung. Die sowjetische Anklage unterschlägt, wie zumeist, den Namen des Opfers. Publikum, Gericht und die drei westalliierten Anklagebehörden wußten allzu genau, daß die Judenvernichtung beschrieben wurde. Warum scheut die sowjetische Anklage den offenbaren Tatsachensinn und müht sich sonderbar, den Juden ihren Tod abzuerkennen? Gewiß waren sie Sowjetbürger, wurden jedoch nicht als solche umgebracht. Indem die Ankläger das sowjetische Volk zum Vernichtungsobjekt deklarieren, das es dergestalt nicht gewesen ist, entkleiden sie den deutschen Überfall seiner Rassendimension.

Das Judentum der ukrainischen Städte ist als erklärtes Symbol bolschewistischer Staatsmacht ausgelöscht worden, nicht ohne Nachhall im Landvolk. Für solche Verstrickungen hat sich die Nürnberger Anklage weniger interessiert. Mord ist Mord. Mit dem Nachweis ist der Justizzweck bereits erfüllt. Die Kette abstrakter Greuel erzählt aber nicht die ganze Geschichte. Das Register der Kriegsverbrechen, zunächst von der Sowjetunion präsentiert, ist von der Anklage zum Beleg der kriminellen Natur des ›Generalstabs‹ angefertigt worden. Ein aus beschlagnahmten Wehrmachtsakten und Augenzeugnissen gewonnenes Destillat der Scheußlichkeiten. Das Gesicht des Heeres vergeht dermaßen zur Fratze, daß es schwerfällt, die Züge militärischer Zweckorientierung daraus zu lesen. Die Plünderungstatbestände wecken mehr den Eindruck einer beutelüsternen, pyromanischen Horde denn einer jahrelang zäh und besonnen fechtenden Streitmacht:

»Die deutschen Angreifer schleppten aus den Bibliotheken von Kiew mehr als vier Millionen Bücher weg«, hingegen verbrannten sie »die unschätzbaren Urkunden des Historischen Archivs für alte Manuskripte«. Die Kiewer Uspenski-Kathedrale wiederum, »die in den Jahren 1075 bis 1089 durch den Großfürsten Swjatoslaw erbaut und innen von dem berühmten Maler W. Wereschtschagin bemalt wurde, wurde am 3. November 1941 von den Deutschen in die Luft gesprengt.« Mit besonderer Inbrunst seien diejenigen Städte niedergewalzt worden, die, wie Nowgorod, Pleskau und Smolensk, Denkmäler alter russischer Kunst aufbewahrten. Nowgorod sei in Trümmer gelegt worden, um das Baumaterial für Befestigungen zu nutzen, und die Sophienkathedrale, »ein einzigartiges Kunstwerk von Weltruf«, fiel. »Die Hitleristen plünderten alten Kirchenschmuck sowie die Altarbehänge und die Kronleuchter, darunter einen, der einmal Boris Godunow gehört hatte.« In Smolensk habe Ostminister Rosenberg einen eigenen Plünderstab für Museen und Denkmäler gegründet, der Ikonen, Bronzen, Porzellane, Metall-Gußfiguren und Webteppiche aufspürte und außer Landes schleppte. Was nicht abzutransportieren war, wurde in Schutt gelegt, »zum Pflastern der Straßen«.

Auf seinem Rückzug im Januar 1944 zerbombte das Heer im Zarensitz Puschkino (Zarskoje Selo) die italienische Rokokoarchitektur des Katharina-, Pauls- und Alexanderpalastes. Zuvor waren schon Deckengemälde, Mobiliar und Bücher verschleppt worden. Es fehlte den Besatzern nicht an Kunstsinn. Doch hatten sie sich in den Kopf gesetzt, nicht nur den bolschewistischen Staat zu liquidieren, sondern zur Sicherheit auch alle vorangegangenen. Da seine vermoderten Träger weder zum Erschießen noch zur Arbeit taugten, machte man sich an den toten Zeugnissen ihrer Zeit zu schaffen. Es wurde mit ihnen analog zu den Lebendigen verfahren: Ein Teil vernichtet, ein Teil kommerzialisiert. Rußlands Debellatio sollte bis in das 11. Jahrhundert reichen.

Der Internationale Gerichtshof verwarf die Ächtung des Generalstabs als verbrecherische Gruppe. Die Anklage hatte den nötigen Verschwörercharakter auch nicht dargelegt. Der Vorwurf der Kriegsplanung, von den Amerikanern erhoben, benannte keine kriminelle Tätigkeit. Die Generäle hatten gewöhnliche Strategien zu Papier gebracht und den Angriffsbeschluß der Politik überlassen. Hitler brauchte dazu keine weitere Ermutigung. Den Kriegsverbrechen der Rußlandarmee ließ sich keine Konspiration entnehmen. Die Sowjetunion legte dazu ein konfuses Machwerk von Anklage vor, das Heereszuständigkeit, Himmler-Polizei und NS-Zivilverwaltung vermischte.

Der Gerichtshof fand darin kein Indiz der Verschwörung der Verschwörer. Wie hatten sich die Oberbefehlshaber über Judenmorde, Gefangenentötung, Verwüstung und Zwangsarbeit untereinander verständigt? Waren dies Interessen der militärischen Kaste oder die Lehren der NSDAP? Existierte eine Befehlskette, die der Tyrann Hitler auslöste, die Stäbe OKW und OKH durchlief und den Feldmarschällen an der Front nur noch die Wahl zwischen Gehorsam und Meuterei ließ? Oder steckte die ganze Mannschaft in einem Komplott gleichgesinnter Weltanschauungskrieger?

Welche geistige Heimat hat das größte Menschenvertilgungswerk aller Zeiten, den Hitler-Stalin-Krieg, gezeugt? War dies die Walstatt der Nazi-Philosophie in Militärgestalt? Oder hat vielmehr der totale Krieg in dem böhmischen Gefreiten seinen geborenen Propheten gefunden? War Hitler das ganze Verhängnis oder nur seine sterbliche Hülle? Hatte Hitler durch willenloses Offizierswerkzeug gehandelt oder als dessen selbstgeformter Götze? Die Beziehungen des ›Generalstabs‹ zum Führer waren nicht durch die ererbte Treue des Heeres zum König geregelt. Diesen Cäsaren verdankte es eigenem Bedürfnis. Aus Aufzeichnungen Keitels, die dem Gericht vorlagen, ließ sich indes entnehmen, daß Hitlers Person den Oberbefehlshabern nicht lieferte, was Hitlers Rolle bezweckte. Er sollte die labile Heimatfront militarisieren, nicht dem Militär Vorschriften machen. Der Weg des Führers aus den Banden Versailles' verlangte zwar Führerschaft über die Wehrmacht, doch keineswegs die lästige Besserwisserei.

Was Befehl, was Gehorsam, was Zwang, was Einverständnis, was Verabredung, was Verschwörung war, hat sich weder in Nürnberg noch später genau aufhellen lassen. Wer hat dem Rußlandkrieg jene Gestalt aufgeprägt, die über 10 Millionen sowjetische Zivil- und Kriegsgefangenentote kostete? Die 9,5 Millionen Schlachtentoten der Roten Armee rechnet die deutsche Heeresführung ihrer Tapferkeit zugute.* Für den anderen Teil hat sich noch kein Urheber gefunden. So viele Personen konnten Hitler und die wenigen tausend Himmler-Polizisten, die nicht einmal halbe Divisionsstärke erlangten, schwerlich ums Leben bringen. Sie konnten auch nicht die dazu nötigen Verhältnisse schaffen. Ihre Ausstattung reichte selbst nicht hin, den Schwächsten im Lande, das Judentum, zu beseitigen. Es verschwinden aber nicht 10 Millionen Personen, ohne daß das Interesse der Besatzungsarmee berührt wäre. Ihre Führung, die den Internationalen Militärgerichtshof »eine rücksichtslose militärische Kaste« dünkte, wollte gleich doppelte Rücksicht geübt haben: auf Hitler, dem sie ihre Befehlspflicht abstattete, und auf die Opfer, denen sie heimlich ihre Rechtspflicht widmete. »Wenn es ihrer Verteidigung zweckdienlich ist«, bescheinigt das Urteil den Befehlshabern, »so sagen sie, sie hätten gehorchen müssen, hält man ihnen Hitlers brutale Verbrechen vor, deren allgemeine Kenntnis ihnen nachgewiesen wurde, so sagen sie, sie hätten den Gehorsam verweigert.« Doch warum sollte nicht einer dies, der andere jenes getan haben?

* Siehe Anmerkung

Der Gerichtshof entschied richtig, daß niemand einen hohen Wehrmachtsrang zwecks Dienstbarkeit in einem Verbrecherring einnahm. Kriegsverbrechen werden nicht wie Bankeinbrüche organisiert. Die SS mag als Zweckverein zur Ausmerzung politisch-rassischer Gegner begriffen werden, doch Oberbefehlshaber begegnen unvermutet Zwangslagen oder Ordres, die ihnen verbotene Kampfmittel aufnötigen. Was immer gemeinsam verabredet war, ein Armeechef genießt Autorität genug zur persönlichen Entscheidung. Selbst wenn er mit seinesgleichen im Bunde steht, ist es sein Amt, das ihm eigene Verantwortung auflädt. »Wo es der Sachverhalt rechtfertigt, sollen diese Leute vor Gericht gestellt werden«, schließt der Freispruch des ›Generalstabs‹, »damit jene unter ihnen, die dieser Verbrechen schuldig sind, ihrer Bestrafung nicht entgehen.« In dem Prozeß »The United States of America against Wilhelm v. Leeb et aliis« (4.2.1948 bis 27.10.1948) ist dies geschehen.

Die Alliierten hatten ursprünglich eine Serie von Prozessen beschlossen, gerieten aber schon vor Beginn des zweiten, Industriellen und Bankiers zugedachten Verfahrens in Stockung. US-Hauptankläger Jackson ließ seinen Präsidenten wissen, daß den Angeklagten unter einem französischen oder russischen Vorsitzenden keine faire Verhandlung zuteil werde. »Auch würde ein allein gegen die Industrie gerichtetes Verfahren eine Schwäche in unserer gemeinsamen Anklage betonen, die wir bisher vor allzu großer Peinlichkeit bewahren konnten. Wenn wir Industrielle verfolgen, weil sie Deutschland mit Panzern ausgerüstet haben, um Polen zu überfallen, was ist dann mit den Sowjetkommissaren, die gleichzeitig Panzer für Rußland gebaut haben, um Polen zu überfallen?« Jacksons Nachfolger, General Taylor, formulierte den Einwand in seinem Abschlußbericht über Nürnberg noch präziser: Das Tribunal sei wertlos, wenn die Welt seine Prinzipien als Lippenbekenntnis hege. Die Siegermächte hätten ihre eigenen Richter aufgeboten, weil eine praktische Alternative fehlte. »Es ist jedoch ein Umstand, über den die Deutschen kaum hinwegsehen dürften. Wenn nicht die USA und die anderen Regierungen, die an den Nürnberger Prozessen teilgenommen haben, ernsthaft das Institut einer internationalen Strafgerichtsbarkeit begründen und andere Schritte einleiten, die Nürnberger Grundsätze durch Prävention oder Strafe durchzusetzen, so werden die Deutschen unweigerlich folgern, Nürnberg war ›for Germans only‹.«

Der Vier-Mächte-Prozeß hatte vornehmlich die innere NSDAP-

Oligarchie untersucht: Göring, Kaltenbrunner, Frick, Rosenberg, Streicher, Frank, Speer und Genossen. Ermächtigt durch den Alliierten Kontrollrat, das oberste nationale Verwaltungsorgan, und eingesetzt durch den Gouverneur der US-Zone, verhandelte der Nürnberger Justizapparat bis 1949 gegen eine aufschlußreiche Gruppe. »Männer, die keine ›Berufs-Nazis‹ waren«, schreibt Taylor, »sondern Schlüsselstellungen im III. Reich besetzten.« Diese mittlere, doch tragende Schicht teilte sich in vier Gruppen: hohe Ministerialbeamte, Polizeibereich, Militärführer, Industrielle/Bankiers.

In der Tat war man der Deutschen nach zwei weltbewegenden Waffengängen so weit habhaft geworden, um die Rudimente des internationalen Strafrechts zu erproben. In einer beispiellosen Folge von zwölf Verfahren hat die US-Militärregierung das Herrschaftskartell des Dritten Reichs auf die Anklagebank geschickt: 178 Personen, an Stelle derer, wie Taylor berichtet, ebensogut 2000 oder 20.000 hätten sitzen können. Die Zahl war nebensächlich, die Beschuldigten dienten als Modelle, »den moralischen Verfall der deutschen Führung herauszubringen«. Ihre totale Niederlage schreckte nicht genügend ab. Denn allzu effektvoll hatten sie Europa in die Knie gebeugt. Die qualvolle Agonie des Reiches von der anglo-amerikanischen Invasion 1944 bis zum Zusammenbruch 1945 hat den schlagenden Erfolg der deutschen Kontinentalherrschaft übertüncht. Aber es kostete die Koalition einer halben Welt nahezu vier Jahre, dies Imperium vom Don bis zum Atlantik und vom Nordkap bis Kreta zu stürzen. Gegründet auf Raub, Schrekken, Genozid, Verrat, Sklaverei, Kollaboration, verlangte das Menetekel Hitler-Europas, und mehr noch der erbärmliche Kollaps der kontinentalen Demokratien, im nachhinein eine Selbstvergewisserung des Völkerrechts. Zeitgleich mit den Nürnberger Prozessen konstituierte sich im Opernhaus von San Francisco der erloschene Völkerbund neu als ›Vereinte Nationen‹. Weltfriedensordnung und Weltrecht ächteten den Pfuhl der Achsenmächte Japan-Deutschland.

Die Wahl Nürnbergs als Stätte des Tribunals, schreibt der irische UN-Diplomat O'Brien, zeugte von einem neuerworbenen Sinn für symbolische Aktionen. Am verrufenen Ort, dem Aufmarschfeld der braunen Kohorten, mußten ihre Hauptleute exorziert werden. »Die Verhandlungen in San Francisco und Nürnberg bildeten gemeinsam den feierlichen Vollzug eines weltlichen Jüngsten Gerichts. Auf der Rechten, in San Francisco und London, wurde vor den Erwählten der friedliebenden Nationen das Königreich des Friedens aufgetan. Auf der Linken, in Nürnberg, sah man die Fluchwürdigen ›wie stinkende Böcke‹ in die Verdammnis gestürzt. Als Schauspiel war dies sehr einfach und wirksam. Als Ritual bezog es seine Kraft aus altem Glauben und dem offenbar unauslöschlichen Wunsch nach Strafe und Erlösung. Die Schuld war mit den Verhafteten begraben.«

In der Tat hatten es Deutschland und Japan mit ihren Methoden allzu weit gebracht. Nicht mit krimineller Energie allein. Beiden war ein souveränes Spiel mit den Begierden, der Friedensseligkeit, Korruption und Feigheit von Partnern und Opfern gelungen. An die endlich Bezwungenen, zu World-Outlaws gedemütigt, heftete sich der vordem schon genährte Glaube der Völkerrechtsgemeinde, daß Aggression und Terror zu verbieten, infolgedessen auch zu ahnden und am Ende wie eine Seuche abzuschaffen seien. Neben der gesetzlichen Prävention interessierten auch die Erreger. Die Ermittlungen gegen die Diplomaten, Industriellen und Offiziere förderten eine in der Historiographie neue Innenansicht staatsterroristischer Funktionen zutage. »Die Akten dieser Prozesse«, meldete Taylor, »verkörpern eine tiefschürfende Prüfung und einen genauen Querschnitt der Natur und Funktionsweise der Diktatur in der modernen Welt. Aus offenkundigen Gründen ist das Studium der Diktatur heute kein akademisches Unterfangen, und die Analyse ihrer Stärken und Schwächen ist gleicherweise entscheidend für die militärische und politische Planung des Friedens und des Krieges.«

Taylor berichtet, die Analyse des Dritten Reiches habe die hohe Ineffizienz der Diktatur zutage gefördert. Das war der Sinn der Sache. Dreißig Jahre später ergänzte Ex-Ankläger Taylor sein Urteil mit einer Analyse der Demokratie in ihrer ineffizientesten Stunde, dem Münchener Abkommen von 1938. Welch bequemere Gegner kann der despotische Erpresser finden als die stets konzessionswilligen, frohgemuten Staatsmänner der Republik? Besorgt, ihr Wahlvolk nicht mit häßlichen Realitäten zu konfrontieren, treten sie den Rückzug an, ehe der Fürst des Terrors nur einen Schuß abfeuert. Nichts beeindruckt das friedliebende, rechtsfolgsame Lager tiefer als dessen Bereitschaft, grenzenlos Opfer hinzuschlachten und die Idylle der Genußmenschen mißmutig in die Luft zu jagen. Die Lebensgefahr der Demokratien entsteht dadurch, daß

Terror und Aggression sich bei ihrem überquellenden Versöhnungs- und Gewinninteresse beträchtlich lohnen.

Dem deutschen Terror im Hitler-Stalin-Krieg blieb nicht zuletzt darum der letzte Erfolg versagt, weil er sich gegen einen seinerseits terroristischen Staat richtete, der dagegen unempfindlicher war. Es machte ihm nichts aus, notfalls drei Millionen Leningrader im Belagerungsring der 18. Armee verhungern zu lassen. Eine demokratische Regierung hätte wohl die weiße Fahne gehißt. Das gilt für einige entscheidende Abschnitte des Jahres 1941. Kein Staat außer dem Stalins hätte diesen Terror verkraftet. Es rührte ihn das Massensterben der Kriegsgefangenen in deutschem Gewahrsam ebensowenig wie die Einäscherung seiner Kathedralen und Katharinenpaläste. So bot Sowjetrußland der Nachbardiktatur Paroli. Wer sonst hätte die Brücke zur anglo-amerikanischen Landung in Sizilien und der Normandie zwei bis drei Jahre halten können?

Die Vorzüge von Erpressung, Überfall und Terror gegenüber rechtlich und politisch inhibierten Gegnern oder Schutzlosen behielten die Beklagten wohlweislich bei sich. Hitler hatte ihrem Bekunden nach das abstrakte Böse angestrebt zur puren Befriedigung seiner Verbrechernatur. Wenn die Oberbefehlshaber dem folgten, dann aus dem sittlich gebotenen Gehorsamsprinzip. Heimlich folgten sie jedoch dem Rechtsgewissen. Die Anklage wiederum hütete sich, die Wirksamkeit des Terrors anzuprangern, weil sie den Sieg der Humanität über die ineffektiven Terroristen ausrief. Deren Verbrechen hatten sich nicht ausgezahlt. Die Gerechten hatten der gerechten Sache zum Durchbruch verholfen und führten die Ungerechten nunmehr der verdienten Strafe zu. An dem Ergebnis gibt es nichts zu deuten, doch ist es nicht das einzige. Die phänomenalen Landstreitkräfte des Reichs sind überwiegend von Stalin aufgerieben worden, der kein gerechter Herrscher war. Er schlug die Aggression zurück und unterwarf sich Ost-Südosteuropa nicht minder martialisch als der Vorbesitzer. Nein, die Landkriegsordnung und das Angriffsverbot galten wenig zu der Zeit. Hitlers Lehre, daß Erpressung wirkt, Terror überzeugt, Erstschlag begünstigt und Sieg alles legitimiert, hat die Nachwelt tiefer beeinflußt als die Nürnberger Rechristianisierung nach Völkerrecht.

Im Verlauf des OKW-Prozesses wuchs der Einblick in den Terrorapparat. Die Anklage durchforschte den Wehrmachtsschriftverkehr, den Befehlsweg hinauf und hinab, von den zentralen Stäben OKW und OKH über die Heeresgruppen, Armeen, Armeekorps bis zu den Divisionen und Regimentern, einschließlich der Befehlsstellen des Hinterlands, der Kriegsgefangenenlager, Ortskommandanturen, Feldpolizei. Dutzende von Offizieren erläuterten dem Gericht als Zeugen oder Angeklagte den Sinn und die Umstände jener Chiffren, die der Krieg auf dem Papier hinterlassen hat. Die Anklage der unterlegenen Befehlshaber stieß in den Reihen des britisch-amerikanischen Militärs jedoch auf Mißmut. Zugunsten der 1946 sämtlichst zum Tode und zum Erhängen verurteilten japanischen Generäle hatte sich keine Stimme erhoben. Taylor vermutete später rassische Gründe. Mag sein. Schwerer wog sicherlich, daß die japanischen Greuel oft US-Gefangene zum Opfer hatten. Yamashita und Komplizen kannte man als vernichtungswütige Gegner. Die deutschen Oberbefehlshaber waren vergleichsweise umgängliche Standesgenossen. Ihre Verfehlungen hatten sie an sowjetischen Zivilisten und Soldaten begangen; deren Martyrium empörte Amerika 1948 geringfügiger. Mitten in die Verhandlungen gegen das ›High Command‹, des letzten der zwölf Nürnberger Nachfolgeprozesse, traf die Nachricht der Berliner Blockade. Westalliierte und Deutsche schätzten einander erstmalig als mögliche Partner ab. In einem Konflikt mit Stalin wären so furiose Panzerasse wie die Generalobersten Hoth und Reinhardt von der Anklagebank schnurstracks zur Front befördert worden. Welcher Verbündete hätte auf vierjährige Rußlanderfahrung verzichten mögen? »We wanted Germany on our side«, wie Taylor sich 35 Jahre später erinnerte. Weniger die desillusionierte Anklagebehörde, etwas mehr Militärgouverneur Clay, dringlicher die amerikanische Heimat und am intensivsten die US-Armee, die dem deutschen Militär eine hundertjährige Hochachtung entgegenbrachte. So verhandelte der OKW-Prozeß im Zwielicht, und manche, die dem ›Verbrecher Keitel‹ die Tressen hatten entfernen lassen, würden ihm, wenn seine Asche nicht längst in den Lech gestreut worden wäre, den Marschallstab stumm zurückerstattet haben. Die Sowjetunion war ohne Deutschland unmöglich zu bekriegen; den Vereinigten Staaten blieb gar keine Wahl. Die Nürnberger Prozesse, welche die Untaten im Operationsgebiet der deutschen Wehrmacht behandeln, lagen keineswegs im amerikanischen Interesse. Sie sind ihm abgerungen worden.

Nach dem Vier-Mächte-Prozeß glaubte die deutsche Unschuldspropaganda ihre Parole ›Siegerjustiz‹ selbst nur zur Hälfte. Allzu ironisch gaben Angeklagte wie Verteidiger den Richtern und Anklägern zu verstehen, daß sie die längste Zeit Sieger gewesen seien, wenn der Krieg in Kürze von neuem begänne. Nunmehr gegen jenen Feind, den Deutschland zuerst erkannt habe. Mit den Haager Geboten komme man im totalen Landkrieg nicht vorwärts, das wisse die Wehrmacht besser. Mitte 1948 unter rapide eskalierenden Spannungen gegen exzellente Rußlandgeneräle zu prozessieren, gehörte wahrlich zu einer anderen Welt. Nürnberg war zu dieser Zeit eine Enklave geworden, die den Geist der Roosevelt-Ära konservierte. Die Utopie einer Weltrechtsgemeinschaft, vollkommener noch als Wilsons ewiger Friedensbund von 1919.

Der Völkerbund hatte sich zugunsten des Menschheitsgedankens ein Sanktionsrecht gegen souveräne Staaten zuerteilt. Die Nürnberger Judikatur, konzipiert in der ›United Nations War Crimes Commission‹, später dem Prinzipienschatz der UNO einverleibt, ging einen Schritt weiter. Das Gericht, das sich aus seiner Kontrollratsermächtigung bis 1949 unbeirrt als internationales Organ ausgab, übte Strafgewalt gegen Staatsbürger der ›Europäischen Achse‹ aus, die internationales Recht übertreten hatten. Die vier Mächte, im Sicherheitsrat der Vereinten Nationen zur Weltpolizei bestellt, hatten die Anklage deutscher Generäle wegen Angriffsführung und Kriegsverbrechen in Polen, Belgien, Rußland usw. formal in Auftrag gegeben. Als 19 Monate nach dem letzten Nürnberger Urteil rotchinesische Generäle Tibet überfielen und mißhandelten, weigerte sich die UNO-Vollversammlung, das Thema auch nur auf die Tagesordnung zu setzen. Roosevelts und Wilsons ererbte Vision der ›einen Welt‹, die Frieden und Humanität dem Schutz des Rechtes anstelle des Machtringens anvertraut, existierte schon 1948 nur noch im Nürnberger Gerichtssaal. Die Anklage plädierte vor den Tapeten jener besseren Welt, die sich 1899 in der Haager Landkriegsordnung, 1919 in der Völkerbundcharta, 1928 im Pariser Vertrag, 1929 in der Genfer Kriegsgefangenenkonvention und 1945 im Londoner Statut abgezeichnet hat. Jeweils unter der Bekanntgabe, daß die industriellen Destruktivkräfte nebst den ihnen anverwandelten Charakteren von einer Rechtsordnung zu bändigen seien. Als das Schutzgut sind genannt: »das Interesse der Menschlichkeit« (1899), »die Vorschriften des internationalen Rechtes, die fürderhin als Richtschnur für das tatsächliche Verhalten der Regierungen anerkannt sind« (1919), die »Pflicht gegenüber der Menschheit« (1928), das »Interesse der Vereinten Nationen« (1945). Das bedrohte Gut selbst hat keine Stimme. Anwälte nehmen sich seiner an. Sie sind Staaten, die vorübergehend die Robe abwerfen, um ihren stummen Klienten zu erdrosseln. Existiert er eigentlich? Ist er nicht die Halluzination gestauchter Kombattanten, die es von Zeit zu Zeit in ihrem Harnisch nicht mehr aushalten?

Anklagepunkt I der flüchtigen Weltrechtsordnung beschuldigte die Wehrmachtsgeneräle der kriegerischen Aggression. Die Abscheu vor dem Angriffskrieg sei unvollständig ohne die Verurteilung seiner Führer. Was als Verbrechen gebrandmarkt sei, verlange auch eine Bestrafung. Das Gesetz müsse im Einklang stehen mit dem moralischen Urteil der Menschheit. Anklagepunkt II umfaßte die herkömmlichen Kriegsverbrechen, erweitert um ›Verbrechen gegen die Menschlichkeit‹, gegen Soldaten und Gefangene. Anklagepunkt III enthielt Kriegs- und Menschlichkeitsverbrechen, begangen an Zivilisten. Anklagepunkt IV nennt die Verschwörung zu Delikten nach Punkt I bis III als separaten Tatbestand.

Das neuformulierte ›Verbrechen gegen die Menschlichkeit‹ wurzelt in der Präambel zur Haager Landkriegsordnung in der novellierten Fassung von 1907, der gerühmten Martensschen Klausel. Weil die Vertragschließenden sich nicht näher festlegen mochten, wählten sie eine allgemeine Verpflichtung auf »die Gesetze der Menschlichkeit«. Der Alliierte Kontrollrat deutete sie in seinem Gesetz Nr. 10 als Verbot von Anschlägen auf Leib, Leben und Freiheit des Zivils, ferner von politischer, rassischer und religiöser Verfolgung. Artikel 1 dieses Gesetzes spezialisierte es auf die »Hauptkriegsverbrecher der Europäischen Achse«. Sonst hätte sich der Kontrollrat selbst inkriminiert, denn die ›politische Verfolgung‹ von Nationalsozialisten zählte er zu seinen vornehmsten Zielen.

Die Auswahl geeigneter Angeklagter trafen die Generäle Taylor und Clay mit besonderem Bedacht, doch nicht einvernehmlich. Zudem saßen drei Feldmarschälle, mit denen die Nürnberger Justiz ihre Anklagebank gern eröffnet hätte, in britischem Gewahrsam: von Manstein und von Rundstedt, die anerkannten Meisterstrategen des Heeres, sowie von Brauchitsch, Oberbefehlshaber des Heeres bis Dezember 1941. Die Ehre, solchen Unsterblichen der Kriegskunst den Prozeß zu bereiten, ließen sich jedoch die Briten nicht nehmen. So wurde der Senior der deutschen Feldmarschälle, Ritter von Leeb, zum Hauptangeklagten. Halder, Chef des Heeresgeneralstabs und im Vier-Mächte-Prozeß als Angehöriger der kriminellen Gruppe an sechster Stelle genannt (PS 3739), war nunmehr als Kronzeuge vorgesehen. Die Verteidigung lud ihn ebenfalls vor und zog weit größeren Gewinn aus ihm. Den größten Nutzen trug Halder für sich selbst und das Oberkommando des Heeres davon. Als Traditionshüter blieb es rätselhafterweise ab 1946 von allen Nachstellungen verschont. Die Schande der Zentrale der kriminellen Planung fiel auf das konkurrierende Stabsorgan, das Oberkommando der Wehrmacht.

Wenn man so will, mag man sich die Anklagebank als Befehlskette vorstellen. Drei der Angeklagten waren als Amtschefs im OKW mit der Aufgabe befaßt gewesen, die Ermordung gewisser Gruppen gefangener Soldaten und Zivilisten in ein Dutzend den Frontgegebenheiten angepaßte Befehle zu kleiden. Das OKW, ein aus dem Kriegsministerium hervorgegangener Stab Hitlers in seiner Eigenschaft als Oberbefehlshaber der gesamten Wehrmacht gliederte sich in Ämter: das Wehrmachtsführungsamt mit der Abteilung Landesverteidigung unter dem Angeklagten General Warlimont, das Amt Auslandsabwehr unter Admiral Canaris, das Wehrwirtschaftsamt unter General Thomas, das Allgemeine Wehrmachtsamt unter dem Angeklagten Reinecke und die Wehrmachtsrechtsabteilung unter dem Angeklagten Lehmann.

Soweit der Landkrieg betroffen war, erreichten die im OKW entworfenen, von Keitel oder Hitler gezeichneten Befehle zunächst die höchste Kommandostelle im Feld, das Hauptquartier der Heeresgruppe. Die Ostfront war erst in drei, später vier Heeresgruppen gefächert. Fünf der Angeklagten hatten bis Kriegsende den Rang eines Heeresgruppenchefs erklommen: von Leeb, von Küchler, Blaskowitz, Reinhardt und Wöhler. Blaskowitz beging am Tage nach Verfahrenseröffnung Selbstmord durch Sprung aus dem Fenster.

Die Heeresgruppe, in der Regel durch einen Feldmarschall, ausnahmsweise auch von einem Generalobersten befehligt, bestand aus einem kleinen Stab, dem die operative Führung der Armeen oblag. Vier Heeresgruppenführer hatten zuvor Armeen kommandiert: Küchler, Blaskowitz, Reinhardt und Wöhler. Drei weitere Angeklagte, Hoth, Salmuth und Hollidt, waren ausschließlich Armeeführer gewesen.

Mit insgesamt sieben Generälen stellten die Armeeführer die Hälfte der Anklagebank. Ihr Amt übertrug ihnen neben der Lenkung der unterstellten Armeekorps und dem Nachschubtransport die Territorialherrschaft. Dem Armeechef war die Zivilbevölkerung anvertraut. Hans von Salmuth, Otto Wöhler und Karl Hollidt hatten zunächst kleinere Kampfverbände, Korps und Divisionen, kommandiert und als Stabschefs von Armee- und Heeresgruppenführern gedient. Der Stabschef leitet den Befehlsapparat, überwacht das Routinegeschäft und ist der ständige Berater des Oberbefehlshabers.

Das Operationsgebiet des Heeres teilte sich in Gefechtsgebiet und rückwärtiges Gebiet. Letzteres befehligte ein dem Heeresgruppen- oder Armeechef direkt unterstellter General. Der Angeklagte Karl von Roques war Befehlshaber des Rückwärtigen Heeresgebiets Süd (unter von Rundstedt, von Reichenau und von Bock) und des Rückwärtigen Heeresgebietes A (unter List, Hitler und Kleist) gewesen. Das Amt verlangt die Verwaltung und Sicherung des besetzten Gebietes, der Nachschublinien, ferner die Versorgung der Gefangenendurchgangslager.

Als Repräsentanten der in der ehemaligen ›kriminellen Gruppe‹ ebenfalls vertretenen Oberbefehlshaber der Marine und Luftwaffe waren zudem Admiral Schniewind (Stabschef der Seekriegsleitung) und Feldmarschall Sperrle (Luftflotte 3) angeklagt.

Insgesamt keine Auswahl sonderlich rechtsfeindlicher Generäle, sondern ein Ensemble, in dem sich die Führung der deutschen Wehrmacht wiedererkennen konnte; ein auf vierzehn Personen verkleinertes Abbild der ›verbrecherischen Vereinigung OKW und Generalstab‹.

Das Aggressionsverbot

Anklagepunkt I, der Generälen den Angriffskrieg vorwirft, mutet ebenso absurd wie plausibel an. Die Pflicht gebietet dem Soldaten, der politischen Führung zu gehorchen. Jede Armee der Welt wäre sogleich verloren, falls ihre Angehörigen mit der Mobilmachung die Legitimität des Unternehmens prüften. Andererseits ist das Militär die Bedingung des Krieges. Wenn die Aggression von Übel ist, kann der materielle Träger der Aggression keine Immunität beanspruchen. Solches hieße »den Soldaten auf eine Art von untermenschlichem Status reduzieren«, kritisierte die Anklage, »als einen Menschen, der nicht imstande ist, für sich selbst rechtlich zu urteilen und der den göttlichen und menschlichen Gesetzen gegenüber nicht mehr verantwortlich ist als Tiere und kleine Kinder«.

Während von Leebs Anwalt Laternser bezweifelt, daß der Soldat allein entscheiden dürfe, »ob die Sache, für die er kämpft, gut oder schlecht ist«, entdeckt die Anklage darin seine möglicherweise einzige Chance, kriminellen Verstrickungen zu entgehen. Die Modernisierung des Kriegs habe dafür gesorgt, »daß niemand, der in ihn eintritt, sei es auch nur in Notwehr, sich einer gewissen Brutalisierung entziehen kann. In einem modernen Kriege kann die Anwendung seiner verderblichen Mittel und die unvermeidliche Entartung aller Teilnehmer nicht begrenzt werden.« Ein staunenswertes Zitat der Anklage aus einer Schrift des 80jährigen US-Kriegsministers Henry Stimson. Demzufolge entarten die Träger der gerechten wie der ungerechten Sache gleichermaßen. Wenn der Aggressor bekriegt werden muß, ist es schon zu spät. Ihm muß als Einzelperson das Angriffsverbot und die Individualhaftung eingeschärft werden. Wenn der Angreifer zurückscheut, brauchen die Angegriffenen nicht mehr länger zu entarten.

Woran erkennt der Wehrmachtsoffizier indessen, ob der Einmarsch in Österreich ein Angriff ist, wenn ihm die Österreicher dabei zujubeln? Ist die Besetzung Dänemarks ein Krieg, wenn die Dänen keinerlei Widerstand leisten? Hat Leebs Heeresgruppe C, während des Überfalls auf Polen an der französischen Grenze postiert, um einem Angriff des polnischen Verbündeten Frankreich auf das Reich zu wehren, das Recht zur Landesverteidigung? »Tatsächlich hat dies auf die aufgeworfenen Streitfragen keinen Einfluß«, belehrte die Anklage. »Leeb wußte zu dieser Zeit, daß der Angriff auf Polen aggressiv war, und es ist klar, daß Rundstedt und Bock Polen nicht hätten angreifen können, wenn Leeb nicht im Westen die Stellung gehalten hätte. In dieser Hinsicht kam Leebs Aufgabe der eines Bankräubers gleich, der bei der Tür Wache steht, um die Polizei vor einer Intervention abzuhalten, während seine Komplizen die Bank ausrauben. Es steht wohl fest, daß solch eine Person als Täter strafrechtlich haftbar ist.«

Dem Nürnberger Vier-Mächte-Gericht war dies keineswegs als feststehend erschienen. England und Frankreich hatten dem Reich in Erfüllung ihrer Beistandspflicht gegenüber Polen formal den Krieg erklärt. Den deutschen Einmarsch in Frankreich und die Luftangriffe auf England hatte das Urteil nicht als Aggression bewertet. Anders jedoch die Überfälle auf Belgien, Holland und Luxemburg. Demzufolge hätten im Westfeldzug die Heeresgruppen A und B, die durch Belgien und Holland zogen, als Angreifer gehandelt, während Leebs Heeresgruppe C, die über Saarbrücken und den Oberrhein direkt in Frankreich einfiel, im gerechtfertigten Zustande der Verteidigung geschossen, desgleichen die Panzergruppen, die als Angreifer durch die belgischen Ardennen brachen, um als Verteidiger südlich nach Frankreich einzubiegen. Da Hitler im Dezember 1941 Amerika den Krieg erklärt hatte, war bei der anglo-amerikanischen Invasion im Juni 1944 die deutsche Küstenbesatzung hinsichtlich der Briten Verteidiger und hinsichtlich der Amerikaner Angreifer.

Krieg herrscht laut Haager Konvention durch Kriegserklärung; weitere Tatbestandsmerkmale, zumal der Aggression fehlten. Im Bündniskrieg, im Präventivkrieg, im Befreiungskrieg durchmischten sich aber Angriff und Verteidigung. Selbst wenn sie gewollt hätten, wären die Teilnehmer der Hitlerischen Einmärsche bei einer Rechtsprüfung auf unlösbare Begriffsschwierigkeiten gestoßen. In der Tat hat kein General seinen Befehl aus Rechtsbedenken zurückgegeben. Die Kette der Operationen gegen Polen, Dänemark, Norwegen, Holland, Belgien, Luxemburg, Frankreich, England, Jugoslawien, Griechenland und die Sowjetunion verrät unbändige Aggressionslust. Die entscheidenden Kampagnen schlug ein und dasselbe Ensemble von Heeresgruppen- und Armeeführern. Die Nöte der alliierten Justiz haben sie nicht angefochten. Sie äußerten gelegentlich Sorge, doch nur bezüglich der Frage, ob der Erfolg sichergestellt sei.

Am angenehmsten waren ihnen zweifellos die ›Blumenkriege‹ gegen Österreich und die Tschechoslowakei, in denen das noch wacklige Kampfinstrument geschont werden konnte. In beiden Fällen tat die Erpressung der Staatspräsidenten mit Sperrles Bomberstaffeln ausreichenden Dienst. In der Slowakei steckte sich das Reichsaußenministerium hinter die schäumende Separatistenbewegung, und unter Warlimonts Regie wurde im OKW Hitlers Militäroption zur »Liquidierung der Rumpf-Tschechoslowakei« in die Direktive gekleidet: »Gegenüber der Außenwelt muß es so scheinen, als ob es sich nur um eine Befriedungsaktion und nicht um ein kriegerisches Unternehmen handelt« (C 138)*.

* Siehe Editorial

Der Ernstfall trat nicht ein. Die tschechische Führung, durch die europäische Friedenssehnsucht längst mürbegeklopft, bat selbst um Aufnahme in den Reichsverband. Am 15. März 1938 besetzte Sperrle die Flugplätze und Blaskowitz die Hauptstadt Prag des Protektorats Böhmen und Mähren. Auch ohne daß Kampfhandlungen stattgefunden hätten, wertete die Anklage den Handstreich als »Verbrechen gegen den Frieden« nach Kontrollratsgesetz Nr. 10, das neben der Aggressionsplanung und -führung »das Unternehmen des Einfalls in andere Länder« nennt. Bemerkenswerterweise erstreckte sich die Beschuldigung bis zu dem Rang eines Divisionskommandeurs wie Hans Reinhardt. Denn seine Panzerdivision rollte mit der ersten Welle, »gehörte zur Vorhut und hatte einen Auftrag von besonderer strategischer Bedeutung«. Wer zuerst einrückt, ist gewissermaßen der Aggressivste.

Neun Wochen später unterrichtete Hitler die Wehrmachtsführer, darunter die Angeklagten Warlimont und Schniewind, daß er sich auf einen »Krieg von 10- bis 15jähriger Dauer« einrichte. Hauptsächlich gehe es um eine »Auseinandersetzung mit England auf Leben und Tod«. Doch um blockadefest zu werden, »ist es gut, einen größeren Ostraum zu besitzen«. Die Nährmittel seien allein dort zu beschaffen, »wo geringe Besiedlung herrscht«. Außerdem werde »die deutsche, gründliche Bewirtschaftung die Überschüsse gewaltig steigern«. Andere Möglichkeiten existierten in Europa nicht. Zunächst sei »bei einer passenden Gelegenheit Polen anzugreifen«. Die gegenwärtigen diplomatischen Querelen um Danzig enthielten keineswegs »das Objekt, um das es geht. Es handelt sich für uns um die Erweiterung des Lebensraums im Osten.« Eine »Wiederholung der Tschechei« werde es allerdings nicht geben. Jetzt gehe es ans Blutvergießen. »Anzustreben bleibt, dem Gegner zu Beginn einen oder den vernichtenden Schlag beizubringen. Hierbei spielen Recht oder Unrecht oder Verträge keine Rolle.« Die Lösung der wirtschaftlichen Probleme von 80 Millionen Menschen »ist ohne Einbruch in fremde Staaten oder Angreifen fremden Eigentums nicht möglich«. Deutschland müsse die Brücken abbrechen. »Es handelt sich nicht mehr um Recht oder Unrecht, sondern um Sein oder Nichtsein von 80 Millionen Menschen.« Im Anschluß an Polen seien »Holland und Belgien zu besetzen und zu sichern sowie Frankreich zu schlagen, dann ist die Basis für einen erfolgreichen Krieg gegen England geschaffen« (L 79).

Die Generäle kann es bei solchem Prahlhans nur gegraust haben. Wie immer sie mit ihren improvisierten 103 Divisionen, darunter fünf gepanzerten, die Aussicht, eine Welt 15 Jahre lang in Krieg zu verwickeln, beurteilt haben – die Unklarheiten waren verflogen. Als sie später Abschnitt für Abschnitt dieses Abenteuers in Operationspläne umsetzten, kannten sie die Richtung. Der Weg in den Kriegszustand mit dreizehn Staaten wand sich umständlich dahin. Doch die aggressive Auslösung eines Globalkonflikts gegen Recht und Verträge war den Generälen vorsorglich mitgeteilt.

Sie überwanden ihre letzten Zweifel, als Hitler ihnen neun Tage vor dem Polenfeldzug einen vertraueneinflößenden Partner vorstellte: die Rote Armee. Das Lebensraumprojekt schrumpfte, doch die Zweifrontenstellung, das Trauma aus dem letzten Krieg, war gelöst. Außerdem kannten die Generäle keine Streitmacht näher als die sowjetische. Als junge Reichswehroffiziere hatten sie zehn Jahre zuvor in Rußland an den ihnen friedensvertraglich untersagten Panzern und Flugzeugen geübt. Das vergaßen sie auch nicht im Hitlerstaat. Noch 1938 beglückwünschte General Köstring, der Militärattaché des Reiches, den Marschall Timoschenko zu seinen neuen Ausbildungsmethoden: »Ich sehe darin, erklärte ich ihm, die Prinzipien Seeckts bei der Ausbildung der Reichswehr.« Die blutige Säuberung in Armee und Partei begrüßte Köstring als eine Reform, die, wenngleich »in asiatischer Weise«, den Bolschewismus zähmte. »Eine Entwicklung, die sich von der verschwommenen Weltrevolutions-Idee freimachte, um das Volk zum nationalen Handeln und vor allem zum Wehrwillen zu erziehen.« Es seien viele Maßnahmen zu beobachten, »die oft an ein deutsches Vorbild erinnern«. Die Deutschen wiederum merkten sich die ›asiatischen Methoden‹, mit denen ein national denkender Führer wie Stalin Ordnung im bolschewistischen Chaos schuf. So inspirierte man einander über die Schablonen der Ideologie hinweg. »Gute Beziehungen zu Rußland wurden hoch bewertet im Heer«, gestanden Warlimont, Halder und Manstein in Nürnberg, »das viele enge Berührungspunkte mit der Roten Armee hatte.« Der engste Berührungspunkt ergab sich bei der beiderseitigen Okkupation Polens.

Am 3. April hatte das OKW einen Invasionsplan fertiggestellt, wie er im Buche stand. Zwei Zangenarme, ein nördlicher über Pommern und Ostpreußen, ein südlicher durch Schlesien, schlossen sich in Warschau zu einem Ring. Der Durchbruch der 4. Armee durch den polnischen Korridor, ihre Vereinigung mit der 3. Armee in Ostpreußen wie der Schwenk auf die Hauptstadt, der die feindlichen Kräfte einschloß und der Vernichtung auslieferte, verkörperten das Schlieffensche Operationsideal. Was immer Hitler vom östlichen Lebensraum erträumte – wenn etwas Angriffskrieg verkörpert, dann der Plan zum ›Fall Weiß‹. Die Nürnberger Anklage beschuldigte Warlimont im OKW der Teilnahme am Entwurf und die Befehlshaber von Küchler, Blaskowitz, Hoth, Reinhardt, von Salmuth, Schniewind und Wöhler der Ausführung.

Der Überfall hatte die britisch-französische Beistandsgarantie ausgelöst, jedoch keinen Beistand. Das Reich lag mit England und Frankreich über sieben Monate in einem Krieg, der nirgends stattfand. Hitler feuerte die Generäle zur Aktion an, überzeugte aber nicht. Die Mehrheit wollte den Winter zur Übung nutzen und entwarf mit Bedacht Pläne und Gegenpläne. Leeb mißbilligte die ganze Absicht, insbesondere die Neutralitätsverletzung Belgiens und Hollands. Zweimal in 25 Jahren den gleichen Vertrag brechen, könne dem Reich nur übel ausschlagen. Belgien und Frankreich würden aus der Verteidigung ihres Heimatbodens immense Kampfkraft schöpfen. Wolle Deutschland nicht auf den alten Schlachtfeldern des Ersten Weltkriegs verbluten, müsse es den Gegner kommen lassen. Dann sei es unbesiegbar. Diese Erwägungen legte von Leeb in einer Denkschrift an den Oberbefehlshaber des Heeres von Brauchitsch dar (Dok. Leeb 39). Damit nicht genug, wollte Leeb als Senior der Generalität, gemeinsam mit von Rundstedt und von Bock, den übrigen Heeresgruppenchefs, vor Hitler treten und ihm ein Ultimatum stellen. Entweder unterlasse er seine Westoffensive oder er habe den Rücktritt seiner drei höchsten Frontführer zu gewärtigen. Rundstedt wie Bock hielten Leeb für übervorsichtig und versagten sich. Doch auch Hitler hatte kein Glück. Er setzte den Angriffstermin auf den 9. Dezember fest, scheiterte indessen an den Zauderern. Sie schützten ungünstiges Wetter vor sowie den miserablen Ausbildungsstand der Rekruten. Im Januar fiel rätselhafterweise in Belgien gar ein deutsches Militärflugzeug mit den schwach versengten Aufmarschplänen vom Himmel.

Leebs Mühen konnten die Nürnberger Anklage nicht versöhnen. Er hatte am 14. Juni 1941 nach längeren imaginativen Täuschungsmanövern die Maginot-Linie bei Saarbrücken durchstoßen, und »es entschuldigt Leeb nicht, wenn er sagt, daß er gegen den Angriff protestiert oder daß er einen inneren Vorbehalt gemacht oder daß er seine Aufgabe nur widerwillig ausgeführt habe. Es ist anzunehmen, daß die meisten Verbrechen nicht mit Freude begangen werden.« Das Verbrechen komplizierte sich allerdings dadurch, daß Leeb durch das Saarland eingedrungen war. Daraus konnte ihm kein Vorwurf entstehen. Bock und Rundstedt hingegen waren durch Belgien und Luxemburg gezogen, Mitangeklagter Küchler an der Spitze der 18. Armee durch Holland. Das hätten sie nicht tun dürfen. Infolgedessen waren sie Aggressoren nach Anklagepunkt I. Leeb war nach der Anklageschrift »aktiv gewesen in der Planung des gesamten Feldzugs«. Am Benelux-Abschnitt hatte Leebs Aktion überwiegend in der Vereitelung bestanden. Besser paßte auf ihn der Punkt IV, Verschwörung. Teilnehmer daran waren für sämtliche Elemente der Verschwörung mitverantwortlich.

Überzeugender als bei dem Westfeldzug wußte die Anklage mit der Besetzung Dänemarks und Norwegens den Offensivgeist der Wehrmacht nachzuweisen. Hitler hatte sich angelegentlich der Zauderpartei des Winters 1939 gesprächsweise über den martialischen Ruf der preußischen Generalität vergnügt. Vor seiner Kanzlerschaft habe er den Generalstab für einen Fleischerhund gehalten, den man fest an das Halsband nehmen müsse, weil er sonst jeden Menschen anzufallen drohe. In Wahrheit ließen sich diese Hunde, eingedenk älterer Verletzungen, zum Angriff tragen.

Bis Juni 1940 waren sie sich nämlich gewiß, am meisten davon zu verstehen. Überschüssig aggressiv verhielt sich nur jene Waffengattung, die Hitler für die entbehrlichste hielt, die Marine. Mag sein, um seine Verachtung wettzumachen. Mit »Überheblichkeit« und »verbrecherischem Leichtsinn«, notierte Heeresstabschef Halder, disponierten die Admiräle über die Meere. »Diese Leute träumen von Kontinenten« (NOKW 3140). Zu einer Zeit, als England über die siebenfache Menge an Kreuzern gebot, im September 1938, projektierte Admiral Carls einen »Krieg gegen das Empire, gegen Frankreich und wahrscheinlich auch gegen Rußland und eine große Reihe überseeischer Staaten, also gegen 1/2 bis 2/3 der Gesamtwelt«. Anders war der Marine nicht zu helfen. Deutschlands Weltmachtstellung heiße soviel wie »gesicherte Seeverbindung und gesicherte Zugänge zum freien Ozean« (C 23).

Ein Jahr später sensibilisierte Carls den Chef der Seekriegsleitung, Raeder, für den Zugang zum Nordatlantik, sofern man über die langgestreckte Westküste Norwegens verfüge. Alsdann wäre

England der Raum zu einer weiteren Seeblockade des Reiches abgeschnitten. Damit rechnete man schon darum fest, weil die schwedischen Eisenerzzufuhren die Lebensader der deutschen Landkriegführung bildeten. »Frage Norwegen, Praevenire!«, notierte auch Halder. Zwar bestünde ein »Interesse daran, daß Norwegen neutral bleibt«. Doch ehe daß England zum Neutralitätsbruch schritt und sich in den ideal geschützten Fjorden postiere, beging man ihn besser selbst. »Aktion gleichzeitig mit Dänemark«, schrieb Halder. »Kombiniertes Unternehmen Flotte, Heer« (NOKW 3140). Wahre Interessentin für Dänemark war allerdings die Luftwaffe, die von dänischen Flugplätzen aus die Distanz zu England beträchtlich verkürzte. Auch diese Waffengattung versprach sich, wie die Marine, eine kriegsentscheidende Rolle, vorausgesetzt, es bot sich ein ihrer bescheidenen Reichweite angemessener Operationsraum.

Dänemark wurde von zwei Infanteriedivisionen unter dem chinaerfahrenen von Falkenhorst kampflos besetzt. Norwegens Stützpunkte fielen der Flotte unter solch gräßlichen Schiffsverlusten in die Hände, daß ihre Rolle bereits ausgeträumt war. Den Präventivschlag hingegen hatte man sich nicht eingebildet, die Seekriegsleitung war England zuvorgekommen. Stabschef Schniewind erntete daraus indessen in Nürnberg keinerlei Vorteil.

Wer den Angriffskrieg inkriminiert, kann den Präventivkrieg nicht zulassen. Gegnerische Aggression vorzeitig zu durchkreuzen liefert den gebräuchlichsten Vorwand. Droht wahrhaftig Gefahr, mag der Erstschlag allerdings selbstverständlich sein. Das Verbot ist ebenso zwingend wie seine Verletzung. Für Deutschland ging beides nahtlos ineinander über. Dem Nichtangriffsversprechen folgte der Angriff auf dem Fuß. »Der Invasion von Dänemark und Norwegen«, heißt es im Nürnberger Anklageplädoyer der Vereinigten Staaten, »war natürlich der übliche Judaskuß der Verträge und Versicherungen vorausgegangen. Im Mai 1939 hatten Deutschland und Dänemark einen Nichtangriffspakt unterzeichnet. Im April und September 1939 hatte Deutschland feierlich versprochen, das Territorium des norwegischen Staates zu respektieren. Norwegen hatte seit 126 Jahren mit keiner Nation im Krieg gelegen, und Dänemarks Frieden war ungestört geblieben, seit Deutschland es zuletzt 1864 attackiert hatte. Keiner der Angeklagten – am wenigsten von allen Schniewind und Warlimont – kann die aggressive und verräterische Natur der deutschen Invasion Dänemarks und Norwegens am 9. April 1940 verkannt haben.«

Nachdem die Wehrmacht, beginnend mit der Tschechoslowakei, in 15 Monaten acht Staaten gewaltsam besetzt hatte, verlor sie die Schranken zwischenstaatlichen Lebens aus den Augen. Selbst der lederne Halder segelte ins »Großgermanische Reich«. In Dänemark, ließ er sich berichten, »besteht für den Gedanken Sympathie. In Schweden wird auch schon davon gesprochen. Überwindung des germanischen Partikularismus.« Womöglich war noch mehr zu kassieren als die dortigen Germanen. »Wir suchen Fühlung mit England auf der Basis der Teilung der Welt.« Wenn zwei die Erde halbieren, ist, wie Halder treffend erkennt, das Völkerrecht hinfällig. Weil ein Heeresstabschef indessen Rechtlosigkeit meidet, befiehlt er am 4. März 1941: »Völkerrechtsstudien für Neugestaltung des Völkerrechts.« Einen Tag später, am 5. März, ist dies bereits vollzogen! Drei nichtssagende Worte künden in Halders Tagebuch von der Bereitschaft zu einem neuartigen Umgang mit dem Feindvolk: »Sonderaufträge des Reichsführers SS«. Eine Analyse der diesbetreffenden Vorgänge im März erweist, daß Halder die Dimension der Nachricht exakt erfaßte. Seit nunmehr sieben Monaten fügte sich ein Feldzug gegen den mit Freundschaftsvertrag und Nichtangriffspakt frischverbündeten Nachbarn zusammen: »Russisches Problem in Angriff nehmen. Gedankliche Vorbereitungen treffen.«

In dem Jahr zwischen Juni 1940 und 1941 öffnet sich der Reichs- und Wehrmachtsführung der Blick ins Utopische. Die Unterwerfung Frankreichs in sechs Wochen entgrenzt die Realität. In einem Allmachtsrausch schwanden Rechtsbindungen und Kräftemaß dahin. Der Führer konferierte mit den Generälen, ob besser das englische Weltreich aufzulösen oder Rußland zu zerlegen sei. England könnte über die Kaperung Gibraltars ausgeschaltet werden, wenn Franco, das »Jesuitenschwein«, nicht Angst vor dem Konflikt hätte. Andererseits könnte man »jeden Quadratmeter englischen Bodens zertrommeln … Hitler tut so etwas aber nicht gern«, schreibt Halder. »Wenn wir England militärisch zerschlagen, zerfällt das britische Weltreich. Wir würden mit deutschem Blut etwas erreichen, dessen Nutznießer nur Japan, Amerika und andere sind.« Doch haben die Geostrategen eine andere Lösung parat. Ihr Skalpell kann an jeder beliebigen Zone der Erdkruste einschneiden. Vernichtet wird nicht, wer sich als Feind darstellt, sondern Feind ist, wer sich bei der Neuordnung des Globus als hinderlich erweist. »Im Zuge dieser Auseinandersetzung muß Rußland erledigt werden.« Zum Glück »liegen keine Anzeichen für russische Aktivitäten uns gegenüber vor«. Der Gegner ist arglos. Vier bis sechs Wochen, meldet Halder im Juli 1940 dem Führer, dauert der Aufmarsch.

Hitlers Idee besticht. Habe man die Rote Armee geschlagen und Rußlands Lebenskraft vernichtet, sei England zum Frieden zu zwingen. »Englands Hoffnung ist Rußland und Amerika. Wenn Hoffnung auf Rußland wegfällt, fällt auch Amerika weg.« Den Krieg habe man »an sich gewonnen«. Als letzte Trophäe hole man sich in frappierendem Kehrtschwenk noch Englands »Festlanddegen« östlich des Bug (NOKW 3140). »Im übrigen bin ich stolz und glücklich«, gestand der Angeklagte von Roques vor Abmarsch in einem Privatschreiben, »ebenso wie zu Beginn des Ostfeldzugs jetzt auch zum Abschluß hereingeholt zu sein« (NOKW 1538). Die abschließende Arrondierung betraf ein Staatsgebiet von 22 Millionen Quadratkilometern mit einer Bevölkerungsstärke von 170 Millionen. So begann der gewaltigste Landkrieg aller Zeiten.

Die Nürnberger Angeklagten waren beschuldigt, von 1941 an die Invasion operativ vorbereitet zu haben. Ihr stürmischer Offensivcharakter war das zentrale Planungskalkül. »Da keine Anzeichen dafür bestehen, daß Rußland einen Angriff plant«, schlägt die 16. Armee der 18. Armee des Angeklagten Küchler vor, »werden Sicherungs- und Kontrollmaßnahme kleiner Sicherheitsabteilungen ausreichend sein« (NOKW 2701). Der Schock tut sein übriges. Die 16. und 18. Armee unterstanden der Heeresgruppe Nord unter von Leeb, dem die verschleppte Westoffensive nebst acht weiteren Heeresgenerälen den Rang eines Feldmarschalls eingetragen hatte. Ein gerühmter Defensivtaktiker seiner Zeit, fand er für diese Kunst keine Verwendung. Leeb ließ die Truppe auf einem dem Invasionsziel nachgeformten Gelände ausbilden. In Nachtübungen, auf schlechten Straßen, in bewaldetem, sumpfigem Gelände exerzierten die 2., 11. und 18. Armee die Blitzokkupation Rußlands. Der Angeklagte Hoth, Kommandeur der Panzergruppe 3, hatte am 4. März bereits die Verkehrsvorschriften für den Transport über verschiedene Brücken in Rußland ausgearbeitet.

Naturgemäß machten sich die Korps- und Divisionskommandeure Gedanken über die Kriegsgründe. Sie dachten traditionsgemäß, daß der Gegner zur Strafe für ein Ungemach überfallen werde, das er dem Reich bereitet habe. Ratlos hörten sie, daß Rußland die voluminösen Lieferverträge, die kriegswirtschaftliche Grundlage des Westfeldzugs gewesen waren, getreulich erfüllt hatte. »Wenn wir trotz dieses Handelsabkommens einen Angriff im Osten vorbereiten«, heißt es in einem Besprechungsvermerk der Küchlerschen 18. Armee, »so ist es für einen Soldaten eine reine Zeitvergeudung, dies zu erörtern.« (NOKW 2012)

Dem utopischen Ziel angemessen, motivierten die Generäle sich und ihre Männer wenige Wochen vor Abmarsch mit dem Mythos. »Es ist der alte Kampf der Germanen gegen das Slawentum«, instruierte der Panzergeneral Reinhardt am 11. Mai 1941 seine Divisionen, »die Verteidigung europäischer Kultur gegen die moskowitisch-asiatische Überschwemmung, die Abwehr des jüdischen Bolschewismus« (NOKW 2510). Von Englands Festlanddegen war keine Rede mehr. Der Krieg legitimiert sich nicht aus seinem Motiv, sondern erschafft eines nach seinen Maßen. Damit der Aggressor auf der Höhe seiner Aufgabe steht, benötigt er einen rechtfertigenden Feind, ein Scheusal, aller Peinigungen wert. Gegen jene gesichtslose Schachfigur auf dem Tableau des globalen Kräfteparallelogramms läßt sich kein scharfer Angriffskrieg führen. Seine Vorzugsform, die Strafexpedition, richtet sich gegen falsche Freunde, heimliche Verräter, Vertragsbrüchige, kommt Überfällen zuvor, zertritt das Nest der Weltstörenfriede. Die Gestalt des Feindes ist die Hohlform der projektierten Offensivmaßnahmen.

Sechs Monate vor Reinhardts Germanenbefehl hatte das Reich dem Zivilisationsfeind Moskau noch den Beitritt zum Dreibund Deutschland-Italien-Japan angetragen. Ein eurasischer Kontinentalblock, das umfänglichste Bündnis aller Zeiten, »von Yokohama bis Spanien«, wie der Führer schwärmte. Wenn es nach ihm gegangen wäre, hätte er eine weitere Wegstrecke neben Stalin – »auf der einen Seite eine Bestie, auf der anderen ein Gigant« – marschieren können, um Churchill zu vernichten und »hinter ihm das Judentum, das sich seiner bedient«.

Hitler wiederum bediente sich der Juden auf seine einfallsreiche Weise. Ihr Name signalisierte Ultra-Feindschaft. Mit dem Ultra-Feind ist kein Ausgleich mehr möglich. Der Zwist geht auf Gedeih oder Verderb. Kompromisse locken in die Falle. Das Überleben des einen ist der Untergang des anderen. Bis zum November 1940 war allerdings noch nicht ausgemacht, wo die Judenmetropole zu suchen sei, in Moskau oder in London. Der weltanschauliche Bildervorrat erlaubte beides: den Kreuzzug der Zivilisationswelt gegen den Judäo-Bolschewismus wie den Trutzbund der national und sozial Erniedrigten gegen das jüdische Finanzkapital. Der im Juli erörterte Plan zum Angriff auf die Sowjetunion war eine Option gewesen, ähnlich der projektierten Landung in England.

Parallel zur Bündnispolitik muß ein Überfallkonzept existieren. Politische Entschlüsse fallen schnell, Organisation aber braucht Zeit. Ein Angriffsplan besagt deshalb nur bedingt, daß ein Angriff geplant ist. Dafür sind andere Elemente maßgeblicher. Doch schienen der Nürnberger Anklage die näheren Verwicklungen einerlei, unter denen der Hauptverbündete des Aggressors zu seinem Opfer wurde.

Von den zwölf Angriffen, die zur Anklage standen, hatte die Sowjetunion über die Hälfte mit Rüstungsgütern ausgestattet. Da sie der Wehrmacht überdies den Rücken freihielt, fühlte sie sich für all ihre Garantien kärglich entlohnt. Verglichen mit dem kolossalen Machtzuwachs des Partners brachte ihr die Freundschaft wenig ein. Hitler reizte den Appetit. Da er die Sowjetunion als zentrales Bindeglied in den anti-britischen Dreierpakt Rom-Berlin-Tokio einlud, erbat Außenminister Molotow maßvolle Prämien. Finnland und Bulgarien sollten für sowjetische Einflußzonen gelten. Auch Rußland trachtete nach Wiederherstellung des vor seiner Niederlage 1918 herrschenden Zustandes. Die Antwort darauf erfolgte erst im Juni 1941 mit dem deutschen Einmarsch.

In der Wehrmachtsspitze hätten viele Verständigung vorgezogen. Hitler hingegen beargwöhnte den Griff nach Finnland und Bulgarien als versuchte Einkreisung. Das deutsch verwaltete Europa geriet an den Flanken in Stalins Zange. Auch erinnerten die strittigen Gebiete an den Ersten Weltkrieg. Beide Länder waren des Reiches Waffenbrüder gewesen. Bulgarien hatte seit 1915 im Bündnis mit ihm gestanden; Finnlands staatliche Unabhängigkeit erfochten Mannerheim und von der Goltz im April 1918 Seite an Seite. Hitler gab keine Stellungen des alten Heeres preis. Die Einkreisungsangst datierte gleichfalls aus den Tagen der russisch-französischen Weltkriegsallianz. Frankreich lag nunmehr darnieder, doch schlossen sich die finnische und bulgarische Flanke durchaus zu einem Ring zusammen, sobald man sie an britisch beherrschte Zonen in der Ägäis und dem Nordost-Atlantik fügte. Es bedurfte nur eines sowjetischen Seitenwechsels zum Bündnissystem des vorigen Krieges. Wenn die Reichsstrategen eine Ideologie verhexte, dann die des Dolchstoßes. Der Rücken des hürnernen Siegfrieds wies nach Osten, wo man den britischen Festlanddegen wetzte.

Die mittelalterlichen Phantasien Hitlers von deutscher Ostkolonisation haben zu der Theorie beigetragen, die Sowjetunion sei auf Lebensraumsuche überfallen worden. Im Herbst 1940 suchte das Reich aber zunächst den laufenden Krieg für sich zu entscheiden. Der Geschlagene benötigt keinen Lebensraum mehr. Die Frage stellte sich, anders als häufig beschrieben, weniger nach Hitlers Leib- und Magenkrieg, dem gegen die angelsächsischen Seemächte oder dem gegen den Bolschewismus. Es gab nur einen Krieg, der auf Basis des deutsch-russischen Blocks geführt und durch den britisch-amerikanischen Widerstand vom Endsieg abgehalten wurde. Das Reich hing weitgehend von der Gewißheit des blockadefesten Kontinentalmassivs ab, sei es durch Pakt, sei es durch Okkupation. Der Pakt konnte ebensogut brechen, wie die Okkupation scheitern. Hitler fürchtete ersteres mehr und entschied sich für den Rußlandfeldzug, um darin zu sterben aus Angst vor dem Tode.

Die Generäle, die alles überdauerten, wurden einer weiteren Aggression beschuldigt, hatten sie doch Stalin überfallen, statt sich kollegial mit ihm den Rest-Westen zu unterwerfen. Verkehrte Welt. Alsdann bekriegte die Wehrmacht Rußland solchermaßen, daß der britische Festlanddegen ihr in die Brust, statt in das Kreuz fuhr. Nebenher bekriegte man, um die rechte Flanke der deutschen Rußlandarmee zu pazifizieren, vier Jahre lang Partisanen in Jugoslawien und Griechenland. Lauter Angriffe, die herbeiführten, was sie verhindern wollten.

Hitlers Waffengefährte Mussolini hatte mit ähnlicher Mißgunst wie Stalin die Umverteilung des Kontinents beobachtet. Wollte Rom noch irgendeinen Zuwachs aus dem Krieg davontragen, mußte es sich umtun. Erschwinglich war allein ein Opfer, das Deutschland verschmähte und noch schwächer war als Italien. Beides keine leichte Suche. Als die Wahl auf den adriatischen Nachbarn Jugoslawien fiel, sprach Hitler gleich ein Aggressionsverbot aus. Die Achse sei im Daseinskampf mit England begriffen und vertrage keine blinden Überfallaktionen. Das Reich hegte keinerlei Gebietswünsche auf dem Balkan. Dessen kriegswichtige Rohstoffe waren leichter auf Partnerschaftsbasis zu sichern. Als Mussolini sich dem einzig verbliebenen Opfer, Griechenland, zuwandte, argumentierte er klüger gleich mit deutschen Interessen.

Das Land schützte sich mit einer britischen Garantieerklärung im Austausch gegen Royal-Navy-Stützpunkte in der Ägäis. In der Zeit nach dem Scheitern der Luftangriffe auf die britische Mutterinsel und vor dem Entschluß zum Rußlandkrieg war Berlin nicht übel geneigt, England an der ›Peripherie‹, seinen internationalen Niederlassungen, zu schaden. Italiens Anerbieten, die Briten aus dem östlichen Mittelmeer zu drängen, ließ sich darum schwer beanstanden. Von der miserablen Kampfkraft des Aggressors machte sich Berlin keine rechte Vorstellung. Um so bitterer registrierte man das erste Debakel, welches die Achse in Gestalt ihrer römischen Legionen erleiden mußte. Unerwartet warfen die Griechen den Eindringling nach Albanien, und die Navy versenkte Mussolinis halbe Flotte.

Hitler nahte als Friedensstifter und suchte den Griechen einen Kompromiß deutlich zu Lasten seines lädierten Partners anzudienen. Überdies sei der Entspannung auf dem Balkan besser gedient, wenn Griechenland seine einseitige Bindung an England lockere. Dort trafen die Skrupel des Führers auf Unlust. Man dachte nicht daran, die wertvollen Stützpunkte zugunsten einer Streitschlichtung preiszugeben. Die Griechen wiederum, hingerissen von den Erfolgen ihrer Tapferkeit und gedrängt von England, brannten darauf, den Italienern eine Lektion zu erteilen. Die Italiener waren erst recht erpicht, ihren kleinen Feldzug zu gewinnen. Nur Hitler beharrte auf seinem Interesse, den Balkan aus dem Krieg herauszuhalten. Für den anderen Fall trafen die Generäle die üblichen Vorbereitungen.

Sie ließen die Donau zwischen Rumänien und Bulgarien überbrücken, denn ein linker Flügel würde, aus Ungarn kommend, in Richtung Thrakien und Mazedonien vorstoßen. Der rechte Flügel, der sich die günstigen jugoslawischen Bahnverbindungen nach Süden zunutze machen konnte, stieß einstweilen auf Hindernisse. Jugoslawien verweigerte den Durchzug.

Nachdem Hitler im November, wie der israelische Militärhistoriker M. van Creveld darlegt, »die bedeutsamste Entscheidung seines Lebens getroffen hatte, den Angriff auf die Sowjetunion«, benötigte er Ruhe am Balkan. Die Zone bildete zukünftig die rechte Flanke eines riesigen Unternehmens. Ein Einbruchsloch, das sich den Briten zur russischen Südfront öffnete, konnte keinesfalls riskiert werden. Das Empire spekulierte seit längerem mit der strategischen Bedeutung des Raumes und offerierte ihn der Sowjetunion als Einflußsphäre. Vorausgesetzt, sie träte einer Anti-Hitler-Koalition bei. Kraft welcher völkerrechtlicher Lehrsätze England den Balkan zu vergeben hatte, mag dahinstehen. Hitler wiederum preßte Rumänien, Bulgarien und Jugoslawien aus Leibeskräften in das Achsenbündnis. Die Selbstbestimmung der Kleinstaaten auf militärisch sensiblem Boden ließ sich nicht aufrechterhalten. »Kleine Nationen müssen uns nicht die Hände binden ... wenn wir für Recht und Freiheit bei ihnen kämpfen«, hatte Churchill angelegentlich des neutralen Norwegens verlangt, »Menschlichkeit soll uns eher als die Legalität lenken.« Hitler interessierte sich weder für Menschlichkeit noch für Legalität, sondern allein für den Sieg, den ihm die Briten allerdings energisch streitig machten, als sie am 5. März 1941 auf der Peloponnes landeten.

Griechenland hatte allen Warnungen zum Trotz dem britischen Beistand nicht entraten wollen. Es war von der Vernichtung der Italiener besessen. Sein erzlegales Begehr, den Aggressor mit Hilfe eines Partners zu strafen, bedeutete nach realpolitischen Begriffen einen Katastrophenkurs. Deutschland ließ ankündigungsgemäß seinen verachteten Alliierten nicht zerschlagen, duldete ebensowenig den Vormarsch der Briten in den künftigen Rücken der Rußlandarmee und sicherte den Balkan im April durch Angriff ab. Ungarn, Rumänien sowie Bulgarien fügten sich ihrem geographischen Schicksal und schlossen sich dem deutschen Lager an. Jugoslawien und Griechenland wurden, zum Verdruß der Wehrmachtsführung, im April überrollt.

Der Eisenbahnfahrplan für das Rußlandunternehmen erlaubte prinzipiell keinerlei Extra-Touren. Heeresgruppe Süd, die zum Abmarsch durch die Ukraine in Richtung Krim bereitstand, zweigte Truppen zur Balkanbesetzung ab. Der Fehlbestand wurde später aus der Heeresgruppe Mitte ersetzt. Und zu den vielen Mißgeschicken, die das Heer den Endsieg kosteten, zählte nach späterer Auskunft der Generäle auch die allzu reduzierte Mannstärke der Heeresgruppe Mitte vor Moskau. Die ausgeprägte Unlust zum Balkanfeldzug hätte sich demzufolge im russischen Winterelend bestätigt. Die Aggression war dem Reich über den Kopf gewachsen.

Die Nürnberger Anklage rechnete den Fall Jugoslawien und Griechenland zur Kette der deutschen Angriffskriege, ungeachtet des evidenten Widerwillens anzugreifen. Alles Sträuben beseitigt indessen nicht den Tatbestand. Hitler und die Generäle waren selbst dann überführt, wenn ihnen gar nichts anderes übrigblieb. Das Kriterium der militärischen Aggression ist bis heute nicht befriedigend vereinbart. In Nürnberg waren die Angeklagten insoweit nicht allein eines neuen, sondern eines gänzlich unbestimmten Delikts beschuldigt. Zweifellos ist ein Aggressor nicht zwingend derjenige, der als erster seine Stiefel auf fremden Boden setzt. Dies kann auch ein Gebot zulässiger Selbstverteidigung sein. Der Nürnberger Justiz mag zugute gehalten werden, daß der Hitler-Staat unter jeder erdenklichen Definition Angreifer wäre. Wenn je einer existiert hat, dann dieser. Um so bemerkenswerter, daß selbst ihm die Tatherrschaft entglitten ist. Die Teilschritte seiner Angriffsfolge scheinen von einem gewissen Zeitpunkt an wie in einen Strudel gerissen. Der Krieg verschlingt immer weitere Regionen des Kontinents, ohne daß sich die Strategen verläßliche Vorteile ausrechnen. Sie sind in der Flucht vor dem Fiasko begriffen. Oft kann der Spieler nur den Einsatz steigern, um den Bankrott aufzuhalten. Gewiß wäre den Generälen schwer vorzuwerfen, daß sie angesichts solcher Zwangsläufigkeiten nicht aus Rechtsnöten resignierten. Nur dient es keinem Räuber zur Entschuldigung, wenn ihn sein Überfall in ernstere Folgen verstrickt, als es ihm selber lieb ist.

Der Nürnberger Anklage, die solche Analogien schätzte, galt Angriff für Angriff gleich, obwohl sie faktisch und legaliter verschiedenartig aussehen. Welcher von ihnen wäre die Ur-Aggression gewesen, die die Beschuldigten kaltblütig und zwanglos angezettelt hätten? Ihre Kriege lassen sich in drei Gruppen teilen:

1. die Revisionskriege gegen Österreich, die Tschechoslowakei und Polen,
2. die Revanchekriege gegen Frankreich, England, Belgien, Holland, Luxemburg, Norwegen und Dänemark,
3. die utopischen Kriege im Balkan, gegen Rußland und die Vereinigten Staaten.

Die Revisionskriege revidierten die Reste der in Versailles dem Reich diktierten Verhältnisse. Die Revanchekriege verwirklichten die 1914 bis 1918 gescheiterten Ziele. Die utopischen Kriege sind wilde Auswucherungen der anderweitig festgefahrenen Fronten in irreale Räume.

Eine Anklage der Generäle, ihrer Rolle in dem österreichischen und tschechoslowakischen Coup wegen, mußte auf wackligen Füßen stehen. Die Staatenwelt hatte die Ergebnisse anerkannt; der deutschen Protektoratsverwaltung von Böhmen und Mähren wurde gar tschechisches Gold in Höhe von sechs Millionen Pfd.-Sterling über die Bank von England ausgezahlt. (Die Londoner Exilregierung Benesch akkreditierte sich erst nach dem Westfeldzug.) Im Falle Österreich verschwimmt die Aggression in dem Umstand, daß sie der gegnerischen Regierung galt, vom gegnerischen Staatsvolk indessen jubelnd quittiert wurde. Der österreichische Staat ist von innen zusammengebrochen.

Aus deutscher Sicht war jetzo jenen Teilen des früheren Habsburger Reiches die Vereinigung mit Deutschland erkämpft worden, denen sie nach Wilsons 14 Punkten seit 1918 zustand. In Anerkennung des Selbstbestimmungsrechts der Nationen hatte das kaiserliche Heer die Waffen niedergelegt. Was danach kam, galt als Akt der Gewalt, nicht des Rechts. Gewiß wollten die Tschechen zu keiner Zeit in das Reich eingehen. Doch ebenso gewiß begrüßte es die Mehrzahl der Slowaken, mit Hitlers Hilfe einen Separatstaat zu gründen. Der tschechische Präsident Hacha wiederum blieb als Marionette am Platz und personifizierte den Staatsanschluß so, wie die Österreicher Volksanschluß begingen. All dies eine Inszenierung aus nationaler Leidenschaft, Erpressung, Korruption, welche die Raubzüge so effektvoll durchwirkt und kostümiert hat, daß die Beraubten vergebens nach der internationalen Rechtsgemeinschaft suchten.

Wenn Hitlers Aggressionen noch einen Brocken für Dritte abwarfen, griffen sie beherzt zu. Polen goutierte die Zerschlagung der Tschechoslowakei, die ihm die Annexion des Olsagebietes eintrug. Die Sowjetunion wiederum führte aus der Zerschlagung Polens die im russisch-polnischen Krieg von 1920 verlorenen Gebiete heim. Das Reich handelte eine Ostgrenze Polens aus, die in etwa der Versailler Curzon-Linie entsprach. Westlich davon errichtete es eine Kolonie, die allerdings den Namen »Generalgouvernement Polen« trug. Eine ironische Reminiszenz an jenes ›Generalgouvernement‹, das 1916 vom Hohenzollernstaat als Keimzelle der Staatswerdung Polens proklamiert worden war. Das Reich schluckte die vom Versailler Vertrag abgetrennten Ostgebiete nebst einiger Begradigungen. Deutsche und Russen holten sich zurück, was sie als angestammten Besitz betrachteten, so wie Polen seine Ansprüche zuvor Litauen, Rußland und der Tschechoslowakei entwunden hatte. Dabei war allerseits angegriffen, annektiert und erpreßt worden. Der deutsche

Revisionskrieg schlug die Bresche und übertraf alle anderen durch seinen militärischen Druck. Vom Ergebnis betrachtet war der Poleneinmarsch die freigewählte Ur-Aggression, die alle weiteren Feldzüge mit wachsender Dringlichkeit auslöste.

Eignet sich der Fall deswegen zur Anklage? Wären die Generäle mit dem Vorsatz ins Feld gezogen, ihre Revisionsschläge damit abzuschließen, hätten sie nie einen Richter erblickt. Von seiten der späteren Alliierten ging dazumal der Eindruck aus, als seien die genannten Ziele der Deutschen diskutabel und ihre Methoden unerwünscht, aber hinnehmbar. Wenn England und Frankreich nur überzeugt gewesen wären, daß Deutschland mit Polens Einverleibung saturiert sei, hätten sie noch weniger dagegen unternommen als ohnehin schon. Kurz, weniger als nichts. Ihre Polengarantie rief eine Kriegserklärung hervor, die nur die Unlust garantierte, beizuspringen. Es stand nichts dahinter. England hatte kein Landheer, um Polen zu erreichen, Frankreich keine Offensivstrategie. Doch lieferten sie nicht ein Gewehr. Das diente Hitler als Zeichen.

Die tiefe Friedfertigkeit des Westens reizte die alte Wunde. Schon einmal hatte ein Sieg am Ostabschnitt den Schwenk nach Westen freigegeben, die Märzoffensive 1918 zwischen Arras und Reims. Dort war das frühere Heer untergegangen. Der Fall Warschaus hatte die gescheute Zweifrontenstellung erneut beseitigt, und instinktiv folgte Hitler der Spur Ludendorffs: Ein Loch in die Westfront schlagen und dann weitersehen. Der Gegner war in kränklichem Zustand, die Heimat geeint. Ein Kriegsgrund entfiel, der Westen hatte die Feindseligkeiten ausgerufen, Deutschland befand sich in dem politisch günstigen Zustand des Angegriffenen. Nicht einmal die Nürnberger Anklage sollte dies bestreiten. Infolgedessen nahm die Wehrmacht die Westoffensive aus Verteidigungsgründen auf, bog durch neutrales Gebiet im Norden nach Frankreich und hinderte nebenher durch die Skandinavien-Operation England an der 1916 bis 1918 verheerenden Seeblockade. Damit war der Erste Weltkrieg rückwirkend gewonnen.

Die Revanchekriege zählen fünf Überfälle auf neutrale Länder. Belgien hatte 1914 den Durchzug seines komfortablen Eisenbahnnetzes wegen erdulden müssen. 1940 wurden ihm die unwegsamen Ardennen zum Schicksal. Niemand hielt hier einen Panzerdurchbruch für möglich, und darum existierte kein geeigneteres Gelände.

Die länderüberrennende Manier der deutschen Kriegsmaschine folgte aus dem Besitz mechanisierter und motorisierter Waffen- oder Transportsysteme. Flugzeuge, Panzer, U-Boote verkürzten die Distanzen und dehnten die Fronten. Dem Militär galt die Bildung von Pufferzonen, Flug- und Marinebasen, Durchzugskorridoren nicht als Frage von Aggressionslust, sondern von Zeitplänen. Die fraglichen Staaten sollten an und für sich nicht angegriffen werden, sondern höchstens Raumsegmente bereitstellen. Eben dies untersagt die Haager Landkriegsordnung. Doch was wußten die Staaten mit den Verkehrsmitteln von 1907, wie knapp der Raum 1940 sein würde? Indessen stellten nicht einmal die Nationalsozialisten das Gut der Neutralität in Zweifel. Sonst hätten ihre Geheimdienste nicht so viele Beweise fingiert, daß Holland, Belgien usw. nur zum Scheine neutral gewesen seien. Das erhärtet den Fall der Anklage in diesem Punkt ganz außerordentlich. Der Aggressor selbst bezweifelte sein Kriegführungsrecht. Nach eigener Ansicht verstieß sein Neutralitätsbruch gegen die Abmachungen. Das Verbot war weit klarer geregelt als durch den hohlen Kellogg-Briand-Pakt. Die Stellung neutraler Staaten ist Bestandteil des Haager Vertragswerks von 1907. Selbst Generälen ist deshalb eine Rechtsbindung ersichtlich. Die Nürnberger Anklage, die ihre Sache ganz auf den Kriegsächtungspakt von 1928 gegründet hatte, ist dem Unterschied nicht weiter nachgegangen. Er ist aber evident, und einige Einwände, die gegen die Rechtswirksamkeit des Angriffsverbots vorzubringen sind, verlieren bei Angriffen auf neutrale Staaten ihre Stichhaltigkeit. Hier wurde nicht im Verbotsirrtum gehandelt.

In den Revanchekriegen hat sich die Wehrmacht mehrfach zu Tode gesiegt. Der Triumph findet in der Geschichte nicht seinesgleichen, schreibt der britische Historiker A.J.P. Taylor 1975. »Napoleon, der dem am nächsten kam, brauchte 10 Jahre, sein Reich zu etablieren. Er mußte drei Feldzüge ausfechten, deren letzter, der in der Schlacht bei Austerlitz gipfelte, schwere Verluste kostete. Außerdem war sein Reich nie vollständig. Preußen behielt ein wenig Unabhängigkeit und Österreich einen erheblichen Teil. Deutschland gewann die Herrschaft über den gesamten Kontinent westlich von Sowjetrußland binnen weniger als einem Jahr und bei geringfügigen Kosten an Mensch und Material.«

Hitlers Kontinentalreich ist so zerronnen wie gewonnen. Sein schierer Umfang machte es unverträglich für andere, allen voran die Balancemächte England und USA. Zudem war die Perfektion deutscher Machtausdehnung um den Preis perfekter Rechtlosigkeit errungen. Der Überfall auf die fünf Neutralen, so naheliegend und unentbehrlich für den Gewinn, hat Hitler-Deutschland zu jenem Desperado degradiert, dem keine Versöhnungshand sich entgegenstreckt. So mußte Hitler alle vernichten für den Sieg. Zur Allgewalt jedoch fehlte ihm alles außer der Bereitwilligkeit. In der Wehrmacht betäubte erst der Rausch des Erfolges das stets an ihr nagende Gefühl der Schwäche. Nun war sie zu schwach, die Größe ihrer Siege zu verdauen. Sie hatte den Orientierungssinn eingebüßt. So glitt man ausweglos, doch voller Zuversicht auf die Bahn der utopischen Kriege. Utopisch, weil in einem irrealen Raum angesiedelt. Eine Unterwerfung der Vereinigten Staaten, der Sowjetunion, auch nur des Balkans und ab Dezember 1941 aller zusammen, lag jenseits der deutschen Reichweite.

Nach enormen Anfangserfolgen hatte man auch im Ersten Weltkrieg in utopischen Gefilden Zuflucht gesucht. Auch wenn das Gefecht hauptsächlich auf die flandrischen Äcker lokalisiert blieb, entgrenzte sich doch das Geschehen in der Intensität des Aderlasses. Falkenhayn hatte Verdun nicht zwecks realen Raumgewinns angeordnet. Wer der Unendlichkeit der Geschoßproduktion mehr opferwillige Männer darzubieten weiß, verläßt als Sieger den Platz. Die Entscheidung fällt in der Abgrundtiefe aktiver wie passiver Ausrottungsbereitschaft. Nun, da die stürmende Motorisierung zu Land und Luft den Krieg verbesserte, gaben sich die Truppen der Unendlichkeit der Raumgewinne preis. Auseinandergezerrt von der Wolga bis zum Ärmelkanal, versanken sie im Nirwana der Partisanenhinterhalte, der Temperaturstürze, der blitzartig zuschnappenden Kessel, der Nachschublücken, Rückzugslängen, Reservemängel. Die Wüste des utopischen Krieges reichte noch tiefer als die Stoßkraft der gepanzerten Verbände.

Die Angriffe im utopischen Krieg sind nicht mehr als taugliches Mittel zum tauglichen Objekt bestimmt, sondern als ›Daseinskampf‹. Das Recht verlangt von niemandem, seinethalben zugrunde zu gehen. Der Kampf um das nackte Leben verläuft außerhalb der Regel. Das Deutsche Reich hatte sich in diese Lage aber selbst gebracht, wenn auch unabsichtlich. Als die Wehrmacht Polen angriff, konnte sie nicht ahnen, zwei Jahre später in Kiew zu stehen. Selbst wenn ihr Führer den dortigen Lebensraum wie ein Grundstückshändler auslobte, setzte sein Erwerb doch für die Nachfahren des Schlieffen-Plans eine militärisch unvorstellbar ideale Situation im Westen voraus. Zumindest ein restlos geschlagenes Frankreich und ein belagertes, vom Kontinent verjagtes und in Fernost massiv bedrängtes England. Als der abersinnige Fall schließlich eingetreten war, ohne das Empire indessen in die Knie zu zwingen, führte plötzlich kein Weg am Rußlandfeldzug vorbei. Man entwarf ihn in vorgeschossener Siegestrunkenheit. Die Dimension des Gegners figurierte im gefälligen Verkleinerungsmaßstab, ein Sowjetreich nach Hitlers Wille und Vorstellung.

Selbst bei unbändiger Aggressionslust war das Kriegsgebiet, das nunmehr elf gegnerische Staaten umspannte, schwerlich Ziel einer stufenmäßig expandierenden Verschwörung zur Weltherrschaft gewesen. Seit dem Balkanfeldzug sind die Angriffe des Reichs selbst verschuldete, doch reaktive Ausflüchte in den Wirklichkeitsverlust. In die strategische Enge getrieben, wählte man den Weg in aberwitzige Weiten. Die atemberaubende Gabe der Panzerkeile, Territorien einzunehmen, Armeen vor sich herzutreiben, durchzustoßen, einzuschließen, abzuschneiden, lenkte von anderen Fragen ab: Was geschieht, wenn der Gegner nicht sogleich zusammenbricht? Wie kann der Nachschub über die immensen Strecken befördert werden? Wie ist der jählings angefallene Territorialbesitz bei fortdauernder Kampftätigkeit zu sichern? Die Waffen, Gebiete zu erobern, verleihen keineswegs die Kraft, sie zu kontrollieren.

Den Deutschen gelang die Niederwerfung Jugoslawiens in acht Tagen. Am 6. April tötete die Luftwaffe 17.000 Einwohner Belgrads, vier Tage später meuterten zwei kroatische Armeen, und damit war die gegnerische Streitmacht zerbrochen. Vom 10. April bis zum 30. April schlug die Wehrmacht die Griechen nebst einem britischen Expeditionskorps. Kreta, sein Rückzugsquartier, erlag Ende Mai einer avantgardistischen Luftlandedivision. England hatte seinen letzten Kontinentalstützpunkt verloren, demütigende Verluste erlitten und mußte um seine Hegemonie im östlichen Mittelmeer und in der Levante fürchten. Die Herrschaft über Südosteuropa war binnen sieben Wochen gewonnen. Doch ließ sie sich vier Jahre hindurch nicht festigen.

Hitler hatte den Balkan von Anbeginn gescheut. Weder Habsburgs Erbe noch die deutschstämmigen Gruppen konnten den böhmischen Grenzländer dazu verleiten, eine Region zu beanspruchen, die ihn nicht geheuer dünkte. Serbische Bombenleger und das Gewirr der Lokalfehden ließen sie als jene Wolfsschlucht erscheinen, welche die Wehrmacht in der Tat die höchsten Verluste westlich des russischen Kriegsschauplatzes kostete. Selbst die Präsenz von 18 Divisionen im Jahre 1944 und die Tötung jedes neunten Jugoslawen vermochten das Gebiet nicht zu pazifizieren. Die Tücken des Partisanenkampfes zogen den Südosten über die Schwelle des utopischen Krieges, wie der sensitive Hitler es vorausgeahnt hatte. Infolge der abgründigen Natur der Gegend war sie unbeherrschbar. Die Front entpuppte sich auf eigene Art als endlos. Sie öffnete sich ringsum, ließ sich mit bloßem Auge nicht orten und darum weder halten noch verlieren. Das Gelände bot sich den an gedrillte Operationen gewohnten Landsern als ein einziger gemeiner Hinterhalt dar. Auch hier fand das reguläre Heer auf die klandestine Kampfweise der Partisanen nur die altbekannte Antwort, den Terror gegen das irgendwie sympathisierende Zivil.

Unter den 1,7 Millionen jugoslawischen Kriegstoten sind eine Million keine Partisanen, sondern Zivilisten aus einer Gesamtbevölkerung von 15,4 Millionen Personen. Eine Kriegführung, die über 6,5 Prozent des Zivils aus Verdachts- und Repressaliengründen ausrottet, findet nicht ihresgleichen. Rußland hat 4,1 Prozent seiner Zivilisten eingebüßt. Während der Rußlandfeldzug aufgrund seines ideologischen Kostüms im Ruche des Vernichtungskrieges steht, gilt das jugoslawische Massaker als ›Partisanenkrieg‹. Partisanenkrieg ist aber gewöhnlich Vergeltungskrieg gegen Zivilisten. Weil die Guerilla auf dem Balkan einen ungleich höheren Kriegsanteil als in Rußland besaß, ist auch die Ausrottungsrate größer. Dazu bedurfte es keiner weltanschaulichen Motive. Die Ausrottung paßte leidlich in die konventionellen Regeln der Anti-Guerilla. Zumindest hat das Nürnberger Gericht diesen Unterschied zwischen Rußland- und Balkanfeldzug getroffen. In dem sogenannten Geiselmord-Prozeß gegen die Generäle der Südostfront (Juli 1947 bis Februar 1948) wertete Richter Charles Wennerstrum die Opferflut als einen übertriebenen Repressaliengebrauch. Der irreguläre Krieg der Partisanen befugte den Eindringling zu den schauerlichsten Maßnahmen. Er brauchte nur scharf und anhaltend genug attackiert zu werden, um massenhaft Unbeteiligte hinschlachten zu dürfen. Das Gericht bedauerte diese Barbarei und verwies auf die lückenhafte Rechtslage. Deutschland quälten andere Lücken.

Verstreut auf den überdehnten Frontlinien fragte sich die Wehrmachtsführung, ob der Terror, der, ob rechtsverträglich oder nicht, ihr einziges Sedativ war, das riesenhafte Kriegsgebiet ruhigzustellen, erwartungsgemäß griffe. Blinde Quälerei reizt nur die Widersetzlichkeit. Die Balkandivisionen, kampfschwache Einheiten aus älteren Männern, zudem Österreicher, Italiener, Kroaten, vergossen hysterisch Blut über Blut, ohne ihre Lage zu ändern. Der Terror in Rußland, dem Vokabular nach prahlerischer, ingrimmiger, paßte sich in der Sache wachsamer und flexibler seinen Zwecken an. Es versammelte sich dahinter die Elite der deutschen Befehlshaber und Truppen auf dem Gipfel ihrer Mission. Die materielle Montur war relativ bescheiden, die ideologische auch. Beide setzten auf die lähmende Wirkung des Schocks. Der militärische wie der politische Gegner sollte blitzartig eingekesselt und ausgeschaltet werden. Vorbeugend wurde den Sowjets die Absicht zu extremer Bestialität unterstellt, die man ihnen aber in der Hand umdrehen wollte. Denn diese Gesten würden sie überzeugen.

Hitler gestaltete den Angriff als Fanal; ein Strafgericht über einen Menschheitsverderber. All die Jahrzehnte später mit Fleiß recherchierten stillen Kriegspläne Stalins, denen das Reich wie die wachsame Polizei zuvorkam, machen die ›Operation Barbarossa‹ nicht gerechter. Wer immer den mageren Quellen glaubt, einer hat ihnen mit Bestimmtheit nicht geglaubt, Hitler. Rußlands Koalitionswechsel schien ihm gut vorstellbar, aber nicht akut. Seine Informationen aus Moskau besagten, daß keine feindseligen Neigungen bestünden. Sie konnten sich aber allzu fix bilden. So unterband die Wehrmacht nicht den sowjetischen Angriff, sondern eine Absicht zum Angriff. Das ist ein Unterschied. Der Fall lag wohl dokumentiert in Nürnberg vor und trug den Anklagevorwurf, soweit das Rechtsargument reicht. Deutschland hatte, wie gewöhnlich, einen Freundschafts- und Nichtangriffspakt gebrochen. Daraus leitet sich jedoch keine zusätzliche Strafbarkeit her. Freundschaft ist kündbar.

Ein Gedanke, der in Nürnberg nicht erörtert wurde, wohl aber in der späteren historischen Debatte auftritt, berührt das schwankende Terrain der ›Humanintervention‹. Nach Nürnberger Begriffen war die Sowjetunion ein krimineller Staat. Er beging Aggression und Verbrechen gegen die Menschlichkeit in präzedenzlosem Umfang. In der Literatur wird überwiegend die Ansicht vertreten, daß ein Befreiungsfeldzug gegen jene Despotie, die Abermillionen Menschen ausrottete, versklavte und quälte, reelle Erfolgsaussichten besessen hätte. In Verkennung dessen mußte Hitler verlieren. Diese These beinhaltet zum zweiten, daß eine Intervention im Zeichen der Menschlichkeit auch rechtmäßig gewesen wäre. Demzufolge dürften Kriege nicht nur zur Selbstverteidigung, sondern auch zum Schutz von Bürgern vor der Tortur durch ihren eigenen Staat geführt werden. Die Frage erübrigt sich, weil niemand aus dem Grund ins Feld zieht. Zumal Hitler legte auf den Nimbus des Befreiers keinen Wert; Stalins Herrschaftsmethode fand seine ungeteilte Bewunderung. Warum sollte er das einzige ändern, was in der Sowjetunion perfekt funktionierte, den Terror?

Die nach Nord, Ost und Süd stürmende Wehrmacht deklarierte das Sowjetregime sogleich für kriminell und aufgelöst, bediente sich aber haargenau seines Terrorprinzips. Die Terroristen wechselten. Die Deutschen schleppten die Lebensmittel aus dem Dorf, wie die Sowjets in den Tagen der Zwangskollektivierung, und säuberten das Land von Verdächtigen, wie zuvor das NKWD. Anstelle des subversiven Klassenfeinds setzten sie den bereits ortsbekannten Rassenfeind. Die Debellatio des Sowjetstaats löst sich auf in Kontinuität. Wo die Staatsmacht durch Terror repräsentiert ist, verkörpert Terrorisierung am sinnfälligsten den Folgestaat. Selbstverständlich trug die Wehrmachtsinvasion das NS-Herrschaftswesen ins Land. Das geschah in ganz Europa, nicht unbedingt als Missionsauftrag, sondern zur Schonung von Kräften. Solange das Heer in Rußland focht und ausblutete, mußten die Eroberungen mit den knappsten Sicherheitsreserven gehalten werden: minder kampfstarke Truppen, ältere Polizisten und NS-Schergen, die außer Repressalien nichts gelernt hatten. Was sonst konnte das Kontinentalimperium zusammenkitten als die Ökonomie des Terrors? Sie ist so lange gesund, wie sie weniger Gegengewalt verursacht, als sie einsetzt. Ein ebenso schlichtes wie schmiegsames Prinzip, das auf alle Lokalverhältnisse antwortet.

Der Bruch der Haager Landkriegsordnung

Die greulichen Formen der europäischen Besatzungsherrschaft tragen alle das Emblem des NS-Systems. So wäre es das einfachste, sie auf die notorische Unmenschlichkeit und Irrationalität der Partei zurückzuführen. Der Wehrmacht wären die vollkommensten Siegesläufe auf dem Kontinent zuzurechnen, den Nazis die vollkommenste Verbrechensherrschaft. Muß notwendig eins mit dem anderen zusammenhängen? Militärs haben weder die Muße noch die Aufgabe, sich um Politik zu kümmern. Das Bild paßt in das Herkommen. Die Streitkräfte machen die Eroberungen, die Politik gestaltet sie. Unübersehbar mühte sich jedoch der Nationalsozialismus um den politischen Soldaten. Beseelt von der Doktrin, sei er gegen moralischen Zusammenbruch wie den von 1918 gefeit. Die Zeugnisse der Infiltration der Wehrmacht durch die NSDAP zählen Legion. Auswahl der Führer, Schulung der Männer, Sprache der Befehle muten wie das gelungene Ideal Hitlers an, die Verschmelzung der Streitkräfte mit seiner Partei. Diese Theorie hat mit dem vorgenannten Dualismus eines gemeinsam. Als Urheberin der Kriegsverbrechen gilt die Nazi-Bewegung. Sei es, daß sie neben der Wehrmacht agiert, sei es durch sie hindurch als ihrem Werkzeug.

Die Anklage des OKW-Prozesses hat die Kriegsverbrechen in den Mittelpunkt ihrer Vorwürfe gestellt. Aggression und Greuel belasten dieselben Personen. Einige rechneten zu den Herolden der NSDAP, andere zu den unpolitischen Professionalisten, andere zu den eingefleischten Opponenten. Es gab Opponenten, die dem Führerbefehl treu folgten, und Parteianhänger, die sich ihm stur widersetzten. Eigentümlicherweise stand die kriminelle Belastung mit den Charakterprofilen nicht im mindesten Zusammenhang. Die Befehlshaber oppositionellen Gepräges entschieden ebenso grausam wie die Ideologen. Ja, ein und derselbe Angeklagte durchlebte abwechselnd barbarische und maßvolle Zeiten. Der Entschluß zum Kriegsverbrechen folgt aus der Dienstfunktion und der militärischen Lage. Das Naturell des Täters übt den geringsten Einfluß aus. Charakterversagen, Exzesse, Racheakte sind dem Wehrmachtsoffizier selten genug unterlaufen. Die erdrückende Mehrzahl der Opfer resultierte aus wohlkalkulierter Gruppenübereinkunft und gemeinschaftlichen Prioritäten, die den normalen Befehlsweg durchquerten. Der Entwurf des Kriegsverbrechens spiegelt keine hitzigeren Affekte als der Entwurf des Krieges. Beides erfolgt mit der nämlichen Nüchternheit und Rasanz. Beides ist nicht mehr auseinanderzuhalten; in dieser Unzertrennlichkeit lag die Modernität. Wie Fuller und Ludendorff es als Fortschreibung der Kriegsgeschichte imaginiert hatten, setzten die Wehrmachtsgeneräle die Einheit von Krieg und Terror als erste ins Werk. Den Taterfolg teilte die Nürnberger Anklage in Verbrechen gegen Soldaten und gegen Zivilisten. Einigen Militärgruppen, die der Wehrmacht lästig fielen, deren Bekämpfung sich als allzu aufwendig, wenn nicht unmöglich erwiesen hatte, oder deren Existenz den ganzen gegnerischen Zusammenhalt zu stiften schien, war der Kombattantenstatus der Haager Landkriegsordnung aberkannt worden. So konnten sie umstandslos beseitigt werden. Sie genossen fortan kein Recht auf Pardon, ihre Militanz rechnete als irregulärer Kampf und Verbrechertum.

Nach Befehl des OKW behandelten die Befehlshaber Truppenkommissare der Roten Armee, Sabotagetrupps der Briten und unter gewissen Umständen abgeschossene Bomberpiloten nicht als Soldaten. Die Truppenkommissare fungierten als Kontrollorgane der KPdSU und des NKWD innerhalb des sowjetischen Heeres. In seinen Mannschaftsgraden bestand es aus den Söhnen des von der Zwangskollektivierung schrecklich maltraitierten Bauerntums, in seinem Offizierskorps aus einer soeben blutrünstig gesäuberten Schicht. Man mochte die Moral der Truppe mit einiger Berechtigung als brüchig einschätzen. Wenn nur die Zwingvögte der Kommunistischen Partei den Gegner beisammenhielten, trug ihre Ermordung vielleicht Konfusion, Meuterei und Defaitismus in seine Reihen. So entstand der Kommissarbefehl, befrachtet mit ganz befehlsunüblichen Phrasen zur Verderbtheit des Bolschewismus. Daraus entnahm die Nürnberger Anklage, wie viele spätere Kommentatoren, einen ideologischen Affekt. In der Praxis war der Kommissarbefehl von kurzer Dauer. Als die Befehlshaber anstelle der erwarteten Lähmung eine Verhärtung des feindlichen Widerstandswillens registrierten, ließen sie das Mordgeschäft ohne Bedauern fallen.

Den anglo-amerikanischen Sabotageakten im okkupierten Westeuropa sowie dem Luftbombardement über dem Reich wußte die Wehrmacht nicht wirksam zu begegnen. Ihre Anstrengungen konzentrierten sich auf die Ostfront. An den unzulänglich gesicherten Fronten im Westen erschlug man gefangene Saboteure, um abzuschrecken. Das Luftangriffsgebiet der Heimat wiederum brauchte ein Ventil für die Angst der Einwohner. Das blanke Verbrechertum, das Bomberpiloten wie Sabotagekommandos und Kommissaren bescheinigt wurde, wandelte Angst in Aggression und Terror in gerechte Strafe. Ein Feind, gegen den normale Kampfmittel versagen, muß anomal bekämpft werden. Ordnungshalber wird er zum anomalen Feind ausgerufen. In der Verteufelung fand Hitlers Weltanschauung nicht ihresgleichen. Sie machte sich auch im Kriegsgefangenenproblem bezahlt.

Ein Feldheer, das mit 3,3 Millionen Mann gegen die Sowjetunion aufmarschiert und 5,7 Millionen Mann in Gefangenschaft nimmt, gerät in ernste Schwierigkeiten. Bewachung und Verpflegung strapazieren den Nachschub und die Frontreserven. Zieht sich der Krieg länger hin als erwartet, wankt zeitweilig das Versorgungssystem. Im Westfeldzug zählte die Gefangenenbeute weit weniger, vor allem aber endeten zugleich die Gefechte. Entsprechend einfacher konnten Franzosen und Briten absorbiert werden. Ihr Gewahrsam gehorchte der Genfer Konvention, das der Rotarmisten nicht. In den chaotischen, improvisierten, auf Tempo und Überrumpelung angelegten Verhältnissen der »Operation Barbarossa« gingen über drei Millionen Gefangene an Hunger, Seuchen und Mißhandlung zugrunde. Hitlers Devise, der Rotarmist sei kein soldatischer Kamerad, sondern ein vertiertes Subjekt, beschwichtigte das Rechtsgewissen. Wem die Rechte der Genfer Konvention schwer zu gewähren sind, hat besser darauf keinerlei Anspruch. Der Rassismus adelt, was ansonsten scheußliche Massenvernichtung darstellt. Die Nürnberger Anklage hat, ähnlich wie jüngere Historiker, daraus gefolgert, daß man die Gefangenen aus Rassengründen verenden ließ. Vernichtete man der Rassendiskriminierung wegen, oder diskriminierte man lieber jene, die ohnehin schwer am Leben zu erhalten sind? Immerhin haben selten so viele des Rassismus unverdächtige Köpfe so dünkelhaft gehaust wie die Wehrmachtsgeneräle in Rußland. Ähnliche Fragen stellten sich bei ihrem Umgang mit dem Zivil.

Hunderttausende Personen starben ihrer Rasse wegen, mehr noch als ›unnütze Esser‹, weil sie die Kapitulation verweigerten, den Partisanenkampf aufnahmen, begünstigten, lobten, den Anschein dazu erweckten oder an einem Fleck mit mutmaßlichen Unterstützern lebten. Abermillionen Zivilisten wurden zur Zwangsarbeit eingezogen, teils verschleppt. Das Heer stahl ihren Besitz und verwüstete ihren Boden. Zum Teil beging es die Greuel eigenhändig, zum Teil beauftragte es Polizeigehilfen oder ließ sie gewähren. Die folgenschwerste Belastung der Generalität lag in der Massenerschießung russischer Juden durch Kommandos der Himmler-Polizei.

Als Inhaber der exekutiven Gewalt verantworteten die Befehlshaber das Geschick des Zivils im Befehlsgebiet. Im Rückblick hat die ›Endlösung der Judenfrage‹ mit baltischen, ukrainischen und weißrussischen Opfern begonnen, deren Schutz das Kriegsrecht den Wehrmachtsgenerälen auferlegte. Zu den Massakern bestand nicht die mindeste Not. Nichts ist schwieriger zu deuten als die Gründe, welche diese Kaste zum Überschreiten einer Zivilisationsschwelle veranlaßt haben, die 2.000 Jahre christlicher Antisemitismus respektierte. Wozu mußte die Wehrmacht, die eigenen Pläne zufolge in einem halben Jahr die Eroberung Rußlands abschließen wollte, ihren Schild mit diesem Blut beflecken? Warum duldete die Judenvernichtung nicht Aufschub bis zur Übergabe des Landes an Hitlers Zivilverwaltung?

Die Wehrmacht kann nur mit dem Geschehen unter ihrer Dienstverantwortung belastet werden. Wenn sie sich dem Massaker so einfach hätte entziehen können, hat sie Ursache gehabt, dies zu unterlassen. Die Nürnberger Ankläger haben die Frage weder gestellt noch geklärt. Sie stellt sich aber aufgrund des von ihnen geführten Nachweises, daß die Judenvernichtung mit Wissen, Billigung und Teilnahme der Generalität begonnen wurde. Der Anklage nach hätten die Beschuldigten im besetzten Rußland den Rassenwahn ihres Staates durchgesetzt, seinen innersten Antrieb. Wenn alle Erklärungen versagen, erklärt man das Geschehen zum ideologischen Gespinst. Zweifellos nährte der NS-Staat eine Rassenideologie, sie enträtselt aber nicht den Tatbestand. Warum schreiten die Ideologen 1941 zum Massenmord?

Der Krieg ist keine Tarnung, im Gegenteil. Die Gemütslage der Zivilbevölkerung ist im Krieg stets ein Risikofaktor, in der Heimat und zumal im Okkupationsgebiet. Keiner kümmerte sich sorgsamer um Ruhe und Folgsamkeit im Zivilsektor als die Wehrmacht, allein schon wegen ihrer ständigen Not an Sicherheitspersonal. Es ist eine unsinnige Annahme, daß die Befehlshaber das Abschlachten ganzer Völkerscharen inmitten einer prekären Kriegslage als Konzession an Hitlers Philosophie geduldet hätten. Sie faßten ihre Feldzüge nicht als Versteck für weltanschauliche Massaker auf. Mit selbstgefälligen Obsessionen im Gepäck erobert man keine Kontinente. Die Siegesanstrengung vertrug keine aufschiebbaren Störungsquellen. Das Kriegsgebiet war an und für sich der falscheste Ort für Ausrottungsexperimente ohne militärischen Zusammenhang. Dafür standen die Chancen der Deutschen zu knapp.

Die wahrscheinlichste Tatversion ist, daß die Generäle ein eigenes Interesse an der Judenvernichtung nahmen, welches über die

Staatsdoktrin hinausreichte. Aus den Nürnberger Anklagedokumenten lassen sich solche Motive unschwer entnehmen.

Die Generäle erläuterten ihren Soldaten die von der Polizei angerichteten Massaker in aller Ausführlichkeit. Die Juden seien die Träger des Bolschewismus, den auszurotten man in das Land gezogen sei. Sie knüpften die Netze zwischen der weiterkämpfenden bolschewistischen Streitmacht und dem bereits befreiten deutschen Besatzungsgebiet. Dort müßte das vormalige Herrschaftssystem aber gründlich ausgerottet werden. Die früheren Untertanen des Bolschewismus seien hart, aber gerecht anzufassen, wenn sie die neuen Herrschaftsverhältnisse hinnähmen.

Diese an der gesamten Ostfront verbreitete Devise ist seit Nürnberg als ideologischer Unfug gewertet worden. Denn die Juden waren in Wahrheit nicht die Zwischenträger der KPdSU-Zentrale. Sie bildeten keine Stütze des Sowjetregimes. Sie waren die schwächste, angefeindetste und anpassungswilligste Schicht in Rußland. Die Generäle propagierten infolgedessen eine Legende. Das bedeutet indessen nichts Ungewöhnliches. Ohne Legende ist schlechterdings kein Krieg zu führen. Mit Hilfe der Dolchstoßlegende hatte das Militär seine verflossene Niederlage erfolgreich den Juden und Sozialisten zugeschoben. Hat es selbst daran geglaubt? Das spielt keine Rolle. Mit Sicherheit hat es an den Nutzen dieser Legende geglaubt. Generäle streben nicht nach Wahrheit, sondern nach Erfolg.

Die Funktion der ›Trägerlegende‹ liegt auf der Hand. Wenn die Juden die Träger des Bolschewismus im Besatzungsgebiet waren, konnte man diesen ankündigungsgemäß ausrotten, ohne halb Rußland zu massakrieren. Die Mittel dazu besaß man nicht, und das Interesse war ein anderes. Es ging den Deutschen keineswegs darum, die Anhänger der KPdSU strafhalber zu beseitigen. Die Bürger sollten sich vom sowjetischen Staat lösen und dem neuen Despoten dienstbar sein. Er bewies seine Kompetenz wie schon der vormalige durch die Fähigkeit, die von ihm designierten Feinde auszumerzen, egal ob sie solche waren oder nicht. Darum hat sich auch Stalin nicht geschert. Stalin-Terror zeichnete sich geradezu durch die Unschuld und Beliebigkeit des Opfers aus. Dies ist den ›Trotzkisten‹ und ›Sinowjewisten‹ und ›Faschisten‹, später den ›Titoisten‹ unter der Folter eigens versichert worden. Die Beschuldigungen seien blanker Quatsch. Geständnisse würden aber dazu dienen, dem trägen Volke die Präsenz des Feindes zu veranschaulichen. Der Sowjetunion drohe Gefahr. Es gelte Kampfgeist zu zeugen. So habe man eine Maske präpariert, die am sinnfälligsten das Böse ausdrückt.

Für die pittoreske Feindverschiebung zeigten sich, wie auch in Deutschland, besonders zwei Zielgruppen empfänglich: der emotionale Mob und die deutungsbegabten Intellektuellen, der Blockwart und der Literat. Sie haben die entzündlichste Phantasie. Männer mit instrumentell gearteter Vernunft wie Generäle nehmen aus anderen Gründen an solchen Hysterien teil. Sie besitzen ohnehin ein unaufgeregtes Verhältnis zum Feind und wissen, daß jeder Nachbar geschwind dazu werden kann. Kurz, der Feind wird nach Nützlichkeit und zur Verbesserung der eigenen Lage gewählt. Die Judenvernichtung knüpfte halb an die im Lande geübten Herrschaftstechniken an, halb an ältere Landesbräuche. Das Kriegsziel, der Untergang des Bolschewismus, war sinnfällig gestaltet, ohne den ungeheuerlichen Kräfteverschleiß, den die buchstäbliche Realisierung solchen Vorhabens gekostet hätte. Für dieses Programm standen nur wenige tausend kampfschwache Polizisten zur Verfügung. Im Judentum besaßen sie die einzige Gruppe, zu deren physischer Ausrottung sie überhaupt in der Lage waren. Die Christenheit hat den Juden stets zum Lückenbüßer aller möglichen Plagegeister ernannt. Warum nicht auch für den Bolschewismus? Einfacher ließ er sich gewiß nicht aus der Welt schaffen. Seine bisherigen Parteigänger, an Terror gewohnt, würde das Exempel biegen, wie schon das NKWD sie verbogen hatte.

Das Instrumentar, das der Wehrmacht dazu diente, die zivile Unfolgsamkeit zu brechen, ist ebenfalls Anklagepunkt in Nürnberg gewesen. Allerdings bot die Haager Landkriegsordnung dazu die ungünstigste Handhabe. Personen waren für nichtige Delikte und auf vagen Verdacht hin bestraft, die Rechtswege abgeschafft, Soldaten zur Willkür verleitet worden. Die Partisanen hatten grausamste Vergeltung erfahren. Im Bereich des Zivilschutzes aber schwieg sich das Kriegsrecht in seiner damaligen Gestalt beredt aus. Es sicherte dem Besatzer einen generösen Handlungsrahmen. Ein in Uniform des Kommissars auftretender NKWD-Funktionär genoß allen Schutz der Konventionen. Ein Jude, der, dem Massenmord entfliehend, sich den Partisanen im Walde anschloß, blieb Freiwild.

Weil der Mangel am geschriebenen Kriegsrecht von der Wehrmacht in einer nach herkömmlicher Übung skandalösen Weise genutzt worden war, rekurrierte die Nürnberger Anklage auf die in der Haager Präambel genannte Generalklausel der »Menschlichkeit«. Daraus leitete man hilfsweise den Tatbestand des ›Verbrechens gegen die Menschlichkeit‹ her. Gleichgültig ob man ihn als Rekurs auf die ›Martenssche Klausel‹ oder den ›allgemeinen Zivilisationsbrauch‹ auslegt, bleibt eine undefinierte Lücke. Dem Zivil fehlt ein anerkanntes Widerstandsrecht gegen den Aggressor. Daraus resultiert in der Nürnberger Judikatur eine absurde Rechtslage: Die Aggression zählt als Verbrechen, gleichwohl ist bürgerlicher Widerstand gegen den Aggressor verboten. Die Deutschen, die den Ungehorsam gegen ihre kriminelle Okkupation drakonisch geahndet hatten, handelten demzufolge ganz legal. Illegal war allenfalls die unmenschliche Bestrafung auf lockeren Verdacht. Doch je tapferer ein Partisan die Verbrecherinvasion bekämpft hatte, desto klarer setzte er sich ins Unrecht. Dies rührt aus der überlieferten Verklammerung von Jus in bello und Jus ad bellum.

Das Recht im Kriege besteht unter der Voraussetzung des Rechts zum Krieg. Wird der angreifenden Partei das Kriegführungsrecht aberkannt, wäre der Verteidiger seiner Rechtsverpflichtungen entbunden. Gegen den ungerechten Aggressor sind alle Mittel recht. Wenn beide Parteien einander zum Aggressor erklären, ist das Kriegsrecht abgeschafft. In Anbetracht dieser unsterblichen Logik haben die aufgeklärten Denker Kriegsrecht und Kriegführungsrecht aneinander geknüpft. Wer den Krieg mildern möchte, muß ihn uneingeschränkt anerkennen. Mit der Ächtung des Aggressors trat sogleich die mittelalterliche Antinomie des gerechten Kriegers zutage. Dem Heiden und Barbaren mag er heimzahlen, je grausiger, desto besser. So harsch wollten die Nürnberger Richter dem Belligerenten Hitler aber nicht mitspielen lassen; wohl aus Sorge, das Jus in bello ganz in den Wind zu schreiben. Das eiserne Axiom der alten Gelehrten – Recht im Krieg verlangt Recht zum Krieg – wirft man jedoch nicht ungestraft über Bord. Weil die Nürnberger Justiz sich gleicherweise auf klassisches Kriegsrecht wie auf moderne Kriegsächtung berief, mußte sie einen krassen Widersinn dulden, der das europäische Résistance-Publikum tief erboste. Allenfalls Richter begreifen es als rechtens, den Angreifer zu kriminalisieren und den Angegriffenen die Notwehr zu beschneiden. Auch die Nach-Nürnberger Genfer Zivilschutzkonvention von 1949 hat dem Okkupanten, einschließlich dem Aggressor, zwar vieles verboten, doch dem Überfallenen keinen Aufstand erlaubt. Ein solcher Artikel wäre im Kriege nicht durchsetzbar. Welcher

Behelf eintritt, wenn der Aggressor alle Verbote bricht, ist erst den Genfer Zusatzprotokollen von 1977 zu entnehmen. In der Praxis helfen sie keinem und hindern sie keinen. Das Militär terrorisiert weiterhin Wehrlose, läßt sich aber nicht terrorisieren. Selbst wenn dies dem Verteidiger nutzt, wird kein Recht daraus. Der Rebell ist Überzeugungstäter und soll sein Risiko alleine tragen. Halb resigniert und halb erbittert hat die US-Anklage die Lage glossiert, in welche das modernisierte Völkerrecht den aufsässigen Zivilisten entließ:

»Auch wenn von diesem Gericht nicht erwartet wird, in dieser Angelegenheit eine Entscheidung zu fällen, ist es dennoch die aufrichtige Meinung der Anklagebehörde, daß ein Standpunkt, der besagt, daß ein Volk unter einer Besatzung hilflos zusehen muß,

– wie Mitmenschen millionenweise als Juden, Kommunisten, Kommissare oder ›verdächtige Personen‹ niedergeschossen werden,
– wie sie von ihren Familien und Heimen als Sklavenarbeiter nach Deutschland gesandt werden, um unter furchtbaren Verhältnissen zu arbeiten,
– wie ihre Lebensmittel beschlagnahmt werden, um die Deutschen zu ernähren, während sie selbst verhungern müssen,
– wie sie unter dem kleinsten Vorwand geschlagen und mißhandelt werden,
– wie ihre Soldaten erschossen oder gefangengenommen werden, entwürdigt werden, hinter Stacheldraht zu Millionen verhungern oder zu Tode erfrieren: daß man sich solch einer Behandlung unterwerfen muß, ohne den Schutz des Völkerrechts für sich in Anspruch nehmen zu können in einem Fall von Selbsthilfe und Widerstand mit allen möglichen Mitteln – dieser Grundsatz ist unserer Meinung nach eine himmelschreiende Ungeheuerlichkeit, die jeden Scheins von Gerechtigkeit und Humanität entbehrt. Wie kann man von einem Rotarmisten verlangen, daß er sich den Deutschen ergibt, wenn er genau weiß, daß er zweifelsohne in einem Kriegsgefangenenlager sterben wird? Ist er ein Verbrecher, auch wenn wir annehmen, daß er seine Uniform wegwirft und bei den Partisanen kämpft? Sind Partisanen Verbrecher, die außerhalb des Schutzes gestellt sind, die das Gesetz gewährt, wenn sie Partisanen wurden, nur um sich selbst und ihre Mitmenschen vor Verbrechen zu schützen, die von den deutschen Truppen begangen wurden? Es besteht absolut kein

Zweifel, daß die Partisanenbewegung hauptsächlich durch die verbrecherischen Taten der Deutschen selbst entstand. Soll traditionelles Recht zur Selbstverteidigung denn unter internationalem Recht völlig außer acht gelassen werden?«

Die Selbstverteidigung ziemte nach altem Rechtsbrauch den Armeen. Das Monopol hatte guten Grund. Die Streitkräfte waren laut Konvention auch die einzig Angegriffenen. Demzufolge soll sich das Zivil nicht einmischen. Es verteidigt sich nicht, es wird verteidigt. Das Konzept des totalen Kriegs wirft diese Ordnung durcheinander.

Alles Kriegsrecht beruhte auf der Unterscheidung von Kombattant und Nichtkombattant. Die Kombattanten verpflichten sich zur wechselseitigen Bekämpfung nach fixen Regeln. Der Vorteil liegt in der relativen Schonung des Truppeninstruments. Nachdem der industrialisierte Krieg 1914 bis 1918 die Truppen der allmählichen Ausrottung zugeführt hatte, war ein Ausweg vonnöten. Die Maschinentötung auf dem Gefechtsfeld ließ sich nicht zurückdrehen. Der Krieg kann keine Insel bilden; wenn alles in Massenproduktion übergeht, dann auch der Schlachtentod. Die Schlußfolgerung des totalen Kriegs war simpel. Er strömt in die am schwächsten verteidigten Sektoren, die zivilen, die geringen Widerstand bieten und besonders schmerzempfindlich reagieren. So fallen rasche Entscheidungen und fließt das wenigste Blut.

Die Westfeldzüge der deutschen Wehrmacht waren noch durch klassische Vernichtung der gegnerischen Heere siegreich. Die Mobilität, der sie sich verdankten, riß allerdings riesige Territorien in den Konflikt – als Flanken, als Puffer, als Basen. Darunter die schwach verteidigten Neutralen, die Zivilisten der Staatenwelt. Just die zupackende Initiative, die der Wehrmacht Land für Land eintrug, sammelte bei dem Hauptgegner, England, einen für Hitler ganz irrationalen Widerstandsgeist. Das Terrorbombardement, der ›Blitz‹ vom August/September 1940 über den Inseln, brachte, bei all seiner Unvollkommenheit, eine unerwartete Leidensfähigkeit des Zivils an den Tag. Dies hat der Fortgang des Kriegs an allen Fronten bewiesen. Das Zivil ist kein einfacher Gegner. Eine Armee ist ein faßliches und umgrenztes Ziel. Die Bevölkerung, und gar die eines Kontinents, ist eine See, die Streitkräfte auf ihre Weise verschlingt. Durch tückische Wetterwendigkeit, durch die unüberschaubare Fläche, durch den Genius loci. Alle Schlupfwinkel der Natur arbeiten gegen den Eindringling. Seine Versorgungslinien werden abgeschnitten, seine Mannschaft zermürbt, ausgehungert, den Elementen vorgeworfen. Im Grunde muß man eine Bevölkerung auf einen Schlag ausrotten, um sie zuverlässig zu besiegen. Nicht zufällig ist die Generalität mit dieser Erfahrung aus dem Weltkrieg heimgekehrt.

Die Deutschen, die sich, um eine Entscheidung zu erzwingen, auf einen Umweg in utopische Weite gestürzt hatten, begegneten ihrem Schicksal in Rußland. Das ganze Land auszurotten, fehlten ihnen die Mittel. Sie phantasierten zeitweilig davon, waren aber archaische Krieger der Moderne. Sie rotteten aus, aber nur die, derer sie mit ihren kargen Mitteln habhaft werden konnten. Das Los der Juden würde in der ganzen Feste Europa seine Wirkung nicht verfehlen. Ein zweites großflächiges Terrorprojekt, die Versklavung der Feindvölker in der Wehrwirtschaft, kostete das Reich bereits herbe Rückschläge. Zivile Renitenz und Freischärlertum schwollen in unbezähmbarem Ausmaß. Das Heer plünderte und verwüstete in systematischen Schritten, zerstörte sich damit aber jegliche Basis im Land. Schließlich verkam über eine Million deutscher Kriegsgefangener in sowjetischem Gewahrsam, weil der ruinierte Ackerbau auch diese nicht mehr sättigen konnte. Insgesamt lud der Aggressor eine unerhörte Wut auf sein Haupt.

Mit der Ausdehnung des Kampfs auf den Nicht-Kombattanten erledigten sich die Regeln des gewöhnlichen Duellkriegs. Die totalen Krieger können das Volk nicht erbarmungslos quälen ohne eine Replik. Die Nürnberger Anklage hat das treffend formuliert. Gerechtfertigter Feind, Justus hostis, ist eine Armee nur im Hinblick auf eine andere, ihren verabredeten Duellanten. Macht sie sich über das Zivil her, wird ihr das Kainsmal des teuflischen Verbrechers aufgeprägt. Der ›Verbrecher Keitel‹ ist insoweit die natürliche Gestalt der Unterlegenen im totalen Krieg. Feldmarschälle sind sie nach dem Kapitulationsakt die längste Zeit gewesen. Es besteht gar kein Zweifel, daß es bei umgekehrtem Ausgang zum Verbrecher Churchill, Harris, Schukow usw. gekommen wäre. Keitel hatte am 21. Januar 1945 eine »laufend fortzunumerierende Liste« in Auftrag gegeben. »Feindliche Führer, die aufgrund erbeuteter schriftlicher oder unter Zeugenaussagen erhärteter mündlicher Befehle ihre Untergebenen zur Begehung von Kriegsverbrechen angewiesen haben, sind in dieser Liste aufzuführen.«

Eine Ächtung des Gegners hatten die Religionskriege und Revolutionskriege bereits an sich, die als Ahnen des totalen Kriegs im Zivil tobten. Der Ritterkrieg, der absolutistische Kabinettskrieg und der Nationalkrieg des 19. Jahrhunderts hingegen waren Regelveranstaltungen. Der gerechte Krieg ist im 20. Jahrhundert wiedergekehrt, und Nürnberg war sein Tribunal.

Keitels Verbrechertum lag ohnedem zutage. Daß es ein von seiner Person weitgehend unabhängiges Attribut der Wehrmachtsführung gewesen ist, hat erst der OKW-Prozeß erwiesen. Die ›kriminelle Vereinigung‹, ein Verdikt, das der Vier-Mächte-Prozeß dem Generalstab ersparte, stand im OKW-Prozeß als leibhaftige Gruppe von Individuen unter Anklage. Bestand sie, auch bei unparteiischer Betrachtung, aus einer Vereinigung von Kriminellen? In der Bundesrepublik standen die Generalsprozesse im Ruch der Siegerjustiz. »Der Grund ist«, heißt es in einem Beschluß des Bundesgerichtshofs vom 9.1.1959, »daß die Bundesrepublik Urteile wegen Verbrechens gegen die Menschlichkeit und wegen Kriegsverbrechens nicht anerkennen wollte, weil sie rechtliche Bedenken wegen der Art hatte, in der ein Teil dieser Urteile zustandegekommen war und wegen sachlichen Rechts, auf dem sie beruhen.«

Die Sieger waren parteiische Richter, weil es den unparteiischen Richter nicht gibt. Die Sachwalter der verletzten Ordnung bilden gegen den Aufrührer stets eine Partei. Die Rechtsordnung ist ein Subjekt; darum sind Nürnberger Anklage und Urteil subjektiv gefärbt. Es ist die Gerechtigkeit der Gerechten. Sie sahen in den Gerichteten abseitige Veranstalter von Menschenopfern, Bekenner eines bizarren Runenkultes. Britische und US-Generäle, Anhänger zivilisierterer Lehren, hätten Sowjetrußland anders befehdet. Das mag sein. Die Wehrmachtsgeneräle waren Produkte einer überaus prägnanten Tradition. Vor allem waren sie die Geschlagenen des Ersten Weltkriegs; entschlossen aufzutrumpfen, wie Revanchisten sind. Gleichwohl verband sie ebenso vieles mit ihrer Tradition, wie es sie davon trennte. Es gab keine Tradition der Massenausrottung. Auch sagte ihre Tradition nicht viel darüber aus, wie der totale Krieg zu bestehen sei. Dieser schreibt sich seine Regeln selbst. Davon wollten die Sieger naturgemäß nichts wissen. Sie sahen sich von den NS-Generälen durch Abgründe getrennt. Deren Verbrechen rührten geradlinig aus ihrer NS-Doktrin, nicht aus dem totalen Kriegertum. Auch die Gegenseite hatte totaliter gefochten und keine solche Blutspur hinterlassen. Allerdings verdiente auch die alliierte Praxis eine rechtliche Betrachtung. Davor ist das Nürnberger Gericht zurückgescheut.

Zweifelsohne reichte die kriminelle Energie der deutschen Partei ein Vielfaches tiefer. Doch hatte sie eine ganz andere militärische Aufgabe zu lösen als die Gegenseite. Auch die Wehrmacht achtete das Kriegsrecht nach Maßgabe der Komfortabilität der Lage. Ihr Westfeldzug hätte sie schwerlich auf eine Anklagebank gebracht. Weil die Generäle ihren Ostkreuzzug ideologisch legitimierten, hat die Anklage die Legitimation der Verbrechen für ihre Ursache ausgegeben. Das war die Selbststabilisierung des Anklagesystems: ohne Nazi-Lehre keine Nazi-Verbrechen.

Doch predigte die verwendete Ideologie gar keine Verbrechen. Vielmehr diente sie dazu, Handlungen, die nach der Haager Landkriegsordnung und jedem erdenklichen Rechtsbegriff Verbrechen bedeuten, der geschichtlichen Notwendigkeit zu widmen. Die Befehlshaber vollstreckten keine persönlichen Ziele, sondern den Ruf des Lebens. Indem sie legitimen Zwecken dienten, waren sie selber legitim. Auch die Deutschen sahen sich im gerechten Kriege stehend. Fälschlich, doch ist der totale Krieger, der sich der Selbstvernichtung aussetzt, der gerechte Krieger schlechthin. Es gibt keine gerechtere Sache als die Selbsterhaltung. Daran glaubt auch der Massenmörder, dem nur der Glaube verzeiht.

Wie Deutschland in den totalen Krieg gelangte, ist ihm nur dunkel bewußt geworden. Das Treffen radikalisierte sich rasend in einer Folge militärischer Notwendigkeiten. Je zwanghafter sie auftraten, desto gerechter die Zwangsläufigkeiten. Und nichts befähigt zu größeren Verbrechen als der Besitz der gerechten Sache.

Teil II
Befehlskette Landkrieg

Kapitel 3
Der Große Generalstab. Planung

Oberster Kriegsherr, Offizierskorps

Artikel 160 des Versailler Friedensvertrags verfügt die Auflösung des deutschen Großen Generalstabs. Unter keinerlei Gestalt dürfe er je neu gebildet werden. Seit den Tagen des Generalfeldmarschalls von Moltke, schreibt der Nürnberger Ankläger Telford Taylor, verströmten die Worte ›deutscher Generalstab‹ auf der ganzen Welt einen furchtgebietenden Hauch. Die seit 1843 mit karmesinroten Hosenstreifen versehenen Artisten der Kriegskunst hatten in der Tat das wirksamste Organ der bisherigen Militärgeschichte geschmiedet, die preußische, dann reichsdeutsche Armee, die niederzuringen es in zwei Weltkriegen einer Koalition der mächtigsten Streitmächte der Erde bedurfte.

Der Generalstab, ein zur Regie weiträumiger Feldzüge gebildeter Apparat, brachte es im Lande Preußen zu beispielhafter Vollkommenheit. Auf seinem unwirtlichen, instabilen Territorium hatte die Dynastie der Hohenzollern den Staat aus einer Kriegerkaste geformt, die ihr Monopol auf Landbesitz mit Offiziersdiensten erkaufte. Zugleich aber versprach der Offiziersberuf die Erzeugung eines auserlesenen Menschentums. Friedrich II. traute dem Bürgertum keine sittliche Haltung zu. Befangen im Vorteilsstreben, Gewinntrachten, bringe es die dem Offizier ziemenden Tugenden nicht hervor: Ehrgefühl, Furchtlosigkeit, Härte, Gehorsam, Opferbereitschaft. Die dazu Berufenen, die nur schwer des Lesens und Schreibens mächtigen preußischen Landjunker, empfingen ihr Privileg aus der Hand des Königs. Sein Oberkommando verkündete mehr als militärische Befehle. König und Offiziere standen im Bund. Wechselseitig verdankten sie einander ihr Amt, teurer gehütet als das Leben, welches sie ohne Säumen in die Schanze schlugen, derweil die Annalen des preußischen Kriegsarchivs die Ewigkeit verkörperten.

Friedrich, der oft genug die Schlacht aus dem Sattel lenkte, lieh der Befehlsergebenheit insoweit einen Sinn, als er im Gewande des Souveräns und Feldherrn gleicherweise auftrat. Die Größe des Königs beruhte auf dem Kriegsgeschick und -glück, das seine despotischen Allüren in Genialität hüllte. Er brauchte keinen General zu konsultieren, wie der Feind auszumanövrieren sei, tat es auch niemals, zumal dies noch mit bloßem Auge zu erkennen war.

Die Generäle erfuhren ihre Ordres aus dem Munde des Königs oder seiner Adjutanten. Mit der gewaltigen Ausdehnung der Heere und Fronten änderte sich der Befehlsweg. Als Wilhelm II. in der Hektik der ersten Augusttage 1914 auf Kabel aus England hin vorschlug, den Angriff statt im Westen im Osten beginnen zu lassen, feuchtete sich dem Generalstabschef Moltke dem Jüngeren das Auge. Der Oberste Befehlshaber ermangelte jeglicher Vorstellung, wie der Eisenbahnaufmarsch eines Millionenheeres vonstatten ging. Dies Metier war den spontanen Einfällen des Monarchen nicht mehr zugänglich. Das artifizielle Mobilisierungs-, Aufmarsch- und Angriffsschema vertrug keine politischen Extratouren. Der Krieg war Clausewitzens Verlangen, der Arm der Politik zu sein, entwachsen. Millionen Männer in industrielle Waffen zu kleiden und durch die Lande zu bewegen, ist eine zu komplizierte Disziplin, um sie dem politischen Affektleben auszuliefern. Zudem ließen sich die Völkerscharen, wie sie nunmehr transportiert, munitioniert, verpflegt, in Marschbewegung und Gefechtsstellung zu bringen waren, schwerlich durch kurze Kommandos lenken. Das Befehlswesen war zum Gutteil in Planungsarbeit übergegangen.

Der Krieg, den Moritz von Sachsen »eine von Finsternis umgebene Wissenschaft« hieß, in Unwissenheit geführt, mangels Prinzipien und Regeln vermittels Routine und Vorurteilen geschlagen, mußte nun gleichwohl seiner schieren Ausdehnung wegen vorgedacht werden. Der Generalstab, der sich in dieser Kunst übte, war, ähnlich wie das statuierte Kriegsrecht, ein Vernunftsunternehmen. Beide erwuchsen zur nämlichen Zeit, wie um dem zunehmenden Chaos der Vernichtungsenergien Herr zu werden. Der Methodisierung des Kriegsgeschehens hat sich das preußische Militär mit entdeckerischer Inbrunst angenommen. Von einem Kollegium den König beratender Offiziere entwickelten sich die Generalstäbler in den deutschen Einigungskriegen zu jenen von Bismarck ironisierten Halbgöttern mit Sitz in einem Hauptquartier von auratischem Nimbus. Seine prägenden Chefs Moltke, Schlieffen und Seeckt verfolgten das Erziehungsziel eines gleichgebildeten, gleichdenkenden Offiziersordens, der operative und logistische Aufgaben nahezu rechnerisch löst.

Weil die Armeeführer die Breite des Frontenverlaufs, die separaten Marschrouten der aufgespaltenen Verbände, die Nachrichten über die Feindbewegungen nicht überblicken, veranstaltet der Große Generalstab den Krieg der Theorie nach, reguliert Zufuhr und Bahn von Mensch und Gerät, plaziert die Feldherren in den Rahmen des Feldzugsplans.

Der Hohenzollernfürst ist schließlich Oberbefehlshaber der Form, der Chef des Generalstabs der Sache nach. Hinzu gesellen sich Kriegsminister und Kanzler als Chefs der Heeresverwaltung und der Politik. Vier Rivalen um die Autorität im Krieg, verbunden durch das Amt des Königs. Das Königtum genießt die persönliche Gefolgstreue des Offizierskorps, das Mitgliedern von Zivilkabinetten standesgemäß mißtraut. Selbst wenn der Monarch, wie Wilhelm II. nach 1916, zur Marionette des Generalstabs verkümmert, gewährleistet er seinen Offizieren gleichwohl die Befehlsverbindlichkeit. Der König ist nicht Autor des Befehls, jedoch die Autorität des Befehls. Ihr Ende findet die Dynastie folgerichtig in dem Moment, wo das königlich-kaiserliche Heer meutert. Seine treuen Generäle veranlaßten die Abdankung ihres Kriegsherrn. Bezeichnenderweise mit dem Argument, daß anders die Befehlsgewalt über die Truppe versage.

Das Offizierskorps gab das Königtum preis, seinen Schöpfer, und rettete das Geschöpf, die Armee, gleichsam treuhänderisch für einen künftigen Patron. Eine Gestalt, die der Präsident der Republik nie und nimmer sein konnte. Dem friderizianischen Idol der Dreieinigkeit von Staatschef, Armeechef und Feldherr hatte der Schützengraben endgültig den Garaus bereitet. Was immer Kabinetts- und Kriegskunst, Schlachtenlenkertum und Soldatenvaterschaft gewesen sein mochte, lag in der Landschaft zwischen Somme und Maas entseelt in der Grube. Kein Generalstab der Welt wußte der Vernichtungsrate der Maschinenwaffen Besseres entgegenzusetzen, als eine Überzahl von Männern anzuhäufen, Schießgerät zu massieren und die Minderzähligen mit ihrer unterlegenen Feuerkraft auszulöschen. Darunter hat das Prestige der Generalität auf allen Seiten gelitten. Sie selbst verabscheute den Niedergang ihrer operativen Gaben.

Als Heros des Weltkriegs entpuppte sich der Grabenkämpfer, der unbedenklich der vernichtungshungrigen Artillerie ausgesetzte Mann. Seine Hingabebereitschaft hielt den Krieg in Gang. Das Überleben verdankte er selten dem Drill, dem Schlachtplan, den herkömmlichen, nun ausgedienten Führungsmitteln. Armeeführer und Divisionskommandeure weilten, abgeschnitten von Information und Kontakt, im hinteren Gebiet. Den Kleingruppen, die in Gräben und Trichtern ausharrten, half die schlichte Vernunft. Ihre Kampfmoral stützte sich auf die seelische Entschlossenheit. Der Frontsoldat, schreibt der Militärhistoriker Hans Rosinski, nahm das Wesen des Kämpfers an. Eine Menschennatur, die in den Schrecken der Materialschlacht ihre ureigene Lebensform fand. »In den Frontkämpfen unter dem Stahlhelm, mit verschmutzter Uniform, brennenden Augen und hagerem Gesicht fand die Materialschlacht ihre Verkörperung: Dieser neue Soldat war durch nichts zu erschüttern, er war abgehärtet von dem tödlichen Grauen ringsumher, gleichgültig, erfindungsreich, selbständig, bis an die Grenze des Ungehorsams.«

Zu den Soldaten des industriellen Krieges zählte sich auch ein durch Schrapnell, Granatsplitter und Senfgas dreimal verwundeter Gefreiter des 16. Bayerischen Reserveinfanterieregiments, Träger des Eisernen Kreuzes. Hitler verließ den Krieg als einer der wenigen Überlebenden seines Regiments, das aus der ersten Ypern-Schlacht im November 1914 von 3.600 Männern noch 611 unversehrt behalten hatte. Er nahm an zwölf Schlachten teil, verblieb vier Jahre lang auf dem schauerlichsten Vernichtungsgelände der bisherigen Geschichte, der Westfront, um hernach von der größten aller Erfahrungen zu sprechen. Dieser Kämpfer sollte das verwaiste Amt des obersten Kriegsherrn an sich reißen.

Er hatte als Meldegänger gedient, ein ungewöhnlich gefahrenreicher Posten, der die Verbindung zwischen Schützengraben und Befehlsstelle knüpft. Der Meldegänger, durch die Grabensysteme, Trichterfelder seinen Weg bahnend, setzt das Leben an die Unterrichtung der Befehlshaber, denen die Wirklichkeit des Gefechts nie von Angesicht begegnet. Mit Nachrichten läuft er nach hinten und mit Befehlen nach vorn. Doch sind die Befehle oft sinnlos, weil das Kampfgeschehen sie bei Eintreffen bereits überholt hat. Womöglich rührt von daher des Führers eingefleischte Überzeugung, daß seine Generäle wenig vom Krieg verstünden. John Keegan hat dargelegt, wie Hitlers oft bemängelter Starrsinn, standzuhalten bis zum letzten Mann, auf den Stellungskrieg von 1915 bis 1918 zurückgeht, auf die Bereitschaft der Grabeninsassen, den teuer gewonnenen Boden um den Preis des Lebens zu behaupten.

Für den französischen Soldaten handelte es sich in diesem Krieg um Heimatboden. Welch leidliche Wahl verblieb, als das deutsche Heer hinter die Grenze zu jagen? Dazu taugte allein das militärische Mittel. Die Gegenseite benötigte eine viel weitergehende Identifikation mit dem Kriege. Später unterlegten ihm die Geschlagenen rückwirkend den Auftrag deutscher Selbstverwirklichung. Mehr hatte sich auch nicht verwirklichen lassen. Der erfolglose Kämpfer hütete sein Fronterlebnis, das wahrhaftig tiefer berührte als alle erdenklichen Siege. Ludendorff, der weniger von der Front erlebt hatte, betrachtete sein Vernichtungsgeschäft als »die höchste Äußerung völkischen Lebenswillens«:

Im Siege verwirkliche sich die Seelenstärke der Nation. Ganz wehrbar und geschlossen wird sie nur bei »sorgsamer Beachtung der biologischen und seelischen Gesetze und Eigenschaften des Rasseerbgutes«. Das »Unheil der Rassenmischung« hingegen stiftet Zwietracht. »Im Volke liegt der Schwerpunkt im Totalen Krieg.« Doch das »volkszerstörende Treiben der überstaatlichen Mächte, des jüdischen Volkes und der römischen Kirche«, tötet das völkische und rassische Gefühl, duldet die Nationen allein, um sie gegeneinander aufzubringen, bis sie, entseelt, reif sind für die »jüdische Weltrepublik«.

Die psychische Meisterung der Niederlage führt den letzten unumschränkten Herrn des Großen Generalstabs zu praktischen Appellen. »Der Mann, der den Totalen Krieg für die Lebenserhaltung des Volkes zu führen hat, ist der Feldherr.« Der Feldherr befehligt den Staat und die Armee zugleich wie einst Friedrich II. »Feldherrntum fand in ihm seine Lösung. Seitdem herrscht Unklarheit zum Schaden von Kriegführung und Volk.« Die Unklarheit gipfelte in der »verhängnisvollen Vielköpfigkeit« der Weltkriegführung. Dem Namen nach übte der Kaiser den Oberbefehl aus über Heer und Marine. Als echter Befehlshaber amtierte ab August 1916 der Chef des Generalstabs von Hindenburg, während sein Stellvertreter Ludendorff, nominell Generalquartiermeister, den Krieg leitete, zu seinem Ärger umgeben von einem »selbständigen Kriegsminister« und einem politisierenden Reichskanzler. Ferner waltete ein eher separat seekriegführender Chef des Admiralstabs.

Aus dem Versagen dieser »Generalstabswirtschaft« entwickelte Ludendorff »die Lehre vom Feldherrn, der über der gesamten Wehrmacht steht und in ernsten Krisen fast instinktmäßig und blitzartig, verantwortungsfreudig die schwersten Entschlüsse zu fassen hat«. Der Feldherr gebietet über alle Bestandteile der Wehrmacht, die Wehrmachtsverwaltung, die Politik. Ihm zur Seite steht eine »ausfertigende Befehlsstelle«, der Wehrstab, befähigt, als »rechte Hand« auch selbständig Aufgaben im Feldherrnsinne zu lösen. »Es ist nun einmal nicht anders, die Stellung des Feldherrn muß umfassend wie die des Königs Friedrich des Großen sein.« Ähnlich ist es eingetreten. Nur hat Ludendorff nicht vorausgesehen, daß die Feldherrnrolle von dem Meldegänger Hitler beschlagnahmt wurde. Eine närrische Travestie, liegt doch dem Plan ersichtlich der selbstverklärte Ludendorff zugrunde, ein Stratege, der sich den Sieg über Rußland zurechnete und zwei Jahre als kaum verhohlener Militärdiktator zugebracht hatte. Indessen folgt die Bestallung Hitlers zum neuen Fridericus Rex schlüssig aus den von Ludendorff vorgetragenen Argumenten. Dennoch steht nicht nur John Keegan vor dem Rätsel, »wie Deutschlands bedeutsamste Institution, das Instrument, durch das der Staat erschaffen, erweitert, vereinigt und erhalten worden war, das Allerheiligste einer universellen Kriegsphilosophie und Vaterhaus aller modernen Armeen der Welt ihr Schicksal den schlafwandlerischen Instinkten eines ehemaligen Gefreiten und Meldegängers anvertraut hatte?« Nicht zu vergessen die kriminellen Instinkte. Hitler steht am Ausgangspunkt der im OKW-Prozeß verhandelten Befehlskette. Die Frage ist aber nicht, ob sein Befehl der Grund aller Kriegsverbrechen gewesen ist, sondern was den widerspruchslosen Gehorsam der Ausführungsorgane begründet. Ludendorffs Argument für das Amt berücksichtigt gewiß nicht die Hitlerischen Eigentümlichkeiten. Desto überzeugender erklärt er, warum es nicht seiner eigenen, sondern der Talente einer nervösen Person bedurfte, den deutschen Kriegsgenius aufzurütteln.

Wenn der Wunsch der geschlagenen Weltkriegsgeneräle nach Revanche vom seelischen Zusammenschluß des weißgebluteten Volkes abhing, so waren sie auf ihre Seelenkunde angewiesen. Für das Innenleben ihrer Untertanen hatten preußische Militärs bisher kein tieferes Interesse aufgebracht. Der Enthusiasmus republikanischer Volksheere konnte im Hohenzollern-Reich schwer gedeihen. An der Auguststimmung, dem Kriegsrausch von 1914, hatte man teilgehabt wie beinahe ganz Europa. Ebenso an der schleichenden Ernüchterung, verbittert zudem durch die gräßliche Vergeblichkeit allen Opfers nach jähem Ende. Ließ sich die Untergangserfahrung des totalen Kriegs in eine Sinngestalt bringen, in einen Gefühlskern ballen, zu einem Weltbild schmelzen? Damit war das gedemütigte Offizierskorps überfordert. Vom Friedensvertrag seiner Soldatenmassen und aller ernsthaften Waffen, Flugzeuge und Panzer entblößt, hatte es den Kopf voll damit, die einst so bravourösen Führungskünste aufzubewahren. Nein, Ludendorffs Appell zu seelischem Zusammenschluß versagte bei den herkömmlichen Kommandoorganen.

Anders die NSDAP, eine Partei, die sich in lehmbraune Uniformen kleidete, marschmäßig unter Standarten einherzog, militärisch grüßte und dem militärischen Vorgesetztenverhältnis entsprechend das Führerprinzip beherzigte. Der Nationalsozialist huldigte seinem ins Weltanschauliche übersetzten Fronterlebnis. Der Stärkere überlebt, und die Entscheidung fällt im Kampf. Politik dünkte ihn im Ludendorffschen Sinn überflüssig, weil durch militärische Funktionen überholt: Der Feind wird vernichtet, der Führer bestimmt den Weg, die Rationen werden gerecht verteilt. Weil es sich um eine Truppe von Überlebenden handelte, waren sie Auserlesene, von Feuer und Stahl Gestählte, in Schrecknissen Erzogene, im Blutbad Gezüchtete. Beim Blutvergießen ist die Bewahrung des Blutes die Hauptsache. Aus dem geretteten Blut entstand die Kämpferrasse. Nur wer die Dezimierung durchmacht, weiß, was Züchtung heißt. Die Auslese, der sie sich verdankten, mußten sie als Daseinsprinzip weiterverfolgen. Dies war das Vermächtnis der Front.

Weil die Front ruhte, galt es in Treuhänderschaft ihr Selektionswerk wahrzunehmen. Die Untüchtigen, die Verräterischen, Unzuverlässigen, Zweifelnden und Zweifelhaften, die Internationalisten, Fraternisierer, Profiteure mußten fallen. Das Volk, das sich dieser Entschlackung unterzieht, schreitet künftig unbesiegbar an die Front, ganz wie dafür geschaffen. Der Feind, schreibt J.F.C. Fuller, wurde mit der ausgedehnten Reichweite der Feuerwaffen unsichtbar. Man sieht ihn nicht mehr Aug in Auge stehen. Er interveniert aus dem Verborgenen. So sei bei Ausgang des 19. Jahrhunderts eine Feindesangst in die Welt getreten, die sie nicht mehr verlassen wird.

Die Gestalt des Feindes bedarf infolgedessen der Entdeckung.

Berichte über den Kriegsausbruch 1914 melden einen vergleichslosen Koller. Ein Mob von Hysterikern witterte die Spione auf der Straße. Die belgischen Priester wurden im Handumdrehen als Zentrale der Verschwörung entlarvt. Die Präsenz des Feindes ist absolute Glaubenssache. Beweisen kann man sie sowieso nicht. Ähnlich mag denn die Ludendorff, Wilhelm II., Hitler und allmählich einem Großteil der Nation gemeinsame Überzeugung zustande gekommen sein, der Krieg sei nicht durch militärische Unterlegenheit unter die Entente verlorengegangen, sondern durch Intrigen aus dem Hinterhalt. Der Intrigant, eine zwischen Judentum, Katholizismus, Bolschewismus und Republikanismus hektisch changierende Gestalt, blieb zur innerlichen Fortsetzung der beendeten Kampfhandlungen erhalten. Mit ihr sollte innerhalb der kommenden Jahrzehnte abgerechnet werden, und zwar in allen genannten Varianten. Gegenüber den Katholiken ist Hitler, zumal ihrer großen Fügsamkeit wegen, nicht mehr über den rachsüchtigen Vorsatz hinausgelangt. Die Juden hingegen erlitten den Untergang. So hinterrücks und heimlich, wie sie ihrerseits – Ludendorff und Genossen zufolge – die Frontkämpfer ins Verderben gestürzt hatten.

Hitler und die anderen Infanteristen des Ersten Weltkriegs, schreibt John Keegan, brachten aus den Gräben Erinnerungsbilder heim, die noch keine Generation zuvor gekannt hatte. »Erinnerung an Leichen, die wie Holzklötze auf dem Schlachtfeld verstreut lagen oder aufgestapelt und verschnürt zur Beerdigung in Massengräbern. Der menschliche Zusammenhang zwischen dem Holocaust des Ersten Weltkriegs und dem Holocaust der Konzentrationslager scheint einem jeden unbestreitbar, der das visuelle Zeugnis vergleicht.« Dies gälte denn vornehmlich für jene, die beides gekannt haben, zumindest die unentwegte Angst in den Todeszonen der Westfront, die Artillerietrommel und den Gasschwaden. Den Teilnehmern der Vernichtungserfahrung zirkulierte der Feind in akuterer Weise in den Nervenbahnen als den Generalstäblern. Außerdem wurden sie ihn nicht mehr los. Wenn seelische Geschlossenheit nach dem Desaster der Niederlage anzutreffen war, dann bei den traumatisch in die Schützengräben Eingeschlossenen, den von den psychischen Ablagerungen der Angst Gefangenen, die sich auf keinerlei gegnerische Person bezog, schon gar nicht auf den Kombattanten der gegnerischen Partei. Angst schürte der Vernichtungswille des Anonymus, der den Schlund des Maschinenkriegs aufgesperrt hatte.

Übereinstimmend ist bezeugt, daß die Soldaten des Großen Krieges wenig Feindschaft für einander hegten. Ihr Feind war die Artillerie. Die geschlagene Partei blieb ungeschützt dem Destruktionstrauma verhaftet. Der Sieger entsteigt dem Schützengraben, hat einen bitteren Preis gezahlt, doch dadurch seinen Zweck verwirklicht. Ein beschränkter, aber praktischer Sinn. Der Geschlagene erblickt weit nüchterner, daß die moderne Industrie, in den Krieg geworfen, das Zeitalter der Ausrottung eröffnet. Den Tötungsautomaten ist mit den Tugenden des kämpfenden Mannes nicht beizukommen. Er kann nur konkurrierende Maschinerie aufstellen und deren Feuerstrahl steigern. Wie ist aus dem Schoß des menschenfreundlichen 19. Jahrhunderts diese Destruktionsenergie in die Welt getreten? Inmitten des Aufbruchs der Sozialreform, Hygiene und Güterversorgung steckte der Promoter des Vertilgungsgedankens.

Schürfend nach dem Wesenskern des Völkermordens, gab die Frontkämpferpartei dem Anonymus des Verderbens den Namen des ewigen Juden. Als Gottesmörder eine archaische Gestalt der christlichen Jahrtausende. Eigentümlicherweise vermischt sich aber der herkömmliche Brunnenvergifter, Zinswucherer und Christusleugner in der Nachkriegszeit mit den Zügen der Moderne. Hitlers Jude war Internationalist des Kapital- und Finanzverkehrs, gleichzeitig Sozialagitator im Arbeiter- und Soldatenheer sowie Genetiker, der im Erbgut manipulierte. Er wirkte frontübergreifend, hetzte den einen zum Angriff, schwächte den anderen durch Revolution, Inflation, Pazifismus und Kulturdekadenz. Diese kosmische Gestalt kam von überall, sie setzte ihr Opfer wehrlos. Ähnlich wie das ideologische Parallelgeschöpf, der Klassenfeind, das soziale Elend versinnbildlichte, so heftete sich das nationale Elend der Geschlagenen an den Rassenfeind. Er war ganz und gar das Substrat der Welt, die sich mit ihrer Kapitalkraft, Zersetzungsmoral und Sozialdemagogie gegen Deutschland verschworen hatte. Die Feindeswelt war das Werk des Weltfeinds.

Die Angst vor dem Ungewissen kehrt sich in praktizierenden Haß, wenn der verborgene Drahtzieher demaskiert ist. Endlich ist die Gefahr erkannt und schließt alle Verzagten, schäumend vor Wut, in der Abwehr zusammen. Angesichts des Übelerregers endete alle Zwietracht der Deutschen. Ihre Identitätsnot war behoben, der Grund für die Niederlage entdeckt. Volk und Reich trugen daran keine Schuld. Die Partei des Meldegängers hatte die militärisch grundlegende Aufgabe gelöst, die Nation im Zeichen des Feindes zur Gemeinschaft zusammenzukitten, Massengefolgschaft zu erwerben als Rohstoff eines Massenheeres.

Das Offizierskorps, das sich zwischenzeitlich mehr in die Waffenrevolution des künftigen Kriegs vertieft hatte, sah die Entwicklung mit einem skeptischen und einem staunenden Auge. Noch im Nürnberger Kreuzverhör bekannten die Generäle Distanz zum kruden Stil, Respekt aber vor der gemeinschaftbildenden Kraft der Nazi-Bewegung. Mobilisierung von Massen und Instinkten waren ihnen von Natur unsympathisch, es sei denn, derart kämen Truppen unter ihren Marschbefehl.

Die Weimarer Reichswehr war als Leergehäuse für künftig aufzustellende Divisionen eingerichtet. Ein ›Führerheer‹, das unter extremen Leistungsansprüchen einseitig das Korps der Befehlsorgane erzog und zum Gebrauch moderner Gefechtsgeräte befähigte, die der Friedensvertrag dem Reich untersagt hatte. Um nicht allen Anschluß an den Fortschritt der Profession zu verlieren, fand sich die Reichswehr zu einer Doppelexistenz im Untergrund genötigt. Irreguläre Verbände probten heimlich an Panzern und Flugzeugen. Ihre Bedienung mußte im bolschewistischen Rußland erlernt werden. Ideologische Hemmungen waren der Generalität fremd, wenn es das teuerste Unterpfand deutschen Staatswesens, die Armee, zu erretten galt. Dazu war selbst Hitler gut genug. So illegal konnte er gar nicht herrschen, als daß die Befreiung der Reichswehr aus der Illegalität nicht als ein Segen von Recht und Ordnung empfangen worden wäre.

Preußische Militärs sind nicht für das Versteck geboren. Sie, die wie nahezu alle Deutschen den Versailler Vertrag verabscheuten, waren doch der einzige davon eingeschnürte, ja, halb erstickte Stand. Hitlers Vertragsbrüche flößten ihnen das Lebenselixier ein. Die Wiedereinführung der Wehrpflicht 1935 erfüllte das so perspektivisch angelegte Reichswehrkonzept mit dem Fluidum. Ähnlich wie Ludendorff die Politik als Magd des totalen Krieges verpflichtete, mochte denn auch der Führer ein niedriges, doch nützliches Werkzeug zu einem weit höheren Zweck sein, der Revision des unglücklichen Kriegsausgangs. Daß der tapfere Meldegänger dem Generalstab das Amt des Feldherrn entwinden würde, lag jenseits gewöhnlicher Vorstellungskraft.

Oberster Befehlshaber der Streitkräfte war laut Weimarer Reichsverfassung das Staatsoberhaupt. Nach Hindenburgs Tod erlangte Hitler den Titel, der für eine Formalität galt. In Kriegsminister Generaloberst von Blomberg hatte das Heer den faktischen Oberbefehlshaber aller Waffengattungen gestellt. Man wünschte militärisches Kommando und politische Verantwortung unter einem Dach zentralisiert, dazu die Wehrmachtsteile Heer, Marine und Luftwaffe derselben Direktion unterstellt, um das Führungswirrwarr des vorigen Krieges künftig zu vermeiden.

Im Deutschen Reich, einer Landmacht, dominierte bisher das Heer die Streitkräfte. Mit der Industrialisierung des Krieges, zumal dem Entstehen der Luftwaffe, fand der Wehrmachtsgedanke Anklang: das Ziel stabsmäßig verbundener, operativ einheitlich geführter Gattungen. So verlangte es die moderne Strategie und mehr noch der Rüstungsplan. Im Februar 1934 eröffnete Blomberg ein Wehrmachtsamt im Ministerium, an dessen Spitze 1935 ein tüchtiger Organisator trat, Wilhelm Keitel, schon 1915 bis 1917 Generalstäbler. Die Stabsfunktionen übernahm die Abteilung Landesverteidigung unter Oberstleutnant Alfred Jodl, nebst einigen jüngeren, neuzeitlich gesonnenen Offizieren, darunter der Major Walter Warlimont.

Blomberg stützte seine doppelte Machtfülle als Minister und Wehrmachtschef durch ostentative Treue zum Führer, die seine Kameraden ihm verübelten. Er und sein Stabschef, der noch beflissenere Walther von Reichenau wiederum gedachten mit dieser Kriegslist, Hitler desto sicherer für Wehrmachtszwecke einzuspannen. Als Intriganten fanden sie in ihm indessen ihren Meister. Voller Zuversicht in die unkonventionelle, jugendversessene Denkungsart des Nationalsozialismus gestand der schon betagte Witwer Blomberg dem stets hilfsbereiten Hitler einen heiklen Vermählungswunsch. Er möge ihm den Weg ebnen für die Verbindung eines Feldmarschalls mit einem standesmäßig inakzeptablen Mädel aus dem Volk, dessen Tugend in den bitteren Krisenzeiten leichten Schaden gelitten hatte. Hitler begrüßte den klassenversöhnlichen Wunsch, ließ sich als Trauzeuge laden und gewahrte eigenen Vorteil, als das Heer seine Ehre durch Blombergs Ehelichung einer vermeintlichen Dirne befleckt sah. Hatte der Ehrenstandpunkt die Ermordung General von Schleichers im Zuge der Röhm-Aktion noch verkraftet – kam doch die Ausschaltung der SA dem Militär zugute –, so raubte Eva Blombergs Vergangenheit der Heeresleitung die Ruhe. Seiner unziemlichen Hitlerfreundlichkeit und der Messalliance wegen verlangte die Generalität Blombergs Entlassung. Hitler, der sie zu verfügen hatte, willfuhr seinen Offizieren und ließ den Gefolgsmann fallen. So erlangte er an dessen Stelle das Oberkommando über die Wehrmacht. Blomberg selber riet dazu aus Rache am Heer. So aberwitzig die Wehrmacht sich Hitlers Befehlsgewalt auslieferte, sollte sie ihm fürderhin dienstbar sein.

Vom Kriegsministerium blieb der rudimentäre Wehrmachtsgeneralstab erhalten, erweitert um einen Verwaltungsdienst. Diese Behörde, nun das OKW, gab fortan dem Führerbefehl Gestalt.

Keitel, Jodl und Warlimont, die direkt Hitler unterstellten Bürochefs, vermochten ebensowenig wie Blomberg die Wehrmachtsteile einheitlich zu lenken. Göring hielt die Luftwaffe als Reichsluftfahrtminister im Griff und betreute, wenn auch talentlos, das Rüstungswesen als Chef des Vierjahrplans. Seekriegführung hatte das OKW erst recht nicht studiert. Keitel und die Seinen waren Heeresleute, zudem verhieß Hitler der Heeresspitze stetigen Einfluß auf die Wehrmachtsführung. Unter dem Oberbefehlshaber des Heeres von Fritsch und seinem Stabschef Beck wähnte dieses stolze Organ, sein hergebrachtes Amt als Staat im Staate fortzusetzen. Was gäbe es Natürlicheres auf der Welt? Hitler hatte die Nation mehrheitlich geeint und dem Heer verschafft, was es von dem Führer des Zivillebens benötigte. Die Abermillionen Führertreuen, die Menschenquader der Parteitage waren Truppen künftiger Landschlachten und Waffenindustrien. Das nationalsozialistische Gesellschaftsklima schärfte die Präsenz des Feindes ein. Früher oder später mündete all diese kunstgerecht entfachte Energie im Heer. Den ganzen Nationalsozialismus verstand die Heeresspitze zwangsläufig als einen Vorbereitungsdienst. Sie hatte unter dem Regiment von Seeckts und Schleichers die Republik überstanden, ohne den Willen eines Souveräns zu verspüren. Eine Prätorianergarde, wie Stresemann sagte, nur ohne Cäsar.

Hitler, der Cäsar aus den Sielen, begegnete der Generalität als absoluter und zudem absolut böswilliger Patron. Die Generalität geriet außer Façon. Zur Hohenzollernzeit hätte kein Oberbefehlshaber eine Demimonde gefreit. Auch die anschließende Fritsch-Affäre wäre bis 1918 vornehmer gelöst worden als von den Gendarmen Heydrichs, die den Heereschef in eine groteske Homosexualitätsanklage verwickelten, die Hitler zu Fritschens Dienstenthebung nutzte, um von Brauchitsch als Nachfolger einzusetzen, den er sofort durch Auslage von 80.000 RM zum Begleich seiner Ehescheidungs- und Neuvermählungskosten korrumpierte. Daß preußisch-deutsche Armeechefs sich vermittels Gattentauschs, Prostituierter und Strichjungen ab- und einsetzen ließen, ging aus der bisherigen

Standesgeschichte nicht hervor. Weniger, weil man zuvor unempfindlich gegen derlei Sirenen gewesen wäre, nur regelte sich darüber schwerlich die Spitzengliederung der berühmtesten Streitmacht der Erde. Mit der Figur des Königs, soviel war offenbar geworden, hatte das Offizierskorps Klasseninstinkte eingebüßt. Dem Führer und seiner Grabenkämpferpartei hatte die Kaste sich, rivalisierenden Gauleitern ähnlich, angepaßt. Denn die allemal notwendige Protektion des Kriegsherrn erwarb bei diesem Menschen der jeweils ungeniertere Bewerber. Der in den Mitteln Wahlloseste, im Entschluß Unbedenklichste, im Disput Beflissenste trug sein Vertrauen davon.

In der Trunkenheit der wiedererstandenen Wehrbarkeit, der Nervenanspannung der Hitlerschen Provokationspolitik in Österreich und dem Sudetenland, der Furcht, im vorschnellen Losschlagen das kostbare Instrument des jungen Heeres zu verspielen, im unwiderstehlichen Eifer, sich zu bewähren, wo die Vorgänger unterlegen waren, geteilt zwischen Hingabe und Reserve angesichts der plebejischen Volksbewegung und des ungeschlachten Volksführers, denen sie all ihre Chancen verdankte, fiel die Generalität im Jahr vor dem Krieg in Kopflosigkeit, Rivalität, Mißtrauen, Rankünе. Entgeistert erlebte sie die Auswechslung des Oberbefehlshabers der Wehrmacht – Blomberg gegen Hitler/Keitel –, des Oberbefehlshabers des Heeres – Fritsch gegen Brauchitsch –, des Heeresstabschefs – Beck gegen Halder. Am Schluß fand man sich in eine seltsame Spitzengliederung verteilt. Als Travestie des Ludendorffschen Feldherrn beanspruchte Hitler Befehlsgewalt von der Konstruktion des Panzermotors bis in die Route des letzten Bataillons. Ein solches Regime ließ sich nur durch einen Generalstab verwirklichen, der gleich dem Führerbefehl alle Waffenteile überwölbte, das OKW. Dennoch ließen die Makel seines Entstehens einen bastardischen Zug an ihm zurück.

Heer, Marine und Luftwaffe unterhielten weiterhin ihre eigenen Oberkommandos und Stäbe. Das Oberkommando des Heeres (OKH) reagierte auf die Nebenbuhlerschaft des Hitlerschen Oberkommandos der Wehrmacht (OKW) sogleich mit geringschätziger Mißgunst. Als Hort der gesammelten deutschen Kriegskunst faßte die Heeresleitung Einsprüche Keitels und Jodls als eingebildeten Unfug von Emporkömmlingen auf. Brauchitsch und Halder wie ihre gestürzten Vorgänger Fritsch und Beck dünkten sich ganz andere Strategen. Sehr zu Recht. Doch sollte rasch alle herkömmliche Meisterschaft von den blitzhaften Siegen der deutschen Waffen entwertet werden. Zwischen 1937 und 1941 mußten die Heeresführer Mal um Mal Realitätsverlust an sich feststellen.

Generalstabschef Beck hatte vor dem Anschluß Österreichs sicheren Krieg vorausgesagt. Anfangs stoße man auf die österreichischen Streitkräfte, denen alsbald England, Frankreich, Belgien, Polen und Rußland zu Hilfe eilen würden. Deutschlands Heer sei jedoch bis auf weiteres außerstande zum Gefecht. Drei Jahre später hatte eben dieses Heer vier kleinere und zwei größere europäische Gegner, Frankreich und Polen, ausgeschaltet sowie England schmählich vom Kontinent gejagt. Vollbracht wurde alles in gut zwölf Wochen Kampf. Die Militärgeschichte verzeichnet keinen ähnlichen Sieg. Die Heeresführung, in ihren Bedenken insbesondere vor dem Westfeldzug von Hitlers Instinkten widerlegt, hatte gleichsam mit innerem Vorbehalt gesiegt. Nach ihrer Wissenschaft hätte der magistrale Wurf ihres Operationsplans den schier überwältigenden Erfolg gar nicht erzielen können. Gewiß, seine unmittelbaren Regisseure Manstein, Guderian und die Pioniere des motorisierten Krieges bauten zuversichtlicher auf den Durchbruch als die Traditionalisten Halder und Leeb. Daß binnen sechs Wochen die Unterwerfung eines Feindes gelänge, den zuvor selbst das Opfer von zwei Millionen Soldatenleben vier Jahre über nicht vom Fleck brachte, offenbarte allerdings den Kampfstil einer neuangebrochenen Zeit.

Wie berechtigt das Petitum des Militärs nach einer geschlossenen Nation gewesen war, lehrte das Verhalten der französischen Armee. Sie zerbrach. Unter dem Druck ungehindert geradeaus rollender Panzerkolonnen verging den französischen Soldaten vielerorts die Hingabebereitschaft. Waffengerät und Kommandogewalt im Stich lassend, mischten sie sich unter die panisch südwärts ziehenden Flüchtlingsschwärme. Deutsche Radiosender hatten Warnungen vor der Wehrmacht ausgestreut. Wer sichergehen wolle, möge das Weite suchen. Ähnlich warnten französische Organe vor dem Vandalismus der Eindringlinge, die wie 1870/71 zu hausen gedächten. So verstopften die Straßen und klemmten die nötigen Truppenbewegungen der Verteidiger. Das Tempo und der Ruf der Unerbittlichkeit beeindruckten. Wo herkömmliche Infanteriegefechte entbrannten, schlugen sich die Franzosen nicht übel. Ihren vorzeitigen Zusammenbruch bewirkten innerer Zwiespalt und Panik angesichts des überrumpelnden Schauspiels eines wie maschinell gezirkelten Geschwindmarsches. Die Vorzüge zwieträchtiger Feinde erlebte die Wehrmacht ähnlich in Belgien, wo flämische und wallonische Soldaten einander sitzenließen. Der nächste Feldzug auf dem Balkan endete in 20 Tagen anstelle der kalkulierten zwei Monate. Dank des serbisch-kroatischen Haders fiel Jugoslawiens Heer nach zwei Tagen auseinander. Fast alle Kroaten desertierten. So nimmt es nicht wunder, daß auch vor dem Rußlandkrieg der Zusammenhalt der Roten Armee interessierte. Litt auch sie unter Friktionen, die gezielter Druck vertiefen mochte?

Deutschlands Wende gegen die verbündete Sowjetunion erlaubte, den Blitzschlag seines Heeres ein letztes Mal ins Treffen zu führen. Zur Überwindung Englands war die Luftwaffe ungenügend gerüstet gewesen. Eine Landungsoperation auf der Insel überstieg erst recht das ökonomisch-technische Vermögen des Reiches. Auch die Briten, die, wie ihr bevorzugter Militärhistoriker Liddell Hart später zürnte, geschlagen waren, ohne es zuzugestehen, schafften es nicht, eine Kampagne auf dem Kontinent zu führen. In der Not, eine Entscheidung zu finden, eröffnete England einen Kriegsschauplatz im Luftraum über dem Reich, das Reich eine Front in Rußland.

Der sensationelle Effekt der deutschen Waffen fußte auf einer Modernisierungslücke der Gegner. Sie waren zu kriegsunlustig gewesen, um sich für motorisierte Operationen zu Luft und Land zu rüsten. Frankreich lag hinter einem altmodischen Festungsgürtel verschanzt, ein Fossil des verflossenen Stellungskampfs. Die 1915/16 so Unverzagten verloren 1940 schneller den Kopf als nötig, kaum daß die mobilen Waffensysteme von Belgien aus südwärts stießen. Einem nachhaltigen Feindwiderstand hingegen, zumal einer drohenden Allianz der anglo-amerikanischen Seemacht, blickte das Reich 1940 nahezu perspektivlos entgegen. Seine einzig parate Strategie, die kurze, von Panzerkeilen mit Luftunterstützung und schnell nachstoßenden Infanterieverbänden getragene Überrumpelungsattacke, speiste sich aus lauter Rohstoffen außer Landes. Sprit, Gummi, Chrom, Nickel, Wolfram, Mangan standen in knappest bemessenen Vorräten zur Verfügung. Der Blockade der Seezufuhr vermochte das Reich nur durch die Lieferverträge der freundschaftlich assoziierten Sowjetunion zu entgehen. Eine Abhängigkeit, die mißtrauisch stimmte. Ähnlich wie im Westen spürte Deutschland im Osten eine Macht anwachsen, die ihm gefährlich werden müsse. Machte es sich hingegen den russischen Reichtum beizeiten untertänig, dann wäre eine ausreichende Wirtschaftsbasis erklommen, den Streit mit den Anglo-Amerikanern zu bestehen. Infolgedessen prüfte die Heeresleitung, die nach der unvermutet geschwinden und verlustarmen Niederwerfung Frankreichs neuer Aufgaben harrte, die Wege, Rußland zu bezwingen. Immerhin ein Ziel, das bereits 1917 einmal erreicht war. An der Ostfront hatte die kaiserliche Armee ihre größten Siege errungen. Allerdings gegen russische Verbände, die westwärts rückten und ihre entscheidenden Niederlagen nicht allzufern der Grenzen erlitten.

Rückschauend auf den Rußlandfeldzug der deutschen Wehrmacht, das gewaltigste und blutigste Unterfangen aller bisherigen Kriegsgeschichte, fällt es schwer, den Operationsplan, einen windeseiligen Durchmarsch in den Sommerwochen 1941, zu würdigen. Mit dem Erfolg rechnete seinerzeit neben Hitler und seinen Generälen nahezu ganz Europa, vorübergehend selbst Stalin. Spätestens als nach 25 Tagen die Heeresgruppe Mitte 300 Kilometer vor Moskau stand, die Panzer der Heeresgruppe Süd bis 15 Kilometer auf Kiew vorgedrungen und 600.000 Rotarmisten eingekesselt, gefangen oder getötet worden waren, schien das Erwartete in noch krasserer Weise eingetreten zu sein. Ein Triumph wider die natürliche Sicht, die in der Tiefe des russischen Territoriums und der Masse seiner Bewohner geringe Chancen für einen Blitzsieg entdeckte. Vielmehr boten sich beste Gegebenheiten für einen Abnutzungs- und Zermürbungskrieg. Den Nachteil hatte stets der Aggressor erlitten, so daß Preußens Strategen von Friedrich II. bis Schlieffen Rußlands Eroberung ausschlossen.

Die Zuversicht der Wehrmachtsführung gründete sich auf die momentan klägliche Verfassung des Gegners, der Roten Armee. Im finnisch-sowjetischen Winterkrieg 1940/41 hatte sie ebenso viele Verluste hinnehmen müssen, wie die finnischen Streitkräfte an Männern aufboten. Exakte Erkenntnisse über die Rote Armee fehlten, doch was zählt ein Verband, dessen obere Offiziersränge drei Jahre zuvor nahezu völlig ausgerottet worden waren? Stalins Säuberungen hatten drei von fünf Marschällen, 14 von 16 Armeebefehlshabern, 60 von 67 Korpskommandeuren, 136 von 199 Divisionskommandeuren das Leben gekostet. Die Hälfte des Offizierskorps, etwa 33.000 Personen, wurde erschossen oder eingesperrt. Den Funktionären der Partei in der Truppe, den Kommissaren, erging es nicht anders. 20.000 von ihnen erlagen dem Terror.

Während die Wehrmacht Invasionspläne entwarf, regenerierten sich die Kommandostrukturen der Roten Armee. Ihr umfängliches Rüstungsarsenal gewann qualitativ Anschluß an moderne Standards. Hitlers Entschluß loszuschlagen gehorchte wie gewöhnlich zeitlichem

Druck. Das Mirakel des Blitzkriegs, durch äußerste Kraftansammlung an der Frontlinie den Gegner mobil zu umfassen und in Auflösung zu versetzen, noch bevor die langfristigen Gewichte der Wirtschafts- und Menschenreserven wirksam würden, stand in Rußland vor seiner härtesten Probe. Sie gelang auf Anhieb oder führte höchstwahrscheinlich in den Untergang. Schon der Augenblicksaufwand, die Rußlandarmee an den Kampfplatz zu schaffen, überspannte die Gaben des Reiches. Drei Millionen Mann nebst Pferden mußten aus dem Lande verpflegt und ernährt werden, über fünfmal soviel wie unter Napoleon. Der motorisierte Zug startete bei Treibstoffvorräten für drei Monate und Munitionsreserven für vier Monate im Rükken. Um den Nachschub zu befördern, mußten die Eisenbahnschienen gelöst und auf europäische Spurbreite umgenagelt werden. Das Gewicht der gebräuchlichen Reichsbahnlokomotiven hielten sie nicht aus. Leichteres Gefährt war nur aus Parks jahrzehntealter, längst ausgemusterter Veteranen zu besorgen. Die Kraftwagen, zusammengewürfelt aus 2.000 verschiedenen, meist im Westfeldzug erbeuteten Typen ohne Ersatzteile, bewegten sich mit den Infanteriekolonnen auf wenigen, schlecht befestigten Straßen, die solchem Verschleiß nicht lange standhielten. Die Extrembelastung der Maschinen und Reifen steigerte wiederum den knapp bemessenen Sprit- und Ersatzgüterverbrauch. Extras aber waren in der Kalkulation nirgends vorgesehen. Sie basierte auf der Erwartung, daß keine ernstlichen Hindernisse aufträten. Der Gegner mußte zerstäuben, die Reichtümer intakt in deutsche Hand fallen, das Volk sich dem gewechselten Herrn freudig oder murrend fügen. Das Siegeskonzept vertrug keinen Gegner, der das Heer abwetzte, keine abgefackelten Versorgungsquellen und keine Sabotagenetze im Zivil.

Unter trügerischen Annahmen, bei wackligen Transport- und Nachschubverhältnissen zog ein zugleich riesiges wie dürftiges Heer nach Osten, aufgeteilt in drei Gruppen. Heeresgruppe Nord marschierte durch das Baltikum auf Leningrad, Heeresgruppe Mitte betrat Napoleons Route über Smolensk nach Moskau, Heeresgruppe Süd eilte durch die Ukraine Richtung Kaukasus. Zwischen diesen Linien klafften Tausende von Kilometern. Je weiter ostwärts, desto breiter fächerte sich die Front. Ein befahrbares Straßennetz existierte in den Zwischenräumen nicht; man zählte auch zu wenig Leute, sie zu kontrollieren. Ihre Tauglichkeit stand nicht zum besten. Um die erforderlichen Divisionen aufzufüllen, hatte man bei den Kompanie- und Bataillonsführern auf allzu gereifte Männer, bei den

Rekruten hingegen auf ungeübte, nur wenige Wochen ausgebildete Jahrgänge zurückgreifen müssen. Die einzigartige Qualität des kaiserlichen Heeres suchte der Generalstab in Hitlers aus den Boden gestampften Kohorten einstweilen vergebens. Doch jenes war gescheitert und dieses siegte. Konfuse Gegner, beherzte Taktik und ein flüchtiger Waffenvorsprung kommen enorm zustatten. Um den triumphalen Modernitätsvorsprung wahrzunehmen, die Desorganisation der feindlichen Führung auszukosten und die bis zum absehbaren Kriegseintritt der Vereinigten Staaten verbleibende Zeit sinnvoll zu nützen, wagten OKH und OKW den russischen Feldzug, seinen Unzulänglichkeiten und Gefahren zum Trotz. Das unversehens eroberte Imperium benötigte eine Rohstoffbasis, anders war es militärisch nicht zu behaupten. Der Güterstrom mußte blockadefest und gegen Verrat sicher sein. In Reichweite lag allein das verbündete Rußland, dessen Oberhaupt seine engsten Gefährten zu meucheln pflegte. Auf den Partner ließ sich kein Weltkrieg gründen.

Nach dem für soviel riskanter erachteten Krieg gegen Frankreich schien keine Trophäe den deutschen Waffen mehr versagt. Erlernte Lehrsätze galten offensichtlich nicht mehr viel, und Hitler war der blinde Seher einer neuen Kriegslehre.

Alle Zuversicht antwortete aber keineswegs auf die fundamentalen Widrigkeiten bisheriger Feldzüge in Rußland. Die Strecken, die vom Heer, später vom Nachschub zurückgelegt, das Territorium, das kontrolliert, die Anzahl der Gegner, die überwältigt werden mußten, duldeten keinerlei Vergleich mit den Kampagnen im Westen. Fortan galt es einen anderen Krieg zu fechten. Weil die Kampfausrüstung die gleiche blieb, konnten sich allenfalls die Kampfmanieren verändern.

Nach ihrem schrankenlosen Gebrauch von Terror gefragt, erwiderten die Wehrmachtsgeneräle in Nürnberg, daß ihnen der russische ›Sonderkriegsschauplatz‹ keine andere Wahl ließ. Sie hätten den Krieg nicht getreu Haager Landkriegsordnung führen können. Das ist rechtlich keine Entschuldigung, allenfalls eine Selbstbezichtigung: Was immer Hitler an Terror befohlen haben mag, wurde demnach befolgt, weil es Kräfteersparnis versprach, Sicherheit und Versorgung. Den Führerbefehl achtete die Heeresspitze beileibe nicht als Gesetz. Wohl oder übel mußte der Oberste Befehlshaber befehlen. Doch was er seinen Untergebenen anbefahl, resultierte aus ewigem Tauziehen untereinander und aller mit ihrem Chef. Die Akten verzeichnen erbitterten Streit Hitlers mit seinen Generälen wie auch der Generäle gegenseitig. Entlassungen, Rücktritte,

Befehlsverweigerungen, Nörgelei und Radau rechneten zur Normalität. Überwiegend einig war man sich allein in einem Punkt. Hitlers Entbindung der Truppe vom Kriegsrecht hatte keinen Amtsverzicht ausgelöst. Einspruch verlautete von wenigen Außenseitern. Gelegentlich empfand man das Kriegsgefangenen und Zivilisten zugedachte Schicksal als kraß, der Gewohnheit zuwider, ja barbarisch. Doch dünkte es dem deutschen Auge als unabänderliche Randerscheinung eines geschichtlichen Ringens, das an keinem vorgefaßten Maßstab zu messen war und seine eigenen Gesetze diktierte.

Frühzeitig schon hatten die Befehlshaber Argwohn gefaßt, daß NSDAP- und SS-Ideologen ihnen mit kriegsfremden Vorhaben in die Quere kämen. Die Animosität zwischen Heer und paramilitärischen Parteiverbänden schwelte seit 1933. Mit der Zusammenfassung von Himmlers SS und der Sicherheitspolizei unter dem Dach des Reichssicherheitshauptamtes rivalisierten zwei waffentragende Staatsorgane, die politisch angesteckten Polizisten und die als unpolitisch firmierenden Berufssoldaten. Die Spannungen pflanzten sich zum Ärger der Offiziere in den Krieg fort. Erst auf dem russischen ›Sonderfeld‹ entfaltete die Dualität von politischer Polizeimaßnahme und neutraler Militäraktion hohen praktischen Nutzen.

Im Juli 1939, rechtzeitig vor dem polnischen Feldzug, hatte die Heeresleitung die anfälligen Polizeiaufgaben rückwärts der fechtenden Truppe mit Heydrich verhandelt. Dessen Leute wußten besser die Widerstandsnester und Agenten aufzuspüren. Laut Vereinbarung unterstanden Heydrichs Einsatzgruppen, insgesamt 2.700 Polizisten, im Felde den dortigen Inhabern der exekutiven Gewalt, den Armeeführern. Sie ermächtigten die Experten, Freischärler im Gefecht niederzumachen, bei Gefangennahme jedoch alles weitere den Wehrmachtsgerichten anheimzustellen. Die Generäle kannten das Kriegsziel, Auflösung des Staates Polen. Hitler hatte ihnen aber ungenügend verdeutlicht, daß er mehr als die Vernichtung der polnischen Streitkräfte beabsichtigte. Heydrichs Männer führten exaktere Befehle mit sich. Den desinformierten Militärs erschien zunächst als Disziplinlosigkeit, Landsknechtsmanier und Übergriff, was in Wirklichkeit die beginnende Ausmerzung der polnischen Führungsschicht war. Adel, Klerus, Intelligenz und Juden als mutmaßliche Träger einer nationalen Perseveranz verfielen in einem halbverkappten Nebenfeldzug dem Aderlaß, nötigenfalls der Ausrottung.

Den Generälen fehlte tieferes Verständnis für Maßnahmen ohne ihre Anordnung. Bei ihrem Oberkommando, untereinander und, gedämpfter, vor Hitler und Himmler kritisierten sie das Unwesen der Polizisten als militärisch überflüssig, menschlich abscheulich und flagrant widerrechtlich. Halb legte sich der Zorn, als Hitler bereits Ende Oktober die Militärverwaltung durch eine zivile ablöste und die Polizisten der Wehrmachtsgerichtsbarkeit entzog. Die verbleibenden Sicherheitstruppen beschwichtigte der nunmehr unzuständige von Brauchitsch, daß die »Lösung volkspolitischer Aufgaben« den Besatzer zwinge, »zu sonst ungewöhnlichen harten Maßnahmen« zu schreiten (NOKW 1799). Besatzer aber waren inzwischen Generalgouverneur Frank und die Gauleiter der annektierten Gebiete Polens. Ein zweites Mal, gelobte das Heer, werde es sich nicht kaltstellen lassen. Nach dem Westfeldzug sollten reine Militärverwaltungen herrschen. Das Mitführen von Einsatzgruppen unterblieb. Heydrichs Fachkräfte marschierten dennoch mit, nicht geführt von ihren Polizei- und SS-Vorgesetzten, sondern in der Tracht der Geheimen Feldpolizei.

Für die Besatzung im Westen hatte man im November 1939 die besten Vorsätze gefaßt, zumal die dortigen Staatsgebilde bestehenbleiben sollten. Wie als reuten sie die in Polen verübten Missetaten, bestimmte die Heeresleitung, daß die Truppen nicht als Gegner von Land und Bevölkerung einmarschierten, sondern »aus militärischer Zwangslage heraus«. »Die Grundsätze der Haager Landkriegsordnung sind aufs strengste zu beachten.« Jede »unnütze Drangsalierung der Bevölkerung hat zu unterbleiben« (PS 2329). Laut Verfügung für Holland und Belgien vom 22. Februar 1940 wird eigens »das Aufrollen der Rassenfrage« abgelehnt.

In Belgien und Frankreich vermochte die Wehrmacht ihre exekutive Gewalt einstweilen zu behaupten. In Holland und Norwegen hingegen regierten alsbald zivile Reichskommissare, gestützt auf Organe der Polizei und SS sowie die Dienste der faschistischen Kollaboranten. Auf dem Balkan wiederum behielt der dem OKW unterstellte Wehrmachtsbefehlshaber Südost die Gewalt über Serbien und Griechenland in der Hand, schon des fortgesetzten Partisanenkriegs wegen. So war der Zank über die Kontrolle eroberten Territoriums bereits feste Übung zwischen Heer und Polizei-/SS-Führung, als der Rußlandfeldzug entworfen wurde.

Zersetzung

Hitler hatte je einen Operationsplan bei OKH und OKW in Auftrag gegeben. Das Konzept des Obersten Lossberg vom OKW, dem Hitler schließlich folgte, warnte vor der denkbar ungünstigsten Entwicklung, daß Rußland »das schon 1812 bewährte Verfahren« anwendete, in die Weite seines Raums auszuweichen, »dem Angreifer die Schwierigkeiten der langen Verbindungen und der Versorgung zuzuschieben und erst im späteren Verlauf des Feldzugs zum Gegenschlag auszuholen«. Lossberg hoffte indessen, daß sich der Gegner zum Vorteil der Wehrmacht in grenznahen Abwehrschlachten stellen, umfassen und vernichten lassen würde. Keinesfalls dürfe man die Rote Armee frontal zurückwerfen, damit sie nicht weiter östlich eine neue Stellung errichte. Ihre Linien seien von Panzerkeilen zu durchstoßen, ihre Verbände voneinander zu isolieren, vom Rückzug abzuschneiden, einzukesseln und zu vernichten.

Die Kessel- und Vernichtungsschlacht, das Ideal der deutschen Heeresstrategen, hatte Graf von Schlieffen, ihr passionierter Künder, im russischen Fall ausgeschlossen. Die gegnerischen Soldatenmassen seien allzu riesig. Wohl könne man sie schlagen, nicht aber vernichten. Zu viele wichen in die Tiefe aus. Lossberg baute hingegen auf die Geschwindigkeit moderner Panzerkeile und ihre Gabe des frontalen Durchbruchs. Bei Gelingen entstünde die Chance zur blitzschnellen, überraschenden Einkreisung sorgsam getrennter gegnerischer Frontabschnitte. Die schwerfällige russische Führung würde in solcher Lage keine geordneten Rückzüge bewerkstelligen. Zuversichtlich rechneten Lossberg und die Generalstäbler mit der inzwischen gewohnten Erscheinung kopflos zerstiebender Heere, die von den präzisionsmäßig operierenden Deutschen aufzureiben waren. Bei zügigem Tempo mochten deren Gebrechen, die knappe Ausrüstung, der wacklige Nachschub und die unterlegene Zahl, gar nicht beschweren.

Hitler faßte die Vorschläge Lossbergs und seines Konkurrenten Marcks vom OKH in der Weisung Nr. 21 vom 18. Dezember 1940 zusammen, betitelt ›Fall Barbarossa‹, nach dem volkstümlichsten der deutschen Kaiser. Friedrich I., gestorben im 3. Kreuzzug an der Spitze eines 20.000köpfigen Ritterheeres, harrte seit alters der Wiederkehr. Vor seinen versammelten Hakenkreuzrittern nannte Hitler sein Rußlandunternehmen gelegentlich einen abendländischen Kreuzzug gegen den heidnischen Bolschewismus. »Dieser kommende Feldzug ist mehr als nur ein Kampf der Waffen, er führt auch zur Auseinandersetzung zweier Weltanschauungen.« Die jüdisch-bolschewistische Intelligenz müsse beseitigt werden. »Die Notwendigkeit, alle Bolschewistenhäuptlinge und Kommissare sofort unschädlich zu machen«, verlange nach dem Einsatz von »Organen des Reichsführers SS« im Operationsgebiet.

Jodl notierte sich Hitlers Worte, leitete sie an Warlimont weiter, den Chef der Abteilung L im Wehrmachtsführungsstab des OKW, die sich an den Entwurf einer Weisung setzte. Generelle Anweisungen für Feldzüge erledigte sein Amt als »Routinesachen«, bekundete General Warlimont in Nürnberg. Er war ein Routinier in mancher Hinsicht, dirigierte die Arbeit des Stabs nach Anweisung seines Chefs Jodl, der in der Reichskanzlei mit Hitler ratschlagte, während Warlimont als Majordomus im OKW waltete und die Befehlsausgabe auf die mannigfaltigen Bedürfnisse der Frontstellen zuschnitt. Keitel, der formale Amtschef, bescheidete sich mit Verwaltungs- und Rüstungsaufgaben. Die wahre Zentrale des OKW, der Wehrmachtführungsstab, besaß in Jodl einen vom Banne Hitlers geschlagenen Leiter sowie die federführende Abteilung L. Dort verlief in Walter Warlimont die Naht zwischen politischem Regiment und militärischem Apparat. Er pflegte die Kontakte mit verbündeten Mächten, überwachte die Wehrgesetzgebung, die Versorgungssituation in Operations- und besetzten Gebieten und unterrichtete über die Kriegslage.

Warlimont, geboren 1894, war ein geschmeidiger Mann, ursprünglich Artillerist wie Halder und Leeb, Batterieführer des Ersten Weltkriegs, anschließend Freikorpskämpfer, seit 1926 Generalstäbler in der Reichswehr mit Auslandsmissionen in den USA und in Spanien, 1935 Wehrwirtschaftschef im Heereswaffenamt, seit 1938 im OKW, im August 1940 zum Generalmajor, im April 1944 zum General der Artillerie befördert. Als Offizier, der das Transport- und Versorgungswesen kannte, den gesamten Kriegsschauplatz überblickte, sein Ohr an den Verbündeten hatte, über Front- und Stabserfahrung verfügte, polyglott und weltläufig, mit Gesetzgebung vertraut, war er in dieser Mixtur »einzig in seiner Art«, wie sein Verteidiger in Nürnberg lobte: »Mehr und mehr unentbehrlich, aber sein Einfluß hielt in keiner Weise Schritt.«

In einem Macht- und Befehlszentrum mit dem Range eines Kriegsministeriums vermutete hingegen die Anklage, »genießt ein Oberst wie Warlimont mehr Macht und Einfluß als ein Feldmarschall, der in weiter Ferne seine Truppen führt«. Auch Jodl hatte im Hauptkriegsverbrecherprozeß bezeugt, daß Warlimont täglich an Besprechungen bei Hitler teilnahm, »schon deswegen, damit ich nicht alles, was hier zur Sprache kam, ihm wieder übermitteln mußte. Er sollte alles gleich mithören, damit keine Mißverständnisse aufkämen.« Als gelehriger Stenograf hat Warlimont gewiß nicht den Führer beeinflußt. Er war auf genügsamere Weise bedeutend und koordinierte die Einflüsse. Die Frontgeneräle wollten zu ihrem Recht kommen, die Abwehrdienste, die Diplomatie, die Juristen, die Ökonomen und vor allem die kompetenzhungrige SS. All diesen Erzrivalen waren Hitlers und ihre eigenen Ideen untereinander beizubringen. Jodl wußte anscheinend um die Vollmachten des untergebenen Geschäftsführers: »Er überwachte alles.« (NOKW 65)

Die »Richtlinien auf Sondergebieten zur Weisung Nr. 21« (Fall Barbarossa), die das OKW/Abteilung L am 13. März 1941 auf Hitlers dem General Jodl mitgeteilte Anregung hin herausgegeben hatte, lagen Warlimont in Nürnberg als Anklagedokument PS 447 zur Last. Es enthält einem deutschen Heere dergestalt noch niemals abgetrotzte Zumutungen. Das eroberte Gelände war im Rücken der vorwärtsdringenden Operationsverbände abzuschneiden und »Reichskommissaren« zur politischen Verwaltung auszuhändigen: Gauleitern des eroberten Rußlands mit Befehlsgewalt über »die Masse der Polizeikräfte«. Die Souveränität der Heeresführer litt gemäß dem Hitlerschen Vorschlag auch im Operationsgebiet Schaden. Zur Erledigung von Sonderaufgaben, »die sich aus dem endgültig auszutragenden Kampf zweier entgegengesetzter politischer Systeme ergeben«, wurde Himmler, dem Reichsführer SS, Handlungsvollmacht übertragen: »Selbständig und in eigener Verantwortung«, gebunden einzig durch die Auflage, daß »die Operationen nicht gestört werden«.

Gemessen an den früheren Zwisten, widerfuhr nun den Befehlshabern eine dreiste Beschneidung ihrer Vollzugsgewalt. Um so verwunderlicher, daß die Heeresleitung den Affront mit Warlimont abgestimmt hatte, wie er in Nürnberg bezeugte: »Es gab damals keinen Einspruch gegen die Einschränkung der vollziehenden Gewalt.« Brauchitsch habe die zivile Verwaltung der aufgelösten UdSSR in Einzelstaaten schon am 22. Juli 1940 eingeräumt. Sondervollmachten der SS habe Warlimont so verstanden, »daß die besonderen Verhältnisse in Rußland den Einsatz einer politisch geschulten Polizei notwendig machten. Erklärt hat mir das aber niemand, und das war meine Auffassung davon.« Im Jahre 1960, bei der Niederschrift seiner Memoiren, entsann er sich indessen, den polizeilichen Zugriff heftig beargwöhnt zu haben.

Das dringlichste Begehr des Führers, die ›Unschädlichmachung der Bolschewistenhäuptlinge‹, fehlt in den ›Richtlinien‹. Warlimont hatte sie ›entschärft‹, wie die deutschen Historiker einhellig anerkennen. Das ist seltsam. Ließ Hitler sich von seinen eigenen Stabsoffizieren zügeln? Was die Polizisten im Operationsgebiet zu besorgen hatten, erfuhren sie keineswegs aus Warlimonts Richtlinien, die allein das Heer unterrichteten. Dessen Kontrolle des Operationsgebietes war hinfort beschnitten durch jedweden Einfall Himmlers zur Bezwingung des Bolschewismus. Entschärft war allenfalls der Text, nicht die Polizei.

Wie die Polizisten den ›Volkstumskampf‹ führten, hatte die Heeresleitung in Polen erlebt. Seither hegte sie »das größte Mißtrauen«, wie Halder im Nürnberger Verhör bekannte. Er schickte Anfang März seinen Untergebenen, den Generalquartiermeister Wagner, um in Verhandlungen mit dem Reichssicherheitshauptamt »herauszubringen, was der Zweck dieser Kommandos sei«. In Wirklichkeit hatte Hitler den Zweck in der ihm eigenen Deutlichkeit längst wissen lassen. Seine Brisanz war Halder und Warlimont augenblicklich aufgestoßen, darum die ›Entschärfung‹, die nichts als ein Arrangement beschreibt.

Wie das nach knapp zwei Wochen ausgehandelte Abkommen zwischen Heer und Heydrich ausweist, ist Wagner auf Basis der ›Richtlinien‹ keineswegs als Kundschafter, sondern mit festen Zielen in die Verhandlung gezogen. Die Polizisten, auf Weisung Hitlers zum ersten Mal ins Operationsgebiet bestellt, ließen alle Bescheidenheit fahren. Gestapoleiter Müller verhandelte in nachgerade aufsässigem Ton, wie Heydrich besorgt anmerkte. Ihre Männer mochten vom Führer nach Rußland beordert werden, würden dort indessen nie anlangen. Auf die Fahrt brächten sie nur Automobile, Sprit, Proviant, Karten und Nachrichtenverbindungen der Wehrmacht. Wagner aber lehnte das Mitführen einer Truppe ab, die auf eigene Initiative durch das Kampfgebiet geisterte. Ein Verlangen, das Heydrichs zweiter Verhandlungsführer Schellenberg schließlich aufgab. Warlimont bezeugte, daß Wagner vertraglich eines erreichen wollte, der Polizei das Gefechtsfeld zu verwehren.

Das deutsche Heer nannte das Territorium seines Einwirkens auf den Feindstaat ›Operationsgebiet‹. Es teilte sich in die Kampfzone, das Rückwärtige Armeegebiet und das übergreifende Rückwärtige Heeresgebiet, das Hinterland im Großraum der Heeresgruppen als ein Puffer zu den zivilverwalteten Provinzen. Der mit dem 26. März 1941 datierte Vertragstext konzediert der Polizei Aufgaben in den Rückwärtigen Armee- und Heeresgebieten. Die Ziele sind Saboteure, Terroristen, Emigranten sowie die »Bekämpfung der staats- und reichsfeindlichen Bestrebungen« im allgemeinen. Exekutivmaßnahmen trifft die Polizei »in eigener Verantwortung gegenüber der Zivilbevölkerung«. Die Gegenden des Aufeinandertreffens der Militärverbände bleiben den Polizisten versperrt. Ebenso endet ihre Befugnis vor Personen, »die der feindlichen Wehrmacht eingegliedert sind«. Objekt der polizeilichen Sicherungsaufgaben ist allein das Zivil in den von der kämpfenden Truppen verlassenen Räumen. In Maßnahmen gegen Angehörige der Roten Armee duldet die Heeresführung keine Einmischung. Mit feinem Hintersinn ist der Kreis der den Polizisten Entzogenen noch eine Spur vorverlegt. Die Formulierung schließt nämlich Personen ein, die den sowjetischen Kampftruppen strenggenommen nicht angehören, sondern lediglich »eingegliedert sind« (NOKW 2080). Ein minderer Status, der nach Wehrmachtsbegriffen den bolschewistischen Truppenkommissaren eignete. Wollte die Generalität sie verschonen oder bloß vor der Polizei verschonen und nach eigenem Gutdünken behandeln?

Vier Tage nach dem Entwurf des sogenannten Wagner-Heydrich-Abkommens versammelte Hitler über 200 Befehlshaber am Sonntagmorgen in der Reichskanzlei, um ihnen das zweifache Ziel des Rußlandfeldzugs einzuhämmern: »Wehrmacht zerschlagen, Staat auflösen«, wie Halder notierte. Zur Zerschlagung der gegnerischen Streitkräfte verlangte Hitler die »Konzentration auf entscheidende Punkte«. Selbst die Luftwaffe könne »diesen Riesenraum nicht gleichzeitig beackern«. Durch massierte Zusammenfassung von Flugzeugen und Landverbänden sei die Rote Armee rasch zu stellen. Während die militärische Aufgabe punktuell anzugehen war, sah der Okkupationsplan flächige Maßnahmen vor, die Ausrottung der staatstragenden Schicht, inbegriffen die Truppenkommissare. Anders als in seinen zwei Wochen zuvor ausgegebenen, von Warlimont formulierten ›Richtlinien‹ spaltete Hitler am 30. März die Zerschlagung der Roten Armee und die Auflösung des Staates nicht länger in getrennte Befugnisse von Wehrmacht und Polizei. Der Kommunist sei nicht als soldatischer Kamerad aufzufassen. Kommissare und Geheimpolizisten müßten als Verbrecher behandelt werden. »Deshalb braucht die Truppe nicht aus der Hand der Führer zu kommen. Der Führer muß seine Anordnungen im Einklang mit dem Empfinden der Truppe treffen ... Die Führer müssen von sich Opfer verlangen, ihre Bedenken zu überwinden« (NOKW 3140). Die Liquidation der Truppenkommissare war unversehens aus Polizei- in Wehrmachtshand gelegt.

Im Nürnberger Zeugenverhör zeichnete Halder eindringlich die »außerordentliche Erregung«, die Hitlers Ansinnen unter den Befehlshabern auslöste. »Ich erinnere mich lebhaft an das Gesamtbild.« Die einen seien, kaum daß sie der Redner verlassen hatte, auf Brauchitsch, die anderen auf Halder losgestürmt, »erregt gestikulierend und ihren Protest laut zum Ausdruck bringend«. Hitlers Auffassung »ist mit unseren soldatischen Grundsätzen nicht vereinbar«, damit »zerstören wir die Disziplin des Heeres«. Warlimont, gleichfalls Teilnehmer dieses Treffens, zeiht in seinen Erinnerungen Halder des Schwindels. Die Nachricht sei für diesen »nichts Neues« gewesen. Die Zuhörer hätten angespannt geschwiegen. Aus eigener Beobachtung und zeitgenössischen Aufzeichnungen könnten für Protest und Erregung »keine Belege beigebracht werden«. Die Heeresgruppenführer, auch Halder und Guderian, hätten anschließend mit Hitler gespeist, ohne ihren Schrecken näher zu artikulieren. Er ist wohl erst in Nürnberg entstanden. Das Oberkommando des Heeres hat die Idee zur Beseitigung der Kommissare und Funktionäre recht nonchalant aufgenommen. Bereits zwei Wochen vor der fraglichen Rede, am 17. März, notierte sich Halder als Ergebnis einer Führerbesprechung: »Die von Stalin eingesetzte Intelligenz muß vernichtet werden. Die Führermaschine des russischen Reiches muß zerschlagen werden. Weltanschauliche Bande halten das russische Volk noch nicht fest genug zusammen. Es wird mit dem Beseitigen der Funktionäre zerreißen« (NOKW 3140). Der Eintrag folgt auf Notizen zu operativen Plänen, Nachschubfragen und fügt ein psychologisches Kampfmittel hinzu. Wenn die völkische Seelenstärke Ludendorff zufolge das Zentrum des totalen Krieges ist, muß etwas dagegen unternommen werden. Verkörpern die Kommissare den ganzen Patriotismus, ist er unschwer aus der Welt zu räumen.

Warlimont, der in Nürnberg für die Befehlsabfassung haftete, berichtet glaubhaft, daß der Befehlsinhalt von dem Generalstab des Heeres lautlos toleriert worden ist. Die Gegenbehauptung bleibt den Nachweis schuldig. Am 28. April wurde der Entwurf des Wagner-Heydrich-Abkommens fast unverändert unterzeichnet und acht Tage später traf in Warlimonts Abteilung L im OKW ein eigener Vorschlag der Heeresleitung ein, der die Tötung im Gefechtsgebiet ergriffener Kommissare durch die Truppe anordnete. Im rückwärtigen Gebiet gibt die Wehrmacht aufgegriffene Zivilfunktionäre vertragsgemäß zur Tötung an die Polizisten ab. Truppenkommissare hingegen, ob rückwärts oder vorwärts angetroffen, »sind zu erledigen«. »Sie werden nicht als Soldaten anerkannt. Die für Kriegsgefangene geltenden Bestimmungen finden auf sie keine Anwendung.« Dennoch zählen sie nicht zum Zivil und dürfen keinesfalls zur Polizei abgeschoben werden. Sie sind dem sowjetischen Heer »eingegliedert« (PS 1471), ohne Heeresangehörige zu sein. Warum der eigentümliche Zwitterstatus? Anscheinend drängte es das OKH, die Kommissare selber umzubringen.

Viel ist über das Motiv der Heeresleitung zu diesem Vorschlag gerätselt worden. Dem OKW, als persönlicher Stab Hitlers schlimm verrufen, ließe sich ein solcher Schritt schlüssiger zutrauen. Das Oberkommando des Heeres hingegen, Nachfahre des preußischen Großen Generalstabs, genießt den Ruf der alten Schule. Initiativen zum Massenerschießen von Kriegsgefangenen wollen dazu nicht passen. Warum sollten Brauchitsch und Halder, von Hitlers schäumender Mordhetze vernehmentlich tief entrüstet, fünf Wochen später freiwillig eine Befehlsfassung dazu anfertigen?

Im OKW-Prozeß lieferte Warlimont einen überaus plausiblen Hinweis auf die Interessenlage: Nach Erhalt jener OKH-Vorlage nahm er verärgert Kontakt zu Generalquartiermeister Wagner auf. Es mißbehagte ihm, daß die Truppe von dort mit polizeilichen Aufgaben beschwert wurde. Denn die Offiziere sollten obendrein KPdSU-Funktionäre, deren »politische Eigenschaft ausreichend begründet«(PS 1471) sei, pauschal erschießen. Nach dem Wagner-Heydrich-Abkommen war die »Bekämpfung der staats- und reichsfeindlichen Bestrebungen« einwandfrei Polizeisache. Zivilfunktionäre, die sich der Truppe entgegenstellten, fielen prompt in militärisches Ressort wegen Freischärlerei. Mit friedfertigen Zivilpersonen sollte sich das Heer jedoch nicht aufhalten. Nach Beendigung des örtlichen Kampfgeschehens bliebe auch genügend Zeit, um zu überprüfen, welche der Zivilkommissare man besser erschieße. Das entscheide später sowieso die Polizei.

Warlimont besprach sich mit Wagner, weil hier ein Abgrenzungsfall zwischen militärisch und polizeilich vorzunehmender Tötung vorlag. Eben diese Kompetenzen hatte das von Wagner ausgehandelte Abkommen mit der Polizei gleichmäßig verteilt. Ziel des Heeres sei dabei gewesen, läßt Warlimont den Unterhändler sagen, Heydrichs Schwadrone von der Gefechtszone fernzuhalten. Den Ort des militärischen Treffens durfte niemand anders betreten als Heeresangehörige. Auch blieb die gegnerische Truppe den Kugeln der Wehrmacht vorbehalten. Zwar sind die roten Truppenkommissare nicht als Soldaten anerkannt, doch ist die Aberkennung Heeresprivileg. Die Polizisten mochten das Zivil terrorisieren und die politischen Herrschaftsorgane auslöschen. Die gegnerischen Streitkräfte zu unterwerfen, blieb das Vorrecht der Militärs. Aus schierer Abneigung, sich von den derben Polizisten in das ureigene soldatische Aktionsfeld hineinpfuschen zu lassen, hatte das OKH neben der Beseitigung der Truppenkommissare die beim Vormarsch ergriffenen Zivilfunktionäre mitbeseitigen wollen.

Warlimont, dem die Dünkelhaftigkeit der Heeresleitung auf die Nerven fiel, vermutlich auch auf Ausgleich mit Heydrich bedacht, trachtete, die Ziviltötungen in der Polizeivollmacht zu belassen. Dem Heer fehle die Muße, die Hierarchie der KP-Funktionäre zu ergründen, ihre Eignung zur Kollaboration zu prüfen usw. Solange sie sich still verhielten, seien sie an Ort und Stelle zu dulden, bis das Gelände Hinterland werde und ohnedies unter Polizeikontrolle fiele. So wurde verfahren. (PS 1471)

Die von Hitler und Jodl redigierte Endfassung des Kommissarbefehls folgt ebenfalls der Warlimontschen Lösung. »Politische Kommissare als Organe der feindlichen Truppe sind aus den Kriegsgefangenen sofort, d.h. noch auf dem Gefechtsfeld abzusondern. Sie sind nach durchgeführter Absonderung zu erledigen« (NOKW 1076). Verdienen Wagners erstaunliche Worte Glauben, daß ebendiese Regelung Verhandlungsziel des Heeres gegenüber Heydrich gewesen sei? Der Wortlaut und die akkurate Abgrenzung der Tätigkeitsgebiete lassen erkennen, daß Wagner der Polizei ein Angebot des Heeres unterbreitete, die Kommissare eigenhändig zu töten. Als Gegenleistung erhielt es nämlich Heydrichs Zusage, sein Wirken auf die rückwärtigen Gebiete einzuschränken. Infolgedessen blieb vornan gar kein anderer Mörder übrig als die Truppe. Dies kränkte den polizeilichen Ehrgeiz, überging die Richtlinien Hitlers, also entschied das Interesse des Heeres. Im März 1941 hätten sich demnach die Ereignisse folgendermaßen zugetragen:

Anfang des Monats instruierte Hitler Jodl, daß er Heydrichs Leuten im Operationsgebiet selbständige Befugnisse eingeräumt wünsche. Da sie die Truppenkommissare ›unschädlich machen‹ sollten, mußten sie notwendigerweise in jenen Teil des Operationsgebietes einrücken, den das Heer als ureigene Domäne betrachtete, das Gefechtsgebiet. Als Warlimont Hitlers Absicht in ›Richtlinien‹ umsetzte (13. März 1941), bügelte er zunächst den Affront aus. Die Polizei erhält im Operationsgebiet ›Sonderaufgaben‹, offen aber bleibt, welche. Dies erklärt Warlimont zu Verhandlungssache zwischen OKH und Polizei. Den mutmaßlichen Streitpunkt präjudiziert er so vorsorglich wie geräuschlos: Militärische Operationen dürfen von den Polizisten nicht gestört werden. Die Verhandlungen zwischen Wagner und Heydrich gelangen am 26. März zum nämlichen Ergebnis: Die Polizei verzichtet auf den ihr von Hitler avisierten Zutritt zum Gefechtsfeld. Infolgedessen kommt sie an die roten Truppenkommissare erst gar nicht heran. Als eine der gegnerischen Streitmacht eingegliederte Gruppe sind sie Verfügungsobjekte des Heeres. Dementsprechend wurde es vier Tage später, am 30. März, von Hitler, ganz gegen seine ursprüngliche Absicht, mit dem Mord an den Kommissaren betraut.

Hitlers Worten ist die Kenntnis der rechtlichen, disziplinarischen und psychologischen Skrupel der Generäle zu entnehmen. Er feuert sie an zu einer Tat, die sie soeben selbst beschlossen hatten. Jedoch als Kompromiß, weniger aus Neigung. Darum wollte Hitler ja zunächst der Polizei die Kommissare überlassen. Ihre Beseitigung hielten allesamt für nützlich, allein durch wen? Am einfachsten fiel es den Männern Heydrichs. Ganz offensichtlich aber wußten am 30. März Hitler ebenso wie seine Zuhörer, daß man neuerdings anders übereingekommen war. Niemand ist erstaunt. Polizei, die an der Front über eigene Befehlswege Jagd auf Führer im gegnerischen Verband machte, war ein Ding der Unmöglichkeit. Eher erschießt sie die Truppe selbst. Hitler galt dies einerlei. Nachdem sich nunmehr alle Seiten einig sind, kann das Wagner-Heydrich-Abkommen Ende April ausgefertigt werden. Das Heer bleibt alleiniger Herr des Gefechtsgebietes. Dort kann es sich ungestört dem Verfolg der feindlichen Armeen widmen, ohne dabei auf Polizisten zu treffen, die Kommissaren auflauern. Vierzehn Tage nach Vertragsabschluß löst das OKH seinen Teil des Geschäftes ein. Es entwirft einen Befehl zur Ermordung der Kommissare. Zudem verspricht es, einer Gruppe ans Leben zu gehen, von der bisher noch gar nicht näher die Rede gewesen war.

Offensichtlich beargwöhnt das OKH weiterhin Heydrichs Expansionsdrang. Um ihn einzudämmen, übernimmt man seine Aufgaben. Warum sonst interessierte sich das OKH, den Mord an »politischen Hoheitsträgern« zu verüben, die man unsinnigerweise ebenfalls »Kommissare« nennt, zivile Kommissare (PS 1471). Unter der Bezeichnung konnte jeder Staats- und Parteifunktionär firmieren. Nach dem Wagner-Heydrich-Abkommen wäre soviel Vernichtungsbereitschaft überflüssig gewesen. Nach weiterem Vormarsch des Heeres wurde der Aufenthalt der ›zivilen Kommissare‹ unweigerlich rückwärtiges Gebiet. Dort fielen sie automatisch ins Polizeiressort. Das OKH vermutete offenbar, daß Heydrich mit der getroffenen Regelung unzufrieden sei. Hitler hatte ihm ein ganzes Operationsgebiet angekündigt, welches das Heer zur Hälfte verweigerte. Gewiß würde Heydrich versuchen, sich ins Gefechtsfeld zu schieben. Das müßte er begründen mit Gefahr im Verzuge. Seine Opfer, die Zivilfunktionäre, könnten die Zeit der Militärhoheit im Kampfgebiet zur Flucht benutzen, vielleicht zur Flucht in den Untergrund. Um dem, vor allem aber um Heydrich zuvorzukommen, bot das OKH nunmehr den Mord an einer zweiten, von der Haager Landkriegsordnung geschützten Menschengruppe an.

Warlimont bemängelte die Manipulation des Abkommens. Je mehr das vornewegziehende Heer die Gefahrenquellen durchsiebte, desto weniger blieb für den rückwärtigen Heydrich über. So mäßigte das OKW die Heeresleitung. Warlimont empfahl am 12. Mai den Tötungstermin der Zivilkommissare aufzuschieben. Das Heer ließ sie am Leben, und Heydrich wartete geduldig vor dem Gefechtsgebiet auf den Weiterzug der Truppe. Sie konnte sich auf ihre Rolle konzentrieren, die Rote Armee zu verfolgen, und die Polizei bekam Gelegenheit, sich die Zivilkommissare genauer anzusehen. Vor der Ermordung sind noch viele Fragen zu stellen. Außerdem benötigt die Polizei Überläufer, Spione, auch Verwaltungsexperten. Darin besteht die ganze Arbeit. Die Polizei hat nichts davon, die Feinde, wie das OKH in seiner Aufregung versprach, auf Anruf umzubringen. Dies war nicht polizeilich gedacht.

Es war das Talent von Walter Warlimont, all die Fachborniertheiten – ob die des Militärs, der Polizisten, der Juristen, der Diplomaten und nicht zuletzt die des Führers – zu überschauen und übergreifende Lösungen anzubieten. Dank seines Einschreitens blieb die ursprüngliche Aufgabenverteilung gewahrt und die Exklusivität des Militärs im Kampfgebiet ungeschmälert.

Zu seiner Verteidigung interpretierte Warlimont im Gericht den

Sachverhalt anders. Den eigentümlich radikalen Befehlsentwurf der Heeresleitung habe er erfolgreich entschärft und den Zivilfunktionär aus dem Tötungskatalog »herausgebrochen«. Eine List, die dem Generaloberst von der Geschichtsschreibung später bestätigt wurde. Warlimont beteuerte, von Rettungsabsichten angetrieben worden zu sein, »also, daß diese zivilen Funktionäre überhaupt von der Anordnung gänzlich ausgenommen würden«. Ihre spätere Abgabe an die Polizeikommandos bezweckte »nämlich eine politische Überprüfung«. Daß negativer Ausgang Todesfolgen gehabt hätte, vermochte er sich nicht vorzustellen. Wann immer im Schriftverkehr das Wort »Beseitigung« auftauchte, beruhigte sich Warlimont durch eine besondere Lesart. »Beseitigung« habe für ihn den Sinn von »Gewahrsam« gehabt. Die Truppenkommissare wiederum, die nach seinen schriftlichen Empfehlungen »entsprechend dem Vorschlag OKH zu behandeln sein werden«, d.h. »zu erledigen und keinesfalls nach rückwärts abzuschieben« (PS 884), würden in Wahrheit zunächst einmal dem Zugriff der Polizei entzogen. Durch diese äußerliche Konzession an Hitler, heißt es im Kreuzverhör, »glaubte ich, daß die Oberbefehlshaber an der Front es nun weitgehend in der Hand hätten, wie sie mit dem Befehl nun weiter verfahren wollten«. Auf diese Weise widerfuhr den Kommissaren größtmögliche Schonung. Die Militärs verschonten die Truppenkommissare vor Heydrichs rabiater Polizei im Hinterland, und die Polizei verschonte die Zivilkommissare vor den pauschalen Tötungsplänen der Heeresleitung an der Front.

Aus Randnotizen Warlimonts und Jodls ist abzulesen, daß man im OKW von dem Formelkram nichts hielt. Warlimont bezweifelte, »ob *schriftlicher* Erlaß dieser Art *erforderlich* ist« (NOKW 209), und Jodl, der vermutete, daß die sowjetische Seite mit Repressalien gegen abgeschossene deutsche Flieger antworten werde, schrieb, »man zieht daher die ganze Aktion am besten als Vergeltung auf« (PS 884). So verfaßte er eine Präambel, die den Befehl zum Präventivschlag gegen vorauszusehende Regelverletzungen der Gegenseite ausrief: Sie schere sich nicht um Menschlichkeit und Recht, »insbesondere ist von den politischen Kommissaren als den eigentlichen Trägern des Widerstands eine haßerfüllte, grausame und unmenschliche Behandlung unserer Gefangenen zu erwarten«. Vierzehn Tage vor Einmarsch kannte Jodl bereits die »barbarisch asiatischen Kampfmethoden« der Kommissare. Sie entließen sich durch ihr Barbarentum vorweg aus dem Schutz des Kriegsrechts.

Ihre asiatische Grausamkeit gegen noch einzubringende Gefangene kehre sich gegen sie selbst. Eben die Behandlung würde ihnen widerfahren, die sie den deutschen Invasoren gewiß zugedacht hatten, auch wenn sie von der Invasion noch gar nichts ahnten.

So versetzte sich die Wehrmacht in die Lage, die als ›eigentliche Träger des Widerstands‹ angepeilten Kommissare ungeniert von den Haager und Genfer Bestimmungen anzufassen. Der Befehlsentwurf der Heeresleitung kannte die Rechtsfeindlichkeit der Kommissare vierzig Tage vor Einmarsch. Ihre Untaten standen nicht nur dem Gefangenenwesen bevor. Vermutlich machten sie sich zudem mangelnder Fürsorge schuldig »für die Sicherheit der Truppe und die Befriedung des eroberten Landes«. Die Stabsgeneräle verpflichteten die Kommissare kriegsrechtlich zur ordnungsgemäßen Übergabe der Sowjetunion. Wenn nicht, war der Nachweis erbracht, »daß sie jede europäische Kultur, Zivilisation, Verfassung und Ordnung ablehnen. Sie sind daher zu beseitigen« (PS 1471).

Blitzartiges Ausschalten des Abwehrkerns, Ruhigstellung der eroberten Landesteile, Schutz der schnell vorrückenden Truppe gegen Attacken in ihrem Rücken und Desintegration der Roten Armee sind getrost wörtlich zu nehmende Motive der Generalstabspläne, die Kommissare auszurotten. Dazu suchte man nach rechtlicher Legitimation. Um die vom Kriegsrecht auferlegten Schranken zu überwinden, übten die Strategen vorbeugende Vergeltung gegen die eingefleischte asiatische Grausamkeit.

Die kritische Historiographie hat darin die Unterwerfung des Heeres unter den Nazi-Rassismus erblickt. Das ist die Frage. Sind die Militärs verblendet von einer Doktrin und eingeschüchtert vom obersten Doktrinär zum Gefangenenmord gelangt? Zumindest kam ihnen die Doktrin gelegen. Das Kriegsrecht hätte ihnen das Leben in Rußland keineswegs erleichtert. Eine Lehre, die rassisch bedingtes Verbrechertum des Feindes kündete, entband die Wehrmacht von der Last der Legalität. Als ihr der militärische Brachialstil später unkomfortabel wurde, ließ sie den Kommissarbefehl fallen. Sie ist nicht nach Rußland aufgebrochen, um den jüdisch-bolschewistischen Typus zu strafen. Nach drei Monaten sah sich das Heer um die daran geknüpften Aussichten getrogen. Die todgeweihten Kommissare versteiften die Abwehr der Roten Armee, anstatt sie zu fermentieren. Nach weiteren drei Monaten ließen die Oberbefehlshaber die weiter nicht verlohnende Mordjagd ausklingen. Der Siegeswille aber blieb und flößte ihnen neue Untaten ein.

Nach Ansicht der Militärhistoriker ist der bolschewistische Feind zügelloser, ideologischer befehdet worden als der westliche. Daran besteht kein Zweifel. Doch nicht, weil Hitler im Osten zum Weltanschauungskrieger wurde, wie er es Stein und Bein geschworen hat. Warum ihm dies ständig nachbeten? Es kommt nicht darauf an, welche Anlässe Hitler ideologisch stimulierten. Entscheidend ist, wie eine Millionenarmee, auf Gedeih und Verderb gestellt, ihre Vorstellungen aufbaut. Angesichts täglicher Verluste von weit über tausend Mann ist der Daseinskampf für viele überzeugender als Hitler. Auch steht die Kriminalität der Kriegsmittel in Verbindung zur kriegerischen Aufgabe. Das Kriegsverbrechen sucht eine Kriegslage zu bewältigen, eine mißliche zumeist. Seltener ist es die Selbstentäußerung verbrecherischer Gemüter. Die Täter sind die durchschnittlichsten Naturen. Unter bequemeren Umständen lassen sie sich weniger zuschulden kommen. Die Feldzüge in Polen, gegen Dänemark, Norwegen, Holland, Belgien, Frankreich und auf dem Balkan ließen sich müheloser im Rahmen des Kriegsvölkerrechts bestreiten. Das Besatzungsregime entwickelte mit der Zeit allerdings andere Züge.

Die Nürnberger Anklage rief gegen den Generalobersten Warlimont den Zeugen Hans Erich Schönig auf, der, als früherer Nachrichtenoffizier des 80. Korps in der Gegend von Poitiers, Südwestfrankreich, zur Anwendung des sogenannten Kommandobefehls aussagte. Im Juli 1944 waren dort zwei englische Fallschirmjäger nach Sabotagesprengungen gefaßt und verhört worden. Sie verweigerten unter Berufung auf die Genfer Konvention nähere Auskünfte. Artikel V verpflichte den Gefangenen, auf Befragen Namen, Rang oder Regimentsnummer zu nennen. Verboten sind jegliche Zwangsmaßnahmen zwecks Preisgabe weiterer Informationen. Daraufhin wurden die Briten den Polizisten des Sicherheitsdienstes (SD) zum Foltern überlassen. Dabei erfuhr man mehr. Anschließend rückten die Polizisten, verstärkt durch eine Radfahrerschwadron, aus, und überwältigten 34 Angehörige des britischen Kommandotrupps. »Das waren einwandfrei Soldaten«, antwortete Schönig dem US-Ankläger McHaney. Er sei den Stabschef der 1. Armee, Hay, angegangen, die Männer doch in Gewahrsam zu nehmen. »Schönig, wissen Sie«, habe der Major gedruckst, »daß diese ganze Angelegenheit mit den Fallschirmspringern ein heißes Eisen ist?« Drei Tage später seien 31 der Gefangenen von der Radfahrerschwadron zu einer Waldlichtung geschafft und belehrt worden, »daß die Exekution stattfindet auf Befehl des Führers und obersten Befehlshabers der Wehrmacht, weil sie weit hinter den Linien abgesprungen sind, Sabotageakte verübt haben, daß sie Maquis organisiert, geführt und mit Waffen versorgt haben«. Die Tötung, aus fünf Metern Entfernung durch Herzschüsse vollstreckt, ließ sich nach Schönigs Zeugnis auf der Armee-Ebene nicht verhindern. »Ich weiß nur, daß ich den Stabschef fragte, ob denn die Fallschirmspringer nicht zu retten seien, und daß er mir zur Antwort gab, er sei durch Befehl gebunden.«

Der Chef der Sicherheitspolizei und des SD Heydrich hatte kurz zuvor, im Juni 1944, das OKW angemahnt, zusätzliche Weisungen zu erlassen, »damit die unteren Wehrmachtseinheiten den Führerbefehl nicht, wie in letzter Zeit häufig vorgekommen, falsch anwenden und die Kommandoangehörigen, anstatt sie sofort im Kampf oder auf der Flucht niederzumachen, der Sicherheitspolizei überstellen« (PS 1276). Die Polizei drängelte ständig nach Kompetenzen, war sich indessen zu schade, dem Heer anvertraute Maßnahmen von dort als Schmutzarbeit zugeschanzt zu bekommen. Zumal nach der Invasion im Juni 1944, als Westeuropa wieder Kriegsschauplatz wurde, hatten Keitel und Warlimont Rechtsbedenken auszuräumen. Nicht jeder begriff, warum »grundsätzlich alle Fallschirmspringer«, die im Operationsgebiet, doch »außerhalb des unmittelbaren Kampfgebietes« angetroffen und gefangen wurden, automatisch der Tötung verfielen. (PS 551)

Der Kommandobefehl datierte vom Oktober 1942, einer Zeit, als die Anglo-Amerikaner zu keiner Invasion des Kontinents fähig waren. Ihre Kriegführung zu Lande beschränkte sich auf Praktiken in der 300jährigen Tradition des ›petite guerre‹: Einschleusung irregulärer Zerstörungstrupps, die abseits der Front Nachrichtenverbindungen, Waffen- und Versorgungsdepots attackierten. Die Konzentration der deutschen Kräfte in Rußland hatte die Besatzung des eroberten Territoriums von den Pyrenäen bis Norwegen ungebührlich ausgedünnt. Von Booten oder aus der Luft landende Störtrupps wußten den deutschen Sicherungskräften empfindlichen Schaden beizubringen und ihre Nerven aufzubrauchen, bis sie Verstärkung von der Ostfront begehrten. Ferner explodierten Flugplätze, Hafen- und Industrieanlagen, »Schlüsselwerke«, wie Hitler schimpfte, »um dadurch ganze Industrien praktisch lahmzulegen«. »Ich weiß nicht, ob sich jeder Offizier dessen bewußt ist, daß die Zerstörung eines einzigen Elektrizitätswerkes die Luftwaffe um viele tausend Tonnen Aluminium bringen kann, und daß damit der Bau zahlreicher Flugzeuge ausfällt, die der Front in ihrem

Kampfe fehlen und somit zu blutigen Verlusten der kämpfenden Soldaten führen« (PS 503). Rückschläge, die militärisch leicht vermeidbar waren. Doch mußte Hitler diese Verluste einstecken, solange er seine Fabrikanlagen nicht ausreichend schützen konnte. Die im Rußlandfeldzug erfahrenen Übel übertrugen sich allmählich auf alle deutsche Eroberungen. Sie waren leichthändig gemacht und verlangten nun, zäh behauptet zu werden. Die gegnerischen Streitkräfte in die Flucht zu schlagen ist eine andere Kunst, als das hurtig gewonnene Territorium zu kontrollieren. Das deutsche Heer versackte in seinen Siegen. Auseinandergezogen auf die Weite seiner Unterwerfung, magerte es gefährlich ab. Heydrichs wenige tausend Polizisten dämmten die Erosion mit dem, was sie zu bieten hatten, Terror. Das Gesetz der Zahl kehrten sie nicht um.

An die Schwäche der ungesicherten Raumtiefe heftete sich unweigerlich der Feind. In Rußland mit Partisanenkrieg, im Westen mit irregulären Kommandos. Zu seiner Verteidigung ließ Warlimont ein britisches Armeehandbuch präsentieren, das die Organe des modernen Untergrundkriegs aufzählte: Getarnte Individuen, zu Sabotageakten trainiert; ferner Gruppen, die unter militärischer Leitung, Taktik und Bewaffnung Zerstörungsaufgaben erledigen, sowie große, ausgebildete Guerillaverbände, die zwecks Zusammenhalts und Angriffsplanung soldatischer Struktur bedürfen. Der Beweiswert des Handbuchs lag in seinen reichen Instruktionen für überraschende, leise Tötungen aus dem Hinterhalt: »Denke daran, daß Du kein Ringer bist, der den Gegner mattsetzt – Du mußt töten.« Je nach Umständen dienen dazu Pistolen, Messer, Knüppel, Steine und die bloße Hand, vorausgesetzt, »man gibt dem Feind niemals eine Chance. Die Zeit, in der wir die Regeln sportlicher Gegnerschaft praktizieren konnten, sind vorbei. Heute muß jeder Soldat ein potentieller Gangster sein ...« (Dok. Warlimont 106)

Wenn auch diese in Handschrift kursierende Anweisung dem Feldwebel-Milieu entsprungen scheint, spiegelt sie den Kampfstil kleiner Sabotagekommandos getreulich wider. Der Angreifer schleicht sich an, sucht die Gegner in arglosem Zustand zu packen und möglichst geräuschlos auszuschalten. Viel Zeit zu reagieren bleibt ihnen nicht, weder um sich zu wehren, noch sich zu ergeben. Kapitulation ist zwecklos. Es liegt kaum in der Natur hinter den Linien operierender Trupps, sich mit Gefangenen zu belasten. Wenn doch, so kannte man Knebelmethoden, die bei unbedachter Bewegung zur Selbststrangulierung führten.

Warlimonts Ankläger suchten ihn im Zeugenstand auf das Eingeständnis festzulegen, daß die fraglichen Gruppen ihrerseits Anspruch auf Pardon besaßen: »War es Ihnen nicht klar, daß alliierte Truppen, die an diesen Kommandoangriffen in Uniform teilnahmen, natürlich das Recht hatten, als Kriegsgefangene behandelt zu werden?«

Warlimont: »Ich habe in diesem Fall die Uniform nicht als einen Freibrief für jede Art von Banditentum angesehen. Man kann ja schließlich nicht sagen, daß ein Soldat ungestraft jedes Verbrechen begehen kann, um dann in ein Kriegsgefangenenlager abzuwandern.«

Welche Verbrechen Strafe verdienten, wurde am Beispiel des Überfalls britischer Soldaten auf die Kanalinsel Sercq am 4. Oktober 1942 abgehandelt. »Die deutsche Abteilung auf der Insel Sercq«, berichtete Warlimont, »bestand aus einer Gruppe von etwa 6 bis 8 Pionieren. Sie wurden von einer etwa doppelten Anzahl von Engländern überfallen und bei Nacht aus ihren Betten gezerrt, ohne jede Bekleidung gefesselt und abgeschleppt. Als sie sich dagegen wehrten, wurden mehrere von ihnen in diesem gefesselten Zustand getötet.«

»Wollten Sie sagen, daß die ganze Insel Sercq nur von acht bis zehn Pionieren besetzt war?«

Warlimont: »Das weiß ich auch nicht. Ich glaube aber nicht, daß die Insel überhaupt eine ständige Besatzung hatte.«

Anklage: »Herr Zeuge, ich möchte Sie etwas fragen: Meinen Sie nicht, daß diese Briten voll und ganz das Recht hatten, diese acht oder zehn deutschen Soldaten zu töten, die dort schliefen? Konnten sie ihnen nicht einfach den Hals durchschneiden und dann wieder abziehen? Es war doch Krieg, nicht wahr? Ist daran etwas falsch? Hätten sie sie Ihrer Meinung nach erst aufwecken sollen und sagen: ›Nehmt Eure Waffen, nun wollen wir kämpfen?‹«

Warlimont: »Nein, davon habe ich ja nicht gesprochen. Selbstverständlich kommt so etwas auch im Kriege vor, obwohl es nicht gerade eine sehr edle Handlungsweise wäre. Die Handlung geht vielmehr dahin, daß die Leute gefesselt worden sind, abgeschleppt und im gefesselten Zustand getötet.«

Tötung im Schlaf und Tötung in Fesseln sind rechtlich grundverschiedene Dinge. Deshalb präsentierte die Anklage einen von Warlimont gezeichneten Bericht des Wehrmachtführungsstabes, lautend: »Die Insel hatte eine ständige deutsche Besatzung und bei dem Kommandoangriff auf ein Hotel wurde ein Mann, der in Fesseln zu fliehen versuchte, erschossen« (NOKW 3486). Die Mehrzahl der Überfallenen fiel offenbar im Schlaf, der Gefesselte hingegen beim Fluchtversuch.

Der im Kampf überwältigte oder fliehende Gegner darf niedergemacht werden. Artikel 50 der Genfer Konvention erlaubt bei Fluchtversuchen nur Disziplinarstrafen, doch lassen Artikel 1 und 2 für die Phase zwischen Festnahme und Internierung Raum für »unvermeidliche« Maßnahmen. Solche mögen aus den »Umständen der Gefangennahme« hervorgehen. Unberührt davon bleibt das in Artikel 23 c der Haager Landkriegsordnung ausgesprochene Verbot der »Tötung eines die Waffen streckenden oder wehrlosen Feindes, der sich auf Gnade oder Ungnade ergeben hat«.

Den deutschen Generalstäblern waren diese Regeln nicht minder geläufig als ihren Gegnern. Darum gaben sie sich auch kolossale Mühe dabei, die Rechtslage zu umgehen. Die Geschichte der verbrecherischen Wehrmachtsbefehle ist das Ringen um legale Begründung. Legal nicht im Sinne der neo-barbarischen NS-Jurisprudenz, sondern gemäß hergebrachtem Kriegsbrauch. Alles vollmundige Getöse seiner Völkerrechtsgelehrten hat das Dritte Reich ja nicht zum Verzicht auf den Status von Kriegsgefangenen bewegt. Im Gegenteil. Die andere Seite wurde lauthals der Regelverletzung bezichtigt. Sämtliche Formulierungsarbeit am verbrecherischen Befehl galt dem Entschluß, gefährlichen Feindgruppen den ansonsten verbindlichen Schutz des Kriegsrechts abzuerkennen. Recht wird, wo es hinderlich ist, übertreten, nicht abgeschafft. Verbrecher wollen keineswegs Illegalitäten an sich dulden. Weil aber die prekäre Kriegslage vor der Wehrmacht wachsende Hindernisse anhäufte, nahm sie Zuflucht zu immer radikaleren Umgehungen. So erwarb sie den Ruf eines habituellen Outlaws. Wer riskiert aber schon die Niederlage, um das Recht nicht anzutasten?

Den Überfall auf Sercq meldete der Wehrmachtsbericht vom 7. Oktober 1942 im Aufschrei des Rechtsgewissens. Die deutschen Soldaten, die sich, »im Hemd mit einer dünnen, aber sehr festen und geflochtenen Schnur gefesselt« zum Strande abgeführt, »gegen diese unerhörte Behandlung zur Wehr setzten«, wurden gewissermaßen wegen Verteidigens der Genfer Konvention getötet. Die Szene schließt mit angekündigter Vergeltung: »In Zukunft werden sämtliche Terror- und Sabotagetrupps der Briten und ihrer Helfershelfer, die sich nicht wie Soldaten, sondern wie Banditen benehmen, von den deutschen Truppen als solche behandelt und, wo sie auch auftreten, rücksichtslos im Kampf niedergemacht werden« (PS 1266). Hitler selbst hatte diesen im Rundfunk ausgestrahlten Wortlaut fabriziert, der mehrere Deutungen zuläßt. Der Führer mied vorerst, sich festzulegen. Sind sämtliche britischen Kommandoangehörigen Banditen, des Kombattantenstatus verlustig gegangen und als Freischärler an Ort und Stelle zu beseitigen? Oder widerfährt dies nur jenen, die sich wie Banditen benehmen? Werden die Trupps im Kampf getötet? Dazu bedürfte es gar keines Befehls. Oder ist ihnen Pardon zu verweigern?

Wie gewöhnlich, betraute Jodl den Generalobersten Warlimont mit der Formulierung eines praktikablen Befehls. Im Nürnberger Kreuzverhör befragte ihn die Anklage, ob er sich dabei eines kriminellen Handelns bewußt gewesen sei? »Dieser Gedanke ist mir nicht gekommen«, erwiderte Warlimont. »Der lag mir zu fern nach meiner ganzen Erziehung. Nach meinem Begriff vom Wesen des Staates und Staatsoberhauptes bin ich so weit nicht vorgedrungen in der damaligen Zeit, um mich mit diesem Begriff überhaupt auseinanderzusetzen.« An anderer Stelle gesteht Warlimont wiederum seinen notorischen Versuch, zu verschleppen und abzumildern. Zu diesem Zweck reichte er Jodls Auftrag weiter an den Obersten von Tippelskirch aus der Quartiermeisterabteilung mit dem Zusatz, man möge, wie zuvor beim Kommissarbefehl, »sehr überlegt und sorgfältig« zu Werke gehen. Eine Überlegung steuerte Warlimont vorab bei: In Fällen vorübergehender Festnahme von Kommandoangehörigen zu Verhörzwecken seien sie »unter keinen Umständen im Kriegsgefangenenlager unterzubringen«, sondern »dem Sicherheitsdienst zuzuführen«. Mit einigen bereits in Norwegen Gefangenen sei »nachträglich im Sinne dieses Befehls zu verfahren« (PS 1266). Soweit sind Hitlers Worte gar nicht gegangen. Ob festgenommene, wehrlose Männer nach dem Verhör getötet oder ›im Kampfe niedergemacht‹ werden, ist zweierlei. Die Einschaltung des SD begründete Warlimont vor Gericht recht aufgeknöpft: »Die Polizei war an allen Sabotageakten allgemeiner Natur beteiligt und galt als Exekutivorgan gegenüber solchen Saboteuren.« Weil Sabotage an und für sich kein unzulässiges Kampfmittel ist, kann die Auslieferung der Kommandos an die Polizei nur die Aberkennung ihres Kombattantenstatus bedeuten. Deklarierte man sie allesamt zu Banditen, stand die Genfer Konvention nicht mehr im Wege. Ein Rechtsinstitut muß rechtlich beseitigt werden. Näheres regelte die von Tippelskirch konsultierte Wehrmachtsrechtsabteilung.

Tippelskirch erreichte dort den Ministerialrat Dr. Hülle, der so gleich einen Entwurf zu Papier brachte. Den Kreis der Betroffenen definiert er nach einem justitiablen Kriterium. Jene Kommandoangehörigen werden »als Banditen behandelt«, die sich »nachweislich über die Regeln einer ehrenhaften Kampfesweise hinwegsetzen«. Hitlers Strafmaß, »rücksichtslos im Kampf niedermachen«, modifiziert Hülle zu »schonungslos vernichten« (PS 1266). Damit ist der Ausschluß von Schonung umschrieben, die dem Gnade erbittenden Feind nach Haager Landkriegsordnung Artikel 23 c zukommt. Kann der Anspruch indessen durch ›unehrenhafte Kampfesweise‹ verwirkt werden? Verboten ist nach der Haager Landkriegsordnung lediglich der Kampf mit exakt benannten Waffen, wie Gas und Dum-Dum-Geschossen. Ehrenkampfstil gibt es nicht. Die Rechtsabteilung benötigte sieben weitere Tage, um eine bemerkenswert stupide Aberkennung des Pardons gemäß Artikel 23 c auszuhecken.

Nach Beratung mit seinem Völkerrechtsreferenten, Kriegsgerichtsrat Dr. Waltzog, Verfasser eines Handbuchs zum Landkriegsrecht, schrieb Abteilungschef Dr. Lehmann, daß die Briten Mißbrauch mit Artikel 23 c trieben. Sie befleißigten sich moderner Techniken, wie »Großeinsatz von Fallschirmspringern zu Sabotagezwecken«, an die bei der Formulierung der Haager Landkriegsordnung »nicht gedacht worden ist« (PS 1265). Solange ein Kriegsmittel nicht verboten wird, ist es aber erlaubt. Zumal, wie Lehmann anmerkte, die Wehrmacht sonst auf ihre eigenen Sabotagekommandos verzichten müsse. Seiner Meinung nach sollte man zunächst den Eigenbedarf an ›unehrenhaften Kampfmethoden‹ klären, um die restlichen alsdann für kriminell auszugeben. Deren Anwender hätten Artikel 23 c pauschal verwirkt. Damit war die Wehrmachtsrechtsabteilung am Ende ihrer Kunst angelangt. Konstruktiver mochte sie gar nicht werden. An dem Kommandobefehl mißfiel ihr nämlich, daß er die Wehrmachtsgerichtsbarkeit ausschaltete. Diese unterstand der Wehrmachtsrechtsabteilung im OKW, die ihre Zuständigkeiten gefährdet sah. Um die Infamie vollzumachen, mußte Lehmann erdulden, daß man ausgerechnet »uns in dieser Form um Rat angeht« (Dok. Lehmann 244). Der Ratgeber rät alles, nur nicht, sich selbst auszuschalten. Zudem fühlte sich die Wehrmachtsrechtsabteilung gehandicapt durch die Stellungnahme ihres Nachbaramtes im OKW, der Auslandsabwehr unter Admiral Canaris. Dieser hatte eine streng an Sinn und Buchstaben des Kriegsrechts angelehnte Befehlsfassung vorgelegt, der juristisch wenig entgegenzusetzen war.

»Sabotageeinheiten in Uniform«, schrieb Canaris, »sind Soldaten und haben Anspruch auf Behandlung als Kriegsgefangene.« Dies entsprach der Definition des Kombattanten nach Artikel 1 Haager Landkriegsordnung und diente zwingend zur »Sicherung eigener in Uniform eingesetzter Sabotagetrupps«. Angehörige der britischen Streitkräfte, ohne oder in deutsche Uniform gekleidet, seien als Freischärler niederzumachen bzw. standrechtlich zu verurteilen. Kriegsrechtswidrige Handlungen uniformierter Kommandoangehöriger ahndete nach ihrer Gefangennahme die Wehrmachtsrechtsabteilung und die Auslandsabwehr im OKW. Die Beurteilung solcher Tatbestände »kann mit Rücksicht auf große Verantwortung Truppe nicht überlassen werden.« (PS 1264/65)

Canaris' zwischen dem 12. und 13. Oktober 1942 verfaßte Vorschläge hat die Nürnberger Anklage Warlimont und seinem Mitangeklagten Lehmann als maßstäbliche Reaktion auf Hitlers kriminelle Komplotte präsentiert. Nach den schriftlichen Unterlagen sei Canaris als einziger gegen den Befehl eingestellt gewesen. »Ja, wenn Sie auf das Wort ›schriftlich‹ einen besonderen Wert legen, dann haben Sie recht«, entgegnete Warlimont. »Wir anderen, die diese Zeit damals miterlebten, waren allerdings der Auffassung, daß es nicht auf einen Schriftsatz ankäme, sondern auf den tatsächlichen Erfolg.« Der war durch Widerspruch nicht zu gewinnen. »Wir haben diese Interessen, die Hitler hatte und Jodl hatte, benutzt, um sie darauf hinzuweisen, daß wir uns ja selbst schadeten, durch das, was uns befohlen werden sollte.«

Hitler hatte dem Generalstab einen Befehl abverlangt, britischen Kombattanten Pardon zu verweigern und sie statt dessen umzubringen. Sein Ansinnen war nicht explizit, doch faßten es alle richtig auf. Lehmann, Canaris und Warlimont hielten einen offen kriminellen Befehl für schädlich, schon um die eigenen Sabotagetrupps keinen Repressalien auszusetzen. Zudem schwächt Regellosigkeit der Führung deren Autorität sowie den Glauben an die Gerechtigkeit der eigenen Sache. Man suchte nach einem Wortlaut, die Ausschaltung der Kommandos mit dem Kriegsrecht zu vereinbaren. Die Kommandos sollten es verwirken und die Deutschen verwirklichen.

Canaris erfaßte mit seinem Vorschlag nur den als Freischärler operierenden Teil der Saboteure. Von Jodl um ein Ergebnis bedrängt, wußte Warlimont jedoch, daß sämtliche Kommandos einzubeziehen waren. »Gleichgültig, ob Soldat und gleich in welcher Uniformierung«, heißt es in seiner Befehlsfassung vom 15. Oktober: Getötet werden all jene Gegner, die sich »außerhalb der Gesetze stellen«. Dieser Schritt vollzieht sich durch »kriegswidriges

Verhalten von Terror- und Sabotagetrupps«. Kriegswidriges Verhalten heißt, »von den Grundregeln der Kriegführung abweichen«. Doch von welchen? Welches Verhalten setzte die Kommandos allesamt ins Unrecht? Nach dem Kriterium hatte das OKW eine Woche lang gefahndet. Es ließ sich nicht feststellen. Darum schrieb Warlimont leger, die Feststellung treffe das »Urteil der Truppe«. (PS 1263)

Ein Befehl setzt den Untergebenen in Kenntnis dessen, was er tun soll. Ein deutscher Stabsgeneral befiehlt der Truppe nicht zu tun, was sie für richtig hält. Preußische Befehlstechnik fordert exemplarische Deutlichkeit. Wird vom Unterführer selbständiger Entschluß erwartet, ergeht kein Befehl, sondern eine Weisung. Das Befehlsmäßige an Warlimonts Kommandobefehl ist, daß die Kriegsregeln zur Disposition des gesunden Truppenempfindens stehen. Dies mochte denn so viele Banditen hervorbringen wie erforderlich.

Vor Gericht pochte Warlimont auf seine Anrufung des ›Urteils der Truppe‹. »Damit wollte ich alle diese anderen Bestimmungen, die nun mal von Hitler befohlen waren, hinfällig machen.« Die Truppe würde den Wink verstehen und alle Kommandos vor Hitler retten. Einzig Hitler und Jodl durften die Schlupflöcher im Warlimont-Entwurf nicht merken, »denn sie sind sehr versteckt angebracht«. Doch scheiterte die List bereits an Jodl. »Er hat sie *doch* gemerkt, und daß er enttäuscht war, geht ja daraus hervor, daß er das alles verworfen hat.«

Jodl mißfiel das ›Urteil der Truppe‹ über ›Grundregeln der Kriegführung‹, und er suchte aufs neue nach bestimmten Kriterien zur Tötung der Kommandos. So erschuf er das Abweichen von den »Grundregeln einer offenen und ehrlichen Kriegführung«. Das Urteil der Truppe war nunmehr entbehrlich, weil solche Regeln nirgends niedergelegt sind. Daß aber Sabotagetrupps per Definition verdeckt und unehrlich kämpfen, dünkte Jodl unmißverständlich. Nicht so Hitler, der die pseudolegalen Schnörkel gründlich leid war. Jodl verzichtete nunmehr auf die Fiktion von Kriegsregelverstößen der Kommandos. Am Ende seiner Nerven, verfaßte er einen weiteren Befehlsentwurf. Er gab Instruktion, die Kommandos unterschiedslos »im Kampf oder auf der Flucht bis zum letzten Mann niederzumachen« (PS 523). Hitler reagierte fuchsteufelswild. Nicht ohne Grund. Soldaten bedürfen keiner Befehle, den Gegner im Krieg zu töten. Sie sollten keine Gefangenen machen, das war der ganze Auftrag. Keine Gefangenen machen heißt auf deutsch, Bitten um Gnade zu verwerfen. Hitler drängte wie meist im Leben auf Deutlichkeit: Die Kommandos waren niederzumachen, »selbst wenn sie Anstalten treffen, sich gefangenzugeben«. (PS 523)

Jodl rückte deprimiert auch diesen Satz in Warlimonts Entwurf. Hitler war indessen nicht mehr zu beruhigen. Der Verwaschenheiten überdrüssig, griff er selbst zur Feder. Eklektiker, der er war, breitete er sämtliches Gedankengut seiner Stabsgehilfen vor sich aus, um etwas Schlagendes daraus zu machen. Von der Wehrmachtsrechtsabteilung und Warlimont gefiel ihm der Vorschlag, die Rechtlosigkeit der Gegner zu ahnden, »die außerhalb der internationalen Abmachungen von Genf stehen«. Dagegen galt es sich zu wehren. Hitler knüpfte indessen die Tötung der ergriffenen Kommandos nicht an deren besonderes Verhalten. Ziffer 1 des Kommandobefehls verbannt sie in Gänze aus dem Schutzraum des Kriegsrechts. Eine Anregung, die dem Juristenschädel Lehmanns entsprungen war. Allerdings wählte Hitler eine gescheitere, wenn auch erlogene Begründung: Die Kommandos seien »teilweise aus Kreisen von freigelassenen Verbrechern« rekrutiert, von denen »grundsätzlich die Tötung von Gefangenen verlangt worden ist«. Was andere Verbrecher dürfen, darf Hitler auch. Aus Warlimonts Entwurf klaubte er sich die contra Canaris formulierte Bedeutungslosigkeit des gegnerischen Kampfgewands. Was tut es, »ob es sich äußerlich um Soldaten in Uniform handelt«? (PS 498) Äußerlichkeiten zählen nicht, sondern was darinnen steckt. Das erkennt am schnellsten die Polizei. Darum folgte Hitler willig Warlimonts Ratschlag, daß der nicht an Ort und Stelle getötete Gefangene »unverzüglich dem SD zu übergeben« und »jede Verwahrung unter militärische Obhut strengstens verboten« (PS 1266) sei. Damit war der Kommandobefehl fertig. Ein Mosaik der vom Chef kritisch zusammengefügten Einfälle seiner Amtshelfer (PS 498). Allerdings tilgte der Führer Warlimonts Begehr nach »militärischer Vernehmung« (PS 1263). Hier witterte er Mißbrauchsgefahr. Gegebenenfalls würden einzelne Kommandeure zögern, im Quartier verhörte Briten dem Polizeimord auszuliefern. Ziffer 6 des Befehls droht dagegen ausgerechnet ein Gerichtsverfahren an.

Hitlers Skepsis war unbegründet. Die Wehrmachtsberichte sind selbst nach der alliierten Invasion gefüllt mit Vollzugsmeldungen. Allerdings bereitete das Erkennen von regulären und irregulären Anglo-Amerikanern der Truppe nunmehr Kopfzerbrechen. Auch fürchtete sie sich vor britischer Vergeltung. Mit Beginn der Invasion fielen der Gegenseite kontinuierlich Gefangene in die Hände, und die örtlichen Wehrmachtsbefehlshaber wurden skrupulös. Der Stabschef des Oberbefehlshabers West, Blumentritt, fragte am 23. Juni 1944 bei Warlimont an, ob von jetzt an nicht die gesamten besetzten Westgebiete als Feld ausschließlich regulärer Kampfhandlungen zu gelten hätten? In der Normandie hinter den Linien abgesetzte Fallschirmjäger, die Nachschubverbindungen kappten, könnten schwerlich als Banditen erledigt werden, stünden sie doch »im Zusammenhang mit der erfolgten Großlandungsoperation«. Deren Anzeichen und die von Sabotagetrupps werde »der kämpfende deutsche Soldat während des Kampfes nie unterscheiden können«. Ihre Behandlung werde dennoch »bisher nach Bezugsbefehl durchgeführt« (PS 531). Günther Blumentritt beeidete später als Entlastungszeuge für Warlimont: »Ich kann mich nicht erinnern, daß derartige Befehle vorgekommen sind.«

Warlimont skizzierte 1944 eine Antwort, lautend, daß außerhalb der »im unmittelbaren Kampfgebiet des Landekopfes« angetroffene Gegner dem Kommandobefehl unterliegen (PS 531/32). Die Anzahl seiner Opfer wurde im Wehrmachtsbericht einer einzigen Woche, jener vom 4. Juli bis 11. Juli 1944, mit 1.086 Personen beziffert. Angenommen, daß ein Großteil davon rechtmäßig im Kampf getötete Soldaten und Freischärler gewesen sind, läßt die Zahl auf einige hundert allein im Juli/August 1944 ermordete westalliierte Kriegsgefangene schließen.

Warlimont versäumte alle Gelegenheiten abzumildern. Im Bestreben, unerwünschte Vorgänge an der Feindfront meuchlings abzublocken, befürwortete er, auch Vertreter alliierter Militärmissionen und Kriegskorrespondenten bei Partisanenverbänden gemäß Kommandobefehl zu behandeln. Entsprechende Anfragen trafen von der Balkanfront im OKW ein (PS 1279/NOKW 3240). »Eine solche Entscheidung wird für geboten erachtet«, schrieb Warlimont am 22. Juli 1944, auch wenn Militärmissionen »der bisherigen Auffassung von einem Kommando-Unternehmen nicht voll entsprechen«. Ärgerlicherweise paßten diese Fälle ganz und gar nicht auf den Befehlstext, und zu allem Überfluß würden die Partisanen selbst »aus Zweckmäßigkeitsgründen, um möglichst viele Überläufer und Arbeitskräfte zu erzielen, wie Kriegsgefangene behandelt«. Dies war 1944 das stets vorrangige Argument, traf indessen auf die Militärattachés nicht zu. Sie würden den Arbeitskräftehaushalt des Reiches nicht wesentlich verbessern. Warum ihnen zuliebe Ausnahmen machen? »Hierzu«, beschied Warlimont, »liegt keine Veranlassung vor bei den zahlenmäßig wenigen Angehörigen der ausländischen Missionen. Es ist daher nicht erforderlich, diese in allen Fällen ebenso zu behandeln wie die Bandenangehörigen selbst. Grundsätzlich können vielmehr sowohl die anglo-amerikanischen wie die sowjetischen Militärmissionen wie ein Kommandounternehmen betrachtet und ihre Angehörigen dementsprechend behandelt werden« (PS 1279). Aus purer Zweckmäßigkeit wurden darum die Freischärler als Militärs und die Militärs als Banditen betrachtet. Ideologische Barrieren lagen dem pragmatischen Warlimont fern.

Die Kommandounternehmen schmerzten die Wehrmachtsführung, gefährdeten aber im Westen und Südosten nicht den Besatzungszustand. Sie waren ein Ärgernis, banden für Rußland bitter benötigte Verbände, vermochten das Blatt nicht zu wenden und dünkten die eng kalkulierende Wehrmacht zumindest vor der Invasion militärisch sinnlos. Die Befehlshaber schätzten diese Form der Kriegführung wenig, die Hitler ihnen als Bolschewisierung der anglo-amerikanischen Taktik erklärte. »Im Wesen unterscheidet sich diese Kriegführung in nichts von der russischen Partisanentätigkeit.« Das Signal ›Bolschewismus‹ aber erteilte die Befugnis, wen auch immer »unter allen Umständen restlos auszurotten« (PS 503). Entstand daran ein militärischer Bedarf, wurden selbst die royalistischen Offiziere Englands als Bolschewistenhäuptlinge beseitigt.

Eine Kriegführung, die mehr dem deutschen Wesen entsprach, war das Flächenbombardement aus der Luft. Es zielte auf ein Element, in dem sich das Reich zumal den westlichen Gegnern qualitativ überlegen fühlte, die Bevölkerungsmoral. Die vom Parteienhader geschwächten Demokratien vermöchten eingeäscherte Städte auf Dauer nicht zu verkraften. An Durchhaltewillen würde sie das um den Führer gescharte Deutschland leicht ausstechen. Vertrauend auf die Geschlossenheit ihrer Landsleute im Leid, stürzte sich die Luftwaffe im Herbst 1940 in einen Wettkampf, zu dem sie äußerst unzureichend gerüstet war. Zur Bomberoffensive auf die Britischen Inseln fehlten die geeigneten Maschinen. So endete der ›Blitz‹ über Englands Städten nach zehn Monaten, um die Luftflotte zu schonen. Sie hatte rund 2.000 Jäger und Bomber sowie

3.000 Mann Besatzung verloren. Ihren Sprengstoffen und Feuersbrünsten waren über 23.000 Zivilisten erlegen, zumeist in London. Die Zahl entspricht zwei Drittel der Toten Dresdens.

Der erste Versuch, einen Krieg durch Massaker unter gegnerischen Zivilisten zu bestreiten, reichte nicht zum Sieg, löste jedoch einen zweiten aus, den anglo-amerikanischen. Er kostete das Zwanzigfache an Opfern, führte aber wiederum nicht zum Ziel. Der alliierte Sieg verdankte sich nicht seinen Bombentoten. Doch schuf der Luftkrieg über Deutschland die technischen Voraussetzungen für das Gelingen des dritten Versuchs. Das Luftbombardement Japans vernichtete zwischen 330.000 und 900.000 Zivilisten; 200.000 durch atomare, die übrigen durch Brandbomben.

Der Angriff auf die Moral ist unfehlbar, sobald der Einsatz aller Mittel legitim und die Abwehr überwunden ist. Letzteres gelang den Anglo-Amerikanern in Deutschland während des Frühjahrs 1944. Über die Legitimität des Flächenbombardements erzielten die Briten teils untereinander, teils mit den Amerikanern kein volles Übereinstimmen. Noch ehe Hitler sich zum ›Blitz‹ anschickte, faßte Churchill »einen absolut vernichtenden, auslöschenden Angriff durch sehr schwere Bomber« ins Auge (»an absolutely devasting, exterminating attack by very heavy bombers upon the Nazi homeland«, 8. Juli 1940). Keine der Mächte verfügte zunächst über die dazu erforderlichen Maschinen. England lag an der Spitze der Entwicklung, Deutschland an der Spitze des Angriffsgeistes. Am 14./15. November 1940 zertrümmerte die Luftwaffe zehn Stunden hindurch den Stadtkern von Coventry. Im Dezember startete die Royal Air Force zu ihrem ersten Flächenbombardement auf Mannheim. Das folgende Jahr trug ihr höhere Mannschaftsverluste ein als Tote in deutschen Städten. Die Jägerabwehr erwies sich als ebenso gefährlich, wie sie es in der Luftschlacht um England gewesen war. Auch erlaubte die geringe Treffergenauigkeit noch kein präzises Unterscheiden zwischen Industrie- und Wohnanlagen. Zivilopfer galten als ebenso zufällig wie unvermeidbar. Sie wurden billigend hingenommen, doch nicht absichtlich gehäuft.

Mit der Verbrennung Lübecks durch 304 Tonnen Bomben am 28./29. März 1942, bei 320 Toten, ließ sich eine gewandelte Konzeption erkennen. Neuartige Flüssigkeitsbrandstoffe bezweckten rasende Flammenmeere. Die Ziele wurden nach der Brennbarkeit ihrer Bausubstanz gewählt, und elektronische Navigationssysteme präzisierten den Abwurf. Als die 8. US-Luftflotte im Januar 1943 in den Krieg eingriff, rechnete sie, mit solchen Präzisionstechniken bei Tageslicht Zivilopfer aussparen zu können. Zerstörungen an Ölraffinerien, Kugellagerfabriken und Verkehrswegen trafen Reichsdeutschland empfindlicher als die Brandleichen seiner Familien. Die Durchhaltemoral wappnete gegen übergroße Ergriffenheit, konnte aber keinen Treibstoff produzieren. Zwanzig Prozent Eigenverluste bei dem Angriff auf Schweinfurts Kugellagerfabriken stimmten die Amerikaner rasch behutsamer. Gegnerischer Jägerbeschuß bei Tag war nur durch eine Jägereskorte der Bomberstaffeln abzuwehren. Bisher existierten noch keine wendigen Kampfmaschinen mit Reichweiten von der britischen Insel bis in die Tiefe des Reichs. Mit der Konstruktion des Langstreckenjägers Mustang stürzte den Deutschen schließlich der Himmel ein. Im Frühjahr und Sommer 1944 bahnte der Mustang den Bombergeschwadern so weit den Weg, daß sie als kriegsentscheidende Waffe wirken konnten. Als die Ölraffinerien und Hydrieranlagen in Trümmern lagen, erlahmte der deutsche Kriegsmotor. Der Nachschub der Heere stockte, und der Schutzschild der Heimat, die Jägerstaffeln, klebten ungetankt am Boden.

Während die deutschen Landstreitkräfte über Tausende von Kilometern verstreut in der Fremde fochten, war die vertikale Front über den Dächern der Reichsbürger von einem Feind erobert, der schleunigst Kapitulation erzwingen wollte. Ein Sieg auf dem Landweg hätte politisch nicht zu rechtfertigende Soldatenverluste gekostet. Die Briten betäubten ihre Zweifel am Städteterror mit der Erinnerung an 1916 und die Somme-Schlacht. 1943 waren solche Opferzahlen vermeidbar. Es genügte, einen unerträglichen Druck auf das ›Nazi-Homeland‹ auszuüben. Druck auf die stets geschickt reparierten Kriegsgüterfabriken und auf das irreparable Leben der Arbeitskräfte.

Die anglo-amerikanische Bomberflotte nutzte ihre Kapazitäten. Sie belagerte Deutschland gleichsam als Festung aus der Luft und rechnete die Schuld für die Ziviltoten nach klassischem Belagerungsrecht dem erbarmungslosen Festungskommandanten an. Gewiß eine unzulässige Analogie. Die Einwohner von Duisburg, das am 14. Oktober 1944 mit einer halben Million Brandbomben belegt wurde, konnten nicht für das Deutsche Reich kapitulieren. Sie wurden erst gar nicht dazu aufgefordert.

Daß der Luftkrieg dazu bestimmt sei, die Deutschen zur Aufgabe zu zwingen, erfuhren sie allerdings von Goebbels. Als zuständiger

Minister für den Durchhaltewillen schien selbst ihm die Hingabebereitschaft des Volkes übertrieben. »Man hat manchmal den Eindruck«, notierte er am 27. November 1943 angesichts der ruinierten Hauptstadt, »als wäre die moralische Haltung der Berliner Bevölkerung schon fast religiös. Frauen treten an mich heran und machen segnende Zeichen über mich und bitten Gott, daß er mich erhalten möge ... Ich kann es kaum glauben, daß diese Stadt im November 1918 eine Revolte gemacht hat.«

Deutschland, das seit Napoleon keinen Krieg auf eigenem Boden kannte, erduldete das Flächenbombardement gemeinhin weniger frommen Muts. Ernst Jünger verzeichnete eine tierische Angst, die sich der Massen bemächtige. In den Luftschutzbunkern, Folterkellern der Moderne, ereigneten sich infernalische Szenen. »Keiner der Insassen war mehr fähig zu stehen, sie lagen zitternd mit Schaum vor dem Mund am Boden ausgestreckt.«

Der Anblick industrieller Körperzerstörung, den Soldaten der Westfront 1914 bis 1918 als neuzeitlicher Waffengang eingeübt, eröffnete sich nunmehr dem Großstadtpublikum. Der Hamburger Anatom Baniecki hat im Anschluß an die Zerstörung der Stadt die Zustände registriert, in denen die Opfer auf dem Schlachtfeld zurückgeblieben waren. Zerschmolzen, entwässert, eingeäschert, geröstet, geschrumpft, von Gas aufgetrieben, zerrissen, schwarzbraun, leuchtend grün, rot und orange verfärbt, kündeten die überwältigten Teilnehmer des totalen Krieges vom nahenden Ende des Zivilstatus. Das Gefecht, das seit Ewigkeit gepflogene Treffen waffentragender Parteien, war nunmehr durch einen zweiten Kriegsschauplatz ergänzt. Er besteht aus dem Experiment, wie lange ein Volksverband den Leistungen einer Destruktionsindustrie standhält.

Bis heute ist die Frage der Rechtmäßigkeit solcher Kriegsmittel umstritten. Unumstritten ist nur der Einsatz. Es fragt sich, was massenhaftes Anzünden und Sprengen von Weib, Kind und Greis mit den bisherigen Vorgängen im Krieg gemein hat? Noch 1914 bis 1918 bedeutete Krieg in der Hauptsache Gefecht. Daran knüpfte sich alles Kriegsrecht, denn es reguliert das Recontre der Fechter und begrenzt ihren Verkehr mit der Umgebung. Was gäbe es im Bombenkrieg noch zu regeln und zu begrenzen? Seine Opfer selbst gelüstet es nach ihm. Ihre Moral zerbricht, doch anders als vorgesehen. Anstelle des Kapitulationsbegehrs sammelt sich Vergeltungsdurst. »Die Anwendung der neuen Waffe«, schreibt Jünger, »verheiße den Deutschen ›Wunderdinge‹.« »Man glaubt, daß die Vernichtung großer Teile oder gar der Gesamtheit der englischen Bevölkerung möglich sei.« Die Angriffe der Royal Air Force perfektionierten die im Londoner ›Blitz‹ geübte Praxis der Luftwaffe. Deutschlands Vergeltung durch Raketenbeschuß wiederum wollte alle Bomber Commands in den Schatten stellen. »Legen Sie den Engländern ein paar Millionen um«, prophezeite 1943 Generalfeldmarschall Milch im Luftfahrtministerium, damit sie »auf ihre Angriffe auf Deutschland sehr schnell verzichten«. Die Raketen V 1 und V 2 töteten schließlich knapp 9.000 Personen, und die Wehrmacht beriet einstweilen eine altertümlichere Form der Abschreckung.

Nachdem die deutsche Jägerabwehr vom Frühjahr 1944 an den gegnerischen Maschinen kaum noch gewachsen war, entstand plötzlich die Frage nach dem kriegsrechtlichen Status der angloamerikanischen Bomberpiloten. In aussichtsloser Lage beteuerte zunächst Goebbels in einem Artikel des ›Völkischen Beobachters‹ vom 28. Mai 1944: »Es ist immer unser Wunsch gewesen, daß der Krieg sich in rechtlichen Formen abspielt.« Die anglo-amerikanischen Flieger, die wahllos Wohnviertel angriffen, im Tiefflug mit ihrer Bordwaffe Salven in harmlose Menschengruppen feuerten, »stellen sich mit einer solchen verbrecherischen Kampfesweise außerhalb aller international anerkannten Kriegsgesetze«. Es gebe keine völkerrechtliche Regelung, auf die sich die Feindseite dabei berufen könnte. »Das hat nichts mehr mit Krieg zu tun, das ist nackter Mord.« Von rasender Wut ergriffene Eltern hätten nach Tötung ihrer Kinder notgelandete und abgesprungene Piloten erschlagen. »Wer hat hier recht, die Mörder, die nach ihren feigen Untaten noch eine humane Behandlung seitens ihrer Opfer erwarten, oder die Opfer, die sich nach dem Grundsatz zu Wehr setzen wollen ›Auge um Auge, Zahn um Zahn‹.« Nur mit Hilfe von Waffengewalt sei es möglich, den Feindpiloten ihr Leben zu sichern. Doch müsse die anglo-amerikanische Kriegswillkür irgendwo ein Ende haben. »Unser Jahrhundert hat zwar die Grenzen zwischen Krieg und Verbrechen auf der Feindseite weitgehend verwischt, aber es wäre zuviel von uns verlangt zu erwarten, daß wir uns als Opfer dieser bodenlosen Barbarei schweigend dareinfügen sollten. Polizei und Wehrmacht könnten schwerlich gegen das deutsche Volk einschreiten, wenn es Kindermörder so behandelt, wie sie es verdienen.« (PS 1676)

Seit August 1943 existierten Pläne, die gefangengenommenen Piloten zur Abwehr weiterer Bombardements als Geiseln zu nutzen. Luftwaffenführungsstab und OKW stimmten überein, »alle bestehenden Lager mit den zur Zeit etwa 8.000 englischen und amerikanischen Luftwaffen-Kriegsgefangenen in luftgefährdete Großstädte zu verlegen«. Die Gefangenen sollten den Bomben ihrer Kameraden erliegen. Im Wehrmachtsbericht wolle man dafür sorgen, daß »eintretendenfalls die Vernichtung eines Lagers durch Luftangriffe unter Angabe der Zahl der Toten bekanntgegeben wird« (PS 823). Weil Gefangenen keine Schutzbunker zustanden, äußerte sich die unverhohlene Mordabsicht völlig konform mit der Genfer Konvention. Zwar verbietet sie die Gefangenschaft im Kampfgebiet. Wenn aber der Gegner Wohngebiete in Kampfgebiete verwandelte, stürben die Piloten an der eigenen Ungesetzlichkeit.

Zur fraglichen Zeit wurde mit der Gefangennahme von 1.000 Fliegern monatlich gerechnet. Als Goebbels acht Monate später die Volksgenossen zum Lynchen anstiftete, hatte sich die Abschußquote beängstigend vermindert. Anders als im zitierten Vorschlag von Luftwaffenamt und Warlimont zur Selbstbombardierung der Feindpiloten war vom »Schutz für die betreffende städtische Bevölkerung« nicht mehr die Rede. Die NSDAP bot ihr bescheidene Kompensation dafür, »zum Freiwild feindlicher Menschenjagden erklärt zu werden«. Lynchjustiz mit Knüppeln und Fäusten gegen das gewaltigste Destruktivpotential der Militärgeschichte mußten wohl als klägliche »Mittel und Wege« erscheinen, »um uns gegen diese Verbrecher zur Wehr zu setzen« (PS 1676). Es würde die Bomber, glücklich der deutschen Jägerrudel ledig, kaum abschrecken.

Die Parteikanzlei, die sich etwas psychische Entlastung davon versprach, unterrichtete gleichwohl die Gauleiter, die »Volksjustiz gegen anglo-amerikanische Mörder« gewähren zu lassen (PS 57). Kurioserweise unterziehen sich die Lynchrichter wiederum strenger völkerrechtlicher Prüfung. Angefangen bei Hitler über Bormann, Göring bis hin zu Jodl und Warlimont, möchte man die ›rasende Wut‹ der Bevölkerung nur gewissen Merkmalen des Luftangrifs vorbehalten. Lynchfähig sollen Tiefflieger sein, die bei Attacken auf Verkehrsziele Maschinengewehrsalven in die Zivilbevölkerung feuerten, gelegentlich auch zur Menschenjagd in Dörfer stürzten. Eine grobe Befehlswidrigkeit undisziplinierter Piloten, »die der

Gegner seinen Fliegern verboten hat«, wie Göring exakt anmerkte. In der Praxis werde man sich aber nicht mit den Tieffliegern begnügen. »Die Reaktionen der Bevölkerung haben wir sowieso nicht in der Hand« (PS 1563). Keitel im OKW rechnete gleichfalls nicht mit Distinktion am Tatort: »Wenn man dem Volk Lynchjustiz freigibt, kann man schwer Regeln aufstellen.« Die Spontaneität des Volkes kam wie gerufen. Als Regel mochte eine Fiktion herhalten, die der Luftwaffenführung konvenierte. Sie überließ die Terrorpiloten insgesamt dem Volkszorn und verzichtete offiziell, das Lynchen nach Tieffliegerbeschuß zu ahnden. Wann ein solcher Beschuß vorlag, war schwer zu kontrollieren.

Warlimont, der am 6. Juni 1944 nachforschte, »ob ein derartiger Fall beim SD vorläge oder die nötigen Anhaltspunkte vorhanden seien, um einen solchen Fall mit den nötigen Angaben zu konstruieren«, notierte: »Obergruppenführer Kaltenbrunner verneinte beides« (PS 735). Wenn überhaupt, wurde der erstbeste herabgefallene Pilot erschlagen. Ob er mit Phosphor, Trinitrotoluol oder Bord-MG gekämpft hatte, galt dem Mob einerlei. So wurden ihm Racheakte eingeräumt, die er gar nicht beging. Wonach es aber das Volk gelüstete, den Bombenwerfern den Phosphor heimzuzahlen, blieb akkurat verboten. Und niemand konnte eines vom anderen auseinanderhalten.

US-Besatzungsorgane haben später in ihrer Zone 33 Lynchfälle aufgedeckt (PS 2557). Für das Reichsterritorium muß eine Anzahl von weit über einhundert vermutet werden. Bei der Beschränkung auf Tiefflieger ist es, wie vorausgesehen, nicht geblieben. Teile des Ersatzheeres sind der Lynchwut bereitwillig entgegengekommen. »Wie vertraulich in Erfahrung gebracht werden konnte«, heißt es in einer Meldung des SD-Abschnitts Koblenz, »haben die Kompanieführer durchblicken lassen, daß man auf gefangene Feindflieger keinen Wert mehr lege.« (PS 745)

Wie der Dialog von Truppe und Meute vonstatten ging, hält das Urteil eines britischen Besatzungsgerichts in Essen vom Dezember 1945 fest (›Essen Lynching Case‹). Drei Royal-Air-Force-Gefangene waren von der Polizei aufgegriffen und einer Heereseinheit übergeben worden. Der kommandierende Hauptmann beschloß, die Piloten zum Verhör bei der nächsten Luftwaffendienststelle geleiten zu lassen. Von den Stufen seiner Baracke herab beauftragte er dazu mit schallender Stimme einen Unteroffizier mit Soldat. Rings um die Baracke drängte sich aufgebrachtes Volk. Es hörte den Hauptmann sagen, daß die Flieger erschossen gehörten.

Die Eskorte solle nicht eingreifen, wenn die Gefangenen behelligt würden. Nun wußte jedermann Bescheid, was folgte. Die drei Briten marschierten eine Essener Hauptstraße entlang, eskortiert von zwei Militärs und einer anwachsenden Lawine brüllender Bürger. Nach kurzer Zeit schlugen sie auf die Gefangenen ein, peitschten sie mit Gürteln, warfen mit Steinen und Knüppeln. Ein mitlaufender Obergefreiter zog den Revolver, feuerte und traf einen Flieger am Kopf. Als der Weg über eine Straßenbrücke führte, schleuderte die Menge die Gefangenen in die Tiefe. Einen von ihnen tötete der Aufprall, die anderen wurden unten zu Tode getreten und geprügelt. Das britische Militärgericht schickte den Hauptmann als Anstifter an den Galgen.

Solche Nachforschungen waren bei dem Entwurf des ›Terrorfliegererlasses‹ nicht zu fürchten gewesen. Warlimont, wie stets beflissen, alle möglichen Aspekte einer neu sich entwickelnden Befehlslage zu erkunden, bat am 14. Juni das Auswärtige Amt um Stellungnahme. Zwecks Veröffentlichung der Lynchaktionen »bedarf es einer eindeutigen Festlegung des Begriffes derjenigen Tatbestände, die für die Kennzeichnung einer verbrecherischen Handlung gelten soll«. Wie Warlimont vom SD bereits wußte, wurde wegen Tieffliegerbeschusses nirgends gelyncht. Infolgedessen mußten in Lynchfällen passable Anlässe nachgeliefert werden. Es solle nämlich »die Formulierung der Bekanntmachungen den Umständen Rechnung zu tragen haben, daß mit Protesten der Feindseite nach jeder Richtung gerechnet werden muß« (PS 730/734). Die Wehrmacht brauche sich nicht leichtfertig ins Unrecht zu setzen. Beschuß von Zivilisten aus Flugzeugen zählte bei dem Feinde selbst als Rechtswidrigkeit. Das bot einen guten Aufhänger. Auch der Feind bediente sich gewisser Fiktionen. Sein Flächenbombardement zielte offiziell auf rüstungsrelevante Objekte. Nebenher und unabsichtlich gab es auch Ziviltote. So bombten die Piloten Bahnhöfe und trafen zufällig Passagiere, während die Passagiere nur Tiefflieger lynchten und zufällig auch Flächenbombardierer trafen. Beide Seiten suchten sich in einen Fetzen Formalrecht zu hüllen.

Warlimont erhielt am 20. Juni Antwort von einem der scharfsinnigsten Geister des Auswärtigen Amtes, dem Sonderbotschafter Karl Ritter. Ritter brachte kristallklar den Sinn der Lynchlösung zu Papier, den alle Beteiligten wohl kannten, doch sorgsam kaschierten. »In den Fällen von Lynchjustiz«, heißt es in dem Geheimschreiben, »ist eine deutsche Behörde nicht unmittelbar verantwortlich; der Tod ist bereits eingetreten, bevor eine deutsche Behörde sich mit dem Fall beschäftigt«. (PS 728) Was käme ihr gelegener? Der Ärger bei der Beschäftigung mit Kommissaren und Kommandos entfällt. Weder Polizei noch Wehrmacht beflecken ihre Hände. Der Tod tritt ein durch eine Instanz, für die der Staat nicht haftet, seine Bevölkerung.

In der Tat sind abspringende Flieger legal nicht leicht zu töten. Sie sind wehrlos und nicht ›im Kampfe zu erledigen‹ wie die Kommandos. Sie bedrohen nicht ›die Befriedung der eroberten Gebiete‹ noch die Sicherheit im Rücken der Truppe wie die Kommissare, die ›Urheber barbarisch-asiatischer Kampfmethoden‹. Die Flieger ›radieren Städte aus‹, bekanntlich eine Erfindung des Führers. Folgerichtig werden die Gefangenen an der Front von der Truppe, im Hinterland von der Polizei und in der Heimat von der Bevölkerung liquidiert.

Die Bevölkerung lyncht ohne vorherige Ermittlungen, und darum »ist die scharfe Fixierung der strafrechtlichen Tatbestände«, schreibt Ritter, »nicht sehr wesentlich«. Niemand schert sich darum. Die Untaten der Tiefflieger dienen vielmehr dazu, »den Einzelfall bei der Veröffentlichung richtig zu behandeln«. Damit behandeln sich ritterliche Gemüter zugleich selbst. Göring, Fliegeras des vorigen Krieges, und auch Jodl bekundeten gern, daß sie den gewöhnlichen Bomberpiloten geschont wissen wollten. Doch wie Goebbels listig schrieb, »denkt unser Volk in diesen Fragen viel radikaler als seine Regierung«, die bei soviel Ungestüm stets zu spät am Tatort anlangt. Für das Schicksal der Bruchpiloten am Boden war sie vor Eintreffen der Wehrmacht unzuständig, mochte stattfinden, was da wollte. Diese Zeitspanne behandelt die Genfer Konvention gar nicht. Ritter hatte eine Lücke erschlossen. Entsprechend der von vornherein gehegten Bedenken, daß Lynchen keinen Rechtsregeln folgt, verzichtete das OKW auf seine vier Wochen lang ausgefeilten juristischen Klauseln. Warlimonts Abteilung erließ am 9. Juli 1944 ein lapidares Verbot, daß sich im Lynchfall keinesfalls »Soldaten gegen die Zivilbevölkerung stellen, indem sie zwecks Gefangennahme der feindlichen Flieger die Herausgabe fordern und durch Beschützen der feindlichen Flieger für diese offensichtlich Partei ergreifen« (NOKW 3060). Man mußte sich nur die Zeit lassen, wie Ritter treffend geschrieben hat, bis »der Tod bereits eingetreten ist«. Der Rechtsstandpunkt diente nach vollbrachter Tat dazu, »bei der Veröffentlichung den Fall in der geeigneten Weise darzustellen«. Um Effekt zu erzielen, »müßten die Angreifer feindlicher Flugzeuge mit Bordwaffen auf die Zivilbevölkerung in einer ganz anderen Weise propagandistisch herausgestellt werden als dies bisher geschehen ist« (PS 728). Die Genfer Konvention war unentbehrlich, zumal als Fassade.

Göring ließ bei Weitergabe des Befehls in der Luftwaffe betonen, daß nicht sein Oberkommando ihn unterzeichne, sondern das OKW (NOKW 548). Warlimont hingegen verteidigte sich in Nürnberg, daß er auch hier alles Menschenmögliche unternommen habe, um »Lynchjustiz auszuschalten«. So habe er im Verein mit dem Oberkommando der Luftwaffe zunächst jene unsinnige Kategorie der abgestürzten Tiefflieger ersonnen. Tiefflieger operierten nämlich nur außerhalb der Schußfelder der Flak. Infolgedessen ist auch gar keine Gefahr, daß diese Leute dabei abgeschossen werden. Der Terrorfliegererlaß zielte dergestalt ins Leere. Fiel dennoch jemand vom Himmel, waren Vorkehrungen getroffen. Er, Warlimont, und die Luftwaffenführung hätten eine Strategie verabredet, »daß alle diese Gefangenen selbstverständlich der Mitwirkung der Bevölkerung, der sogenannten Lynchjustiz, entzogen werden sollten«. Dieses Wort sei nur darum in den Schriftverkehr der Wehrmacht gelangt, »um damit diejenigen, die davon nicht ablassen wollen, zu befriedigen«.

Als weitere Rettungsmaßnahme sei jener Passus in seiner Vortragsnotiz vom 6. Juni 1944 aufzufassen, welcher besagt, »daß neben der Lynchjustiz auch das Verfahren einer Absonderung solcher feindlicher Flieger, die im Verdacht von verbrecherischen Handlungen dieser Art (Tiefflugbeschuß) stehen, bei ihrer Aufnahme in dem Flieger-Aufnahmelager Oberursel, und – bei Bestätigung des Verdachts – ihre Übergabe an den SD zur Sonderbehandlung vorbereitet werden müsse«. (PS 735) Warlimont hatte den Volkszorn beargwöhnt, weil er zu einer SD-Lösung drängelte. Offenbar wollte er so viele Piloten wie möglich sonderbehandelt wissen. Die Tiefschießerei diente als legaler Tarnschutz, zumal sie dem Rechtsweg entwich. Ein solches Delikt läßt sich inmitten angreifender Pulks niemals nachweisen. »Ich bin gegen *gerichtliche* Verfahren«, warnte Keitel. »Das klappt nicht!« (PS 735) Wer identifizierte inmitten Hunderter detonierender Sprengbomben einen Bordschützen? Angesichts der ungekannten Flammenhöllen in den deutschen Städten erwog Berlin, die Piloten hinzurichten. Seltsam, wenn der Gedanke nicht aufgekommen wäre. Nur zu Warlimont will er nicht passen, dem Kosmopoliten des deutschen Generalstabs. Er war der geborene Parlamentarier bei den angelsächsischen Hauptquartieren, sprach deren Idiome, pflegte Kontakte. Allerdings wächst der giftigste Haß gern aus der Intimität. Möglicherweise hat die Vernichtungsenergie der Luftoffensive den anglophilen Warlimont ärger geschmerzt als die Teutonen in der Wehrmacht. Die Strategen der Westmächte suchten keinen Kulanzkrieg. Das Flächenbombardement war das Fanal der Unterwerfung. Dergestalt werden verprellte Diplomaten zu enragierten Scharfmachern.

Warlimonts Drängen auf Sonderbehandlung erschwerte ihm in Nürnberg die Ausflucht. Er bemühte das einzig noch verbliebene Argument: Die Akten des NS-Staates trügen, das Beweismittel ist nichtig. Das Papier besagt das Gegenteil dessen, was auf ihm geschrieben steht. »Alles Gewicht liegt bei den Papieren und das, was wirklich sich ereignet hat, das kennt niemand und will niemand anerkennen.« Weil in der Diktatur zumal die Wahrheit unterdrückt wird, war niemand so dumm, sie schriftlich zu fixieren. Das muß der Dechiffrierer wissen. Richtig gelesen, bedeutete Warlimonts Vortragsnotiz das Folgende: Die Aushändigung der abgestürzten Flieger an Heydrichs SD bewahrte sie zunächst vor der Raserei des Pöbels. Nunmehr »stand diese ganze Angelegenheit unter militärischer Aufsicht«. Der sonderbehandelnde SD schaffte die Gefangenen anschließend in normale Strafvollzugsanstalten. Die Flieger sollten nämlich »als verschollen gelten«. Man »wollte den Eindruck erwecken, als wären sie getötet worden« und dem Führer zuliebe » – das war ja immer sein Leitmotiv – eine abschreckende Wirkung ausüben«. Dem war damit Genüge getan, und man hatte Hitler von der elenden Lynchjustiz abgebracht.

Warlimonts Vorbringen hing ganz von dem Sinn ab, der seinerzeit dem Aktenvermerk ›zur Sonderbehandlung‹ anhaftete. Der OKW-Prozeß hat dem Wort die sorgsamste Semantik gewidmet. Es kursiert in dem Schriftverkehr des OKW wie dem der Feldverbände, und »es war ein ausgesprochenes Gummiwort«, wie Warlimont sich entsann. Jeder habe darunter etwas Eigenes verstanden und alles Erdenkliche damit vernebelt.

Die Anklage hielt den Terminus für hinreichend präzise: »Eine Beschönigung, die von dem SD für Exekution gebraucht wurde.«

»Ich weiß nicht«, entgegnete Warlimont, »wann und auf welche Weise dieser Ausdruck sich in die militärische Sprache eingeschlichen hat... Für mich hatte er diese eindeutige Bedeutung nicht. Aber es war ein gefährlicher Begriff.«

»Kann ich annehmen, Herr Zeuge, daß ein derartiger Begriff nicht in das Wörterbuch eines deutschen Generals gehört?«

»Nein, das kann ich nicht sagen, denn gerade der Ausdruck in seiner nicht festgelegten Bedeutung gab auch einem anständigen Offizier die Gelegenheit, über seine eigentlichen Absichten nichts aussprechen zu brauchen und bei anderen den Eindruck zu erwekken, als wenn er das täte, als wenn er das unterstützte, das sie von ihm erwarteten. Es war ein Teil der Camouflage, die man annehmen mußte zu dieser Zeit.«

Die Ankläger bezweifelten indessen, daß eine camouflierte Behörde funktionstüchtig sei. »Dann hätten Sie doch das Risiko unternommen, ganz unsinnige Mitteilungen auszugeben. Es kann doch auch der Deckname für New York sein. Sie müssen doch gewußt haben, was das bedeutet.«

»Ich habe auch nicht gesagt, daß ich nicht gewußt hätte, daß dieses Wort eine tiefere Bedeutung hatte. Ich habe nur gesagt, daß ich mir nicht klar darüber gewesen bin, daß es eine bestimmte Bedeutung hatte. Ich habe mich damals damit abgefunden, mir selbst zu sagen, die Sonderbehandlung bestehe darin, daß diese Soldaten eben nicht als Kriegsgefangene behandelt werden. Was weiter mit ihnen geschah, darum habe ich mich allerdings nicht gekümmert.«

Die Anklage fragte ungläubig, ob sonderbehandelte Gefangene in der Tat »besondere Behandlung oder ärztliche Behandlung oder bezahlten Urlaub erhielten; oder wollen Sie das sagen?«

»Nein, ich habe ja gesagt, daß sie nicht in Kriegsgefangenschaft übernommen wurden. Darin liegt in erster Linie der Sinn dieses Dokuments für mich.«

Der Sinn des abgestürzten Fliegern zugedachten Schicksals war allen Gutachtern kristallklar. Sie ratschlagten ja darum so ausgiebig, weil sich für eine Massentötung kein befriedigender Weg fand. »Für die Vollstreckung von Todesurteilen gegen Kriegsgefangene«, mahnte Ritter, »sind in dem Kriegsgefangenenabkommen vom 27.7.1929 bestimmte Regeln festgesetzt, so z.B. in Artikel 66: Vollstreckung eines Todesurteils erst drei Monate nach Mitteilung des Todesurteils an die Schutzmacht; in Artikel 63: Verurteilung eines Kriegsgefangenen nur durch dieselben Gerichte und nach dem selben Verfahren wie gegen Angehörige der Deutschen Wehrmacht. Diese Vorschriften sind so präzise, daß der Versuch aussichtslos wäre, den Verstoß dagegen durch eine geschickte Art der Veröffentlichung im Einzelfall zu verschleiern«. Aufschlußreiche Worte. Man mag daraus entnehmen, warum die deutsche Seite eine Auslieferung von Kombattanten an den SD mied, sie lieber eigenhändig ›im Kampfe niedermachte‹ oder der Lynchjustiz überließ.

Das Feld der Polizisten war das obskure Hinterland und seine aufsässigen Zivilisten, die versprengten Truppen unter Partisanenverdacht, die fähigen Rädelsführer eventuellen Widerstands. Ein nach damaligem Kriegsrecht kaum geschützter Bereich. Ritter warnte vor Befehlen, durch die »Deutschland sich offen von den Bindungen der zur Zeit geltenden und von Deutschland noch anerkannten völkerrechtlichen Abmachungen lossagen würde«. Allenfalls stünde als »Notweg« offen, daß man Kombattanten »nicht in den rechtlichen Status von Kriegsgefangenen eintreten läßt, d.h., daß man ihnen sofort bei der Festnahme erklärt, sie würden nicht als Kriegsgefangene, sondern als Verbrecher betrachtet« (PS 728). Ähnlich wurde mit Kommissaren und Kommandos verfahren. Zur Sicherheit mußten sie an Ort und Stelle fallen, damit eine gewisse Nähe zu Kampfhandlungen gewahrt bliebe und nicht durch eine Festnahme de facto Kriegsgefangenenschaft einträte. Gefangenenmord ist kompliziert, übelbeleumdet und reizt die Gegenseite zu Repressalien. Darum bevorzugte die Deutsche Wehrmacht unübersichtliche Situationen.

Warlimonts SD-Lösung scheiterte. Sie offerierte zwei Vorteile: Flieger waren zum Lynchen zu schade, denn sie stellten äußerst wertvolle Informationsquellen über technische Entwicklungen dar. Die Verhöre gestalteten sich besonders grausam, und Bedrohungen mit dem SD mochten dabei als treffliche Pression wirken. Ferner geht aus dem Nürnberger Beweismaterial zum Terrorfliegererlaß hervor, daß umfassendere Tötungen erwogen wurden, als sie durch Lynchjustiz zu erzielen sind. Der SD kam als einziger für den Vollzug in Frage, und darum erklärt sich Görings Widerwillen gegen Warlimont, der ständig drängelte, »wir müssen endlich zur Tat kommen«. (PS 740)

Die Tat blieb schließlich weit hinter jener kriminellen Energie zurück, die sich der Kommissare und Kommandos bemächtigte. Warum? Flieger bedrohten das Reich weit intensiver als die zwei anderen zusammen. Das Flächenbombardement schließlich wäre nach der Haager Landkriegsordnung überzeugender zum Kriegsverbrechen auszurufen als die gewöhnliche Sabotage. Goebbels hatte die Piloten zu ›Kindermördern‹ gestempelt. Warlimont wünschte ihnen eine seinem Entwurf des Kommandobefehls gleichende Sonderbehandlung durch SD. Jodls, Keitels, selbst Görings zaudernde Zustimmung lag vor. Was hat die Generalität davon Abstand nehmen lassen? Die Wehrmacht entzog dem Gegner rasch den Schutz der Kriegsregeln, wenn militärische Engpässe zu überwinden waren. Hitlers obsessive Sprachfloskeln vernebeln das nüchterne Kalkül des Terrors. Die Terrorflieger blieben jedoch davon verschont. Dafür sprachen gute Gründe.

Im Sommer 1944 hätte systematischer Mord an gefangenen Piloten nach Art des Kommandobefehls bittere Folgen im Luftkrieg gezeitigt. Mit der Ausschaltung der deutschen Jägerwaffe lagen die Städte des Reiches dem Gegner wehrlos ausgeliefert. Das technisch nun mögliche Maß an Zerstörung wurde nur dank des britisch-amerikanischen Dissenses gedrosselt. Vermutlich hätten die US-Luftstreitkräfte den britischen Druck zum Flächenbombardement nicht länger als »baby-killing-schemes« verworfen, wenn Tausende Piloten durch Göring sonderbehandelt worden wären. Auch Ideologen zügeln ihren kriminellen Hang, wenn der Gegner über grenzenlose Vergeltungsmittel gebietet. Er war zu schrecklich, um ihn abzuschrecken. Anstatt ihn zu reizen, diente die Lynchjustiz, ihm standzuhalten. Billigerweise konnten die Marschälle der Luft es einer Zivilbevölkerung, wider allen Kriegsbrauchs zu Rauch und Asche gebombt, schwer verargen, wenn sie einen Piloten erschlug. Sie verübte schweres Unrecht, doch angesichts erlittenen Massakers in schuldverminderndem Affekt. Das Versagen der Abfangjäger ließ nichts anderes mehr übrig als Steine und Knüppel, um es dem Gegner heimzuzahlen. Ein Krieg von Buschmännern gegen die Armada der Moderne. Doch half er ein wenig, den respektablen Durchhaltewillen der Deutschen zu festigen. Geängstigtes Zivil beruhigt sich am ehesten mit Aggression. Die Genozidphantasie um die Wunderwaffe, das Lynchen einiger Dutzend notgelandeter Flieger sind Stimulanzien einer Moral gewesen, die aufzumöbeln mehr nicht kostete. Warum hätten Göring und das OKW einen blutigeren Tribut zahlen sollen, als verlangt? Die Volksgenossen bescheideten sich, einige Dutzend Luftterroristen totzuprügeln. Warlimont, im Generalstab postiert, um dort das Schlimmste zu verhindern, verhinderte sich dieses Mal selbst. Seine gescheiterte Initiative zum Gefangenenmord belastete ihn nur in Form des erfolglosen Versuchs.

Sanktionen, Geiseln

Der später in der Bundesrepublik hochangesehene Völker- und Strafrechtsgelehrte Professor Reinhard Maurach verfaßte für die Gesamtverteidigung im OKW-Prozeß ein Gutachten über einige zwischen der UdSSR und dem Deutschen Reich obwaltende juristische Besonderheiten (Gesamtverteidigung, Dok. 79). Maurach legte dar, daß die Wehrmacht im Rußlandfeldzug nicht an die Haager Landkriegsordnung gebunden gewesen sei. Die UdSSR habe dieses Vertragswerk nicht unterzeichnet. Auch zählten nicht die darin niedergelegten älteren Kriegsbräuche, »weil die Sowjetunion ein ungeschriebenes Völkerrecht nicht anerkennt und überhaupt nach ihrer Grundauffassung vom Sowjetstaat, seinen Zielsetzungen und seinem Verhältnis zur übrigen Staatsgewalt als außerhalb der das Völkerrecht tragenden Ideengemeinschaft stehend zu betrachten ist«. Einschränkungen hätten dem Invasionsheer allerdings die »sogenannten elementaren Rechte der Unbeteiligten« auferlegt. Das Zivil genoß Schutz, billigerweise aber keinen höheren, als die eigene Regierung ihren Bürgern einräumte. Stalin hatte insoweit der Wehrmacht vorgearbeitet. Es bestehe nämlich »nach russischem Verfassungsrecht kein Anspruch auf ein gerichtliches Verfahren«. Bei Gewalt- und Sabotageakten entscheide dort die politische Zweckmäßigkeit. Sie dulde polizeiliche ebensowohl wie gerichtliche Sanktion.

Bevor sich die Wehrmacht anschickte, die Polizeigewalt in Rußland zu übernehmen, hatte sie nach Aussage des Angeklagten Rudolf Lehmann, Chef der Wehrmachtsrechtsabteilung, vor gleichen Fragen gestanden. Als Keitel ihm im April 1941 Hitlers Absicht übermittelt habe, der russischen Bevölkerung den Schutz der Militärgerichtsbarkeit zu entziehen, sei er den Völkerrechtsreferenten seines Amtes um Rat angegangen. Der Geheimrat Dr. Wagner stammte noch aus dem alten preußischen Kriegsministerium, behandelte die Materie seit 1916 und gab eine ausgewogene Meinung von sich. Das zaristische Rußland habe die Haager Landkriegsordnung unterzeichnet, die schließlich durch seine Initiative entstanden war. Eine Kündigung seitens Sowjetrußlands liege nicht vor. Allerdings habe die Sowjetregierung völkerrechtliche Verträge des Zaren prinzipiell für unverbindlich deklariert. Infolgedessen gälten die Regeln des Kriegsgewohnheitsrechts.

Dies bleibt sich einerlei, da die Haager Landkriegsordnung die Auflehnung von Zivilisten recht karg behandelt. Jeder Staat baut darauf, daß seine Bürger sich dem Eindringling widersetzen und ihn gegebenenfalls totschlagen wie die englischen Bomberpiloten. Jede Armee wiederum erwartet von gegnerischem Zivil Folgsamkeit. So begegnet das Zivil zwei entgegengesetzten Ansprüchen. Es soll widerstehen und gehorchen zugleich. Solch ein Gebot läßt sich schwer gesetzlich normieren. Bis zum Genfer Zivilschutzabkommen von 1949 bot der Kriegsbrauch rebellischen Einwohnern eroberter Gebiete kaum Garantien. Festes Anrecht auf ein kriegsgerichtliches Verfahren genoß allein der Spion. Offenbar schien den Regierungen diese so verächtliche wie unentbehrliche Gestalt besonders schützenswert: »Der auf der Tat ertappte Spion kann nicht ohne vorausgegangenes Urteil bestraft werden« (Art. 30). Romantischeren Erscheinungen wie Freischärlern, Aufständischen und ihren Helfern gewährte die Haager Landkriegsordnung keine ähnliche Gunst. Artikel 43 bestimmt so schwammig, als es eben geht: »Nachdem die gesetzmäßige Gewalt tatsächlich in die Hände des Besetzenden übergegangen ist, hat dieser alle von ihm abhängenden Vorkehrungen zu treffen, um nach Möglichkeit die öffentliche Ordnung und das öffentliche Leben wiederherzustellen und aufrechtzuerhalten, und zwar, soweit kein zwingendes Hindernis besteht, unter Beachtung der Landesgesetze.« Um die vier letzten Worte mit Inhalt zu füllen, benötigt das Genfer Abkommen zehn Artikel. Immerhin mag man bei gutem Willen dem Haager Artikel 43 entnehmen, daß die Ordnung möglichst auf dem Gesetzeswege zu sichern ist. Wenn der zivile Patriot einen Telegrafendraht zertrennt, begeht er Sachbeschädigung und gehört vors Militärgericht. Hitler hingegen versteifte sich auf das ›zwingende Hindernis‹. Als er am 3. März 1941 Jodl instruierte, daß man »bei der Weite des Raums« über die Vernichtung der Roten Armee hinausschreiten, den Staat auflösen und die führende Gesellschaftsklasse ausrotten müsse, verzichtete er auf den Rechtsweg. Himmler und Heydrich waren die geeigneteren Bewerber. »Militärgerichte müssen für alle diese Fragen ausgeschaltet werden.«

Warlimont, der Hitlers Perspektiven sogleich zu einem Richtlinienentwurf verarbeitete, mochte die Militärrichter indessen von der Verfolgungswelle nicht völlig ausschließen. Die Justiz bliebe mit von der Partie, »wenn es möglich ist, den Täter sofort einem Gericht zuzuführen, und wenn die Beweislage so klar ist, daß er auf der Stelle abgeurteilt werden kann«. Lehmann, dankbar für die Wahrung seiner Kompetenzen, entwarf am 28. April 1941 einen Erlaß für die Gerichtsbarkeit im Barbarossa-Gebiet (NOKW 209). Die Militärrichter sollten sich hauptsächlich mit Disziplinarverstößen der Mannschaften beschäftigen und gegnerisches Zivil nur aus politisch zwingenden Gründen aburteilen. Politisch zwingend war, die Bevölkerung vor Unfolgsamkeit abzuschrecken. Dazu taugt allein die Höchststrafe. Im Nürnberger Kreuzverhör suchten die Amerikaner Lehmann ein Eingeständnis zu entlocken, daß er seine Justiz in Rußland durch lauter Todesurteile am Leben zu erhalten hoffte. Waren Gerichte in denjenigen Sachen zuständig, »wenn es von Anfang an klar war, daß der Angeklagte erschossen werden würde«? Davon stehe kein Wort in seinem Papier, entgegnete Lehmann. »Das konnte klar sein für die Schuld, und konnte klar sein für die Unschuld.«

»Sie sagen also jetzt«, fährt das Verhör fort, »daß auch dann das Gericht die Rechtsprechung übernehmen konnte, wenn der Mann eindeutig unschuldig war?«

Eine so überflüssige Prozedur schien selbst dem phantasiebegabten Lehmann abwegig: »Wenn der Fall schon ganz klar war, im Sinne der Unschuld, hätte die Truppe ihn wahrscheinlich nicht vor Gericht gebracht.«

Eine ordentliche Truppe bringt einen Verdächtigen vor Gericht, das dazu dient, den Fall zu klären. In dieser Tugend der Justiz lag ihre ganze Schwäche verborgen, die Lehmann in fruchtloses Grübeln stürzte. Die Truppe würde, wenn überhaupt, seine Richter in Zweifelsfällen bemühen. »Wenn sie den Gerichten übergeben werden«, merkte er in seinem Entwurf an, »müssen die Gerichte über Schuld oder Nichterweisbarkeit entscheiden und im Falle der Nichterweisbarkeit freisprechen. Darauf mache ich ausdrücklich aufmerksam.« Richter können nicht verurteilen auf Verdacht. Denn wenn Verdacht reicht, braucht man keine Richter. Was also tun mit den »unklaren Fällen«?

Der abstoßende Gedanke, daß Gerichte etwas zu entscheiden haben könnten, ließ Lehmann zwei Alternativen erörtern. Entweder sollten die Zweifelkandidaten »der nächsten Dienststelle des

Reichsführers SS übergeben werden«, wie bereits vom Führer gebilligt. Ansonsten bliebe noch die Wahl, »Zivilpersonen, deren Schuld nicht sofort nachweisbar ist, durch die Truppe erschießen zu lassen«. Dazu wäre sie selbst nach der Haager Landkriegsordnung nicht ermächtigt. Im Gegenteil. Erschießungen von Zivilisten auf unbeweisbaren Verdacht brächte den Schützen mit der Militärjustiz in Konflikt. Es sei denn, man stellte ihn ausdrücklich davon frei. Das gleiche galt auch für den Polizisten, brauchte Lehmann aber nicht zu kümmern, weil die Polizei einer Sondergerichtsbarkeit unterstand. Um so seltsamer, daß die ubiquitäre Polizei nicht zur Stelle weilte. »Entgegen der früheren Annahme«, klagte Lehmann, »werden Dienststellen des Reichsführers SS in dem erforderlichen Umfang nicht da sein« (NOKW 209). Doch brannte Himmler auf die Front. Warum versagte er sich den Erfordernissen? Den Aufschluß gibt das Datum. Man schrieb den 28. April 1941. Selbigen Tages kam der Generalvertrag des Rußlandfeldzugs, das Wagner-Heydrich-Papier, in Umlauf und erledigte jene ›frühere Annahme‹. Vom Führer zwar gebilligt, nicht aber von der Heeresspitze.

Die Polizei, ursprünglich zur Ausrottung der militärischen und zivilen KPdSU-Führung im gesamten Operationsgebiet beordert, war jetzt mit ihren Dienststellen aus dem Gefechtsgebiet hinauskomplimentiert. Wunschgemäß standen Heer und Lehmanns Militärjustiz ihren Opfern allein gegenüber. Eine Lage, voll der verzwicktesten Rechtsfragen. Zunächst mußte vereinbart werden, welches Opfer militärisch und welches richterlich zu beseitigen sei. Sodann durften die Soldaten mit ihrem Säuberungsauftrag keine Straftatbestände erfüllen. Das Dritte Reich, das man doch einen Unrechtsstaat nennt, pflegte seine Verbrechen meist rechtlich zu regeln. Anders ließen sie sich gar nicht begehen. Die Täter im Gefechtsgebiet waren Soldaten, keine Verbrecher. Darum benötigten sie die legale Erlaubnis. Sie erging in Form des ›Gerichtsbarkeitserlasses Barbarossa‹. Er klärt die Verfolgung feindseligen Zivils so wie der Kommissarbefehl den Tod der Staatsfunktionäre in- und außerhalb der Truppe. Auch die Geschichte dieser Untat handelt vom März bis zur zweiten Aprilwoche 1941. In der Zeit ziselierten die Büro-Generäle den Blitzsieg über Rußland bis spätestens Dezember, die ›Operation Barbarossa‹:

Hitlers Devise »Ausrotten, was sich gegen uns stellt« überzeugte. Denn angesichts der allseits für problematisch gehaltenen Raumverhältnisse könne man nicht »für jeden Bahnhof eine Wache stellen«, erkannte Keitel: »Die Einwohner müssen wissen, daß jeder erschossen wird, der nicht funktioniert.« »Der nur schief schaut«, verbesserte Göring. In diesen Dingen billigte man Himmler die meiste Erfahrung zu. Himmler solle in Rußland »ja keine andere Zuständigkeit bekommen, als er sie im Reiche habe«, versicherte Hitler, »dies aber ist absolut notwendig« (L 221). Als Warlimont Anfang März das Problem mit den Praktikern durchdachte, gelangte er zu anderen Schlüssen. Gemeinsam mit Lehmann, dem Chef der Wehrmachtsrechtsabteilung, prüfte er die Frage, was geschähe, falls sich »im Operationsgebiete Straftaten von feindlichen Ausländern unmittelbar gegen die Wehrmacht, ihre Angehörigen oder das Gefolge richten«? Wäre die Materie der Militärjustiz entzogen worden, hätte sich das Heer dem Schutze Himmlers anvertrauen müssen. Selbst Hitler als der Oberste Befehlshaber sah schnell seinen Irrtum ein. Es konnte dem Heere schlecht untersagt werden, sich gegen Angriffe aus der Bevölkerung zur Wehr zu setzen. Sofern der Täter verfügbar und »die Beweislage so klar ist, daß er auf der Stelle abgeurteilt werden kann«, mochten Lehmanns Juristen zu Gericht sitzen. Der zweifelhafte Rest gehörte der Polizei. Die drei mißgünstigen Ordnungsorgane begehrten gleichen Zutritt zum Täter.

Hitlers Bekehrung kann, bei seinem eingefleischten Haß auf Juristen im allgemeinen und Heeresrichter im speziellen, nicht einfach gewesen sein. Dennoch ließ Warlimont in der Woche zwischen Mittwoch, dem 5., und Donnerstag, dem 13. März 1941, seine Errungenschaft wieder fallen. In seinen ›Richtlinien‹ vom 13. März taucht keinerlei Gerichtsbarkeit mehr auf. An diesem Tage begab sich Oberquartiermeister Wagner in die Verhandlungen mit Heydrich. Kurz zuvor muß die dunkelste Entscheidung der deutschen Heeresgeschichte getroffen worden sein: die Bereitschaft, im Operationsgebiet mit Himmlers Männern zu kooperieren und im Gefechtsgebiet deren Arbeit eigenhändig zu erledigen. Warlimont hatte den Hitler abgerungenen Justizanteil am Liquidationsauftrag rechtzeitig gestrichen. Mittlerweile begehrten OKH und OKW eine wichtigere Konzession. Das Heer wollte in seiner Domäne, dem Frontrevier, Herr auf eigenem Boden sein. Dazu mußten Himmler und Heydrich ins Hinterland weichen, ihr Willkürgebaren indessen gewahrt bleiben. Es erübrigte juristische Umstände. Die Generalstäbler garantierten, zivilen Trotz ohne Gefackel zu vergelten. Die Offiziere wüßten ebenso scharf abzurechnen wie die Polizei, mit wem auch immer. Unbotmäßigkeit werde augenblicklich geahndet. Der Schuldvorwurf bedarf keiner Rechtsprüfung. Die Strafe schreckt ab, nicht die Beweisqualität. Es kommt weniger darauf an, den Saboteur zu überführen als die Sabotage zu ersticken. Ob durch Polizisten, Soldaten oder Richter, ist insoweit einerlei.

Das Heer, erpicht, die Polizei aus dem Heeresgebiet zu drängen, verzichtete dafür auf die Heeresjustiz. Das bekundete den Willen zum Durchgreifen und erfreute Hitler, der Regellosigkeit immer vorzog. Nur Lehmann sah seine Talente übergangen. Am 28. April 1941, dem Bekanntgabetermin der Heydrich-Wagner-Kompetenzverteilung, wagte er einen bescheidenen Vorstoß: Da Hitler ihm zuvor ein Stück Verfügung über russisches Zivil gewährt hatte, das ursprünglich Himmler-Besitz gewesen war, erbat er vom Heer eine ähnliche Pfründe. Vom rückwärtigen Gebiete nahm Lehmann Abstand, dort wohnte die Polizeigewalt. Doch mußten vorn an der Front ausreichend Straftäter existieren, um einige Fälle für den Rechtsweg zu erübrigen. Im tiefen Bewußtsein der eigenen Überflüssigkeit sandte Lehmann den Entwurf eines Gerichtsbarkeitserlasses an Warlimont.

Seit den Märztagen war viel geschehen. Das Heer hatte neuen Ruhm an seine Fahnen geheftet, Jugoslawien und Griechenland geschlagen, das Hakenkreuzbanner auf der Akropolis gehißt. Tags danach wandte man sich erneut den Rußlandangelegenheiten zu. Unter Paragraph I seines Erlasses übte Lehmann Verzicht. Er konzedierte den Truppen, »Freischärler im Kampf oder auf der Flucht schonungslos zu erledigen«, soweit eine pure Selbstverständlichkeit. Eine Blankovollmacht hingegen erteilt Paragraph I, Ziffer 2, welche dem Militär erlaubt, »andere Angriffe ebenso entschlossen und mit allen Mitteln auf der Stelle bis zur Vernichtung des Angreifers abzuwehren«. Paragraph II faßt per Generalklausel zusammen: »Strafbare Handlungen, die sich gegen die Truppe richten, werden von der Truppe selbst abgewehrt.« Das Minimum an Rechtsschutz, das die Haager Landkriegsordnung dem Zivil zugesteht, ist dadurch annulliert. Die Nische, die Lehmann der Wehrmachtsjustiz sichern möchte, stellt er ins Belieben des Heeres, hält indes nach übriggebliebenen Klienten Ausschau.

Lehmann wünscht sich ein Bündel passender Fälle, worin sich seine Männer bewähren könnten: 1. Die Fälle ›Russe gegen Russe‹. Ein Bolschewik, der einen deutschfreundlichen Ukrainer angreift, vergeht sich nicht an der Truppe. Für solch niedere

Delinquenz sind Richter gut genug. 2. Die ›unklaren Fälle‹. Lehmann verhehlt nicht seinen Graus, daß hier mangels Beweisen Freisprüche erfolgen könnten. 3. Die todsicheren Anklagen mit garantiertem Schuldspruch. Hier können Juristen nichts falsch machen, bringen gleichwohl ernsthafte Schandtäter zur Strecke und nehmen Anteil an der Gefahr. Obschon der Führer ihm vor acht Wochen die Kopf-ab-Fälle eingeräumt hatte, zweifelte Lehmann, der bereits sein Prestige gesteigert sah, von seinen Wehrmachtskameraden so viel noch übertragen zu bekommen. Sie brauchten ihn für anderes.

Indem Lehmann der Truppe die Strafgewalt über das Zivil aushändigte, mochte sich leicht ein Übergriff ereignen, der »zugleich ein militärisches Verbrechen oder Vergehen ist«. Wenn Wehrlose aus Rache erschlagen werden, geht es dabei nicht immer besonnen zu. Den Gewalttätern wollte Lehmann allerdings kaum zumuten, ihre Affekte zu zügeln: »Bei der Beurteilung solcher Taten ist zu berücksichtigen, daß der Zusammenbruch im Jahre 1918, die spätere Leidenszeit des deutschen Volkes und der Kampf gegen den Nationalsozialismus mit den zahllosen Blutopfern der Bewegung entscheidend auf bolschewistischen Einfluß zurückzuführen war, und daß kein Deutscher dies vergessen hat.« So haftete ganz Rußland für 1918. Die Raserei der Deutschen litt an der Schmach des Zusammenbruchs und war nur äußerlich mit Kriminalität zu verwechseln. Solange die Soldaten sich als Rächer gebärdeten, riet Lehmann, bestünde von Rechts wegen »kein Verfolgungszwang«. Es sei denn, der Mann befriedige nicht den nationalen Vergeltungshunger, sondern seine »geschlechtliche Hemmungslosigkeit«. Alsdann, wie auch bei sinnloser Zerstörung von Quartieren, Vorräten und Beute, lag ein Fall für die Militärjustiz vor, welche »in erster Linie der Erhaltung der Manneszucht dient«. Privatexzesse »zum Nachteil der eigenen Truppe« unterlagen weiterhin disziplinarischer oder juristischer Ahndung. Der Soldat soll nicht an sich denken. (NOKW 209)

Acht Tage nach Lehmanns Versuch meldete sich das OKH mit einem konkurrierenden Entwurf zur Kriegsgerichtsbarkeit im Operationsgebiet Barbarossa. Er folgt den Empfehlungen Lehmann außer einer, die Militärjustiz ist aller Zuständigkeiten jenseits der Manneszucht enthoben. Zudem erfährt der Katalog des Terrors Detaillierung, und die Gründe werden antisemitisch verankert. Dieses Element fehlt dem OKW-Entwurf. Lehmanns altbackene

Reminiszenzen an den Dolchstoß von 1918 löst das OKH in eine zeitgemäßere Sprache auf. Ein Großteil der Mannschaften war 1918 noch nicht auf der Welt, jedoch hineingewachsen ins Milieu der »Erbitterung über Greueltaten oder die Zersetzungsarbeit der Träger des jüdisch-bolschewistischen Systems«. Wer russische Greueltaten und Zersetzung alsbald am eigenen Leib erlebte oder zu fürchten lernte, wußte, mit wem er es zu tun hatte. Er würde aus dem »Gebot der Selbsterhaltung gegen feige Überfälle einer verblendeten Bevölkerung mit eiserner Strenge ohne jede Verzögerung vorgehen«. Im Vergleich zur Kugel verzögern aber selbst NS-Richter. Darum galt es, Landeseinwohner, die »als Freischärler an den Feindseligkeiten teilnehmen oder teilnehmen wollen, die durch ihr Auftreten eine unmittelbare Bedrohung der Truppe bedeuten oder die sonst durch irgendeine Tat sich gegen die deutsche Wehrmacht auflehnen im Kampf oder auf der Flucht, zu erschießen«. Fürwahr die schnellste Befriedung der gewonnenen Gebiete. Solch ein Auftritt lähmt fürs erste alle Anwesenden.

Wenn dem Soldaten »aus der Zivilbevölkerung der Träger der jüdisch-bolschewistischen Weltanschauung entgegentritt«, ist er mit bloßem Auge womöglich schwer zu erkennen, weil er »heimtückisch und aus dem Hinterhalt« naht. Soweit muß es nicht kommen. Weil der Jude hinterhältig und der Hinterhalt voller Juden ist, wird nicht lange gezaudert: »Gegen Ortschaften, aus denen hinterlistige und heimtückische Angriffe irgendwelcher Art erfolgt sind, sind unverzüglich auf Anordnung wenigstens eines Bataillonskommandeurs kollektive Gewaltmaßnahmen durchzuführen, falls die Umstände eine rasche Feststellung einzelner Täter nicht erwarten lassen.« Werden einzelne festgestellt, doch nicht als Täter, sondern als solche, die es werden wollen oder ein bedrohliches Betragen zeigen, »sind sie sogleich einem Offizier vorzuführen, der zu entscheiden hat, ob sie zu erschießen sind«. (PS 877)

Eine Heeresleitung, die sechs Wochen vor Abmarsch einen dermaßen hysterischen Terror vorbereitet, kommt ohne Juden nicht mehr aus. Wer den Krieg fundamental wider alle, gleichwohl für verbindlich erklärten Rechtsgewohnheiten führen will, braucht einen weithin akzeptierten Grund. Zwei Jahre lang war die Sowjetunion der wichtigste Verbündete des Reiches gewesen. Ein falscher Verbündeter, einer der äußerlich den Deutschen beistand, im Hinterhalt jedoch Unheil brütete. Wem wäre solche Tücke zuzutrauen? Dem russischen Muschik? Was konnten Brauchitsch und

Halder dem Heer an Feinden präsentieren, welche die im Gerichtsbarkeitserlaß vorgesehene Behandlung verdient hatten? »Hoffnungslose Feldwebel«, wie sie U. von Hassell in seinem Tagebuch charakterisiert, lehnten sie sich an Hitlers Judenobsession. Von Generalstabsplanung wußte er nichts, gestand Halder 1949, doch »er hatte Einfälle«. So ergänzte man einander prächtig.

Die Entwürfe der Heeresleitung zum Gerichtsbarkeitserlaß vom 6. Mai und zum Kommissarbefehl vom 12. Mai sprechen in vergleichslos barbarischem Zungenschlag. Hitlers OKW hat ähnliches nicht verlautbart. Darüber ist die Historiographie oft gestolpert. Die Worte schicken sich weniger für dieses preußische Kollegium als für die Desperados im Reichssicherheitshauptamt. Das OKH hatte sie soeben aus seiner Bannmeile, dem Gefechtsgebiet, gedrängt und bediente sich aus Vorsicht ihres Jargons. Als traue es ihr niemand zu, beteuert die Heeresspitze, sie werde »als erste und einzig rechtzeitig in der Lage sein«, die zur »Befriedung des Landes wirksamen Maßnahmen zu ergreifen«. (PS 877) Himmler und Heydrich, die als die Wirksameren galten, waren daran gehindert. Wie sollten sie vom Hinterland aus ›rechtzeitig in der Lage sein‹? Weil die Armeen ›als erste und einzige‹ ins Kampfgebiet stießen, waren sie dort auch die ersten und einzigen Mörder. Um alle Zweifel auszuräumen, wetteiferten sie zugleich in der Mördersprache. Hitler, der Rivalitäten schuf, wo immer er konnte, sagte voraus, »in der Praxis wird sich der Streit sehr rasch geben«, und rechnete mit »hervorragender Zusammenarbeit«. (L 221) Die Menschenkenntnis war das Fürchterlichste an ihm.

In dem Rennen von Polizei und Heer, ihre Vernichtungsbereitschaft nachzuweisen, um sich die Zuständigkeiten im bevorstehenden Siegeslauf abzujagen, ging die Militärjustiz zunächst leer aus. Mit der Erlaubnis, nach militärischem Gutdünken suspektes Zivil beiseite zu schaffen, hatte sie ihr Reservat preisgegeben. Ihre eigene Tötungskompetenz lahmte. Sie machte sich anheischig, in klaren Fällen den Delinquenten ebenso schnell den Garaus zu bereiten wie Polizei und Militär. Statt Justizdienste bot sie Henkersdienste an; die aber meinten die Mitbewerber in den eigenen Händen besser aufgehoben. Wozu die richterliche Maske, wenn dasselbe dabei herauskommt, was der Offizier auf einen Blick entscheidet? Lehmann erhielt zum Trost nur Aussicht auf Fälle, die richterliches Ermessen zuließen. Beiläufig entdeckte ihm Halder, daß man im Heer der Justiz tauscheshalber »die vielen Delikte kleinerer

Art« andienen könnte, »die ein Erschießen nicht rechtfertigen«. Außerdem besonders zeitraubende und komplizierte Fälle, die, wie Lehmann ärgerlich notiert, »gerade die zweifelhaften Sachen sein werden«. Anstelle einer Gelegenheit, Härte zu beweisen, erhielt er das Angebot, »daß die Truppe die Sachen, die ihr unbequem sind, an die Gerichte abschiebt« (NOKW 209). An Zweifelsfällen waren Lehmanns Gerichte aber nicht interessiert. Lehmann erwog »die Gefahr, daß so das Gegenteil von dem eintritt, was erreicht werden soll«. Seine Tribunale gälten als knieweich und verlören alles Prestige. Todesurteile sollten erreicht werden oder keine. Den Ruhm erntete derjenige im Staat, der an der Ausrottung der Lebensunwürdigen teilnahm; doch war es günstiger zu verzichten, als einen Feind zu schonen. Darum schrieb Lehmann einen neuerlichen Entwurf zur Kriegsgerichtsbarkeit mit dem Datum des 9. Mai. Paragraph I, Ziffer 1 beginnt mit dem Satz: »Straftaten feindlicher Zivilpersonen sind der Zuständigkeit der Kriegsgerichte und der Standgerichte bis auf weiteres entzogen.«

In seiner zweiten, schließlich angewandten Version folgte Lehmann den Heereswünschen, ihren krassen Wortlaut sacht korrigierend, wo minder anstößig dieselben Absichten kundzutun waren. Nur die angedrohten »kollektiven Gewaltmaßnahmen« gegen Ortschaften, aus denen heraus »hinterhältig oder heimtückisch angegriffen wurde«, ließ Lehmann in Paragraph IV wider wörtlichen Verbots nach Artikel 50, Haager Landkriegsordnung, stehen. Anscheinend ärgerte er sich über die in der Tat nicht sonderlich respektierte Regel. Den Wehrmachtsrichtern, schrieb Lehmann an Warlimont, wolle er den Kompetenzverlust »etwas schmackhafter machen« durch Ersatz der Präambel. So stiftet der abgekühlte Text, anders als das Manifest des OKH, nicht zu Maßnahmen gegen das jüdisch-bolschewistische Zersetzungselement an. Dies wäre völlig fruchtlos gewesen. Dem Adressaten, den 1.400 Heeresrichtern, war ja der Zugriff auf dies Element untersagt. Statt dessen lenkte Lehmann ihren Ehrgeiz auf die Manneszucht. Auch daraus ließ sich etwas machen.

Die Beschränkung der Justiz auf die Manneszucht hat ein Massaker eigener Art hinterlassen. Die über 28.000 Todesurteile gegen deutsche Soldaten, 22.000 wegen Fahnenflucht, 6.000 wegen Wehrkraftzersetzung, lassen die Zahl der getöteten Kommissare um ein Vielfaches hinter sich. Auf der Suche nach dem ›Element der Zersetzung‹ hatten die Heeresjuristen schließlich doch noch

Erfolg, auch wenn es nicht jüdische Komplotteure, sondern kriegsmüde Wehrmachtsangehörige waren.

Dies einzig in der Rechtsgeschichte dastehende Ausrottungsgeschehen ist nicht Gegenstand der Nürnberger Prozesse gewesen. Immerhin geben die Zahlen Zweifel daran auf, welcher Schaden der sowjetischen Zivilbevölkerung aus dem ›Gerichtsbarkeitserlaß Barbarossa‹ erwachsen ist. Hätten die abgehalfterten Militärrichter ihr höhere Gerechtigkeit erwiesen als die eiligen Offiziere? Bezeichnenderweise kritisierten die Lehmann nachgeordneten Chefjuristen der Wehrmachtsteile den Gerichtsbarkeitserlaß wegen seiner Vorteile für die Russen: Die Truppe werde »ziemlich viele Leute laufen lassen, die an sich eine andere Behandlung verdient hätten«. Schon im Verlauf der Kampfhandlungen sei es wahrscheinlich, »daß die Offiziere viel weniger scharf sein würden als die an Härte bei Urteilssprüchen gewöhnten Richter, und in etwas ruhigeren Verhältnissen sei die Truppe an solche Maßnahmen überhaupt nicht mehr heranzubekommen«. Der Erlaß sei zwecks schärferen Durchgreifens sobald wie möglich wieder aufzuheben. Die Milde des Wehrmachtsoffiziers war dem deutschen Richter auf Dauer unerträglich. Doch kannte er kein Verzagen. »Dieser Gefahr«, resümierte Lehmann seine Sondierungen, »müsse man ins Auge sehen.« (NOKW 209)

Den Nürnberger Anklägern, die sich auf den Standpunkt stellten, der Sowjetbevölkerung seien durch den Verzicht auf die Militärjustiz Rechtsgarantien abhanden gekommen, pflichtete Lehmann von Herzen bei. Um den Russen seine Militärrichter zu erhalten, habe er sich gesagt, daß »man alles auf eine Karte setzen muß«. Lehmann zitierte verschollene Gerichtsbarkeitsentwürfe aus dem Kopf, zum Beweis seines unbeugsamen Rechtsprechungswillens. Zuletzt hatte er nur noch die ›klaren Fälle‹ für die Judikatur retten wollen, und ganz zuletzt, doch mit Erfolg, die Manneszucht.

Durch diese List sei schließlich auch dem Zivil gedient worden. Kontrolle der soldatischen Disziplin habe es vor etwaigen Ausschreitungen bewahrt. Lehmann zufolge konnte seine Formulierungskunst den Gerichtsbarkeitserlaß zum Gegenteil dessen verkehren, was er bezwecken sollte. Das OKW hatte heimlich den Frontoffizieren goldene Brücken gebaut. Wenn die Frontoffiziere sie nicht beschritten, erkundete der Gerichtsvorsitzende, »dann deshalb, weil sie die ihnen zur Verfügung stehenden Mittel einfach nicht zur Anwendung brachten«?

»Die Befehlshaber konnten überall da eingreifen«, erläuterte Lehmann, »wo die Manneszucht gefährdet war.«

Manneszucht ist durch Regellosigkeit gefährdet, infolgedessen hatte Lehmann für alle erdenklichen Fälle Vorsorge getroffen. Bewegt mahnte er das Gericht, sich des Vergewaltigungszustands in einer Diktatur innezuwerden. Normalerweise sei es »selbstverständliche Meinung jedes Juristen, daß Gerichtssachen von Gerichten behandelt werden sollten«. Nur Hitlers rechtsverachtende Drohung, die Justiz erst gar nicht mit nach Rußland zu nehmen, zwang Lehmann dazu, Ballast abzuwerfen, nämlich die ›zweifelhaften Fälle‹. Dagegen hatte sich Lehmann mit einer Notiz gesträubt, welche die Anklage nicht so hintergründig las, wie er sie verstanden wissen wollte. »Hier sagen Sie«, zitiert der Ankläger Fulkerson, ›es besteht somit die Gefahr, daß die Truppe die Sachen, die ihr unbequem sind, an die Gerichte abschiebt und daß so (und das werden gerade die zweifelhaften Fälle sein), das Gegenteil von dem eintritt, was erreicht werden soll‹.« Das Gegenteil wessen?

Die Anklage, des Lesens von Tarnsprache unter der Diktatur unkundig, vermutete Widerwillen gegen lästige Freisprüche. Die Kommandeure, fürchtete Lehmann, könnten seine chiffrierten Hintergedanken ähnlich mißdeutet haben, »nämlich den Grund für diese meine Bemerkungen, daß die Truppe Leute, deren Schuld nicht erweisbar war, einfach laufenlassen konnte ohne ein geschriebenes Urteil, während die Gerichte die Urteile ausfertigen mußten und dann, wenn es Freisprüche waren, dieselbe Kritik auf sich zogen, wie wir das im Polenfeldzug erlebt haben«. So schaltete Lehmann die Justiz aus, um Rußland vor der Grausamkeit des schriftlichen Urteils zu bewahren. Die Truppe konnte laufenlassen, wen sie wollte, wohingegen die Justiz sich nur Schuldsprüche im Sinne Hitlers und Heydrichs zutraute. Maßvolle Entscheidungen lohnten nicht, hätten sie doch nur, »so, wie ich das beschrieben habe, zu der Kritik der Polizei und der politischen Stellen geführt«. All seinen Witz hatte Lehmann deshalb in ihre Täuschung gesteckt. So gescheit hatte die Rechtsabteilung diese despotischen Tröpfe genasführt, daß bis Nürnberg noch niemand dahintergekommen war.

Nachdem sich der Chefjustitiar den Siegern offenbaren mußte, war die Legende der widerstehenden Wehrmachtsjustiz nicht mehr einzuholen. Sie handelt von einer »Insel«, wie die Verteidigung darlegte, »auf der unabhängige Richter ohne Rücksicht auf politische oder sonstige Gesichtspunkte der Staatsraison frei nach dem Gesetz urteilten«. Lehmanns Komplizen beeideten, wie man einander »Hinweise und Winke gab, wie man Hitler-Befehle umgehen oder abschwächen könne«. Das versicherte der Zeuge General Eugen Müller, Urheber des Barbarossa-Entwurfs aus dem OKH. (Dok. Lehmann 409) Christian von Hammerstein, Chef der Luftwaffengerichtsbarkeit, bezeugte Lehmanns »Besessenheit von der Idee, die Wehrmachtsjustiz reinzuhalten von den Einflüssen, die sich im Staat, nicht zuletzt auch in der Ziviljustiz so unheilvoll ausgewirkt hatten«. Die Zivilgerichte hatten weniger als halb soviel Todesurteile gefällt wie Lehmanns Judikative, der dafür das Reinhaltungsgebot »mit einem unerhörten Schneid vertreten hat«. Selbst Himmler, wußte SS-Richter Bender, habe die »offene, freimütige Art« an ihm geschätzt (Dok. Lehmann 149), vertrat er doch »den Standpunkt, der Jurist müsse den verantwortlichen Führern die Grenzen zeigen, die nicht überschritten werden dürften«, wie Heeresgeneralrichter Wunderlich berichtete. (Dok. Lehmann 419)

Lehmanns Grenzen waren angetastet, wenn das Prestige seines Standes litt. Halders Geheiß, ›die vielen Delikte kleiner Art‹ zu bearbeiten, dünkte ihn schmählich, so wie später die Ermordung seiner in die Anti-Hitler-Verschwörung verstrickten Kollegen Hans von Dohnany und Dr. Karl Sack. Hier suchte Lehmann wahrhaftig das Schlimmste zu verhüten. Richter gehören nicht in die Hand des Henkers. Als 1938 das Reichskriegsgericht zur Demontage des Oberbefehlshabers des Heeres von Fritsch mißbraucht werden sollte, amtierte Lehmann als Richter und verkündete Freispruch. Wo sein Empfindlichkeitsbereich verletzt war, fehlte es ihm nicht an Charakter. Ebenso wie die Generalität erbosten ihn die Wüstlinge der Himmler-Polizei in Polen. Für die Manneszucht legten sich die Wehrmachtsgerichte selbst gegen die SS ins Zeug. Darin lag für Hitler nichts Ärgerliches. Die Handvoll verurteilter Polizisten konnte er bequem begnadigen. Schwerer wäre es ihm gefallen, von Lemberg bis Moskau für die Disziplin unter Millionen Heeresangehörigen zu sorgen. Ohne scharfe Justiz ließen sich die abzusehenden Strapazen gar nicht durchsetzen. Darum entbehrt Lehmanns vor Gericht bekundete Angst, zum Rußlandfeldzug nicht zugelassen zu werden, jeder Plausibilität. Es gibt dafür auch kein dokumentiertes Indiz. Allerdings gründet Lehmanns ganze Verteidigung auf dieser Behauptung:

OKW, Heeresleitung und Wehrmachtsjustiz planten demzufolge eine völkerrechtsgemäße Behandlung der Sowjetbevölkerung. Hitler führte etwas anderes im Schilde und verordnete den Militärrichtern Abstinenz. Zum Schein ließen sie sich darauf ein und erkauften damit ihre fortgesetzte Zuständigkeit für die Manneszucht. Dadurch erwirkten sie für das Zivil die größtmögliche Schonung. Die Anklagedokumente widerlegen dies. In Wirklichkeit hatte Lehmann von Warlimont erfahren, daß Hitler auf Tempo und Terror setzte. Gerichte erübrigen sich dabei. Tempo und Terror konnte die Justiz anbieten, wenn man ihr die passenden Fälle überließ. Die unpassenden sollte die Truppe erledigen. Daran fehlte der Truppe das Interesse. Die schnellen und blutigen Fälle lagen ihr besser als der verworrene Bagatellkram. Den wiederum ließ sich Lehmann nicht aufhalsen. Er wußte zu gut, daß sein Renommee bei Hitler von beschleunigten Tötungsraten abhing. Also stieß er eine Gerichtsbarkeit ab, die ihm nur Mißerfolge versprach. Seine Aussage war völlig richtig, daß die Judikatur der Manneszucht ihm den Ersatz für die verlorene Delinquenz der Russen bot. Folgerichtig wüteten seine Richter unter den Soldaten, als wären sie der Feind.

Lehmann hatte sein Metier im Reichsjustizministerium von 1925 bis 1937 unter neun Ministern geübt. Aufgewachsen in dem »deutscher Art fremden Geist«, der »durch Jahrhunderte unser Recht überwuchert und erstickt hat«, war er in seinen mittleren Jahren umerzogen worden. Daraufhin verspürte er »in unseren Herzen die Verpflichtung brennen, unser Amt nach dem Willen des Mannes auszuüben, der uns das Reich neu gegründet und erbaut hat«. Den versammelten NS-Rechtswahrern schärfte er auf ihrer Reichstagung 1939 die »Verwüstungen« ein, die entstanden waren, »als das Judentum in die Rechtswissenschaft und gar in das Richtertum einbrach«. Sie würden sich »kaum in Menschenaltern beheben lassen«. (NOKW 3552) In Nürnberg entsannen sich seine früheren Kollegen des anderen Lehmanns, der »überhaupt gegen alles protestierte«. Er »führte keinen Befehl ohne Widerspruch aus und alles nur halb«. (Affidavit, Nr. 412, J.v. Freyend)

Das Gericht konnte sich von diesen Eigenschaften überzeugen. Der Angeklagte, der ganz Rußland von Rechtsmitteln ausgeschlossen hatte, reklamierte in Nürnberg einen »schweren Prozeßverstoß« nach dem anderen. Seine Kenntnis der verjudeten Rechtswissenschaft war ungebrochen. Er verfaßte eine gelehrte Denkschrift über die Rechtsfehlerhaftigkeit des OKW-Prozesses und wußte dem Gericht die Gründe für den Barbarossa-Erlaß fließend nach den Normen internationalen Rechtes herzusagen. Eine Verteidigung, welche die Richter weit mehr als seine abstrusen Rettungsgeschichten bewegte. Sie wußten nämlich auch nicht anzugeben, wo Kriegsbrauch und Landkriegsordnung dem Freischärler und zivilen Saboteur ein Gerichtsverfahren garantierten. Einen verbrieften Anspruch besaßen die Patrioten nicht. Wäre nicht der halb barbarische Rechtszustand gewesen, hätte es 1949 der Festlegungen des Genfer Zivilschutzabkommens nicht bedurft. Allerdings kannte die Vor-Wehrmachtszeit noch keinen Besatzer, der, nach der Anschuldigung des US-Hauptanklägers General Taylor, seinen Soldaten erlaubte, »nach Lust und Laune und ohne Furcht vor Bestrafung Hinschlachtungen vorzunehmen, wenn es einem Offizier gerade so paßte«.

Nach Lust und Laune sollte es genau nicht zugehen, wie Lehmann beweisen konnte. Straftaten gegen Landeseinwohner mochten als ›Zuchtlosigkeit‹ ebensogut disziplinarisch geahndet werden. Ein genereller Strafverfolgungszwang ist in vielen Staaten bereits dem zivilen Strafrecht fremd, das nach dem Opportunitätsprinzip verfährt. Im Militärstrafrecht überwiegt bei Übergriffen gegen Feindpersonen gewiß Zweckmäßigkeit und Ermessen. Die Rechtspflicht der Heeresführer verlangt indessen, den Schutz des Zivils zu gewährleisten. Lehmann belegte diese Absicht mit einem zwiespältigen Dokument, der Barbarossa-Durchführungsverordnung des Heereschefs von Brauchitsch (Dok. Lehmann 212). »Der einzelne Soldat«, heißt es darin, »darf nicht dahin kommen, daß er gegenüber den Landeseinwohnern tut und läßt, was ihn gutdünkt, sondern er ist in jedem Falle gebunden an die Befehle seiner Offiziere.« Den Offizieren obliegt, »willkürliche Ausschreitungen einzelner Heeresangehöriger zu verhindern und einer Verwilderung der Truppe rechtzeitig vorzubeugen«.

Brauchitschs Durchführungsverordnung hätte Lehmann zufolge den Gerichtsbarkeitserlaß entschärft. Die Rechtssicherheit des Zivils war genügend verbürgt. Das lag nie in Brauchitschs Absicht. Er verbürgte die Autorität des Offiziers. Die nach Gerichtsbarkeitserlaß zulässigen Gewaltexzesse aus Erbitterung gegen den Bolschewismus stellt Brauchitsch unter den Vorbehalt der Disziplin. In der deutschen Wehrmacht geschieht nichts aus Privatlaune, selbst nicht die Verbrechen. Sie sind Offizierssache.

Die Besatzungsherrschaft in Westeuropa bot dem Heer 1940/41 einen bequemen Aufenthalt. Es fühlte sich geduldet, respektiert, zumindest unangefochten. Die Arbeiterbewegung lag gelähmt vom deutsch-sowjetischen Bündnis, die bürgerliche Rechte verzankte sich über die Wahl zwischen Kollaboration und Widerstand. Die faschistischen Bewegungen, rekrutiert aus der mittelständischen Jugend, verkörperten die unwiderstehliche Zukunft. Der Aggressor erntete für seine militärische Verve, seinen Ordnungswillen nicht lauter Haß und Abscheu. Wenn die Niederlage beschlossene Sache und vorläufig kein Retter in Sicht ist, befiehlt man seine Geschicke der amtierenden Gewalt. Überdies verdachten viele Franzosen ihren Zusammenbruch dem englischen Verbündeten. Die Deutschen wiederum zeigten sich nicht halb so schlimm wie der Ruf, der ihnen vorausging. Sie waren schmucke Okkupanten, benahmen sich korrekt, sorgten für effiziente Verwaltung und soziale Ruhe.

Der Rüstungsbedarf des Reiches beschenkte die europäische Zulieferindustrie mit schäumender Konjunktur. Hunderttausende Arbeiter aus Polen, Belgien, Holland, Frankreich und der Tschechoslowakei verlockte der gute Lohn zur Immigration nach Deutschland. Dort begegneten sie einem überlegenen Sozialsystem. Der Staat war fortschrittlich und unaufhaltsam. Unter der Pax germanica ließ sich bis Ende 1941 auskömmlicher leben als zuvor. Dann legte sich das germanophile Klima.

Hitlers Siegeszug stockte vor Moskau im Frost. Nach zwei Jahren verriegelte ihm hier ein Landheer die Bahn, tötete Hunderttausende seiner Männer und führte ihn in die Arena des industriellen Kriegs. Fortan setzten Produktionsfaktoren das Tempo, Rohstoffe, Fabrikkapazität, Arbeitskraft. Die Erfordernisse des Kriegs im Osten veränderten rasch das chevalereske Besatzungsregime im Westen. Hinfort diente er als Versorgungsdepot der Speerschen Rüstungsschlacht. Die fruchtbaren Handelsbeziehungen wichen kolonialer Plünderung: Demontage des Maschinenparks, Abtransport von Energievorräten, Metallschätzen, Nahrungsgütern und vor allem Verschleppung von Arbeitswilligen und -unwilligen ins Reich.

Der Bruch der deutsch-sowjetischen Allianz ebnete den kommunistischen Parteien Frankreichs, Belgiens, Hollands den Weg in den Untergrundkampf. Sie trafen dort auf Gruppen patriotischer Konservativer, verstärkt und ausgebildet durch Agenten der Londoner ›Special Operations Executive‹ (SOE). Im Herbst 1941 setzten Flugblattpropaganda, Sabotageakte und Terroranschläge auf deutsche Soldaten ein. »Die dunklen Ausgänge der Untergrundbahn oder Bahnhöfe waren besonders gefährdete Orte«, schrieb Lehmanns Verteidigungszeuge, der Kriegsgerichtsrat Dr. Eckerle. »Dann waren die Truppenunterkünfte, Wachlokale oder Hotels das Ziel. Die Täter warfen die Handgranaten abends durch die Fenster.« Sprengladungen hafteten an Eisenbahngleisen, Trottoirs, Restaurants und Schiffen. In Verwaltungs- und Wirtschaftsorgane seien Spione eingeschleust worden, die im Funkverkehr mit den Engländern standen. »1942 bis 1943 setzte ein Massenzustrom von jungen Leuten, vor allem Studenten und Bauernsöhnen ein. An den Bahnhöfen holten geheime Werber die jungen Männer, die gerade zur Arbeitsgestellung nach Deutschland fahren wollten, unter Appell an die Ehre Frankreichs in ihre Reihen ab.« Nach der alliierten Invasion hätten diese Gruppen über Maschinengewehre, ja Granatwerfer verfügt und ganze Landstriche kontrolliert. »Die deutschen Armeen, die im Schwerstkampf in der Normandie lagen, hatten nunmehr im Rücken und zwischen sich fanatische Gegner, mit denen sie nicht mehr fertigwerden konnten« (Dok. Lehmann 284). Manchmal fehlten ihnen nur die Nerven. »In Hière (unbesetztes Frankreich, Mittelmeerküste)«, heißt es in der Notiz eines deutschen Botschaftsrats vom 24. Oktober 1941, »hat sich ein unangenehmer Zwischenfall ereignet. Ein deutscher Kontrolloffizier wurde von einer vorbeimarschierenden französischen Infanteriekompanie ausgepfiffen. Welche Sühnemaßnahmen ergriffen werden, ist noch nicht entschieden.« (Zz 145)

Zu dieser Zeit, im Winter 1941/42, rangen die isolierten Gruppen noch mühselig um Absprache und Bündnis, ehe jene vielgestaltige, Millionen von Menschen umfassende Widerstandsbewegung auf den Beinen stand, welche die Besatzungstruppen in Griechenland, Jugoslawien, Norwegen, Dänemark, Holland, Belgien und Frankreich in einen irregulären Krieg an endloser, doch schwer sichtbarer Front verwickelten. Seit Napoleon war kein Okkupant mehr einer so engmaschigen, zähen, feindseligen Guerilla begegnet. In all jenen Ländern hatten die regulären Streitkräfte verbindlich kapituliert. Die Wehrmacht übte ganz legal das Amt eines Souveräns aus, treuhänderisch für die kollabierte Staatsmacht. Wiederum stand man einer Kriegspartei gegenüber, die vorsätzlich jenseits der Haager Landkriegsordnung operierte.

»Die Bevölkerung eines besetzten Gebietes«, vermerkte die Verteidigung Rudolf Lehmanns, »hat kein Recht, sich gegen die Besatzungsmacht zu erheben.« Auch nicht als Opfer einer Aggression. Die sogenannte gerechte Sache enthebe nach internationaler Lehre niemanden von der Einhaltung der Kriegsbräuche. Der Kriegsbrauch aber akzeptiert Freischärler ohne äußere Kennzeichen und Führung durch einen Offizier nicht als Kombattanten. »In diesem Sinn war die französische Widerstandsbewegung illegal«, ihre Kampfesweise »in jeder Hinsicht heimtückisch, feig und hinterhältig«, betrieben »ausschließlich in Zivil und ohne Abzeichen« und zumindest vor der Verbindung mit den alliierten Landungstruppen im Juni 1944 »vielfach reines Verbrechertum«. Seine Methoden bestanden aus Mord und Sprengstoffanschlägen, Eisenbahn-, Kabel- und Industriesabotage; Besatzer wurden durch kochendes Wasser verbrüht, Schädel mit Keulen, Steinen und Stiefeln zertrümmert. Auf Verräter in den eigenen Reihen wartete der Mörder. In seiner Ordonnanz vom 6. Juli 1943 habe der General de Gaulle alle nach dem 10. Juni 1940 begangenen Straftaten eigens legalisieren müssen, sofern sie geltendes Recht verletzt hatten. Rechtsverletzer aber verlören auch nach Artikel 12 der ›US-Rules of land warfare‹ ihrerseits den Schutz des Kriegsrechts. Sie verfielen, auf frischer Tat ergriffen, summarischer Tötung und befugten überdies zu Repressalien gegen Dritte. Die deutsche Kriegsstrafverfahrensordnung vom 17. August 1938 bestimmte zwar, daß Ausländer, einschließlich Freischärler, »die sich strafbarer Handlungen gegen die deutschen Truppen schuldig gemacht haben, nicht ohne gerichtliches Verfahren bestraft werden dürfen« (Paragraph I, 4), dies aber, wie das Handbuch für den Generalstabsdienst ausweist, »trotz Fehlens jeder völkerrechtlicher Bindung« (NOKW 1878). Deutschland gewährte eine Extra-Gunst, allerdings unter dem Vorbehalt, daß die Gegner »dieselben Rechtssicherheiten verbürgen«. Weder die Sowjetunion noch die Résistance hätten das Anerbieten eingelöst.

Das Argument trifft, doch nur zum Teil. Weder die Rote Armee noch der Maquis waren Besatzungsmächte. Sie befehdeten keine deutschen Freischärler, sondern die Wehrmacht und ihr Gefolge. Daß der Maquis die Truppe nicht nach der Haager Landkriegsordnung attackiert hat, versteht sich. Die Guerilla unterhält selten Kriegsgefangenenlager, und die Bombe im Kasino straft auch die Köchin nebst allen deutschfreundlichen Gästen. So will es die gerechte

Sache. Sie lockert rapide die Gewaltschraube. Ein Gegner erklärt den anderen seiner Schutzrechte für verlustig; er selbst begibt sich ihrer durch unerlaubte Kampfmittel, die wiederum nach Vergeltung rufen.

Anschläge auf deutsche Soldaten waren in Frankreich zunächst mit Geiselerschießungen quittiert worden. Am 12. Dezember 1941 unterrichtete OKW-Chef Keitel verschiedene Minister und Wehrmachtsbefehlshaber von dem lang gehegten Willen des Führers, daß »bei Angriffen gegen die Besatzungsmacht den Tätern mit anderen Maßnahmen begegnet werden soll als bisher«. Haftstrafen würden selbst bei lebenslanger Dauer »als Zeichen der Schwäche gewertet«. Abschreckung bewirke allein die Todesstrafe oder aber »Maßnahmen, die die Angehörigen und die Bevölkerung über das Schicksal des Täters im Ungewissen lassen. Diesem Zwecke dient die Überführung nach Deutschland.« (PS 669)

Der Führer liebte es, sich als »Revolutionär von Format« zu bezeichnen, wie Lehmann in Nürnberg erzählte: »›Dann weiß ich aber auch am besten, wie man Revolutionen und Aufstände unterdrückt, und davon verstehe ich mehr als Generäle und Juristen.‹« Man ergänzte einander. Zumindest verstand Lehmann genug davon, Hitlers Einfälle in brauchbare Rechtsverordnungen umzusetzen. Keitels Anschreiben lagen Richtlinien nebst Durchführungsverordnung aus der Feder der Lehmannschen Rechtsabteilung bei. Ähnlich wie bei dem acht Monate zuvor entworfenen Gerichtsbarkeitserlaß unterteilte sich die Delinquenz in die klaren und die unklaren Fälle. Klarheit lag vor bei Anschlägen, Spionage, Sabotage, kommunistischen Umtrieben, Unruhestiftung, Unterstützung britischer Kommandos und unerlaubtem Waffenbesitz. Weil hier »grundsätzlich die Todesstrafe angebracht« war, wurden damit die Wehrmachtsgerichte betraut. Wenn sie der Wehrmachtsbefehlshaber und Gerichtsherr einschaltete, kannten sie ihre Pflichten und konnten nichts verderben. Der revolutionäre Einfall des als ›Nacht-und-Nebel-Erlaß‹ bezeichneten Verfahrens hingegen steckt in zwei Sätzen. Wenn kein Todesurteil vollziehbar sei, »sind die Täter nach Deutschland zu bringen«. Auf Nachfrage erfolge die Antwort: »Sie seien festgenommen worden, der Stand des Verfahrens erlaube keine weiteren Mitteilungen« (PS 1733). Was bezwekken diese beiden Anweisungen?

Der Barbarossa-Erlaß ermächtigte die Truppe in unklaren Fällen zur Tötung Verdächtiger. So steigerte sich die Abschreckung. Die ins Reich Verschleppten aber präsentierte Lehmann dem Gericht als Gerettete. Besser als aufgehängt. Die Mitbürger schöpften Hoffnung. Rätselhaft dünkte den US-Richter Harding nur die Unbestimmtheit der mit Verschleppung bedrohten Delikte. Die Klasse der Todeskandidaten hingegen ist präzise definiert. »Also auf der einen Seite werden bestimmte Vergehen angegeben, andererseits lassen Sie darüber hinaus einen Spielraum, der absolut undefiniert ist.« Im Katalog der todeswürdigen Delikte hatte Lehmann jede erdenkliche Protesthandlung erfaßt. Wenn es »über die festgelegten Vergehen hinaus noch weitere gibt, Täter unter den Nacht-und-Nebel-Erlaß zu bringen«, folgerte Harding, könne man damit bequem alle Welt belangen. Die Vermutung überzeugt. Die Objekte dieser Maßnahmen waren offensichtlich gar keiner speziellen Delinquenz zugeordnet.

Die ›unklaren Fälle‹ rechneten im Operationsgebiet Barbarossa zu den ›tatverdächtigen Elementen‹, Tatverdächtige zu den Tatschuldigen. Wozu die Unterschiede, da der Osten noch gar keinen Sinn für Individuation entwickelt habe? Dort werde nicht gesühnt, sondern gezüchtigt. Anders in dem Anwendungsgebiet von ›Nacht und Nebel‹, Frankreich, Belgien, Holland und Norwegen. Hier wähnte man die liberale Dekadenz zu Haus mit all ihrem Weh und Ach um die bürgerliche Rechtsperson. Sie ist von einzigartiger Strafempfindlichkeit. Der Sowjetmensch trug die Tortur nicht unvorbereitet. Den demokratischen Westen hielt man für weich. Seine Kultur war dem Terror mental nicht gewachsen. Weil er blindwütig und ungerecht zuschlägt, stimmt er den Humanisten ratlos; nicht hinreißen lassen, kühlen Kopf bewahren, den Konflikt versachlichen. Keinesfalls dürfen Unschuldige Schaden leiden. Dem rohen Ungeist überlegen, sucht man ihn zu ergründen, zu beeinflussen. Der Habitus ist das Entgegenkommen. So wechselte der Rohling vielleicht ins Geschäft der Politik.

Der Herr des Terrors ist aber bestens darin bewandert. Die Sorge um das Unschuldsopfer ficht ihn nicht an, er denkt heroisch und kennt keine Unschuldigen. Ein jeder steht und fällt mit seinem Schicksalsverband. Die Sinnfigur dieser Moral ist die Geisel, eine mittelalterliche Handelsware. Ihr Erlös, das war Hitlers Nacht-und-Nebel-Idee, kann auch politisch eingezogen werden. Die Kompromißbereitschaft löst Geiseln gegen Gefälligkeiten aus, notfalls auf Vorschuß. Das Leben Zehntausender Verschleppter mit ungewissem Verbleib im Reich ängstigt ein Kulturvolk mehr als Zehntausende von Todesurteilen. Das Opfer darf nicht sterben, weil ein Chor von Angehörigen und Menschenfreunden drängelt, den Geiselhalter nicht unnütz zu reizen. Das schafft ihm billig Ruhe.

Revolutionär Hitler fühlte sich an dieser Front ganz in seinem Element. Seinem behenden Asphaltinstinkt strömten Terrorideen zu, wie sie die sterilen Generäle nicht kannten. Hitler war kreativ. Den meisten Untaten liegen seine Impulse zugrunde, soviel ist richtig. Doch konnten keineswegs alle Einfälle Befehle werden. Kriegsverbrechen zahlen sich nicht zwangsläufig aus. Sie zeitigen unbedachte Nebenwirkungen und stellen die ausführenden Organe laufend vor Rätsel. Verletzung der Vorschriften braucht ihrerseits Vorschriften, harmonisiert nicht mit angrenzenden Zuständigkeiten und stört die heilen Rechtsgüter. Illegalität ist kompliziert. Kriegsverbrechen der Militärspitze verfolgen Kriegszwecke. Darum überführten OKH und OKW Hitlers Intuitionen mit Sorgfalt und Bedacht in taktische Anordnungen. Sie dienten weniger der kriminellen Selbstverwirklichung Hitlers als dem militärischen Vorteil. Er muß die Vorteile regelgetreuer Kriegführung übertreffen. Die Befehle an die rasch vorrückenden Rußlandarmeen bezweckten, reguläre Gegenwehr wie zivilen Widerstand im Keim zu entmutigen durch exemplarischen Schrecken an Ort und Stelle. Zum Bedauern der Heeresrichter zählte sogar die Ausbeute an Toten weniger als die Blitzhaftigkeit des Zuschlags. Im Westen stellte sich die Aufgabe verschieden.

Die Gebiete waren längst erobert, pazifiziert und teils unter Militär-, teils unter Zivilverwaltung gestellt. Bezeichnend ist das Datum des Nacht-und-Nebel-Erlasses. Hitlers Richtlinien sind auf den 7. Dezember 1941 ausgestellt, den Tag von Pearl Harbor, und Keitel gibt sie am 12. Dezember in Umlauf, 24 Stunden nach der Kriegserklärung des Reichs an die Vereinigten Staaten. Mit der Ausdehnung des Kriegs zum Weltkrieg öffnet sich dem unterworfenen Westkontinent die Aussicht auf Befreiung. Deutschland dagegen gräbt sich ein in seine Festung Europa. Östlicher und westlicher Kriegsschauplatz interchangieren. Umgekehrt wie geplant, dient der Westen, insbesondere Frankreich, zur wirtschaftlichen Basis für den im Osten eingetretenen Abnutzungskrieg. Zudem trotzt die Westfront als Bollwerk gegen den von Rußland ersehnten Entlastungsangriff der Verbündeten von der Atlantikseite.

Von 1942 an werden die Nacht-und-Nebel-Gefangenen nebst weiteren Gruppen von West nach Ost ins Reich geschafft. Zwei Tage nach dem Erlaß vom 7. Dezember war ein Staatssekretärstreffen in einer Berliner Wannseevilla anberaumt, das unter dem Eindruck des amerikanischen Kriegseintritts jedoch auf den 20. Januar verlegt worden ist. Polizei und Regierung wollten die Einzelheiten des Abschubs der Juden nach Oberschlesien und in das Generalgouvernement regeln. Hitler hatte sie im Januar 1939 im Reichstag zu Haftopfern seiner Kriegsziele ernannt. Wenn das Reich in den Weltkrieg gestürzt werde, dann antworte es mit der Vernichtung der jüdischen Rasse in Europa. Das Verhängnis war eingetreten, Deutschland holte zur Vergeltung aus. Die Juden hafteten mit dem Leben, die übrigen mit ihrer Arbeitskraft. Mit der Wende zum totalen Krieg fiel der Entschluß, das Zivil der besetzten und kontrollierten Länder zu durchsieben. Nach Arbeitern, nach Juden als designierten Zersetzern und Kriegsschuldigen, nach Unruhestiftern, nach Nacht-und-Nebel-Gefangenen als Geiselpopulation in Hitlerischem Gewahrsam. Allein die Franzosen bezifferten die letztere im Jahre 1944 auf 100.000 Verschleppte, 24.000 Personen über der Anzahl deportierter Juden.

Die Völker im Westen, die am Schicksal der Juden und Partisanen Deutschlands ungehemmten Tötungswillen kennenlernten, mußten, wie Lehmann richtig aussagte, aus dem Verschwinden von Landsleuten ins Ungewisse schließen, daß sie am Leben geblieben waren. Denn des Widerstands Überführte wurden ja gehenkt. Das Vernebeln der Spuren signalisierte allerdings einen Schritt ins Nimmerwiedersehn. Ob die Verschollenen jemals zurückkehrten, stand schwerlich in deren Hand. Was lag näher, als die stille Verknüpfung ihres Überlebens mit der Sicherheit der deutschen Besatzungsarmee? Dieser Zusammenhang brauchte gar nicht verkündet zu werden. Hunderttausend von der Welt abgeschnittene Reichsgefangene auf der Schneide zwischen Leben und Tod zehren am Angriffsgeist ihrer Landsleute. Gemordete verlangen Rache und Geiseln Mäßigung. Das begreifen Regierungen und Publikum bis zum heutigen Tag.

Nach Kriegsbrauch werden Geiseln ergriffen, um einen rechtswidrig kämpfenden Gegner an weiteren Rechtswidrigkeiten zu hindern. Läßt er nicht davon ab, muß die Geisel sterben. Zu diesem Zweck wird die Ankündigung öffentlich verlautbart. Solange der Gegner sich mäßigt, bleibt die Geisel am Leben, sonst verlöre sie ihren Wert. Nimmt der Gegner ihren Tod in Kauf, verliert sie ebenfalls ihren Wert. Er besteht darin, den fechtenden Gegner zu beeinflussen. Er soll beispielsweise nicht durch eingeschleustes Küchenpersonal Bomben im Offizierskasino zünden. Der Adressat der Geiselnahme ist ein bewaffnet operierender Gegner mit militärischer Befehlsstruktur. Die Wehrmacht hat die Résistance mit exzessiven Erschießungen bekämpft, doch damit nicht zugleich die Duldsamkeit der Zivilbevölkerung gewonnen. Von ihr wird erwartet, langfristig die immer begehrlichere Besatzungsmacht zu ertragen, nicht zu streiken, nicht zu bummeln, nicht der Dienstpflicht in Deutschland zu entfliehen, der Widerstandsbewegung keinen Vorschub zu leisten, kriegswichtige Güter zu liefern, Fahrzeuge requirieren zu lassen usw. Das alles reizt auf die Dauer zur Verweigerung, wie der Okkupant wohl weiß. Die Aussicht auf Deportation mag diesen Hang drosseln, desgleichen die Sorge um spurlos deportierte Angehörige. Mysteriöse Akte erzeugen leicht das Empfinden, isoliert, ohnmächtig und ausgeliefert zu sein. Eine Strafmaßnahme ist selbst in der Despotie zu beeinflussen, ein Mysterium nicht. Es muß nur undurchdringlich sein, und darauf verwandte die Bürokratie ihre ganze Kunst.

Wie gewöhnlich wickelte die deutsche Behörde die Rechtlosigkeit auf dem Rechtsweg ab. Nachdem Lehmann den Führerwillen in Richtlinien und Durchführungsverordnung gefaßt hatte, überstellte Keitel sein Werk an den seinerzeitigen Staatssekretär im Justizministerium Freisler. Die ›unklaren Fälle‹, welche Lehmann in Rußland den Offizieren zur Behandlung überlassen hatte, sollte nämlich für die Westgebiete die Ziviljustiz erledigen. Der beste Rechtsgrund für Verschleppung und Arrest bestand im Entscheid eines auf Reichsboden wirkenden Gerichts. Freisler bestimmte für die »abgegebenen Sachen, soweit sie aus den besetzten französischen Gebieten stammen, das Sondergericht und die Oberstaatsanwaltschaft in Köln; soweit sie aus den besetzten belgischen und niederländischen Gebieten stammen, das Sondergericht und den Oberstaatsanwalt in Dortmund; soweit sie aus den besetzten norwegischen Gebieten stammen, das Sondergericht und den Oberstaatsanwalt in Kiel« (NG 232). Eine allgemeine Zuständigkeit erhielt späterhin der Volksgerichtshof in Berlin. In Einvernahme mit Lehmann entwarf Freisler Prozessualien, die sich mit dem Geheimhaltungsgebot vertrugen. Allerdings unterlagen Zivilurteile nicht der Bestätigung durch militärische Gerichtsherren, waren dem Prinzip nach unabhängige Beschlüsse und konnten im Extremfall auch zu Freisprüchen führen. Freisprüche aber widersprachen der Geheimhaltung. Um sicherzugehen, bevollmächtigten Freisler und Lehmann den Staatsanwalt mit den Befugnissen des Gerichtsherrn und darüber hinaus. Er klagte an nach Belieben, bestimmte die Verteidiger, die Zuziehung der Beweismittel, die Fortsetzung des Verfahrens, das er jederzeit aussetzen konnte, sowie das Urteil: »Will das Gericht in der Sache von dem Antrage des Staatsanwalts abweichen, so muß es ihm zuvor Gelegenheit zur Stellungnahme geben« (PS 665). Währenddem vertieft sich die richterliche Überzeugung, die nunmehr eigenständig ein richtiges Urteil hervorbringt.

Im Februar 1942 verständigten sich Freisler und die betroffenen Oberlandesgerichtspräsidenten und Generalstaatsanwälte über die vorgesehene Operation. Freislers mit Lehmann getroffene Verabredung, daß »unter keinen Umständen ein anderes Urteil als das vom Anklagevertreter beantragte gefällt werde, weder im Schuldspruch, noch im Strafmaß« (NG 226), wirkte nicht sonderlich anregend, und man fand, hier sei »die äußerste Grenze dessen erreicht, was man dem Gericht zumuten könne« (NG 486). Da hatte man es unterschätzt. Weitsichtiger zeigten sich die Juristen in einem technisch anmutenden Detail. Über welchen Weg gelangten Delinquenten und Akten eigentlich in die Hände der Justiz? Diese ›unklaren Fälle‹, die für die Wehrmachtsjustiz im Okkupationsgebiet nicht in Frage kamen, mußten irgendwo ausgesiebt, verwahrt und befördert werden. Danach erkundigte sich auch Lehmanns Richter in Nürnberg, Harding:

»Wer hat die Leute ausgewählt, die nach Nacht-und-Nebel-Erlaß nach Deutschland zu bringen waren?«

»Wenn in Frankreich eine strafbare Handlung vorgekommen war«, antwortete Lehmann, »dann wurden in der Regel Ermittlungen vorgenommen von der Polizei, und zwar von drei dort verfügbaren Arten der Polizei: französische Polizei, Geheime Feldpolizei, Sicherheitspolizei.« Das Ergebnis erhielt der als Gerichtsherr zuständige Militärbefehlshaber, der einen Vorschlag weiterreichte an den Militärbefehlshaber in Frankreich, von Stülpnagel. Man gab sich bei der Auswahl größte Mühe.

»Die einzigen Tatsachen«, hakte Harding nach, »die vorgehalten wurden, waren diejenigen, die sich durch Untersuchungen der Polizei ergeben hatten? Richtig?«

»Mit einer Stellungnahme des zuständigen Richters«, ergänzte Lehmann.

Ob denn die zugrunde liegenden Tatsachen so aussahen, »wie sie von der Gestapo und anderen Dienststellen erbracht worden waren?«, insistierte Harding.

»Wenn dem Gerichtsherrn Zweifel kamen«, erwiderte Lehmann, habe er ergänzende Untersuchungen anordnen können.

»An wen wäre dann der Befehl gegangen? Wer mußte den ausführen? Wiederum die Polizei?«

»Richter oder Polizei konnten mit weiteren Ermittlungen beauftragt werden.«

»Das ist alles.«

Hardings Fragen leitete der Verdacht, daß die Gestapo Weichenstellerin des Nacht-und-Nebel-Verfahrens gewesen sei, abgeschirmt von einigen leeren Gesten der Justiz. Die Staatsanwälte und Gerichtspräsidenten hatten 1942 gleichfalls den ewigen Konkurrenten gewittert, der vor Antritt des Justizdienstes schon alle Beweismittel kontrollierte.

›Nacht-und-Nebel‹ war in der Tat eine Konsequenz der Übertragung der Polizeigewalt in Frankreich an Himmler. Im Mai 1942 installierte er seinen Statthalter, den Höheren SS- und Polizeiführer in Paris. Das Heer hatte die Kampagne im Westen ausdrücklich ohne Begleitschutz aus dem Reichssicherheitshauptamt führen wollen. Für das Sicherheitswesen sorgte die Geheime Feldpolizei, die dem Amt Abwehr im OKW unterstand, geleitet von Admiral Canaris. Doch hatten Gestapo-Leute in der Geheimen Feldpolizei sogleich eine Zelle gebildet und Ortskenntnisse gesammelt. Nun war die Zeit reif für ihre Methodik. Sie folterten ihren Opfern die nötigen Bezichtigungen und Selbstbezichtigungen aus dem Leib, reichten die Erkenntnisse an die Militärchefs weier, um die ›klaren Fälle‹ von den Wehrmachtsrichtern töten zu lassen, die harmloseren schleusten sie in die Nacht-und-Nebel-Bahn.

Den Polizisten war die Prozedur nicht aus eigener Machtvollkommenheit beschieden, auch nicht durch die Führer-Richtlinien vom 7. Dezember, sondern kraft Zweiter Durchführungsverordnung der Lehmannschen Wehrmachtsrechtsabteilung (PS 836). Nachdem Himmlers Mannschaft ordentliche Ermittlungsbehörde geworden war, blieb die Nacht-und-Nebel-Regie besser in ihrer Hand. Der Krieg hatte bitterernste Züge angenommen, und dem Heer war alle Laune für Kompetenzstreitigkeiten mit der Polizei verdorben. Ihre Fähigkeiten sprachen nach wenigen Monaten Rußland für sich und fanden nun auch im Westen Anklang. Ein Mißbehagen bewahrte sich allein die Ziviljustiz im Reich, die im Unterschied zur Wehrmacht mit dem Gefühl ihrer Entbehrlichkeit zu ringen hatte. Die Nacht-und-Nebel-Häftlinge tauchten vorübergehend vor Gericht auf, »weil ich es für falsch hielt«, gestand Lehmann, »jemanden dem ordentlichen Richter zu entziehen«. Wenn es nach Hitler gegangen wäre, hätte die Gestapo willkürlichen Freiheitsentzug verübt, was Lehmann knapp vereiteln konnte. »Ich habe ja gerade das Gegenteil erstrebt und auch erreicht.« Verschleppten wurden Strafurteil und Strafhaft zuteil; angenehmer als ein Todesurteil daheim. Eine Abschreckung sei der Geheimhaltung wegen ausgeschlossen und die Höchststrafe überflüssig gewesen. Die Strafhöhe war ohnehin egal. Denn mit der Verbüßung »war in den Augen der Polizei oder Hitlers die Sache noch nicht abgetan«. Auch nicht in den Augen des Reichsjustizministeriums und der Lehmannschen Wehrmachtsrechtsabteilung, die am 12. Oktober 1942 die »Verwahrung durch die Polizei auf Kriegsdauer« beschlossen (NOKW 2579). Denn die ganze Geheimhaltung wäre umsonst, wenn der Krieg länger währte als die Strafe. Haftentlassene hätten zu Hause alles verraten. Um den Sinn der Aktion nicht zu gefährden, mußte die Gestapo Personen wieder einkassieren, denen Juristen Unschuld attestiert oder zu kurze Strafen bemessen hatten. Die Genehmigung lag der Polizei schon seit zwei Monaten vor; eigenhändig erteilt: Falls Gerichtsentscheid »aus irgendwelchen Gründen nicht möglich ist, werden diese Personen unter Schutzhaftverhängung in ein Konzentrationslager eingewiesen. Die Schutzhaft dauert in der Regel bis Kriegsende« (PS 2521). Wie die Justiz von Anbeginn geargwöhnt hatte, würde die Polizei ihren vom Höheren SS- und Polizeiführer der Besatzungsgebiete erlangten Besitz an Nebel-Häftlingen und -Akten rüde ausnutzen. Sie vertraute ihrer eigenen Auffassung von den Fällen.

Erpicht auf einen echten Beitrag am Kriegsgeschehen, begann die Justiz ihren kargen Auftrag anzureichern. Sie nahm die Häftlinge doppelt unter Verhör, suchte Querverbindungen zwischen ihnen aufzudecken, mühte sich um eigene Beweiserhebungen im Besatzungsgebiet, hoffte auch zu eigenen Todesurteilen zu kommen und perfektionierte vor allem die ihr ungewohnte Geheimhaltung. Man kritisierte Polizei und Wehrmacht, weil sie die Häftlinge nicht in Isolierhaft hielten und laufend gegen die amtliche Verschlußordnung verstießen, welche dienstliche Post per Einschreibesendung fordert. Aktenschränke erhielten kunstvolle Sicherheitsschlösser, und Vorsorge wurde getroffen gegen alle erdenklichen Zwischenfälle. Die Staatsanwaltschaft Köln konferierte mit dem Justizministerium über die Fälle, »in denen Beschuldigte in den

Haftanstalten sterben oder schwangere Frauen Kinder gebären«. Einerseits sei »das Unterlassen der erforderlichen standesamtlichen Mitteilung strafbar«, andererseits »besteht immerhin die nicht auszuschließende Möglichkeit, daß Angehörige solcher Beschuldigten durch Anfragen bei den Standesämtern bzw. bei den Friedhofsverwaltungen Auskunft über den Verbleib ihrer Verwandten erhalten«. Was dann? (NG 255) Ein weiteres Informationsloch bargen die Anwälte. Solche seien von Amts wegen nur in Strafsachen zu bestellen, »in denen Todesurteile zu erwarten sind«. Der Generalstaatsanwalt von Hamm wiederum sah gerade darin »tatsächlich und rechtlich einfach liegende Tatbestände. In solchen Fällen kann meistens von der Bestellung eines Verteidigers abgesehen werden« (NG 253). Köln regte an, wann immer die Häftlinge die deutsche Sprache nicht verstünden, »im Interesse des Ansehens der deutschen Rechtspflege« Verteidiger einzuschalten. Weil diese ihrerseits selten des Französischen mächtig seien, beantragte Oberreichsanwalt Lautz, den Angeklagten Übersetzungen der Anklageschrift auszuhändigen, weil sie »vielfach erst in der Hauptverhandlung erführen, was ihnen im einzelnen vorgeworfen würde«. Wenn möglich, habe sie bisher der Wachtmeister davon unterrichtet, leider stünden »französisch sprechende Wachtmeister nicht zur Verfügung«. (NG 281)

Der Eifer der Justiz war zeitraubender, als es der Zustrom von Nacht-und-Nebel-Häftlingen zuließ. Sie stauten sich in der Untersuchungshaft, mußten gelegentlich in KZs verlegt werden, gefolgt von den Richtern und Anklägern. Der Arm des Gesetzes machte vor diesen Stätten keineswegs halt. Tagaus, tagein war dort Gerichtstermin, um den Arrest der Insassen zu legalisieren. Ihren Anteil an der Feindberührung ließ sich die Justiz selbst in aussichtsloser Lage nicht nehmen. So forschte der Oberreichsanwalt beim Volksgerichtshof vom November 1942 bis zum April 1943 nach der 26jährigen Chemiestudentin Masza Lew, einer polnischen Jüdin, die Ende April in Paris wegen Aufbewahrung kommunistischer Flugblätter festgenommen worden war.

Die Polizei ordnete den Fall der Nacht-und-Nebel-Sparte zu, obschon gleichzeitig Eichmann an den staatenlosen Juden von Paris interessiert war. Auf Rat des Auswärtigen Amtes sollten die Abtransporte mit ihnen beginnen, um die Hemmungen der Franzosen zu lockern. Französische Juden kämen erst später an die Reihe. Das ganze Frühjahr über war jedoch der Transportraum eng bemessen. 38.000 zusätzliche Güterwagen benötigte die Wehrmacht für ihre Offensive in der Ukraine und auf der Krim, einen weiteren Teil verlangte Generalbevollmächtigter Sauckel, um 350.000 Zwangsarbeiter über die Grenze zu schaffen. So entschloß sich die Höhere SS- und Polizeiführung, Masza und ihre Genossen für die nächsten Geiselerschießungen zu benutzen. Gewöhnlich entnahm die Wehrmacht die erforderlichen Personen aus den Kreisen von Juden und Kommunisten.

Masza lebte seit fünf Jahren in Paris. Am 25. April hatte eine gebastelte Bombe ihren Freund zerrissen und die Spur auf das Mädchen gelenkt. Nebst einem Komplizen, welcher ihr soeben Flugschriften zur Aufbewahrung lieferte, fiel sie tags darauf der Polizei in die Hände.

Die Akten des Falles gelangten irrtümlicherweise in den Stapel, der einen Transport von Nacht-und-Nebel-Gefangenen an die Gestapo Köln begleitete. Sie kamen in der Strafanstalt Wittlich unter, die Akten wurden durchgereicht an den Kölner Oberstaatsanwalt. Der erkannte die Sache Masza Lew/Zygmunt Brajlowski als brisant und gab sie an den Volksgerichtshof zu Berlin. Reichsanwalt Parrisius fand sich unverhofft im Besitz eines maßstäblichen Vorgangs: Jüdisch-polnische Kommunisten, die mit Sprengstoff hantierten und der Truppe in Paris ideologisches Gift einflößten, bekam die deutsche Ziviljustiz selten zu sehen. Unter den dürftigen Nacht-und-Nebel-Sachen ein kapitaler Fang, der ein glattes Todesurteil versprach. Am 18. November schöpfte Parrisius »Fluchtverdacht« und erließ Haftbefehl: »Sie sind dringend verdächtig, in einem von deutschen Truppen besetzten ausländischen Gebiete gegen deutsche Truppen es unternommen zu haben, während eines Krieges gegen das Reich der feindlichen Macht Vorschub zu leisten« (NOKW 3064). Die Rechtspflicht der Juden in Paris gebot nämlich, der Wehrmacht keine Schwierigkeiten zu bereiten. Masza aber hatte mit ihren Freunden defaitische Propaganda zwischen die Soldaten gestreut. Am 26. April waren in der Wohnung der Angeklagten 1.-Mai-Flugblätter sichergestellt worden, unterzeichnet mit »Kommunistische Partei Deutschlands«: »Kameraden, heraus aus der Uniform. Solange wir den Befehlen der Nazi-Offiziere gehorchen, schicken sie uns in den Tod. Denn billig sind Landserleben, wenn es um den Kriegsruhm eines deutschen Generals geht. Nicht erst auf den Abtransport in die Hölle des Ostens warten, sofort alle Kameraden zum Widerstand organisieren. An der Ostfront bereitet vom ersten Tag den Übergang in Massen zur Roten Armee vor!«

Anfang Dezember reichte Parrisius beim Präsidenten des Volksgerichtshofs die Anklageschrift wegen »Feindbegünstigung« ein. Der Höhere SS- und Polizeiführer Paris habe die Beschuldigten »vorläufig festgenommen«, und nun säßen sie »auf Grund meines Haftbefehls im Strafgefängnis Wittlich in Untersuchungshaft«.

Am 6. Januar waren Parrisius' Erfolge jäh zusammengeschmolzen. Auf ungeduldige Nachfrage des Oberreichsanwalts, wo seine Verhafteten blieben, erfuhr Berlin von der Gestapo Köln, daß Masza nie in Wittlich geweilt habe. Sie werde in Frankreich als Geisel verwahrt. Paris wolle sie aber baldigst zustellen. Eine Woche später erfuhr Gestapo Köln aus Frankreich, daß nicht Masza, sondern Brajlowski die Geisel sei, jedoch schon am 11. August »auf Anordnung des Militärbefehlshabers in Frankreich anläßlich von Sühnemaßnahmen erschossen worden« war (NOKW 3064). Masza hingegen befinde sich im Internierungslager Drancy. Drancy war die Sammelstelle für Judendeportationen. Ein militärgerichtliches Todesurteil kam für die staatenlosen Polen nicht in Frage. Der General von Stülpnagel konnte ihr Leben jedoch für Vergeltungsmaßnahmen verbrauchen. Bevor Masza den Geiseltod erleiden konnte, hatte sich indessen wieder die Polizei gemeldet. Sie wollte sie auf andere Weise sterben lassen. Die Kapazitäts- und Kostenfragen der Judentransporte waren mittlerweile gelöst. Der Militärbefehlshaber Frankreich zahlte den Fahrpreis innerhalb seines Zuständigkeitsgebiets. ›Entjudung‹ rechnete zu den Besatzungskosten.

Im Volksgerichtshof trafen die Nachrichten zögernd ein. Der 2. Strafsenat und der Oberreichsanwalt kabelten Telegramme unter dem Siegel ›Geheim‹ in alle Richtungen, daß man ihnen ihre Angeklagte überlasse. Für die Polizei war schwer zu verstehen, warum der Volksgerichtshof sich um die eine Jüdin riß, während an seinem Berliner Sitz zur selben Zeit deren Tausende deportiert wurden. Wozu wollte der Volksgerichtshof sie verurteilen, wenn nicht zum Tode, für den sie längst bestimmt war?

Am 9. Februar erfuhr der Oberreichsanwalt, daß »die Lew am 16.September 1942 in das Konzentrationslager Auschwitz (Oberschlesien) überstellt wurde«. Daraufhin richtete er ein Einschreiben an die Gestapo in Kattowitz: »In der Anlage übersende ich beglaubigte Abschrift des von mir gegen die Angeschuldigte Masza Lew erlassenen Haftbefehls mit dem Ersuchen, diesen der Angeschuldigten, die sich im Konzentrationslager Auschwitz (Oberschlesien) befindet, mündlich bekanntzugeben und mir den Zeitpunkt der Bekanntgabe mitzuteilen« (NOKW 3064). Masza Lew, die in das Frauenstrafgefängnis Berlin, Barnimstraße, zu überführen sei, unterliege dem Nacht-und-Nebel-Erlaß vom 7. Dezember 1941. »Die Gefangene ist strengstens von der Außenwelt abzuschließen und während der Beförderung sowie bei etwaigen Zwischenaufenthalten von anderen Gefangenen getrennt in Einzelhaft zu halten. Es muß auf jeden Fall unterbunden werden, daß die Angeschuldigte durch Briefe oder sonst während des Transports mit der Außenwelt in Verbindung treten kann.« (NOKW 3064).

Einen Monat rührte sich nichts. Der Präsident des 2. Senats wurde ungeduldig und schickte ein Schreiben an den Oberreichsanwalt im Hause. Dort war es zwei Tage unterwegs. Am fünften Tag hatte der Präsident Antwort. Die Angeklagte Lew sei noch nicht aus Auschwitz angeliefert worden. »Sobald sie eingetroffen ist, werde ich die Akten zur Terminbestimmung vorlegen. Die Sache wird von hier aus überwacht.« Im März und April nahm man Kontakt mit Auschwitz auf. Zunächst über die dortige Gestapoaußenstelle, vier Wochen später mit dem Kommandanten. Am 30. April 1943, ein Jahr nach Maszas Festnahme, meldete sich die Kommandantur von Auschwitz bei dem Oberreichsanwalt. Masza Lew sei »am 7.12.1942 im hiesigen Frauenlager verstorben« (NOKW 3064). Im Auschwitzer Register ist dieser Tod nicht eingetragen. Masza muß mit dem 33. oder 34. Transport aus Frankreich gekommen sein. Von den 2003 Insassen wurden 1146 bei ihrer Ankunft getötet, 258 Frauen übernahm das Lager zur Arbeit. Entweder starb Masza Lew bereits im September, oder der Kommandant hat keine Häftlinge zu Gerichtsverhandlungen abgegeben. In Nürnberg hat Lehmann Teile der Akte als Verteidigungsdokument 315 vorgelegt. Es sollte den Kampf der Nacht-und-Nebel-Justiz um den Rechtsweg beweisen.

Ende April 1944 begann die Wehrmachtsrechtsabteilung bereits, über den Krieg hinaus zu denken, und ermahnte das Justizministerium, »daß die Urnen verstorbener oder hingerichteter Nacht-und-Nebel-Gefangener später greifbar sind«. Denn zum Zeichen der Rechtmäßigkeit ihrer Prozedur wollte die Justiz über die Rückstände der spurlos Verschollenen nachträglich genaueste Rechenschaft ablegen. Wider Willen mußte sie auch hier zum falschen Schein greifen. Ein Großteil der Urnen fiel aus dem Polizeigewahrsam an. Ihr Inhalt entsprach nicht den Justizgepflogenheiten. Der Generalstaatsanwalt von Kattowitz meldete Bedenken an in Berlin, ob »infolge der zahlreichen Todesfälle im Konzentrationslager Auschwitz die Aussonderung der Aschenreste der einzelnen Verstorbenen gewährleistet« sei (NOKW 2581). Himmlers Leute machten alle Rechtsanstrengungen zunichte.

Um dem zu begegnen, beraumten Wehrmachtsrechtsabteilung, Auswärtiges Amt und Reichssicherheitshauptamt für den 21. Juli 1944 eine Besprechung an, die indessen abgesetzt wurde, als das OKW davon unterrichtete, daß »in Zusammenhang mit der Bekämpfung der Terroristen im Westen mit einer Änderung des Führererlasses über die Behandlung der Nacht-und-Nebel-Sachen zu rechnen sei«. Die Wehrmachtsrechtsabteilung suchte bereits seit einem Jahr vergeblich, die Ziviljustiz zum Verzicht auf ihren Mummenschanz zu bewegen. »Das Geheime Staatspolizeiamt«, schrieb Lehmanns Strafrechtsreferent Dr. Hülle im Juni 1943 an das Ministerium, »soll der Auffassung zuneigen, der Nacht-und-Nebel-Erlaß habe den Strafanspruch des Staates aufgehoben. Man könnte die offenbar vorhandene Neigung der Gestapo, die Abgeschobenen sogleich zu behalten, nutzen, und eine solche Lösung anstreben.« Der Führer muß gar nicht konsultiert werden, denn »der Führererlaß selbst sagt nichts über eine Aburteilung in Deutschland; sie war zunächst auch nicht beabsichtigt« (NG 204).

Die Justiz wollte von dem ihr einmal ausgelieferten Opfer nicht lassen, und es wurde ein neuer Impuls Hitlers abgewartet. Er entzündete sich am dänischen Generalstreik vom Juni 1944. Anlaß dafür sei ein Militärgerichtsverfahren gewesen, meldete der Befehlshaber Dänemark dem OKW. Die Hinrichtung von acht zum Tode verurteilten »Terroristen« habe die Unruhen veranlaßt. Hitler, selber einst ein spektakulärer Justizfall, wußte schon immer, daß Gerichte mehr Krawall auslösen als beseitigen. So hatte es ihn seine Revolutionszeit gelehrt. »Terror kann nur mit Gegenterror begegnet werden«, erklärte er dem gelehrigen Warlimont. »Kriegsgerichtsurteile dagegen schaffen Märtyrer und Nationalhelden.« (NOKW 2578)

Warlimont beauftragte die Rechtsabteilung, nach diesen Richtlinien einen Erlaß abzufassen. Die Wehrmachtsgerichtsbarkeit müsse »gegen die Zivilbevölkerung in den besetzten Gebieten mit sofortiger Wirkung aufhören«. Angegriffene Truppen sollten »selbständig Gegenmaßnahmen ergreifen« und »insbesondere Terroristen vernichten«. Später Festgenommene seien der Sicherheitspolizei auszuhändigen, denn, wie der am 30. Juli 1944 erlassene ›Terror-

und Sabotageerlaß‹ ausführt: »Wer uns im entscheidenden Stadium unseres Daseinskampfes in den Rücken fällt, verdient keine Rücksicht.« (NOKW 2576)

Der vom Führer gezeichnete Erlaß umfaßt »alle Gewalttaten«. Um den Begriff zu deuten, führte das OKW in den kommenden Wochen eine gründliche Gewaltdiskussion. Lehmann und Keitel verfochten einen strukturellen Gewaltbegriff, der alle mögliche Unbill einschloß, die dem deutschen Heer im Besatzungsgebiet widerfuhr. »Die Sicherheit oder Schlagfertigkeit der Besatzungsmacht« läßt sich gegebenenfalls auch »in anderer Weise als durch Terror- und Sabotageakte gefährden«. Zudem existierten »Straftaten, die deutsche Interessen zwar berühren, aber die Sicherheit und Schlagfestigkeit der Besatzungsmacht nicht gefährden«. Fernerhin bestanden Interessen, von keiner Straftat berührt, sondern von dem Übel, daß »die Bevölkerung durch passives Verhalten die kämpfende Truppe gefährdet« (PS 835; D 736; D 764). Alles miteinander legte die Lehmannsche Abteilung als Gewalt, Terror und Sabotage aus. Maßgebliches Kriterium des Erlasses sei das In-den-Rücken-Fallen im entscheidenden Stadium unseres Daseinskampfes. Wer Ost und West, Süd und Nord besetzt hält, besteht hauptsächlich aus Rücken. In den Niederlanden etwa »kommt die Zivilbevölkerung der Aufforderung auf Gestellung von Kraftfahrzeugen und sonstigen Beförderungsmitteln zur Beweglichmachung der Truppe und Aufrechterhaltung der Versorgung während des Eisenbahnerstreiks nicht nach«. Dem Wehrmachtsbefehlshaber Niederlande zuliebe, der »um Befugnisse bittet, mit schärfsten Mitteln vorgehen zu dürfen«, wird die Sondererlaubnis zur »Verhängung und Vollstreckung von Todesurteilen im standgerichtlichen Verfahren« dann erteilt, wenn seine Verkehrssituation ihm die Abgabe an den SD nicht gestatte (NOKW 2574). Der Daseinskampf geht vor. Er sorgte mit der Landung der alliierten Truppen an der Atlantikküste für den gleichen Rechtszustand im Westen wie der Gerichtsbarkeitserlaß Barbarossa im Osten.

Lehmann sah sich hüben wie drüben um die letzte Klientel gebracht. Der Höhere SS- und Polizeiführer in Frankreich, notierte er im September 1944, erklärte, »er könne während der anglo-amerikanischen Operation in Frankreich Fragen nach politischen Gefangenen nicht mehr beantworten« (PS 835). Diesem psychologisch weit klügeren Verfahren waren die altmodischen Todesurteile unterlegen. Sie wirbelten nur Staub auf. Lehmann blieb noch übrig, das Schicksal der von ihm vor der Polizei geretteten Justizhäftlinge abzuwickeln.

Er zeigte umgehend Initiative und lud am 2. September 1944 Vertreter des Justiz- und Außenministeriums, der SS und der Wehrmacht zu einer Besprechung ein. Lehmann wünschte die Frage erörtert, ob der ›Terror-und-Sabotage-Erlaß‹ auch rückwirkend anzuwenden sei. Nachdem gefährliche Zivilisten im Besatzungsgebiet nunmehr verfahrenslos der Polizei zu übergeben seien, frage sich, »ob eine entsprechende Regelung für die nichtdeutschen Zivilpersonen befohlen werden soll, die *vor* der Bekanntgabe dieses Erlasses rechtskräftig verurteilt worden sind und eine Freiheitsstrafe angetreten haben« (D 765). Eine Woche später versammelte sich das Gremium im Gebäude des Reichskriegsgerichts. Die Wehrmachtsrechtsabteilung legte den Entwurf einer Verordnung vor. Er betraf 24.000 Personen in Untersuchungs- oder Strafhaft. Ein Vertreter des Auswärtigen Amtes beklagte, daß dort auch Bürger neutraler Länder einsäßen, die »versehentlich vernebelt worden sind, die nach dem zugrunde liegenden Erlaß nicht hätten vernebelt werden dürfen«. Der SD, die Konzilianz selbst, versprach, Bewertungen »in jedem Einzelfall« zu treffen (D 767). Die Frage entstand, »wodurch diese Übergabe an den SD im jetzigen Zeitpunkt notwendig geworden sei«? Man fand weder eine triftige Antwort noch einen gescheiten Einwand. So übermachte am 24. September 1944 die Wehrmachtsjustiz ihre Konkursmasse der Polizei. »Zivilpersonen der besetzten Gebiete«, heißt es im OKW-Erlaß dieses Datums, die »von einem deutschen Gericht rechtskräftig verurteilt worden sind und sich in Strafhaft (Verwahrung) befinden, sind der nächsten örtlichen Dienststelle der Sicherheitspolizei und des SD zu übergeben«. Eine einzige Häftlingssparte wünschte die Justiz für sich zu behalten. Die Bitte wurde genehmigt. Sie war die letzte Widerstandshandlung gegen die Polizei: »Ausgenommen sind rechtskräftig zum Tode Verurteilte, bei denen die Vollstrekkung der Strafe angeordnet ist.« (D 766)

Die Opfer der Nacht-und-Nebel-Aktion sind ungezählt. Allein Frankreich nennt 65.000 Tote.

Der Pardon

Das Nürnberger Anklagebeweisstück NOKW 3140 enthält das Kriegstagebuch des Heeresstabschefs Halder. Die Themen der Anklage finden sich dort selten und beiläufig. Der Generalstab hatte andere Sorgen als Kommissarbefehl, Gerichtsbarkeitserlaß Barbarossa, Vergeltung für Partisanenangriffe, Judenmord, Gefangenensterben. Das Tagebuch bestätigt, was die Generäle in Nürnberg bezeugten, ihren chronischen Dissens mit Hitler. Der Kriegsherr leidet an »Nervositätseinbruch« und »Ängstlichkeit, die jedes Risiko vermeiden, aber trotzdem fortgesetzt Erfolge einheimsen will«. Die »oberste Stelle« mißtraut der durch gemeinsame Ausbildung und Erziehung gewachsenen Entschlußkraft des militärischen Führungskorps. »Der Führer quengelt«, entwickelt »Ungeduld und Nervosität und zunehmend Neigung, in alle Einzelheiten hineinzureden«. Die Heeresleitung erntet »Vorwürfe, Schmähungen« durch den Führer, der »den Zustand unserer Truppe nicht begreift und kleinliche Flickschusterei betreibt«, »tobende Szenen« liefert, »eine Vertrauenskrise ernster Art in der Truppe« bewirkt. »Einem Angriff könnte sie nicht standhalten.« »Krankhaftes Reagieren auf Augenblickseindrücke und völliger Mangel in der Beurteilung des Führungsapparats und seiner Möglichkeiten geben dieser sogenannten Führung das Gepräge.« »Diese Art des Führens führt zur Vernichtung des Heeres.«

Erforderlichenfalls kommt es gar zur Befehlsverweigerung. Truppenkommandeure gehorchen nicht den Feldmarschällen, Feldmarschälle können Führerbefehle nicht ausführen und bitten nach preußischer Art »um Änderung oder Enthebung«. Halders Tagebuch verzeichnet nur an einem Punkt keinerlei Streit, bei den Kriegsverbrechen. Sie erscheinen als bare Selbstverständlichkeit. Allenfalls die verendenden Kriegsgefangenen nötigen zu leisem Bedauern – »grauenhafte Eindrücke« – angesichts der Unabänderlichkeit ihres Geschicks. Der Schreiber ist sich gewiß, daß der Invasionsarmee keine andere Wahl bleibt.

Zu seinem Selbstgespräch benötigt Halder keinerlei ideologische Verwünschungen des Gegners, mit denen die Präambeln der OKH-Befehle ausstaffiert sind. Von der ›zersetzenden Weltanschauung‹ und ihrem ›jüdisch-bolschewistischen Träger‹ ist nirgends die Rede, bis auf die Führerzitate. Den Kampf der Roten Armee kennzeichnet »wilde Verbissenheit«, »teilweise hinterlistig, vor allem wo mongolische Stämme eingesetzt sind«. Die Moral überdauert gar die Gefangennahme: »Ein Teil läßt sich totschlagen, ein Teil reißt aus, wirft die Uniform weg und versucht sich als ›Bauer‹ durchzuschlagen.« Von den Panzerbesatzungen wird gemeldet, »daß sie sich im Wagen verkohlen lassen«, ehe daß sie kapitulieren. Eine Truppe, recht nach dem Herzen des preußischen

Generalstäblers. Jedenfalls bedenkt Halders Tagebuch sie mit mehr Respekt als den Führer.

Das Kriegsziel beurteilt der Stratege durch drei Stadien der Ausnüchterung. Im Juli 1940, tief im Siegesrausch nach Frankreichs Zusammenbruch, will Halder das »russische Problem in Angriff nehmen«. Ist Rußland zerschlagen, erläutert der Führer, »dann ist Englands letzte Hoffnung getilgt«. Zerschlagen bedeutet mehr als besiegen, nämlich die »Vernichtung der Lebenskraft Rußlands«, den Staat auflösen und »zerlegen«. Um die Jahreswende 1940/41 verfestigt sich der Wunsch zur Notwendigkeit. Hitler resigniert: »Wir können England nicht durch Landung endgültig schlagen«, und Halder entdeckt: »Gummilage schwierig. Neue Bunafabriken. Kostet Stahl. Ernährung für '41 leidlich gesichert, darüber hinaus nicht. Wir mogeln uns durch '41 durch.« Der Führer weiß den Ausweg, »daß wir im Jahr 1941 Verhältnisse auf dem Kontinent so weit gefestigt haben, daß wir weiterem Krieg mit England und Amerika entgegensehen können«. Am 4. März 1941 empfiehlt Halder nicht grundlos »Völkerrechtsstudien für Neugestaltung des Völkerrechts«. Mit der Haager Landkriegsordnung lassen sich die Ziele in Rußland schwer vereinbaren, zumal nicht die einen Tag später notierten »Sonderaufträge des Reichsführers SS«.

Das Blitzsiegfieber verläßt Halder Mitte August. Der Überrumpelungserfolg ist eingetreten, doch ohne den Gegner in Auflösung zu versetzen. Seine Reserven an Kampfgeist, Divisionen und Material befähigen ihn zu schmerzhaften Schlägen, so daß sich Halder irrigerweise bereits »im letzten verzweifelten Versuche« wähnt, »die Erstarrung im Stellungskrieg zu vermeiden«, das Trauma seiner Generation. Er überschaut langsam die Kräfteverhältnisse. Mit 200 gegnerischen Divisionen war gerechnet worden, »jetzt zählen wir bereits 360«. Der »Koloß Rußland ist von uns unterschätzt worden«. Die aufgetretenen Verluste waren mit dem Ersatzheer bald nicht mehr auszufüllen. »Nach dem 1.10. sind wir praktisch mit dem Menschenersatz fertig und müssen dann den Jahrgang 23 zur Ausbildung einberufen«, die damals 18jährigen.

Die Gefallenenanzahl bis zum 26. August beziffert Halder auf 94.000 Mann, das Dreifache des Westfeldzugs. Zusammen mit Verwundeten und Vermißten betragen die Verluste auf seiner Liste 441.000 Mann oder 11,7 Prozent des Ostheeres. Mit der Jahreswende verfliegen Halders letzte Illusionen. Im Gespräch mit Feldmarschall von Bock, der die Schlacht vor Moskau leitet, kommen Erinnerungen an den fatalen September 1914 hoch, »v. Bock vergleicht mit der Marneschlacht«. Von Ende August bis Ende November haben sich die Verluste verdoppelt. »Die Stunde ist abzusehen«, klagt von Bock, »wo Kraft der Truppe am Ende ist.« Der Nachschub läßt sie im Stich, »deutsche Lok nicht ausreichend kältebeständig«. Am 19. November gewinnt Halder beim Führer den Eindruck, daß ihr Vernichtungskrieg fehlgeschlagen ist. »Im ganzen kommt die Erwartung zum Ausdruck, daß die Erkenntnis, daß die beiden Feindgruppen sich gegenseitig nicht vernichten können, zu einem Verhandlungsfrieden führt.«

Mit dem Kriegseintritt der USA wird diese Perspektive hinfällig. Hitler liefert »tobende Szenen«. Am 5. Januar 1942 notiert Halder den bisherigen Verlust des Ostheeres, viel zu niedrig, mit 25,96 Prozent, am 24. Februar eine Gefallenenanzahl von 206.000. In Wirklichkeit waren bereits am 20. November 1941 230.000 Mann tot. Die Heeresführung, verärgert über Hitlers Unterschätzung der feindlichen Möglichkeit, schenkt den weltanschaulichen Zügen ihres Feldzugs, wie sie seit Nürnberg zutage traten, die mindeste Aufmerksamkeit. Wie auch immer sie den gefangenen Rotarmisten taxierte, begleitete ihr Denken doch eine ganz andere Rechnung: »Nach der Erfahrung bei Kiew«, kalkulierte Halder am 9. Oktober 1941, »braucht man für 20.000 Gefangene zur Bewachung und Abtransport eine Division.« Allein der Zusammenbruch der sowjetischen Südwestfront Ende September brachte der Wehrmacht 665.000 Gefangene ein. Wie viele Divisionen darf man zu ihrer Bewachung und Transportierung einsetzen, wenn nicht mehr als 152 Divisionen im östlichen Felde stehen?

Zu Zeiten, in denen ein von Bock unter der Vorstellung lebt, daß den Krieg womöglich »das letzte Bataillon, das noch herangeworfen werden kann, entscheidet«, greift der Generalstab ohne Zögern zu radikalen Antworten. Wenn an einem einzigen Frontabschnitt ein Gefangenenheer anfällt, größer als Napoleons Rußlandarmee, und bis Ende 1941 die Zahl der erbeuteten Gefangenen von 3,3 Millionen die Mannstärke des Beutemachers übertrifft, inmitten wildesten Kampfgeschehens, so fällt diese Lage aus jedwedem Vergleichsrahmen. Desgleichen die Lösung. Im Halder-Tagebuch klingt sie in zwei Notizen vom 2. Oktober und 14. November 1941 an: »Molodetschno: Fleckfieber-Russenlager (20.000) zum Aussterben verurteilt. Mehrere deutsche Ärzte tödlich erkrankt. In anderen Lagern täglich Abgang von zahlreichen Gefangenen durch

Hungertod. Grauenhafte Eindrücke, gegen die aber eine Abhilfe im Augenblick nicht möglich erscheint.« Schon darum nicht, weil Dezimierung durch Siechtum bereits eine Abhilfe darstellte, ob gewollt oder ungewollt.

Eine weitere Entspannung versprechende Methode, das »Aussieben gefährlicher Elemente«, hat Halder mit seinem Quartiermeister Wagner Anfang Oktober beredet. Ein Zugriff des Experten Himmler sei allerdings »in der Gefechtszone nicht möglich, nur rückwärts, dann wohl am besten unter Verantwortung OKW«. Im Fall des zuständigen Amtschefs Reinecke ist die Verantwortung des OKW in Nürnberg ausgiebig geprüft worden. Frühe Spuren des Aussiebens weisen indessen auf Halder selbst, der bereits zweieinhalb Monate vor Abmarsch die erwarteten Kriegsgefangenen in Arbeitswillige, Unwillige und Führer einteilte und anordnete: »Führungspersonal (Offiziere, politische Kommissare, Unteroffiziere) vordringlich abzusondern und in die Heimatorganisation abzuschieben«. Zu welchem Zweck? Im April war die Tötung der Kommissare für die Heeresleitung beschlossene Sache. Hingegen brauchte sie das weitere Schicksal der Selektierten und Abgeschobenen nicht zu kümmern. In der ›Heimatorganisation‹, das heißt in Ostpreußen und dem Generalgouvernement, gerieten sie in die Obhut des OKW, Abteilung Kriegsgefangene. Sie war Teil einer Verwaltungsbehörde, dem Allgemeinen Wehrmachtsamt (AWA), geleitet von dem späteren Angeklagten Hermann Reinecke. Am 16. Juni 1941 erging von dort ein Erlaß, der die Verfügung über die Gefangenen zweiteilte. Sie nahmen später folgenden Weg: Vom Ort der Festnahme ging es zu Sammelstellen, zuerst im Divisions-, anschließend im Armeebereich, und weiter in das Durchgangslager (Dulag) im rückwärtigen Heeresgebiet. An der Grenze zum Generalgouvernement Polen waren Übernahmestellen eingerichtet, wo der Verantwortungsbereich des OKW begann. Endstation waren dessen Mannschaftsstammlager (Stalags) und Offizierslager (Oflags).

Der OKW-Erlaß vom 16. Juni gewährt den sowjetischen Kriegsgefangenen, nach Bemerkungen zu ihrer angeborenen Heimtücke, eine Gunst und bestimmt die Genfer Konvention »als Grundlage für die Behandlung«. Eine freiwillige Verpflichtung, denn »die Gegenseite hat das Abkommen nicht anerkannt« (PS 888). Wie gewöhnlich wählt das OKW zum Ausgangspunkt seiner Pläne eine möglichst völkerrechtskonforme Position. Wenige Zeilen tiefer beginnen die Hintergedanken. Artikel 77 der Genfer Konvention nötigt die Kriegsparteien zur Einrichtung einer Auskunftsstelle, um jede Gefangenschaft zu registrieren und den Verbleib des Gefangenen dem Gegner direkt oder über das Rote Kreuz mitzuteilen. Ohne diese Kontrollregel läge die Vertragstreue im Belieben, fielen Verstöße nicht auf und wäre eine Rechtsbindung praktisch überflüssig. Zutreffend ist in der Literatur vermerkt worden, daß der OKW-Erlaß vom 16. Juni die Weichen mit dem beiläufigen Satz stellte, daß Meldungen nach Artikel 77 »nicht erforderlich« seien. Einen Monat später – das Heer hatte bereits 329.000 Gefangene gemacht, Halder hielt den Krieg binnen 14 Tagen für gewonnen – lud Reinecke den Gestapochef Heinrich Müller, den Chef des Kriegsgefangenenwesens Hans-Joachim Breyer sowie den Abwehroffizier Erwin Lahousen zu einer Besprechung ein, die letzterer in Nürnberg ausführlich wiedergegeben hat.

Laut Befehlslage warteten auf die Anwesenden verschiedene Aufgaben bei der »Tötung aller jener Elemente unter den russischen Kriegsgefangenen, die nach einem Aussonderungsverfahren des SD durchgeführt werden sollte; also bolschewistisch Verseuchte bzw. aktive Träger der bolschewistischen Weltanschauung«. Reinecke, »Prototyp eines allzeit willfährigen nationalsozialistischen Generals«, habe einleitend die Gründe erläutert, »daß der Rotgardist nicht als Soldat im Sinne des Begriffs, wie er für unsere westlichen Gegner zutraf, genommen werden sollte, sondern als ideologischer Feind, d.h. als Todfeind des Nationalsozialismus, und entsprechend zu behandeln sei«. Stalag-Wachen müßten mit Peitschen und Stöcken ausgerüstet werden und davon bei jeder »unerwünschten Handlung« Gebrauch machen. Mutmaßliche Unruhestifter sollte die Polizei präventiv ausrotten. Die spätere Praxis hat Lahousen bei seinen Reisen in das Operationsgebiet inspiziert. Dem Geschäft des Aussonderns frönten Sonderkommandos des SD, »und zwar nach ganz eigenartigen und willkürlichen Gesichtspunkten. Die einen Führer der Einsatzkommandos hielten sich an rassische Merkmale; wenn einer der Gefangenen den rassischen Gesichtspunkten nicht entsprach, vor allem selbstverständlich ein Jude oder jüdischer Typus oder wer sonst als rassisch minderwertig angesehen wurde, so verfiel er der Exekution. Der andere Einsatzführer traf diese Auswahl unter dem Gesichtspunkt der Intelligenz. Der dritte Einsatzführer hatte wieder irgendwelche anderen, gewöhnlich sehr eigenartigen Gesichtspunkte.«

Das Amt Auslandabwehr, das unter den Gefangenen nach Informanten Ausschau hielt, sah seine einzigen Quellen verstopft. »Antibolschewistische Kreise würden verschreckt und also unwillig zur Kollaboration werden.« Ratlos, woher im sowjetischen Raum Agenten auftreiben, war die Abwehr von vornherein »an einer korrekten Behandlung der kriegsgefangenen Soldaten, abseits von allen anderen selbstverständlichen Erwägungen, sehr interessiert«. Außerdem erwartete Lahousen ungünstige Folgen für die Moral der Truppe. Reinecke habe sich gegen entsprechende Einwände auf die Seite des erbosten Gestapo-Müller gestellt und entgegnet, »daß sich das Offizierskorps losmachen müsse von Vorstellungen und Begriffen, die aus der Eiszeit stammen«.

Wie aus tags darauf verteilten OKW-Richtlinien hervorging, sollte sich das Offizierskorps im näheren »von allen denjenigen Elementen unter den Kriegsgefangenen befreien, die als bolschewistische Triebkräfte anzusehen sind«. Maßgeblich seien keine militärischen Überlegungen, sondern der politische Zweck, »das besetzte Gebiet alsbald fest in die Hand zu nehmen«. Die Kriegsgefangenschaft war eine willkommene Gelegenheit, das Konfliktpotential der anbrechenden Kolonialherrschaft, die wehrfähigen Männer, einer Tauglichkeitsprüfung zu unterziehen. Bestehen konnten jene, die »für den Einsatz zum Wiederaufbau der besetzten Gebiete verwendungsfähig sind«. Auszusondern waren hingegen »politisch untragbare Elemente« (NO 3417). Der Begriff klingt gängig, doch die Personen zu finden ist ein Beruf für sich. Den Wachhabenden, ältlichen Landesschützenbataillonen, fehlte der Blick. Die Abwehroffiziere wiederum hegten, wie Lahousens Einspruch bewies, einen strikten Ressortegoismus. Zudem besaßen sie in Canaris einen Chef, den Reinecke ob seines eiszeitlichen Legalismus nicht ausstehen konnte. Der hatte sich längst mit Heydrich über den Einsatz von Sonderkommandos verständigt – »dem Chef der Sipo und des SD unmittelbar unterstellt, für ihren Sonderauftrag besonders geschult« (NO 3414) –, die ihre Maßnahmen nach polizeilichem Sachverstand trafen.

Heydrich verschickte seine Ermächtigung durch Reinecke an die sieben Oflags und sieben Stalags in Ostpreußen, dem Generalgouvernement sowie an die lokalen Stapoleitstellen und Kommandeure der Sipo/SD. Per Anlage fügte er noch fachliche Richtlinien hinzu: Die Kommandos müßten nach »Fachwissen und Können, auf eigene Feststellungen und selbst erarbeitete Kenntnis« gestützt, vorgehen, denn es gelte, »alle bedeutenden Funktionäre des Staates und der Partei ausfindig zu machen«. In Frage kämen: »Berufsrevolutionäre, die Funktionäre der Komintern, alle maßgebenden Parteifunktionäre der KPdSU und ihrer Nebenorganisationen in den Zentralkomitees, den Gau- und Gebietskomitees, alle Volkskommissare und ihre Stellvertreter, alle ehemaligen Polit-Kommissare in der Roten Armee, die leitenden Persönlichkeiten der Zentral- und Mittelinstanzen bei den staatlichen Behörden, die führenden Persönlichkeiten des Wirtschaftslebens, die sowjetrussischen Intelligenzler, alle Juden, alle Personen, die als Aufwiegler oder fanatische Kommunisten festgestellt werden«. (NO 3414)

Der Katalog erfaßte das Skelett der sowjetischen Gesellschaft. Ihrer politischen, wirtschaftlichen, geistigen und Verwaltungseliten verlustig gegangen, hätte sie die Fähigkeit zur nationalen Existenz eingebüßt. Rosenbergs Ostministerium, die designierte Kolonialverwaltung, wünschte sich ein Volk als »lenkbares Arbeitsinstrument«. Wenn erst alle Unlenkbaren von der Polizei identifiziert und erschossen waren, würden die anderen froh sein, arbeiten zu dürfen. Den Hinrichtungsentscheid behielt sich das Reichssicherheitshauptamt selbst vor. Die Kommandos sollten Listen schicken, die kundige Referenten in Berlin bearbeiteten und mit Weisungen versahen. »Für die auf Grund dieser Weisung sodann sukzessiv zu treffenden Maßnahmen haben die Kommandos bei der Lagerleitung die Herausgabe der betreffenden Gefangenen zu beantragen. Die Lagerkommandanturen sind vom OKW angewiesen, derartigen Aufträgen stattzugeben.« (NO 3414)

Heydrich hatte vorsichtshalber seine Post allein an die Lager des OKW-Bereichs in Ostpreußen und im Generalgouvernement adressiert. Reinecke hingegen, der seine ›ministerielle Zuständigkeit‹ für das gesamte Kriegsgefangenenwesen einschließlich des OKH-kontrollierten Bereichs festigen wollte, erstreckte die Polizeirichtlinien zusätzlich auf »die Aussonderung im Operationsbereich«. (NO 3417) Dies konnte Heydrich nur recht sein, überdies verkürzte sich der Weg. Mit dem Vorrücken des Operationsgebiets nach Osten und dem Abschub der Gefangenen nach Westen gerieten sie unweigerlich in polizeiliche Hand. Doch ersparte sofortiger Zugriff im Heeresgebiet die Verausgabung von Lebensmitteln und Wachpersonal für ohnehin Todgeweihte. Dem Gedankengang wußte die Heeresleitung nichts entgegenzusetzen, außer, daß sie ihn selber vollstreckte. Anstelle des Abschubs nach hinten, wie Halder ihn am 3. April noch verfügt hatte, willigte sie zwangsläufig ein, »umgehend politisch untragbare und verdächtige Elemente,

Kommissare und Hetzer auszusondern«. Kombattanten, die sie waren, gehörte ihr Tod fest dem Heer. Heydrich konnte sich daran nicht mehr vergreifen. »Ein Einsatz von Einsatzkommandos der Sicherheitspolizei und des SD in den Kriegsgefangenenlagern des Operationsgebietes kommt hierbei nicht in Betracht.« (NOKW 2423)

Die von Generalquartiermeister Wagner gezeichnete Order gehorcht, wie der Kommissarbefehl, dem Leitfaden des Wagner-Heydrich-Papiers. Die Ressorts waren verteilt. Das Einsickern der Polizei in Heeresrevier ist zu vereiteln, ihr Handwerk nötigenfalls von der Truppe selbst zu besorgen. Den Kreis ihrer Todesopfer zieht sie etwas enger als Heydrich. Juden und Asiaten bleiben dem Arbeitseinsatz im Operationsgebiet erhalten. Zu rassisch deklariertem Gefangenenmord sah das Heer keinen militärischen Anlaß. Für den Tötungsauftrag des OKH vom 24. Juli 1941 existiert kein Führerbefehl. Auch wird kein Komplott vorgeschützt, Kommissare der Kugel zu entziehen. Im Gegenteil. Die Heeresführer begründeten die Gefangenentötung untereinander mit der Klage, daß Kommissare incognito in Lager gelangt seien. Man hatte bisher kaum welche erlegt, weil sie zur Tarnung ihre Dienstabzeichen entfernten und nun im Schutz des Gewahrsams vermutet wurden.

Eigentümlicherweise hat die Erwägung keine Rolle gespielt, die als barbarisch verschrieene Sowjetunion könnte an deutschen Gefangenen Vergeltung üben. Niemand rechnete damit, daß der Roten Armee einschneidende Gefangennahmen gelingen könnten. Ohne gegnerisches Faustpfand aber läßt die Rechtsfolgsamkeit von Belligerenten gewöhnlich nach. Das Kriegsrecht verschafft sich Respekt durch die Fähigkeit des Gegners zur Vergeltung. Wer die Regeln verletzt, bekommt Regellosigkeit zu spüren. Die Wehrmacht fühlte sich in Rußland nicht abgeschreckt. Die ideologischen Floskeln der Befehlstexte handeln von einer Tücke und Ruchlosigkeit der Bolschewisten, zu der man sie praktisch gar nicht in der Lage wähnte. Man spekulierte militärisch auf eine stupide, unlustige, morsche Truppe. Die ihr unterstellte Barbarei gedachte man selbst in Anspruch zu nehmen, um die labile Horde in Panik zu versetzen. Auch den Gefangenenmord traute man der Gegenseite ernstlich gar nicht zu, nicht mangels Mordgier, sondern mangels Gefangener. Der Vernichtungskrieg beruhte neben dem ideologischen Faible auf der festen Annahme seiner Einseitigkeit.

In Erwartung des Blitzsiegs hoffte die Wehrmacht, neben Rohstoffen und Fabrikanlagen ungestraft eine Arbeiterarmee zu erbeuten, deren Indienstnahme alsbald Zivilverwaltungssache sein würde. Das vorsorgliche Auskämmen künftiger Rebellen zählte gemäß solcher Perspektive nicht mehr zu den militärischen Aufgaben. Im Operationsgebiet bequemte sich das Heer dazu allein, um die Polizisten auf Distanz zu halten. Deren Einlaß in Reineckes Stalags hatte einen stumpfsinnigen Ausrottungsbetrieb entfesselt, der im September schon als unproduktiv empfunden wurde.

Heydrich mahnte in einem Rundschreiben, daß die Überprüfungen nicht nur Tote, sondern auch »zuverlässige Elemente für den Wiederaufbau« hervorbringen müßten. Das Verdachtskriterium »Intelligenzler« sei nicht auf jeden sowjetischen Ingenieur zu beziehen, sondern allein auf die Ideologieträger: »Berufsrevolutionäre, Schriftsteller, Redakteure, Kominternangestellte« (NO 3416). Auch sollten die Kommandos schärfer auf den Nationalitätengegensatz achten und die »Asiaten« nicht als pauschal verdächtig behandeln. »Zu beachten ist, daß insbesondere die Turkvölker oftmals ein durchaus jüdisches Aussehen haben und daß die Beschneidung allein noch nicht ohne weiteres den Beweis einer jüdischen Abstammung darstellt.« (NO 3416)

Reinecke begann sich auf längerfristigen Gewahrsam einzustellen und unterwies sein Wachpersonal in artgerechtem Verhalten. Der Rotarmist, welcher durch seinen eingefleischten Hang zu Mord, Sabotage und Zersetzungspropaganda »jeden Anspruch auf Behandlung als ehrenhafter Soldat und nach dem Genfer Abkommen verloren hat«, sei mit einem »Gefühl des Stolzes und der Überlegenheit« zu bewachen. Zur Wahrung der Ordnung sei aus geeigneten Gefangenen eine Lagerpolizei zu bilden, mit Knüppeln und Peitschen auszurüsten, um damit aufeinander einzudreschen. »Dies würde der Würde des deutschen Soldaten als Waffenträger widersprechen.« Er versah seine Wacht mit MGs und Handgranaten. Auf je zehn Insassen müßte mindestens ein Wachmann eingesetzt werden, und zwar »in solcher Entfernung, daß er jederzeit sofort von seiner Waffe Gebrauch machen kann«. Die »scheinbare Harmlosigkeit bei den bolschewistischen Kriegsgefangenen« dürfe selbst bei dem arbeitswilligen und gehorsamen Typus nicht zur Weichheit verführen. »Er legt sie als Schwäche aus und zieht daraus seine Folgerungen.« (NO 3417)

Aus Furcht, schwach zu wirken, bewaffnete Reinecke die Landesschützen mit Granaten gegen abgezehrte Gefangene. Die schrille Grausamkeit dieses amtsverdrossenen Schreibtischgenerals verarbeitet auf ihre Weise, was der nervöse Halder gleichzeitig seinem Tagebuch anvertraut: »Unsere letzten Kräfte sind ausgegeben ... Führung teilweise übermüdet, belastet von der Unendlichkeit der Aufgabe, ... tägliche Offiziersverluste 200 ...« Dabei gerät der Vormarsch flüssig landeinwärts, doch sehen die Generalstäbe, um welche Kosten, und grausen sich vor den verrinnenden Reserven. »In diesem Jahr kann das ganze deutsche Heer noch einmal eingekleidet werden«, meldet Wagner an Halder. »Dann wird es knapp.« Desgleichen die Treibstoffreserven. »Durchdrungen von dem Gedanken«, wie Halder notiert, »daß der härtere Wille recht behält«, erprobte man ihn auch an dem bedürftigen Gefangenenheer. Es verlangte immense Reserven an Verpflegung und Aufsicht. Die Deutschen mobilisierten ihre Veteranen. Allerdings zeigte das von Reinecke erwünschte Bewachungsverhältnis von 1 zu 10, daß er die älteren, kampfuntüchtigen Wachmannschaften für nicht sonderlich furchtgebietend hielt. Tatsächlich kamen Relationen von 1 zu 30 zustande, und so glich man die Kluft durch peitschentragende Lagerpolizei mit MG-Deckung aus.

Reineckes Antagonist im OKW, Abwehrchef Canaris, sah nun die Zeit gekommen, die Führer der Wehrmacht mit einem an 203 Befehlsstellen adressierten Memorandum vor einem Härte-Exzeß in den Gefangenenlagern zu warnen. Damit werde das Sicherheitsproblem geschürt, das man zu lösen vorgebe. Das Gefühl ungerechter Behandlung reize die Widersetzlichkeit und intensiviere den Aufsichtsbedarf. »Schon bei der jetzigen Zahl von fast 1,5 Mio einsatzfähigen Gefangenen werden mindestens 150.000 Mann zur Bewachung benötigt.« Durch den sowjetischen Nachrichtendienst und die Flüsterpropaganda dringe die Kunde an die Front, so daß »der Widerstandswille der feindlichen Truppen außerordentlich gestärkt« werde. Man mobilisiere alle inneren Gegenkräfte Rußlands zu einer einheitlichen Feindschaft, und der »für die deutsche Kriegswirtschaft lebenswichtige Wiederaufbau in den besetzten Gebieten wird erschwert«.

An den Anfang seines Memorandums stellte Canaris eine für die Nürnberger Richter bedeutsame Bemerkung zur Rechtslage. »Weil die Genfer Konvention zwischen dem Reich und der UdSSR nicht gelte, kämen die Regeln des Kriegsgewohnheitsrechtes zur Anwendung.« Diese haben sich seit dem 18. Jahrhundert dahin gefestigt, daß die Kriegsgefangenschaft weder Rache noch Strafe ist, sondern lediglich Sicherheitshaft, deren einziger Zweck es ist, die Kriegsgefangenen an der weiteren Teilnahme am Kampf zu hindern. »Dieser Grundsatz hat sich in Zusammenhang mit der bei allen Heeren geltenden Anschauung entwickelt, daß es der militärischen Auffassung widerspreche, Wehrlose zu töten oder zu verletzen; es entspricht zugleich dem Interesse eines jeden Kriegführenden, seine eigenen Soldaten im Falle der Gefangennahme vor Mißhandlungen geschützt zu wissen.« Reineckes Anordnung folge einer »grundsätzlich anderen Auffassung«. Kriegsdienst für die Sowjets werde grundsätzlich nicht als soldatische Pflichterfüllung betrachtet, sondern »in seiner Gesamtheit als Verbrechen charakterisiert«. Die Verneinung kriegsrechtlicher Normen im Kampf gegen den Bolschewismus stelle vieles beiseite, was nach der bisherigen Erfahrung als militärisch zweckmäßig galt. Allerdings besagte die bisherige Erfahrung auch, daß Rußland nicht militärisch in Besitz zu nehmen war. Wie der neuerliche Versuch zweckmäßiger anzupakken sei, war den Regeln des 18. und 19. Jahrhunderts nicht zu entnehmen. Schon damals hatte Tolstoi in ›Krieg und Frieden‹ die Vernichtung des Aggressors jenseits aller Rechtssätze gepriesen. Stalin gab sich zivilisierter.

Wie um das Tatarengemüt der Reineckes zu enthüllen, präsentierte Canaris den am 1. Juli 1941 vom Rat der Volkskommissare der UdSSR herausgegebenen Erlaß zur Behandlung deutscher Kriegsgefangener bei der Roten Armee. Die Vorschriften orientieren sich an der Genfer Konvention, garantieren Gesundheitsversorgung »auf derselben Grundlage, wie die Angehörigen der Roten Armee, Arbeitslohn, Lagerkontrolle durch das Rote Kreuz. Es ist verboten, die Kriegsgefangenen zu beleidigen und sie brutal zu behandeln.« Bereits am 17. Juli hat die sowjetische Regierung ihre Bereitschaft mitgeteilt, die Haager Landkriegsordnung einzuhalten. Angebot und Anbieter ließen letzte Seriosität vermissen. Die Wehrmacht empfing durchaus gemischte Signale seines Gebarens, hat aber nicht deshalb abgelehnt. Sie versprach sich keinen Vorteil davon. »Die Bedenken entsprechen den soldatischen Auffassungen vom ritterlichen Krieg«, notiert Halder auf dem Canaris-Memorandum. »Hier handelt es sich um die Vernichtung einer Weltanschauung! Deshalb billige ich die Maßnahmen und decke sie.« (EC 338) Vermutlich aber wollte der Generalstab keine Weltanschauung gewinnen, sondern seinen Feldzug. Ritterlichkeit gegen 1,5 Millionen Gefangene ist eine aufwendige Übung, und Canaris' Ansprüche wurden für irreal gehalten. Bald deckte die Menschenflut auch die Vorbehalte der Heeresführer gegen Heydrich zu. Anfang Oktober 1941 öffnete das OKH den Sonderkommandos seine Dulags »zur Aussonderung untragbarer Elemente«. Wen die Polizisten ertragen wollten, bestimmten sie selbst. Sie taten die Arbeit und ließen sich nicht auf fremde Vorschriften ein. Heydrich hatte »im Einvernehmen mit dem OKH« seinen Opferkatalog vom 17. Juli durchgesetzt. Als letzten Vorbehalt erbat sich die Heeresspitze, »daß die Aussonderung möglichst unauffällig vorgenommen und die Liquidierung möglichst ohne Verzug und so weit abseits von den Dulags und von den Ortschaften durchgeführt werden, daß sie den sonstigen Kriegsgefangenen und der Bevölkerung nicht bekannt werden«. (NO 3422)

Das bisherige Zutrittsverbot war hinfällig geworden, weil sich die von Wagner und Heydrich aufgeteilten Sphären von Polizei und Heer im Felde schnell vermischt hatten. Die ungekannte Härte der Gegenwehr, die Versorgungslücken und undurchschaubaren Sicherheitsrisiken brachten eine Fülle schmutziger Arbeit mit sich, die man bequemer den Polizisten überließ. Dazu zählten auch die Gefangenenmorde. Mit dem Kommissarbefehl hatte sich das Heer einige tausend Erschießungen zugemutet. Soviel verteilt sich. Als die Gefangenenzahl im Oktober zwei Millionen überschritt, mußte eine Aussonderung ›untragbarer Elemente‹ gemäß Wagners OKH-Befehl vom 24. Juli Hunderttausende von Rotarmisten betreffen. Die Heeresleitung wurde selbst vom Zweifel befallen, ob die Truppe dem moralisch gewachsen sei. Man war es zufrieden, von den Polizisten abgelöst zu werden, und zog sich aus dem Massenmord zurück. »Gemeinsam durchgeführte Aussonderungen usw. haben zu unterbleiben.« Überdies wurde schärfste Geheimhaltung nach außen wie nach innen angeordnet. »Eine schriftliche – auch auszugsweise – Weitergabe dieses Befehls hat zu unterbleiben. Die Bekanntgabe an die Kriegsgefangenenbezirkskommandanten und Kommandanten der Dulag hat mündlich zu erfolgen.« (NO 3422)

Inzwischen hielt die Rote Armee fast 20.000 Wehrmachtsangehörige fest, und die Truppe mußte fürchten, diesen und zukünftigen Gefangenen werde Gleiches mit Gleichem vergolten. Darum blieb kaum eine Wahl, als die Tötungen vor Freund und Feind zu verbergen. Schon darum konnte man sie nicht den eigenen Männern, sondern nur den disziplinierten Polizeibeamten anvertrauen. Diese führten ihre schriftlichen Einsatzbefehle getrost mit sich und hatten sie nur »bei Gefahr im Verzuge sofort zu vernichten« (NO 3422). Untereinander währte Vertrauen.

Lahousen hat den Mißerfolg seines Chefs Canaris gegen die Linie Reinecke-Heydrich in Nürnberg aus dem Wunsch der NSDAP gedeutet, »die weiße Weste der Wehrmacht zu beschmutzen durch Teilnahme oder erzwungene Teilnahme an diesen Aktionen«. Keinerlei Indiz weist auf Zwangsmittel gegen den Generalstab. Halder, der in seinem Tagebuch gern und ausgiebig Hitlers Interventionen glossiert, vermeldet nichts dergleichen. Ansonsten ist Lahousen von der Militärgeschichtsschreibung häufig beigepflichtet worden. Demzufolge hätten Canaris sowie das zwiespältige, doch mit ähnlicher Tendenz aufgetretene Ostministerium die militärische Vernunft vertreten. Ihr Sachverstand sei der Generalität aber abspenstig gemacht worden durch SS-Intriganten, Keitels OKW und den braunen Reinecke, die Fanatiker des Hakenkreuzzugs. Getrübt durch eigene antibolschewistische Obsessionen, hätte die Heeresspitze sich in die Verfolgung des ideologischen Widersachers verzettelt, anstatt das Kriegshandwerk auszuüben. Canaris' Rat, Gefangene wie Zivilisten durch humane Ansprache für die deutsche Sache zu gewinnen und den Nationalitätenkonflikt zu schüren, sei die erfolgreichere Taktik gewesen. So hätten denn die ideologischen Oktrois des Feldzugs seine militärischen Chancen ruiniert. Die Heeresführer vertraten ebenfalls die Ansicht, daß Hitler sie den Sieg gekostet habe, allerdings aus taktischer Torheit. Darüber führten sie bereits im Felde untereinander und mit ihm erbitterten Disput. Warum nur ist kein Einwand von ihnen überliefert, gegen die heute für kriegsentscheidend angesehenen Beschlüsse? Waren all diese versierten Haudegen mit ideologischer Blindheit geschlagen für ihr eigenes Metier? Gleichgültig, wie dieser Krieg hätte gewonnen werden können, fragt sich, ob er unmilitärisch geführt wurde? Rührt seine Gestalt aus der Selbstvergessenheit des Militärhandwerks? Haben sich die Routiniers der Wehrmacht dem weltanschaulichen Laientum einer politischen Partei ergeben? Immerhin befehligten sie die stärkste Streitkraft der Erde, die niederzuringen das Aufgebot von vier Groß- nebst einiger Mittel- und Kleinmächten fast sechs Jahre benötigte? Auch bei gegenteiligem Votum der Wissenschaft dünkt die Annahme eines nazistischen Somnambulismus der Rußlandarmee unwahrscheinlich. Eine Außenseiterposition vertritt der amerikanische Historiker John Lukacs:

Im Westen herrsche die verkehrte Ansicht vor, Hitler habe den großen Fehler gemacht, sich nicht als Befreier vom bolschewistischen Joch zu präsentieren, hätte er doch »Millionen von Russen zum Kampf gegen das Sowjetregime um sich scharen können«. Wenn höhere Bereitschaft existierte, die Deutschen willkommen zu heißen, so geschah dies »aus der Überzeugung heraus, die Deutschen seien die Sieger, die neuen Herren«. Sie hielten es für »die beste Methode, diese Völker von Anfang an hart anzupacken. Sollten die Deutschen rasch siegen, würde die anfängliche Enttäuschung über die Strenge der neuen Herren bald verschwinden. Kam es jedoch zu einem langwierigen Feldzug, konnte die Disziplin gar nicht straff genug sein. Vielleicht schätzte Hitler die Reaktion der unterworfenen sowjetischen Völker richtig ein: Die Brutalität und Entschlossenheit der Deutschen beeindruckten sie, wie sie Stalin beeindruckten, der bis Kriegsende viel von Hitler hielt.« Es braucht hier nicht entschieden zu werden, was Hitler klüger getan hätte. Auch Lukacs fällt es »schwer zu beurteilen, ob eine bessere Behandlung sowjetischer Gefangener dazu geführt hätte, daß sich ganze Scharen von Russen den Deutschen ergeben hätten«. Offenbar neigte Canaris zu dieser Taktik und die Mehrheit im Generalstab zu der anderen.

Im Herbst entpuppte sich der Feldzug als längerfristig. Der sowjetischen Defensive gelang das Gegenteil dessen, was vorausgesagt worden war. Nun, wo sie sich zunehmend härter statt brüchiger zeigte, wich der Aggressor nicht in Verbindlichkeiten aus. Die Menge der zu verwahrenden Gefangenen wuchs über jedes gekannte Maß, und gleichzeitig sank rapide die Zahl verfügbarer Wachmänner. Zwischen dem 4. Oktober und dem 17. November 1941 notierte Halder einen Anstieg der Verlustrate von 16,2 auf 20,6 Prozent der Rußlandarmee. Dabei griff der Gegner auf unerschöpfliche Reserven zurück, während das Reich seine Offizierseinbußen bereits im November nicht mehr zu decken wußte. Zudem regnete es, das Wasser weichte die Transportwege auf, die Gefangenenmärsche und -fahrten nach Westen stagnierten, und nichts kam der Heeresführung gelegener als die Sicherung der Dulags durch frische Polizeikräfte.

Da man ohne Heydrich nicht mehr auskam, sah dieser keinerlei Anlaß zur Mäßigung. Die Polizisten leiteten ihre Unentbehrlichkeit von einem universalen Säuberungswillen her. Tötungshemmungen hatten sie gemeistert, andererseits verfielen sie nicht dem Blutrausch. Das machte sie begierigen Schlagetots in der Truppe überlegen. Die polizeiliche Eigenständigkeit verlangte, ›untragbare Elemente‹ dort ausfindig zu machen, wo sie sonst niemand suchte. Ostminister Rosenberg, Vertreter der Fraternisierung, klagte über die Faustregel mancher Kommandos, »daß die Völker der Sowjetunion immer minderwertiger würden, je weiter man nach Osten komme. Wenn schon die Polen einer harten Behandlung unterworfen würden, so argumentiert man, müßten dies daher in weit höherem Maße die Ukrainer, Weißruthenen, die Russen und schließlich die ›Asiaten‹ sein.« In verschiedenen Kriegsgefangenenlagern seien alle Asiaten erschossen worden, »obwohl gerade die Bewohner der zu Asien rechnenden Gebiete Transkaukasien und Turkestan die am schärfsten gegen den Bolschewismus eingestellten Bevölkerungsteile der Sowjetunion abgeben« (PS 81). Auf diese Mißstände, beschwerte sich Rosenberg bei Keitel, habe er bisher vergebens hingewiesen. Noch im November seien in Nikolajew die Asiaten exekutiert worden. Die Sicherheitslinie litt offenbar keinen Schaden, ob der Terror nach politischen oder nach rassischen Kriterien vonstatten ging. Das Überzeugende daran war die schiere Grausamkeit.

Vielleicht schienen dem Heer die mehr oder minder unsinnigen Polizeiselektionen darum einerlei, weil sie nur ein geringfügiger Teil des Gefangenensterbens gewesen sind. Hunger und Seuchen dezimierten die Anzahl um ein Vielfaches reichlicher und grausiger als Heydrich.

Heydrich mordete aus Haß und der Furcht, Haß zu ernten. Insoweit war er ein respektvoller Mörder. Er jagte Personen wie Rassen, weil sie ihn gefährlich dünkten. Das Heer ließ die Männer zu Abfall verkommen. Kälte, Nässe, Schlamm, Auszehrung, Ruhr, Typhus löschten sie millionenweise aus, weil sie Millionen zählten. Sie waren Halder und Brauchitsch zuviel. Der Lebensunwert rührte nicht aus Rassenhaß und Antibolschewismus, sondern aus purer Überzähligkeit. Das war neu im Krieg. Kost, Quartier, Abtransport, Bewachung und Pflege eines solchen Menschenmeers war bisher noch keinem Generalstab aufgetragen. Der Versorgungsbedarf hatte sich bei dem Generalquartiermeister im OKH unversehens verdoppelt. Es fehlten ihm die Transportmittel, Wächter und Unterkünfte, ein Heer gesund nach vorn und ein weiteres sicher nach hinten zu schaffen. Ende 1941 übertraf das Gefangenenheer die Zahlenstärke des deutschen Ostheeres. Nach dem Blitzkriegsplan hätte der Fall nicht eintreten dürfen. Vorgesehen war, daß die Rote Armee massenhaft zusammenbrach, nicht, daß eine zweite Masse erbittert weiterkämpfte.

Als nach der Wende zum Abnutzungskrieg der Ministerialdirektor Dr. Mansfeld, Vizechef des Arbeitseinsatzes in Görings Vierjahrplan, zur Wirtschaftslage referierte, zog er eine bestürzende Bilanz: »Die gegenwärtigen Schwierigkeiten im Arbeitseinsatz wären nicht entstanden, wenn man sich rechtzeitig zu einem großzügigen Einsatz russischer Kriegsgefangener entschlossen hätte. Es standen 3,9 Millionen Russen zur Verfügung, davon sind nur noch 1,1 Millionen übrig. Allein von November 41 bis Januar 42 sind 500.000 Russen gestorben« (PS 1201). Dies war fast die halbe Anzahl des allernotwendigsten Arbeiterersatzes.

Den Rekrutenverschleiß an der Ostfront deckte allein das Ausdünnen der heimischen Fabrikbelegschaften. Zugleich nötigte der Kriegsverlauf zu gewaltigen Produktionsanstrengungen. Am 31. November 1941 fügte sich der Führer dem monatelangen Drängen seiner Wirtschaftsvögte. Auch wenn sich alle Instinkte auflehnten gegen den Einlaß gefangener Rotarmisten in die Rüstungsschmieden des Reiches, blieb keine Wahl. Dem Aussterben des Gefangenenheeres wurde Einhalt geboten. Die Bedenken rührten aus dem deutschen Zusammenbruch von 1918; ein Trauma, das diese Kriegsgeneration fortgesetzt in Bann hielt. Welche Vorkehrungen waren zu treffen, um eine Infiltration des Industrieproletariats mit marxistischem Gedankengut auszuschließen? Was konnte der Härtewinter an der Front mit 310.000 Toten und Vermißten Schädlicheres nach sich ziehen als Verbrüderungsszenen zwischen Russen und Deutschen daheim? Der Dolchstoß der bolschewisierten Heimat war das Menetekel des deutschen Militärs. Es reagierte, wie so oft, in der Absicht, dem früheren Debakel hart den Weg zu vertreten.

Bei einer von Göring zum 7. November anberaumten Konferenz wurden entsprechende Richtlinien aufgestellt: »Die russischen Arbeitskräfte haben ihre Leistungsfähigkeit beim Aufbau der ungeheuren russischen Industrie bewiesen.« In der Rüstung übertreffe die Produktivität gar die deutsche. Diese Gaben müßten »nunmehr dem Reich nutzbar gemacht werden«. Der Nutzen dieser kostbaren Arbeitskapazität war indessen aus einem Zustand planmäßiger Demütigung zu ziehen: Der Russe sei nicht an deutsche Kost zu gewöhnen, sondern mit Katzen- und Pferdefleisch zu sättigen. Unterbringung und Kleidung sollten sich am russischen Standard orientieren, »wo Leute zum Teil in Erdhöhlen wohnen«. »Unterwäsche ist den Russen kaum bekannt und gewohnt«. Als »Ideal zustand« sei die Einrichtung von Russenbetrieben anzustreben; »ausschließlich russische Arbeitskräfte unter deutschen Vorarbeitern«. In bestehenden Rüstungsbetrieben, »vor allem Panzer- und Geschützfabriken, eventuell auch Flugzeugmotoren-Teilbau« möge man »ganze Abteilungen möglichst nur mit Russen besetzen, im übrigen kolonnenmäßiger Einsatz«. Explosionsempfindliche Betriebe und solche mit elementaren Versorgungsaufgaben wie Wasser- und Kraftwerke eigneten sich für den Russeneinsatz gar nicht. Grundregel ist: »Keine Berührung mit deutscher Bevölkerung, vor allem keine ›Solidarität‹. Deutscher Arbeiter ist grundsätzlich Vorgesetzter der Russen.« (PS 1193; PS 1206)

Um den labilen deutschen Arbeiter am besten vor Ansteckung zu schützen, wird er zum Befehlshaber, sein listenreicher Untergebener aber zur vertierten Existenz befördert. Dieser weiß zwar nicht, was Unterwäsche ist, vermag jedoch, gefangengesetzt in der Fremde, ein Elektrizitätswerk zu sprengen. Das Untermenschentum ist psychologisch nicht ganz schlüssig konzipiert, erfüllt aber seinen taktischen Zweck. Es kommt an der Heimatfront kein Fraternisierungswunsch auf. Diesem Zweck frönte Reinecke im Allgemeinen Wehrmachtsamt mit einer Staffel von Schikanen, betreffend Bummelei, Flucht und den für Rassisten stets hochbedrohlichen Geschlechtsverkehr. Bei »Unbotmäßigkeit, Arbeitsverweigerung und Nachlässigkeit in der Arbeit« war von der Waffe Gebrauch zu machen. Die Leistung sei durch körperliche Züchtigung zu intensivieren. Wachpersonal, »das nicht energisch genug die Waffe gebraucht, macht sich strafbar«. (PS 695)

Der Flucht von Kriegsgefangenen – nach der Genfer Konvention so weit zu tolerieren, daß sie allein disziplinarisch geahndet werden darf – wirkte die sogenannte Aktion Kugel entgegen. Wiederergriffene Offiziere, ausgenommen Briten und Amerikaner, waren der Polizei »mit dem Kennwort ›Stufe III‹ zu übergeben«. Die Nürnberger Anklage legte Reinecke weitere Beweismittel vor, die auch auf Morde an angelsächsischen Gefangenen hindeuten. Ihre Überstellung in Konzentrationslager erforderte allerdings eine Entscheidung des Chefs des Kriegsgefangenenwesens im OKW. Der Zeuge Sanner, NSDAP-Mitglied seit 1930, hatte im Lager Mauthausen 36 westliche Offiziere angetroffen, die barfuß und kaum bekleidet im Steinbruch arbeiteten und schließlich alle ›auf der Flucht erschossen‹ worden seien. Maßnahmen nach ›Kugel-Erlaß‹ waren prinzipiell zu vertuschen. Die nach der Genfer Konvention verlangte

Benachrichtigung der Schutzmächte unterblieb. Getötete waren der Wehrmachtsauskunftsstelle als »geflohen und nicht wieder ergriffen zu melden« (PS 1650).

Neben den Flüchtlingen gelangten nach OKW/AWA-Verfügung vom 16. Juli 1944 auch Tuberkulöse und ansteckend Kranke in polizeiliche Hand. Krankenhinrichtungen in Kriegsgefangenenlagern allerdings »sind nicht zulässig« (NO 4537). Ein besonderes Stimulans der Verordnungswut ist die Eventualität des Geschlechtsverkehrs gewesen. Abgründiges Mißtrauen in die verlassenen Soldatenfrauen witterte in den erbärmlich versorgten, gezüchtigten und überarbeiteten Gefangenen den Verführer. Wie immer, wenn in die Rechte von Volksgenossen eingegriffen wurde, befleißigte man sich subtiler Differenzierung. Regelstrafe, auch bei Affairen mit belgischen, englischen und französischen Gefangenen, war der Tod. In der Praxis zog aber Geschlechtsverkehr mit einem Kroaten mindere Folgen nach sich als mit einem Serben. Heiratswillige Polen durften nach Begutachtung durch Himmler und das Rassen- und Siedlungshauptamt der SS bei Gefälligkeit auf Gnade rechnen. Russen hingegen galten als Unberührbare, Fraternisierung jeglicher Art, sozialer Kontakt mit Mann oder Weib, waren in Berlin zu melden und kosteten den deutschen Teil KZ-Haft, den russischen bei nachgewiesenem Geschlechtsverkehr den Tod am Strick. »Aus stimmungspolitischen Gründen« können auch Gerichte eingeschaltet werden, konzedierte das Reichssicherheitshauptamt, wenn »durch vorherige Stellungnahme sichergestellt ist, daß das Gericht die Todesstrafe verhängen wird«. (NO 1365)

Das den russischen Gefangenen anhaftende Tabu sollte nach Reineckes Willen durch ein Kainszeichen sinnfällig werden. »Das Merkmal«, heißt es in einem OKW-Befehl Reineckes vom 20. Juli 1942, »besteht in einem nach unten geöffneten spitzen Winkel von etwa 45° und 1 cm Schenkellänge auf der linken Gesäßhälfte, etwa handbreit von der Afterspalte entfernt. Es ist mit Lanzetten, wie bei jeder Truppe vorhanden sind, auszuführen. Als Farbstoff ist chinesische Tusche zu verwenden« (USSR 343). Der praktische Ertrag dieser gegen Fluchtgefahr ergriffenen Maßnahme will nicht recht einleuchten. Erste Brandmale datieren vom Januar 1942, bezeichnend für den bei Einlaß größerer Gefangenenscharen grassierende Tollheit. Bis September erprobten OKW und Polizei verschiedene Tätowierungsweisen, empfanden sie indessen selbst als so bizarr, daß sowjetische Sanitäter zu der Anbringung genötigt wurden. Auf Betreib von Canaris hat das OKW dies atavistische, zudem nicht geheimzuhaltende Unternehmen abgeblasen. Entflohene Gefangene und Zwangsarbeiter verfielen sowieso der Tötung, mit oder ohne Besitzzeichen. Doch mußte die Gefahr, die der Heimat durch flüchtige Bolschewisten drohte, die Gedanken Reineckes und der Polizei auf Prävention lenken. Sie beschlossen die Früherkennung aufsässiger, risikobereiter Elemente. Der Abschuß erfolgte bereits vor Antreten der Flucht. »Der Initiator dieses schrecklichen Programms der Aussonderung zwecks Exekution«, beharrte die Anklage, »war die Wehrmacht, nicht Himmlers Polizeibehörde.« Die Prozeßakten müßten dies deutlich festhalten. Das OKW hatte eine Zeitlang aus Rechtsbedenken angeordnet, die Tötung unerwünschter Lagerinsassen der Wehrmachtsauskunftsstelle ohne Briefkopf zu melden. Später obsiegte der formale Standpunkt. Mit der Aushändigung des Gefangenen an die Polizei endeten auch die Pflichten des Offiziers.

Reinecke, belastet mit dem Transfer Hunderttausender Rotarmisten an die Gestapo, verteidigte sich mit mangelnder Befehlsgewalt. Er habe Weisungen allgemeiner Art abgesondert, wie ihm von Hitler und Keitel aufgetragen. Seine Funktion beschränkte sich in den Lagern des Reichsgebiets auf eine Art konsultativer Fachaufsicht. Befehle hätten dort allein die Inhaber der Disziplinargewalt erteilen können, die Führer des Heimatheeres.

Das Heimatheer unterteilte sich in 21 Wehrkreise, deren Chefs jeweils ein Kommandeur des Kriegsgefangenenwesens unterstellt war. Ihnen unterstanden die Lager im Reich. Als Anstalten gehorchten sie dem Heer, als Kriegsgefangenenangelegenheit dem OKW. Das Nürnberger Gericht mühte sich redlich, diese duale Befehlsstruktur zu entwirren, die OKW und Heeresleitung gemeinsam in die Schuld verwickelte. Dokumente ließen indes schließen, daß die Heeresspitze mit den unerquicklichen Funktionen der Polizei in ihren Stalags nicht behelligt werden wollte. Nähere Einblicke gewährten die Aktenvorgänge zum Konflikt zwischen Wehrkreis VII und der Stapoleitstelle München Anfang des Jahres 1942, enthalten im Nürnberger Dokument 178-R, ein bewegendes Zeugnis des Widerstands von vier Offizieren.

Kommandeur der Kriegsgefangenen im Wehrkreis VII war der Generalmajor Otto Ritter von Saur, sein Referent der Major Karl

Meinel. Das Stalag VII A bei Moosburg unterstand seinem Kommandanten, dem Oberst Nepf, dessen Abwehrbeauftragter war Hauptmann Wilhelm Hörrmann. Letzterer hatte Meinel veranlaßt, beim AWA des OKW in Berlin Klage zu führen gegen oberflächlichen Selektionseifer der Polizisten in den Lagern des Wehrkreises VII. So seien bei einem Transport von 4.800 Gefangenen 380 ausgesondert worden. Das OKW reichte die Beschwerde an das Reichssicherheitshauptamt in Berlin, welches die Gestapo München anwies, die Beschwerdeführer aufzusuchen »und diese Angelegenheit zu bereinigen«.

Gekränkt setzte die Polizei in München einen Bericht auf. »Bis jetzt wurden von 3.088 Russen insgesamt 410 Russen als untragbar ausgesondert, was einen Durchschnittssatz von 13% ergibt. Die Stapoleitstellen Nürnberg-Fürth und Regensburg haben durchschnittlich 15 bis 17% ausgesondert. Der Vorwurf des OKW, daß die Überprüfung der Russen oberflächlich vorgenommen wurde, muß auf das Entschiedenste zurückgewiesen werden.« Die Polizisten hätten eine jede Person einzeln vernommen und zu ihrer politischen Einstellung angehört. Belastende Angaben von V-Männern seien nur bei zwiefacher Bestätigung berücksichtigt worden. Die Polizei machte sich nämlich nicht zum Werkzeug von »Gehässigkeit, persönlicher Feindschaft oder anderen durchsichtigen Gründen«. Die 410 ausgesonderten Personen wußte sie dann folgenden Kategorien zuzuschlagen:

»1. Funktionäre u. Offiziere	=	3
2. Juden	=	25
3. Intelligenzler	=	69
4. fanatische Kommunisten	=	146
5. Hetzer, Aufwiegler, Diebe	=	85
6. Flüchtlinge	=	35
7. unheilbar Kranke	=	47.«

Als Rädelsführer der Kritik am polizeilichen Vorgehen wurde Major Meinel, der Gefangenenreferent, identifiziert, ein »im deutschnationalen Fahrwasser aufgewachsener Offizier«, welcher Tagesbefehle mit »Vorwärts mit Gott« schließe »und mit keinem einzigen Wort des Führers gedenkt«. Bei Stalag-Kommandant Oberst Nepf wiederum handele es sich lediglich »um einen alten verknöcherten Offizier, dem jede Hineinmischung von anderer Seite in seinen Betrieb unangenehm ist«. Hauptmann Hörrmann von der Abwehr schließlich pflege eine Neigung zu den französischen Kriegsgefangenen und bevorzuge »bei der Auswahl seiner V-Männer auch jüdische Kriegsgefangene«. Durchweg bestehe »bei den Offizieren im Stalag VII A das Bestreben, die Russen durch Milde zu bessern, die kranken Russen wieder aufzupäppeln und sich dadurch ein Mäntelchen der Humanität zu verschaffen«.

Um ihren »ungefähren Durchschnittssatz von 12 bis 13%« an Ausrottungsopfern zu retten, bat die Polizei den Kriegsgefangenenkommandeur des Wehrkreises, von Saur, um Rücksprache. Saur wollte den Unterhändler, Regierungsrat Schimmel, nicht empfangen und verwies auf Major Meinel, seinen Referenten. Der belehrte den Kriminalbeamten über den Kriegsbrauch: »Er sei ein alter Soldat«, notierte Schimmel, »und vom soldatischen Standpunkt aus sei ein solches Verfahren nicht zu billigen. Wenn einmal ein feindlicher Soldat gefangen sei, dann sei er eben gefangen und dürfe nicht so ohne weiteres erschossen werden.« Auch sei damit zu rechnen, daß die Praxis der Gefangenentötung sowjetischen Stellen zu Ohren komme. »In diesem Falle wäre bestimmt damit zu rechnen, daß die Sowjets die deutschen Kriegsgefangenen genauso behandeln wie wir.«

Schimmel bezweifelte, daß die Sowjets Gefangene machen würden. Wenn doch, dann werde kein deutscher Soldat lebend aus der russischen Gefangenschaft zurückkommen. Insoweit war die Münchener Polizei mit ihrer 13-Prozent-Quote noch gnädig.

Meinel verlegte sich nunmehr von rechtlichen auf wirtschaftliche Argumente: »Die Arbeitsmarktlage im Wehrkreis VII sei katastrophal. Es sei aber bekannt, daß die Russen im allgemeinen gute Arbeiter seien, und er sehe nun nicht ein, daß man diese guten Arbeitskräfte erschieße. Man solle ihnen, insbesondere der Intelligenz, Gelegenheit geben, die Verhältnisse in Deutschland kennenzulernen, damit sie aufklärend auf ihre Genossen wirken könnten.«

Auch Schimmel wollte den Gefangenen die deutschen Verhältnisse klarmachen und war von seiner Entbehrlichkeit nicht zu überzeugen. Das OKW habe außerdem die Einsatzkommandos der Polizei zu ihrem Treiben ermächtigt.

»Die Herausgabe sowjetischer Kriegsgefangener«, entgegnete Meinel, »bedeutet für die Offiziere eine starke seelische Belastung«.

In ihrer Opferbereitschaft wollten sich die Polizisten von niemandem übertreffen lassen, und Schimmel beteuerte, »daß die mit der Exekution beauftragten SS-Männer teilweise vor dem seelischen

Zusammenbruch stünden«. Desungeachtet pochte die Polizei auf nunmehrige Auslieferung sämtlicher Selektierter. Nach polizeilicher Überprüfung der Lagerinsassen oblag es nämlich der Kommandantur, die »untragbaren Elemente« an das nächstliegende KZ, Dachau, zu überstellen.

Erbost stellte man in Dachau fest, daß Stalags im Wehrkreis VII die Arbeit der Einsatzkommandos korrigierten und einen Teil der Gefangenen zu behalten versuchten. Kommandoführer Schermer berechnete, daß Meinel von 474 im Stalag Moosburg ausgesonderten Russen dem KZ nur 301 Mann geliefert habe. »Bei den zurückgehaltenen restlichen 173 Personen handelt es sich um aufrührerische, fanatische Kommunisten, die aufgrund der gewissenhaften Überprüfung durch das Einsatzkommando sich nicht für den Arbeitseinsatz eignen.« Von 244 in der Umgebung Regensburgs Selektierten seien gar 214 »grundlos zurückgehalten worden«.

Stapoleitstelle München entsandte einen Kriminalkommissar, bei dem Wehrkreiskommando Vertragstreue zu reklamieren. Dort traf man wieder auf Meinel, der verlangte, daß die Gefangenen »behandelt werden müssen wie weiche Eier«. Denn »jede Herausnahme eines Russen bedeute den Verlust einer Arbeitskraft von 10 Stunden im Tag«. Soviel räumte der Kriminalbeamte ein, bat aber, nicht unverrichteter Dinge abziehen zu müssen. Außer dem Töten hatte seine Mannschaft keinerlei Kompetenz. Darauf mochte sie nicht verzichten. Offenbar zweifelte Meinel direkt an ihrem Handwerk und fragte, wie die Kommandos die politische Unzuverlässigkeit eigentlich feststellen wollten?

Dies sei reine Polizeisache, entgegnete der Kommissar, der nun Verdacht schöpfte, daß die Erhaltung der Arbeitskräfte ein vorgeschobener Grund sei und der Major allein danach trachtete, »den Maßnahmen der Geheimen Staatspolizei zu trotzen«. Daraufhin betrachtete die Stapoleitstelle München den Konflikt mit dem Wehrkreis VII nicht länger als Sachdisput. Meinel wurde von seinen Vorgesetzten anscheinend ermuntert, die grundlegende Heydrich-Reinecke-Vereinbarung vom 17. Juli 1941 anzufechten.

Am 26. Januar 1942 ging das Ersuchen an Gestapochef Müller im Reichssicherheitshauptamt Berlin, die Juli-Richtlinien geltend zu machen. In strenger und gewissenhafter Anwendung derselben seien unlängst 4832 Gefangene überprüft, 734 ausgesondert, doch nur 335 zur Tötung herausgegeben worden. »Wehrkreis VII hat demnach den Rest von 399 Russen, also mehr als die Hälfte, ohne stichhaltige Gründe zurückgehalten.« Der Kommandeur der Kriegsgefangenen habe sich unter Verkennung der Sicherheit des Volkes und Staates »eine durch nichts begründete Kritik des Prüfungsverfahrens der Geheimen Staatspolizei« zuschulden kommen lassen. »Ich bitte, beim OKW, Abteilung Kriegsgefangene – General Reinecke – mit allem Nachdruck zu erwirken, daß der Kommandeur der Kriegsgefangenen im Wehrkreis VII zur Herausgabe der zurückgehaltenen 399 Russen veranlaßt wird.« Auch faßten sich die Polizisten inzwischen als die authentischen Sachwalter des Gefangenenwesens auf. Sie bezichtigten die zuständigen Offiziere im Wehrkreis VII der »Sabotierung der staatspolizeilichen Maßnahmen«. »Den Major Meinel«, meldeten sie Reinecke, hielten sie »für den Posten, den er derzeit bekleidet, nicht mehr für tragbar.«

Das Reichssicherheitshauptamt riet in der Sache zur Mäßigung, denn »vertraulich wird bemerkt, daß Zahl der Kriegsgefangenen aus verschiedenen Gründen ganz erheblich niedriger ist, als angenommen wird, weshalb sorgfältige Auslese in gerechter Abwägung sicherheitspolizeilicher und rüstungswirtschaftlicher Interessen notwendig ist«. Weil so viele Gefangene verhungert waren, durfte die lokale Polizei ihren Tötungsdrang nur unvollkommen ausleben. Doch respektierte Reinecke die einmal geleistete Arbeit. Die von Wehrkreis VII zurückgehaltene Selektierten wurden auf OKW-Geheiß in das KZ Buchenwald überstellt, und am 13. Juli 1942 notierte die Stapoleitstelle München, »daß die Vorstöße gegen den Generalleutnant Saur und den Major Meinel den Erfolg gehabt hätten, daß beide von ihrem Posten abberufen wurden«. Die Leitung des Ersatzheeres hatte Reinecke disziplinarisch freie Hand gegeben, die Befehlsstelle in Wehrkreis VII nach Polizeigeschmack zu besetzen. Doch wie das Reichssicherheitshauptamt den Kollegen in München anzeigte, erst vermittels »einen lebhaften Streites zwischen OKW und uns«. (R 178)

Die Polizisten erledigten den schmutzigen Dienst, die Heimat vor der Ansteckung durch die Gefangenen zu bewahren. Soweit reichte der allgemeine Wunsch. Nur lockte es im Heimatheer niemanden, auf Lagerinsassen selbst zu schießen. Warum auch? Anders als die Frontgeneräle konkurrierten die Gefangenenkommandeure im Reich kaum mit der Polizei. Himmlers Bataillone herrschten hier in den eigenen Wänden. Deutschland war ihre Domäne wie das Gefechtsgebiet die des Heeres. Daheim war nicht das Heer Hoheitsträger, sondern die Regierung. Deren Polizei fühlte sich an die Kriegssitten nicht gebunden. Sie führte ja keinen Krieg, sie stiftete Sicherheit. Das war ihre Stärke.

Nachdem sich Reinecke im Juli der Polizei ausgeliefert hatte, ließ sie sich die Erledigung des Auftrags nicht vorschreiben. Der Rechtskonstruktion nach ging es die Wehrmacht gar nichts an, was mit den ausgesonderten Gefangenen geschah. »Soviel ich weiß«, berichtete Reinecke im Nürnberger Verhör, »wurden sie dann aus der Kriegsgefangenschaft entlassen.« Solange die Gefangenen selektiert und entlassen wurden, widerfuhr ihnen nichts Unrechtes, und als sie getötet wurden, waren sie keine Gefangenen mehr. Der Begriff »Aussonderung« sei an sich auch noch kein Hinweis auf Liquidierung. Davon habe er nur informell vernommen, nie dienstlich. Das Protokoll einer Dienstbesprechung im Dezember 1942 (NOKW 147), auf der Gestapochef Müller heftig untertreibend von 16.000 Liquidierten spricht, nötigte allerdings selbst Reineckes Anwalt Surholt zu dem Vorhalt: »Das ist eine Bemerkung, die, wenn sie gefallen ist, doch sehr einprägsam gewesen sein müßte.« Zeugen aus dem Polizeidienst, wie der Präsident der Nürnberger Stapoleitstelle Friedrich Karl von Eberstein, räumten notgedrungen das Unleugbare ein. Der Schütze am Abzug bekennt, »daß die Aussonderung bezüglich Sonderbehandlung in der Praxis die Liquidation der betroffenen sowjetischen Kriegsgefangenen bedeutete« (NO 5584). Die Generäle wollten indessen unter ›Sonderbehandlung‹ irgendeine besondere Behandlung verstanden haben, wie Reinecke versicherte. Selbst sein Sachbearbeiter für den Einsatz von Wachmannschaften, Eberhart Westerkamp, bezeugte, daß dieses Wort »eine Tarnung für ›Exekution‹ sein sollte, ist mir unbekannt« (Dok. Reinecke 112). Von den 10.000 in Auschwitz vernichteten Gefangenen fehlte Reinecke ebenfalls jede Kenntnis, weil das zuständige Kriegsgefangenenlager Landsdorf möglicherweise verabsäumt habe, dem Wehrkreiskommando VII die Abgabe dieser Personen an die Polizei zu melden. Infolgedessen »kenne ich Auschwitz nicht«.

»Als Chefs des Kriegsgefangenenwesens«, erkundigte sich der Vorsitzende Richter, »haben Sie nie davon gehört?«

»Von Auschwitz?«

»Ja.«

»Nein, habe ich nie etwas gehört«.

Er kannte weder den ›Kugel-Erlaß‹ – »ich weiß auch heute noch nicht, was ›Kugel‹ bedeutet« – noch die wiederholten Forderungen des OKW an die Polizei, tuberkulöse und andere unheilbar kranke Kriegsgefangene in den KZs mittels Spritzen zu töten. »Dagegen hat sich die Stapo gewehrt«, bezeugte der frühere Referent im Reichssicherheitshauptamt Kurt Lindow »mit der Begründung, sie sei nicht weiter der Henker der Wehrmacht« (PS 2542). Die Polizei hatte auch ihr Ethos. Sie behandelte Sicherheitsrisiken, nicht Siechtum.

Reinecke schilderte sich als General unter dem »Befehl, einen Befehlsentwurf ausarbeiten zu lassen«, bzw. »zu prüfen, ob die Befehle entsprechend richtig gefaßt waren, ausgedrückt waren«. Zu seinem Unglück stand Reinecke nicht in dem Rufe eines Redakteurs, sondern des ›braunen Generals‹. Er eignete sich allzu trefflich, die Verantwortung für den Massenmord der Wehrmacht an ihren Gefangenen zu tragen. Seinen Fall prägte die wohl dokumentierte Intimität mit Polizei und Partei. Seinem Amt oblag die weltanschauliche Truppenschulung, die er seit Februar 1944 als Chef der NS-Führungsoffiziere ausübte, der Kommissare der deutschen Armee. Mann und Tat stimmten nahtlos überein.

Eugen Müller, General zur besonderen Verwendung im OKH, dessen Stelle die schaurigsten Entwürfe des Kommissarbefehls und Gerichtsbarkeitserlasses Barbarossa formuliert hatte, bezeugte Reineckes Bindung an die Nazi-Ideologie (NO 5579). Otto Bräutigam aus dem Rosenbergschen Ostministerium, der im Oktober 1941 »aus der großen amorphen Masse der Kriegsgefangenen die unverbesserlichen bolschewistischen, hetzerischen und kriminellen Elemente entfernt« wissen wollte (PS 82), bekannte dem Gericht nunmehr seine Bestürzung, daß in Gegenwart Reineckes, »eines der höchsten Wehrmachtsoffiziere, ganz sachlich über die Liquidierung von Kriegsgefangenen in Gefangenenlagern gesprochen wurde«. Im OKH hingegen seien »alle Offiziere empört gewesen«, und es wurden »Befürchtungen laut, daß ein Gewinnen des Krieges in Frage gestellt sei, wenn man nicht die Völker anständig behandele«.

Die Gewalt über die Gefangenenlager übte das Heer aus. Kein Gefangener gelangte in die Hände der Polizei, den nicht dem Heeresbefehl unterstellte Kommandeure aus der Gefangenschaft entlassen hatten. Der braune Reinecke im OKW, der mit Heydrich die Details der Beseitigung vereinbart hatte, blieb auf der Schuld sitzen. Die Nürnberger Anklage verschmähte gar ein Kreuzverhör mit ihm, der die Wehrmacht mit Pamphleten wie »Offiziere des Führers« und »Der Jude als Weltparasit« versorgt hatte. (NO 5722)

Weil Reineckes NS-Gesinnung unstrittig war, verteidigte er sich mit ihrer gutartigen Natur. Unter Nationalsozialismus verstand er die lautere Menschlichkeit. Seine Sekretärin beeidete, daß ihm das NSDAP-Programm »seiner inneren sozialen Einstellung« wegen gefiel. Für ihn zählten die »Bekämpfung der Klassenvorurteile«, das Winterhilfswerk, die Volkswohlfahrt, wohingegen Juden-Exzesse und Verfolgung der Kirche »seinem ausgeprägten Humanitätsgefühl« widersprachen (Dok. Reinecke 172). Dieses bestätigte auch der Kriegsgefangenenbezirkskommandant in der Ukraine, Hadrian Ried, der das Gericht von den Mühen um Lagersaunabäder, Umschulungsstätten für Kriegskrüppel und die Gewährung von langer Bettruhe unterrichtete. Soweit unter den Gefangenen »bösartige Hetzer und Schwerverbrecher« ihr Unwesen trieben, kam Abgabe an die Polizei in Betracht. »Es gab unter den Gefangenen Menschenschlächter, die nachts schlafende Kameraden erdrosselten, sie sachkundig wie ein Metzger ausschlachteten und die ausgeschälten Gebeine liegenließen. Die Täter waren Asiaten.« Wenn die Polizei Hand an Gefangene legte, »war es menschliche Rücksicht auf die zahllosen anderen, anständigen russischen Kameraden, die von solchen Elementen befreit wurden, unter denen sie selbst zu leiden hatten« (Dok. Reinecke 116). So erlösten Reineckes Todesschwadronen die Kriegsgefangenen vor der eigenen Barbarei und fügten sich damit in sein natürliches »Verständnis für die Nöte anderer«. Darum war er Nationalsozialist geworden. »Soweit seine persönliche Einstellung nationalsozialistische Tendenzen zeigte«, bezeugte der Sachbearbeiter für den Einsatz der Wachmannschaften beim OKW Rudolf Westerkamp, »waren sie nach allem, was ich beobachten konnte, rein idealer Natur« (Dok. Reinecke 112). Eigenem Bekunden nach hatte ihm an der NSDAP die gemeinnützige Ader zugesagt.

Seit 1918 war der damals 30jährige Abkomme einer niedersächsischen Juristen- und Pfarrersfamilie in der Heeresversorgung tätig gewesen. Sein Interesse galt Tariffragen, Invaliden- und Hinterbliebenenbelangen, Schulungsprogrammen. Das Kriegsgefangenenwesen wollte Reinecke bei Kriegsbeginn an den sozialen Errungenschaften des Nationalsozialismus teilhaben lassen. Älteren französischen Offizieren installierte er ein Erholungsheim, während die Fähnriche akademische Vorlesungen hörten, um die Kriegsgefangenschaft zum Studium zu nutzen (Dok. Reinecke 110). Diplomaten versicherten dem Gericht, Reinecke habe als »Anhänger der internationalen Verständigung« keinerlei Sinn für die »damals beliebte Verächtlichmachung der Franzosen« gezeigt (Dok. Reinecke 111). Vielmehr hegte er die Absicht, »die französischen Kriegsgefangenen zu Freunden Deutschlands zu machen« (Dok. Reinecke 109). Fünf Millionen gefangener Rotarmisten zu seinen Freunden zu machen, hätte selbst den sozialen Ehrgeiz Reineckes überfordert. Indessen litt sein Solidarempfinden keinen Schaden und paarte sich geradewegs mit ungehemmter Vernichtungsenergie. Was den Russen entzogen wurde, kam der Heimat zugute. Ausmerzung an ›untragbaren Elementen‹ beschirmte den sorglosen Verzehr des Erbeuteten; Versklavung der Lebendiggelassenen ersparte der deutschen Frau den Arbeitsdienst. Sowjetische Kriegsgefangene nahmen durchaus teil am Fürsorgesystem, allerdings als dessen Opfer.

Der asketische Reinecke, der keinen Widerstand leistete, das Schlimmste nicht verhinderte, sondern herbeiführte, gestand vor Gericht als rechtfertigenden Grund seinen Altruismus. Er zählte nicht zu den Parteibonzen, erntete keinen Gewinn für sich, sondern diente der Wohlfahrt seiner Nächsten. Solches Zeugnis legte außer Reineckes Untergebenen und Mitarbeitern auch der frühere Vorsitzende des Bundes jüdischer Frontkämpfer Dr. Leo Löwenstein ab. Dessen Versuch, ein Arrangement mit Hitler zu treffen, mißglückte, doch fand sich in Reinecke ein Fürsprecher mit »verständnisvollem und korrektem Standpunkt«. Sein damaliger Verhandlungspartner, der Bundesleiter der jüdischen Kriegsopferabteilung Dr. Ernst Rosenthal, sei zwar »leider, wie so viele Kameraden, dem Giftgas des Konzentrationslagers zum Opfer gefallen«, klagte Löwenstein. Doch hätte man auf Reinecke gehört, wäre zumindest »den jüdischen Frontsoldaten die Kennzeichnung durch den Judenstern und das Verbot zum Tragen der Kriegsauszeichnung erspart« geblieben. (Dok. Reinecke 173)

Die Schulungsschrift ›Der Jude als Weltparasit‹ stand dem nicht entgegen. Pamphletismus kommt im Kriege häufig vor. Vorliegender Fall, erklärte Reinecke dem Nürnberger Gericht, sei als Retourkutsche auf den Morgenthau-Plan verfaßt. Persönlicher Antisemitismus war dazu nicht erforderlich gewesen. »Er gehörte zu einer Gruppe von Leuten«, erklärte der Entlastungszeuge Hederich, Chef der NSDAP-Schriftprüfungskommission, »die, ohne selbst Antisemit zu sein, durch die Umstände der Zeit und besonders des Krieges zwangsläufig in antijüdische Maßnahmen planender oder durchführender Art geraten« (Dok. Reinecke 181). Worin auch immer hier die Entlastung liegt, zutreffend ist, daß Reinecke eine »undankbare Aufgabe« zufiel, wie sein Untergebener Beyer, Leiter des Wehrmachtsfachschulunterrichts, bezeugte: Die Aufgabe, »Prellbock zu sein, auszugleichen zwischen den rivalisierenden Kräften innerhalb der Wehrmacht und gegenüber der Partei«. (Dok. Reinecke 176)

Das Bild kennzeichnet sämtliche Angeklagte aus dem OKW und das Amt dazu. Es fertigte aus den Zielen des Feldherrn ein Befehlskleid, das der Truppe paßte, federte die konkurrierenden Temperamente von Führern und Unterführern ab, meldete die Ansprüche der Front dem Kriegsherrn, befriedigte den Ehrgeiz von Polizei, Parteifürsten, Rechtskundigen und versorgte das Heer mit einer faßlichen Kampfmoral. Das OKW erledigte gewöhnliche Stabsarbeit unter einem exzentrischen Kommandanten, der »durchaus brauchbare Führungsgedanken« produzierte, wie Halder später schrieb, doch Augenblicksimpulsen anhing. Dazu zählte die nervöse Neigung, die Kriegsregeln zu überschreiten, sobald sie ein militärisches Hindernis bildeten. Doch auch dieses Laster Hitlers enthielt ›brauchbare Führungsgedanken‹.

Die Generalstäbler haben die kriminellen Affekte ihres Anführers keineswegs als dessen persönlichen Vernichtungstick behandelt. Sie galten ihnen als imaginative Art, Krisen ohne ungebührlichen Kräfteverschleiß zu erledigen. Die Probleme existierten mit und ohne Hitler: die allzu große Feindarmee moralisch zu destabilisieren, allzuviel gegnerisches Zivil vor Sabotage abzuschrecken, allzu leidgeprüfte Volksgenossen in Wehr- und Vergeltungsbereitschaft zu halten, allzu gefährliche irreguläre Attacken mit dreifachem Terror zu quittieren. Hitler kannte die Antwort.

Man kann auch sagen, die Antwort kannte Hitler. Er war die abwegige Personifikation einer abwegigen Gewinnchance. Wenn es sie gab, dann in umwerfender Manier. Hitlers am 22. August 1939 ausgegebene Losung: »Herz verschließen gegen Mitleid. Brutales Vorgehen. Schnelligkeit die Hauptsache« (PS 1014), verstand die Wehrmacht bis zum letzten Mann. Langsamkeit und Rücksichten hat sie sich nirgends erlaubt. Der amerikanische Militärwissenschaftler Colonel T.N. Dupuy hat in Anbetracht der staunenswerten Kampfleistung des deutschen Kriegsheeres bei seinem Generalstabssystem verweilt. In einer schwärmerischen Studie bescheinigt er ihm, »das Geheimnis entdeckt zu haben, militärische Brillanz zu institutionalisieren«. Leistungen, die ansonsten nur genialen Oberkommandierenden wie Alexander, Dschingis-Khan und Napoleon zugänglich seien, habe das Stabswesen verschult. Ein Kollektiv durchschnittlich begabter Offiziere habe die Kriegskunst zerlegt in professionell beherrschte Methoden. Von der Heeresspitze bis zu den Untergliederungen erfaßten die Stabsangehörigen die Sinngestalt einer Befehlslage. Ihre Erziehung forderte obendrein kreative Eigeninitiativen innerhalb des angeordneten Rahmens. Der Geist des deutschen Unterführers paart Verantwortungsfreude und Systematik.

Ebenso sind die Kriegsverbrechen zustande gekommen: sorgsam den Institutionen auf den Leib geschnitten, leidenschaftslos systematisiert und beherztem Mumm anvertraut. Das war das Werk der Stäbe OKW und OKH, nicht des genialischen Dämonen. Ein Dienstverteilungsplan hat die Untaten dem fachlichen Profil von Militär-, Polizei- und Justizmannschaften eingepaßt. Die Opfer fallen nicht Rasenden in die Hand, sondern einer Befehlskette mit abgestuften Kompetenzen. Die Ränge wetteiferten um ihren Erfolgsanteil.

Kapitel 4
Feldmarschälle; der Nimbus des Ancien chef

Belagerung, Keile, Manneszucht

Das Amt des preußischen Feldmarschalls umfängt ein besonderer Nimbus. Im königlichen Heer bekleideten den Rang vorwiegend eisgraue, verwitterte Schlachtenlenker, gottesfürchtige Greise, deren Unverwüstlichkeit ihre jungen Rekruten desto gläubiger in die Geschoßgarben riß. Die Strategen, die später das Reich in Bann schlugen, Moltke, Schlieffen, Hindenburg, Seeckt, waren Männer, die das Militärwesen ins Gefilde eines Sittlichkeitsprinzips rückten. Unter Hitler wurde der Marschalltitel durch so fade Träger wie Blomberg und Keitel etwas entwertet. Dadurch litt die Gestalt des Ancien chef indes keinen Schaden. Die ›Bendlerstraßengeneräle‹ Keitel, Jodl, Warlimont und die drei Heeresgruppenführer von Rundstedt, von Leeb, von Bock trennten Klüfte. Sie zogen sich bis in den Nürnberger Gerichtssaal hinein, den der Hauptangeklagte, Wilhelm Ritter von Leeb, zum letzten Duell eines deutschen Marschalls betrat, das Ziel weitgesteckt wie zuvor: die Rehabilitierung der Rußlandarmee.

Die Formation der Heeresgruppe hatte zu Beginn des Ersten Weltkriegs allein in Rußland existiert. Die acht Armeen des Reichs unterstanden geradewegs dem Kaiser, waren aber bald von einer Stelle aus nicht länger zu bewegen. Zweifel entstanden, wie Millionen von Männern auf den unübersehbaren, ganze Länder durchquerenden Fronten des totalen Krieges noch lenkbar seien. Die Befehlshaber lernten das Schlachtfeld meiden. Erstens waren sie zu wertvolle Experten, um sich den dortigen Gefahren auszusetzen. Zweitens gab es in den Gräben des Stellungskriegs nicht viel zu sehen. 1914 bis 1918 verlief kein Krieg der Generäle. In todesverachtenden Infanteristen wie dem Meldegänger Hitler fügte sich zu Recht der Glaube, das Kampfgeschehen besser zu kennen. Die spätere Sakralisierung des Fronterlebnisses schloß dann auch die mumienhaften Befehlshaber mit ein. Doch erkannte sich das Stigma der Grabenkämpfer in Hitlers Besessenheit getreulicher wieder als in Hindenburgs versteinerter Maske.

Die Generalität romantisierte unterdessen nicht weiter den als fruchtlos erkannten Stellungskrieg, wahrte Anschluß an den technischen Schub in der Militärkunst und pflegte intensiv die Auslese junger Führungseliten. Imaginatives, selbstentschlossenes Kommando im Feld, das hergebrachte Ideal der preußischen Schule, mußte auch im nächsten Treffen die Achillesferse des Reiches wettmachen, den knappen Menschen- und Materialersatz. Die Scharnhorstsche Offiziersakademie hält allerdings auf Homogenität des taktischen Urteils. Das Kastentum der Truppenführer erst befähigte sie zu der Entscheidungsfreiheit am Ort, bündigem Handeln aller Gefechtsebenen und verständigem Befehlsgehorsam. Dem Erbe blieb auch die Wehrmacht verhaftet, nicht dem Rudelprinzip der NSDAP. Der Schliff zur Expertenarmee war 1939 im Reich weiter gediehen als sonstwo. Ungeklärt blieb einzig die Rolle Hitlers.

Normalerweise wäre ihm der Beschluß über die Kriegsziele, das strategische Wollen anheimgestellt. Der Generalstab des Heeres, des ausschlaggebenden Wehrmachtsteils, setzt die Strategieentscheidung in Operationspläne um. Zwischen Generalstab und operierendes Armeekommando schaltet sich ein Heeresgruppenkommando, um Bewegungen über große Frontflächen auf die gegnerischen Züge abzustimmen. Das Heeresgruppenkommando dirigiert, ohne selbst Kampfverband zu sein, die Armeen und nachgeordneten Verbände. Es ist die höchste Befehlsstelle im Feld.

Durch die Einrichtung des OKW zu Hitlers persönlichem Stabsorgan hatte es sich gleichfalls Zugang zur Operationsführung verschafft. Doch rechnete die Heeresspitze damit, daß dem emsigen Jodl im Wehrmachtsführungsstab des OKW ausreichend Information und qualifiziertes Personal fehlen müsse und sie durch überlegenen Sachverstand im Gefecht ihr eigener Herr bleiben würde. Dies um so mehr, als die Truppenkommandos von Hitler nicht nach Willkür, sondern nach dem überkommenen Anciennitätsprinzip zu verteilen waren, das heißt in einer von Dienstalter und Rang diktierten Reihenfolge. So erklärt sich, daß die drei Heeresgruppenchefs, welche von September 1939 bis Ende 1941 die oberste Befehlsgewalt am Kriegsschauplatz ausübten, keineswegs führertreue Schwärmer waren. Anders als Keitel und Brauchitsch im OKW und OKH, verdankten sie ihr Amt auch nicht zuverlässiger Servilität. Jeder für sich herrschte über seinen Frontabschnitt mit der Autorität einflößenden Miene eines militärischen Genius, dessen Ruhm allein den Gegner in Atem hält. Unter den Mannschaftsgraden mag der Wundertätigkeit Hitlers gehuldigt worden sein. Dem auf Professionalität gedrillten Offizierskorps indessen galt das Urteil eines Feldmarschall von Leeb, den der Kaiser bereits gegen den Boxeraufstand entsandt hatte, als Gesetz.

Leeb war mit Brauchitschs Ernennung 1938 als konservativ-klerikaler Widerspruchsgeist in den Ruhestand versetzt worden. Rundstedt zählte zu den stillen Parteigängern der Beckschen Opposition und hatte 1938 tief verdrossen seinen Abschied genommen. Fedor von Bock, Darsteller eines forcierten Preußentums, trug eine abgründige Verachtung gegen jegliches Zivilistentum, insbesondere das der NSDAP-Genossen, zur Schau. Nein, die alte Garde, die 1939 ohne zu zögern aus ihrem Schmollwinkel an die Spitze der Heeresgruppen trat, bestand nicht aus Herolden der NS-Weltanschauung. Mit den Kreaturen im OKW waren die Marschälle schwer zu verwechseln. Sie empfingen ihr Kommando nach dem Einsetzungsverfahren der Königszeit und trachteten nach Clausewitzens Lehre ohne lange Umschweife den Feind zu vernichten. Allerdings neigte Leeb, der eine gelehrte Schrift über den Defensivkrieg publiziert hatte, keineswegs zu Überfallaktionen. Zu seinem Verdruß konnte er den Beweis seiner Theorie nicht antreten, weil der Westfeldzug offensiv geführt wurde. Gleich nach dem Sieg interessierte sich Leeb heftig für die Konstruktion der Maginot-Linie, besichtigte mit dem gefangenen gegnerischen Befehlshaber die Anlage, kritisierte scharf ihre Unzulänglichkeit und stritt auf das angenehmste über seine Fakultät, die Defensive. Gleichwohl verbindet die Militärgeschichte Leebs Namen mit dem Einbruch der Heeresgruppe Nord in das Baltikum und der Einschließung der Stadt Leningrad, die zweieinhalb Jahre Verteidigung durchhielt, wie sie verbissener, ruinöser noch nicht erlebt worden ist.

Leeb drang mit 500.000 Mann der 16. und 18. Armee sowie der Panzergruppe 4 von Ostpreußen her in Litauen ein. Der Befehl lautete, dem fliehenden Feind mit motorisierten Verbänden nachzusetzen und ihn westlich der Dwina zu stellen. Die Rote Armee zog sich überrumpelt und kopflos zurück, versäumte in ihrer Hast, Brücken und Bahngleise zu zerstören, so daß Leebs Nachschublinien intakt blieben. Ende Juli war sein Operationsziel, die Kontrolle der Ostseeküste zum Schutze der schwedischen Erzzufuhr, erreicht. Blieb noch der Einschluß Leningrads zwischen Finnischem Meerbusen im Westen, dem Ladogasee im Nordosten und Leebs Land- und Luftstreitkräften im südöstlichen Halbkreis. Ihre Zangen umspannten die wichtigste gegnerische Geschütz- und Panzerschmiede, überdies das Herz der gegnerischen Kampfmoral.

Am 21. Juli weilte Hitler in Leebs Quartier, befürwortete die Einnahme der Festung, mußte sich jedoch entgegenhalten lassen, daß die deutschen Frontlinien sich nach Osten hin weiter und weiter auseinandergespreizt hatten, die Truppenstärke hingegen nicht wuchs, sondern unter dem sich härtenden Widerstand schrumpfte. Die Erstürmung Leningrads, der leidenschaftlich verteidigten Wiege der Revolution, würde unentbehrliche Kräfte kosten. Leeb, der über 26 von 35 benötigten Divisionen verfügte, griff den um Leningrad gezogenen Verteidigungsgürtel am 10. August pflichtgemäß an, bemerkte aber nach kurzer Zeit, daß Hitler, das OKH und von Bocks Heeresgruppe Mitte ein lockenderes Objekt ins Auge gefaßt hatten, Moskau.

Bock, von der Vorstellung besessen, in Moskau einzumarschieren, und Halder, geprägt vom Locus classicus des preußischen Generalstabs, der Umfassungs- und Vernichtungsschlacht, strebten nach Konzentration der Kräfte auf die gegnerische Hauptstreitmacht im Weichbild der Kapitale. Hitler zog es weit darüber hinaus in die Weizen- und Rohstoffreviere des Südens. Für Leeb vor Leningrad bedeutete beides den Abzug von Panzerverbänden, Flugzeugen, Artillerie. Den September hindurch schien es immer fraglicher, ob sich die Stadt, wenn nicht erstürmen, so zumindest durch Beschuß und Bombardement zur Übergabe zwingen ließe. Der Einschließungsring wahrte gehörigen Abstand; ein engerer Radius hätte höhere Truppendichte beansprucht und die Absicherung der Ost- und Südflanke der Heeresgruppe gefährdet. So beschränkte sich der Beschuß auf ungenaues Fernfeuer. Unter den Angriffen der Luftwaffe fiel zwar die Leningrader Molkerei und zerspritzten Tonnen von Butter, doch die präzise Ausschaltung der Wasserwerke mißlang.

Obwohl Leeb am Durchhaltevermögen der Belagerten zweifelte und das letzte Teilstück seines Auftrags rechtzeitig zu meistern hoffte, sah er sich auf einen Nebenkriegsschauplatz verbannt. Von den drei Heeresgruppen fiel der nördlichen, so erfolgreich sie gewesen war, keine entscheidende Rolle mehr zu. Die Besitznahme

Leningrads interessierte den Führer nicht länger. Besuchern kündigte er an, die Stadt dem Erdboden gleichzumachen. In Wirklichkeit aber wurden Leeb eben die Waffen versagt, solches zu bewerkstelligen. Ratlos vertraute er seinem Tagebuch an: »Wie die Stadt selbst zu behandeln sein wird, ob eine etwaige Übergabe anzunehmen ist, ob sie zusammenzuschießen ist oder ob sie auszuhungern ist, darüber liegt leider bisher eine Entscheidung des Führers nicht vor.«

Im OKW skizzierte man die absonderlichsten Lösungen. So wurde erwogen, die Stadt mit einem elektrischen Zaun abzuriegeln und US-Präsident Roosevelt zu ihrer Ernährung aufzurufen. Der Einfall dünkte schließlich ebenso unpraktisch wie alle anderen auch. Fest stand allein, daß ausreichende Belagerungsartillerie und Flugzeuge nicht verfügbar waren. Daraus resultierte für Leeb, ohne sonderliche Sympathien, der Gebrauch der ältesten Blockadewaffe, der Aushungerung. Seine verbliebenen Flugzeuge wies er an, »den Schiffsverkehr auf dem Ladogasee aufs Korn zu nehmen«. Über das nordöstlich gelegene Gewässer hinweg versorgte sich die Stadt mühselig aus dem unbesetzten Rußland. Mit der Eroberung Tichwins durch die 16. Armee »ist nun auch der Seeweg über den Ladogasee abgeschnitten«, notierte Leeb am 9. November. »Der Gegner hat jetzt die Möglichkeit der Verbindung mit der Außenwelt nurmehr auf dem Luft- und auf dem Funkwege.« Die Rückeroberung Tichwins am 9. Dezember lockerte die Schlinge. Zeit seiner Belagerung hat Leningrad dürftige Kontakte ins Hinterland unterhalten.

Selbst nach Hungerrationen kalkuliert, benötigte die 3-Millionen-Stadt täglich 1.000 Tonnen Lebensmittel nebst Nachschub an Munition und Benzin für die Verteidiger. Der magere Verkehr über Wasser und Luft lag unter ständigem Feuer. So vermischten die Einwohner ihre Speise mit dem, was vorrätig war: Leim, Holz, Haustiere. Im Dezember gab es keine Vögel, Hunde und Katzen mehr zu sehen. Die Öl- und Kohlereserven waren bereits im September aufgebraucht. Einen Monat später brach die Energieversorgung zusammen. In den nicht länger heizbaren Wohnungen vereisten und zerbrachen alsbald die Wasser- und Abflußrohre. Der Schnee und das Wasser der Newa dienten hinfort als Trink- und Reinigungsflüssigkeit, verseucht von Ruhr- und Typhuskeimen. Leningrad quoll über von unbestatteten, in Terpentindunst getauchten Leichen. Im Januar 1942 verendeten täglich

300 bis 400 Personen. Die Stadt war ein Zwischenreich von Toten und einstweilen Lebendigen geworden, zu schwach, zu müde, um die Gestorbenen in den gefrorenen Boden zu betten. Sie trieben unter dem Eis des Flusses, verbanden sich mit der Schneedecke der Straßen und füllten, vom Frost petrifiziert, die unbewohnten Stuben der Häuser. Das Leben im Leningrader Winter 1941/42 verlosch in lähmender Stille.

Vereinzelt tauchten Flugschriften auf, die Öffnung der Stadt verlangten, doch entstand darüber kein Streit. Stalin versprach den Fluchtwilligen die Todesstrafe. Man stand von eigenen Truppen umgeben, gewahrte den grimmigen Widerstand der lokalen Partei und hätte unter diesen Umständen gar nicht die Kraft aufgebracht zu kapitulieren. Die Menschen waren abwesende Knochengerippe, überzogen von wachsweißer, grüner oder blauer Haut, ausgezehrt, betäubt von Kälte, Hunger, Trauer und der Erwartung ihres bevorstehenden Endes. Allein das Verbrechertum fand unschwer ein Element des Gedeihens. Es hub ein Handel mit Menschenfleisch an, insbesondere gewonnen aus Kindern. Die Kannibalen legten unbedingten Überlebenswillen an den Tag und verbreiteten Entsetzen durch ihr gesundes Aussehen.

Die deutsche Belagerungsarmee erforschte den Zerfall des Lebensprozesses in Leningrad mit akribischem Interesse. »Statt Grütze wird in letzter Zeit vielfach Sojaschrot ausgegeben«, meldet ein Kundschafter im Januar 1942. Nun bewährte sich die Begleitung der Polizei. Aufbau und Einschleusen eines V-Männer-Netzes wußte sie routinierter zu besorgen als irgend jemand. Aufmerksam beobachteten die Polizisten das Anwachsen des Judenhasses. Im Laufe des Dezember seien »mehrere Jüdinnen, die beim Lebensmitteleinkauf bevorzugt abgefertigt worden waren, von der vergeblich anstehenden Menschenmenge erschlagen worden«. Gleiches widerfuhr Juden, bei denen Lebensmittellager entdeckt wurden, seitens ihrer Hausgenossen.

Mit der Judenfrage meinte die Polizei, das russische Volk auf ihre Seite gezogen zu haben: »Mit Schadenfreude werden die Juden auf ihr Schicksal im Fall des deutschen Einmarschs hingewiesen.« Allerdings war das den Leningradern insgesamt zugedachte Schicksal ähnlich. Im Dezember registrierte die Polizei »Hungerschwellungen«, im Januar ein Massensterben, das »Katastrophenstadium«. »In besonderem Maße sollen Kinder Opfer des Hungers werden, namentlich Kleinkinder«. Desungeachtet »schlagen sich diese Rotarmisten und Leningrader Arbeiter nach wie vor mit einer sturen Hartnäckigkeit«. Die Deutschen konkurrierten mit dem »suggestiven Druck« der sowjetischen Propaganda und hätten überdies von vier Millionen Einwohnern erst 200.000 verhungern lassen (NO 3359; NO 2934).

An der Belagerung gingen 1,2 Millionen Zivilisten zugrunde. Auschwitz und Leningrad zählen die meisten Getöteten der Kriegszeit. Nach Kriegsrecht traf die Heeresgruppe Nord indessen kein Vorwurf. Auch wenn die Hungerblockade auf das Zivil abzielte, war sie durch ständigen Brauch gedeckt. Verteidigte Städte mochten nicht gestürmt, sondern von Land- oder Seezufuhren so lange abgeschnitten werden, bis sie dem Belagerer Zutritt gewährten. Der britischen Seemacht galt Kriegführung durch Blockade geradezu als Normalzustand. Deutschland bezifferte 300.000 Ziviltote als Opfer der Atlantiksperre im Ersten Weltkrieg. Die Nürnberger Anklage verdächtigte von Leeb indessen einer Belagerung präzedenzloser Art. Dem Heer sei es gar nicht darauf angekommen, sich den Eingang in die Stadt zu erzwingen. Nach anfänglicher Unsicherheit über das Operationsziel habe man alles Interesse an ihrem Besitz verloren. Der Belagerungsring diente keineswegs dazu, die Leningrader gefügig zu machen, sondern sie in eine Vernichtungszone zu sperren. Die vier Millionen Einwohner sollten darin der Ausrottung durch Hunger, Kälte und Krankheit preisgegeben sein. Eine kriminelle Energie von solchen Dimensionen hätte die Kriegsgeschichte denn noch nicht erlebt. Der Anlaß war nüchtern, emotionslos, eine Truppenverschiebung.

Der Abzug von Panzer- und Flugzeugverbänden zu dem neuen Angriffsschwerpunkt bei der Heeresgruppe Mitte ließ Leeb vor Leningrad zu seinem Ärger im toten Winkel der Invasion zurück. Noch am 22. September 1941 verzeichnet das Kriegstagebuch der 18. Armee den Wunsch des Oberbefehlshabers, die Stadt militärisch zu bezwingen: »Feldmarschall v. Leeb sprach über das Verhalten gegenüber Petersburg. Petersburg soll nicht angegriffen und nicht besetzt werden. Nur abschließen, durch Artilleriefeuer und Fliegerangriffe vernichten. Alle Vorbereitungen zum Besetzen und Ausnutzen der Stadt können eingestellt werden« (NOKW 1317). Die Absicht, Leningrad aus der Distanz dem Erdboden gleichzumachen, entstand bereits aus Leebs Unvermögen, es aus der Nähe zu erstürmen. Die konzentrisch um die Stadt gelegten Panzergräben schienen ihm schwer überwindlich, zumal bereits im

August die Hälfte seiner Panzer ausgefallen war. Nach Verlust einer halben Million Männer ließ sich auch der Menschenersatz kaum noch decken. Um die Soldatenreserve nicht unnütz zu vergeuden, erging ein Planierungsauftrag an die Luftflotte, die jedoch, wie Leeb in Nürnberg klagte, seinem Kommando entzogen und von Bock zugeschlagen wurde. Darum die Hungerblockade, die, taub gegen etwaige Kapitulationsersuchen, demselben Zwecke diente, ohne die Kräfte zu überspannen.

Vor Gericht bekannte sich Leeb zum christlichen Rittertum. Sein Ideal wäre es gewesen, die Stadt »aus der Bewegung heraus« zu nehmen, gewiß die befriedigendste Variante. Doch vergönnten ihm die kärglichen Verhältnisse der Wehrmacht in Rußland nicht den Ruhm eines Bezwingers von Leningrad. Ein Übel, das er Hitler um so heftiger ankreidete, als er ihn rechtzeitig gewarnt hatte, daß sein Plan weder den Fall Leningrads noch den Moskaus herbeiführen werde. Unter den gegebenen, von ihm mißbilligten Umständen, beschwor Leeb das Gericht, habe er eine Belagerung klassischen Stils durchgeführt. Seine Sorge richtete sich auf den Moment, »daß die Stadt sich ergab und mir sagte, sie hätten nichts mehr zu essen, bitte, ich muß das jetzt machen«. Nachdem er alle erdenklichen Formen der Versorgung und Evakuierung vergebens durchdacht hatte, kam ein Temperatursturz zu Hilfe, der den Ladogasee gefrieren ließ. »Die Russen haben nun sofort ein Bahngeleise über den Ladogasee gebaut, und damit war die Verbindung hergestellt zwischen der Stadt und dem Inneren von Rußland. Ich habe den nächtlichen Verkehr auf dieser Strecke, der die Versorgung bezweckte, nicht stören lassen. Damit war diese ganze Frage gelöst, und es spielte auch weiter keine Rolle mehr.« In Anbetracht der massiven Tiefflieger- und Artillerieangriffe auf das Eis, Leebs letzte Lücke im Blockadering, eine verblüffende Auskunft. Zudem registriert Leebs eigenes Kriegstagebuch die Absicht, »den Schiffsverkehr aufs Korn zu nehmen«. Eine andere Rettungsidee, das Zivil durch einen Korridor in die gegnerischen Linien zu drükken, ist hingegen aktenkundig.

Bestechend daran schien die Aussicht, im Falle einer Kapitulation den Russen die Ernährung der Leningrader aufzubürden. Deren Vernichtung dünkte die Heeresgruppe entbehrlich, nicht aber die Ersparnis von Lebensmitteln. Allerdings erkannte man sogleich die illusorische Seite eines Plans, dem die sowjetische Seite hätte zustimmen müssen. Dort galt Kapitulation als sträflicher Verrat; die Evakuierten wären mit Waffengewalt zurück auf deutsches Herrschaftsgebiet gejagt worden. Die Mühe ihrer Beseitigung blieb bei der Heeresgruppe. Aus den Leeb in Nürnberg vorgehaltenen Akten spricht deutlich das Unbehagen vor den Schauerlichkeiten einer im Belagerungsring verendenden Millionenschar. Frauen könnten mit Kleinkindern verzweifelte Ausbruchsversuche unternehmen und die Truppe zu schießen zwingen. Wenn Leningrad aber aufgäbe, müßten deutsche Soldaten die Geisterstadt betreten, ausgesetzt ihren scheußlichen Seuchenerregern. Außerdem argwöhnte man ganz zu Recht, daß verborgene Sprengladungen den Eindringling samt dem Gemäuer in Stücke rissen. Der 6. Armee war dieser Empfang soeben in Kiew widerfahren. Vor solchen seelischen und physischen Prüfungen wollte Leeb seine Männer schützen: Die Divisionskommandeure bezweifelten, ob die Truppe »die Nerven behält, bei wiederholten Ausbrüchen immer wieder auf Frauen und Kinder und wehrlose alte Männer zu schießen ... In der Truppe bestehe volles Verständnis dafür, daß die Millionen Menschen, die in Leningrad eingeschlossen seien, von uns nicht ernährt werden können, ohne daß sich dies auf die Ernährung im eigenen Land nachteilig auswirkt. Aus diesem Grund würde der deutsche Soldat auch mit Anwendung der Waffe derartige Ausbrüche verhindern. Nur zu leicht könne das aber dazu führen, daß der deutsche Soldat dadurch seine innere Haltung verliert.«

Exzessive und kriminelle Befehlslagen flößten dem Wehrmachtsffizier regelmäßig Bedenken ein. Das Abschlachten Wehrloser weckt trübe Leidenschaften. Die Truppe verkommt zur Horde und entgleitet der Befehlsgewalt des Vorgesetzten. Das ist das Mißlichste, was seiner Profession zustoßen kann. Deshalb empfahl die wachsame Heeresleitung Ende Oktober »vorwärts der eigenen Linien Minenfelder anzulegen, um der Truppe den unmittelbaren Kampf gegen die Zivilbevölkerung zu ersparen«. In der Hoffnung auf einen einigermaßen konventionellen Kapitulationssieg befürwortete Leeb, der Verteidigungsarmee anschließend Pardon zu gewähren. »Soll das nicht geschehen, so führt der Russe einen Verzweiflungskampf weiter, der unsererseits Opfer und wahrscheinlich schwere fordern wird.« Ferner sollten bei ordentlicher Kapitulation und Gefangennahme erbeutete Nahrungsmittel nicht sämtlich konfisziert werden. »Auch dann wird ein großer Teil der Bevölkerung zugrunde gehen, aber doch wenigstens nicht unmittelbar vor unseren Augen.«

Leebs Eroberungswünsche fanden kein Gehör. »Es ist heute die Entscheidung des OKW bezüglich der Stadt Leningrad gekommen«, notierte er am 12. Oktober in sein Tagebuch. »Danach darf eine Kapitulation nicht angenommen werden.« Am 17. Oktober reichte die Heeresgruppe Nord an die 18. Armee einen Führerbefehl weiter, daß niemand die Stadt betreten oder verlassen dürfe. »Das Leben deutscher Soldaten für die Errettung russischer Städte einzusetzen, oder deren Bevölkerung auf Kosten der deutschen Heimat zu ernähren ist nicht zu verantworten« (NOKW 3148). »Um das Ausströmen von Partisanen und kommunistisch verseuchten Einwohnern zu verhindern«, wurde auf Einzelpersonen, die sich aus dem Inferno flüchteten, scharf geschossen (NOKW 1580). Die Vernichtungsrate sollte nicht durch private Absetzbewegungen fallen. Die Eingeschlossenen brauchten sonst längere Zeit zum Verhungern. Gegen kollektive Ausbruchsversuche von Zivilisten waren Kanonen einzusetzen. »Es ist Aufgabe der Artillerie«, schreibt das Kriegstagebuch des 50. Armeekorps, »durch frühzeitige Feuereröffnung jedes derartige Unternehmen möglichst weit von der eigenen Linie abzuweisen, damit es der Infanterie möglichst erspart wird, auf Zivilisten zu schießen.« (NOKW 2362)

Dies sei »ein ungenauer Ausdruck«, erläuterte Leeb im Nürnberger Kreuzverhör.

> »Es sind natürlich ›Partisanen‹ gemeint.« An und für sich eine Gruppe, deren Beschuß der Infanterie nicht schwerfällt. »Jeder, der sich ergeben wollte, konnte sich ergeben und wurde in Gefangenschaft abgeführt. Jeder Soldat und jeder Zivilist, der herauswollte, vor allem die Frauen und Kinder, wurden herausgelassen ... und für die Verpflegung gesorgt. Und wenn ein Partisane oder dergleichen herauswollte, der wurde mit Feuer abgewiesen, der ist nicht herausgelassen worden.«
> Anklage: »Wie konnten Sie auf Schußentfernung den Unterschied zwischen einem Partisanen und Frauen und Kindern feststellen?«
> »Ja, mit den Augen. Ich verstehe die Frage wirklich nicht mehr.«
> »Herr Zeuge, Dokumente in den Akten zeigen auf, daß auch Frauen und häufig sehr kleine Kinder als Partisanen aufgefaßt wurden. Nun frage ich Sie, wie können Sie Ihren Soldaten dies befehlen? Konnten diese vorne einen Partisanen erkennen? Wie war so etwas möglich?«
> »Wenn Kinder kamen, dann sind sie durchgelassen worden, weil man nicht annehmen wollte und konnte, daß das Partisanen

sind. Und wenn Frauen kamen und gebettelt haben, bittend gekommen sind, ich möchte sie durchlassen, und mit Tüchern gewunken haben, dann hat man sie auch durchgelassen. Dann hat man angenommen, das sind keine Partisanen und Agenten und dergleichen. Man kann sich manchmal getäuscht haben. Wenn aber einer sich im Vorgelände herumgetrieben hat und versucht hat, irgendwie durchzukommen, ausgespäht hat und so weiter, womöglich man erkannt hat, daß er eine Waffe bei sich hat, dann war das ein Partisane und dann ist auf ihn geschossen worden. Das mag manchem gar nicht leicht gewesen sein für diese vordersten Leute.«

»Die Stadt war also niemals abgeriegelt?«

»Soll ich darauf antworten? Die Stadt war abgesperrt, und zwar im Süden durch meine Truppen und im Norden durch die finnischen Truppen und im Osten durch den Ladogasee.«

»Aber außer Partisanen konnten alle aus der Stadt heraus. Wer wollte, durfte sich Ihren Truppen ergeben?«

»Jeder konnte das tun und hat es getan.«

Welcher Belagerer vor Leeb hätte nahezu einen jeden Belagerten passieren und dennoch über eine Million Eingeschlossene Hungers sterben lassen? Der Feldmarschall beeidete vor Gericht diese wenig überzeugende Theorie, um den gravierenden Vorwurf zu entkräften, er habe in Leningrad nicht Kapitulation, sondern Genozid angestrebt. Zu Recht betonte Leeb, daß eine Kapitulation nie angeboten worden sei.

»Wie sich das dann weiter entwickelt hätte, das blieb abzuwarten. Da hätte ich schließlich auch noch ein Wort dazu zu sagen gehabt.« Mag sein.

Eine ausdrückliche Vernichtungsabsicht des Feldmarschalls ist nur angelegentlich seines bereits erwähnten Besuchs bei der 18. Armee am 22. September dokumentiert. Die in deren Kriegstagebuch festgehaltene Order, die Stadt durch Kanonade und Luftbombardement auszutilgen, bis ihre Besetzung gegenstandslos sei, hat Leeb in Nürnberg als Fehler des Chronisten interpretiert:

»Das hat der Betreffende, der das geschrieben hat, reingeschrieben ..., und was da drinsteht, in dem Tagebuch, das ist gänzlich mißverstanden worden.«

Das fragt sich. Dieselbe Taktik, alles Leben in Leningrad zu beseitigen, findet sich in einem Schreiben der Seekriegsleitung an die Heeresgruppe Nord erwähnt, betreffs Abstimmung über »die sich aus der Auslöschung Petersburgs ergebenden Konsequenzen«. Die »Grundlinie des Vorgehens« ist zwischen Führer, OKW, Marine und Heeresgruppe Nord offenkundig nicht strittig gewesen:

»Es ist beabsichtigt, die Stadt eng einzuschließen und durch Beschuß mit Artillerie und laufendem Lufteinsatz dem Erdboden gleichzumachen. Sich aus der Lage in der Stadt ergebende Bitten um Übergabe werden abgeschlagen werden, da das Problem des Verbleibens und der Ernährung der Bevölkerung von uns nicht gelöst werden kann und soll. Ein Interesse an der Erhaltung auch nur eines Teiles dieser großstädtischen Bevölkerung besteht in diesem Existenzkrieg unsererseits nicht« (C 124). Ob dies die Antwort auf die Frage sei, forschte die Anklage in Leebs Nürnberger Verhör, warum Leningrad nicht genommen wurde.

Leeb: »Das habe ich bisher noch nicht in Zusammenhang gebracht. Aber es ist möglich, daß dieser teuflische Plan dahintergesteckt hat. Es kann sein.«

Anklage: »Sie sehen doch ein, daß er dahintersteckt, nicht wahr, Herr Zeuge?«

»Nein. Ich sagte, es kann sein. Ich weiß es nicht.«

»Sie können sich keinen anderen Grund vorstellen für diesen merkwürdigen Befehl?«

»Ich kann mir nicht keinen *anderen* Grund vorstellen, sondern ich kann mir *keinen* Grund vorstellen. Ich habe das für ein Hirngespinst Hitlers gehalten.«

Die Hirne der Heeresführung brüteten allerdings die nämlichen Gespinste aus. Ein Stabsoffizier der 18. Armee präsentierte am 4. November 1941 Lösungsvorschläge für die Zivilistenfrage in Leningrad. Der September-Beschluß, die Stadt mit Bomben und Geschossen auszuradieren, war inzwischen fallengelassen. »Ich hatte nur so viel Munition«, klagte Leeb vor Gericht, »daß ich nur die allerwichtigsten Ziele zeitweise habe unter Feuer nehmen können. Also von einem Zerstören von Leningrad – das ist eine Utopie.« Die realistischere Erwartung, Zusammenbruch der russischen Streitkräfte durch Hungerepidemie im Belagerungsring, schuf das Problem des weiteren Schicksals der Einwohnerschaft. Abwurf von Brand- und Sprengstoffen hätte die Frage größtenteils gelöst. Die Hungerwaffe hingegen zielt auf Kapitulation; ein solches Ersuchen aber bereitete dem Stabspapier der 18. Armee zufolge neues Ungemach:

»Die Petersburger Bevölkerung fällt der Bevölkerung in unserem rückwärtigen Gebiet zur Last und beeinträchtigt damit auch unsere

Ernährungslage. Ein großer Haufe kommunistischer Elemente ergießt sich in unser Hinterland. Damit Vermehrung der Partisanen und Aufhetzung der z.Z. gutwilligen Landbevölkerung.« Ablehnung der Kapitulation würde allerdings politischen Schaden verursachen. Das Verhungern der Leningrader lieferte auf die Dauer »der Weltpresse die Unterlage für die Propaganda«. Das ist der Nachteil. Nicht minder beachtlich sind jedoch die »Vorteile«, wenn die Stadt »abgeschlossen bleibt und alles verhungert«: »Ein großer Teil der kommunistischen Bevölkerung Rußlands, der gerade unter der Bevölkerung von Petersburg zu suchen ist, wird damit ausgerottet. Wir brauchen vier Millionen Menschen nicht zu ernähren.« (NOKW 1548)

Die Nonchalance, mit der in diesem Schriftsatz Zivilpersonen millionenweise vom Leben abgebucht werden, verleitet zu der Annahme, daß sich hier ein Phantast auf dem Papier auslebt. »Nach dem, was ich aus diesem Dokument entnehmen kann«, kommentierte von Leeb vor Gericht, »ist es von irgendeinem aus dem Stab der 18. Armee aufgestellt worden. Es ist nicht einmal unterschrieben. Man weiß nicht, von wem es ist. Es sind also die Gedanken eines Offiziers im Stabe der 18. Armee über diese Frage.«

Die Gedanken des namenlosen Offiziers decken sich indessen nahtlos mit denen der Stabschefs sämtlicher Armeen und Heeresgruppen im Osten, die neun Tage später, am 13. November, in Orscha tagten, darunter auch Kurt Brennecke von der Heeresgruppe Nord.

»Die Frage der Ernährung der Zivilbevölkerung ist katastrophal«, heißt es in dem Konferenzprotokoll. »Es ist klar, daß an oberster Stelle die Truppe und ihre Bedürfnisse stehen müssen. Der Bevölkerung kann nur ein Existenzminimum zugebilligt werden. Dabei wird das flache Land immer noch einigermaßen erträglich dastehen. Unlösbar dagegen ist die Frage der Ernährung der Großstädte. Es kann keinem Zweifel unterliegen, daß insbesondere Leningrad verhungern muß, denn es ist unmöglich, diese Stadt zu ernähren. Aufgabe der Führung kann es nur sein, die Truppe hiervon und von den damit verbundenen Erscheinungen fernzuhalten« (NOKW 1535). Diese Ansicht ist vielfach niedergelegt. »Was sollen wir mit einer 3½-Millionen-Stadt«, schreibt Generalquartiermeister Wagner, »die sich nur auf unser Verpflegungsportemonnaie legt. Sentimentalitäten gibt's dabei nicht.« Und ein Generaloberst vom VIII. Fliegerkorps notiert: »Über P. ›soll der Pflug gehen‹.« Leeb hat es vor Gericht tief entrüstet von sich gewiesen, Nahrungsentzug zugunsten der Invasionsarmee und des Reiches als Ausplünderung zu werten. Plünderungen würden nach deutschem Kriegsgesetz mit dem Tode bestraft. »Ich muß mich also auch verteidigen, und ich kann hier nur sagen, daß ich weder im Ersten Weltkrieg, noch im Zweiten Weltkrieg auch nur eine Zigarette weggenommen hatte.«

Der Feldmarschall hatte sich, wie seine Mitangeklagten, nichts vorzuwerfen, trat aber streitbarer ins Verhör. Straftatverdacht gegen das deutsche Heer und seine Führer dünkte ihn abwegig aus Prinzip. Dem Heer in der Lauterkeit seines Selbstopfers fehlte das kriminelle Motiv. Ein waches Organ war Leeb hingegen verblieben für die Bösartigkeit der Gegenseite: »Der russische Partisan führt den Kampf aus dem Hinterland in heimtückischer Weise, biedert sich an bei Tag und überfällt Unterkünfte bei Nacht, kennt kein Völkerrecht, terrorisiert die eigene Bevölkerung.« Den US-Truppen wiederum ist Leeb an seinem Ruhesitz persönlich zum Opfer gefallen. »Mein Eigentum ist nach Einstellung der Feindseligkeiten völlig geplündert worden. Es sind hohe Vermögensverluste entstanden.« Rechtsverletzungen wurzeln in Wesenszügen, wie etwa »der Russe an sich schon zu Grausamkeiten neigt«. Die Rechtsgetreusamkeit der Wehrmacht ist gleichfalls Veranlagungssache. Allfällige Übergriffe resultieren aus Notstand und dem Versagen unerfahrener Organe.

Leeb vermochte das Gericht mit seinem Groll nachhaltig zu beeindrucken. Die Ausrottungswut der ersten sieben Monate Rußlandfeldzug paßte nicht zu diesem hochfahrenden Greis. Es hat kaum einen Nürnberger Angeklagten gegeben, der sein Amt nicht als ›Kampf gegen Hitler‹ verstanden wissen wollte. Leeb konnte indessen einige Meinungsverschiedenheiten nachweisen, war zudem kein Protegé der NSDAP und hatte im Januar 1942 das Kommando niedergelegt, das dem betagten Pensionär durch seinen militärischen Ruf zugefallen war. Der Krieg unterbrach die Liebhaberei seines Ruhestandes, die Ahnenforschung, der Leeb sich nach Abschiednahme von der Heeresgruppe selbstgenügsam hingab, bis ihn die US-Armee in Untersuchungshaft warf. Er unterschied sich von einem alerten Sekretär wie Warlimont und ungeschlachten NS-Schergen wie Reinecke. Einen wahren Klang vermeinte man in der Darlegung seiner Abschiedsgründe zu hören: »Hitler hat uns – vor allem die älteren Offiziere – in schwere Gewissenskonflikte gebracht. Befolgte man seine Befehle, dann lief man Gefahr, gegen das Völkerrecht zu verstoßen. Befolgte man sie nicht, beging man einen Ungehorsam vor dem Feinde. Und wenn man das zu mehreren tat, so heißt das auf dem Rechtsgebiet Meuterei.«

Leeb hatte eine kritische Denkschrift gegen die Aggression im Westen verfaßt, welche unweigerlich fehlschlagen müsse. Die Leningrader Blockade wurde ihm, der die Stadt im Sommer zu gern eingenommen hätte, durch Führerbefehl auferlegt. Am Nationalsozialismus mißfiel ihm hauptsächlich »der Kampf Hitlers und seiner Trabanten gegen alle Religionsbekenntnisse«. Darauf ließ sich schon aus militärischen Gründen nicht verzichten. »Wenn der Frontsoldat ständig den Tod vor Augen sieht, dann steigert sich das Bedürfnis nach einer inneren Aufrichtung.« Christlichkeit prägte ebenfalls Leebs Verhältnis zur Zivilbevölkerung, die es galt, »dem Kommunismus abspenstig zu machen« und davon zu überzeugen, »daß es ihr unter unserer Besetzung besser erging als unter dem Kommunismus«. Im Leningrader Gebiet, wie auf dem gesamten Territorium der Heeresgruppe, konnte ein Feldmarschall zugunsten der Zivilbevölkerung wenig ausrichten: »Ich war nicht Territorialherr.« Territorialherren waren die Armeeführer. Doch in Pleskau, seinem Hauptquartier, habe er gestaltend eingegriffen »und die Kathedrale instandsetzen lassen, ein architektonisch besonders bemerkenswertes Gebäude, umgewandelt in ein Gottlosenmuseum«. Alsbald stellte sich heraus, »daß bei der gesamten Bevölkerung ein sehr ausgeprägtes Bedürfnis nach religiöser Betätigung vorhanden war«. Leeb inthronisierte einen Bischof, »und im Anschluß an diese Handlung fand dann eine große Prozession statt, bei der sich wohl der größte Teil der Bevölkerung beteiligt hat. Das war für mich der sicherste Beweis, daß man hier etwas Gutes für die Bevölkerung getan hat.« Solche Maßnahmen überschritten nach Leebs Zeugnis die Befugnisse eines Feldmarschalls. Soviel nahm er sich heraus. Wer wollte einen Gebieter seinesgleichen hindern, das Zivil enger an den Besatzer zu binden? Ob durch Religionsfreiheit, Antisemitismus oder blanken Terror. Im rechristianisierten Pleskau nahm neben dem Bischof auch die Einsatzgruppe A ihren Sitz, um die Judenausrottung mit den Heeresdienststellen besser abzustimmen. Im Kriegsgefangenenlager Pleskau gingen außerdem nach einer Eintragung der 18. Armee vom 28. November 1941 »von 20.000 wöchentlich etwa 1.000 an Erschöpfung zugrunde« (NOKW 1469). Davon erlangte Leeb jedoch keinerlei Kenntnis, wie er dem Gericht versicherte. Auf den umgebenden Landstraßen, wo sich dem Abwehroffizier Lahousen »endlose Kolonnen von halbverhungerten, -erfrorenen Kriegsgefangenen näherten, ungefähr alle tausend Meter brachen einige zusammen und starben« (NOKW 3230), pflegte sich Leeb gelegentlich nach dem Befinden der Bauern zu erkundigen »und konnte nur feststellen, daß die Leute zufrieden waren«. Wenn man diese Aussage als wahr unterstelle, höhnten die Ankläger, »dann müssen wir daraus folgern, daß er taub, stumm und blind gewesen sein muß«. Davon ist nicht auszugehen.

Leebs Zeugnis häuft groteske Unwahrheiten, deren Adressat aber weniger das Gericht gewesen ist. Die hagere Gestalt des barschen Marschalls gab den gelichteten Reihen der deutschen Frontoffiziere Deckung. Hatte man schon vergeblich gekämpft, klammerte man sich um so verbissener an die Sauberkeit der Darbietung. Im Felde ja, in Kriegsmanieren unbesiegt. Nach der Niederlage blieb nichts, als die Ehre zu behaupten. Der Anklage zufolge war sie verlorener als der Krieg. Leebs Rolle vor Gericht hieß ihn, die moralische Vernichtung des Heeres in den Augen der Kameraden und der Nation abzuwenden. Im OKW mochte es auf Diktat Hitlers und dank des beflissenen Keitels Schwäche zu einer unersprießlichen Befehlslage gekommen sein. Warlimonts ganzes Geschick hatte darin bestanden, den Truppenkommandeuren Ermessensspielraum zu lassen. Den Beweis für dies Rechtfertigungsgespinst der Stabsangehörigen mußten allerdings die Angeklagten vom Frontabschnitt antreten. Dort hätten all jene gerettet werden müssen, die Warlimont in Berlin listenreich verschont zu sehen wünschte. Das Bindeglied zwischen Hitler und den Armee-, Korps- und Divisionsführern war der Heeresgruppenchef, der Souverän des Operationsgebietes. Die Untadeligkeit dieses Mannes mußte schließlich das Ansinnen schmutzigen Kriegführens vereiteln. Das seit Nürnberg beschworene Schisma zwischen Hitlers kriminellem Krieg und dem harten, aber fairen Gefecht des Heeres verlief durch den Patriarchen an der Spitze der kämpfenden Truppe. Der Tradition nach Gebieter der Operationen im Felde, trug der Feldmarschall in den Augen seiner Gefolgsmannen die Verantwortung für ihr Tun und Treiben. Das äußerte sich sinnfällig in dem Brauch, zurückzutreten, wenn die königlichen Weisungen den Oberbefehlshabern der Fronten contre cœur gingen. Innerhalb eines auf Gehorsam gründenden Organs ein bemerkenswertes Privileg. Bis zum 16. Januar 1942 hatten es alle Heeresgruppenführer wahrgenommen.

Leeb im Norden, der als letzter quittierte, machte in Nürnberg die Fürsorge für seine Soldaten geltend. Hitler, der mit ihnen ähnlich drakonisch umging wie mit dem Gegner, hatte jenen Haltebefehl erteilt, der den Rückzug in Winterquartiere abschnitt. Die Kommandeure bangten um ihr Instrument, das, bereits um ein Drittel geschrumpft, ungerüstet der Kälte und ausgelaugt der Gegenoffensive frischer Reserven der Roten Armee preisgegeben war. »Die Generäle wollen immer operieren, sie sollen stehenbleiben«, habe Hitler auf Bedenken Leebs geantwortet, der seine Kunst an diesen Strategen nicht länger vergeuden wollte: »Seine operativen Vorstellungen mündeten in dem einen Satz: Stehenbleiben! Ein solch beschränkte Begriffswelt für die Führung eines Millionenheers im Kriege war zuwenig.«

Anlaß des Leebschen Abschieds war der Sack von Demjansk, ein Vorsprung in den deutschen Linien, den 100.000 Mann vom II. und X. Armeekorps besetzt hielten. »Woroschilow schob dauernd neue Divisionen heran auf zwei Bahnlinien und warf sie hier in den Kampf, und er setzte sie in den tiefen Flanken dieses Sackes ein.« Leeb fürchtete die Einkesselung seiner Truppen, Hitler hingegen kalkulierte, daß dabei mehr russische Kräfte gebunden würden als es deutsche koste, den Sack zu halten. »Dieser Sack hatte keinerlei operative Bedeutung«, erläuterte Leeb eifrig dem Gericht. Das allerdings war der Streitpunkt gewesen. Auch Halder hatte befürwortet auszuharren. In dem scharfgezackten Frontverlauf des Winters 1941/42 hielt die Wehrmacht die Städte, beiderseits derer die Rote Armee die Linien tief eingedrückt hatte. Zugunsten künftiger Operationen scheint die Behauptung der städtischen Verkehrsknotenpunkte nicht sinnlos, wie auch das Urteil der Militärgeschichtsschreibung über Hitlers Haltebefehl Leeb kaum beipflichtet. Ein napoleonischer Rückzug hätte seine Verluste nicht sonderlich geschmälert, nur die Siegeszuversicht. Wie auch immer, Leeb, durch seine Niederlage bei Tichwin bereits arg verbraucht, war der Gängelung überdrüssig. Hitler im Bunde mit Halder hatte ihm jegliche Operationsfreiheit entzogen und mischte sich in den Weg von Regimentern und Bataillonen ein. Das Amt des Feldmarschalls duldete aber solche Nötigungen nicht. Zudem schlidderte die ausgedünnte Heeresgruppe Nord gegen Woroschilow in eine miserable Lage, der Leeb als Defensivexperte sein Manövriergeschick entgegensetzen wollte: Verkürzung der Front, operativer Rückzug. Für Hitler pure Reizworte.

Im Sack von Demjansk drohte Leeb das nächste Desaster. Während Halder schneidend Befehlsgehorsam reklamierte, pochte der

Feldmarschall auf seine unveräußerbare Verantwortlichkeit. Sie umschloß die Autonomie seiner Entscheidung im Feld, wie die Pflicht gegenüber den ihm anvertrauten Soldaten. »Ich fühlte mich verantwortlich für alle diese jungen Menschen, meinem Gewissen gegenüber und meinem Vaterland gegenüber. Und den Hunderttausenden von Müttern gegenüber von diesen jungen Soldaten. Und ich wußte genau, daß sie nunmehr einem schweren Schicksal entgegengehen werden, und ich habe sie trotzdem verlassen ... Die Schuld aber für jeden Soldaten, der nunmehr in dem Raum von Demjansk unnütz sein Leben opferte, die fiel nunmehr allein auf Hitler.«

Von Befehlshörigkeit gegenüber Hitler konnte bei den deutschen Feldmarschällen keine Rede sein. Rundstedt, Chef der Heeresgruppe Süd, kündigte den Dienst im November, weil ihm eine vorgeschriebene Rückzugsbewegung mißbehagte. »Er könne den Befehl nicht ausführen«, notiert Halder, »und wünsche, daß entweder derselbe zurückgezogen werde oder aber, daß er aus seiner Stellung entlassen werde« (NOKW 3140). Die Nürnberger Anklage folgerte daraus die Haltung zu jenen Befehlen, die Gegenstand des Verfahrens waren: »Wir suchen noch immer vergeblich nach einem deutschen General, der lieber zurücktrat, als daß er einem Befehl gehorchte, der verbrecherische Kriege veranlaßte und den Mord und die Mißhandlung von Zehntausenden von hilflosen Zivilisten und Kriegsgefangenen verursachte.«

Weil Feldmarschällen der Befehlsnotstand kaum Rechtfertigung bietet, berief sich Leeb auf Nichtwissen und Unzuständigkeit. Das Gefangenensterben brauchte ihn schon darum nichts anzugehen, weil es in die Zuständigkeit des Oberquartiermeisters, eines Stabsoffiziers auf der Armee-Ebene, fiel. So wurde Leeb nicht das Opfer höheren Befehls, sondern der Pflichtvergessenheit von Subalternen. Ein »unglaublicher und schimpflicher Versuch«, kommentierte die Anklage, »die Schuld auf seine Untergebenen abzuschieben«. Leeb wiederum wähnte sie auf sich abgeschoben. Er war dem OKH unterstellt, das 340 Exemplare des Kommissarbefehls in Umlauf gesetzt hatte. Eine Untat, die auch Leeb zur Last lag, während Halder vom OKH als Zeuge auftrat. »Als Chef des Generalstabs stand er eine Stufe näher dem Thron«, notierte Leeb in seinem Tagebuch. Der Prozeß werde »immer grotesker«.

Notgedrungen lieferten Zeugen und Angeklagte sich gegenseitig Deckungsschutz. Doch reimten sich die Auslassungen der Stabsgeneräle und der Frontgeneräle nur mühsam zusammen. OKW und OKH hatten Mordbefehle erlassen, weil sie im Felde niemals vollzogen würden. Die Feldkommandanten hatten falschen Vollzug gemeldet, um OKW und OKH zu täuschen. Warlimont, Mitverfasser des Kommissarbefehls, eröffnete dem Gericht, mit welcher List die Entscheidung in die Hände der Heeresführer plaziert worden war. Seine vagen Formulierungen sollten ihnen Spielräume öffnen. Zeuge Halder, dessen Dienststelle den schlimmsten, von Warlimont verhinderten Befehlsentwurf beigesteuert hatte, bekannte in Nürnberg ebenfalls unterschwellige Motive. Halders Hilfsmaßnahmen griffen weiter vorn. Heereschef Brauchitsch habe nämlich die Tötung der Kommissare auf dem Gefechtsfeld untersagt.

»Stellt das Ihrer Meinung nach eine Abschwächung des Befehls dar?« befragte die Anklage Halder.

»Die Anordnung des Oberbefehlshabers des Heeres sagt, daß es außerhalb der Kampfzone, also in einem Bereich ruhiger Überlegung, die von der Erregung des Kampfes getrennt ist, erfolgen soll.«

So erlitten die Kommissare in der Gefangenschaft einen sachlicheren Tod. Weil das Heer die Kommissare der Polizei entzogen hatte, um ihnen selbst das Ende zu bereiten, blieb die Rechenschaft an den Befehlshabern kleben.

Im Nürnberger Hauptkriegsverbrecherprozeß gegen Göring und Genossen hatte dem Gericht der Text des Kommissarbefehls nicht vorgelegen. Weder Keitel noch Jodl wußten, ob aus ihrem Amt je ein solcher Befehl in Umlauf gesetzt worden war. Davon hatten sie noch nie gehört. Auch die Zeugen Manstein, Halder und Warlimont konnten in einem Memorandum an das internationale Gericht die Existenz eines schriftlichen OKW-Befehls »zur Zeit nicht mit Sicherheit feststellen«. Hitlers mündliche Anweisung sei »durch das deutsche Heer nicht zur Anwendung gebracht worden«. Im Jahre 1948, bei Beginn des OKW-Prozesses, waren das Beweisstück, sein Verteilungsweg und die Vollzugsmeldungen aufgefunden. Schlagartig entsannen sich die Angeklagten eines unerhörten Komplotts. »Alle Befehlshaber und Kommandanten, mit denen ich gesprochen habe«, versicherte Leeb dem Gericht, »waren gegen diesen Befehl eingestellt«, welcher »eine rechtliche Dummheit« darstellte, wider die »Überlieferung der Kriegführung nach Recht und Gesetz«. Infolgedessen verabredete das Ostheer, den Befehl zu sabotieren. Bei seinem allen Armeestäben bekannten Text keine

Kleinigkeit. Leebs Stabschef Brennecke bezeugte in Nürnberg: »Er hat durch mich die Armee und die unterstellten Kommandobehörden dahingehend unterrichtet, daß er auf die Durchführung dieses Befehls keinen Wert lege und diese Durchführung nicht nachkontrollieren werde.« Walter Heinemeyer, der Bearbeiter des Kriegstagebuchs der Heeresgruppe Nord, bestätigte die Aussage. Als Mithörer eines Telefonats zwischen Leeb und der 18. Armee erfuhr er, daß der Feldmarschall den Kommissarbefehl nicht verhindern konnte, sondern Boykott anempfahl.

Ein so integrer Zeuge wie der Freiherr Rudolph-Christoph von Gersdorff aus Henning von Tresckows Widerstandskreis in der Heeresgruppe Mitte, einer der gescheiterten Hitler-Attentäter, bestätigte die Absprachen der Boykotteure. Hitler habe gar keine Kontrollmöglichkeit besessen. »Wir befürchteten, daß, abgesehen von der moralischen Seite, dieser Befehl die Widerstandskraft im russischen Heer wesentlich verstärken würde.« Zur Heeresgruppe Mitte seien monatlich 5.000 Überläufer gestoßen. »Der Russe hat versucht, dagegen mit drastischen Mitteln einzugreifen, und hat Propagandaparolen gebraucht, daß die russischen Kriegsgefangenen in deutscher Kriegsgefangenschaft ihr Leben verlieren würden. Ich erinnere mich an einen Kommissar, der bei der Vernehmung fragte, wann er denn erschossen werde?«

> Der Gerichtsvorsitzende sträubte sich noch gegen das Argument: »Gewöhnlich war das doch deren Schicksal!?«
>
> Gersdorff: »Nein, das war es nicht. Das war eine Propagandaparole.«

Den Kommissarbefehl als Sowjetpropaganda deklarieren, mutet dem Begriffsvermögen starke Kost zu. Richtig ist, daß die Tötungsidee darauf baute, den Gegner moralisch zu schwächen. Daran mußte sie sich messen lassen, und daran ist sie zuletzt gescheitert. »Sie bedeutete eine Abnahme der Überläufer«, bekundete Halder, der im Verhör ebenfalls auf Unverständnis stieß.

> »Das verstehe ich nicht, Herr Zeuge. Das Schwergewicht Ihrer Aussage ist, daß der Kommissarbefehl nicht ausgeführt wurde. Nun sagen Sie mir, daß man versucht hat, die Widerrufung des Kommissarbefehls zu erwirken, weil russische Truppen sich nicht ergaben und nicht desertierten. Ich verstehe nicht, was die russischen Truppen über den Befehl wußten, wenn er nicht ausgeführt wurde?«

Kurios ist ferner die Bitte des OKH, den nicht ausgeführten Befehl wieder aufzuheben, weil er sich als militärisch unzweckmäßig erwiesen habe. In einem Schreiben an Warlimont vom 23. September 1941 meldet Halders Untergebener, General Eugen Müller, daß Kritik sämtlicher Heeresgruppen, »eine Überprüfung der bisherigen Behandlungsweise der Kommissare zweckmäßig erscheinen lasse«. Sie bewirke nämlich, »daß der Kommissar auf *jeden* Fall sein sicheres Ende vor Augen sieht; darum kämpft eine große Anzahl bis zuletzt und zwingt auch die Rotarmisten mit brutalen Mitteln zum erbitterten Widerstand« (NOKW 200). Offenbar hatte man sich das Gegenteil ausgerechnet. Dazu bestand genügend Anlaß.

Die Sonderbehandlung der Kommissare zielte auf das Führungsschisma der Roten Armee, an dem sie krankte zeit ihres Bestehens. Der Sowjetstaat hatte das Offizierskorps des Zaren ererbt. Bedrängt von Krieg und Bürgerkrieg, wußten die Revolutionäre keinen Ersatz, boten den Berufssoldaten Kontinuität an, trauten ihnen indessen nicht. Die KPdSU scheute eine zweite Gewaltzentrale neben sich. Darum flankierte sie den militärischen Befehlsapparat mit einem politischen Kontrollgerüst. Der Politische Kommissar überwachte die Zuverlässigkeit und Loyalität der launigen Offiziersklasse. Den Bürgerkrieg hindurch teilten sich beide in das Kommando; Stalin selbst hatte als Kommissar an der südlichen Wolga gestanden und die Hinrichtung zahlreicher Offiziere veranlaßt. Das letzte Wort im Zwist sprach der politische Kader. Nach langem Streit um das doppelte Kommando wurden 1925 die Kommissare den Truppenführern untergeordnet, im Zuge der Säuberungen 1937 wieder gleichgestellt, nach dem Fiasko des finnischen Winterkriegs wieder dem Militärkommando unterworfen, nach dem Zusammenbruch unter der Wehrmachtsattacke wieder mit Kommandogewalt ausgestattet, nach dem Sieg von Stalingrad offiziell abgeschafft. Diese Zwiespältigkeit der sowjetischen Armeeführung lud dringend zur Intervention ein. In dem rabiaten Regiment der Kommissare, ihrer Spitzelei, Dressur und Straffreudigkeit entdeckten die deutschen Befehlshaber einen Führungsfehler. Die Wehrmacht hielt auf Kameraderie. Zwei Monate vor Abmarsch erläuterte der Chef der 18. Armee, von Küchler, seinen Divisionskommandeuren den Plan: »Der Russe ist, das haben die bisherigen Kriege erwiesen, an sich ein tapferer Soldat, besonders im zähen Festhalten von Stellungen.« Gelänge es aber, ihn zu überrumpeln und rasch in das Stellungssystem einzubrechen, »so wird seine Führung nicht imstande sein, einen systematischen Widerstand erneut zu organisieren. Seine obere Führung wird Armeen nicht aus dem Handgelenk führen können.« Der ausbrechende Wirrwarr müsse psychologisch vertieft werden. Der blitzhafte Überfall bezwecke neben Geländegewinn auch moralischen Gewinn, »um ihre Widerstandskraft von vornherein zu lähmen, ihnen das Konzept zu verderben, sie nicht zur Ruhe kommen zu lassen, ihre obere und mittlere Führung auszuschalten«. Dazu knöpfe man sich die Leuteschinder von Kommissaren und GPU-Männern vor. »Es handelt sich bei diesen Maßnahmen auch darum, einen Keil zu treiben zwischen die politische Führung und den an und für sich wahrscheinlich anständigen russischen Soldaten.« Wenn bekannt werde, daß die Wehrmacht die Kommissare aburteile, »so ist zu hoffen, daß sich die russische Truppe und die Bevölkerung selbst von dieser Knechtschaft befreien. Wir wollen das Mittel jedenfalls anwenden. Es spart uns deutsches Blut, und wir kommen schnell vorwärts.«

Offenbar zweifelten die Heeresführer, ob der Rotarmist ihnen mit der gebotenen Schnelle das Lynchen der Kommissare nachmache. So streute man Flugblätter mit genauen Anweisungen in die gegnerischen Linien. »Schlagt sie«, heißt es dort, »die Henker, die Kommissare, glaubt nicht den Betrügern, den politischen Leitern, lauft zu uns über: Schlagt alle Kommissare und Juden tot. Sie sind Euer Unglück, Euer Untergang.« Das Heer wünschte sich Komplizen. Eigentlich wurden Juden und Kommissare umgebracht, damit die Russen begannen, ihre Zwingvögte abzuschütteln: Die Judenkommissare befehdeten beide, den wackeren Rotarmisten und das eilige deutsche Heer. Es war der Feind seiner Feinde, wozu noch länger aufeinander einschlagen? »Dreht die Bajonette um und kämpft mit uns gegen die verfluchten jüdischen Kommissare! Macht aus der Roten Armee eine russische Armee und Ihr habt Frieden, Freiheit, Brot und Land.« Der Jude personifiziert wie im Reich die erlittene Unbill. »Millionen von Euch sind verhungert, Millionen von ihrer Scholle vertrieben; das Land ist Euch wieder genommen und die Mißwirtschaft in den Kollektiven ist Euch selbst zu Genüge bekannt.«

Eigentümlicherweise verteufelten die Deutschen lauter Plagen, die sie fortzuführen trachteten. Sie wollten ausweislich ihrer Aktennotizen Millionen den Hungertod bescheren, den Boden rauben und die kollektive Staatssklaverei fortsetzen. »Dreckige Juden treiben Euch – für Erweiterung ihrer Herrschaft über andere Völker – in den Krieg und in den Tod.« Richtigerweise war ›Jude‹ der andere Name für den Besatzer. Er empfahl sich als Arzt der Krankheit, die er selber einschleppte. Die Deutschen hantierten freigebig mit dem Judenbann und scherten sich keinen Deut um seine Stringenz. Er war das Opium des Volkes. »Euer Kampf ist sinnlos!« Darin erschöpfte sich die Botschaft. Wirkt die ›Judenfrage‹, ist ihre Richtigkeit schon bewiesen. Für Leeb in Nürnberg handelte es sich um eine der Hitlerischen Torheiten. So mag es ihm schon immer erschienen sein. Wer aber verzichtet auf wirksame Ideen, nur weil sie töricht sind? Für das Heer enthielt der Kommissarbefehl ebensoviel Sinn wie er die Auflösung der sowjetischen Verbände förderte. Gar keine abwegige Spekulation. In den ersten drei Wochen des Feldzugs verlor die Sowjetunion 28 Divisionen und von weiteren 70 Divisionen die Hälfte. Millionen in ausweglose Lage geratene Rotarmisten kapitulierten, wiewohl das Gesetz Gefangengabe mit Erschießen bedrohte. Ein Kommunist ergibt sich nicht dem Klassenfeind. Garanten dieser tatarischen Regel waren die Kommissare, die mit den Deutschen um dasselbe Psychenelement konkurrierten. Im Operationsplan Barbarossa, der schleuniges Einkesseln und Vernichten gegnerischer Truppenmassen vorsah, zählte als Schlüsselfaktor deren Zusammenhalt.

Anders als zu erwarten, entwickelte sich der sowjetische Widerstandsgeist weniger aus dem Stachel der Kommissare. Die Deutschen, die sie als glühende Fanatiker und Einpeitscher einstuften, verhaßt, verachtet, jedoch gefürchtet von Offizieren und Mannschaften, rechneten nicht mit einem wahrlich staunenswerten Ereignis. Ausgerechnet Stalin, der blutige Zwingvogt der Landkollektivierung, vermochte in einer überwiegend aus unzufriedenen Bauern bestehenden Armee den Patriotismus zu entfachen.

Als das deutsche Heer die Stabilisierung und furiose Wehrwilligkeit des Gegners gewahrte, begann es am Nutzen des Kommissarbefehls zu zweifeln. Mit der Ermordung der Kommissare waren vornehmlich diese selbst zu beeindrucken. Die Energie der Roten Armee nahm dadurch allenfalls zu, keineswegs ab. Fänden die Kommissare Pardon, so endete eine höchst ungesunde Lage. Bisher leisteten sie Widerstand um jeden Preis und kosteten das deutsche Heer insoweit unnötig Kraft. Es opferte zusätzlich Männer, nur weil den gegnerischen Führern die ordentliche Kapitulation verwehrt war. Wo »Lockerungserscheinungen auf russischer Seite da und dort sich zu zeigen beginnen«, schreibt Müller vom OKH, »könnte eine Lähmung des allgemeinen Kampfunwillens durch Brechung des Widerstands der Kommissare nicht unerhebliche Erfolge zeitigen, und unter Umständen viel Blut sparen«. (NOKW 200)

Ein Boykott des strittigen Befehls, wie ihn die in Nürnberg angetretenen Heeresführer auf ihren Eid nahmen, ist aus Müllers Petition schwerlich zu entnehmen. Das als Verteidigungsbeweis vorgelegte Papier, an Warlimonts OKW-Abteilung gerichtet, trägt die Notiz des Adressaten: »Der Führer hat jede Änderung der bisher erlassenen Befehle für die Behandlung der Politischen Kommissare abgelehnt.« Hitler brauchte noch acht Monate, um sich den Sorgen seiner Generäle anzuschließen. Damit konnten sie sich abfinden. Im Herbst und Winter 1941, der Zeit des Massensterbens der Gefangenen, wußte die Wehrmacht den Kapitulanten ohnedies wenig Überlebensgarantien anzubieten. Im Winter froren die Fronten fest, und rechtzeitig vor Beginn der Frühjahrsoffensive im Süden befahl der Führer, »um die Neigung zum Überlaufen und zur Kapitulation eingeschlossener sowjet-russischer Truppen zu steigern, daß den sowjetischen Kommissaren und Politruks zunächst versuchsweise in solchen Fällen die Erhaltung ihres Lebens zugesichert werden kann« (PS 1807). Was aber war zuvor mit ihnen geschehen?

Gersdorff, der das in Nürnberg abgelegte Zeugnis in seinen 1977 publizierten Erinnerungen bekräftigt, schreibt dort gleichwohl, man habe als Informanten dienliche höhere Kommissare »retten können«. Die Art der Errettung erhellt die folgende Zeile: »Wir zwangen sie, ihre Abzeichen abzulegen, um sie nach der Vernehmung als gewöhnliche Kriegsgefangene behandeln zu können. In manchen Fällen wurden sie allerdings in den rückwärtigen Gefangenenlagern dann von den eigenen Kameraden verraten.« Wozu die sicherlich wahre Geschichte? Haben die deutschen Abwehroffiziere selbstlos die Kommissare versteckt und die sowjetischen Gefangenen gnadenlos den Kommissarbefehl erbeten?

Praktische Köpfe bei der Abwehr und an den Fronten haben den Tötungsauftrag oft genug ignoriert. Das verraten Nürnberger Beweisdokumente (NOKW 2413/1905). Soviel nahmen selbst Korpskommandeure auf ihre Kappe. Unwahrscheinlich, daß ein solch krasses Ansinnen nirgends rechtliche Skrupel geweckt hätte. Das Nürnberger Gericht sollte hingegen eine ganz andere Theorie prüfen. Leeb und seine Mitangeklagten nahmen für sich eine Konspiration aller Befehlshaber der Ostfront in Anspruch. Hunderte von Männern allein in Leebs Heeresgruppe hätten demzufolge verabredet, Hitler den Gehorsam zu verweigern. Es seien gar keine Kommissare gemäß Kommissarbefehl hingerichtet worden. Das Gegenteil besagen die überreichlichen Vollzugsmeldungen in den Kriegstagebüchern.

»14 Kommissare erschossen, 2 Kommissare gefallen, 1 kollektive Strafaktion« (23.7.1941, XXVIII. Korps, 16. Armee. NOKW 2117). »Am 25.9. wurde der Bataillonskommissar Kanajew am Ufer der Tossna schlafend aufgefunden. Er wurde gefangengenommen und nach einer gründlichen Vernehmung erschossen« (27.9.1941, XXVIII. Korps, 18. Armee. NOKW 2096). »Am 18. und 19. September führte das Nachrichtenbataillon des Korps in den Wäldern von Novo Lissino Truppenoperationen durch, und viele Gefangene wurden eingebracht. Unter den Gefangenen befand sich ein Kommissar, welcher behauptete, ein Intendant zweiter Klasse zu sein. Es gelang, ihn aufgrund von Papieren, die er bei sich führte, zu überführen, und er wurde erschossen.« (XVIII. Korps, 18. Armee. NOKW 1580)

Die Beweise der Schuld identifizierten die Offiziere vor Gericht als Zeichen ihres Widerstands. Leeb wollte die Vollzugsmeldungen im Kriegstagebuch nie zu Gesicht bekommen haben. Gedeckt und ermutigt vom Oppositionsgeist ihrer Feldmarschälle, veranlaßten jedoch die Stabsangehörigen alles Notwendige. Gersdorff versicherte für die Heeresgruppe Mitte, daß man im Kampf gefallene Kommissare als befehlsgemäß Liquidierte nach oben gemeldet habe. Das diente der Täuschung Hitlers und des OKW. Leebs Nachrichtenoffizier Karl Friedrich Jessel bezeugte gar, fingierte Kommissartötungen in die Berichte eingesetzt zu haben. Die Zahlen habe er mit den Stabskollegen der Armeen und Panzergruppen zuvor abgesprochen.

> »Herr Zeuge«, fragte die Anklage, »was für einen Zweck hatte es, die Armeen mit all diesem Unsinn zu belästigen? Warum haben Sie nicht diese Zahlen erfunden?«
>
> Jessel: »Das hätte für die Armeen außerordentlich unangenehm werden können, denn es gab Verbindungsoffiziere des OKH bei den Armeen ... dann hätten erhebliche Widersprüche auftreten können, die dann dem Hitler gemeldet worden wären, so daß daraus die unangenehmsten Dinge entstanden wären.«
>
> Anklage: »Sie wollen sagen, das OKH bespitzelt das Armeeoberkommando?«

Jessel: »Nein, das wollte ich nicht damit sagen. Von Bespitzelung kann keine Rede sein. Aber es kommt natürlich doch vor, daß dann Widersprüche entstanden; auf der einen Seite die vorliegende Meldung beispielsweise der Heeresgruppe, auf der anderen Seite der Armee, die natürlich der Meldung der Heeresgruppe nicht entsprechen konnte, wenn es vorher nicht untereinander ausgemacht war.«

Seltsamerweise verteidigte sich Leeb aber zugleich mit dem Argument, die so penibel fingierten Zahlen in den Meldungen, die dem OKH, dem OKW und Hitler den Vollzug des Kommissarbefehls suggerieren sollten, bewiesen sonnenklar den Nicht-Vollzug. Die Zahlen seien viel zu gering. Bei der Masse der Gefangenen hätten weit mehr Kommissare als erschossen gemeldet sein müssen.

»Ich halte Ihnen nun vor«, heißt es im Kreuzverhör der Anklage, »daß Ihre Annahme die weitere Hypothese mit sich bringt, daß alle Kommissare festgestellt wurden und absichtlich nicht erschossen worden sind; das stimmt doch, nicht wahr?«

Leeb: »Ja, jedenfalls sind sie nicht erschossen worden einschließlich die erkannten wie auch natürlich die nicht erkannten.«

Anklage: »Der Befehl wurde nicht ausgeführt?«

Leeb: »Ich hoffe es.«

Für die Anklage widerlegten sich Leebs Schutzbehauptungen wechselseitig: Die fingierten Meldungen über die gleichwohl ersichtlich viel zu geringen Kommissarerschießungen erreichten zunächst die Vorgesetzten im OKH.

»Nun – war es für diese nicht genauso klar, wie es laut Ihrer Behauptung uns klar sein sollte, daß dieser Kommissarbefehl sabotiert wurde durch Ihre Truppen?«

Leeb: »Was das OKH und das OKW darüber gedacht haben, weiß ich nicht.«

Anklage: »Nun, das war ein ziemlich armseliges Sabotieren der Berichte, nicht wahr? Wenn Sie diese Meldungen weiterleiteten, um die Leute zu täuschen und so wenige Kommissare meldeten, soll für das Gericht ganz offensichtlich sein, daß es Sabotage war?!«

Den Spott der Schlußfolgerung ließ Leeb unkommentiert. Für ihn und seinesgleichen zählte das Urteil der Heimat, das sich ihren Auslassungen bereitwillig anschloß: Der Kommissarbefehl sei selten ausgeführt und wegen des beharrlichen Drucks der Heeresführer endlich suspendiert worden.

Die Anklage deutete die verhältnismäßig spärlichen Vollzugsmeldungen in der Heeresgruppe Nord als Indiz ihrer Echtheit. Die schwache Quote war dem OKH bereits Anfang Juli 1941 unangenehm aufgefallen. Müller ermahnte Jessel, Leebs Nachrichtenoffizier, »in allen Gefangenensammelstellen darauf zu achten, daß nach Möglichkeit die politischen Kommissare erkannt werden und entsprechend der ergangenen Verfügung von der Truppe abgesondert werden« (NOKW 3149). Die Ausbeute an Kommissaren dünkte zu mager. Die Nachrichtenoffiziere wurden zu ständig neuen Selektionen gebeten. Jessel, der vor Gericht ein Durchkämmen der Gefangenenlager unter Eid geleugnet hatte, war durch die Vorlage dieses Schreibens in seiner Glaubwürdigkeit ruiniert. Ähnliches widerfuhr Leebs zweitem Entlastungszeugen, Stabschef Brennecke. Sein Bericht über den Verzicht der Heeresgruppe Nord auf Vollzug des Kommissarbefehls paßte schlecht zu seinem eigenhändigen Befehl vom 2. Juli 1941: »Ich bitte darauf hinzuweisen, daß nicht dort, wo Gefangene bereits zu Arbeitsabteilungen zusammengestellt sind, die Truppe nachträglich durch Erschießen eingreift« (NOKW 3136). Wovor sollten arbeitende Kommissare verschont werden, die gar niemand zu erschießen gedachte?

Brennecke wußte keine Erklärung: »Ob da ein Sonderfall Veranlassung gegeben hat, darauf hinzuweisen, dessen kann ich mich nicht mehr entsinnen.« Der ganze Kommissarbefehl war für die Heeresspitze ein Sonderfall. Er konnte nicht als Vergeltung firmieren, denn der Befehl war Monate vor dem Feldzug erdacht worden. Die Generäle konnten keine ›militärische Notwendigkeit‹ anmelden, weil sie den militärischen Unsinn der Aktion selber dargelegt hatten. Sie konnten keine Unwissenheit vorschützen, denn sie hatten sich die Vollstreckung gegenüber Heydrich explizit ausbedungen. Infolgedessen unterschoben Leeb und seine Mitangeklagten den ursprünglich gewählten Methoden ihre späteren Absichten: Ablenkung Hitlers und Schonung der Kommissare sei die Devise gewesen von Anbeginn. In knapp vier Jahren Rußlandkrieg hatten sie knapp vier Monate dem Kommissarbefehl Sinn abgewonnen. Ein beiläufiger Sinn, wie die Nürnberger Anklage vermutete. Die Heeresspitze quälten andere Sorgen. Halder mochte darum in Nürnberg die Echtheit der Vollzugsmeldungen nicht kommentieren. Er habe bei der Arbeitsüberlastung seiner Dienststelle nie eine solche zu Gesicht bekommen.

»Sie hatten also nicht genügend Zeit«, schloß die Anklage, »dafür zu sorgen, daß dieser Kommissarbefehl nicht durchgeführt wurde? Sie hatten wichtigere Dinge zu tun!«

Um wieviel der militärische Erfolg wichtiger als die Kommissare war, stellte sich erst heraus, als der Befehl annulliert wurde. Die Selektion ›unzuverlässiger Elemente‹ währte diskret in den Gefangenenlagern fort. Darunter fielen auch Kommissare. Ihre propagandistische Ausmerzung hingegen unterblieb. Über diesen Gedanken war der Krieg hinweggegangen.

Leeb, der in der Vernichtungseuphorie des ersten Halbjahrs kommandiert hatte, sah sich gleichwohl als Opfer dieser Periode. Wenn es nach ihm gegangen wäre, hätte sich alles anders gestaltet. Darum mußte er ja Abschied nehmen. Seine hölzern-klerikale Kontur verhalf dem Argument zu gewisser Sinnfälligkeit. Wer mochte den stockkonservativen, bedächtigen Mann, den Denker der Defensive, mit dem mordlustigen Überfall der NS-Soldateska identifizieren? Den Kommissarbefehl hatte er nicht persönlich weitergeleitet. Dafür fehlte es der Nürnberger Anklage am Beweis. Leebs Stab war an Ausführungsdirektiven beteiligt. Ein Stab existiert, den Oberbefehlshaber von Routinesachen zu entlasten. Der Feldmarschall hatte Kenntnis davon, soviel ist anzunehmen, und duldete den Vollzug. Er stand dafür gerade. Mit seinem anti-nazistischen Renommee markierte Leeb das Maß des Zulässigen in der Heeresgruppe.

Seine Demission hat Leeb in Nürnberg damit begründet, daß der Heeresgruppenchef dem Geschehen im Feld seinen militärischen Sinn verbürgt. Wenn nicht, macht er dies durch seinen Abschied kenntlich. Darauf kann sich die Truppe verlassen. Der oberste Befehlshaber im Operationsgebiet gewährleistet die Notwendigkeit der Opfer, der eigenen und der gegnerischen. Leebs Untat bestand der Anklage zufolge in der Unterlassung. Er ließ zu, was er hätte verhindern sollen, und deckte, was seiner Duldung bedurfte, um vollzogen zu werden. Dem Marschall blieb im Grunde gar kein anderer Beitrag übrig. Er lieh der projektierten Schandtat die Autorität des Chefs der Fronten. Das war unabdingbar und genügte auch. »In meinem Heeresbereich«, summierte Leeb in Nürnberg, »galt meine Ansicht.«

Daran versagte selbst der Führer. Über einem deutschen Feldmarschall steht nur der Ewige. »Die Verantwortung kann mir niemand abnehmen«, will Leeb im Telefonat mit Hitler bekannt haben, »die trage ich vor Gott und meinem Gewissen, solange ich Oberbefehlshaber bin.«

Vor dem irdischen Gericht übernahm Leeb Verantwortung nach Maßgabe der Beweislage. Der Gerichtsbarkeitsbeschluß war nachweislich über sein Hauptquartier den Armeen, Feldkommandanturen und Sicherungsdivisionen zugeleitet worden, und Jessel hatte jener Konferenz der Abwehroffiziere des Heeres beigewohnt, die übereinkam, »in zukünftigen Operationen wird die Kriegsnotwendigkeit möglicherweise dem Gefühl für das Recht vorangestellt werden müssen« (NOKW 2672). Die Eile, den zivilen Widerstand zu ahnden, überholte den gebotenen Tatnachweis; Verdacht genügte. Die Abschreckung der Strafe für den Schuldigen oder den Unschuldigen bleibt sich nämlich gleich. So fand die Nürnberger Anklage in den Kriegstagebüchern der Heeresgruppe Nord fortlaufende Eintragungen willkürlicher Morde an Zivilisten: »Stepanow hatte sich längere Zeit in der Gegend herumgetrieben, ohne darüber nähere Angaben machen zu können. Stepanow ist wegen Verdachts der Partisanenzugehörigkeit erschossen worden« (24.12.1941, 16. Armee). »Winogradow konnte den Verdacht, als Spion eingesetzt zu sein, nicht entkräften. Er wurde als Spion erschossen« (2.1.1942, 16. Armee. NOKW 2234). »20 Personen, bei denen Verdachtsmomente vorlagen, die z.T. aus dem Zivilgefängnis Tschudowo entwichen waren und z.T. keine Ausweispapiere bei sich führten, wurden erschossen. 7 weitere Personen wurden erhängt an der Straße Schapki nach Iwanowskoje, weil dort bereits mehrere Überfälle auf deutsche Soldaten und fast täglich Kabelsabotage erfolgt waren« (3.11.1941, 16. Armee). »Die Krankenschwester Regine Anstaja, die versteckte russische Soldaten pflegte, wurde festgenommen. Bei ihr wurde eine Armbanduhr gefunden, die wahrscheinlich von einem gefallenen Deutschen herrührte. Sie wurde ebenfalls erschossen.« (6.8.1941, 16. Armee. NOKW 2088)

Die umstandslose Preisgabe des sowjetischen Zivils an das Vergeltungsbedürfnis der Truppe barg die Gefahr ihres Verwilderns, das hatte die Heeresspitze vorausgesehen. Alsbald mahnte die Geheime Feldpolizei das Verbot gedankenloser Roheit an, die nur den Partisanen Zulauf beschere: »Für viele Soldaten ist es eine Selbstverständlichkeit geworden, mit dem Knüppel herumzugehen und bei jeder Gelegenheit loszuprügeln. Werden diese Soldaten zur Rede gestellt, berufen sie sich auf mißverständliche Befehle und

Anordnungen« (NOKW 2535). Der mißverständliche Gerichtsbarkeitserlaß, gekoppelt mit Brauchitschs Disziplinarerlaß, hatte das Abstrafen des Zivils auf die Formel gebracht: Tempo des Zugriffs, Erfordernis eines Offiziersbefehls, Wahrung der Manneszucht. Einfacher gesagt als getan. Disziplinierte Greuel wollen gelernt sein. Die Heeresführer hatten am Genuß von Schikanen kein Interesse. »Denn eine Truppe, die keine Manneszucht hat«, erklärte Leeb in Nürnberg, »das ist keine Truppe mehr, mit der kann man keinen Krieg führen.« Doch ohne Terror konnte man ihn ebensowenig führen. Keitel hat die Dringlichkeit dem OKH einprägsam vorgehalten. Die Befehlshaber müßten Sicherheit und Ordnung mit den vorhandenen Truppen erreichen. Anstatt nach zusätzlichen Mannschaften zu rufen, sollen sie besser den Vorrat drakonischer Maßnahmen ausschöpfen. »Die zur Sicherung der eroberten Gebiete zur Verfügung stehenden Truppen reichen bei der Weite dieser Räume nur dann aus, wenn alle Widerstände nicht durch die juristische Bestrafung der Schuldigen geahndet werden, sondern wenn die Besatzungsmacht denjenigen Schrecken verbreitet, der allein geeignet ist, der Bevölkerung jede Lust zur Widersetzlichkeit zu nehmen.« (C 52)

Zwei Tage später, am 25. Juli 1941, gab die Heeresleitung ihre eigene Auffassung kund. Die Truppe lasse an einigen Stellen die dem Schauplatz angemessene Härte vermissen. Die Behandlung feindlicher Zivilpersonen müsse sich den Landessitten anpassen. »Der Russe ist seit jeher an hartes und schonungsloses Durchgreifen der Autorität gewöhnt.« Daran wäre die deutsche Autorität gehindert, wollte sie jedweden Argwohn sorgsam ermitteln. Dazu fehlten Zeit, Personal, Ortskenntnis. Wo erforderlich, »sind unverzüglich kollektive Gewaltmaßnahmen durchzuführen«. Geiselnahme erübrige sich. »Auch ohne besondere Bekanntmachung und Festnahme haftet die Bevölkerung für die Ruhe in ihren Gebieten.« Ein Anreiz zu Massakern, die normale Truppen leicht entgleisen lassen. »Verdächtige Elemente«, schränkt die Heeresspitze darum ein, »die hinsichtlich Gesinnung und Haltung gefährlich erscheinen, sind an die Einsatzgruppen bzw. Kommandos der Sicherheitspolizei abzugeben« (NOKW 2512). Nach vier Wochen Krieg hatten die Heeresführer bereits begriffen, was professionell geübte Barbaren wert sind.

Pariavolk, Weltanschauung, Quartier

Von dem Feind abseits der Roten Truppenverbände machte sich die Heeresspitze nur verschwommene Bilder. Ein unkontrollierbarer Raum klaffte im Rücken und zwischen den Flanken der Invasionsarmeen. Was sich im Gelände abspielte, wo keine befahrbaren Straßen hinführten, weder Sicherheits- noch Nachrichtennetze durchdrangen, konnten die Stäbe wahrhaftig nicht wissen. Hilfsweise sahen sie universalen Verdacht gegeben, den der angeführte OKH-Befehl abwechselnd als Partisanentätigkeit, Spionagedienst, jugendliches Banditentum und jüdisch-bolschewistische Hetze personifiziert. Die Befunde sind ebenso willkürlich wie austauschbar. Doch wozu genauer forschen? Außer Terror, wie Keitel darlegte, hatte das Heer kein zuverlässiges Befriedungsinstrument aufzubieten. Wenn es gar nicht darauf ankommt, sogenannte Schuldige zu treffen, sondern Schrecken zu verbreiten, benötigt man keine ausgewählten Opfer. Allenfalls einen triftigen Grund für die eigene Abscheulichkeit. Dafür sorgt im Kriege gewöhnlich die Greuelpropaganda, die Nachricht von der unvorstellbaren Niedertracht des Feindes. Damit habe Hitler auch die Heerführer infiziert, berichtete Leeb in Nürnberg.

Der Kommunismus sei ihnen geschildert worden »als Feind jeder menschlichen Entwicklung ... und auf der anderen Seite sah man das gleiche. Stalin forderte die großen russischen Völker zum Vernichtungskampf gegen den Faschismus auf, und so prallten zwei Weltanschauungen aufeinander und jede wollte die andere vernichten.«

Die Lehre vom weltanschaulichen Vernichtungskrieg, hier vom Vernichtungskrieger selbst inauguriert, hat später bei Kritikern der Wehrmacht Fuß gefaßt. Doch wollte Leeb damit andere Nuancen setzen. Der Rußlandfeldzug hätte ihm zufolge zwei Kriege enthalten. Einen Normalkrieg nach hergebrachtem militärischem Stil, geführt von den Wehrmachtsgenerälen, die so gut wie als Sieger daraus hervorgegangen sind. Wenn es anders erscheint, dann, weil man sie nicht gewähren ließ. Den Krieg des Heeres überkreuzte ein Weltanschauungskrieg, den Hitler und Stalin in Verfolg ihrer Ideologien austrugen; revolutionär, zügellos, vernichtungswütig. Der Weltanschauungskrieg wurde den Heeresführern teils aufgenötigt durch den Fanatismus des russischen Zivils, teils angesonnen durch unkorrekte Ordres des Oberbefehlshabers der Wehrmacht, Hitler, teils unterschoben durch das verborgene Treiben der

Himmlerschen Polizei im rückwärtigen Heeresgebiet. All dies, besagt die Lehre vom Weltanschauungskrieg, sei den rein militärischen Zielen des Feldzuges fremd und äußerlich gewesen. Er sei vom Standpunkt des Kriegshandwerks besser anders und desto siegreicher unternommen worden. Folglich erwuchsen die Greuel des Unternehmens Barbarossa aus dem diabolischen Schädel Hitlers. Das Heer wäre sein Instrument gewesen, halb wissentlich, halb unwissentlich, selten willig, zumeist widerstrebend.

Ursache jener ungekannten Vernichtungsenergie sollte denn eine Ausgeburt ideologischer Exaltation gewesen sein? Ein in die Neuzeit verschleppter Religionskrieg? Die in Nürnberg angeklagten Generäle haben diese Behauptung aus Verteidigungszwecken aufgestellt. Ihr Krieg war tadellos, der Hitlers schmutzig und arglistig. Ihr Vergehen bestand allenfalls aus übertriebenem Vertrauen, Nachgiebigkeit, Befangenheit im Kampfgetümmel. Hitlers Nebenkrieg wurde, wie Leeb dem Gericht versicherte, ausgefochten von einer Nebentruppe, die »in einem solchen Umfange Untaten vollbringen konnte, ohne daß man etwas wußte, ohne daß man selbst etwas ahnte davon«. Daran sei nichts Verwunderliches. Im Nordabschnitt waren jene Polizeiverbände »viele hundert Kilometer von uns, von der Front entfernt«. Das einzige Wehrmachtsorgan, das zu jenen fernen Polizeikräften jemals Kontakt besessen habe, die Abwehr, nahm Pflichten wahr, »mit denen das Oberkommando der Heeresgruppe gar nichts zu tun hat«.

Nach dem Abkommen des OKH mit Heydrich waren dessen Kommandos »den Armeen hinsichtlich Marsch, Versorgung und Unterbringung unterstellt«, ferner zur »Zusammenarbeit« mit dem Befehlshaber im rückwärtigen Heeresgebiet verpflichtet. Diesem wiederum war die exekutive Gewalt geradewegs vom Heeresgruppenchef übertragen. Leeb fühlte sich indessen von Heydrich hintergangen, der seinen Partnern beim Heer »förmlich Sand in die Augen gestreut hat, um die wahren Absichten zu verbergen«. Was geschah, als jenen die Augen aufgingen? Den Befehlshabern von 3 Millionen Soldaten war ja zuzutrauen, daß sie 3.000 Polizisten zu Verstand brächten. Was nutzte es dem Heer, die Juden Rußlands der Exekution auszuliefern, einen Bevölkerungsteil, von dem ihm gewiß die geringste Gefahr drohte. Als Schwächster der Schwachen wäre er zu jedem Arrangement bereit gewesen. Was blieb ihm übrig? Am Radikalismus des deutschen Besatzers bestand ebensowenig Zweifel wie an der eigenen Verlassenheit. Den Juden zuliebe würde das für

›jüdisch-bolschewistisch‹ verschrieene System keinen zusätzlichen Schuß abgeben.

Die Partisanenbewegung, die alle Greuel der Eindringlinge sorgfältig anprangerte, schwieg sich über die Judenmassaker der Polizisten aus. Man befürchtete Sympathien unter den einheimischen Antisemiten. Darauf hatte auch Heydrich spekuliert. Seine Kommandos verlockten ukrainische und baltische Nationalisten zu ortsüblichen Pogromhandlungen unter deutschem Patronat. Judenhaß verbindet, das hatten die Nazis daheim erfahren. Warum sollten die herkömmlichen anti-judaischen Leidenschaften im Osten nicht die Besatzungsherrschaft fördern? Zumal Balten und Ukrainer, vom deutschen Einmarsch positiv bewegt, erhielten, wenn schon nicht die begehrte Eigenstaatlichkeit, so immerhin die Lizenz, fortwährende nationale Knechtschaft durch selbständige Verfolgungen auszugleichen. Weil die Deutschen sonst nicht viel zu bieten hatten, boten sie neben Antibolschewismus Judenpogrom und Religion. Ein Zugeständnis an die nationale Kultur. Dies taugte für das ganze Land. Was könnte ein Befreier Rußlands Näherliegendes tun? Wie ließe sich der Bolschewismus madiger machen als durch Verknüpfung mit dem Judenhaß? Was vermöchte den Judenhaß gründlicher zu beleben als der Stalin-Groll der kollektivierten Bauern? Der Rassenvernichtungsteil des Feldzugs drängte sich dem Zeitempfinden widerspruchslos logisch auf. Wieder eine der zwingenden Hitler-Ideen, die dem beschwerlichen Kriegführen neue Horizonte wies. Es mußte ein revolutionärer Krieg sein; anders als der letzthin verlorene. Er mußte tatkräftiger geschlagen werden, überraschender, gnadenlos, neuzeitlich.

Leeb konnte zu seiner Verteidigung nachweisen, litauischen Mordexzessen Einhalt geboten zu haben. Ein Stabsoffizier habe ihm wenige Tage nach Feldzugsbeginn gemeldet, »daß in Kowno die litauische Bevölkerung gegen Kommunisten und gegen Juden ein Blutbad anrichtet«.

Frage: »Was taten Sie, als Sie von diesen Ausschreitungen hörten?«

Leeb: »Ich habe daraufhin die 16. Armee angewiesen, sofort Maßnahmen zu treffen, daß alle weiteren Ausschreitungen auch seitens der litauischen Bevölkerung gegen ihre eigenen Leute zu unterbleiben haben.«

Frage: »Sind dadurch die Ausschreitungen unterbunden worden?«

Leeb: »Solange Kowno zum Heeresgebiet gehört hat.«

Die Polizei zählte bei den Kownoer Gemetzeln 2.800 Opfer. »In anderen Teilen Litauens«, notierte SS-Brigadeführer Stahlecker, »fanden ähnliche Aktionen, wenn auch in kleinerem Umfange statt, die sich auch auf zurückgebliebene Kommunisten erstreckten. Durch Unterrichtung der Wehrmachtsstellen, bei denen für dieses Vorgehen durchweg Verständnis vorhanden war, liefen die Selbstreinigungsaktionen reibungslos ab.« (L 180)

Nicht in jederlei Hinsicht. Heeresstellen nahmen Anstoß an der unwürdigen, exzessiven Tötungsmanier der Litauer und Letten, die sich oft »persönlich an dem Eigentum der erschossenen Juden bereichert hatten«. Dagegen schritt die 228. Sicherungsdivision der Heeresgruppe Nord energisch ein: »Die schuldigen Letten wurden aus dem Selbstschutz ausgestoßen und in ihre Heimatstädte zurückgebracht« (NOKW 2150). Alsdann formierte die Division die Letten aufs neue.

Die Sanktionierung von Judenmord, folgerte die Anklage in Nürnberg, habe sich in Leebs Befehlsbereich auf Eigentumsdelikte beschränkt. Die Empfindlichkeit der Generäle reagierte demnach, wie gewöhnlich, auf Defekte in der Manneszucht. Dafür spricht, daß, anders als von Leeb im Verhör angegeben, das Ausrotten in Kowno nach seinen Maßregeln keineswegs innehielt. Selbst in den Tagen, in denen sein Hauptquartier in der Stadt lag, dauerte das Schlachten fort. Nachdem er weitergezogen war, hatten die Polizisten laut eigenem Bericht »in Kowno nunmehr insgesamt 7.800 Juden erledigt, teils durch Pogrom, teils durch Erschießungen von litauischen Kommandos. Sämtliche Leichen sind beseitigt.« (NO 2934)

Mit der Eroberung des Baltikums durch die Heeresgruppe Nord war dem Nationalsozialismus der Raum zur Judenvernichtung aufgetan. Ohne Zutun des Heeres hätte sich die kontinentale Dimension des Vorhabens nicht erfüllt. Auf die deutschen Juden in den Grenzen des Altreichs beschränkt, würde die Opferzahl drei Prozent jener der ›Endlösung‹ erreicht haben. Selbst die deutschen Juden konnten nicht in Deutschland erschossen werden. Im November 1941 schaffte die Gestapo Tausende jüdischer Franken und Bayern nach Riga, wo in den umliegenden Wäldern die Schützen der Einsatzgruppe A harrten. Dort hatte der lettische Selbstschutz nichts zu suchen. Die Polizeitruppe des Rußlandfeldzugs fungierte dabei als Organ der Endlösung, dem der Krieg im Osten einen günstigen Tatort bereitstellte. Das schließt nicht aus, daß

Leeb und seinesgleichen ein anderes Interesse an den Einsatzgruppen nahmen als Heydrich, inbegriffen die Judenvernichtung. Zweifellos war das Offizierskorps davon genauestens unterrichtet. Was immer die Polizei anstellte, traf auf seine argwöhnische Wachsamkeit, war es doch prinzipiell auf Kompetenzwahrung bedacht. Zwischen dem generellen Tötungsauftrag der Einsatzgruppen und dem Bedürfnis des Heeres tauchten gelegentlich Konflikte auf, die wechselseitige Absprachen erforderten. Einen solchen Streit konnte die Anklage vor Gericht präsentieren.

Es hatte sich ein gewisser Walter Bruns bereit gefunden, die Heeresführung zu belasten. »Höchstwahrscheinlich der einzige deutsche General«, bemerkte die Anklage, »welcher zugesteht, daß er von den Massenhinrichtungen von Juden gewußt hat.« Nachfolger sind ihm seither nicht viele erwachsen.

Seit 1911 im deutschen Heer aktiv, ab August 1941 mit dem ›Brükkenstab Bruns‹ zur Stabilisierung von Brücken im Bereich der Heeresgruppe Nord bestellt, gehorchte der General disziplinarisch dem Kommando Leebs, fachlich dem General der Pioniere beim OKH. Bruns, der sein Quartier in Riga aufgeschlagen hatte, beschäftigte dort dreißig bis vierzig Juden, zumeist Frauen, als Köchinnen, Putzhilfen sowie Schuster und Schneider. Einige Heeresdienststellen lehnten jüdische Arbeitskräfte grundsätzlich ab. Um diskreten Unterschlupf zu erschweren, gaben OKW und OKH im September 1941 Befehl, daß »die Verwendung von einzelnen Juden zu irgendwelchen bevorzugten Hilfsdiensten für die Wehrmacht zu unterbleiben« habe (NOKW 1686). Zugelassen seien allenfalls Arbeitskolonnen unter strenger Aufsicht. Leeb hatte bei seinem in Riga stationierten Kraftwagenpark 1.500 Juden untergebracht, um die Fahrzeuge der gesamten Heeresgruppe instandzusetzen. Solche Freiwilligen verdingten sich bei der Wehrmachtskommandantur Riga der guten Beköstigungssätze wegen und um mit Arbeit ihr Leben vom Heer zu erkaufen.

»Anfang Dezember«, berichtete Bruns in Nürnberg, »hörte ich Gerüchte, daß die Judenfrauen erschossen werden sollten. Ich ging daraufhin zur Kommandantur. General Bremer war krank und wußte von nichts.« Zu dieser Zeit stand Lettland bereits unter Zivilverwaltung. Im Bürgermeisteramt Riga wußte man Näheres und unterrichtete den erzürnten Bruns von einem Führerbefehl. Damit ist ein deutscher General im Kriege nicht gleich einzuschüchtern. Er ließ sich zusichern, mit der Erschießung einstweilen zu warten, bis das 300 Kilometer entfernte Hauptquartier zu Rate gezogen sei. Dort nahm man die Nachricht mit Fassung entgegen, versprach, »sich sofort der Angelegenheit anzunehmen«, und empfahl, »auch unmittelbar beim OKH deshalb vorstellig zu werden«.

Die Polizei hatte sich um all dies nicht geschert und mit der Erschießung bereits begonnen. Bruns schickte zwei Offiziere an den Exekutionsplatz »da ich immer die Sache noch nicht glauben wollte und konnte« mit dem Befehl, das Gesehene in einem Bericht festzuhalten. »Die Frauen waren hinausgeführt worden, und die beiden Offiziere kamen dazu, als eine Schlange von etwa 1.500 m Länge in einem Wäldchen stand. An zwei Stellen der Schlange wurden den Frauen ihre Sachen abgenommen, die Schlange rückte nach dem Walde zu allmählich. Im Wald wurde an drei Gruben die Erschießung vollzogen. Die beiden Offiziere kamen hinzu, als die Gruben schon etwa einen Meter hoch voll waren. Die Exekution wurde von in SS-Uniform befindlichen Leuten ausgeführt. Sechs Maschinenpistolenschützen an jeder Grube mit stündlicher Ablösung. Die Offiziere erfuhren, daß die Leute angaben, zu einem Einsatzkommando zur besonderen Verwendung des Führers zu gehören.« Für diese Polizisten eine hinlängliche Grundlage, für das Heer keineswegs.

Bruns überbrachte den Bericht dem OKH, anscheinend im Glauben, daß man dergleichen dort noch nie gehört habe. Das war ein Irrtum. Bei dem General der Pioniere, Fachvorgesetzter des Brükkenstabs, telefonierte man alle erdenklichen Dienststellen an, »um festzustellen, wie er wirksam eine Abstellung der Exekution noch erreichen könnte«. Alle Welt war im Bilde, denn man wußte, daß sich überhaupt nichts machen ließ: »Von allen Anrufern wäre bedeutet worden, man könne nur an Admiral Canaris meinen Bericht übergeben.« Wieso Canaris?

Die Befehlshaber kannten gar zu genau das Wagner-Heydrich-Abkommen und wußten anscheinend, daß darin auch die Judenvernichtung geregelt war. Nicht explizit, aber rechtlich. Die Polizei erwarb die Vollmacht, Sicherheitsrisiken auszuschalten. Dazu rechnete das OKH seinerseits auch das Judentum. Heydrich hatte, anders als Leeb bezeugte, keineswegs das Heer getäuscht. Eben um Illusionen und drohende Reibereien auszuschließen, war das Abkommen ausgehandelt worden. Canaris' Abwehroffiziere figurierten darin als Vermittlungsinstanz zwischen Polizei und Heer. Militärische Notwendigkeit erlaubte nämlich jederzeit die Intervention der Generäle in die Polizeiaufträge. Man bewies Verständnis für den Wunsch des Brückenstabs Bruns, sein jüdisches Personal zu schonen und auf das polizeiliche Frauenschlachten zu verzichten. Doch hielt man den Interventionsfall nicht für gegeben. Köchinnen eines im Zivilverwaltungsgebiet gelegenen Stabsquartiers von Pionieren schaffen keine militärische Zwangslage. Ein übergeordnetes Abwehrinteresse konnte allenfalls vom Abwehrchef Canaris selbst geltend gemacht werden. Nur wußte das OKH dem Bruns-Bericht keinen kriegsrelevanten Sinn zu entnehmen und warnte davor, in weltanschauliche Debatten einzusteigen, da »ich mich damit exponiere«. Offenbar versprach sich die Heeresleitung keinen Vorteil, in einer längst abgekarteten Sache Himmler und Hitler zu brüskieren. Wer anders als sie sollte der Urheber des Mordbefehls gewesen sein?

Das Heer nahm am Gemetzel von Küchenpersonal kein sonderliches Interesse, verspürte indessen zunehmenden Bedarf an Polizisten. Es gab so viele militärisch motivierte Mordaufträge zu erledigen, daß man dem dafür geeigneten Organ, der Polizei, ihren ideologischen Hang zur Judenvernichtung nicht untersagen mochte. Den Terror übten Heer und Polizei nach separaten Gesichtspunkten aus. Weil Terror als militärisches Sicherheitsprinzip des Feldzugs den Befehlshabern unverzichtbar schien, billigten sie den Terroristen das Ausleben ihrer politischen Interessen zu.

Die Opfer der Riga-Aktion bezifferte Bruns auf 40.000 Menschenleben, es mögen 30.000 gewesen sein.*

»Die ganze Sache hat etwa drei Tage gedauert. Jede Stunde hat etwa 1.200 bis 1.500 Frauen und Kinder das Leben gekostet, und die Erschießung ging 10 Stunden am Tage.«

Frage: »Waren es lauter Frauen?«

Bruns: »Das waren nur Frauen, ja, und Kinder.«

Frage: »Hörten Sie von irgendwelchen Ausrottungsaktionen von Juden außer der, die Sie eben beschrieben haben?«

Bruns: »Es hat sich eine solche in Petrowska und in verschiedenen anderen Orten ereignet. Als ich von dem Rigaer Vorkommnis erzählte, wurde mir gesagt, es seien in dem Dreieck Kowno-Winnitza-Schitomir auch derartige Exekutionen vorgekommen. Das Exekutionskommando in Riga rühmte sich selbst, in der Ukraine mehrere hunderttausend und zuletzt bei Minsk 67.000 erledigt zu haben, wie sich die Leute immer ausdrückten.«

Frage: »Bedeutet das getötet?«

Bruns: »Ja. Das war der übliche Ausdruck geworden.«

* s. Anmerkung

Allerdings zogen Polizei und Zivilverwaltung in Riga Lehren aus dem Bruns-Vorfall. Sie glichen denen der Heeresspitze. Die Kommandeure sollten nicht überflüssig strapaziert werden. Der Vertreter des zivilen Gebietskommissars Riga-Stadt zeigte General Bruns zutraulich den Befehl, der den Bedürfnissen des Heeres Rechnung trug: »Derartige Massenerschießungen müssen in Zukunft in unauffälliger Form erfolgen.« Für wen unauffällig? 30.000 Personen verschwinden unter Hinterlassung aller Habseligkeiten nicht unauffällig. Nicht für ihre Mitbürger, allenfalls für die Truppe, die mit den weltanschaulichen Obsessionen ihres Partners nicht behelligt werden möchte.

Wer einen Kriminellen zur Hilfe heranzieht, kann ihm schwer vorwerfen, daß er seinem Ungeist auch auf eigene Rechnung frönt. Allenfalls läßt sich verlangen, daß er dies im stillen tut. Leeb ist von den Judenschlächtern nur so weit hinters Licht geführt worden, wie ihm recht war. Der Brückenstab unterstand seinem Dienstbefehl, mittelbar auch dessen Personal. Generalmajor Bruns hat inständig die Befehlsgewalt der Heeres- und Heeresgruppenführung angefordert. Sie bedauerten. Sie dachten ihre Autorität nicht an eine der zahllosen unliebsamen Randerscheinungen des Krieges zu verschwenden. Ihr ungetrübtes Vertrauensverhältnis zu der Polizei zählte für ihren Erfolg ungleich mehr als das Leben der 40.000 Lettinnen und ihrer Kinder. Will man sich auf diese Perspektive einlassen, hat die Vernichtung der russischen Juden den militärischen Zwecken kaum geschadet, wenn nicht genutzt. Die Abwägung fiel an die nächstuntere Befehlsebene, die Armeen, denen die Polizei logistisch angeschlossen war. Die Verantwortung des Armeeführers wurde in Nürnberg ausgiebig am Fall des Feldmarschalls Georg von Küchler untersucht.

Küchler folgte Leeb am 17. Januar 1942 im Amt des Chefs der Heeresgruppe Nord. Die Anklagevorwürfe stützten sich jedoch weitgehend auf seine Dienstzeit an der Spitze der 18. Armee. Leeb, der sich vor Gericht gern als reiner Stratege ausgab, der keine Truppen führte, sondern operative Züge ersann, hatte die Verantwortung für unangenehmere Sachverhalte wie den Judenmord auf seine Untergebenen gewälzt. Nicht ohne sich zuvor davon markant zu distanzieren.

Der Armeeführer nimmt in der Tat ganz andere Funktionen wahr als der Feldmarschall. Zunächst ist er Territorialherr, Inhaber der exekutiven Gewalt und Garant der Ordnung auf dem Boden,

den seine Truppen halten. Das Schicksal, das der dort ansässigen Zivilbevölkerung widerfährt, liegt in Verantwortung des Armeechefs. Küchlers Verteidigung hat dies angezweifelt: Gegenspieler der Zivilbevölkerung sei keine Einzelperson, sondern der besetzende Staat. »Das ist ja auch logisch. Denn schließlich hatte das Deutsche Reich der Sowjetunion den Krieg erklärt und nicht irgendein Oberbefehlshaber.« Überdies habe Hitler im Laufe des Krieges dessen Befugnisse durchlöchert, wozu »er staatsrechtlich berechtigt war«.

Küchlers Aufgabe »beschränkte sich auf die Sicherung der Front. Sein Pflichtenkreis war ein rein militärischer geworden. Er bestand einmal in der Abwehr des Feindes und zum anderen in der Befriedung des bereits von deutschen Truppen besetzten, aber von großen Unruheherden durchzogenen Hinterlands.« Fälschlich unterstelle die Anklage, daß Küchler »als eine Art Reichskommissar nazistischer Prägung lediglich darauf bedacht war, die einheimische Bevölkerung zu quälen und zu drangsalieren«. In Wahrheit hatte er »operative und strategische Aufgaben geradezu historischen Ausmaßes zu erfüllen«: einen »einmaligen Abwehrkrieg gegen einen unerbittlichen Feind zu führen, der mit allen Mitteln den Zusammenbruch der deutschen Armeen erstrebte«. Darum seien Küchlers Pflichten auf »eine Grenze der Zumutbarkeit« gestoßen. Denn »die Verantwortung für die im Fronteinsatz stehende Truppe hatte jeder anderen Sorge vorzugehen«. Wolle man dem Befehlshaber diesen Grundsatz nicht zubilligen, »so besteht die Gefahr, daß der Krieg an der Front zum Tummelplatz völkerrechtlicher Experimente wird«. Eine Deutung der »auf dem russischen Kriegsschauplatz vorgekommenen Ereignisse« müsse »die besonderen geographischen und ethnographischen Verhältnisse des Kriegsschauplatzes« berücksichtigen. »Ich wies schon darauf hin, daß die Haager Landkriegsordnung auf westeuropäische Verhältnisse abgestellt ist und keineswegs den Verhältnissen eines Sonderkriegsschauplatzes, wie es der russische war, Rechnung trägt.« Die Kriegsregeln brauchten nicht zu verschwinden, doch sollten »für die Auslegung eines Gesetzes die Bedürfnisse der Gegenwart entscheidend sein«.

Kriegerische Gegenwartsbedürfnisse schließen die Ausrottung des Zivils mit ein. Im Zweiten Weltkrieg eine neuartige, mittlerweile eine vertraute Praxis. Nur, was taugt das Argument zum Verständnis der Judenvernichtung? Das Dritte Reich zielte diese Politik auf Juden gegnerischer wie verbündeter Staaten ab, selbst auf seine eigenen Bürger. Die Terrorisierung durch Zivilbombardements hingegen bezweckt, dem Feindvolk ein wünschenswertes Verhalten aufzuzwingen. Ihrer äußeren Gestalt nach folgte auch die Hungerblockade Leningrads diesem Muster. Leeb stand aber bereits unter dem Befehl, das erpreßte Verhalten, die Kapitulation der Stadt, gar nicht anzunehmen. Die Leningrader sollten, entsprechend den Plänen der Orscha-Konferenz, als überzählige Esser aus der Welt verschwinden. Allein die Opfer dieser Stadt erreichen die halbe Zahl der von den Polizisten beseitigten Juden Rußlands. Die deutschen Generalstäbler kalkulierten indessen das Aushungern mehrerer Großstädte ein, das heißt eine zweistellige Millionenzahl von Toten. Dies folgt nicht aus der Lehre vom slawisch-asiatischen Untermenschentum, sondern aus einem Überschlag der Kriegsernährungslage. Die Rassenideologie kam der vermeintlichen militärischen Notwendigkeit dabei trefflich gelegen. Sie legitimiert, was anders nur schwer begründbar wäre. Der belesene Hitler dehumanisierte den Gegner getreu der rassenbiologischen Schundliteratur der Zeit. Die Strategen entledigten sich der strapaziösen Ballaste schutzbefohlener Zivil- und Gefangenenschwärme aus eigener Raison. Sie fanden indessen in Hitler den probaten Kopf, der militärische Notwendigkeiten politisch gewinnend zu formulieren wußte. Ein Ausrottungsgeschehen, das sich inmitten von drei Millionen Landsern und 60 Millionen Ortsansässigen vollzieht, kommt nicht ohne Politik aus. Die Politik schweißt die Täter zusammen und konditioniert die Opfer. Den Bedarf hatte auch Ludendorff dargelegt.

Hitlers politisches Experiment, im Kriege eine Paria-Population auszurufen und hinzuschlachten, hat die Heeresführer kaum begeistert. Den Exekutionskommandos der Polizei schlugen Arroganz und Unverständnis entgegen. Nach vier Monaten, im Oktober, notiert Dr. Stahlecker, Einsatzgruppenchef A, indes gute Zusammenarbeit mit der Heeresgruppe Nord – »in Einzelfällen sehr eng, ja fast herzlich«. Anfängliche »Mißverständnisse wurden durch persönliche Aussprachen im wesentlichen erledigt«.

Vermutlich hat der 41jährige Polizeimajor die Generalobersten aber nicht im Rassenstandpunkt gefestigt. Wie verliefen die Aussprachen? Es ist davon kein Sterbenswort überliefert. Die Akten aber verzeichnen präzise den Schnittpunkt von Genozid- und Militärinteressen.

Der Genozid folgt »den grundsätzlichen Befehlen«, schreibt

Stahlecker. Sie verlangen »die möglichst restlose Beseitigung des Judentums«. Die Generäle aber kannten keinen Grundsatz neben dem militärischen Nutzen. Befriedigt notiert Stahlecker allerdings, wie »die rein militärische Bekämpfung« des Gegners in dem »neu besetzten Gebiet versagt hatte«. Stalins Aufruf zum Volkskrieg stiftete nämlich die Bürger dazu an, den Aufenthalt des Besatzers unerträglich zu machen. Die Lande seien zu verwüsten, alle Wege, Güter, Nachrichtenkanäle zu zerstören. Die bolschewistischen Politkommissare zwängen das Zivil aus dem Verborgenen mit scharfem Revolver zur Sabotage. Bei der »Unwegsamkeit des Geländes« scheiterte die Heeresgruppe aber daran, »die Partisanen durch systematisches Durchkämmen und Säubern der von ihnen verseuchten Räume zu erfassen«. Ausgedehnte Wald- und Sumpfgebiete, Ortskenntnis und Dienste der eingeschüchterten Bevölkerung entzögen diesen Gegner dem militärischen Zugriff. Infolgedessen »mußte auch die Wehrmacht sich nach neuen Methoden umsehen. Gerade die Suche nach Methoden machten sich aber die Einsatzgruppen zur wesentlichen Aufgabe.« Ihre Lösung lag in vorbeugendem Terror. »Es wurde hierbei von dem Grundsatz ausgegangen, daß es nicht genügt, angreifende Partisanen abzuwehren und unschädlich zu machen, sondern den obersten Grundsatz der Partisanen, den Gegner zu beunruhigen und in jeder nur denkbaren Weise zu stören und zu schädigen, gegen die Partisanen selbst anzuwenden.« Da sie störungsfrei im Walde hausten, wandte sich die Polizei ihrem engeren Metier zu, der Abschreckung des Zivils. Wenn es die Banden denunzierte anstatt sie zu versorgen, mußte der Sumpf austrocknen. Weil die Russen dem Untergrund aus Angst willfuhren, brauchte Stahlecker nur stärkere Angst zu erzeugen. »Aus der Erkenntnis, daß der Russe seit jeher an ein schonungsloses Durchgreifen der Autorität gewöhnt ist, wurde zu den härtesten Mitteln gegriffen.«

Zunächst erfuhren die Sympathisanten der Freischärler blutige Vergeltung. Stahlecker hielt sich viel auf seine polizeiliche Ermittlungsroutine zugute, klagt aber über das mühselige Geschäft. Ort für Ort zu durchleuchten, kommt 990 Einsatzmännern auf 2.000 ›verseuchten‹ Quadratkilometern sauer an. Wie mochte dies Häuflein die ›Schonungslosigkeit der Autorität‹ darstellen? Sein Konzept, »Terror gegen Terror zu setzen«, scheiterte an der eigenen Dürftigkeit. Es sei denn, man erprobte sich an einem von aller Welt verlassenen, widerstandslosen, extrem leichtverletzlichen Opfer.

Stahlecker erwähnt eher beiläufig: »Die verbliebenen Juden betätigten sich lebhaft als Saboteure und Brandstifter und beteiligten sich aktiv am Heckenschützenkrieg« (L 180, PS 2273). Die Maßnahmen zur Judenvernichtung und die zur Partisanenabwehr hält die Polizei kategorisch getrennt. Für den Genozid gelten die ›grundlegenden Befehle‹, den ›Gegenterror‹ improvisieren Heer und Einsatzgruppe nach Lage vor Ort.

Doch offensichtlich vermochten die Polizisten wenig anderen Gegenterror auszuüben als den im ›grundlegenden Befehl‹ enthaltenen. Wenn eine Maßnahme dazu taugte, ›durchgreifende Autorität‹ vorzuführen und ›den Gegner zu beunruhigen‹, dann der Genozid. Die ›restlose Beseitigung‹ einer Fraktion Zivilisten lehrt den Rest, wozu die Autorität imstande ist. In den Akten der Polizei taucht der Aspekt aber nicht auf. Er ist eine militärische Sinngebung des Paria-Massakers, die in den Militärakten steht. Daß exemplarische Ausrottung die Fügsamkeit Dritter bewirkt, war ein geläufiger Gedanke in dieser Generation von Kriegern. Er hat sich im übrigen gehalten.

Ein Bündel kraß antisemitischer Befehle informiert die Truppe über die Legitimität der polizeilichen Maßnahmen. Den Befehlsgebern waren sie infolgedessen nur allzu gegenwärtig. Vor Abmarsch des Heeres, im Mai 1941, hatte der Wehrmachtsführungsstab im OKW bereits Verhaltensregeln für Rußland ausgegeben. Neben den erwartungsgemäßen Trägern der Abwehr des Aggressors, »bolschewistische Hetzer, Freischärler, Saboteure«, denen »rücksichtsloses und energisches Durchgreifen« droht, sind pauschal die »Juden« genannt: »In der UdSSR stark vertreten.« Jedem aktiven und passiven Widerstand antwortet überdies die »restlose Beseitigung«. Allgemein wird vor »heimtückischer Kampfesweise« der Rotarmisten gewarnt, insbesondere jener asiatischer Herkunft, weil sie »undurchsichtig, unberechenbar, hinterhältig und gefühllos sind« (NOKW 1697). Den Juden fehlt als einzigen im Katalog der Gefahrenquellen eine militärisch relevante Eigenschaft. Das fällt auf. Wodurch gefährdet blankes Judentum die Wehrmacht?

Weil nähere Angaben fehlen, ist auch nicht vorstellbar, wie das anbefohlene ›rücksichtslose Durchgreifen‹ vonstatten gehen soll. Hat der so hintersinnig formulierende Wehrmachtsführungsstab übersehen, daß sein Befehl den Juden gegenüber gar nicht praktikabel war? Im Oktober 1941 präzisierten die Chefs der 6. und der 11. Armee, von Reichenau und von Manstein, die Vorstellungen der Heeresspitze. Sie erhellen, warum man im Mai so unbestimmt geblieben war.

Zur gleichen Zeit, als Reichenau zur Mitteilung schritt, schwadronierte auch Hitler in seinem Hauptquartier ausgiebiger über die Juden. Die Rußlandoperation verlief unplanmäßig, und der Führer schweifte zurück zu Englands Kriegseintritt, von dem das Verhängnis seinen Ausgang genommen hatte. Offensichtlich waren die Juden in Churchill gefahren, wie es denn ihrer Art entspreche, vermittels tarnender Werkzeuge zu handeln. Beispiel sei der antike Paulus, der sich der Lehre des nicht-jüdischen Galiläers Jesus bedient habe. »Heute hatte der Jude geglaubt, das Experiment von damals wiederholen zu können ... Aus dem Saulus wurde ein Paulus und aus dem Mardochai ein Karl Marx. Wenn wir diese Pest ausrotten, so vollbringen wir eine Tat für die Menschheit, von deren Bedeutung sich unsere Männer draußen noch gar keine Vorstellung machen können.« Das fürchtete auch Reichenau.

Die Männer seiner 6. Armee hatten soeben Kiew genommen, das die Polizei alsbald ›judenrein‹ machte. In der nahegelegenen Schlucht von Babi Jar entfesselte sie unter den Augen und teils assistiert von Truppenteilen das verlustreichste Massaker des Kriegs. In zwei Tagen erlagen dem 33.000 Zivilpersonen. Reichenau vermißte genügende Einsicht in die Notwendigkeit solcher Maßnahmen. Statt dessen existierten in der Truppe »vielfach noch unklare Vorstellungen«. Die Verhaltensrichtlinien des OKW vom Mai bedurften dringlichst der Angleichung an die mittlerweile hergestellten Zustände. Die Juden sind zweier militärischer Delikte bezichtigt: 1. Verflossene Urheberschaft von »Bestialitäten, die deutschem Volkstum zugefügt wurden«; 2. »Anzettelungen von Erhebungen im Rücken der deutschen Wehrmacht«. Der Soldat tritt als »Träger einer unerbittlichen völkischen Idee und Rächer auf«. Die Rache aber wird ebensowenig bezeichnet wie im Mai. Die Truppe braucht sie nämlich gar nicht zu vollziehen. Sie verharrt in bloßer Sympathie: »Der Soldat muß für die Notwendigkeit der harten, aber gerechten Sühne am jüdischen Untermenschentums volles Verständnis haben.« Vom Frühjahr 1941 an war für die Wehrmachtsführung anscheinend ausgemacht, daß dieser Teil des Hakenkreuzzugs der Polizei überlassen wäre. Davon abgesehen, stellt Reichenau der Truppe klare Aufgaben: Partisanen und »Herumtreibern« ist kein Pardon, Hungernden, Kriegsgefangenen und Zivilisten kein Almosen zu gewähren. Symbolbehaftete

Gebäude können »im Rahmen des Vernichtungskampfes« ohne »geschichtliche noch künstlerische Rücksichten« zerstört werden, es sei denn, sie eigneten sich als Truppenunterkünfte. Vom Zivil wird »eine klare Entscheidung zur aktiven Mitarbeit gegen den Bolschewismus« erwartet. Bloße »Teilnahmslosigkeit« und »abwartende Haltung« gelten als Feindseligkeit. »Der Schrecken vor den deutschen Gegenmaßnahmen muß stärker sein als die Drohung der umherirrenden bolschewistischen Restteile.« (NOKW 3411)

Die Nürnberger Anklage wertete den Reichenau-Befehl als Mordauftrag und belastete damit jeden Angeklagten, welcher ihn in seiner Kommandosphäre zur Verteilung gelangen ließ, darunter auch Leeb und Küchler. Reichenau selbst war 1942 am Schlaganfall gestorben. In dem Sinne, wie die Angeklagten es für sich beanspruchten, war auch er ein Gegner Hitlers gewesen, hatte dessen operative Entscheidungen mißbilligt und sogar selbstherrlich hintergangen. Seine frühe Option für den Führer beruhte weniger auf weltanschaulicher Harmonie als auf taktischer Berechnung. Dieser Politiker des Volkes nutzte dem militärischen Interesse. Ähnlich veranschlagte Reichenau das Schüren des Rassismus im Rußlandheer. Außermilitärische Gesichtspunkte kamen für diesen jovialen Sport- und Technikenthusiasten, Übersetzer des britischen Panzerwaffentheoretikers Liddell Hart, gar nicht in Frage. Gleichwohl behagte sein kaltherziger, gewissenloser Ehrgeiz nicht dem Korpsgeist des Heeres. Ein Vorbehalt, der ihm den Makel des Nazi-Generals eintrug. Halder erklärte vor Gericht, daß die Kommandeure dessen Rezepte besser hätten ins Feuer werfen als verteilen sollen. Um so kurioser, daß Reichenaus Befehl an seine 6. Armee von Halders OKH allen Heeresgruppen, Armeen, Panzergruppen und rückwärtigen Heeresgebieten als mustergültig zugeleitet worden ist. Man bitte um ähnliche Erlasse an die untergeordneten Verbände.

Zum tieferen Verständnis der Reichenauschen Worte ist das OKH, Halder zufolge, nicht gelangt. Die ›harte Sühne am Judentum‹, welche die Einsatzgruppen unter der angemahnten Duldung von Offizier und Mann vollstreckten, hat auch Halder geduldet. Und zwar eigenem Bekunden nach, indem er sich nicht vorstellen konnte, was damit gemeint war: Aus sämtlichen Befehlen und Meldungen, die von der Abgabe unliebsamer Personen an die Polizei sprechen, konnte man »zweifellos auf gewisse Tätigkeiten schließen, nämlich die Sicherstellung von politisch störenden und gefährlichen Elementen. Welche Mittel dazu angewandt wurden, ist aus keinem dieser Befehle und mir zugekommenen Nachrichten mit Sicherheit erkennbar. Von dem Umfang dieser Handlungen, die ich später nachträglich jetzt gehört habe, konnte man daraus kein Bild gewinnen.«

Desto schärfer das Bild, das die Heeresspitze von der jüdischen Gefahr gewann. »Das Judentum«, verkündete der Chef der 11. Armee, von Manstein, »bildet den Mittelsmann zwichen dem Feind im Rücken und den noch kämpfenden Resten der Roten Wehrmacht und der Roten Führung.« Anders als Reichenau steht Manstein keineswegs im Ruch nazistischer Neigung. Zumal er als junger Oberst 1934 Protest gegen den Arierparagraphen im Heer eingelegt hatte, wenn auch bei grundsätzlichem Bekenntnis zum Rassegedanken. Daraus muß aber nicht geradlinig Entrechtung und Mord hervorgehen.

Manstein war dem Aufruf des OKH zur Ausbreitung der Reichenauschen Impulse gefolgt, nicht ohne sie kennzeichnend abzuwandeln. Sein Befehl vom 20. November 1941 hatte dem Nürnberger Hauptkriegsverbrecherprozeß als Beweisstück vorgelegen, spielte im OKW-Prozeß keine Rolle, wurde aber im Hamburger Manstein-Prozeß vor einem britischen Militärgericht breit erörtert. Für den Feldmarschall spricht, daß sein Text Reichenaus Maßregeln erheblich mildert. Dies gilt für alle Belange sowjetischer Kriegsgefangener und Zivilisten, ausgenommen die Juden. Nach den Begriffen deutscher Okkupationsbräuche klingen Mansteins Formulierungen meist moderat. Warum findet das Extrem der Barbarei, die Judenvernichtung, dort Bestätigung? Warum bildet ausgerechnet der Genozid den gemeinsamen Nenner? Nehmen weltanschaulich so konträre Naturen wie Leeb, Küchler, Reichenau und Manstein an der Judenvernichtung ein materiell begründetes Interesse?

Ende September erreichen die Vernichtungsaktionen der Polizei unerhörte Dimensionen. Für die bisher nicht eingeweihte Truppe entstand zweifellos ein Erklärungsbedarf. Im Befehlsbereich der Heeresgruppe Süd wurden 10.000 Bürger der Schwarzmeerstädte Nikolajew und Cherson, 24.000 in Uman und 28.000 in Winniza getötet. Am 22. Oktober beteiligten sich Wehrmachtsangehörige mit Soldaten der rumänischen Armee und Sonderkommandos an der Vernichtung von 25.000 Juden in Odessa. Sie wurden in vier Warenhäuser gesperrt, von denen drei in Flammen aufgingen, das vierte stürzte unter Artilleriebeschuß zusammen. Wahrlich eine »harte Sühne am Judentum«, die, wie Manstein und Reichenau dekretierten, »auch notwendig ist, um alle Erhebungen, die meist von Juden angezettelt werden, im Keime zu ersticken«. Als Inhaber aller »Schlüsselpunkte der politischen Führung und Verwaltung« bildeten sie weiterhin »die Zelle für alle Unruhen und möglichen Erhebungen« (PS 4064). Die stattfindenden Massaker hätten nach dieser Theorie dem Zweck gedient, die Möglichkeit der Erhebung auszuschalten. Soll man Armeeführern, denen das Problem der Guerilla aus zwei vorangegangenen Kriegen, in Frankreich 1870/71 und Belgien 1914, geläufig war, dermaßen naive Spekulationen unterstellen?

Küchler mußmaßte, daß Juden, die von seinen Verbänden als getötet registriert wurden, ihren Tod gar nicht ihres Judentums wegen erlitten hätten. Sie seien vermutlich der Partisanentätigkeit oder -unterstützung überführt worden. Das waren sie bei Manstein und Reichenau gleichfalls, und zwar alle gemeinsam. Küchler hatte als Angeklagter Grund, die Kenntnis von Massenvernichtungsaktionen abzuleugnen. Manstein und Reichenau konnten im November 1941 etwas unbefangener formulieren, bedienten sich aber derselben Schablone: Der Jude lanciert den Dolchstoß in den Rücken der Front.

Die Sicherheit im Hinterland war in der Tat die Achillesferse des Heeres. Es zählte auch mit Hilfe der Polizei nicht genügend Mann, das gewonnene Territorium zu kontrollieren. Manstein klagt über Heckenschützen, Minenleger und Saboteure, die Fabriken und Ernten zerstörten, um der Wehrmacht Nachschubwege abzuschneiden und Beute zu entziehen. Reichenaus Medizin war der universelle Terror. Flintenweiber, Herumtreiber, zersprengte Rotarmisten, Indifferente, alle Zögernden, Vorbehaltsträger, Kollaborationsscheuen erlernten ihre Lektion durch den großen Pädagogen, die Faust. Unter den dergestalt Bedrohten befinden sich etwas, doch nicht besonders hervorgehoben, die Juden.

Anders Manstein. In seinem Armeegebiet, dem äußersten Süden und der Krim, wirkt pure Schreckensherrschaft unersprießlich. Nichtbolschewistischen Teilen der Bevölkerung, »die z.T. jahrelang gegen den Bolschewismus heldenhaft gekämpft haben«, gebührt »gerechte Behandlung«. Auch Manstein duldet keine Teilnahmslosigkeit, befiehlt, aktive Mitarbeit gegen den Bolschewismus nötigenfalls zu erzwingen. Indes kommt er dem Zwang durch Partnerschaftsangebote lieber zuvor. Den Krimtataren wird Respekt vor dem islamischen Kultus, den Bauern vor ihrem Saatgut und Vieh zugesagt. Die Bereitschaft des Besatzers zum Terror konzentriert sich auf die Juden. Ihre Verderblichkeit beschwört der maßvolle Manstein noch wortreicher als Reichenau. Der Soldat der 11. Armee wird mit eben dessen Formel zum »Verständnis« aufgerufen, »für die Notwendigkeit der harten Sühne am Judentum«. (PS 4064)

Kein Zweifel, daß Manstein ein humanes Regiment nicht mied, wenn es die Zweckmäßigkeit zuließ. Nur schien ihm das bei der Judenvernichtung vielleicht weniger ratsam. Der taktische Gedanke zielt auf eine möglichst breite und friedliche antibolschewistische Liga bei gleichzeitigem Exempel des Vernichtungswillens gegenüber dem System: »Das jüdisch-bolschewistische System muß ein für allemal ausgerottet werden.« Das Ausrottungsschicksal, hatte Reichenau verlangt, müsse sinnfälliger sein als alle Racheandrohungen der Bolschewiki für Kollaborateure: So straft das Deutsche Reich seine Ur-Feinde. Es spielt gar keine Rolle, ob die abgestrafte Gruppe die Strafe verdient hat. Dem Militär des totalen Kriegs gilt die Terrorisierung von Zivil sowieso nicht als Ahndung einer Tatschuld. Es ist ein Kriegsmittel, unerlaubt, aber nicht ungebräuchlich, und erzeugt Druck in Richtung auf ein erwünschtes Verhalten.

Die Judenvernichtung durch Polizeikommandos in Rußland ist von diesen nicht als Kriegsmittel eingesetzt worden. Das schließt aber keineswegs aus, daß die Heeresführer den Genozid unter eigenen Aspekten toleriert haben. Küchler, der vorschützt, daß die Juden nicht wegen Judentums getötet wurden, wußte es besser. Er kannte Himmlers Ideale. In Frage stand in Nürnberg jedoch, warum Küchler und seinesgleichen den Mord zugelassen haben? Im Wagner-Heydrich-Abkommen hatten sie sich unter dem Titel ›militärische Notwendigkeit‹ eigens ein Vetorecht ausbedungen. Anscheinend ist der Konflikt zwischen Genozid und Kriegsraison aber nicht eingetreten.

Ihre anfänglichen ›Mißverständnisse‹ haben Polizeiführer und Offiziere mündlich ausgeräumt. Manstein und Reichenau erkannten schnell den Interessenkontakt. Die Küchlers Armeegebiet zugeteilten Kommandos notierten befriedigt, daß »regelmäßig in den Dienststellen Besprechungen über die örtlich interessierenden Fragen mit den Ortskommandanten und sonstigen beteiligten Wehrmachtsdienststellen stattfinden« (NO 2834). Das Heer dachte gar nicht daran, die Polizei auf eigene Faust operieren zu lassen. Sicherheitsfragen gibt ein deutscher Befehlshaber nicht blindlings aus der Hand. Das geht aus den Notizen der Polizei deutlich genug hervor. In Riga werden am 4. Juli 1941 hundert Juden erschossen, als Repressalie für die Tötung eines Soldaten aus dem Hinterhalt. »Auf Anordnung des Nachrichtenoffiziers des zuständigen Armeekorps« wird die versuchte Sprengung der Bahnlinie Nowgorod – Leningrad mit Erschießungen geahndet. Im Kriegsgefangenensammellager Ljuban kann das Teilkommando Tossno den Rotarmisten Lisow »als Juden ermitteln. L. wurde sonderbehandelt.« Der Bürgermeister von Krasnoje-Selo und ein Gehilfe werden »im Einvernehmen mit dem Ortskommandanten wegen früherer aktiver Tätigkeit in der Kommunistischen Partei exekutiert« (NO 2822). Und »auf speziellen Wunsch höherer Stäbe konnte nunmehr an eine exakte Überprüfung der Bevölkerung herangegangen werden« (NO 2834). Dies geschieht »unter Zugrundelegung sicherheitspolizeilicher Maßstäbe« (NO 2823). Allein in der Leningrader Umgebung vereinbarten Stellen der 18. Armee mit den Kommandos im Dezember 1941 »mehrere hundert Überprüfungen«. Der Ertrag besteht in diversen Exekutionen, »darunter eine Zigeunerbande«, und in lapidarer Genugtuung heißt es abschließend: »Jüdische Zivilbevölkerung ist nicht mehr vorhanden.« (NO 2834)

Im Nürnberger Kreuzverhör bescheinigte Küchler den Polizeikommandos militärischen Schneid: »Der letzte Mann, der geringste Koch, der letzte Schmied und alles, was da war, mußte eingesetzt werden.« Die von den Polizisten vermeldete enge Kameradschaft habe sich aus dem Frontgeschehen heraus gebildet. »Es waren halt Deutsche, die sich gegen den äußeren Feind zusammenfanden.« In der kritischen Sicherheitslage des Partisanenkriegs »war es der Selbsterhaltungstrieb, der alle Angehörigen in dem Ort verband«. Außerdem verfügten die Polizisten über ein wertvolles Hilfsmittel der Sicherheitsüberprüfung, den Dolmetscher, »während bei uns es an Dolmetschern knapp war«.

Im Gefecht ist der Feind äußerlich zu identifizieren. Im Volkskrieg keineswegs. Partisanenverbände stellen sich selten zum Kampf, und ihre Basis in den Wohngebieten läßt sich mit bloßem Auge nicht erkennen. Weil beschlossen war, Unruhestiftung ›im Keim zu ersticken‹, wie Reichenau und Manstein formulierten, und ihre Träger wie Sympathisanten vorbeugend zu töten, entstand mit der Zeit ein Ermittlungsbedarf. Repressalien sollen flächig treffen, nicht aber die zur Zusammenarbeit neigenden Bevölkerungskreise. Die Selektion der Opfer muß wenigstens Freund und Feind zu unterscheiden wissen. Immerhin würde die voraussichtliche Anzahl zu einem heftigen Aderlaß in der sowjetischen Zivilbevölkerung führen.

Das Heer hatte in dem Anfang April begonnenen Balkanfeldzug bereits die Erfahrung gesammelt, daß ein Übermaß an zivilen Repressalien den Partisanen reichen Zulauf beschert. Um deren Operationen überhaupt zu beantworten, griff man zum Terror gegen das Zivil. Um ihn wirksam zu gestalten, gegen eigens ausgesuchtes Zivil. Der amerikanische Historiker Christopher Browning hat überzeugend dargelegt, daß die Heeresführung in Jugoslawien vorsorglich Juden und Kommunisten aushob und internierte, an denen sich im Bedarfsfall Repressalien vollstrecken ließen. Zur Vergeltung von Partisanenanschlägen legten die Generäle einen Menschenvorrat an, um stets in ausreichend hoher Zahl Exekutionsopfer daraus schöpfen zu können. Eine rasche, einfache und flexible Methode, den Terror zugleich auszuüben und zu begrenzen. Das einheimische Bürger- und Bauerntum würde die Gewaltsamkeit der Deutschen erfahren, aber verwinden. Der Mord an Juden und Kommunisten ließ sich am ehesten hinnehmen. Er berührte eingewurzelte Traditionen und Vorurteile. Über die Beseitigung der ungeliebten Kosmopoliten und Gottesleugner mochte sich eine neue Fraternität zwischen Besatzern und Besetzten bilden. Zu dieser Lösung war das Heer ganz ohne Himmlersche Psychologie gelangt. Die Befehle Mansteins und Reichenaus variieren den nämlichen Einfall.

Das Judentum ist der nominelle Dolchstößer. ›Erfahrungsgemäß‹ gehen von ihm alle rückwärtigen Erhebungen aus. Gewiß resultiert der Führerbefehl an die Polizisten nicht aus dieser seltsamen Erfahrung. Auch befehlen die Armee-Chefs keinen Judenmord. Sie befehlen der Truppe, Verständnis dafür aufzubringen. Ihr eigenes Verständnis aber entspricht ungefähr der auf dem Balkan geübten Lösung. Das Sicherheitsrisiko war immens; die Polizei drang mit drei, vier Dutzend Leuten in die Ortschaften ein, um in kürzester Zeit die Gefahrenquellen auszumachen. Zur Kriminalistik blieb keine Gelegenheit. Als fliegende Verbände sorgten sie schnellstmöglich für den größtmöglichen Terror gegen geringstmöglichen Widerstand. Vom Standpunkt des Militärs waren die Juden ›erfahrungsgemäß‹ die richtigen Opfer. Eine praktischere

Wahl gab es nicht. Unwahrscheinlich, daß man darüber mit den Polizisten in Streit geraten sein sollte. Schon deren Systematik ließ erkennen, daß sie ein weitergehender Auftrag leitete, mit dem Soldat und Offizier sich abfinden mußten. So weit aber reicht die Konzessionsbereitschaft an das politische Interesse. Ja, es bestand geradezu der Wunsch danach, das Ausrottungsgeschehen von der militärischen Sphäre abzukapseln. Soviel bezeugte Küchler gedrungenermaßen, bestritt aber, daß die Armeechefs jene waren, welche der Politik die Opfer aushändigten. An der Schwelle dieser Zone endete vernehmentlich ihr Wissen. Das nahmen sie alle auf ihren Eid.

Der Schwur steht sehr in Frage, etwa durch ein Anklagedokument aus dem Schriftverkehr der 281. Sicherungsdivision der Heeresgruppe Nord vom 20. März 1943. Darin wurde die 822. Feldkommandantur unterrichtet, daß umherziehende Zigeuner und Juden ins Ressort des nächsten Einsatzkommandos des SD fielen: »Die Zuständigkeit der militärischen Dienststellen beschränkt sich darauf, daß Zigeuner und Juden dem SD zuzuführen sind, der das weitere nach den für ihn geltenden Bestimmungen veranlaßt. Eine Mitwirkung militärischer Dienststellen bei etwa durch den SD vorzunehmenden Liquidierungen von Zigeunern und Juden als politische Maßnahme ist nirgends vorgesehen und wird abgelehnt.« Bezeichnenderweise erinnert das Schreiben an die geltende Befehlslage, die regelt, »daß der SD zur Erschießung von Landeseinwohnern wegen krimineller Taten nicht berechtigt ist« (NOKW 2022). Die Ahndung von Delinquenz und politische Maßnahmen zur Rassenvernichtung werden sauber getrennt. Hierüber muß restlose Klarheit bestehen, denn die Trennung markiert die stets sensible Zuständigkeitsgrenze von Heer und Polizei.

Die 281. Sicherungsdivision, offenbar eine dem Prinzipiellen zugeneigte Einheit, besiegelte die Kompetenzlinien ein Jahr zuvor angelegentlich der Erschießung von 121 Zigeunern bei Noworshew im Hinterland der Heeresgruppe Nord. Dazumal, im Juni 1942, bereits befehligt von Küchler. Die Meldung des von der Ortskommandantur Noworshew verübten Massakers geht an den Befehlshaber des Rückwärtigen Heeresgebietes (NOKW 2111). Anlaß dafür waren aus dem Hinterhalt gezielte Schüsse auf einen Kradfahrer gewesen. Ein Offizier der Kommandantur hatte leichte Verletzungen davongetragen. Zur gleichen Zeit zog eine Zigeunersippe durch die Umgebung. Sie folgte keiner regulären Arbeit, war nicht registriert, besaß keinen Wohnsitz und nährte sich durch Bettelei von Ort zu Ort. Die Sicherungsdivision prüfte den Vorgang höchst pedantisch: Das Schießen auf Kradfahrer, eine allgemein anwachsende Partisanentätigkeit und die Allgegenwart der bettelnden Zigeuner gründeten in deren Rassenmerkmalen. Ihre nomadische Lebensweise prädestiniere sie zur meist bereitwillig von ihnen geleisteten Spionage. Die fragliche Sippe, in jeglicher Hinsicht eine Last, habe wehrfähige Männer enthalten und sei nach dem deutschen Einmarsch sogleich ostwärts gewandert. Solch schwerwiegende Verdachtsmomente ermöglichten zwar keinen Tatnachweis, doch sei »bei Zigeunern fast immer Partisanenverdacht gegeben«. Verständlich, daß »ihre Freilassung wohl eine Gefahr für die Sicherheit der Truppe bedeutet hätte und ihre Beseitigung notwendig erschien«. Doch machte die Sicherungsdivision »formale Bedenken« geltend. Das scharfe Durchgreifen der Ortskommandantur Noworshew fuße auf dem Befehl der Feldkommandantur 822 vom Mai 1942, »der besagt, daß Zigeuner stets wie Partisanen zu behandeln seien« (NOKW 2072). Die nominelle Partisaneneigenschaft von Zigeunern aber ist nicht militärisch zu verfolgen. Sie fällt ins Ressort der Polizei, entsprechend dem Befehl des Kommandeurs des Rückwärtigen Heeresgebietes Nord vom 21. November 1941, der »herumziehende Zigeuner« genereller Ausmerzung überantwortet (NOKW 2022). Das Heer ahndet erwiesene Partisanentätigkeit von Zigeunern, die Polizei jedoch das konstitutionelle Partisanentum der Zigeunerrasse. Der die Kompetenzlinie verwechselnde Ausmerzungsbefehl der 822. Feldkommandantur wurde aufgehoben und Bericht angeordnet, wie die Konfusion der Zuständigkeit entstehen konnte.

Nominelle Delinquenten wie Juden und Zigeuner, rassenmäßig Verdächtige, auszuschalten ist Sache der Politik. Militärrechtlich läßt sich nicht befriedigend lösen, was militärisch gleichwohl für wünschenswert erachtet wird. Dafür gibt es den Maßnahmestaat, der das Heer diesem ›Sonderkriegsschauplatz‹ ausgesetzt hat. Beide kamen einander hilfreich entgegen.

In der 291. Infanteriedivision wurde im Juli 1941 der Befehl ausgegeben, »die Juden sind zu erfassen und zu kennzeichnen«. Ihre Pässe erhielten einen Vermerk. Darüber hinaus erging bei Androhung von Strafe der Aufruf, »sich durch Tragen je eines gelben, gut sichtbaren Punktes (Durchmesser mindestens 8 cm) auf Brust und

Rücken zu kennzeichnen ... Alle Juden sind ihrer Gewerbe, Berufe usw. (Apotheker, Ärzte, Kaufleute usw.) zu entheben. Läden sind zu schließen« (NOKW 1572). In Estland meldete Einsatzgruppe A, Kommando Ia als hilfreiche Vorarbeit des Heeres: »Verbot der Benutzung von Bürgersteigen, öffentlichen Verkehrsmitteln, des Besuches von Theatern, Kinos und Gaststätten. Beschlagnahme des gesamten jüdischen Vermögens. Verbot des Schulbesuches« (NO 3155). In Riga kümmerte sich das Heer darum, daß noch vor Amtsantritt der Zivilverwaltung »das sogenannte Moskauer Stadtviertel als Ghetto vorgesehen und ein jüdischer Ältestenrat eingesetzt war«. Dieser Meldung der Einsatzgruppe A vom September 1941 zufolge hat der Chef der 18. Armee, Küchler, persönlich angeordnet, »daß Juden sich durch weiße Armbinden mit dem Davidstern auf beiden Armen zu kennzeichnen haben«. (NO 3140)

Küchler stritt einen solchen Befehl schroff ab. Was hatte sich ein Generaloberst des deutschen Heeres um die Ärmelabzeichen jüdischer Zivilisten zu kümmern? »Die Antwort ist klar«, entgegnete ihm die Nürnberger Anklage. »Es war dies die offizielle Politik des Deutschen Reiches, und Küchler vertrat dessen Souveränität in den besetzten Gebieten.« Kein anderer in der 18. Armee habe die Autorität dazu besessen als der Oberbefehlshaber und Territorialherr. Darum hatte auch kein anderer die Autorität, dies zu unterbinden. Küchler hätte solcherlei Verfolgungsschritte der nachfolgenden Zivilverwaltung überlassen können. Konnten die Juden die wenigen Wochen nicht ohne Davidstern bleiben? Warum mußte sich ausgerechnet Küchler dergleichen Maßnahmen aufladen?

Seine Verteidigung bewies, daß er im Polenfeldzug zu jenen Kommandeuren gezählt hatte, die der polizeilichen Judenhatz in den Weg getreten waren (Dok. Küchler 10,11,15). Sie ärgerten sich über die disziplinlosen Eigenmächtigkeiten ihnen unterstellter Polizisten, die Fachbefehlen von Heydrich gehorchten. Humanitätsbedenken, argwöhnte die Nürnberger Anklage, hätten Küchler, den seine Querulanz immerhin einen Beförderungsschritt kostete, wenig angefochten. Nachdem die Polizeiverbände in Polen unter Obhut einer Zivilverwaltung wüteten, nahm Küchler keinen Anstoß mehr daran. Statt dessen warb er unter der Besatzungstruppe um Verständnis für eben jene Polizeipraxis, die er zur Zeit seiner militärischen Exekutivgewalt mißbilligt hatte. »Gewisse Einheiten von Partei und Staat« seien mit einem völkischen Ringen befaßt, welches keine Kritik von Heeresangehörigen an der Behandlung von Polen, Juden und Klerikern dulde. »Die völkische Endlösung dieses Volkskampfes, der an der Ostgrenze seit Jahrhunderten tobt, verlangt besonders strenge Maßnahmen.« (NOKW 1531)

Küchlers Befehl vom 22. Juli 1940 antizipierte Mansteins und Reichenaus Devise für Polizeiexzesse: tolerieren und fernhalten. Kennzeichnend ist allerdings, daß die Polenarmee überwiegend rassische Entrechtung freigab, die Rußlandarmee hingegen den Genozid bewilligte. Die Juden entrechtete sie selbst. Die Mühe hätte sich sonst die nachfolgende Zivilverwaltung gemacht. Doch offenbar duldete die Sache keinen Aufschub. Warum nicht? Welches Interesse bestand an dem Ausruf einer vogelfreien Kaste inmitten des Operationsverlaufs?

Im eroberten Polen, hatte Hitler im Oktober 1939 Keitel geraten, solle die Wehrmacht froh sein, »wenn sie sich von den Verwaltungsfragen absetzen kann«. Für den »harten Volkstumskampf, der keine gesetzlichen Bindungen gestattet«, war die Truppe ungeeignet. Selbst der Führer gestand ein leises Mißbehagen: »Die Methoden werden mit unseren sonstigen Prinzipien unvereinbar sein.« Keitel instruierte das OKH, Polen sei »deutsches militärisches Aufmarschgebiet für die Zukunft«. Das Heer möge lediglich »Eisenbahn, Post, Straßen usw. in Ordnung bringen und halten«. Das Territorium werde als Auffangbecken für »Juden, Polacken und Gesindel« genutzt, so daß »wir nur Arbeitskräfte dort schöpfen« (PS 864). Kein Grund für Küchlers 18. Armee, sich einzumischen; weder kritisch noch helfend. Ganz anders in Rußland. Küchlers Wandel zum Promotor der Ghettos und Gelbsterne geschah in einem noch unentschiedenen Feldzug. Der ›Volkstumskampf‹ zielt nunmehr auf Massenausrottung, die wiederum ›gewisse Einheiten von Partei und Staat‹ gewährleisten. Der Soldat, erneut zum Einverständnis gemahnt, nimmt an dem politischen Projekt nicht teil, designiert allerdings vorsorglich dessen Opfer mit einem acht Zentimeter großen Abzeichen. Das ist der Unterschied.

Die Erzeugung einer Paria-Population, erprobtes Herrschaftsinstrument der NSDAP, verbindet sich unter Umständen mit einem militärischen Begleiteffekt. Der britische Kriegstheoretiker Major Fuller hat frühzeitig auf solche Möglichkeiten hingewiesen. Sie variieren verbreitete Ideen der Zwischenkriegszeit, Terror gegen das verletzliche Zivil zu richten, um die schwerer aufzureibenden gegnerischen Militärverbände zu beeindrucken. Fuller empfahl 1939 die exemplarische Tötung einiger hundert polnischer Juden, um allgemeine Panik unter der Bevölkerung zu stiften. Dies müsse eine allgemeine Fluchtbewegung auslösen, die hinter den polnischen Linien heilloses Chaos anrichten werde. Hitler und die Wehrmacht, von Fullers Philosophie der Luft- und Panzerwaffe, des Gas-, Nerven- und Propagandakriegs nachhaltiger inspiriert als durch irgendeinen anderen Militärdenker, benötigten keinerlei Unterweisung in Antisemitismus. Der ward ihnen in die Wiege gelegt. Doch Antisemitismus durchzieht nahezu die ganze Abendlandsgeschichte, ohne in Genozid überzugehen. Weil die Schwelle im Juni-Juli-August 1941 im Verein von Polizei- und Heeresführung des Operationsgebietes Barbarossa überschritten wird, müssen Gründe zusätzlich zu der antisemitischen Obsession existiert haben. Wenn nicht für Hitler, so zumindest für das Heer. Küchler, der in den Jahren 1939, 40 und 41 jeweils grundverschiedene Haltungen zur polizeilichen Rassenverfolgung einnimmt, hat in dieser Zeit kaum seine Haltung zum Judentum verändert. Der Krieg hat sich verändert.

Die Polizei, in Polen als Rabauke verabscheut, in Rußland zur Rückendeckung unentbehrlich, wird Küchlers privilegierter Begleiter. Judendiskriminierung, 1940 strikt politisches Geschäft der Polen-Zivilverwaltung, rückt 1941 in das Repertoire eines Armeechefs auf. Ein Schritt, parallel zur Ausdehnung eines 27tägigen Lokalkrieges auf die Eroberung der Kontinentalherrschaft. Darin dienten die russischen Juden einem Menschenversuch, der den einen den Anreiz zum Rache-Exzeß bot und an anderen den »Angriff auf die Nerven der feindlichen Zivilbevölkerung« erprobte. Major Fuller zufolge ein zentrales Schlachtfeld des totalen Kriegs, der »auf der Idee des Terrors aufgebaut ist«: Aus heiterem Himmel heraus fährt der Schock des Angriffs, macht den Feind wahnsinnig vor Angst, weckt seine Selbstschutzinstinkte und lähmt den Willen, der auftrumpfenden Übermacht des Aggressors zu widerstehen. Dieser liefert den Beweis seiner schrankenlosen Willkür, damit man sich rascher auf ihn einstellen kann. »Wenn das die Taktik ist, kann der Terror gar nicht blindwütig genug sein und nicht geschwind genug.« Die Lähmung der Zivilmoral ist nicht minder eilig als die Lähmung der Truppenmoral. Der Schlag gegen die Kommissare gehorcht insoweit derselben Logik wie das Judenmassaker. Was sollten die Heerführer Sachfremdes darin erblicken?

Fuller propagiert seine Methode als Barmherzigkeitslösung. Je schneller der Zusammenbruch, desto schonender der Verschleiß von Soldatenleben. Nichts hat die Generation Küchlers, Teilnehmer der Verdun- und Somme-Schlacht, ähnlich erschüttert wie die gegenseitige Ausrottung der Masseninfanterie 1914/18. Um dergleichen abzukürzen, muß der Terror beherzt zugreifen. Weil sie den Einsturz der Sowjetmacht fördern wollten, haben Küchler und seine Gefährten an der Paria-Schicht das schreckende Exempel vollstrecken lassen. Erziehung durch Massenmord trifft immer selektiv, sonst erzöge sie niemanden. Die Erzogenen mögen sich ein Beispiel an den Unglücklichen nehmen. Auch der Luftkrieg tötet einen Teil und erschreckt das Ganze. Das Sowjetvolk sollte seine dagegen machtlose Kriegsarmee so horrifiziert im Stich lassen wie diese das Kommando Stalins und der KPdSU-Kommissare.

Vor dem Nürnberger Gericht ließ sich darüber ebenso schlecht sprechen wie in der späteren Bundesrepublik. Die Markierung von Juden durch Armbinden der Wehrmacht paßte nicht mehr ins Gedächtnis. Küchler versicherte dreimal hintereinander, die Erinnerung daran verloren zu haben, als wolle er sie unwiderruflich tilgen.

»Haben Sie einen derartigen Befehl erlassen oder nicht?« fragte die Anklage: »Es muß doch einfach sein für Sie, diese Frage zu beantworten. Verneinen Sie kategorisch einen Erlaß von Ihnen?«

Küchler: »Also ich sitze hier unter Eid, und ich kann wirklich nicht ... ich kann nur Feststellungen treffen nach bestem Wissen und Gewissen. Wenn ich nein sage, werden Sie mir ein Dokument mit einem Befehl zeigen, der das Gegenteil zeigt.«

Anklage: »Würden Sie einen solchen Befehl erteilt haben?«

Küchler: »Nein ... Weil das völlig meiner Meinung widersprach. Ich kann mir wirklich nicht vorstellen, daß ich einen Befehl dieser Art gegeben hätte.«

Anklage: »Sie erkennen natürlich, daß falls Sie einen solchen Befehl zur Kennzeichnung von Juden erlassen hätten zu dieser Zeit und an diesem Ort, Sie in Wahrheit sie zur Hinrichtung bezeichnet hätten, nicht wahr?«

Küchler: »Nein. Warum? Ich weiß es nicht. Ich habe ja von diesem Geheimbefehl Hitlers, habe ich ja überhaupt nichts gewußt, und überhaupt von einer Ausrottung von Juden oder Zigeunern habe ich überhaupt nichts gewußt.«

Als einziges Wissen räumte Küchler die bereits von Reichenau und Manstein gegebene Losung ein, den Juden zum nominellen Partisanen auszurufen. An dieser Tarnregel hielt man weiterhin fest. Etwas anderes könne er sich unter den Liquidierungsziffern nicht vorstellen, beteuerte Küchler. Und in der Tat ist der Gebrauch nebulöser, schonender Vorstellungen kennzeichnend für den ganzen Genozid. Die Juden wurden liquidiert, »weil sie mit den Partisanen in Verbindung gebracht worden waren«. Ein vorgeschobener Grund, aber nicht grundlos vorgeschoben. Insoweit man der Partisanen nicht leicht habhaft wird, fand sich ein kräftesparender Ausweg. Stahlecker, Chef der in Küchlers Armeegebiet operierenden Einsatzgruppe A, meldete, daß die Partisanenjäger des Heeres der Einfachheit halber Judenerschießungen mitzählten: »Nach schätzungsweisen Angaben sind von der Wehrmacht bis Dezember 1941 ungefähr 19.000 Partisanen und Verbrecher, d.h. also in der Mehrzahl Juden erschossen worden« (PS 2273). Es steckt mehr als purer Schwindel hinter der Versicherung Küchlers: »Das ist eigentlich dasselbe.« Weil aber die einschlägigen Vollzugsmeldungen getötete Partisanen, Juden, Zigeuner und Bolschewisten separat notieren, tadelte der Befehlshaber nachträglich die irreführenden Kriegstagebuchschreiber: »Es ist nur irgendeine Aufschlüsselung, die nur die einzelnen vorgenommen haben.« Das mag sein. So akkurat, wie das Kriegstagebuch vorgibt, sind die Opfer des Terrors schwerlich identifiziert worden. Ihre Eigenart war für die Heeresführung minder bedeutsam. Sie verließ sich zum Siege auf einen eklatanten Terror. Daß Hitler aus Rassenwahn vornehmlich den Juden nach dem Leben trachtete, konnte ihr einerlei sein. Damit mußte nicht sie, sondern die Polizei sich befassen. Es war eine politische Entscheidung, keine militärische. Dieser Terror kostete das Heer die mindeste Mühe, erregte im Land den geringsten Widerstand, den meisten Beifall und versprach mehr Vorteil als alles andere.

Manche Befehlshaber teilten die ideologischen Motive der Rassenverfolgung, andere, wie Leeb und Küchler, nicht. Die Praxis ist davon wenig beeinflußt. Küchler bot ein imposantes Spalier von Verteidigungszeugen auf, deren Ausführungen Glauben verdienen. Fabian von Schlabrendorff, einer der gescheiterten Hitler-Attentäter, hatte auf Nachfrage von Goerdeler den Generalfeldmarschall als den Geeigneten empfohlen, um mit einem Militär »in ein politisches Gespräch zu kommen«. Goerdeler bestätigte anschließend, er habe »von der menschlichen Persönlichkeit und der politischen Weltanschauung seines Gesprächspartners einen vorzüglichen Eindruck bekommen« (Dok. Küchler 23). Die Gräfin zu Dohna, Witwe eines Verschwörers vom 20. Juli 1944, bezeugte, »daß Feldmarschall v. Küchler ein entschiedener Gegner Hitlers und seines Regimes war. Wohl in keinem Hause habe ich soviel Kritik, Ablehnung und Empörung über die unmenschlichen Maßnahmen der Partei, z.B. die Judenverfolgung, angetroffen, wie in dem Küchlerschen Hause.« Küchler, der Leeb im Amt des Heeresgruppenchefs Nord beerbt, im Januar 1944 sich wie dieser mit Hitler wegen Rückzugsfragen überworfen hatte und alsbald aus dem Dienst geschieden war, sei »nach der willkommenen Entlassung wie von einem Alpdruck befreit« gewesen. »Als ich nach dem 20. Juli 1944 für einige Tage vorübergehend aus der Haft entlassen war, nahm Küchler mich auf das freundlichste in seinem Hause auf. In unserer Beurteilung über den 20. Juli waren wir uns einig, und er bedauerte lebhaft, daß das Attentat mißlungen war.« (Dok. Küchler 5)

Küchlers Nähe zum Widerstand bekundete Manfred Graf Lehndorff, Vater des hingerichteten Graf Heinrich (Dok. Küchler 6), sowie Louis Ferdinand, Prinz von Preußen, Enkel Wilhelms II. von Hohenzollern. Der Prinz verdankte Küchler nach dem gescheiterten Juli-Attentat ein Versteck in Pommern, einem General, »der das Menschentum über seine militärische Pflicht stellte«. Unterstützung fand er in seiner Gattin, die »als Antinazi in ganz Ostpreußen und darüber hinaus bekannt war«. (Dok. Küchler 106)

Küchlers Oppositionsgeist bezeugten ferner zwei Einsatzgruppenchefs, Dr. Sandberger und Heinz Jost, Enthusiasten des gemeinsamen Fronterlebnisses. Außerdienstlich sei Küchler dermaßen »als besonders scharfer Gegner der Partei und SS bekannt« gewesen, daß er »kein Interesse hatte«, die Polizisten ins Gespräch zu ziehen. Auch mit seinen Nachrichtenoffizieren sei niemals die Vernichtung der »Juden, Zigeuner, kommunistischen Funktionäre und sonstigen sicherheitsgefährdenden Elemente« erörtert worden. Anderslautende Meldeberichte, etwa des Einsatzgruppenchefs Dr. Stahlecker, seien pure Renommisterei. Die Polizisten, wie immer auf breitere Zuständigkeiten erpicht, nahmen Küchler die Haftung ab. Vor seiner Festnahme in Nürnberg fehlte ihm jede Kunde, außer, »daß kleine Polizeiabteilungen mit besonderen Aufträgen wie Sammlung von Archiven usw. im Armeegebiet eingesetzt würden«. (Dok. Küchler 89, 90)

Als Armeechef hatte der Angeklagte dem Kriegsalltag nahe genug gestanden, daß seine Männer ihn dank seiner Fürsorglichkeit zum »Vater Küchler« ausriefen. Während des Westfeldzugs war er im Motorradbeiwagen neben seinen Leuten in Holland und Frankreich eingezogen. Höchste Bewunderung erregten persönliche Husarenstücke inmitten gegnerischen Feuers zur Rettung Verwundeter. Dem Monokel zum Trotze strebte Küchler nach einem verwegenen, eingreiffreudigen, egalitären Führertum, wie es der programmatische Modernismus der Wehrmacht verlangte. Die Tradition des wirklichkeitsfremden, im Hauptquartier verbunkerten Befehlshabers aus dem verflossenen Krieg, scheu den Anblick des Schlachtfelds meidend, dafür freigiebig das Leben der Männer opfernd, verkörperte am ehesten Hitler. Seine Generäle suchten das Feld, das Beispiel kaltblütigen Schneids und die Kameradschaft der jungen Rekruten. So hatte Vater Küchlers besorgte Nähe zu seiner Armee ihn etwas tiefer in die Untaten der Einsatzgruppe verwickelt als den hagestolzen Strategen von Leeb.

Die Armeestäbe dienten den Polizisten nach dem Wagner-Heydrich-Abkommen als Koordinationsstelle. Kraft Amtes wäre der Armeechef befugt gewesen, mit Rücksicht auf militärische Nöte den Ausrottungsbetrieb zu bremsen. So wog Küchlers, des Territorialherrn Versäumnis schwerer als Leebs, der Autoritätsperson Duldung. Vom Naturell fehlte allen beiden die nazistische Temperatur. Küchler, Sohn eines Flügeladjutanten des hessischen Großherzogs, seit März 1905 im Militärdienst, im April 1914 als Topograph in den Großen Generalstab berufen, EK-I-Träger, zollte dem Führer als Feldherrn in Nürnberg herablassenden Respekt. Ohne irgendeine Schulung hatte er »eigentlich meistens recht«, gebot über »die Gabe der Rede« und vermochte sich sofort auf seine Gesprächspartner einzustellen. Bei all seiner findigen Phantasie, seiner hypnotischen Dämonie, sei er allerdings Küchler und seinesgleichen gegenüber extrem mißtrauisch geblieben. »Da spürte Hitler die Kluft, die den Offizier, oder, möchte ich mal sagen, den vornehmen Mann, den vornehmen Charakter trennte von dem was er nur war, einem Emporkömmling.«

Als Leumundszeugnisse zu Gunsten des Feldmarschalls lagen dem Gericht über hundert eidesstattliche Erklärungen unzweifelhaft vornehmer Charaktere vor, die übereinstimmend die Nähe des Angeklagten zum Widerstand bekundeten und den Vorwurf angeblich von ihm verübter Kriegsverbrechen mit heller Empörung quittierten. Die Bürgen, zumal etliche Königsberger Professoren, rechneten das Ehepaar Küchler zum städtischen Honoratiorentum, das einen distinkten Vorbehalt gegen das Nazi-Regime pflegte. Im regelmäßig tagenden Herrenzirkel verlautete »starke Reserve«, und daheim äußerte die Gemahlin Küchler, »eine leidenschaftliche Gegnerin der Partei«, eine so unverhüllte und scharfe Abneigung, »daß sich für Herrn von Küchler geradezu eine Gefährdung seiner Stellung ergab« (Prof. Dr. F. Baethgen, Präsident der Edition Monumenta Germaniae Historica). Er selbst hatte gegenüber dem Indologen von Glasenapp »nie einen Hehl daraus gemacht, daß er die nationalsozialistischen Gewaltmethoden ablehne und die Herrschaft der Partei für ein Unglück halte«. (Dok. Küchler 1)

In den Vorlesungen des Professors W.F. Otto über »antike Humanität und sokratische Ethik« war, »wenn der Urlaub es gestattete, auch v. Küchler zu sehen«, entsann sich der Schweizer Hochschullehrer Willy Theiler, der nicht »an eine Zweigeteiltheit der Persönlichkeit von Herrn von Küchler glauben kann. Aus der Überzeugung von der geistigen Geschlossenheit seiner Person müßte ich es als ein Unrecht ansehen, falls eine Verurteilung erfolgen sollte.« In Königsberg fiel man unter Gestapo-Verdacht, weil man zur »Küchlerclique« gehörte. »Was das Haus Küchler im stillen für den Schutz der geistigen Elite Königsbergs tat, läßt sich kaum voll ermessen«, bezeugte Theiler. Schon bei der Judenverfolgung im November 1938 ist »mein früherer Kollege Paul Maas (jetzt Oxford), der als Nichtarier sein Amt aufgeben mußte, durch die Intervention durch Frau v. Küchler aus dem Gefängnis entlassen worden« (Dok. Küchler 2). Nach Überzeugung des Ordinarius für Hygiene Th. Bürgers war er gar »einer unehrenhaften Handlung überhaupt unfähig« (Dok. Küchler 12), hatte auf gemeinsamen Pirschgängen mit dem Heeresoberförster »die Kriegführung in Rußland selbst abgelehnt« (Dok. Küchler 104), nach Recherchen des Ethikers Otto Russinen »in der Gegend, wo seine Truppe stand, ermöglicht, ihren gottesdienstlichen Ostergebräuchen nachzukommen« und nach Auskunft des Kunstschutzoffiziers bei der Heeresgruppe aus denkmalpflegerischen Gründen die historische Stadtmauer des Hauptquartiers Pleskau vor dem Abriß gerettet. »Der Feldmarschall verhinderte durch strengsten Befehl, daß dieses Denkmal weiter berührt werde.« (Dok. Küchler 62)

Von einem Berührungsverbot an den 450 Pleskauer Juden, die Sandbergers Einsatzkommando nach Internierung in einem Heeres-KZ liquidierte, ist nichts bekannt. »Es waren die Verhältnisse, die stärker waren wie wir«, rief Küchler den Nürnberger Richtern wie trostsuchend zu. Die Anklagedokumente der von ihm hergestellten Verhältnisse kosteten ihn alle Fassung und Aufrichtigkeit. Neben von Leeb der ranghöchste Angeklagte, bot seine Belastung die meisten Sinnprobleme. Der Armeechef rangiert zu hoch in der Befehlskette, als daß ihn Gehorsam gegenüber dem Führer rechtfertigte, zu niedrig, um das Formulieren oder Weiterleiten von Befehlen als stille Einladung zum Boykott auszugeben, und zu dicht am Tatort, um Unwissenheit vorzuschützen. Küchler haftete geradewegs für die Art und Weise, in der die Truppe mit dem Gegner umging. Welch höllisches Schicksal der braune Reinecke im OKW den Kriegsgefangenen auch immer zudachte, die Armee ergriff Besitz von ihnen. Niemand hinderte einen Küchler, seinen Humanismus an ihnen zu erproben. Die Königsberger Nazi-Kritik war aber im Armeegebiet spurlos verschollen. Doch haben die Fürsprecher sie gewiß nicht nachträglich erfunden. Sie glaubten, daß ein Hitler-Gegner keine Gefangenen maltraitiert, weil dies von Nationalsozialismus zeugt. Das ist der Irrtum. Die Nazi-Generäle haben Gefangene ebenso terrorisiert wie die Anti-Nazi-Generäle. Der Terror war vom politischen Bekenntnis unabhängig. Die unter Hitlers Fuchtel zustande gekommenen Kommissar-, Gerichtsbarkeits- und Kommandobefehle unterscheiden sich gar nicht vom Geist, der in Küchlers Hoheitsgebiet umging. Dort stellte sich durch Chefanweisung und ständige Gewohnheit ein eigenes Klima her, das sich in nichts von den berüchtigten OKW-Geboten unterschied.

Der Sammelbegriff ›Partisan‹ für sicherheitshalber liquidierte Rassen und Störenfriede traf auch flüchtige Kriegsgefangene, schwer einzuordnende Verdachtspersonen und Zigeuner. Weil der Partisan sich unauffällig tarnt, mag jeder Unauffällige als getarnter Partisan behandelt werden, sofern er den Vorwurf nicht schleunigst entkräften kann. Wer im wehrfähigen Alter nicht Partisan ist, ist zumindest Armeeflüchtling. »Doch aus der Gefangenschaft zu fliehen«, konstatierte die US-Anklage, »um den Anschluß an ihre Streitkräfte wiederzugewinnen, ist den gefangenen Soldaten nicht nur durchaus erlaubt, es ist ihre Pflicht, wenn sie dazu fähig sind«. Darum gebietet die Genfer Konvention der Gewahrsamsmacht nach Artikel 50–54 den Flüchtling maximal mit vierwöchigem Arrest abzustrafen. Angesichts des Loses von Rotarmisten in deutscher Hand keine besonders abschreckende Maßnahme. Wer dem Hungertod entflieht, läßt sich nicht durch Karzer daran hindern. Infolgedessen gehörte es in Küchlers Befehlsbereich zur Routine, Flüchtlinge zu erschießen. Sein Entlastungszeuge, der Feldkommandant Otto Landfried, hat die dem Gericht vorliegenden Vollzugsberichte angezweifelt: Nur Überläufer zu den Partisanen ereilte die Hinrichtung. Die Identifikation der angeblichen Überläufer, welche die Kriegstagebücher keineswegs als erschossene Partisanen, sondern als erschossene Flüchtlinge vermerken, stellte sich Landfried simpel vor: »Wenn er sich einer Bande anschließt, dann zieht er sich wie ein Bauer an, trägt aber vielleicht unter dem Pelz noch seinen Gefangenenanzug und ist dann, wenn er ausgezogen wird, zu erkennen.«

Ebensowenig wie die Tötung Entlaufener mochte der Angeklagte Küchler seinen Untergebenen das Beseitigen gegnerischer Verwundeter zutrauen. Nach Begriffen der Wehrmacht ein gänzlich überflüssiger Ballast. Warum noch Kranke konservieren, wenn schon dem Gesunden kein Überleben zu garantieren war? So schwand in der Truppe die Neigung, Verwundeten Pardon zu gewähren. »Vor der Stellung liegen verwundete Russen«, heißt es im Kriegstagebuch des X. Armeekorps. »Die Erfahrung des Kampfes hat bisher gelehrt, daß selbst verwundeten Russen nicht zu trauen ist. Darum kriecht Zillmann vor und gibt ihnen den Gnadenschuß« (NOKW 2897). Gefahr geht von den am Boden siechenden Rotarmisten nicht minder aus als von den erschrockenen Juden, tückischen Gefangenen usw. Gefahr ist im Verzug, wenn eine zusätzliche Anstrengung droht. Die Rote Hauptstreitmacht zu bezwingen ist Mühsal genug. Sicherung des Hinterlands, Kontrolle der Bevölkerung, Austrocknung der Partisanenzonen, Verwahr und Pflege der Gefangenen überdehnt allzuleicht die Reserven des Aggressors. Auch das Einsammeln der geschlagenen Sowjetverbände schafft ihm Ungemach. Kräfte fehlten, das geräumige Operationsgebiet auszuleeren von Millionen widerstandsloser Rotarmisten. Zumal ihnen die ordentliche Kapitulation verboten war, trachteten im Gelände versprengte Gruppen und Personen, sich durch die Linien zu schlagen und ihren kämpfenden Abteilungen anzuschließen. Andere suchten Unterschlupf in den Dörfern oder Partisanenzonen. »Weil das Heer diese Elemente nicht bis auf den letzten Mann fangen konnte«, beschloß es, daß sich die besiegten Rotarmisten zwecks Gefangengabe selber stellen sollten. »Durch öffentliche Bekanntmachung (Maueranschlag, Lautsprecher)«, gebietet das OKH am 25. Juli 1941 den versprengten russischen Soldaten, seien sie aufgefordert, »sich sofort bei der nächsten deutschen Wehrmachtsdienststelle zu melden. Geschieht dies nicht, sind sie von einem gebietsweise festzusetzenden Zeitpunkt ab als Freischärler anzusehen und entsprechend zu behandeln« (NOKW 182). Ob diese Art Freischärlerei die Uniform der Roten Armee trug, unter dem Befehl eines Offiziers stand oder überhaupt feindselige Akte beging, spielte keine Rolle. Freischärler war endlich ein jeder, der die Straßen außerhalb seines Heimatortes ohne Ausweis betrat.

Zu den unkontrollierbaren Gefahren rechnete Küchler außerdem die Naturbeschaffenheit des Kriegsschauplatzes, sein Klima und die Wesensart seiner Bewohner. Das alles erschwerte, ja verunmöglichte ihm, die Rechtsnormen zu erfüllen. »Die grauenhafte Kälte schuf völlig neue Gesetze«, wie sein Verteidiger Behling darlegte, und beförderte die Wehrmacht in einen rechtfertigenden Notstand. Das Massensterben in den Gefangenenlagern der 18. Armee entstand durch »eine Winterkatastrophe«, ein »exorbitantes Naturereignis, das die deutsche Truppe in der gleichen Weise traf wie die Kriegsgefangenen«. Die vereisten Bahnlinien ließen nämlich den Nachschub für Truppe und Gefangene gleichermaßen stocken. Zudem lag die Rettung der Gefangenen insoweit nicht in Küchlers Macht, als sie sich überwiegend selbst ruinierten. »Der Russe ist ja ein zäher Soldat«, belehrte er das Gericht, »und gibt sich erst gefangen, wenn er tatsächlich keinen anderen Ausweg mehr sieht und körperlich so herunter ist, daß er es einfach nicht mehr aushalten kann.« Wie die Männer wieder Schuhe und Stiefel an die bloßen Füße bekamen, war nunmehr Küchlers große Sorge. »Es war ein Bild des Jammers.« Laut Bericht der Stabsbesprechung der 18. Armee vom 9. November 1941 starben ihm täglich 100 Gefangene weg. Und drei Wochen später konstatiert man im Hauptquartier, daß bei anhaltender Sterberate alle Insassen des Lagers Ogil im kommenden Mai/Juni tot seien. Mit und ohne Winter.

Wenn die Akten unzweideutig belastende Sachverhalte verzeichnen, mögen sie dennoch mißverständlich sein. Entschlüsselt aus der in der Diktatur üblichen Chiffrierung, liest sich alles anders. Man darf nichts wörtlich nehmen. Die Sterblichkeitsquote in seinen Lagern ist nicht als

Tatsachenmeldung in Küchlers Akten geraten, sondern um die Vorgesetzten zu täuschen: »Es sind runde Zahlen, die zweifellos übertrieben sind und die übertrieben werden mußten, um bei der vorgesetzten Dienststelle, dem Generalquartiermeister vom OKH, Abhilfe zu schaffen.« Erscheint hier etwas als Untat, was in Wirklichkeit ihrer Vermeidung dient? Wollte der Armeechef mit fingierten Berichten Nahrungslieferungen für seine Rotarmisten herausschinden?

Die Anklage beharrte auf ihrer wörtlichen Lesart von NS-Akten. »Der betreffende Bericht verließ niemals das Hauptquartier der 18. Armee. Es ist unwahrscheinlich, daß die Angehörigen des Stabes sich selbst täuschen wollten.« Das ist nicht immer gesagt. Selbsttäuschung war für den Untäter im Dritten Reich ein unentbehrliches Requisit.

So mochte der Fall auftreten, daß ein militärisches Interesse, welches die Grenzen des Kriegsbrauchs eklatant verletzte, sich politische Gründe gleichsam zur Tarnung überstülpte. Besser ein politisches als ein kriminelles Motiv. Legalisierung von Verbrechen ist Staatsangelegenheit. Deshalb kaschiert die Wehrmacht kraß kriegsrechtswidrige Wünsche notgedrungen im Jargon des NS-Staats. Wie anders ließe sich dergleichen formulieren? Gefangene, die man nicht verköstigen möchte, definiert man klüger als tückische Barbaren, Kommissare, deren Zwangsmoral man aufsprengen möchte, ernennt man vor der Exekution besser zu Sozialverbrechern. Daß die in der Nazi-Doktrin todgeweihten, weil hochverderblichen Rassen der Juden und Zigeuner sich günstig in die militärische Taktik des Zivilterrors einfügten, hat die Heeresleitung blitzschnell realisiert. Zur Information der Mannschaften wurde die Losung des Volkstumskampfes teutonischer Rächer ausgegeben. Für solche Bedürfnislage liefert das NS-Vokabular die Verständigungsform. Es bietet die einzig positiven Ausdrücke für Maßnahmen, die ansonsten schlimme Normverletzungen bedeuten. Darüber täuschte man sich nur allzugern hinweg.

Nachdem die Generäle in Nürnberg damit begannen, den Feldzug als ihre eigenen Historiographen aufs neue zu führen, nunmehr erfolgreicher, leisteten die ideologischen Floskeln einen anderen Dienst. Sie ließen erkennen, wie Hitler und die Polizei in einen Krieg hineinpfuschten, den die Militärs an zwiefacher Front schlugen: gegen die Rotarmisten und gegen die Nazis. Letztere mußten mit sachfremden Redensarten getäuscht oder beschwichtigt werden. Ihren dilettantischen Befehlen und dem politischen Verfolgungsfieber war hinhaltend Widerstand zu leisten, während der Feind mit nicht minder gesetzlosem Fanatismus auf das Heer einhieb, das als einziges auf Anstand hielt. Das Sinnbild des gesitteten Bellizismus, der Ritter von Leeb, hatte diese Losung in seinem Verhör einprägsam verkündigt. »Hitler sah den Krieg gegen die Sowjetunion als die Auseinandersetzung des Nationalsozialismus mit dem Kommunismus an, dem er als Feind jede menschliche Entwicklung absprach. Es war also für uns ein ganz anders gearteter Krieg als der Krieg in Frankreich. Hitler führte einen doppelten Zweck gegen Rußland, einen rein politischen und einen rein militärischen Zweck. Und diesen militärischen Zweck hatten wir, die Wehrmacht, auszuführen, und zwar nur diesen allein. Und den politischen Zweck, den Kampf gegen den Kommunismus und was sonst noch damit zusammenhängen mochte, führte Hitler mit eigenen Organisationen und Verbänden. Uns ist gesagt worden, die Truppe werde begleitet sein von Polizeitruppen, die ihre politischen Aufgaben durch Himmler erhalten werden.«

Die US-Anklagebehörde mühte sich um den Nachweis, daß Hitlers ›doppelter Zweck‹ von den Angeklagten gesinnungsmäßig geteilt worden sei. Entweder als seine willenlosen Werkzeuge oder als seine ideologischen Komplizen. Die kritische Wissenschaft hat diese Theorie übernommen. Auf dem Rücken des Militärfeldzugs wäre demnach vom Heer ein Weltanschauungs- und Ausrottungskrieg ins Land geschleppt worden, welcher die Lehre des Nationalsozialismus ausdrücke. Die Schuld der Angeklagten bestünde infolgedessen darin, die Lehre aus Überzeugung oder Opportunismus im Felde verwirklicht zu haben. Statt sich um das Siegen zu kümmern, sind sie der Nazipolitik dienstbar geworden. Das Gegenteil davon habe sich zugetragen, plädierte die Verteidigung. Der Politikkrieg sei ihren Mandanten verhehlt worden, wo nicht, hätten sie ihn konspirativ hintertrieben.

Beide Prozeßparteien favorisierten das Prinzip des doppelten Krieges, wie auch immer seine Teilnehmer die Verantwortung untereinander verschoben: Der Fluch des Unternehmens war sein Mißbrauch für Hitlers weltanschauliche Pläne. Das hätte nicht sein müssen. Mehr Renitenz gegen Hitler und die Polizei hätte die Generäle dazu befähigt, den Krieg so sauber zu führen, wie sie es ohnehin beanspruchten. Sie mußten nur ihrem politikfremden Professionalismus nachgehen und die Polizisten besser beobachten. Dem Sieg sind sie auf die inkriminierte Art keineswegs nähergekommen. Ihrem rein militärischen Können wäre der Erfolg indes schwerlich versagt geblieben. So hat der Ideologe verloren und das Militär konzeptionell gesiegt. Der Dolchstoß der Nazis hat alles kaputtgemacht.

Von nahem betrachtet, ergänzen ideologisch deklarierte Unternehmen und Militärinteresse einander harmonischer als gewöhnlich vermutet. Die Begleitung eines politisch gesteuerten Freikorps dünkte das Heer bei aller anfänglichen Mißgunst letztlich praktisch. Tagtäglich empfahlen sich Maßnahmen, die militärisch erwünscht, doch dem Kriegsbrauch fremd und von Soldaten schlecht zu bewältigen waren. Der Einsatzgruppenchef im Territorium der Heeresgruppe Nord, Dr. Stahlecker, notierte etwa am 8. Oktober 1941, daß Wehrmachtsdienststellen wiederholt darum baten, Nervenheilanstalten, »die für Quartierzwecke benötigt wurden, zu säubern« (L 180). Eine Bestätigung dafür liefert Halders Tagebuch unter den Daten 26. September und 1. Oktober, an denen Gespräche mit Generalquartiermeister Wagner vermerkt sind. Zur Disposition stehen die »Irrenanstalten bei Nord«.* Ihre Säuberung stößt auf Bedenken, wenn auch nicht die des Generalstabs. »Russen sehen Geistesschwache als heilig an. Trotzdem Tötung notwendig.«

Halder hat diese Sätze in Nürnberg anders gedeutet, als es der Wortlaut nahelegt. Das Oberkommando des Heeres habe »diesen Gedanken rundweg abgelehnt. Es kann daher auch nie Aufgabe einer Stelle des Heeres gewesen sein, solche Maßnahmen zu vollziehen« (Dok. Küchler 99). Das versteht sich. Doch wer erkannte sie für ›trotzdem notwendig‹? Halder zufolge wünschte die Polizei, die fraglichen Heilanstalten am nördlichen Frontabschnitt auszuleeren. Das Tagebuch verzeichne eigentlich, daß die dort nirgends genannte Einsatzgruppe A »auf dem Standpunkt zu beharren scheint, daß Tötung notwendig sei«. Brigadeführer Stahlecker beharrte vor allem darauf, daß dies keineswegs seine Angelegenheit sei. Bis Mitte November seien 748 Geisteskranke liquidiert worden, doch nur in Fällen, wo deren Nahrungsmittel aufgebraucht, die Pfleger geflüchtet, die Kranken vom Anstaltsgelände ausgebrochen waren »und zu einer Gefahr für die Sicherheit wurden«.

Nach der von Wagner mit Heydrich vereinbarten Kompetenzregelung hatten die Einsatzgruppen Sicherheitsgefahren vorzubeu-

* Heeresgruppe Nord; siehe Anmerkungen

gen. Für die Quartiersuche der Wehrmacht hingegen war Stahlekker sich zu schade. »Da hier sicherheitspolizeiliche Belange ein Eingreifen nicht erforderlich machten, wurde den Wehrmachtsstellen anheimgestellt, mit eigenen Kräften die für notwendig erachteten Maßnahmen zu treffen« (L 180). Die Quartiernot mußten die Interessenten darum als Sicherheitsproblem ausgeben, um die Polizisten zum Krankenmord dingen zu können. Im OKW-Prozeß lag dem Feldmarschall Küchler ein solcher Fall zur Last. Nach Ansicht seiner Verteidigung »eine der schwersten Beschuldigungen, die gegen ihn erhoben wurden«. Suchten doch die Vereinigten Staaten dem Heer »eine Erweiterung des Euthanasieprogrammes in Deutschland« nachzuweisen.

Die Schwere des Vorfalles kam Küchler erst in Nürnberg zu Bewußtsein, und er hub an, »tagelang und nächtelang in meiner Erinnerung nachzugrübeln«. In den Weihnachtstagen 1941 hätte sich das Geschehen im Oberkommando der 18. Armee demnach als Routinesache vollzogen. Denn »ich habe dabei keinen Anhalt gefunden, in meiner Erinnerung, ob ich irgendeinen Schimmer hätte, daß mir die Sache damals bekannt war«.

Das Anklagedokument NOKW 2260 enthält Schriftverkehr zwischen dem XXVIII. Armeekorps, seiner vorgesetzten Stelle, dem Oberkommando der 18. Armee und einem Polizeikommando Hubig der Einsatzgruppe A, betreffend das Schicksal der Patienten des Asyls Makarewskaja. Das Heim, ein früheres Kloster, im Dezember 1941 in der Frontlinie Leningrad-Schlüsselburg Richtung Norden gelegen, beherbergte 240 Frauen, zumeist Leningraderinnen, die unter Syphilis und Epilepsie litten. Zwischen Hauptsturmführer Hubig und Oberst Richter, Nachrichtenoffizier des XXVIII. Armeekorps, wurde Anfang Dezember »eine Übereinstimmung erzielt«, wie der Tätigkeitsbericht des Korps verzeichnet, »daß das Kloster und seine Insassen leicht eine akute Seuchengefahr für die umliegenden Truppenverbände werden können. Über die zwecks Abhilfe zu treffenden Maßnahmen soll zunächst das Armeeoberkommando 18 gehört werden.« Das Korpskommando konnte die gewünschte Maßnahme nicht beschließen. Dr. Hermann Hubig zeigte sich schießgewillt, zögerte aber, weil ihm die Lage auslegungsbedürftig schien. Als 29jähriger Polizeibeamter wollte er nicht ohne Chefanweisung eingreifen. Stahlecker aber blockierte, wie Hubig, der zu dessen engerem Führungsstab zählte, allzu genau wußte. Nicht, daß es Stahlecker an Härte fehlte. Der musisch veranlagte Polizeidirektor aus Württemberg bevorzugte grundsätzlich den Brachialakt, hielt jedoch als gelernter Verwaltungsjurist auf strenge Zuständigkeitsgrenzen. Sein Amt bearbeitete Sicherheitsfragen, und der Amtsweg sah Einvernahme darüber mit dem Stab des Armeechefs vor. So gelangte der Vorgang an Küchler.

Hubig, der es nicht erwarten konnte, die Frauen umzubringen, präparierte Stahlecker mit einem grotesken Bericht über die Sicherheitsgefahren, die von ihnen drohten. Ihre Nahrung ginge zur Neige, sie seien der Kontrolle der zwei einzig verbliebenen Pflegepersonen entglitten und durchschweiften das nach außen offene Anstaltsgelände. Um die Folgen genauer ermessen zu können, hatte Hubig den SS-Arzt Dr. Blies konsultiert. Der sagte das Ausbrechen der ansteckenden Frauen für den Tag voraus, an dem die letzten Vorräte verzehrt seien. »Bei Kranken dieser Art ist es nicht ausgeschlossen, daß sie auch Menschen anfallen. Sofern der Gefahrenherd nicht beseitigt würde, müsse er vom ärztlichen Standpunkt aus die Zurückziehung der im dortigen Gebiet zur Partisanenbekämpfung eingesetzten SS-Einheiten verlangen.« Ein solcherart erzwungener Rückzug verschärfte die Sicherheitslage doppelt.

Vom Heeresstandpunkt entwickelte sich die Lage minder riskant. Bei einem ersten Vorstoß im November hatte Hubig von dem zuständigen Ortskommandanten eine Abfuhr erhalten. Wenn die ausbrechenden Kranken das gleichfalls hungernde Zivil um Nahrung angingen, würden sie dabei entweder erschlagen oder ins Asyl zurückgejagt. Was gebe es daran zu fürchten? Im Dezember änderte sich das Bild.

Makarewskaja fiel in zurückwogendes Gefechtsgebiet, gehalten vom XXVIII. und I. Armeekorps. Plötzlich erregte Hubigs Begehr Interesse. Beide Korpsstäbe nahmen miteinander Kontakt auf und befürworteten seine Beauftragung. Nur Stahlecker reagierte nicht. Hubig war dessen Empfindlichkeiten schon sachte ausgewichen. Der junge Hauptsturmführer hatte seinen Vorschlag passend auf die im Oktober für Heilanstalten getroffene Zuständigkeitsregel seines Chefs abgezielt; die Sicherheit schwand. Doch bequemte sich Stahlecker nicht zu der erforderlichen »Rücksprache mit der Armee«. Nach zwölftägigem Warten alarmierte darum der Stabschef des XXVIII. Armeekorps Vormann das Küchlersche Oberkommando mit der Bitte, »die entsprechende zustimmende Anweisung des Brigadeführers Stahlecker herbeizuführen«. Diese kann ihm nur entlockt werden durch Appell an seinen Schutzauftrag. Als Argumentationshilfe schreibt der Korpsstabschef eineinhalb Seiten jenes Textes ab, den Stahlecker bereits kennt, den Hubig-Vorschlag. Ein einziges Argument jedoch steuert der Offizier aus eigenem Wissen bei: »Es kommt dazu, daß die Insassen der Anstalt auch im Sinne deutscher Auffassung Objekte nicht mehr lebenswerten Lebens darstellen.« Sollte Küchler dies dem seit 1932 in der NSDAP aktiven Stahlecker beibringen? Verwunderlich ist, daß die Einsatzgruppenführer ihre Krankenmorde untereinander nach Maßgabe von Sicherheitsproblemen abhandeln, während der Generalstabschef Nazi-Parolen bemüht.

Was immer Stahlecker und Hubig unter Sicherheit verstanden haben, für das XXVIII. und I. Armeekorps, die in schwerste Abwehrkämpfe mit der 54. sowjetischen Armee verwickelt waren, bildeten einige Dutzend verhungernder Epileptikerinnen keine Gefahr. Sie hatten auch andere Sorgen, als im Gefechtsgebiet den Euthanasiegedanken zu verwirklichen. Das Kriegstagebuch des Oberkommandos der 18. Armee verzeichnet allerdings in den Tagen der Korrespondenz um die Anstalt Makarewskaja eine bedrohliche Extremlage. Am 5. Dezember 1941, kurz vor der ersten Interessennahme des XXVIII. Korps, war die Temperatur auf minus 35 Grad C gestürzt. Die Truppe verelendete von nun an zusehends. Kaltes Essen, gefrorenes Brot verursachten Durchfall und Erbrechen. Krankheit und Erfrierungen dezimierten die Verbände, die unter heftigem Druck des Gegners am Rande der Erschöpfung fochten. Die Kommandeure klagten über »die augenblickliche Unterbringung der Truppe in Asthütten und Mulden«. Das I. Armeekorps erfährt, die 269. Division »liegt seit langem nur mit Zeltbahn im Schnee«. Unter den Klageführern findet sich auch Oberst Vormann, Stabschef des XXVIII. Korps, und meldet Unterbringungsschwierigkeiten für die ihm zugeteilte 291. Division.

Am 25. Dezember registriert das Armeetagebuch einen Anruf Vormanns bei Küchlers Stabschef mit der Bitte, das Unterbringungsgebiet der Division zu ändern, »da das befohlene Gebiet keine ausreichenden Unterkünfte mehr hat ... Er schlägt vor: Eine Regimentsgruppe um Makarewskaja.« (Dok. Küchler 100)

Einen Tag später, am zweiten Weihnachtsfeiertag, heißt es im Tätigkeitsbericht des XXVIII. Armeekorps: »Der Herr Oberbefehlshaber erteilte seine Zustimmung zur Lösung des Problems der

Heilanstalt im ehemaligen Kloster Makarewskaja in der Form, wie sie in der Abteilung Ic im Benehmen mit dem Kommando Hubig des SD vorgeschlagen war. Der SD wird die entsprechenden Weisungen zur Durchführung unmittelbar durch SS-Brigadeführer Stahlecker bei der Armee erhalten.«

Die Angelegenheit hat sich genauso zugetragen, wie Stahleckers Polizistennase argwöhnte: Das Korps benötigte nichts als winterfestes Quartier, schützte ein unsinniges Sicherheitsproblem vor und hoffte, vom Kommando Hubig des häßlichen Patientinnenmassakers enthoben zu werden. Weder die Überwältigung der Soldaten durch Syphilitikerinnen noch die Bürde des ›lebensunwürdigen Lebens‹ sind von den Korpsführern je ernst genommen worden. Das derart begründete Anschreiben an Küchler ging aber in Kopie an die 269. Division, jene, die seit langem auf Zeltbahnen im Schnee lag. Sie interessierte sich heftig für würdigeres Leben.

Die Patientenfrage hätte sich wohl von selbst geregelt, wie der Ortskommandant zunächst richtig erkannt hatte; nur nicht so rasch wie die Temperatur stürzte und die Frontlinie wich. Seit der zweiten Dezemberwoche ging es allein um die Betten. Wer darin lag, stellte ab sofort ›lebensunwürdiges Leben‹ dar. Für den pedantischen Stahlecker war das Sicherheitsargument passend, die Gefahr der infektiösen Megären. Die Angst davor konnte sich Stabschef Vormann indes nicht selbst einflößen. Was rechtfertigte die Quartierbeschlagnahme eines deutschen Offiziers vor dem Makel des Krankenmassakers? Hitlers Weltanschauung vom lebensunwerten Leben, das den Gnadentod verdient. Damit läßt sich besser Krieg führen als mit der Mordlust aus Bettenknappheit.

Am 3. Januar 1942 meldet der Tätigkeitsbericht des XXVIII. Armeekorps »Betrifft: Irrenanstalt in Makarewskaja. Die Angelegenheit ist bereinigt.«

Küchler rang in Nürnberg nach Worten, wie seine Einwilligung in das Kriegstagebuch gelangt sein könnte. »Diese Eintragung ist mir unerklärlich. Ich kann nur vermuten, daß meine Dienstbezeichnung ›Oberbefehlshaber‹ verwechselt worden ist mit dem Armeeoberkommando. Die Eintragungen wurden vorgenommen von jüngeren Offizieren, teilweise Reserveoffizieren, und wie gesagt, es waren alltäglich schwere Kämpfe, schwere Zeiten, die Leute waren überanstrengt.«

Der Vorgang bekümmerte den Feldmarschall, der sich dem Gericht als »ganz außerordentlich bewegt« offenbarte. Eine ähnliche Rührung wurde im OKW-Prozeß bei keinem zweiten Mord verlautbart. »Er liegt außerhalb des eigentlichen Kriegsgeschehens«, beteuerte Küchler, »und berührt meine Menschlichkeit.«

Kapitel 5
Panzergeneräle; Zeit, Raum, Nachschub

Wetter, Straßen, Historischer Boden

Am 1. Juli erreichte Panzergruppe 2 die Beresina. Alle Fahrzeuge trugen ein großes weißes G wie Guderian, der Kommandeur der Einheit. Guderian war ein eigensinniger, flamboyanter Mann, von seinen Vorgesetzten, insbesondere dem magenkranken Bock gescheut, von seinen Soldaten vergöttert. Panzergruppe 2 fuhr am rechten, Panzergruppe 3 unter Generaloberst Hoth am linken Flügel der zwei Armeen der Heeresgruppe Mitte, die gradlinig über Minsk und Smolensk gegen Moskau rückte. Hermann Hoth, ein ruhiger, exakter Führer, »sturer Durchrenner«, notierte Halder, eilte zur Düna. Düna, Beresina und Dnjepr bilden eine nord-südliche Wasserscheide, die den Deutschen als strategische Markierung galt. Vermochte sich die Rote Armee intakt über die Flußlinie zu retten, begegnete die Wehrmacht dem Dilemma Napoleons. Der Eindringling würde in die Tiefe des Landes und in die späte Jahreszeit gelockt, wo ihn der Mangel an Proviant, Munition und Kleidern aufrieb. Die Wehrmacht las emsig die französischen Pläne der alten Routen, Schlachten und Scharmützel; sie betrat wohlstudiert die historischen Pfade, und keine verheißungsvollen.

Das Passieren der Beresina mühte die Panzertruppe. Sie geriet in Ufermorast, die Brücken lagen zersprengt, und sie traf zum erstenmal auf dichte Minengürtel. An den Brückenköpfen focht die gegnerische Nachhut erbittert, um den weichenden Hauptverbänden Zeit zu verschaffen. Am 8. Juli folgte der Stab der 4. Armee unter Feldmarschall von Kluge zum Übergang bei Borissow. »Hier fanden wir die Spuren Napoleons«, schreibt Stabschef Blumentritt. »Einige Kilometer nördlich von Borissow war es, wo die Grande Armée im Winter 1812 den vereisten Fluß überqueren mußte und so entsetzliche Verluste erlitt. Wenn das Wasser klar ist, kann man noch die Reste der Pfeiler sehen, welche die französischen Ingenieure ins Flußbett getrieben haben, um die Brücken zu stützen.«

Kluge führte die Denkwürdigkeiten des Großstallmeisters Coulaincourt, des Adjutanten des Kaisers, stets mit sich. »Es war seine Bibel.«

Wie seinerzeit Napoleons Kavallerie dem Infanterieheer voranpreschte, die Linien zu durchbrechen und den gegnerischen Rükken zu erfassen, flankten nunmehr die Zangenarme der schnellen Panzer die Rotarmisten ein, riegelten den Fluchtweg ab, bis die Fußtruppen aufgeholt hatten und den Kessel übernahmen. Während die Kesselschlacht noch tobte, rasten die Panzergruppen weiter ostwärts, die Entkommenen in die nächste Zange zu fassen. Heeresgruppe Mitte hatte diesseits der Düna-Beresina-Rinne in den zwei Kesseln von Białystok und Minsk 329.000 Gefangene, darunter hohe Generäle, 3.300 Panzer und 1.800 Geschütze erbeutet. Der Angriffsplan gelang.

Kam den Motorverbänden auch die taktische Hauptaufgabe zu, waren es doch kleine und anfällige Formationen. Die Überzahl des Invasionsheeres marschierte zu Fuß; Pferde zogen seine Ausrüstung. Immerhin kamen im Sommer Leistungen bis zu 35 km täglich zustande. Die Sonne brannte, und der Löß der Landstraße hüllte die Kolonnen in gelbe Staubwolken. Am Horizont wanderte ein zweiter Staubballen, die Rote Armee. Vorerst hatte sie dem Verfolger nur das eine voraus, sie kannte die Wege, den Wald, das Moor.

Den Deutschen fehlten zuverlässige Landkarten. Sie hatten 1914 – 1918 vom Westrand des Zarenreiches, dem späteren Polen, bis hinein in die Pripjetsümpfe gekämpft, rätselten aber über das neuere Straßennetz, das die Sowjetunion als Militärgeheimnis behandelte. Eine Anzahl oberer Befehlshaber, darunter Feldmarschall von Rundstedt, kannten allerdings eine gleichbleibende Kondition aller Militärunternehmen in Rußland, die Rasputitza, den Schlamm. Zweimal im Jahre, im Oktober/November und von Februar bis April, steht das westliche Rußland unter Wasser. Zunächst weicht der Herbstregen den Boden auf und fesselt Füße wie Räder im Morast. Die Frostperiode von Dezember bis Februar läßt Bewegungen zu, vorausgesetzt, der Belligerent ist wintertüchtig. Von März bis April taut das Eis und überschwemmt erneut das Gelände. Zur mobilen Kriegführung taugt es eigentlich nur vier Monate hindurch, von Anfang Juni bis Ende September. In einem einzigen Sommerfeldzug sei der Krieg jedoch nicht zu gewinnen, prophezeite Rundstedt dem jüngeren Blumentritt. »Sehen Sie sich doch nur die Entfernungen an. Wir können unmöglich innerhalb der kurzen Monate den Gegner schlagen und ganz West-Rußland vom Baltikum bis zum Schwarzen Meer besetzen.« Wenn denn der Krieg politisch unvermeidlich sei, müsse man ihn langfristig anlegen. Das sollte ebensowenig glücken. »Angesichts der geographischen Lage Deutschlands«, resümierte Blumentritt, »muß sich ein langer Krieg tödlich für uns auswirken. Allein große Seemächte können sich solch ausgedehnte Operationen leisten, denn sie sind für alle Absichten und Zwecke unangreifbar und wirtschaftlich nicht auszuhungern.«

So waren denn beide Kriege, der lange wie der kurze, gleich irreal. Hitler aber sei kein Realist, sondern ein Träumer gewesen, der sich über Zeit, Raum und den Rahmen der deutschen Kräfte hinweggesetzt habe. »Was in diesem Traum nicht vorkam, das waren die endlosen Ebenen, die schlechten oder nicht vorhandenen Straßen, die riesigen Sümpfe und Wälder, die elenden, verstreuten Dörfer und vor allem der zähe, robuste russische Soldat.« Dieser bäuerliche, genügsame Mann dünkte die Generalstäbler, nachdem sie ihn scharf beobachtet hatten, geradezu der Spiegel der russischen Landschaft. Alles was den Deutschen daran deprimierte, ja einschrumpfen ließ, prägte die Qualität des Rotarmisten. Die ewige Monotonie der Steppen fand sich in seinem Gleichmut gegen den Tod wieder. Gefaßt erduldeten die Russen Verluste, die andere zu Panik und Meuterei getrieben hätten. Kargheit und Armut der Vegetation steigerten die Gabe des Improvisierens, begrenzten den Hunger nach Nahrung, so wie die jähen Klimawechsel das Gefühl für Hitze und Kälte dämpften. Die lichtlose Herbst-Winter-Zeit, der graue Nebel und die Schatten der Wälder lehrten den Einheimischen hinwegzutauchen, sich in Nacht und Dunst zu verflüchtigen. In die für den Angreifer mysteriöse, beklemmende Natur war der Gegner eingepaßt, sicher und geschmeidig wie ein Tier. Gewohnt, sich in spröder Gegend zu behaupten, stellte er sich furchtlos dem Kampf Mann gegen Mann. Selbst im Kessel krallte er sich in den Boden, gab sich nicht auf, hieb zurück und wartete, daß Gott es dunkel, feucht und kalt werden ließe, um zu entschlüpfen.

Ein solcher Widersacher war dem deutschen Heer bisher nirgends begegnet. Gleichwohl fielen den Panzergruppen Guderian, Hoepner und Hoth nebst begleitender Infanterie Anfang August in Smolensk 310.000 und Mitte Oktober bei Wjasma 650.000 Männer in die Hand, »astronomische Proportionen«, wie Blumentritt anmerkt. Bei all ihrer Tapferkeit waren die Rotarmisten hilflos und lethargisch ohne höheren Befehl. Die überrumpelte Führung besaß aber für einen taktischen Rückzug keinerlei Pläne, denn sie konnte sich den Kommunismus nur im Vormarsch denken. Den Unterführern fehlte jeder Sinn für eigene Initiative, und so wußten Millionen Soldaten nicht sicher, was sie tun sollten. Von dieser Kopflosigkeit träumte Hitler und sein Heer zog daraus unerwartet reichen Nutzen. Da sich die Szene an allen drei Frontabschnitten wiederholte, schöpften die Befehlshaber Zuversicht, die natürlichen Grenzen von Zeit und Raum, getragen auf der Woge des sowjetischen Zusammenbruchs, zu überrennen. Schwindelnd sah Kluge, wie sich seine Divisionen weiter ostwärts auseinanderzogen auf eine Frontbreite von je dreißig Kilometern. Das sowjetische Territorium glich einem Trichter, der sich stark weitwinklig öffnete, so daß die vorwärtswandernden Fronten zwangsläufig magerer bemannt wurden. Der selbst auf verlorenem Posten wütende Widerstand der Rotarmisten kostete die Heeresgruppe bittere Verluste, die sie nicht aus taktischen Reserven auffüllen konnte. Sie besaß keine solchen.

In der zweiten Augustwoche lag die Autobahn Smolensk – Moskau vor der Panzertruppe, entlang der alten Landstraße Katharinas der Großen, die Napoleon gezogen war. Die Fahrzeuge benötigten noch eine kurze Überholpause; auch Hitler und die Stäbe ordneten nach sechs Wochen atemlosen Siegens ihre Gedanken. Das OKH drängelte, alsbald auf Moskau vorzustoßen, denn die Einnahme werde acht Wochen kosten. Hitler zögerte.

Trotz enormer Geländegewinne und beispielloser Gefangennahmen hatten auch die eigenen Kräfte gelitten. Die Panzerzangen um die riesigen Kessel waren notwendigerweise dünn, mußten indes so lange standhalten, bis die Infanterie aufgerückt war. In der Zwischenzeit galt es, Ausbruchsversuche von innen und Entlastungsangriffe von außen abzuwehren. Das zehrte an den Kräften der strategischen Waffe. Es konnte gar nicht gelingen, den Ring, zumal in Waldgelände, abzudichten. Die Russen wußten sich nächtens meisterlich zu bewegen, tauschten durch nachgeahmte Tierrufe Informationen aus und entdeckten genügend Lücken, massenhaft zu entweichen. Dadurch wurde das klassische Operationsziel der preußischen Kriegskunst vereitelt. »Denn zu einem ordentlichen Siege«, heißt es bei Clausewitz, »gehört, daß man auf einen namhaften Teil der feindlichen Macht stoße, diesen zur Schlacht bringen und ihn so zur Schlacht bringen könne, daß man ihn umfaßt.« Ein bloßes gerades Zurücktreiben einiger Teile reiche zum Siege nicht aus, im Gegenteil. Napoleons Scheitern rühre von dem langen, geraden Verfolgungsweg bis nach Moskau hinab. Warum denn habe ihn die russische Armee nicht nach Petersburg gezogen, sondern nach Moskau, ins Innere des Landes? »Weil sie dort am meisten verstärkt werden konnte und der nachdringende Feind nach allen Seiten hin Front machen mußte.« Von Bocks avancierte Heeresgruppe Mitte zeigte eine offene südliche Flankenseite. Napoleons Flanken waren auch das bevorzugte Objekt Kutusows gewesen. Das entscheidende Debakel des Spätsommers 1812 hatte Clausewitz aber in der Versorgungslage gesehen.

In der Theorie entfernt sich der Verfolger weit und weiter von seiner Nachschubbasis, muß also aus dem eroberten Lande leben. Der Verfolgte brennt infolgedessen alles nieder, was dazu taugt, und nährt sich seinerseits aus den gefüllten Magazinen in der Landestiefe. Als Napoleon glücklich in Moskau anlangte, lauerte Kutusow halbwegs intakt an der rechten Flanke. »Eine Armee von 90.000 Mann«, resümiert Clausewitz, »mit erschöpften Menschen und zugrunde gehenden Pferden in einem spitzen Keil 120 Meilen weit in Rußland hineingetrieben, rechts eine Armee von 110.000 Mann, um sich herum ein bewaffnetes Volk, genötigt nach allen Weltgegenden Front zu machen, ohne Magazine, ohne hinreichende Munitionsvorräte, mit einer einzigen, ganz verwüsteten Verbindungsstraße – das ist keine Lage, in der man überwintern kann.« Aus diesem Wissen beurteilte Hitler seine Lage, dem die Mißgriffe des Kaisers nicht aus dem Kopf wichen. Er schwur unentwegt, ihn zu übertreffen.

Napoleon hatte Moskau erobert, doch keineswegs den Krieg damit entschieden. »Im Gegenteil«, schreibt Blumentritt, »erst daraufhin hat der Krieg, soweit es die Russen betraf, tatsächlich begonnen. Als der Kaiser viel zu spät gezwungen war, das brennende Moskau zu verlassen, erlitt er seine erste große Niederlage. Die Situation war im Jahre 1941 ähnlich.« Was Kutusows rückwärtige Ressourcen waren, das war der Roten Armee der industriell-agrarische Südgürtel. Stalins Magazine hießen Ukraine, Donezbekken, Kaukasus. Hitler beschloß, die Heeresgruppe Mitte erst dann in Moskau einziehen zu lassen, wenn er, klüger als Napoleon, seine Streitmacht ordentlich versorgt hätte. Die Kammern des Südens waren die nächstliegenden. Darum sollte von Bock Panzerverbände in die Ukraine abzweigen und solange in der Defensive verharren. Des weiteren flog die Rote Luftwaffe von ihren Flugplätzen auf der Krim Angriffe gegen die rumänischen Erdölfelder; wenn sie brannten, standen die schnellen Verbände ohnedem still. Darum mußte auch die Krim erobert werden.

Die Generäle kannten ihren Clausewitz nicht minder, der im achten Buch seines »Vom Kriege« mitteilt, »daß nach der Masse der Erfahrungen folgende Umstände die Niederwerfung des Gegners hauptsächlich ausmachen: 1. Zertrümmerung seines Heeres, wenn es einigermaßen eine Potenz bildet. 2. Einnahme der feindlichen Hauptstadt, wenn sie nicht bloß der Mittelpunkt der Staatsgewalt, sondern auch der Sitz politischer Körper und Parteiungen ist.« War dies nicht wie auf Stalins Moskau gemünzt? Seinerzeit war Petersburg der Zarensitz gewesen, Moskau aber, beschwor Guderian den Führer, sei die Nachrichtenzentrale, der politische Mittelpunkt, die »Verkehrsspinne«. Stalin verschanze sich hier hinter seiner versammelten militärischen Substanz. Sei sie ausgeschaltet, falle die Ukraine mühelos an die Heeresgruppe Süd. Dazu riet auch Napoleons Debakel. »Hätte Bonaparte«, schreibt Clausewitz, »im Jahre 1812 das russische Heer von 120.000 Mann, welches auf der Straße nach Kaluga stand, vor oder nach der Einnahme von Moskau gehörig zertrümmern können, würde der Besitz jener Hauptstadt höchstwahrscheinlich den Frieden herbeigeführt haben, obgleich noch ein ungeheurer Landstrich zu erobern blieb.«

An anderer Stelle hat Clausewitz verraten, warum Napoleon am 7. September bei Borodino dem weichenden Kutusow nicht nachgesetzt ist. »Unstreitig wäre dies mehr in dem Geist desjenigen Verfahrens gewesen, dem er so große Erfolge in der Welt verdankte. Denkt man sich aber in den augenblicklichen Standpunkt Bonapartes ganz hinein, erinnert man sich nämlich, wie groß das ganze Unternehmen war, wie groß die Kräfte, welche er dazu aufgeboten hatte und wie diese Kräfte bis dahin so über alle Erwartung schnell zusammengeschmolzen waren, daß er anfangen mußte zu befürchten, er würde nicht ausreichen, so begreift man, daß von nun an die Erhaltung seiner Armee ihm als Hauptsache erscheinen konnte.«

In der Tat wußte Clausewitz nicht, was Napoleon hätte tun sollen. »Bonaparte hatte sich in eine so schlimme Angelegenheit verwickelt, daß die Sachen anfingen, sich für die Russen von selbst zu machen.« Die Deutschen untersuchten, um in ihre scheinbar günstiger verlaufende Angelegenheit nur ja keinen Fehler einzubauen,

Napoleons Dilemma, blickten auf ihre beiden Ziele, Zertrümmerung Stalins und Gewinn der Magazine, prüften sie aus der Sicht Napoleons, Clausewitzens, Coulaincourts und fanden eins wie das andere richtig. Darum beschlossen sie, beides zu versuchen, und dies erwies sich bald als falsch.

Hitler und das OKH, Kluge, Bock und Guderian beratschlagten sechs Wochen den Angriffsschwerpunkt. Moskau oder die Ukraine oder beides, und in welcher Zeitabfolge? Halder sah durch den engen, beidarmigen Stoß den guten Namen des OKH befleckt; »den Zickzack in den Einzelanordnungen des Führers« möge dieser selbst verantworten. Seiner Frau klagte der Heeresstabschef überdies, »gegen eine Welt von Feigheit anzukämpfen«. Damit meinte er neben Hitler die Oberbefehlshaber, die zurückscheuten, »den Russen in diesem Jahr endgültig zu erledigen«. Aus Scheu vor dem Risiko werde der Angriffsschwung der Truppe vertan. »Wir werden über den Winter eine kräftezehrende Ostfront haben.«

Während die Deutschen querulierten, trafen die Verteidiger Moskaus Vorsorge. Am Ufer der Nara, zwischen Serpuchow und Naro-Fominsk, wuchsen tiefgestaffelte Abwehranlagen. Die Russen zeigten viel Geschick darin. Der bewaldete Zugang zur Hauptstadt steckte binnen kurzem voller Drahtverhaue, dichtgestopfter Minenfelder und gutgetarnter Befestigungen. Stalin verband Reste der zerschlagenen Armeen mit frischen Korps aus Sibirien, der Mongolei und Moskauer Arbeitern zum letzten Aufgebot. Unterdessen schwenkte Guderians Panzergruppe südwärts und schloß mit der von Südwesten her biegenden Panzergruppe 1 von Kleists den Kessel von Kiew. Sieben russische Armeen lagen umzingelt, fünf wurden ganz, zwei teilweise vernichtet. Am 26. September schien die weitere Verteidigung der Ukraine, des Donezbeckens, des Zugangs zur Krim müßig. Für den 2. Oktober kündigte Hitler die Operation Taifun an, Moskau zu erstürmen.

Die Panzergruppen rollten in sonnigem Herbstwetter zurück zum Mittelabschnitt; die Straßen waren trocken. Hoth und Hoepner hatten eine Zeitlang die schwach bestückte Heeresgruppe Nord unterstützt. Nun umfaßten sie von rechts und links 55 Divisionen der Westfront Timoschenkos bei Wjasma. Guderian kreiste südlich davon 26 Divisionen Jeremenkos ein. Das waren die Armeen, die an einer Linie entlang des oberen Dnjeprs und der Desna den äußeren Verteidigungsring Moskaus bildeten. Den doppelten Kessel von Wjasma/Bryansk schlug Heeresgruppe Mitte als Schulbuchschlacht. Sie traf den Gegner unvermutet, weil er zu der späten Jahreszeit nicht mehr mit solchen Operationen rechnete; die Zangenarme schnappten präzisionsmäßig hinter ihm zu. Der Erfolg übertraf den in Kiew errungenen. Innerhalb von sechs Wochen hatte die Sowjetunion 1,3 Millionen Mann, 2.100 Panzer und 9.100 Geschütze verloren.

Die Siege waren von napoleonischer Vollkommenheit, für ihre Dimensionen gibt es überhaupt kein Beispiel. Halder frohlockte, diese Offensive entwickle sich »geradezu klassisch«. Der Angriff rolle auf 500 Kilometern Breite. »Um diese Operation habe ich gekämpft und gerungen. Ich hänge an ihr wie an einem Kinde, um das man schwer gelitten hat.« Generalquartiermeister Wagner wähnt am 5. Oktober, »daß der Kreml heute nacht die Koffer packt. Nun kommt's darauf an, daß wir die Panzerarmeen an ihr Ziel bringen. Operative Ziele werden gesteckt, daß einem früher die Haare zu Berge gestanden hätten. Ostwärts von Moskau.« Man überlegte bereits, die Panzer den Bahnverkehr nach Sibirien blokkieren zu lassen. Befehlshaber wie Truppen seien allgemein überzeugt gewesen, schreibt Blumentritt, »daß die geschlagenen Russen als militärische Kraft aufgehört haben zu existieren«. Diese selbst hätten es als einzige nicht bemerkt, wie die Deutschen Ende Oktober halb erstaunt, halb enttäuscht entdeckten.

Auch Hitler wunderte sich wie zuvor Napoleon, daß die Gegenseite noch keine Friedensangebote schickte. Er hatte bereits Ingenieure entsandt, den Kreml zu sprengen, erwog aber gleichzeitig, sich mit der Zerschlagung der Verteidigungsarmee zu begnügen. In Kiew waren beim Einzug der 6. Armee durch Funkwellen Abertausende verborgener Minen gezündet worden. Das war die Taktik des Brandes von Moskau 1812. Davor mußte man sich hüten und besser vor den Toren der wehrlosen Stadt politischen Druck ausüben. Mit der Kapitulation dürfe sie indes nicht davonkommen. Stalin, »der größte lebende Staatsmann«, müsse vernünftigerweise suchen, »im Einvernehmen mit uns zu retten was zu retten ist. Dabei solle man ihm entgegenkommen.« Die kapitalistischen Angelsachsen hätten ihm auf Dauer nichts zu bieten. Hitler hingegen würde ihm die Ländereien hinter dem Ural überlassen, nebst Expansion zum Persischen Golf. Auch der Bolschewismus könne fortbestehen, nur nicht die Rote Armee.

In der Nacht vom 6. auf den 7. Oktober, noch während der Wjasma-

Schlacht, fiel Schnee. Morgens taute er weg und hinterließ eine glitschige Schicht auf den Wegen. Die Rasputitza setzte ein, etwas früher als gewöhnlich. Pioniere kratzten eilig den Belag herunter, legten Knüppeldämme, befestigten Kufen an Rädern und sorgten für kleine Pferde mit Panjewagen. Nachdem im äußeren Verteidigungsring eine Bresche klaffte, galt es die entkommenen Truppen geschwind zu verfolgen und mit den Panzern die Autobahn hinab in die Befestigungsanlagen an der Nara einzudringen. Der Gegner machte die Autobahn, den Hauptversorgungsstrang der Heeresgruppe, durch Zeitzünderexplosionen unsicher, ernsteren Widerstand mochte man ihm nach seinen ungeheuerlichen Verlusten nicht mehr zutrauen. Das Kommando hatte ein General übernommen, den Leeb bereits vor Leningrad ausmanövriert hatte, Georgiy Schukow.

Die Infanteristen von Bocks, die das europäische Rußland dreieinhalb Monate zu Fuß durchquert hatten, verspürten Müdigkeit und Stolz. Undenkbares war geschafft, auch wenn die rückwärtigen Verbindungen schlecht klappten, der Nachschub tröpfelte, Munition und Sprit sich verknappten, die Pferde zunehmend daran litten, schwere Kanonen zu ziehen und die Truppe arg zusammengeschrumpft war; die Kompanien zählten nur noch sechzig, siebzig Mann. Darum freute man sich, am 13. Oktober Kaluga fallen zu sehen, am 14. Oktober Kalinin; am selbigen Tag rückte eine Waffen-SS-Division in Borodino ein, gut 100 km vor Moskau. Unter den dort versammelten Kräften standen auch vier der Armee Kluges zugeteilte Bataillone französischer Freiwilliger. Der Feldmarschall zog mit ihnen auf das alte Schlachtfeld und erinnerte an die Grande Armée, in der Franzosen wie Deutsche Schulter an Schulter gegen den gemeinsamen Feind gestanden hätten. Auch Stalin konnte dem Eingedenken Kutusows nicht widerstehen und schickte Kluge eine sibirische Elitedivision entgegen, vorzüglich ausgerüstet mit einem Salvengeschütz, der Katjuscha oder Stalinorgel, sowie einem neuen Panzermodell. Der T34 war mit Platten verkleidet, welche die 37-mm- und 50-mm-Kaliber der Infanteriewaffen nicht zu durchschlagen vermochten. Es hätte dazu einer 75-mm-Panzerabwehrkanone bedurft, die erst noch gebaut werden mußte, eines Artilleriegeschützes oder eines Kampfpanzers. Die Infanteristen, gewohnt, die sowjetischen Wagen mit ihren Geschossen abzuwehren, wurden kurzerhand überrollt. Damit begann der später notorische ›Panzerschreck‹. Die Sibirier, die man für zusammengewürfelte, ungeübte Haufen gehalten hatte, erwiesen sich als baumlange, furchtlose Kämpfer. Kluges Franzosen blieben bei Borodino hinter der Bravour ihrer Vorfahren zurück. Die Rotarmisten gerieten bei dem Anblick der Legionäre in doppelte Wut und setzten ihnen dermaßen zu, daß sie nach Hause zurückgeschickt werden mußten.

Den Ausschlag der Gefechte bei Borodino lieferten Waffen-SS-Grenadiere, die sich den Panzern im Nahkampf stellten, die legendären Schanzen von Semenowskoje stürmten und das taktische Objekt des Treffens erreichten, den Riegel auf der Autobahnstrecke zwischen Borodino und Moshaisk. Am 19. Oktober war die Linie Aleksin-Moshaisk-Wolokolamsk erreicht. Die erhitzte 10. Panzerdivision und die SS-Division ›Das Reich‹ traten an, über verschneite Felder und die Moshaisker Chaussee hinab zur Moskwa und geradeaus nach Moskau zu ziehen. Dann kamen sie abrupt zu Halt.

Wie üblich brach die Rasputitza am Monatsende in ihrer ganzen Wucht herein. Die Infanteristen glitten in den Schlamm, Räder-, selbst Kettenfahrzeuge versanken bis zur Achse, auch Unmengen von Pferden brachten den Großteil der Artillerie nicht mehr vom Fleck, Zugmaschinen fehlten allenthalben, offener Boden verwandelte sich in einen See stickigen Morasts, selbst die Autobahn tauchte unter. Dergestalt stumpfte alle Angriffskraft ab, das meiste schwere Gerät, Kanonen und Gefährte, steckte weit von der Front entfernt fest und die Stiefel der ausgelaugten Truppe wurden schwer. Desgleichen erlahmte die Zufuhr von hinten. Die Flugzeuge verloren Roll- und Landebahnen, Wagenkolonnen blieben liegen, das Umspuren der Eisenbahn kam nicht voran. Am 12. November erfuhr von Bock, »daß der für die Angriffsvorbereitungen notwendigste Zulauf wieder sichergestellt werden soll. Fast gleichzeitig geht die Meldung ein, daß mehrere Züge mit Juden aus der Heimat in das rückwärtige Gebiet der Heeresgruppe geführt werden sollen.« Laut Kriegstagebuch protestierte Bock »auf das allerschärfste« und beauftragte seinen Stabschef, Generalmajor von Greiffenberg, »dem Generaloberst Halder zu melden, daß dies unter allen Umständen verhindert würde, da durch das Hereinführen der Judenzüge die entsprechende Zahl für die Operation lebensnotwendiger Züge ausfallen müßte.« Im rückwärtigen Gebiet der Heeresgruppe waren in den zwei Vormonaten über 25.000 Juden getötet worden, ohne Protest und ohne die Lebensnotwendigkeiten der Truppe zu tangieren. Die Stäbe beurteilten dies von Fall zu Fall und hielten einander informiert.

Greiffenberg, zuvor Chef in Halders Operationsabteilung, traf diesen tags darauf in Orscha im rückwärtigen Heeresgebiet. Halder hatte die Stabschefs der Heeresgruppen und Armeen zu einer Konferenz geladen, das weitere Vorgehen abzustecken. Zwei Drittel der Operationsstrecke Taifun waren zurückgelegt. Die Generäle, von ihrer Überlegenheit durchdrungen, sahen sich einzig vom Wetter bedroht. In den letzten vierzehn Tagen hatten die Feldkommandeure, Befehlshaber und Halder ihre Männer mit einem hektischen Wirrwarr sich überkreuzender, ja aufhebender Befehle überschüttet. Die Einnahme Moskaus erschien zunehmend irreal, und man orientierte sich nebenher bereits auf die zweite Kampagne im Frühjahr. Das warf die Frage auf, wie der napoleonischen Winterkatastrophe ausweichen?

Das Rußlandheer ging in den Dezember ohne schützende Mäntel, Kopf- und Fußbekleidung, warme Wäsche und Socken, Dekken, geeignete Unterkünfte, schneetaugliche Wagen und Schießgeräte. Die Mannschaften konnten sich mit der Ausstattung weder eingraben, noch verteidigen, noch davonmachen. Einziger Ausweg war ein jäher Zusammenbruch des Gegners. Diesen erklärte man folglich für gewiß, glaubte aber nicht daran. Das Metier riet den Befehlshabern, fortan die operativen Ausgangspositionen für das Frühjahr zu erkämpfen.

Am 7. November hatte Frost eingesetzt, die Orscha-Konferenz tagte bereits bei 20 Minusgraden. Die verschlammten Straßen froren fest, Vorwärtsbewegungen würden bald wieder möglich sein, dazu brauchte man nichts weiter als die Fahrzeuge und Geschütze aus dem vereisten Schlamm zu ziehen. Zwischen dem Kälteeinbruch und den Schneefällen im Dezember, die alles verwehen, lag eventuell eine Spanne klirrenden, trockenen Frostwetters. In den zwei, drei Wochen konnten operative Basen rings um Moskau geschlungen werden, die Stalin hinderten, sich von Osten her aufzufrischen.

Die Feldkommandeure wußten, daß sie die Kräfte ihrer Einheiten längst verbraucht hatten. Mit welchen Waffen sollten sie schlagen? Den Panzern fehlten Eisstollen, ihre Motoren sprangen oft nicht an. Das Schmieröl der Artillerie, das Glysanthin für die Mechanik der Maschinengewehre, die Verschlüsse der MPs waren nicht auf die nun 30 Grad Kälte angelegt, ganz im Gegensatz zu dem gegnerischen Gerät, das tüchtige sibirische Loks in beliebiger Anzahl heranschafften. Der deutschen Lok vereiste das

Wasser im Kessel. Von nirgendwoher war die dringende Bitte um Granaten zu erfüllen.

Die Kommandeure dachten an den weiteren Erhalt ihrer lädierten, apathischen, seelisch zusammenbrechenden Truppe. Halder, der sein ganzes Prestige auf die Moskauoffensive gesetzt hatte, allerdings einer zwei Wochen früheren, klammerte sich in Orscha an Worte. Führungskunst, Soldatenglück, Willenshärte. Davon war die Mannschaft weit entfernt. Das Wetter schlug am 20. November um, der Winter traf gleich mit heftigen Schneefällen ein. Die Lichtverhältnisse senkten sich drückend auf das Gemüt. Die Front war überhaupt nur zwischen 11 und 15 Uhr zu erkennen, drei weitere Stunden blieben in Dunst und dichten Nebel gehüllt, den restlichen Tag bedeckte Finsternis. Bock teilte Halders Entschlossenheit zur weiteren Offensive, allerdings aus nüchterneren Gründen. Er plädierte für ein symbolisches Tangieren der westlichen Vororte der Hauptstadt, weil kein anderes Ziel den Strapazen der Leute Richtung gab. Sie mußten ohnehin den Winter auf freiem Feld verbringen. Der stahlharte Boden ließ kein Eingraben zu. Die zufällige Frontlinie, nacheinander durch Schlamm und Frost aus der Bewegung heraus angehalten, bot keinen Schutzvorteil. Bauholz und Pioniere fehlten, stabile Unterstände zu errichten. Das Operationsziel galt weniger dem Feind als der Moral der eigenen Verbände.

Die Orscha-Konferenz beschloß den weiteren Vormarsch, weil es keinen Rückmarsch gab, schon Napoleons wegen nicht. Das Menetekel stand vor aller Augen. Grausiger noch als die französische Armee wäre die Wehrmacht auf der Flucht ausgelöscht worden. Man hätte die schweren Waffen im Stich lassen müssen, verfolgt von schneegängigen Panzern nebst ausgeruhten, wettergeübten, mit Skiern und Fellkleidern gerüsteten Rotarmisten. Das war der sicherste Weg in den Tod. Man konnte ferner alle Kampfhandlungen einstellen und sich mit kärglichsten Hilfsmitteln in einem an natürlichen Stellungen armen Gelände zu verschanzen suchen, gegenüber der gegnerischen Hauptstadt, die ohne Nachschubsorgen ihre Artillerie abfeuern, ihre Flugzeuge schicken und ihre Partisanen zum Schlag gegen die deutschen Rückverbindungen organisieren konnte. Das hieß Selbstmord begehen, gerade so wie die sommerlich bekleideten, ruinierten Männer mit funktionsuntüchtigen Waffen und Wagen in die von einer halben Million Moskauern ausgebauten Befestigungen, Panzersperren, Schützengräben, Drahtverhaue zu treiben. Das deutsche Heer war in die von Clausewitz analysierte Lage der Grande Armée gelangt, die nur noch Verkehrtes tun konnte. Unter der Vorgabe, daß die Russen um ihr Leben rängen, daß Moskau ein einziges von Panik geschütteltes Lazarett darstelle, daß bereits antisemitische Parolen an den Mauern erschienen, stießen Bocks Verbände weiter nach vorn. Der Feldmarschall fühlte sich abwechselnd an die Marne erinnert, wo der Sieg am letzten Bataillon hing, und an Verdun, wo die Hohenzollernarmee sinnlos verblutete.

Am 29. November meldete Bock an Halder, daß er den Angriff stoppen werde, wenn in den nächsten Tagen keine Entscheidung falle. In der Frühe des folgenden Tags schlüpfte ein Aufklärungsbataillon der 258. Infanteriedivision durch eine Lücke in der Nara-Linie. Es peilte in der Dunkelheit geradeaus, landete am 3. Dezember morgens in der verschneiten südwestlichen Vorstadt Moskaus und wurde sogleich von Fabrikarbeitern und Panzern angegangen. Die Spitze der Panzergruppe 4 lag bewegungslos 30 km vor dem Kreml. Bei 35 Grad Kälte versagten die Motoren den Dienst. Hoepner funkte, er sei »am Ende« und bitte, sich an ein Rinnsal, die Istra, zurückziehen zu dürfen. In der Nacht zum 4. Dezember hieß Kluge seine Armee auf Positionen hinter der Nara zurückzugehen; der Nachrichtendienst des OKH meldete am Tage, daß der Feind keine Operationen beabsichtige. Nach zwei Jahren und drei Monaten war die schnaubende Antriebsenergie des gewaltigsten Heeres aller Zeiten erschöpft, und es kehrte seinem Opfer den Rücken. Am 6. Dezember griff Schukow an.

In gemeinsamem Ratschlag, streitend, wetteifernd, doch kompromißwillig, hatte Hitler mit seinen Generälen den beispiellosen Schlachtensieg bei Kiew und Wjasma verspielt. Die Gründe des Erfolges gleichen denen des Mißerfolges; das Vabanquespiel, das übersteigerte Zutrauen zur eigenen Kraft, die Verachtung des Gegners und vor allem der Zauber, den man der Ultrahärte beimaß. Das war das Mal des Ersten Weltkrieges, in dem man sich hatte erweichen lassen. Im Protokoll der Orscha-Konferenz ist die in Nürnberg vielzitierte Bereitschaft notiert, die Bevölkerung der russischen Großstädte verhungern zu lassen. Dies war völliger Ernst, wiewohl ein beiläufiges Thema, weil die Stabschefs sich entschließen mußten, ob sie den Untergang der Heeresgruppe Mitte riskierten; bei ihrem Naturell die erstaunlichere Wahl. Sie kannten die Jahreszeit, den Nachschub, die Straßen, die Ausrüstung, die Geschichte und das Gewicht von 68 Divisionen, 45 Prozent der Streitmacht, für die kein Ersatz existierte. Seit Beginn des Krieges hatten die Generäle indes alles auf eine Karte gesetzt und dermaßen unverhältnismäßige Gewinne erzielt, daß sie nur durch noch unverhältnismäßigere Risiken abzusichern waren. Der Fluch war das Anfangsfiasko der Gegner. Diese hatten aus Wankelmut weit über ihre Verhältnisse verloren und die Wehrmachtsgeneräle weit über ihre Verhältnisse gesiegt. Nun drückte sie der Zwang zum Risiko und offenbarte sich ihre reale Stärke. Durch die Schwindelerfolge stand zuviel auf dem Spiel, das seriös nicht mehr versicherbar war.

Das zweite Kriegsjahr würde die zyklopischen Maße des sowjetischen Menschen- und Industriepotentials in die Waagschale werfen. Dies zu verhindern, war die ganze atemlose Treibjagd von der Ostsee bis zum Schwarzmeer gewagt, kräftesparender Terror forciert, der Judenbolschewismus schändlich ausgerottet und schließlich der Abgrund des russischen Winters betreten worden.

Als die Generäle bemerkten, daß Schukow den Einsatz des Vabanquespiels kassieren werde, suchten sie Rettung im Rückzug. Schlimmer noch als die Kampfwunden dezimierte der Frost die Mannschaften. Die Füße erfroren ihnen. Sie hätten sich gar nicht zurückziehen können. »Nach ein paar Nächten«, schreibt Blumentritt, »wäre dies den Truppen zuviel geworden. Sie hätten sich einfach dort, wo sie angelangt waren, zum Sterben niedergelegt.« Insbesondere die Feldkommandeure trauten sich aber die Autorität nicht mehr zu, die Bataillone zum Halten zu zwingen. Die Befehlshaber wußten zwar, daß die weichende Truppe weder in Wärmezonen noch in Auffangstellungen gelangen würde; wie aber sollten sie angesichts des Fluchttriebs den Gehorsam erzwingen, ihren Daseinsgrund? Folglich retteten sie sich zu Hitler, der Mitte Dezember den Oberbefehl über das Heer ergriff, Halt befahl und auch durchsetzte. Kein anderer im Staat hätte dies vermocht. Er gewährleistete den moralischen Zusammenhalt in Volk und Armee, darin hatten die Generäle seit jeher sein Talent erkannt. Halder bezichtigte ihn wie gewöhnlich im Tagebuch der »kleinlichen Flickschusterei«, doch ebendie war vonnöten, die Reste aus Halders Moskauexpedition zu kitten.

Wenn der Krieg weitergehen sollte, brauchte er eine Armee, und Hitler war und blieb der Schöpfergeist dieses Instruments. Halder begriff dies ausgezeichnet, hielt stand im Amt als vermeintlicher Führer des Führers und verkündete den Oberbefehlshabern aller Heeresgruppen und Armeen am 1. Weihnachtstage: »Wir dürfen und müssen mit Recht stolz sein, daß der Führer selbst an der Spitze unseres Heeres steht.« Wer dies am 25. Dezember noch nicht glaubte, fand den Beweis spätestens bis zum 21. Februar. Trotz erdrückender Überlegenheit Schukows zerschellte die Angriffskraft der sowjetischen Offensive an der Magie des Hitlerischen Haltebefehls. Es gelang der Roten Armee nicht, die halbtote Front westlich Moskaus zu zerstören. Hitler hatte am deutschen Soldaten wiederum ein psychologisches Wunder vollbracht.

Guderian, der Protagonist der Blitzkriegführung, war grollend zurückgetreten. Er hatte den Verschleiß seiner brillanten Panzerwaffe nicht mitansehen können und schwor, lieber vor einem Kriegsgericht wegen Ungehorsams zu erscheinen. Hoth und Reinhardt, seine Gefährten, fuhren südlich weiter in einen anderen Krieg, den Verschleißkrieg.

Furor, Verspätung, Verschleiß

Der Erfolgsrausch, den die Wehrmacht zwei Jahre durchlebt hatte, stützte sich auf ihren avantgardistischen Umgang mit der Panzerwaffe. Für das noch von den Ausrottungsstrategen des Grabenkriegs geschockte Europa boten Hitlers rasante Feldzüge ein packendes Schauspiel. Gepackt von Staunen oder Entsetzen? Die Schnelligkeit des an der Somme oder in Ypern so quälend vermißten Durchbruchs, der entscheidende Schlag der Panzerkeile auf die rückwärtigen Versorgungs- und Kommandosysteme, das raumgreifende Einkesseln gegnerischer Verbände, die vordem unter erbarmungslosem Artilleriefeuer zerfleischt worden waren, hat jene, für militärische Ästhetik empfängliche Generation, mit Respekt quittiert.

Die mit den schnellen imaginativen Operationen betrauten Befehlshaber Guderian, Rommel und Manstein genießen fortwährende Hochachtung, zumal wenn ihre Memoiren bündig darlegen, wie der Krieg richtigerweise hätte enden müssen: Hitler hätte siegen können und ist nur an seiner schrulligen Besserwisserei gescheitert. Anstatt der Bewegungskunst seiner Heeresführer zu vertrauen, ruinierte er alles mit seinem ewigen Haltebefehl. Ihr wehrtechnischer Modernismus hatte durch harmonische Verknüpfung von Panzer-, Infanterie- und Flugverbänden den Landkrieg revolutioniert, Fluß in die Operationen gebracht und sie Ergebnissen zugeführt. So haushaltete man mit den knappen Kräften. Während der Gegner diese über alles Erwarten erfolgreiche Methode zu kopieren begann, kam in Hitler der alte Grabenkämpfer zum Vorschein. Als wäre der gequälte Geist des unseligen Falkenhayn in ihn gefahren, erlebte man ab 1942 den eiligsten der Blitzkrieger, der mit Vorliebe stehenblieb, sich verschanzte und keinen Fußbreit Boden, sondern das Leben der Truppe preisgab. Seitdem zerschmolz die Rußlandarmee.

Die Militärgeschichte kennt die darob ergrimmten Generäle als streitsam, rechthaberisch, konfliktbereit bis zum Ungehorsam gegen ihren Führer, dessen Bild zwischen Nervosität, Entschlußlosigkeit, Unkenntnis, Starrsinn und verspätetem Nachgeben schwankt. Ein wackliger Despot. Die politische Geschichte erlebt die nämlichen Darsteller in ausgetauschten Kostümen. Ein professionell den schleunigen Verderb der Kommissare, Bolschewiken, Juden, Gefangenen und Patrioten ansteuernder Hitler trifft auf Generäle, die laufend seinen Erfolg vereiteln. Gewiß hat keine Kaste ein so zänkisches, rivalisierendes Verhältnis zu Hitler gepflegt wie seine Offiziere, deren mehrere ihm als einzige periodisch nach dem Leben trachteten. Kurz, es war ein Geben und Nehmen.

Kein Zweifel, daß Hitler alle jene Freveltaten als Ausgeburt seines Weltbilds herbeiwünschte und kommandierte. Nicht minder waren sie indessen Ausgeburten jener fabulösen Kriegführung. Deren Meister wünschten sie im nachhinein als Kunst sui generis entschlackt von all dem Hitlerischen Unfug. Ihr Muster war der honette Frankreichkrieg. Wollte man ihn auf Rußland übertragen, mußte allerdings mit Widrigkeiten gerechnet werden, die den perlenden Fluß der Umfassungsbewegungen trübten. Das Tempo des Panzerdurchbruchs unterstellt notwendig einen Gegner, der technisch wie moralisch kein Paroli bietet und in heller Panik zerstiebt. Für den Fall, daß die Knute der bolschewistischen Kommissare die Rotarmisten durch Terror bei der Fahne hält und in törichte, selbstmörderische Attacken jagt, sinnen die Blitzkrieger auf vorbeugenden Gegenterror. Ihre schnellen Truppen vertragen keine ›asiatischen Kampfmethoden‹. Je flüssiger wiederum der Vormarsch vonstatten geht, desto gefährlicher übersteigt der Raumgewinn die Kraft, ihn sicherzustellen. Als Abhilfe empfiehlt sich

Einschüchterung durch Greuel. Die mit den motorisierten Verbänden wiederhergestellte Chance, den Gegner weit zu umfassen und einzukesseln, führt zur Gefangenschaft kompletter Massenheere, die zu entwaffnen, rückwärts zu geleiten, zu bewahren und zu verköstigen zuviel Kräfte von Gefecht und Sicherung abzieht. Verzögert sich die rettende Gesamtkapitulation, werden mehr oder minder billigend Sterbeziffern hingenommen, die an Ausrottung grenzen.

Jedes dieser Verbrechen entspricht einem Engpaß der revolutionären Kriegführung. Hätten Hitlers barbarische Befehle den Generälen nicht entlastende Auswege verheißen, wären sie darob ähnlich querulant geworden wie bei jeder fehlenden Panzerdivision. Davon geben die Akten aber geringe Kunde. Sabotage und Unkenntnis gar hinterließen überhaupt keine Spur. Diese in Nürnberg selbst bei widrigster Beweislast uniform vertretene Theorie beruht, wie später ruchbar geworden, auf einer gegenseitigen Übereinkunft von Angeklagten und Zeugen. Falscheidliche Aussagen vor der Feindesjustiz fielen als besondere Kriegslist unter Dispens. Desgleichen trübt nicht die Kavaliersehre, im Gegenteil. Denn jegliches Geständnis belastete zugleich einen Kameraden. Schutzbehauptungen wie den konspirativen Boykott des Kommissarbefehls und die Unkenntnis der Polizeimassaker ließen sich nur kollektiv vortragen oder gar nicht. Wenn Leeb sich zur Rettung der Kommissare verschworen hatte, mußte sein Untergebener Küchler wohl oder übel Mitverschwörer gewesen sein, wie auch immer der Gegenbeweis aussah. Wußte Halder vom Auftrag der Einsatzgruppen, hätte er seine Armeeführer einweihen müssen, denen sie unterstellt waren. Erfuhren die Armeen wiederum die Wahrheit am Tatort, wäre als erstes das OKH wegen Kompetenzregelung eingeschaltet worden. So ketteten Angeklagte und Zeugen ihre Verteidigung auf Gedeih und Verderb aneinander.

Den Nürnberger Verteidigungszeugen Rudolf von Gersdorff verwundert in seinen Memoiren »die Erinnerungslosigkeit der hohen Generalität«, die angesichts der in den Aktenbeweisstücken verzeichneten Schrecknisse darauf pochten, »damals den Kopf mit anderen Dingen voll gehabt zu haben«. Gersdorff entgegnete, »daß man eine Meldung mit so ungeheuerlichem Inhalt doch unmöglich vergessen könne«. Für ungeheuerlich erachteten die Generäle ihre Verlustzahlen und die Einmischung Hitlers. Die dem Gegner zugefügten Qualen und Verbrechen galten, ob richtig oder falsch, als

Nebensache. Das Protokoll zur Kommandeurbesprechung vom 17. Juni 1941 in der Panzergruppe 3, befehligt von dem Generalobersten Hermann Hoth, notiert die Einführung von Kommissarbefehl und Gerichtsbarkeitserlaß Barbarossa unter dem letzten Tagesordnungspunkt ›Verschiedenes‹. Hinter der bedenklichen Häufung von Kraftfahrzeugunfällen und dem Verbot des Mitführens von Rassehunden von Offizieren.

Den von Hoth in Nürnberg vorgelegten Verteidigungsdokumenten ist der beschränkte Sinn zu entnehmen, den die Frontgeneräle der Kommissarfrage beimaßen. »Der Oberpolitruk des S.R. 828«, meldet der Nachrichtenoffizier der 9. Infanteriedivision im Juli 1941, »ist von der sowjetischen Truppe mit den Offizieren zusammen im Wald bei Kulczyny erschossen worden. Die anderen Politruks sind geflohen, ein großer Teil der Soldaten ist nach Flugblattabwurf durch deutsche Flieger übergelaufen.« Mag sein, daß Hitler und das OKW den Kommissar als weltanschaulichen Antagonisten beseitigen wollten. Hoth und seinesgleichen achteten mehr auf Gefangenen- und Überläuferaussagen, daß diese Beauftragten der KPdSU in der Truppe »die außerordentlich kriegsunwilligen Reservisten mit der Waffe in den Kampf getrieben« hätten und solche Soldaten »mit Handgranaten bewarfen«, die, anstatt zurückzuweichen, sich gefangennehmen lassen wollten. »Erste Gelegenheit zum Überlaufen wird genutzt.«

Ein Zerfall der gegnerischen Truppe verlangte die Überwindung der Kommissare. Um so besser, wenn die Rotarmisten selbst Hand anlegten. Wer immer es unternahm, war sich der Zustimmung der Mehrheit von ihnen sicher: »Die Bekanntgabe der Sondermeldung vom 6.7. an die Gefangenen, wonach 20.000 Russen sich nach Erschießung ihrer Politischen Kommissare ergeben haben, löste allgemeinen Beifall aus. ›So müßte es überall gemacht werden‹, war die Antwort der Gefangenen« (Dok. Hoth 120). Den Wunsch konnte Hoth ihnen erfüllen. Hilfsweise hätte die Wehrmacht demnach Unterstützung geleistet bei der Selbstreinigung der Roten Armee. Dies will das Beweisstück insinuieren. »Sie nur, weil sie Kommissare sind, zu erschießen«, versicherte Hoth, »das ging mir gegen den Strich.« Daran ist etwas Wahres. Der angeführte Tätigkeitsbericht entstammt der mittleren Gefechtsebene. Dort interessierte man sich für Kommissartötung rein aus Diversionsgründen. Soweit denn Aussicht bestand, beiderseits der Linien die Fanatiker und Einpeitscher der KPdSU mit vereinten Kräften niederzustrekken und dem müden Fußvolk die Kapitulation zu erleichtern, war dies einen Versuch wert. Das Unsinnige an diesem zunächst vernünftig erschienenen Führerbefehl wurde beanstandet, als er im Sinne der Diversion nicht funktionierte. In den Augen der Heeresgeneräle war dies ein falscher Weg unter vielen gewesen, das Blutvergießen abzukürzen. Ständig war der Zusammenbruch der Roten Armee nach wenn nicht dieser, dann jener Volte angekündigt worden. Die dafür vergebens dargebrachten Opfer zählten Millionen. Gewiß waren die Bezugsbefehle von oben in greuelpropagandistische Sprache gekleidet. Nicht anders tobte auch der Gegner wider die »faschistischen Hunde«. Aus dem wechselnden Kampfgeschehen ausgefiltert, nahm im Gerichtssaal ein Kommissarbefehl grundsätzliche Dimensionen an, die im Felde gar nicht aufgefallen waren. In Nürnberg sah sich die Generalität fatal von lauter Beiläufigkeiten umklammert, während die Hauptsache, das vergleichslose Selbstopfern des deutschen Heeres zur Bezwingung Sowjetrußlands, als Rechtfertigungsgrund nicht mehr existierte. Daraus war das Verbrechen des Angriffskriegs geworden.

Nachdem die Angeklagten den ihnen auch von Gersdorff vorgehaltenen Perspektivwandel erfaßten, beschlossen sie, die Verteidigung auf ihren trugreichen Kampf gegen Hitlers kriminelles Ansinnen zu verlagern: Wenn sie trotz aller Geheimhaltung davon erfahren hatten, waren sie dafür nicht zuständig gewesen, und wenn sie zuständig waren, hatten sie das Schlimmste verhindert, und wenn das Schlimmste eingetreten war, hatten sie nichts davon gewußt. Auf dieser Linie hatte man sich im Nürnberger Arrest einen geistigen Haltebefehl erteilt und verteidigte, wie vom Führer eingeschärft, jeden Fußbreit Boden. Auf den Erfolg kam es nicht an. Die Gerechtigkeit eines unter 4 Millionen Soldatenopfern verlorenen Krieges steht außer Frage.

Gersdorff, der Hitlers Verbrechen im März 1943 mit der Bombe hatte stoppen wollen, schien diesen Frondeuren allerdings der falsche Bundesgenosse. Als er öffentlich seinen Attentatsversuch gestand, schickten sie als ihren Unterhändler den im OKW-Prozeß angeklagten Generaloberst Hollidt mit der Warnung: »Vor kurzem war eine Abordnung von Generalen bei mir, die Ihre sofortige Entfernung aus dem Lager gefordert hat. Sie haben erklärt, anderenfalls würden sie die im Lager anwesenden SS-Leute veranlassen, Sie totzuschlagen.« Damit mochten sich die Offiziere nicht beflecken. Morde ließen sie seit Juni 1941 routinemäßig von den Polizisten besorgen. Die Dienstverantwortung für deren Taten trug grundsätzlich das Amt Himmler, darum waren sie im Dienstwissen der Offiziere auch nicht verzeichnet. Als der Generaloberst Hoth in Nürnberg den Eintrag in das Kriegstagebuch der ihm nach Abschied von der Panzergruppe 3 neu unterstellten 17. Armee deuten sollte, stand er allerdings vor einem Rätsel: »Auf Anordnung des Chefs des Generalstabs werden die Judenaktionen in Artemowsk bis zur Bereinigung der Lage an der Front aufgeschoben« (NOKW 3350). Wie konnte sein Stabschef, fragte die Anklage den Beschuldigten Hoth, der Polizei die Aufschiebung von Judenmassakern in der Ukraine befehlen, mit denen das Heer gar nichts zu schaffen gehabt habe?

»Nein, befehlen konnte er eben nichts. Man mußte vernünftig sprechen und beinahe darum bitten. Das war ja eben der unerfreuliche Zustand, daß sich in unserem Bereich Menschen befanden, die unseren Befehlen nicht zu gehorchen brauchten.«

Für das Gericht stellte sich daraufhin die Frage nach dem Rechtsstatus bewaffneter Personen, die auf dem Kriegsschauplatz einem Mordgewerbe nachgingen, das die reguläre Armee nur durch gutes Zureden beeinflussen konnte. Was habe den Polizisten aus der Sicht des Feindes vom Freischärler unterschieden?

»Er trug Uniform ganz offen«, erwiderte Hoth, »er führte seine Waffe auch offen, er stand unter dem Befehl eines Führers, er befolgte allerdings nicht ... na, das kann man auch nicht sagen ...« Nein, Folgsamkeit gegenüber den Kriegsregeln konnte man dem Himmler-Polizisten nicht nachsagen. In Ermangelung jenes dritten Kriteriums des Kombattantenstatus zog Richter Hale den nach Haager Landkriegsordnung zwingenden Schluß: »Der war doch Zivilist, nicht wahr?«

Das Heer hatte keine Überlegung darauf verschwendet, ob es in Gestalt der Polizeiverbände irreguläre Franktireurs nach Rußland eingeschleppt hatte, sie benutzte, gar feste Dienstabsprache mit den Bandenchefs Heydrich/Himmler pflog. Daß ein deutscher Polizeibeamter Irregulärer sein kann, will schwer in den Sinn. Was kümmert auch die Rechtsbezeichnung? Diese Garde kam dem Heer wie gerufen, kaum daß der Krieg sich in die Länge zog. Man benötigt ein separates Kriegführungsorgan gegen das Zivil. Soviel haben, nebenbei, alle Konfliktparteien der Zeit eingesehen. Was im Luftkrieg das Terrorbombardement, ist im Landkrieg die irreguläre Rotte. Das Zivil kann nicht rechtmäßig bekämpft werden. Auch die sowjetischen Partisanen haben sich heimischer Loyalität notfalls mit Schreckensmitteln versichert. Die der Haager Landkriegsordnung vorschwebende neutral duldsame Bevölkerung existierte 1941 allenfalls als eine dritte Fraktion neben Kollaboranten und Opponenten. Daraus hat die Wehrmacht in ihrem Modernismus die nicht so abwegige Konsequenz gezogen, daß die Bevölkerung vom Fortschritt rechtlos gesetzt sei. Ihre undurchsichtige Teilnahme an den Feindseligkeiten hat das deutsche Rußlandheer vorbeugend durch die Mitnahme eines irregulären Trabanten beantwortet. Beider Aufgabenteilung ist gewissermaßen Kennzeichen des Feldzugs. Anders als die zügellosen Japaner in China löste das disziplinliebende Reichsheer das Problem rationell und organisatorisch. Man delegierte es an Spezialisten, die halb dem Befehl Himmlers gehorchten, der kein Subjekt des Kriegsrechts, sondern im Sinne der Haager Landkriegsordnung Outlaw war. Seine Maßnahmen firmierten als ›politisch‹, gingen das Heer nichts an, unterlagen indes seiner Zustimmung. Hoth verständigte sich mit den Polizisten per Zurede, die, wie er treffend bezeugte, befehlsverbindlich wirkte, wenn militärische Angelegenheiten berührt wurden. Doch wann sah ein Armeechef sein Militärziel durch die politische Judenvernichtung berührt?

Der fragliche Befehl des Stabschefs der 17. Armee zum Aufschub der ›Judenaktion‹ in Artemowsk datiert vom 14. Dezember 1941. Zu jener Zeit lag die 70.000 Einwohner zählende Stadt in der südlichen Ukraine, am Rande der Straße, die über Stalino nach Mariupol am Asowschen Meer führt, im Bereich der sowjetischen Winteroffensive. Das arg mitgenommene deutsche Heer hatte in den seit Dezember stahlhart gefrorenen Boden endlich Verteidigungsanlagen gesprengt, um seine vom Baltikum bis zum Schwarzen Meer reichende Front bis ins Frühjahr zu behaupten. Die ›Igelstellungen‹ im Südabschnitt konzentrierten sich um die Orte Charkow, Artemowsk und Taganrog. Zwischen diese Igel zielten die Vorstöße der Roten Armee, die, vom Rückschlag der Heeresguppe Mitte vor Moskau angespornt, im Norden und Süden zur Gegenoffensive antrat. Unvermutet erlebten die ukrainischen Städte ihr Militär auf sich zukommen, anstatt sie den Deutschen preisgebend. Die Aussicht auf Rückkehr der Sowjetmacht mochte die Duldsamkeit gegenüber den Besatzern trüben.

Schon im September hatte die Polizei ein Zaudern der Ukrainer beobachtet, die in die Judenverfolgung nicht so einstiegen, wie es ihr Antisemitismus erwarten ließ: »Dieses ist auf die in sehr weiten

Kreisen noch vorhandene Angst zurückzuführen, die Roten könnten noch wiederkommen. Immer wieder ist dieser Hinweis gemacht worden; bei den Älteren mit dem Zusatz, sie hätten es schon 1918 erlebt, daß die Deutschen plötzlich wieder zurückgegangen seien.« Die Polizeiführer jener berichterstattenden Einheit, Dr. Kröger und Dr. Dr. Rasch, waren nicht umsonst die Intellektuellen, die Heydrich mit solchen Posten zu betrauen pflegte. Sie diagnostizierten eine »Angstpsychose« und sannen nach Methoden, »den Bann zu brechen, der den Juden in den Augen vieler Ukrainer als Träger politischer Macht anhaftet« (NO 3154). Man beschloß, die Juden in demütigender Weise über die Straßen zu treiben und möglichst viele ortsansässige Gehilfen die Exekutionen miterleben zu lassen. Sie dienten der Erlösung vom bolschewistischen Trauma. Der Tod der Juden bewies den Ukrainern die Endgültigkeit der deutschen Herrschaft. Wer dies vollbringt, schließt keinen Frieden mehr. Moskaus Staatsmacht wird nicht besiegt, sondern ausgelöscht. ›Entjudung‹ ist das erste Exempel der neuen Ordnung. Nach dem Sieg zieht ein Aggressor zumeist heim. Dieser aber installierte sich als der neue Khan. Die Absicht hatte man einander in Berlin kundgetan, wie aber denen, die sie vor allem anging? Anders als an entsprechenden Taten läßt sich dergleichen gar nicht erkennen.

Doch angesichts einer Roten Armee vor den Stadttoren ist das grelle Blutschauspiel einstweilen vergebens. Die Sowjetmacht sinnbildlich aufzulösen hilft nichts, wenn sie mit Panzern anrollt. Vom Standpunkt der Rassenvernichtung müßten die Artemowsker Juden schleunigst gemordet werden, ehe das Terrain verloren ist. Der Terror aus politischer Psychologie hingegen wartet. Zuerst die Panzer schlagen, dann den Kommunismusschock abbauen.

In der ungewohnt wackligen Phase eines Konterangriffs entschloß sich der Stab der 17. Armee zur Unterbrechung der Judenmorde in Artemowsk. Die Einsatzgruppen wichen an mehreren Schauplätzen der Winteroffensive zurück, tauchten in das Hinterland und prüften, ob ihnen hier jemand entgangen war. Hoths 17. Armee mußte den Bruch der Front bei Artemowsk fürchten, bot er doch dem Gegner die Chance, die weiter südlich um das strategisch wichtige Rostow stehenden Verbände abzuschneiden. Das Polizeikommando, das in Artemowsk bereits zu liquidieren begonnen hatte, stand vor einem anderen Risiko: Ein auch nur vorübergehender Verlust der Stadt verhülfe den dort ansässigen Opfern zum Entkommen. Die Einsatzkommandos im Süden klagten ohnedies, daß sie das zähflüssige Vorrücken des Heeres um alle Erfolge brächte. Die Juden bekamen Gelegenheit nachzudenken. Bei Eintreffen der Polizisten seien seither zwischen 70 und 100 Prozent der jüdischen Gemeinden verschwunden.

In der Gemeinde Artemowsks lebten zur Zeit des Aufschubbefehls noch über 4.200 Personen, 90 waren bereits spektakulär massakriert worden. Hoth, »wütend, daß nun wieder in meinem Gebiet, in dem ich allein etwas zu sagen hatte, Dinge geschehen waren, die sich meiner Kenntnis entzogen«, stand zumindest ein informierter Generalstab zur Seite. Dessen Kunde war exakt genug, den täglichen Stand des Tötungsverlaufs vor Ort zu wissen. Fraglos hat das Armeeoberkommando die Ausrottung einer Bevölkerungsgruppe, die in den großen Städten der Ukraine zu Friedenszeiten durchschnittlich über ein Viertel der Bevölkerung stellte, unter Kontrolle gehalten.

In der Igelstellung Artemowsk, die mit Angriffen zu rechnen hatte, wünschte die 17. Armee, zivile Nervosität zu meiden. In den Städten witterte das Heer ohnedies die unverbesserlichen Nester der Renitenz und Sabotage. Es vermißte das erwartungsvolle Wohlwollen, das ihm die ukrainischen Bauern 1941 zollten. In urbanen Zonen siedelten kaum Ukrainer, sondern Russen und Juden. In der jungen Industriearbeiterschaft genoß das Regime der KPdSU eine ansonsten rare Anhänglichkeit, zumal die Okkupanten außer Hunger und Terror nichts anzubieten wußten. Dem ukrainischen Landvolk mochte die Rückkehr der Roten Armee Unlust einflößen; in den Städten walteten geteilte Gefühle. In Erwartung der gegenüberliegenden 12. und 37. sowjetischen Armeen erübrigte sich auch das Einschüchtern der Bewohner durch Terror. Artemowsk harrte gespannt auf die Züge seiner Streitkräfte und war durch nichts als den Sieger zu beeindrucken. Darum fehlte Hoths Armee vorläufig das Interesse an Polizeiexzessen. Dem Einsatzkommando, das den generellen Rassenvernichtungsbefehl ausführte, wurde Geduld auferlegt. Materiell ließen sich die begonnenen Exekutionen in zwei, drei Tagen unschwer zu Ende führen. Tote konnten nicht mehr fliehen. Wie es jedoch das Wagner-Heydrich-Abkommen vorsah und Hoths Stab exerzierte, zogen die Polizisten am kurzen Zügel der Armeeführung umher.

Vereinbarungsgemäß mußten die Kommandos militärischer Notwendigkeit halber mitten im Massaker innehalten, denn Artemowsk wurde Gefechtsschauplatz. Dort waren sie nicht zugelassen. Doch ließ sich die schematische Trennung von Kampfgebiet und Polizeigebiet schwer behaupten. Die Generäle verbreiteten seit Nürnberg das Bild tobender Einsatzkommandos Hunderte von Kilometern hinter ihrem Rücken. Diese Vorgänge handelten außerhalb ihres Gesichtskreises. Zumindest seit Beginn der sowjetischen Winteroffensive 1941/42 aber glichen sie eher denen von Artemowsk. Die Frontlinie pendelte vor und zurück. Dasselbe Gebiet lag abwechselnd innerhalb und außerhalb des Kampfgewoges. Die Polizisten standen am Platz und klärten ihren Einsatz flexibel mit dem Armeestab. Insbesondere die Judenvernichtung bereitete allzuweit von der Front Schwierigkeiten. Im Juli ließen sich die Opfer noch arglos zusammentreiben. Nachdem sich ihr Los herumgesprochen hatte, schlugen sich die Jüngeren bei Einnahme ihrer Domizile ostwärts durch die Linien. Die Polizei mußte möglichst gleichzeitig mit dem Heer einrücken, um die Gesuchten vollzählig fassen zu können. Anders wäre die Judenvernichtung gar nicht fortzusetzen gewesen. Oder aber Soldaten hätten sie übernommen. Weil sich die Heeresführung solche Massenmorde nicht aufbürden wollte noch konnte, zog sie es vor, Seite an Seite mit den Massenmördern zu marschieren, ihr Geschäft zu kontrollieren, Näheres von Fall zu Fall abzusprechen und innerlich Distanz zu wahren.

Im Januar und Februar entschärfte sich die Lage um Artemowsk. Die Rote Armee durchstieß die Front weit südlich bei Rostow am Don und weit nördlich oberhalb von Izjum. Nunmehr konnten die Polizisten ihren Auftrag fortsetzen und die verbliebenen 4.200 Personen unbehindert ausrotten. Für die Polizisten sturer Vollzug des Führerauftrags, für das Heer indessen ein Projekt nach Maßgabe seines Eroberungslaufs. Warum nur verschwendete diese Operation bei allem Manko, ihrer Drangsal und Hast Tausende halbwegs wehrfähiger Polizisten an ein Ziel, das überhaupt nichts mit der Sache zu tun hatte? Wenn die Einsatzgruppen ein solitäres Rassenvernichtungsprojekt ausführten, besaßen sie ein halbes Jahr später dafür Zeit genug. Dann war gesiegt. Warum müssen die sowjetischen Juden um jeden Preis mitten im Kriege sterben? Aus welchem Grund werden die kostbaren Fahrzeuge, der ewig fehlende Sprit, die knappen Unterkünfte und die dringend verlangten Ersatzmänner der Front entzogen, die Anfang Dezember stöhnt, daß den Krieg das letzte Bataillon entscheide? Da nach errungenem Sieg Rußland als Helotenkolonie einzurichten wäre, bestünden alsdann zur ›Entjudung‹ die geeignetsten Voraussetzungen. Im Juli, auf dem Gipfel der Illusionen, mochten die Polizisten politischen Separatzielen frönen. Wozu aber im Dezember Judenvernichtung?

Die Frage stellte sich nicht. Kein Generaloberst, der, ähnlich wie zur Abstellung des Kommissarbefehls oder des Gefangenensterbens, eine Eingabe an das OKH richtete, die schädliche Torheit nunmehr bleibenzulassen. Die umständliche Erschießung hunderttausender harmloser Personen bei gleichzeitigen ernsten Sicherheitslücken in der Partisanenabwehr wird von den nüchternen Militäreliten vom Schlage Halders, Mansteins, Küchlers oder Hoths nicht stoisch ignoriert. So waren sie nicht veranlagt. Wenn Hoths Armeeoberkommando den Vernichtungsprozeß in Artemowsk auf die Stunde genau suspendiert, hat es dafür rationale Gründe. Man verkennt den Professionalismus der Heeresführer, wollte man ihnen unterstellen, im Operationsgebiet grundlos Massenmorde zuzulassen.

Denkbar, daß der Führerbefehl an die Einsatzgruppen so unanfechtbar feststand, daß selbst ein Aufschub nicht zustande kam. Möglicherweise wogen die wenigen tausend Polizisten und ihr Bedarf im allgemeinen Mangel zu leicht, als daß es einen Streit verlohnte. Unvorstellbar hingegen, daß in diesem Falle nicht eine Beschwerde darüber existierte. Nichts wurde ausgiebiger diskutiert als Führerbefehle und die Zuteilung des letzten Benzinkanisters. Bleibt die Erklärung, daß Mansteins ›harte Sühne am Judentum‹ das unaufwendigste Mittel zur Pazifizierung durch Terror war. An dem Motto bestand bis 1943 kein Zweifel.

Terror wendet sich gegen ein wehrloses Objekt, um eine mächtigere Gruppe zu erwünschtem Verhalten zu veranlassen. Wen hätten die Eindringlinge 1941 terrorisieren sollen? Die bolschewistische Kaste war geflüchtet, in den Untergrund abgetaucht oder als technische Funktionselite unentbehrlich. Die Partisanen steckten im Untergrund oder im Wald. Die Rotarmisten verhungerten ohnedem bzw. waren zur Zwangsarbeit vorgesehen. Bauern, Arbeiter und Handwerker benötigte die Wehrmacht, um die Güter herzustellen, die abzuholen man gekommen war. An welcher Gruppe vermöchten 3.000 nicht besonders kampfstarke, teils aus älteren Kriminalbeamten bestehende Polizisten überhaupt eine ›harte

Sühne‹ zu vollziehen? Jedes auch nur minimalen Widerstand bietende, Solidarität und Unruhe auslösende Opfer hätte die Kapazitäten der Einsatzgruppen sogleich überfordert, Militärhilfe benötigt und die ganze lauthalsige Abrechnung mit dem Bolschewismus blockiert. Die KPdSU war immerhin eine in dreißig Jahren offenen und latenten Bürgerkriegs gehärtete Equipe.

Das Exempel unwiderstehlicher Gewaltsamkeit verlangte ein eingeschüchtertes, rundum isoliertes Opfer. Selbst die Juden wußte das nervlich abgewrackte, erst alkoholisiert einsatzfähige Erschießungskorps nur mit Beistand lokaler Hilfspolizei auszurotten. Es fragt sich, gegen welche anderen Ziele diese Kräfte aufzubieten gewesen wären? Ihre und ihrer Militärpatrone Erfolglosigkeit gegen die Partisanen, ebenso die Probleme, die ihnen 1943 die Durchsetzung einer Arbeitsdienstpflicht schuf, kennzeichnen die Grenze dieser Schreckensorgane. Allerdings durfte sie nicht sichtbar werden. Nur Heydrich und die Generäle wußten, wie wenig man mit ein paar tausend vermischten Leuten im Grunde anrichten kann.

Der gnadenlose Volkstumskampf, das Ausradieren des Bolschewismus, die Rache an den Kulturzersetzern, all diese dröhnenden Redensarten der OKW- und OKH-Befehle benötigten eine eigene Exekutive. Der riesige Wille zum Terror verfügte über vergleichsweise dünne Glieder. Allein gegen Kriegsgefangene und gegen eine Pariaschicht ohne Waffen, ohne Kampfübung, ohne Freunde erzielten die Polizisten den lähmenden Eindruck der Allgewalt. Ein Manstein hatte die Juden zum gefährlichsten Zivilgegner nominiert. War der Meisterstratege dazu dumm genug? Wie auch immer, eine andere Gruppe fand sich gar nicht, den Untergang des Sowjetreichs darzustellen. Es kommt nicht darauf an, wie weit die Marschälle und Generalobersten an ihre Phantome glaubten. Die Verwirklichung der harten Sühne am Judentum hing davon ab, ob sie irgendeine nützliche Funktion nachwies. Das ist seinerzeit behauptet worden.

Die Judenvernichtung sollte im eroberten Gebiet die bestehende Herrschaftsordnung zerstören. Es galt den Staat nicht zu besiegen, sondern zu beseitigen. Infolgedessen wurde er mit dem vorrückenden Heere aufgerollt. Dies beschleunigte die Zusammenbruchstendenz im Rumpfstaat und pazifizierte das Hinterland. Auflösung der Sowjetmacht kann nicht die Exekution jedes Parteianhängers heißen. Das hat selbst Heydrich seinen Schützen eingeschärft. Ihn sorgte der psychologische Einfluß der Sowjetmacht. Es galt die Anhänglichkeit des Volkes an seine bisherigen Herrscher zu beseitigen oder aber die Furcht vor ihnen. Statt dessen sollte es den Deutschen anhängen und sie fürchten. Ihr Wille zur Beseitigung war groß und die Fähigkeit dazu beschränkt. Die Kräfte reichten weder für die Rote Armee noch für die Partisanen. Blieb nur die Gruppe des geringsten Widerstandes zu beseitigen, die Juden. Diese waren ohnehin der Erzfeind Deutschlands, doch hatte man sie bisher nicht vernichtet. Jetzt war dringend Vernichtung geboten, doch fehlte das faßliche Objekt. Die Lösung bot sich dermaßen zwingend an, daß man vermutlich gar nicht danach zu suchen brauchte. Sie war selbstverständlich.

Um die Juden als Vernichtungsopfer für den zu vernichtenden Sowjetstaat zu nominieren, bedurfte es nur eines Schrittes. Sie mußten nominelle Oberhäupter des Bolschewismus werden. Auch dieser Schritt tat sich von allein. Sie waren 1918 zu Dolchstößern ernannt worden, 1932 zu den Krisengewinnlern. Sie waren jeweils dasjenige Übel, das sich als unausrottbar zeigte. Nun waren sie die Auszurottenden für das sich anders nicht darbietende Übel. So begann die Endlösung wie absichtslos. Das Judentum als Judäobolschewismus designieren und vernichten, war im Rußlandkrieg von beklemmender Zwangsläufigkeit. Das Vernichtungsziel war ihm inhärent. Die Vernichtungsgattung ist im totalen Krieg nach herrschender Lehre das Zivil. Das Vernichtungsopfer rührte aus dem vorwaltenden Feindbild des Angreifers und des Angegriffenen. Es deckte sich in einem einzigen Personenkreis. Notgedrungen mußten die Russen als Sowjets liquidiert und als Arbeitsvolk am Leben belassen werden. Ein ›Träger‹ des Bolschewismus war vonnöten, der seine Ausmerzung trug. So haben die Generäle das Judentum stets gekennzeichnet, und so ließen sie mit ihm verfahren. Daß man den Bolschewismus in dazu designierten Trägern austilgt, haben auf verblüffende Weise auch die Balten vollführt. An diesem Volk erlebten die Deutschen als erstem, daß Befreiung unter Umständen als Freisetzen von Vernichtungswut abzuwickeln ist. Insoweit zogen sie den Unterjochten mit nicht gar so leeren Händen entgegen. Befreiung von den Juden werteten diese Völker vielleicht anders als der aufgeklärte Betrachter. Von sich aus gesehen, brachte das Dritte Reich das Beste nach Rußland, was es überhaupt zu bieten hatte.

Die Resonanz der Vernichtungsaktionen unter der Lokalbevölkerung beachteten Polizei- und Heeresdienststellen mit wachsamem Blick. Kundgabe von Genugtuung und Häme, Glockengeläut zum Lobpreis für die Erlösung von der Plage bestätigten das Fortleben der bodenständigen Feindseligkeit. Mit wahrer Inbrunst stürzten sich Letten, Litauer und geringfügiger die Westukrainer auf die Judenvernichtung. Die Balten räumten Kleinstädte und Dörfer auf eigene Veranlassung judenrein. »Ein Blutrausch hatte das Land erfaßt«, schreibt Prof. Bernhard Press aus Riga, »und wessen Hand sich nicht zum Morde erhob, der bemühte sich wenigstens, uns zu dranglasieren«. Die Arbeiterschaft, die freudig mit den Sowjets kollaboriert hatte, stürzte die Juden nun als KGB-Agenten aus der Straßenbahn. »Putzfrauen, die jahrelang jüdisches Brot gegessen hatten, warfen, um ihren nationalen Gefühlen Ausdruck zu verleihen, die Habe ihrer Brotgeber auf die Straße.« Die Intelligenz begrüßte den tatkräftigen Pöbel. »Nirgends regte sich die leiseste Stimme des Protestes gegen das allgemeine Blutvergießen.« Getragen von einer giftigen Volkswut, gaben sich Hilfspolizei und Milizen auf offener Straße einem Gemetzel hin, das die deutsche Polizei zur Dokumentation der Minderwertigkeit dieses Volkes auf Filmen festhielt. Die jähe Verwandlung ihrer Mitbürger ließ die litauischen und lettischen Juden bei Polizei und Wehrmachtsorganen Zuflucht suchen, mit denen sich in Ruhe reden ließ. Das Berserkertum der Balten trat bei dem Besatzer nicht zutage. So erschienen die Wehrmachtsghettos zunächst als Schutzeinrichtungen zugunsten der gehetzten Juden. Anläßlich von Raub, Brandschatzung und Vergewaltigung schritten Befehlshaber wie Leeb, ziviler Unruhe in jeglicher Gestalt abhold, gegen den kochenden Mob ein. Geplünderte Synagogen und erstochene Säuglinge nutzen dem Heer nichts. So offenbart sich keine Ordnungsmacht.

Vorwiegend entluden sich die Greuel in jenen Territorien, die vor 1918 und nach 1939 Rußland wider Willen eingegliedert waren. Die Pogrome in Riga manifestierten weniger bewährtes Brauchtum aus vorbolschewistischer Zeit als die Kundgabe nationaler Identität. Die Wehrmacht war aber nicht gekommen, damit Litauer und Ukrainer Rache an der Überfremdung nähmen. Im Gegenteil. Die Deutschen mußten ihrer eigenen Fremdherrschaft Glaubwürdigkeit verschaffen. Ihr Terror rächte weniger verflossene Unterdrückung, sondern manifestierte die eigene. So ist er auch aufgefaßt worden. Der systematische, kaltblütige, wortlose Abtransport einer Volksgruppe in verriegeltes Waldgelände, aus dem niemand wiederkehrt, flößt einen unüberbietbaren Schrecken ein. Hier befriedigt sich nicht ein endlicher Blutdurst, hier waltet die Macht über Leben und Tod. Die Mehrheit der Russen bezog das Ende der Juden auf ihr eigenes Geschick. Das bezeugt die zur Schau getragene Teilnahmslosigkeit. Keine Nachfrage, kein Einspruch, keine Hilfe. Die Polizeimacht gebietet, wie es beliebt. Ihr Ratschluß war das unwiderstehliche Daseinsgesetz. Wird dies verstanden, hat es der Okkupant schon weit gebracht. Sein Umgang mit den Juden belehrte in der Zeit des unvollendeten deutschen Sieges das Zivil in ganz Europa darüber, was die Feindschaft der Führungsmacht kostete. Solange sie aus jeder Ortschaft als Schädlinge deklarierte Personen auf Nimmerwiedersehen verschleppen konnte, war ihr und ihrer Marionetten Schreckensregiment ein Stück Lebenserfahrung.

Die auch im Westen vorwiegende Indifferenz angesichts der antijüdischen Maßnahmen empfahl sich als die eigentlich erwünschte Haltung. Städtische Juden, die Verstecke in russischen Dörfern suchten, wurden alsbald zurückgejagt. Die Bauern wollten der Polizei keine Anlässe zum Zugriff bieten, geisterten unter ihnen doch wüste Gerüchte über künftige Ausrottungsziele. Gefährdet seien alle Personen älter als fünfzig Jahre. Das entsprach ganz der Lehre des Invasionsheeres von der Formbarkeit der russischen Psyche. Verläßlicher Kleinmut behagte den Heeresführern weit mehr als schäumender Antisemitismus, wie ihn die Polizei gern anstiftete. Den Zivilisten wünschte sich das Militär grundsätzlich nicht als Subjekt von Gewaltsamkeiten, sondern als Objekt der Furcht. Diese erwüchse nach festverwurzelter Landessitte aus dem Anblick tatarischer Strafaktionen. Mag sein, daß die von Heydrich angewiesenen Polizisten, die 1941 mit einem Katalog lebensunwürdiger Existenzen durch die Ortschaften und Gefangenenlager patrouilliert sind, ihre Selektionsrampe als Schlachtfeld der Weltanschauungen gedeutet haben. Das Heer duldete die Greuel als Abart des modernen Terrorkriegs.

Unzählige Seelen waren vom neuen Landesgebieter zu beeindrucken, und kümmerlich wenige Bevollmächtigte kündeten von ihm. Desto einprägsamer mußte ihr Auftritt sein. Den mochte die Polizei nach Gutdünken gestalten, wenn nur die bisherigen, im übrigen ebenfalls durch Terror genährten Untertänigkeiten zergingen. Judenaktionen zählten zum wirkungsvollsten, was die Deutschen aufzubieten hatten. Nichts ließ ihre kaltblütige Systematik deutlicher erkennen als ihr Umgang mit den todängstlichen, devoten Juden. Deren gänzliche Hilflosigkeit war der gefundene Stoff für den abstrakten Vernichtungswillen. Kein Erbarmen, keine Kompromisse, keine Verluste. Im Unterschied zu jedem anderen Terror erzeugte dieser keinen Gegenterror. Er kostete nichts. Das mußte ihn der arg überlasteten Wehrmacht als brauchbares Einschüchterungsmittel im Hinterland erscheinen lassen. Vermutlich hätte das Heer konventionellere Maßnahmen vorgezogen. Die Polizei vergriff sich an Unbeteiligten, zudem in abstoßender Form. Daß aber begrenzte Vernichtung Wehrloser Kräfte schont und Nationen demoralisiert, war eine gängige Militärdoktrin. Es lag darin keine Undenkbarkeit für das Heer. Es mußte sich jedoch der gegnerischen Hauptstreitmacht widmen und zufrieden sein, wenn die Polizei auf ihre Weise lieferte, wofür sie bestellt war: Sicherheit, Ruhe, Furcht.

Sobald Beeinträchtigungen militärischer Belange eintraten, bremsten sich die Polizisten. Hoths 17. Armee verordnete ihnen eine Pause von wenigen Wochen. Wie der Aufschubbefehl von Artemowsk erweist, terminierten Einsatzkommandos und Armeestäbe in Drucksituationen die Vernichtung gemeinsam. Sie sollte dem Heer nutzen, zumindest aber nicht schaden. Die Absprachen waren »zur Vermeidung von Störungen der Operationen« in Ziffer 2 des Wagner-Heydrich-Abkommens geregelt. Nach wenigen Wochen erlaubte die militärische Lage dem Einsatzkommando 4b, Einsatzgruppe C, sein Werk fortzusetzen. Über den Fortlauf der Massaker waren die Armeestäbe ordnungsgemäß zu unterrichten. Ziffer 2 des Abkommens verlangte »ständige enge Zusammenarbeit«.

Die Juden wohnten überwiegend in Städten, in welchen sich nach dem Stocken des Bewegungskriegs im Winter 1941/42 das deutsche Heer verschanzte. Unter seinen Augen duldete es keine allgemeinen Judenerschießungen. Zu Militärzwecken wie Vergeltungsmaßnahmen oder Entleerung begehrten Quartiers griff man bequemerweise zu jüdischen Opfern. Die Massenexekutionen indessen wünschte man abgesprochen, doch auf Distanz vollzogen, des Nachts, an entferntem Ort, ungern inmitten versammelter Truppen. Die scheußlichen Szenen wurden als unzuträglich beurteilt. Sowohl für die davon abgestoßenen wie für die davon angezogenen

Naturen. Das Heer war gar nicht der Adressat der Judenvernichtung. Ihre wirkliche Kulisse sind die durch den Aggressor vom Sowjetjoch befreiten Balten und Ukrainer gewesen. Für sie waren Pogrome die einzig zulässige Form der nationalen Selbstverwirklichung. Dementsprechend das breite Teilnehmerinteresse. Für das okkupierte Kernland der Sowjetunion war der Judenmord hingegen der Untergang des Judäobolschewismus. Das heimische Staatswesen galt damit als erledigt. Dementsprechend geduckt, bang, abwartend die Resonanz. An die Juden dachte niemand. Die Adressaten bezogen deren Los gradewegs auf sich selbst.

Welche Überlegungen auch immer die Deutschen im Sinn führten, es waren nicht die Illusionen, welche das Rassenvernichtungsprojekt trugen, sondern seine reale Funktion. Wären etwa die Juden tatsächlich jene Dämonen gewesen, als welchen ihnen der Anschlag galt, hätte er nie im Leben gelingen können. Wären die Juden, wie Manstein erklärte, die Mittelsmänner zwischen Roter Armee und Wehrmachtsrücken gewesen, wäre die Voraussage des OKH eingetroffen, daß der Truppe ›aus der Zivilbevölkerung der Träger der jüdisch-bolschewistischen Weltanschauung entgegentritt‹, hätten diese schreckgelähmten Kleingewerbetreibenden wirklich das russische Zivil in den Aufstand auf Gedeih und Verderb geführt, würden die Polizisten in lächerlich kurzer Zeit zerrieben worden sein. Das Heer aber hätte eine solche Unruhe ebensowenig bewältigt wie später die Partisanen. Vielleicht wurden die Juden verfolgt, weil sie für gefährlich galten. Vernichtet wurden sie jedenfalls, weil sie die Ungefährlichsten von allen waren. Ihr Ende ging aus der Manier der sechs Monate Blitzkrieg von Juni bis Dezember hervor, die auch das weitaus verlustreichere Gefangenensterben verursacht hat. Der Terror der Einsatzkommandos hat am Zerfall der bolschewistischen Staatsmacht im Okkupationsgebiet seinen Anteil. Das Ziel, den Einwohnern noch schrecklicher zu erscheinen als der Stalin-Schrecken, ist halbwegs erreicht worden. Anders hätten sich die Eindringlinge nicht über vier Jahre in diesem Territorium behaupten können. Schrecklicher als Stalins Terror war aber nur die ›Endlösung‹. Dazu war allein die Polizei und ausschließlich gegen die Juden fähig. Die Fortsetzung des Projektes erlebte das besetzte West- und Südosteuropa beginnend mit der Wende des Rußlandfeldzuges zum Abnutzungskrieg im Frühjahr 1942. Es währte bis zum Aufbau der zweiten

Front in der Normandie im Sommer 1944. In der Zwischenzeit war der Kontinent Rückwärtiges Gebiet des Rußlandfeldzugs. Auch hier entfaltete sich der Terror auf dünner Personaldecke. Die Judenvernichtung war dabei jene Sparte, welche zugleich die höchste Grausamkeit, den geringsten Widerstand und die zahlreichste einheimische Mithilfe auslöste. Immerhin hat der Kontinent den Bedarf von zweieinhalb Jahren verzehrenden deutschen Rußlandkriegs halb willig, halb unwillig geschaffen.

Währenddessen verlagerte die Rußlandarmee ihren Rückhalt im Lande von der puren Schreckensbasis auf ein vermischtes Programm. Sie wurde umgänglicher. Nicht, weil sie der Vernichtungsziele müde war. Gezwungenermaßen kampierte man nun dauerhafter unter der Bevölkerung des Kampfgebiets. Daraus erwachsen andere Besatzungsverhältnisse. Der stationäre Krieg benötigte andere Untaten.

Hoths 17. Armee, die im Sommer als Teil der Heeresgruppe Süd in frischem Verfolgungstempo Richtung auf die Schwerindustriezentren in Don-Donez-Gebiet genommen hatte, geriet in Charkow in erbitterte Gefechte mit den zum Schutz ihrer Rüstungsschmieden zusammengezogenen Rotarmisten. Ihre Kommandeure opferten Schar um Schar, die Heeresgruppe Süd am Kappen der wirtschaftlichen Versorgungsader zu hindern. Im Zeitplan der Südexpedition ergab sich der Feind hingegen kopfloser Flucht. Widerstand war nicht vorgesehen. Dank dieser Mißkalkulation geriet die Offensive in Zeitverzug. Der Sturm auf Charkow scheiterte. Anfang Oktober setzten starke Regenfälle ein, die erschöpfte Truppe pausierte im Schlamm. Weil auch der Landnachschub darin steckenblieb und durch die Luft herbeigeschafftes Fahrzeugbenzin zu knapp für ausgedehnte Bewegungen wurde, ersuchte Rundstedt beim OKW, der Heeresgruppe bis zum Frühjahr keine weiteren Operationsziele zu setzen. Den Männern fehle der Leistungswille, solange nicht für Quartier, Kleidung, Verpflegung gesorgt sei.

Den Befehlshabern im Feld graute vor der Aussicht, im Winter die Wolga und den Fuß des Kaukasus ohne funktionierende Nachschublinien zu erreichen. Hoth argwöhnte gar, man spiele damit der russischen Taktik in die Hand, die Wehrmacht ohne solide Versorgungsbasis weiter in den Südosten zu locken und dort die kampfunfähig gewordenen Männer aufzureiben. Die Straßen trockneten im Oktober nicht mehr ein. Zur Abwendung eines Proviantausfalls blieb allein das Abschöpfen des Armeegebiets übrig. Die Nachschubwege trugen keine Überwinterung, die Truppe mußte sich auf eigene Faust bevorraten. »Unmögliches wird der Führer auch hierbei nicht vom deutschen Soldaten fordern«, versicherte Hoth den Männern der 17. Armee. »Kein deutscher Truppenverband wird dem russischen Winter geopfert werden.«

Die Nürnberger Anklage präsentierte diese Order über das »Verhalten des deutschen Soldaten im Ostraum« als Hoths Version des Reichenau-Befehls, der die gesamte Rußlandarmee instruierte. Hier wie dort soll »die Notwendigkeit harter Maßnahmen gegen volks- und artfremde Elemente von den Soldaten verstanden werden«, ist die »jüdische Menschenklasse« die »geistige Stütze des Bolschewismus, Zuträger seiner Mordorganisationen, Helfer der Partisanen«. Dem schaut das Heer nicht tatenlos zu. »Ihre Ausrottung ist ein Gebot der Selbsterhaltung.« (NOKW 2537)

Als Hoth am 17. November, fünf Wochen nach Reichenau, seinen Männern die Mission erläuterte, lag ihre Selbsterhaltung in der Tat im argen. Unzureichend gekleidet, ernährt und einquartiert, flößte ihnen der Chef, von Manstein in seinen Erinnerungen als »klein, zierlich gebaut« geschildert und »der Fröhlichkeit im Kreise jüngerer Kameraden zugetan«, zumindest etwas innere Haltung ein. Was da darbend, frierend und marode im ukrainischen Schlamm die verschleppte Zufuhr warmer Stiefel aus der Heimat herbeisehnte, zeichnete sich zumindest aus durch »deutsches Ehr- und Rassegefühl, jahrhundertealtes Soldatentum«, inmitten einer Bevölkerung, die nichts als »Angst vor der Knute« kennt, die »Mißachtung sittlicher Werte, Nivellierung nach unten, Wegwerfen des eigenen wertlosen Lebens«. Das traf sich günstig. Denn in solcher Umgebung zeigt sich auf Anhieb: »Wir sind die Herren dieses Landes.« So erwächst ein Grund, »das eroberte Gebiet bis zum Letzten auszunützen«, unbeschadet des Echos der »asiatischen Denkungsart und ihrer durch eine kleine Anzahl meist jüdischer Intellektueller aufgeputschten, primitiven Instinkte«. Hoth bringt die Instinkte zur Vernunft, dazu bedarf es nur, »die russische Bevölkerung von der Machtlosigkeit ihrer bisherigen Gebieter zu durchdringen«. Das Eindrucksvollste ist es, »diese Machthaber als Träger des bolschewistischen Gedankens auszurotten«. Damit wäre es allerdings noch keineswegs getan. Jenseits der sowjetischen Linien droht der Feind Kollaborateuren Rache an. Sowjetbürger alimentieren, behausen und bedienen den Okkupanten bei Strafe des Todes. Dies gilt es zu übertrumpfen. »Die Furcht der Bevölkerung vor unseren Gegenmaßnahmen sei stärker als der Schrecken vor Erpressung roter Führer« (NOKW 2537). Anders ließen sich die Russen beim besten Willen nicht beeindrukken, waren sie doch, wie Hoth den Nürnberger Richtern bedauernd erläuterte, »seit Jahrhunderten an ein strenges Regiment gewöhnt«. Damit in der Truppe kein falsches Mitleid entstehe, welches »völlig fehl am Platze ist«, müsse durch den Offizier »ein gesundes Verhältnis des Hasses und der Ablehnung der vorgefundenen Zustände gestärkt werden« (NOKW 2537). Weil in den Primitivzuständen keinerlei Erhaltenswertes steckt, schadet es auch nicht, daraus die nötigen Wolldecken, Heizstoffe und das restliche Geflügel zu entwenden. Die ideologischen Befehle folgen der Jahreszeit.

Ende November wird der verschlissenen Armee, welche die Grenze ihrer Offensivkraft überschritten, das Ziel aus dem Blick verloren hat, den Mangel an Winterfestigkeit und die Grausamkeit der Elemente verspürt, die Rolle prächtiger Marodeure zuerteilt. Hoth wollte nach seiner Nürnberger Diktion »die geistigen Abwehrkräfte schaffen, die nun einmal im Kriege notwendig waren«. Wenige Wochen zuvor hatten Reichenaus und Mansteins Bezugsbefehle dem geschwinden Troupier lediglich ›Verständnis‹ für die begleitenden Polizistengreuel abverlangt. Er selbst möge sich heraushalten. Im Winter hingegen nimmt das Heer im Zivilgebiet Station und befaßt sich hier behutsam, dort brüsk mit seinem Wirt.

In den Jahren 1942 bis 1944 verlieren die Wehrmachtsverbrechen den lodernden Stil der Operation Barbarossa. Die Literatur zitiert sie selten. Das Geschichtsbild des Rußlandfeldzuges ist geprägt durch den Kommissarbefehl, das Kriegsgefangenensterben, die Einsatzgruppen, die ruchlosen, vorgeplanten Vernichtungsexzesse von 1941, die dem Kriegsgeschehen extern scheinen. Teils, weil durch Spezialorgane neben dem Heer begangen, teils, weil in einer Befehlssprache gefaßt, die keinen militärischen Sinn durchblicken läßt. So wirkt gar nicht unlogisch, daß, wie die Generäle in Nürnberg darlegten, ein ideologischer Oktroi ihr Handwerk verpfuschte. Diktate, meist übereinstimmend mit ihrer eigenen Ideologie, wie kritische Forschung später ergänzte. Vom militärischen Standpunkt sei ein leutseliger Befreiungsfeldzug vom bolschewistischen Joch aussichtsreicher gewesen. Man hätte das Volk gewinnen statt quälen sollen, wie bereits Rosenbergs Ostministerium getadelt hatte.

Ersichtlich verträgt sich dies Konzept schwer mit dem Motiv des Unternehmens, der kolonialen Ausschlachtung der russischen Reserven an Rohstoffen und Arbeitskraft. Ein blitzschneller Überrumpelungsangriff, der mit einem Schlag sowohl die gegnerische Armee ausschaltet als auch -zig Millionen Landeseinwohner zu baldigem Helotenschicksal erzieht, steht bei den relativ mageren dazu verfügbaren Kräften unter einem unwiderstehlichen Sog zum Terror. Erstens, weil er militärisch unaufwendige Sicherheit versprach, zweitens, weil er die zukünftigen Machtverhältnisse klarstellte, drittens, weil er weltanschaulich bündig legitimierbar war.

Die von den Generälen aufgebrachte, von ihren Kritikern später variierte Idee, daß der Rußlandfeldzug als weltanschauliche Strafexpedition gegen den Bolschewismus konzipiert worden sei, verwischt die Frage nach der militärischen Produktivität des Terrors. War er nicht mehr als eine Zutat der NSDAP? Dabei ist doch seine Systematik die nachhaltige Erbschaft des Zweiten Weltkriegs. Aus keinem Krieg ist soviel Disput überliefert. Hitler, das OKH, Heeresgruppen und Armeen zankten miteinander um jeden operativen Schwenk. Nirgends taucht dabei der Vorschlag zu jenem ›Normalkrieg‹ auf, den die Generalität seit Nürnberg entweder geführt hatte, führen hat wollen oder sollen.* Der weltanschaulich geheißene Terror wird allenfalls auf seine Eignung im Felde geprüft. Nach Erschöpfung der auf Schock und Mobilität zugeschnittenen Operation Barbarossa wechseln die Terrormethoden mit der Kriegslage. Die Themen der Barbarossa-Zeit verblassen. Auflösung und Demoralisierung der Roten Armee, Erbeuten von Millionenschwärmen Gefangener, Verfolgungsjagden durch Hunderte von Kilometern ungesicherten Gebietes gleichen 1943/44 Schemen aus einem früheren Leben. Die endlos langgezogene, doch weder sonderlich tiefe noch bewegliche Front lokalisiert die Einheiten auf fester umrissene Abschnitte. Die darin gelegenen Kommunikations- und Nachschublinien gilt es gegen Saboteure zu verteidigen, die Einwohner von Partisanendiensten abzuschrecken und zur Abgabe von Versorgungsgütern und

* Siehe Anmerkungen

zum Ableisten von Arbeit zu zwingen. Dabei begangene Greuel wirken, anders als die barbarische Besitznahme von 1941, wie exakte Funktionen des Kampfgeschehens.

Eine Situation der Selbstbehauptung um jeden Preis, des langwierigen Ringens einander adäquater Heere war im Barbarossa-Plan nicht vorgesehen. Dem durch Geschwindigkeit und Terror paralysierten Gegner durfte keinesfalls Gelegenheit verbleiben, Gegenwehr zu entfalten. Nachdem ihm ebendies im Mittelabschnitt vor Moskau und anschließend im Süden geglückt war, sah sich das Invasionsheer in einen grundverschiedenen Handlungsrahmen versetzt. Seine Versuche, im Sommer 1942 mit einem zweiarmigen Stoß in den Kaukasus und auf Stalingrad sowie im Sommer 1943 durch einen Zangenangriff auf den Kursker Bogen zum Bewegungsmoment zurückzufinden, mündeten am mißlichen Ausgangspunkt, dem Stellungskrieg. Er fesselte den Okkupanten an seine Achillesferse, den Verschleiß. Die Stellung mußte über Tausende Kilometer lange Nachschubwege versorgt und munitioniert werden, inmitten einer Bevölkerung, die anders reagierte als zu den Überfallzeiten. Der Ausgang des Treffens dünkte sie ungewiß. Die Wehrmacht hatte die Attraktion des Stärkeren eingebüßt, forderte aber jetzt aktiven Einsatz für ihr Ziel. Ein Zwiespalt, den zu lösen wiederum dem Terror überlassen blieb.

Um Übergriffe von Offizier und Mann gegen Zivil mit dem Gesetz zu harmonisieren, war den Befehlshabern der Gerichtsbarkeitserlaß Barbarossa mitgegeben worden. Hoth hatte »den Befehl vom militärischen Standpunkt aus für einleuchtend gehalten«. Daß Zivilisten nicht nach Kriegsrecht abzuurteilen, sondern von Offizieren beliebigen Maßnahmen zuzuführen waren, deuchte ihn der schonendste Ausweg. Denn »wenn es möglich gewesen wäre, überall Gerichte einzusetzen, wäre die Bestrafung sehr viel zahlreicher gewesen«. Den Anklagevorwurf, »das Leben unschuldiger Zivilpersonen von der Laune eines deutschen Offiziers abhängig zu machen«, mochte Hoth vor Gericht nicht anerkennen. Die Leutnants an der Ostfront seien »keine Fante mehr« gewesen. Allerdings wußte nicht einmal ein 63jähriger Generaloberst wie Hoth im Gerichtssaal die Grundlagen der deutschen Kriegsstrafverfahrensordnung zu nennen. Je geringer die Rechtskenntnisse, desto unbeschwerter der ›militärische Standpunkt‹. Das OKH hatte den jüngeren Stabsangehörigen vorsorglich weisgemacht, das bisherige Kriegsrecht sei »erst nach dem Weltkrieg festgelegt«, und deshalb für die Wehrmacht offenbar nicht geeignet. Man wolle zurück zu den alten Bräuchen, »in leichten Fällen auch Prügelstrafe« verabreichen und ansonsten die »Träger der feindlichen Einstellung nicht konservieren, sondern erledigen«. Die Trägerschaft ließ sich bedarfsweise über die zu Vogelfreien proklamierten Juden und Kommunisten hinaus weitern. Unter den Sammelbegriff ›Freischärlerei‹ faßte das OKW die Skala aller erdenklichen Mißfallenskundgebungen. Erklärte Freischärler fielen rechtlich aus den relevanten Schutzvorschriften der Haager Landkriegsordnung. Das OKH kündigte in der Sache »Rückkehr zum alten Kriegsbrauch« an, mochte aber der Form nach den völkerrechtlichen Rahmen nicht ganz aufgeben. Rechtsförmige Abwicklung der Barbarei fällt einem hierarchisch gegliederten Traditionsverband leichter. Die Polizisten bildeten demgegenüber bindungslose Horden.

Namen sind übertragbar. So, wie das Heer die Judenvernichtung unter dem Titel der Bolschewismusbekämpfung veranschaulichte, ernannte es sämtliche Kundgaben zivilen Ungehorsams und Widerstands zur Freischärlerei. »Unter den Begriff ›Freischärler‹ fällt auch der, der als Zivilist die deutsche Wehrmacht behindert oder zur Behinderung auffordert« (NOKW 1904). Die Feldkommandantur 245 überführte Partisanen durch Feststellung derer, »die Arbeit verweigert hatten« (NOKW 659). Die anschließende Hinrichtung belehrt darüber, daß das Leben im Okkupationsgebiet grundsätzlich Definitionssache ist. Es wird nicht durch Tatbestände verwirkt, sondern nach deutschem Dafürhalten. Wie der Deutsche Juden oder Bummelanten in Sabotageverdacht bringt, bleibt sein Geheimnis. Das muß es auch bleiben. Darum verwalten es Polizist und Offizier. Ein Richter lüftet das Geheimnis, weil er Personen irgendeine Verbotswidrigkeit nachweist, fälschlich oder nicht. Verbote umschreiben eine Sphäre des Erlaubten. Soviel Rechtssicherheit aber mochten die Deutschen nicht zulassen. Ihre Verdachtspsychologie lieferte alles und jeden der Gnade des Verdächtigers aus. Man muß sie sich verdienen, doch ist sie prinzipiell unverdient. Der Verdacht haftet fort an den Subjekten wie die Erbsünde.

Das Heer begründete seine Willkür mit dem Zeitdruck. In der Eile muten lange Beweiserhebungen weltfremd an. Entscheidend aber ist etwas anderes. Die Mehrzahl aller Delikte geht straffrei aus. Die öffentliche Gewalt ist zu dünn gestreut, um ihre Regeln durchzusetzen. Darum beweist sie sich, wie aus ähnlichem Grunde die mittelalterliche Justiz, mit Willkür, Tortur und Hexenjagd. Weil er zuwenig Delinquenten findet, entkoppelt der Besatzer die Strafe von der Delinquenz. Schuldig ist der Verhaftete, verhaftet wird der Verdächtige, verdächtig sind alle. Darum ist alles ein Verdachtsgrund. Man soll sich nicht unnötig festlegen.

Hoth hatte über seinen Abwehroffizier die Instruktion des OKH vom 11. Juni 1941 erhalten. Demnach mußte »über Täterschaft häufig der Verdacht genügen. Klare Beweise lassen sich oft nicht erbringen« (NOKW 1904). Weil das Papier das Zeichen des Generalobersten trug, traf ihn in Nürnberg der Vorwurf, daß seine Offiziere unter dem Prädikat ›Freischärler‹ terrorisierten, wen immer sie dazu ausersahen. Hoth verstand nicht, warum seine Kommandeure ärgere Quälgeister als Lehmanns Juristen gewesen sein sollten? Wären einschlägig Angeschuldigte bei einem Standrichter soviel besser weggekommen als bei einem nüchternen Offizier? Diesem ging es nicht um formale Gesetzesverstöße, sondern allein um Ausschaltung von Partisanenaktivitäten. »Da mußten diese Störenfriede unbedingt festgenommen und beseitigt werden. Es war dies eine militärische Notwendigkeit.« Maßnahmen gegen die Bevölkerung hätten sich erübrigt. Die Deutschfreundlichkeit in der Ukraine sei so weit gegangen, daß bei Abzug einer Division »die gesamte russische Bevölkerung auf den Bahnhof strömte, und ein Transportzug nach dem anderen wurde von dieser ukrainischen Bevölkerung entlassen mit dem Deutschlandlied«. Unter den Bräuchen des Gerichtsbarkeitserlasses blieb auch nicht viel anderes übrig, als Verdacht von sich fernzuhalten. »Sämtliche Zivilisten, die die eigene Linie zu durchschreiten versuchen«, heißt es etwa in einer Notiz der 17. Armee, »wurden als spionageverdächtig erschossen.« Ein weiteres Anklagedokument, der Tagesbericht der 4. Panzerarmee vom 1. August 1942 aus der Steppenzone zwischen Don und Kaukasus, vermeldet: »Im Kampf um Bratskaja Zemla beteiligte sich Zivilbevölkerung am Kampf gegen uns. Erschießung aller männlichen Zivilpersonen über 15 Jahren wurde angeordnet und durchgeführt« (NOKW 2599). Auf den Verdacht einer Kampfbeteiligung aller kam es hier weniger an. Sie wird auch gar nicht unterstellt. Standrichter wären mit Kollektivtötungen in Not geraten, nicht die 4. Panzerarmee, seit Juli unter dem Befehl von Hoth.

Ein Pionier der jungen Panzerwaffe, war er mit seinem neuen Kommando voll in seinem Element, trugen doch die 1. und 4. Panzerarmee die Operationsidee ›Edelweiß‹: die Überwindung des Kaukasus, Brückenschlag nach Asien, das Kaspische Meer entlang Richtung Baku. Verglichen mit dem totalen Kolonisationsziel, das den Vorjahresangriff ›Barbarossa‹ geprägt hatte, trug der zweite Feldzug, die ›Operation Blau‹, minder utopische Züge. Der Schlag gegen die kaukasischen Ölfelder sollte zunächst das Reich rüsten für die mit Amerikas Kriegseintritt bevorstehende Verteidigung der Atlantikküste. Die Frist hielt man für weit knapper, als sie war. Zumindest aber würde Stalins Kriegswirtschaft jenen Rohstoffkollaps erleiden, den anderenfalls die Wehrmacht auf sich zukommen sah.

Kessel, Panzerschlacht, Verbrannte Erde

Neben dem Kaukasus-Projekt wählte Hitler ein zweites südliches Operationsziel, dem seine Strategen wie gewöhnlich heftig widersprachen, eine gigantische Vernichtungsschlacht um Stalingrad. Das Kalkül ähnelt dem Falkenhayns im Jahre 1915. Der Gegner sollte an einem Ort zur Entscheidung gezwungen werden. Jene Stadt, die der Kommissar Stalin im Bürgerkrieg behauptet, später auf seinen Namen getauft und zum Wahrzeichen des Revolutionssiegs ausgerufen hatte, konnte ebensowenig im Stich gelassen werden wie dazumal Verdun. Hier sollte die Menschenreserve der Roten Armee ›weißbluten‹, und die pompöse Aura des Regimes verbleichen.

Die Aufsplitterung der deutschen Kräfte wurde im OKH für überriskant gehalten. Seit Beginn des Rußlandkriegs hatte das Heer über 1.400.000 Mann verloren, 44 Prozent seiner ursprünglichen Stärke. Davon war weniger als die Hälfte ersetzt, zudem mit mangelhaft ausgebildetem Personal. Fabelhafte Anfangserfolge zerstreuten indessen die Bedenken. Rostow, das ›Schilderhaus‹ zum Kaukasus, fiel nach 50stündigem Gefecht mitsamt der großen, südwärts führenden Don-Brücke. Hoths 4. Panzerarmee, der die Befestigung mehrerer Brückenköpfe jenseits des Flusses gelang, erfuhr den Fanatismus der sowjetischen Gegenwehr in dem MG-Feuer von der Ausfallstraße zum Flußübergang. Sondereinheiten des NKWD hatten die Stadt verbarrikadiert, Häuser in Geschütznester verwandelt und lieferten den deutschen Sturmtruppen in allen Vierteln zähe

Straßenschlachten. Rostow bot eine Vorahnung der mörderischen Häuserkämpfe von Stalingrad und Berlin. Die Stadtbevölkerung war in solche Kampftaktik notgedrungen verwickelt. Mitte Juli bereits befestigten 180.000 Einwohner Stalingrads das Weichbild der Stadt, schachteten Gräben aus, legten Panzerfallen. Arbeiter gliederten sich in Milizen ein, ›Vernichtungsbataillone‹ harrten zu 11.000 Leuten der feindlichen Fallschirmspringer.

Stalin proklamierte erwartungsgemäß das Ende des Zurückweichens. Verzichtbares Gelände sei nun keines mehr übrig. Der Befehl Nr.227 vom 28.Juli 1942 gebot: »Nicht ein Schritt zurück ohne höhere Direktive.« Panikmacher und Feiglinge seien auf der Stelle zu liquidieren. Landauf, landab hatte die Überquerung des Don den Einwohnern einen Schock versetzt. Am Tage des Befehls 227 töteten Partisanen und Bauern hinter den deutschen Linien bei Leningrad einen Wirtschaftsverwaltungsbeamten, dem die Konfiskation russischer Agrargüter oblag. Vorratslager waren in Flammen aufgegangen. Die Partisanen verbanden die ermutigende Nachricht mit der Empfehlung, den deutschen Besatzern die Arbeit zu verweigern. »Tötet jeden von ihnen. Das ist die Pflicht aller sowjetischen Patrioten.«

Währenddessen brausten Hoths Panzer nach Süden. Der Gegner verteidigte die von Wasserläufen durchzogene Landschaft am Fuße des Kaukasus mit Geschick, verschanzte sich an den Übergängen und hinter Befestigungsanlagen, von den Lokalbewohnern mehr oder minder bereitwillig errichtet. Lawrenti Berija, der NKWD-Chef, hatte sich in den Süden begeben, um dem Verrat der heftig beargwöhnten, traditionell russophoben Völker der Region vorzubeugen. In dieser Lage töteten Hoths Leute die männlichen Einwohner von Bratskaja, ein Vorgang, den er in Nürnberg nicht mehr zu erklären wußte: »Es kann nur so gewesen sein, daß in dem Ort ein Gefecht war, an dem sich Zivilbevölkerung beteiligte. Da das in Rußland völlig ungewöhnlich war, so ist vielleicht an Ort und Stelle der Befehlshaber in Überschreitung seiner Befugnisse zu diesem Entschluß gekommen.«

Auffälligerweise hat sich der Kommandeur zur Tötung jener Zivilisten entschlossen, welche die Rote Armee zu den Wehrpflichtigen rechnete, die Männer vom 15. bis zum 60.Lebensjahr. Nehmen sie, wie Hoth zutreffend sagt, als unausgebildete Zivilisten selten an Kämpfen teil, so füllen sich die regulären und irregulären Kampftruppen doch laufend aus diesem Kombattantenvorrat auf. Der fragliche Kommandeur hat, aus welchem Anlaß auch immer, einen Zufluß abgeschnitten, der die Wehrmacht zunehmend beunruhigte. Ihre Erfolge im Gefecht, zumal gegen Freischärlerverbände, liefen leer angesichts der schier grenzenlosen Regenerationsfähigkeit des Gegners. Darum wechselten die grellen Untaten der Schockphase, und man begann damit, den gegnerischen Tiefenvorrat auszuhöhlen: Rekrutierungspotential, Arbeitskraftpotential, natürliche, industrielle und agrarische Ressourcen, Agenten- und Informationsnetze, Durchhaltemoral. Was immer das Land der Roten Armee an langfristigem Rückhalt bot, mußte entzogen und, wo nützlich, dem Besatzer zugeführt werden. Gelegenheit dazu existierte einzig im Besatzungsgebiet. Nahezu drei Jahre lang kontrollierte die Wehrmacht 60 Millionen feindlicher Zivilpersonen oder 35 Prozent der sowjetischen Bevölkerung. Gleichzeitig schickte deren unverzagte Zentralmacht so gewaltige wie effektvolle Militärverbände in das Treffen, steuerte im deutschverwalteten Gelände einen allgegenwärtigen Untergrund und beanspruchte Gehorsam.

Die Dauerhaftigkeit des unter so absonderlichen Umständen bis zum Sommer 1944 geführten Ringens prägt auch den deutschen Besatzungsterror. Die Nürnberger Anklage hat Hoth die durch Gerichtsbarkeitserlaß Barbarossa gedeckten Greuel als Verletzung der Haager Landkriegsordnung vorgeworfen. Strafen seien auf Verdacht, gegen Kollektive und ohne gerichtliche Prozedur verhängt worden. Hätten nur Militärgerichte exakte Nachweise von Verschwörung, Spionage und Sabotage geführt, wäre die 4. Panzerarmee zu den Tötungen befugt gewesen. Denn der Okkupant darf friedliche Duldung der Okkupation verlangen, fernerhin einen wirtschaftlichen Beitrag zu seinem Aufenthalt im Lande. Vom Standpunkt der Sowjetregierung wiederum bedeuteten Neutralität, zumindest aber Hilfsdienste, glatten Landesverrat. Die Bevölkerung unterlag zwei konkurrierenden Ansprüchen, und beide Seiten sammelten genügend Parteigänger, um einander argwöhnisch im Visier zu behalten. Ein verwundeter Partisan etwa konnte 1942/43 nicht den Wäldern entschlüpfen und sich der Pflege der Dorfbewohner anheimgeben, ohne in ein erhebliches Verratsrisiko zu laufen. Vorausgesetzt, das Dorf lag in einer gelegentlich von Wehrmachtsverbänden kontrollierten Zone. Eine präzise Kontrolle von 60 Millionen Personen kann aber unter Bewachungsverhältnissen von einer Sicherungsdivision pro 300 Kilometer schwerlich gelingen. So erzeugte die chronische Besatzung bei fortwährendem Krieg neben einer soliden Gehorsams- und Kollaborationsstruktur auch einen allgegenwärtigen Untergrundapparat, der, gemäß der politischen Psychologie der Bolschewiki, die deutschen Organe infiltrierte.

Sowenig die sowjetische Seite Kollaborateuren ordentliche Rechtsverfahren gönnte, so umstandslos liquidierte die Wehrmacht jeden potentiellen Quergeist. Mit Gerichten war der Lage kaum beizukommen. Sie sind nicht dazu geschaffen, der staatlich lancierten Einschleusung ziviler Völkerscharen in das Kriegsgeschehen zu begegnen. Es fragt sich auch, nach welchen Rechtsbegriffen ein Rostower Bürger zu verurteilen ist, der auf Geheiß seiner wenige Kilometer östlich Hoheitsgewalt ausübenden Regierung ein staatseigenes Treibstofflager verbrennt? Wenn die Wehrmacht später, auf den eigenen Rückzugsbewegungen, nach dem Prinzip der verbrannten Erde verfuhr, um dem nachrückenden Feind Subsistenzquellen zu entziehen, berief sie sich gern auf das sowjetische Beispiel zwei Jahre zuvor. Was den Saboteuren recht war, dürfe dem ordentlichen deutschen Heer nicht versagt bleiben. Allerdings wurden die Saboteure 1941 vom deutschen Heer für Zerstörungen aufgehängt, die es selbst sich unbedenklich genehmigte. So hält man sich gewöhnlich Verfolger vom Leib. Auch dies im Einklang mit der Haager Landkriegsordnung, die nur die historischen Denkmäler unter ihren Schutz stellt (Artikel 66). Dem Verfolgten steht Sabotage frei, um sich zu schützen; der Verfolger mag den getarnten Saboteur dafür töten, gleichfalls um sich zu schützen. Heere müssen leben können auf dem Vor- und Rückmarsch, notfalls mit zweierlei Recht. Die Kriegsregeln sollen das Kriegführen nicht unmöglich machen.

Als in Nürnberg die ganze Kriegführung unter Rechtskategorien nachvollzogen wurde, lieferten die in Rußland seit der Invasion Karls XII. geübten Verteidigungsbräuche ein willkommenes Argument. Manstein greift es später in seinen Erinnerungen im Kapitel über den Dnjepr-Rückzug auf. In einer Zone von 20 bis 30 Kilometern östlich des Dnjepr habe man Maschinen, Metalle, Getreide, Ölsaaten, Mensch und Vieh zerstört oder zurückgeführt; »also alles, was dem Gegner im Aufmarschgebiet vor der Dnjepr-Stellung Deckung oder Unterkunft hätte bieten, und alles, was seinem Nachschub, insbesondere auch die Verpflegung seiner Truppen, hätte erleichtern können«. Das den Russen selbst wohlvertraute Kampfmittel habe viel Leid und unvermeidliche Härten gebracht, schreibt Manstein, »aber diese waren doch nicht zu vergleichen mit dem, was der Bombenterror für die Zivilbevölkerung in Deutschland bedeutet hat, oder gar mit dem, was später im deutschen Osten geschehen ist«. Immerhin darf die deutsche Rußlandarmee den Ruf der Innovatorin beanspruchen, welche die seither gängig gewordene Inhaftnahme der gegnerischen Zivilbevölkerung als Objekt der Einschüchterung, Rache, Zermürbung und Zwangsarbeit, des Verschleppens, Ausplünderns und Verwüstens mit unerhörter Systematik erprobt hat.

An den Rückzugsoperationen am Dnjepr, der Rußland von den Pripjet-Sümpfen bis zum Asowschen Meer nord-südlich teilt, hatte auch die 4. Panzerarmee mitgewirkt. Die von ihr inszenierten Verwüstungen und Verschleppungen lagen Hoth in Nürnberg ebenfalls zur Last. Keinen anderen Angeklagten hatte es ähnlich zäh an den Brennpunkten des Krieges festgehalten. Bis in den Gerichtssaal trug ihn seine von allen Vorgesetzten gerühmte Dynamik fort in der Zeichnung des flexiblen Kurvens seiner Panzerdivisionen, wie sie vorstießen, sprengten, durchbrachen usw. Hoth war der leibhaftige Querschnitt des Krieges und in seiner frischen, zuversichtlichen Haudegennatur die unaffektierte, natürliche Verkörperung all seiner Untaten. Ein pflichtbewußter, geradliniger Patriot, der, wie glaubwürdige Verteidigungszeugen aus Widerstandskreisen vortrugen, sich bereits 1932 mit den Nationalsozialisten anlegte, die längste Zeit seiner Laufbahn der Ausbildung der militärischen Jugend widmete und seit seinem Studium an der Berliner Kriegsakademie 1910 bis 1913 eine gewisse Russophilie pflegte. Als diplomierter Dolmetscher hatte er im Ersten Weltkrieg beim Armeeoberkommando Hindenburgs russische Dokumente geprüft, Gefangene und Überläufer verhört. Seine Landeskenntnis brachte ihn im Rahmen der Kooperation zwischen Reichswehr und Roter Armee 1927 ein zweites Mal nach Rußland. Das dritte Mal erfolgte in brausendem Tempo an der Spitze der Panzergruppe 3.

Vor Gericht beharrte er auf der Subalternität der »russischen Seele«: »Ein sympathisches, unverbrauchtes, tiefreligiöses Volk, dessen Haupteigenschaft weniger das aktive Handeln war als vielmehr die unendliche Fähigkeit im Ertragen von Leiden und im Dulden.« Mithin ein Naturell, das den Aktionismus Hoths herbeirief, der bereits im November 1941 »unser Herrentum in der Freiheit von Mitleid und Weichheit gegenüber der Bevölkerung« entdeckt hatte (NOKW 2537). Indem jedoch »die russische Masse seit zwei Jahrhunderten lähmend auf Europa gelegen hat«, transportiert der Rassendünkelbefehl nur den Freiheitsdrang des deutschen Offiziers. Im Kriege, erklärte Hoth in Nürnberg, geht es ohne anfeuernde Worte nicht voran. Dies sind Zweckparolen, Kampfrufe und keine Realitätsaussagen. Richtig daran ist, daß die Wehrmacht den sowjetischen Zusammenbruch mit allen möglichen Theorien herbeigebetet hat, darunter die Autosuggestion, daß Herrenmenschen Knechtsnaturen nicht unterliegen können, selbst hilflos im Morast steckend nicht, ohne wollenes Unterzeug im Eis, von der Ruhr geschüttelt.

Hoth zeichnete sich durch »Beweglichkeit« aus, wie sein Vorgesetzter Manstein in die Dienstbeurteilung schrieb, durch »richtiges operatives Urteil, Optimismus« (NOKW 141). Wo Hoth gebraucht wurde, war er zur Stelle, auch dieser ein Vater der kämpfenden Truppe, die er zumal während Krisenmomenten aufsuchte; in seinem abgeschabten Ledermantel und mit der Mütze des einfachen Soldaten eine allen vertraute Erscheinung. Kein Feldgottesdienst ohne seine Anwesenheit. Traf man auf ein Kirchlein mit künstlerisch bedeutsamem Bilderschmuck, unterstellte er es seinem persönlichen Schutz. Kommissare, die aus irgendwelchen Gründen erhaltenswert schienen, wurden nach dem Zeugnis von Dr. dent. Müller gar einer Zahnbehandlung teilhaftig. Als tiefreligiöser Mann liebte Hoth den Krieg nicht, verriet sein Stabschef, »da er aber nun einmal da war, suchte er ihn als guter Soldat zu gewinnen«.

Mit dieser Absicht ließ Hitler am 1. August 1942 die 4. Panzerarmee, nach ›Plan Edelweiß‹ aus der Vorwoche unterwegs, die Paßhöhen des Kaukasus zu sperren, nach Nordost eindrehen, um die 6. Armee bei ihrem Vorstoß auf Stalingrad zu unterstützen und die Stadt als südlicher Zangenarm zu umfassen. Die Expedition in den Kaukasus erwies sich ohnedies als unergiebig. Zwar gelang es den bayerischen Gebirgsjägern, auf dem Elbrus die Hakenkreuzfahne zu hissen, die strategisch entscheidenden Ölquellen brachten indessen keine Entlastung. In Maikop eroberte die 13. Panzerdivision nur zuvor gründlich zerstörte und demontierte Reste von Anlagen. Hoths Panzer, schon Anfang Juli mangels Treibstoff tagelang aufgehalten, kamen im August nicht viel rascher vorwärts. Es fehlte an Transportraum, den Nachschub zur vordersten Truppe zu schaffen, die miserablen Wege waren oft von Regengüssen aufgeweicht, und die Kommandeure stritten sich um Zuteilung und Verstärkung.

Ein jedes der operativen Ziele empfahl sich aus den schlüssigsten Gründen. Die ökonomischen Engpässe drängten danach, im Kaukasus ein Rohstoffdepot aufzubauen; militärisch schien es sinnvoll, in Stalingrad eine letzte Einkesselungs- und Vernichtungsschlacht zu schlagen; politisch wiederum mußte den beginnenden Zweifeln im Westen mit einem stupenden Erfolg begegnet werden, wo auch immer. So weitreichende Erfordernisse verlangten herkömmlicherweise die Entscheidung des Königs. Hitler, der sein OKW vorübergehend in einem ukrainischen Pinienwäldchen stationiert hatte, konnte sich nicht entscheiden. Darum befahl er, in einer Tour de force alle Perspektiven gleichzeitig anzusteuern. Die Kommandeure, mithin allesamt zu knapp für ihre Aufgabe gerüstet, redeten inständig aufeinander, auf die Heeresgruppen-Chefs, das OKH und Hitler ein, hier einen Schwerpunkt zu bilden, dem dortigen Risiko vorzubeugen und diese Linie zugunsten jener fallenzulassen. Vornehmlich fielen sie in eine nervöse Hektik. Halder nörgelt im Tagebuch wie gewöhnlich über »krankhaftes Reagieren auf Augenblickseindrücke«, das nur ein »wirres Durcheinander von Kämpfen« zustande brächte. Hitler wiederum suchte die lästigen Antragsteller mit Tobsuchtsanfällen abzuschrecken. List, den überanstrengten Feldmarschall des Kaukasus, verhöhnte Halder als »Schaukelstuhlsoldat«; Weichs, Feldmarschall des Wolga-Zugs, bedauerte sich als »Gefangenen des OKW« (NOKW 3146). In Wahrheit waren sie Gefangene der Mangelsituation, der einer nur auf Kosten des anderen entkommen konnte.

Dem beweglichen Hoth kam die Aufgabe der Ersten Hilfe zu, wenn anderwärts die Fronten wankten. Der Steppenraum zwischen Donez und Wolga eignete sich, solange genügend Sprit und wenig Widerstand vorhanden war, als ideales Panzergelände. Die 1. und 4. Panzerarmee waren hier Ende Juli von Staubsäulen eingehüllt entlanggebraust, lodernde Dörfer zurücklassend, in denen sich inmitten der wald- und hügellosen Fläche die einzige Gegenwehr verschanzt hatte. Nach der Umkehr vom Kaukasus waren Hoths Verbände doppelt ausgedünnt. Einen Teil hatte die gen Stalingrad ziehende 6. Armee mitgenommen, welche nun im Donbogen aufgehalten wurde und der Entlastung von Süden bedurfte. Einen anderen Teil mußte der heraneilende Hoth nun der Heeresgruppe A zurücklassen. Ohne laufende Umgruppierungen ließen sich die Tagesschwierigkeiten gar nicht meistern. Ein Loch stopfen, hieß ein anderes öffnen an der just minder gefährdeten Stelle.

Die Südflanke der gestutzten 4. Panzerarmee deckten vier rumänische Infanteriedivisionen ab, so wie Einheiten der italienischen, ungarischen und rumänischen Verbündeten die Nordflanke der 6. Armee bewachten. Je heftiger die Armeen Hoths und Paulus' im September von den Kämpfen in den Stalingrader Stadtbezirken angesogen wurden, desto mehr leerten sich ihre Flügel von deutschem Personal. Der spitz zur Wolga vorspringende Frontbogen basierte, wie zu spät bewußt wurde, auf der Kampfmoral und Ausrüstung der Verbündetentruppen. Als die Rote Armee darin unerwartet ihren Vorteil suchte, ereilte die Stalingradarmee das Verderben. Nur Mansteins und Hoths Operationsgeschick ersparte der Kaukasusarmee und der gesamten Südfront ein ähnliches Los. Ja, wie sich Manstein später einredete, hat erst der Untergang der 6. Armee und 4. Panzerarmee so viele Gegner gebunden, daß ihm die Rettung von Ukraine, Kaukasus und Krim vergönnt gewesen sei. Sonst wäre der Krieg im Dezember 1942 verloren gewesen.

Wie weit den Wehrmachtsopfern der Stalingradschlacht ein militärischer Sinn abzugewinnen ist oder ob ihr Leben Hitlers Sturheit dargebracht wurde, haben die ehemals befehlshabenden Ruheständler ausgiebig erörtert. Nach der Feldschlacht hebt die Schlacht um die Verantwortlichkeiten an, die so zäh wie primadonnenhaft geführt wird. Die in Nürnberg verhandelten Taten spielten dabei keine Rolle. Der General schuldet Rechenschaft über seine Niederlagen, nicht über seine Rechtsverstöße. Hoths Nachruhm haftet fast ganz an seinem vergeblichen Einsatz im Kursker Bogen und bei Stalingrad. Im Gedächtnis der Zeitgenossen verkörpert diese Schlacht das tragische Opfer schlechthin. Sinnbild der Leiderfahrung des deutschen Landsers und nationales Memento. Kein zweites Gefecht, weder Sedan noch Verdun, hat sich dem Volksempfinden dermaßen schicksalhaft eingeprägt. Das hängt mit der Figur des Kessels zusammen. Das Rußlandheer ist häufiger eingekesselt und abgeschnitten worden. Seine Lage im Land mag bei den stockenden Nachschublinien, den Partisanen im Rücken, der Wegelosigkeit, dem Fahrzeugzusammenbruch, der Mannschaftsknappheit und Raumtiefe ein ständiges Isolationsgefühl erzeugt haben. Die Stalingradarmee hat aber weniger der Raum verschluckt als eine magistrale Operation

Schukows, ganz nach Façon des deutschen Generalstabs. Wie der israelische Militärhistoriker Jehuda Wallach dargelegt hat, besteht seit Clausewitz im preußischen Militär ein obsessiver Hang zur Umfassungs- und Vernichtungsschlacht. Die aus der geographischen Mittellage gespeiste deutsche Einkreisungsangst reagiert folgerichtig mit dem Umkehrdrang. Den Gegner einkesseln heilt die Klaustrophobie. Durch seine Flanke brechen, in seinen Rücken fallen, die Auswege abriegeln, den Ring schließen, die Schlinge zuziehen, die Kammer dichtmachen, das ist das Werk des letzten Richters, Judex ultionis. ›Operation Gericht‹ nannte Falkenhayn sein Projekt, den Gegner am Festungswerk Verduns zu enthaupten. Doch realisierte sich das Ideal der alten Generalität, die wie das Schicksal zuschlagende Umfassungsschlacht, erst 1941 in Rußland. Die Kessel von Wjasma und Kiew kassierten die halbe russische Armee, seit Fridericus Rex linker Zangenarm um das eingekreiste Reich. Heeresgruppe Nord schnürte unter wohlweislicher Schonung eigener Kräfte das trotzige Leningrad ein. In Stalingrad, dem Scheitel der Sommeroffensive 1942, war das Fanal anberaumt. Eine unausweichliche Falle, in die sich der Gegner durch Paulus' und Hoths Umklammerung und den Götzendienst an dem Namenspatron verfangen mußte.

Am 31. August hatte Hoths Panzerarmee den Stalingrader Abwehrgürtel durchstoßen und mit der 6. Armee einen Halbkreis um die Verteidiger geschlossen, der ostwärts zur Wolga offenstand. Wie eine Nase wölbte sich die deutsche Front ihrem Ziel entgegen. Hinter dem Fluß, der parallel zu der schlauchförmig an seinem Westufer entlanggestreckten Stadt fließt, standen die Heeresgruppen Jeremenko und Timoschenko. Stalingrads Besatzung, die 62. Armee unter Tschuikow, hatte Ende September den Südteil der Stadt eingebüßt und zog sich in den Schutz der nördlichen Fabrikzone zurück. Um die Ruinen der Traktorfabrik, der Ziegelei, der Geschützfabrik, der Brotfabrik entbrannte nunmehr ein Abschlachten, das selbst die Westfront 1915/16 überbot. Nach zehn Wochen Stalingrad-Operation erreichte die Heeresgruppe B die Verlustziffern von zehn Monaten Verdun, und das Ärgste stand ihr noch bevor.* Niemand ahnte bisher die Gefechtsmöglichkeiten in einer von ihren Bewohnern entblößten, zertrümmerten Geisterstadt. Allein das Quantum an Truppen überrascht, das Gebäude, Keller und Kanalisation einsaugten.

* Siehe Anmerkungen

Dem Einzug der Armeen waren Terrorbombardements vorangegangen; die Russen hatten das in ihren Vierteln ansässige Zivil über die Wolga evakuiert, die Deutschen es auf ihre rückwärtigen Gebiete in Marsch gesetzt. Erwartungsgemäß überstanden nicht viele. In der Nordstadt harrten Arbeiterkolonnen in ihren Betrieben aus, feuerten aus geborstenen Werkhallen, reparierten Panzer und versahen die 62. Armee vor allem mit ihrer exzellenten Ortskenntnis. Als Panzerführer und Aufklärungstruppe sorgten sie vielleicht für jenes Quentchen Vorteil, das Tschuikow vor der nahen Vernichtung bewahrte.

Der Häuserkampf, in kleinen Stoßtrupps ausgetragen, kam den Deutschen wenig entgegen. Für Hoths Panzer erwiesen sich die zerbombten, von Schutthalden übersäten Straßen als schwer befahrbar. Durchlässe stopfte der Gegner des Nachts mit Gräben und Sperren. Obendrein gewärtigten die Fahrzeugführer fatale Attakken aus höhergelegenen Stockwerken. Für Granatbeschuß von oben nach unten war die Panzerung nicht ausgelegt. Die Trümmerlandschaft begünstigte vielfältig die flexible Defensive. Hoths Tankwaffe behalf sich mit dem Einsatz als Rammbock. Die Wucht der aus nächster Nähe abgefeuerten Geschütze brachte Fassaden zum Einsturz und wo nötig, brachen die Wagen in Fabrikhallen ein und walzten den Verteidiger nieder.

Die Sinne der Kombattanten, im 24-Stunden-Gang traktiert mit Lärm, Feuer, Staub, getrübt vom Gestank der in Treppenhäusern verwesenden Leichen, der im aufgewirbelten Schutt auf wenige Meter verkürzten Sicht, erwarben eine eigene Witterung des Gegners, der Mann gegen Mann, notfalls mit dem Kampfmesser und dem zur Axt geschärften Seitenspaten zu überwinden war. Blutige Errungenschaften zergingen im Handumdrehen. Der Hauptbahnhof wechselte am 14. September binnen sechs Stunden fünfmal den Besitzer.

Die Gefechtslinie verlief nicht länger frontal, sondern zirkular. Hunderte von Straßen, Häusern, Plätzen bildeten kreuz und quer Festungen, die sich fortschreitend aufspalteten in berannte Straßenecken, eroberte Hauswände, freigekämpfte Etagen, ja Zimmer. Die Gegner belagerten das obere vom unteren Stockwerk aus und entledigten sich mühsam der emporgeschleuderten, zerfetzten, verschmorten, erstickten Leiber, die allmählich die Keller und Abwässerrohre füllten. Gegen Winter hin, als der Kessel geschlossen war, gaben die Deutschen ihre Verwundetenpflege auf. Der Großteil der Blessierten siechte in Kellergewölben dahin, gelegentlich von Erfassungskommandos durchstreift, die nach Wiederverwendungsfähigen Ausschau hielten.

In dem mehrere hundert Kilometer entfernten Oberkommando der Heeresgruppe B überblickte man die Lage im Oktober bedächtig genug, um zu folgern, daß Stalingrad im ersten Anlauf nicht zu nehmen sei. Es wiederholte sich der betrübliche Fall, daß der Gegner im Prinzip geschlagen war, ohne sich geschlagen zu geben. Tschuikow kontrollierte noch eine Handvoll Fabrikruinen und wenige Kilometer Uferstreifen. An und für sich betrachtete Georg von Sodenstern, Stabschef der Heeresgruppe, Hoths und Paulus' Mission als einstweilen erledigt. Das Rüstungszentrum an der Wolga war eingeäschert, der Schiffsverkehr über den Fluß, ein entscheidender Nachschubweg für internationale Lieferungen der USA via Iran, behindert. Vernünftigerweise hätte der Stalingrader Frontbogen zurückgewölbt und der Truppe Regeneration in Winterquartieren gegönnt werden sollen. Zu den abträglichsten Engpässen des Heeres zählte nämlich der Mangel an Truppenreserven. Frontverbände konnten kaum einmal von ihren Strapazen gelöst in ruhigere Gefilde retirieren. Bei sorgsamem Kräftehaushalt wären die zermürbten Stalingradkämpfer nicht mehr gefechtsfähig gewesen. Es hatte zu regnen begonnen, die Kälte nahte. Angesichts der äußerst schmalen Bastion Tschuikows am östlichen Steilufer der Wolga dünkte es die Heeresleitung nicht törichter, unter gehöriger Anstrengung die 62. Armee über den Strom zu drücken, als die Offensive 1942 ohne entscheidendes Resultat abzubrechen. Niemand im deutschen Quartier ahnte, daß Tschuikow gleich einem Köder auf verlorenem Posten den Angriff provozierte, während sich anderenorts ein größeres Manöver vorbereitete.

Vom 14. bis zum 29. Oktober 1942 setzte die deutsche Seite fünf Divisionen mit 300 Panzern nebst Luftunterstützung an den Versuch, zur Wolga durchzubrechen. Schonungslos stürzte sich Trupp auf Trupp in die Feuerhöhlen der fanatisch verteidigten Fabriktrümmer. Die 62. Armee wich im Wettstreit der Todesverachtung, der Aberhunderte von Männern um den Tagesgewinn von dreißig, fünfzig Metern verschlang, zum Ufer hinab. Ende Oktober behauptete Tschuikow noch ein Zehntel von Stalingrad, hauptsächlich einen zwei Kilometer langen und bis auf hundert Meter tiefen Uferstrich. In diesen Boden krallten sich die Rotarmisten fest, und Meter vor dem Ziel zerschellte die deutsche Angriffskraft. Bleierne

Erschöpfung überfiel die Landser, die ihren jähen Energieschub nicht wiederfanden. Kaskaden grausamer Einzelaktionen hatten die Überlebenden zerschlissen. Die Stärke reichte schlechterdings nicht aus. Unterdessen sammelte sich einige hundert Kilometer nördlich und südlich das Unheil.

Am 16. November waren die ersten Schneeflocken gefallen. In der Nacht von Mittwoch, dem 18., auf Donnerstag, den 19., umhüllte dichtes Schneetreiben und gefrierender Nebel eine Streitmacht von einer Million Mann, 13.000 Kanonen, 894 Panzern und 1.150 Flugzeugen. Verteilt auf zwei Zangenarme, näherten sie sich den äußeren Flanken der Stalingrad-Nase, konzentrierten sich auf die von rumänischen Verbänden besetzten Abschnitte, luden am Donnerstag früh um 7.20 Uhr die Geschütze, welche um 7.30 Uhr feuerten.

Die sowjetischen Vorbereitungen waren teils für prinzipiell unmöglich gehalten, teils in seltsamer Arglosigkeit registriert, doch nicht recht ernst genommen worden. Fixiert auf den eigenen phantasielosen Grundsatz, mit ebensoviel Kampfkraft wie verfügbar vorne auf den Gegner einzuhämmern, bis ihn der Widerstandsgeist verläßt, traute man ihm eine brillantere Manier ebensowenig zu. So stieß das Umfassungsmanöver Watutins und Jeremenkos auf wenig Gegenwehr, und die Zange schloß sich so bravourös bei Kalatsch wie eine Schlieffenschen Generalstabsübung.

Die Rumänen waren in ebensolcher Panik davongestoben, wie sie die Wehrmacht sonst am Gegner schätzte. Im Südwesten schnitt Jeremenkos Stoßkeil durch zwei rumänische Korps, welche die Südostflanke der 4. Panzerarmee deckten, und trennte diese nahezu chirurgisch in zwei Stücke. Innerhalb des Zirkels steckte Hoths Armee, außen blieb fast nichts als ihr Oberkommando übrig. Am 23. November war der Kessel geschlossen. Das hastig von Hoth an Paulus delegierte 48. Panzerkorps vermochte das Zusammentreffen der zwei sowjetischen Flügel oberhalb des Donbogens nicht aufzuhalten. Verursacht durch Treibstoffknappheit, war wieder nur eine Minderzahl der Gefährte intakt. An der Schwelle eines der reichsten Erdölfördergebiete der Erde ging dem Heer unentwegt der Sprit aus. Paulus' 6. Armee hatte gar noch Zuteilungen an die Kaukasusarmee abtreten müssen. All diese Mißgeschicke folgten in den Augen der Kommandeure aus der tückischen Sowjettaktik der verbrannten Erde. Den ubiquitären Hoth hatte die ihm aufgenötigte Betriebsamkeit, die fruchtlosen Umleitungen, das hektische

Aufspalten seiner Verbände zu einem doppelten Fiasko geführt. Auch das kostspieligste Opfer von Mensch und Gerät hatte Tschuikow nicht aus Stalingrad vertrieben, das sich nun als Falle entpuppte. Die steckengebliebene 4. Panzerarmee war obendrein durchbrochen und umzingelt worden. Die dritte Prüfung stand Hoth noch bevor. Ihm kam der Befehl zu, die Eingeschlossenen herauszuhauen.

In Nürnberg sind diese Ereignisse nicht zur Sprache gekommen, weil sie den Rahmen des Kriegsrechts nicht auffällig überschritten. Auch unter rechtlichem Aspekt stellt sich im nachhinein aber die Frage, wie die Untergangserfahrung von Stalingrad auf den Beschuldigten eingewirkt haben mag. Denn Schlimmeres konnte ihm nicht widerfahren. Was immer Hoth und seinesgleichen in Zukunft taten oder unterließen, stand im langen Schatten dieser Nibelungenschlacht, die, wie weiland den Burgundern am Hofe des Hunnenkönigs Etzel, den Eingekesselten die Selbstauslöschung durch Kampf bis zum letzten Mann auferlegte. So, wie man den bolschewistischen Gegner verteufelt hatte, konnte man vor ihm nicht pardonheischend die Arme heben. Die Generäle kannten zu gut die Untaten, die zwischen ihnen und der Roten Armee standen. Sie erleichterten nicht nur den Vormarsch, sondern hinderten auch daran, aufzugeben. So kämpfte die Rußlandarmee nicht um Sieg oder Niederlage, sondern um Sieg oder Untergang. Das war der Preis ihrer Verbrechen.

Als Hitler und die Heeresführer Ende November nach Auswegen aus der Schlinge suchten, wahrten sie allerdings die Form nüchterner Risikoabwägung. Stalingrad war nicht ihr erster Kessel. Den Sack von Demjansk, 200 Kilometer südlich von Leningrad, Stolperstein des störrischen Leeb, hatten fünf Armeen der Heeresgruppe Kuroschkin ab Februar 1941 zweieinhalb Monate unter Verschluß gehalten. 100.000 Mann und 20.000 Pferde wurden solange aus der Luft versorgt. Einer Korpsgruppe unter General von Seydlitz-Kurzbach gelang es, einen Entsatzstoß ›Brückenschlag‹ zu führen, der, ergänzt durch das Ausbruchsunternehmen ›Fallreep‹, aus dem Kesselinneren einen Korridor zur 16. Armee brach. Anschließend tat der Sack von Demjansk mit seiner Frontlänge von 300 Kilometern noch zehn Monate seine Dienste. Dieselbe Operation ward nunmehr für Stalingrad entworfen. Nun saß von Seydlitz-Kurzbach im Kessel, der Entsatzstoß hieß ›Wintergewitter‹, die Ausbruchsbewegung ›Donnerschlag‹. Die Führung oblag einer eigens gebildeten Heeresgruppe Don unter von Manstein, den Operationsbefehl erhielt eine rasch zusammengestellte Panzergruppe 4, ihr Oberkommando war noch übriggeblieben aus der Kesselschlacht, der Stab Hoth. Der Name des kleinen, jovialen Soldatenvaters bedeutete den in der Trümmerwüste Stalingrads Eingeschneiten, den Verwundeten, seinen eigenen Panzerkameraden die Überlebensader. Hoth, der Mann, der einmal die Autobahn Smolensk-Moskau beherrscht hatte, würde den Ring aufsprengen und den Versorgungsschlauch anlegen.

Die Luftbrücke erwies sich als ungenügend. 230.000 Mann, mehr als das Doppelte der Demjansker Besatzung, mitten im Winter aus Flugzeugen zu versorgen, deren jedes dritte abgeschossen wurde, scheint von vornherein utopisch. Statt der notwendigen fünfhundert Tonnen täglich gelangten allenfalls einhundert Tonnen in den Kessel; darunter magerer Ersatz von Treibstoff und Munition. Die Truppe hatte fortgesetzt Gefechte mit Tschuikow zu bestehen, der vom Ostufer der Wolga Nachschub und Reserven mit heilen Gliedern und Nerven bezog. Paulus hingegen mußte seine lädierten Verbände Mal um Mal nach verwendungsfähigen Häuserkämpfern durchkämmen, zu stets neuen Haufen gruppieren, die unaufhaltsam zusammenschmolzen in dem stundenlangen Granatwerferfeuer, dem vorüberrauschenden Kugelstrom, dem Platzen, Detonieren, Einschlagen der Artilleriegeschosse. Wer zehn, zwölf Wochen lang unversehrt diesem reißenden Orchester entkommen konnte, war nichtsdestoweniger invalide getrommelt. Der Schall der Todesindustrie treibt den Leib auf die Dauer in Zitterbewegungen, Lähmung, Taubheit, reflexhafte Ausscheidungen, Schreikrämpfe. Schärfer als die Stalingradarmee hat der Krieg noch keinen Militärverband geprüft. Nicht grundlos traute ihr Paulus keine Energie für das Ausbruchsunternehmen mehr zu. Zum Überfluß verlangte Hitler, daß nach dem Muster von Demjansk der Kessel sowohl geöffnet als auch gehalten werde, ein völlig irreales Ansinnen. Obendrein fehlte wie zumeist das nötige Benzin.

Manstein und Paulus meldeten die üblichen Bedenken beim Führer an. Jeder petitionierte auf seine Art, das wertvolle Soldatenmaterial zu schonen. Ein Argument, das den Oberbefehlshaber prinzipiell nicht berührte. Als Wagnerianer erwartete er einen Schlußakt im Suizidrausch. Dem folgten einige Kleingruppen, die sich im Januar vor der Gefangengabe mit Dynamit in die Luft sprengten.

Alles Rettende hing infolgedessen an Hoth. Am 12. Dezember trat er mit knapp bemessenen Kräften an den Start. Seine Bahn maß einhundert Kilometer. Der Gegner kam ihm auf halbem Weg entgegen. Weit entfernt davon, den Kessel zu verteidigen, schlugen Jeremenko, Watutin und Golikow einen weit größeren Bogen, der die Heeresgruppen Don, A und B, kurz, die gesamte Südfront mit eineinhalb Millionen Mann von ihren nordwestlichen Verbindungen abschneiden und den Rückzug blockieren sollte. Die am Don zur Wacht stehende 8. italienische Armee war geschwind durchbrochen, der Kurs wies auf den Flugplatz, der zur Versorgung der Stalingrader diente. Hoth änderte hastig seine Route und fand sich unversehens bei der Aufgabe, den drohenden Totalverlust abzuwehren. Die Eingekesselten sahen das Mündungsfeuer seiner Panzerkanonen auf fünfzig Kilometer herangeschoben. Am Heiligen Abend war der Hoffnungsschimmer endgültig erloschen. Hoth war hängengeblieben. Um schlimmeren Schaden von der einbruchgefährdeten Südfront abzuwenden, mußte er seine Leute im Kessel ihrem Schicksal anheimgeben.

2,1 Prozent der Eingeschlossenen haben schließlich überlebt. Fünftausend Mann sind heimgekehrt. Die Überzahl, 64 Prozent, ist in der Gefangenschaft zugrunde gegangen. Der Zug zur Wolga kostete das Heer und seine Verbündeten knapp eine Million Mann Verluste.* Zuvor hatte die Wehrmacht im Jahr 1942 von Januar bis Ende Juli eine weitere Million eingebüßt, darunter 600.000 Gefallene. Von den Gefangenen des Jahres 1942 sind 90 Prozent im Gewahrsam verstorben.

Wem auch immer Hoth, Manstein und die ihren die Schuld an dem Desaster anlasteten, die Konsequenzen waren kristallklar: Erstens, den Verlusten stand kein gleichwertiger Ersatz gegenüber. Die Kräfte hatten schon bisher nirgends ausgereicht. Nunmehr war das Mißverhältnis von Mannstärke zu Raum hochdramatisch. Es sei denn, der Gegner verschliß sich in galoppierendem Maße. Darin bestand die letzte Hoffnung. Zweitens, der ungebührliche Aderlaß der zwanzig Wochen von Stalingrad rührte aus einer Lage, die der deutsche Generalstab seit jeher als letal erkannt hatte: die Umklammerung von vorn und hinten, die unentrinnbar sich verengende Schlinge, die Lähmung allen Operierens. Hinzu trat die außerordentlich unübersichtliche und kaum zu dirigierende Frontstruktur der Häuserschlucht. Der einzingelnde Straßenkämpfer, schwer sichtbar, nicht berechenbar, Nacht und Hinterhalt suchend,

* Siehe Anmerkungen

mit allen Vorteilen der Ortsansässigkeit, taugte nicht als Gegner des deutschen Heeres. Die irreguläre Wildwüchsigkeit dieses Kriegsstils gehörte bereinigt, auf Ordnung und Abstand gebracht. Panzerführer wie Hoth, verwachsen mit einer Waffe, die im Sommer 1941 noch Vorstöße bis zu siebzig Kilometern täglich ermöglicht hatte, sahen ihre Wagen in endlosen Gefechten um Straßenekken in eine verkehrte Welt versetzt. Doppelt verkehrt wurde sie von nun an durch die Rückfahrt. Nach Stalingrad, der östlichen Wendemarke des Feldzugs, bedurfte es zweier Jahre, die Wehrmacht vom sowjetischen Territorium zu verdrängen, einem Raumbesitz, der größtenteils binnen fünf Monaten erobert worden war. Daran läßt sich die verbliebene Kampfkraft des Hitlerischen Heeres ermessen.

Im Januar faßte die Stawka, der sowjetische Generalstab, den Entschluß, die Deutschen aus der Ukraine und hinter den Dnjepr zu werfen. Deren Kriegführung kennzeichnete folglich das Interesse, sich so hartnäckig als möglich in dem innegehaltenen Gebiet zu verbeißen, seine Ressourcen der Selbstbehauptung dienstbar zu machen, vor allem aber dem Gegner zu sperren. Wagte er die Attacke, müßte er sie mit verheerenden Mannkosten büßen, bis »die Menschenreserven der Sowjetunion allmählich zur Neige gingen«. Der Verteidigung, wie Manstein in seinen Memoiren erläutert, »als der an sich stärksten Kampfform«, oblag es, den »Ansturm der östlichen Massen zum Stehen zu bringen«. Denn »wollten die Sowjets uns aus ihrem Land vertreiben, so mochten sie die Last und die Verluste fortlaufender Offensiven auf sich nehmen, in denen sie sich vielleicht verbluten würden«. Vor diese Aussicht gestellt, könnte ihnen, wenn schon kein Sieg, so zumindest ein Remis entwunden werden. Dies gestand der Feldmarschall jedoch erst 1955.

Mit Hitler verwickelten sich die Kommandeure in den üblichen Hader. Sollte man, seinem Geschmack gemäß, jeden Fußbreit Boden erbittert behaupten oder geschmeidig ausweichen und »aus der Nachhand« gezielt zurückschlagen, wie Manstein es liebte? Das Fiasko der Sommeroffensive '42 nagte an Hitlers Renommee. Seine beiden Vernunftziele hatte er eins wie das andere verfehlt. Weder war die dringliche Konsolidierung des Heeresbedarfs aus den Vorräten des Donezbeckens und Kaukasus geglückt noch der Todesstreich gegen die gegnerische Hauptstreitmacht in Stalingrad. Anfang 1943 stand man am selben Fleck wie im Vorjahr.

Zur Abwehr der Gegenoffensive und zum Entwurf der dritten und letzten sommerlichen Entscheidungsoffensive genossen die Befehlshaber der Heeresgruppen Süd und Mitte ungewohnt freie Hand. Namentlich Mansteins Operationsgeschick bei der Stabilisierung der Südfront hat den Beifall der Militärhistoriker gewonnen. Mit bescheidenem Instrument, im Zentrum Hoths neugebildete 4. Panzerarmee, dem Gegner im Kräfteverhältnis von 7 zu 1 unterlegen, vereitelte Manstein die gute Chance der Stawka, das deutsche Heer durch Einschluß seines aufgeweichten rechten Flügels aus dem Feld zu schlagen.

Die Qualität der Gefechte hatte sich eigentümlich geändert, seitdem die sowjetischen Stäbe, wie Manstein befriedigt anmerkt, den deutschen Umgang mit motorisierten Verbänden erlernt hatten. Zuvor waren die Erfolge der Wehrmacht einem Gegner abgerungen, der sich entweder panisch vor ihr herjagen und umfassen ließ oder seine Rückständigkeit mit todesverachtender Härte ausglich. Der Krieg, der zwischen Dezember 1942 und der Schlammperiode Anfang März 1943 in der Don-Donez-Schiene sowie einem Streifen westlich des Donez tobte, bestach durch Geschmeidigkeit der Bewegungen auf beiden Seiten und flüssigen Wechsel von Offensive und Defensive. Die Literatur lobt die prächtige militärische Leistung von Offizier und Mann; für die Deutschen der einzige bleibende Gewinn. Anders als der waldige, versumpfte Nord- und Mittelabschnitt der Front, bot das panzergängige Gelände ausreichenden Raum zu geschwungenem Operieren.

Die überdehnten, ausgedünnten Linien des Gegners erlaubten der Roten Armee von nun an regelmäßig Durchbrüche und Umfassungen. Ihre Panzerüberzahl sorgte für Stoßkraft und Tempo. So entstanden wiederum Keile, Bögen mit langen Flanken, die deutscherseits zur Einkesselung luden. Abgekämpft, schütter, karg gerüstet und einem Kriegsherrn untertänig, der taktisches Zurückweichen verabscheute, steckten die deutschen Armeen allerdings in der ärgeren Isolationsgefahr. Heeresgruppe B, nach dem Verlust der Stalingradarmee mit einer italienischen, einer ungarischen und der 2. deutschen Armee auf der Wacht am oberen Don, fand sich Mitte Januar eingekesselt von Watutins Woroneschfront. Damit war der Zusammenbruch von Weichsens Gruppe besiegelt, der den Weg freigab zu der Nord-Süd-Linie Kursk, Belgorod, Charkow. Nach dem Fall der drei Städte klaffte eine 300 Kilometer lange Lücke zwischen Heeresgruppe Mitte und Heeresgruppe Don. Das

Ziel, Manstein und Lists Kaukasus-Armee abzuschneiden, rückte bedrohlich näher. List mochte sich bereits als nahezu abgeschnitten betrachten. Das Kaukasus-Projekt war eingestellt worden, und Heeresgruppe A sollte sich bis Ende 1943 auf dem äußersten Westzipfel, der Halbinsel Teman hinter der ›Gotenkopflinie‹, einigeln. Hoth sah noch nicht aller Tage Abend. Sein beherzter Gegenschlag faßte Watutin in die Flanke bei dem Versuch, den verderblichen Keil zwischen dem mittleren und südlichen Frontabschnitt bis an den Dnjepr zu treiben. Im März eroberte er Charkow zurück, scheiterte jedoch dabei, in den Rücken der Watutinschen Kräfte zu biegen, um sie von ihren hinteren Verbindungen zu trennen. Die Woroneschfront wich behende zurück und ließ bei Belgorod eine tiefe Einbuchtung der Front entstehen, die Südflanke des Kursker Bogens. Seine Nordflanke auf der Höhe Orel hielt die Heeresgruppe Mitte. Beiderseits ragte ein Vorsprung, halb so groß wie England, in die Schnittstelle der zwei Heeresgruppen, der die Stawka als Schauplatz eines seitenverkehrten Stalingrads beängstigte. Ähnlich dachten Hitler und seine Feldmarschälle. Diese Figuration rief allzu verlockend nach einer nord-südlichen Zangenbewegung, die von der Basis des Bogens aus seine Insassen vom Hinterland abklemmte. Dieser Kessel, beschloß Hitler, müsse »für die Welt wie ein Fanal wirken« und die Scharte Stalingrad auswetzen.

Die Welt verlor zusehends ihr Vorgefühl des deutschen Sieges, zumal Anfang Mai, dem angesetzten Termin der Kursker Operation, die deutsch-italienischen Truppen in Nordafrika gegenüber den britisch-amerikanischen Streitkräften die Waffen streckten. Fortan war mit Italiens Abfall und der alliierten Landung auf dem südlichen Stiefel zu rechnen. Die zur Stärkung der westlichen Verteidigungsfront erforderlichen Divisionen mußte früher oder später die 3.000 Kilometer lange Ostfront abzweigen. Der Druck auf ihre ohnehin zu dünn bemannten Linien wäre durch den Fang der im Kursker Bogen angehäuften Truppen und Panzer sicherlich gelindert worden. Mit der Zeit wuchsen jedoch in den Deutschen Zweifel.

Luftaufklärer meldeten einen gigantischen Stellungsbau im Bogen. In über dreißig Kilometer tiefen, konzentrischen Ringen waren Verteidigungsgürtel angelegt, wie sie noch keine Armee der Welt zu überwinden gehabt hatte. Panzergräben, Minenfelder, Feldbefestigungen, ein Riegel aus Beton, Stahl, Erde, Sprengstoff und Geschützen, der die Stoßkraft der deutschen Zangen aufreiben würde. Der Ansturm verzögerte sich. Die Generäle warteten günstigeres Wetter ab und forderten höhere Kräftekonzentration. Hitler schwor auf drei neue Panzerkonstruktionen, ›Panther‹, ›Tiger‹ und die Selbstfahrlafette ›Ferdinand‹, kurz vor der Fertigstellung stehend, unerprobt, doch durchschlagend wirksam. Die Panzerenthusiasten Guderian und Hoth zauderten, scheuten sie doch das Risiko, die halbausgereiften Wagen im Schlund der sowjetischen Abwehrzone einzubüßen. So wurde es Juli, ehe die Operation ›Zitadelle‹ rollte. Unterdessen hatte die Gegenseite die Zeit genutzt, ihre Befestigungen zu perfektionieren. Das den Kesselmanövern eigene Überrumpelungsmoment fehlte. Die Stawka kannte den Angriffstermin durch Nachrichtenquellen im deutschen Generalstab gar auf die Stunde genau. Die Feldherrnkunst Mansteins, die soldatische Qualität der Hothschen Truppe entschieden nur geringfügig über den Ausgang der Bataille. Der Gegner war einzig mit dem mächtigeren Kriegsgerät auszustechen. Nun galt es, Panzer, Geschütze und Flugzeuge in das Treffen zu werfen, bis sich Destruktivkräfte im Schlachtfeld aufstauten, wie nie ein Auge sie erblickt hatte. Um den sowjetischen Riegel aufsprengen zu können, hatte das deutsche Ostheer 70 Prozent seiner Panzerstärke und 65 Prozent seiner Flugzeuge am Kursker Bogen versammelt. Mit 33 Divisionen waren Hoth und Model angetreten, 60 Divisionen Watutins und Rokossowskis einzukesseln und aufzureiben.

Die Stawka verließ sich auf Mansteins Devise: Die Energie des Angreifers müsse im Verteidigungsgürtel lahmlaufen und, auf ihrem Tiefpunkt angelangt, von der Gegenoffensive überrollt werden. Das Ergebnis wertete Marschall Konjew als den ›Schwanengesang der deutschen Panzertruppe‹. Zunächst entkleidete Kursk sie ihrer revolutionären Modernität. Guderian, Hoth, Hoepner, Rommel und die anderen Pioniere des Tanks hatten ihre ursprünglichen Siege dank der Fähigkeit ihrer Wagen erzielt, MG-bewehrte Infanteriestellungen zu durchbrechen. Zwei Jahre Rußlandkrieg genügten zur Herstellung panzerbrechender Waffen. In der Not, das Invasionsheer abzuwehren, hatte die Sowjetunion die wirksamsten Artilleristen der Welt ausgerüstet. Beide Seiten entwickelten panzerstoppende Panzer, und der Stellungsbau in Kursk konnte bereits die im nordafrikanischen Wüstenkrieg gesammelte Erfahrung mit Hindernisanlagen nutzen.

Als Hoths 4. Panzerarmee am Morgen des 5. Juli von Süden her zum Außenring des Kursker Verteidigungssystems einbog, fuhr sie in das dichteste je erlebte Batteriefeuer. In dem kreuz über quer verlaufenden Wabenmuster der Gräben, den Minenfeldern, betonierten Sperren war kein Fortkommen. Nach fünf Tagen hatte Hoth dreißig Kilometer zurückgelegt. Models 9. Armee war im Norden bei zwölf Kilometern steckengeblieben. Von den neuen Panther-Panzern verblieben am Abend des ersten Angriffstags 40 der 200 eingesetzten Exemplaren fahrtüchtig. Wie befürchtet, steckten die Maschinen voller Anfangsdefekte, und den Besatzungen fehlte zum Umgang mit dem 46 Tonnen schweren Gefährt genügend Übung. Trotz alledem lieferten sie dem Gegner Gefechte, welche den Panzerbestand der Roten Armee halbierten. Im Unterschied zur Wehrmacht konnte diese ihre Verluste jedoch ausgleichen.

Im nämlichen Moment, da der Krieg wieder in die verflossene Materialschlacht eingemündet war, offenbarte sich Hoths und Models Truppen die Unerschöpflichkeit des sowjetischen Arsenals. Das ihrige hingegen zerschmolz unersetzlich dahin, aufgesogen vom Feuerofen der Anti-Tankgeschütze, dem endlosen Labyrinth der Stellungen, den Schwärmen von Tieffliegern und Panzern, die laut Guderian ›wie Ratten‹, hungrig und aggressiv, in die deutschen Divisionen jagten. Das Duell der riesigen Panzerflotten im Kursker Bogen weiterte das gewohnte Verlorenheitsgefühl der Deutschen in der Raumtiefe zum Graus, von der gegnerischen Materialflut verschluckt zu werden.

Am 7. Juli schlug das trockene, heiße Sommerwetter um; ein frostiger Dunst zog über die zur Landschaft der hochindustrialisierten Schlacht betonierten Getreideäcker. Bei Prochorowska, 55 Kilometer nördlich des früheren Belgoroder Frontbogens, faßte Hoth alle Kraft zusammen, um das unaufhörlich von Osten her in die Linien gepumpte Kampfgerät, die kundigen Mannschaften und kostbaren Offiziere in Grund und Boden zu schießen. Es war die letzte bedeutsame Offensivaktion des Rußlandheeres, die sich, wenn sonst nichts, so doch den Rang des größten Panzergefechts der Geschichte eroberte.

Die insgesamt tausend unter heftigen Regengüssen auf dem 36 Quadratkilometer schmalen Streifen zwischen dem Flüßchen Psel und dem Eisenbahndamm von Belgorod nach Prochorowska aufeinander einhämmernden Ungetüme führten nun von Montag früh bis in die Nacht den untadeligen, ritterlichen Krieg. Die Haager Landkriegsordnung war nahezu das einzige, was heil blieb. Auch brauchte Hoth seinem Gegner nicht länger die Gruselmasken ›jüdisch-bolschewistischer Hetzer‹ überzustülpen. Im fabelhaften Ingenieurswerk der T-34-Tanks saßen versierte Fahrer, die überschwere deutsche ›Tiger‹ behende auszuflankieren suchten, um den optimalen Schußwinkel einzunehmen, der das Geschoß durch den dicken Stahlmantel treibt. Weder Zivilisten noch Partisanen verunsicherten das Gelände, und eine Panzerbesatzung, die noch aus dem Turm ihres getroffenen Gefährts flüchtete, hatte es schwer, den feuerspeienden Rohren des Gegners ihr Recht auf Pardon zu melden. Ein gutplazierter Schuß schleuderte den Turm meist meterweit vom Rumpf.

Auf den blutgetränkten Verbandsplätzen seitlich des Kampfgeschehens langten gräßlich zugerichtete Versengte und Verstümmelte an. Gerade die mit acht und fünfzehn Zentimeter Stahl umhüllten Streitrösser des schnellen Krieges eigneten sich miserabel zum Entkommen. Als die Rotarmisten später das Schlachtfeld von den eigenen und über 300 deutschen Wracks leerten, trafen sie auf zerborstene, rußige, geschmolzene Särge. Manche über den Gräben havariert, andere ausgeglüht, andere gesprengt. Die früheren Insassen lagen in Teile aufgelöst.

Die Prochorowska-Schlacht endete ergebnislos in der Nacht. Nach Aussage der Generäle hatte Hitler den Abbruch befohlen und sie ein weiteres Mal am Siege gehindert: Zur Zeit der Kursker Offensive war die befürchtete Landung anglo-amerikanischer Truppen auf dem Kontinent eingetreten, und Montgomerys 8. Armee rollte den Südzipfel Siziliens hoch auf Catania zu, wo die Panzerdivision ›Hermann Göring‹ wartete. Um dem abzusehenden Zusammenbruch Italiens zu begegnen, habe Hitler in seiner sprunghaften Art den sofortigen Abzug von Kräften ausgerechnet aus dem Kursker Bogen angeordnet, wo Hoth und Model kurz vor dem Durchbruch standen. So erklärten sie ihr Scheitern. Denn die so bravourös begonnene Kampagne von 1943, die endlich die Heeresführer zeigen ließ, was in ihnen steckte, endete nicht minder fatal als die vom dilettantischen Hitler im Vorjahr durchgepeitschten Züge. Wer immer die Strategie ausgab, machte alles verkehrt. Bester Kritiker war der ungläubig Folgsame. Hitler hatte den Angriff hinausgezögert, weil er die weithin zirkulierenden Zweifel teilte. Schließlich folgte er der Zuversicht der Kommandeure, die der Panzerwaffe die Fähigkeit zum Durchbruch der Stellungen zutrauten. Sein Haltebefehl am 12. Juli entsprach der berechtigten Furcht, daß ein Hoth, der auf der Prochorowsker Walstatt weilte, in der Hitze der Aktion den ganzen Wagenpark verpulverte. Die Stellungen erwiesen sich als schlicht undurchdringlich. Hitler kannte das von 1916.

Ähnlich, wie es sich die Stawka vorgenommen hatte, konterte sie den ermattenden deutschen Stoß mit tief herbeigezogenen Reserven. Die Fronteinbuchtungen bei Orel und Belgorod beiderseits des Bogens wurden in der ersten Augustwoche mit ingrimmiger Wut herausgedrückt. Garnison und Truppen rings um die Stadt bekamen in der ›Blutmühle von Belgorod‹ als erste den unbändigen Drang der russischen Armee zu spüren, den weichenden Eindringling nunmehr vom Heimatboden zu werfen.

Die 4. Panzerarmee, deren abgekämpfte Männer und strapazierte Wagen dringend der Ruhe- und Reparaturpause bedurften, erlitt im Zuge der Befreiung von Belgorod und Charkow einen empfindlichen Durchbruch an der Südflanke. Marschall Schukow selbst leitete die bereits im Juni als Teil der Kursker Gegenoffensive entworfene Operation, die es auf Öffnung eines 55 Kilometer breiten Lochs in Hoths Flanke absah. Das Loch diente künftig als eine der Schneisen für die bisher kolossalste Unternehmung dieses Krieges, die Dnjepr-Schlacht, die 3,9 Millionen Teilnehmer zählte.

Manstein nebst den Resten der Heeresgruppe A auf Teman und der Krim schwebte nach der Belgorod-Charkow-Aktion erneut in Gefahr, im Kessel zu enden. Einsichtig, wenn auch widerstrebend willigte Hitler in den politisch so verderblichen Rückzug ein. Mussolini war abgesetzt, Italien kapitulierte, und die inzwischen oberhalb Neapels verlaufende Front benötigte Divisionen aus Rußland. Der Kursker Bogen hatte zur Genüge bewiesen, wie ein stabiles Stellungssystem den Angriffselan abnutzt. Soviel hatte man bereits zuvor gewußt, indessen tapfer auf Sieg gesetzt. Die Zeiten waren vorbei. Nach Eröffnung des Zweifrontenkriegs auf dem Kontinent galt es, sich in dem einmal eroberten Boden zu verankern. Da sich die Alliierten auf das Ziel der bedingungslosen Kapitulation kapriziert hatten, wähnten sich die Generäle zum bedingungslosen Durchhalten gezwungen. Anders war ein Kompromißfrieden nicht herauszuschlagen.

Hinter dem Steilufer des Dnjepr, der senkrecht von Smolensk zum Schwarzen Meer fließend, die Längsachse zwischen West- und Ostteil des Landes bildet, sollte sich der Ostwall türmen. Hier mochte der Gegner, Manstein zufolge, endgültig verbluten. Kein sichereres Hindernis taugte rings umher, die bis September 1941 errungenen Raumgewinne abzuschirmen, als der majestätische Strom. Dementsprechend riskant und kompliziert gestaltete sich auch der Übergang über die zwischen 600 und 3.000 Meter breite Wasserfläche. Heeresgruppe Süd hatte eine Million Mann, davon ein Fünftel Verwundete, auf über 700 Kilometern Front über fünf Brückenstellen zu führen, zudem mit einem so furiosen Gegner im Genick. Um ruhig den Dnjepr zu überqueren, mußte die zurückweichende Heeresgruppe Süd den nachsetzenden Feind auf sichere Distanz halten. Dazu wird die Passierbarkeit des Geländes erschwert. Das traditionelle Mittel stand in üblem Ruf. Doch im September 1943, zwei Monate nach dem britischen Luftangriff auf Hamburg, bestand keinerlei Skrupel, gegnerisches Territorium zu verwüsten. Manstein hat dieses Argument in seinen Erinnerungen vorgetragen, als ob anderenfalls der 30-Kilometer-Streifen Erde ostwärts des Dnjepr-Ufers nicht verbrannt worden wäre.

Die Nürnberger Anklage ließ sich nicht beirren, Mansteins Untergebenen Hoth willkürlicher Zerstörungen zu bezichtigen. Die Haager Landkriegsordnung regelt solche Fälle wie alle Belange des Zivils höchst wolkig. Aus den Artikeln des Abschnitts III geht indessen schlüssig hervor, daß Befehle wie jene der 4. Panzerarmee vom August und September 1943, ein Gebiet »von allen militärischen und wirtschaftlichen Anlagen sowie von der arbeitsfähigen Bevölkerung zu räumen«, woraufhin »die Truppe, soweit es in ihren Kräften steht, alles zu zerstören und anzustecken hat«, vom Kriegsrecht nicht gedeckt waren. (NOKW 3229/NOKW 3222) Hoth hatte drei Wochen zuvor von der Heeresgruppe Süd Befehl erhalten, daß im Destruktionsgebiet die Ackerbestellung zu unterbleiben habe, Landwirtschaftsmaschinen, Mensch und Vieh über den Fluß ins Hinterland zu schaffen seien, ausgenommen die zum Stellungsbau dienlichen Arbeitskräfte. Im Kreuzverhör fand Hoth eine staunenswerte Erklärung. Von der vorwärtsjagenden Roten Armee in Panik versetzt, hätten sich die Ukrainer unter seine Obhut gestellt. Die ganze Sorge der Heeresgruppe bestand darin, daß »diese Ströme von Menschen, die mit ihrem Vieh nach Westen zogen, in irgendeine geordnete Bewegung geleitet werden mußten, damit es nicht am Dnjepr Stauungen gab«.

Um den Verkehr am Dnjepr flüssigzuhalten, hatte Hoth bereits

Anfang August Anstalten getroffen und den Schlächtereikompanien anbefohlen: »Das Vieh ist der Bevölkerung gegebenenfalls mit Waffengewalt abzunehmen. Auch sonst ist jede Gelegenheit für den Abtrieb von Vieh auszunutzen« (NOKW 3104). Mißvergnügt hatte die Wehrmacht registriert, daß sich der Rotarmist notfalls mit minimalen Nahrungsrationen begnügte. Der Gegner kannte kaum Versorgungslücken und operierte insoweit beweglicher als andere Armeen. Um sein Verfolgungstempo zu drosseln und das schwierige Absetzmanöver über den Dnjepr vorschriftsmäßig zu bewerkstelligen, wollte man ihm einen Wüstengürtel zu Füßen legen, der selbst für seine Verhältnisse unwirtlich genug war, um Nachschub abzuwarten.

Die Gründlichkeit des Vandalismus litt allerdings arg unter der Zeitnot. Um Weg und Steg, Haus, Hof und Industrie so säuberlich einzuäschern wie geplant, hätte man wiederum länger verweilen müssen, als man sich leisten konnte. So demolierten die Armeen mit besonderer Sorgfalt die Straßen und Bahnanlagen. Gleise und Schwellen wurden so kunstvoll zerkleinert, daß jegliche Reparatur daran versagte. Die Verschleppung der Bevölkerung konzentrierte sich auf Wehr- und Arbeitsfähige. Die Truppe sehnte sich nämlich nach Rast in festen Quartieren hinter schutzspendenden Stellungen am jenseitigen Ufer. Die nötigen Baukolonnen sammelte sie unterwegs auf. Mit Greisen, Kleinkindern und gebrechlichen Frauen hingegen mochte man sich nicht belasten. Ohnehin war die Bevölkerung seit der Okkupation auf ein Viertel geschmolzen. So überließ man, nach Vernichtung ihrer Subsistenzquellen, die Untauglichen ihrem sicheren Los.

In den vom Heer westwärts getriebenen Trecks bedurften einige Evakuierte nicht des Zwanges. Sie wären auch freiwillig mitgekommen. Hier steckt der reale Kern der Hothschen Verteidigung. Im Juli 1943 hatten die Deutschen den Bauern privaten Bodenbesitz gestattet. Das verlorengehende Land hat man endlich verteilt, um ein Interesse am Verbleib des Okkupanten zu schüren. Die lähmende Furcht vor ihm war verblaßt. Der Eroberer auf dem Rückzug kommandiert nicht viel Respekt. An Stelle des früheren, kurzangebundenen Terrors bot die Wehrmacht nunmehr jene Anreize, die sie auf nachträglichen Rat der Historiographen von vornherein hätte feilhalten sollen: die liberale Alternative zum Bolschewismus.

Sobald die Deutschen sich als Despoten nicht länger profilieren konnten, versuchten sie es mit der Befreiung. Ortschaften wurden zu Wehrdörfern ausgerüstet, nationale und kulturelle Toleranzedikte verkündet und als gar nichts mehr half, durfte der übergelaufene General Wlassow eine Befreiungsarmee ins Feld führen. Nichts davon funktionierte. Einesteils, weil drückende militärische Zwänge wie das Arbeitsverschleppungsprogramm das politische Spiel durchkreuzten. Sodann, weil ein designierter Verlierer nicht zum Befreier taugt. In der Zeit der Schreckensherrschaft hatten die Eindringlinge weit weniger Feindseligkeit geerntet, als man später wahrhaben wollte. Zumal die Landbevölkerung legte abwartende Neugier an den Tag und neigte zum Arrangement mit der für obsiegend gehaltenen Seite. Die daraus erwachsenen Verwaltungsorgane, Bürgermeistereien, Hilfspolizei sowie die lokalen Protagonisten der Verständigung, Klerus und Kulaken, fürchteten nunmehr die Vergeltung der Sowjetmacht und gesellten sich zum Troß ihres rückwärts hastenden Patrons.

Wenngleich eine idealere Verteidigungslinie als der Dnjepr schwerlich existierte, hat sie nicht lange gehalten. Die Zeit mangelte, zugleich das Westufer abzubrennen und am Ostufer einen Sperriegel von der Qualität der Kursker Anlage aufzubauen und dazwischen die gigantische Fracht von Mensch, Vieh, Waffen, Gefährt, Proviant und Maschinerie heil über das Wasser zu befördern. Außerdem hatte die Stawka zum deutschen Rückzug eigene Vorstellungen entwickelt.

Partisanen, Bauern, Wälder

In der Nacht vom 2. auf den 3. August, pünktlich zum Anbruch der Belgorod-Charkower Gegenoffensive, detonierten hinter der deutschen Front 600 Sprengkörper. Zu Zielen waren Straßen und Bahnanlagen gewählt, die Rückzugswege der deutschen Armeen. Offenbar sollte ihre Flucht erschwert, wenn nicht abgeschnitten werden. Die vor den zerstörten Verkehrslinien gestauten Truppen fielen alsdann dem nachsetzenden Feind zur leichten Beute. Eine geschickte, grausame Falle. Als Instrument dieser sowjetischen Stabsplanung dienten die Partisanen. Da sie im Rücken der Wehrmacht operierten, befehligt jedoch von der Roten Armee auf der gegenüberliegenden Frontseite, lagen die Deutschen zwischen zwei getrennt operierenden, vereint schlagenden Verbänden des Gegners eingekeilt, einem regulären und einem irregulären.

Ganz anders als im engen Kessel umgab das Heer nun die inkonsistente, fliegende Front der Guerilla. Sie attackierte den Gegner selten im Gefecht, sondern zerstörte zahllose Punkte seiner Nachrichten- und Versorgungswege. Den Hothschen Panzertruppen etwa, die besonders in waldigem, sumpfigem Gelände auf Gedeih und Verderb von intakter Straße abhingen, konnten Partisanenumtriebe mit Minen und Dynamit zur geeigneten Zeit übel mitspielen.

Die 4. Panzerarmee bildete nun den linken Flügel der Heeresgruppe Süd an der Nahtstelle zur Heeresgruppe Mitte, unterhalb der Pripjet-Sümpfe. In dieser Zone gelangen dem Verfolger Ende September die ersten Durchbrüche durch die Dnjepr-Stellung. Verlustreiche Kämpfe erübrigten sich hier dank der Partisanen, die in den Sümpfen seit Jahren zu Hause waren. Ihre fabelhafte Ortskenntnis und scharfe Beobachtung der deutschen Standplätze half, die Rote Armee reibungslos in Wehrmachtsgebiet einzuschleusen. Seit Wochen legten die Partisanen bereits Knüppeldämme durch unwegsame Feuchtböden, bauten Flöße. So schlug die Rote Armee in acht Tagen fünf Brückenköpfe, und es kostete Manstein vier Panzerdivisionen, diese Löcher, die im Ostwall klafften, ehe er errichtet war, in Schach zu halten. Die in Beton, Holz, Stacheldraht und Erdgräben konzipierten Stellungen blieben Stückwerk, zumal es an den nötigen Klaftern Bauholz fehlte. Dafür hatten die Partisanen vorgesorgt, die in der Pripjet-Gegend die kleinen Sägemühlen zerstörten und verhinderten, daß Baumstämme wie gewöhnlich dnjeprabwärts geflößt wurden. Mangels Grubenholz blieben auch die Kohlenzechen des Donbaß-Beckens stehen.

Die Partisanen halfen dabei, schmale Ansätze von Brückenköpfen zu bilden. Um solche Positionen mit der Masse der motorisierten Streitmacht aufzufüllen und bis zu dreißig Kilometer tief in das westliche Ufergelände zu drücken, bedurfte es der Übermacht der regulären Truppe. Sie setzte denn auch schweres Brückenbaugerät ein, landete Fallschirmjägertrupps hinter den deutschen Linien und brachte sich unter verlustreichen Artillerieschlachten im Oktober/November in Besitz der Westukraine. Der Anteil der Partisanen entschied nicht den deutschen Mißerfolg. Als verdeckte Sonderkommandos der Roten Armee eröffneten sie ihr zweierlei Vorteile: Ihre Sabotageakte am rechten wie ihre Kundschafter- und Pionierdienste am linken Dnjeprufer verkürzten den Zeitabstand von Verfolger und Verfolgten. Daß Manstein den Flußübertritt und Stellungsbezug knapp vollzogen hatte, als die Rote Armee bereits 23 Brückenköpfe innehielt, zehrte überdies an den Nerven seiner Männer, die sich, ausgelaugt und klamm, hinter dem Ostwall zu regenerieren hofften. Bis auf ein paar Stacheldrähte und Erdhaufen kam es dort gar nicht erst zum Verschanzen, weil die Kräfte sogleich zum Eindämmen der Brückenköpfe eilten. So zog der Gegner aus seinem Partisanenflügel, der verdeckt jenseits des Kombattantenstatus der Haager Landkriegsordnung focht, komfortablen Gewinn.

Einmal am Westufer verankert, konzentrierte sich die sowjetische Streitmacht auf das alte Kiew, die ›Mutter der russischen Städte‹, südlich bewacht von einem respektablen Hindernis, Hoths 4. Panzerarmee. Wie schon so oft, lag auf dieser allgegenwärtigen Einheit die Wucht des gegnerischen Hauptstoßes. Sie hatte innerhalb von zwölf Monaten das Donezbecken erkämpft, Rostow genommen, den Kaukasus befahren, den Stoß auf Stalingrad geführt, den Kessel durchgestanden, die Entsatzoperation bestritten, die sowjetische Gegenoffensive pariert, den Kursker Bogen durchstochen und den prasselnden Glutofen von Prochorowska überlebt. Hier, vor Kiew, sollte Watutin sie für immer zu Schrott einstampfen. Notdürftig war die schüttere Armee mit aus Griechenland und Frankreich herbeigezogenen Divisionen ausgestopft worden. Ihre wie immer eindrucksvolle Darbietung war zum Leben zuwenig, zum Sterben zuviel. Kiew wurde aufgegeben, um das nahe Fastow zu retten, den Eisenbahnumschlagplatz für den Nachschub der nördlichen Dnjepr-Front. Aus Fastow ließ man sich herausdrängen und hoffte, dafür Schitomir zu halten, das die Versorgungsdepots für die Panzerarmee barg. Aus Schitomir wich man, um Kräfte aufzubewahren für die Gegenoffensive auf Kiew, wo sich inzwischen ein Brückenkopf über 1.000 Quadratkilometer spannte und als neue Basis für die lang gefürchtete Einkesselung der Heeresgruppe Mansteins darbot. Die Gegenoffensive scheiterte, und Hoth verlor Anfang November sein Kommando.

Den Nürnberger Richtern suchte er einzureden, daß die Entlassung Folge des unter seiner Obhut waltenden Widerstandsgeistes gewesen sei: »Es wurde nicht mit dem Hitlergruß gegrüßt.« Gelegentlich erweckten die Generäle im Kreuzverhör den Eindruck, als hätten sie mehr den Führer bekriegt als die Sowjetunion. Dabei ist die Geschichte der 4. Panzerarmee bezeichnend für den wahren Unstern ihres Feldzugs, das Mißverhältnis zwischen dem Raum und den zu seiner Besitznahme verfügbaren Kräften. Umgruppiert, zerteilt, wieder aufgefüllt, kreuz und quer an die Druckpunkte der Fronten geworfen, um Durchbrüche aufzuhalten, Kessel zu öffnen oder zu schließen, die Entscheidungsschlacht zu schlagen oder aber den Zusammenbruch abzuwenden, gehorchte Hoths Armee der Hektik einer Strategie des Mangels. Wenn man nicht überall stehen konnte, so konnte man zumindest überall hinfahren, wo Not am Manne bestand. Das war das Schicksal der schnellen Truppe, das sie nebst so vielen Szenenwechseln auch auf den Pfad der Kriegsverbrechen führte. Mit den zahlreichen Mißhelligkeiten, Reibereien, Seitenhieben, Anschlägen aus der Sphäre des Zivils und der Partisanen machte sie kurzen Prozeß. In der Eile gab man sich keine Mühe, reale und scheinbare Gefährdungen nachzuprüfen. Wo sich ein irritierender Augenschein zeigte, wurde sicherheitshalber und vorbeugend blutige Vergeltung geübt. Dazu ist die Armee nicht ideologisch verleitet worden. Amerikanische Nachkriegsforschungen an der deutschen Soldatenmentalität haben eine hohe Unempfindlichkeit gegenüber nazistischer Indoktrination diagnostiziert. Das Verhalten des deutschen Wehrmachtsangehörigen entsprang hauptsächlich aus dem Gruppenerlebnis seines engeren Verbands im Kampfgeschehen.

Hoth präsentierte in Nürnberg glaubhafte Beweisdokumente zur Gefährdung seiner ohnedies weit überanstrengten Verbände durch Eingriffe von Zivilisten, Partisanen und Spionen in die Feindseligkeiten: Verwundeten waren nach Beendigung der Schlacht Schädel eingeschlagen und Bäuche aufgeschlitzt worden. Flugblätter zirkulierten mit Aufrufen an die Bevölkerung zur Sabotage. Partisanen wurden aufgegriffen mit dem Auftrag, den Bürgermeister, seinen Stellvertreter und den Führer der Miliz zu beseitigen, einen Divisionsstab in die Luft zu sprengen; andere sollten Brücken zerstören, durch Schüsse in der Stadt Panik erzeugen, gefangengehaltene Soldaten töten zur Vergeltung von Wehrmachtsangriffen.

Die Bevölkerung des Besatzungsgebiets paktierte, den Wehrmachtsakten zufolge, keineswegs einhellig mit den Partisanen, fürchtete sich oft genug vor deren Repressalien und ließ sich gelegentlich gar von der Wehrmacht in deren Bekämpfung einspannen (Dok. Hoth 96-143). Artikel 65 der Haager Landkriegsordnung verbietet allerdings dem Okkupanten die Indienstnahme von Landeseinwohnern zu Militärzwecken. Die Nürnberger Anklage belastete Hoth infolgedessen mit einer Anweisung der 4. Panzerarmee an ihre Korps und Divisionen, unter den Turkvölkern nach geeigneten Mitgliedern für Anti-Partisaneneinheiten zu suchen. Nach einem OKH-Befehl vom 12. Oktober 1942 waren zudem »alle kriegsgefangenen Angehörigen der Turkstämme ohne Ausnahme für die Durchführung der Aufstellungsvorhaben zu erfassen« (NOKW 2689).

Hoth verteidigte sich mit der Freiwilligkeit seiner Kollaborateure. Daran besteht in der Mehrzahl der Fälle kein Zweifel, auch wenn die fraglichen Befehle den freien Willen der Kaukasier nirgends erwähnen. Unwahrscheinlich, daß sich Hoth vor Nürnberg dafür interessiert hätte. Auch begründet dies im Kriegsrecht keinerlei Unterschied. »Ob diese Männer Freiwillige waren oder nicht«, folgerte die Anklage, »ist unwichtig. Die Tatsache, daß die Deutschen sie als Kampftruppen gegen ihre eigenen Leute benutzten, stellt das Verbrechen dar.«

Gewiß besteht das Zwangsmoment hauptsächlich in der jahrelangen Gegenwart eines Besatzers, der mit puren militärischen Mitteln keine Entscheidung herbeizuführen weiß, noch außer Landes zu jagen ist. Idealer Boden zur Führung eines Partisanenkriegs, dessen Gewaltsamkeit sich zuvorderst gegen das Zivil austobt. Die Partisanenarmee schöpft ihre Mitglieder, Reserven und Subsistenzmittel größtenteils aus der Landbevölkerung. Deren gesunder Hang zum Arrangement mit den Besatzern wird dadurch empfindlich verdorben. Notfalls bringt die Guerilla das Dorf nur zwangsweise zu ihrem Unterhalt. Denn der Besatzer übt blutige Abschrekkung aus und straft vorbeugend jede kontaktverdächtige Lebensregung. So gerät das Zivil in eine Spirale des Terrors. Der Deutsche preßt zur Kollaboration, welche die Guerilla angemessen vergilt. Wer aus Angst vor Vergeltung nachgibt, zieht desto gewisser die Rache der Wehrmacht auf sich.

Zu Partisanen ernannt wurden grundsätzlich Personen, welche den Okkupanten behinderten oder zur Behinderung aufforderten, zum Beispiel »Hetzer, Flugblattverteiler, Nicht-Befolgen deutscher Anordnungen, Zerstören von Wegweisern usw.« Diesen Katalog verbreitete das OKH zehn Tage vor dem Einmarsch mit der Faustregel: »Träger feindlicher Einstellung nicht konservieren, sondern erledigen« (NOKW 1904). Hitler hatte von Anbeginn auf das irreguläre Treffen gelauert. »Dieser Partisanenkrieg hat auch wieder seinen Vorteil: er gibt uns die Möglichkeit, auszurotten, was sich gegen uns stellt« (L 221). Unter Armeechefs wie Hoth erfuhren die zentralen Befehle volkserzieherische Vertiefung. So hätten Henker »in geeigneter Weise der Zivilbevölkerung den Grund bekanntzugeben (z. B. dem Partisanen umgehängtes Schild mit Aufschrift: ›So geht es jedem, der einen Telegrafenmasten absägt.‹)« (NOKW 688). Nach Auffassung der Anklage überführt Sachbeschädigung keineswegs der Partisanentätigkeit. Hoth indessen fehlten Zeit und Geduld zu Unterscheidungen. Da Partisanen zur Unterbrechung der Nachrichtenwege Masten fällen, sind Mastenfäller Partisanen.

Im Sinne wirksamer Abschreckung ist es gar nicht erforderlich, Partisanen und Saboteure, Täter und Verdächtige auseinanderzuhalten. Wenn Partisanentätigkeit an Unbeteiligten, fälschlich Verdächtigten vergolten wird, schwindet die Sympathie für den irregulären Krieg. Darum griffen Hoth und seinesgleichen von Anbeginn des Feldzugs zur Geiselnahme, bevorzugt von Juden und »Persönlichkeiten, von denen man weiß, daß sie dem roten Regime nahestanden, und die über den nötigen Einfluß und Anhang in der Zivilbevölkerung verfügen« (NOKW 2671). Hoth sammelte einen Vorrat solcher Personen, sperrte sie für den Bedarfsfall in ein eigens dazu eingerichtetes KZ, um Partisanenaktionen rasch und blutig an ihnen sühnen zu können. Im Prinzip die herkömmliche Guerilla-Bekämpfung. Weitergehende Entzweiung von Guerilla und Zivil verlangte indessen eklatante Willkür der Sühne. Solange nur die verrufenen Juden und Bolschewiken hafteten, mochte eine schadlos sich wähnende Mehrheit halb die Deutschen, halb die Banden im Wald unterstützen. Damit man ihn nicht mißverstehe, bedrohte Hoth vorsorglich einen jeden: »Bei Sabotagefällen an Fernsprechleitungen, Bahnstrecken usw. sind Wachen aus der Zivilbevölkerung zu stellen. Im Wiederholungsfalle ist der Posten, in dessen Bereich der Sabotagefall verübt wurde, zu erschießen. Es kommen nur Posten in Frage, die Familie besitzen und auf deren Familie im Fluchtfalle zurückgegriffen werden kann.« (NOKW 2671)

Verhaltensauffälligkeiten, die entfernt an Partisanensitten erinnerten, kosteten das Leben. »Waffenbesitz zieht sofortige Todesstrafe nach sich« (NOKW 1164). Soviel kann als üblich gelten. Unüblich ist allerdings, daß »sämtliche Zivilisten, die die eigene Linie zu durchschreiten versuchen, als spionageverdächtig erschossen wurden« (NOKW 2501). Grundsätzlich »ist jeder Soldat zu Fuß und Pferd, der sich auf der Landstraße befindet, verpflichtet, wandernde Russen aufzuhalten und, soweit sie nicht im Besitz eines Ausweises einer deutschen Ortskommandantur sind, aufzugreifen«. Orts- und Feldkommandanturen pflegten die Wanderer einer Partisanen-Jägerabteilung zu übergeben, wie jener, die im März 1942 binnen 14 Tagen 112 Personen als erschossen meldet »wegen Wanderns ohne Ausweis unter dem Verdacht illegaler Tätigkeit«. (NOKW 659)

Hoth verteidigte vor Gericht die Barbarei seiner Partisanenbekämpfung mit der Universaltheorie der Wehrmachtsverbrechen in Rußland, der grotesken Überspannung der Kräfte. Eine nuancierte Sicherheitsstrategie ging über seine Verhältnisse; die 4. Panzerarmee habe zeitweilig 1.000 Quadratkilometer Fläche kontrollieren müssen. Soweit die Armee im Süden operierte, will dies nicht viel besagen, weil die Steppe keinen Partisanenkrieg zuläßt. Im waldigen, sumpfigen Mittelabschnitt der Front hingegen, den Hoth in der Dnjepr-Schlacht berührt, verfügte das ganze rückwärtige Heeresgebiet im Oktober 1943 über drei Sicherungsdivisionen, zwei schwache Infanteriedivisionen und eine SS-Brigade. In einem Gebiet von der Größe der Bundesrepublik läßt sich damit eine Partisanenbewegung nicht mattsetzen. Was vermag etwa eine Division von zwei Infanterieregimentern und einer motorisierten Kompanie auf 80.000 Quadratkilometern auszurichten? Unter solchen Umständen ließ Hoth in grausamer Hilflosigkeit auf alles schießen, was sich im Wald bewegte.

Am 4. Oktober 1943 erging vom Oberkommando der 4. Panzerarmee der Befehl: »Das Betreten der Wälder ist jedermann zu verbieten. Wer dennoch im Wald angetroffen wird, wird ohne Anruf oder sonstige Warnung erschossen« (NOKW 3107). Im Nürnberger Kreuzverhör berichtete Hoth, wie er in Verteidigung der Dnjepr-Linie in das »von jeher berüchtigtste Partisanengebiet« geraten sei, »wo um ein Haar der Feldmarschall von Manstein eine explodierende Brücke überquert hätte«. Die Bombe verpaßte ihn um bloße dreißig Minuten und statt seiner fiel sein Bewachungsoffizier. »Wir überlegten uns sehr, wie wir den Dingen auf den Grund gehen konnten«, bezeugte Hoth. »Die Partisanen steckten nicht in den Ortschaften im allgemeinen, sie steckten in den Wäldern, und das Durchsuchen der Wälder scheiterte daran, daß wir dabei dann harmlose Leute fanden, daß wir uns sagten: Was haben überhaupt die Bauern der Gegend um diese Zeit in den Wäldern zu suchen? Sie haben ihre Felder zu bestellen, aber nicht die Wälder zu betreten. Das mag sehr hart sein, aber im Kriege, das ist nun mal keine Spielerei. Da muß man hart sein.«

Die Anklage erinnerte Hoth, daß die Bauern ohne den Wald jegliches Heizmaterial entbehrten. Ihnen blieb, dank der Partisanenunterschlüpfe, die Wahl zwischen Kälte und Kugel. Hoth stritt solche Zuchtmittel ab und behauptete, die Bauern hätten sich vom Bürgermeister Passierscheine besorgen können. Eine die Anklage wunderlich dünkende Auskunft: »Aber Herr Generaloberst, Sie haben hier einen Befehl erlassen, worin es heißt, daß jeder, der im Walde angetroffen wird, ohne Anruf oder irgendwelche Warnung erschossen wird.« Hoth entgegnete nachsichtig, daß man das Offizierskorps nicht verkennen möge: »Sie brauchen nicht zu glauben, daß da ein solcher Kadavergehorsam existierte.« Wer die preußische Tradition kennt, weiß: »Es muß jeder Befehl, den wir geben – dazu ist die deutsche Armee erzogen – sinngemäß aufgefaßt werden.« Der Sinn dieses Befehls aber verlangte keineswegs, »daß nun wirklich wild drauflos geschossen wurde. Es sollten nur die Leute gewarnt werden.«

So warnte die Wehrmacht die Bauern am Dnjepr inständig vor sich selbst, und auch gefangene Partisanen wurden lediglich zur Wahrheit angehalten. Allerdings verlangte die Landessitte, daß sie dabei »scharf angefaßt« wurden. Denn »sie erwarten von Hause aus, nach Methoden des NKWD verhört zu werden, d.h., sie rechnen von vornherein mit Prügel«. Weil Hoths Armee im Foltern ungeübt war, befaßte sich der Befehl hier mit Einzelheiten, wenn auch immer noch schwankend, was der ›sinngemäßen Auffassung‹ des Offiziers zu überlassen sei: »Nachfolgende Kategorie von Menschen ist zuerst eindringlich (25 auf den Hintern, bei Frauen mit Gummischlauch, bei Männern mit Ochsenziemer und Gummiknüppel) zu vernehmen.« Im Original findet sich dieser Satz durchgestrichen mit dem Zusatz, solche Befehle keineswegs in Feindeshand fallen zu lassen. Da ebendies geschehen war, vermochte sich das Nürnberger Gericht von der Partisanenbekämpfung in Hoths Armee ein lebendiges Bild zu machen: Die einleitende Prügelrunde diente dazu, die Zungen zu lockern. »Nunmehr wird der eine oder andere Aussagen über Partisanen machen. Da der Betreffende vorher nichts wußte und jetzt Angaben macht, wird er in eingehendes Verhör genommen (weitere 25 mit Vollgummi oder Ochsenziemer), wobei während des Streichorchesters fortwährend die gestellte Frage wiederholt wird, mit dem Zusatz:

Hovere (Rede!), also beispielsweise: ›Wo ist der Führer der Partisanengruppe? Hovere!‹ Der Betreffende wird weiter sprechen, und es sind ihm weitere 25 zu verpassen, nachdem er vorher die Aufforderung bekommen hat, alles zu erzählen, was er noch weiß.«

Die Folter wurde mit der Tötung der Verhörperson beendigt, »im allgemeinen unauffällig durch Genickschuß. Die Leichen sind so zu vergraben, daß es den Angehörigen nicht mehr möglich ist, die Leichen auszugraben.« Vorwaltendes Ziel der Partisanenbekämpfung war indessen der Eindruck im Zivil, bestehe er aus Schrecken oder Genugtuung: »Bevor man sich zum strengen Verhör entschließt, muß man klar darüber sein, ob die damit erledigte Person es verdient hat und ob die gerecht denkende Bevölkerung die Beseitigung als Erleichterung empfinden wird. Es muß unbedingt vermieden werden, einen Märtyrer im Orte zu schaffen. Nur so wird die Bevölkerung für uns und die neue Gerechtigkeit gewonnen.« (NOKW 1163)

Der Wehrmacht schwante Ende 1941, daß die Bekämpfung der Partisanen sich zum Wettstreit um die Gefolgschaft der Bauern auswachsen werde. Um die Sympathien des Zivils brauchten sich die Blitzkriegsstrategen bisher nicht zu bekümmern. Davon hing der Militärerfolg nicht ab. Die Sicherheitsbelange ließen sich durch das Terrorinstrument pünktlicher, kräfteschonender und zuverlässiger erledigen. Die Generalität hatte die Truppe auf Stumpfsinn und Niedertracht der Slawen- bzw. Asiatenrassen eingestellt und den Weg gebahnt für die alsbaldige Kolonisation. Eigentümlicherweise genoß die Wehrmacht zu keiner Zeit mehr Ansehen in Rußland als im Schreckensregiment der ersten fünf Monate. Die Erschießung der Kader und Kommissare der KPdSU, das Quälen, Einsammeln und Umbringen der Juden rief im Baltikum, in der Ukraine, in der Landbevölkerung, bei dem Klerus, dem städtischen Mob, dem deklassierten Kleinbürgertum andere Empfindungen wach als im Nürnberger Gerichtssaal. Die Eindringlinge ließen den Nationalismen knappesten Raum; ihre vandalischen Sitten, die Mißhandlung der Kriegsgefangenen, die hemmungslose Requisition verbreiteten grimmiges Unbehagen. Doch hatte die weichende Rote Armee mit der verbrannten Erde den Bauern nicht geringeren Schaden zugefügt. Es war die Unfähigkeit der sowjetischen Militärs, welche das Land schutzlos den Eroberern preisgab, die meist bäuerlichen Soldaten nutzlos opferte und ihnen die ordentliche Kapitulation untersagte. Eine so byzantinische Tyrannis wie die Stalins verträgt keine reihenweisen Niederlagen. Ihr dröhnendes Allmachtsgehabe geht in der Ohnmacht an sich selbst zugrunde. So verursachte der Wehrmachtsüberfall auf das taumelnde Stalin-Reich in dessen Untertanen gemischte Gefühle.

Ein Teil begrüßte die Deutschen, die Mehrzahl wartete aufmerksam die Vorteilsentwicklung ab, eine Minderzahl hielt an der Sowjetmacht fest oder hatte nichts zu verlieren. Daraus entstand die Bewegung der Partisanen. Anfangs ein Unternehmen der Geheimpolizei NKWD und ausharrender KP-Funktionäre am Ort, gesellten sich rasch versprengte Rotarmisten hinzu; Flüchtlinge aus Gefangenentrecks und Lagern, Davongekommene aus den riesigen Kesseln des Sommers 1941, Verirrte, die in den hastigen Frontverschiebungen unversehens hinter die deutschen Linien gerutscht waren. Den Wehrmachtsverbänden, unverweilt der Roten Armee nachsetzend, fehlte die Ruhe, all die abgeschlagenen, eingekreisten, zerfallenen Feindtruppen aufzulesen. Ein Zehntel von ihnen, darunter größere Einheiten mit intakten Kommandostrukturen, vermochte sich der Gefangennahme zu entziehen. So geisterten einige hunderttausend Mann durch das deutsche Hinterland. Teils, um sich an unzugänglichen Flecken in Sicherheit zu bringen, teils, um reorganisiert vom bolschewistischen Untergrund der Invasionsarmee den Aufenthalt im Lande zu vergällen. Dazu hätten die Partisanen indessen selbst solideren Rückhalts im Volke bedurft. Ihre anfängliche Taktik schlug darum fehl; Zirkel inmitten der Ortschaften einquartierter, als Zivilisten getarnter Konspirateure ließen sich nicht festigen. Die Einwohner boten zuwenig Schutz. Ein hermetisch feindseliges, den Okkupanten geschlossen befehdendes Zivil hat es im Zweiten Weltkrieg in ganz Europa nicht gegeben. Noch 1943 mieden die realistischer gewordenen Partisanen Unterschlupf in Rußlands Städten und Dörfern, wo der Verrat lauerte. Erst recht galten sie 1941 dort als Desperados einer verlorenen Sache. Die Wehrmacht kontrollierte damals, wenn nicht materiell, so doch psychologisch, die Siedlungen, welche die Partisanen nur in Windeseile heimsuchten, um Verpflegung zu requirieren, Kollaborateure zu strafen und Mitstreiter zu suchen.

Als die Sowjetmacht im Winter 1941/42 die Angriffswalze zum Stehen brachte, geriet der Ausgang des Krieges jedoch in Zweifel. Die Bevölkerung der eroberten Territorien lavierte hinfort zwischen den Ansprüchen zweier Landesherrn. Zum Refugium der Freischärler war der waldige, sumpfige, unwegsame Boden des

Nordens und Weißrußlands geworden. Dort baute sie Moskau in der ersten Jahreshälfte 1942 zu seinen Statthaltern auf. Zeitweilig retiriert, benötigten die Bolschewiki eine Agentur ihrer Staatsmacht jenseits der Linien. Ihr Hauptzweck bestand weniger darin, einen zweiten Kriegsschauplatz zu eröffnen. Ein militärisches Rencontre mit den Deutschen hat die Partisanenbewegung zu keinem Zeitpunkt ausgehalten. Vordringlich mußte sie dafür sorgen, daß die Ressourcen des Besatzungsgebiets, Mensch und Material, nicht als Hilfsquellen der Deutschen dienten. Die Adressaten der Guerilla waren insoweit die Feinde und die Landsleute zugleich. Straßen, Brücken, Bahnanlagen, Fernmeldeeinrichtungen, Depots, Fahrzeugparks, alles militärisch nützliche Staatseigentum, dessen Nießbrauch die Haager Landkriegsordnung dem Okkupanten einräumt, schon weil kein Recht der Welt ihn davon abhielte, mußten nach sowjetischer Kriegsraison dem Gegner aus der Hand gesprengt werden. In der Hauptsache aber galt es, die Bevölkerung, über die der Sowjetstaat alle Gewalt eingebüßt hatte, zur Verweigerung zu nötigen. Denn aus einer Ausbeute von 60 Millionen Menschen, 35 Prozent der Sowjetpopulation, drohte der Aggressor, sich die erforderlichen Dienstwerkzeuge zurechtzubiegen.

Sind die Einwohner des Besatzungsgebiets faktisch und kriegsrechtlich der Souveränität des Territorialherrn unterstellt, kann sie ein weiterkämpfender Rumpfstaat schwerlich der Treue entbinden. Dies kontrolliert, zumal im totalitären Regime, tunlichst ein Polizeiorgan. Die Partisanen waren landesrechtlich Polizisten und kriegsrechtlich sabotierende Banditen. Auf diesen Namen legte die deutsche Heeresführung ab August 1942 – die subversiven Gruppen waren soeben einem zentralen Führungsstab unterstellt worden – gesteigerten Wert: »Aus psychologischen Gründen ist in Zukunft das von den Bolschewisten eingeführte und verherrlichende Wort ›Partisan‹ nicht mehr zu gebrauchen.« Die Romantik des Freischärlertums wurzelt ebensosehr in den preußischen Traditionen des anti-napoleonischen Befreiungskriegs. Psychologisch unkomplizierter ist es allemal, sich einen Gegner, der »bis zum Beginn des Winters im wesentlichen ausgerottet« werden muß, damit »der Osten hinter der Front befriedet« ist, als vogelfreien Banditen vorzustellen. Das gilt für die gesamte Terminologie der Wehrmacht. Verbrecher und Ungeziefer sind diejenigen, deren Ausmerzung hierum oder darum ratsam scheint (NOKW 1635).

In den Nürnberger Prozessen wurden scholastische Argumente

über den Kombattantenstatus der europäischen Partisanenbewegung im Sinne von Artikel 1 der Haager Landkriegsordnung ausgetauscht. Trug sie die Waffe offen, wie verlangt, oder versteckt? Haftete ihrer Kleidung ein erkennbares Zeichen an, und stand sie unter dem Befehl eines Offiziers? Relevanter ist die Erfordernis nach Ziffer 4: Befolgen Partisanen die Kriegsrechtsregeln?

Die Verteidigung des Generalobersten Reinhardt, Befehlshaber der im Bereich der Heeresgruppe Mitte fechtenden 3. Panzerarmee, offerierte ein Bündel von Zeugenaussagen zur Mißhandlung und Ermordung von Angehörigen dieser Einheit in der Gefangenschaft von Partisanen (Dokumentbuch I der Gesamtverteidigung). Die »Partisanenbande des Juden Schlesin« habe gar »den gefangenen deutschen Soldaten, als sie noch lebten, Fleischstücke aus dem Körper herausgeschnitten und aufgefressen.« (Dok. Reinhardt 331). Bei aller Skepsis gegenüber derlei Tatarenmeldungen sind Partisanengreuel an Gefangenen unbestreitbar. Der Guerillakrieg gewährt selten Pardon. Die sowjetischen Partisanen stellten überwältigte Gegner oft genug vor die Wahl, in ihre Reihen zu wechseln oder ums Leben gebracht zu werden. Dies gebot die Sicherheit. Nur wo die Umstände den Abschub von Gefangenen in den Gewahrsam der Roten Armee erlaubten, galt die Genfer Konvention. Ähnlich wie der Wehrmacht im Sommer und Herbst 1941 fiel den Partisanen die Gefangenenhaltung lästig. Das liegt, unabhängig vom Maß der Verrohung und dem wachsenden Vergeltungsdrang, in der Natur der Guerilla. Zur Bewachung und Ernährung größerer Gefangenenzahlen ist sie nicht geschaffen.

Reinhardts Verteidigung persiflierte die Anklage, welche »in den deutschen Führern und Soldaten im ganzen gesehen Verbrecher und Mörder sieht, in den Partisanen aber russische Nationalhelden, arme, unschuldige Menschen, die aus Vaterlandsliebe wie Helden gekämpft, die die Regeln des Völkerrechts mit Sorgfalt eingehalten haben und unbegreiflicherweise von den Deutschen getötet worden sind«. Zu Reinhardts Entlastung diente eine Informationsschrift der sowjetischen Regierung für ihre Westverbündeten, die den Erfolg des Stalinschen Aufrufs zum Volkskrieg vom 3. Juli 1941 rühmt. Tausende von Einheiten seien daraufhin aus dem Boden geschossen. Selbst Frauen und Kinder griffen zur Waffe; letztere, da »in der Wohlfahrt für die Kinder die UdSSR das fortschrittlichste Land der Welt ist. So ist es daher kein Wunder, daß die Kinder der Sowjetunion sich spontan dem Kampf anschlossen, um eine Lebensweise zu bewahren, die ihnen soviel gegeben hat.« Der von Stalin ausgerufene »Große Krieg des ganzen sowjetischen Volkes« gegen die Wehrmacht und ihre Kollaborateure versprach »fortdauernden Terror gegen die deutschen Truppen, die nie sicher sein können, ob eine harmlos aussehende Bauerngruppe nicht eine Maschinenpistole verbirgt oder ob ein einfaches Bauernmädchen nicht eine Handgranate in ihrer Einkaufstasche mit sich trägt« (Dok. Reinhardt 193). Weil der Verteidigung die gern von ihr als antiquiert verworfene Haager Landkriegsordnung in diesem Punkte sehr entgegenkam, insoweit sie Bauernmädchen keine Handgranaten zugesteht, versetzte sie die 3. Panzerarmee in »echte Notwehr«. »Ich frage nur: Entsprach diese Kampfesart dem Völkerrecht?«

Zumindest die im US-Armeehandbuch von 1940 niedergelegten Landkriegsregeln besagten unter Artikel 12: »Wenn die Bevölkerung eines Landes oder eines Teiles desselben, das bereits von einem Heer besetzt ist, sich dagegen erhebt, so verletzt sie die Kriegsgesetze und hat keinen Anspruch auf deren Schutz.« Bewaffnete Insurgenten gegen die besetzende Macht bedroht Artikel 349, »Kriegsrebellion«, mit dem Tode, »gleichgültig ob sie hierzu von ihrer eigenen, aber vertriebenen Regierung aufgerufen wurden oder nicht«. Kampfhandlungen sind für den Tatbestand nicht erforderlich. Die »Verschwörung, sich zu empören«, reicht aus. Damit ist die erforderliche Unschärfezone installiert, um allerlei läßliche Handreichungen und Sympathien der Rebellion zuzuschlagen. Die granatwerfenden Mägde sind dabei eine eher unübliche Erscheinung.

Die im Bereich der 3. Panzerarmee der Verschwörung Überführten sind Kontaktpersonen, Informanten oder schlicht Menschenfreunde, wie die Anastasia Wlassowa, die zwei Jugendliche aus Witebsk in ihrer Badestube versteckte und verköstigte, weil sie dem Arbeitseinsatz in Deutschland entkommen wollten und darum den Partisanen Kurierdienste leisteten. Die Marfa Swetschkina bewahrte 25 kg Sprengstoff und 8 Ampullen Schwefelsäure auf. »Außerdem beschaffte sie Jod und Medikamente, die für die Banden bestimmt waren.« Die 17jährige »Banditenkundschafterin Sina Portnaja hatte den Auftrag, Stärke und Truppenbelegung festzustellen«. Ferner habe sie sich zu einem »Giftmordanschlag« verleiten lassen, »nachdem ihr durch zwei andere Banditinnen in Aussicht gestellt war, dadurch dem Arbeitseinsatz in Deutschland zu entgehen und mit ihrer 8jährigen Schwester im Banditengebiet frei leben zu können und nachdem ihr immer wieder vorgehalten war, daß sie als Leningrader Bürgerin die unbedingte Pflicht habe, sich aktiv am Kampf gegen die Deutschen zu beteiligen«. Sina war allerdings »mit einer Handgranate ausgerüstet«, und zwar »zur Selbstverteidigung oder aber im äußersten Falle zur Selbstvernichtung«.

Als die Geheime Feldpolizei, Gruppe 701, im November und Dezember 1943 solche Liquidierungen von Partisanenhelfern meldete (NOKW 684; NOKW 680), hatte sich der 3. Panzerarmee eine greinende Nervosität bemächtigt. Die Nachrichtenabteilung des Hauptquartiers beklagte im Oktober Brückensprengungen, Brandstiftung und Straßenblockaden in Fließbandmanier. Die Partisanen südwestlich von Witebsk gäben sich nicht mehr wie früher damit zufrieden, die Hauptverbindungen zwischen den deutschen Befestigungsplätzen zu zerstören. Ihr Ehrgeiz richte sich jetzt auf sämtliche von Wehrmachtsverbänden benutzbare Straßen zwischen Front und Hinterland. Die Absicht sei nur allzu deutlich. Es sollten die Rückzugswege unpassierbar gemacht werden. Anscheinend plane die Rote Armee gar nicht, diese Gebiete zu durchqueren. Sie dienten lediglich als Pufferzonen, um die 3. Panzerarmee dort festzunageln und aufzureiben. Weiter nördlich hingegen, in der Partisanenregion um Rossowo, welche die Rote Armee zum Vormarsch benötige, seien die Verkehrslinien nirgends gründlich genug unterbrochen, als daß sie nicht gleich zu reparieren wären. Zerstörungsbataillone der Roten Armee und die geländekundigen Freischärler arbeiteten Hand in Hand. Um diese Zeit waren sie eine irreguläre Truppe der sowjetischen Streitkräfte geworden.

Schon immer hatte die Guerilla vom Patronat ordentlicher Militärs profitiert. Der Herzog von Wellington lieh den spanischen Aufständischen gegen die Franzosenbesatzung allerdings einen vergleichsweise entfernten Beistand. Um ein so ideales Instrument wie im Rücken des Gegners klandestin operierende Kräfte zu unterhalten und zu steuern, bedurfte es des Funks und des Flugzeugs. Durch die Lüfte schickte die Rote Armee Offiziere, Ausbilder und Gerät, per Funk Nachrichten und Befehle. Nichtsdestoweniger blieb der Stoff der Partisanenbewegung die Bevölkerung des Besatzungsgebietes. Trugen noch 1941 bis 1942 versprengte Soldaten, städtische Parteikader und Polizisten den Widerstand, überwog

1943 das ländliche Element. Zwei Drittel des Volks bestand aus Bauern, denen die Partisanen diesseits der Linien nunmehr eine Art Wehrpflicht verordneten. Anders ließen sich die Verluste gar nicht auffangen. Freiwillige stellten in ihren Reihen eine Minderheit. Gerade in den Unfreiwilligen aber vollzog sich der Erfahrungswechsel. Sie entdeckten nämlich, daß ihr Zwangseinzug von den Deutschen nicht verhindert werden konnte. Grundsätzlich hielt die Mehrheit auf dem Dorfe Deutsche wie Bolschewiki für Übelstände und hätte es gewiß vorgezogen, ihre Habseligkeiten vor beider Zugriff zu verteidigen. Die Kontrahenten duldeten indessen keine Neutralität, forderten Parteinahme und rächten blutig eine jede, die ihnen zuwiderlief.

Nach wie vor existierte ein patriotisches und ein kollaborierendes Lager. Ernüchtert gewahrten die Kollaborateure ermattenden deutschen Schutz. Angehörige von Hilfstruppen und eingesetzte Bürgermeister erfuhren schon 1941 Rache. Später vervielfachten sich die Repressalien, weil die Wehrmacht auf mehr russische Dienste zurückgriff. Familienmitglieder der zum Arbeitseinsatz nach Deutschland angeworbenen Personen traf die Sippenhaftung. Allzu kooperativen Ortschaften widerfuhr Brandschatzung, äußerstenfalls die Exekution der Einwohner. Dörfer wurden präventiv ausgelöscht, um deren Dienstverpflichtung zu Militärzwecken zuvorzukommen. Oft genug ergaben sich Dorfgemeinschaften, einschließlich Frauen, Kindern, Greisen der Übermacht und zogen in die Waldquartiere, schon, um dem deutschen Gegenterror auszuweichen. Dort entwickelten sie keinerlei Kampftätigkeit, sammelten vielmehr Holz und Beeren. Ausgedehnte Waldflächen verwandelten sich dergestalt in reich bevölkerte Enklaven der früheren Ordnung. Keine autonomen Gebiete, eher militärische Kolonien der Roten Armee, politisch kontrolliert von den Kommissaren, wirtschaftlich Kostgänger der Dörfer, die 1943 zögernd einschwenkten und sie als Außenstellen des wiederkehrenden Bolschewismus anzuerkennen begannen. Die Kollaborateure übten nunmehr tätige Reue. Scharen wechselten zu den Partisanen über, um sich durch Tapferkeit zu bewähren. Auch die Deutschen warben in der zweiten Kriegshälfte um Überläufer. Sie hätten die Partisanenplage nun gern mit Güte überwunden, konnten es sich nur nicht mehr leisten.

Noch im August 1942 beschwichtigte sich das Oberkommando der 3. Panzerarmee mit Notizen über pulverscheue Räuberbanden, die sich durch Überfälle auf Dörfer verproviantierten, dortselbst gründlich verhaßt machten und keinen Waffengang mit Wehrmachtsverbänden bestünden. Dabei wäre es bei siegreichem Ausgang der Sommer-Offensive 1942 womöglich geblieben. Indem die Deutschen zweieinhalb Jahre hindurch der Sowjetmacht keine kriegsentscheidende Niederlage beizubringen wußten, weiterhin aber riesige Territorien besetzt hielten, beruhte ihr Standvermögen nunmehr auf der Qualität der Besatzungsherrschaft. Um die Frontverluste auszugleichen, mußten Sicherungstruppen aus dem Hinterland nach vorne geworfen, die Bewachung der Nachschub- und Kommunikationswege hingegen minderwertigen Kräften sowie einheimischen Hilfstruppen anvertraut werden. Arbeitsbedarf und Versorgung ließen sich überwiegend nur aus russischem Menschen- und Gütervorrat decken. Die Funktionsfähigkeit der Rußlandarmee hing zunehmend von der Kollaboration ab, freiwilliger und erzwungener, aktiver oder passiver. Partisanenwiderstand und Kollaboration sind aber zwei Seiten derselben Sache, der Einreihung des Zivils in den unentschiedenen Dauerkrieg auf seinem Boden.

Vom Standpunkt der besetzenden Macht ist das Freischärlertum illegal, vom Standpunkt der besetzten Macht die Kollaboration. Was immer das Zivil tut, ist kriminell und provoziert Strafe. Verglichen mit den ultra-harten Abschreckungsmaßnahmen, bedienten sich die Partisanen eines nuancierteren Terrors. Seine Opfer waren ausgesucht und kannten den Grund. Die Deutschen bekümmerten sich zunächst wenig um die Verbindung der Strafe zur Tat. Willkür war abschreckender als Gerechtigkeit. Es ließ sich ohnedies nicht jeder Widersacher auftreiben. So verfielen Gemeinden, aus denen Partisanenunterstützung rührte, komplett dem Feuer und der Verschleppung. Mit der Zeit aber benötigte man außer der Duldsamkeit des Wirtsvolkes seinen aktiven Einsatz. Um keinen Gutwilligen zu verprellen, lernte das Heer zu differenzieren.

Militärisch waren die Partisanen nur aus der Welt zu schaffen durch effektive Besetzung allen eroberten Territoriums. Ein unerreichbares Ziel, das überdies den Aufwand nicht verlohnte. Die Wehrmacht griff zu defensiven Mitteln und sicherte die Hauptverbindungslinien so weit gegen Sabotage, daß längere Blockaden unterblieben. Praktischer war es, die Schäden zu flicken, als Vernichtungszüge in die Waldwüsten zu schicken. Wann immer derlei Säuberungsexpeditionen die Schlupfwinkel ausradiert hatten, bildeten sich nach dem Rückzug neue. So ließen die Befehlshaber die

Guerilla wohl oder übel gewähren, schützten die vitalen Nachschubadern und drängten die Sprengkommandos die meiste Zeit auf entbehrlichere Objekte ab. Infolgedessen explodierte vieles, aber nicht viel Ausschlaggebendes. Punktuell allerdings erzeugten die Partisanen brenzlige Drucksituationen, wie in der Schlacht um Witebsk. Wäre die Stellung von Reinhardt verloren statt gehalten worden, hätte die Sperre seiner Fluchtwege zur Vernichtung der 3. Panzerarmee führen können.

Der militärische Anteil des Volkskriegs an der deutschen Niederlage wog gering. Er band ohnehin wenig fronttaugliche Sicherungsdivisionen, Reparaturkolonnen und zehrte bei der unentwegten Anschlagsgefahr an den zerrütteten Nerven der Truppe. Ihren Haupteffekt erzielten die Partisanen an der moralischen Front. Sie gewöhnten das Zivil in den Zonen deutscher Exekutivgewalt an die voraussichtliche Wiederkehr der Moskauer Zentralregierung. Als Behelfsorgane der gewichenen Staatsautorität flößten sie den einen Zuversicht, den anderen Zurückhaltung ein. Die Versorgung des Weltkriegs aus dem russischen Besatzungsgebiet ist weitgehend gescheitert. Mit der hemmungslosen Bereitschaft, die eigenen Leute unter Androhung von Rache und Terror von Landesverrat und Kollaboration abzuhalten, schmälerten die Banden den politischen Spielraum der Deutschen. Das Interesse der Guerilla gilt naturgemäß der repressiven Seite des Okkupanten; ein politisches Arrangement mit den Unterworfenen muß sie hintertreiben. So wurde die Wehrmacht, die ohnehin nicht sehr zur Versöhnlichkeit neigte, zu einer Zeit in ihren Zwangsmethoden bestärkt, als sie diese am wenigsten brauchen konnte.

Allerdings wäre 1943 der Vorsatz, mit dem Zivil zu fraternisieren, auch bei milderem Regiment mißglückt. Das Diktat der Arbeitspflicht kostete die Deutschen mehr Sympathien als alle Terrorprogramme des Barbarossa-Einmarsches zusammen. So überzeugte die Wehrmacht Rußland weit nachhaltiger von den Vorzügen der Partisanen, als diese selbst es vermochten. Reinhardt, der in Nürnberg über seinen bandengünstigen, von Sumpfwäldern durchschnittenen Einsatzraum klagte, konnte aber ein gewisses Bemühen nachweisen, die Repressalien zu mäßigen und vom Dorfe fernzuhalten. Ein äußerst schwer zu verwirklichender Vorsatz, zumal die Kollektivstrafe ihrer umstandslosen Schnelligkeit wegen bei den mannschaftsknappen Deutschen stets nahelag. Doch der schädlichen Unsitte, Dörfer abzubrennen, sei von ihm als Chef der

3. Panzerarmee Einhalt geboten worden. In einem Merkblatt vom November 1943 habe er als »Voraussetzung für eine endgültige Befriedung der russischen Gebiete« verlangt, »eine auf Gerechtigkeit und Einräumung der notwendigen Lebensbelange eingestellte Behandlung der Bevölkerung« anzustreben. »Es ist falsch zu glauben, daß durch Gewalt, Ausplünderung und Ungerechtigkeit eine Befriedung und die notwendige Mitarbeit erzielt werden können. Es ist notwendig zu wissen, daß wir den Russen mehr denn je brauchen als Helfer sowohl am Aufbau des Landes wie als Mitkämpfer gegen die Bandengefahr« (Dok. Reinhardt 213).

Der Bedarf an Russen wuchs so übermächtig, daß Reinhardt darangging, seine Mitarbeiter unter den Partisanen selbst zu suchen. Diese waren ebensowenig eine Freiwilligenarmee wie Reinhardts eigene. Als Unfreiwillige aber konnten sie genausogut deutschen Diensten beitreten. Während der großflächigen Auskämmungen der Waldareale hoffte die 3. Panzerarmee »auch friedliebende Privatpersonen« anzutreffen, denen durch Flugblätter und Unterhändler Schonung zugesagt wurde, sofern sie sich nur ergäben. Daraufhin sei »eine ganze Reihe von Menschen herausgekommen«, voll von Dankbarkeit, sich »endlich aus der Bandenhörigkeit herauszuretten in unsere Hand«. Mit einem Seitenhieb auf die Kriegsbräuche der anklagenden Amerikaner fügte Reinhardt hinzu, daß bei der Entleerung der ringsum eingekesselten Wälder Tausende von Banditen gefangengenommen worden seien, die man nach Schuldigen und Unschuldigen habe trennen können. Hätte er Areale und Menschen allesamt durch Bombenabwurf verbrannt, wäre dem Völkerrecht anscheinend Genüge getan.

Die Anklagebehörde konfrontierte Reinhardt daraufhin mit dem Tätigkeitsbericht der Sicherungsdivision 201 über die Partisanenrazzia ›Kugelblitz‹. Als Feindverluste gemeldet waren 35 Gefallene, 27 Gefangene und 550 nach Säuberungsaktion Erschossene (NOKW 2137). Ob Reinhardt darunter eine humanere Praxis als das Bombardieren verstehe?

»War es nicht in Wirklichkeit eine Ausrottung nicht nur von Männern, sondern auch von Frauen und Kindern?«

Reinhardt: »Von Frauen und Kindern steht hier nichts.«

Anklage: »Nein, das steht nicht hier. Aber Sie werden bemerken, daß die eigenen Verluste ein Toter und 4 Verwundete waren. Sie können das doch nicht eine Schlacht nennen?«

Reinhardt erklärte sich die geringen Eigenverluste aus dem

anfänglich weiten Kesselradius. Verlustreiche Kämpfe Mann gegen Mann träten erst bei Zuschnüren des Ringes ein.

Die Anklage suchte Reinhardt eine Verantwortung für die 550 außerhalb des Kampfes Erschossenen aufzubürden. Hätten diese bei der Überprüfung Gelegenheit zum Unschuldsbeweis erhalten?

Reinhardt: »Selbstverständlich«. Daran blieben indes Zweifel hängen. Die 550 waren an einem einzigen Tag erschossen worden. Vielleicht sei die Schuld sogleich evident gewesen, überlegte Reinhardt, etwa durch Mitführen einer Handgranate in der Hosentasche. Ferner wäre nicht abwegig, wenn sich auch das Partisanengefolge erbittert gewehrt hätte.

In der 3. Panzerarmee galt seit Mai 1943 die Regelung: »Aus dem Gebiet stammende Banditen, die zu den Banden gepreßt worden sind, können dann wie Gefangene an der Front behandelt werden, wenn nach dem persönlichen Eindruck Gewähr für ihr weiteres Wohlverhalten besteht.« Das Leben übergelaufener Partisanenanhänger wurde geschont, sofern sich diese »ohne unmittelbaren Zwang der Lage freiwillig gestellt haben. Diese Richtlinie ist nicht engherzig auszulegen, da ein Interesse an der Gewinnung von Arbeitskräften besteht.« Den dazu Geeigneten stellte die Truppe eine »Überläuferbescheinigung« aus, und die Lastwagenfahrkolonne richtete Sammelplätze ein. »Bandenhelfer, soweit sie nicht fanatische Bandenanhänger sind, und Bandenverdächtige sind diesen Sammelplätzen zuzuführen.«

Zur Feinerfassung wurden die Verschonten »an Hand von Listen« genauer klassifiziert, »aus denen zu ersehen ist, daß es sich bei dem oder der Abgelieferten handelt um a) zwangsrekrutierte Banditen, b) Überläufer, c) Bandenhelfer, d) Bandenverdächtige, e) Wehr- oder Arbeitsfähige, f) Ungeklärte« (NOKW 2306). Streng nach Liste verteilte die Armee nunmehr die verschiedenen Formen des Einsatzes: »Geschlossene Arbeitskolonnen getrennt nach Männern und Frauen« für die Unverdächtigen. Verdächtige gelangten nach fester Übung in die Hände der Polizei »zwecks Überführung in Konzentrationslager« und leisteten »unter härtesten Bedingungen stattfindende Strafarbeit«. Den »Bandenhelfern« stand ursprünglich der »Arbeitseinsatz im Reich« als Vergünstigung offen, welches wiederum Unmut unter den Kollaborateuren auslöste (NOKW 2498). Ihre freiwillige Anmeldung erlitt auf diese Weise einen Prestigeverlust, den die Wehrmacht als Verstoß gegen Gerechtigkeit und Gleichheit rasch ausbügelte. Bandenaufenthalt auch aus minder freien Stücken ließ »innerlich deutschfeindliche« Art vermuten (NOKW 750); diese Differenzierung war man Deutschlands russischen Freunden schuldig. Der Einsatz der Ex-Partisanen beschränkte sich fürderhin auf Kolonne und KZ. Kein sonderlicher Anreiz überzulaufen.

Die dem Soldaten in der Partisanenabwehr zugemuteten Schlächtereien scheinen auf Hemmungen gestoßen zu sein. In der 3. Panzerarmee fand ein darauf gemünzter Führerbefehl Umlauf, der »allen Personen, auch Frauen und Kindern, die in Banden oder für Banden tätig sind«, härtesten Kampf ansagte. »Rücksichten, gleich welcher Art, sind ein Verbrechen am deutschen Volk.« Der Führer, ein Kenner der Soldatenseele, scheint dabei infernalische Szenen einkalkuliert zu haben, weil er »die Offiziere aller Einheiten eindringlich unterrichten« läßt: »Kein Soldat darf wegen seines Verhaltens im Kampf gegen Banditen und ihre Mitläufer disziplinarisch oder kriegsgerichtlich zur Rechenschaft gezogen werden« (NOKW 2345). Warum nur durchlöcherte Hitler dergestalt die Disziplinargewalt des Vorgesetzten?

Der Gerichtsbarkeitserlaß Barbarossa hatte den Soldaten der Ostfront bei Straftaten an Zivilisten dem Militärrichter entzogen. Nach Aussage der Generäle in Nürnberg änderte sich dadurch in der Praxis wenig, denn sie geboten über genügend disziplinarische Sanktionen. Verletzung der Manneszucht, des Fundamentes des Befehlsgehorsams, sei im Heer nicht geduldet worden. Hitlers Mißfallen hatte jedoch Ende 1942 eine Nachricht erregt, derzufolge Angehörige von Bandenbekämpfungstrupps bestraft worden waren, anscheinend wegen Übergriffen gegen sich ergebende Frauen und Kinder. Das legt ein Schreiben des OKW nahe, welches in solchen Fällen »die Truppe verpflichtet, ohne Einschränkungen jedes Mittel anzuwenden«. Es gelte keine Ritterlichkeit und keine Genfer Konvention. Der Befehl zur nunmehrigen Beschneidung der Disziplinargewalt war vom Hauptquartier der 3. Panzerarmee an die Korps und Divisionen weitergeleitet worden, nebst Appell des OKW, daß darüber »sämtliche Offiziere umgehend in der eindringlichsten Form belehrt werden« (NOKW 2345).

Reinhardt, von der Nürnberger Anklage gefragt, was er vom Kampf gegen Frauen und Kinder halte, bestritt, einen solchen Krieg je geführt zu haben. Übergriffe habe er bestraft, sofern sie ihm bekannt wurden, doch könne er sich an gar keinen erinnern. Auf Vorhalt, daß nach der in seinem Korps gültigen Befehlslage jeder Soldat in diesem Korps jeden Russen als Partisanen betrachten könne, legte Reinhardt nochmal jenes Bekenntnis zur Disziplin ab, an dem Hitler offenbar vergeblich gerüttelt hat: »Es durfte kein Soldat selbsttätig sich austoben wie er wollte. Über ihm stand sein Kompanieführer und sein Kommandeur und darüber der nächste Vorgesetzte und wachte eindeutig über die Disziplin. Der Soldat ist gar nicht auf den Gedanken gekommen, hier selbsttätig herumzumorden, wie Sie sich denken, dazu war er unter Zucht und Kontrolle.«

Anklage: »Definieren Sie ›Disziplin‹ nicht als Gehorsam Befehlen gegenüber?«

Reinhardt: »Ja und Nein. Unter Disziplin verstehen wir die Manneszucht. Die Haltung des Soldaten, das, was er seiner Uniform schuldig ist in seinem Auftreten und in seinem Handeln.«

Anklage: »Sie wollen also sagen, daß ein deutscher Soldat unter dem Vorwand von Disziplin einen Befehl mißachten konnte?«

Wie Befehle in der deutschen Wehrmacht umgangen wurden, durfte Reinhardt nach Kriegsende getrost enthüllen: Sie versickerten in den ›Zwischendienststellen‹. Was ein kommandierender General an Befehlen nach unten leitet, »ist überhaupt nicht zur Kenntnis der Soldaten gekommen; die Zwischendienststellen waren ja auch noch da. Hier war der letzte, der von dem Befehl vielleicht etwas erfahren hat, der Kompanieführer. Und der hat seine Truppe in der Hand und gibt an solchen Befehlen nur das weiter, was er verantworten kann im Sinne der Manneszucht. Es hat im ganzen Krieg, glaube ich, kein deutscher Soldat erfahren, daß er nach dem Barbarossa-Gerichtsbarkeitsbefehl sich frei, willkürlich austoben konnte, wenn man den Buchstaben so auslegt.«

Wieweit der Kompanieführer letzte Instanz für Zucht und Ordnung im deutschen Heer gewesen ist, mag dahinstehen. Immerhin bestätigt die Nürnberger Aktenbeweislage gegen Panzergruppe 3 Reinhardts Bezeugung unbeachtlicher Führerbefehle. Hitler mischte sich in alles, konnte aber nicht alles kontrollieren.

Bis Mai 1943 folgt das Armeeoberkommando der gewohnten Arbeitsteilung mit der Polizei: Bandenhelfer und -verdächtige werden außerhalb des Kampfes nicht von der Truppe hingeschlachtet, sondern den zuständigen Polizisten zur KZ-Verbringung ausgeliefert (NOKW 1976). Im Mai befiehlt Reinhardt den zuständigen Truppenführern, die Arbeitstauglichkeit von Partisanenhelfern an Ort und Stelle zu prüfen. Fortan quellen seine Befehle über von

Mäßigungsappellen. In einer allen Angehörigen der 3. Panzerarmee kundgetanen Vorschrift vom 30. Mai, betitelt: »Die politischen Aufgaben des deutschen Soldaten im Zeichen des Totalen Krieges«, waren zum ersten Male die Vorzüge des russischen Volkes dargelegt: Es sei wahrheitsliebend, treu, leidgewohnt, vertrage Strenge, sehne sich jedoch nach Gerechtigkeit. »Der Russe hungert geradezu nach Gerechtigkeit, die ihm unter bolschewistischer Herrschaft versagt blieb. Wenn ihm der deutsche Soldat das Gefühl der Rechtssicherheit zu vermitteln vermag, dann ist der Russe schon von seiner Überlegenheit überzeugt. Durch Übergriffe einzelner deutscher Soldaten fühlt er sich rechtlos...« Reinhardt selbst spähte nach der »Mitarbeit der Bevölkerung bei der Bekämpfung von Banden, Sabotage und Spionage«. In den Zeiten, als die Befehlshaber ganz der Hitlerschen Medizin von Terror und Plünderung vertrauten, wünschten sie sich ein vom Blitz des Schreckens gelähmtes Zivil, das den rasanten Verfolgungsoperationen nicht in die Quere kam. Sobald das Heer, von der Kriegsdauer zermürbt, eine Aktivteilnahme des Zivils benötigte, favorisierte es »Takt, Anstand und Höflichkeit im Verkehr mit ihm« (NOKW 1976). Vom Standpunkt der Betroffenen ist der Unterschied erheblich. Für die Militärs handelt es sich nur um den Einsatz der jeweils passenden Methode. Bei den rückwärtigen Sicherheitstruppen im Bereich der Heeresgruppe Mitte standen 1943 70.000 Kollaborateure, und »wer auf unserer Seite sein Leben einsetzt, hat Anspruch auf deutsche Kameradschaft und Anerkennung«. (NOKW 2123)

Im Januar 1944 fand schließlich auch die jahrelange Anhänglichkeit ihren Dank, die dem Besatzer aus den Reihen der Bauernschaft entgegengebracht worden war. Die Heeresgruppe Mitte beschloß, »im Zuge der Flächensicherung als nächste wichtigste Maßnahme die Einrichtung von Wehrdörfern voranzutreiben«. Nach zweieinhalb Jahren deutscher Herrschaft kam »eine Einrichtung bäuerlichen Selbstschutzes« zustande, »die auf dem Grundgedanken des Selbstschutzes der bäuerlichen Arbeit und des bäuerlichen Besitzes aufgebaut ist«. Die Triebfeder der dörflichen Kollaboration, der Wunsch nach Bodenbesitz, erhielt widerstrebende Anerkennung: »Voraussetzung daher ist Verteilung des Landes an Bauern.« Das Hindernis bestand nur darin, daß kaum noch Bauern zur Verfügung standen. Die Wehrdörfer, vollgestopft mit »deutschem Rahmenpersonal«, entbehrten der wehrfähigen Männer »infolge des Abzugs für Stellungsbau und Arbeitseinsatz im

Reich«. Die 4. Armee, die über 60.000 Arbeitskräfte beschäftigte, wurde angewiesen, »sofort 1.000 Arbeitskräfte abzuziehen, um sie für Wehrdörfer einzusetzen«. Es blieb in diesem Feldzug zwecks »einheitlicher deutscher Organisation« nichts unversucht. (NOKW 24)

Der Grundgedanke, daß »die Bauern ihren Besitz selbst gegen die Banditen verteidigen sollen« (RF 411), fußte auf der alten Minderheitsmeinung aus der Barbarossa-Phase, die Wehrmacht in Rußland als Befreiungsarmee aufmarschieren zu lassen, umjubelt von den Unterjochten des Bolschewismus. Statt dessen hatte sich das Schockprogramm durchgesetzt. Religion und Antisemitismus verschafften den Bauern genügend Befreiungsgefühle. Nachdem das Blitzziel gescheitert war, kam man zögernd auf die Rußlandreform zurück. Die langwierige Selbstbehauptung der Wehrmacht im Lande ließ ihr kaum Auswahl. Sechs Monate, bevor die restliche Heeresgruppe Mitte mit Mann und Wagen nach Ostpreußen geschleudert wurde, exerzierte sie den Wehrdörfern die Vorzüge nationalsozialistischen Gemeindelebens vor: »Einrichtung eines guten Melde- und Ausweiswesens, insbesondere vorbildliche Einrichtung und vorbildliche Führung der Einwohnerlisten und Hauslisten«, Propagandaarbeit zur »Beseitigung der Angstpsychose«, Anlieferung einer Wochenzeitschrift, »die auch agrarwirtschaftliche Interessen vertritt«. Als wichtiger Faktor in der Betreuung empfiehlt sich die »Einschaltung der Kirche«, um prächtige Prozessionen zu veranstalten. In Sicherheitsfragen gilt ab sofort ›in dubio pro reo‹. »Lieber einen Schuldigen im Dorf belassen als die Existenz eines Unschuldigen vernichten.« Der Bodensatz der »unzuverlässigen, arbeitsunfähigen Elemente« fällt der Gemeinschaft nicht länger zur Last und ist »dem SD zur Sonderbehandlung zu übergeben«. (NOKW 24)

Verständlicherweise können die Deutschen Rußland nicht freier machen, als sie selber es sind. Gemessen am eigenen Standard, gewährten sie den Wehrdörfern eine Gunst. Soweit die Vorzüge nazistischer Ordnungspolitik in der partisanenhörigen Umgebung nicht auffallen, hilft Propaganda nach. »Die Begünstigung des Wehrdorfes muß nach außen deutlich erkennbar sein.« Zur Deutlichkeit trägt bereits das Schicksal der nicht befreiungswilligen Ortschaften bei. Für das »Überholen bandenverdächtiger Dörfer« hatte die Wehrmacht ein reiches Instrumentarium entwickelt, beginnend mit dem »straffen Meldewesen«. Die Ortskommandanturen hatten »alle Bewohner listenmäßig zu erfassen und mit Ausweisen zu versehen«. Den Bürgermeistern oblag, »alle ortsfremden Personen sofort zu melden«. Bei Nichtbefolgung Todesstrafe. Jegliche Bewegung zwischen Ortschaften bedurfte der Genehmigung. Dies erleichtert ungemein die Kontrolle. »Jeder Deutsche ist im Bandengebiet verpflichtet, verdächtige Personen anzuhalten und nötigenfalls festzunehmen« (NOKW 67). Bei Gefahr im Verzug ist »der Aufenthalt außerhalb der Wohnung während der Sperrzeit sowie das Verlassen der Ortschaften zu verbieten. Zuwiderhandelnde sind festzunehmen und als verdächtige Elemente der Geheimen Feldpolizei zu übergeben.« Die Bevölkerung hat unter Androhung der Todesstrafe »alle ihr bekannten Bandenangehörigen, die sich im Ort verborgen halten oder sich als deutschfreundlich tarnen, sofort bei der Truppe so zur Anzeige zu bringen, daß ihre Ergreifung möglich ist«. Bei Ermittlungen »ist zu berücksichtigen, daß der Russe zum Denunzieren neigt«. Dieser Anlage wird durch »zusätzliche Verpflegungs-, Tabak- und Alkoholportionen« nachgeholfen. (NOKW 2128)

Damit ist der deutsche Informationshunger jedoch nicht befriedigt. »Durch geschicktes Ausfragen sämtlicher Dorfbewohner und Gegenüberstellen der Widersprüche müssen die Banditen und Banditenhelfer festgenagelt und unschädlich gemacht werden. Es kann zweckmäßig sein, hierzu alle männlichen Einwohner vorläufig festzunehmen und in besonderen Lagern eine Zeitlang zu überwachen, um so durch V-Leute diejenigen, die auf seiten der Banden stehen, herauszubekommen. Die Entlassung der Unschuldigen wird dann dazu beitragen, das Vertrauen der Bevölkerung in die Gerechtigkeit der deutschen Maßnahmen zu heben« (NOKW 67). Letztere Prozedur wurde 1943 bis 1944 soweit vereinfacht, daß »wehr- und arbeitsfähige Männer von 15–60 Jahren« als »grundsätzlich bandenverdächtig« galten und dem Arbeitsdienst zuzuführen waren (NOKW 2644). »Das Evakuieren von Dörfern ist angebracht, wenn in einem Dorf immer wieder Bandenhelfer angetroffen werden.« (RF 411)

Die Evakuierten teilen sich in die »gesunde und volltaugliche Arbeitskraft für die Heimat und den Stellungsbau« sowie die »überflüssigen Esser und lästigen Mitbewohner«. Im einzelnen zählen zu dieser Kategorie »Krüppel, Kranke, alte Leute sowie Mütter mit Kindern, von denen mehr als die Hälfte unter 10 Jahre alt ist«. Diesen Personen wies das Heer eine komplementär zu den Wehrdörfern eingerichtete Siedlungsform zu, die Sperrgemeinde. »Sperrgemeinden sind diejenigen Dörfer, die – von Hauptstraßen weit abgelegen – zur Aufnahme der nicht arbeitsfähigen Bevölkerung vorgesehen sind.« Um dem Verdacht vorzubeugen, die Siechenquartiere dem sicheren Tode zu überantworten, ordnete die 3. Panzerarmee an, den Arbeitsunfähigen Arbeitsinstrumente zurückzulassen und für die Zeit bis zum ersten Ertrag einige »Vorräte für notdürftige Existenz«. (NOKW 2644)

In den Netzen der flächendeckenden Bevölkerungskontrolle verfingen sich gelegentlich Banditen, deren Kampfesart die Wehrmacht »nur mit größtem Widerwillen entgegentrat«, wie Reinhardt in Nürnberg beteuerte: Dieser Gegner, »heimtückisch, hinterhältig, mit Anwendung jeder Gewalttat, die überhaupt möglich«, zwang der 3. Panzerarmee Konterschläge ab, für die sie nicht geschaffen war. »Wir sind nicht dazu da und nicht erzogen, gegen einen Gegner zu kämpfen, der sich nicht stellt und der vor allen Dingen in seinen Räumen Frauen und Kinder in Gefahr bringt.« Der Einsatz von Frauen und Kindern ist ein Element des Guerillakrieges, weil diesen Personen eine natürliche Tarnung anhaftet und man sie durch eine instinktive Tötungshemmung schwerbewaffneter Troupiers relativ geschützt wähnt. Die 3. Panzerarmee sah sich im Zustande der »zwingenden, reinen Notwehr« davon dispensiert. Unter den Anklagedokumenten sticht ein Tätigkeitsbericht der Geheimen Feldpolizei, Gruppe 710, vom 1. Weihnachtstage 1943 hervor. Darin wird die Entdeckung dreier jugendlicher Saboteure gemeldet, die nahe der Bahnstrecke Dryssa–Dünaburg hantierten. Zur Vorkehrung gegen Anschläge hatte ein Sicherheitsregiment einen Kilometer davor ein Minenfeld ausgelegt. »Am 26.11.1943 wurden zwei Burschen im Alter von 13 und 15 Jahren beim Ausbau eines Teils der Minen beobachtet und festgenommen. Ihre Vernehmung erbrachte noch Beschuldigungen gegen den 12jährigen Bruder eines der Festgenommenen. Die Täter haben 16 Minen ausgebaut. Sie werden erschossen.« (NOKW 680)

Von den Gefangenen größerer Partisanenrazzien endete eine Anzahl in Konzentrationslagern; so gelangten 3.808 Bewohner der Gegend von Witebsk nach Auschwitz. In der dortigen Registratur arbeitete ein polnischer Jurastudent, der Häftling Kazimierz Smolen, der im OKW-Prozeß über das sogenannte Familienlager Witebsk aussagte. »Ich erinnere mich, daß bei diesen Transporten auch viele Kinder kamen, und daß als Grund für ihre Verhaftungen in den

Begleitschreiben angeführt war, daß es sich um Partisanen, Bandenverdächtige und Bandenhelfer handelte. Diese Gefangenen stammten entweder aus Witebsk oder aus der Umgebung dieser Stadt« (NOKW 2824). Smolens Zeugnis stützte sich auf Abschriften von Häftlingslisten, die er mit Freunden im Sommer 1944 anfertigte, als die vor der Roten Armee fliehenden Deutschen die Papiere zu vernichten begannen. »Jeder Transport, der nach Auschwitz eingeliefert wurde, mußte Begleitschreiben haben. Es konnte keine Person in das Lager übernommen werden ohne Papiere.« Die Partisanentransporte wurden in dreißig Wohnbarakken »ohne Fenster und ohne Fußboden, ohne jedwede Möglichkeit zum Waschen untergebracht« (NOKW 2824). Dieses Barackenlager erhielt den Namen »Russisches Familienlager Witebsk«, seine Insassen leisteten bis zum Herbst 1944 Arbeit und wurden bei der Auflösung von Auschwitz vergast. Sämtliche Kinder bis zu 14 Jahren waren bereits im Frühjahr getötet worden, etwa 300 Personen. Den Neugeborenen war eine eigene Regelung zugedacht. »Die Kinder, die Häftlinge, die aus Witebsk gekommen sind, wurden alle tätowiert, und die neugeborenen Kinder, weil kein Platz auf dem linken Unterarm war für sechsstellige Nummern, waren auf dem Gesäß tätowiert. Nachher wurden sie gleich zum Vergasen geführt. 4, 5 Tage«. (NOKW 2824)

Die Tötung von Kindern, auch durch Geheime Feldpolizei, »widerspricht meiner Auffassung«, versicherte Reinhardt in Nürnberg. »Das kann ich ganz ehrlich hier sagen.« Immerhin hätten die Polizisten eine Einzelfalluntersuchung angestellt, »so sorgfältig und genau«, wie diese zumeist »erfahrenen Kriminalbeamten aus dem Zivilleben« zu arbeiten pflegten. Auch bestätigten Reinhardts Entlastungszeugen, wie der Kommandeur des VI. Armeekorps der 3. Panzerarmee General Hans Jordan, daß an der Delinquenz der Kinder keinerlei Zweifel bestehe: »Für den Kundschafter und Nachrichtendienst setzten die Banden mit Vorliebe Frauen, Kinder und Greise ein« (Dok. Reinhardt 177). Die von Reinhardt präsentierten Propagandaschriften Moskaus rühmten gar »die grausame Erfindungskraft dieser jungen Bandenkämpfer«. Mit Gesang und Tanz hätten sie bei einer Gelegenheit eine Soldatengruppe angelockt, um sie alsdann mit Handgranaten zu bewerfen. »Neun Soldaten und ein Offizier wurden getötet. Die Kinder handelten so überraschend, daß sie entkommen konnten, ehe die Faschisten zur Besinnung kamen.« (Dok. Reinhardt 193)

Trugen die dazu gedrillten Kinder eine Verantwortung? Reinhardts Verteidiger Dr. Frohwein entnahm aus dem Kindermißbrauch, wie »aufgehetzt« die Zivilbevölkerung gewesen sei, »um auf hinterlistigste Weise die deutsche Truppe durch feige Überfälle hinzumorden ... Wer aus dem Hinterhalt als Zivilist Mord und Totschlag gegen Soldaten begeht,... stellt sich dadurch selbst außerhalb des Rechts und verdient nichts anders als die Todesstrafe.«

Das Los des ›Familienlagers Witebsk‹, das nicht mehr innerhalb des Rechts unterzubringen war, hatte sich Reinhardt zufolge jenseits seiner Kenntnis vollzogen. Bei der Übergabe an Himmlers Polizei endete sein Horizont. Als ihm während seines Verhörs im Mai 1948 die Totenbücher von Auschwitz vorgelegt wurden, wies er das Beweisstück NO 5850 angewidert zurück: »Ich kann zwischen den Totenbüchern und mir einen Zusammenhang überhaupt nicht finden.«

Der einzige Zusammenhang wies auf Reinhardts Oberquartiermeister Westerkamp, der für die Transportwaggons zwischen Durchgangslager 230 und Auschwitz gesorgt hatte. Als Zeuge gerufen, beteuerte Westerkamp, daß die Polizei »im Lager offenbar eben erfahren hatte, der Generalstabsoffizier in der Quartiermeisterabteilung ist wohl die Stelle, die mit dem Abtransport von Gefangenen usw. zu tun hat«. Was Westerkamp mit dem SD vereinbarte, konnte Reinhardt schon darum nicht wissen, weil es zuvor sein Stabschef Heidkämper hätte wissen müssen, der im Zeugenstand aussagte: »Wenn der Oberquartiermeister mich nicht einmal orientiert hat, so hat er den Generaloberst bestimmt überhaupt nicht orientiert.« Generaloberst Reinhardt bestätigte, »ich habe von diesen kleinen, technischen Transportfragen an den Oberquartiermeister draußen selbstverständlich nie etwas erfahren. Solche Sachen hätte er mir gar nicht bringen dürfen.« Warum auch? Die Quartiermeisterei sei die einzige Bewilligungsstelle für Transportnachfragen im Armeebereich gewesen. Der SD hatte den Dienstweg eingehalten. Für Westerkamp ein Routinefall. »Mich aber nun aufgrund dieser Transportfragen in Verbindung mit Auschwitz zu bringen, ist für meine Begriffe unmöglich.« Außerdem habe die Quartiermeisterei völlig korrekt gehandelt, »denn es war eine ganz selbstverständliche Maßnahme aufgrund des Befehls: Bandenverdächtige sind über den SD an KZ's abzugeben zur Strafarbeit«. Diesen Befehl des OKH hatte Reinhardt der 3. Panzerarmee am 30. März 1943 zugeleitet. »Wenn ich aber nun mit der Tatsache in

Verbindung gebracht werde, daß die nach Auschwitz gegebenen Bandenverdächtigen dort dann ermordet worden sind, dann lehne ich diese Beschuldigung mit Abscheu ab.« Selbst Zeuge Smolen habe eingeräumt, daß die aus Witebsk Eingelieferten noch fast ein Jahr im Familienlager gelebt und gearbeitet hätten. Für das, was dort ein Jahr später geschehen sei, trage er keine Verantwortung. Die Abgabe an den SD habe er nicht zu beargwöhnen brauchen. Dessen Massenexekutionen seien ihm während des Krieges nicht bekannt geworden. »Der SD trieb dieses Handwerk gänzlich geheim.«

Wenn der SD eine Angelegenheit in die Hand nahm, war sie für den Auftraggeber aus der Welt geschafft. Mit seiner Zuständigkeit gab dieser indessen nicht seinen Verstand preis, nur seine Verantwortung. Der deutsche Staatsbedienstete verantwortet die Dinge im Rahmen seiner Kompetenz. Weiterreichendes Wissen ist Privatsache und dienstlich nicht vorwerfbar. Weil die Nürnberger Richter diesen Verwaltungsgrundsatz nicht respektierten, sprachen die Angeklagten sich den mindesten Verstand ab und nahmen ihre Ignoranz auf heilige Eide.

Wann und warum der Himmler-Polizei Zuständigkeiten zu übertragen waren, ist aber im deutschen Heer nie beiläufig behandelt worden, auch nicht in Reinhardts Befehlsbereich. Die im Wagner-Heydrich-Abkommen niedergelegten Aktionsradien haben Quartiermeister, Abwehroffiziere und die Obersturmbannführer der Armeebereiche gelegentlich neu abgesteckt. Reinhardts Quartiermeister erreichte bei einer solchen Verhandlung im Oktober 1942 »Klarheit, daß die Wehrmachtsstellen im Armeebereich ›Herr im Hause‹ sind«; der SD werde an der Bearbeitung sicherheitspolizeilicher Aufgaben »beteiligt«. Jener wiederum »legt Wert darauf, daß die räumliche Begrenzung der SD-Tätigkeit auf diesen Gebieten auf das rückwärtige Armeegebiet aufgehoben wird«. (NOKW 2420)

Die Grenzziehung zwischen Polizisten und Soldaten war vor Abmarsch im März 1941 eifersüchtig ausgehandelt worden. Die Entscheidung oblag nunmehr dem Armeechef, den die Partisanenfurcht flexibel stimmte. Durch das Rückweichen der Fronten kehrte die kämpfende Truppe überdies in früheres Hinterland zurück, wo der SD bereits als ortskundige Wachmannschaft amtierte, die man allzugern zu Rate zog. So traf Reinhardt auf den SD in Witebsk, wo er sein Hauptquartier aufschlug.

Als das Armeeoberkommando im Sommer und Herbst 1943 die großräumige Evakuierung ganzer Zonen befahl, »da die Bevölkerung dort sich einwandfrei als Bandenhelfer erwiesen hat«, suchten der Oberquartiermeister, der Standortkommandant Witebsk, der Lagerkommandant von Dulag 230, die Geheime Feldpolizei und der SD Witebsk gemeinsam einen Weg, diese Menschen wieder loszuwerden, die sie keinesfalls länger als sechs Tage verwahren wollten. Der SD, interessiert, seine Lager Auschwitz und Majdanek-Lublin mit Insassen zu versorgen, empfahl Abtransport. Transportraum verknappte sich zusehends, die Gleise explodierten tausendfach, Oberschlesien war die kürzeste Strecke. Der Standortkommandant Witebsk »ermittelt die Zahl der zu evakuierenden Bevölkerung, nach Möglichkeit mit ungefährer Angabe der Zahl an Männern, Frauen und Kindern« (NOKW 2354). Feldgendarmerie und SD führten die Trecks dem Dulag zu, wo letzterer »die Personen überprüft und schnellstens nach Lublin oder Auschwitz abtransportiert«. Über die Auswahl bestehen zunächst Differenzen, weil der Dulag-Kommandant »Greise und kleine Kinder« vom Bandenverdacht ausnimmt und vor Auschwitz bewahren möchte (NOKW 2386). Am 10. Oktober 1943 schaltet sich die Geheime Feldpolizei, Gruppe 717, ein, um näher zu erörtern, wo Greise und Mütter mit Kleinkindern unterzubringen seien, »deren Angehörige als Banditen oder Bandenhelfer hingerichtet oder an den SD zum Abtransport nach Lublin (Majdanek) zu übergeben sind«. Das Argument der Wehrmachtsgendarmen folgt Reinhardts Linie der Klimapflege innerhalb der Bevölkerung: »Eine Aussiedlung dieser Personen irgendwo im Armeegebiet erscheint untragbar, weil sie eine äußerst giftige Atmosphäre gegen die Deutschen verbreiten« (NOKW 2386). So mußten die Deutschen aus Sorge um ihren Ruf die Kleinkinder ebenfalls nach Auschwitz schicken.

Um Mißstimmungen vorzubeugen, übernimmt Dulag 230 »auch die gebotene propagandistische Einwirkung«. Die Strafe will Einsicht auslösen und gar ihre Ungerechtigkeit erläutern durch »Aufklärung über den Grund der Evakuierung: Bandenhelferdienste weiter Bevölkerungskreise; Unschuldige müssen mit den Schuldigen leiden«. Die Schuldigen schaden sich selbst und anderen, Unbeteiligten. Mitgehangen, mitgefangen. Ein Deutscher, von Partisanenhand gefällt, trägt sein freies Risiko wie der von Deutschen gefaßte Partisan. Gemeingefährlich hingegen ist derjenige, der Unbeteiligten sein Risiko aufhalst. Das ist das Aufklärerische am Leid der Unschuldigen. Geheimgehalten hat Reinhardt dies allenfalls vor sich selber. Blanke Mordaufträge an den SD widerstrebten ihm.

Das Kriegstagebuch der 3. Panzerarmee vermeldet die Deportation der Partisanenbevölkerung nach Auschwitz unter der Floskel, es habe sich dazu »SD Witebsk bereit erklärt« (NOKW 2386). So will es auch das Wagner-Heydrich-Abkommen: Die »Zusammenarbeit« der Mordkommandos mit militärischen Kommandobehörden sieht einen aktiven und einen passiven Teil vor. Die Polizisten »führen die Aufgabe in eigener Verantwortlichkeit durch, ...erhalten ihre fachlichen Weisungen vom Chef der Sicherheitspolizei und des SD«, die Militärs mischen sich in dieses elende Handwerk nicht ein. Sie üben ein Vetorecht aus, erlassen »gegebenenfalls einschränkende Anordnungen, ... sind berechtigt, Weisungen zu geben, die zur Vermeidung von Störungen der Operationen erforderlich sind«, haben »die Aufgaben der Sonderkommandos mit der militärischen Abwehr, der Tätigkeit der Geheimen Feldpolizei in Einklang zu bringen« (NOKW 2080). Kurz, die Himmler-Polizei lädt alle Untaten auf ihr Gewissen, und die Generalität nimmt dienstlich nichts zur Kenntnis außer eventuelle Störungen ihrer Operationen.

Im Felde kommt es jedoch zu Überschneidungen. Die Truppe weiß, wozu die Polizisten mitziehen, kalkuliert deren Art in ihre Sorgen ein und nötigt sie gelegentlich zum Handeln. Im Zuge der Partisanenbekämpfung zeigten sich Aufgaben, die nicht einmal die hartgesottene Geheime Feldpolizeigruppe 703 zu den Ihrigen rechnete. Bei Streifengängen entlang der Bahnlinie Wjasma–Temkino, in der Gegend von Isakowo, entdeckte sie »ein lagerartiges Heim mit 113 körperlich und geistig nicht normalen Krüppeln. Zur Tages- und Nachtzeit trieben sie sich in der Gegend umher. Es bestand Verdacht, daß die Krüppel zu Spionagezwecken mißbraucht werden und Partisanen in dem Lager unbemerkt Unterschlupf finden könnten, wie sie überhaupt durch ihr Umherstreifen eine gewisse Verwirrung in der Gegend anrichteten. Dem Panzer-Armeeoberkommando 3 wurde Meldung erstattet. Es ordnete die Beseitigung der Krüppel an und beauftragte damit das Kommando der Sicherheitspolizei und des SD in Wjasma. Die Durchführung des Befehls erfolgte am 13. und 14. Juni.« (NOKW 95)

Diese Meldung der Geheimen Feldpolizei hatte Reinhardt persönlich abgezeichnet; sie belastete ihn äußerst schwerwiegend vor

Gericht. Anders als im Falle des Auschwitzer ›Familienlagers Witebsk‹ war das Oberkommando nicht an einer ›Evakuierung‹ beteiligt, sondern an der Ermordung argloser Kranker. Überdies hatte es den Mord nicht nur toleriert und gefördert, sondern befohlen.

Im Kreuzverhör beanstandete Reinhardts Verteidigung einen Übersetzungsfehler. Richtern und Anklägern lag eine englischsprachige Version vor, die den Ausdruck »Beseitigung« als »elimination« wiedergab. Dies verfälsche den deutschen Wortsinn von »beseitigen«, welcher gleichbedeutend sei mit »wegschaffen«, »wegbringen«. Die Anordnung meinte seinerzeit eine »Evakuierung«, erläuterte Anwalt Dr. Frohwein dem Gericht. Angeordnet war, daß die Krüppel »lediglich entfernt werden sollten. Das ist alles, was in diesem Bericht gesagt wird.«

»Wenn es heißt, daß der SD sie ›eliminated‹ hat«, fragte der Vorsitzende, »welches deutsche Wort verwenden Sie dafür?«

Frohwein, der nicht verstehen wollte, wiederholte: »Eine gewöhnliche Entfernung kann man eine Beseitigung nennen, ein Wegschaffen, ein Beseitigen. Wegschaffen oder Beseitigen.«

Die Anklage wandte ein, daß der SD offenbar genausowenig Deutsch verstanden habe wie das Gericht. Er schaffte die Krüppel nicht weg, sondern brachte sie um. Der Geheimen Feldpolizei, ebenfalls der Sprache nicht mächtig, war dieses Mißverständnis verborgen geblieben. Sie notierte lapidar: Befehl ausgeführt.

Im Verhör wies Reinhardt darauf hin, daß dieser Satz bei Kenntnisnahme durch ihn oder seinen Stabschef doppelt angestrichen und mit einem Fragezeichen versehen worden sei. Ein Indiz dafür, daß der Vorfall als etwas Unerhörtes galt.

»Wenn Sie die Absicht gehabt hätten, diese Leute durch eine Evakuierung zu beseitigen«, forschte die Anklage, »oder woanders hinzuschaffen, dann wäre es doch nicht notwendig gewesen, den SD für diese Sache zu rufen. Das hätte Ihre Armee besorgen können, nicht wahr?«

»Das habe ich dem Nachrichtenoffizier ja vorgeworfen«, erwiderte Reinhardt, »daß er nicht eine Truppe von uns, die uns unterstand, mit diesem Auftrag versehen hat, sondern daß er den SD dazu herangezogen hat, mit dem wir gar nicht solche Verbindungen halten wollten ... Es kommt noch hinzu: Dem SD Befehle geben, das Recht hatte ich gar nicht.«

Der Nachrichtenoffizier, Major Lindner, sei gemaßregelt und

aus dem Generalstab an die Front versetzt worden. Dort erlangte er zur Strafe die Beförderung zum Oberleutnant und das Deutsche Kreuz in Gold, wie die Anklage ermittelte.

Glaubhaft ist dennoch, daß Reinhardt mit der Liquidierung der Krüppelanstalt Isakowo unzufrieden war. Das Mißbehagen hatte zunächst ihre Lage neben der Versorgungsbahn zur Front ausgelöst, der häufig Sabotageanschläge galten. Die Geheime Feldpolizei, mit der Streckensicherung betraut, entdeckte, daß die verkrüppelten Irren am Zaun ihres Grundstücks gern die militärischen Transporte beobachteten (Dok. Reinhardt 138). Darum wurde der Nachrichtenoffizier informiert, der laut Reinhardt »den Verdacht hatte, daß die Krüppel spionagemäßig mit diesen Überfällen in Verbindung standen«. Wie leicht hätten sich Partisanen unter sie mischen und von dort aus sabotieren können. So lag es nahe, die Krüppel wegzuschaffen, verbunden allerdings mit einigen Transportumständen. Marschieren konnten sie nicht. Sie benötigten ein Vehikel, ließen sich schwer ansiedeln und fielen mangels militärischer oder ideologischer Bedrohlichkeit in das Ressort des SD. Gemäß Wagner-Heydrich-Abkommen war ihm dieser Sicherheitsfall zu übertragen. Überflüssigerweise hat Major Lindner daran eine fachliche Weisung geknüpft: ›Beseitigen‹. Was hatte es ihn zu kümmern, wie der fachlich Heydrich unterstellte SD seine Aufgabe erledigte?

Die Mehrdeutigkeit, die Reinhardt der Sprache unterschob, lag in Wirklichkeit am willentlichen Zwielicht der Routineüberstellung an den SD: »Ich will etwas beseitigen, wegbringen, gibt es im Deutschen. Es gibt aber auch: ich will etwas beseitigen im Sinne von vernichten. Beide Begriffe sind nach meinem Sprachgebrauch möglich.« Verdeutscht: Der SD mochte auf beiderlei Weise verfahren. Darauf brauchte sich Reinhardt nicht festzulegen. Ebensowenig sein pflichtvergessener Nachrichtenoffizier. »Der SD hat von mir gar keine Befehle bekommen«, betonte Reinhardt wiederholt, »denn er unterstand mir nicht.« Gemäß »Grundbefehl« handelte er »in eigener Verantwortung«. Darum konnte Reinhardt aus tiefster Überzeugung in Nürnberg ausrufen: »Ich habe in meinem ganzen Leben keinen Mordbefehl gegeben und auch diesen nicht.« Das hatte er nach deutscher Sprachregelung keineswegs nötig. Seine Pflichten endeten mit der Übergabe an den SD, der nach eigener Façon handelte und insbesondere zum Mord nicht inspiriert zu werden brauchte. Nach Beschluß der Militärs reichte ihre Kompetenz gerade so weit, inoffensive, doch sicherheitsrelevante Personen der Himmler-Polizei »zuzuführen« (NOKW 2022). An den daraus folgenden Maßnahmen meinte das Heer mithin nicht zu partizipieren. Solche anzubefehlen, sprengte die Verabredung. Die Praxis vermischte allerdings die Beschlüsse. Die gewissenhafteren Befehlshaber, wie Reinhardt, hielten auf Abstand. Nicht um Krüppel zu schonen, sondern um die eigene Haftbarkeit zu schmälern. Denn ähnlich den gewundenen Frontlinien dünkte die Generäle ihre Verantwortung auf die Dauer endlos, und sie wünschten nichts dringlicher, als die Tiefe ihrer Mitwisserschaft zu verkürzen.

Rückzug, Schanzen

Im Rückblick hatte der SD die Generäle getäuscht. Zwar durften sie ihm nichts befehlen, würden ihn am Morden aber gehindert haben. Weil die Untaten sowieso in Lug und Trug dem Blick entschwunden waren, hatten sie eventuell gar nicht stattgefunden. Geräuschlose Retter hatten sie im Dunst der Konspiration vereitelt. Wie alle seine Mitangeklagten beteuerte auch Reinhardt, den Vollzug des Kommissarbefehls durch Scheinberichte lediglich vorgetäuscht, in Wirklichkeit aber durch Gegenbefehle verhindert zu haben.

Reinhardt, seinerzeit Kommandeur des XLI. Panzerkorps, hatte den Kommissarbefehl von seinem Vorgesetzten Hoepner, dem Chef der Panzergruppe 4, empfangen. Als Hoepner, der im Gefolge des Attentats vom 20. Juli 1944 hingerichtet wurde, seinen Kommandeuren, darunter Reinhardt, Manstein und zwanzig weitere Offiziere, den Befehl kundtun sollte, verließ er den Raum, um die Verlesung seinem Nachrichtenoffizier Rolf Bruns zu überlassen. Laut Bruns, der dies als Zeuge in Nürnberg mitteilte, eine Geste, mittels welcher »Hoepner gewiß seine persönliche Abneigung und Ablehnung des Befehls ausdrücken wollte«. Als die Herren beim Essen im Kasino wieder zusammentrafen, habe Hoepner durch Handbewegung zum Ausdruck gebracht, daß er auf die Durchführung des Befehls keinen Wert lege.

Korpskommandeur Reinhardt, dem nun die mündliche Weitergabe des von seinem Vorgesetzten mißbilligten OKW-Befehls oblag, wurde seinen Divisionskommandeuren gegenüber deutlicher. Bevor der Mordaufruf bei den Regimentern und Bataillonen anlangte, welche die Kommissare hätten töten sollen, mußte der Ungehorsam klipp und klar beschlossen werden. Das war Reinhardt zufolge eine Verabredung zwischen Korpskommandeur und Divisionskommandeuren. »Wir hoffen«, habe er jenen eröffnet, »daß wir wie in Frankreich schnell vorwärtskommen und sehr viel Gefangene machen. Wir werden also gar keine Zeit haben, um Kommissare auszuwählen. Die Disziplin geht über alles. Dieser Befehl wird in meinem Korps nicht ausgeführt.« Er habe nur Zustimmung geerntet, und damit war der Schaden von den Kommissaren abgewendet, bis »wir gemahnt wurden, die Meldungen über erledigte Kommissare abzugeben. Daraufhin wurde ich um Rat gefragt, was nun geschehen sollte. Ich habe damals entschieden, daß wir dann eben Zahlen melden müssen.« Die nunmehrigen Anklagedokumente, die Vollzugsmeldungen, seien »Zahlenspiele aus Tarnungsgründen. Diese Zahlen ..., das sind fingierte Zahlen.«

Die Fiktionstheorie kompliziert sich ungemein im Blick auf die Einzelheiten. Es lagen dem Gericht unbegreifliche Aktenstücke vor. Armeekorps XLI schrieb, anstelle Falschmeldung zu geben, an die 1. Panzerdivision, daß der gestenreiche Hoepner ungeduldig werde: »Die Panzergruppe 4 verlangt in gewissen Zeitabständen Meldung über erledigte Politruks. Nächste Meldung zum 3. August« (NOKW 1587). Dafür fand Reinhardt eine Erklärung: Weil die zu täuschenden Generalstäbe von OKH und OKW Mißtrauen hegten, in seinem Korps herumspionierten und unschwer die Nachrichtenwege kontrollieren konnten, habe man die falschen Zahlen nicht schlicht erfinden dürfen, sondern die unterstellten Divisionen darum ersucht. »Das war ein Zahlenspiel, das sich ausgedehnt hat bis auf die Nachrichtenoffiziere der Divisionen, weiter nicht.«

Die Nürnberger Anklage, die sich darüber amüsierte, daß Reinhardt einen Hitler-Befehl nur darum verkündet haben wollte, um ihn zu widerrufen, erkundigte sich, wie »diese riesige Verschwörung zur Umgehung des OKW-Befehls« vorstellbar sei, zumal die Unterstellungsverhältnisse ständig wechselten, neue Einheiten unter Reinhardts Kommando gerieten, andere es verließen. Sie alle hätte er laufend einweihen müssen, daß hier Führerbefehle sabotiert würden und beim Abschied bitten, die Heimlichkeiten in ihrer Brust zu verschließen.

Das Komplott funktionierte dennoch reibungslos. »Wenn in Deutschland ein kommandierender General einem Divisionskommandeur einen Befehl gibt«, erläuterte Reinhardt, »dann muß er das Vertrauen haben, daß dieser Befehl ausgeführt wird.« Man steht im Felde, und was gelten hier Hitler und das OKW? Divisionskommandeure verweigern einem Korpskommandeur grundsätzlich nicht den Gehorsam. Dieser »kann nicht und will nicht gängeln und hinter jedem Befehl hinterhersuchen, ob er nun wirklich ausgeführt wurde oder nicht«. Im Unterschied zu Hitler konnte sich Reinhardt auf seine Leute verlassen, und »einer aus meinem Bereich ausscheidenden Truppe zu sagen, ›wenn Ihr woanders hinkommt, dürft Ihr darüber nicht reden‹, das ist mir nicht in den Sinn gekommen ... Soweit ging dieses Zahlenspiel auch nicht.«

Die Kavaliersehre im Stabe der Panzerarmee hielt dermaßen dicht, daß – wie die Anklage aufdeckte – selbst »ein Mann namens Heydrich, der Bruder des berüchtigten SS-Heydrich«, dort Dienst tat, ohne ein Sterbenswort zu verraten. Daran vermochte sich Reinhardt indessen nicht mehr zu entsinnen. Unerklärlich bleibt ferner, warum bereits in der Woche *vor* dem Beschluß zum ›Zahlenspiel‹ die 36. motorisierte Infanteriedivision drei Meldungen über die »Beseitigung« bzw. »Erledigung« vom Kommissar absetzte (NOKW 3408). »Bestrafungen von Kommissaren in Einzelfällen«, wie die Verteidigung wußte, »die mit dem Kommissarbefehl nichts zu tun haben.«

Zwei Generalstabsoffiziere der Panzergruppe 3, Bruns und Müller, beeideten, Meldungen gefälscht, Zahlen erfunden zu haben und auch jede von der Anklage gegen Reinhardt vorgelegte Vollzugsnotiz als Fiktion wiederzuerkennen. Die Täuschung wäre demzufolge so perfekt gelungen, daß die Kommissare selbst davon ergriffen wurden. Nach einer Beobachtung der Reinhardt im Januar 1942 zeitweilig unterstellten 35. Infanteriedivision hatte sich nämlich der gegnerische Kampfwille arg versteift, weil »beim Feind frühzeitig bekannt wird, wie die Kommissare in deutscher Gefangenschaft behandelt werden. Man hat den Fehler begangen, sogar in deutscher Flugblattpropaganda darauf hinzuweisen. Zweckmäßig wäre es gewesen, die Behandlung der Kommissare geheimzuhalten. Es hätte genügt, sie gesondert nach rückwärts in ein vom Korps besonders dazu eingerichtetes Lager abzuschieben und sie erst dort zur Verantwortung zu ziehen.« (NOKW 2356)

Im Divisionsstab, der untersten Generalstabsebene, mißverstand man die Ausrottung anscheinend als politischen Selbstzweck. In Wahrheit war der Heeresspitze an einer diskreten Ausmerzung nicht viel gelegen. Von der Feindseligkeit, die in der Roten Armee gegen die Kommissarskaste gärte, versprach man sich reichen Nutzen. Bis Ende 1941 wurden 400 Millionen Flugblätter hinter die sowjetische Front befördert, um die Rotarmisten zur Desertion zu bewegen. Weil man ihnen sonst nicht viel zu bieten hatte, bot man ihnen einen Feind. Von ihm sie zu befreien, war die Wehrmacht ins Land gekommen. Derjenige, welcher ihr ein solches Flugblatt als »Überläuferausweis« vorlege, sei der Großmut des Siegers gewiß. Die Reinhardt unterstellte 6. Panzerdivision hatte indessen von »Erschießungen von russischen Soldaten durch Kommissare« erfahren, »wenn bei Soldaten deutsche Überläuferausweise (Flugblätter) gefunden wurden«. Die Nachrichtenabteilung des Divisionskommandos gab darum unter dem Rubrum »Allgemeine Befehle« am 18. August 1941 bekannt: »Der Mentalität der sowjetischen Soldaten angepaßt, soll, anstelle des bisherigen Überläuferausweises, ein russischer Vers zum Losungswort gemacht werden. Dieser lautet: ›Bej shida-politrukas morda prossit Kirpitscha‹. Das heißt in deutscher Übersetzung: ›Schlagt den Judenkommissar, seine Fresse schreit nach einem Ziegelstein.‹ Der Text ist einem bekannten russischen Vers angepaßt, dieses Losungswort wird mittels Flugblättern, Lautsprechern, Rundfunksendungen usw. den bolschewistischen Soldaten in den nächsten Wochen eingehämmert.« (NOKW 2516)

Der Erfolg blieb hinter den deutschen Erwartungen zurück. Während die Heeresspitze die ideologisch ummantelten Morde längst als untaugliches Mittel erkannt hatte, das sich nicht mehr mit den militärischen Sachzwängen vertrug, sann die 35. Infanteriedivision noch auf geschicktere Ausführung. War denn »der alte Kampf der Germanen gegen das Slawentum« vorüber, den Reinhardt beim Abmarsch ausgerufen hatte? War die mit »unerhörter Härte« geführte »Verteidigung europäischer Kultur gegen moskowitisch-asiatische Überschwemmung« nunmehr zu mäßigen, die »Abwehr des jüdischen Bolschewismus«, die »völlige Vernichtung« der »Träger des heutigen russisch-bolschewistischen Systems« einzustellen? (NOKW 2510). Zwei Jahre brauchte der Krieg, der große Lehrmeister der Generäle, um demselben Reinhardt andere Töne zu entlocken. »Der russische Mensch muß erst für die Zusammenarbeit mit dem Deutschen geworben werden, denn mit bloßer Gewalt allein kann ein Volk wohl unterworfen, aber niemals für eine Idee innerlich gewonnen werden. Das ist aber in erster Linie eine Frage der Haltung des deutschen Soldaten.« (Dok. Reinhardt 223)

Reinhardts Haltung beugte sich den Erfordernissen der militärischen Lage. In Nürnberg identifizierte er sich klugerweise mit den Verlautbarungen seiner abgeklärteren Phase. Die unbändigen Töne um den Kommissarbefehl und seinen Vollzug seien indirekte Zitate Hitlers oder aber seiner Täuschung gewidmete Scheinmanöver. Gewiß war Reinhardt ein allzu versierter Offizier, als daß man ihn zur Kreatur Hitlers hätte stempeln können.

Den Ersten Weltkrieg verließ Reinhardt als Stabschef auf Divisionsebene. In der Reichswehr blieb er zunächst bei der Stabsarbeit und wechselte 1926 zum Hauptberuf des 100.000-Mann-Heeres, der Erziehung einer neuen Generation von Truppenführern. Seine hingabevolle Unterweisung in Taktik und Kriegsgeschichte führte Reinhardt im Herbst 1933 an die Spitze der Ausbildungsabteilung der Heeresleitung, des späteren Generalstabs. Mit der Eskalation der Spannungen in Europa zog es ihn zur Panzerwaffe. Schon als Taktiklehrer hatte ihn die revolutionäre Kapazität des neuen Instrumentes begeistert. Dessen Fähigkeit zu überraschendem Zug und Durchbruch, zur Schnelligkeit und Flexibilität der Befehlsübermittlung per Funk fand in der Generation der Mittvierziger glühende Fürsprecher. Die Altkonservativen der Heeresleitung machten sich keinen Begriff von den offensiven Chancen. Daß ein kettengelagertes, motorgetriebenes Fahrzeug in seiner Abhängigkeit von Straßenzuständen und Eisenbahnversorgung jemals sensibel auf Freischärler reagieren würde, hat Reinhardts taktische Kunst schwer voraussehen können. Auch nicht, daß sich der auf rasche Entscheidung angelegte Panzerkrieg über drei Jahre auf Tausenden Kilometern Distanz erstrecken könnte.

Reinhardt hatte im Westfeldzug mit Kleist, Guderian, Hoepner und Hoth zu den Panzerführern gehört, die in unerhörtem Tempo den Gegner durch Nordfrankreich und Flandern vor sich hertrieben. Jener Triumph ihrer Ideen schien sich in den ersten sechs Monaten Rußland zu wiederholen. Im Oktober, als der Schwerpunkt der Operationen sich von der 3. Panzerarmee im Norden auf die Heeresgruppe Mitte und den Stoß auf Moskau verlagerte, trat Reinhardt das Kommando der dazu auserwählten Panzergruppe 3 an, im Januar 1942 umbenannt in 3. Panzerarmee. So wurde er Generaloberst. Sein nächsthöheres Kommando fiel ihm durch ein traumatisches Desaster zu, die Zerschlagung der Heeresgruppe Mitte. Reinhardt übernahm ihre Reste im August 1944 von Model, um mit ihnen von der Roten Armee westwärts getrieben zu werden, bis Schukow und Konjew sie im Januar 1945 über die Weichsel warfen, den Krieg auf deutschen Boden trugen und mit ihm das Grauen für die Zivilbevölkerung, das nun auf die Ostpreußen überging. Bis zum 26. Januar war die Heeresgruppe Mitte in 14 Tagen vor zwei anstürmenden Panzerarmeen 450 Kilometer gewichen, hatte Schlesien verloren und erlebte nun, wie der Verfolger Brückenköpfe über die Oder schlug, 65 Kilometer entfernt von Berlin. An diesem Tage wurde Reinhardt abgesetzt; auch er wegen unüberwindlicher Differenzen mit Hitler.

Nach der im Juni 1944 eingeleiteten Zerschlagung der Heeresgruppe Mitte wechselte der Rußlandkrieg ein weiteres Mal sein Gesicht. Wieder schob eine siegesgewisse, mit dem moderneren Material versehene und überlegen geführte Streitmacht einen demoralisierten gegnerischen Verband in flüssigem Tempo vor sich her, jagte mit der Überzahl ihrer Panzerwagen in seinen Rücken, kesselte ihn ein und brachte ihm in den Kesseln enorme Verluste bei. Immerhin währte der Rückzug Reinhardts von Witebsk in das ostpreußische Allenstein, von wo er einst aufgebrochen war, über vier Monate, der Vormarsch der deutschen Panzer im Sommer 1941 auf gleicher Strecke vier Wochen. Dennoch kam der Zusammenbruch, verglichen mit dem vorausgegangenen Abnutzungskrieg, blitzschnell. Vom Oktober 1944 an verteidigte Heeresgruppe Mitte Reichsboden.

Am 30. März 1944 hatte der Nachrichtendienst des Ostheeres eine von Gehlen verfaßte Denkschrift zirkulieren lassen, überschrieben »Zusammenfassende Beurteilung der Feindlage vor der deutschen Ostfront«. Darin war vorausgesagt, daß die Frontlinien, die den Balkan und das Generalgouvernement Polen deckten, von Rußland durchbrochen würden, um in Mitteleuropa und in das Reich Einzug zu halten. Der Südabschnitt existiere ernstlich bereits nicht mehr. In der Tat bestand die letzte Bastion deutscher Stärke in der Heeresgruppe Mitte.

Seitdem die gegnerische Winteroffensive vom Dezember 1943 bis April 1944 die Ukraine westlich des Dnjeprs zurückerobert und erst knapp vor der slowakisch-ungarisch-rumänischen Grenze Halt gemacht hatte, ragten die von der Heeresgruppe Mitte gehaltenen Linien wie ein Balkon nach Weißrußland hinein. Ihre offene Südflanke zog sich durch die halbwegs schutzbietenden Pripjet-Sümpfe, bog nach Norden bei Bobruisk bis hinab nach Witebsk, wo die Nahtstelle zur Heeresgruppe Nord lag. Bereits 1943 bezweckten die

Attacken gegen den in Witebsk verschanzten Teil der 3. Panzerarmee, die Front an dieser Stelle einzudrücken, um die beiden dort aneinandergelehnten Heeresgruppen zu trennen. Reinhardt hielt stand, wohl wissend, daß er im Grunde Wacht am Ostzipfel des Reiches stand. Witebsk, Orscha, Mogiljow und Bobruisk wurden kraft Führerbefehls zu Festungen deklariert, verteidigt bis auf den letzten Mann.

Mitte Mai 1944 entschloß sich die Rote Armee, den Riegel nach Ostpreußen endgültig zu sprengen. Inspiriert von Schukow, entstand in der Stawka die ›Operation Bagration‹, die Einschließung der Heeresgruppe Mitte in mehreren Zangenbewegungen binnen fünfzig Tagen. Der einleitende Schritt traf die Festung Witebsk. Am 22. Juni 1944, dem 3. Jahrestag des Feldzugsbeginns, 14 Tage nach der anglo-amerikanischen Landung in der Normandie, setzte die 1. Baltische Front an, die nördliche Flanke der 3. Panzerarmee zu öffnen. Marschall Bagramjan, der auf 50 Kilometern Breite und 16 Kilometern Tiefe durchbrach, hatte seine Taktik eng mit den Partisanen koordiniert. Innerhalb von drei Tagen entgleisten 142 Züge. So versickerte in höchster Not der deutsche Nachschub, und wertvolle Truppenreserven blieben zum Schutz der rückwärtigen Verbindungen gebunden, anstatt die vorderen Linien zu bemannen. Reinhardt verfügte noch über drei Infanteriekorps und eine einzige Panzerabteilung, zusammen elf Divisionen. Dem setzte Bagramjan 56 Infanterie- und Panzerdivisionen entgegen.

Gewitterregen hatte die Straßen aufgeweicht. Trotz schlechten Flugwetters konnte die Rote Luftwaffe ihre erdrückende Maschinenüberlegenheit ausspielen und die Verteidiger mit hageldichten Bomben- und MG-Kaskaden eindecken. Reinhardt und sein Stabschef Heidkämper, die ihren buntgescheckten Truppen ohnedies wenig zutrauten, waren schon am zweiten Angriffstag vom Brio des wohlausgeruhten, zuversichtlichen Gegners dermaßen geschockt, daß sie bei dem Heeresgruppenkommando die sofortige Räumung von Witebsk verlangten. Die Divisionen der Heeresgruppe verdienten längst nicht mehr den Namen, bestanden sie doch, oft nur in Regimentsstärke, aus Polizeibataillonen, Pionieren, Arbeitskommandos, Versorgungseinheiten.

Die Rotarmisten, aus verschiedenen Richtungen in die Stadt drängend, hatten eines der drei Reinhardtschen Korps mit fünf Divisionen bereits eingekesselt. Hitler und sein Sprachrohr, der Feldmarschall Busch, widersetzten sich der Aufgabe der Feste. Mit den Kapitulanten ginge eine zu große Anzahl Ausrüstungsstücke verloren.

Wie gewöhnlich löste sich der Dauerkrach zwischen Hitler und den Generälen um Rückzug oder Ausharren durch den Zwang der Ereignisse von selbst. Rechts von Reinhardt gab die Front nach. Rotmistrows 5. Panzerarmee stieß auf der Minsker Straße durch und setzte zwischen die 3. Panzerarmee und die 4. Armee General Heinricis einen stabilen Keil. Truppen der 3. Weißrussischen Front überschritten weit hinter Witebsk bei Borissow die Beresina. Die historische Fracht des Ortes bedrängte Hitler dermaßen, daß er Stellungsbau hinter der Beresina untersagte. Einen Rückzug über diesen Fluß vermochte er nicht ins Auge zu fassen.

Mittlerweile marschierte am rechten Flügel der Heeresgruppe Marschall Rokossowskis 1. Weißrussische Front beiderseits der Pripjet-Sümpfe entlang und holte zu einer großräumigen Umfassungsaktion aus, die auf Brest-Litowsk und den Weichselstrand zielte. Reinhardt mußte warten, bis das VII. Armeekorps in Witebsk mit 35.000 Mann aufgerieben und neun von elf Divisionen verloren waren, ehe Hitler den Rückzug auf eine neue Nord-Süd-Linie 100 Kilometer weiter hinten, von Polozk hinab auf die Beresina, gestattete; wiederum bis zum letzten Mann zu halten.

Aus dem Blickwinkel der Generäle zerschmolz unter dem Prinzip des ›letzten Mannes‹ sinnlos ihre Truppe. Sobald der letzte Mann aufgebraucht war, erfolgte der Rückzug, den man mit heilen Kräften 14 Tage früher hätte beginnen sollen, um aus der Tiefe desto souveräner zu kontern. Der Schwund der Mannstärke hinderte die Befehlshaber permanent daran, den Erfolg ihrer Defensivkunst nachzuweisen. Aus Hitlers Sicht wiederum bewirkte das Sträuben der Generäle, ihr Kampfinstrument zu opfern, daß der Gegner nicht jene bitteren Verluste erlitt, die seine Moral und seine Reserven verschlissen. Überdies bot mangelnde Standfestigkeit den Verbündeten ein schlechtes Beispiel. Drehte sich Hitlers Disput mit den Generälen auch taub im Kreise, waren sie einander nicht allzu fern. Darum ist die Klammer von Befehl und Gefolgschaft selbst am 20. Juli 1944 nicht geborsten, kurz nachdem der Zusammenbruch der Heeresgruppe mit 300.000 Mann den bittersten Verlust innerhalb des Feldzugs gekostet hatte.

Hitler wie die Heeresspitze rechneten Mitte 1944 beide kaum mit Sieg, sondern mit einem wie auch immer gearteten Arrangement. Dazu mußten sie sich eine Verhandlungsmasse bewahren. Nach

Lage der Dinge konnten breite Streifen gegnerischen Territoriums eisern verriegelt und die Kosten seiner Rückeroberung unzumutbar hochgeschraubt werden. So wünschte es sich Hitler. Oder aber das Kampfpotential des Heeres wurde unter Inkaufnahme von Rückzügen so weit geschont, daß es noch für einen Wechsel der Allianzen taugte. Das deutsch-angelsächsische Bündnis, das den Juli-Verschwörern vorschwebte, bedurfte ja stofflich einiger Dutzend Divisionen. Beide Optionen aber setzten voraus, daß der Gegner das Reichsgebiet nicht besetzte. Sonst war der Krieg zu Ende. Zudem suchte Hitler den Einfall der Westgegner ins Ruhrgebiet aufzuhalten sowie die ungarischen Treibstofflager zu decken. Der Mittelkurs all dieser irgendwie verwandten, an und für sich logischen, aber nicht gleichzeitig erreichbaren Ziele resultierte in dem Verlust des Territoriums, der Vernichtung des Heeres, dem Einmarsch ins Ruhrgebiet, dem Abfall Ungarns, in insgesamt blitzkrieghaftem Tempo. Zu dieser Zeit wurde Reinhardt Oberbefehlshaber der Heeresgruppe Mitte.

27 ihrer 38 Divisionen existierten nicht mehr. Am 17. Juli 1944 wurden 57.000 gefangene Landser aus dem Kessel bei Minsk durch die Straßen Moskaus getrieben. 66 Prozent aller Korpsführer und Divisionskommandeure waren tot, gefallen oder vermißt, Bagramjans 1. Baltische Front hatte westlich von Riga die Ostseeküste erreicht, die Heeresgruppe Nord in Estland eingeschlossen und von der Heeresgruppe Mitte abgeschnitten. Rokossowskis 1. Weißrussische Front war noch im Juli ins Generalgouvernement Polen eingedrungen und die 5. Gardepanzerarmee berührte Ende August die ostpreußische Grenze. Zur gleichen Zeit, am 23. August 1944, sagte sich Rumänien von den Achsenmächten los. Westlich von Bukarest lagen 18 deutsche Divisionen sowie eine rumänische Armee eingekesselt. König Michael ließ Marschall Antonescu festnehmen, befahl den Truppen, das Feuer auf die Russen einzustellen, und kapitulierte. Am 31. August zog die Rote Armee in Bukarest ein.

Bei der Besetzung des umkämpften Karpatenvorraums begingen die Eindringlinge zum ersten Mal jene Greuel, die das Zivil des Durchmarschgebietes, ob Freund oder Feind, bis zur Erstürmung Berlins im April 1945 immer wieder erdulden mußte. Die gegnerischen Rumänen und Ostpreußen nicht minder wie die befreundete Partisanenbevölkerung Jugoslawiens. In Nürnberg pflegten die Angeklagten die Exzesse der sowjetischen Soldateska anzuführen, um die Manneszucht ihrer eigenen Truppen hervorzuheben. Vergewaltigung, Lustmord, Raub und Trunk waren in der Wehrmacht verpönt, soviel ist richtig.

Stalin, von Titos Emissär Djilas nach dem unersättlichen Vergewaltigungsdrang seiner Soldaten befragt, deklarierte die Frauen heiter als Prämien für die Strapazen des Kampfes. Ein Tilly vor dem belagerten Magdeburg mag seinen Söldnern zuliebe solchen Ideen nachgegeben haben, den Generalissimus Stalin hingegen hat die Befindlichkeit von Rotarmisten nie einen Deut gekümmert. Irreführend wäre auch die Annahme, die Armeeführung habe das Treiben ihrer Männer verständnisvoll geduldet. Diese sind von ihr systematisch angestiftet worden.

Lange bevor die Rote Armee einem deutschen Zivilisten begegnete, sind es hysterische Literaten gewesen, nicht leidgeprüfte Frontkämpfer, die Rachedurst geschürt haben. Durch Flugblätter und Zeitungen ist dem Soldaten, was immer er phantasiert haben mag, ausdrücklich gestattet und nahegelegt worden. Kaum, daß die Rote Armee sich Berlin näherte, wurde Ehrenburg, der Haupteinpeitscher, von eben der Führung zur Raison gerufen, die ihm zuvor die Propagandaspalten eingeräumt hatte. Auch in Berlin währten krasse Disziplinlosigkeiten fort, doch ersichtlich nicht auf höheren Befehl. Vielmehr suchten die Befehlshaber Auswüchse nach der in Ostpreußen geübten Manier abzustellen.

Als dort sowjetische Verbände im Oktober in die Kreise Goldap und Gumbinnen einrückten, hub ein Rauben, Morden, Schänden und Metzeln an, das auch neutralen Betrachtern die Vorstellung der alt-mongolischen Horde einflößte. Scheußlichkeiten, wie mit gekreuzten Gliedern an Scheunentore genagelte Frauenleichen, setzten die weibliche Bevölkerung unter fassungslosen Schock. In den Dorfkirchen sammelten sie sich zum Beten. Außer Gott besaßen sie keinen Schutz. Vor allem aber rafften die Ostpreußen ihre Habe und flüchteten westwärts. Die Angst pflanzte sich nach Ostpommern, Ostbrandenburg, Schlesien und Polen fort. Von den zehn Millionen Ostvertriebenen, welche die Grenzziehungen der Potsdamer Konferenz die Heimstätte kostete, begab sich die Hälfte unter dem Eindruck des Terrors der einrückenden Rotarmisten auf den Treck.

Angesichts der längst beschlossenen Westverschiebung der Sowjetunion und Polens kam die Panik der Bodensassen der Sowjetregierung nur gelegen. Allzu unwahrscheinlich der Gedanke, daß die Anstachelung zur Kollektivrache diesen Effekt ignoriert hätte.

Herrscht erst einmal Waffenruhe, sind Gewaltvertreibungen unstatthaft, dies respektiert auch das Potsdamer Abkommen. Flucht vor einer vergewaltigungswütigen Soldateska, die jedem, der aufmuckt, durch den Kopf schießt, erscheint hingegen als Ausreißen vor den Schrecknissen des Krieges. Man wich in der Hoffnung auf friedliche Rückkehr. Der Rückweg blieb versperrt. Auf den Irrtum war Stalins Spekulationsgewinn angelegt. Die Vergeltung der Rotarmisten haben Wohlmeinende als seelische Eruption schlichter Menschen nach drei Jahren deutschen Regiments in Rußland ausgegeben. Zwanzig Millionen Opfer lassen kein unberührtes Rechts-Unrechts-Empfinden zurück. Wenn überhaupt etwas intakt bleibt, dann die Schaden-Nutzen-Berechnung der Stäbe. Sie hätten bei nachteiligen Folgen die Massaker in Ostpreußen im Keim erstickt. Der Terror versprach aber wie so oft in diesem Krieg den meisten Vorteil.

Reinhardt vermochte zunächst die Rote Armee abzudrängen; deren Gebaren schien seine Weisung an das XXXI. Korps im Frühjahr 1941 unter Beweis zu stellen: Kampf um das Dasein und zur Verteidigung der europäischen Kultur. Nach soviel Barbarei ohnegleichen ein allerdings fiktives Mühen. Immerhin beschützte Reinhardt zum ersten Mal das Leben Unschuldiger, statt es zu bedrohen.

Die kurzfristig aus Ostpreußen herausgedrückte Rote Armee hatte Ende des Jahres ihre überdehnten Nachschublinien genügend gefestigt, um auf breiter Front gegen Polen, Ungarn, die Tschechoslowakei, Österreich, das Baltikum und wiederum Ostpreußen zu rücken. Den Zugang zum Reich versperrten von Warschau bis zur Ostsee Reinhardts Heeresgruppe Mitte und südlich von Warschau bis zum Karpatenrand Heeresgruppe A, zusammen knapp eine Million Mann stark, mit 1.800 Panzern und 790 Flugzeugen. Der Gegner hatte seiner Hauptstreitmacht, der 1. Ukrainischen Front unter Schukow und der 1. Weißrussischen Front unter Konjew, 2,2 Millionen Mann, 7.000 Panzer und 5.000 Flugzeuge zugeteilt. Schukows Route führte durch Posen, Richtung Frankfurt/Oder. Konjew zielte auf Schlesien, Richtung Breslau; beide sollten sie die Front von der Weichsel an die Oder schieben. An den Flanken dieser Walze zogen noch die 4. Ukrainische und ein Flügel der 2. Weißrussischen Front unter Rokossowski im Schneetreiben das östliche Weichselufer entlang, um in einem nordwärts gerichteten Stoß auf Danzig die Heeresgruppe Mitte von Pommern und Polen abzuschneiden. Ostpreußen saß in der Zange dreier sowjetischer Fronten, offen allein zur Ostsee hin.

Reinhardt hatte dieses Ende kommen sehen und Hitler vergebens um rechtzeitige Evakuierung der Bevölkerung ersucht. Doch wenn irgend etwas dessen Tage noch verlängern konnte, dann sowjetische Greuel. Das einzige, was er retten ließ, waren Hindenburgs Gebeine. Kurz vor dem Fall Tannenbergs wurde das Denkmal gesprengt und der Sarg des Feldmarschalls in Sicherheit gebracht. Unterdessen rollten Schukows und Konjews Panzerkolonnen ohne ernste Hindernisse tags und nachts zur Oder.

Die Deutschen hatten das Gelände zwischen Weichsel und Oder mit sieben Verteidigungsgürteln in einer Tiefe von 450 Kilometern befestigt. Weil die Kräfte fehlten, sämtliche Stellungen ausreichend zu bemannen, boten sie den Angreifern wenig Beschwernisse. Die beiderseits extrem verlustreichen Schlachten an der Oder und in Berlin beruhten auf der natürlichen Tücke der Stadtlandschaft und dem Aufopferungswillen der letzten Verteidigungsreserven, die mit dem Hitlerreich die Zivilisation vor dem Untergang wähnten.

Die Versklavung von 200.000 sowjetischen und polnischen Zivilisten zum Stellungsbau im rückwärtigen Gebiet der Heeresgruppe Mitte bewirkte nahezu keinen Aufschub. In der Kursker Schlacht, der letzten deutschen Offensivoperation, hatte das Heer den blutigen Verschleiß in aufwendigen Defensivanlagen am eigenen Leibe gespürt. Allerdings kannte die bisherige Kriegsgeschichte keine ähnliche Konstruktion. Ihre Entwicklung war aber nur die zwingende Antwort auf die Durchschlagskraft des Panzers. Wenn die Kampfzone durch Gräben, Wälle, Stahl-, Beton- oder Holzsperren und Minengürtel tiefgestaffelt präpariert war, mußte die frontaufbrechende Wirkung von Panzerkeilen abstumpfen. Derartige militärische Landschaftsarchitektur ließ sich nur durch zivile Arbeit vollbringen. Im Kursker Bogen war die gesamte dort ansässige Zivilbevölkerung darin eingespannt, insgesamt 300.000 Personen. Als sich nach Kursk die Angriffsrichtung umkehrte, suchte auch die Wehrmacht in Stellungssystemen Schutz. Die Arbeitskraft dazu entnahm sie wie selbstverständlich der Bevölkerung ihres Besatzungsgebietes.

Zur Dnjeprstellung hatte sich die Heeresgruppe Süd überhastet entschlossen. Die Gegenoffensive aus der Tiefe des Kursker Bogens übermannte sie unvorbereitet und relativ locker befestigt. Ganz anders die Verteidigung des Frontbogens der Heeresgruppe Mitte. Hier verteilte sich das Stellungssystem über 1.200 Kilometer.

Mit einem sowjetischen Vorstoß wurde seit langem gerechnet. Während Hitler einen Zugriff auf die rumänischen Ölfelder voraussagte, erkannte die Heeresgruppe ihre Attraktion als Riegel vor der Metropole Berlin. Offiziere und Mannschaften studierten in gesammelter Spannung die Vorbereitungen der Gegenseite.

Reinhardt hatte in seinem Hauptquartier Witebsk von Dezember 1943 bis März 1944 drei schwere Abwehrschlachten bestanden. Die Versorgung der nahezu eingekesselten Stadt rollte über zwei Straßen; die Eisenbahnlinien waren bereits gekappt. Angesichts der, wie Reinhardt sich in Nürnberg erinnerte, ungeheuer schwierigen Ernährungslage schritt er vom 29. Februar bis 18. März 1944 zur Evakuierung des Zivils. »Erfaßt wurden insgesamt 25.792 Personen«, vermeldet der Bericht des Quartiermeisters. Die Gesamthaltung der Bevölkerung sei überraschend ruhig gewesen; den »energisch durchgeführten Erfassungsmaßnahmen der Feldgendarmerie« wurde willig Folge geleistet. »Weinszenen bei der Räumung von Häusern und Wohnungen waren naturgemäß nicht immer zu vermeiden« (NOKW 2648). Die Erfaßten gliederten sich in Arbeitsfähige und Arbeitsunfähige. Sieben- bis achttausend Personen verblieben in Witebsk, davon 1.300 »als unentbehrliche Arbeitskräfte bei den Dienststellen«. Den entbehrlichen Rest stellten Kranke, Greise und Mütter mit Kleinstkindern. In einer Vortragsnotiz für den Oberbefehlshaber notiert der Quartiermeister, daß bei den Evakuierungsmaßnahmen im gesamten Armeegebiet die »zumindestens notdürftige Versorgung auch der überflüssigen Esser« beschlossen sei. Ansonsten befreite die Evakuierung Reinhardt von einer ungeliebten Pflicht. Bis Ende September hatte er 15.000 Arbeitskräfte im Reich abzuliefern. »Durch Evakuierung Witebsk«, bilanziert der Quartiermeister, sei die Quote zu »rund 11.000 erfüllt« (NOKW 2633). Die Bereitschaft der Bevölkerung Weißrußlands, für Deutschland zu arbeiten, habe er keineswegs erzwingen müssen, beteuerte Reinhardt, »denn sie stand unter dem gleichen Druck der Lage. Sie fürchtete den russischen Durchbruch und das Wiederkommen des Bolschewismus für ihr eigenes Schicksal und war nur daran interessiert, daß wir hielten.«

Nach Ansicht der Verteidigung hätten die 2,8 Millionen auf Reichsgebiet geschleppten sowjetischen Zivilarbeiter dort entweder aus Sympathie für die deutsche Sache geschuftet, wenn nicht, dürften sie sich dennoch nicht beschweren, weil sie damit nicht schlechter gestellt waren als unter den drakonischen Zwangsgesetzen Stalins und falls doch, ließ sich dem Angeklagten kein Rechtsvorwurf daraus machen: »In einer Zeit, in der die Sowjetunion deutsche Staatsbürger wohl täglich zwangsverschleppt, in einer Zeit, in der die Sowjetunion deutsche Staatsbürger in größtem Ausmaß im wahrsten Sinne des Wortes Sklavenarbeit außerhalb Deutschlands verrichten läßt, ist es für einen Deutschen ganz besonders schwer, noch an ein internationales Recht zu glauben. Während all das drei Jahre nach Kriegsende geschieht, ohne daß irgendeine Macht der Welt mit Anklagen wegen Kriegsverbrechen vor einem internationalen Gerichtshof dagegen vorgeht, sollen hier deutsche Generäle zur Verantwortung gezogen werden, weil sie mitten in der härtesten Notzeit des Krieges die russische Zivilbevölkerung zu unbedingt notwendigen Arbeiten herangezogen haben, die Bevölkerung eines Landes, das die staatliche Zwangsarbeit auch schon im Frieden zum Gesetz erhoben hatte.«

Für die Generäle des Zweiten Weltkriegs zählt das Arbeiterheer als eine Abteilung ihrer Streitkräfte, zunächst als deren Reserve. Mitte 1944 umfaßte die Wehrmacht 9,1 Millionen Mann. Knapp 4 Millionen waren bis zu diesem Zeitpunkt bereits durch Tod, Invalidität und Gefangenschaft verlustig gegangen. Sie ließen sich in der Mehrzahl nur zuungunsten der Produktion ersetzen. Zur deutschen Arbeitsbevölkerung gehörten damals 29 Millionen Männer und Frauen gegenüber 37 Millionen im Jahre 1939. Die Differenz wurde gedeckt durch 7 Millionen ausländische Arbeitskräfte.

Im Vergleich zum Gegner lieferte die deutsche Industrie der Front nur einen Bruchteil der erforderlichen Waffen. Die sowjetische Panzerproduktion erreichte zwischen 1942 und 1944 82.200 Wagen gegenüber 56.400 Wagen der Wehrmacht; ein Vorteil von 25.800 Stück. »Hinter einem deutschen Soldaten stehen 5 Arbeiter, hinter einem feindlichen Soldaten stehen mehr Arbeiter«, resümiert eine Quartiermeisterbesprechung der 3. Panzerarmee im Juli 1943. Darum müssen mehr Ostarbeiter hinter die Panzerfahrer gestellt werden: »Tausend Ostarbeiter wöchentlich für das Reich.« Umstandslose Verschleppung lehnen die Quartiermeister strikt ab, denn »Überspannung der Zwangsmethoden führt zu Mißerfolgen im Endergebnis und Rückschlägen in der Allgemeinlage«. Das Ideal ist auf die Dauer die bereitwillige Kollaboration. Sie kostet Mühe, wird allerdings als Zukunftsinvestition betrachtet, damit »Landeseinwohner Freunde und Bewunderer des Reiches sind«. Das Liebste wäre der Panzerarmee »Einflußnahme auf die stark bolschewistisch voreingenommene Jugend« und die »Erfassung der Verwahrlosten, die sich stehlend und schiebend herumtreiben«. Wenn sonst nichts fruchtet, hilft nötigenfalls ein »Arbeitserziehungslager«, das Standort- oder Feldkommandanten unterhalten. »Sinn des Lagers: Ausgesprochen straffe Heranziehung und strenge Beaufsichtigung bei einwandfreier Behandlung.« (NOKW 2473)

Die Nürnberger Anklage legte am Falle Reinhardt, »der in die Durchführung des Sklavenarbeitsprogramms mehr verwickelt ist als irgendein anderer Angeklagter«, den Vollzug nazistischer Kolonialpolitik dar. Demzufolge machte das Reich die Arbeitskraft im besetzten Europa zu seiner Beute, preßte die Widerstrebenden in den Dienst der deutschen Kriegsmaschine und verschliß sie dort bis zum Rande der Auslöschung. Dem Angeklagten lagen nicht aus der Not geborene Verstöße gegen die zivilen Rechte im Okkupationsgebiet zur Last, vielmehr »ein systematisches, verbrecherisches System, ins Werk gesetzt mit dramatischer Gründlichkeit und Grausamkeit von Reinhardts Hauptquartier bis zur letzten Kompanie über einen mehr als 2 Jahre anhaltenden Zeitraum«. Der Anklagevorwurf nennt das Faktum der Kollaboration ebensowenig wie die Verteidigung den Terror. Kollaboration und Terror durchtränken indessen das Leben im Okkupationsgebiet.

Terror gegen ausgemachte Gegner oder Zufallsopfer erzieht, wenngleich nur jene Minderheit, die sich politischen oder nationalen Empfindungen hingibt. Die Mehrzahl des Zivils lebt außerhalb der Sphäre, die der Terror ergreift. Ihr Durchschnittsarrangement mit dem Besatzer folgt ebensowenig der organisierten Kollaboration. Den Zirkeln der Quislinge traute zumal Hitler nicht über den Weg. Euro-Nazismus verträgt sich schlecht mit dem Zustand der Unterwerfung. Politische Kollaborateure kollaborieren darum nicht gut. Letztlich suchten sie eine prächtigere Rolle, als ihnen zustand. Die wahren Stützen des Besatzers sind die verläßlichen Erwerbsdienste der Mehrheit, die seinen Lebens- und Wehrwirtschaftsbedarf decken helfen. Dazu bedarf die Masse der Okkupierten keines Terrors. Ihre Disziplinierung besorgt die schiere Mühsal des Selbsterhalts. Ohne den Torturen des Besatzers zu unterliegen, beobachtet die Erwerbskollaboration seinen Erfolg. Ihr Partner ist der jeweilige Herr der Lage.

Das Geschichtsbild reflektiert die Selbstverständlichkeit der Kollaboration mit Nazi-Deutschland ungern. »Sie ist unsympathisch«, schreibt Werner Rings, einer ihrer wenigen Historiker. »Sie trägt das Stigma des Verrats. Wenn überhaupt, dann wird sie wie etwas Unappetitliches beiseite geschoben oder als diffuser Hintergrund gebraucht, vor dem sich die Résistance um so ergreifender und vorteilhafter darstellen läßt.« Dabei verdeutlicht die Zahl von insgesamt 260 Millionen Menschen unter deutscher Besatzungsherrschaft, daß Militärgewalt und Terror allein sie nicht kontrollieren konnten. Immerhin entstand dadurch ein Anpassungsdruck, der sich schließlich weit mehr Menschen als wirtschaftlicher denn als politischer Zwang darbot. Auch in Holland, Belgien, Frankreich und Rußland war Hitler leichter zu ertragen als Dauerarbeitslosigkeit und schwere Kapitaleinbußen. Der öffentliche Dienst mag den Übergang der Staatsmacht auf den Okkupanten unter Umständen verkraften, seine Abdankung aber nimmermehr.

Das unzureichend gerüstete Reich wiederum, vom Kriegsverlauf Mal um Mal überrumpelt, stand vor der Wahl, einzulenken oder seinen Aufwand aus den Reserven der Besatzungsgebiete zu dekken. Dort traf man auf viel Entgegenkommen. Infolge all der Niederlagen, die Märkte, Rohstoffzufuhren und Kapitalverkehr in Europa zerrüttet hatten, fanden die Anbieter von Arbeit und Waren nur einen rettenden Käufer, Deutschland. Der Westfeldzug raubte zwei Millionen Arbeitern in Frankreich, Belgien und Holland jegliche Beschäftigungsaussicht. Binnen eines Jahres, bis zum Beginn des Rußlandzuges, immigrierten ebenso viele Arbeitssuchende in das Reich, angelockt von höheren Löhnen und besseren Sozialleistungen als irgendwo sonst in Europa. Rechnet man zu diesen Hilfstruppen der deutschen Kriegswirtschaft noch jene hinzu, die ihr, wie die 845.000 französischen Rüstungsarbeiter, daheim zuarbeiteten, Flugzeugteile bauten und Flugplätze anlegten, so erscheint Werner Rings' Urteil wohl begründet. »Es ist also keine Übertreibung zu sagen, daß sich das ganze besetzte Europa in der Hauptsache für Hitlers Kriegsmaschinerie abmühte.«

Der Wehrdienst der deutschen Arbeiter und die Waffennachfrage sorgten für eine Vollbeschäftigung im Reich, die das von ihm mit Arbeitslosigkeit geschlagene Proletariat des Kontinents unweigerlich anzog. Aller Barbarei der Wehrmacht zum Trotz, verdingten sich bei ihr innerhalb von zwölf Monaten auch 500.000 Russen. Die Reichskommissariate Ostland und Ukraine beschäftigten im Juli 1943 rund eine Million Hilfsfreiwillige, und diese Anzahl stand selbst bei Kriegsende noch in deutschem Sold. Weder Parteigänger der nazistischen noch sonst einer Sache.

Die durch verbrannte Erde von der weichenden Roten Armee angerichteten Verwüstungen ließen genügend Unglückliche zurück, denen allein der Sinn danach stand, das nackte Leben zu fristen. Das deutsche Heer benötigte massenweise Köche, Stallknechte, Chauffeure, Stubenmädchen, Straßenfeger, Munitionsträger, Dolmetscher, Schneeschipper. Überdies konsumierte es Berge von Fleisch, Milch, Eiern, Getreide und fragte alle möglichen Handwerksdienste nach. Gleich an das Operationsgebiet grenzte in Gestalt der Reichskommissariate bereits das zivile Deutschland. Es war gewissermaßen der einzige Arbeitgeber am Platze.

Die mit der Schlacht vor Moskau gewandelte Kriegsnatur erhitzte den Arbeitsbedarf um ein weiteres. Hunderttausende von Männern verließen im Reich Acker und Fabrik, um die Gefallenen und Gefangenen der Rußlandarmeen zu ersetzen. Ihre Ausrüstung mit Munition, Gerät und Kleidern über Tausende von Kilometern hinweg zwang schlechterdings, Europas brachliegende Arbeitsreserven zu mobilisieren. Mit den freiwilligen Immigranten waren sie beileibe nicht ausgeschöpft. In Görings Amt für den Vier-Jahr-Plan wurde dem Thüringer Gauleiter Fritz Sauckel eine Geschäftsstelle eröffnet zwecks »Hereinnahme einer Riesenzahl neuer ausländischer Zivilarbeiter und Zivilarbeiterinnen«. Als ›Generalbevollmächtigter für den Arbeitseinsatz‹ bediente sich Sauckel »der vorhandenen Partei-, Staats- und Wirtschaftseinrichtungen«. In Rußland waren das die Zivilverwaltungen der Reichskommissariate, die Höheren SS- und Polizeiführer, die Arbeitsämter, die Wirtschaftsinspektionen des Heeres sowie die Ortskommandanturen der Befehlshaber der rückwärtigen Armeegebiete. Der Generalbevollmächtigte selbst, mit dem Karacho eines von Hitler den traditionellen Behörden vorangesetzten Parteihäuptlings, preßte aberwitzige Rekrutierungsquoten in den Amtsweg und animierte die ihm dort zugeordneten Mitarbeiter, »ohne alle falsche Sentimentalität«, Leute heranzuschaffen durch Zureden oder Gewalt (PS 16).

Sauckel, gelernter Matrose und Schlosser, selbst für NSDAP-Verhältnisse eine arg stumpfsinnige Figur, bekam mit seiner Befugnis die Konzession zum Menschenfang übertragen, den die herkömmlichen Organe scheuten. Ein Sonderbevollmächtigter entlastet die normalen Geschäftsträger bei krassem Unrechtshandeln. »In allen Fragen der Arbeitsgewinnung für das Reich«, erläuterte Reinhardts Verteidigung, war der

Wirtschaftszweig der Armee »an die fachlichen Weisungen seiner Sonderdienstwege gebunden, der letzten Endes von Göring ausging«. In der Tat waren die im Heer tätigen Wirtschaftsinspektorate Glieder des Wirtschaftsstabs Ost, der formal Göring als Beauftragtem für den Vier-Jahr-Plan unterstand, welche wiederum mit Speers Rüstungsministerium und dem Wirtschafts- und Rüstungsamt des OKW verschachtelt war. Dazwischen tummelte sich als Fronvogt Sauckel. Göring und Sauckel übten infolgedessen für die Zwangsarbeit dieselbe ›Fachaufsicht‹ aus, wie Himmler und Heydrich für den Bereich ›Sonderbehandlung durch SD‹. Seinen Orts- und Feldkommandanturen, berichtete Reinhardt in Nürnberg, seien »Auflagen auf dem besonderen Dienstweg gemacht worden«, jedoch vergebens, weil »wir uns einschalteten, um nach unserem Sinn arbeiten zu lassen«. Daran ist viel Wahres.

Der Zwist mit den Sonderdienstwegen ist wie gewöhnlich konstruiert. Hingegen stimmt es, daß im Operationsgebiet kein Sauckel Anstalten treffen konnte wider »unseren Sinn«. Der Konflikt bestand darin, daß die Befehlshaber gespaltenen Sinnes waren, hatten sie doch zwei widersprechenden Zielen zu genügen. Sie benötigten die russische Bevölkerung als Arbeitssklaven und als Verbündete zugleich. Der Arbeitsbedarf wuchs in dem Maße, wie die Kollaborationsneigung abnahm. Der Fall des Generalobersten Reinhardt schildert das vergebliche Bemühen eines ernüchterten Befehlshabers, die Schere zu schließen und Kollaboration zu erzeugen, nachdem ihre Zeit verstrichen war.

Das Zivil kollaboriert mit dem mutmaßlichen Sieger, selbst mit den Falken des Terrors, ungern jedoch mit dem Rückzügler. Sechs Monate, nachdem Sauckel ganz in der alten Rage der Barbarossa-Zeit zu rekrutieren begonnen hatte, meldeten sich die Tauben des Rosenbergschen Ostministeriums zu Wort. Dem Ressort, das die Sowjetunion mittels antibolschewistischer Politik zu gewinnen hoffte, paßte die ganze drakonische Richtung nicht. In der Historiographie sind dessen Schriften stets zustimmend zitiert worden. Wenn Hitler und die Heeresführer auf Rosenberg und seinen Staatssekretär Bräutigam gehört hätten, wäre Rußland womöglich 1941 vom Kommunismus erlöst worden.

Haben die Generäle je an der Schwelle des Sieges gestanden, dann in dem barbarischen Halbjahr der Operation Barbarossa. An Kollaborationswilligen hat es ihnen währenddessen gewiß nicht gefehlt. Als sie der Abnutzungskrieg schließlich mäßigte, war die

Niederlage dadurch auch nicht mehr abzuwenden. Im November 1942, dieweil Bräutigam seine Kritik am Sauckel-Terror niederlegte, stand ihm die Generalität gar nicht mehr so fern. »In der üblichen grenzenlosen Mißachtung des slawischen Menschens«, heißt es dort, »wurden bei der ›Werbung‹ Methoden angewandt, die wohl nur in den schwärzesten Zeiten des Sklavenhandels ihr Vorbild haben. Es setzte eine regelrechte Menschenjagd ein. Ohne Rücksicht auf Gesundheitszustand und Lebensalter wurden die Menschen nach Deutschland verfrachtet, wo sich alsbald herausstellte, daß weit über hunderttausend wegen schwerer Krankheit oder sonstiger Arbeitsunfähigkeit zurückgeschickt werden mußten ... Selbstverständlich war die Hauptabteilung Politik* unablässig bemüht, die Methode des Arbeiterfanges und die Behandlung der Arbeiter in Deutschland auf eine vernünftige Grundlage zu stellen. Ursprünglich hatte man in allem Ernst daran gedacht, von den nach Deutschland verschickten Arbeitern Höchstleistungen bei minimaler Kost zu verlangen. Auch hier wieder hat nicht politische Einsicht, sondern lediglich primitivste biologische Erkenntnis zu einer Besserung geführt. Jetzt sollen 400.000 Hausgehilfinnen aus der Ukraine nach Deutschland kommen, und schon verkündet die deutsche Presse öffentlich, daß diese kein Recht auf Freizeit haben, Theater, Kinos, Restaurants usw. nicht besuchen dürfen und sie höchstens 3 Stunden in der Woche, von dienstlichen Ausnahmen abgesehen, das Haus verlassen dürfen.« (PS 294)

Der Nürnberger Anklage waren solche Selbstbezichtigungen aus dem Innern des NS-Staates die nützlichsten Beweisstücke. Neben dem Tatnachweis enthalten sie zur Haager Landkriegsordnung passende Begriffe. Bräutigam beklagt, daß neben dem Krieg gegen die bolschewistische Staatsmacht ein Krieg gegen den Fortbestand eines russischen Reiches und ein dritter Krieg zur Ausplünderung und Versklavung des russischen Volkes geführt werde. Die seit der Neuzeit herrschende Lehre vom Staatenkrieg, ein geregelter Rechtszustand zweier streitender, gleichwohl einander respektierender Mächte, ausgetragen zwischen Streitkräften, nicht aber gegen Völker, hätte demzufolge auch unter Hitlers Gefolgsleuten als die Norm gegolten.

Das Ostministerium wollte den Krieg beileibe nicht an der sowjetischen Zivilbevölkerung vorbei führen. Als politisches Ressort wünschte es, das Arbeitsprogramm durch Kollaboration auf eigene

* des Ostministeriums

Weise zu steuern. Himmler beanspruchte Zuständigkeiten für seine Sonderbehandlungen, Sauckel für Menschenfang und Rosenberg für die Bekehrung der Slawen. Gelernter Ideologe, der er war, dachte er die Gestellung ukrainischer Bauern in den reichsdeutschen Bergbau partnerschaftlich herbeizuführen. Die ›Befreiung vom Bolschewismus‹ war aber zunächst ein militärisches Problem. Kollaborationswillig waren Arbeiter und Bauern allenfalls mit jenem, der die bolschewistische Macht zu brechen fähig war. Die Arbeitsfreiwilligen aus Westeuropa hatten vorher die bedingungslose, teils schmähliche Kapitulation ihrer Regierungen erlebt und waren dem Deutschen Reich existentiell ausgeliefert. In der okkupierten Sowjetunion bestand bis Dezember 1941 derselbe Anschein. Zu Beginn der Sauckel-Aktion aber hatte die Moskauer Zentralgewalt nicht nur die Wehrmacht zum Stehen gebracht, sondern überdies mit der Partisanenbewegung eine ernst zu nehmende Basis inmitten ihrer entglittenen Untertanen geschaffen. Im Unterschied zum Westen boten sich zur Kollaboration gewisse Alternativen. Außerdem traf sie auf alsbaldige oder angedrohte Rachesanktionen Moskaus. Als Reinhardt schließlich Witebsk evakuierte, lagen drei Viertel seines Armeegebietes in Partisanenhand. Unter solchen Umständen funktioniert keine Kollaboration und nützt keine Verschleppung.

Das von Sauckel in seiner Antwort an Rosenberg im März 1943 genannte russische »Tagessoll« von 10.000 abzutransportierenden Arbeitskräften überstrapazierte bei weitem die vorhandenen freiwilligen Reserven. Die Unfreiwilligen aber zogen in Massen ein Partisanenleben der Deportation vor. Dazu trugen nicht zuletzt die schikanösen Lebensverhältnisse der durch ein Abzeichen kenntlich gemachten Ostarbeiter im Reich bei. Sie unterlagen gewohnheitsmäßiger Prügelstrafe, mehr als der halbe Lohn wurde für elende Verpflegung und Unterkünfte einbehalten, Transporte mit Heimurlaubern entluden Schwerkranke, Verletzte, Unterernährte. Schließlich entfielen Urlaube, weil sich die Unglücklichen durch Flucht, Selbstverstümmelung, ja, durch Selbstmord vor dem ihnen in Deutschland bereiteten Dasein entzogen. Das rührte nicht allein von einer Batterie diskriminierender Regierungserlasse her. Die Ankunft der ersten sowjetischen Kriegsgefangenen zur Arbeit in Deutschland begleitete eine giftige Untermenschenpropaganda, die auf fruchtbaren Boden stieß. Nur allzugern kostete der Volksgenosse sein labiles Herrentum an den Eingeschleppten aus, so als habe er sie ihrer gerechten Strafe zuzuführen. Die verstörten Deutschen, die sich die offiziellen Warnungen vor den eintreffenden Horden stumpfsinniger Slawen und asiatisch-mongolischer Schaudergestalten zu Herzen nahmen, mußten zugleich die Kunde von den 46.000 Toten im Monat verdauen, welche die Operation Barbarossa das Heer gekostet hatte. Zur Zeit des Sauckelschen 10.000-Personen-Tagessolls lag die deutsche Verlustziffer bei über 1.000 Gefallenen täglich. Schwer vorstellbar, wie sich unter den Bedingungen solchen Massensterbens eine entspannte Kollaboration mit den Feindvölkischen entwickeln mochte. Als sich ein Reinhardt längst von der Haßpropaganda gelöst hatte und einen barschen Paternalismus in seinem Armeegebiet zur Schau stellte, blieb die Heimat von Vergeltungshunger beseelt. Der Hang, die Ostarbeiter der Quälerei, Schmalkost und Belauerung auszusetzen, hatte so viele Reichsbürger angesteckt, daß selbst Goebbels auf eine Reform der Untermenschenpropaganda sann.

Für die Generäle war nach dem Scheitern des Blitzkrieges die Kollaboration zur Liebhaberei geworden. Da sie sich nun auf längeren Verbleib im Lande einrichteten, benötigten sie eine vielfach gefällige Bevölkerung. Von nun an bemaßen sie den zur Ruhigstellung favorisierten Terror an dem Risiko, die Hilfswilligen zu verschrecken. »Jeder Zwang«, erklärte Reinhardt in Nürnberg, »bedeutete Stimmungsbeeinflussung der Bevölkerung. Jeder militärische Führer will hinter sich Ruhe und Ordnung, also auch eine ordentliche zu ihm haltende Bevölkerung.«

Sauckels Vollmachten ärgerten das OKH, weil sie in eigene Gebietshoheit eingriffen. Soweit Sauckel in den zivilverwalteten Reichskommissariaten jagte, mußte er sich mit den Kommissaren Lohse im Norden, Koch im Süden und ihrem Vorgesetzten, Minister Rosenberg, einigen. Im Operationsgebiet hatte er es mit festeren Autoritäten zu tun. Wagner, der die Vollmachten der Polizeiorgane seinerzeit mit Heydrich ausgehandelt hatte, wies die Heeresgruppen neun Wochen nach Sauckels Bestallung an: »Keinesfalls dürfen die Arbeitseinsatzdienststellen im Operationsgebiet von sich aus mit Zwangsmaßnahmen vorgehen.« Nach OKH-Befehl vom 10. Mai 1942 sei ausdrücklich bestimmt, »daß die Meldungen russischer Arbeiter zum Arbeitseinsatz im Reich grundsätzlich freiwillig sein sollen«. Falls der Erfolg ausbleibe, werde »gegebenenfalls durch OKH im Einvernehmen mit dem Generalbevollmächtigten für den Arbeitseinsatz entschieden werden, ob und welche Zwangsmaßnahmen anzuwenden sind« (Dok. Reinhardt 186). Sechs Monate später hatte sich herausgestellt, daß ohnehin »die ganze Arbeit auf den Ortskommandanturen lastet, da in den Kommandanturbereichen kein deutsches Arbeitsamt vorhanden ist«.

Der Kommandant des rückwärtigen Heeresgebiets 590 der 3. Panzerarmee, der diese Lage ganz selbstzufrieden dem Armeehauptquartier mitteilt, möchte allenfalls höfliche Ersuchen militärfremden Personals an die Ortskommandanturen zulassen. Niemand außer ihnen sei fähig, die verfügbaren Arbeitskräfte zu erfassen. »Lust und Neigung für diesen Arbeitseinsatz ist nirgends vorhanden, ja, es ist sogar vorgekommen, daß die Männer beim Abtransport geweint haben. Fast alle Arbeitskräfte müssen buchstäblich an den Haaren herbeigezogen werden. Dies bereitete den Ortskommandanturen sehr große Schwierigkeiten...« Feldgendarmen und der heimische Ordnungsdienst müßten die Transporte ständig streng bewachen, weil die Insassen zu entfliehen suchten. Ursache dafür seien Gerüchte, die von einer mangelhaften Ernährung im Reich, lagermäßiger Unterbringung und Bewachung und häufigen Bombenangriffen berichten.« (NOKW 2341)

Die Panzergruppe zeigte sich ratlos, wie stets steigende Quoten zunehmend unwilliger Zivilisten ins Reich zu zwingen wären. Eine Quartiermeisterbesprechung im April 1943, die ein neues Wochensoll im Armeegebiet durchrechnete, endete unentschieden: »Falls befohlen wird, unter allen Umständen die Zahl 1.400 wöchentlich auch mit unmittelbarem Zwang zu erreichen, so wird dies das erste und vielleicht auch das zweite Mal durch Einsatz von Feldgendarmerie und Ordnungsdienst gelingen, indem diese Organe jede einzelne Arbeitskraft mit Gewalt abtransportieren. Die darauffolgenden Aktionen werden immer erfolgloser verlaufen, und der Zustrom zu den Banden wird weiter anschwellen.« Reserven an Arbeitsfähigen waren ausreichend vorhanden. Sollte man aber einen jeden davon unter Bewachung stellen? »Die Einflußgebiete der Armee sind im Armeegebiet zur Zeit noch sehr klein: Nur dort, wo Truppen liegen; im übrigen regieren und rekrutieren die Banden. Wer sich dem Arbeitseinsatz entziehen will, kann unschwer in den Wäldern verschwinden.«

Die ortskundigen Quartiermeister, verdrossen über die Naivität der »zentralen Stellen« hinsichtlich zwangsweiser Menschenfängerei, sahen nur die Wahl zwischen Rückzug und Fraternisierung. »Entweder schreiben wir die besetzten Gebiete ganz ab, indem wir

Niemandsländer schaffen und überall da, wo nicht direkt deutsche Truppen liegen, den Banden die Herrschaft lassen, oder wir gewinnen die besetzten Gebiete für uns und nutzen sie für uns aus, indem wir die Bevölkerung durch echte Befriedung in die Hand bekommen. Eine Ausnutzung des Landes ohne willige Mitarbeit der ansässigen Bevölkerung ist ein Widerspruch in sich. Willige Mitarbeit kann aber nie auf die Dauer erzwungen werden.« Der deutsche Soldat habe durch Erfahrung die klare Erkenntnis gewonnen, »daß die Bevölkerung der besetzten russischen Gebiete mit dem Deutschen gemeinsame Sache macht, wenn sie nicht zurückgestoßen wird. Ehrgefühl und Heimatliebe müssen geachtet werden; der Russe verträgt dann auch Härte und Strenge« (Dok. Reinhardt 317). Daran ließen es die Befehlshaber zumal dann nicht fehlen, wenn sie Arbeitskräfte für Militärzwecke benötigten. Der Abtransport ins Reich mißbehagte der Front schon aus unmittelbarem Interesse, wie Reinhardt in Nürnberg gestand, »da ja durch Wegziehen von Arbeitskräften aus ihrem Bereich die eigene Quelle für Arbeitskräfte beeinflußt wurde«.

In brenzliger Lage griffen die Generäle ebenso aggressiv zu wie der simple Rohling Sauckel. Das in der 3. Witebsk-Schlacht vernichtete LIII. Armeekorps befahl zu Beginn der Witebsker Gefechte: »Durch besondere Erfassungskommandos ist sicherzustellen, daß nunmehr auch die letzte russische Arbeitskraft in den Dienst des Stellungsbaus gestellt wird.« Unter Heranziehung eigener Schreibstuben- und Verwaltungsarbeiter sei eine Riegelstellung zu errichten mit Drahthindernisbauten, Verminungen, »ich verlange«, schreibt der Stabschef, »daß innerhalb von 3 Tagen alle 200 Meter ein fertiger Unterstand und einzelne Unterschlupfe stehen«. Die vor der Linie gelegenen Häuser seien »schon jetzt dem Erdboden gleichzumachen, um Schußfeld zu erhalten«. Andere Baukräfte seien nicht verfügbar und darum Zivilisten »mit noch größerer Rücksichtslosigkeit heranzuziehen«. Wenn es die Lage erlaubt, auch in vorderster Linie. »Herumstehende und sich unterhaltende oder an einem Feuer sich wärmende Zivilisten will ich in Zukunft nicht mehr sehen« (NOKW 2565). Daß sowjetische Bürger im Feuerbereich ihrer eigenen Truppen dem Heer die Schußlinien freilegten und ihre Häuser abrissen, mochte auch Reinhardt in Nürnberg nicht für rechtens erklären. Daß das LIII. Armeekorps entsprechend verfuhr, »halte ich auch für ausgeschlossen und verstehe diesen Befehl, den ich erst hier gelesen habe, überhaupt nicht«.

Der Anklagevorwurf, Zivilisten seien in der 3. Panzerarmee zu Arbeiten in exponierten Gefahrenzonen vernutzt worden, wirkt angesichts des Befehls des LIX. Armeekorps vom 2. März 1942 nicht gar so abwegig. Aufgrund des Tatbestandes, daß »in jedem Russen ein passiver oder aktiver Helfer der Roten Armee« stecke, und weil fernerhin »die russische Zivilbevölkerung seit Beginn des Krieges den Banden- und Partisanenkrieg unterstützt hat«, weist ihr der Stabschef die Aufgabe von Minenhunden zu: »Bei Verdacht verminter Straßen oder Räume haben Kriegsgefangene oder ansässige Einwohner voranzugehen oder die Minen zu räumen« (NOKW 2139). Wie Reinhardt in Nürnberg mitteilte, wurde »aus den bisher bandenhörigen Dörfern anfallenden Einwohnern« eine geziemende Behandlung zuteil, hatten sie doch »im Gegensatz zu der willig arbeitenden Masse der Bevölkerung bisher für uns gar nichts getan«. So machte er sie für die von Partisanen verursachten Schäden gewissermaßen regreßpflichtig. Darum entfiel auch die ansonsten erwünschte Freiwilligkeit. »Der hohe Bedarf an Arbeitskräften zum Stellungs- und Straßenbau machte es notwendig«, befiehlt das Generalkommando des XLIII. Armeekorps am 2. Juni 1943, »aus Landgemeinden, die Bandeneinflußgebiet sind und daher für die Ernährungswirtschaft fast völlig ausfallen, männliche und weibliche Arbeitskräfte durch Zwangsmaßnahmen herauszuziehen.« Auch seien Rinder und Pferde abzutreiben. Den zurückbleibenden Arbeitsunfähigen verblieb ein Rest: »Auf 20 Kinder unter 8 Jahren eine Kuh«. (NOKW 2100)

Die Zwangsanwendung galt der Armee nicht als Prinzipienfrage, vielmehr als trockene Zweckmäßigkeit. Dörfer, deren Überschüsse an Stelle der Besatzer dem Gegner zufielen, verloren sogleich die Benevolenz. Doch entfaltet die Armee Gewalt nicht blindlings, sondern haushälterisch, und es kommt darauf an, ob sie mehr einträgt, als sie kostet.

Im Februar 1943, kurz nach dem Verlust der Stalingradarmee und zu Beginn von Mansteins beweglichem Stellungskrieg in der Ukraine, verordnete das OKH sämtlichen Einwohnern des Militärbesatzungsgebiets die Kollaboration. »Alle Bewohner des Operationsgebietes zwischen dem vollendeten 14. und 65. Lebensjahr unterliegen der öffentlichen Arbeitspflicht nach Maßgabe ihrer Arbeitsfähigkeit; sie haben sich nach Aufruf bei der örtlich zuständigen Arbeitsbehörde oder sonst hierfür bestimmten Dienststelle zur Registrierung anzumelden« (Dok. Reinhard 226). Die Willkür wilden Rekrutierens hatte ein Ende. Nach Ansicht der Verteidigung war mit dem Erlaß einer Verordnung von Gesetzeskraft auch der Zwangsvorwurf gegen Reinhardt gegenstandslos. »Diese Verordnung legte nur den gesetzlichen Zwang, d. h. die gesetzliche Verpflichtung fest, sie hatte aber nicht die Anwendung von körperlichem Zwang zum Gegenstand, sie ordnete in erster Linie die Registrierung der gesamten Bevölkerung zum Arbeitseinsatz an, eine Maßnahme, die in keiner Weise gegen das Völkerrecht verstößt.« Zumindest sei die Weiterleitung dieses Befehls durch Reinhardt keine Zwangsanordnung, sofern man die Pflicht gegenüber dem Gesetz überhaupt als Zwang auslegen könne. Weil die Menschen vor dem Gesetz gleich sind, mußte Reinhardt ebenso gehorchen wie seine Knechteschar. Sobald ein Zwangsdiktat als Paragraph formuliert wird, erlischt der freie Wille. Zwinger und Gezwungener kennen nur noch die Gesetzespflicht. Der Angeklagte verwies zudem auf die vom OKH angebotenen Sozialverbesserungen, von dem leistungsgemäßen Akkord- und Prämienlohn bis zum Krankengeld. Auch herrschte geregelte Arbeitszeit, 54 Wochenstunden nebst »Mehr-, Nacht-, Sonn- und Feiertagsarbeit in angemessenen Grenzen«.

Durch die kollegial mit dem Wirtschaftsstab Ost gefaßte Februar-Verordnung befriedigte das Heer vorab seinen Eigenbedarf an Arbeitern. Sauckels Quoten trafen nunmehr auf ein Menschenarsenal, das die Befehlshaber bereits komplett vereinnahmt hatten. Als Konzession war zwar ein Einsatz auch außerhalb der Militärzone eingeräumt, doch lautete die Zweckwidmung kühl: »Zur Sicherstellung der militärischen und wirtschaftlichen Erfordernisse im Operationsgebiet«. Reinhardt belehrte das Nürnberger Gericht, das vom Ausmaß dieser Erfordernisse nur mangelhafte Vorstellungen besaß, was es für einen Armeeführer in Rußland zu tun gab: Da waren die Hindernisauf- und -abbauten, die Riegel, tiefgestaffelten Auffangstellungen, die Sehnenstellungen zum vorgeschobenen Bogen, die Rundumverteidigung, die Schaffung der 5-Kilometer-Wüstenzone vor der Stellung, damit der Russe davor nichts vorfände, was ihm militärisch nutzt. Es gab die meterhohen Schneeverwehungen auf Straßen, die einen »Winterwegedienst« erforderten. Benötigt wurden die »Schneeaufräumkräfte Eisenbahn«, die »Arbeitskräfte Rollbahn«, die Holzanfuhr, die Panjefahrer. Straßen und Brücken mußten laufend wiederhergestellt werden, selbst die Kinder konnten sich nützlich machen durch Absammeln der

Steine vom Acker, Beseitigung von Abfall und Sauberhalten von Ortschaften. Ein Aufenthalt in dem vorgefundenen Schlendrian widersprach dem kolonisatorischen Ehrgeiz der Generäle, die allerdings eine hohe Meinung vom tatarischen Druck der Stalinisten auf die Arbeitsmoral hegten. »Immer wieder sehe ich unterwegs Trupps von Zivileinwohnern mehr oder weniger faul arbeiten«, mahnte Reinhardt im März 1943 das XLIII. Armeekorps. Die Vorarbeiter böten ein unmilitärisches Bild, die Bevölkerung, »die auf russischer Seite viel mehr angespornt wird«, müsse durch Entziehen von Lohn, Verpflegung und Freiheit »zum Durchdrücken meiner Forderung angehalten werden« (NOKW 524).

Dem im Winter 1943/44 zunehmend ins Hintertreffen geratenen Panzerführer mißbehagte, daß die Bevölkerung seine Bedrängnisse weniger anspornten als ihn selbst. »Immer wieder muß ich bei den auf der Straße ziehenden Trossen und Truppen eine große Anzahl von Zivilisten, besonders Mädchen feststellen, bei denen es mir sehr zweifelhaft erscheint, ob sie voll beschäftigt sind. In einer Zeit, wo die deutsche Frau in der Heimat bis zum Letzten eingespannt ist und neben ihrer häuslichen Arbeit 10 Stunden und länger arbeitet, um der Front auf allen Gebieten der Rüstung zu helfen, muß ich es als eine Schande bezeichnen, wenn ein Einheitsführer die Arbeitskraft der bei seiner Einheit beschäftigten Zivilisten nicht restlos erschöpft.« Zuwiderhandelnde würden zur Verantwortung gezogen »wegen Sabotage an der Wehrkraft des deutschen Volkes«. (NOKW 2227)

In der Tat war die russische Arbeit nunmehr gesetzlich der deutschen Wehrkraft einverleibt, und Reinhardt patrouillierte die Ortschaften, worunter er noch immer solche entdeckte, »in denen nicht die letzte arbeitsfähige Zivilperson vom Ortskommandanten für kriegswichtige Arbeiten erfaßt ist«. Auch beobachtete er an Arbeitsstellen, wie Leute lange »in Haufen herumstehen, ohne den Spaten zu rühren«, dergestalt »daß diese sogenannten Arbeitskräfte mehr oder weniger unnütze Esser sind« (NOKW 2637). Die einzige Rechtfertigung für Nahrungsaufnahme bestand im Stellungsbau für die 3. Panzerarmee. An ihr hing nämlich das nackte Überleben in Weißrußland, wie Reinhardt dem Nürnberger Gericht versicherte. Der Bau rückwärtiger Stellungen, falls die Front nicht hielt, das Schneeräumen auf der einzigen Versorgungsstraße »geschieht ja unter der Voraussetzung, die ich nochmal betonen muß, daß wir diese Menschen alle unterhalten und verpflegen mußten, also eine Gegenleistung von ihnen erwarten durften«.

In seiner Not befahl Reinhardt, »bisher geübte Rücksichten fallenzulassen. Jede Maßnahme ist recht, die schnellstens eine wesentliche Verstärkung der für uns arbeitenden Zivilkräfte erreicht.« Zumal die Bevölkerung im Umkreis ohnedies »freiwillig oder unter Zwang bandenhörig gewesen ist« (NOKW 2424). Vergebens hatte er um ihre Deutschenhörigkeit geworben. Niemand, der für eine vernünftige Kollaboration auf gegenseitigem Vorteil hellsichtiger und selbstkritischer gerungen hätte als Reinhardt. Die bisherige »Herrschaft der Willkür, der Ungerechtigkeit und der Planlosigkeit«, heißt es bereits in einem Schreiben vom 27. Februar 1943 an das Oberkommando der Heeresgruppe Mitte, werfe »eine große Enttäuschung über das gesamte Land«. Es stehe außer Zweifel, »daß durch heute längst überholte Propagandatendenzen« und »durch eine falsche Beurteilung des Russen überhaupt Nachteile hervorgerufen wurden, die hätten vermieden werden können«. Die derzeitigen Verhältnisse seien untragbar und so voller Widersprüche, »daß es dem Landeseinwohner, auch dem uns wohlgesinnten, nicht verdacht werden kann, wenn er zu den Banden hält und deutsche Maßnahmen sabotiert. Oft genug hat er es erleben müssen, daß seine Behandlung im krassesten Widerspruch stand zu den gegebenen Zusicherungen, daß seine Bereitwilligkeit zur Mitarbeit durch unvertretbare Eingriffe in Besitz und Lebensgewohnheiten belohnt wurde« (Dok. Reinhardt 346). 1944 erlebte der Landeseinwohner nun das gleiche mit Reinhardt.

Hatte der Generaloberst zeitweilig nach »neuen praktischen Zielsetzungen für die von uns befreite Bevölkerung« verlangt, vorgeschlagen, dem Nationalempfinden förderliche Ideale und Rechte anzuerkennen »und diese auch praktisch wirksam werden zu lassen« (Dok. Reinhardt 346), trennte er sich jäh von allen guten Vorsätzen, die nicht mehr weiterhalfen. Wie konnte er sie auch praktisch wirksam werden lassen, da er nur noch den Rückzug deckte und seine Verbände vor der Zerschlagung retten mußte? Dem zuliebe kehrte er zurück zu dem Russenfresser, der er bei Aufbruch gewesen war. Den Idealen sackte der Boden weg. In der Drangsal ließen ihn alle Kollaborateure im Stich. Den Zulauf zu den Partisanen hatte das Heer durch eine Verordnung vom Juli 1943 eigenhändig beschleunigt wie nie zuvor.

Neben der Indienstnahme des Zivils zur Arbeit im Operationsgebiet war die Sauckel-Aktion weitergelaufen. Allerdings verdingten sich zu wenige Freiwillige. Der Transport ins Reich schreckte weit mehr als die Beschäftigung beim Heer, mit dem man seit zwei Jahren wirtschaftlich schlecht und recht liiert war. In der Absicht, dem Volk die Deportationsfurcht zu nehmen, erging eine Zusatzverordnung zur Dienstpflicht: Für alle Angehörigen des Jahrgangs 1925, d. h. alle 18jährigen, war die Arbeit im Reichsgebiet abzuleisten. »Es hat noch keinem jungen Menschen geschadet«, heißt es in einer Erläuterung der 3. Panzerarmee, »daß er neue Länder kennengelernt und neue Erfahrungen für das Leben gesammelt hat.« Die deutsche Führung lasse Gerechtigkeit walten und wolle »nicht wahllos in die ansässige Bevölkerung hineingreifen, derart, daß etwa jede Frau und jeder Mann ohne Rücksicht auf die häuslichen Verhältnisse jederzeit mit seiner Dienstverpflichtung in das Reich rechnen müßte« (NOKW 2340). Zum Siege über den Bolschewismus leisteten nahezu alle europäischen Völker ihren Beitrag, teils als Waffen-, teils als Arbeitsbrüder, warum nicht auch die Russen? »Wären die Deutschen nicht in dieses Land gekommen, hätten die bolschewistischen Blutschergen alle Bewohner in der brutalsten Weise zum Waffendienst getrieben und bis zur Erschöpfung ausgebeutet.« Die Wehrmacht hingegen verschaffte der Jugend Reiseerlebnisse, »zumal, wenn sie mit Altersgenossen aus ihrer Heimat gemeinschaftlich reisen können«. Wenn die Bevölkerung für dieses Gesetz Verständnis aufbringe, bleibe sie von Zwangsdeportation verschont. Wenn sich die Jugend aber entziehe, werde man auf die Sippe zurückgreifen. Mit diesem Kunstgriff, schrieb der Quartiermeister der 3. Panzerarmee, hoffe man, »daß die augenblicklich vorhandene Einheitsfront gegen den Arbeitseinsatz Reich aufgelockert wird«. Die Älteren sollten die Jüngeren preisgeben, um ungeschoren zu bleiben. Der Reichseinsatz werde an sich allgemein abgelehnt und die Flucht zu den Banden sei »durch keine Kraftanstrengung zu verhindern«. Eine Bleibegarantie an alle Jahrgänge bis auf einen könnte jedoch bewirken, daß sie »möglicherweise zum Teil in diesem Sinne auf die Jugend einwirken«. (NOKW 2454)

Ein solcher Handel setzte indessen einen Rest von Vertrauen in Zusagen deutscher Offiziere voraus. Sie mühten sich redlich, nichts dergleichen übrigzulassen. Bald nach dem Einzug des Jahrgangs '25 verlangte das Heer nach Jahrgang '26 und trieb mehr junges Volk den Partisanen in die Arme als je zuvor in diesem Krieg. »In manchen Gegenden«, vermeldet der Quartiermeister der 3. Panzerarmee im Oktober 1943, »sind die Dienstpflichtigen zu etwa 50 Prozent geflohen, möglicherweise unter Übertritt zu den Banden« (NOKW 2336). Dementsprechend rabiat raffte die Panzerarmee an Menschen zusammen, wessen immer sie habhaft werden konnte. Darunter solche, wie der Festungs-Pionierstab 7 im März 1944 notierte, »die schon lange arbeitsuntauglich waren. Diesen wurde gesagt, daß sie in ein Lazarett kämen. Unter ihnen befanden sich 78jährige, Blinde, Gelähmte, Herzkranke, die bei geringster Arbeit umfielen, Epileptiker, hochschwangere Frauen bis zum 9. Monat, Kranke mit schweren Abszessen, denen Eiter aus den Schuhen herauslief, und einige mit erfrorenen Gliedern.« Der Fluchttrieb, fort von den in ihrer Niederlage wütend sich aufbäumenden, todgeweihten Verbänden, wurde schier unüberwindlich. »Festgestellt wurde«, schreibt der Pionierstab, »daß Frauen, die zum Austreten gingen, in einer Spur liefen, die Spur mit nachschleppenden Zweigen verwischten, dann im Wald kreuz und quer liefen und sich schließlich im Schnee versteckten. Um die Fluchtspur zu verwischen und eine falsche Richtung vorzutäuschen, binden sie Bast- oder Überschuhe verkehrt unter die Füße.« (NOKW 2531)

Als der Rückzug einsetzte, gehorchte die Panzerarmee dem Führerbefehl Nr. 4 vom 28. Februar 1943, »wenn irgend möglich die Masse der Zivilbevölkerung mitzunehmen und später als Arbeitskraft zu verwenden. Die Dörfer sind dann zu vernichten« (NOKW 1965). Die Truppe habe dadurch stets Arbeitskräfte für Schanzarbeiten bei sich. Darin irrte der Führer, »weil im Falle des Bekanntwerdens einer Räumung«, wie die 3. Panzerarmee bekümmert feststellte, »das Vertrauen in die Widerstandskraft der deutschen Wehrmacht stark absinken mußte«. Auch fehlten die zur Begleitung der Vieh- und Evakuierungstrecks erforderlichen Militärkräfte. Als »die Evakuierung der Bevölkerung befohlen werden mußte, hörte sofort die Viehablieferung auf und ging ein größerer Teil der Bevölkerung mit Sack und Pack in die Wälder und Sümpfe, die von den Banden beherrscht waren. Sie dort wieder herauszuholen, wäre nur mit ausreichenden militärischen Kräften möglich gewesen.« (NOKW 2390)

Als die Heeresgruppe Mitte, seit August 1944 unter dem Befehl Reinhardts, im Herbst durch litauisches und ostpreußisches Gelände wich, umgab sie endlich nicht mehr partisanenfreundliches

Zivil. Von Kurland bis Warschau verlief ein imposantes Verteidigungssystem, bestehend aus sieben Gürteln und sechs befestigten Hinterregionen, die dichter und dichter verriegelt wurden. Der russische Menschenvorrat ließ sich indessen nicht länger nutzen. Im November fielen die östlich der Reichsgrenze schanzenden »fremdvölkischen Arbeitskräfte« an die Rote Armee. Die Litauer, die vom unteren Memellauf in Reinhardts Obhut standen, »zeigten sich zuletzt sehr feindlich gesinnt«, klagte Heidkämper, sein Stabschef, dem OKH. Die glühendsten Hilfswilligen des deutschen Rassenimperialismus nahmen Reißaus. Allerdings in westlicher Richtung. »Die Angst vor dem Bolschewismus war besonders bei der Intelligenz und den Besitzenden so groß, daß bei Beginn der Absetzbewegung Teile der litauischen Bevölkerung über die Memel zu flüchten versuchten.« An Verteidigungsanstrengungen waren sie nicht interessiert, und so notiert Heidkämper zufrieden, daß sie die Evakuierungstrecks nicht weiter belasteten, »weil die Sowjets zu schnell nachstießen« (NOKW 2931). Die 3. Weißrussische Front unter Tschernjachowski setzte dazu an, die Heeresgruppe Mitte vom Reich abzuschneiden und nördlich der Masurischen Seen zurück an die Küste zu drücken.

Angesichts der vier- bis fünffachen Überlegenheit der Angreifer bei den Panzern, Flugzeugen und Geschützen erwiesen sich die Abwehrstellungen als hohle Fassaden. Noch immer schaufelten 200.000 Zwangsarbeiter im Bereich der Heeresgruppe den Boden auf, betonierten, errichteten Panzerhöcker. Doch waren dies tote Reflexe. Es fehlte die Streitmacht, um die Stellungen zu besetzen. Sie taugte nur noch, das Tiefbauheer zu vernutzen, das sich in ihrer Gewalt befand.

Die Polizisten, noch immer um die Sicherheit der Armee bekümmert, hatten sich von den ausbleibenden Sonderbehandlungen nunmehr natürlichen Feinden zugewandt, wie dem Frost. Die Masurischen Seen lagen Tschernjachowski als ein ernstliches Hindernis im Wege, vorausgesetzt, sie froren nicht zu. Das Sonderkommando 7b des SD mühte sich Ende Dezember durch Anlage von Staudämmen, den Wasserstand zu regulieren und das Schließen der Eisdecke zu verhindern, zumindest ihre Tragfähigkeit zu senken. Um Eisbildung abzuwenden, beschlossen die Polizisten, die Gräben der Stellungssysteme mit Flechtwerk aus Binsen zu überdecken. Sie fragten bei den ostpreußischen Bauern an, ob zwecks Abdecken der Panzergräben Binsen und Stallmist abgegeben werden könnten. Die Bauern aber bezweifelten, daß sich die 1,7 Millionen Rotarmisten mittels Mist und Binsen zurückhalten ließen. Das Sonderkommando beschwerte sich bei dem Oberbefehlshaber der 4. Armee über die Dickköpfigkeit der Bauern. »Sie verhalten sich ablehnend und empfinden auch die Beschaffung und das Anfahren der Binsen als zusätzliche Belastung.«

Ostpreußen verfügte jedoch noch über eine polnische Minderheit. Um den Bauern Belastungen zu ersparen, begab sich die Truppe auf »Razzia zur Erfassung weiterer polnischer Arbeitskräfte«. Anerkennend notiert das Sonderkommando, daß »alle männlichen Personen im Alter von 16 bis 60 Jahren und alle weiblichen Personen im Alter von 16 bis 30 Jahren erfaßt werden«. Die Polizisten waren nicht zur Razzia gebeten. Damit wurde die Infanterie alleine fertig. »Die Aktion hat schlagartig um 6.00 Uhr eingesetzt. Die Durchkämmung erfolgte durch die Wehrmacht.« (NOKW 2404)

Kapitel 6
Korps- und Divisionskommandeure, die Unverbrüchlichkeit des Gehorsams

Haß und Patronage

Im Oktober 1949 übergab der Chef der Sowjetischen Militärverwaltung in Deutschland, jener General Tschuikow, der viereinhalb Jahre zuvor vom südlichen Tiergarten her die Reichskanzlei abgeriegelt hatte, einer provisorischen Regierung Grotewohl die Verwaltungsfunktionen der DDR. Daraufhin begann die Sowjetunion Artikel 20 der Haager Landkriegsordnung zu erfüllen, welcher nach Friedensschluß die schleunige Repatriierung der Kriegsgefangenen verlangt. Weit über zwei Millionen Kriegsgefangene, bei der Kapitulation in gegnerische Hand gefallen, hatten die Zwischenzeit mit Arbeit verbracht. Von den 1941 bis 1944 erbeuteten Wehrmachtsangehörigen haben nicht viele den sowjetischen Gewahrsam überlebt. Die Gefangenen der Stalingradarmee und der kollabierten Heeresgruppe Mitte sind zu über 90 Prozent verhungert, Seuchen erlegen oder erschlagen worden. 1,1 Millionen Wehrmachtsangehörige fielen auf solche Weise dem Krieg zum Opfer. Die Überzahl, weil sie die von ihrer Führung in Rußland ausgelöste Hungersnot nicht durchstanden.

Vernichtungsabsichten sind bei der Roten Armee in der zweiten Kriegshälfte nicht mehr aufgetreten. Beide Seiten benötigten die Gefangenen zu dieser Zeit als lebendige Arbeitskraft. Die Sowjetunion deklarierte 1949 über 50.000 Mann pauschal zu Kriegsverbrechern, die bis zu sechs Jahren Zwangsarbeit verrichteten. Haft und Arbeit erstreckten sich im äußersten Falle bis zu 14 Jahren. Daher vermerkten es die in Nürnberg angeklagten Generäle bitter, daß ihnen derweil Verletzung von Artikel 6 der Haager Landkriegsordnung vorgeworfen wurde, welcher die grundsätzlich zulässige Gefangenenarbeit im Bereich von Kriegsunternehmungen verbietet. Dem Soldaten ist nicht zuzumuten, am Werk der Tötung seiner Kameraden teilzunehmen. Der Befehlshaber der aus den Resten der Stalingradmannschaften neu zusammengestückelten 6. Armee,

Generaloberst Karl Hollidt, bezweifelte allerdings im Kreuzverhör, ob Stellungs- und Schanzenbau Kriegsunternehmungen seien. Dienten diese Anlagen doch der »Vorsorge« und dem Schutz auch der Gefangenen. Je eifriger sie daran bauten, desto sicherer lebten sie. Aus dieser Einsicht »hat sich vielfach ein Freundschaftsverhältnis herausgebildet zwischen den Kriegsgefangenen und zwischen der Truppe, bei der sie sich befanden. Wenn infolgedessen irgendwo Kriegsgefangene eingesetzt wurden, um mal ein Schützenloch auszuheben, so ist das gar nicht in Erscheinung getreten nach außen hin...«

Schützenlöcher boten Gefangenen wenig ›Vorsorge‹, waren aber angenehmer auszugraben als Blindgänger. Nichtdetonierte Feindmunition ließ die 15. Armee unter dem späteren Angeklagten Hans von Salmuth durch russische Kriegsgefangene entschärfen. »Es ist strengstens untersagt, zu diesen Arbeiten Angehörige der Deutschen Wehrmacht bzw. des Wehrmachtsgefolges heranzuziehen.« (NOKW 2797)

Das Entladen von Munitionszügen übertrug Salmuth gleicherweise Gefangenen, um seiner Armee das beträchtliche Risiko von Fliegerangriffen vom Leibe zu halten. Am 1. November 1942 meldete das VII. Armeekorps 46 von Bomben Getötete und 41 Verwundete, Insassen des Lagers Stary Oskol. (NOKW 2736)

Die Generäle, welche ihre gefangenen Helfer oft in Kubikmetern bemaßen, entschädigten die Männer zeitweilig durch bequemere Aufgaben (NOKW 2736). Salmuth entsann sich gut, wie das Vortäuschen von Truppenbewegungen »den Leuten so viel Spaß gemacht hat«. Angesichts der gebotenen Alternativen versteht sich, »daß es sie gefreut hat, mit der Eisenbahn zu fahren und spazieren zu laufen, statt Schnee zu schippen«.

Während die Gefangenen im eigenen Interesse schanzten, um ihren Aufenthalt bei der ständig attackierten Gewahrsamsmacht zu überleben, ließ sich das minder bedrohte Zivil nur gezwungenermaßen heranziehen. Zwang trägt sich in Rußland indessen leichter. »Die Leute waren so etwas absolut gewöhnt«, berichtete Salmuth, »da gab es keine schlechte Laune draußen.« Weil nach dem Gutachter der Verteidigung, Prof. Maurach, der Besatzer das Zivil keineswegs besserstellen muß als nach Landesbrauch, konnten die Armeechefs kaum etwas falsch machen. Stalin läßt sich in puncto Zwangsarbeit schwer übertreffen. »Die Bevölkerung sehnte sich, meiner Meinung nach, absolut nicht nach der Rückkehr des bolschewistischen Systems«, beteuerte Salmuth. So hätte er denn an beidem profitiert, an der stalinistischen Zwangsmentalität und dem Überdruß am Bolschewismus. Haben sich deutsche Generäle 1942 wirklich mit Systemvergleichen abgegeben? Vertrauter dünkt die schlichte Erklärung des Angeklagten, »daß in dem besetzten Gebiet die Arbeitsdienstpflicht genauso eingeführt wird für die Einwohnerschaft wie bei uns in Deutschland, denn damals war z. B. meine Frau als einfache Arbeiterin in der Fabrik von Siemens & Halske tätig, und da sah ich gar nicht ein…«

Sowjetgefangene können nicht auf Frau Salmuths Kosten ausruhen. Deutschland hatte keine anderen Arbeitsreserven, das beschwor auch Generaloberst Hollidt vor Gericht. Seine Armee habe nach Stalingrad keine Pionierbataillone mehr besessen. »Die Truppe war so ermattet, physisch und psychisch, so daß sie nicht in der Lage war, im russischen Winter in dem gefrorenen Boden ihre Stellungen auszuheben, so daß die Leute vielfach den Schneestürmen ausgesetzt auf dem nackten Boden lagen. Wenn derartige Maßnahmen nicht als militärische Notwendigkeiten angesehen werden können, dann weiß ich nicht, was ich unter militärischer Notwendigkeit verstehen soll.«

Nach der Haager Landkriegsordnung waren die Russen durchaus dazu verpflichtet, der Wehrmacht Unterkünfte zu bauen, so daß es sie nicht fror in Rußland. Artikel 52 befugt die Okkupationsarmee, ihrem Aufenthalt dienliche Leistungen zu verlangen. Desto erschrockener gewahrte Hollidt, daß die Gegner das Kriegsrecht ungastlicher auslegten. Flugblätter hießen die Rotarmisten dafür zu sorgen, daß kein Deutscher lebend die Heimat wiedersehe. »So sollte der Kampf von der russischen Seite geführt werden. Das war eine Aufforderung, die auf den deutschen Soldaten damals einen sehr starken Eindruck gemacht hat, denn wir wußten, daß wir tausend Kilometer von unserer Heimat fern waren und daß wir in einer – ich möchte beinahe sagen: hoffnungslosen Unterlegenheit in der russischen Weite einem Feind gegenüberstanden, der offiziell verkündet hat, daß wir nie mehr nach Hause zurückkehren sollten. Ich habe mich immer gefragt, warum das ausgerechnet in Rußland der Fall gewesen ist und nicht auch auf anderen Kriegsschauplätzen. Also scheint diese Verschärfung der Kampfart doch eine spezifische Erscheinung des russischen Kriegsschauplatzes gewesen zu sein.«

Ein sicheres Geleit bis Ostpreußen konnte Hollidt von der Roten Armee schwer erwarten. Dies gebietet die Haager Landkriegsordnung nicht. Das fragliche Flugblatt fußt auf einem Befehl Stalins vom November 1941, der in unterschiedlichem Wortlaut überliefert ist: Tod den deutschen Okkupanten, Vernichtung bis auf den letzten Mann! Dies läßt sich weit ausdeuten. Näheres müssen jene Befehle enthalten, die als ›geheim‹ den Dienstweg passierten. Abgesehen von Nürnberg gelangen aber solche Akten gewöhnlich nicht ans Licht. Ermittlungen des deutschen Heeres, Verhöre sowjetischer Gefangener und Berichte entronnener Wehrmachtsangehöriger erlauben mancherlei Schlüsse. Solche Quellen sind trübe, lassen aber am grundsätzlichen Befund wenig Zweifel. Hollidt, der die Greuel der Gegenseite zur Rechtfertigung seiner eigenen anführte, legte ein ernstlich nicht anzufechtendes Beweismaterial vor. Es entstammt größtenteils Kriegstagebüchern und Meldungen der 6. Armee an den Abwehrdienst des OKH, ›Fremde Heere Ost‹, eine Stelle, die von den Stäben der Feldverbände gewiß nicht desinformiert worden ist:

- Ein gefangener deutscher Soldat wird von den Russen vor 50 deutsche erschossene Gefangene geführt und mit Erschießen bedroht. (Armee-Abteilung Hollidt, 27.2.1943, Dok. Hollidt 168)
- Die Ausplünderung deutscher Soldaten war an der Tagesordnung. Die ›politischen Arbeiter‹ des Heeres: SD, Sonderkommandos, Abwehrleute, Feldgendarmerie, Propagandisten wurden im allgemeinen aufgehängt. (695. Propagandakompanie, Dok. Hollidt 181)
- 5 deutsche SS-Männer von den Russen durch Genickschuß getötet. (6.Armee, 2.8.1943, Dok. Hollidt 172)
- Deutsche Gefangene in Gruppen unter 20 Mann werden meistens ausgezogen und erschossen. (Armee-Abteilung Hollidt, 9.2.1943. Dok. Hollidt 111)
- Unverletzt in russische Hand gefallener deutscher Soldat zu Tode gequält. (73. Infanteriedivision, 14.8.1941, Dok. Hollidt 166)
- Leicht verwundete Schwadronsangehörige wurden von den Russen durch Genick- und Kopfschüsse ermordet, dann beraubt. (Radfahrschwadron 72, 23.7.1941, Dok. Hollidt 164)
- 2 deutschen Verwundeten wurden von den Russen der Schädel gespalten. (Infanterieregiment 124, 3.8.1941. Dok. Hollidt 165)

- Völkerrechtswidrige Behandlung deutscher Verwundeter (1. bis 31.3.1943, 6. Armee, Dok. Hollidt 169)
- Unbekannte russische Einheit erhält auf Funkwelle 230 Befehl, deutsche Gefangene nach Vernehmung zu erschießen. (6. Armee, 5.4.1944, Dok. Hollidt 188)
- Die Russen stellen eigene Kommandos auf, die den Gefallenen die Schuhe, Unterwäsche, Bekleidung und Waffen abnehmen. (6. Armee, 14.4.1944, Dok. Hollidt 189)
- Deutsche Soldaten durch Abschneiden von Ohren und Hoden verstümmelt. Der Verdacht wird auf ein russisches Frauenbataillon bei Woroschilowgrad gelenkt. (6. Armee, 11.5.1943, Dok. Hollidt 173)

Das Gericht, das der Aufklärung politischer und militärischer Geschehnisse häufig aus zeitgeschichtlichem Interesse nachging, ganz ohne juristische Not, brachte für die Rechtspraxis der Roten Armee keinerlei Neugier auf. Gewiß, Hollidt hoffte fälschlich, sich mit dem Nachweis sowjetischer Gefangenenmorde zu entlasten. Dergleichen berechtigt zur Repressalie, nicht zur Nachahmung. So will es die Theorie. In Wirklichkeit radikalisiert Rechtsbruch die Gegner wechselseitig bis zur Barbarei. Regeln werden respektiert, damit die andere Seite sie einhält, sonst nicht. Die Interaktion von Kriegsverbrechen hat das Gericht aber nicht interessiert. Der sowjetische Gegner ließ seine Gefangenen selbstverständlich ebenso arbeiten wie die 6. Armee und brachte zudem eine Anzahl niederträchtig ums Leben. Anscheinend sind Hollidts Beweisdokumente keine mühselig herausgeklaubten Einzelfälle. Rotarmisten wie Partisanen nahmen sich Tolstois Hymnus auf die grausige Verjagung der Napoleon-Armee zu Herzen und stürzten sich mit jener ungezügelten Wut auf den vermessenen Eindringling, die den pazifistischen Dichter so entzückt. Doch das Kriegsrecht bürdet Angreifer und Angegriffenem gleiche Pflichten auf und konzediert dem Opfer kein Privileg zu gerechtem Zorn. Ein ebenso vernünftiges wie weltfremdes Prinzip.

Der fragliche Stalin-Befehl datiert aus einer Kriegsphase, in der die demoralisierte, zerstobene Rote Armee sich vor Moskau faßt und erste Abwehrerfolge sammelt. Zu diesem Zeitpunkt sind bereits über zwei Millionen Sowjetgefangene in deutscher Hand eingegangen, verhungert und liquidiert. Moskau braucht keine Vergeltung an diesen Männern, die es ohnehin als Verräter ansieht, zu befürchten. Den Feldverbänden ist die ursprünglich epidemische

Neigung zur Kapitulation vergangen, und die Erlaubnis zum Massaker signalisiert die Wende: Die Deutschen werden vom Subjekt zum Objekt des Terrors. Stalin, der seine Anweisung leicht kaschiert über den Rundfunk verbreitet, mag aber ihre Wirkung zuvorderst auf die Wehrmacht gemünzt haben. Ihre elende Gefangenenversorgung hält seine Armeen zusammen. Sie fechten, schon um nicht in die deutschen Siechenstationen zu geraten. Darum beginnt das Heer, die schädliche Praxis zu revidieren, während Stalin auf Radikalisierung bedacht ist. Möglicherweise auf einem Sonderdienstweg über die Kommissare ergehen präzisere Kriterien zur bevorzugten Erschießung zweier Gruppen:

1. Soldaten, die vor ihrer Überwältigung eine Gegenwehr entfalten. Dies beschleunigt in den Mannschaftsgraden eventuell die Tendenz zum Strecken der Waffe.

2. Exponenten des Hakenkreuzzugs, die deutschen Kommissare: Polizisten, SS-Männer, eingestandene Nationalsozialisten.

Stalin muß den Effekt der gleichbedeutenden Wehrmachtsbefehle voll giftigen Argwohns gegen seine Truppen beobachtet haben. Warum sollten sie mit den Deutschen nicht gemeinsame Sache machen und mit den KPdSU-Vögten abrechnen? Stalins spiegelbildliche Maßnahmen können nur eines gewollt haben, die Bestialisierung des Kampfes. Ein zivilisierter Gegner, der Gefangene regelgerecht verpflegte, kleidete, einquartierte und für ihre Arbeit bezahlte, war das Allerschlimmste, was der Roten Armee zustoßen konnte. Ihre Schwachstelle war das Auseinanderbrechen, nicht das Ausbluten. Infolgedessen putschte die Partei die Rotarmisten in einen Vernichtungsrausch, der selbst die geifernden OKW- und OKH-Befehle daneben verblassen ließ:

»Offiziere und Soldaten in den grünen Mänteln sind keine Menschen, sondern wilde Tiere. ... Vernichtet deutsche Offiziere und Soldaten, wie man tolle Hunde erschlägt.« »In unseren Augen sind sie abstoßende, plündernde Bestien. Mit solchen Bestien verhandelt man nicht lange: man vernichtet sie.« »Wenn du einen Deutschen getötet hast, so töte einen zweiten – für uns gibt es nichts Lustigeres als deutsche Leichen ... Töte den Deutschen – so ruft die Heimaterde.«

Freilich hatte die Wehrmacht das Menschenmögliche unternommen, dieser Propagandafratze gleichzukommen. Nach Scheitern des Schocküberfalls arbeitete sie, wie rasch erkannt wurde, dem Gegner in die Hand. Die gesamte Moral seiner Bauernarmee hing an einer Wehrmacht, die hauste wie der Antichrist und all ihre Tobsucht doppelt heimgezahlt bekam. Abgesehen von ihrer Neo-Barbarei ist der Einzug der Deutschen in Rußland schließlich ein Kulturereignis gewesen. Das darf man nicht vergessen. Fahrzeuge, Kleidung, Technik und Organisation der Besatzungstruppen bewirkten auf dem Dorfe, insbesondere unter der Jugend, einen Schock eigener Güte. Unabhängig von der herrenmenschlichen Brutalität seines tagtäglichen Verhaltens war das vom Eindringling präsentierte Fortschrittsniveau etwas maßlos Verlockendes. Bedauerlicherweise schildern nur die Obskuranten der Geschichtsschreibung dieses Element. Anders bleibt aber der Kampf um die Sowjetunion ganz unverständlich. Besatzungspolitik, Partisanenkrieg, Repressalien und Kriegsgreuel geraten in schiefes Licht, wenn der Angreifer als blutrünstige Hitler-Horde, die Angegriffenen als in ihrer friedlichen Idylle dahinträumende Patrioten aufgefaßt werden. Dies war eine Nürnberger Fiktion.

Die Wehrmacht ist in einen von Terror zerfetzten und verklammerten Staat eingedrungen. An dieses Regiment hat sie, ganz in Übereinstimmung mit den eigenen Präferenzen, angeknüpft. Trotzdem erzeugte sie Auflösungsmentalität. Die Fessel der KPdSU und des NKWD war gesprengt, der Nachfolgedespot verkündete Terror und Antibolschewismus in einem Atem. Seine Zivilisationsstandards imponierten. Unter diesen Umständen konnte die Wehrmacht dem Generalissimus Stalin gar nicht terroristisch genug sein. Er benötigte ein Ungeheuer, den Auswurf des Menschengeschlechts. Im Hinblick auf sein eigenes Profil ein ungemein schwieriges Begehr. Darum bezweckten weder die Attentate der Partisanen noch die Gefangenenquälerei der Roten Armee, die Deutschen zu mäßigen. Angesichts verstümmelter Leichen, der Abschlachtung Verwundeter fielen die Wehrmachtssoldaten in kochende Wut. Der jähe Reflex drängte, jeden Russen totzuschlagen.

Schon die Erbitterung des Militärgefechts erschwert, Pardon zu gewähren. Es widerstrebt nicht der Natur, daß russische Bataillone oft festgenommene Deutsche mit Genuß niedermähten, wenn kein Offizier zur Stelle war. Zudem ist der Transport Verwundeter beschwerlich, Nahrungsvorräte können sich, insbesondere bei Durchqueren verbrannter Erde, dermaßen verknappen, daß Gefangene liquidiert werden. Aus Not, nicht aus Rache. »Gefangengenommen wurde ein schwer verwundeter Soldat«, heißt es in dem erbeuteten Bericht eines sowjetischen Spähtruppunternehmens, »der unterwegs wegen seiner schweren Verletzung mit dem Bajonett durch den älteren Sergeanten Kabulow erstochen wurde.« Eine aufgefangene Funkmeldung überliefert die Szene des sein Leben erbittenden Verwundeten: Er könne ja noch laufen! »Im selben Augenblick krachten auch schon Schüsse. ›Was sollen wir uns mit ihm abschleppen, denn seine Hände und Füße sind ja erfroren.‹« Hingegen veranlaßten nicht Not und kein Affekt die Kommissare des 9. Sowjetischen Korps zu der Anweisung, alle deutschen Okkupanten, mithin auch die Verwundeten, auszurotten. Das bezeugte ein russischer Zivilarzt vor deutschen Militärrichtern. Analog zu der im Herbst 1941 vorwaltenden Wehrmachtspraxis wurden ferner deutsche Gefangene erschossen mangels Transportmöglichkeit, weil sie Aussagen verweigerten, weil sie NSDAP-Mitglieder waren oder politisch unerwünschte Äußerungen machten, weil sie Kampfauszeichnungen trugen, weil sie nicht der Ernährung wert dünkten, weil sie begehrte Waffen, Stiefel und Mäntel besaßen. Nach Aussagen eines sowjetischen Majors sind im September 1941 bei den Armeekorps gesammelte Gefangene der GPU, dem Pendant des SD, zur Gesinnungsüberprüfung ausgehändigt worden. »Wer ›kapitalistische‹ oder ›faschistische‹ Gedanken ausspricht, wird sofort erschossen.« Beutepapiere vermelden oft lakonisch: »Auf dem Schlachtfeld ließ der Gegner ungefähr 400 Tote zurück. Etwa 80 Mann hatten sich ergeben, die erschossen wurden.« Solches gelangt nicht in die Akten ohne konforme Befehlslage.

Das private Tagebuch eines sowjetischen Leutnants wiederum hält die Tat eines Rächers fest, die der Schreiber als patriotischen Akt notiert: »Bei Bija Sala im Dorfe wurden die gefangenen Deutschen erschossen. Das Erschießen wurde einem jungen Burschen übertragen. Er geht aber herum und fragt, wer wird sie erschießen. Aus den Reihen tritt ein schon älterer Schütze, bittet um eine Maschinenpistole und ruft laut: Für meine Familie, für meinen Sohn, für meine Mutter und hat alle umgemäht.«

Aus Beuteakten und -papieren, Überläufer- und Gefangenenberichten, Augenzeugnissen eigener Leute und den Funden von Opfern folgerte die Wehrmachtsführung im Herbst 1941, daß die Sowjetunion mit »ihren innerstaatlichen Schreckensmethoden entsprechenden brutalen Mitteln« prinzipiell ihre Gefangenen beseitige. Bei der kriegsrechtsgemäßen Anweisung des Rats der Volkskommissare vom 1. Juli 1941 müsse eine Tarnung vorliegen.* Der Text habe »nur geringe Verbreitung, sicher-

* Vgl. 3. Kapitel, S. 363.

lich aber keine Beachtung gefunden. Denn anderenfalls wären die ungeheuerlichen Verbrechen nicht erklärlich...« Wie sich später herausstellte, waren die verschiedenen Interessenten der sowjetischen Staats- und Armeeführung aber nicht minder uneins über die Gefangenenvernichtung als die Deutschen. Den Revanchegelüsten der Kommissare, der Fanatisierung der Rotarmisten und der Provokationsstrategie des schwer angeschlagenen Moskauer Tyrannen stellten sich die militärischen Rationalisten in den Weg.

Befehlshaber im Felde hatten bereits in der ersten Woche nach dem Angriff die Massaker kritisiert, denn »als Folge dieser Maßnahmen ergibt sich bei der Leitung die Schwierigkeit, die feindliche Aufstellung festzustellen, den politisch-moralischen Zustand des deutschen Heeres zu ermitteln ..., da unsere Aufgabe darin besteht, daß der Soldat des deutschen Heeres auf die Seite der Roten Armee übergeht. Wird es aber bekannt, daß Gefangene erschossen werden, hört der Zustrom auf.« Er fing erst gar nicht an. Die einzigen Zuströme dieses Krieges führten zur Wehrmachtsseite. Im Herbst zeichnete es sich ab, daß das dortige Massensterben den Zustrom der Kapitulanten kappte. Dem Massensterben lag ein vorübergehendes Desinteresse der Deutschen zugrunde, das aus der Annahme ihres baldigen Blitzsiegs stammte. Als Stalin gewahrte, daß er durchhielt, erging der ominöse Radiobefehl. Er spornte die Deutschen an, ihre Barbarei fortzusetzen, die der Verteidigung nur nützten. Ebensowenig wie Hitler trieb Stalin Terror zur Selbstverwirklichung. Als modernes Kriegsmittel taktischer Berechnung unterworfen, ist der Gefangenenmord, bezeichnenderweise auf dem Kommissardienstweg, kurz nach der Radiorede intern relativiert worden. »In letzter Zeit«, heißt es in einer Rundverordnung an die Kommissare aller Einheiten vom 28. Dezember 1941, »konnten Fälle beobachtet werden, in denen gefangene Offiziere und Soldaten der deutschen Armee an Ort und Stelle vernichtet werden, ohne sie vorher zur Verbesserung der Nachrichten über den Gegner höheren Stellen zuzuführen. Ich schlage vor: Gefangene Offiziere und Soldaten des Gegners sind zur Vernehmung in höheren Stäben vorzuführen. Erklärt den Kämpfenden und Kommandeuren, daß der Feind nirgends Schonung finden wird, in diesem Sinne auch bei höheren Stäben nicht, aber für die Sache, für den Krieg brauchen wir Gefangene, und wir müssen sie daher machen. Zur Auseinandersetzung mit ihnen kommen wir immer noch rechtzeitig. Keiner der Eindringlinge wird unser Land lebend verlassen.« Unter ähnlicher Perspektive sind vermutlich die sowjetischen Kriegsgefangenen ab 1942 zur Arbeit ins Reich geschleppt worden.

Mit zunehmender Kriegsdauer ließ auch bei den Sowjetführern der Hang zu Schocklösungen nach. Im Dezember 1942 erreichte die Deutschen die Nachricht: »Die Offiziere haben verboten, daß deutsche Gefangene erschossen werden, wie es im vergangenen Winter vielfach geschehen sei; man benötige die Arbeitskraft dringend.« Die Offiziere verbieten indessen nichts, was keine fortdauernde Praxis wäre. Darum meldet sich im März 1943 Schukow mit einem Befehl, »daß deutsche Kriegsgefangene nicht mehr erschossen werden sollen. Der Befehl wurde herausgegeben«, so gestand ein sowjetischer Oberleutnant nach der Festnahme, »da es der höheren Führung an den Aussagen der Kriegsgefangenen gelegen war.« Schließlich verwandte sich auch Stalin für die Deutschen. »Mitte März«, berichtete ein Überläufer, »wurde ein neuer Stalin-Befehl verlesen, wonach die Tötung von Gefangenen streng verboten sei. Diese Maßnahme sei in der Hauptsache auf den Mangel an Arbeitskräften zurückzuführen. Gegenwärtig werden Belohnungen gezahlt für das Einbringen von Gefangenen.« Zu der Zeit war der Kursker Bogen zu befestigen, und nichts spricht dafür, daß Stalin zuvor als ›tolle Hunde‹ abgeschossene Gefangene mit Rücksicht auf Artikel 6 der Haager Landkriegsordnung vom Stellungsbau fernhalten ließ.

Den ganzen Komplex hätte das Nürnberger Gericht innerhalb des Falles Karl Hollidt getrost prüfen können. Sein Vorbringen – »ich darf vorausschieben: Ich habe die allergrößte Hochachtung vor den Leistungen der Roten Armee« – war aufklärungsbedürftig: Seine Leute seien verstümmelt und der GPU ausgeliefert worden, während man ihm zum Vorwurf mache, Gefangene zu militärischen Zwecken »in der Front« habe arbeiten lassen. »Wenn Sie so wollen, dann hat jede Tätigkeit hier einen militärischen Zweck, aber auch jede Tätigkeit, und wenn sie auch noch so weit von der Front abgesetzt ist. Denn Sie können jede Nachrichtenverbindung, die Sie sonst für zivile Zwecke gebaut haben, die können Sie eines Tages auch für militärische Zwecke benutzen. Da sehe ich nicht durch.«

Hollidt war der Angeklagte mit der durchschnittlichsten Belastung: Ein Untergebener, der Kommandeur des 29. Korps, hatte im Februar 1943 einmal Kriegsgefangenen, welche die Arbeit verweigerten, das Erhängen angedroht. Hollidt selbst reklamierte, dem Gefangenenbegleitpersonal die Ausrüstung mit Stöcken untersagt zu haben (Dok. Hollidt 82); wenn man seinen Leumundszeugen glauben will, ein Ausfluß seiner weltoffenen, liberalen Erziehung: Er hatte als Jüngling England und Frankreich bereist, »lernte die Eigenart unserer Nachbarvölker kennen und schätzen. Von hier ist zu verstehen, daß Hollidt später die abschätzige Behandlung der fremden Völker durch Hitler und Komplizen ablehnte« (Dok. Hollidt 78). Als Befehlshaber der 50. Infanteriedivision hatte er im Griechenlandfeldzug zu seinem 50. Geburtstag in »kleinster Begleitung« die Mönche von Athos besucht, die Hollidts »Kommandozeit in bester Erinnerung« haben sollen (Dok. Hollidt 29). Selbst Organist und Garant der Wehrmachtsseelsorge als »Grundlage der Manneszucht«, hegte er eine selbstverständliche Achtung vor dem Glauben anderer. Seine Jugendfreunde erinnerten sich, »daß er völlig abgezehrt und ausgemergelt auf Urlaub kam von Osten her, wo er in großer Notzeit alle Beschwerden mit der Mannschaft geteilt hat. Das Kraftmeiertum der neugebackenen Nazi-Generäle hat er nicht leiden können.« (Dok. Hollidt 74)

Hollidt ließ sich als zeituntypischer »Offizier vom alten Schlag« charakterisieren. Typisch für die neue Zeit war indessen, daß er es als Sohn eines bürgerlichen Studienrats zum Armeechef bringen konnte. Auch die Treueverhältnisse waren verbürgerlicht, d. h. konjunkturell. Der Oberbefehlshaber, auch ein Emporkömmling, hielt deshalb das Risiko des Absturzes in seinen Chevaliers lebendig. Verlustangst bindet. »Wenn Adolf uns ruft«, wußte Hollidt nicht sicher, »ob er uns einen Orden überreicht oder uns die Pistole vor den Bauch hält.« (Dok. Hollidt 74)

Als Typus des verwegenen Oberbefehlshabers der neuen Wehrmacht konnte ihn dies nicht umwerfen. »In den Jahren '42/'43 waren wir mit dem Stabe wiederholt eingeschlossen«, berichtete sein Chauffeur. »Der Generaloberst blieb stets bei der Truppe. Der Stab hat oft aktiv am Kampf teilgenommen. Er war nicht selten als Letzter vorne« (Dok. Hollidt 38). Seine vier abgekämpften Divisionen hatten im Dezember 1942 im Donbogen Hoths 4. Panzerarmee vor der Umfassung und die Heeresgruppe A im Kaukasus vor der Abriegelung zu schützen. Ohne eigene Panzerverbände, angewiesen auf seine zusammengewürfelte Infanterie und die schanzenden Kriegsgefangenen, jagte Hollidt, eigenem Bekunden nach, »wie ein Wanderprediger« herum, den depressiven Männern Zuversicht einzuflößen, »und dies alles in einem infernalisch kalten

Winter«. Manstein, Hollidts ingeniöser, doch pfauenhafter Vorgesetzter, bemängelte eine gewisse schwunglose Weitschweifigkeit, schätzte hingegen »ein immer sachliches Urteil« und seine Verläßlichkeit. »Als Infanterist fühlte er besonders mit der kämpfenden Truppe, was unter den gegebenen Verhältnissen verständlicherweise manchmal auf seine Stimmung drückte.« Immerhin verließ ihn, an beiden Flanken bedroht, nicht der Mut. Er hielt wendig und unerschrocken seine Stellung, doch letztlich nur durch Mansteins operative Eingebungen. So verzeichnen es dessen Memoiren. Die Selbstgefälligkeit war sein Laster. Generaloberst Hollidt hingegen lebte asketisch, blieb, trotz einer glänzenden Einheirat, sparsam, dünkellos und neben stetem Kirchenbesuch herzlich dem Sport zugetan. Ein passionierter Wettkämpfer, führte er gern an der Front Sportfeste durch, war persönlich »Sportsmann und bewahrte sportlichen Geist auch in seiner Lebens- und Berufsauffassung«. Das bezeugte der Divisionspfarrer der 50. Infanteriedivision. So schien dem Generaloberst auch die »Schonung von Menschenleben Gegenstand eines fast sportlich zu nennenden Ehrgeizes zu sein« (Dok. Hollidt 29). Zwar beschäftigte er Gefangene im feuergefährdeten Bereich, mutete ihnen aber wiederum nicht mehr zu als seiner eigenen Tapferkeit.

In einem Befehl vom 17. März 1943 mahnt er »gerechte und anständige Behandlung der Kriegsgefangenen« an, »auch aus propagandistischen Gründen«. Die Unterkünfte hätten »gesundheitlich einwandfrei« zu sein. »Ausreichende Waschgelegenheit muß vorhanden sein. Rechtzeitige Entlausung ist notwendig. Ausreichende Verpflegung muß sichergestellt werden. Die Schwerarbeiterzulage ist voll auszugeben. Die Kriegsgefangenen müssen mit ausreichender Bekleidung versehen sein. Die zu fordernde Arbeitsleistung muß im Einklang mit körperlicher Verfassung und Gesundheitszustand stehen. Mißhandlungen, Schikane, ungerechte Behandlung dürfen nicht geduldet werden. Die sanitäre Betreuung der Kriegsgefangenen muß gesichert, ausreichendes Sanitätspersonal für diese Zwecke verfügbar sein. Neu anfallende, verwundete Kriegsgefangene sind bevorzugt abzutransportieren« (Dok. Hollidt 82). Was will man von einem Armeechef mehr?

Den unnützen Verschleiß seiner Schanzarbeiter im sowjetischen Artilleriebeschuß hinderte etwas »Elegantes«, welches ihm anhaftete, »im Erringen von Erfolgen mit einem Minimum von Verlusten« (Dok. Hollidt 29). Er war ein Wehrmachtsgeneral, wie er im Buche steht.

Die Anklage erwähnte die Rekrutierung 16- bis 17jähriger Mädchen für den Stellungsbau. Frauenkolonnen arbeiteten gegen »gute Behandlung, Verpflegung« am Bau splittersicherer Unterstände und in Felsboden getriebener Kampfgräben (Dok. Hollidt 162). Hollidt führte den Umstand zu seiner Verteidigung an, weil er die Frauen und Mädchen den Sauckel-Agenten entwunden habe und »hierbei dafür sorgte, daß die Belange der Truppe in erster Linie berücksichtigt werden« (Dok. Hollidt 146). So kamen die Mädchen denn in den Genuß von sechs Tagen bezahlten Jahresurlaub für die über 16jährigen, von 14 Tagen für die unter 16jährigen. Abgerechnet wurde je nach Beschäftigung »im Zeitlohn, einschließlich der Vergütung für regelmäßige Mehrarbeit, der Zulagen und Prämien – bei Beschäftigung im Akkord der regelmäßige Akkorddurchschnittsverdienst« (Dok. Hollidt 146). Es galten die landes- und ortsüblichen Lohnsätze. Auch wenn der Umgang mit dem Schanzzeug – Schaufeln, Spaten, Kreuzhacken, Stacheldrahtrollen – keine Mädchenarbeit sein mag, vermeldet ein Stimmungsbericht vom 2. Juli 1942, daß der Transport der weiblichen Geburtsjahrgänge 1924/25 ins Reich dem größten Widerstand begegnete. »Die Mädchen verrichten lieber Schanzarbeiten, als daß sie sich ins Reich vermitteln lassen.« Gelegentlich seien »Mißgriffe« erfolgt »wie der Einsatz von Frauen, die infolge Krankheit der anderen Familienangehörigen die Hauswirtschaft versehen und die Pflege der Angehörigen übernehmen müssen. Für die Abstellung werde jedoch jeweils gesorgt.«

Das deutsche Besatzungsheer war der Hauptarbeitgeber am Platze und gebärdete sich augenfällig als Sozialpartner. »An Ostern empfand es die Bevölkerung dankbar, daß ihr durch die deutsche Wehrmacht ermöglicht war, das Osterfest nach altem Brauch zu feiern. Die Kirchen waren dabei stark besucht.« Die Bürger begrüßten auch die »Zulassung bzw. den Ausbau der Mittel- und Fachschulen«, mit gutem Erfolg wurde eine »Schul-Olympiade« vom Heere durchgeführt: »Ausstellung von Schülerarbeiten, Wettbewerbe der Schüler in Liedern, Vorträgen, gymnastischen Übungen und Volkstänzen.« Bei soviel Frohsinn hatte die Bevölkerung »kein Verständnis bei der Durchführung des Armeebefehls zur Trennung der Unterbringung von Zivil und Militär«. Die Motive der »Abwehr und Truppendisziplin« ließen sich inmitten der Fraternisierung schwerlich benennen. Der Vorwand der Seuchenverhütung werde »von dem überwiegend gesunden Teil der Bevölkerung als nicht zutreffend oder gar als kränkend empfunden«. Ohnehin sorgte das Heer für moderne Hygiene, stand im »zielbewußt geführten Kampf gegen die Geschlechtskrankheiten« und verteilte auf den Märkten aufklärende Flugblätter. Die Eintracht war zum Greifen nahe, und der Ortskommandant von Stalino führte es auf eigene propagandistische Versäumnisse zurück, daß die am 22. Juni 1943 kurzfristig angesetzte Feier im Stadttheater zum Gedenken an den Tag des Kriegsbeginns so schwach besucht war. »Man sah nicht ein, aus welchem Grunde eines Kriegsbeginns feierlich gedacht wurde, und verkannte, daß an diesem Tage der Befreiungskampf gegen den Bolschewismus seinen Anfang genommen hatte.«

Die Leute von Stalino hielten den Kampf noch für offen. Einige der jungen Schanzarbeiterinnen wären recht gern einmal mit dem Sauckel-Projekt nach Deutschland gefahren. Wie anders käme man je im Leben aus dem Dorf? Doch wagten sie nicht, sich freiwillig zu melden. Aus dem Untergrund drohten die Bolschewisten Vergeltungsmaßnahmen an. Dienstfreiwillige hörten, »sie seien dumm, daß sie bei den Deutschen dienten, da bei einer Rückkehr der Roten Armee ihre Angehörigen umgelegt würden«. So murrte die Bevölkerung über die Arbeitspflicht zum Stellungsbau, legte aber ihr erspartes Geld in deutschen Noten an, da sie »im Falle eines Zurückgehens der deutschen Truppen lieber mit zurückginge«. Freie Händler wurden zur Warenzirkulation zwischen Stadt und Land zugelassen. Dem Nachrichtenhunger kam man durch Lesestuben und Zeitungsverlesung mit Gesangseinlage entgegen. Die Menschen sahen, daß Straßen gebaut wurden, hörten, daß ihre Nahrungsversorgung mit Deutschland gleichziehe, »und das Bemühen zur Vermeidung von unnötigen Härten bei mancherlei kriegsbedingten Maßnahmen wird anerkannt« (NOKW 1962, NOKW 2364). Es gibt keinen Grund anzunehmen, daß diese handschriftlich ins Tagebuch des Kommandanten des Rückwärtigen Armeegebiets 593 eingetragenen Berichte erlogen und seinem Selbstbetrug gewidmet sind. Der Export des Nationalsozialismus enthielt nicht nur Juden- und Partisanenvernichtung. Sein Angebot war auch im Reich ein vermischtes. Die Benevolenz gehört zum Terror. Mitmachen muß sich lohnen, und Terror sucht sich Minderheiten.

Will man dem Generaloberst von Salmuth glauben, haben seine 2. Armee und die ukrainischen Bauern »mit gemeinsamen Kräften die Landwirtschaft aufgepäppelt, kleine Fabriken in Gang gebracht, versucht, eine Heimindustrie anzukurbeln«. Zur Plünderung fehlte es an Gütern. »Die hatten ja gar keine Vorräte, und infolgedessen bestand der merkwürdige, mir unerklärliche Zustand auf dem Land, daß selbst die Landbevölkerung buchstäblich verhungerte.« Die Rote Armee habe durch Stalins Zerstörungsbefehl auf ihrem Rückzug die Landbevölkerung brotlos gemacht. Die Wehrmacht konnte die Zustände gar nicht zum Schlimmeren wenden. »Die saßen ja auf den Kolchosen und mußten da ihren Frondienst leisten, während die Verwalter auf hohem Rosse saßen und hinter ihnen die Kommissare standen mit der angehaltenen Pistole und Maschinenpistole und, wie einer faulenzte, erstmal eine Kugel dahinterjagten.«

Salmuth besaß volkswirtschaftlichen Sachverstand und hat »dafür gesorgt, daß uns zu dem Aufbau des Landes wieder das Notwendige herankam, Zuchtvieh, Saatgut, landwirtschaftliche Maschinen«. Die Verteidigungszeugen, die den Angeklagten übereinstimmend als Schirmherrn der Agrarförderung preisen, finden in den Armeeakten eine kargere, doch desto überzeugendere Bestätigung. Im Juli 1942 bringen Bauern und Landser zusammen die Heuernte ein (NOKW 2167), im August wird der Roggen geschnitten. »Im Gefechtsgebiet hilft die Truppe nach Kräften« (NOKW 2913). Die Ernährung des Volkes muß insgesamt das »Existenzminimum« sicherstellen, denn »sie ist in schärfster Weise zur Arbeit heranzuziehen, auch an Sonntagen und mit mindestens 10stündiger Arbeitszeit. Arbeitsbeginn gleichmäßig 6.30 Uhr« (NOKW 2181). So blieb gar nichts anderes übrig, als die Landwirtschaft anzukurbeln. Den Städtern war Getreide anzuweisen, es gelte auch, »die Kriegsgefangenen im eigenen Lager gesund und arbeitsfähig zu halten«. »Verdienten Landeseinwohnern« stehen Gratifikationen zu, »die wirklich einen Anreiz bieten sollen. Um so härter müssen demgegenüber Sühnemaßnahmen sein« (NOKW 2103). Salmuths Zeugnis mag zutreffen, »daß das Erntefest überall da, wo Truppen lagen, die Bevölkerung zusammen mit der Truppe in einer besonders netten Weise feierte, und Weihnachten war das genauso«.

Die Freundschaft wurde mit Handelsgeschäften zwischen Soldaten und Zivilisten besiegelt, die im Oktober 1942 von der 2. Armee untersagt werden mußten: »Daher ist auf das für den deutschen Soldaten Unwürdige solcher Handlungsweise hinzuweisen.« (NOKW 2361)

Ähnlich sahen es auch die Partisanen, die den Bauern Würde beibrachten. »Die Banditen beschränken sich auf Terrorakte gegen die Bevölkerung« (NOKW 2103), »bewaffnete Banditen erpressen Lebensmittel« (NOKW 2167), tauchten in die Dörfer ein, mischten sich gar in Tanzveranstaltungen, bis Kontrollen »mittels der entsprechenden Prügelnachhilfe« auch auf deutscher Seite wieder für klare Linien sorgten. »Es ergab sich folgendes Bild: Das gesamte Dorf Makarowo stand in Verbindung mit den Banditen..., wurde überraschend umstellt, ... ca. 60 Banditen erschossen bei einem eigenen Verwundeten. Die Ortschaft wurde restlos niedergebrannt.« (NOKW 2167)

›Ortschaft‹ bedeutete doch »meist nur einige wenige Holzhäuser«, erläuterte Salmuth. Er hatte sein junges Entwicklungsprojekt gegen die bolschewistischen Neider verteidigt. Es gefährdete ihr Zwangsregime. »Da, meine Herren Richter, liegt die Geburtsstätte des Partisanentums.« In den von der 2. Armee und den Bauern in Schuß gebrachten Siedlungen »lebten die Leute miteinander unter einem Dach«. Die Männer lagen auf die Dörfer verteilt, die »im Gebiete des Don dort auch ein absolut friedliches Leben führten; im Sommer badeten die Kinder im Fluß, es wurde gefischt usw.« Infolgedessen stellte Salmuth sogleich ein verbessertes Fischereiwesen auf die Beine. »Er vertrat den Standpunkt«, bezeugten seine Untergebenen, »daß arbeitende, satte und zufriedene Menschen auch friedlich sind« (Dok. Salmuth 92). Doch »die traurige Folge dieser guten Zusammenarbeit war, daß die wieder einrückenden Russen ein fürchterliches Blutbad unter ihrer eigenen Bevölkerung veranstalteten, weil sie nicht am Partisanenkampf teilgenommen hatte.« (Dok. Salmuth 93)

Salmuths Abzug löste »eine wahre Völkerwanderung in westlicher Richtung« aus, vielleicht weniger aus Anhänglichkeit denn aus Panik vor den »unvorstellbaren Grausamkeiten der einrückenden sowjetischen Truppenteile gegenüber der eigenen Zivilbevölkerung« (Dok. Salmuth 94). Demgegenüber waren die von der 2. Armee verbrannten Dörfer Bagatellen gewesen. »Und es ist ja spaßig direkt«, erläuterte der Chef dem Gericht, »daß solche Kleinigkeiten in dem Kriegstagebuch des Korück* zu Papier gebracht sind. Eben weil das beim Korück schon eine Seltenheit war, da hatte er sie aufgezeichnet.« Anders in dem weißrussischen Waldgebiet, »das wirklich mit Partisanen durchseucht war, so z. B. in dem Gebiet von Generaloberst Reinhardt«. Dort fielen verbrannte Dörfer niemandem

* Kommandant des Rückwärtigen Armeegebiets

mehr auf, »darüber sind diese total hinweggegangen, da haben die auch gar nicht mehr daran gedacht.« Reinhardts Krieg war anders beschaffen, weil ihm ein anderer Feind entgegentrat. Der Feind focht anders, weil das Gelände dies zuließ. Und weil Reinhardt auf anderem Gelände stand als Salmuth am Don, lud er ärgere Verbrechen auf sich. Nazi-Generäle waren sie beide nicht.

Der Feldmarschall von Rundstedt bescheinigt Salmuth in den Personalpapieren zwar »vornehmste Gesinnung und einwandfreie nationalsozialistische Lebenshaltung«, bemängelt indessen »seine Neigung zum Pessimismus« sowie eine »gelegentlich stark hervortretende kritische Einstellung«. Dies fiel auch Feldmarschall Rommel auf: »Etwas schwieriger Untergebener, neigt zu scharfer Kritik.« Hingegen zeige er »viel Verständnis für moderne Kriegführung«. Manstein vermißte wie gewöhnlich die, verglichen mit ihm, wenig fortreißende Persönlichkeit, »doch ein Führer, der weiß, was er will. Zum Oberbefehlshaber einer Armee geeignet.« (NOKW 141)

Zuvor hatte Salmuth das XXX. Korps in Mansteins 11. Armee kommandiert. Die Mitangeklagten Hollidt und Wöhler hatten gleichfalls Dienst unter Manstein getan, nach Aussage Wöhlers, seines Stabschefs, »ein überragender Soldat und hinsichtlich seiner operativen Fähigkeiten zweifellos ein Genie. Er war ein Spitzenkönner auf fast allen militärischen Gebieten.« Dem Lob hat sich die Historiographie angeschlossen. »Der fähigste deutsche General«, schreibt Basil Liddell Hart, »war wahrscheinlich Feldmarschall Erich von Manstein. Dies war das Urteil der meisten, mit denen ich, bei Rundstedt angefangen, den Krieg erörterte.« Mansteins Prestige erlaubte ihm bereits zu Kriegszeiten so viel Mannhaftigkeit, wie Blumentritt, Rundstedts Stabschef, bekannte, »daß er Ideen, die Hitler vorbrachte, Unsinn nannte«. Ähnliches hätte Hitler sich Manstein gegenüber nicht herausgenommen. Er fürchtete die Sottisen, die der auch seiner Ansicht nach »beste Kopf, den der deutsche Generalstab hervorgebracht hat«, auf ihn niedergehen ließ.

Untergebene

Hollidt, Salmuth und Wöhler sind Manstein von seinem verstorbenen Vorgänger, dem Ritter von Schobert, hinterlassen worden. Alle drei verbrachten das erste halbe Jahr des Rußlandfeldzugs, die Vernichtungskriegsphase unter Schobert und Manstein, in der 11.

Armee. Zeit, Ort und Gegner haben auch diese Männer in das Verbrechen getrieben, mit oder ohne Hitler. Die Vorzüge des Terrors enthüllten sich ihnen ganz von selbst. Allerdings kommandierten sie eine Division, ein Armeekorps und einen Armeestab, Ränge mittlerer Verantwortlichkeit, die dem Gericht die Frage des Gehorsams gegenüber höherem Befehl aufgaben.

An sich sei militärischer Gehorsam selbstverständlich, unbedingt und unteilbar, hat Manstein als Zeuge dem Vier-Mächte-Gericht auseinandergesetzt. Doch gerade in der deutschen Armee bestünde in operativen Fragen ein gewisses Recht zur Abweichung vom Befehl. »Diese Selbständigkeit der Unterführer ist besonders betont worden ... Das liegt in der höheren Verantwortung, die ein hoher militärischer Befehlshaber trägt. Es kann keinem Armeeführer zugemutet werden, eine Schlacht anzunehmen, wenn er weiß, daß er sie verlieren muß.« Es ist dies indessen ein sensibles Privilegium. »Man kann als Offizier nicht sagen: ›Jetzt ist der Krieg verloren, jetzt gehe ich nach Hause‹«, belehrte Wöhler die OKW-Richter, »sondern man hat eben seine Pflicht zu tun.«

Im fraglichen Falle war die Gehorsamspflicht gegenüber Vernichtungsbefehlen berührt. Die Anklage wollte den an und für sich unentbehrlichen Gehorsam auf rechtmäßige Befehle beschränkt wissen. Ein Mord werde nicht dadurch zu etwas anderem, weil er von oben befohlen sei. Das deutsche Militärstrafgesetzbuch sehe hier nach Paragraph 47 den Befehlsgeber als Täter an, doch sei der Untergebene nach Absatz 2 Teilnehmer der Tat, wenn er die Kriminalität erkenne. Wöhler, Hollidt und Salmuth hatten dies erkannt. »Ich konnte es mir nicht vorstellen«, berichtete letzterer in Nürnberg, »daß ich befehlen sollte, und meine anständigen Jungens ausführen sollten, einen gefangenen Feind totzuschießen, und zwar solche Leute, die ja doch auch Uniform trugen und wahrscheinlich auch gekämpft hatten. Das ging mir gegen den Strich.« Wöhler mußte hingegen angesichts von Kommissaren aus Partisaneneinheiten zuvor Emotionen niederkämpfen. »Wer auch nur einmal eine Meldung gelesen hat, in der stand: Der Unteroffizier und der Mann lag da mit abgeschnittenen Ohren und Geschlechtsteilen und ausgestochenen Augen, der kann nicht verlangen, daß man diesen Leuten ein Entgegenkommen zeigt, das einfach nicht zu leisten ist.« Als Kompromiß habe er dem Ritter von Schobert vorgeschlagen, den vom OKH an die Armee verteilten Kommissarbefehl bewußt falsch auszulegen. Man solle allein solche Kommissare vernichten, die eines todeswürdigen Verbrechens schuldig seien. Man war ja damals »in gewissen Kreisen, zu denen wahrscheinlich auch der Generaloberst von Schobert gehört hat, der Überzeugung, daß dieser Krieg nicht sehr lange dauern würde. Und um so mehr konnte man es darauf ankommen lassen, diesen Irrtum nun erstmal in Szene zu setzen.« Ein bestechender Gedanke, vermutlich aber später in Nürnberg geboren.

Wie auch immer, Schobert bestand auf der Pflichterfüllung, so daß es zwischen ihm und seinem Stabschef »einen Riß gab«. Schobert wollte an dem Täuschungsmanöver nicht teilnehmen, andererseits »kann man ja einen solchen Befehl, der offen ex cathedra gekommen ist, nicht in den Papierkorb werfen oder nicht einfach zu den Akten legen«. Wöhler hatte »ein ausgesprochen schlechtes Gefühl«, weil hier »Dinge gefordert werden, die man von deutschen Soldaten nicht verlangen sollte«. Nachdem sie von dem Soldaten Wöhler trotz Einspruch gefordert wurden, »hatte ich nach meiner Überzeugung keine Möglichkeit, den Generaloberst Schobert nun zu zwingen, das zu tun, was ich für richtig hielt.«

»Warum haben Sie nicht um eine andere Verwendung gebeten?«

»Das konnte ich nicht; denn ich konnte ja schließlich nicht nach oben melden: ›Ich will eine andere Verwendung haben, weil mein Oberbefehlshaber einen Führerbefehl ausführt.‹«

Der Führer würde nicht wechseln, aber eventuell der Oberbefehlshaber. Im September landete Schobert mit seinem ›Fieseler Storch‹ beim Truppenbesuch nahe Kiew in einem Minenfeld, und Manstein trat an seine Stelle, der sich nicht genierte, Hitlers Unsinn beim Namen zu nennen.

Wie Manstein im Viermächteprozeß ausgesagt hat, stand die Truppe dem Befehl innerlich ablehnend gegenüber. Seine Divisionskommandeure teilten spontan die Auffassung des Chefs. Manstein hielt es eigentlich für seine Pflicht zu gehorchen, hatte das aber nicht nötig. Er sagte sich, »daß ich als Soldat so etwas nicht mitmachen kann und habe sowohl dem Oberbefehlshaber der Heeresgruppe, der ich unterstand, wie dem Befehlshaber der Panzergruppe gemeldet, daß ich einen derartigen Befehl, der gegen die soldatische Ehre ging, nicht ausführen würde. In der Praxis ist der Befehl auch nicht ausgeführt worden.«

Wenige Sätze schon offenbaren den Meister der strategischen Defensive. Manstein kommandierte zur angegebenen Zeit das LVI. Panzerkorps. Der erwähnte Heeresgruppenchef ist der Ritter von Leeb, der Befehlshaber der Panzergruppe 4 der Generaloberst

Hoepner. Der OKW-Prozeß hat in den Fällen Leeb und Reinhardt erwiesen, daß der Kommissarbefehl in der Heeresgruppe Nord und der 4. Panzerarmee ausgiebig angewendet worden ist. Was aber geschah in Mansteins LVI. Korps? Das ist die Frage. Eigenem Bekunden nach raste er so schnell geradeaus, daß er sich »teilweise bis 100 km vor der Front befunden« habe. Was so weit hinten passierte, brauchte er tatsächlich nicht zu wissen. Bei seinem Tempo hatte er selbst vermutlich Eiligeres zu tun, als Kommissare aufzulesen. Immerhin meidet er in seinem Nürnberger Verhör ebenso wie in seinen Memoiren zu erwähnen, was er seinen Untergebenen befohlen hat. Das aber ist das einzig Relevante. Seinen Vorgesetzten beschied er, ein Korpskommandeur, den Befehlen nicht zu gehorchen. Nicht sie ihn, er sie. So gefiel er sich. Allein, welche Befehle meinte Manstein? Sowohl Leeb wie Hoepner haben vernehmentlich nach unten die Losung ›Sabotage‹ durchgegeben. Der eine durch Stabschef Brennecke, der andere durch Handbewegung im Kasino.

Weder ein Heeresgruppenchef noch ein Panzerarmeeführer bekommen je einen Kommissar zu Gesicht. Der Mann ist, wie es im Befehl heißt, »sofort, d. h. noch auf dem Gefechtsfeld, abzusondern« und »grundsätzlich sofort mit der Waffe zu erledigen«. Die Erledigung veranlaßt oder verhindert infolgedessen ein Regimentskommandeur, Bataillons- oder Kompanieführer. Diese wiederum instruiert der Divisionskommandeur. Mit den Divisionskommandeuren war sich Manstein nach seiner Beförderung zum Armeechef »durchaus einig«. Das traf sich günstig. Anderenfalls hätte er ihnen Befehlsungehorsam befehlen müssen. Den Unsinn des Führers war er gewohnt, und was er diesem ins Gesicht sagte, konnte er auf der fernen Krim auch dem schwunglosen Hollidt anvertrauen. Dazu mußte er sich nicht persönlich an ihn wenden, sondern lediglich Wöhler, seinen Stabschef, beauftragen, der nichts Sehnlicheres erwartete, um sein aus Schoberts Tagen rührendes ›ausgesprochen schlechtes Gefühl‹ loszuwerden.

Manstein war kaum einen Tag Armeechef, als er sich bei Wöhler »– ich erinnere mich genau –, nach dem Kommissarbefehl erkundigt hat«. Zu Wöhlers Erleichterung hat »der Feldmarschall v. Manstein die Durchführung des Kommissarbefehls klar abgelehnt«. Weil Schobert indessen die Durchführung befohlen hatte, mußte Manstein seine Ablehnung in einen Widerruf kleiden. Da er einst Leeb und Hoepner nach oben hin ausdrücklich seinen Ungehorsam annonciert hatte, kostete es ihn nun keine Mühe mehr, nach unten Gehorsam zu verlangen, zumal er sich mit den Untergebenen einig wußte. »Er war ein Soldat stärksten Willens«, berichtete Wöhler und gab nichts aus der Hand. »Seine Arbeit ging ungeheuer schnell vor sich; er verlangte gleich schnelles Mitarbeiten von den Herren seines Stabs.«

»Welche Vorkehrungen hat er getroffen, oder welche Vorkehrungen haben Sie getroffen, um die unterstellten Kommandeure und Einheiten von der Durchführung dieses Befehls abzuhalten?«

»Welche Maßnahmen er getroffen hat, weiß ich nicht. Ich hatte auf diesem Gebiet keine Maßnahmen zu treffen, weil die Frage ›Kommissarbefehl‹ ja ganz zweifellos eine OB*-Frage ist und keine Chefsache**. Wenn ich irgend etwas veranlaßt haben sollte, an das ich mich nicht erinnern kann, dann habe ich es auf Befehl des Oberbefehlshabers gemacht. Ich weiß es aber nicht mehr.«

Auch die Korps- und Divisionskommandeure wußten anscheinend nichts von dem Rücknahmebefehl, der endlich die 11. Armee von jener bedrückenden Pflichtenkollision befreite, in die sie der tote Schobert, »ein absoluter Hitler-Ergebener«, wie Salmuth klagt, seinerzeit geschickt hatte. Hollidt stand Schoberts wegen mit »den Grundsätzen des von mir vertretenen Christentums« im Zwiespalt, die ihm verboten, »Menschen, die in meine Gewalt fallen, nur deshalb zu verfolgen, weil sie eine andere politische Auffassung haben«. Salmuth war in seinem »soldatischen und menschlichen Empfinden getroffen«. In der 50. Infanteriedivision steckte Hollidt seit Wochen in argem Befehlsnotstand. Sein Vorgesetzter, Korpskommandeur General Hansen, habe ihm erklärt, nichts gegen den Befehl unternehmen zu können, da er für die gesamte Ostfront gälte. Ritter von Schobert, bei dem er anschließend vorstellig geworden sei, reagierte förmlich. Hollidt habe als Soldat Befehle auszuführen, und »Befehle von höchster Stelle seien die maßgeblichen«.

Salmuth, zur fraglichen Zeit Korpskommandeur wie Manstein, unterließ mangels ›fortreißender Persönlichkeit‹, was dieser blank riskiert haben will, seinem Armeechef Befehlsverweigerung zu melden. Im Unterschied zu Mansteins Hoepner war dies bei Schobert auch »nicht sinnvoll«. Allerdings gestanden Salmuth wie Hollidt vor Gericht einen bescheideneren, jedoch sinnvolleren Weg.

* Oberbefehlshaber

** Stabschef

Beide gingen zu ihren Untergebenen. »Ich habe diesen Befehl mit meinen Divisionskommandeuren besprochen«, berichtete Salmuth. »Ich habe ihnen gesagt, ich wünschte, daß dieser Befehl bei mir nicht ausgeführt würde, und habe ihnen auch ungefähr gesagt, es steht in der Bibel drin: ›Suchet, so werdet ihr finden.‹ Wenn das richtig ist, ist auch das Gegenteil richtig. ›Suchet ihr nicht, so findet ihr nicht.‹« Allerdings gehörte es keineswegs zur Aufgabe eines Divisionskommandeurs, Kommissare zu suchen. Das berichtete Divisionskommandeur Hollidt. Er tat das gleiche wie Salmuth, versammelte seine Regimentskommandeure und bat sie, den Befehl nicht auszuführen. Dies ist ein eigentümlicher Umgang mit Untergebenen, denen Vorgesetzte gemeinhin weder Bitten noch Wünsche vortragen. Was der Vorgesetzte wünscht, braucht er nur zu befehlen. Doch trauten sich weder Salmuth noch Hollidt, die Verweigerung eines Führerbefehls zu befehlen. Dies beansprucht nicht einmal der flamboyante Manstein. Hollidt und Salmuth hatten Angst. »Wenn ich den Befehl gegeben hätte, den Kommissarbefehl nicht durchzuführen«, bekannte Hollidt, »so hätte ich jedem meiner Kommandeure die Handhabe geben können, gegen mich vorzugehen.« Das überzeugt.

Hollidt und Salmuth baten und wünschten, daß ihre Untergebenen riskierten, was sie selbst nicht verantworten wollten: einen Befehl zu verweigern. Das ist nur zu natürlich. Ein Befehlshaber kann nicht befehlen, Befehlen nicht zu gehorchen. Sonst schwände seine Autorität dahin. Jedoch »einer Bitte von mir konnten sie sich nicht verschließen«, glaubte Hollidt. Zu Recht. Solange der Befehl die Befehlskette hinabwandert, ist er nicht aufzuhalten. Denn sonst reißt die durch Gehorsam verbundene Kette. An ihrem untersten Ende jedoch wird der Befehl nicht mehr an einen Gehorsamspflichtigen weitergereicht, sondern in die Tat umgesetzt. So sind die letzten die ersten, einen Kommissar zu retten. Manstein, Salmuth und Hollidt retteten zuvorderst ihre Befehlsgewalt, wie sich versteht. Die Kette kettet ihre Glieder. Wer keinem mehr etwas zu befehlen hat, ist endlich frei zu handeln. Er kann tun, was Salmuth sich nur wünschen kann, und die Kommissare schlicht übersehen.

Wenn Salmuth sie zu schonen wünschte, hätte er den Befehl nur zu vergessen brauchen.

»Warum«, heißt es im Nürnberger Verhör, »haben Sie ihn nicht einfach unterdrückt?«

»Da ich die Dinge in der Hand behalten wollte.«

So ist es. Ein Hollidt, der Befehlsverweigerung befähle, geriete in die Hand der Untergebenen. Von nun an schuldeten sie ihm keinen Gehorsam mehr. Salmuth, der Befehle unterschlüge, verlöre den Respekt. Er kommandiert kein Korps, indem er Kommandos unterdrückt. So rutscht ihm die Führung aus der Hand. Führer ist nicht derjenige, dessen Befehle Vollzug finden, solange sie gefallen. Der Militärführer führt kraft Unzerbrechlichkeit der Befehlskette. Darum wünschten Salmuth und Hollidt allenfalls, daß die Kette weiter unten unterbrochen werde. Keinesfalls dort, wo ihre eigene Autorität verkettet war. So verhielt sich auch Manstein. Befehle werden nicht nach oben verteilt, sondern nach unten. Als Manstein Schoberts Kommando übernahm, hat er dessen Führergehorsam suspendiert. Das beeidet Stabschef Wöhler, der es wissen muß. Die Untergebenen merkten aber gar nicht, daß sie nun davon entbunden waren. Durch Wöhlers Mund ist die Kündigung nicht geflossen. Durch wessen sonst? Das weiß keiner zu sagen. Am entscheidenden Punkt der Befehlsweitergabe verschwimmen die Konturen. Es ist stets derselbe. Auf dem Weg zur nächst unteren Stelle winden sich vieldeutige Gesten um den Befehl, private Winke, heimliche Wünsche und dichter Nebel. Schobert hat das militärische Daseinsprinzip vermutlich richtiger zusammengefaßt: Gehorsam hängt nicht davon ab, wie der Befehl behagt, sondern woher er kommt. Kommt er von oben, ist er unaufhaltsam.

Die Anklage in Nürnberg bezweifelte die »sinnlose These, daß ein Kommandeur einen Befehl erlassen und ihn zur gleichen Zeit durch ›Bemerkungen‹ oder Bibelzitate zurücknehmen könnte«. Der Auffassung scheint auch der gewitzte Manstein gewesen zu sein, der lieber mit seinen Untergebenen ›einig war‹, solange sie nur Schoberts Befehle weiterleiteten.

Befehle nach unten kehren als Vollzugsmeldungen nach oben zurück. Die Einlassung der Generäle der 11. Armee besagte, daß der Weg des verbrecherischen Befehls nur an einer Stelle zu durchkreuzen war, bei der untersten Kommandostelle. Solange begleitete ihn die herzliche Bitte des Vorgesetzten, daß der jeweils Nächstuntere verweigern möge. Angenommen, es käme der letzte Mann ihr nach, lautete die Meldung nach oben: ›Bitte erfüllt, Befehl sabotiert.‹ Das geht nicht. Der unaufhaltsame Befehl muß unaufhaltsam als vollzogen gemeldet werden. Nicht zur Täuschung Hitlers, sondern zur Bestätigung der Befehlshaber. Der letzte Mann, der den ordnungsgemäßen Befehl wunschgemäß verweigert, kann nichts anderes melden als Vollzug. Als Saboteur mag er auch Täuschung begehen. Das schließt der Wunsch mit ein. Die erwünschte Kommissar-Errettung ging als falsifizierte Kommissar-Ermordung retour. Doch benötigen die Falsifikate einen Anfang. Irgend jemand muß einen getöteten Kommissar im Tagebuch notieren, den er nie getötet hat. Alsdann addiert der Buchführer der Division die falschen Zahlen des Regiments, das Korps die falschen Zahlen der Division usw. Kein Fälscher braucht all dies zu bemerken, bis auf den untersten der Fälscher. Damit sind die gehobenen Bittsteller saniert. Allerdings müssen sie dem letzten Mann zusichern, daß sie ihn seinen Hochverrat nicht büßen lassen. Jemand muß ihm den Vertrauensschutz hinterbringen. War es Manstein, der über Wöhler oder Hollidt Signale gab? Dieser Jemand ist wie der listige Odysseus der ›Niemand‹ der deutschen Wehrmacht. Er entkommt als Namenloser. Hollidt wußte von ihm, kannte ihn aber nicht. »Nun weiß ich, daß irgendein findiger Mann – wer es war, weiß ich im einzelnen nicht mehr – auf den Gedanken kam, die im Kampf erschossenen Kommissare mit einer indifferenten Meldung nach oben weiterzugeben. So wurde es auch gemacht, und ich nehme an, daß es sich bei diesem Dokument um einen solchen Fall handelt.«

In der Tat präsentierte die Anklage gegen Hollidt, Salmuth und Wöhler Vollzugsmeldungen über Kommissartötungen im Bereich der 11. Armee. Doch zählten sie außerordentlich gering. Zur Zeit, als Manstein in der Panzergruppe 4 diente, wurden hingegen nach 18 Tagen bereits 101 Kommissare als »erledigt« an das Heeresgruppenkommando Nord gemeldet (NOKW 1674). Als er Ende September die 11. Armee übernahm, hatte sich die Betrachtungsweise bereits ernüchtert. Die Heeresspitze entdeckte, daß sie, anstatt den Überfallschock mit dem Siege zu krönen, Stalin eben jenen Krieg lieferte, den er benötigte. Der Vernichtungskrieg arbeitete ihm entgegen, nicht der Wehrmacht. Doch brauchte der träge Befehlsapparat noch eine Zeitlang, schreibt Manstein 1955 zutreffend, bis es »klar wurde, daß der einzige Erfolg des Kommissarbefehls darin bestand, daß die Kommissare mit den brutalsten Mitteln ihre Gruppe zwangen, bis zum letzten zu kämpfen«.

Bis Mai 1942 bestand indessen eine Befehlslage fort, die, wenn nicht als verbrecherisch, so zumindest als verkehrt galt. So mag es durchaus der Wahrheit nahekommen, daß die Kommandierenden der 11. Armee wünschten, der Unsinnsbefehl ruhte. Die Heeresspitze, die ihn im Frühjahr nach mühseliger Verhandlung mit der SS aufgestellt hatte, mochte im Herbst keinen Widerruf aussprechen. Noch währte die Hoffnung, den Feldzug 1941 vor Moskau entscheiden zu können. In der Schlamm- und Frostperiode ab Oktober erlahmten die Gefechte allmählich in den Stellungen, und der Kommissarbefehl hatte Zeit bis zur Frühjahrsoffensive. Allein die 11. Armee operierte raumgreifend auf der Krim. Im Winter stand sie am äußersten Südzipfel der Front vor der Schwarzmeerfestung Sewastopol. Die dort verschanzten Reste der Inselbesatzung verstärkten sich von der See her. Die mächtigen Batterien des Bollwerks wollten niedergerungen, die Festungsanlagen geschleift werden. Die Durchhaltemoral der Insassen wog dabei gering. Der Kommissarbefehl konnte Mansteins Armee ganz einerlei sein. Die Fälle seiner Untergebenen im OKW-Prozeß bekunden insofern nur die beharrende Kraft des ungeliebten Befehls. Die Armeeführer hatten allen Anlaß, das zu besorgen, was laut Warlimont der Sinn des Erlasses im OKW gewesen sei: Sabotage im Feld. Doch Befehlshaber sabotieren keine Befehle. Sie treten grollend zurück, sie verhindern den Eingang in die Befehlskette, oder sie schieben wie Manstein die Verantwortung zum Ausgang, an den traurigen Hollidt, den nörgelnden Salmuth, die verschämte Bitten an die jüngeren Kleingruppenführer richten.

Wie Manstein schreibt, betreffen die aufgefundenen Vollzugsmeldungen des Befehls im 11.-Armee-Gebiet keine Truppenkommissare. Dort begnügte man sich damit, politische Kontrolleure irregulärer Einheiten und Zivilkommissare zu töten. Solche Personen waren wahlweise auch in Partisanen, Bolschewistenhäuptlinge, Juden und Hetzer umzubenennen. Darum wurden sie auch nicht der Aufhebung des Kommissarbefehls teilhaftig. Ihr Los fiel in das Ressort der Einsatzgruppen und des SD. Die Warlimont zugeschriebene Rettung der ›Zivilkommissare‹ vor der Polizei war ebenfalls geplatzt, als die getrennten Biotope von Soldaten und Polizisten sich ineinanderschoben.

Der im März 1941 konzipierte Vertrag zwischen Heer und Heydrich war dem idealen Kriegsmuster der Westkampagne gefolgt. Das Heer rollt zügig voran bis zum Sieg, nimmt das Gefechtsgebiet unter die Räder, nach kurzer Zeit liegt alles flachgewalzt und wird Domäne der Zivilverwaltung. Zwischenzeitlich ist die jeweils eroberte Zone ›Rückwärtiges Armeegebiet‹ und darf von der Polizei bearbeitet werden. Kampfverbände und Einsatzgruppen kommen sich nicht in die Quere. Allerdings bleibt im Hinterland ein Kommandant zurück, der wiederum die Ortskommandanturen, Feldkommandanturen, die Feldpolizei usw. befehligt und dem Armeeoberkommando untersteht. In diesen Militärverwaltungsstrukturen sind die Polizisten zu Gast. Sie werden quartiert und verpflegt, fahren eigene Fahrzeuge, doch mit dem Sprit des Heeres, tragen eigene Waffen, erfahren jedoch vom Armeekommando, wo sie einzusetzen sind. Das Ziel befiehlt ihnen Himmler im Rahmen der getroffenen Vereinbarungen.

Beginnt die Frontlinie zu weichen, zu pendeln oder zu erstarren, kreuzen sich polizeilicher und soldatischer Entfaltungsraum. Anstelle eines getrennten Aufenthaltsgebiets tritt ein getrenntes Aufgabengebiet. Doch bleibt das Wagner-Heydrich-Abkommen grundsätzlich weiterhin in Kraft. In dem Gefechtsgebiet kurvt die Polizei nie kraft eigener Vollmacht, sondern auf Befehl der Armee. Die Armee gebietet infolgedessen über den Ort des Einsatzes. Die Art des Einsatzes befiehlt Himmler, sofern er keine militärischen Interessen tangiert. Im Gefechtsgebiet trägt aber mehr oder minder alles ein militärisches Interesse. Außerdem mochte ratsam sein, militärische Interessen polizeilich erledigen zu lassen. Das Nürnberger Gericht mußte darum eine sich überschneidende Befehlsgewalt entwirren. Eben dies Gewirr hat die krassesten, opferreichsten Verbrechen zustande gebracht. Doch tarnte sie das handliche Verwaltungsprinzip, daß den Bediensteten Angelegenheiten, die nicht in seiner Vollmacht stehen, nichts angehen. Verbrechen, die ihn nichts angehen, hat er grundsätzlich nicht gewußt. Und was jemand nicht wußte, konnte er unmöglich befohlen haben. In diesem Zirkel zerläuft die Täterschaft der ›Endlösung der Judenfrage‹. Ohne die Kenntnis des Täterkreises sind die Motive und Interessen verschüttet. Von der Tat bleibt ein Mirakel, das in Hitlers wahnhaftem Ratschluß wurzelt. Inmitten angespanntester Kriegslage hat die Elite des Feld- und Beamtenheeres ihren Arm einem komplizierten Zweitschlag geliehen, an dem sie sich konsequent, gemeinsam und sprachlos desinteressierte. Von dem wichtigsten Geschäft in ihrem Staat, der Ausschaltung des internationalen Judentums, hat sie nicht einmal das gewußt, was sie selbst vollbrachte. Das kann nicht sein.

Massaker

Der 11. Armee war ursprünglich das Ziel gesetzt, die rumänische Grenze zu schützen und nach einer gewissen Zeit, wenn die Rote Armee bereits abgeschnitten oder in der Flucht begriffen sei, in die Ukraine vorzustoßen und den Dnjepr zu erreichen. Später erweiterte sich der Auftrag. Am rechten Rand der Heeresgruppe Süd folgte sie dem weichenden Gegner in Richtung Rostow, zudem besetzte sie die Krim. Charakteristikum der 11. Armee war die Vermischung deutscher und rumänischer Divisionen. Zwei deutsche und drei rumänische Divisionen bildeten Salmuths XXX. Armeekorps. Es erwartete den Abmarsch nordöstlich von Jassy, am rumänischen Grenzfluß Pruth, wo auch Ritter von Schobert sein Hauptquartier aufgeschlagen hatte. In den ersten Julitagen überschritt das Korps den Fluß, durchquerte Bessarabien in Richtung auf Belzy, dann kreuzte es den Dnjestr, zog nach Nordosten, stand arg verzögert durch Regenfälle, schlechte Wege und Nachschubprobleme mit seinem Hauptquartier in Kodyma, um von dort aus am rechten Flügel der Uman-Schlacht mitzuwirken, der Einkesselung von 20 Divisionen Budjonnys mit 103.000 Mann, 300 Panzern und 800 Geschützen, dem ersten großen Ziel der Heeresgruppe Süd. Den linken, aktiven Flügel bildete die Panzergruppe Kleist, die Budjonny in rasender Fahrt von Norden aus gegen die Infanteriemauer der 11. Armee des Ritters von Schobert preßte.

Drei Tage nach Kriegsbeginn, am 25. Juni, lag das nahe Salmuths Stabsquartier gelegene Jassy unter sowjetischen Luftangriffen. Bomben schlugen in Gärten und Häuser, Gerüchte zirkulierten, daß abgesprungene sowjetische Fallschirmjäger in der Stadt versteckt seien. Die dort stationierte 14. rumänische Division vermutete, daß die Sowjets in den Wohnungen der örtlichen Juden Unterschlupf fänden, und befahl Durchsuchung. Bei dieser Aktion gerieten die Streifen in einige Schüsse, abgefeuert von Deserteuren, welche die Razzia irrig auf sich bezogen. Die Beschossenen glaubten, daß die Juden, 30.000 an der Zahl, zum Aufstand übergingen. Daraufhin brach ein schauriger Pogrom aus, wie das Jahrhundert noch keinen erlebt hatte. Soldaten, Polizei und tobsüchtige Zivilisten droschen mit Gewehrkolben und Eisenstangen auf fliehende Juden ein, steckten deren Häuser in Brand und erwarteten die Herauslaufenden mit dem Gewehr im Anschlag. 10.000 Juden wurden ins Gefängnis geworfen, Abertausende in verplombte Bahnwaggons gesteckt und ziellos durch das Land verschoben.

Der Jassy-Pogrom kostete über 4.000 Menschenleben. Eine Entsprechung findet er allein in den Judenmassakern der Letten und Litauer, in geringerem Maße der Galizier. Alle verübelten sie den Juden, daß sie während der sowjetischen Annexion des Baltikums, der polnischen Westukraine und Bessarabiens mit den Besatzern kollaboriert hatten. Richtig daran ist, daß die fraglichen Nationen vormals einen giftigen Antisemitismus pflegten, Diskriminierungsgesetze ausriefen, so daß die Sowjetherrschaft den Juden einigen Nutzen bot. Nachdem Hitler die Besatzer vertrieb, flogen ihm die Sympathien der Balten, Rumänen und Ukrainer zu. Ihr eigener Befreiungsschlag bestand im Strafgericht an den Juden als den einzig Verfügbaren. Die Bolschewisten waren längst auf und davon.

Die Juden von Jassy baten angesichts der Mordbesessenen den italienischen Verbindungsoffizier Curzio Malaparte, bei Ritter von Schobert zu intervenieren, der in der Nähe weilte. Italiens und Deutschlands Amtsträger waren inmitten der antisemitischen Tollheit von Balten und Rumänen zumeist sachliche, höfliche Adressen. Rumänische Polizisten hatten zudem einen Flüchtigen in die Räume des italienischen Konsulats verfolgt und dort mit Gewehrkolben erschlagen. Der Konsul und Malaparte erklärten daraufhin Mussolinis Ehre für gekränkt und sammelten die 100 Verletzten am Eingang des Gebäudes auf. Die Straßen lagen übersät von Leichen, und Malaparte betrachtete vom Fenster aus »Scharen von Soldaten und Gendarmen. Gruppen von Männern und Frauen aus dem Volk, Zigeunerbanden mit langen, geringelten Haaren, die sich fröhlich lärmend unterhielten, sich über die Toten niederbeugten, sie aufhoben, umwälzten, von einer auf die andere Seite rollten, um ihnen Jacken, Hosen, Unterkleider auszuziehen, die Füße gegen den Bauch stemmten, um ihnen die Stiefel abzunehmen. Es war ein festliches Kommen und Gehen, eine fröhliche Arbeit, Markt und Fest zugleich. Die nackten Leichen lagen verlassen in grausamen Stellungen.«

Der Abscheu des italienischen Offiziers, der eine Gruppe Polizisten verjagte, »die sehr beschäftigt war, Tote auszuziehen«, wurde töricht mißverstanden. »Einer von ihnen sah mich verwundert an, dann griff er sich aus dem Berg der am Boden aufgehäuften Kleidungsstücke ein paar Anzüge, zwei oder drei Paar Schuhe, brachte sie mir: ›Regen Sie sich nicht so auf, capitan, es reicht für alle.‹«

Der Italiener verzichtet, Schutz bei der 14. rumänischen Division zu beantragen. Allzu gewiß dirigiert sie selbst das Massaker. »Im östlichen Europa werden Pogrome stets unter Duldung der Militärbehörden vorbereitet und durchgeführt.« Nicht so bei Ritter von Schobert. Malaparte, bis zu dessen Tode der 11. Armee attachiert, liefert ein anderes Portrait von ihm als Hollidt, Salmuth und Wöhler: Weniger der engstirnige Hitler-Gefolgsmann, der ihnen den barbarischen Kommissarbefehl oktroyierte, sondern »einer jener alten bayrischen Edelleute, denen Wien nur ein zärtlicher Kosename für München bedeutet. Etwas Althergebrachtes und Jugendliches, etwas, was die Franzosen ›démodé‹ nennen, lag in seinem nüchternen Profil, in seinem traurigen und ironischen Lächeln, und eine eigenartige phantasievolle Wehmut war in seiner Stimme, als er in Belzy, in Bessarabien, zu mir sagte: ›Hélas! nous faisons la guerre à la race blanche‹ – damals als er in Soroca am Dnjestr zu mir sagte: ›Wir siegen uns noch zu Tode.‹« Bei aller adligen Morbidezza war Schobert indessen »ein alter Soldat« und dazu erzogen, »sich in bestimmte Dinge nicht einzumischen. Was hatte er damit zu tun?« Das ist eine tiefe Beobachtung.

Einen bürokratischen Apparat hält die Zuständigkeitsverteilung zusammen. Jedem anfallenden Problem ist ein Organ zugewiesen, mit der Kompetenz, es zu lösen. Kein Organ mischt sich in anderer Organe Kompetenzen. Ritter Schobert, schreibt Malaparte boshaft, sei ein guter Christ und ein Deutscher gewesen, »und ihm liegt nichts an den Juden«. Davon würde er sich indessen nicht leiten lassen. Malaparte, der die Deutschen genügend kannte, unterließ Appelle an Schobert, denn »er wird mir erwidern, daß er sich nicht um die Angelegenheiten Rumäniens kümmert«. Der Italiener konnte nicht wissen, daß Schobert am Tage von Jassy Operationsbefehl »München« erließ, welcher die Überzahl der rumänischen Angriffstruppen dem Befehl der 11. Armee unterstellte. Die blutige Jassy-Division des Generals Stavrescu stand unter Salmuths Kommando im XXX. Korps. Anfang Juli stießen sie einträchtig über den Pruth nach Bessarabien.

Bessarabien, das 1940 von Rußland einverleibte Hügelland zwischen Pruth und Dnjestr, sollte später an Rumänien zurückfallen, zuvor allerdings war es Operationsgebiet der Bündnistruppen unter dem Oberbefehl der 11. Armee. Vorkommnisse, die in diesen

Abschnitt fielen, waren keine rumänischen Angelegenheiten, sondern Bündnisfälle.

Schobert und seine Kommandeure schätzten die bessarabischen Juden nicht höher als die von Jassy. Es lag ihnen indessen etwas an der Kundgabe ihrer Befehlszuständigkeit. Die Juden jenseits des Pruth, von denen 170.000 bis zum Angriffsbeginn, dem 2. Juli, ausgeharrt hatten, sahen nunmehr drei Mannschaften auf sich zukommen: das rumänische Heer, das nach Rache für die zwölf Monate sowjetischer Annexion dürstete, die Polizisten der deutschen Einsatzgruppe D, die einen generellen Judenvernichtungsbefehl Heydrichs mitführten, und die 11. Armee, die eine unerwartet hartnäkkig und offensiv fechtende Rote Armee über die Stalin-Linie am Dnjestr zu werfen hatte.

Stalin, der, wenn überhaupt, den deutschen Einfall in dem wirtschaftlich ergiebigen Süden erwartete, ließ an dieser Front die meisten und tüchtigsten Truppen postieren. Nach fünf Tagen hatte sich Salmuths XXX. Korps bis Belzy durchgekämpft, etwa ein Drittel der Strecke bis zum Dnjestr. Das dem Korps beigeordnete Einsatzkommando 10a inspizierte sogleich das Judenviertel der Stadt. Ärgerlich stellte man fest, daß von rumänischen Divisionen der Armee noch während der Kämpfe dort »erhebliche Ausschreitungen« begangen worden waren. In ihrem primitiven Vergeltungsdrang hatten sie die Juden aufgescheucht, so daß sie eiligst die Stadt verlassen konnten. Bis zum Abend des folgenden Tages fingen die Rumänen 400 Männer und Frauen wieder ein. Sie standen bereits zum Erschießen aufgereiht, »zur Vergeltung für Angriffe auf rumänisches Militär«, als der Kommandeur der 170. Division »im letzten Augenblick« seine rumänischen Kollegen Mäßigung lehrte. Ausreichend sei, sich mit einem Exempel an »15 männlichen Juden« zu begnügen (NO 2939).

Die rumänische Art mißfiel auch dem Einsatzkommando 10a. »Es war dabei zu bemängeln, daß die technischen Vorbereitungen für die Durchführung des Planes unzulänglich waren« (NO 2939). Salmuth freute das deutsche Einschreiten. Er besuchte den Divisionskommandeur, Generalleutnant Wittke, auf dem Gefechtsstand, wie dieser in Nürnberg bezeugte, »und sprach mir damals sehr warm seine Anerkennung für mein humanes Verhalten aus«. Es gelte zu verhindern, »uns durch das unbotmäßige Auftreten der rumänischen Truppenteile anstecken zu lassen, da sonst die deutschen Truppen selbst aus ›dem Leim‹ gehen würden.« (Dok. Salmuth 157)

Überflüssigerweise bezichtigte sich Wittke in Nürnberg des Eingriffs in fremde Befehlshoheit. Die 170.Division hatte Belzy erobert. Die rumänische Brigade, die nicht dem Korps angehörte, sei »plötzlich aufgetaucht«. Der Brigadeführer hatte offenbar gar keinen Kampfauftrag, sondern kam eigens, um zu massakrieren. Das war Einmischung in deutsche Befehlsgewalt. Der Mann sei »vollkommen wahnsinnig geworden«, versicherte Salmuth in Nürnberg. Botsch, sein Stabschef, bezeugte wiederum, »die rumänischen Kommandeure, Offiziere und Soldaten waren ganz besonders judenfeindlich eingestellt, weil Angehörige der rumänischen Wehrmacht, als sie 1939 Bessarabien räumen mußten, von den Juden zum Teil schwer mißhandelt wurden« (Dok. Salmuth 34). In Belzy, berichtet Wittke, »führte der rumänische Kommandeur Folgendes an: Bei der Besetzung Bessarabiens seinerzeit durch die Russen hatte die jüdische Bevölkerung die Offiziere der damaligen Jägergarnison von Belzy auf dem Markt nackend ausgezogen, öffentlich gepeitscht und sie gezwungen zu tanzen. Frauen und Kinder hätten sich dabei besonders hervorgetan.« (Dok. Salmuth 157)

Die 11. Armee besaß für solche Possen keinen Sinn. »Dieser Ort Belzy«, berichtete Wöhler, »war bereits oder sollte werden die Unterkunft für Armeeoberkommando 11.« Ritter von Schobert war nicht zuzumuten, seinen Oberbefehl unter schäumenden Pogromen auszuüben. »Diese Vorgänge waren teilweise unter unseren Augen passiert.« Wöhler habe mit Schobert konferiert, »wobei klargelegt wurde, daß er also mit Antonescu und dem zuständigen örtlichen Befehlshaber dafür sorgen würde, daß so etwas nicht wieder passiert«.

Schoberts Nachrichtenoffizier, Major Ranck, hielt weniger den rumänischen Staatspräsidenten als seinen eigenen Verbindungsmann zur Einsatzgruppe D, SS-Sturmbannführer Gmeiner, für den geeigneten Mann, zu prüfen, »ob gegen die von den Rumänen durchgeführten unsachgemäßen und sadistischen Exekutionen von den Sonderkommandos in geeigneter Form eingeschritten und diese verhindert werden können« (NOKW 2073). In gewissem Sinne würden bereits sachgemäße Exekutionen Abhilfe schaffen. Dementsprechend tötete Einsatzgruppe D in gebührendem Abstand zu Schoberts Truppen bis Mitte August 4.400 Juden zwischen Pruth und Dnjestr. Allerdings waren die rumänischen Divisionen nicht nachhaltig von ihrer Raserei abzubringen. Dies lag überhaupt nicht in der Hand ihrer Kommandeure. General Hansen, Hollidts

Vorgesetzter bei dem LIV. Korps, führte dies auf die »rassischen Grundlagen« dieser Truppe zurück, die sie für alle möglichen Gerüchte und für Panik anfällig machten. Auf ihre überreizte Art tötete sie bis Mitte Juli über 6.000 Juden, so daß Schobert und Wöhler eine Ansteckung ihrer Männer besorgten.

Im Auftrag des Oberbefehlshabers setzte der Stabschef am 22. Juli einen Erlaß auf, der nach Ansicht der Verteidiger Wöhlers seiner Mißbilligung der Judenmorde deutlichen Ausdruck gibt: »Ein Sonderfall gibt Veranlassung, auf folgendes ausdrücklich hinzuweisen. Bei der in Osteuropa herrschenden Auffassung vom Wert des Menschenlebens können deutsche Soldaten Zeugen von Vorgängen werden (Massenhinrichtungen, Ermordung von Zivilgefangenen, Juden u. a.), die sie im Augenblick nicht verhindern können, die aber zutiefst gegen das deutsche Ehrgefühl verstoßen. Es ist eine Selbstverständlichkeit für jeden gesund empfindenden Menschen, daß von solchen abscheulichen Ausschreitungen keine fotografischen Aufnahmen angefertigt werden oder über sie in Briefen an die Heimat berichtet wird. Das Anfertigen oder Verbreiten solcher Fotografien oder Berichte über solche Vorgänge werden als ein Untergraben von Anstand und Manneszucht in der Wehrmacht angesehen und streng bestraft. Alle etwa vorhandenen Bilder oder Berichte über solche Ausschreitungen sind zusammen mit den Negativen einzuziehen und unter Angabe des Herstellers oder Verbreiters dem Abwehroffizier der Armee einzusenden. Ein neugieriges Begaffen solcher Vorgänge liegt unter der Würde des deutschen Soldaten.« (NOKW 2523)

Ein Fotografierverbot ist in mehreren Befehlen der Zeit enthalten. Dies deutet auf vier Dinge hin. 1. Es bestand ein solches Interesse. 2. Die Fotografen hielten den Vorgang nicht für normalen Strafvollzug am Feinde, sondern für eine Darbietung. Sie wollten den Tod des Judentums im Bild festhalten, weil sie das Motiv ansprach. 3. Es waren keine Erinnerungsfotos, sondern sie dienten der Mitteilung, zirkulierten und enthüllten ihre Bedeutung Dritten. 4. Die Generäle halten dies für eine kranke Reaktion. Das Abschlachten spiegelte die inferiore Mentalität am Ort. Am rumänischen Wesen ließ sich nichts verbessern. Die Befehlsgewalt des wehmutsvollen bayrischen Ritters war nur insoweit herausgefordert, als die Barbarei der Gegend die Würde des deutschen Soldaten antastete. Die Würde besteht im züchtigen Vollzug des militärischen Auftrags. Der Auftrag ergeht an den Mann gemäß seinem

Platz in der Befehlskette. Seine niederen Instinkte sind darin so unangebracht wie christliche Barmherzigkeit. Die Ethik des Soldaten ist die Pflichterfüllung. Verpflichtet wird er nicht durch innere Stimme, Rechtsgewissen, Triebinteresse, sondern durch Geheiß der vorgesetzten Stelle. Es unterliegt weder privatem Urteil noch Lust oder Unlust. Pflicht ist die Selbsthingabe an fremdem Zweck. Darin liegt das Ideale.

Als Schobert und Wöhler der Truppe den Zutritt zum Judenmassaker sperrten, waren ihnen die Juden so gleichgültig wie in Jassy. Die Disziplin im Armeegebiet verlangte indessen, daß sich dort keine sachundienlichen Zwecke breitmachten. Unter kontrollierten Umständen mochten Judenmorde durchaus zweckmäßig sein. Der Divisionskommandeur aus Salmuths Korps, der den 400 Juden von Belzy, abzüglich 15, das Leben gerettet hatte, ließ das Einsatzkommando etwa 70 Geiseln festnehmen, »deren Zahl auf 200 erhöht werden soll, um die Truppe gegen eine Wiederholung hinterlistiger Angriffe, wie sie sich mehrfach ereignet hatten, zu sichern. Da erneut ein deutscher Militärkraftwagen in einem Vorort von Belzy beschossen worden war, erfolgte eine Erschießung von 10 Geiseln« (NO 2939). Der Eintrag des Einsatzkommandos vermerkt nicht ausdrücklich, daß es das Geiselkontingent der jüdischen Bevölkerung entnimmt. Davon ist aber auszugehen. Nach allgemeinem Wehrmachtsbrauch war sie für die Geiselexistenz prädestiniert. Zwar konnte man in Bessarabien und der Ukraine mit Judenerschießungen niemanden ernstlich unter Druck setzen, man gab aber ein Signal. Das Heer duldete den osteuropäischen Umgang mit dem Menschenleben nur unter Osteuropäern. Das Leben eines Wehrmachtsangehörigen genoß einen anderen Rang, zumal es schwer ersetzbar war. Sein Verlust konnte, schon um den Abstand auszudrücken, nur durch Massaker aufgewogen werden.

Auch die Einsatzgruppen, welche die Juden als politische Manövriermasse des Reiches betrachteten, suchten daraus taktischen Nutzen zu ziehen: In Czernowitz wandte sich der freigesetzte Volkszorn primär der ukrainischen Minderheit zu. Einsatzgruppe D, eingedenk des Nutzens der deutschfreundlichen Ukrainer für den Feldzug der Heeresgruppe Süd, suchte die niedrigen Affekte der Rumänen in tauglichere Bahnen zu leiten. Sie offerierte ersatzweise ihre Dienste für ein Strafgericht an den Juden, die sie einträchtig mit rumänischen Gendarmen so sachgemäß exekutierte, wie es die 11. Armee nur wünschen konnte.

Die Rumänen wollten sich an den Juden rächen, mußten sie dazu aber nicht sämtlich ausrotten. Weil das Tötungsfieber einer cholerischen Kurve folgte, flachte es ab, bevor die bessarabischen Juden tot waren. Ähnliches ereignete sich im Baltikum. Nach dem scheußlichen Blutrausch wurden die Rumänen die Juden leid und trieben sie Ende Juli über den Dnjestr nach Rußland. Doch wo früher die Sowjetukraine gestanden hatte, war nun das 11.-Armee-Gebiet. Später einmal sollte zwischen Dnjepr und Bug die rumänische Provinz Transnistrien liegen. Einstweilen sei hier jedoch deutsches »Interessengebiet« (NO 2837), befand Ritter von Schobert. Er scheute eine Flut Zigtausender von Juden, die in der Ukraine Zündstoff darstellten. Die 11. Armee kam zäh genug voran. Regengüsse weichten die Straßen auf, Fahrzeuge und Geschütze steckten in klebrigem Schlamm. Nach Überwindung der Stalin-Linie gerieten die Deutschen in Luftangriffe und schärfere Gegenwehr. Werner Ranck, der Abwehroffizier, kommandierte am 29. Juli Einsatzgruppe D ins Gefechtsgebiet, um die Praxis der Rumänen, die Juden ostwärts über den Dnjestr zu schieben, »mit allen Mitteln zu verhindern«. Allein in Yampol, am östlichen Flußufer, dem Quartier der Einsatzgruppe D, sammelten sich bis Mitte August über 20.000 Juden. Sie preßten sich in verlassene Häuser. Nahrung, meldete der Ortskommandant, könne er ihnen unmöglich liefern. Endlose Züge zerlumpter Menschen, angetrieben von rumänischen Wachsoldaten, wälzten sich über die Dnjestrbrücken, die Wöhler am 3. August abzuriegeln befahl. (NOKW 2302)

Die Kommandos der Einsatzgruppe D, die insgesamt 600 Polizisten umfaßte, begannen unter den Flüchtlingen mit Erschießungen. Den generellen Vernichtungsbefehl Heydrichs führten sie nicht aus. Nach ein- bis zweitausend Morden schoben sie gemeinsam mit der Wehrmacht das Zwanzigfache an Personen nach Bessarabien zurück. Als Anfang August aus Bukarest die Nachricht drang, daß Marschall Antonescu 60.000 Juden aus Zentralrumänien zum Straßenbau zwischen Pruth und Dnjestr einsetzen wollte (NG 3104), verfielen Reichsregierung und Heer in Alarm. Für die Dauer des Krieges, den man in wenigen Wochen beendet wähnte, suchte man den Einstrom rumänischer Juden in das Operationsgebiet der 11. Armee zu begrenzen. Innerhalb dieser Ereignisse im Umfeld des operativen Hauptziels der Heeresgruppe Süd, der Kesselschlacht von Uman, kam es in Kodyma zu einem Vorfall, der den Generaloberst Salmuth in Nürnberg stark belastete.

Die Front der Heeresgruppe ragte Anfang August wie eine Nase in die Südukraine. Ihr vorderer Flügel sprang von den Pripjet-Sümpfen bis nahe an den Dnjepr vor und bog etwa bei Kirowgrad in einer scharfen Unterkante zum Dnjestr zurück. Diese Kante hielt die 11. Armee als rechte Klammer der Uman-Operation. Salmuths XXX. Korps deckte den grenznahen Abschnitt zwischen Dnjestr und Balta. Auf halbem Wege zwischen Balta und Yampol lag Salmuths Korpsquartier im Außenbezirk von Kodyma.

Die von der Anklagebehörde vorgelegten Dokumente enthalten eine Anzahl dem Generaloberst abträglicher Sätze. Doch sind sie unscharfe, täuschende Reflexe eines Geschehens, das wir nicht kennen. Es ist der Beginn der Verstrickung des Rußlandheeres in den Judenmord. So verstrickte sich das XXX. Armeekorps. Der Beginn ereignete sich hundertfach. Die überlieferten Fragmente erlauben indessen, die Geschichte einer Einheit an einem Platz nachzuzeichnen. Schwer zu sagen, was das Beispielhafte daran ist. Eine Besonderheit liegt gewiß in dem Einbruch rumänischer Zustände in die 11. Armee.

Ritter Schoberts Verband suchte zu den deutschfreundlichen Ukrainern gute Kontakte herzustellen. Wöhler beauftragte die für Sicherheitsaufgaben zuständigen Polizisten, sich der »wirtschaftlichen Befriedung das Raumes ostwärts des Dnjestr« anzunehmen. Noch in Nürnberg beschwerte sich Einsatzgruppenführer Ohlendorf über Rancks, des Nachrichtenoffiziers, Anweisung, bei der Ernte zu helfen. Immerhin willigte Ohlendorf ein, auf 1,5 Millionen Morgen das Getreide einzubringen, und organisierte 3.000 Sensen. Als gelerntem Volkswirt bereite ihm dies keine Schwierigkeiten.

Der Ernteertrag war gut. Das Armeeoberkommando fürchtete sich vor der verbrannten Erde. Die Befolgung des Stalin-Befehls vom 3. Juli, jedes Kilo Getreide und jedes Stück Vieh zu vernichten, würde sich im fruchtbaren Schwarzerde-Gebiet des Südens gräßlich auswirken. In dem Falle hätte die Wehrmacht die gesamte Bevölkerung ernähren müssen. Insofern entschied Wöhler sehr vernünftig, die Polizei ernten zu lassen. Die Ukrainer selbst hatten nicht das mindeste Interesse an der Einäscherung ihrer Bodenfrüchte. So mag sich sehr wohl begeben haben, was Salmuths Geheime Feldpolizei meldete:

»Am 1. August 1941 erschien um 10.30 Uhr morgens eine Ukrainerin und ein Dolmetschoffizier der Abteilung Ic der 198. Infanteriedivision in Kodyma vor der Geheimen Feldpolizei des XXX. Armeekorps.« Die Frau berichtete, daß sie am Vorabend ein Gespräch von fünfzig »einheimischen Juden und Bolschewiken« belauscht habe. »Mitglieder dieser jüdischen Gruppe beabsichtigten, von deutschen Flugzeugen abgeworfene Flugblätter, in denen die ukrainische Bevölkerung aufgefordert wird, die Arbeit auf den Feldern wiederaufzunehmen, zu sammeln und zu vernichten.« Außerdem sollte die Ernte verbrannt werden. Es folgt ein rumänisch anmutendes Gerücht, die Juden planten, »die deutschen Dienststellen zu überfallen«. Ungereimt klingt auch, daß »das Dorf Kodyma ungefähr 10.000 Einwohner zählt, von denen mehr als die Hälfte Juden sind« (NOKW 650). Die ukrainischen Juden lebten fast ausschließlich in größeren Städten. Keinesfalls bevölkerten sie halbe Siedlungen. Doch war Kodyma vollgestopft mit fremden, rumänischen Juden. Das setzte die Ereignisse in Gang.

Hans Georg Eismann, der Nachrichtenoffizier des Salmuthschen Korps, alarmierte sogleich das Sonderkommando 11a an seinem zwanzig Kilometer entfernten Sitz in Pestschanka. 16 Polizisten brausten herbei, denen, wie das Kommando tags darauf befriedigt meldete, der Nachrichtenoffizier »ca. 400 Mann Militärs zur Verfügung gestellt hatte«. So konnte bereits am Nachmittag »in großzügiger Weise der Stadtkern, der zu fast 100 Prozent von Juden bewohnt wird, umstellt und durchkämmt werden« (NOKW 579). Wiederum dünken die Angaben kurios. Juden bewohnen in Rußland nicht den gesamten Stadtkern, und 400 Mann Militär stellen sich nicht 16 Himmler-Polizisten zur Verfügung. Davon träumte die Polizei. Realistischer klingt eine sechs Tage spätere Meldung des Kommandos 11b aus dem nahegelegenen Thingina, »Juden im Ghetto abgeschlossen!« (NO 2948). So ist gewöhnlich der erste Schritt erfolgt. Was aber hat sich in Kodyma zugetragen?

Der Abwehroffizier des XXX. Armeekorps schreibt einen anders getönten Bericht: »300 Angehörige verschiedener Truppenteile« hätten bei einer »Aktion gegen Juden und Komsomol« ein »in Frage gekommenes Stadtviertel« abgeriegelt. 400 Männer seien festgenommen, darunter 98 aktive Kommunisten bzw. »einer Teilnahme an den vorgehabten Anschlägen dringend verdächtig« (NOKW 650). Einen Tag später schreibt das Sonderkommando an die Einsatzgruppe: »Von den Festgenommenen im Einvernehmen mit kommandierendem General 99 Personen, darunter 97 Juden, erschossen« (NOKW 586). Kommandierender General war Salmuth. Hat er 97 Juden erschießen lassen? Oder 97 tatverdächtige KPdSU-Funktionäre? Das macht einen rechtlichen Unterschied.

Den Häschern in Kodyma waren die Unterschiede allerdings restlos dunkel. »Bei den übrigen 300 Personen handelt es sich zum großen Teil um asoziale Elemente jüdischer Rasse«, schreibt das Korpskommando. Das Sonderkommando hingegen meint, es seien nur 175 Juden darunter gewesen, ein Drittel hingegen Ukrainer, Russen und Personen hohen Alters. Den 175 Juden »konnte eine Beteiligung nicht nachgewiesen werden. Sie wurden als Geiseln dem Gefangenenlager der deutschen Wehrmacht unterstellt«. Außerdem haben in Kodyma anscheinend kaum Juden gelebt. Es lagen nämlich »verschiedene Meldungen deutscher Soldaten vor, wonach die in Kodyma sich aufhaltenden Juden vorwiegend ortsfremde, flüchtige Juden aus den Bezirken Belzy, Soroki usw.« waren. Die Erschossenen seien durch Gegenüberstellungen mit Hilfe »ortsansässiger Ukrainer« ermittelt worden. Es habe sich um Personen der »jüdischen Intelligenz« gehandelt. Heimliche Verschwörer waren offenbar gar keine dabei, sondern Juden, die sich an »Unbotmäßigkeiten gegenüber dem deutschen Militär beteiligt hatten«. Insbesondere die Juden aus Belzy neigten, wie man wußte, dazu, Militär auszupeitschen und nackt tanzen zu lassen.

Eigentümlicherweise müssen die ›ortsfremden Juden‹ aus Bessarabien bei den Ukrainern Kodymas äußerst wohlgelitten gewesen sein, »da sie versuchten, die Festgenommenen zu befreien, oder irgendwie in die Aktionen einzugreifen«. Zu allem Verdruß überließen die Korpsangehörigen, die das weitere Los der 97 größtenteils rumänischen Juden, die »auf Anordnung des SS-Hauptsturmführers Prast außerhalb des Ortes erschossen« wurden, nicht dessen 16 SS-Leuten, die dazu mühelos in der Lage gewesen wären. »Die Exekution«, schreibt das Sonderkommando, »fand unter Beteiligung der Wehrmacht statt, die ein Exekutionskommando in Stärke von 24 Mann stellte, während das Exekutionskommando der Sicherheitspolizei aus 12 Mann bestand.« Wenn allerdings die Hinrichtung der Juden im »Einvernehmen« mit Salmuth erfolgte, konnten seine Männer sich ohne weiteres daran beteiligen (NOKW 586). Doch wozu ein Aufgebot von 36 Schützen für 97 Opfer?

Nach Gerichtsbarkeitserlaß Barbarossa waren »Angriffe feindlicher Zivilpersonen gegen die Wehrmacht von der Truppe auf der Stelle mit den äußersten Mitteln niederzumachen«. Wo dies »zunächst nicht möglich war, werden tatverdächtige Elemente sogleich einem Offizier vorgeführt. Dieser entscheidet, ob sie zu erschießen sind.« Nicht der SS-Hauptsturmführer. Wenn hingegen die 97 Personen erschossen wurden, weil sie Juden waren, bedurfte der Befehl keines ›Einvernehmens mit kommandierendem General‹. Die Entscheidung ging ihn gar nichts an. Wurden die Juden aber als Angreifer oder Angriffsverdächtige erschossen, durfte dies keineswegs ›auf Anordnung‹ eines SS-Führers geschehen. So wollte es die vorab in Berlin ausgefeilte Kompetenzordnung. Für das XXX. Armeekorps indessen war der Feldzug am 1. August noch jung. Die Männer reagierten nervös, die Einheit stand in Verzug. Partisanen, Bolschewiken, Juden verstand man als Bezeichnungen für ein und dieselben Finsterlinge. Den Gefahrensumpf galt es auszutrocknen, doch niemand hatte diese Art irregulärer Gegner bisher zu Gesicht bekommen. Ihr Wesenszug war ja Unsichtbarkeit und Verstellung.

Salmuth beteiligte sich an der allgemeinen Konfusion durch Ausgabe zweier Befehle, einer am selbigen Abend des 1. August an die Bevölkerung von Kodyma, der andere an die Truppe bis hinab zur Kompanie-Ebene. Kodyma muß in hellem Aufruhr gestanden haben, denn Salmuth verhängte ein Ausgehverbot von 20.30 Uhr bis 4 Uhr morgens. »Wer trotzdem auf der Straße angetroffen wird, wird erschossen.« Wenn die Bevölkerung des Ortes sich »den deutschen Soldaten gegenüber ruhig und loyal verhält«, würde den 175 zu Geiseln deklarierten Juden kein Ungemach zustoßen. Bei Anschlägen auf Soldaten und Einrichtungen sei das deutsche Kommando jedoch gezwungen, »weitere Erschießungen vornehmen zu lassen«. Die bereits erfolgten Exekutionen dienten der militärischen Sicherheit. Denn das Korpskommando habe erfahren, »daß heimlich Anschläge gegen die im Ort liegende Truppe der deutschen Wehrmacht vorbereitet« worden seien (NOKW 642). Soweit eine harsche, aber nicht unübliche Schutzmaßnahme. Der Ort muß die Vorfälle jedoch anders erlebt haben. Denn Salmuth erließ einen Tag später eine Truppenverfügung im Sinne des ideologischen Vernichtungskriegs:

»Beteiligung von Soldaten bei Aktionen gegen Juden und Kommunisten: Der fanatische Wille der Angehörigen der Kommunistischen Partei und der Juden, um jeden Preis die deutsche Wehrmacht aufzuhalten, muß unter allen Umständen gebrochen werden. Es ist daher notwendig, daß im Interesse der Sicherheit des rückwärtigen Armeegebietes scharf durchgegriffen wird. Mit dieser Aufgabe sind Sonderkommandos beauftragt. Bei Durchführung einer derartigen Aktion haben sich jedoch in einem Orte Truppenangehörige in unerfreulicher Weise beteiligt. Ich befehle für die Zukunft: An derartigen Aktionen dürfen sich nur solche Soldaten beteiligen, die ausdrücklich hierzu befohlen werden. Ich verbiete auch eine Teilnahme als Zuschauer für alle Angehörigen der mir unterstellten Truppen. Soweit Truppenangehörige zu derartigen Aktionen befohlen werden, müssen sie unter der Führung von Offizieren stehen. Die Offiziere sind dafür verantwortlich, daß jede unerfreuliche Ausschreitung seitens der Truppe unterbleibt. Der kommandierende General, von Salmuth«. (NOKW 2963)

In der Sache dünkt Salmuths Befehl wirr. Ein Sabotageakt von Juden und Kommunisten lag nicht vor. Eine als analphabetisch eingestufte Ukrainerin hatte anonyme Personen denunziert. Die zur Abwehr befugten Sonderkommandos wirkten im rückwärtigen Armeegebiet, Kodyma aber lag vorn. Das Artilleriefeuer war von den Linien südlich bei Balta zu hören. Die Soldaten hatte Salmuths Stab selbst zu dem Sonderkommando beigesteuert. Salmuths Wirrnis rührte indessen nicht aus dem Kopf. Er adjustiert eine sich durchkreuzende Befehlslage mit der Wirklichkeit. Als Korpskommandeur sitzt er um einiges dichter am Kampfgeschehen als ein operierender Armeechef. Der Befehl vom 2. August enthält ein Gemisch aus Befehlen höherer Dienststellen, denen ein eigener Gedanke zugefügt ist; nicht neu, aber fundamental: Der Soldat soll unter dem Befehl eines Vorgesetzten stehen. Dann kann er nichts verkehrt machen. Daraus geht hervor, daß es daran in Kodyma gefehlt hatte. Es muß ein Haufen von 400 Korpsangehörigen zusammen mit 16 Polizisten, angeführt von einem SS-Mann, vier Stunden unbändig durch den Ort getobt sein.

Salmuths Eingangsbemerkung knüpft an das ideologische Credo der Operation Barbarossa an, den Judäo-Bolschewismus: Juden und Kommunisten blockieren die Besitznahme der Ukraine. Von der Doktrin war Salmuth durch die ›Richtlinien über das Verhalten der Truppe in Rußland‹ in Kenntnis gesetzt. Sie erreichten ihn ausgehend von Warlimonts Abteilung im OKW über Rundstedts Heeresgruppe Süd und Schoberts 11. Armee. Die 198. Infanteriedivision, die den Kodyma-Fall auslöste, hielt ihn am 19. Juni in Händen. »Dieser Kampf«, heißt es unter I,2, »verlangt rücksichtsloses und energisches Durchgreifen gegen bolschewistische Hetzer, Freischärler, Saboteure, Juden.« Der Befehl wurde »in versiegelten Umschlägen« bis zur Bataillons-Ebene verteilt (NOKW 1692). Dementsprechend gebot der Korpskommandeur ›scharfes Durchgreifen‹. Die »verarmte Landbevölkerung« hingegen stand nach Artikel III,6 mit dem Heer auf der antibolschewistischen Seite. So konnte die Ukrainerin vom Korps sogleich richtig eingeordnet werden.

Die anti-bolschewistischen und anti-jüdischen Maßnahmen teilt Salmuth in zwei mögliche Fälle: in exklusive Polizeimaßnahme im Hinterland und in Kollegialakte weiter vorn bei der Truppe. So viel regelte das Wagner-Heydrich-Abkommen, das den militärischen Befehlshabern ein Weisungsrecht »zur Vermeidung von Störungen der Operationen« einräumte. Ohlendorf von der Einsatzgruppe D verstand darunter ein dürftiges Vetorecht. Wöhler wiederum fand Gefallen an einer frei verfügbaren Leibgarde des Oberkommandos. Er las in die Abmachungen eine permanente Befehlsgewalt hinein. Mal verdrießlich, mal geehrt, ließen sich die Himmler-Polizisten von den Generälen zur Erntehilfe, zur Verjagung der rumänischen Juden aus dem Gefechtsgebiet östlich des Dnjestr oder zur Razzia nach Kodyma schicken. Gegen Zivilangriffe half sich die Truppe gemäß Gerichtsbarkeitserlaß Barbarossa eigentlich selbst. Allerdings fiel Kodymas Judenkomplott zugleich ins Ressort der Einsatzgruppen. Zunächst hatte die Geheime Feldpolizei die Ukrainerin bearbeitet. Hier existierte, wie gerne betont, eine Ressortkonkurrenz. Weil es um einen jüdischen Aufstand ging, waren Einsatzkommandos und das Korps gleichermaßen gefordert. Die Truppe wegen Aufstands, die Polizei wegen Judentums. Dadurch gerieten Soldaten in die nervlich und disziplinarisch heiklen Gefilde ziviler Massentötung. Gemäß Wöhlers Befehl anläßlich des Belzy-Massakers schärfte Salmuth seinen Männern nachher ein, dergleichen Maßnahmen nicht zum Vergnügen zu begaffen. Näheres regelte ein Offizier.

Das war anfangs die ganze Befehlslage. Sie hatte die Dienstkette hinab den Kommandeur Salmuth erreicht, der Situationen vor Ort damit meistern sollte. Anderes besaß er nicht. Auch die Polizisten hatten keine Ahnung. Sie wußten durch Ohlendorf von einem Heydrich-Befehl, der den Führerbefehl enthielt, die russischen Juden zu erschießen. Daraus ging aber nichts Praktikables hervor. So wurden Experimente angestellt und Sonderwünsche der 11. Armee erfüllt.

Als das Teilkommando 10a am 1. August in Kodyma einrückte, lagen bereits einige tausend Morde hinter Gruppe D. Doch hatten sie sich in Bessarabien ereignet, im Zirkel der rumänischen Rächer in Heer und Bevölkerung. Die Polizisten, die das alles für ineffizient und verächtlich hielten, hatten noch keine Gelegenheit gefunden, ihre eigene Manier zu entwickeln. Einsatzkommando 11 lehnte sich im bessarabischen Kischinew an den rumänischen Stil der Gerüchtemacherei nach dem Muster Jassy. »Kischinew: Bisher 551 Juden liquidiert, davon 151 wegen Beteiligung an Sabotage und 400 als Vergeltung für Beschießung deutscher Sanitätswagen und Geben von Leuchtsignalen an Rote Flieger« (NO 2948). Kommando 11b läßt in Thingina am Westufer des Dnjestrs bereits Elemente der zukünftigen Systematik erkennen: »Juden in Thingina konzentriert. 155 Juden als Vergeltung für Zeichendurchgabe an Rote Armee liquidiert.« Aus Kischinew heißt es lapidar: »Juden in Ghetto abgeschlossen.« Das war der Weg.

Als Kommando 10a, von Wöhler bestellt, den Dnjestr überschritt, verringerten sich die Zahlen. »9 Juden in Yampol.« (NO 2948) Innerhalb von Abertausenden Personen der Zielgruppe, die sich in Yampol drängelten, eine verschwindende Menge. Wöhlers Weisung hatte allerdings »Abschub« gelautet, nicht mehr. Die Polizisten weilten in der Domäne des Heeres. Yampols Ortskommandant, der sich in herkömmlicher Weise über die Ernährung der Juden Gedanken machte, ging offenkundig nicht von Massenliquidierung aus. Dergleichen galt, wie Wöhler und Ritter Schobert soeben erläutert hatten, als rumänisches Laster, die ortsübliche Geringschätzung des ›Wertes von Menschenleben‹.

In Kodyma wendeten sich die Geschicke. Das XXX. Korps hatte das Wald- und Hügelland Bessarabiens verlassen und kehrte in die ukrainische Ebene ein. Weizen- und Sonnenblumenfelder dehnten sich bis an den Horizont. Die Truppen durchzogen kleine Reihendörfer, trafen Federvieh, freundliche Frauen, niedliche Kinder und wenige Männer. Die Temperaturen stiegen zu sengender Hitze. Der 11. Armee lag an dem Weizen, den Ukrainern an seinem Verkauf, der KPdSU daran, ihn abzufackeln. Deutsche Propagandakompanien warfen Flugblätter über Land, die Ernte einzuholen. Flüchtige Bauern mochten ermutigt werden, die Erwerbssinne belebt.

Als die ukrainische Denunziantin den Dolmetschern der 198. Infanteriedivision in die Arme lief, leuchtete den Offizieren das Geschwätz sogleich ein. Die Frau schwärzte die lästigen Juden aus Bessarabien an und die Bolschewisten, die den Weizenverkauf kaputtmachten. Die Wehrmachtsleute wiederum hatten die Befehle der obersten Stäbe sorgfältig studiert und wußten sich in der Heimstatt des Judäo-Bolschewismus. Die Meldung der Ukrainerin klang insoweit überaus plausibel: Personen haben amtliche Mitteilungen der Wehrmacht an die Bevölkerung entfernt. Zerstörungsbataillone des NKDW schweiften umher, das war gewiß. Fünfzig Kommunisten und Juden wollte die Ukrainerin bei der Verschwörung belauscht haben. Seltsamerweise konnte die Denunziantin der Geheimen Feldpolizei keine sachdienlichen Hinweise geben. Wer gehörte der Gruppe an? Wo hielt sie sich verborgen? Doch laut höchsten Instruktionen mußte es sie geben. Die Spur zeigte nach Kodyma. Warum aber hat Botsch, der Nachrichtenoffizier des XXX. Korps, das Sonderkommando eingeschaltet?

Die 198. Division hatte ihre Entdeckung auf die zuständige Dienstschiene gebracht, die Geheime Feldpolizei. Als Organ des militärischen Abwehrdienstes, dem die Sicherung der Heeresoperationen oblag, informierte es seinen Dienstvorgesetzten, den Nachrichtenoffizier Botsch. Botsch lief zu Eismann, der als 1. Generalstabsoffizier den Stabschef vertrat. Eismann bezeugte in Nürnberg, daß die Rede von einem Aufstandsplan in der Bevölkerung gewesen sei. Daraufhin habe er befohlen, »diese Sache zu untersuchen«. Die Geheime Feldpolizei untersuchte längst. Für einen Aufstand wäre ohnedies der Ortskommandant zuständig gewesen. Was hatten 24 Polizisten des Sonderkommandos der Geheimen Feldpolizeigruppe 647 voraus?

Botsch konnte die einen wie die anderen beauftragen. Der Unterschied bestand darin, daß die Einsatzgruppe freizügiger töten durfte. Heeresangehörige mußten nach Gerichtsbarkeitserlaß Barbarossa zumindest Tatverdächtige ermitteln, um Exekutionen anzuberaumen. Angesichts der leeren Hinweise boten sich aber keine brauchbaren Verdachtspersonen dar. Das war nicht der Ort langwieriger Untersuchung, sondern blitzartigen Exempels. Je härter der Schlag ins Ungewisse, desto wahrscheinlicher entmutigte er auch die Verschwörer. Was ein Einsatzkommando fertigbringt, sollte sich zwischen 15.15 und 19.00 Uhr zeigen.

Binnen 225 Minuten wurden 400 Personen ausgehoben und überprüft. Dies entspricht bei gedolmetschtem Verfahren 34 Sekunden pro Person. Auf dem Marktplatz Kodymas erfolgte mittels Gegenüberstellung und Zeugenverhör die Identifikation. Im Ergebnis fanden sich die Aussagen der Ukrainerin »durch Aussagen verschiedener ukrainischer Ortsbewohner im wesentlichen bestätigt«

(NOKW 579). Sie identifizierten lauter Juden. Eigentümlicherweise Juden, die sie gar nicht kannten, Flüchtlinge aus Bessarabien. Kodyma besaß kaum eigene Juden. Infolgedessen konnte das »Judenviertel«, das 400 Soldaten abgesperrt und durchsucht haben, nur wenige Häuser ausmachen. Wo aber logierten die zahlreichen ortsfremden Juden? Offenbar unter jenen Ukrainern und Russen, die zunächst mit der Schußwaffe überwältigt und später freigelassen werden mußten. Kurzum, die Soldaten haben tatsächlich Razzia im Ortskern gemacht, der indessen rumänisch-ukrainisch gemischt bewohnt war. Aus Gastfreundschaft? Der Hinweis der Geheimen Feldpolizei, daß »die Juden peinlich genau durchsucht wurden«, weil sie »Bündel von Geld, Uhren und Schmuck bei sich hatten« (NOKW 608), deutet die Hintergründe an.

Die Herkunft jener 400 von dem Nachrichtenoffizier abkommandierten Soldaten ist rätselhaft. Salmuth konnte sich in Nürnberg bei Nachfrage auf alles besinnen, nur nicht darauf, wer diese Truppe befehligt hatte. »Das waren ja alles Leute von Kolonnen, die heute gerade in Kodyma waren, die fuhren in ein paar Stunden wieder weiter und waren morgen sonstwo.« Die Geheime Feldpolizei wiederum spricht davon, »daß deutsche Einheiten im Freien kampierten« (NOKW 608). Salmuths Disziplinarbefehl ist nicht anders zu verstehen, als daß diese Mannschaften einen führerlosen Haufen bildeten. Er ballte sich um einen kleinen Trupp aus Militärgendarmen, Geheimer Feldpolizei und der Stabswache des Kommandos, die der Nachrichtenoffizier dem Sonderkommando beigesellt hatte. Allerdings machten sie allesamt keine Anstalten, Führung und Disziplin herzustellen. Die Soldatenmeute von Kodyma gemahnte das Oberkommando der 11. Armee anscheinend an rumänische Zustände. In dem zu 60 Prozent rumänischen XXX. Armeekorps war Vorsicht vor verrohenden Einflüssen geboten. Noch eine Woche nach dem Exzeß ließ sich der Armeestab von allen beteiligten Seiten Berichte schreiben.

Die Juden hätten sich demzufolge »seit längerem in Gruppen von 10 – 12 Personen zusammengefunden und sich hierbei auffällig benommen«. Den besonderen Zorn der Soldaten erregte, daß inmitten der Augusthitze »der jüdische Leiter einer Selterswasserfabrik die Ausgabe von Getränken an die Truppe verboten und unter Drohung den Soldaten den Eintritt verwehrt« habe (NOKW 3237). Daraufhin trat die deutsche Wehrmacht durstig den Rückzug an.

Das Sonderkommando bauschte seine erste Bewährungsprobe zur Niederschlagung einer jüdischen Rebellion auf. Die Polizisten gierten nach Anerkennung. Sie wurde ihnen, wenn nicht von der 11. Armee, so doch von Salmuth vor dem Nürnberger Gericht zuteil. Unter der Anklage, den SS-Leuten zum Judenmord verholfen zu haben, verwies er auf deren platt frisierte Meldungen. »Ich glaube, ich darf mal darauf hinweisen – die Dinge sind in ein ganz merkwürdiges Fahrwasser gekommen. Worum handelt es sich hier? Um die Unterdrückung eines Aufstandes.« Ein daran beteiligter Soldat hätte sich allenfalls des Ungehorsams, nicht aber des Mordes schuldig gemacht, »denn er mußte doch annehmen, daß diese ganze Verfolgung der Täter, möchte ich es mal nennen, daß das seinen regelrechten Gang nahm«. Das ›rücksichtslose Durchgreifen‹ gegen Juden war ja den Korpsangehörigen befehlsmäßig als der regelgerechte Gang abverlangt. »Doch nicht gegen Juden als solche«, beteuerte Salmuth. Nur wenn sie sich etwas »zuschulden kommen lassen«.

Die Suche nach den Schuldigen hatte in Kodyma offenbar zu unerwünschten Konflikten mit den Unschuldigen geführt. Ukrainer, die zutraulich ihre Ernte einbringen sollten, waren von der Razzia erfaßt worden, teils heftig mit der führerlosen Soldatenhorde aneinandergeraten und mit Ausgangssperre und Geiselnahme gestraft worden.

Die Aktion, wenige Tage nach Eintritt in Feindesland, hat die Anklage in Nürnberg zum Beweis der Komplizenschaft von Heer und SS bei der Judenvernichtung vorgetragen. Die Historiographie ist dann darin gefolgt. Der Anklage »zeigt das Beweismaterial, daß Salmuth einer der eifrigsten und willigsten Forderer dieser Entrechtungs-, Verfolgungs- und Ausrottungspolitik gegen die Juden war«. Vielleicht mehr willig als eifrig. Kodyma, das am Beginn Hunderter von Einsatzgruppenmaßnahmen im Süden steht, läßt keine formale Ausrottungsabsicht erkennen. Allerdings wurden 272 Juden getötet. »Nicht deswegen, weil die Juden Juden waren«, wie Salmuth dem Anklagevorwurf stets entgegenhielt, »sondern weil die Juden sich irgendeines Verbrechens schuldig gemacht hatten.« Die Überzahl der Opfer von Kodyma, 175 Personen, hatte sich allerdings nur des Judentums schuldig gemacht. Weil ihnen von Sonderkommando 10a ›eine Beteiligung nicht nachgewiesen werden konnte‹, wurden sie alle in Geiselhaft genommen. Diese aber war nicht zu überleben.

Die Auswahl von Geiseln fällt gewöhnlich nicht nach dem Maße von Schuld. Die Geisel dient der Erpressung Dritter. Infolgedessen mußte den Dritten das Leben der Geisel teuer sein. In der Heeresgruppe Süd beschritt man zunächst den umgekehrten Weg. »Es muß der Eindruck entstehen, daß wir gerecht sind«, heißt es in einem Befehl des in Nürnberg angeklagten Befehlshabers des Rückwärtigen Heeresgebiets Süd, Karl von Roques: »Sabotageakte sind, sofern der Täter nicht zu ermitteln ist, nicht den Ukrainern, sondern den Juden und Russen zur Last zu legen, ihnen gegenüber sind daher Repressalien anzuwenden« (NOKW 1691). Die Gerechtigkeit gegenüber den Ukrainern verlangt, die kraft Ernennung ungerechten Juden und Russen den Repressalien auszuliefern. Nicht, weil die Ukrainer an diesen Gruppen intensiver hingen. Im Gegenteil. Die Vergeltung sollte ihnen imponieren. Es war dies jene bereits im Balkanfeldzug geübte Methode, Geiseln aus einer Paria-Population zu selektieren. Die Objekte rassischer, nationaler oder religiöser Animosität erfüllen die klassische Geiselfunktion eigentlich am wenigsten. Sie erpressen niemanden. Sie dienen allenfalls der Abschreckung durch Ausrottung. Der Abgeschreckte sieht, wozu der Abschrecker fähig ist. Der Abschrecker beweist, daß er keine Gnade kennt. Kein Gott und kein Richter binden ihm die Hände. Die Tradition der Väter und das Echo der Welt beengen nicht seine Beschlüsse. Er ist revolutionär, tritt aus dem Nichts und erzeugt sein eigenes Recht. Der Abgeschreckte beobachtet. Sein Blick wird nicht durch eigene Verletzungen getrübt. Die Repressalie trifft einen Sub-Feind. So ergeht die Einladung zur Kollaboration. Allerdings erübrigt eine Geisel, die so oder so stirbt und niemanden schmerzt, mit der Zeit die Geiselnahme. Man erpreßt nicht länger durch das Spiel mit dem Leben, sondern packt das Publikum durch unbekümmertes Töten. Infolgedessen gingen die Einsatzleute nach wenigen Wochen zur umstandslosen Ausrottung über. Auf einer Geiselliste des XXX. Armeekorps vom November 1941 tauchen Juden nicht mehr auf. Genannt sind sowjetische Funktionäre und Verwandte von Partisanen. Sie wurden sogleich bei Einzug in die Dörfer der Krim eingesammelt, in Konzentrationslagern auf Vorrat gehalten und im Vergeltungsfalle in der Rate zehn zu eins für jeden Wehrmachtsangehörigen aufgebraucht (NOKW 2538).

»Damit«, erkundete die Nürnberger Anklage bei Salmuths Divisionskommandeur Mattenklott, »ist doch die Möglichkeit der Entlassung von Geiseln ausgeschlossen?«

»Ja, das mag sein. Also dem Wortlaut nach haben Sie recht.« Allerdings habe »diese Maßnahme wohl lediglich eine Vorbeugung« dargestellt. »Gerade bei uns auf der Krim war die Bevölkerung sicher zum großen Teil deutschfreundlich. Es gab Kolonien, in denen kein russisches Wort gesprochen wurde.«

Soviel Idylle bot in Wahrheit selbst nicht die Krim. Unstrittig hingegen ist, daß Geiselnahme der Vorbeugung dient. Dies kostete freilich Umstand. Der fragliche Korpsbefehl bürdete allein der Mattenklottschen 72. Infanteriedivision den Unterhalt von acht Konzentrationslagern auf. Die für KZs zuständigen Ortskommandanten organisierten deren Versorgung durch Abgaben der Ortsbevölkerung. Häufig wurden die Geiseln auf den Märschen mitgeschleppt; Leichen Gehenkter hatten drei Tage hängen zu bleiben. Allerdings erzielten Repressalien bei Partisanen keine Abschreckung und in den Dörfern keine Freundschaft. Die Razzia von Kodyma deutete auf Möglichkeiten, sich Ballast zu ersparen. Nur krankte der Vorfall an zwei Mängeln. Salmuth und Wöhler verzeichneten ihn darum als eine Panne. Erstens reagierten Soldaten, die regellos zu SD-Kommandounternehmen stießen, wie toll. Zweitens stimmte die Freund-Feind-Trennung nicht. Die Identifikation der Verschwörer hatte schlecht geklappt. Unscharfe Erkennungsmittel und hordenhaftes Auftreten versetzten die braven Ukrainer in Tumult. Darunter litt die Ernte.

Im Grunde versagte das Konzept des Judäo-Bolschewismus. Im Schwulst der OKW-Befehle ließ sich Gegenterror von Sowjetkadern und von Juden bequem vermengen. Schon in den ersten Tagen des Kriegs jedoch sah sich das Heer mit Juden konfrontiert, die, scheu und geschmäht, nichts als stillen Unterschlupf suchten. Die ideologischen Befehle irrten. In den angetroffenen Juden entdeckte das Heer nirgends seinen Widersacher. KPdSU und GPU wiederum griffen routiniert und scharf zur Sabotage, welcher durch Judenjagd nicht im mindesten beizukommen war. Die Dorfbevölkerung hielt sich anscheinend neutral und schaute erwartungsvoll auf das Invasionsheer. Das beigelieferte Feindbild taugte wenig, Fälle schwelender Sabotage wie in Kodyma aufzuhellen. Die verfemten, flüchtigen Juden waren Ukrainern und Soldaten östlich des Dnjestr eine Plage. Sie lenkten unweigerlich Verdacht auf sich, neigten aber nicht im mindesten zu Anschlägen. Der bolschewistische Untergrund hingegen hatte sich noch nicht zu jener Partisanenarmee in den Wäldern konzentriert, sondern suchte in den Siedlungen Fuß zu fassen. Wem die Anschläge vergelten? Die Juden, nach der Befehlslage Anstifter allen Übels, waren mühelos identifizierbar. Die Saboteure wiederum steckten im Ort, ließen sich aber allenfalls durch mühselige Polizeiermittlung fassen.

Salmuths Suche nach den ›schuldigen Juden‹ im Unterschied zu den ›Juden als solchen‹ deckte sich mit der Befehlslage, doch keineswegs mit der Realität. Allerdings fand er vor Nürnberg keine Zeit, sich für solche Nuancen zu interessieren. Am 1. August mußte er die Verspätung der 11. Armee zur Uman-Schlacht einholen. Sollte eine kleinere Verschwörung an seinem Quartierplatz im Gange sein, durfte die Medizin das Korps nicht ärger behelligen als das Übel. Widerstand war blitzartig im Keim zu ersticken. Die rascheste und einprägsamste Prozedur stand den SD-Leuten zu Gebote. Ihr Interesse galt aber nicht dem Phantom des ›schuldigen Juden‹. Ihr Befehl war ausgestellt auf den ›Juden als solchen‹. Infolgedessen sind die ersten Wochen der Einsatztätigkeit von der Formel geleitet: Der Jude als solcher ist schuldig. Dementsprechend waren im Handumdrehen alle Komplotteure von Kodyma als Juden identifiziert. Die unschuldigen Juden büßten als erschwingliche Geiseln die Schuld namenloser Anschlagstifter. Auch bei fiktiven Anschlägen. Das war die Geschichte von Kodyma, die im Juli-August hundertfach passierte.

Die Einsatzgruppen begannen nicht auf einen Schlag mit der Ausrottung. Sie gingen auch nicht einheitlich vor. In der Heeresgruppe Nord nimmt die Jagd, getragen von der örtlichen Pogromlust der Balten, sogleich Genozidcharakter an. Auch in der Heeresgruppe Mitte dienen die Affekte der Galizier, so in der Lemberger Gegend, als Zündstoff. Ähnlich in Bessarabien. In Gegenden ohne antisemitische Lokaltradition mußten sich die Kommandos den Wehrmachtsinteressen angleichen. An anderer Stelle glich sich das Heer den Kommandointeressen an. In der Heeresgruppe Nord stießen die baltischen Pogrome bei Leeb auf so viel Abscheu und Sorge, daß deutsche Polizisten geradezu ein Mäßigungselement bildeten. Zwar töteten sie mehr Personen als die Letten mit ihren Eisenstangen, doch systematisch, ruhig und diskret. Juden wurden nicht in den Straßen Rigas abgeschlachtet, sondern in einem abgesperrten Waldstück. Sie verließen die Welt an so unbekanntem Ort, daß nicht einmal Leeb davon Kenntnis erlangt haben mußte. Auch in Bessarabien waren sich Einsatzkommando und Stab der 11. Armee darin einig, daß die rumänischen Ausschreitungen das Bild der deutschen Kulturmission trübten und die soldatische Disziplin zerfraßen.

Die Judenverfolgung nimmt im Rußlandfeldzug einen eigentümlichen Weg, der mit den rachsüchtigen Massakern der anti-russischen Grenzvölker, der Balten, Westukrainer (Galizier) und Rumänen, anfängt. Von den Einsatzgruppen angestachelt, aber nicht verursacht. Hitler bot sich in diesen kochenden Volksseelen ein trefflicher Gestaltungsstoff dar. Den Armeen, die diese jubilierenden, revanchesuchenden Scharen durchquerten, veranschaulichte sich der Kreuzzugsgedanke besser als durch alle Einpeitschereien der OKW-Befehle. Das Heil, das die Wehrmacht ins Land trug, bestand zunächst in der Ausrottung des dort vorwaltenden Unheils. Seine Verkörperung wies sich ihr wie von selbst. Dann, in sowjetischen Kernlanden angekommen, bedienten sich die Generäle der Juden als wohlfeiler Geisel- und Sühneopfer. Der bolschewistische Untergrund sabotierte, Abschreckung tat not, die Truppen waren eilig. Sie riefen die Einsatzgruppen ins Gefechtsgebiet und betrauten sie mit den Vergeltungsangelegenheiten. Dazu mußten sie unter soldatischer Begleitkontrolle stehen, schon ihrer kümmerlichen Bemannung wegen.

Die Einsatzgruppen kannten ihr Ziel längst aus dem Führerbefehl. Ein anderes zu erlegen, waren sie auch gar nicht tauglich. Infolgedessen präsentierten sie den Kommandeuren unverzüglich die ortsansässigen Juden als Rädelsführer. Wenn alle Konspirateure Juden sind, bleibt der Schluß nicht aus, daß alle Juden Konspirateure sind. Darum begann zu der Zeit, als Manstein Befehlshaber der 11. Armee wurde, indessen unabhängig davon, der SD die Krim grundsätzlich judenrein zu machen. Gewiß ist das Heydrichs Auftrag von Anfang an gewesen. Ohne den Impuls wäre es nicht zur biologischen Vernichtung des Judentums gekommen. Doch ohne die ergänzende Interessenlage des Heeres hätte der Impuls keinen Boden gewonnen. Er mußte sich mit dem Kriege vertragen. Wie dies geschah, förderte in Nürnberg der Fall des Generaloberst Otto Wöhler zutage.

Todesschwadrone

Der Abwehroffizier der Armee war das Scharnier zwischen Einsatzgruppe und Militär. Er war Angehöriger der Nachrichtenabteilung des Stabes. Als Stabschef der 11. Armee diente von Oktober 1940 bis Mai 1942 der Angeklagte Wöhler. Im Lauf des Krieges brachte er es noch zum Befehlshaber der 8. Armee. Von Dezember 1944 bis April 1945 war er vorletzter Befehlshaber der Heeresgruppe Süd.

Die Verteilung der Einsatzkräfte an die Militärverbände besorgte der Armeestab. Dem XXX. Armeekorps attachierte Wöhler am ersten Tag nach dem Abmarsch, dem 3. Juli, »zur Erfassung politisch unzuverlässiger Elemente« in Belzy ein Sonderkommando der Sicherheitspolizei in Stärke von fünfzig Exekutivbeamten. Es war vereinbarungsgemäß »für Marsch, Unterkunft und Verpflegung« dem Korps unterstellt und arbeitete »im Auftrag« Heydrichs »in eigener Verantwortung«. »Alle getroffenen Maßnahmen meldet es laufend an Armeeoberkommando 11, Abteilung Ic/AO über XXX. Korps« (NOKW 3453). Dementsprechend langten alsbald bei Wöhlers Abwehroffizier Riesen Nachrichten wie die aus Czernowitz ein: Am 7. Juli habe man nach Fahndungslisten Juden und Kommunisten verhaftet. »Am 8. des Monats wurde eine Großaktion durchgeführt, in deren Verlauf die jüdische Führungsschicht ziemlich lückenlos zusammen gefangen werden konnte.« Die deutschen Polizisten erschossen folgenden Tags »ca. 100 jüdische Kommunisten«. Die Rumänen interessierten sich nicht für Führungsschicht und Partei, sondern für Juden allgemein, so daß »zusammen mit den Judenhinrichtungen durch die rumänische Wehrmacht und Polizei insgesamt mehr als 500 Juden im Laufe des 8. und 9. des Monats erschossen worden sind«. (NOKW 3453)

Wöhler räumte die Zuteilung der Kommandos ein. »Das ist der Fall und ist dadurch begründet, daß es sich hier um die ersten Tage des Krieges handelt, wo man ja manches detailliert befehlen muß«, damit die Dinge »erstmal auch tatsächlich anrollen«. Der Erfolg hat Wöhler nicht mehr gekümmert. »Ich habe nach meiner Erinnerung davon, daß es sich hier um Judenexekutionen handelt, nichts erfahren.« Die Rückmeldung von Czernowitz lief über den Abwehroffizier. »Es ist einwandfrei, daß Major Riesen die Sache unterschrieben hat und Kenntnisse hatte, nicht aber ich.« Als Wöhler im August/September Kenntnis nahm, war in den Meldungen wiederum nicht von ›Juden als solchen‹ die Rede. In Cherson mußten »wegen Übermittlung von Feindnachrichten durch Juden 122 Juden exekutiert werden« (NOKW 3234). Da Wöhler »gegen die rassische Verfolgung von Juden war und keinen Anlaß hatte, sie als Menschen niederen Grades zu behandeln«, hegte er auch keinen Argwohn gegen die Objektivität der Ermittlungen von Sonderkommando 11a. Außer in Cherson hatte es auch in Nikolajew »erwiesen, daß die Ausschreitungen von Juden überhand zu nehmen drohten«: Sie begingen Brandstiftung, schickten Lichtsignale, beleidigten und attackierten Soldaten wie Kommandoangehörige. Allerdings konnten die Schuldigen nicht gefunden werden, dafür 227 verdächtige Juden, politische Funktionäre und entlassene Sträflinge. Um den weiter nicht aufklärbaren jüdischen Widerstand zu brechen, »erfolgt als Sühnemaßnahme die Exekution von 227 Geiseln« (NOKW 3234). Wöhler hat diesen Tätigkeitsbericht ohne Verdacht auf eine Judenvernichtung abgezeichnet, »da ich nicht annahm, daß ein größeres Morden damit verbunden war«.

Die Einsatzleute erschossen keinen Juden ohne eine mit der Befehlslage konforme Begründung. Heydrichs Polizisten fehlte die Zeit, außermilitärischen Vernichtungszielen nachzujagen. Die 11. Armee hielt sie am kurzen Zügel und kommandierte sie zum Mißvergnügen von SS-Standartenführer Ohlendorf quer durch das Operationsgebiet. Nach seiner Kodyma-Razzia begab sich Kommando 10a zurück nach Pestschanka zum Weizenfeld. »Ernte durch SS-Sonderkommando geregelt«, berichtet am 5. August der Korück 553 an das Armeehauptquartier. »Bei meinem Eintreffen wurden durch SS-Kommando wegen Erntesabotage gerade 10 Juden auf Initiative des SS-Kommandos erschossen« (NOKW 2935). Einzelheiten mag man aus der nebenstehenden Kunde ergänzen, daß Kommunisten die Einwohner terrorisierten und gegen Erntearbeit aufhetzten.

Die Erfolge der Kommandos sind auf dem Meldeweg militärischer Stellen registriert. »Am 26.8.1941 wurden 3 Juden erschossen, weil sie ohne Passierschein in Beresowka angetroffen wurden«, meldet die Ortskommandantur des Ortes nördlich von Odessa, »und über die deutsche Wehrmacht unwahre Gerüchte verbreitet hatten« (NOKW 1701). Die Ortskommandantur Ananjew, südöstlich von Balta, weiß dem Korück 553 am 3. September »noch folgendes zu berichten: Da die Juden von Ananjew den volksdeutschen Bürgern gedroht hatten, ein Blutbad unter ihnen anzurichten, sobald die deutschen Truppen abgezogen seien, führte die Sicherheitspolizei eine Razzia durch und ließ am 28.8.41 an die 300 Juden und Jüdinnen erschießen.« (NOKW 1702)

Die Kommandos hatten bereits am 7. August 1941 vom Armeekommando den Befehl erhalten, die Demarkationslinie zwischen Polizei und SS zu überschreiten und »die abwehrmäßige Sicherung des Gefechtsgebietes hinter der kämpfenden Truppe auszuüben« (NOKW 583). Am 2. September berichtet Einsatzgruppe D dem Armeekommando, wie ihr dies gelang: »Die bearbeiteten Gebiete wurden politisch befriedet. Im ganzen gesehen war die Bevölkerung sehr arbeitswillig und jeweils froh, wenn sie von zurückgebliebenen Kommunisten oder Juden, von denen sie entweder bedroht oder am Arbeiten gehindert wurde, befreit wurde.« Kennzeichnenderweise war das polizeiliche Ergebnis der Polizisten mager. Konkrete »kommunistische Umtriebe«, wie sie die Armee anzeigte, blieben ungeklärt. Den Vernichtungsbataillonen des NKWD begegnete man »nur vereinzelt«. Damit konnten es die Kriminalbeamten auch nicht aufnehmen. Ihr Mordgeschäft hatte ihnen zwischen Dnjestr und Bug allerdings »vollstes Vertrauen« der Ukrainer zu den deutschen Dienststellen eingetragen (NOKW 3236). Das wirkte auf die ›Dienststellen‹ zurück, die Zutrauen zu ihrem Naturell schöpften:

Als Ritter von Schobert persönlich am 7. September 1941 die Erhängung eines Wladimir Romanenko »durch Abgabe an das Sonderkommando« befahl, stellten die SD-Leute eine irrige Beschuldigung fest. Die »mündliche Benachrichtigung durch den Herrn Oberbefehlshaber vom 7. September 1941« beruhte auf »vollkommen unrichtiger« Information. Romanenko habe weder einheimische Bedienstete des Heeres bedroht noch die Niederlegung der Arbeit verlangt. Sein Fehler lag auf ganz anderem Gebiet. »Da es sich bei Romanenko um einen Geistesschwachen handelt«, teilte das Kommando 11a dem Armeestab mit, »der nach eigenen Angaben bereits dreimal in einer Heilanstalt untergebracht war, wurde er am 9. September 1941 aus erbbiologischen Gründen exekutiert.« (NOKW 3235)

Im Nürnberger Kreuzverhör wandte Wöhler ein, »daß dieser Mann ja durch den Generalobersten von Schobert an den SD zur Überprüfung abgegeben wurde, weil irgend etwas anderes gegen ihn vorlag; er hat ja aufgehetzt und zur Arbeitsniederlegung aufgefordert«.

> »Aus dem Dokument ergibt sich doch klar, daß der Mann von der gegen ihn erhobenen Anklage freigesprochen wurde.«
>
> »Ja, ich kann nach dem letzten Absatz das nicht bestreiten, daß er geistesschwach war und aus erbbiologischen Gründen exekutiert worden ist.«

Nicht anders verhielt es sich mit den Juden. Die Sicherheitsgründe, sie dem SD auszuliefern, waren falsch. Das Exekutionsmotiv lautete anders. Nur tat dies nichts zur Sache. Die Auslieferung war das Todesurteil, die rassischen oder erbbiologischen Gründe waren Privatreligion der Henker.

Ritter Schobert konnte dem Mißverständnis nicht mehr nachgehen. Drei Tage nach Romanenkos Tod setzte das Flugzeug des Generalobersten bei der Landung in Kiew in ein Minenfeld. Zur ›abwehrmäßigen Sicherung‹ hatte Einsatzgruppe D bisher 13.000 Personen erschossen. Die Minenleger waren aber, wie vorauszusehen, nicht darunter. Nunmehr hatte Manstein alle Gelegenheit, die Differenzen zwischen SD und Heer zu beseitigen.

Den Kommandos war die Ausschaltung von Sicherheitsgefahren befohlen, und sie nutzten die Chance zur Judenausrottung. Für die zweite Septemberhälfte verzeichnet Einsatzgruppe D über 22.000 Morde. In den Meldungen werden sie unverbrämt als solche geführt. Aus Melitopol, unweit des Asowschen Meeres, meldete die Ortskommandantur dem Korück der 11. Armee: »Melitopol und die beiden eingemeindeten Dörfer Peschanow und Kisegan hatten rund 8.500 Einwohner. Davon waren 45% Russen, 40% Ukrainer, 13% Juden und 2% Ostdeutsche. Bei Besetzung der Stadt durch die deutsche Wehrmacht waren rund 4.000 Einwohner zurückgeblieben. Sämtliche Juden (2.000) wurden durch den SD exekutiert. Die Bevölkerung zeigt Vertrauen zur deutschen Wehrmacht und sind, besonders die Ukrainer, für die Befreiung dankbar. In der Stadt waren ungefähr 600 Parteigenossen« (NOKW 1632). Begreiflich, daß die 50 Polizisten sich an sie nicht herantrauten.

Das Nürnberger Gericht mühte sich, das Rätsel der wenigen Schützen und vielen Erschossenen zu lösen. Aus Simferopol im Südwesten der Krim hatte der Ortskommandant dem Korück am 14. November mitgeteilt: »Die verbliebenen 11.000 Juden werden durch den SD exekutiert« (NOKW 1573). Offenbar war dies noch nicht beendet.

»Haben denn diese 50 Mann«, fragte der vorsitzende Richter den Generaloberst Wöhler, »diese 11.000 Leute zusammengetrieben, herausgeführt und exekutiert, oder hatten Sie Hilfe von der Wehrmacht?«

»Ich weiß nicht, Herr Präsident, wie sie es gemacht haben. Ich kann es mir nicht erklären.«

»Würde es Ihnen möglich sein, mit 50 Mann 11.000 Leute zusammenzutreiben, herauszuschaffen und zu exekutieren?«

»Das kann ich nicht beurteilen, weil ich mir das nicht überlegt habe und das auch noch nicht ausgeführt habe.«

Aufschluß bietet vielleicht die Meldung Nr. 145 der Einsatzgruppe D aus ihrem Standort Simferopol über die judenfeindliche Einstellung der Krimbevölkerung. »Die Starosten bitten um die Erlaubnis, die Juden selbst beseitigen zu dürfen« (NO 2828). Der Ortskommandant ergänzt, »die Zivilbevölkerung steht den deutschen Truppen nicht feindlich gegenüber« (NOKW 1573). Dennoch war die Stadt relativ unsicher. Betriebe und Geschäfte seien ausgeplündert und viele Kommunisten geblieben. Einsatzgruppe D klagt über erhebliche Erschwernisse in Simferopol, denn »allmählich sickert durch geflüchtete Juden, Russen und auch Redereien deutscher Soldaten Vorgehen gegen Juden durch«. Die »Gerüchte über Erschießungen aus anderen Gebieten« (NO 2834) müssen die Soldaten den Juden bei Einmarsch zu Ohren gebracht haben. Vermutlich nicht zur Warnung. So geriet das Opfer jedoch in Panik. Die drei Einsatzkommandos von etwa 150 Mann, die am 16. April 1942 dem Armeeoberkommando mitteilten, »von Juden ist die Krim frei gemacht« (NOKW 625), benötigten ein argloses Menschenmaterial, anders war die Aufgabe nicht zu lösen. Die redselige Truppe sollte ihr Wissen streng bei sich behalten. Demgemäß berichtet im Dezember der Ortskommandant des Tatarendorfes Karasubasar listig an die 11. Armee: »76 jüdische Männer, Weiber und Kinder, die einzigen Juden des Ortes, wurden vor 4 Tagen auf den Anger vor dem Ort geführt und sind bisher noch nicht zurückgekehrt.« (NOKW 2029)

Auf der westlichen Krim wurden von Mitte November bis Mitte Dezember »17.645 Juden, 2.504 Krimtschaken, 824 Zigeuner und 212 Kommunisten und Partisanen erschossen. Die Gesamtzahl der Exekutionen: 75.881« (NOKW 2834). Die Krimtschaken sind ein Stamm entfernt jüdischer Herkunft. Die Zahl 75.881 summiert den Taterfolg im Südabschnitt seit Abmarsch. Von der Kunstfigur des Judäo-Bolschewisten hatten die Einsatzgruppen Abschied genommen. Miniaturverbände, die sie waren, beschränkten sie die Ausschaltung der realen Unsicherheitsträger, Kommunisten und Partisanen, auf ein Prozent der Tötungen. Die Überzahl besteht aus Rassenfeinden, genauer gesagt wehrlosen Minoritäten. Ihre Abschlachtung ist ohne öffentliche Unterstützung nicht denkbar.

Das schiere Unverhältnis der Opferzahl zur Vernichtungsmannschaft akzentuiert den hintergründigen Satz des Abschlußberichtes von Einsatzgruppe D an Armeeoberkommando 11 über das Entjuden der Krim: »Die Bevölkerung, die die Maßnahmen gegen die Juden weit überwiegend begrüßt hat, hilft dabei durch Anzeigen kräftig mit« (NOKW 628). Auch Manstein entsinnt sich in seinen Memoiren, wie dankbar ihm die Tataren gewesen sind: »Eine Abordnung von ihnen erschien bei mir, um mir Obst und handgewebte schöne Stoffe für ihren Befreier ›Adolf Effendi‹ zu übergeben.«

Nach Mansteins Befehlsübernahme in der 11. Armee hat Einsatzgruppe D in der Südukraine und auf der Krim die Totalausrottung aufgenommen. Allerdings war Manstein, der Befehlshaber von sechs Divisionen auf der Krim, »mit der Marschregelung von solchen kleinen Einheiten nicht befaßt«. So konnte er gewissermaßen kraft Dienststellung keine Nachricht über eine Judenerschießung bekommen. Dergleichen blieb, wenn überhaupt, im Stab hängen. Der Oberbefehlshaber war auf Gerüchte angewiesen, die aus der Zeit des Ritters von Schobert rührten. Im Kreuzverhör des Nürnberger Viermächteprozesses beschwor der Feldmarschall als Zeuge, dem »Führer der SS« vorsorglich übermittelt zu haben, »daß da, wo ich Oberbefehlshaber wäre, ich derartige Schweinereien nicht dulden würde«. Doch was schert drei Einsatzkommandos ein Manstein-Befehl? Zumal da, wo Manstein befahl, zwei Welten existierten: »Ich habe in meinem Bereich, also im militärischen Bereich, derartige Dinge nicht geduldet, und was im Rahmen des weltanschaulichen Kampfes außerhalb unseres Bereiches vorging, das erfuhren wir ja nicht; das vollzog sich ja abseits unseres Einflusses und unserer Kenntnis, und wir hatten auch weder Macht noch Recht, so etwas zu verhindern, ganz abgesehen davon, daß wir alle die Scheußlichkeiten, die sich enthüllten, auch gar nicht gewußt haben.« Eigens deshalb hatte die 11. Armee in Nikolajew befohlen, die Massaker 200 km vom Quartier des Oberkommandos entfernt abzuhalten.

Mansteins Eingebung, der Zwei-Sektoren-Krieg, öffnete den Oberbefehlshabern den Rückzug. Im Militärsektor, den sie befehligten, passierten keine Scheußlichkeiten. Wo sie passierten, war definitionsgemäß kein militärischer Sektor. Der Befehl vom 20. November 1941, »das jüdisch-bolschewistische System muß ein- für allemal ausgerottet werden« (PS 4064), war im nicht-militärischen Teil des Mansteinschen Denkens entstanden, das er als Armeechef ignorierte: »Ich muß sagen, daß dieser Befehl hier meiner Erinnerung völlig entfallen war ... ich möchte aber darauf hinweisen, daß, wenn hier steht, ›... das System muß ausgerottet werden‹, dann ist das eben die Ausrottung des bolschewistischen Systems, aber nicht die Ausrottung der Menschen.«

Nachdem irrtümlich anstelle des Systems die Menschen ausgerottet worden waren, meldeten die Täter Vollzug und weckten nun ihrerseits Mißverständnisse. »Da habe ich an die Evakuierung gedacht«, erläuterte Wöhler dem Gericht. In der Tat lagen auch Meldungen vor, wie die des Ortskommandanten von Kertsch, der schrieb: »Die Umsiedlung der Juden, etwa 2.500 an der Zahl, wurde am 1., 2. und 3. Dezember vollzogen.« Das Wort »Umsiedlung« findet sich in den Akten anstelle eines anderen, durchgestrichenen. Ursprünglich begann der Satz: »Die Exekutionen ...« (NOKW 1628)

»Man kann das so und so auffassen«, überlegte Wöhler.

»Sie behaupten also, daß das Umsiedlung bedeutet und nicht Tötung?«

»Ja, das kann ich nicht behaupten, weil ich damals – wenigstens nach meinen Erinnerungen nicht – und auch nach den Zeichen – diese Dinge, diese Meldung gekriegt habe. Das, was ich hier ausgesagt habe, ist eine Kombination, also ein Fürmöglichhalten ohne eine Verpflichtung, wie Sie das auslegen wollen.«

Die Ortskommandantur von Simferopol, die nicht für Geheimhaltung sorgte und 11.000 Juden als »durch den SD exekutiert« meldete, war dreißig Kilometer vom Hauptquartier der 11. Armee in Sarabus gelegen.

»Wie war es möglich, daß Sie als Stabschef der 11. Armee, der doch über alles hätte Bescheid wissen müssen, nicht erfuhren, daß eine Wegstunde entfernt 10.000 Leute ermordet wurden?«

»Ja, erklärbar ist es mir nicht. Ich kann es mir erklären mit den Argumenten oder Gründen, die ich angegeben habe, die in der Geheimhaltung seitens des SD lagen.«

Die Kritik des SD an der Geschwätzigkeit deutscher Soldaten, welche die Judenvernichtung ausplauderten, nahm Wöhler für nicht sonderlich seriös. »Im militärischen Sprachgebrauch«, erläuterte sein Entlastungszeuge Dr. H. Speidel, Stabschef der 8. Armee, bedeute vernichten »im Kampfe niedermachen« (Affidavt Wöhler 37). Weil der SD nicht die Fachsprache beherrschte, »ist ja nicht gesagt«, überlegte Wöhler, »daß der SD-Bericht in dieser Hinsicht beurteilen kann, was der deutsche Soldat wußte oder nicht.«

Das Wissen sei »jedenfalls nicht erwiesen«. Bekanntgeworden war hingegen das Massaker in Kodyma, denn es ging offenbar »nicht um – sagen wir – einen Rassenmord, sondern um die Bestrafung von Menschen, die als Juden und Kommunisten bezeichnet sind für eine bestimmte Tat, die noch gerade verhindert werden konnte«.

Allerdings wurde ein Teil der Getöteten bestraft, weil sie »zur jüdischen Intelligenz gehörten« (NOKW 3237). Hat Wöhler ›jüdische Intelligenz‹ für einen Hinrichtungsgrund gehalten?

»Wenn tatsächlich dieser versuchte Überfall auf deutsche Truppen oder sonstwas versucht war – unterstellt wird als Tatsache –, dann ist natürlich anzunehmen, daß die Intelligenz über diese Dinge nicht ohne Mitwissen oder Mittätigkeit vorübergegangen ist.« Eine Annahme, die Wöhler zugunsten der eigenen Intelligenz aber nicht treffen mochte.

Im Verlauf des Kreuzverhörs räumte Wöhler den Ursprung seiner Animositäten überzeugend ein: »In Deutschland haben wir das jüdisch-bolschewistische System in den ersten Jahren nach dem I. Weltkrieg zur Genüge erlebt.« Der Sturz des Hohenzollernreiches, die Soldatenräte, der Friedensvertrag, alle Pein des geschlagenen Offizierskorps riefen nach einem Namen. So wurden Urheber, in Wöhlers Ausdruck, ›bezeichnet‹. Die Bezeichneten hatten vor Zeiten die Pest verursacht, warum nicht den Zusammenbruch des kaiserlichen Heeres? Beides war für die Betroffenen rational unerklärlich. So dünkte es Wöhler nur gerechte Vergeltung, gemäß Manstein ›harte Sühne am Judentum‹ zu nehmen ›als dem geistigen Träger des bolschewistischen Terrors‹. Es sollte der Armee kein zweites Mal in den Rücken fallen. Dort standen jetzt Ohlendorfs Kommandos.

Ohlendorf ist eine der sonderbarsten Naturen der Nürnberger Prozesse gewesen. Als er am 4. und 6. August 1948 in den Zeugenstand trat, war er in dem soeben abgeschlossenen Einsatzgruppenprozeß zum Tode am Strang verurteilt worden. Ein zartgliedriger NS-Intellektueller, skeptisch, widerspenstig, trübsinnig und für die schmissigen Nazis in nervtötender Weise prinzipiell. Als junger Volkswirtschaftler hatte sich Ohlendorf seine Gesellschaftsutopie geformt, eine lebensreformerische Wabe autonom produzierender Kleingemeinden. Theoretiker sind fähige Massenmörder, weil sie den Gang der Welt aus dem Kopf ersinnen. Dadurch ist ihr Zustand immer ein verkehrter und stellt seine Bereinigung keine Moralprobleme. Das Blutbad ist die moralische Veranstaltung schlechthin. Die Sozialidylle muß von Fremdkörpern entschlackt werden.

Mit seinem doktrinären Nationalsozialismus hatte Ohlendorf die pragmatische Wurstelei der Funktionäre beleidigt. Sie sannen auf einen Denkzettel. Als Himmler dem 34jährigen Nationalökonomen und Juristen die Kommandos für Bessarabien, Südukraine und Krim unterstellte, trachtete er, ihn mit dem öden Schlächterhandwerk in den Sielen der Bewegung zu schleifen. Die Arroganz des Ideologen baute sich vielleicht in der Rolle des Bluthundes ab. Himmler unterschätzte den Bewährungsdrang des intellektuellen Weichlings.

Ohlendorf hatte als Amtschef im Reichssicherheitshauptamt einen feinhörigen Nachrichtendienst, den SD, über das Reich gespannt, einen Pionier der methodischen Meinungsforschung. Die Streber im NS-Staat ärgerten sich krank über den zersetzenden Wahrheitsfanatismus des grämlichen Querulanten. Das pflanzte sich bis nach Nürnberg fort. Heinrich Laternser, der Hauptverteidiger des Generalstabs, polterte im Gerichtssaal, wem hier Glauben zu schenken sei, dem Wort eines deutschen Feldmarschalls oder dem eines eingestandenen Massenmörders? Die Antwort ist unzweifelhaft.

Das Zeugnis Ohlendorfs ist in der Historiographie ausgiebig erörtert worden. Zwischen November 1945 und seiner Hinrichtung im Juni 1951 hat er stets denselben Umstand beeidet: den Vollzug des Führerbefehls durch Heer und Polizei, die russischen Juden im Gefolge des Heereseinmarschs zu töten. Über die Jahre akzentuierte Ohlendorf seine Aussage in unterschiedlicher Richtung, auch besteht eine gewisse Inkonsistenz in Details. Maßgeblich ist indessen die Frage Laternsers: Finden sich Ohlendorfs Einlassungen durch Aktenbeweis und Offizierseid widerlegt?

Die Rußlandarmee verantwortet auch ohnedem präzedenzlose Greuel. Doch trüge sie ein Kainsmal besonderer Art davon, wenn Ohlendorfs Geständnisse zuträfen. Demzufolge wäre die Judenabschlachtung mit Wissen und Hilfe der Armee erfolgt. Auf Nachfrage des Wöhlerschen Verteidigers Rauschenbach, wie Ohlendorf dazu käme, die Mitwisserschaft seines Klienten zu behaupten, verzeichnet das Protokoll die gemeinverständlichste Antwort: »Ja, ich kann mir nicht vorstellen, wenn ein solches Geschehen ein Jahr lang abläuft, und zwar im Rahmen der jeweiligen Armeeeinheiten, und wenn gemäß der Weisungen die örtlichen Einsatzkommandos mit dem Nachrichtenoffizier der Division oder mit dem Feldkommandanten diese Frage abstimmen hätten müssen, daß dann diesen Offizieren das nicht unbekannt bliebe. Wenn sie selbst darum gefragt werden, und wenn sie selbst dazu die Unterstützung geben. Ich glaube, das ergibt sich von selbst.«

Weil eine Armee ein bürokratisiertes Gebilde ist, hängt das Wissen einer Dienststelle nicht an Zufällen. Unabhängig von Ohlendorfs, Mansteins oder Wöhlers Glaubhaftigkeit kommt es auf den Weg an, den der höhere Befehl einschlägt. Bis auf den Gegenbeweis zählt die Annahme, daß ein Stabschef das weiß, was er wissen muß. Maßgeblich an den Einlassungen zu Wissen und Gehilfenschaft ist nicht das, was Hitlers Generäle und Standartenführer auf ihren Eid nehmen. Nachprüfbar und im deutschen Heer stets zuverlässig ist der Verlauf der Befehlskette.

»Mein offizieller Titel«, berichtete Ohlendorf, »war: ›Beauftragter des Chefs der Sicherheitspolizei und des SD bei der 11. Armee‹... Ich war gehalten, mich am Quartierort der 11. Armee aufzuhalten, und ein ständiger Verbindungsoffizier der Einsatzgruppe bei der Armee sorgte für den laufenden Kontakt. Er war auch ein Verbindungsstück, wenn die Armee unmittelbar an die Einsatzkommandos Befehle oder Weisungen erteilte.« Im Operationsgebiet des Heeres habe Himmler keinerlei Polizeigewalt besessen. Dafür habe die Heeresorganisation eine Anzahl von Organen vorgesehen: die Orts- und Feldkommandanturen, die Feldgendarmerie, die Geheime Feldpolizei. Auch sei das Polizeiverordnungsrecht in Händen des Heeres verblieben. So stand die Tätigkeit der Kommandos »durchaus in Konkurrenz mit der Tätigkeit der Geheimen Feldpolizei, die auf demselben Gebiet von der Armee bzw. den unteren Einheiten eingesetzt wurde«. Himmlers Bataillone seien im »Gebiet zur Sicherung des Operationsraumes bzw. des rückwärtigen Heeresgebietes« tätig gewesen. »Aber auch hier stand diese Einheit unter der Weisungsbefugnis des Heeres in bezug auf den taktischen Einsatz. Sie war gehalten, über sämtliche Maßnahmen der Armee zu berichten bzw. den Korps bzw. den Divisionen. Auf alle Fälle war meine Tätigkeit als Chef der Einsatzgruppe D jederzeit und in vollem Umfange unter dem Hoheitsrecht und unter der Hoheitsgewalt des Oberbefehlshabers meiner Armee. Und bei jeder Tätigkeit, die ich auszuüben hatte, hatte ich die Hoheitsgewalt des Oberbefehlshabers zu berücksichtigen.«

Ohlendorf gibt eine arg die Armee belastende Lesart des Einsatzgruppenbefehls wieder. In der Tat war die Verschachtelung der

Kommandos in den militärischen Befehlsweg eine behutsam tarierte Sache. Das Wagner-Heydrich-Abkommen unterstellt sie wirtschaftlich den Armeen, »fachlich« dem Reichssicherheitshauptamt mit Vetobefugnis der Oberbefehlshaber. Die Dienstverantwortung für den Mordauftrag der Kommandos trüge demzufolge ihr Fachvorgesetzer Himmler. Die Beziehung zum Heere gliche einem Wirtsverhältnis. Und der Wirt, beteuerten alle Befehlshaber, schwebte deshalb in vollendeter Ahnungslosigkeit, was der arglistige Parasit hinter ihrem Rücken anstellte. Der Faden, an dem alles hängt, heißt »fachliche Weisung«.

Sinnigerweise war es ausgerechnet Manstein, der in seinem Hang zur Belehrung vor dem Viermächteprozeß ausführte, daß der Begriff einer ›fachlichen Unterstellung‹ purer Blödsinn sei. Es gebe ihn gar nicht. Mansteins Darlegung zum militärischen Befehlsverhältnis ist von mustergültiger Präzision. Zumal er als einziger Frontbefehlshaber vor Gericht fließend der deutschen Sprache mächtig war:

»Bei der Unterstellung, überhaupt bei jeder militärischen Unterstellung, unterscheidet man entweder eine taktische Unterstellung – das ist die Unterstellung für den Kampf an der Front – oder eine wirtschaftliche Unterstellung – das ist die Unterstellung für die Versorgung mit Verpflegung, mit Betriebsstoff und die Unterbringung –, drittens eine truppendienstliche Unterstellung – d. h. also die Unterstellung für die Ausbildung, für die Ausrüstung in Personalfragen: disziplinar und gerichtlich. Diese letztere, truppendienstliche Unterstellung ist uns nie, in keinem Falle – selbst nicht für die Verbände der Waffen-SS – zugebilligt worden. Wirtschaftlich und taktisch, d. h. für den Kampf, war eine solche Unterstellung möglich. Der SD ist uns wirtschaftlich, d. h. für den Marsch, Unterbringung und Versorgung, unterstellt gewesen. Eine fachliche Unterstellung, von der mal gesprochen ist, von dem Zeugen Schellenberg, die gab es gar nicht, die gab es bei uns nur z. B. für Ärzte, wo der kleinere Arzt dem Divisionsarzt auf seinem Fachgebiet unterstand. Polizeiliche Fachgebiete hatten wir aber nicht…« Fragt sich, wer den Einsatzgruppen die Einsatzbefehle gab?

Sucht man zum wiederholten Mal im Wagner-Heydrich-Abkommen, fällt ein wunderlicher Umstand auf. Es kommt darin das Wort ›Befehl‹ nicht vor. Der Teufelspakt hat das Wichtigste umgangen. Heydrich und die Oberbefehlshaber geben dort fachlich »Weisungen«. ›Fachliche Weisungen‹ aber existieren nicht für das Heer. Der Terminus technicus lautet ›taktische Unterstellung‹, d. h.

Kampfbefehl. Manstein wollte Ohlendorf keinen solchen gegeben, Ohlendorf ihn indessen empfangen haben. Er meinte sich dem Armeeoberkommando taktisch unterstellt. Allerdings läßt sich der Zwist unschwer an der geübten Praxis nachprüfen. Das Abkommen hüllt die heikle Befehlsfrage in drei Worte: »Weisung«, »zentrale Steuerung« und »Anordnung«. Heydrich weist an, das Heer weist gleichfalls an, erteilt Anordnung und steuert.

Eine Weisung ist eine allgemeine Orientierung. Dergleichen lieferte Fachmann Heydrich, bezeichnete seine losen Ratschläge indessen als ›Einsatzgruppenbefehle‹. Er wäre gern Befehlshaber gewesen, wußte aber außer einer Liste der Todeskandidaten wenig mitzuteilen. Auch ist schwer vorstellbar, wozu Heydrich seine Kommandos auf der Krim hätte anleiten sollen. Was wußte er von Simferopol? Hingegen existieren zahlreiche Aktenbeweisstücke über die ›zentrale Steuerung‹ seitens der Armeeoberkommandos. Der Begriff kommt im militärischen Vokabular nicht vor und meint offenbar die Lenkung der Polizei auf exakt bezeichnete Handlungsräume. Die Armee kann ›einschränkende Anordnungen treffen‹, d. h. Befehle zur Unterlassung. Das alles ähnelt Marschbefehlen.

In Symmetrie zu Heydrich wiederum erläßt der Befehlshaber ›Weisungen‹, wenn Operationen beeinträchtigt werden. Das Weisungspaar, ergehend durch Heydrich sowie den Armeechef, ermächtigt allgemein zur Judenvernichtung und ermächtigt allgemein zur Unterbrechung aus militärischen Gründen. Dazu erläßt die Armee im Bedarfsfall eine ›Anordnung‹. Sie ordnet ein generelles Tätigkeitsverbot für festzusetzende Operationsräume an. Solange aber keine militärische Störung eintritt, herrscht Normalzustand. Im Normalzustand vollzieht sich »die zentrale Steuerung dieser Kommandos ... im Bereich jeder Armee« (NOKW 2080). Den Begriff ›Befehl‹ hat man gemieden. Heydrich, der befehlen wollte, hat es nicht gekonnt, und die Armee, die konnte, wollte es etwas anders nennen. ›Steuerung‹ hieß der Schlüsselbegriff, und demgemäß ist ausweislich der Akten ständig verfahren worden. Der Wortlaut des Pakts, mit denkbar spitzen Fingern arrangiert, weist bereits auf präzises Wissen der Partner über den zwischen ihnen verhandelten Massenmord hin.

Die von Ohlendorf in Nürnberg beanspruchte ›taktische Unterstellung‹ entsprach den tatsächlichen Verhältnissen. Als die Kommandos Wöhlers Einberufung ins Gefechtsgebiet erhalten hatten, blieb nämlich gar nichts anderes übrig. Insoweit klingt Ohlendorfs

Aussage glaubhaft, »daß in den ersten 6 Monaten des Rußlandeinsatzes die Armee offenbar versuchte, sich die Einsatzkommandos völlig einzuverleiben. Sie wurden ohne Unterrichtung von mir in Marsch gesetzt und bekamen ohne Unterrichtung Sonderaufgaben von der Armee zugewiesen. Über diese Fragen kam es mit dem Nachrichtenoffizier der Armee, dem Major Ranck, der praktisch der Vorgesetzte der Einsatzgruppen war, zum Streit. Und da ich hier nicht nachgeben konnte, wandte er sich beschwerdeführend an den Chef, den damaligen Oberst Wöhler, und dieser bestellte mich Mitte August 1941 nach Beressorka, um mir zu eröffnen, daß es so nicht weiterginge und daher grundsätzlich die Frage der Zusammenarbeit gelöst werden müßte. Es war der Inhalt dieser Vorwürfe, daß ich die genauen Marschbefehle der Armee nicht eingehalten hätte, sowohl was meinen eigenen Stab anging als auch die Stärke der Kommandos für den einzelnen Ort.«

Ohlendorf will daraufhin Wöhler Vorhaltungen gemacht haben. Bei einem laienhaften Volkswirt von 34 Jahren gegenüber einem 47jährigen EK-I-Träger eine Dreistigkeit, die dem Ohlendorfschen Doktrinarismus allerdings zuzutrauen ist. Im übrigen klingt die Beschwerde plausibel: Die Divisionen überhäuften die Kommandos mit Befehlen, lieferten Juden und Kommissare zur Liquidation ein und verlangten zugleich, hierhin und dorthin zu marschieren. Man verfüge jedoch über keine Inhaftierungszellen und müsse die Gefangenen zuerst umgebracht haben, bevor man befehlsgemäß ausrücken könne.

Die Aussprache entspannte die Lage. Anscheinend übte daraufhin das Oberkommando der 11. Armee bedachtsamere Steuerung aus und respektierte seinerseits die Einsätze im Rahmen des Führerbefehls. Denn Sicherheitsfragen und Rassenausrottung spalteten sich im Herbst voneinander ab, und darüber waren die Kontaktstellen der Gruppe im Hauptquartier, der Nachrichtenoffizier, der Abwehroffizier und der Quartiermeister, »alle drei«, unterrichtet. Operationsbefehle kamen Ohlendorf zufolge »in der Regel vom Chef des Stabes«. Demzufolge wären die Kommandos der Armee ordentlich unterstellt gewesen. Sie unterstanden den Generälen nicht disziplinarisch, das heißt, diese führten über die Rassenvernichtung nicht die Rechtsaufsicht. Daran konnte ihnen auch nicht gelegen sein. Die taktische Unterstellung lieferte der Armee die Kontrolle über die Einsätze. Mochte Himmler sie dienstlich verantworten. Seine ursprüngliche ›Weisung‹ zum Judenmord war in den üblichen Befehlsweg eingebunden. Das zeigen die Rückmeldungen. Sie verlaufen zwischen Kommandos, Orts- und Feldkommandantur, Korücks, Quartiermeistern, Nachrichtenoffizieren und Abwehroffizieren. So meldet Korück dem Armeeoberkommando 11 am 28. Oktober 1941 im »Erkundungsbericht Melitopol« beiläufig: »2.000 Juden sind dem SD übergeben.« Von wem? (NOKW 1680)

Das ›Handbuch für den Generalstabsdienst im Kriege‹ (NOKW 1878) und die Vorschrift ›Versorgung des Feldheeres‹ (NOKW 2708) weisen folgende Aufgaben zu: Der Nachrichtenoffizier ist der dritte Generalstabsoffizier (Ic), der die Kenntnisse vom Feind sammelt und in Richtung Stabschef und Befehlshaber schleust. Zugleich bestimmt er all jenes, was der »Öffentlichkeit nicht bekannt werden« oder »nur verhüllt bekanntgegeben werden darf«. Der Stab ist nach außen dicht abgeschirmt. Der Stelle Ic ist der Abwehroffizier, Ic/AO, eingegliedert, der Spionage, Sabotage und politische Angelegenheiten bearbeitet, d. h. überwiegend den feindlichen Nicht-Kombattanten, kurz »Land und Volk«, sowie »alle Kräfte, welche die feindliche Wehrmacht unterstützen«. Aufgabe der Abwehr ist es, »der Kommandobehörde die im Bereich der fechtenden Truppe notwendigen Maßnahmen vorzuschlagen, rückwärts der fechtenden Truppe in Verbindung mit dem für die rückwärtigen Dienste zuständigen Generalstabsoffizier polizeiliche Maßnahmen anzuregen«. »AO befiehlt im Auftrage des Ic an die im Operationsgebiet etwa tätige Gestapo«, ein Organ des Heydrichschen Reichssicherheitshauptamtes. Normales Exekutivorgan des AO ist die Geheime Feldpolizei. Zu den Abwehrmaßnahmen im Operationsgebiet zählt auch der »Abschub von verdächtigen Personen«. Dieser Dienststelle sind die Einsatzgruppen angegliedert, und zwar als Parallelorgan zur Geheimen Feldpolizei. Sie teilte sich ihre Aufgabe nunmehr mit den Kommandos in zwei Bereiche ein:

1. »Bearbeitung der politischen Fragen zwecks Sicherung vor kommunistisch-bolschewistischer Zersetzung und Säuberung von unliebsamen, verdächtigen Elementen.«
2. »Militärische Aufgaben auf dem Gebiete der Sicherung, Abwehr, Spionage, Sabotage« (NOKW 2208).

Judenvernichtung firmiert in den Meldungen gewöhnlich als ›Politisches‹.

Zweiter Generalstabsoffizier ist der Oberquartiermeister (O-Qu).

»Er ist federführend für alle Fragen der vollziehenden Gewalt im Armeegebiet.« Zudem unterhält er die Verbindung mit den »rückwärtigen Diensten«, zu denen der Korück zählt, welcher die »militärische Sicherung des Rückwärtigen Armeegebietes« besorgt, wie die »Durchführung von Abwehrmaßnahmen nach den Weisungen des Armeeoberkommandos«. (Das ist: Befehlshaber, Stabschef, 1. Generalstabsoffizier, Oberquartiermeister, Nachrichtenoffizier, Abwehroffizier.) Der Korück ist dem Armeeoberkommando unterstellt und versieht seine Aufgaben über Feld- und Ortskommandanturen, die wiederum den Feldgendarmen gebieten, welche neben der beim Ic/AO angesiedelten Geheimen Feldpolizei »die gesamten polizeilichen Vollzugsbefugnisse in Feindesland ausüben«.

Die Ausrottungsmeldungen der Kommandos durchliefen ordnungsgemäß die genannten Stellen: im Gefechtsgebiet die Ic/AO-Organe, im Rückgebiet die Ortskommandanturen und Korücks. Die Korücks meldeten in den Stab an den Quartiermeister. Der Quartiermeister »trägt dem Oberbefehlshaber vor« (NOKW 1878). Nach dem Zeugnis Mansteins aber brach dieser Dienstweg exakt vor seiner Tür zusammen.

Einige Truppenangehörige haben in Nürnberg ausgiebige Schilderungen von Judenexekutionen zu Protokoll gegeben, die zur Tatzeit aber den Oberbefehlshabern vorenthalten blieben. Manstein würde anderenfalls augenblicklich »eingegriffen haben ..., aber praktisch haben wir eben nichts davon erfahren«. Warum ließen die Männer ihre Befehlshaber, von denen sie sich doch klaglos in den Tod schicken ließen, dergestalt im dunkeln? »Man kann also fragen«, rätselte Manstein in Nürnberg, »warum dieser Mann es den Befehlshabern nicht meldete? Die Antwort ist, daß die Furcht vor der SS so groß war, daß dieser Mann, anstatt die Schweinerei zu melden, sie bei sich behalten hat und jetzt damit rauskommt.« Denkbar wäre anderenfalls, daß ein Mann, der Mansteins Befehl zur ›harten Sühne am Judentum‹ gelesen hatte, die ›Schweinerei‹ schlicht für den Befehlsvollzug hielt. Davor aber waren die Stabsoffiziere, die Mansteins Einstellung genauer kannten, gefeit. Fürchteten sie die SS dermaßen, daß sie ihre Pflicht verletzten, die da lautete: »Stabsbesprechungen dienen der schnellen Unterrichtung, gewährleisten die Einheitlichkeit der Auffassung und machen die Schreibarbeit entbehrlich«? (NOKW 1878) Wenn alle die Ortskommandanten, Korücks, Ics, Ic/AOs, deren Kollegialität die

SD-Leute in ihren Berichten an das Reichssicherheitshauptamt rühmten, in Wahrheit von Furcht vor ihnen erdrückt waren, warum haben sie ihr peinliches Wissen in den Aktenverkehr eingeschleust? Vermutlich, weil es die Dienstvorschriften verlangten: »Es empfiehlt sich, alle aus- und eingehenden Befehle, Meldungen und Nachrichten, gleichgültig, ob sie schriftlich, mündlich oder durch Telegraf, Fernsprecher oder Funkspruch gegeben werden, bei den einzelnen Bearbeitern in Befehls- oder Meldesammelhefte einzutragen. Sie dienen zur laufenden und leichten Unterrichtung ...« (NOKW 1878)

Die Offiziere konnten zumindest im Armeeoberkommando völlig arglos sein, weil »Verschwiegenheit innerhalb des Stabes und nach außen« vorgeschrieben war, einschließlich »gedämpfter Sprechweise bei offenen Fenstern«. Insoweit entfällt jeglicher Grund, die enge Zusammenarbeit und die Vortragspflicht zu versäumen, die der Stabsdienst zwingend erfordert. »Alle wichtigen Angelegenheiten müssen dem oberen Führer zur richtigen Zeit in knapper, das Wesentliche herausschälender und so die Entschlußfassung erleichternder Form und ohne die einseitige Einstellung auf die schon gebildete Ansicht vorgetragen werden. Der Chef des Generalstabs prüft die Entwürfe, bevor sie dem oberen Führer vorgelegt werden.« (NOKW 1878)

Nach Wöhlers Zeugnis ist nicht er derjenige gewesen, der Manstein von den Kenntnissen des Stabes abgeschirmt hat. Die ihm untergebenen Stabsoffiziere sabotierten den Dienstweg. Die Korück-Meldungen haben Wöhler nicht erreicht, denn sie lagen »auf der Ebene der territorialen Verantwortung... Ich war Berater des Oberbefehlshabers in taktischen und operativen Dingen.« In seiner Eigenschaft als Vorgesetzter aller Stabsangehörigen blieb Wöhler ahnungslos, weil der Oberquartiermeister »dem Oberbefehlshaber in diesen Dingen vorträgt«, was der Oberquartiermeister laut Manstein jedoch unterließ. Der zweite Quartiermeister wiederum erschien nie bei Wöhler zum Vortrag. War der zweite Quartiermeister nicht veranlaßt, aus sachlichen Gründen die Dinge doch zur Kenntnis zu bringen, diese Vorgänge bei Ortskommandanturen im Rückwärtigen Gebiet?

»Nein«, entgegnete Wöhler in Nürnberg.

Warum aber hat sich die Quartiermeisterei gegen ihn verschworen?

»Es ist für mich sehr schwer, eine bindende und voll überzeugende Erklärung zu finden.«

Ähnliches widerfuhr Wöhler mit Major Riesen, dem Abwehroffizier, dem er besonders vertraute. Warum hielt es Riesen nicht für nötig, »diese Meldungen vorzutragen«?

»Eine Erklärung dafür habe ich lange gesucht.«

Die gesuchte Erklärung müßte erklären, warum die Quartiermeistereien und die Abwehroffiziere aller Armeen der Ostfront gegen ihre Stabschefs und Oberbefehlshaber konspirierten. Denn auch die Armeeführer aus den Heeresgruppen Mitte und Nord wollten erst in Nürnberg von der Judenvernichtung erfahren haben. Auch Halder hatte »nie etwas davon gehört«. Es waren dieselben Nachrichten- und Abwehroffiziere, die in Sachen Kommissarbefehl nebst ihren Armeeführern Hitler, das OKW und das OKH verrieten, indem sie Falschmeldungen lancierten. All das kann nicht sein.

Die einzig denkbare Erklärung liefert Otto Ohlendorf um die Zeit der zitierten Verhöre in einem Brief an seine Frau Käthe: Es ekelten ihn die »vielen Personen, die ihre Vergangenheit verleugnen und den auf den Führer abgelegten Eid mit einem Gewebe von Verrat und Lüge umgeben«. In den zwischen ihnen strittigen Punkten hat der Massenmörder die Wahrheit berichtet und die Generäle die Unwahrheit. Sie waren Mittäter und leugneten dies ab. Nur weil der Tatvorwurf so unerhört ist, daß man ihn einem Manstein nicht zutraut, ist sein geschichtliches Bild davon nicht nachhaltig berührt.

Der Vorwurf der Mittäterschaft bei den Massenmorden der Einsatzgruppen wäre durch eine Mitwisserschaft schwach begründet. Nach Auskunft Ohlendorfs reichte die Unterstützung weiter. Richter Harding suchte in dessen Verhör Einzelheiten zu ermitteln:

»Nachdem nun diese unerwünschten Elemente ausgewählt waren, wie wurden sie dann liquidiert?«

»Die wurden, wie es Kriegsbrauch ist, erschossen.«

»Wurden sie in der unmittelbaren Umgebung, wo man sie erfaßt hatte, erschossen, oder wurden sie etwas weiter weggebracht?«

»Nein, sie wurden außerhalb der Stadt erschossen, und zwar so, daß es möglich war, die Öffentlichkeit dabei auszuschließen.«

»Wurden sie dorthin gefahren oder mußten sie marschieren?«

»Nein, das wurde generell mit Lastwagen dorthin transportiert.«

»Wer hat die Lastwagen zur Verfügung gestellt?«

»Bei Groß-Exekutionen wurden von der Armee zum mindesten Lastwagen hierzu genommen, im übrigen wurden die Lastwagen genommen, woher sie zu bekommen waren zu diesem Zweck, also die unseren, oder was sonst der Oberquartiermeister in diesem Raum zur Verfügung hatte.«

»Haben Sie bei diesen Operationen vom Stab der 11. Armee Hilfe bekommen?«

»Jawohl.«

»Wußten nun die Angehörigen des Stabes der 11. Armee, die Ihnen diese Hilfeleistung zuteil werden ließen, was mit den abgesonderten, unerwünschten Elementen geschehen soll?«

»Bei der Frage, welche Unterstützung und in welcher Größe dies notwendig war, mußte natürlich besprochen werden, wozu diese Unterstützung gewährt werden sollte.«

»Als Sie diesen Zweck erörterten, haben Sie da dem Stabsoffizier mitgeteilt, daß Sie diese Hilfe brauchten, um die Liquidationen durchführen zu können?«

»Der örtliche Kommandoführer beispielsweise in Simferopol wandte sich an den Oberquartiermeister und sprach mit ihm die Einzelheiten ab.«

»Wenn Sie in ein bestimmtes Gebiet gingen, wo es Juden und Unerwünschte geben sollte, sind Sie aus eigener Initiative dorthin gegangen oder wurden Sie dahin angewiesen?«

»Das habe ich, glaube ich, ausgeführt, daß die Befehle für ein bestimmtes Gebiet, d. h. in welches Gebiet ein Einsatzkommando zu marschieren hatte, von der Armee gegeben wurden. Die Armee bestimmte also, in welches Gebiet, welches Kommando mit welchen Kräften, wie lange man sich aufzuhalten hatte.«

»Und wußten diese, daß sie dorthin gehen mußten, um Juden und Unerwünschte zu erfassen und zu liquidieren?«

»Das Hinschicken war natürlich nicht nur zu diesem Zweck, sondern der Ursprungszweck, und die Hauptaufgabe der Kommandos war ja die allgemeine Sicherung eines bestimmten Raums, d. h., es sind auch solche Kommandos in Räume gegangen, wo keine Juden sich befanden, und solche Räume hat es auch gegeben, sondern es kam darauf an, daß Gebiete, die für die Armee von besonderer Bedeutung waren, aus Gründen ihrer eigenen Zwecke, von solchen Kommandos besetzt wurden, sei es auf die Dauer oder für eine bestimmte Zeit. Dann wurden eben auch von diesen Kommandos diese zusätzlichen Aufgaben der Erfassung unerwünschter Elemente nach dem Führerbefehl durchgeführt.«

»Nun, die Judenvernichtung wurde doch als Teil des Sicherheitsprogramms betrachtet, nicht wahr?«
»Jawohl, jawohl. Sie war die Begründung aus dem Führerbefehl.«
»Wann immer Sie also in ein Gebiet gesandt wurden, um diese Leute zu liquidieren, die als eine Bedrohung der Sicherheit der Wehrmacht angesehen waren, dann waren da auch Juden mitinbegriffen, so wie ich Sie verstehe?«
»Das war in unserer Sicherheitsaufgabe eingeschlossen.«
»War dies nun den Wehrmachtsoffizieren bekannt, mit denen Sie verhandelten?«
»Das war dem Ic und Ic/AO, die sich um diese Befehle kümmerten, bestimmt bekannt.«
»Als Sie nun diese Befehle erhielten, in ein gewisses Gebiet zu gehen, um dort die unerwünschten Elemente zu erfassen, die als eine Bedrohung der Sicherheit betrachtet wurden, wo kamen denn diese Befehle her, von der Division, dem Korps oder von der Armee selbst?«
»Nein, von der Armee selbst, denn die Divisionen empfingen ja die Befehle von der Armee, daß ihnen dieses oder jenes Kommando zugeteilt sei. Und die konnten also über die Kommandos keine Marschbefehle geben, sondern die Marschbefehle kamen grundsätzlich von der Armee.«
»Also von der Armee selbst?«
»Von dem Armee-Oberkommando, jawohl.«
»Haben Sie derartige Marschbefehle erhalten, während der Angeklagte Wöhler Stabschef bei der Armee war?«
»Jawohl.«
»Stammen nun diese Befehle hinsichtlich ihres Zieles, wohin Sie zu gehen hatten, vom Oberbefehlshaber selbst oder vom Stabschef?«
»Sie waren im Auftrag des Armee-Oberkommandos unterzeichnet vom Chef des Stabes.«

Ohlendorf gab seine Gruppen in Nürnberg als Hilfsorgane des Abwehroffiziers aus. Das gehe bereits daraus hervor, daß dieser, ein Major nur, ihn, einen Standartenführer, zu sich bestellen konnte. Ein Standartenführer habe jedoch einen dem Oberst entsprechenden Rang besessen. Oberst Wöhler, gleichrangig, habe ihn damit bedroht, bei fortgesetzter Unfolgsamkeit in Berlin seine Amtsentsetzung zu erwirken. Er galt der 11. Armee als »Einheitsführer von etwa 500 Mann, also gleich einem Bataillonskommandeur, und so wurde ich auch behandelt«. 500 Männer allein konnten auf einem Gebiet von durchschnittlich 300 bis 400 Quadratkilometern nur wenig Terror verbreiten, was auch immer sie anstrebten. Außerdem sei der Vernichtungsbefehl vom Führer und Oberbefehlshaber der Wehrmacht ausgegangen, an den das Heer ebenso gebunden gewesen sei wie er. Man habe die SD- und Polizeieinheiten einzig darum beigezogen, weil keine Garantie dafür bestanden hätte, daß solche Befehle vom Heer systematisch ausgeführt worden wären. Man wollte eine Demoralisierung der Truppe vermeiden. Diese Gefahr äußerte sich zwiefach, entweder als Verrohung oder als Empörung. Davon zeugte ein Vorgang in dem südukrainischen Genitschesk. Er ist festgehalten in einem Schriftverkehr entlang der Befehlskette eines 3. Bataillons des 65. Infanterie-Regiments der 22. Division der 11. Armee.

Das Bataillon hatte Anfang Oktober 1941 eine Beschwerde über Sonderkommando 10a nach oben geschickt, die am 6. Oktober das Armeeoberkommando erreichte. Major Riesen erteilte daraufhin »für das Armeeoberkommando« im Auftrag des Stabschefs dem ranghöheren Ohlendorf einen Rüffel: »Das Einsatzkommando der Sicherheitspolizei bei der 22. Infanterie-Division befindet sich im Gefechtsgebiet der Division. Es muß erwartet werden, daß alle Maßnahmen, insbesondere öffentliche Exekutionen in der Stadt Genitschesk, Aufstellung und Bewaffnung eines ukrainischen Selbstschutzes usw. nach vorherigem Einvernehmen mit der Division Ic getroffen werden.«

Ohlendorf ließ den Vorwurf nicht auf sich sitzen, als könne er ohne Anleitung eines Divisionsnachrichtenoffiziers keine sachgemäße Exekution durchführen. Auf seine Methode hielt er sich noch in Nürnberg viel zugute. Auf Anfrage erklärte Obersturmbannführer Seetzen, der Kommandoführer 10a, daß selbstverständlich keine Exekutionen in der Stadtmitte vorgekommen seien; dazu greife er nur dann, wenn der individuelle Fall eine besondere Abschreckung der Einwohner erfordere. »Es wird um Feststellung und Nachricht gebeten, wie die falsche Meldung entstanden ist« (NOKW 641). Die beiliegende dienstliche Äußerung Untersturmbannführer Spiekermanns verrate den wahren Geschehnisablauf:

Spiekermann hatte die Judenvernichtung in Genitschesk, einer Hafenstadt am Westufer des Asowschen Meeres mit 17.000 Einwohnern, am 2. und 4. Oktober 1941 mit Hilfe einer Streife von drei Mann geleitet. Im Bericht steht, daß die Exekutionen außerhalb der Stadt, etwa 500 bis 800 Meter von den letzten Häusern entfernt, stattfanden. Kein Zivilist habe etwas davon gesehen. Zuschauer stießen jedoch von den Infanteristen des 3. Bataillons hinzu. Sie verweilten in einem Abstand von hundert Metern. Sie seien mehrfach zum Verlassen der Szene aufgefordert worden, verschwanden indessen nicht. Spiekermann und die Polizisten konnten diesem »disziplinlosen Verhalten der Soldaten« zu viert schwer abhelfen. Dazu hätte man Absperrungen vornehmen und Wachen aufstellen müssen. Im übrigen seien »sämtliche Erschießungen, die von mir durchgeführt worden sind, in der von der Einsatzgruppe D befohlenen Weise erfolgt«. (NOKW 641)

Spiekermanns Bericht wanderte zur Ic/AO-Stelle der 11. Armee, die eine Stellungnahme vom Abwehroffizier der 22. Division anforderte. Die Division wandte sich mündlich an das 65. Regiment, das Regiment an das 3. Bataillon. Von dort lag am 12. Oktober das folgende Schreiben vor: »Dem Regiment: Die fragliche Exekution fand nicht mitten in Genitschesk statt, was auch nicht gemeldet worden ist, sondern auf einem freien Platz unmittelbar am Stadtrand (siehe Skizze).« Die dort gelegenen Häuser seien teils von Soldaten, teils von Zivilisten bewohnt. Diese seien unfreiwillig Zeuge geworden. Zudem läge eine Batterie in der Nähe. Die Hauptstraße entlang rolle Nachschubverkehr und die Evakuierung der Bevölkerung. »Alle Vorgänge waren vom Bataillons-Geschäftszimmer zu verfolgen, ebenfalls das Gewimmer der zu Erschießenden zu hören. Ein Haufen Kleider lag am nächsten Morgen an der betreffenden Stelle, die von neugierigen Zivilisten und Soldaten umstellt war. Die Vernichtung wurde veranlaßt. Der Splittergraben, in dem die Leichen verscharrt wurden, dürfte den besten Beweis für den Ort der Exekution erbringen.« (NOKW 3453)

Die Akte zeichnet ein beklemmendes Bild: Schwer faßlich dünkt zunächst, daß vier SD-Polizisten ausreichten, die Juden einer mittleren Kleinstadt zu vernichten. Wenn zwei Tage dazu vonnöten waren, müssen mehrere hundert Personen ermordet worden sein. Anscheinend haben die vier bei Ankunft eine ukrainische Hilfstruppe rekrutiert, mit Waffen versehen und mit ihnen die Häuser durchkämmt. Die Exekution am Stadtrand hat sich das Teilkommando allein zugetraut, nicht aber, einen Klüngel Soldaten zu verscheuchen. Die Bataillonsführung hört das Gewimmer der Opfer durch das Fenster, denkt indessen nicht an Einschreiten, sondern schickt Proteste gegen die Behelligung auf den Ic-Meldeweg. Anstoß erregt der Kleiderhaufen, den das Teilkommando zurückläßt. Es existiert immer Bedarf. Doch das Bataillon will die Mannschaften von Schaulust und Fledderei abschirmen.

»Was ist dagegen Katyn?« schrieb aus ähnlichem Anlaß ein Reichskommissar der Zivilverwaltung an Rosenberg im Ostministerium. »Daß die Juden sonderbehandelt werden, bedarf keiner weiteren Erörterung.« Daß ihnen anschließend aber die SD-Leute goldene Zähne, Brücken und Plomben aus dem Munde reißen, »erscheint kaum glaubhaft«! (R 135)

Ein Zusammenwirken von Soldaten und Kommandos war grundsätzlich heikel, doch der polizeilichen Minderzahl wegen unvermeidlich. In dicht besiedelten Gebieten, berichtete Ohlendorf, habe man die Juden in Ghettos konzentriert. Das mochte durch Kommandos geschehen, die sich dabei jüdischer Gemeinderäte bedienten, anderenfalls durch den Stadtkommandanten. »Wenn es sich um Durchsuchungen größerer Häuserkomplexe handelte, so sind diese Durchsuchungen vorgenommen worden durch Truppeneinheiten.« Normalerweise bereitete die Judenvernichtung den Kommandos jedoch kaum Mühe. Sie kamen in den Ort, der Kommandant am Platze war orientiert, und wußten, wie mit ihren Opfern zu verfahren. Anders, wenn, wie in Feodosija und Simferopol auf der Krim, nicht nominelle, sondern reale Gegner erjagt wurden. Die dort untergeschlüpften Partisanen aus dem Jailagebirge machten ein vierköpfiges Kommando Spiekermann allzu schnell unschädlich. In solchen Fällen betätigten sich die SD-Leute innerhalb von Soldatenpatrouillen als ›Experten‹.

Nachdem das Heer einer realen Partisanenbewegung begegnet war, verloren jüdische Geiselerschießungen langsam jegliche Bedeutung. Dies schreckte nicht genügend ab. »Die Erfahrung lehrt«, heißt es in einem Heeresgruppenbefehl vom 8. Dezember 1941, »daß nur solche Maßnahmen zum Ziele führen, vor denen die Bevölkerung noch mehr Furcht hat als vor dem Terror der Partisanen« (NOKW 616). Die Ausübung des Gegenterrors nahm die 11. Armee in eigene Hände. Der Truppe den Rücken freizuhalten, waren die Kommandos lächerlich ungeeignet. Es sei denn, das Rückgebiet läge von Kampfgegnern entleert. Je 50–70 Mann stark, wären die Kommandos bei Gegenwehr sogleich aufgerieben worden. Sie erlitten jedoch kaum Verluste. Ihr Befehl, Sicherheit herzustellen, beschränkte sich auf das Schockieren oder Sympathisieren waffenloser Bürger. Noch in Nürnberg bekannte Ohlendorf mit frostiger Genugtuung die Exekution von 90.000 Personen. Sie fiel in die Zeit von Juni 1941 bis Anfang 1942, die das Debakel des Bolschewismus erlebte. Die Rote Armee wich und wankte, die Partei nahm Reißaus, Splitter tauchten in den Untergrund, faßten aber nicht Fuß. Über eine zweischneidige Sabotage kamen sie damals nicht hinaus.

Zunächst hatten Wehrmacht und SD nach dem ihnen verkündigten Judäo-Bolschewismus gefahndet. Da es ihn nicht gab, konnten sie ihn nicht finden. Die Juden wurden fortan nicht wegen ihres Bolschewismus, sondern als geborene Bolschewiken umgebracht. Gedanklich ein kleiner Schritt, eine Drehung im ideologischen Gewinde, die den Übergang vom Sicherheits- zum Ausrottungsprogramm nimmt. Die Nürnberger Angeklagten haben durch die Bank den kategoriellen Unterschied betont. Ersteres war ihr gutes Recht, letzteres konnten sie nicht ahnen. Doch enthält schon das Phantom des Judäo-Bolschewismus den Genozid. Dazu braucht man nicht in Motiven zu graben. Die Einsatzgruppen konnten keine Sicherheitsfunktionen versehen, weil sie dazu untauglich waren. Welche Stärke fügten 3.000 Polizisten mittleren Alters der Feldgendarmerie und der Geheimen Feldpolizei hinzu? 1941 erlitt das deutsche Ost-Heer über 250.000 Mann tödliche Verluste. Hätten sich die Kommandos mit versprengten Rotarmisten, NKWD-Nestern und Partisanen gemessen, würden sie den August nicht überlebt haben. Solche Unternehmen bestritten eigene Stäbe für Partisanenbekämpfung oder die Feldgendarmerie. Dem SD traute niemand eine Feindberührung zu.

Am 5. Januar 1942 war der Gegner in einer amphibischen Operation in den Hafen von Eupatoria an der Westküste der Krim eingedrungen. »Ein Teil der Bevölkerung«, meldete der Ortskommandant, »stellte sich sofort auf Seite der gelandeten Rotarmisten und unterstützte sie bei ihrem Unternehmen in jeder Weise … Der vorgefundene Angriffsplan zeigt deutlich die Mitarbeit, die von seiten der Bevölkerung in bezug auf Aufklärung geleistet worden ist« (NOKW 1687). Die Deutschfreundlichkeit der Krim reichte so weit wie die Stabilität der Militärherrschaft. Gleichzeitige Landungen im Westen und Südosten der Halbinsel hatten die 11. Armee in Sterbensnähe gebracht. In Eupatoria brach ein von Partisanen angezettelter Aufstand los, den ein Infanterie-Regiment und ein Pionier-Bataillon in 48 Stunden niederschlugen. Neben den Rotarmisten fielen 1.200 Partisanen. Noch am Tage des Gefechtsabschlusses brach Major Riesen zu einer Strafexpedition in die ungetreue Stadt auf, um sie durch ein Massaker zu strafen. Dazu nahm er einige Sachverständige mit auf den Weg. An Ort und Stelle trafen sie ein verwirrendes Bevölkerungsgemisch von Russen, Ukrainern, Tataren, Griechen, Karaimen, Armeniern, Krimtschaken und Polen an. Freund und Feind ließen sich mit bloßem Auge nicht auseinanderhalten.

»Die Vergeltungsaktion gegen die Partisanen in Eupatoria am 7. Januar 1942«, berichtet Major Riesen, »hatte ich im Auftrag des Herrn Oberbefehlshabers durchzuführen. Der Leiter der Einsatzgruppe D und der Sicherheitspolizei und des SD gab mir hierzu drei SS-Führer, u. a. SS-Sturmbannführer Dr. Braune, mit. In Durchführung dieser Aktion wurden aus den bereits vor unserem Eintreffen zusammengetriebenen Männern 1.184 ausgewählt. Diese wurden in geschlossenem Zuge unter Bewachung von 90 Flaksoldaten, einigen SS-Führern und mir in über einstündigem Marsche zu dem Exekutionsplatz geführt und dort erschossen ... Unterwegs fielen aus einem Hause mehrere Schüsse auf uns. Partisanen waren nicht zu sehen, der oder die Schützen wurden durch Schüsse unserer MPs und durch Handgranatenwürfe in das Haus zum Schweigen gebracht. Auf dem Marsch über freies Feld versuchten ca. 20–30 Männer nach den Seiten auszureißen, die sodann von dem gesamten Begleitkommando niedergeschossen wurden.« SS-Sturmbannführer Dr. Braune gab am Exekutionsplatz Anweisungen zur Durchführung der Erschießungen. Daß Dr. Braune persönlich wiederholt in Nahkämpfe mit Partisanen geriet, ist mir nicht bekannt« (NOKW 584). Der 32jährige Oberregierungsrat im Polizeidienst, Jurist, nicht wehrdienstfähiger Invalide, mußte sich vor Partisanen hüten. Gefechtswaffen konnte er gar nicht bedienen. Doch will auch eine Exekution von 1.100 Personen mit 90 Flaksoldaten organisiert sein. Außer dem SD hatte niemand in Massakern Vorkenntnisse. Riesen wollte ursprünglich Braunes Teilkommando die blutige Arbeit allein erledigen lassen. Ohlendorf hatte die Bitte indessen abgeschlagen. Die Einsatzgruppenführer ärgerten sich regelmäßig über die Neigung der Offiziere, ihnen militärische Aufgaben zuzuschieben, für die man Soldaten als zu schade ansah. So blieb es bei Dr. Braunes Instruktionen. Er entwickelte ein Geschick in diesen Dingen und empfahl sich als Experte aus dem Vernichtungsressort für die im Winter aufreißende Sicherheitslücke des Heeres.

Der Roten Armee war eine zangenförmige Landung am West- und Südostrand der Halbinsel geglückt. An der Brücke zum Kaukasus, der Zunge von Kertsch, faßten die 44. und 51. sowjetische Armee am 29. Dezember Fuß und begannen die Invasion. Die Deutschen, an der Gegenseite der Halbinsel vor Sewastopol massiert, räumten das Feld. Halb gab die Heeresgruppe schon die Krim verloren: »Das Wort ›Napoleonischer Rückzug‹ droht zur Wahrheit zu werden.« Die 11. Armee solle sofort die möglichen Rückzugsstellungen von allen erdenklichen Unsicherheitselementen säubern. Verlassene Ortschaften müßten »ohne jede Rücksicht auf die Bevölkerung niedergebrannt werden« (NOKW 1300). Gebäude schützen nur den nachrückenden Feind.

Die Rotarmisten hatten bei Überschreiten der Meerenge kolossale Härte bewiesen. Sie durchquerten bei 20 Minusgraden das Eiswasser, klammerten sich vor der Steilküste bei Feodosija an die Klippen und fielen an Land mit demselben Ingrimm über die Besatzer her, von denen indes nur 160 transportunfähige Schwerverletzte zurückgeblieben waren. Sie wurden von den siegestrunkenen Rotarmisten verstümmelt, erschlagen, lebend aus den Lazarettfenstern geworfen, mit Wasser übergossen und dem Frost überlassen.

Die Deutschen eroberten Kertsch im Mai, Feodosija bereits am 18. Januar 1942 zurück. Wöhler fand die Kameraden in ihren blauweiß gestreiften Lazarett-Kitteln am Grunde der seichten Küste, »weil man durch das Eis die Kopfverbände oder die Schienen von den Gliedern deutlich erkennen konnte«. Ungeachtet der Erbitterung Mansteins ist der Mord an den Verwundeten nicht am Zivil gerächt worden. Man hatte vorweg mit dem Massaker unter den Zurückgelassenen gerechnet. Daraus entstand den 20.000 Einwohnern Feodosijas kein Tadel. »Einige Personen dem Sonderkommando 10b überstellt«, meldet der Ortskommandant (NOKW 1872). Anders in dem abtrünnigen Eupatoria. Auf Geheiß Mansteins wurde dermaßen wahllos Vergeltung geübt, daß selbst der Ortskommandant klagte, es »hätte trotzdem eine genauere Überprüfung der zum Erschießen Verurteilten erfolgen sollen« (NOKW 1678). Doch es ergingen keine Urteile, noch sollten Schuldige bestraft, sondern abschreckende Exempel an Beliebigen vollstreckt werden, die erprobte Waffe des Terrors.

Mancher Ähnlichkeiten wegen hat die Nürnberger Anklage das Eupatoria-Unternehmen als Judenvernichtung aufgefaßt. Das ist es nicht gewesen. Es handelte sich um Vergeltung an der nicht-jüdischen Gemeinde für den Abfall der Stadt. Die Juden hätten ihn nicht glaubhaft büßen können. Die Krim-Bevölkerung haftete für ihren Verrat an den Deutschen ungeteilt. In Simferopol spürte die 11. Armee kaum ein Echo auf die sowjetische Landung, unterstellte indes verhohlene Sympathie, so daß »am 12.1.1942 um 11 Uhr schlagartig eine Aktion zur Erfassung unzuverlässiger Elemente, Partisanen, Saboteure, eventuelle Feindgruppen, Fallschirmjäger im Zivil, Juden, führende Kommunisten usw. durchgeführt wird. Die Führung der Aktion hat der Führer des Sonderkommandos 11b, SS-Sturmbannführer Dr. Braune. Die Befehlsstelle befindet sich in der Ortskommandantur.« (NOKW 3453)

In der Hauptstadt mußten sich Widerstandszirkel verborgen halten, das argwöhnte man längst. Hier galt es keinen Aufstand zu erstikken, keine Repressalie zu verhängen, sondern das Netz der Opposition ausfindig zu machen, ein echter Fall für die Polizisten. Sie sensibilisierten die Generäle seit Wochen für das untergründige Rumoren, als wüßten diese nicht genau, was Partisanen sind: »Die Wehrmacht hat bis vor kurzem nur in geringem Umfange Truppen zur Partisanenbekämpfung abgestellt mit der Begründung, daß ein systematischer Einsatz erst nach dem Fall von Sewastopol möglich sei.« Zuvor mußte man sich notgedrungen mit unsystematischen Einsätzen und Sonderkommandos behelfen, welche »Schwierigkeiten« reklamierten, wegen »der starken zahlenmäßigen Überlegenheit der Partisanengruppen«. Auf der südlichen Krim geboten sie über 6.000 bis 14.000 Mann. Den Polizisten hingegen standen nur die rumänischen Verbündeten zur Seite, was »bisher fast immer zu deren Versagen führte«. (NO 2827)

Ohne effektiven militärischen Begleitschutz konnten sich die meist über 40 Jahre zählenden Polizeibeamten kaum entfalten. Ihre Talente lagen im Sondieren von Land und Leuten, »denn in dem dichten Wald- und Felsgewirr«, heißt es in dem Bericht über ein Unternehmen vom 19. November, »war eine Bekämpfung der Partisanen ohne genaue Kenntnis ihrer Schlupfwinkel unmöglich. Es gelang, zwei Personen ausfindig zu machen, die genaue Angaben über die Lage der Schlupfwinkel sowie Zahl und Bewaffnung der Partisanen machen konnten. Ferner wurden in einem Dorfe nordöstlich Jalta die Verbindungsmänner zu den Partisanen festgestellt. Nach den letzten Erkundungsergebnissen sollte die Bande 35 Kopf stark sein und in drei Felsverstecken hausen.«

Um die Nester von je zehn, zwölf Mann auszuheben, mobilisierten neun Polizisten noch einundzwanzig Rumänen und fünf Waffen-SSler. Nachdem ein Oberscharführer im Feuergefecht gefallen war, räumten die Rumänen den Platz, und so »mußte der Rest des Kommandos den Kampf zunächst abbrechen und Verstärkung heranholen« (NO 2833). Anscheinend wichen die Partisanen den Rückgekehrten aus, denn der Einsatzgruppenbericht vermeldet nur, die Bande sei »zersprengt«, die Felshütte vernichtet und ein Nahrungsvorrat von zehn Lkw-Ladungen erbeutet worden. Die Operation brachte sieben Gefangene ein, deren sechs auf der Stelle erschossen wurden (NO 2833). Dergestalt ließen sich 10.000 Partisanen im Gebirgsgürtel der Südkrim nicht zerreiben. Ihre in den Fels gehauenen Quartiere, klagten die Polizisten, fielen erst aus zwanzig Metern Nähe in den Blick, überdies machten starker Nebel, Eis- und Schneeglätte den Wald unwegsam. Die Partisanen ihrerseits schlüpften im Schutze der Nacht zu Tal, um den Transportverkehr um Simferopol zu treffen. »Dabei entstehen ständig Verluste der Wehrmacht in persönlicher und materieller Hinsicht.«

Mangels militärischen Behelfs verlegten sich die Polizisten auf ihr ureigenes Metier, den »Ausbau des Verbindungsmänner-Netzes in den umliegenden Ortschaften«, die Suche nach den »Mittelsmännern der Partisanen« und die notorische »Liste der verdächtigen Elemente des Ortes«. Im Rassenkampf bewegten sich die Polizisten autonom und sicher, doch werden schon Kontrollen an den Ortseingängen »in Verbindung mit der Feldgendarmerie durchgeführt« (NO 2833). 4.500 Juden in Kertsch umzubringen kostet die Kommandos keine Mühe, doch um im Gebiet von Bachtschisseray 100 nominierte Geiseln festzunehmen, bedarf es der Wehrmacht. Die Wehrmacht hatte Wichtigeres zu tun und bequemte sich erst »nach eingehenden Darlegungen beim Armeeoberkommando 11 und den eigenen trüben Erfahrungen, nach genauer Erkundung durch die Einsatzkommandos Truppenteile zur Partisanenbekämpfung zur Verfügung zu stellen« (NO 2827). Bedurften Manstein und Wöhler dazu der Vorträge Ohlendorfs? Das Heer setzte gelegentlich Polizeikommandos, doch die Kommandos nicht das Heer ein. Zudem bestand die klare Zuständigkeit des Stabes für Partisanenbekämpfung:

»Zur Partisanenbekämpfung«, bezeugte auch der Chef der Bandenkampfverbände Erich von dem Bach-Zelewski in Nürnberg, »waren Formationen der Waffen-SS, der Ordnungspolizei und in erster Linie der Wehrmacht eingesetzt ... Die Einheiten der Wehrmacht waren in erster Linie die im rückwärtigen Gebiet hinter der kämpfenden Truppe eingesetzten Sicherungsdivisionen, ferner sogenannte Landesschützenbataillone ... ferner Wehrmachtsformationen, zum Objektschutz eingesetzt an den Eisenbahnlinien, Rollbahnen und zum Schutz sogenannter militärischer Objekte.« Braunes Mannschaft taugte nicht dazu, »da die Truppenzahl der Polizei und der SS nur sehr gering war«. Sie paßte nur auf eine Funktion, »die Vernichtung der Juden, Zigeuner und der politischen Kommissare«. Nahmen die Polizisten an größeren Sicherheitsoperationen teil, unterstanden sie höherem Befehl, denn »es galt die Bestimmung, daß derjenige Teil, ganz gleich ob Wehrmacht, Waffen-SS oder Polizei, die Führung für ein Unternehmen hatte, der die meisten Truppen stellte«. Dazu mangelte es den Kommandos an ausreichender Zahl; hilfsweise priesen sie ihre »neuen Methoden« an, »nachdem die rein militärische Bekämpfung versagt hatte«. (L 180).

Simferopol ist von Mitte Dezember bis Anfang Januar Schauplatz solch neuer Methoden gewesen, weil die 11. Armee sich Nebengefechte bis zum Fall Sewastopols ersparen wollte. Die fragliche ›Darlegung‹ der Partisanengefahr, die dem Armeeoberkommando durch Einsatzgruppe D widerfuhr, ist mit dem Datum des 8. Dezember notiert. Wahrscheinlich hat aber der Generalstab den Polizisten etwas dargelegt. Er mag eben das angekündigt haben, was er in den nachfolgenden fünf Wochen dann tat, Truppenteile für Aktionen neuen Stils auszuborgen. Dazu könnte ihn eine Nachricht der Polizisten, vermeldet an gleicher Stelle, genötigt haben: »Seit Einbruch der Kälte ist eine verstärkte Abwanderung der Partisanen aus dem Gebirge in die Dörfer und Städte zu beobachten.« Das machte die Einwohner scheu und zerrüttete die Harmonie mit dem Besatzer. Bedeutsam klingt anbetrachts des Kommenden die Floskel ›zur Verfügung stellen‹. Tatsächlich stellte nämlich der Oberquartiermeister in Simferopol mittelbar dem Partisanenkampf, doch unmittelbar »dem Sonderkommando, alle dem Stadtverteidigungskommandanten zur Verfügung stehenden Kräfte in Stärke von 2.320 Mann sowie 55 Mann der Feldgendarmerie und 20 Mann der Geheimen Feldpolizei zur Verfügung« (NOKW 3453). Klugerweise vermieden die Polizisten, in der 120.000 Einwohner zählenden Stadt selbständig Razzien auf routinierte NKWD-Kader abzuhalten. Stalin gebot über die weit geübteren Terroristen. Um so wunderlicher dünkt das Verfügen der labilen Polizei über den kompakten Truppenbestand der Hauptstadt. Warum verkehrt sich die Regel, und es führt das allerschwächste Glied der Kette? Ärgeres hätte sich bisher kein Wehrmachtsführer ausmalen können, als den Wechsel der Befehlsgewalt an einen SS-Obersturmbannführer. Eine solche Bestallung aus Mansteins Hauptquartier grenzte schier an Ehrverlust. Warum schafften es jene 2.400 Soldaten nebst militärischer Abwehr nicht, den Untergrund von Simferopol allein auszuheben? Und was gewannen sie durch die Beförderung Braunes vom Ratgeber zum Kommandeur?

Offensichtlicher ist Braunes Gewinn. Er hatte fünf Tage zuvor im rebellischen Eupatoria geweilt und sich davon überzeugt, daß die Armee das Repressalienwesen falsch anfasse. »Braune kam empört aus Eupatoria zurück«, berichtete Ohlendorf in Nürnberg. »Die Armee hatte die Exekution nicht richtig vorbereitet, und es war daher zu sehr unangenehmen Zwischenfällen gekommen und Braune hatte eingreifen müssen, um die Ordnung herzustellen und noch größere Unannehmlichkeiten zu verhindern.«

Der Sturmbannführer erklärte die Ausbruchs- und Befreiungsszenen aus den unordentlichen Selektionen. Die wahllose Repressalie provoziert zu viele Gutwillige. Ohlendorf und Braune hingegen lebten davon, das böswillige Element unter allgemeinem Beifall und Respekt auszumerzen. Selektierten sie die ›Mittelsmänner‹ der Partisanen, so gelangte ein »Vorschlag« an die Armee, »als Unterlage für diese Maßnahme« (NO 2833). Hier hat es den Anschein, als liehe die Armee ihre Kräfte zur Unterlage für die Maßnahmen Braunes, die er besser auf seine Kappe nähme. Anschließend erlebte Simferopol zwischen Mitte Dezember und Anfang Januar zwei der düstersten Partnerschaften von Mordkommandos und Rußlandheer. Einsatzgruppe D faßt in ihrem Tätigkeitsbericht vom Jahresanfang zusammen: »Über 300 Juden erfaßt und exekutiert. Zahl der Exekutierten in Simferopol auf nahezu 10.000 Juden gestiegen.« Beifällig erwähnt der Bericht die Denunziationen aus der Bevölkerung. Die Denunzianten denunzierten wahrheitsgemäß, daß die Juden die Rote Armee herbeiwünschten. So gelangte die Januar-Razzia zu ihrem Erfolg, dem einzigen.

Auf der gesamten Krim faßte die Einsatzgruppe in der Halbmonatsspanne »45 Partisanen« und das Dreißigfache an Juden (NO 3939). Die Polizisten hielten indes ihren kläglichen Aktionsradius für den Ausweis der wahren Elite. Betraut mit einer Geschichtsmission, versagte sie sich den öden Repressalienalltag. Anders als die blind dreinschlagenden Strafexpeditionen nach Eupatoria rückten die Sonderkommandos gegen die Seele des

Widerstands zu Felde. Mansteins Rache sah Ohlendorf schlechterdings »nicht als meine Aufgabe an«, zumal »die Vergeltung selbst, wie sie mir geschildert wurde, nicht meine Billigung fand. Der Oberbefehlshaber hatte befohlen, die gesamte wehrfähige Bevölkerung Eupatorias zu erschießen.« Den Versuch hätte Braunes Kommando allerdings nicht überstanden. Zu einem zweitägigen Straßenkampf, wie er in Eupatoria tobte, fehlten den vier Dutzend Polizisten die Übung und die Härte; sie waren aus weicherem Holz. »Ich glaube«, bekannte Ohlendorf, »daß darüber kein Zweifel mehr besteht, daß es seelisch für Menschen nichts Schlechteres gibt, als wehrlose Bevölkerung zu erschießen.« Daran seien die Männer »nervenmäßig kaputt gegangen«, und er habe sie »zu ihrem eigenen Schutz« nach Hause geschickt. Warum hat er sie nicht der wehrfähigen Bevölkerung Eupatorias entgegengeschickt, die seelisch verträglichere Gefechte bot? Das letzte Widerstandsnest in der Stadt, in einem Gebäude verschanzt, mußte ein Trupp des Pionierbataillons 70 schließlich in die Luft sprengen. Solche Fertigkeiten waren Braunes Leuten nicht zu eigen. Sie metzelten oder sie reflektierten über ihre inneren Wunden.

Die Hypochondrie der Schützen taugte trefflich zu dem Bluthandwerk. Ihre Gemütskrisen isolierten gründlich gegen fremdes Leid. Der Terror im Zweiten Weltkrieg ist zumeist aus Zuständen der Labilität erwachsen, besessen von tödlichem Zeitverlust, von dem Hinterhalt im Rücken, dem Kollaps der Heimat, dem Verrat der Kollaboranten, der Fragilität von Landungstruppen, Nachschublinien usw. Daher die Sparte der moralischen Kriegführung. ›Moral bombing‹ und Todesschwadrone meiden die gepanzerte Front; sie attackieren den unbewehrten, empfindlichen Sockel im Hinterland.

Die Front ruht materiell und moralisch auf der Heimat, wenn nicht, bricht sie zusammen. Die Materialschlachten von 1916 hatten eine traumatisierte Militärkaste zurückgelassen, die viel über seelisches Durchhalten sinnierte. Der Sieg folgt aus dem psychischen Knacks der anderen Seite, ob in den Streitkräften oder im Zivil. Zumal Deutschland, das den Staat, seinerzeit erschöpft kollabiert, nunmehr als rückwärtiges Heeresgebiet eingerichtet hatte, schwor auf die Moral. Als Besatzer verlangte die Wehrmacht den gleichen moralischen Halt wie in der Heimat. Weil Hitler als Psychoanalytiker spürte, daß Moral auf Angst reagiert, seinem ureigenen Medium, gab er dem Heer jene dreitausend Schreckensbringer Himmlers mit auf den Weg. Ihr moral shooting, notifiziert als Sicherheitsaufgabe, zielte gar nicht auf die sicherheitsgefährdenden Partisanen und Saboteure. Ohlendorf hat dem Marschbefehl der 11. Armee nach Eupatoria konsequent widersprochen. Gewaltwiderstand zu brechen war nicht sein Metier. Moralisches Töten ergreift ›Elemente‹. Den Saboteur erweist die Sabotage, das Element wird deklariert. Seine Bedrohlichkeit ist keineswegs sinnfällig, sondern Sache des Interpreten. Er interpretiert seine Beschwernisse und die Krankheit der Zeit in den elementaren Widersacher hinein. Elemente hängen nicht davon ab, was sie tun, sondern wer sie sind. Handlungen kann man verbergen, das Sein nicht. Die Strafe für das Sein ängstigt ungemein, weil sie jedermanns Fortleben dem Belieben einer Verkündigungsstelle anheimgibt. Sie vergilt nicht, sie repräsentiert Allmacht. In den eigenen Reihen verspürte die deutsche Allmacht einen nervösen Legitimationsdrang, zumal sie sich nicht allmächtig fühlte. Im Gegenteil, eine Welt voll Tücken drohte sie beständig zu zerreiben. Die Landexpedition von Ostpreußen über Bessarabien zur Krim glückte nur mit allerletzter Kraft. Was wäre feindseliger als die riesige Distanz im Rücken, durchsetzt vom Untergrund eines geübten Polizeistaats? Zur Sichtbarmachung des Unsichtbaren hat Manstein einen imaginären Übeltäter kreiert. Die Männer der 11. Armee erfuhren, daß jene ›Elemente‹, denen Ohlendorf seit einem halben Jahr ihre Rasse vergalt, eigentlich militärische Organe waren: Sie übten Sabotage und schleusten Nachrichten, handelten allerdings weder einzeln noch in Gruppen, sondern als Saboteursvolk. Das war eine Neuigkeit. In den Genozid der Schwadrone mengt sich jener des Militärs.

Taktik und Genozid

Die Krim war der 11. Armee nach erbitterter, blutiger Schlacht gegen dreifache Übermacht an dem Isthmus zwischen Perikop und Ischun zugefallen. Am 28. Oktober fächerte sich die Rote Armee zur Flucht ins Landesinnere. Ein Teil strömte zur Westküste in die Festung Sewastopol, ein anderer suchte über die Enge von Kertsch Entkommen in den Kaukasus, der Rest hastete senkrecht südwärts in die Hauptstadt Simferopol an den Hängen des Jailagebirges. Von dort aus wollte man sich in den unzugänglichen Höhen verteilen, im Rücken geschützt von der See, wo die Schwarzmeerflotte herrschte. Manstein setzte mit seiner erschöpften Truppe den Flüchtigen nach, tötete und fing bis zum 16. November die Überzahl, beargwöhnte aber fortgesetzt die Entkommenen, die sich über ihre Marine unbegrenzt mit Nachschub an Reserven und Material auffrischen konnten. Die 11. Armee hingegen wartete in den Tiefen der Krim auf Zufuhr von Norden. Doch waren die Depots dort abgeschöpft von den bei Rostow fechtenden Befehlshabern, die Strecken dazwischen wacklig, endlos, unbewacht. In dieser Lage erklärte Manstein der Truppe vier Tage nach der geglückten Verfolgung den Ernst des Kampfes hinter der Front. Davon fehlten den Männern klare Begriffe. Die Gabe des Feldherrn aber ist es, die Züge des Gegners zu erahnen. Wenige Wochen nach Mansteins Instruktionen sollte das Verhängnis so wie befürchtet eintreffen; der Gegner landete am südöstlichen Zipfel Kertsch.

Die 11. Armee hatte an der entgegengesetzten Küste ihre Front um die Feste Sewastopol geschlungen, die als einziger Fleck auf der Halbinsel der Invasion trotzte. Manstein war entschlossen, nahezu alle Kräfte auf den Halbkreis um die gewaltigen Abwehranlagen zu versammeln. Dazu entblößte er die übrige Krim von ihrer Besatzung, wohl wissend um das immense Risiko. Sewastopol mußte fallen, ehe den Verteidigern von der Seeseite Entlastung zuströmte. Fehlte den Angreifern nur noch ein Sicherheitskonzept für das ungeschützt wartende Hinterland. Im Rücken der Front gewärtigte Manstein Unruhe, aufflackernde Kämpfe, Erhebungen, Überfälle getarnter Heckenschützen auf einzelne Soldaten und kleinere Trupps, Anschläge von Saboteuren, die Nachschublinien sprengten, Ernten und Fabriken verbrannten, zudem das Volk mit Terror an Hilfsdiensten hinderten. Soweit der militärisch faßliche Gehalt des Befehls vom 20. November.

Inmitten der nüchtern registrierten Schwierigkeiten erhebt sich eine Gestalt, die, wie der Feldmarschall wußte, militärisch unschädlich war, der Jude. Manstein gewahrt ihn an den »Schlüsselpunkten«. Die Schlüsselpunkte liegen zwischen dem Gegner im Felde und dem irregulären Untergrund im rückwärtigen Besatzungsgebiet. Dort, wo das Zivil politisiert, verwaltet, handelt und werkt, übt das Judentum die Kontrolle aus, vermittelt die Autorität der Roten Armee, die Bedürfnisse des Partisanenkriegs, schürt Unruhe und Aufstand. Mit anderen Worten, der Jude genügt der Pflicht des standhaften Patrioten. Dazu ließen sich manche Städte im Winter 1941-42 verleiten, doch keineswegs von Juden. Die 11. Armee hatte niemals erlebt, daß »Erhebungen meist von Juden angezettelt werden« (PS 4064). Viele flohen, andere liehen den Deutschen ihren Dienst, andere bildeten Judenräte wie geheißen, um den Gemeinden das Sterben zu erleichtern. Nirgends bot sich Unterschlupf. Die Sowjetbürger ertrugen die Gemetzel, wie sie fünf Jahre zuvor Stalins Selektionen erduldet hatten. Die Schädlinge waren nunmehr rassisch eingegrenzt, darin lag ein Vorteil für alle anderen. Die Einsatzgruppen erstatteten darüber sorgsamen Bericht. Warum sollte ausgerechnet der Oberbefehlshaber die Lage am ›Schlüsselpunkt‹ total verkennen? Das widerspräche Mansteins Naturell. Wozu den Aufruhr auf der Krim, der nicht jüdisch inspiriert war, mit dem Judentum koppeln, das überhaupt nicht aufrührerisch war?

Anfang November, die 11. Armee suchte noch den weichenden Gegner zu fassen, betraten drei Einsatzkommandos die Krim, zusammen 150 Mann, ein Teil davon Fahrer. Auf der Route der Truppe eilten die Polizisten zunächst in die Küstenstädte, offenbar um Fluchtwege abzuschneiden. Vom 1. bis zum 3. Dezember werden 2.500 Juden in Kertsch, dem Übergang zum Kaukasus, getötet (NOKW 1628). Anschließend folgen die Massaker von Feodosija und Jalta. Die größte jüdische Gemeinde siedelte in Simferopol, der Hauptstadt, mit 13 Prozent ihrer Einwohnerschaft. Am 1. November fällt der Ort an eine deutsche Kampfgruppe, zwei Wochen später ist eine Ortskommandantur eingerichtet, die dem Korück zu melden weiß, daß Betriebe und Geschäfte völlig ausgeplündert seien. Alle Erwartungen richten sich folglich auf den Besatzer. »Die Zivilbevölkerung steht den deutschen Truppen nicht feindlich gegenüber, doch dürften noch viele Kommunisten in der Stadt sein« (NOKW 1573).

Manstein vermutete die Konspirateure unter den fast 60.000 Russen, der Hälfte der anwesenden Bewohner. Simferopol war unter dem Bolschewismus russifiziert worden und galt als dementsprechend unzuverlässig. Die je 20.000 Ukrainer und Tataren am Ort mochten sich den Ansprüchen der Partisanen besser widersetzen. Wirksamerer Schutz fehlte den Deutschen. Ein einziges Gebirgsjägerkorps meist kampfscheuer Rumänen trennte Simferopol von den irregulären Verbänden in dem zerklüfteten Jaila-Massiv. Die Banden erpreßten den Tribut des Zivils nicht anders als die Deutschen mit Terror. So ging manch eines der malerischen Tatarendörfer an den Nordabhängen in Flammen auf. Manstein, selbst Ziel von Anschlägen, hatte zum Zeichen seiner Präsenz einen Teil des

Stabes in Simferopol einquartiert, das der Ortskommandant mit 2.000 Mann älteren Jahrgangs besetzt hielt.

Die zweite deutsche Dienststelle am Platz war das Hauptquartier Otto Ohlendorfs. Die Krim beheimatete im Bereich der Heeresgruppe Süd die wenigsten Juden, schätzungsweise 40.000 Personen, weniger als ein Drittel derer Kiews (NO2828). Doch interessierten sich die Deutschen für die Halbinsel. Himmler ließ nach Spuren des versunkenen Ostgotenreichs graben, Goebbels plante dort eine Filmindustrie, Hitler die Südtiroler Obstbauern anzusiedeln: »Die Krim muß von allen Fremden geräumt und deutsch besiedelt werden« (L221). Zuvor hoffte das Auswärtige Amt über die muslimischen Krim-Tataren die benachbarte Türkei ins Lager der Achse zu lotsen. Simferopol dünkte den Einsatzgruppenchef der Brennpunkt des Geschehens.

Der Ortskommandant hatte bereits am 14. November an Korück 553 gemeldet: »Die verbliebenen 11.000 Juden werden durch den SD exekutiert« (NOKW 1573). Ohlendorf weilte noch fern, der Manstein-Befehl stand aus. Doch kannten die rückwärtigen Organe nach vier Monaten Feldzug die Besatzungsziele selbst. Als Manstein sie indes in Worte faßte, legte er scheinbar eine falsche Fährte. Die Sabotagegefahr hing nicht im mindesten mit der Gegenwart von Juden zusammen. Anfang August mochte Salmuth in Kodyma der Illusion noch angehangen haben, Simferopol im November bot einen anderen Anblick. Die 11. Armee verwechselte die Saboteure keineswegs mit den Juden. Zwei Tage nachdem der Stadtkommandant beiläufig die flächige Ausrottung notierte, machte das nahegelegene Armeeoberkommando eine Minensammelstelle in Simferopol bekannt. Das Zivil habe dem Amte Verdächtiges zu hinterbringen; bei Erfolg gegen Belohnung, Verschweigen koste den Tod, ersatzweise hafteten alle: »Für jedes Gebäude, das in der Stadt Simferopol in Zukunft noch gesprengt wird und vorher nicht der Minenmeldestelle angegeben war, werden als Vergeltungsmaßnahmen der deutschen Besatzungstruppe je hundert Einwohner der Stadt Simferopol erschossen.« (NOKW 1259)

Die 11. Armee hat das Massaker nicht vollzogen wie angedroht; es traf die Juden. Vom Datum des fraglichen Erlasses an, dem 16. November, sammelte die Truppe ihre Kräfte zur Erstürmung Sewastopols, der mächtigsten Seefeste dieses Krieges. Daher rührte eine gewisse Nervosität im Stabe. Manstein hatte nach preußischer Kriegsregel sein Potential auf einen Punkt gerichtet, die

Hafenbucht. Im Rücken der Belagerer an der Südwestküste erstreckte sich die gesamte Halbinsel nahezu ungesichert, inbegriffen die »Lebensader der Armee«, die Bahnlinie Dshanskoj-Simferopol.

Der Angriff, fixiert auf den 27. oder 28. November, benötigte reichliche Munitionierung der Artillerie. Umschlagplatz der über die Ukraine herangeschafften Güter war Simferopol, der einzige Ort, den gepflasterte Straßen zur Westküste verließen. Wenige Tage vor Angriffsbeginn trat der Winter ein. Dauerregen durchweichte zunächst die lehmige Nord-Süd-Strecke, der Straßentransport brach zusammen. Im Dezember fiel die Temperatur bis auf 30 Minusgrade. Südlich des Dnjeprs verkehrten fünf Lokomotiven, die nun bis auf eine im Frost streikten. Der Nachschub sickert mit ein, zwei Zügen täglich nach Simferopol, und Manstein verschob seine Offensive um drei Wochen auf den 17. Dezember.

Inzwischen eilte es ihn gewaltig, denn er spürte die gegnerische Landungsoperation nahen. In der Tat plante Stalin, im schwach gedeckten Rücken der Deutschen die Halbinsel zu betreten und sie am Flaschenhalse, der Enge von Perekop, abzuriegeln. Damit wäre die 11. Armee auf der Krim eingesperrt gewesen. Ebenso fatal mußte sich schon eine Blockade der Bahnstrecke nach Simferopol, etwa bei Dshanskoj, auswirken. Damit rechnete Manstein.

Der Bahnverkehr speiste nicht allein seine Artillerie, sondern erhielt zudem die Truppe und das städtische Zivil. In Simferopol hatten die sowjetischen Vernichtungsbataillone die Vorräte verbrannt, die Stadt nährte sich zusehends knapper aus Zuschüssen, die wiederum Mansteins kostbaren Transportraum für die Sewastopol-Munition beengten. Zu allem Ärger entzog Hitler der 11. Armee noch eine Division. Der Angriff entbehrte nunmehr der ordentlichen Reserven, wie die Krimexpedition auch ohne motorisierte Eingreiftruppen auskommen mußte. Ohlendorfs wenige Polizisten machten den Mangel nicht wett. Man war für überraschende Frontbildungen nicht gerüstet und lud im Hinterland zur Fraternität ein. Dem schien Erfolg beschieden, doch war dem Frieden nicht zu trauen. »Am 29.11.41«, meldete die Ortskommandantur dem Korück, »wurden 50 männliche Einwohner der Stadt Simferopol als Sühnemaßnahme 1. für den am 22.11.41 beim Betreten eines nicht als minenverdächtig gemeldeten Geländes erschossenen deutschen Soldaten, 2. für den in der Nacht vom 27. zum 28.11.41 beschossenen deutschen Feldwebel erschossen« (NOKW 1590). Die rückwärtigen Kommandanturen wehrten sich, wie kundgetan, mit Repressalien, allerdings weniger maßlosen als angedroht. Hundert Hinrichtungen pro Anschlag hätten mehr Unruhe gestiftet als erstickt. Darauf warteten die Partisanen.

Die nächste Exekution in der Stadt erfolgte in angespanntester Lage, wenige Tage vor dem verzögerten Angriff auf Sewastopol. »Die Armee«, berichtete Ohlendorf in Nürnberg, »das Armeeoberkommando stellte das Verlangen, noch vor Weihnachten die Liquidation der Juden in Simferopol durchzuführen. Diese Weisung der Armee wurde mir von dem Verbindungsführer mitgeteilt, und Braune hat daraufhin mit der Armee verhandelt, da wir mit unseren Voraussetzungen nicht in der Lage waren, die Liquidationen durchzuführen. Daraufhin wurde von der Armee die Zusage gemacht, die äußeren Voraussetzungen zu schaffen. Das ist auch geschehen, und so kam es zur Liquidation noch vor Weihnachten 1941.«

»Ist es richtig, daß die Armee ihr Versprechen hielt und auch tatsächlich Unterstützung für die Durchführung leistete?«

»Die Armee stellte die Lastwagen für den Transport der Juden, die Kraftfahrer, das Benzin, Feldgendarmerie zum Absperren.«

Ein ›Verlangen‹ nach zehntausendfachem Judenmord will zu Mansteins Hauptquartier nicht passen. Zwar rechnete der Ortskommandant damit vier Wochen im voraus, doch ebendeshalb gab es von den Polizisten nichts zu verlangen. Ohlendorf verwahrte sich in Nürnberg noch nachträglich gegen Befehlsanmaßungen von Offizieren. Er hatte auf der Krim gewirkt, bevollmächtigt von höchster Stelle, keineswegs von einem Armeeführer. Dem Soupcon der Anklägers – »so wie ich es verstehe, hat die Armee die Liquidierung von Ihnen verlangt« – mochte Ohlendorf nicht beipflichten. Seine Morde teilte er mit niemandem. Die Geschichte, die zuletzt Untat und Tat nicht mehr trennt, fordert das Bekenntnis. So rückte Ohlendorf den Beitrag der 11. Armee auf das tatsächliche Maß: »Ich darf aber zur Klärung folgendes hinzufügen: Dieser betreffende Stabsangehörige wußte, daß an sich die Liquidation befohlen war, d. h. zu irgendeiner Zeit durchgeführt werden mußte. Er gab also insofern keinen Initiativbefehl, sondern erwartete die Durchführung dieser Liquidation zu einem bestimmten Zeitpunkt, nämlich unter den damals gegebenen Voraussetzungen mindestens drei oder vier Monate eher, als sie sonst durchgeführt worden wäre.«

Die Polizisten, bedacht, dem Gericht den Gefühlsstreß darzulegen, den der Henkersdienst ihnen auferlegte, schilderten das Simferopol-Massaker als einen Schatten auf der Weihnachtsstimmung.

»Unsere Gedanken waren damals zu Hause bei Frau und Kindern«, gestand Braune. »Wenn wir die Entscheidung gehabt hätten, wäre die Maßnahme später durchgeführt worden.«

»Sie wissen, daß auch Kinder hingerichtet wurden, nicht wahr?«

»Jawohl, Herr Präsident. Das war wohl das Schwerste an diesem Befehl für uns.«

Nach dem Vollzug, bezeugte Ohlendorf, richteten sich die Einsatzleute eine Weihnachtsfeier. »Der Stab der Armee war vollständig vertreten.« Die Kommandos rühmten die Ansprache ihres Chefs; »wer Herrn Ohlendorf über religiöse Dinge hat sprechen hören«, berichtete Braune, »der wird verstehen, daß er sehr wohl in der Lage war, religiöse Gefühle anzusprechen.«

Anscheinend haben die Einsatzführer die Exekutionen in der Hauptstadt im Verhör auf die Vorweihnachtstage datiert, damit ihr sentimentales Naturell ersichtlicher werde. Die Aktion fand nämlich 10 Tage vor dem Fest statt. Der Wunsch der 11. Armee, ein Viertel der Krim-Juden bis zum 24. Dezember auszulöschen, hat nicht das geringste mit dem Religionsdatum zu tun. Den Befehlsstab beherrschte zur fraglichen Zeit nur ein Gedanke, die Offensive gegen Sewastopol. Was immer die Offiziere dem Einsatzkommando abverlangt haben, rührt aus dieser Lage. Auch wäre der grämliche Ohlendorf anderen als militärtaktisch begründeten Befehlen kaum nachgekommen. Das Prinzip von Rückendeckung durch Judenjagd hatte Manstein indes am 20. November generell formuliert; drei Wochen später, vor der Entscheidungsschlacht, drohte akute Gefahr. Simferopol, das Verkehrskreuz, erlebte serielle Anschläge. Nachschub sickerte ohnehin stockend zur Front, die nötigen Sicherungskräfte fehlten, Repressalien schreckten die Saboteure nicht ab, sondern arbeiteten ihnen in die Hände. In der Situation befahl die 11. Armee, die Exekution von etwa zehntausend todgeweihten Juden um drei Monate vorzuziehen.

Was kümmerte den Generalstab der Termin? Duldete Mansteins Rassenhaß keine drei Monate Aufschub, so daß er im kritischen Moment der Kampagne nach Massakern verlangte? Nein, dies ist ausgeschlossen. Es fragt sich, ob Manstein seinen närrischen Phrasen je glaubte oder die unbeliebteste Gruppe am Ort taktisch haftbar machte für eine sonst schwierig zu vergeltende Sabotage. Darin besteht allerdings wenig Unterschied. Entweder hat der Feldmarschall sich selbst oder andere getäuscht. Möglicherweise wünschte das Hauptquartier mit sparsamstem Einsatz ein lähmendes Exempel vorzuführen. Sparsamer als Braune mit einigen Dutzend Polizisten konnte niemand operieren.

Alle Gefahr drängte sich in der zweiten Dezemberhälfte, um nach dem berechneten Fall Sewastopols abzuflachen. Bis dahin vertrug die Front keinerlei Unruhe entlang der Nachschublinien. Die 11. Armee zögerte, in der Hauptstadt, dem Untergrundnest am Fuße des Partisanengebirges, die Vergeltung auszuweiten. In der Spirale von Terror und Gegenterror hatte man nichts zu gewinnen. Indes schuf Mansteins Universalhaftung der Juden notdürftige Abhilfe. »Zum Schutze gegen Partisanenumtriebe«, meldete der Ortskommandant von Armjansk nach Simferopol, »und zur Sicherung der hier liegenden Einheiten erwies es sich ferner als unumgänglich nötig, die 14 ortsansässigen Juden und Jüdinnen unschädlich zu machen. Vollzug am 26.11.1941« (NOKW 1532). Sechs Tage nach dem Manstein-Befehl diente Judenvernichtung, das politische Anliegen von Staat und Himmler-Polizei, der 11. Armee nebenher zur militärischen Gefahrenvorbeuge. Das muß kein Vorwand sein. Vergeltung ist herkömmlicher, präventive Vergeltung ist moderner Terror, moral shooting. Willkür offenbart keine Gerechtigkeit, aber Fähigkeiten. Schuld oder Unschuld der hilfsweise bestraften Juden ficht das Vergeltungsdenken an sich nicht an.

Das Repressalienopfer ist immer schuldlos, das ist der Sinn der Sache. Der Theorie nach soll das Los des Geopferten die Mitbürger nachgiebig stimmen. Er muß darum einer der ihrigen sein. Sie stellen die Mehrheit, das ist ihr militärisches Gewicht. Denn sie können den kampfwilligen Kern bändigen oder aber verraten. Der Widerstandskern seinerseits erzwingt Loyalität und preßt standzuhalten. Wählt er stärkere Druckmittel als die Okkupanten, läßt die Bürgerschaft ihn gewähren. Messen zwei Terrorstaaten ihre Härte, schraubt sich die Gewalt empor. Das Heer, grenzenlos willig Gewalt auszuteilen, verlor zusehends die Kraft, sie einzustecken. Die Krimeroberer mußten Schrecken verbreiten, hatten aber keine Reserven, den Gegenschlag abzufangen.

In diesem Krieg bestand der deutsche Erfindergeist darin, Ersatz zu finden. Ersatz für Öl, für Kautschuk, für Arbeitskraft, für Verwundete und Tote, für Luftabwehr, Bombenschäden, Transportmittel, Nahrung, Kleider usw. Der Krieg war zu groß für diese

Krieger, das bekamen sie unentwegt zu spüren. Darum hätte man auch den Gegner gern etwas kleiner gehabt, minder zäh, bodenständig und brutal, und brauchte Ersatz. Einen Gegner nach den eigenen Dimensionen, so verloren wie die Wehrmacht in Rußland. »Die bolschewistische Arbeit«, so erkannten die Einsatzkommandos nach einem Vierteljahr, »stützt sich auf Juden, Russen, Georgier, Armenier, Polen, Letten, Ukrainer; der bolschewistische Apparat ist in keiner Weise mit der jüdischen Bevölkerung identisch. Bei dieser Sachlage würde das Ziel einer politisch-polizeilichen Sicherung verfehlt werden, würde man die Hauptaufgabe der Vernichtung des kommunistischen Apparats zugunsten der arbeitsmäßig leichteren Aufgabe, die Juden auszuschalten, in die zweite oder dritte Reihe stellen.« (NO 3151)

Der Schreiber hatte nicht begriffen, daß die Hauptaufgabe irreal und die Ersatzlösung in jener ›arbeitsmäßig leichteren Aufgabe‹ bestand. Die Deutschen suchten keine Kommunisten, sondern Bedienstete, die einst anderen dienten, Sowjetbürger, die sich unsentimental zu häuten wußten. »Wie in allen anderen Gebieten«, registrierte Einsatzgruppe D, »ist auch in den neubesetzten Teilen der Krim fast ausnahmslos durchgeführte Flucht der führenden Personen festgestellt worden« (NO 2828). Die geführten Personen aber, Kolchosbauern, Industrieproletariat, durften aus demselben Grund Bolschewiken und Systemträger heißen wie die jüdischen Handwerker. Alle miteinander waren sie Schädlingselemente oder auch nicht. Das wußten sie. Die Personifikation des Übels ist eine taktische Verabredung, die nach den Maßen des Rächers getroffen wird. Schwache Rächer haben schwächere Feinde. Der Feind ist grundsätzlich relativ und seine Schuld eine Fiktion. Mansteins Parole, die Vergeltung am kategorisch schuldigen Judentum, schreckt geringfügiger, läßt indessen die sonstigen Schuldner, die Kräftigeren, Zahlreicheren unversehrt. Das fördert die Kollaboration, wie der Novemberbefehl strikt gebietet: die Judengemeinde strafen, die Gutwilligen belohnen. Die Wehrmacht benötigte einen Adressaten von Strafe und einen Empfänger von Lohn; also wählte sie die nächstliegenden Charaktermasken.

Das Massaker von Simferopol fügt sich in Mansteins Gedanken, das ist unverkennbar. Waren sie indes der Grund? Dafür gibt es keinen Beweis. Theorie und Praxis paßten zusammen, mehr ist dazu nicht bekannt. Ohlendorf und Braune haben in Nürnberg ausgesagt, daß der militärische Beitrag, Absperrtruppen, Lastwagen, Sprit und Chauffeure, mit Oberst Hanck, dem Oberquartiermeister, vereinbart worden sei. Er war die zuständige Stelle. Die Quartiermeisterei überwachte die Sicherheitsbelange des rückwärtigen Gebiets, zudem die Versorgung.

Im Hauptkriegsverbrecherprozeß berichtete Ohlendorf lapidar, was ihm der Stab erklären ließ: »In Simferopol wurde vom Armeeoberkommando an die zuständigen Einsatzkommandos die Bitte herangetragen, die Liquidation zu beschleunigen, und zwar mit der Begründung, daß in diesem Gebiet Hungersnot drohe und ein großer Wohnraummangel sei.« Aus Ohlendorfs Sicht ein profaner Beweggrund, den er und Braune später anzweifelten; das war auch rechtlich ratsamer. Man kenne die wahren Ursachen nicht. Vielleicht sei der knappen Unterkünfte wegen das ohnehin besiegelte Ende der Juden beschleunigt worden? Im scharfen Wintereinfall hatten sich Engpässe aufgetan. Man befürchtete eine Ernährungskatastrophe.

Ausrottung unnützer Esser und Quartiernehmer war dem Heer geläufig. So mag denn die Quartiermeisterei erwogen haben, ob in dem Fall nicht besser die ohnehin Todgeweihten stürben. Dann blieben mehr Freunde Deutschlands unter den Tataren und Ukrainern lebendig. Manstein hatte die Quartiermeisterei seines Stabes nach Simferopol gelegt, Oberst Hanck erlebte tagtäglich die Zustände am Ort. Doch hätte er nicht acht Prozent der Hauptstadtbewohner erschießen lassen. Solche Absichten wären dem 30 km entfernt logierenden Manstein vorgeschlagen worden. Auch dann bliebe fraglich, was diesen zur Annahme bewogen hätte. Von seiner Warte aus gab es indes nicht viel zu entscheiden. Hungerunruhen konnte er keinesfalls gebrauchen, die Zufuhr aber nicht steigern. Andere als die ohnedem unabänderlichen Judenverluste waren den übrigen Simferopolern schwer zuzumuten. Das einzig denkbare Opfer verdiente sein Los aus dem einzig akzeptablen militärischen Grund, dem Sicherheitsrisiko. Manstein selbst hatte es exakt beschrieben. So wußte die Armee die Lage in Simferopol zu meistern, den Einwohnern zu helfen, die Terroristen zu terrorisieren, die Ängstlichen zu ängstigen. Es kam nicht darauf an, ob Manstein an Judenverschwörung glaubte, sondern was er mit den wenigen Dutzend präsenten Polizisten für erreichbar hielt.

Ohlendorf hatte das Ansinnen der Armee verschiedenartig als Bitte, als Forderung, als Erwartung, als Verlangen bezeichnet, immerhin schuldete er dem fraglos Gehorsam; der Fall berührte sein Ressort. Der Nürnberger Anklage gefiel es, den Vorgang als einen Manstein-Befehl aufzufassen:

»Feldmarschall von Manstein hat also ohne Frage Instruktionen oder Befehle in bezug auf die Hinrichtungen in Simferopol, über die Sie gesprochen haben, erlassen?«

»Nein, das kann ich nicht sagen ... aber bei der Organisation der Armeen ist es natürlich, daß der Oberquartiermeister von sich aus solche Dinge nicht tun kann oder ohne Zustimmung seines Oberbefehlshabers. Ich kann also nicht behaupten, daß Manstein davon wußte oder es angeordnet hat. Ich halte es nur aus der militärischen Situation heraus für gegeben.«

»Es ist höchst wahrscheinlich, daß es General von Manstein wußte oder jene Stabsoffiziere instruierte, Befehle herauszugeben. Stimmt das?«

»Ich kann mir jedenfalls nicht denken, daß ein Stabsoffizier von sich aus solche Forderungen stellen kann.«

Während Mansteins Oberbefehl sind von der Einsatzgruppe D über 33.000 Juden getötet worden. »Diese Tätigkeit«, versicherte Ohlendorf den Richtern, »vollzog sich unter dieser Verantwortung des Oberbefehlshabers. Der allein war Inhaber der vollziehenden Gewalt und damit Herr über Leben und Tod. Und diese Verantwortung ist nie eingeschränkt worden.«

Halder, der damals Stabschef das Heeres war und die fragliche Zeit hindurch, gleich seinen Armeeführern, die Exekution von über 700.000 Juden, vorwiegend im Operationsgebiet, übersehen haben wollte, wurde vom Gericht als Experte über die ›vollziehende Gewalt‹ vernommen. Wer trägt für diese Morde die Rechtsverantwortung? Die Unwissenheit eines Befehlshabers würde ihn davon keineswegs befreien. Es kommt nicht darauf an, was Manstein wußte, sondern was er pflichtgemäß hätte wissen müssen. Unter der Annahme hatte ja das Wagner-Heydrich-Abkommen den Befehlshabern eigens Weisungsrechte gegen den SD eingeräumt. Sie bemaßen sich nach der Auslegung des Begriffs der »Vermeidung von Störungen der Operationen«. Halder erinnerte sich daran »als Gedanke, aber nicht an die Formulierung«.

»Wollen Sie mir bestätigen«, befragte ihn die Anklage, »daß das willkürliche Hinmetzeln von Tausenden von Menschen im Operationsgebiet der Armeen eine Störung ist, die dem Oberbefehlshaber gestatten würde einzugreifen?«

»Eine Störung im operativen Sinne braucht das nicht zu sein. Ich habe keine Erfahrung, wie sich diese Dinge abgespielt haben. Aber eine Störung im operativen Sinne kann ich mir darunter nicht vorstellen.«

In der Tat sind Frontbewegungen durch eine Handvoll Polizisten, die am Ortsrand eine bis auf die Wäsche entkleidete Menschenschar niedermäht, nicht operativ gestört. Wer keine moralischen Hemmungen verspürt, hat auch keine militärischen Probleme. Die Anklage insinuierte jedoch, daß ein Befehlshaber sehr wohl eins mit dem anderen zum Ausdruck bringen konnte.

»Es kommt auf den örtlichen Standort an«, entgegnete Halder. »Wenn er so liegt, daß der Oberbefehlshaber daraus eine Störung der Operationen bei gutem Willen konstruieren kann, dann gibt ihm diese Verfügung dazu den Anhalt. Wenn er aber irgendwo ganz abseits liegt, wo von Operationen gar keine Rede ist, dann wird diese Verfügung ihm wohl keine brauchbare Unterlage geben.«

»Und es würde für einen Oberbefehlshaber nicht möglich sein, die Position einzunehmen, daß die Tätigkeit der Einsatzgruppen, nämlich die Hinrichtung wesentlicher Teile der Bevölkerung, eine Bedrohung seiner Sicherheit und seiner Operationen bedeutete? Das ist nach Ihrem Urteil nicht unvernünftig, Herr Zeuge, oder?«

»Sicher nicht unvernünftig.«

Diese Vernunft unterstellte freilich ein Interesse daran, den Kommandos Einhalt zu gebieten. Wenn dies die Generäle gewollt hätten, wäre der SD nie in das Gefechtsgebiet gelangt. Irgendwo anders aber fanden gar keine Operationen statt. Auf diesen Feinsinn machte Wöhler in seinem Verhör aufmerksam. Eine indirekte Haftung der Armeeführung für das Treiben der Kommandos sei »unlogisch«. Das Wagner-Heydrich-Abkommen ermächtigte Manstein lediglich bei »Störung der Operationen, und zwar im Rückwärtigen Armeegebiet, um den Einsatz des SD aus Teilen des Armeegebiets auszuschließen«. Im Rückwärtigen Gebiet würden aber keine Operationen geführt. Demnach wäre die Bestimmung hohl gewesen. Die Befehlshaber wünschten keinerlei formale Befehlsgewalt über das Mordgesindel. Sie benötigten es als Bereitschaftsdienst, welcher die Untaten auf Himmlers Rechnung ausübte. Darum war Ohlendorf, wie er zutreffend bezeugte, der militärischen Befehlshierarchie angeschlossen, empfing laufend Befehle, die jedoch offiziell als ›zentrale Steuerung‹ von Aufgaben firmierten, welche die Kommandos ›in eigener Verantwortlichkeit‹ erledigten.

In seiner präzise balancierten Formulierungskunst umging der

Grundvertrag zwischen Heer und Reichssicherheitshauptamt den Punkt der Befehlsunterstellung. Denn der Befehl bestand in dem mündlichen Führerbefehl, Schädlinge auszumerzen. Das weitere regelten jene kryptischen Winke, welche den gebrechlichen Kommandos die Felder ihres Tuns zuwiesen. Die 11. Armee befahl nicht, Juden zu vernichten, sondern gab nur an, wo. Der Führerbefehl zwang Ohlendorf, die russischen Juden zu töten, folglich auch die in Simferopol. Das Armeeoberkommando wies ihn an, diesen Befehl innerhalb des passenden Zeitrahmens auszuführen. Major Riesen befahl nicht, Exekutionen wie die in Genitschesk zu unterlassen, sondern wie sie mit den Militärstellen abzustimmen seien. Das Weisungsrecht der Befehlshaber war nicht installiert, den SD zu verhindern. Es sollte wechselseitige Störung verhindern. Wenn der Befehlshaber Massaker befahl, dann unterstellte er Braune dem Major Riesen oder Heeresverbände dem Braune, um Sicherheit zu schaffen. Mit der Judenvernichtung hatte es eine andere Bewandtnis. »Ich glaube nicht, daß ein solcher Befehl existierte«, beteuerte Wöhler in Nürnberg und setzte hinzu, »vor allem nicht, daß er schriftlich existierte, und daß irgendeine Möglichkeit besteht, daß dieser Befehl in die Hände der Wehrmacht, also des Heeres, gekommen wäre.« Daß der Nationalsozialismus »die Juden grundsätzlich töten wollte, weil sie Juden waren, das wußten wir nicht«.

Weil Wöhler einräumte, daß seine eigene Dienststelle wohl die Munition dazu geliefert und die Vollzugsmeldungen abgeheftet habe, muß es sich um ein qualifiziertes Nichtwissen gehandelt haben. Wöhler sprach dieses Syndrom unter seiner Fachbezeichnung an: ›Dienstliches Nichtwissen‹. Denn »ich bestreite, daß der SD diese andere Aufgabe dem Oberbefehlshaber oder sonst einem Offizier des Armeeoberkommandos dienstlich bekanntgegeben hat. Und wie ich jetzt weiß, durfte er dies auch gar nicht.« Immerhin durfte Einsatzgruppe D »dem Armeeoberkommando 11 über Ic/AO« bekanntgeben: »Von Juden ist die Krim frei gemacht« (NOKW 628). Ein Satz, den Wöhler zufolge nur richtig verstehen konnte, wer den ›Dienstauftrag‹ kannte. Bei aller Neigung, die 11. Armee zu belasten, hat selbst Ohlendorf nicht ausgesagt, ihr seinen Auftrag bekanntgegeben zu haben. Er sagte vielmehr, er habe ihn als bekannt vorausgesetzt. Soviel erschließe sich dem gesunden Menschenverstand. Außerdem ließen die laufenden Vollzugsmeldungen gar keinen anderen Schluß zu.

Für Wöhler, Manstein und die ihrigen begründeten diese Schlüsse allerdings ein Wissen nichtdienstlicher Art. Ohlendorf meldete nicht den Vollzug ihrer Befehle, sondern den fremder Befehle. Die fremden Befehle waren ihnen nicht dienstlich mitgeteilt. Vollzugsmeldungen erreichten sie zwecks Kenntnisnahme. Die gemeldeten Verbrechen hatten sie nicht befohlen, und ihre Befehle verlangten nicht diese Verbrechen. Sie verlangten vielmehr den Abgleich des Führerbefehls mit den Nebeninteressen der Generäle. So hatte Manstein seinem Stabschef Wöhler »aufgetragen, den Ohlendorf anzusprechen. Der Feldmarschall wollte wissen, wo die Hinterlassenschaften blieben und wie sie verwaltet würden.« Dafür interessierte sich eine Reihe von Stellen, insbesondere als der Winter hereinbrach.

Die Ortskommandantur Dshanskoj erkundigte sich bei dem Korück nach der Zuständigkeit für die »aus verlassenen Judenhäusern zurückgebliebenen Möbel und Einrichtungsgegenstände«. »Über die von den Juden zurückgelassenen Gegenstände«, informierte der Korück, »hat das Wirtschaftskommando kein Verfügungsrecht. Darüber verfügt der Ortskommandant im Einvernehmen mit dem SD« (NOKW 1846). Offenbar existierten feste Regelungen. Zwei Wochen später, am 21. Dezember 1941, meldete die Ortskommandantur Eupatoria: »Die Wohnungen der vom SD umgesiedelten Juden wurden von der Ortskommandantur übernommen.« Das Wort ›umgesiedelt‹ ersetzt in der Akte, wie häufig, ein anderes, durchgestrichenes. Die Einrichtungsgegenstände seien eingelagert, »Kleider, Wäsche, Geschirr gesammelt und geordnet.« (NOKW 1727)

Kleidung und Hausrat verteilte die Armee an Deutschstämmige und Freunde. Weil das Ausplündern der Wohnungen im Ressort der Ortskommandantur lag, konnte über die Beute kein Streit entstehen. Anders bei den Wertsachen. Leicht bewegliche Schätze hatte der SD an sich genommen. Die 11. Armee, die in Simferopol Lastwagen und Benzin zu der Judenvernichtung beigesteuert hatte, verlangte indessen ihren Teil. Darum kümmerte sich der Feldmarschall von Manstein persönlich. Er hatte soeben Feodosija zurückerobert und war von kurzer Besichtigung der Kertsch-Front an seinen Sitz in einem dörflichen Vorort von Simferopol zurückgekehrt. Das Quartier, eine Obstkolchose mit Schulhaus, hat er nur selten verlassen. Seine Forderungen an den Einsatzgruppenchef, der ebenfalls in Simferopol logierte, ließ er durch den Ortskommandanten ausrichten. Dem konnte sich Ohlendorf nicht verschließen. Er antwortete auf dem Dienstweg:

»12.2.42. Der Beauftragte des Chefs der Sicherheitspolizei und des SD beim Befehlshaber des Rückwärtigen Heeresgebiets Süd, Einsatzgruppe D. An Armeeoberkommando 11. Betrifft: Uhren. Durch einen Anruf des Ortskommandanten von Simferopol erfuhr ich, daß der Herr Oberbefehlshaber die aus der Judenaktion noch vorhandenen Uhren für dienstliche Zwecke der Armee anfordert. Ich übergebe hiermit der Armee 120 Uhren, die inzwischen durch Reparatur gebrauchsfähig geworden sind. Es befinden sich noch etwa 50 Uhren in Reparatur, von denen ein Teil wiederhergestellt werden kann. Sollte die Armee die restlichen Uhren noch gebrauchen, bitte ich um Mitteilung. Ohlendorf. SS-Oberführer« (NOKW 631). Wöhler zeichnete den Empfang des Schreibens ab und notierte zu der abschließenden Frage ein »Ja« an den Rand. »Wobei ich aber abstreite, daß ich das selbst entschieden habe; das hat der Oberbefehlshaber gemacht.«

Wie Wöhler in Nürnberg bekannte, dünkte ihn die Anzahl der Uhren recht gering. Zudem handelte es sich um schäbige Exemplare. Ohlendorf, den es wurmte, als Abteilungsleiter im Reichssicherheitshauptamt von dem Feldmarschall am selbigen Quartiersort kein einziges Mal dienstlich oder gesellschaftlich empfangen worden zu sein, hatte sich eine stille Bosheit genehmigt. Wöhler telefonierte sogleich mit der Einsatzgruppe, offenbar um sich über den Tort zu beschweren, einen Wunsch Mansteins dermaßen pedantisch abzufertigen. Wöhler erreichte nur einen Hauptsturmführer, den drittniedrigsten Dienstgrad der SS. Ohlendorf scheint den Beutehunger Mansteins genossen zu haben. Im strengen Ton eines Regierungserlasses setzte er ein Schreiben auf, das die 11. Armee, unumschränkte Herrin der Krim, als Gesuchsteller für minderwertigen Krempel beschied:

»Einsatzgruppe D, 12.2.42. An das Armeeoberkommando 11. Betrifft: Beschlagnahmungen durch die Einsatzgruppe D. Vorgang: Fernmündliches Gespräch zwischen Herrn Generalmajor Wöhler und SS-Hauptsturmführer Seidenstahl am 12.2.42. Beschlagnahmte Uhren. Die bei den Judenaktionen beschlagnahmten Uhren sind ordnungsgemäß vereinnahmt worden. Die Uhren, die Wertgegenstände darstellen (goldene oder silberne Uhren), sind weisungsgemäß an die Staatskasse nach Berlin abgeführt worden. Die übrigen Uhren, deren Wert so gering ist, daß eine allgemeine Verwertung nicht sachdienlich erscheint, sind gegen eine Anerkennungsgebühr oder umsonst, je nach Lage des Falles, an Wehrmachtsangehörige (Offiziere und Mannschaften) und Angehörige der Einsatzgruppe D abgegeben worden. Voraussetzung für die Abgabe war der Nachweis, daß die eigene Uhr im Einsatz verloren oder unbrauchbar geworden war, oder aus dienstlichen Gründen benötigt wurde. Erfahrungsgemäß werden hier fast nur alte Uhren vorgefunden, und ein großer Teil ist unbrauchbar. Es sind im Augenblick noch eine Anzahl wiederhergestellter Uhren vorhanden, die nach dem oben genannten Maßstab abgegeben werden können.«

Offenbar hat die Armee auch die jüdische Barschaft avisiert, war indessen nicht selbst als Interessentin aufgetreten. Man wählte den Umweg über die notleidende Stadtverwaltung von Simferopol. Ob ein Zuschuß für kommunale Zwecke abzuzweigen sei? Ohlendorf zeigte sich zugeknöpft und schrieb, es handele sich hier »um Mittel des Reiches«. Einen geringen Teil habe er »für dienstliche Zwecke wie Lohnauszahlungen« einbehalten. Ansonsten seien »die im Rahmen der Judenaktionen sichergestellten Gelder weisungsgemäß bei der Reichskreditkasse eingezahlt worden«. Ölig setzte er hinzu, der Armee zahle man selbstverständlich Rubel aus. »Gegen Quittung«. (NOKW 631)

Manstein, der den Verlust von 23.000 Juden auf der Krim übersehen hatte, aber immerhin von ihrer ›Hinterlassenschaft‹ wußte, war bereits im Viermächteprozeß nach den Uhren von Simferopol gefragt worden. »An die Ausgabe von beschlagnahmten Uhren kann ich mich jedenfalls nicht erinnern«, antwortete der Feldmarschall, »keinesfalls aber, daß ich von den Uhren erschossener Juden gehört hätte.« Wöhler entsann sich des Vorgangs recht gut, denn die Uhrenbeschaffung »ging auf unmittelbaren Befehl des Oberbefehlshabers an mich«. Im Winter Anfang 1942 habe ihn Manstein gefragt, wo eigentlich die Dinge blieben, »die gelegentlich der Umsiedlung der Juden anfallen müssen«. In diesem Sinne habe er sich bei Ohlendorf nach den »Hinterlassenschaften« erkundigt. An Leichenfledderei hatte er dabei nicht gedacht. »Als ›Hinterlassenschaft‹ hatte ich keinen Anlaß anzunehmen, und ich glaube auch, daß dann die Zahl doch wahrscheinlich größer gewesen wäre.« Deutschen Kriegsgefangenen seien im amerikanischen Gewahrsam auch die Uhren abgenommen worden, und sie lebten immer noch.

»Glauben Sie, daß es logisch ist, daß jemand, der umgesiedelt wird, seine Taschenuhr abzugeben hatte? Er würde möglicherweise eine Wanduhr abgegeben haben, aber eine Taschenuhr?«

»Ja, er konnte die Uhr leicht tragen, aber er brauchte vielleicht einen Schiebkarren und tauschte die Uhr dafür ein, wenn nur gerade dieses Beispiel erläutert werden soll.«

»Ich glaube, daß es, nachdem Sie dieses Dokument gelesen haben, Ihnen klar sein wird, daß die Uhren beschlagnahmt wurden... sie wurden also von der Einsatzgruppe D gewiß nicht erworben. Dann sagten Sie, daß sie vielleicht von Leuten stammen, die verhaftet wurden, oder aus Sabotage oder anderen Gründen erschossen wurden. Warum steht hier ›bei den judenfeindlichen Aktionen‹? Es gab außer Juden auch andere Saboteure, deren Uhren der 11. Armee sicher genauso angenehm sein würden wie die jüdischen Uhren. Möchten Sie nicht zugeben, daß Sie wußten und daß Sie es unbedingt gewußt haben müssen, daß die Eigentümer der Uhren vom SD getötet wurden? Das ist die einzige Frage, die ich Ihnen stellen möchte im Zusammenhang mit dem Dokument. Bitte beantworten Sie diese Frage mit ›ja‹ oder ›nein‹.«

»Die beantworte ich mit ›nein‹, denn, wenn ich jemanden töte, brauche ich ja nicht zu beschlagnahmen, dann erbe ich es ja sowieso, dann habe ich es ja da. Wenn ich ihn aber einsperre oder wenn ich sonstwo aus irgendeinem Grund von einem sein Vermögen haben will, ob es die Uhr ist – hier ist ja auch von Gold die Rede –, dann wird es beschlagnahmt ... Natürlich sind Judenaktionen keine Freundschaftsbezeugungen. Das ist ganz klar. Ich weiß auch nicht, wie der Generaloberst von Manstein dazu gekommen ist ... warum er nun plötzlich dieses wissen wollte?«

»Ich möchte wissen, ob Sie erfahren haben, daß diese Uhren der 11. Armee auch wirklich übergeben wurden?«

»Das ist möglich.«

Wöhler belastete Manstein, weil die Verteidigungslinie auf die Subalternität des Stabschefs abstellte. Halder, selbst Stabschef, bezeugte, daß »der Nimbus des deutschen Generalstabs in besonderem Maße auf dem Geheimnis beruht, das seine Tätigkeit umgibt. Niemand konnte hineinsehen, aber daß die Maschine funktionierte, hat alle Welt gespürt.« So sind auch die Motive bei der Judenvernichtung im Geheimnisvollen verblieben. Nur das Funktionieren ist spürbar.

Wöhler, den Halder als »einen besonders gut durchgebildeten, technisch erfahrenen, operativ begabten Generalstabsoffizier« beurteilte, war ursprünglich zur 11. Armee kommandiert, um die »politische Figur« des Ritters Schobert zu ergänzen. Im Mai 1942 avancierte er zum Stabschef der Heeresgruppe Mitte und am 15. August 1943 zum Armeeoberbefehlshaber. An der Spitze der 8. Armee machte er den Dnjepr-Rückzug mit, wurde Anfang 1944 über den südlichen Bug geworfen, im März über den Dnjestr. Im März fand er sich in Bessarabien wieder, auf halber Strecke zwischen Tighina und Jassy, Ende Mai hinter dem alten Grenzfluß Pruth. Vor 34 Monaten war Wöhler mit der 11. Armee und Einsatzgruppe D von dort aufgebrochen. Nun mußte er zu seinem Ingrimm feststellen, daß die Gegend von Juden wimmelte.

»Nach Jassy täglich Rückkehr von Juden«, meldete er am 31. Mai der Heeresgruppe Südukraine. »Die Stadt müßte evakuiert werden. Vermutlich nicht erreichbar, da die Juden dieser Stadt angeblich hohe Sondersteuer gezahlt haben. Nachprüfung war mir bisher nicht möglich. In Barlad versuchen Juden den Soldaten Bekleidungsstücke, Konserven abzukaufen. Ich habe Festnahme dieser Kreaturen befohlen. Zusammenfassung: Juden müssen verschwinden. Wöhler« (NOKW 3422). Von diesem Schlachtruf konnte er nicht lassen, stand aber weiter von der Verwirklichung entfernt denn je. Die Rumänen, deren unzivilisierte Tobsucht er im Juli 1941 degoutiert bemängelt hatte, waren nach einiger Zeit erlahmt. Im rumänisch annektierten Gebiet zwischen Dnjestr und Bug, der Provinz Transnistrien, hatte ein Drittel der Juden, etwa 50.000 Personen, überlebt. Die 11. Armee und Ohlendorfs Begleitkommandos waren aus Yampol, Kodyma, Balta und den anderen Städten fortgezogen, um die Krim judenfrei zu machen. Unterdessen kamen die aus Bessarabien vertriebenen Juden aus Verstecken und von Irrwegen zurück, gerieten indessen nicht in die Hände einer deutschen Reichskommissariatsverwaltung, sondern blieben Rumänen. Ähnlich die südwestukrainischen Juden, die Ohlendorfs erster Razzia ausweichen konnten.

Im Sommer 1942 bereits hatte sich Marschall Antonescu den Deportationswünschen aus Berlin widersetzt. Je ungewisser der Kriegsausgang in den folgenden Jahren wurde, desto zäher verteidigte Rumänien seine Juden. Sie rückversicherten den eventuellen Übertritt ins alliierte Kriegslager. Ähnliche Brücken hatte Hitler den Deutschen mit seiner Endlösung abgeschnitten. Sie kettete

Volk, Reich und Führer aneinander. Ein Kompromißfrieden hinter Hitlers Rücken wurde dem mit Ohlendorfs und Stahleckers Schwadronen liierten Offizierskorps vom Gegner nicht eingeräumt. Dabei hatte die antisemitische Indoktrination wenig persönlichen Rassenhaß erzeugt. Erbost stellte Wöhler im Juli 1944 fest, »daß deutsche Soldaten, vor allem in den Städten, in jüdischen Familien verkehren. Auch bei Offizieren soll das der Fall sein.« Alle Aufsichtspflicht und Erziehungsarbeit der ideologischen Einpeitscher hatten versagt. Weil es Wöhler nicht mehr gegeben war, die Juden auszurotten, befahl er, daß die Vorgesetzten »dieses unwürdige und schamlose Verhalten deutscher Soldaten, das allen Gesetzen unserer nationalsozialistischen Erziehung Hohn spricht, mit der notwendigen Schärfe ausrotten. Wer sich mit Juden einläßt, die die größten Feinde unseres Volkes sind, ist nicht wert, deutscher Soldat zu sein.« (NOKW 3439)

Anstatt den Toten ihre Armbanduhren zu rauben, trieb der deutsche Soldat Handel mit den Lebenden. Er bat um Verkauf von Zivilkleidern. Im jüdischen Gewande kehrte der ›völkische Rächer‹ heim. Der Judenhaß der Führer aber war angelangt, von wo er aufgebrochen war, bei dem Selbsthaß des Geschlagenen. Die Schmach seiner Rasse versank in der Rassenschande: In Jassy hatten sich »solche Sachen ergeben, als Geschlechtsverkehr, und – also Verkehr in den Familien«. Sicherheitshalber wollte Wöhler »Zurückhaltung« anmahnen.

Die Anklage fragte, warum er einen Befehl auf rein rassischer Grundlage erteile, wenn ihn nur Sicherheitssorgen leiteten?

»Es war damals eben die Begründung durch das rassische Problem«, antwortete Wöhler. »Das war eine Angelegenheit, die jeder verstand.«

Kurze Zeit später verstand sie auch Wöhler nicht mehr und orientierte sich auf den Neuhumanismus. Im Januar 1945 hatte er, als nunmehriger Befehlshaber der Heeresgruppe Süd, jüdischen Lagerinsassen ärztliche Hilfe gegen Fleckfieber zuerkannt. »Und ich weiß noch sehr klar, daß ich mit meinem Kraftwagen an diesem Barackenlager gehalten habe und daß zahlreiche Juden dort an dem Stacheldrahtgitter standen und den Hut zogen.«

Teil III
Strategen der Meere und Lüfte

Kapitel 7
Norwegen oder der Präventivkrieg

Der Neutralismus

Auf sein Zaudern, berichtete Halder in Nürnberg, habe ihm Hitler den Rußlandfeldzug wie folgt erklärt: Ein jäher Zertrümmerungsschlag auf das gegnerische Heer und System werde die Defizite des Reiches an Mannstärke und Ausrüstung wettmachen. In der »unendlichen Weite der russischen Räume würden wir uns nach dem Zusammenbrechen des Sowjet-Regimes ohne Gegner bewegen«. Die Gegner in London und Washington hatten, wenn nicht die irrsinnigen politischen Formen, so doch das irrsinnige militärische Tempo vorausgesagt. Sie rechneten für den Herbst 1941 mit der deutschen Eroberung des Kaukasus. Von dort aus bedrohte die Wehrmacht die britische Ölzufuhr im Irak und Iran. Einstweilen führten durch den Golf und den Iran die zur Belieferung der Sowjetunion erforderlichen Nachschubwege. Aus triftigem Grund besetzte England, die Hegemonialmacht der Region, am 25. August den neutralen Iran, internierte den Schah auf einem Fleck im Indischen Ozean und arrangierte am 2. September mit einer freundlicheren Regierung die bis Kriegsende währende Okkupation. Ein zweifellos neutralitätsverletzender Angriff, wie Hans Meckel, der Nürnberger Verteidiger des Angeklagten Schniewind, darlegte. Zur Rechtfertigung habe England nichts Stichhaltigeres vorgebracht als die »angebliche Bedrohung seines eigenen Hoheitsbereiches in Indien durch eine Anzahl Agenten seines Kriegsgegners Deutschland auf dem Gebiete des Neutralen«. Meckels Klienten, dem Stabschef der deutschen Seekriegsleitung, legte die US-Anklage ein ähnliches Unternehmen, die Okkupation Norwegens am 9. April 1940, als Verbrechen des Angriffskriegs aus.

Unter den Überfällen der Wehrmacht waren die auf Skandinavien und Rußland die rechtlich zweifelhafteren Fälle. Die Sowjetunion war im Juni 1941 nächst Hitler-Deutschland World-outlaw

Nr. 2. Ihr Ausschluß aus dem Völkerbund wegen des Finnlandkriegs bringt dies auch formal zum Ausdruck. Ein Aggressor, der über seinen mehrjährigen Komplizen herfällt, verübt sicherlich eine Untat. Doch besitzt ein beraubter Räuber eine schwächere Rechtsstellung. Die Heeresgruppen Nord, Mitte und Süd drangen mit ihren finnischen und rumänischen Verbündeten nämlich zunächst in einen Landgürtel ein, den der Gegner sechs Staaten gewaltsam entrissen hatte: Finnland, den drei baltischen Republiken, Polen und Rumänien.

Im Falle Norwegens begegnete Hitlers Aggression einem parallelen Versuch Englands und Frankreichs. Die Marine, die zeigen wollte, was in ihr steckte, bearbeitete Hitler seit November 1939 »zu prüfen, ob unter dem gemeinsamen Druck Rußlands und Deutschlands die Möglichkeit zur Gewinnung von Stützpunkten in Norwegen besteht« (C 122). In der Reichskanzlei, notierte Halder am 8. Dezember 1939, überwog jedoch das »Interesse daran, daß Norwegen neutral bleibt« (NOKW 3140). Überdies belehrte der Führer seine Admiräle, daß ihr Wunsch den klassischen Regeln der Seekriegführung zuwiderlaufe.

Das schließlich regelwidrig, aber meisterhaft vor dem Bug der bedeutendsten Flotte ihrer Zeit, der britischen, vollzogene Landungsunternehmen paßte schlecht in Hitlers Konzept, soweit er eines hatte. Halder, vor dem Nürnberger Gericht nach dem Gesamtplan des Angriffskriegs gefragt, rätselte: »Ich kann nur sagen, daß ich aus dem Munde Hitlers selbst gehört habe: ›Meine wirklichen Absichten werden Sie nie erfahren.‹« Dies mag den Generalstabschef nicht sonderlich gequält haben, solange die Wehrmacht im Rahmen der vom Kriege diktierten Gelegenheiten und Zugzwänge angriff. Sie kehrte sich im Sommer 1941 nicht gegen Rußland, um Hitlers Lebensraumschrullen zu realisieren. Es blieb ihr überhaupt keine Wahl. Churchill hatte denselben Schluß gezogen und wappnete sich bereits vor dem höchstwahrscheinlichen Erfolg des Feldzugs.

Wer in Hitler den Magier, wenn schon nicht des Heils dann des Unheils erschaut, hält den Rußlandkrieg seinen anti-bolschewistischen Obsessionen zugute. Es wäre auch unsinnig gewesen, den Krieg unter einem anderen Banner zu führen. Und unter welchem? Wen auch immer die NS-Ideologie in Bann schlug, Hitler, ihr Prophet, handhabte sie vorurteilslos. Nichts trübte etwa seine zutreffende Erkenntnis, daß Stalin weniger als bolschewistischer Weltrevolutionär denn als imperialer Despot handelte. So berechnend, wie Moskau Hitler munitioniert hatte, so schnöde würde es bei attraktiven Ködern der Gegenseite seinem Partner in den Rücken fallen. Nicht von ungefähr lockten die Westalliierten Stalin mit der Balkan-Hegemonie, die er zuletzt aus dem Krieg davontrug. Einschließlich jener Gebiete, die nicht seine Rote Armee, sondern Briten und Amerikaner erobert hatten. Kurz, die Wehrmacht attackierte im Juni 1941 nicht den ideologischen Erzfeind, sondern einen unsicheren Verbündeten, dessen Rohstoffquellen der deutschen Militärmaschine bisher den Betriebsstoff zuführten. Nachdem sich England 1940 weder aus der Luft noch von der See hatte einnehmen lassen, blieb der Wehrmacht allein, das Heer einzusetzen, die wirksamste deutsche Waffe. Dem Heer aber stand als einziger Gegner Rußland zur Verfügung. Rußland wurde aus einer Verlegenheit überfallen, wie Norwegen. Im Osten suchte man Ressourcen im Bösen zu ergattern, die im Guten zu unzuverlässig schienen. Im Norden überfiel man kennzeichnenderweise Norwegen und Dänemark, um sich der Lieferungen eines Dritten zu vergewissern, welcher die entscheidende Figur war: Schweden.

Schweden verkaufte Deutschland das Erz, dem der ganze Überfall galt. Doch stand Schwedens Unversehrtheit nie in Frage. Wozu die Mühen von Aggression und Besatzung auf sich laden, wenn Handelspolitik zum selben Zweck führt? Auch das Dritte Reich bekriegt niemanden aus Ur-Fehde und purem Eroberungsrausch. Staaten werden gefügig gemacht mit den dazu dienlichen Mitteln. Militärischer Zwang resultiert aus jäh wechselnden Konstellationen. Das Opfer mag der Hauptverbündete sein, der arglistig den Moment des Verrats abpaßt. Dem gilt es zuvorzukommen. Wenn Beweise fehlen, genügt Verdacht. Wenn Verdacht fehlt, genügt die Eventualität. Prävention ist elastisch, das Risiko aber steht. Kann es riskiert werden, auf Stalins Treue zu bauen? Im Prinzip erspart sich das Opfer den Überfall, wenn es verläßlich in Tribute einwilligt. Manch einer leistet sie ab gegen huldvolle Wahrung seiner Neutralität, ein anderer verrechnet sich. Er verrichtet pünktlich mindere Dienstbarkeiten und gerät unter grausame Knechtschaft wie das unglückliche Norwegen. Drei Eigenschaften kosteten das Land die deutsche Aggression:

1. Es besitzt eine 1.500 Kilometer lange, gezackte Küstenlinie, die gut geschützte Flug- und Marinebasen bot, um den britisch-ame-

rikanischen Handelsverkehr über den arktischen Ozean zu torpedieren.
2. Von den nordschwedischen Erzfeldern bei Gällivare führt eine Eisenbahnstrecke zur Westküste nach Narvik.
3. Narvik ist ein eisfreier Hafen. Das schwedische Erz passiert nach Gefrieren des Bottnischen Meerbusens von Dezember bis März die Narvik-Nordsee-Route. Im Januar 1940 importierte das Reich den Grundstoff seiner Stahlindustrie zu 44 Prozent aus Schweden. Ohne den Transport war kein Krieg führbar.

Die Briten hatten den Polenfeldzug mit ihrer klassischen Waffe, der Seeblockade, beantwortet. Sie versprachen sich vom Sperren der Güterzufuhr unblutige, doch wundersame Wirkung, getrübt allein durch einen Gürtel neutraler oder verbündeter Staaten, die Hitlers Handel besorgten. Zumal seine Kontakte nach Rußland entwerteten den ganzen Riegel. Allerdings entblößten die Handelslinien des Reiches zwei hochverletzliche Flanken: die Ölversorgung über Rumänien und die Erzzufuhr über Norwegen. Beides lag in mittelbarer Reichweite der britischen Seemacht. Im Südosten standen ihr allerdings drei neutrale Staaten im Wege: Griechenland, die Türkei und Rumänien, im Norden die Neutralen Schweden und Norwegen. Beide Flanken sollten Kriegsschauplätze werden.

Das Institut der Neutralität ist rechtlich schattiert nach dem Interessengegensatz zwischen Land- und Seemächten. Der Neutrale kann seine Enthaltsamkeit zwiefach auslegen. Er mag völlige Abstinenz von den Kriegsparteien wahren, oder aber er versagt sich nur den Kampfhandlungen und behandelt ansonsten alle Lager gleich. Das gälte vornehmlich für den Verkauf mit Waffen und Material. Sie zieht den unparteiischen Lieferanten unweigerlich in den Strudel des Konflikts. Als erstes gerät er mit den maritimen Belagerungsmächten aneinander. Seenationen eignen sich naturgemäß zum Wirtschaftskrieg. Ihre Befähigung zur Blockade trifft den Feind an der stillen Front des neutralen Handels. Auf den freien Meeren unterliegen seine Schiffe dem Prisenrecht. Der Belligerent ist befugt, sie anzuhalten und zu durchsuchen. Konterbande an Bord – kriegswirtschaftlich relevante Güter – verfallen der Beschlagnahme. Führen die Transportwege nicht über die Ozeane, sondern über Land, durch Binnenmeere oder neutrale Hoheitsgewässer, ist der Handel schwer zu bekämpfen. Statt dessen befallen den Neutralen alle möglichen Pressionen, seine Kaufleute zum Verzicht mittels Lieferboykott oder zumindest Kontingentierung zu nötigen.

In der Tat mag man die neutrale Ausrüstung Hitlers mit Öl und Eisen für hilfreicher ansehen als eine Handvoll parteiergreifender Divisionen. Darum hegte er die Neutralität seiner Lieferanten so behutsam, wie England sie beargwöhnte. Sein Anspruch an Schweden, vom Hitler-Geschäft zu lassen, brach sich indessen an dem eigenen Erzbedarf. Unter strenger Observanz verkauften die Schweden Deutschland und dem Königreich gleiche Mengen. Sie waren echte Neutrale.

Grotius und Vattel hatten die Neutralität einst aus dem Dilemma abgeleitet, zwischen gerechter und ungerechter Sache zu unterscheiden. Wer dies nicht vermag, hält sich heraus. Jeder Staat, der keinen Anlaß findet mitzustreiten, gilt als neutral; das sind die meisten. Insoweit ist der Neutrale ein Geschöpf des Zeitalters freien Kriegführungsrechts. Das Recht, zum Kriege zu greifen, fußt auf dem nämlichen Prinzip wie das Recht danebenzustehen. Es ist der souveräne Verzicht auf souveränes Losschlagen. Auch bedarf der Neutralitätsstatus nicht eigens der Deklamation. Neutrum ist, wer sich friedlich hält. Das Prinzip gehört dem klassischen Duellkrieg an. Die Duellanten nebst Verbündeten befehden einander, die übrigen sind indifferent. »Es ist der Handelsgeist«, schrieb Kant, »der mit dem Kriege nicht zusammen bestehen kann und der früher oder später sich jedes Volkes bemächtigt.« Der Handel mit fremder Völker Krieg gedeiht wiederum passabel. Seitdem Produktionskapazitäten Siege erzielen, ist neutrale Zu- und Durchfahrt mitunter der Garant des Gefechts. Während des Ersten Weltkriegs trübte die Vielzahl der Teilnehmer und die Bitternis ihres Opfers den ehrenwerten Stand der Neutralen. Sie dünkten die Belligerenten wie Drohnen, welche die Arbeit des Ausfechtens der künftigen Ordnung anderen aufluden. Die Wiederkehr des ungerechten Kriegers in Gestalt des Aggressors beeinträchtigte vollends das Prestige des Unparteiischen. Völkerbundsatzung und Pariser Vertrag verlangen ja die Parteinahme zu Ungunsten des Angriffskriegers. Der Neutrale verliert die milden Züge des friedsamen Gerechten und kommt in den Ruch des geschäftigen Egozentrikers. Dies um so mehr, je offenbarer die Aggression. Friedenssicherung beanspruchte nach dem Völkerbundsystem kollektiven Machteinsatz.

Als die Sowjetunion am 30. November 1939 Finnland angriff, hegten die skandinavischen Staaten an der Natur des Überfalls keinen Zweifel. Stalin arrondierte seine Grenzen für den Fall eines westlichen Einmarsches. Norwegen, Schweden und Dänemark berieten, wie zu reagieren sei. Sie sicherten Finnland jegliche außermilitärische Hilfe zu.

Überall im freiheitlichen Europa weckten Tapferkeit und Geschick der finnischen Gegenwehr den Widerstandsgeist. Frankreich, das träge und mißmutig seine Bündnisverwicklung in den Polenkrieg einlöste, fuhr elektrisiert auf. Ein Krieg gegen Hitlers sowjetischen Partner gewann vorteilhafte Gestalt. Eine solche Begegnung fände, anders als ein Gang mit deutschen Streitkräften, weit entfernt von französischem Boden statt. Sie durfte zudem mit dem Beifall der politischen Rechten rechnen, die sich Hitler verwandter fühlte als der heimischen Linken. Außerdem dünkte ein französisch-britischer Rußlandkrieg in den karelischen Schneewüsten dermaßen abwegig, daß er den Rahmen der Stabsplanung schwerlich verlassen würde. Eine militärische Fata Morgana, wetteifernd mit der parallel ausgeschmückten Idee, das in Syrien stationierte französische Truppenkontingent die Ölquellen des Kaukasus bombardieren zu lassen, nach Saloniki überzusetzen, auf Ploiesti, das rumänische Ölförderzentrum, zu marschieren usw. Dahinter standen keine ernsten Absichten außer einer, den Konflikt so weit wie irgend denkbar aus den eigenen Breiten zu verlagern. Immerhin dienten die Phantompläne, von der Wehrmacht 1940 in Paris erbeutet, in Nürnberg als delikate Verteidigungsdokumente:

»Es kann in Deutschlands Interesse liegen«, hatte der Oberbefehlshaber des französischen Heeres Gamelin am 16. März 1940 notiert, »Holland und Belgien zu schonen, denn diese ermöglichen es ihm, die Wirkungen der Blockade weitgehend zu umgehen. Es liegt also auf der Hand, daß eine strenge Kontingentierung der Einfuhr nach Holland und Belgien geeignet sein könnte, Deutschland dahin zu bringen, daß es kurzen Prozeß macht und in die Niederlande und Belgien einfällt, da diese ihm dann in wirtschaftlicher Hinsicht nur noch unbedeutenden Nutzen brächten. Bei den skandinavischen Ländern liegen die Dinge anders. Belgien und Holland dienen Deutschland hauptsächlich als Zwischenhändler, während Schweden Deutschland einen unentbehrlichen Rohstoff liefert, nämlich das Eisen. Es muß angestrebt werden, eine solche Versorgung zu verbieten. Ein einfaches Verfahren würde darin bestehen, zu erklären, die Lieferung gewisser wesentlicher Erzeugnisse, wie z. B. des Eisens durch neutrale Länder, die an das Reich angrenzen, bedeute einen Beistand in aller Form und würde zu Repressalien führen. Schweden würde also nur noch unter Blockadedrohung sein Erz an Deutschland liefern können.

Ebenso würde Norwegen nur noch unter dem gleichen Risiko die Durchfuhr bewirken können. Falls die beiden Länder sich fügen, so ist das Ziel erreicht; anderenfalls wäre ihr Seehandel zu sperren. Angesichts einer solchen Lage könnte Deutschland möglicherweise beschließen, darauf zu reagieren und in Schweden mit der Waffe einzugreifen. Es müßte uns dann zur Abwehr bereit finden; zu diesem Zweck muß in Frankreich und in England eine erste Staffel von Streitkräften bereitstehen, um nach Skandinavien befördert zu werden, sei es als Gegenschlag oder auch als Präventivmaßnahme. Die Abschneidung der deutschen Einfuhren an russischem Öl aus dem Kaukasus wirft zunächst einmal die Frage einer Eröffnung von Feindseligkeiten gegen die UdSSR auf...« (Raeder 41)

Das französische Kabinett rückte tödlich erschrocken von Gamelins Hasardspiel ab. Gleichwohl sind dessen Vorschläge im Herbst/Winter 1939/40 strategische Gemeinplätze. Sie kreisen um drei Grundinteressen der britisch-französischen Allianz: 1. den Handelskrieg zu erweitern und Hitler von seinen neutralen Versorgern abzuschneiden; 2. seine Fronten in die Weiten zu ziehen und brüchig zu machen; 3. den Konflikt auf Zonen und Waffengattungen zu lenken, welche die Heimat unversehrt lassen. Der Finnlandkrieg schien darum von günstig gewirkter Konstellation, die mehrere Vorzüge vereinte. Es kostete weniger, für die Finnen Partei zu ergreifen als für die Polen. Und je mehr eine Maßnahme an Partnern benötigt, desto ferner das Zustandekommen. Zumal das kollektive Sicherheitssystem sammelt das Friedenslager auf dem kleinsten gemeinsamen Nenner, das ist das Nichtstun. »Was würde geschehen«, fragte Churchill, »wenn all die neutralen Nationen auf einen spontanen Impuls hin in Übereinstimmung mit der Satzung des Völkerbunds ihre Pflicht täten und gemeinsam mit Großbritannien und Frankreich gegen Aggression und Unrecht aufstünden?«

Das mindeste, wozu Artikel 16 der Völkerbund-Charta explizit verpflichtete, war Gewährung von Durchzug für ein britisch-französisches Expeditionskorps zum finnischen Kriegsschauplatz. Unterwegs wollten die Strategen auch Hitler schlagen. Einmal in der Gegend, könnte man nebenher die nordschwedischen Erzgruben und den Verladehafen Narvik unter Kontrolle bringen. Das Unternehmen war amphibischen Ursprungs, mußte sich auf die überlegene britische Flotte stützen, lockte Hitler in arktische Gefilde und bürdete den Skandinaviern die Last des Operationsgebietes auf.

Die Skandinavier verweigerten energisch den Durchzug. Hitler hatte ihnen Ungnade signalisiert. Darum duckten sie sich, weil er viel auf seine Reizbarkeit gab. Die Reflexe der Neutralen wiesen nicht auf Neutralität, sondern auf den Wunsch, unbehelligt zu bleiben. Ihre Streitkräfte waren keinem Aggressor gewachsen und mißtrauten den britisch-französischen Garantien. Zu Recht, wie Polens Untergang offenbarte.

Die Konzilianz der Skandinavier beschwichtigte Hitler. Doch mochte er sich ungern darauf verlassen. Seine Admiräle erkundschafteten die Interventionsabsichten der Briten. Churchill hatte bereits am 19. September 1939 die Unterbrechung der schwedischen Stahlzufuhr gefordert (SKL 342). Admiral Canaris alarmierte kurz darauf die Marineleitung, daß »gewisse Anzeichen auf britische Absichten hindeuten, in Norwegen Fuß zu fassen« (SKL 304). »Das ganze norwegische Problem«, bekannte Schniewind in Nürnberg, sei »zunächst überhaupt in der Seekriegsleitung aufgegriffen, in seiner ganzen Bedeutung erkannt und erstmals an Hitler herangetragen worden.«

Dieser hatte das Problem allerdings bereits 1934 mit Göring erörtert. Dem Schutze der skandinavischen Erzzufuhr verdankte die Marine ihr Wiedererstehen. Ein Treffen mit der britischen Flottenübermacht begegnete indessen bangen Gefühlen. Die norwegische Neutralität bot deutschen Kriegs- und Handelsschiffen eine bequeme Bestandsgarantie. Sie besorgten den Erztransport innerhalb von Norwegens Hoheitsgewässern. Jenseits der Dreimeilenzone wären die kostbaren Seefahrzeuge durch britische Torpedos schnell auf Grund gesetzt worden. Infolgedessen gewährte Norwegens Status dem Admiralstab den Vorteil »einer gesicherten Ausnutzung der norwegischen Hoheitsgewässer«. Die britische Flotte verweilte machtlos westlich, während die gegnerischen Frachter durch die küstennahe Tiefseerinne schlingerten. Für die Briten begann damit bereits die Neutralitätsverletzung.

Richtig ist, daß das Inselreich seine Erzimporte über das offene Meer schaffen mußte. Dort setzten sich die Frachter den U-Boot-Rudeln aus. Deutschland profitierte von der günstigeren Lage. Selten nur gewährleistet der Neutrale vollkommene Parität. Der norwegische Teil der Bahnstrecke Gällivare–Narvik mißt wenig mehr als fünfzig Kilometer. Britische Ladungen durchquerten anschließend 4,5 Kilometer geschütztes Gewässer, deutsche 1.500 Kilometer. Darin lag eine Ungerechtigkeit, doch keine Unrechtmäßigkeit. Das Haager Seeneutralitätsabkommen erlaubt den Durchzug von

Kriegsmaterial auf Kriegs- und Handelsschiffen. Zwiespältiger verhielt es sich allenfalls mit der Nutzung von Bahn- und Hafenanlagen.

Die Neutralitätspflicht gebietet, jegliche militärische, wirtschaftliche und finanzielle Unterstützung von Belligerenten zu unterlassen. Das Gebot bindet indessen nur den Staat, nicht seine Kaufleute. Der Warenaustausch soll unbeeinflußt vom Kriege fortdauern. Die Verwendung öffentlicher Transportmittel ist nicht explizit ausgeschlossen. Fraglos verwischt sie die Grenzen von staatlicher Enthaltsamkeit und privatem Kommerz; allerdings kümmerten die Nuancen niemanden. Wer Erz benötigte, brauchte Eisenbahn und Hafen. So verloren die Regularien des 19. Jahrhunderts ihren Sinn. Seitdem totaler Krieg kraft industrieller Mobilmachung bestritten und entschieden wird, besteht die Neutralität von Staaten, die vom Militärgüterexport abhängen, nur noch als leerer Titel. Auch Hitlers Hauptversorger, die Sowjetunion, beanspruchte Neutralitätsstatus und verbuchte es als kapitalistische Ranküne, daß die Verbündeten einer Staatswirtschaft das Lieferprivileg absprachen, das den Rüstungsindustriellen zugestanden war.

Um sich dem Kriege effektiv fernzuhalten, genügte ein nationales Neutralitätsgesetz. Im November 1939 erließen die USA eine Ausfuhrbeschränkung für Waffen, Munition und Rüstungsmaterial. Der Verkauf an Belligerenten war den Herstellern untersagt. Einem derartigen Diktat des Krieges wollten sich die Kontinental-Neutralen keineswegs fügen. Zumal ihren Wirtschaftsverflechtungen der Bruch mit Deutschland übel bekommen mußte.

Die Pflege der Handelskontakte versprach den Pazifisten Entspannung und Normalität. Später nahm Hitler ihnen die Wahl ab. Seine Gebärdensprache erzog die Neutralen zu einer Beflissenheit, welche die Verbündeten enervierte. Deren Hang zum Handelskrieg wiederum beeinträchtigte die Interessen der Neutralen, trübte Hitlers Genuß an ihrem Status, weckte seinen Argwohn und riet ihm, ihre Neutralität einzukassieren, ehe daß es andere taten. Das Zaudern der Verbündeten und die angstgeblendeten Neutralen luden verlockend dazu ein. »Sie alle hoffen«, hatte Churchill letztere am 20. Januar 1940 über BBC beschworen, »daß der Sturm vorüberzieht, bevor sie an der Reihe sind, verschlungen zu werden. Doch ich fürchte, ich fürchte sehr, daß der Sturm nicht vorüberziehen wird. Er wird sich nach Süden breiten, er wird sich nach Norden breiten. Es gibt keine Aussicht auf ein schleuniges Ende außer durch vereinte Aktion.« Nichts scheuten die Neutralen mehr als das. Dänemark unterhielt ein Heer in Divisionsstärke. Sozialdemokraten und Radikale hatten das Land jahrelang auf Abrüstung eingeschworen. An die Stelle von Kriegsflotte und Heer sollten ›Seepolizei‹ und ›Wachtwehr‹ treten. Norwegen hatte über einhundert Jahre keinen Krieg geführt. Der Gedanke daran dünkte die Norweger nicht von dieser Welt. »Nur Finnland«, fügte Churchill hinzu, »stolz ablehnend, vornehm in den Klauen der Gefahr – Finnland zeigt, wozu freie Menschen imstande sind.«

Doch die Mühe, den Neutralen die Selbstverteidigung anzudienen, verschlug selbst bei den Belgiern nicht, denen ein rätselhafter Zufall den Aufmarschplan für den Westfeldzug in die Hände spielte. Sie hätten sich den Überfall auch ohnedem denken können. Die undurchdringliche Maginot-Linie lenkte die Deutschen ganz von selbst nach Belgien. Seit 2.000 Jahren sei dies die klassische Marschroute der Deutschen, erinnerte der Marschall Pétain. »Wir müssen nach Belgien gehen.« Eingedenk des famosen Schlieffen-Plans hielt auch Churchill die belgische Neutralität für überholt. Man müsse von Belgiens Grenze bis zur See einen Schild »gegen jene furchtbare Linksschwenkung« errichten, »die 1914 beinahe unseren Untergang herbeigeführt hatte«.

Sieben Wochen vor Deutschlands Einfall in die Niederlande bemerkte das britische Kriegskabinett, daß für einen solchen Fall keine Operationspläne existierten. Den Belgiern sollte mitgeteilt werden, daß man auf alle Fälle ihr Territorium durchziehe. Am 28. März beschloß der interalliierte Kriegsrat, daß ein deutscher Einmarsch in Belgien mit sofortiger Invasion beantwortet werde, »ohne auf eine formale Einladung zu warten«. Ein solcher Hilferuf lieferte den nötigen Rechtstitel, doch stand zu befürchten, daß er den Belgiern im Halse steckenblieb. Churchill beschwor über Rundfunk die Neutralen, die sich von Hitler zum Verkauf der »Mittel zukünftiger Aggression« treiben ließen, ihre Haut zu retten. An der belgisch-luxemburgisch-holländischen Grenze stauten sich mehr als eine Million Soldaten. Binnen Stunden angriffsfertig, könnten sie die drei Länder mit einer Stahl- und Feuerlawine niederwalzen. »Es hätte ein sehr kurzer Krieg sein können, vielleicht sogar überhaupt kein Krieg, wenn alle die neutralen Staaten, die unsere prinzipiellen Überzeugungen teilen und offen oder heimlich mit uns sympathisieren, auf ein Zeichen hin zusammen und in einer Linie gestanden hätten. Wir haben darauf nicht gebaut, wir haben es nicht erwartet, und darum sind wir nicht enttäuscht und unbeirrt.« Doch selbst aus dieser Rede tönt die unentwegte Nötigung, die Neutralen möchten zu guter Letzt ihre Passivität aufgeben. Dergestalt hat man nicht einen von ihnen in den Anti-Hitler-Krieg gebracht. Churchill klagte, daß die zum Rüstungsexport genötigten Neutralen Hitler zu jener modernen Kriegsfurie machten, die sie selbst so panisch fürchteten. »Dieser Umstand mag die ganze Welt zu einem anhaltenden Feueropfer verurteilen, mit unermeßlichen, schmerzlichen Konsequenzen in vielen Ländern.«

Hitler preßte die Pazifisten in den seltensten Fällen in sein Lager. Er erwies ihrer Neutralität öffentlich Reverenz, die sie wie das Sterbegeläut dünkte. Am Ende hat er vier europäische Handelspartner in der Nonbelligerenz belassen: Schweden, die Schweiz, Spanien und Portugal. Auf diese konnte er fest bauen. Auch die anderen schienen willig, lagen aber, anders als Schweden und die Schweiz, im strategischen Fadenkreuz der Verbündeten. Hitler und die Seekriegsleitung trennten sich schwer von der norwegischen Neutralität, wußten sie doch, daß ohne den Schutz der Dreimeilenzone der Erztransport aufreibender sein würde (C 100). Doch am 16. Februar inszenierte die Royal Navy dort auf Betreiben Churchills einen Handstreich, der beiden Seiten die Unzuverlässigkeit der Norweger klarmachte. Unter beflissener Kooperation nach allen Seiten war ihre Neutralität dahingeschmolzen.

Das Kriegsdienstschiff ›Altmark‹, das aus Seegefechten im Südatlantik dreihundert britische Matrosen als Gefangene an Bord hielt, war einige Wochen ziellos durch die Ozeanwüste gekreuzt, auf der Suche nach einer Lücke zur Heimkehr. Auf Kurs in den Nordatlantik, zwischen Island und Grönland, schlüpfte es, kurz bevor Treibstoff und Proviant versiegten, in norwegisches Hoheitsgewässer. Dort sichteten es britische Flugzeuge. Churchill selbst ordnete an, die ›Altmark‹ zu ergreifen und die Gefangenen zu befreien. Falls sie in der Dreimeilenzone angetroffen werde, desto besser. »Das Schiff verletzt die Neutralität durch den Transport britischer Kriegsgefangener nach Deutschland.«

Ein Rudel Zerstörer, geführt von Seiner Majestät Zerstörer ›Cossack‹, nahm südlich von Bergen bei Stavanger die Spur auf, begleitete die ›Altmark‹, die in der Küstenrinne schwamm, vom offenen Meere aus, suchte das Schiff zunächst aus den Hoheitsgewässern zu drängen, folgte ihm, sobald es in den Jösing-Fjord flüchtete, und blockierte den Eingang. Kapitän Vian schickte eine Enterpartie.

Daraufhin nahten zwei norwegische Torpedoboote. Von der ›Cossack‹ verlautete, sie sei in der ›hot pursuit‹ begriffen, der Verfolgung auf frischer Tat. Die Norweger möchten die ›Altmark‹ sogleich durchsuchen. Diese logen in ihrer Not, der Deutsche sei bereits dreifach untersucht. Gefangene seien keine gefunden worden. Man habe Befehl, ein britisches Eindringen in den Fjord zu verhindern. Die Torpedorohre zielten bereits auf die ›Cossack‹.

Um Unheil abzuwenden, vertagten sich die Kapitäne. Beide hielten Rücksprache mit den Regierungen, die Rechtslage mußte studiert werden. Churchill, Erster Lord der Admiralität, unterwies Außenminister Halifax in den Bräuchen der ›hot pursuit‹. Halifax, stets versöhnlich, ließ den Norwegern die Verbringung der ›Altmark‹ nach Bergen anbieten. Dort konnte sie ein ordentliches Prisengericht durchsuchen. Die Norweger erschraken. Was sollten sie mit den Gefangenen anstellen? Den Deutschen abnehmen und den Briten aushändigen? So viel Neutralität würde Hitler sich nicht bieten lassen. »Vor deutschem Terror zitternd«, wie Churchill nachsichtig schreibt, logen die Norweger weiter: Sie hätten das Schiff durchsucht und weder Waffen noch Gefangene angetroffen. Vian ließ die ›Altmark‹ entern, fand zwei Schnellfeuergeschütze, vier Maschinengewehre und dreihundert Gefangene.

Den Norwegern war Erwiderung eventuellen Feuers angedroht. Sie ließen alles geschehen. Am kommenden Morgen klagte ihr Premier dem britischen Botschafter seine Indignation, daß man »ein kleines neutrales Land in dieser Weise behandelt hat«. Zwei Tage später unterrichtete der Außenminister das Parlament: »Sicherlich wußten die Engländer über die ›Altmark‹ besser Bescheid als wir, denn sie wußten, was wir Norweger nicht ahnten, daß die ›Altmark‹ viele englische Gefangene an Bord hatte.« (SKL 315) Anscheinend betrachtete die Regierung dies als unzulässig, doch was konnte sie mehr veranlassen, als die ›Altmark‹ dreimal zu durchsuchen! So beschuldigte man die Briten einer ernsten Verletzung der norwegischen Hoheitsgewässer, der norwegischen Neutralität und der norwegischen Souveränität. Fünfzig Tage später sollte nichts mehr davon übrig sein.

Den Briten signalisierte der Zwischenfall, daß Norwegen außerstande war, seine Neutralität zu verteidigen. Es klagte England der Neutralitätsverletzung an, nicht sich und nicht die deutsche Marine. Artikel 5, Seeneutralitätskonvention, untersagte, die norwegische Dreimeilenzone für Marineunternehmen gegen England zu nutzen.

Dazu rechnete auch nach norwegischem Verständnis die Flucht eines mit gefangenen Matrosen beladenen Kriegsschiffes. Das Eindringen der ›Cossack‹-Flottille in den Fjord war nach Artikel 10 erlaubt, das Entern der ›Altmark‹ nach Artikel 2 verboten, Halifaxens Forderung nach Artikel 8 legitim. Weil die Norweger ihre Vertragspflicht verweigerten, war die ›Cossack‹ zur Selbsthilfe berechtigt. Der norwegische Außenminister entschuldigte vor dem Parlament seinen Kapitän, der die deutsche Militäraktion nicht mit Waffengewalt geschützt hatte. Seine Kräfte reichten nicht aus. Hitler nahm die Entschuldigung nicht an.

Wie Schniewind in Nürnberg berichtete, herrschte in der Seekriegsleitung der Eindruck, daß Norwegen sich vor energischen Maßnahmen gegen britische Neutralitätsverletzungen drückte. Die Regierung sei offenbar weder fähig noch willens gewesen, ihre Neutralität zu schützen und zu verteidigen. An dem Punkte stimmte man mit England überein. Beide Mächte trafen fortan Vorsorge, die Fassade der norwegischen Neutralität zu kippen.

Die Deutschen vermuteten noch immer, daß London des finnischen Vorwands bedürfe, um in Skandinavien zu landen. Darum beschleunigte das OKW seine Planungen. Finnland neigte zu Friedensgesprächen. Wollten die Verbündeten intervenieren, blieb ihnen wenig Zeit. Doch hatte sich der Plan, Hitler zu treffen, indem man Stalin schlug, längst in den diplomatischen Sondierungen verbraucht. England und Frankreich konnten nur eingreifen bei Aufgabe des norwegisch-schwedischen Durchzugsverbots. Die Durchzugserlaubnis der Nachbarn wollte das Expeditionskorps durch einen finnischen Hilferuf erzwingen. Die Finnen aber vermieden, laut nach Hilfe zu rufen, um Stalin nicht unnütz zu provozieren. Sie zweifelten nämlich mit Grund an der Seriosität des franko-britischen Anerbietens. Aus Frankreich eingetroffene Geschütze rührten noch vom Krimkrieg her. Vonnöten waren aber 50.000 Mann und 100 Bomber.

Das innere Motiv der Verbündeten, der Angriff auf Hitlers neutrale Erzbelieferung, konnte auf kürzerem Wege angefaßt werden. Er führte über den Präventivkrieg. Um den bevorstehenden Überfall der Gegenseite auf die wehrlos preisgegebene norwegische Neutralität zu vereiteln, war sie in Sicherheitsverwahr zu nehmen. So dachten mit unterdrücktem Bedauern auch Hitler und die Seekriegsleitung.

14 Tage nach dem ›Altmark‹-Zwischenfall erging die »Weisung

für den ›Fall Weserübung‹«. »Grundsätzlich ist anzustreben, der Unternehmung den Charakter einer friedlichen Besetzung zu geben, die den bewaffneten Schutz der Neutralität der nordischen Staaten zum Ziel hat ... Trotzdem auftretender Widerstand ist unter Einsatz aller militärischen Mittel zu brechen.« (C 174)

Am gleichen Punkt zauderten die Briten. Norwegische Gegenwehr mochten sie ungern überwältigen. Ein Unternehmen gegen die Skandinavier brächte sämtliche Neutralen in Rage, verletzte die Interessen der Amerikaner, garantierte den Deutschen weltweit Prestige und entfremdete die Briten der Sympathie der Norweger und Schweden. Churchill zweifelte an dieser Psychologie. »Trotz all ihrer Brutalität«, schrieb er an Außenminister Halifax, »machen die Deutschen mehr Fortschritte bei den Neutralen als wir mit all unseren Skrupeln.« Die Tauben wie die Falken fürchteten, die Skandinavier den Deutschen in die Arme zu treiben. Entweder mit zuviel Schneid oder mit zuviel Güte. Luftwaffenminister Kingsley Wood verdächtigte Norweger und Schweden, sie seien »höchstwahrscheinlich von der Macht der Deutschen und Russen mehr beeindruckt als von dem Wunsch, die guten Beziehungen mit uns zu kultivieren«.

Frankreich, in Plänen, die England realisierte, meist kühnen Mutes, empfahl, Norwegen als Hitlers Komplizen zu enttarnen und unverzüglich zu okkupieren. Ministerpräsident Daladier telegrafierte an Frankreichs Botschafter in London: »Norwegen hat dadurch, daß es die Fahrt eines bewaffneten Schiffes mit englischen Gefangenen an Bord durch seine Hoheitsgewässer gestattete und schützte, seine Pflichten als neutrale Macht schwer verletzt. Die britische Regierung ist berechtigt, Wiedergutmachung und Garantien zu verlangen. Sie kann insbesondere die Internierung der ›Altmark‹ und ihrer Besatzung fordern und der norwegischen Regierung notifizieren, daß die britische Regierung von nun an die Überwachung der norwegischen Gewässer selbst übernehmen werde, da die Regierung in Oslo sich fortgesetzt unfähig gezeigt habe, die Unverletzbarkeit ihrer Hoheitsgewässer durchzusetzen. Stößt diese Demarche auf Ablehnung, was sehr wahrscheinlich ist, so hat die britische Regierung das norwegische Versagen festzustellen und sich sofort der Stützpunkte zu bemächtigen, derer sie zur Wahrnehmung ihrer Interessen bedarf. Diese Besetzung der norwegischen Häfen müßte als eine überraschende Aktion durchgeführt werden, und zwar durch die englische Flotte allein oder unter Mitwirkung der französischen Flotte ... Diese Operation wird der Weltöffentlichkeit in um so höherem Maße berechtigt erscheinen, je rascher sie durchgeführt wird und je mehr die Propaganda imstande sein wird, die Erinnerung an die norwegische Mittäterschaft im Falle ›Altmark‹ zu erwecken.« Der Ertrag der Aktion bestehe darin, »gegenüber Deutschland im Norden eine beherrschende Stellung gewonnen zu haben, den Seetransport des schwedischen Erzes aufgehalten zu haben, die schwedischen Erzlagerstätten in den Aktionsbereich unserer Luftwaffe gebracht zu haben und einsatzbereit der künftigen Entwicklung der deutschen und russischen Anschläge auf Skandinavien zusehen zu können. Wenn wir die ›Altmark‹-Affäre nicht zu einer unmittelbaren Beschlagnahme der Pfänder und Stützpunkte in Norwegen ausschlachten«, schloß Daladier, jetzt ganz im Ton Hitlers, wie B. Liddell Hart giftig dazu anmerkt, »wird in Deutschland, in Rußland und bei den Neutralen der Eindruck erweckt, daß wir unfähig sind, vom Geschwätz zur Tat überzugehen.« (Raeder 77)

Die Sorge war der Seekriegsleitung fremd. Am 6. März setzten Raeder und Schniewind einen Operationsbefehl auf, der ganz dem Überrumpelungseffekt vertraute. Um unerwartet über Briten, Norweger und Dänen herzufallen, seien Planungslücken hinzunehmen und durch schneidige Aktionen wettzumachen. Eine treffliche Gelegenheit, das erste kombinierte See-Luftlandemanöver zu wagen. Mehr zur Einschüchterung des Zivils als zu Kampfzwecken wurden Jäger- und Bomberstaffeln beigezogen. Um die Landung bei Dunkelheit bewerkstelligen zu können, warfen die Piloten sich eiligst auf Nacht- und Blindflugübungen. Der geteilten Sympathie der Skandinavier begegnete man durch eine List. »Zur Erhöhung des Überraschungsmomentes und aufgrund vorliegender Nachrichten, daß die norwegische Wehrmacht Befehl hat, sich einer englischen Invasion nicht mit Waffengewalt zu widersetzen, ist beim Einlaufen von allen Streitkräften bis zum Beginn der Ausschiffung (Ankern, Anlegemanöver oder Anlandsetzen der ersten Truppen) die britische Kriegsflagge zu setzen. Eine Ausnahme von dieser Anordnung macht die Gruppe Narvik. Der dortige Militärkommandant, Oberst Sundlo, ist deutschfreundlich eingestellt, so daß von seiner Seite keine Schwierigkeiten erwartet werden, wenn die deutsche Flagge beim Einlaufen gesetzt ist.« (L 323)

Den Gedanken der Seekriegsleitung, als deutsche Kriegsmarine und Royal Navy in einem zu landen, holte die Realität ein. Am

3. April waren drei als Kohlefrachter getarnte Waffentransporter auf die 1.000-Seemeilen-Weiterfahrt ausgelaufen. Schlachtschiffe, Kreuzer und Zerstörer folgten in der Nacht zum 7. April. In der Frühe des 8. April erfuhren die Deutschen, daß die Briten Norwegens Häfen verminten. Die Invasoren mochten nicht länger als falsche Briten an Land gehen, sondern als ehrliche deutsche Beschützer.

Während Ribbentrop die flagranteste Verletzung eines neutralen Landes seit dem britischen Seebombardement Kopenhagens im Jahre 1801 anprangerte und die norwegische Regierung gegen die Mitteilung der Verbündeten Sturm lief, daß sie ihre Handlungsfähigkeit verloren habe, konnte der Oberbefehlshaber der ›Weserübung‹, Nikolaus von Falkenhorst, am 9. April um 17.30 Uhr melden: »Besetzung Norwegens und Dänemarks auftragsgemäß durchgeführt.«

Um 4.10 Uhr in der Frühe hatten Landungstruppen begonnen, Haupthäfen und Flugplätze in Besitz zu nehmen. Ein Teil der Angegriffenen war noch auf die langsame, chaotische britische Verminung konzentriert, einige Küstenbatterien feuerten scharf, in Dänemark halfen Matrosen gelegentlich, die Invasionsflotte sicher an die Liegeplätze zu lotsen. An der Grenze von Schleswig und Jütland traf der Eindringling die Wachen im Schlafe an. Vor Schloß Amalienburg feuerte die Königliche Garde anstandshalber einige Salven in die Luft. Norwegens 13.000-Mann-Armee stand zur Hälfte im obersten Norden, um Rußland abzuschrecken. Die Royal Air Force, die dem maßstäblichen deutschen Luftlandeunternehmen gern mit einer Staffel Bomberflüge geantwortet hätte, konnte keine Ziele ausfindig machen. Von diesem neutralen Lande waren keine Karten vorhanden, außer den in Baedekers ›Skandinavien‹ von 1912 abgedruckten Stadtplänen. »Wenn wir in den ersten Kriegstagen«, schrieb Churchill zwei Wochen vor der Aktion, »die Macht besessen hätten, in diese Gewässer einzudringen, hätten wir uns gleich die Gefolgschaft der skandinavischen Staaten sichern können, die heute an nichts als an eine selbstsüchtige und abträgliche Neutralität denken.« So erbte Hitler die Gefolgschaft, und der ›Völkische Beobachter‹ titelte »Deutschland rettet Skandinavien«.

Auch der ›Weserübung‹ unterliefen vier kapitale Mißgeschicke, deren eines normalerweise den Fehlschlag besiegelt hätte: In Narvik, dem strategischen Ziel des ganzen Feldzugs, wurde Generalmajor Dietl, Hitlers Lieblingsgeneral, mit 4.000 Gebirgsjägern und

Matrosen durch alliierte Kräfte abgeschnitten. Am 14. April waren britische, französische und polnische Verbände auf den Lofoten gelandet und zehn Tage später in den zum Hafen leitenden Ofot-Fjord eingedrungen. Es blieb der Wehrmacht die ganze Skandinavienkampagne hindurch versagt, Narvik zu sichern. Erst nach dem Juni-Zusammenbruch der Westmächte flüchtete das alliierte Korps, welches die Deutschen noch kurz zuvor landeinwärts zur schwedischen Grenze gedrückt hatte.

Zum zweiten empfing die Wehrmachtsführung den »Eindruck eines erschreckenden menschlichen Versagens dieses Mannes an der Spitze des Reiches«, wie Warlimont sich später erinnerte. Dem Oberbefehlshaber rissen ob Dietls Malheur die Nerven. Zwischen dem 14. und 23. April rangen Keitel, Jodl, Halder und Loßberg mit einem depressiven, kleinlauten Hitler um die Preisgabe Narviks.

Der Hasardeur lebt mit der Möglichkeit hereinzufallen. So versessen sich Hitler an seine letzten Positionen in Rußland klammerte, harrend auf den erlösenden Glückswurf, so frivol warf er die Norwegen-Partie hin, solange noch andere Plazierungen winkten. »Man soll eine Sache erst verloren geben, wenn sie verloren ist«, notiert Jodl am 17. April in sein Tagebuch (PS 1809). An diesem Tage »wollte Führer Truppen Narvik wegnehmen«, entsetzte sich Halder (NOKW 3140). Am 19. April »verläßt Chef OKW Saal, es droht erneut ein Führungschaos«, fürchtet Jodl, der dem Führer »in schärfster Form« klarmacht, daß sein Defätismus »der Gruppe Dietl das moralische Rückgrat bricht«. Auf gegnerischen Widerstand war Hitler nicht gefaßt. Er hatte ganz auf sein brachiales Äußeres gesetzt. Nun war die »Aufregung fürchterlich«, klagt Jodl. »Jede ungünstige Meldung führt zu schlimmsten Befürchtungen« (PS 1809). Warlimont ergänzt die »Szenen kopfloser Erregung« um ein »Bild der Würdelosigkeit«, das sich ihm »in jenen kritischen Tagen darbot, als Hitler, unbeachtet auf einem Stuhl in der Ecke hockend und in dumpfem Brüten vor sich hin starrend, das Heil anscheinend nur von neuen Nachrichten erwartend, die er, um keinen Augenblick zu versäumen, am Fernsprecher aufnehmen wollte«. Warlimont will schaudernd der großen Feldherrn der deutschen Geschichte gedacht haben. »Rühmt doch noch heute die Nachwelt einem Moltke die unerschütterliche Ruhe und Sicherheit nach, die auf den Schlachtfeldern Böhmens und Frankreichs immer wieder Staunen weckte.«

Neben dem deutschen versagte auch der Führer der norwegischen Nationalsozialisten Vidkun Quisling. Das war der dritte Unfall der Invasion. Offenbar auf eigene Faust hatte Quisling über Rundfunk eine Naziregierung ausgerufen. Weder seine prospektiven Minister noch die Deutschen besaßen davon eine Ahnung. Die amtierende Regierung und der König, die sich zunächst auf keine einhellige Reaktion verstanden, fanden nunmehr ihr Widerstandsgewissen. Die Einbuße ihrer Neutralität wäre zu verkraften gewesen, nicht aber die ihrer Ämter. Infolgedessen riefen sie Volk und Armee zum Widerstand auf. In Dänemark hatte das Reichsaußenministerium sorgfältiger vorgearbeitet. Niemand kandidierte für eine NS-Machtergreifung. König Christian und die Regierung blieben am Platz. Diese begrüßte, »daß das Betreten des dänischen Bodens von deutschen Truppen nicht in feindlicher Gesinnung ist« und die Deutschen darauf verzichteten, »die politische Unabhängigkeit des Königreichs Dänemark anzutasten«. Die Regierung erhebt gegen die »Verletzung der Neutralität Dänemarks ihren ernsten Einspruch«, hat sich jedoch »in der gegebenen Lage dazu entschlossen, die Verhältnisse hier im Lande unter Berücksichtigung der erfolgten Besetzung zu regeln«. So geschah es. Unter seinem sozialdemokratischen Ministerpräsidenten und Außenminister pflegte das Land seine Demokratie, seinen auf Deutschlandhandel beruhenden Wohlstand, knüpfte Gewerkschaftskontakte ins Reich, überließ der Wehrmacht Torpedoboote, zeichnete am 25. November 1941 den Anti-Komintern-Pakt und stellte ein Freikorps für den Rußlandfeldzug.

Der Sog der Aggression

Von der Kriegsmarine, welche die Norwegeninvasion aufgebracht, geplant und zum Erfolg geführt hatte, blieb im Verlauf der Aktion nicht viel übrig. Sie verlor die Mehrzahl ihrer Schiffe. Ihre Vision einer Landung auf den Britischen Inseln, die ›Operation Seelöwe‹, zerstob. Eine Waffe zur Bezwingung Englands aus der Luft war noch nicht geboren. So kehrte sich der Krieg zuletzt nach Osten. Die Ereignisse auf dem nördlichen Schauplatz förderten den Entschluß durch einen verhängnisvollen Trug. Finnlands unterlegene Armee hatte den Sowjettruppen nahezu das Zehnfache der eigenen Verluste zugefügt. Die Rotarmisten ergaben sich in Scharen dem Feind. Seither wußte die deutsche Heeresspitze, wie sie den Fall anzufassen hatte.

Zur politischen Ausbeute der Norwegen-Aktion zählte ein Bündel von Schriftstücken, die das britisch-französische Expeditionskorps bei sich getragen hatte. Das Reichsaußenministerium veröffentlichte sie schnurstracks in einem Weißbuch, zum Beleg der Errettung Skandinaviens vor dem alliierten Überfall. Die Akten wurden auch dem Nürnberger Gericht unterbreitet, zwecks Entlastung des Stabschefs der Seekriegsleitung. Sie dokumentieren die Landungsabsichten der Gegenseite, eine nicht weiter in Zweifel gezogene Geschichtstatsache. Beide Parteien trachteten einander zuvorzukommen. Sie nahmen die verschlissene skandinavische Neutralität zum Anlaß, die strategischen Schlüsselstellungen des Wirtschaftskriegs zu besetzen. Das erzhaltige Schweden, die Ursache allen Streits, blieb unbehelligt. Einem Ostseeanrainer drohte kein beidseitiger Zugriff. Schwedens Neutralität überlebte, weil sie in deutscher Domäne siedelte. Was das Land zu bieten hatte, war unter Garantie käuflich, und Kauferwerb ist billiger als Eroberung.

Nachdem das Reich durch den Sieg im Westen zusätzlich aus den lothringischen Erzgruben schöpfte, verlor der schwedische Import an Bedeutung. Holland und Belgien, die friedfertigen Zwischenhändler für Hitlers Atlantikzufuhren, konnten ihre Unparteilichkeit nur kurzfristig damit sichern. Der Westfeldzug ordnete ihnen eine andere Rolle zu, die ein jeder erwartete, ausgenommen sie selbst. Ihre Geographie war, wie die norwegische, neutralitätsfeindlich. In der Zeit motorisierter Attacken zu Land und Luft diente Holland als Pufferzone vor dem verwundbaren Ruhrgebiet. Zudem lenkte die Einbetonierung der französischen Ostgrenze in die undurchdringliche Maginot-Linie die Bahn der Wehrmacht zwangsläufig auf belgisch-niederländisches Gefilde.

So gewiß die Frankreich-Kampagne durch diese Staaten führte, so naheliegend das Bedürfnis, Abwehrmaßnahmen zu koordinieren. Derselbe Angstreflex nötigte die Regierungen, bei den Verbündeten Zuflucht zu suchen und sie zu fliehen. Eine falsche Bewegung und der Aggressor fände willkommenen Vorwand. Er benötigte keinen solchen, weil er seine Vorwände nach Maß inszenierte. Doch kleidete er sie gern in zündende Propaganda.

Aus den Beuteakten des Weißbuches entwarf das Reich einen Fall von akuter Notwehr: So wie die Verbündeten Norwegens Neutralität mißachtet hatten, untergruben sie nunmehr die Belgiens und Hollands. Die Botschaft besagte, wer immer die Neutralität der Anrainer retten wollte, mußte sie abschaffen. Die Deklaration der Unberührbarkeit war zum Anreiz geworden. Die Anti-Kriegsnation ist leichte Beute. Keine Seite hält den Gegner für legalistischer als sich selbst. Weshalb sollte er die friedsamen Lieferquellen nicht verstopfen? Je beherzter der Zugriff, desto eher sind anderer Anschläge durchkreuzt. An die Stelle neutraler Staaten setzt die Zeitung ›vermeintlich neutrale‹ oder ›in ihrer Neutralität bedrohte Staaten‹. Gleichviel, die unechte Fassade wird geschleift! Darin steckt eine Portion Wahrheit. Den Status unparteiischen Handels und Wandels mit den Kriegsparteien hat der totale Krieg verschluckt. Er kennt nur noch Parteien. In dem interkontinentalen U-Boot-Krieg gegen den Schiffsgüterverkehr, den maritimen Blockadestrategien, der Raumüberwindung durch motorisierte Keile und Staffeln war für die Oasen erwerbstüchtiger Friedenssehnsucht nicht viel Platz. Die Vakuumzonen saugten die Einmärsche an, die sie zu meiden trachteten.

Rechtlich bestanden die Feldzüge des Frühjahrs 1940, die Hitlers Kontinentalimperium begründeten, aus fünf Überfällen auf neutrale Mächte und einem Abwehrkrieg gegen die Allianz. Doch diente die ›Abwehr‹ Frankreichs und Englands ersichtlich Deutschlands Eroberung der Kontinentalherrschaft. Der Angriff auf die Neutralen wiederum trägt im Norden Züge der Prävention. Das gilt in minderem Maße für den Fall Belgien und Holland. Hollands Inbesitznahme gewährte Deutschland eine Vorneverteidigung gegen allzu blitzhafte Attacken auf das Ruhrgebiet. In der Hauptsache suchte die Wehrmacht die schwach befestigten Grenzen im Nordwesten aber, um den Betonriegel der französischen Ostfront zu umgehen.

Schniewind und sein Verteidiger Meckel, die lebhaft mit dem Aggressionsvorwurf rechteten, bezichtigten die Alliierten des nämlichen Umgangs mit der Neutralität. Der Iran wie auch Island lockten die Briten zeitweilig als ideale Operationsbasen. Infolgedessen war die Besetzung beschlossene Sache. Für die Luft- und Seekriegführung der Anglo-Amerikaner bedeutete Island ein nicht weniger kostbarer Besitz als etwa Holland für die Nazis. Die Insel, die als natürlicher Flugzeugträger zwischen dem amerikanischen und europäischen Kontinent liegt, diente zum Auftanken der Maschinen, die dem alliierten Schiffsverkehr Deckung vor den verheerenden deutschen U-Boot-Angriffen lieferten. Die Insel war selbständiger, neutraler Staat, allerdings in Personalunion mit Dänemark. Nachdem Deutschland die Dänen kontrollierte, nahmen die Briten

Island in Beschlag. Ein weiterer Ort von dubioser Neutralität, dem fürsorgliche Okkupation widerfuhr. Island, die Färöer-Inseln und das amerikanisch besetzte Grönland, ein unmittelbar dänisches Territorium, mag man als legitime Beute aus dem Skandinavien-Konflikt auffassen. Islands Parlament hatte allerdings nach der Besetzung Dänemarks der Regierung die alleinige Exekutive übertragen. Der Rechtsstatus der Insel war auslegbar, zählte aber für die Briten keinen Deut mehr.

Nach dem Urteil des britischen Militärhistorikers Liddell Hart, der deutschen Generalität meist wohlgesonnen, war es »einer der fragwürdigsten Punkte des Nürnberger Prozesses, daß man die Vorbereitung und Durchführung des Überfalls auf Norwegen unter die Hauptanklagepunkte gegen die Deutschen aufnahm. Es ist schwer zu verstehen, wie die britische und französische Regierung die Stirn haben konnten, diese Anklage zuzulassen, und wie der öffentliche Ankläger für eine Verurteilung in dieser Hinsicht plädieren konnte. Das war einer der augenfälligsten Fälle von Heuchelei in der Geschichte.« Betrachtet man die Rechtsquellen des ›Verbrechens gegen den Frieden‹, fällt etwas ganz anderes ins Auge.

Das Aggressionsverbot leitete sich neben dem Kellogg-Briand-Pakt von der Präambel der Völkerbund-Charta her. Artikel 16 bis 17 verpflichtete die Bundesmitglieder, eine Aggression, sei es auch die eines Nichtmitglieds, kollektiv zurückzuweisen: »Diese verpflichten sich, unverzüglich mit ihm alle Handels- und finanziellen Beziehungen abzubrechen, ihren Staatsangehörigen jeden Verkehr mit den Angehörigen des vertragsbrüchigen Staates zu verbieten und alle finanziellen, Handels- oder persönlichen Verbindungen zwischen den Angehörigen dieses Staates und denjenigen jedes anderen Staates abzubrechen, gleichviel, ob er dem Bunde angehört oder nicht.« Selbst die Seekriegsleitung hielt im März 1940 Artikel 16 für bedrohlich. Sie erwog nämlich den Fall, daß die norwegische Regierung den Briten die verbrieften Durchzugsrechte zugunsten Finnlands zugestände. (SKL 316)

Stillschweigend ignorierten die Neutralen seit dem Polenüberfall die Prinzipien nach Artikel 16 und begünstigten den Aggressor. Es überzeugt nicht sonderlich, alle Neutralitätsrechte nach dem Haager Abkommen von 1907 für gültig und alle Solidarpflichten aus der Völkerbundsatzung von 1919 als ungültig anzunehmen. Wenn dies dennoch zuträfe, dann bestünde auch kein Aggressionsverbrechen. War es Schniewind bei Strafe untersagt, Norwegen zu überfallen, so war es aus gleichem Rechtsgrund Norwegen untersagt, an Hitlers Erzversorgung teilzunehmen. Beide Normen entspringen den Kriegsächtungsbeschlüssen von 1919 bis 1928.

In der Tat hatten die europäischen Neutralen bereits bei Herannahen der Kriegsgefahr entdeckt, daß der Sanktionsartikel 16 ihren Status zunichte machte. Wer den Aggressor bedrängt, ob militärisch oder ökonomisch, opfert seine Neutralität. Die ›Oslo-Gruppe‹, eine wirtschaftliche Assoziation der Skandinavier, Finnland, Belgiens, Hollands und Luxemburgs, hatte sich 1936 nach Hitlers Remilitarisierung des Rheinlands und während der Sudetenkrise im Juli 1930 vom Sanktionszwang des Artikels vorsorglich losgesagt. Nach dem Münchener Abkommen verabredeten sie für den Kriegsfall eine gemeinsame Handelspolitik. Pazifisten, die sie waren, schworen sie dem Kriege ab, nicht aber dem Wirtschaftsverkehr mit den Kriegsparteien. Dieser Plan hat sich nicht bewährt.

Die Oslo-Staaten widersetzten sich keineswegs dem Völkerbundgedanken. Sie förderten ihn nach Kräften, zumal er ihnen Sicherheit und Abrüstung zugleich versprach. Als passionierte Freihändler gediehen sie am besten zu Friedenszeiten. Bei Nahen des Krieges gehorchten sie zunächst, wenn auch zaghaft, der Bundespflicht. Die begrenzten Wirtschaftssanktionen gegen Italien, den Aggressor im Abessinienkrieg, wurden von den Oslo-Neutralen mitgetragen. Es konnte ihrem Mißtrauen allerdings nicht entgehen, daß England und Frankreich, die Führungsmächte, den Embargodruck auf Mussolini im Rahmen genereller Konzessionsbereitschaft hielten. Er war nämlich als Verbündeter gegen Hitler in Aussicht genommen. In dieser grand strategy wog das kleine Äthiopien wenig. Im Ergebnis erfuhr Mussolini so wenig Sanktionen, daß er Krieg und Beute bequem gewann, zuviel Sanktionen, als daß er nicht beleidigt in Hitlers Lager driftete, und eben genug, daß die kleinen Freihändler dem so lästigen wie ineffektiven Sanktionssystem entsagten. Darum zogen die Verbündeten sehr einsam in den Krieg.

Die Wehrmacht, eine jüngst zusammengeflickte, ungeübte Truppe, fühlte sich noch längst nicht gefechtsbereit. Doch Hitlers Interesse galt der Psychologie. Der flehentlich zur Schau getragene Anti-Militarismus der europäischen Politik überzeugte ihn, daß die Zeit reif war zum Überfall. Der Instinkt hat nicht getrogen. Alle kriegerische Bravour hätte den Deutschen kein Kontinentalreich verschaffen können. Die Hälfte war eine Darbringung der gegnerischen Politik. Die Kleinstaaten suchten ihr Heil in der Indifferenz, weil keine Führungsmacht antrat, ihr Risiko zu verbürgen. Als England und Frankreich sich zum Widerstand aufrafften, war der kollektive Sicherheitsgedanke verwelkt. Rechtzeitig vor Kriegsbeginn kündigten fast alle Neutralen ihre Verbindlichkeiten nach Artikel 16. Diese waren ohnedem rein theoretischer Natur: Der Völkerbundrat mußte erst die Aggression prüfen, das Zeremoniell der Anrufung, Schiedssprüche, guten Dienste abwickeln. Bis dahin war ein echter Wehrmachtsüberfall bereits gelungen. Deutschland gehörte längst nicht mehr zu der Organisation. Trotzdem konnten ihm nach Artikel 17 Sanktionen aufgebürdet werden, doch waltete ein kontinentaler Selbstverdruß. Nichts würde funktionieren, und alles hatte keinen Zweck. Man annullierte trutzig die blanke Möglichkeit kollektiven Machteinsatzes. Ständige Neutralität machte die Welt zur Schweiz und schenkte den ewigen Frieden. Damit nur kein Solidaraufruf erginge, wurde der Generalsekretär des Völkerbunds zu Kriegsbeginn von den Parteien über ihren Quietismus unterrichtet. Eine Aggressionszuweisung war hinfällig. So dümpelte jeder der Anrainer, Puffer, Satelliten und Handelspartner des Dritten Reiches auf seine Weise dahin in Hitlersches Fahrwasser.

Churchill beklagte selbst bei den Verbündeten endlose Diskussionen über triviale Dinge, Entschlußlosigkeit und Wankelmut nach der Regel: Den Feind nicht unfreundlich behandeln, er wird nur ärgerlich! Der Erste Seelord hingegen suchte ihn mühselig in Krieg zu verwickeln, und zwar am vorteilhaftesten Ort. Die britische Flottenmacht wählte Norwegen, ein Land unter der Devise »Neutralität und nochmals Neutralität«. Im Ersten Weltkrieg bereits hatten die Briten die widerspenstigen Norweger bedrängt, den Minengürtel, der von Schottland bis zum Hoheitsgewässer vor ihrer Südküste verlief, aus freien Stücken ans Gestade anzuschließen. Vom guten Zureden ging aber wenig Wirkung aus.

In dem neuerlichen Krieg taugte die Blockadewaffe trefflicher als zuvor. Außerdem hatte sich die Rechtslage entwickelt. »Wir haben gemäß den Prinzipien der Völkerbundsatzung zu den Waffen gegriffen, um die Opfer der deutschen Aggression zu unterstützen«, heißt es in Churchills Denkschrift vom 16. Dezember 1939. »Wir kämpfen dafür, die Herrschaft von Recht und Gesetz wiederherzustellen und die Freiheit der Kleinstaaten zu schützen. Unsere Niederlage würde ein Zeitalter der Barbarei herbeiführen und wäre nicht nur verhängnisvoll für uns, sondern auch für die Unabhängigkeit sämtlicher Kleinstaaten Europas. Im Namen des Völkerbunds, als tatsächliche Vertreter der Prinzipien des Völkerbunds haben wir das Recht, ja die Pflicht, vorübergehend die Gültigkeit gerade der Gesetze aufzuheben, denen wir wieder Geltung und Sicherung verschaffen wollen. Die kleinen Nationen dürfen uns nicht die Hände binden, wenn wir für ihre Rechte und für ihre Freiheit kämpfen. Der Buchstabe des Gesetzes darf nicht in höchster Not diejenigen hemmen, die mit seinem Schutz und seiner Ausführung betraut sind. Es wäre weder recht noch vernünftig, wenn die Angreifermächte eine Reihe von Vorteilen dadurch gewännen, daß sie alle Gesetze mit Füßen treten und noch weitere Vorteile dadurch, daß sie sich die ihren Gegnern angeborene Achtung für das Gesetz zunutze machen. Es ist noch wichtiger, Humanität zu unserem Leitstern zu machen als Legalität. Die Geschichte wird unser Richter sein – wir haben jetzt zu handeln.«

Um die Legalität der Norwegen-Operation war es womöglich gar nicht so übel bestellt. ›Oppenheim-Lauterpacht‹, der maßgebliche angelsächsische Völkerrechtskommentar, erachtet den Ausbruch eines Krieges nicht länger als ein Ereignis, das nur die Belligerenten betreffe. »Seine Auswirkung auf dritte Staaten beschränkt sich nicht auf automatische Herstellung eines schlichten und reinen Neutralitätsverhältnisses.« Die Völkerbund-Charta habe eine internationale Rechtsherrschaft begründet. »Der schuldige Belligerent verletzt durch Vertragsbruch die Rechte aller anderen Unterzeichner, die auf dem Wege der Vergeltung beschließen können, ihn Diskriminierungsmaßnahmen zu unterwerfen. Entweder z. B. durch aktives Verbot einiger oder aller Exporte auf sein Territorium oder durch Duldung anderenfalls illegaler Maßnahmen seitens des unschuldigen Belligerenten.« Dazu seien die Drittländer befugt, aber nicht verpflichtet. Eine Pflicht ergebe sich allenfalls aus der Anwendung von Artikel 16. Weil aber die Neutralen vorsorglich Artikel 16 aufgekündigt hatten, entfiel für das Aggressionsopfer die Anrufung des Rates. Wenn er kein Druckmittel anordnen konnte, verblieb die freiwillige Abstinenz von Verkäufen an den Kriegsschuldigen. Dazu zeigte abgesehen von den USA aber kein Nicht-Belligerent eine Neigung.

Die Beistandsverweigerung kann nur zu zwei Annahmen führen: Entweder hatte sich die Rechtsnorm des Aggressionsverbots wegen mehrheitlichen Desinteresses aufgelöst oder das Aggressionsverbot bestand fort, wurde aber aus Angst oder Untreue nicht durchgesetzt. Eines mag als Indiz gelten: Nachdem Norwegens König Haakon von London aus zum Widerstand gegen Hitler anstachelte, ging er nicht von dessen freiem Kriegführungsrecht aus. An und für sich ist irregulärer Kampf gegen einen siegreichen, das heißt rechtmäßigen Okkupanten nämlich unerlaubt. Als vertriebener Herrscher sah Haakon indessen den Vertreiber als Rechtsbrecher an. Nach ihrer Niederlage ergriffen einige Ex-Neutrale diesen Standpunkt. Ihre neutral belassenen Gefährten aus dem Oslo-Bund stellten sich taub. Schweden ließ sich den Durchzug der Wehrmacht durch sein Territorium gefallen. Deswegen war Belgien 1914 gegen das kaiserliche Heer angetreten. Ein militärischer Aberwitz, doch buchstäbliche Neutralitätspflicht. Danach trat niemand mehr für seine Neutralität ins Feld. Der Status war zu Hitlers Zeiten die stille Übereinkunft mit dem Aggressor. Das Reich sparte Besetzungstruppen und umging die Handelsblockade. Die Neutralen blieben vom Kampf verschont und weltoffen. Ein Aggressionsverbot lag ihnen fern. Sie waren der lebendige Gegenbeweis. Wer nichts verbietet, wird auch nicht angegriffen.

Die Nürnberger Anklage setzte sich dem Verdacht der Heuchelei aus, weil sie die britische Norwegen-Politik nicht diskutierte. Ein Beweisantrag der Verteidiger zur Recherche in den britischen Staatsarchiven fand keine Zustimmung bei der Londoner Regierung. Allerdings legte Churchill in seiner zur gleichen Zeit publizierten Rechenschaft über den Zweiten Weltkrieg den Fall Norwegen freimütig dar. Es gab nichts zu verbergen. Die Enthüllungsgeste traf ins Leere. Großbritannien reklamierte keinen Präventivkrieg, sondern einen Sanktionskrieg. Der Polenangreifer sollte durch die Minensperre im neutralen Wasser zum Losschlagen provoziert, die Invasionsflotte vernichtet werden. Dadurch würde Norwegen zum Kriegsgebiet, England durfte getrost die Küste besetzen und Deutschland von der nördlichen Atlantikroute abschneiden. Eine großzügige Rechtsauslegung, doch fraglos möglich. Sie unterstellte, daß die Pazifisten den Völkerbund handlungsunfähig gemacht hatten. England und Frankreich operierten im Namen des ohne Artikel 16 entwaffneten Rates. Oder hätte ein Dutzend schreckgelähmter Neutraler den feierlichen Rechtssatz des Aggressionsverbots annulliert?

Auch für Schniewind erübrigte die Rechtslage sehr seriöse Argumente. Er konnte den Aktenbeweis führen, daß die Seekriegsleitung Norwegens Neutralität bevorzugte, vorausgesetzt, die Briten respektierten den Erztransport durch die Hoheitsgewässer. »Wenn der Engländer in Norwegen saß«, bilanzierte Schniewind, »bekamen wir kein Erz. Wenn wir in Norwegen saßen, bekamen wir für eine längere oder kürzere Dauer vielleicht Erz. Wenn keiner da saß und Norwegen neutral blieb, dann bekamen wir Erz sicher.« Kurz, die Norweger genossen Neutralität, solange die britische Blockade in der Enge zwischen Schottland und Kristiansand eine Masche duldete.

Der neutrale Durchlaß im Minengürtel schleuste nur die Erztransporte in die Deutsche Bucht. Den Überseeverkehr blockierte wie im vorherigen Krieg eine Sperre entlang der Linie Shetland-Färöer-Island. Zur Vergeltung torpedierte die U-Boot-Flotte des Reiches die atlantische Handelsschiffahrt. Der Besitz von Basen entlang der norwegischen Küste eröffnete einen erweiterten Radius. Ehe die Boote die Nordsee passiert hatten, war bisher eine große Portion Treibstoff verbraucht. Dies, nebst dem traditionellen britischen Interesse, die Fahrrinne im Territorialgewässer zu schließen, hatte jenen Angriffsplan der Seekriegsleitung bewirkt, der nach begonnener Verminung zur Tat gelangte. Das Fertigen von Operationsplänen besagt an sich nichts über Offensivabsichten. Soviel konnte Schniewind vor Gericht durch Zeugnis eines britischen Kollegen glaubhaft machen. General- und Admiralstäbe produzieren routinemäßig Überfallentwürfe auf aller Herren Länder. Damit verbindet sich kein aggressiver Wille.

Die Herausbildung des aggressiven Willens wird im Falle der deutschen Wehrmacht vernebelt durch Hitlers Monologe. Darin tut sich ein unstillbarer Eroberungshunger kund, der heute das europäische Rußland als deutschen Siedlungsraum einteilt und morgen mit den Anglo-Amerikanern um die Weltherrschaft ringt. Für die Nürnberger Anklage besaßen die Niederschriften der Hitlerschen Suada einzigartigen Beweiswert. Wer immer dem gelauscht hatte wußte, was Aggression war. Doch Hitlers Tours d'horizon glichen insoweit den Generalstabsplänen. Sie stürzten sich auf jedes erdenkliche Objekt. So erscheinen die Feldzüge aus einem universellen Angriffskonzept gespeist. Das war der Nürnberger Anklagevorwurf. Hitlers ruheloser Geist teilt sich den Oberbefehlshabern mit, welche die operativen Dinge ersinnen und die Truppen ausschicken.

Aus der Nähe betrachtet, entsteht der aggressive Wille aber weniger aus der vorgefaßten Strategie. Der Skandinavien-Überfall, das Balkan-Unternehmen, selbst der Rußlandkrieg ergaben sich aus hastigem Wühlen in einem Kramladen von Optionen. Ob Bündnis mit Stalin zur Entmachtung der Angelsachsen, ob Partnerschaft mit England zur Teilung der Welt, ob Krieg mit Stalin, dem englischen Festlandsdegen, ob norwegisch-griechische Neutralität oder Überwältigung, entscheidet sich ganz nach Lage. Dementsprechend fluktuieren auch die politischen Einrichtungsideen, die den Kontinent mal als Allianz von Wladiwostok bis Bilbao, mal als germanisches Rassenimperium staffeln.

Es unterlegt den Ereignissen einen gewissen Sinn, wenn man sie um einen Antagonismus gruppiert, der bereits den Ersten Weltkrieg durchzieht. Vermittlerin des Welthandels ist die See. Seeherrschaft öffnet und schließt die Zugänge zu wirtschaftlicher, mithin militärischer Machtentfaltung. Um einen Konflikt mit den Beherrschern der Meere zu bestehen, benötigt ein europäischer Kontinentalstaat die Hegemonie über ein Dutzend Länder. Sie mag sich über Bündnisse, Neutralitätsgarantien oder Eroberung herstellen. Nur darf niemand abspringen, denn die Seefahrer spähen nach ungehinderter Anlandung von Truppen und Waffen an endlosen Küsten. Den Kontinentalblock umspült das feindliche Element, infiltriert die Landzungen und begünstigt Doppelspiel, Verrat, Abfall. Dagegen versichert nur imperialer Besitz. Doch je mehr Territorialbesitz erobert ist, desto aufwendiger die Kontrolle. Terror mag eine ordentliche Besitznahme vorübergehend ersetzen. Schleppt sich der Kriegsausgang ins Ungewisse, weckt Terror indessen Anti-Sicherheitskräfte.

Ob Herrschaft durch Terror oder Konzilianz ausgeübt wird, ist auch in der Wehrmacht eine instrumentelle Frage. Nach ähnlicher Berechnung ergibt sich, ob Hegemonie über Aggression, Satellitenbildung oder wohlgenutzte Neutralität erzielt wird. Norwegen wurde von dem Reichskommissar Terboven mit der Faust regiert, Dänemark vom Reichsbevollmächtigten Best mit lockerem Zügel. Griechenland erduldete bittere Okkupation, Portugal, dessen strategische Ware Wolfram zur gleichen Zeit das 17fache seines Friedenspreises erzielte, blieb neutral. Beide Länder, ursprünglich gleich autoritär regiert, waren 1941 deutscher Einflußbereich.

Schniewind legte am Falle Norwegen schlüssig dar, daß der Angriff als das geringere Übel beschlossen wurde: Der Wunsch der Royal Navy, die Küstenrinne abzuriegeln, hat Schniewind in den Neutralitätsbruch hineingetrieben. Norwegen bot dem Feind im

Unterschied zu Schweden eine verletzliche Flanke dar, die seine Schiffe mühelos erreichten. Daran konnte sie außer der deutschen Seekriegsleitung niemand hindern. Was blieb den wehrlosen Norwegern, als Übergriffe zu ignorieren, hohlen Protest nach London zu kabeln und das Unabwendbare zu dulden? Das Land konnte seine Neutralität den Deutschen blank aushändigen oder stumm durchlöchern lassen. Schniewinds erste Option, das neutrale Skandinavien, war dank Churchill nicht mehr zu retten. Deutschlands Präventivschlag kleidete Anwalt Meckel in ansprechende Rechtsformen. Der Admiral riskierte im Unterschied zu den Mitangeklagten, seine Sache offensiv zu vertreten. Hatte die Feldmarschälle und Panzerführer die politische Regie der Überfälle auf Belgien, Griechenland, die UdSSR nie gekümmert, weil der Soldat auf den Marschbefehl wartet und nicht nach den Gründen fragt, so wußte Schniewind über deren sämtliche Verästelungen bestens Bescheid. Fünf Monate lang hatte die Seekriegsleitung die politische Lage beobachtet, die Operationspläne darauf abgestimmt, kurz, den Angriffskrieg genau so einstudiert, wie es die Anklage ständig unterstellte. Zum Überfluß war der Admiralstab Vater des Gedankens gewesen, nicht Hitler. Nur handelte es sich nicht um Angriff, sondern um bare Landesverteidigung. Weil Norwegen im Begriffe stand, seine Neutralität angesichts der britischen Intervention zu opfern, war Deutschland zu Abwehrmaßnahmen berechtigt: »Der Neutrale«, erläuterte Meckel, »der die ihm durch die Haager Neutralitätsabkommen obliegenden Pflichten nicht erfüllt oder nicht erfüllen kann, setzt einen Unrechtstatbestand oder läßt einen solchen freiwillig oder unfreiwillig bestehen. Er darf sich nicht beklagen, wenn der dadurch beeinträchtigte Kriegführende durch Androhung gewaltsamen Einschreitens oder durch wirkliches Einschreiten interveniert.«

Schniewind beklagte sich heftig, als dazumal ungerecht Bedrohter der Aggression geziehen zu werden, während die Engländer einen Tag zuvor Minen in neutrale Gewässer gelegt hatten. Komplette Landungspläne wurden später bei ihnen sichergestellt (SKL 324). »So gesehen«, erläuterte Meckel, »ergibt sich der soeben dargestellte, vom internationalen Recht anerkannte Rechtfertigungsgrundsatz des Notstandes, der der Prävention zugrunde liegt, d. h. die Notwendigkeit, einem drohenden Angriff zuvorzukommen.« Schniewind wußte bei der Beweislage nicht, warum ihm keine Selbstverteidigung zugebilligt wurde. »Diesen Eindruck habe ich damals gehabt, und ich bin auch heute noch der Auffassung, daß die Operation militärisch notwendig und gerechtfertigt war.«

Die wesentliche Frage lautet, wieweit ein Aggressor zur Gegenwehr berechtigt ist, wenn ihm Einhalt geboten wird. Vom Standpunkt der Angeklagten waren sie in nahezu all ihre Angriffe geflüchtet: nach Norwegen, um Churchill zuvorzukommen, durch Belgiens Ardennen der einzigen Chance wegen, Frankreichs Angriff niederzuschlagen, auf den Balkan, um die Heeresgruppe Süd vor Stößen in den Rücken zu schützen, nach Rußland, um Stalins Seitenwechsel zu verhindern, gegen die USA, um deren Neutralitätsbruch abzuwehren. Richtig daran ist, daß ein Krieg, der Deutschland von den Meeren aus blockierte, anders als durch kontinentale Expansion nicht dauerhaft durchzuhalten war.

Die Verluste überseeischer Rohstoffzufuhren hatten das Reich bereits 1916 bis 1918 in Hunger und Entbehrung gestürzt, den Zusammenbruch der Heimatfront beschleunigt, die Munition verknappt. Im Belagerungsring, gestützt auf Binnenfertigung und heimische Arbeitskraft, ermattete die Kriegsmaschine zusehends. Die Generäle des nächsten Treffens zogen daraus die Lektion, das Reich auf breitester Basis zu wappnen. Sie luden die geostrategischen Propheten der Zeit auf die Kriegsakademie, welche weissagten, daß die Suprematie der Seemacht verschwinde. Bahn-, Automobil- und Luftverkehr schließe die eurasische Landmasse wirtschaftlich zusammen. Die darauf gestützte Hegemonialmacht werde die ozeanischen Imperien ablösen. Das ›Herzland‹ der eurasischen Weltinsel sei Rußland. Der Hitler-Stalin-Pakt und die Aufteilung Polens machten darum die offensive Kontur der Strategie sogleich deutlich. Das Reich reflektierte auf das Ganze.

Der Stück für Stück aus Verbündeten, Neutralen und Unterworfenen gekittete Block enthielt kritische Zonen: Auf Norwegen und Griechenland lastete der Druck der britischen Flotte. Rußland, zu groß zum Einschüchtern, hegte eigene Imperialansprüche. Wenn Zersetzungszeichen und Untreueverdacht nicht anders zu bannen waren, schritten die Oberbefehlshaber der Wehrmacht zuversichtlich zur Prävention. In dem Sinne, daß sie ihren Opfern bei größerer Fügsamkeit lieber Schlimmeres erspart hätten, verspürten die Generäle regelmäßig den Zwang zur Notwehr. Terror und Aggression empfanden sie keineswegs als nationalsozialistische Wesenskundgabe. Hitler, auf dem Gebiet gewiß eine Kapazität, spendete seine sprunghaften ›Einfälle‹. Insgesamt hielten sie ihre Stellung beieinander, so oder anders. Keiner von ihnen wußte, wem er im nächsten Jahr den Krieg machte. Um den seebeherrschenden Mächten standzuhalten, benötigten die Deutschen einen Wehrwirtschaftsraum. Um einer Unterminierung bedrohter Flanken vorzubeugen und den geargwöhnten Ausbruch Stalins zu durchkreuzen, half allein die Besitznahme risikobeladener Zonen; hier gern, da ungern, immer im Erstschlag. Die Kräfte reichten nur für Überrumpelungssiege. Um den Besitz zu stabilisieren, boten sich je nach den Umständen Terror oder Kollaboration. Norwegen verfiel hauptsächlich dem Terror, weil sich den Deutschen dort eine lokale NS-Bewegung aufdrängte.

Mehr aus Animosität gegen das Scheusal Quisling als gegen die Besatzer hatte sich eine Londoner Exilregierung um Haakon, den Monarchen, geschart. So blieb dem Reichskommissar nur Quisling zum Kollaborieren, der Ungeeignetste von allen. Die Nazis kollaborierten dergestalt mit sich selber. Marschall Pétain und König Leopold von Belgien waren bessere Kollaboranten, desgleichen die dänischen Sozialdemokraten, die baltischen Nationalisten und russischen Priester. Patrioten von Einfluß, welche den aufwendigen Terror effektiv halbierten statt anzufachen. Mit Quisling im Schlepptau, trieb der deutsche Landvogt die Norweger auf die Seite des Königs in London. Die Besatzer antworteten mit Terror, griffen auf Quisling zurück als ihren einzigen Gewährsmann, machten ihn doppelt verhaßt und begünstigten um soviel den König. Aus der Spule des Terrors führte kein Ausweg mehr. Quisling war die einzige Pleite der ›Operation Weserübung‹.

Die Nürnberger Anklage hielt Schniewind eine Anzahl von Sondierungsgesprächen vor, die im Winter 1939/40 in Berlin mit Quisling abgehalten wurden. (C 71, C 64, C 66) Sie dienten als Beweis eines Komplotts zur Nazifizierung Norwegens. Davon kann keine Rede sein. Die skandinavische Invasion war die erste einer nun nicht mehr enden wollenden Folge von Zugzwängen, in die sich der Aggressor verwickelte. Im Inneren seiner aus See und Luft umlagerten Landfeste mußten stabile Verhältnisse durchgesetzt werden. Öl, Nickel und Chrom vom Balkan, Wolfram aus Spanien und Portugal, Bauxit aus Italien und Ungarn, Kugellager aus Schweden, Meßinstrumente aus der Schweiz, Erz, Lokomotiven, Flugzeugmotoren aus Frankreich, Mangan, Weizen, Fleisch und Arbeitskräfte aus Rußland und Polen standen nicht zu beliebiger

Disposition. Je anhaltender der Kriegsverzehr, desto labiler die Zufuhr. Vorräte versiegten, Neutrale zauderten. Mitte 1944 orientierten sich selbst die treuen Schweden zur Siegerpartei hin. Es brauchte das gesamte Europa, die Wehrmacht einsatztüchtig zu halten. Disloyalität gefährdete ihre schiere Existenz. Was immer die Angeklagten Gewaltsames unternommen hatten, war dem Schutz ihres Instrumentes vor Abstumpfung und Zerfall gewidmet. Von ihrer Warte aus fand sich darin bis in den Abgrund ungekannter Kriegsverbrechen kein Zeichen von Willkür. Weil alles einen unerläßlichen Zweck förderte, nämlich die Vorwärtsverteidigung der Aggression, sahen sich die Generäle für entschuldigt an. Keiner ihres Standes hätte anders gehandelt.

»Man kann sehr wohl einen Verteidigungskrieg offensiv führen«, erklärte Rechtsanwalt Meckel. »Es ist während der Beweisführung der Verteidigung mehrfach zum Ausdruck gekommen, daß offensive und defensive Kriegführung mit Angriffs- oder Verteidigungskrieg nichts zu tun hat.« Wie in Norwegen und Dänemark gut sichtbar, hatten die hurtigen Marine- und Fluglandetruppen in moderner Offensivmanier den traditionellen Angriff der Briten auf den neutralen Seehandel gestoppt. Die auf lange Sicht angelegte Blockadestrategie mit ihrer gefährlichen Zermürbung von Bündnissen und Neutralen konnte allein durch kurzfristige Erfolgsunternehmen abgewehrt werden. Schicksalswendungen von unberechenbarer Bravour, ähnlich der ›Weserübung‹. Dies sind naturgemäß avantgardistisch angelegte Offensiven. Darin liegt für einen Generalstab nichts Verwerfliches.

Der Nürnberger Aggressionsvorwurf dünkte die Angeklagten doppelt polemisch, weil ihre Feldzüge so legitim wie militärisch geboten waren. Was statt dessen hatte man von ihnen erwartet? Im Norden und Südosten galt es, die kontinentalen Flanken gegen Einbrüche zu befestigen. Im Westen begegneten sie der Kriegserklärung auf die einzig operable Weise. Im Osten dämmten sie Stalins Expansionstrieb ein. Eine 1948, zur Zeit des OKW-Prozesses, schwer leugbare Tatsache. Die Verteidigung der Generäle hat sie redlich ausgeschlachtet. Von der Annexion Bessarabiens im Mai 1940 bis zur Umwandlung der Tschechoslowakei zur Volksdemokratie im März 1948 führte ein geradliniger, wohldurchdachter Weg. Keiner ihrer Westverbündeten habe die Explosion der sowjetischen Machtsphäre vorausgesehen. Die kommunistische Ideologie folge aber der Ausdehnungsenergie, die dem russischen Staat stets eigen gewesen sei. Als einziges Hindernis auf seiner Bahn blockte Deutschland. Die Wehrmacht, ihre Stirn England zugewandt, habe einen Dolchstoß in den Rücken gewärtigen müssen. Zu einer Entscheidung auf Tod und Leben gezwungen, griff man offensiv in den Aufmarsch des Feindes ein. Denn der Hunger einer so zielstrebigen Regierung wie der sowjetischen sei bis auf weiteres unersättlich. Das Treffen mit Deutschland war spiegelverkehrt zu Ende gegangen. Der östliche Kriegsschauplatz hatte die Hegemonialmacht gezeugt, die den Westen herausforderte, allerdings die falsche. Ansonsten bewies der Schlachtausgang die Richtigkeit der Lehre vom Kontinentalimperium, das mit dem ozeanischen Imperium um die Weltmacht rivalisiere. Die bipolare Welt hatte bereits die Wehrmacht angesteuert. Statt dessen übernahm die Sowjetunion von Hitler die südosteuropäische Herrschaftszone, das halbe Reich, Westdeutschland aber war die kommerzielle Rolle des Neutralen zugedacht, die dort sogleich auf Zuspruch friedliebender Kreise stieß. Die Blockbildung verlangt zu Lande dreierlei: militärische Offensive, politischen Satellitenaufbau und einen Gürtel handelsfreudiger Neutraler. Danach trachtete auch die Sowjetunion. Die Generäle fanden ein geschichtliches Gesetz bestätigt.

Während sie im Gefängnis grimmig eine Erwiderung des Aggressionsvorwurfs ausdachten, erfuhren sie von der Anlage des sowjetischen Cordon sanitaires. Die methodisch arrangierten Spannungsfälle in Berlin, in Polen, der Tschechoslowakei, in Jugoslawien und Griechenland ereigneten sich in ihren alten Operationsgebieten. Mit kalten Handstreichen waren sie wohlvertraut. »Handelt es sich um einen Angriffskrieg?« fragte die Verteidigung mit höhnischer Stimme das Gericht. »Wer ist der Angreifer?« Den sowjetischen Sieg und Imperialismus prangert die deutsche Seite in Nürnberg unentwegt an. Indes besagt das Entlastungsargument bloß, die Gegenseite gebärde sich wie die Wehrmacht, ob zu Recht oder Unrecht. In ihrer Domäne schaltet die Hegemonialmacht souverän, soviel rät ihr die militärische Notwendigkeit. Die sowjetische Vorherrschaft war jene, die dem Reich entgangen ist. Die Westalliierten ernteten weniger Vorteile. Der Kontinentalblock ragte vor ihrer Demarkationslinie empor, zusammengehalten durch Terror und Kollaboration, Überfall und Pakt. Abermillionen Menschen darinnen billigten all dies als Akte der Selbstverteidigung.

Vom eisernen Standpunkt der Selbstverteidigung dünken die dreistesten Attacken legitim. Die Nürnberger Generalstäbler unterwiesen das Gericht geduldig in den Unterschied von Aggression und Offensive. »Im übrigen ist es ja aber so«, wie Schniewind darlegte, »daß der erste Schritt über die Grenze oder der erste Schuß, der in einem Krieg ausgelöst wird, keineswegs das maßgebliche Symptom dafür ist, wer den Krieg auslöst, wer am Krieg schuld ist«: Den Polen widerfuhr eine »bewaffnete Intervention«, ein »Eingreifen«, eine »Polizeiaktion« infolge ihres Deutschenhasses, der Malträtierung deutscher Minderheiten, der Grenzunruhen. Daraufhin brach der Krieg aus. Gegen die Urheber, England und Frankreich, griff das Reich nunmehr zu einer »Defensivmaßnahme offensiven Charakters«. Sie führte die Wehrmacht durch Belgien und Holland, denn »die Art und Weise des französischen Aufmarsches an der belgisch-französischen Grenze deutete in bedenklicher Weise darauf hin, daß eine Angriffsabsicht seitens Englands und Frankreichs auf unsere Westgrenze beabsichtigt sei«. Flugzeuge dieser Länder tummelten sich seit September 1939 im belgisch-holländischen Luftraum. »Sollten die Deutschen darauf warten«, fragt Meckel, »daß dem Durchmarsch der Luftstreitkräfte auch ein Durchmarsch von Landstreitkräften folgen würde? Unter diesem Eindruck konnte die Seekriegsleitung die Maßnahmen gegen Belgien und Holland als berechtigte Notstandsmaßnahmen ansehen.« Und »daß Schniewind, wie jeder andere Offizier, der mit der Vorbereitung dieses Feldzuges befaßt war, bei dieser Sachlage glauben mußte, daß es sich um einen berechtigten Präventivkrieg handelte, steht außer jedem vernünftigen Zweifel«.

Zu den Gründen des Balkanfeldzuges »muß ich mich wieder beziehen auf Dokumente, die wir in Frankreich in Archiven gefunden haben«, berichtete Schniewind. Die Gegenseite besaß konkrete Pläne, die rumänischen und kaukasischen Rohstoffbasen des Reiches zu zerstören (SKL 513-519). Hitlers Weisung zur Besetzung der ägäischen Nordküste im März 1941 hat die Admiräle nicht verwundert. »Denn zu diesem Zeitpunkt lagen in der Seekriegsleitung schon Nachrichten über Landungen englischer Streitkräfte auf griechischem Boden vor.« Ihr wahres Ziel waren die Ölquellen von Ploieşti. »Das ergab sich sehr bald daraus, daß die englischen Streitkräfte sich nach Norden richteten in das Epirus-Thessalien-Gebiet hinein und daß auch Luftaufklärung über Bulgarien nach Rumänien vorgetrieben wurde.«

Den Rußlandkrieg hielt die Seekriegsleitung für überflüssig: Moskau gewährte ihr Stützpunkte im Eismeer, um die angelsächsische Blockade über die Ostasienroute zu durchbrechen. England, der Hauptfeind, müsse ohne Umschweife angegangen werden. Solange Stalin am Ruder sei, werde die Freundschaft halten. In dieser Beurteilung irrte die Seekriegsleitung, gestand Meckel in Nürnberg. Die gegenwärtigen Vorgänge offenbarten die verkannte Gefahr. Es war der einzige Irrtum, den Schniewind einräumte.

Mit dem Kriegsausruf der zwei westlichen Verbündeten dienten alle Offensiven des Reiches zugleich der Selbstbewahrung. Warum sollte dies den Angeklagten nicht geglaubt werden? Sie folgten keinem aggressiven Stufenplan, sondern reagierten auf gegnerische Handlungen. Es waren jene Gegner, die dem Reich vor 21 Jahren eine vernichtende Niederlage beigebracht hatten. Die Gefechtsbereitschaft an allen Fronten wurde den Befehlshabern sauer genug, doch steht die ihnen endlich zugewachsene Offensivität nicht in Frage. Sie bemächtigten sich neutraler Länder und planten das Dreifache der Überfälle, die es auszuführen gelang. Den folgenreichsten Neutralitätsbruch beging im übrigen die führende neutrale Nation aus freien Stücken. Im September 1940 überließen die Vereinigten Staaten den Briten 50 Zerstörer, am 11. März 1941 trat ein Pacht-und-Leihgesetz in Kraft, welches den Präsidenten ermächtigte, »sämtliche Verteidigungsgüter für die Regierung jedes Landes herzustellen, dessen Verteidigung dem Präsidenten lebenswichtig zur Verteidigung der Vereinigten Staaten erscheint«. Dazu zählten Waffen, Munition, Flugzeuge, Fahrzeuge, Schiffe, welche verkauft, verliehen, verpachtet oder verschenkt werden konnten.

England, dessen Appeasement-Politik weniger auf Friedfertigkeit denn auf ruinöse Kassen zurückging, fand in einem Neutralen die entscheidende Deckung für den Krieg. Die Devisenvorräte des Treasury gingen bereits Ende 1940 zur Neige. Es ist klar, heißt es dazu im Völkerrechtskommentar ›Oppenheim-Lauterpacht‹, »daß weder die Überstellung der Zerstörer noch das Pacht-und-Leihgesetz mit den relevanten Neutralitätsregeln vereinbar sind, wie sie im 19. Jahrhundert und in den Haager Konventionen herausgebildet wurden«. Allerdings hätten sich die Vereinigten Staaten dabei auf das unveräußerliche Recht zur Selbstverteidigung berufen. Es bestünden internationale Verträge der gegenseitigen Hilfe zur Abwehr eines Aggressors. Die selbstsüchtigen Ziele jedes Einzelstaates seien zu überwinden, wenn ein Land in ungekanntem Maße internationales Recht verletze. Alsdann verteidigten sie den Frieden. Nahezu alle Staaten hätten im Pariser Vertrag den Krieg geächtet. »Diskriminierung des Aggressors und Beistand für seine Gegner befinden sich in Übereinstimmung mit dem Zweck des Vertrages, welcher indirekt der absoluten Neutralität die Grundlage entzogen hat. In der Unterstützung der Prinzipien des Pacht-und-Leihgesetzes haben die Ausschüsse für äußere Angelegenheiten beider Gesetzgebungshäuser der Vereinigten Staaten sich ausdrücklich auf diesen Stellenwandel der Neutralität in der internationalen Gemeinschaft berufen.« Das Institut der ›qualifizierten Neutralität‹ zugunsten der angegriffenen Partei währt indessen nur kurz. Es leitet rasch in die Feindseligkeiten über. Neun Monate nach dem Pacht-Leih-Gesetz erklärte das Reich den USA den Krieg.

Der gerechte Krieg ist universell. Er sammelt Belligerenten. Parteinahme für den unschuldig Überfallenen hat, obwohl der Vorzeit angehörig, »nie völlig aufgehört, ein Bestandteil des Völkerrechts zu sein und wurde in der Völkerbund-Charta gänzlich wiederhergestellt«. Die Wiederkehr des ›Gerechten Kriegs‹ verbinden auch Oppenheim-Lauterpacht mit seiner Totalisierung. Davon wird der unparteiische Handelsstaat aufgezehrt: »Im modernen Krieg, der die militärischen und ökonomischen Aspekte der nationalen Anstrengung unauflöslich mischt, sind die Konzessionen, die der Belligerent dem neutralen Handel gewähren kann, eng bemessen. Bisher fällt es schwer, sich im modernen Krieg ein Prinzip vorzustellen, welches imstande wäre, einen Kompromiß zwischen den Anforderungen des neutralen Handels und jenen eines Belligerenten herbeizuführen, der entschlossen die Wirtschaftskampfmaßnahmen trifft, die ihm wesentlich erscheinen, um ein existentielles Ringen siegreich zu bestehen.« Beide Seiten sind über die Rechte des Unbeteiligten hinaus. Der gerechte Krieg ist ebenso total wie der totale Krieg gerecht. Eine Nation, die ihre ganze Kraft in die Arena wirft, hat dabei kein Unrechtsbewußtsein. Sie mag dennoch im Unrecht sein. Hat sie es nicht erkannt, hätte sie es erkennen müssen. Müßig zu fragen, ob die Wehrmacht ihre Aggression erkennen konnte. Wen interessiert dies bei der Entscheidung über Sein oder Nichtsein? Jede Seite wehrt den möglichen Untergang mit allen verfügbaren Mitteln ab. Auch den auf eigene Veranlassung. Je mehr sich die Aggression radikalisiert, desto unkenntlicher wird sie.

Schon in Norwegen war sie dem Blick der Seekriegsleitung entschwunden.

Das Urteil im Nürnberger Diplomatenprozeß, das einzige aus den Nachfolgeprozessen, welches Beschuldigungen wegen Verbrechens gegen den Frieden akzeptierte, siedelte die Verantwortung für alles weitere in der leichtsinnigen Zeit des halben Beginnens an: Halb ist der Aggressor noch Hasardeur. Bei der mutwilligen Probe auf die Duldsamkeit der Nachbarn, ermutigt von der Korruption der Friedfertigen, Furchtsamen, Erpreßbaren und Erwerbstüchtigen, getragen vom Erfolg, den die Welt dem regelverachtenden Haudegen zeitweilig einräumt, schreibt er sich sein Rechtsurteil selbst. Trifft er schließlich auf Widerstand, ruft der Desparado den Notstand aus. Die gewaltsame Replik scheint ihm nicht rechtsverträglich. Er forscht, die Regeltreue selbst, nach Übertretungen der Konventionen. Der Lärm der Entrüstung birgt innere Genugtuung. Der Gegner ist viel blutiger als sein Ruf und zwingt zur Notwehr. Not kennt kein Gebot, zuletzt sind alle Mittel rechtens. So kämpften die Befehlshaber in Nürnberg wie ein Mann für die Generalamnestie. Alle waren miteinander quitt. Sie hegten gegen niemanden Vorwürfe.

»Der Einwand der Notwehr greift nicht durch«, heißt es im Diplomatenurteil. »Weder Einzelpersonen noch Einzelstaaten, die selbst Angreifer sind, können sich nachher auf Notwehr berufen. Der Räuber oder Mörder kann sich nicht auf Notwehr berufen, wenn er die Polizei angreift, um seine Festnahme zu vermeiden. Der Einfall in Österreich, der Einfall in Böhmen und Mähren und der Angriff auf Polen stellten Verletzungen des Völkerrechts dar, und in allen diesen Fällen hatte Deutschland durch den Einsatz der Wehrmacht gegen die Bestimmungen des Kellogg-Briand-Paktes verstoßen. Dadurch hatte es sich außerhalb des Schutzes des Völkerrechtes gestellt, und jede friedliebende Nation hatte das Recht, gegen Deutschland vorzugehen, den Angegriffenen zu helfen und sich den bisherigen Verteidigern der angegriffenen Opfer anzuschließen, ohne dadurch selbst zum Angreifer zu werden. Die Berufung auf Notwehr und auf militärische Notwendigkeit war Deutschland nach dem Völkerrecht versagt, weil es schon vorher das Völkerrecht verletzt hatte. Daß die Vereinigten Staaten längst vor der deutschen Kriegserklärung von ihrer Neutralität gegenüber Deutschland abgewichen sind, steht außer Frage. Amerika erhoffte

Deutschlands Niederlage und ließ Großbritannien und den Regierungen der von Deutschland überrannten Länder Hilfe und Unterstützung zukommen. Dieses Verhalten hat aber die Vereinigten Staaten nicht zum Angreifer gemacht, nach Völkerrecht waren sie dazu berechtigt, einen Staat, der widerrechtlich, ohne Entschuldigung und in Verletzung seiner Vertragspflichten ein kaltberechnetes Angriffs- und Kriegsprogramm zur Durchführung brachte, zu hemmen und zu hindern mit dem Ziel, seine Niederlage herbeizuführen. Ein Staat, der einen Angriffskrieg entfacht, fordert die anderen Nationen der Welt dazu heraus, Maßnahmen, wenn nötig auch Gewaltmaßnahmen zu ergreifen, um die Invasion zum Stehen zu bringen und den Angreifer zu bestrafen.«

Kapitel 8
Von Coventry nach Dresden; die Schlacht gegen das Zivil

Das Vergeltungsprinzip

Die Luftschlacht um die Britischen Inseln nahm in der zweiten Septemberwoche 1940 eine krasse Wende. Flotte 2 und 3, befehligt von den Feldmarschällen Kesselring und Sperrle, hoben von ihren nordwestfranzösischen Basen ab zum Städtebombardement, der von den Futuristen der Kriegskunst als die rascheste und schonendste Kampfform empfohlenen Waffe. Ihre Schrecklichkeit bewirke in kürzester Frist eine Entscheidung. Er brauche noch fünf, sechs wolkenklare Tage, versicherte Göring, Oberbefehlshaber der Luftwaffe, dem mißtrauischen Hitler, um England zur Aufgabe zu zwingen. Dementsprechend sorgsam wählte der Luftwaffenführungsstab seine Ziele:

»Die Stadt Coventry bildet ein etwa gleichseitiges Dreieck von 6 km Kantenlänge. Fast die gesamte Stadt ist mit kleineren und größeren Industriewerken durchsetzt, so daß die Arbeiterwohnungen und die Industrieanlagen in einem dichtgedrängten Durcheinander angeordnet sind. Die Industrie in Coventry umfaßt 2 Werke der Flugmotorenindustrie und etwa 20 Werke, welche Flugmotorenteile und Zubehör herstellen. Insgesamt dürfte der Ort Coventry 40 wehrwirtschaftlich wichtige Betriebe beherbergen. Eine Zerstörung von Coventry muß auf alle Fälle sehr schwerwiegende Störungen in der gesamten Flugmotorenindustrie erzeugen, möglicherweise können die Folgen katastrophal sein. Infolge der geschilderten Gemengelage von Wohnhäusern und Industrieanlagen muß die gesamte Zielfläche wegen der großen Brandgefahr als hochgradig luftempfindlich bezeichnet werden.«

Das Flächenbombardement des Zweiten Weltkriegs berechnet seinen Effekt nach dem Mischungsverhältnis zwischen Brand- und Sprengbomben, der Reihenfolge ihres Abwurfes sowie der Relation der Zielfläche zur Falldichte. Der Bezug von Feuer zu Explosion reguliert den Zerstörungserfolg zwiefach: erstens durch die

Schadensintensität, zweitens durch Ausmanövrieren des Luftschutzes.

Die Brandbomben enthielten eine Masse aus metallischem Magnesium, Altöl, Gummilösung oder Kunstharz. Der Inhalt ergoß sich aus Kanistern in die Luft. Beigesetzter Phosphor entzündete das Gemisch am Sauerstoff. Später wurden dünnwandige Bombenhüllen verwendet, die mit einer geringen Pulverladung und einem Aufschlagzünder zerplatzten. Im Radius von vierzig Metern entstand pro Quadratmeter ein Brandfladen. Gebäudetreffer bildeten im Einschlagskanal eine Esse, die den Brand belüftete und alle feuerfangenden Substanzen entflammen ließ. Die deutsche Luftwaffe verwendete ferner einen Schüttbehälter, der in 1.200 bis 1.800 Metern Höhe je 36 1-Kilogramm-Bomben ausklinkte, die mittels eines Aufreißzünders eine Zweischalenhülle spalteten, so daß Flammenkaskaden über große Flächen niederregneten. Tausende kleinerer Brände mochten sich in die Dächer fressen und mit einer gewissen Verzögerung zu tobenden Feuersbrünsten zusammenschließen. Demgegenüber entfalteten die Sprengbomben anfangs geringeren Häuserschaden, der indessen durch die hohe Splitterwirkung und den psychischen Eindruck wettgemacht wurde, den der betäubende Knall des in dickem Stahlguß ummantelten Trinitrotoluol beim Bersten hervorrief.

1942 holten die Sprengsätze durch Verallgemeinerung der Minenbombe auf, im Reiche auch ›Wohnblock-Knacker‹ genannt. Sie jagten mit einem lähmenden Heulton zu Boden und generierten Druckwellen, die in einem 80-Meter-Kreis Gebäude umwarfen. Auslöser war das Schmelzprodukt des Hochbrisanzsprengstoffes Hexogen mit herkömmlichem Trinitrotoluol, eingelassen in geschliffene Bombenhüllen.

Minen- und Brandbomben wurden zuletzt zu Teppichen vermischt. In der Frühzeit eröffnete der Angriff mit einer Brandserie, die eine Vorhut von 12 bis 24 Flugzeugen abließ. Bei genügenden Einschlägen, konzentriert auf eine 20-Minuten-Spanne, bildeten sich Flammenmeere, die eine zweite Flugzeugwelle mit Sprengbomben durchsetzte. Seelisch verursachten letztere eine unkontrollierbare Todesfurcht, materiell jagten sie die Feuerwehr von der Straße und zerstörten die Wasserleitungen.

Die von der deutschen Luftwaffe entwickelte Methode wurde von den Briten genauestens analysiert und später nachgeahmt. Besonderes Erstaunen erregte die Massierung der Brandsätze. Für eine erfolgreiche Attacke warfen die Deutschen 20.000 Stück pro Nacht oder einen Feueranteil von durchschnittlich 30, maximal 60 Prozent. Die effektive Brandstiftung resultierte zum zweiten aus der Brennbarkeit des Ziels. Winklige Gassen, hölzerne Dachstühle und Fensterfassaden entflammen gründlicher als Eisenbeton oder durchgrünte Trabantenstädte. Durchglühtes Gebälk ist nicht mehr löschbar. Fachwerkhäuser sind potentielle Fackeln. Moderne Geschäftsviertel hingegen, mit hochfeuerbeständigem Material errichtet, stehen nahezu alle Brandbelastungen durch. »Eng verschachtelte Altstadtgebiete«, urteilt ein deutscher Luftschutzexperte, kommen »der Brennbarkeit ihrer Baustoffe nach riesigen Scheiterhaufen gleich«.

So fiel das Los wie von selbst auf Coventry, einesteils seiner Rüstungsbetriebe, zum anderen seines mittelalterlichen Stadtkerns wegen. Ihm war, das Präzisionsbombardement steckte noch in der Entwicklung, die Funktion eines Feueranzünders zugedacht. Die Lohe mußte vom Zentrum auf die umgebenden Ringe springen, in denen sich Siedlungs- und Fabrikationsstätten organisch mischten. Destruktion militärischer Ziele und Demoralisierung des Zivils trafen in eins. »Die unmittelbar in Werksnähe wohnende Arbeiterschaft«, resümierte der Luftwaffenführungsstab, »wird stark in Mitleidenschaft gezogen. Infolge der leichten Bauweise von Fabrik- und Wohngebäuden unter enger Zusammendrängung des bebauten Raumes ist hier eine besonders starke Wirkung bei Brandbombeneinsatz zu erwarten.« Die Zivilschäden würden als unvermeidliche Nebenwirkung entstehen. Flugzeugmotorenindustrie und Architektur der Tudor-Zeit versprachen dem Fliegerstab die lang erwartete Gelegenheit, den Luftkrieg zu radikalisieren.

Hitler bremste einstweilen das Terrorbombardement. Die ursprünglichen Ziele der Englandschlacht waren mißglückt, und Göring suchte, wenn schon keine Erfolge, so zumindest Wirkungen. Seit Mitte August hatten die Luftwaffenflotten 2 und 3 sich geplagt, den Himmel über der Kanalküste für ein Seelandeunternehmen des Heeres frei zu machen. Sie zerstörten die aeronautische Infrastruktur, die Flugplätze, Montagewerke, Treibstofflager, einige Radaranlagen und brannten auf prächtige Flugduelle in Manier des vorigen Weltkriegs.

Als erste Luftmacht ihrer Zeit trachtete die deutsche Jägerflotte, den Gegner vom Horizont zu verbannen und seine Nachrüstung so weit zu zerbomben, daß die riskante Bodeninvasion nicht von britischen Sturzkampfgeschwadern zunichte gemacht würde. Eine für die Wehrmacht allzu naheliegende Sorge, dienten doch ihre eigenen Flugverbände als eine Art leichter Aeroartillerie, aufgebaut, dem Landheer Hindernisse aus dem Weg zu schießen, Panzer auszuschalten, Verwirrung in feindliche Stellungen zu tragen. Jene Verderben säenden Bomberschwärme, denen die europäischen Hauptstädte und Kabinette entgegenbangten, hat Göring nie besessen. Die zweimotorige Heinkel 111, sein Standardbomber, verfügte über spärliche Reichweite und magere Tragfähigkeit. Den strategischen Luftkrieg, der die Städte bei Strafe der Ausrottung in die Kapitulation trieb, vermochten die Deutschen damit nicht zu führen. Eine Serienfertigung schwerer viermotoriger Bomber überforderte ihre Zugänge zu Metallen und Gummi. Zum Zertrümmern der Fluganlagen Südenglands und zum Ausstechen des Fighter Commands reichte indes das Zutrauen.

Von ihren französischen Startplätzen waren die Angreifer in zwanzig Minuten über Feindesland. Zudem lag London bequem im Operationsradius, ein durch seine Ausdehnung und den markanten Themsebogen hervorragend identifizierbares Ziel. Sichtorientierung half bislang als verläßlichstes Navigationsmittel. Allerdings hatte sich Hitler den Befehl zur Bombardierung Londons persönlich vorbehalten. Er scheute die Vergeltung, namentlich über dem Ruhrgebiet. Scheu ist bei einem so ausgepichten Terroristen bezeichnend. Die Auslöser des Terrors meiden seine Wechselseitigkeit, anderenfalls terrorisieren sie sich nur selber. Das Mittel will einen ganz und gar Wehrlosen gefügig machen. Zahlt er hingegen in gleicher Währung heim, ergibt sich ein beiderseitiger Härtetest. Aus einer solchen Spirale von Schlag und Vergeltung entstand der Bombenkrieg. Die deutsche Seite, durch ihren lang genährten Revanchehunger dafür anfälliger, näherte sich der Versuchung zaghaft, gewunden und uneins, so als ahnte sie, was ihr daraus erwachsen sollte. Sie war nicht Herrin dieser Prozedur, die alle Welt fest von ihr erwartete.

Das britische Fighter Command wählte eine der Luftwaffe besonders abträgliche, defensive Taktik. Die Jäger entzogen sich dem Duell, stützten sich auf die Überlegenheit ihrer Radartechnik und trachteten danach, so viele Heinkel-Bomber abzuschießen als irgend möglich. Wie immer wußte die Wehrmacht mit überraschendem Widerstand nicht recht umzugehen. Anstatt mit ihrem unerhörten Schneid dem Gegner die Luftherrschaft zu entwinden und seinem bresthaften Heere bei der Landung den Gnadenstoß zu versetzen, wie Jodl es avisierte, wurden die Maschinen in einen mißlichen Verschleißprozeß hineingezogen. Die Royal Air Force mußte ebenfalls herbe Jägerverluste einstecken, gebot indessen über staunenswerte Reserven. Anfang September verstummte die nebulöse Invasionsidee.

Irgendwie aber mußte der Krieg weitergehen. Eine Siegesaussicht war momentan nicht zur Hand, mochte sich aber ergeben. Die Wehrmacht, geklammert an die Legende, die ihr vorauseilte, konnte wenige Wochen nach ihrem Überrumpelungserfolg gegen die lustlosen Franzosen nicht unverrichteter Dinge das Feld räumen. Hitler, der dem Bluff viel verdankte, entschied, die Luftoffensive zu steigern, just in dem Augenblick, da ihre Perspektive abhanden kam. Das war insoweit folgerichtig gedacht, als in der Schnelle nicht viel anderes übrig blieb. Womöglich ließen die Briten sich täuschen, rissen ihnen die Nerven, dünkte sie der Preis des Durchhaltens ungebührlich, kämen sie lieber um Schonung ein. Das strategische Bombardement, die Kriegsentscheidung aus der Luft, spekulierte ja mit der Zivilmentalität. Wieweit die Leidensbereitschaft der Städter reichte, wieviel zerstörtes Anlagekapital die Besitzer verschmerzten, wann das Proletariat die nationale Eintracht aufkündigte, wann der Ausfall der Wasser- und Energieversorgungsdienste die Anarchie entfesselte, darüber existierte noch keinerlei Erfahrung.

Hitler, der Regisseur der Masseninstinkte, wollte das Experiment nicht unversucht lassen. Einige Bombennächte könnten die Londoner ohne weiteres in Hysterie versetzen. Schwere Treffer in Arbeiterwohnbezirken trieben diese larmoyant veranlagte Schicht in die großbürgerlichen Domizile. Gefährdung von Fabriken brächte die Arbeitsmoral zum Erliegen. Zertrümmerte Kanalisation zöge Krankheitserscheinungen nach sich, die zu Epidemien führen könnten. Zudem die Angst vor einer nahe bevorstehenden Invasion. So harrte man inständig der keimenden Irrationalismen, der gegnerischen Torheit, plagte die Phantasie und blieb gleichwohl vorsichtig, weil den Briten ein zäh-borniertes Wesen anhafte, das Aufstände verabscheue. Terror löste nicht die Lage, lockerte sie aber eventuell. Ansonsten barg der Befehl zum strategischen Luftkrieg über britischen Städten keinen Sinn. Wenn Kesselring und Sperrle bereits an der RAF und ihren Installationen gescheitert waren, fehlten ihnen erst recht die Mittel, die britischen Versorgungsdienste und Rüstungsindustrien zu zerbomben.

Sperrles Zweifel am Wert solcher Befehle fanden bei dem gespreizten Göring kein Gehör. Ihm in seiner Pfauenhaftigkeit kam das Mißlingen der Invasion eben recht. So fiel die Aufgabe restlos an seine Luftwaffe. Denn bisher vermißte er eine dem Gewicht eines Reichsmarschalls angemessene Rolle. Einzelheiten des Vorgehens, der bedrückende Verlust an Piloten und Maschinen, die Exzellenz des Gegners, die Kapazität seiner Reserven hielten Göring nicht weiter auf. Das Oberkommando der Luftwaffe wußte noch unausgeschöpfte Möglichkeiten. Damit wollte man reüssieren, Hitler brauchte das Fliegerkorps nur gewähren zu lassen. Daß der nächste Krieg Zuflucht zum Terrorbombardement nähme, schien den Zeitgenossen bereits zuvor ausgemachte Sache. Darum ihr beklommener Pazifismus. Sie lasen die dem Zivil zugedachten Massaker im Zukunftsroman. Die Windungen, welche diese Neuheit bis zu ihrem Fanal in Dresden und Hiroshima nahm, mögen als Zufallsepisoden erscheinen, die der militärischen Notwendigkeit Bahn brachen.

Militärschriftsteller und Publikumsphantasien kennen keine Hemmungen. Doch kam mit der Bombenwaffe ein Elementarverhältnis aller bisherigen Kriegführung zuschanden, der Unterschied von Kombattant und Non-Kombattant. Die praktische Raison der Kriegsbräuche, den Zwist in Zaum zu halten, blieb selbst Hitler gegenwärtig. Die Gegner argwöhnten ihre eigene Verwundbarkeit, gewahrten überdies zahllose technische Defekte, deren Abbau knapp bemessene Ressourcen verzehrte, und scheuten sich, als Barbaren verschrien, in internationale Isolation zu geraten. Es bestanden Gegengründe. Der Weg zum uneingeschränkten Luftterror führte über eine hürdenreiche Strecke. Ausgerechnet jene Macht hat seine Gestalt geprägt, die ihn am meisten zu fürchten hatte, die deutliche Vorbehalte kundgab und später die meisten Opfer darbrachte.

Am 19. August wies Göring Sperrles Luftflotte 3 an, die Vorbereitung zum Nachtbombardement zu treffen. Tagangriffe sollten hinfort Jägerduellen vorbehalten bleiben und Bomber nur eingesetzt werden, um das Fighter Command zu ködern. Nachts konnten die britischen Jäger der Heinkel nichts anhaben. Der letzte Tagangriff der 3. Luftflotte auf Portsmouth an 26. August kostete 41 deutsche Maschinen, davon 19 Bomber. Der Schwund verkrüppelte die Angriffsstreitmacht zusehends. Bald verfügte Sperrle noch über 350 einsatzbereite Bomber. Vom 26. bis 29. August schickte er seine Männer in die ersten Nachtattacken nach Liverpool. Die Dunkelheit minderte die ohnedem schon schwache Treffgenauigkeit, tarnte indessen das Fluggerät. Luftflotte 3 verlor in den vier Einsätzen nur sieben Bomber, richtete allerdings nicht viel Schaden an. Eine Vielzahl von Bomben ging außerhalb der Stadt zu Boden. Im Liverpooler Geschäftszentrum kamen 160 Brände zustande. Die meiste Störung widerfuhr der Nachtruhe. Wegen der schwachen Tragfähigkeit pendelten die Flugzeuge stundenlang zwischen Ziel und Basis, luden neue Bomben auf, kehrten zurück. Darauf konnten sich die Verteidiger einstellen. Sperrle, zufrieden mit dem Fortschritt, mußte sich später von der Unfertigkeit seiner Strafaktion überzeugen.

Er war ein Pionier des Bombenkriegs. Die ersten systematischen Versuche mit dem Luftterror ließ Sperrle im spanischen Bürgerkrieg anstellen. Er befehligte ein deutsches Fliegerexpeditionskorps, die Legion Condor, die mit der Vernichtung der baskischen Stadt Guernica zu Ruhm gelangte. Einer der Legionäre, das deutsche Jagdfliegeras Adolf Gallandt, hat den Vorfall 1953 als »bedauerlichen Irrtum« geschildert, »wie er später im II. Weltkrieg sich ungezählte Male auf beiden Seiten wiederholte«. Es fragt sich, worin bei ungezählten Irrtümern das Irrtümliche liegt? Sie gehörten zur Normalität. Die Guernica-Attacke habe einer Straßenbrücke gegolten. »Als sich der Qualm der Einschläge, in den ein paar Staffeln ihre Bomben geworfen hatten, verzog, stellte man fest, daß die Brücke unversehrt geblieben war, die angrenzende Ortschaft jedoch allerlei abbekommen hatte.« Dies erklärt allerdings nicht, warum dazu drei Stunden Zeit erforderlich waren, 70 Prozent der Gebäude ganz und 20 Prozent teilweise einstürzten sowie 300 Tote zurückblieben. Richtig ist, daß Straßen- und Schienenwege sich im Orte kreuzten. Verkehrsanlagen zertrümmern, kostet zwangsläufig schwere Zivilschäden. Allerdings spricht der Anschein nicht einmal für die schonende Absicht. Offenbar erprobte Sperrle im Baskenland die Tüchtigkeit seines Maschinenarsenals: automatische Bordkanonen, die Sturzkampfflieger auf arglose Dörfler und gegnerische Bodenstellungen abfeuerten, Präzisionsbombardement aus niedriger Höhe, Wohnviertel einäschernde Brand- und Splitterbomben. Legion Condor testete alle Gefechtsformen des kommenden Luftkriegs.

Anders als die Bombardierung des befestigten Madrids mit 1.000 Toten übertrumpfte das Schreckensszenarium über den baskischen Holzfäller- und Fischernestern bei weitem den militärischen Anlaß. Weil sie an den Deutschen keine Vergeltung üben konnten, ließ sich der Terror ungenierter an ihnen aus. Im Weltkrieg, gegen stärkere Gegner, flog die Luftwaffe mit mehr Rechtsrespekt. Die berüchtigten Bombardements Warschaus und Rotterdams vertragen sich, ähnlich wie das Madrids, mit den Vorschriften zum Beschuß befestigter Städte. Halten sich gegnerische Truppen verschanzt, lenken sie unvermeidlich Artilleriefeuer in den Belagerungsring. Wird ein vergleichbares Ausmaß nicht überschritten, mag man auch den Abwurf von Explosiv- und Brandstoffen aus der Luft als kriegsnotwendig ansehen. Die als militärische Stellung gehaltene Stadt soll zur Übergabe gezwungen werden. Eine ganz andere Strategie ist es, die verlangt, »daß in diesem Krieg aber auch jede Bombe, die über die weite Seestrecke gebracht wurde, zur Terrorisierung ausgenutzt werden muß«. Mit solchen Redensarten verging eine Planbesprechung der Luftwaffe im März 1939 unter Anwesenheit auch von Sperrle und Kesselring. »Dann muß z. B. der Kampf gegen das mittelenglische Industriegebiet als reiner Terrorangriff geführt werden und muß unter Umständen die Vorhand vor dem Kampf gegen die feindliche Bodenorganisation haben. Ich werfe lieber Bomben auf die zusammengeballten Städte als auf die weiter zerstreuten E-Häfen und Fliegerhorste.«

Gewiß war Sperrle der geübteste Mann in diesen Dingen. Doch auch als im September 1940 Luftflotte 3 auf Nachtangriff schaltete, der durch puren ›Irrtum‹ zum Zivilterror ausartete, legte sich die Wehrmachtsführung gleichsam autosuggestiv rechtliche Zügel an. Es sei dies ein alleräußerstes Mittel, aufzusparen für den letzten Moment. Der letzte Moment ist indessen ein subjektiver Eindruck, und der Krieg wimmelt davon. Seit dem Unglück an der Marne im September 1914 durchlebte der Generalstab nur letzte Momente. Es handelt sich nämlich um jenen Scheitelpunkt, an dem ein Stoß seine Initiative verliert. Danach kehrt sie nie wieder zurück. Inmitten des Siegeslaufs ist man von der Katastrophe umfangen. Jede Stockung mag die Unglücksbotschaft enthalten. Telford Taylor zufolge ist die Luftschlacht über England die Schicksalswende gewesen, in welcher der Krieg für das Reich verlorenging. Nachdem Kesselring und Sperrle im August an der RAF klebenblieben, zog es das Landheer in den russischen Schlund.

Im Bestreben, die Erynnien abzuschütteln, machte sich die Luftwaffe an ihr taktisches Reservat, die Hauptstadt London. Bezeichnenderweise führte wieder der Irrtum ihre Hand. In der Nacht des 24. August waren 170 Bomber nach Rochester und Thameshaven unterwegs. Ihr Ziel waren die dortigen Ölanlagen. Ein Navigationsfehler leitete das Geschwader indessen nach London. Seine Bomben fielen auf die Stadtmitte und verursachten einige unwesentliche Feuer. An der Zufälligkeit der Verwechslung von Rochester und London-City mag man zweifeln. Dem Oberkommando der Luftwaffe kam sie zumindest sehr gelegen. Der Vorfall wurde bedeutsam, als Churchill 81 britische Bomber für die kommende Nacht nach Berlin schickte. Seit Napoleons Tagen hatte man dort keine feindlichen Streitkräfte gewahrt. Die zweimotorigen Vickers Wellingtons mußten 750 Kilometer zurücklegen. Dementsprechend minimal die Bombenlast. Allerdings wurden am Görlitzer Bahnhof in Kreuzberg zehn Personen getötet. Am 30. und 31. August kehrten die Briten wieder und legten kurzfristig die Arbeit in den Siemens-Elektrowerken lahm.

Kein Mensch in Berlin verstand, wie die Briten ungehindert durchdringen konnten. Ihre Ankunft verstörte die Berliner seelisch nachhaltiger als die Verluste. Göring und Hitler sahen ihr Prestige lädiert, das unverzüglich einen gleich spektakulären Akt benötigte. So beschlossen sie, London zu bombardieren. Der Irrtum wurde richtiggestellt.

Hitler verfiel wiederum in nervöse Zustände. Im Reichstag kündete er die Vergeltungsschraube an: Wenn die Briten 4 Tonnen Bomben würfen, antworte die Luftwaffe mit 1.000 Tonnen. »Es wird die Stunde kommen, da einer von uns beiden bricht.« Bombenkrieg auf Biegen und Brechen war für die Reichsbürger keine anziehende Perspektive. Der Führer erläuterte ihnen, so faßlich er konnte, den Sinn der anscheinend bevorstehenden Opfer: »Es muß in Zukunft unmöglich gemacht werden, daß es einem Piratenstaat von Zeit zu Zeit immer wieder je nach Wunsch und Laune einfallen kann, 450 Millionen Menschen mehr oder weniger der Armut und dem Elend auszuliefern.« (Die Zahl stellt Europa bis zum Ural unter deutsche Protektion.) »Wir haben es als Deutsche für alle Zukunft satt, uns von England vorschreiben zu lassen, ob wir vielleicht dieses oder jenes tun dürfen oder nicht, ja am Ende sogar, ob der Deutsche Kaffee trinken darf oder nicht. Wenn es England nicht gefällt, dann wird die Kaffee-Einfuhr einfach gesperrt. Mich persönlich berührt das gar nicht. Ich trinke keinen. Aber es ärgert mich, daß andere ihn nicht trinken sollen können.« Offenbar aus

Sorge um den Durchhaltewillen, der im Bombenkrieg den Ausschlag gibt, verweilt Hitler bei seiner beliebtesten Errungenschaft, dem Sozialstaat: »Deshalb werden wir noch heute von den anderen so gehaßt. Sie haben das oft ausgesprochen. Sie sagen: ›Ja, ihre sozialen Experimente sind sehr gefährlich! Wenn das um sich greift, und wenn das auch unsere Arbeiter sehen, dann ist das sehr bedenklich. Das kostet Milliarden und bringt nichts ein. Es rechnet sich das in keinen Gewinn, in keine Dividende um. Was soll das also... Soziale Experimente, das was sie da alles machen, das kann nur dazu führen, daß die Begehrlichkeit der Massen geweckt wird. Das können sie von uns nicht erwarten ...‹ Es sind eben Plutokraten, in denen ein ganz kleiner Klüngel von Kapitalisten diese Massen beherrscht und natürlich in engster Verbindung mit den internationalen Juden und Freimaurern. Sie hassen uns wegen unserer sozialen Einstellung ... Sie sind der Überzeugung, daß man diese Entwicklung beseitigen muß.« Um die Volksgenossen vor dem jüdischen Manchesterkapitalismus in Schutz zu nehmen, bombardierten Luftflotte 2 und 3 vom 7. September bis Mitte November 1940 allnächtlich London.

Goebbels wies die Presse an, es möge »streng darauf geachtet werden, daß immer die Behauptung aufrechterhalten wird, unsere Angriffe gälten lediglich militärischen Anlagen. Sollten auch zivile Ziele getroffen werden, so liegt das daran, daß viele militärische Ziele mitten in die Stadt London hineingebaut sind ... Wenn auch gerade jetzt auf erhöhte Schnelligkeit Wert gelegt werden muß, so dürfen dabei die psychologischen Gesichtspunkte nicht vernachlässigt werden. Es ist falsch, im voraus von schweren Opfern zu sprechen, die unsere Angriffe kosten würden; es kann nur entweder von sehr geringen Opfern oder mit klaren Zahlenangaben geredet werden. Ebenso ist es unmöglich, wenn auch nur die Möglichkeit offengelassen wird, daß deutsche Flieger ihre Bomben nicht gezielt auf militärische Ziele abgeworfen hätten.«

Aus den Goebbelsschen Tagebüchern gehen andere Erwartungen hervor: »London nur noch eine einzige Rauchfahne«, – »apokalyptische Bilder – grauenvolle Einzelheiten«, – »ein Inferno von unvorstellbaren Ausmaßen, die Stadt gleicht einer Hölle«, – »grauenhafte Verwüstungen«, – »Londoner Kreise erklären, die Stadt werde nun zum Höhlendasein zurückkehren« – »großer ziviler Schaden«, – »ein Völkerdrama ohne Beispiel, aber es muß durchgestanden werden«, – »tolle Verheerungen«, – »diese Stadt erlebt nach und nach ein Karthago-Schicksal«. – »Das ist eine Hölle auf Erden«. – »Sperrle erwartet uns. Großer Vortrag über die Lage im Luftkrieg. Ein ganz kompliziertes Uhrwerk, aber mit deutscher Gründlichkeit durchgearbeitet. Sperrle ist ein Mordskerl.«

In der Nacht vom 7. auf den 8. September ließen Sperrle und Kesselring innerhalb von sieben Stunden 330 Tonnen Sprengstoff und 440 Brandkanister abwerfen. Die Bombenhagel trafen in dicht belebte Straßen. Tausend Londoner fanden den Tod. »Die Militärs teilen meinen Standpunkt«, notiert Goebbels am 11. September, »das hält eine 8-Millionen-Stadt nicht lange aus.« Der Führer sei noch unentschlossen. »Man hat kein Beispiel, nach dem man das abschätzen könnte.«

In den ersten zwei Wochen herrscht allgemeine Genugtuung: »Man hat seine helle Freude an diesem organisatorischen Meisterwerk.« Die britischen Gegenangriffe auf das Berliner Regierungsviertel, den Reichstag und das Brandenburger Tor, sind »nicht erheblich, aber ich lasse noch etwas nachhelfen. Durch Scheinbrandbomben.« Die Zeugnisse des britischen Vandalismus läßt man »gleich fotografieren«. »Bauschen die ganze Sache wahnsinnig auf, um uns für unsere massiven Angriffe auf London neuerliche Alibis zu verschaffen.« Zwei Tage später »ist Amerikas Presse auf unseren Trick hereingefallen: Das ›Bombardement‹ des Reichstags wird der Vernichtung des Buckingham-Palace gleichgestellt. Nicht wir sind die Barbaren, sondern zwei Großmächte bekämpfen sich auf Leben und Tod. Das wollten wir ja erreichen. Die Engländer machen auch jetzt noch eine saudumme Propaganda.«

Goebbels hatte bereits im August entdeckt, daß die Gegner »über kurz oder lang ihre jetzige Taktik der Bagatellisierung aufgeben und mit einer neuen Taktik vertauschen werden, in der sie die Humanitätsfiedel spielen, um das ›Weltgewissen wachzurufen‹. Für diesen vorauszusehenden Fall, in dem also getötete Frauen, Schwangere, Greise etc. Revue passieren werden, Material griffbereit halten, um mit Bildern von den getöteten Kindern in Freiburg jederzeit aufwarten zu können.« Über Freiburg hatten deutsche Flieger im Mai durch Navigationsirrtum für Frankreich bestimmte Bomben abgeladen und 22 Kinder getötet. Der Vorfall war sogleich als propagandistische Manövriermasse erkannt und den Briten zugeschrieben worden. Denn »auch die Humanitäts-Mascherie schlagen wir den Herren Lords aus der Hand heraus. Sie kommen damit überhaupt nicht hoch.« Immerhin erregen »bisher noch nicht dagewesene Bombenmengen entsetzte Schreie in der Weltöffentlichkeit«. Für das Gewissen in »Neutralien« muß die Bilanz der Schrecken ausgeglichen gehalten werden. Anders ist die Unparteilichkeit nicht durchzuhalten.

Das Vergeltungsprinzip sorgte für ein permanentes Remis. »Führer ordnet an, daß wir die Bombardementserfolge der Engländer noch mehr aufbauschen.« »Die Engländer haben über Deutschland kleine Brandplättchen in rauhen Mengen abgeworfen. Wir machen gleich ein Mordsgeschrei darum ...« Das britische »Humanitätsgeschrei« wird pünktlich erwidert. »Wir müssen uns moralisch dekken.« Der Luftterror handelt ausschließlich von der Moral. Das Zivil beweist Moral, indem es sich Feuer und Explosion preisgibt, ohne weich zu werden. Der Bomber wiederum kommt als Abgesandter der Gerechtigkeit und rächt des Leid der Schuldlosen. Er ist die klassische Waffe des gerechten Kriegs, weil er nur gegen Ungerechte einsetzbar ist. Die Humanität dient als Parole der Ausrottung.

Bis Ende 1940 verzeichnete London 14.000 Todesopfer. Insgesamt tötete die Luftoffensive über England 23.000 Personen, darunter zehn Prozent Kinder. Nach zehn Wochen stellten die Deutschen fest, daß London eine sehr große Stadt war, die sich auch mit 13.000 Tonnen Bomben und 12.000 Brandschüttkästen nicht in das gewünschte Inferno versetzen ließ. Die Versorgungsbetriebe waren keineswegs ausgeschaltet worden, weil die nötige Treffgenauigkeit bei Nacht verpaßt wurde. Die offene Auslöschung ›reiner Wohnviertel‹ hatte man bisher gemieden. Die Mittel hätten dazu auch nicht ausgereicht. Kesselring und Sperrle schickten durchschnittlich 160 Bomber mit 230 Tonnen Sprenglast pro Nacht nach London. An der Vernichtung Dresdens 1945 durch die RAF waren über 773 Maschinen mit 2.659 Tonnen Bomben beteiligt. Die Bomben hatten einen weit höheren Wirkungsgrad, vor allem wußte man nach jahrelangem Studium, wie die Ladung kombiniert und plaziert sein mußte, um das Zerstörungswerk auf einen Schlag anzurichten.

Der Bombenteppich

Im November 1940 ließ der Luftwaffenführungsstab von London ab und wandte sich den kleineren Industriestädten Mittelenglands zu. Die Theorie entstand, hier sei »das eigentlich konservative, hartnäckig-sture Engländertum zu Hause, welches die geistig-seelische

Basis für den Widerstands- und Durchhaltewillen Großbritanniens bildet«. London selbst neige aufzugeben, der harte Kern der ›Plutokratie‹ sitze relativ geschützt in den ›midlands‹.

Die Einwohner von Coventry hatten die Stadt zunächst für sicher gehalten. Sie lag in einer Mulde versteckt und so weit vom Kanal entfernt, daß kein Bomber tags den Jägerriegel durchschlüpfen konnte. Als im Juni die ersten Bomben in die Umgebung fielen, machten die Familien Ausflüge dorthin und sammelten Splitter als Andenken ein. Die britische Regierung hegte zu der Zeit bereits Ahnungen. Zwei Mathematiker, denen sie eine Studie über künftige Luftkriegsschäden aufgetragen hatte, wählten Coventry als Simulationsmodell. Das Ziel dünkte sie ähnlich zwingend wie ein Jahr zuvor den Luftwaffenführungsstab. Die Flugzeugmotorenwerke und das kompakte Stadtbild waren unwiderstehlich.

Wie überall in England hatten sich Anfang 1935 in Coventry Luftschutzbrigaden gegründet. Sie trainierten mit Sorgfalt für den Gasangriff. Erst im Winter 1939/40 traf die Regierung Vorkehrungen gegen Feuer. Ihr stand das unglückselige Schicksal Warschaus vor Augen, das am 25. September 1939 mit 486 Tonnen Spreng- und 72 Tonnen Brandbomben angegriffen worden war. Die Flammen rasten aus Hunderten von Herden ungehindert durch die Stadt, weil Stukas die Wasserleitungen zerstört hatten und Trümmerschutt auf den Straßen die Feuerwehr blockiert haben würde, wäre sie nicht seit zwei Wochen evakuiert gewesen. In Coventry staute man darum den Sherbourne River und installierte eine Anzahl stählerner Bassins. Die Bürger erhielten den Rat, Feuerwachtposten aufzustellen, zumal der vielen Architekturschätze wegen. Propst Howard gründete eine vierköpfige, rotierende Kathedral-Wache. Er hatte Mühe, sie immer zu finden, weil die meisten tauglichen Männer auf die Fabriken achtgaben. Nicht selten bewachten der Probst und seine Gattin die Kathedrale allein. Schließlich wurde Jock Forbes eingestellt, von der Dämmerung bis zum Morgengrauen das Bauwerk zu hüten. Er war ein alter, kundiger Steinmetz, der jeden Fingerbreit darin kannte.

Die erste Kathedrale war 1053 unter König Eduard dem Bekenner von dem Grafen Leofri und seiner Gemahlin, der frommen Lady Godiva, gebaut, später dann von Heinrich VIII. abgerissen worden. Sechzig Jahre lang, von 1373 bis 1433, ließen die wohlhabenden Seiden- und Tuchhändler St. Michael errichten, die zweite Kathedrale von Coventry. In dieser Zeit vernarbten die Wunden der Pest. Der Schock der Seuche ernüchterte auch den Baustil. Die heitere Dekoration wich einem luftigen, hellen Raumschnitt. Das Gemäuer magerte ab. Die Wände fingen den Gewölbedruck nicht länger durch ihre Wucht ab, sondern mittels wohl plazierter Streben. Dafür weiteten sich die Fenster. Das 15. Jahrhundert sah die Blüte der englischen Glasmalerei. Zwischen schlanken Pfeilern und Streben fällt das Licht in tiefem Seegrün, glühendem Purpur und gefrorenem Weiß. Die Wände St. Michaels waren nur Pfeiler und Fenster in einer durchlaufenden Oberlichtgalerie. Das Glas steckte in streng gewinkeltem Schmuck des Maßwerks aus rosa Sandstein. Der ganze Bau schimmerte in diesem transparenten Ton. Die Apsis umfing fünfeckig den Altar, überflutet von farbigem Licht aus fünf schwindelhohen Fensterbögen. Das Hauptschiff rahmten vier Seitenschiffe. Seine Basilikaform erfüllte das Zeitideal des geräumigen Gotteshauses, offen für den Äther und die Helligkeit. Die Mönche liebten den vielen Platz, um der Gemeinde die Botschaft der Pest zu predigen. Der Herr hatte sie geschickt, weil er der Schlechtigkeit der Welt überdrüssig war. Die Seitenschiffe teilten sich in vielerlei Kapellen und Nischen, von dankbaren Kaufleuten gestiftet, die dort neben den Riten von Hochzeit und Taufe Handels- und Geschäftskontakte abwickelten.

Eine nur in England anzutreffende Gestalt besaß das Deckengewölbe. Es war aus Holz. Das Schiffsbauervolk hatte Zimmerleute von höchster Imagination und Kühnheit hervorgebracht. St. Michael trug einen flachwinkeligen Dachstuhl mit sparsam geschnitzter Täfelung, von schöngliedrigen Querbalken gehalten, die wie schwebend auf den Wandstreben auflagen. Unterhalb dieser einst vielfarbig bemalten Eichenholzkonstruktion befand sich ein 46 Zentimeter hoher Hohlraum. Darüber war ein zweites, nahezu waagerechtes Holzdach gezogen, verschalt mit Blei.

Propst Howard hatte erwogen, in riesigen Lettern das Wort ›Kirche‹ auf das Blei malen zu lassen. Doch zweifelte man, ob sich die deutschen Piloten dadurch zur Schonung veranlaßt sähen. Ein besserer Vorschlag, das Dach mit einer dreißig Zentimeter dicken Erdhülle zu beschichten, war verworfen worden, weil man um die fein ausbalancierte Statik fürchtete. Denn das Verhältnis des Gewölbedrucks zum Zug der Wände ist das Geheimnis der Kathedralen. Sie stehen für die Ewigkeit, doch gelehnt auf das waghalsigste Gefüge. Der Sog des Firmaments hält sie zusammen.

Am 14. November, 3.00 Uhr nachmittags, fing ein RAF-Lauschflugzeug den Peilton des X-Gerätes auf. Die deutschen Bomber erreichten komplizierte Ziele im Blindflug, orientiert an einem akustisch wie optisch wahrnehmbaren UKW-Funkrichtstrahl. Die Stationen waren in Cherbourg und Calais montiert und sendeten unter dem Codenamen ›Weser‹ den Cherbourg-Strahl, der nordwärts, unter ›Elbe‹, ›Oder‹ und ›Rhein‹ die drei Calais-Strahlen, die nordwestwärts verliefen. ›Weser‹ gab den Geschwadern die Flugrichtung an. ›Elbe‹, ›Oder‹ und ›Rhein‹ kreuzten ›Weser‹ auf drei aufeinanderfolgenden Punkten: Fünfzig Kilometer vor dem Ziel signalisierte ›Rhein‹ baldiges Eintreffen. Auf dem Schnittpunkt ›Oder‹, zwanzig Kilometer vor dem Ziel, startete der Navigator ein automatisches Rechengerät. Es bestand aus einem Uhrwerk mit einem roten, einem grünen und einem schwarzen Zeiger. Sie bewegten sich entsprechend der Flughöhe, der Bombenfallzeit, der Bombenrückdrift, der Fluggeschwindigkeit und der Zielentfernung. Fünf Kilometer vor dem Ziel, bei dem Überqueren von ›Elbe‹, stoppte der Navigator den schwarzen und den grünen Zeiger. Der rote setzte sich in Bewegung. Wenn er den schwarzen Zeiger berührte, klinkte die Uhr die Bombe aus.

Die Briten, die in das deutsche Chiffriersystem eingedrungen waren, bekämpften das Funkleitverfahren mit Störsendern. Diese krümmten unmerklich den Leitstrahl, so daß die Flieger in die Irre geführt und ihre Bomben ins Grüne gelenkt wurden. An dem fraglichen Nachmittag hatten die Briten eine Signalfrequenz von 2.000 MHz/s. gemessen. Die Messung stimmte glücklicherweise. Bei der Justierung der Störsender unterlief jedoch ein Irrtum. Sie wurden auf 1.500 MHz/s. eingestellt. Der Navigator konnte mühelos das echte vom falschen Signal unterscheiden. Nun hielt nichts mehr Luftflotte 2 und 3 im Anflug auf Coventry auf. Der Codename des Angriffs lautete ›Mondscheinsonate‹, denn am 14. November schien der Vollmond.

»Es war unnatürlich hell draußen«, erinnert sich die Bürgermeistertochter. »Kaum im Leben habe ich eine so leuchtende Novembernacht gesehen.« Jemand sagte: »Das ist ja ein fürchterlicher Bombermond heute.« Das Dach der Kathedrale reflektierte seinen Schein. Auf dem Blei lag ein schlüpfrig-weißer Nachtreif. Der erste Frost setzte ein. Propst Howard hatte dort oben wie im Kirchenschiff die Grundausstattung der Feuerlöscher verteilt. Sand- und Wassereimer, Kübelspritzen, Schaufeln. Um 19.10 Uhr heulten die Sirenen. In das Verklingen ihres Jammerlauts fielen die ersten Bomben.

Das X-Gerät war eigenen Kampffluggruppen zugeteilt, die der Luftflotte 3 angehörten. Sie stellte 342 der 515 Maschinen; Kampfgruppe 100, gelenkt vom ›Weser‹-Strahl, lotste das restliche Rudel hinter sich her. Dreizehn Heinkel 111 der legendären Führungsgruppe warfen Brandkanister und Leuchtstoffe ab, um das Ziel für die nachfolgenden Angriffswellen zu illuminieren. Die Kanister entluden einen Funkenschauer, der wie ein Lichterbaum zu Boden schwebte. Das Profil der Stadt zeichnete sich scharf genug im Mondlicht, doch das Ausleuchten der Stadt war eine wichtige Übung. Dieses Prinzip fand im Luftkrieg bald allseitige Anwendung.

Nach kurzer Zeit mischten sich Sprengbomben in die Brandsätze, um die Feuerwehr in Unterstände zu zwingen und die Hauptwasserleitungen und das Telefonnetz auszuschalten. Als nächstes entfielen das elektrische Licht und die Bahnverbindungen nach draußen. Die Einwohner spürten, als eine Flugzeugwelle die nächste ablöste, daß sich etwas nie Dagewesenes zutrug. Der Höllenlärm trieb die Menschen unter die Erde. Diejenigen, die einen Blick auf die Stadt erhaschen konnten, gewahrten ein magisches Bild: Eine Stunde Brandkanister hatten Coventry in ein Flammenmeer versenkt. Den blutroten Himmel sah man aus weiter Ferne. Schmal und ernst stak vor dem hitzeflimmernden Horizont die Silhouette der Kathedrale. Sie wurde in dieser Nacht verteidigt von Jock Forbes, dem Propst und zwei jungen Burschen.

Nachdem Kampfgruppe 100 einen Halbkreis von Licht und Funken um die Stadt geschlungen hatte, zogen die Schauer zusehends auf St. Michael zu. Um 20.00 Uhr trafen sie das Dach. Der Brennstoff entzündete sich in der Luft, näherte sich unter Pfeifen und explodierte nach fast einer Minute mit einen markanten Schmatzen.

Der erste Brandsatz landete auf dem Dach über der Apsis, der zweite am Südflügel über der Orgel. Eine Bombe durchschlug das Dach glatt und landete im Gestühl an der Stirnseite des Hauptschiffs. Die Verteidiger alarmierten durch Schreie vom Dach die gegenübergelegene Hauptwache der Polizei. Eigentümlicherweise drangen sie durch. Konstabel Marshall befand sich um 20.15 Uhr vor dem Amt, sah und hörte, was geschah, und erstattete Meldung bei Sergeant Groom. Die britische Manier hielt stand: »Sergeant«, sagte Marshall, »die Kathedrale brennt.«

Die Telefonleitung zur Feuerwehr funktionierte noch. Dort ging man auch gleich an den Apparat: »Polizei?« »Feuer in der Kathedrale!« »In Ordnung!« Dann legte die Feuerwehr auf. Marshall überquerte die Straße und informierte die vier Männer, daß die Feuerwehr Bescheid wisse. Es war ihnen gelungen, die Bombe über der Apsis unter Sand zu ersticken und über die Brüstung zu werfen. Die größere Bombe im Gestühl verlangte zwei Sandeimer, bevor sie in einen Behälter geschaufelt wurde. Fatal hingegen entwickelte sich die dritte Bombe über der Orgel. Sie tat eben das, was Jock Forbes und der Propst am meisten gefürchtet hatten. Sie bohrte sich durch das Bleidach und blieb auf der inneren Eichendecke liegen.

Zur Luftisolation vorgesehene Hohlräume zwischen Dach und Decken haben sich im Bombenkrieg als tückische Fallen erwiesen. In solchen Einschüben lagern Gerümpel, Papiere, Spatzen- und Taubennester mehrerer Vogelgenerationen. Brandsätze bewirken in diesen Zwischenräumen Schwelbrände, die sich langsam ausbreiten, an einer Stelle ein Loch fressen, das Frischluft ansaugt, so daß in Sekunden die Schwelgase puffend zünden und das Großfeuer auslösen.

Die vier Wächter suchten fieberhaft die bleierne Dachhaut aufzuhacken und Sand durchzugießen. Doch hatte sich das Feuer zu weit ausgedehnt. Sie pumpten mit der Handspritze viele Eimer Wasser in die Höhle und erzielten einen Erfolg. Inzwischen waren aber Bomben in die zwei Kapellen eingeschlagen. Die Männer machten sie unschädlich, hatten aber nun eine Zeitlang besessen gearbeitet und ermüdeten.

Konstabel Marshall, der 15 Minuten den Kampf beobachtete, lief in die Wache zurück und fragte den Sergeant, wann eine Feuerbrigade bei der Kathedrale einträfe. »Das Feuer breitet sich auf dem Dach aus.« Marshall telefonierte zweimal. Es war halb neun Uhr. Um acht hatte die Hauptfeuerwehr festgestellt, daß die Deutschen die Stadt an allen Enden angezündet hatten. Auf dem Straßenplan waren 240 Brandherde registriert, als das Feuerwehrgebäude selbst von einer Bombe beschädigt wurde. Daraufhin beendigte man weiteres Zählen. Der Brandmeister teilte dem Sergeant mit, daß alles Gerät im Einsatz sei. Groom hielt die Kathedrale nunmehr für verloren.

Coventry stand um 20.30 Uhr ringsum in Flammen. Das Dach des Warwickshire Hospitals hatte sich entzündet. Ärzte und Pfleger schleppten die Patienten auf Tragen und den Schultern aus den Sälen. Im obersten Stockwerk lagen 15 Frauen in der Gynäkologischen Abteilung, welche nicht bewegt werden durften. Still und klaglos verharrten sie unter ihren Bettdecken, die übersät waren mit Glassplittern und Deckenputz, hereingeschleudert von einer Detonation im benachbarten Schwesternzimmer. In einem anderen Flügel blieb ein Dutzend Knochenfrakturfälle liegen. Unfähig sich zu regen, lagen sie auf dem Rücken, die gegipsten Glieder eingehängt in Rahmen, und betrachteten durch ein großes, aus ihrer Zimmerwand herausgerissenes Loch den karmesinroten Himmel und die kreisenden deutschen Bomber.

Den Verteidigern der Kathedrale gingen Sand und Wasser aus. Aus drei Löchern in der bleiernen Dachverschalung quoll Rauch und in dem Hohlraum leckten die Flammen über die Eichenbalken. Nichts bringt einen durchglühten Balken zum Erlöschen. Forbes und der Propst hofften, daß jede Minute eine Feuerbrigade anrückte. Sie konnten nicht wissen, wie viele Löschzüge in der Falle saßen, weil die engen Gassen vorwärts und rückwärts von Bombenkratern zerwühlt waren. Der einzige Wasserhahn der Kathedrale lag in Smith's Kapelle. Einer der zwei jüngeren Gehilfen mühte sich, dort zu zapfen. Doch in der Kapelle ballten sich heiße Rauchschwaden, und der Mann mußte halb vergiftet geborgen werden.

Propst Howard ließ die Domschätze in die Polizeiwache schleppen. Das Altarkreuz, die Kerzenständer, den silbernen Meßkelch, die Hostienschale, das Evangelienbuch, ein Weihwassergefäß. Dann hüllten sich die vier schweißüberströmt in Decken und warteten.

Die Nacht war kalt, trotz der rotglühenden Asche, die durch die Luft wirbelte. Das Blei hatte zu schmelzen begonnen und tropfte vom Dach herunter. Im gegenüberliegenden Hof des Erzdiakons war eine Bombe niedergegangen und hatte die Bibliothek in Brand gesteckt. Die Altstadt, ein kleinmaschiges Rechteck aus Gassen von knapp 9000 Quadratmetern, schien das Zentrum des Angriffs zu sein. Dazu bedurfte es gar keines Aufwandes. Der Befehl an Luftflotte 2 und 3 verlangte vordringlich die Vernichtung der Motorenindustrie. Doch kannten die Marschälle den Aufbau der Stadt. Der historische Kern entflammte wie Zunder und unterbrach die meisten Straßenverbindungen in die Peripherie. Hier rissen auch die Energie- und Kommunikationsnetze. Die Telefonleitungen waren schrittweise abgestorben und schwiegen gegen 21.30 Uhr. Damit waren die Einsätze der Luftschutztruppen nicht mehr zu steuern. Sie erhielten keine weiteren Rufe, und die Solihull-Brigade machte sich auf den Weg zur Kathedrale.

Neunzig Minuten nach Brandlegung erreichte das erste Löschgerät den Schauplatz. Das Gebäude wurde mit Schläuchen umgeben, eine Leiter zum Dach gelegt und ein Wasserstrahl in die innen dunkelroten, nach außen weißgezackten Flammen gerichtet. Sie hatten die Decke und das Gebetsgestühl ergriffen, aber die Pfeiler und Wände hoffte Propst Howard ihnen entreißen zu können. Die bemalten Glasfenster waren vor Wochen aus dem Maßwerk getrennt und auf dem Lande verborgen worden. Die uralten Scheiben haben sich im Luftkrieg gewöhnlich weit stabiler erwiesen als moderne Fabrikate. Das Ersatzglas platzte augenblicklich, und durch die offene Oberlichtreihe der Kathedrale verwandelte Zugluft das glimmende Hauptschiff in einen Ofen. Bevor die Feuerwehrschläuche Wirkung erzielten, versiegte das Wasser. Der Schlauch wurde zu einem weitergelegenen Hydranten geführt, doch vergebens. Die Hauptwasserleitung war zerstört. Die 97 Millionen Liter Vorräte hatten den Angriff überstanden, doch das Leitungsnetzwerk lag zerstückelt, und die Flut sprudelte in den Boden. Immerhin mochte irgendeine Anschlußstelle heilgeblieben sein. Die Feuerwehrleute suchten dreißig Minuten die Gegend ab. Um 22.30 Uhr fand sich ein intakter Hydrant. Man beschloß, sich auf das Hauptschiff zu konzentrieren, zog den Schlauch vom Dach eine Wendeltreppe hinab in die Sakristei und wässerte durch die Tür zum Altarraum die Kapelle der Hl. Frau. Dies ging eine Weile gut, dann ließ der Druck nach. Schließlich stockte der Zufluß, und die Feuerwehr verließ die Kathedrale. Propst Howard flüchtete in die Polizeistation. Vom Portal aus sah er St. Michael untergehen.

Um 23.45 Uhr erreichte der Angriff seine höchste Intensität. Die Hauptkräfte der Fliegerkorps I, IV und V hatten neu aufgeladen und waren zurückgekehrt, um das letzte Stadium einzuleiten. Sie warfen ihre Tonnage in Wellen mit unterschiedlicher Bestückung ab. Die schwersten Sprengbomben, das Stück zu 1,8 Tonnen, Flammöl-Bomben, Bomben mit Langzeitzündern und die 50-Kilogramm-Bombe ›Jericho‹, die mit Sirenengeheul zu Boden jagte.

Jede Stunde schlugen die Glocken der Kathedrale. Der Turm, der dritthöchste der Insel, war stehen geblieben. Um Mitternacht wogte in der Basilika ein Flammenmeer. Alle Luft hatte sich in ihr entzündet. Durch die offenen Oberlichtbögen sah man das Element den ganzen Raum ausfüllen. Auf seinem Kamm wogte bronzener Dampf. Ein gleißender Kern markierte den Brand der Orgel, die Händel einst gespielt hatte. Vom Dach der Kapellen und des

Hauptschiffs wallten Sturzfluten lodernder Tafeln und Balken. Als die Decke unten war, hielt es die Pfeiler und Fenstergaden nicht länger aufrecht. Ohne das Gewölbe blieb ihnen nichts zu tragen. Als die schlanken Pfeiler und festgemauerten Streben ihre Traglast verloren, warf sie der Zug zu Boden. Die Mauern der Kathedrale sind nicht von Sprengstoff zerrissen worden. Sie fielen aus dem Gleichgewicht. Die gotische Kathedrale hält den Stand nach einem eigentümlichen Prinzip. Sie stürzt unentwegt, doch in entgegengesetzter Richtung. Zerfall ist der Normalzustand, den Kunst und Frömmigkeit überbrücken.

»Daß ein so glorreicher, schöner Bau«, schrieb Propst Howard später, »welcher der Ort gewesen ist, an dem Christen 500 Jahre lang Gott verehrt hatten, durch die Niedertracht des Menschen in einer einzigen Nacht vernichtet werden sollte, war gewiß ein Urböses, das sich nicht ermessen läßt. Es war auf irgendeine mysteriöse Weise die Teilnahme an dem ewigen Opfer der Kreuzigung Christi.« Daß die Gläubigen ihre Götter und Gotteshäuser verheißungsgemäß erschlagen, löst zumeist unbändigen Jubel aus. Den Deutschen dünkte ihr Treiben dermaßen vorbildlich, daß sie ein eigenes Wort dafür prägten: das Coventrieren. Dies wollten sie sich zur Gewohnheit machen. Das OKW meldete die Aktion am 15. November als Beispiel militärischer Vollendung: Der rollende Angriff starker Kampfverbände der Generalfeldmarschälle Kesselring und Sperrle habe gewaltige Verwüstungen angerichtet. »Ungeheuere Feuersbrünste, die von großen Rohstofflagern genährt wurden und bis zur Kanalküste sichtbar waren, vollendeten das Vernichtungswerk.«

Daß sich im Vernichten der Werke ein Heilsgeschehen höherer Ordnung vollende, hatte vor dem Wehrmachtsbericht vom 15. November bereits Rilke zum Ausdruck gebracht. In seiner Hymne auf den totalen Krieg vom August 1914 ist vorausgeahnt, was ihm erst 25 Jahre später gelingen sollte: »Kann er ein Wissender sein/Da er doch alles Gewußte zerstört?/Das lange, das liebreiche, unser vertraulich Gewußtes/Nun liegen die Häuser nur noch/Wie Trümmer umher seines Tempels.« So war Ersatz beschafft für die darin geopferten Kathedralen.

Im Ersten Weltkrieg hatte der Artilleriebeschuß der Kathedrale von Reims die Kulturwelt herausgefordert.* Ein katholischer Offizier hatte auf ihren Zinnen einen Beobachtungsposten entdeckt, der möglicherweise ein MG besaß. Damit der Religionsmißbrauch

* siehe Anmerkungen

keine Belohnung fände, wurde die Kathedrale unter Feuer genommen. Das Gebäude litt schweren Schaden, und den Deutschen eilte von nun an der Ruf der Barbarei voraus, zumal sie in diesem Kriege das Coventrieren ablehnten und Reparatur ankündigten. Die Ansicht, daß eine Kathedrale reparabel sei, schrieb damals Auguste Rodin, stelle einen Frevel für sich dar. Man wisse anscheinend nicht recht, was ein solches Gebilde sei: »Diese Kathedrale, die gesehen hat, wie ihr die Jahrhunderte Achtung darbrachten! Das ist mehr als ein Krieg. Diese Geißel Gottes ist eine Katastrophe der Menschheit, an der sich die Epochen scheiden«. Jene Generation glaubte sich in einem imaginären Saal abendländischer Kunstschöpfungen geborgen, die Lebenszeit in eine Strecke Menschheitsgeschichte faßten. Rodin und Rilke sahen noch das geschichtliche Leben gefährdet. Daß die nächste Generation mit der Erfindung des Coventrierens sich an der Menschheit als Rasse zu schaffen machte, war nicht voraussehbar. Selbst die Coventry-Bomber wußten nur halb, was sie taten. Der Verlust der Kathedrale war die Reminiszenz an eine Welt, die sowieso nicht mehr bestand.

Als das britische Bomber-Command den Coventry-Angriff prüfte, kümmerte es sich um das Ende St. Michaels ebensowenig wie Sperrle und Kesselring. Man ging interessiert das Zukunftweisende an, das die zwei Feldmarschälle der Kriegführung vermacht hatten. In der Nacht des 14. November waren auf je 800 Zivilisten eine Tonne Bomben gekommen. Der Tätigkeitsindex in der Stadt hatte um 36 Prozent abgenommen und 35 Tage zu seiner Wiederherstellung benötigt. Um ihn auf Null zu senken, würden vier, fünf Angriffe der Coventry-Klasse notwendig sein. Erst nach dem sechsten könnte ein Ort sich davon nicht mehr erholen. Im günstigsten Fall wäre er an sechs aufeinanderfolgenden Nächten zu bombardieren, ein offensichtlich unpraktikables Verfahren. Doch ließ sich ebensogut wie eine Stadt komplett eine Vielzahl von Städten teilweise zerstören, wenn man nur auf eine abgegrenzte Fläche einwirkte. Dieser Gedanke war die Geburt des Flächenbombardements. Noch fehlte der politische Wille, aber der technische Vorgang reifte heran. Zu seiner Realisierung studierte man ebenfalls das Kesselring-Sperrle-Modell.

Die Deutschen hatten bereits Neuland betreten, während sich die Briten noch mit dem einstweilen hoffnungslosen Präzisionsbombardement von Eisenbahnbrücken und Ölanlagen abmühten.

Die Coventrierung eines gesamten Industrie- oder Wohngebietes erforderte indessen ganz andere Verfahrensweisen. Der Schlüssel lag in dem deutschen Akzent auf der Brandstiftung. Die Luftwaffe benutzte mehr Brandstoffe und massierte sie auf ein so eng umrissenes Areal wie Coventrys Altstadt. Damit begann der Angriff. Die Deutschen nahmen 28.000 Brandbomben die Nacht. Würfe man 30.000 tunlichst in den ersten zwanzig Minuten, wäre die Feuerwehr mattgesetzt. Die Sprengbomben ergänzten das Werk der Brandbomben, indem sie die Wasserleitungen zertrümmerten und der Feuerwehr die Bewegung in der Stadt versperrten. Im Zeitablauf, folgerte Air-Marshall Harris, steckten in dem Coventry-Angriff noch Unvollkommenheiten. Die Raumbehandlung hingegen war perfekt.

Die relativ langatmige Abwurfspanne, verursacht durch den Pendelverkehr der tragschwachen Bomber, hatte den Zivilisten eine günstige Entkommensfrist eingeräumt. 568 von 328.000 Einwohnern wurden getötet. Sie starben einen Tod wie 25 Jahre zuvor die Soldaten der Westfront. Vielen fehlte der Kopf, in Kellern lagen sie zu Stapeln. Ein Drittel der Leichen war nicht mehr kenntlich. Ihre Mitbürger identifizierten sie als je drei, vier unterschiedliche Personen. Ohne einwandfreie Totenscheine kamen die menschlichen Überreste indessen nicht in ihr Grab. Darum sammelten die Bestatter von den zermalmten Gliedern Schmuck, Uhren, Kleider ein und numerierten diese Hinterlassenschaft, die von den Angehörigen einfacher zu identifizieren war. Diese Methode haben 1945 die Dresdener Behörden übernommen.

Einen Monat nach Coventry flog die RAF mit 134 Maschinen ihren Vergeltungsangriff auf Mannheim, warf 80 Tonnen Sprengbomben und 14.000 Brandbomben auf die Wohngebiete im Stadtkern ab, erzielte aber keine Coventrierung. Die rückgekehrten Bomber vermeinten, das Zielgebiet in hellen Flammen zurückgelassen zu haben. Nach dem Kesselring-Sperrle-Vorbild markierte die erste Angriffswelle mit Feuerzeichen die Zerstörungsareale. Die Sprengladungen fielen blindlings in die Brände. Weil sie ungenau gelegt waren, explodierten entfernte Stadtviertel. Die Verluste blieben weit hinter den Erwartungen zurück. Erst im März 1942 gelang es der RAF in Lübeck, baulich Coventry näher verwandt, den Luftbrandkrieg nach Deutschland zurückzutragen.

Sperrle wurde in Nürnberg unter Anklage gestellt. Angesichts seiner Teilnahme an der Vernichtung der 23.000 britischen Zivilisten im ›Blitz‹, mag man ihn als einen der blutigsten Oberbefehlshaber ansehen. Es sind von Juli bis Dezember 1940 durch die Luftflotten 2 und 3 mehr Kinder ums Leben gebracht worden als Kommissare im ganzen Rußlandfeldzug. Gleichwohl wurde Sperrle dieser Handlungen nicht beschuldigt. »Die zerstörten Hauptstädte«, heißt es in einem Schriftsatz der Anklage, »sind Zeugnis für seine Macht.« Seine Untat hingegen bestand in der Verwendung von Kriegsgefangenen in Baubataillonen. Weil sie an militärischen Anlagen arbeiteten, war Artikel 31 der Genfer Kriegsgefangenenkonvention von 1929 verletzt. Ein Rechtsergebnis, welches der Vernichtung von 2.300 Kindern keinen Unrechtsgehalt beimißt, kann nicht überzeugen. Einleuchtend ist jedoch, daß die angloamerikanische Luftkriegsallianz, die 57.000 Kinder unter 14 Jahren tötete, zu einer Verurteilung Sperrles nicht befugt war.

Die US-Richter besaßen genügend Unabhängigkeit, den Sachverhalt zu prüfen. Sie konnten Sperrle nicht einer Tat schuldig sprechen, die gar nicht zur Anklage stand. Doch durchzieht die Frage des Luftkriegs als deutsches Verteidigungsargument die gesamte Nürnberger Prozeßserie. Die Gerichte hatten reichlich Anlaß, sich damit zu befassen. Denn es gibt schlechterdings keine Kriege, in denen nur eine Seite Kriegsverbrechen begeht und die andere kein einziges. Die Nürnberger Judikatur hätte die Einsicht der aufgeklärten Gelehrten getrost aussprechen können, daß die gerechte Sache leicht nach kriminellen Mitteln ruft. Sie verlockt dazu, den Ungerechten zu strafen. Der Kreis der Strafwürdigen wächst unaufhaltsam. Sperrle hatte hauptsächlich das verstockte britische Industriekapital treffen wollen. Die Motorenwerke waren nach fünf Monaten wieder intakt. Auch die 500jährige Kathedrale wurde neu errichtet. Aber die Steine verkünden dem Beter nichts vom Jenseitssehnen der gotischen Zeit. Es ist die trostlose Kirche eines weltlichen Jahrhunderts geworden. Sie evoziert das Himmelreich wie ein Wartesaal.

Die Haager Landkriegsordnung nimmt, wenn auch zaudernd, die Menschen vor dem Kriege in Schutz, in Artikel 27 gar als Erben einer Geschichte. Menschheitszeugnisse und -werke sind vor der Planlegung durch Bomben auszunehmen. Um den bürgerlichen Bildungsgedanken zu veralbern, prägte Hitler den Begriff der »Baedekerangriffe«. Als Vergeltung für die Lübeck-Operation der RAF befahl er am 14. April 1942 die Zerstörung der historischen Städte Bath, Canterbury und Essex. Die Völker bombten einander die Kulturnation aus dem Leibe. Daß die Strafe den deutschen Baedekerreisenden schädigte, nahm die Luftwaffe nicht tragisch. Der reaktionäre Typus machte auf die futuristischen Flieger den geringsten Eindruck. Hingegen nahm die Heeresgruppe Süd mehrere Stäbe Altphilologen mit auf die Krim, um die griechischen Altertümer zu sichten. Dafür interessierte sich zumal Himmler, der heidnische Spuren sicherte. Nachweise indogermanischer Rassenumtriebe zeigten ihm nämlich, welche Rasse fehl am Platze und auszulöschen war. Naturgemäß geht eine Luftflotte nach einfacheren Kriterien vor. Doch bewährten sich alle in dem einen Beruf: Vernichtung austeilen, erdulden und überstehen. Der Krieg war der oberste Rassenzüchter. Das Geschlecht, das sich rückhaltlos der Auslese durch Vernichtung stellte, triumphierte. So haben die Künder dieses Krieges ihn ausgelegt, und tatsächlich ist er den Deutschen zuletzt so widerfahren. Ihr rassistisches Selbstbekenntnis ist im Luftkrieg fatal beim Wort genommen worden: Denn wenn irgendwo, dann warst du unter dem Bombenteppich nichts, dein Volk war alles. Die Strafe in den Feuerstürmen von Hamburg und Dresden galt aller Kreatur. Innerhalb des Zielgebietes waren die Ziele gleich: Dom und Baum, Nazi-Mann, Nazi-Weib und Nazi-Kind. Weitere Unterscheidungen waren in dieser Technik nicht vorgesehen. Sie kann gar keine Schuldigen bestrafen, sondern wer bestraft wird, trägt Schuld. Denn anders erklärte sich ja die Waffe selbst für kriminell.

Nach dem Angriff auf Hamburg im Juni 1943 hatte die Dresdener Stadtverwaltung den Bürgern drei mögliche Refugien bezeichnet: den Großen Garten, die Elbwiesen und das Große Ostragehege. Die Gebiete waren Brandschneisen. Auf ausgedehnten Freigeländen fehlen dem Feuer Brücken zur Fortpflanzung. Innerhalb eines Flächenbrandes bleiben die Brandschneisen als Oasen übrig. In dem Großen Garten lag der Dresdener Zoo. Um den Ausbruch wilder Tiere und Reptilien zu verhindern, war der Zoo mit einem 2,40 Meter hohen Holzzaun umgeben. Für den Fall des Luftangriffs existierten detaillierte Pläne. Der Zoo war mit Bunkern unterkellert worden, in den Gebäuden standen Sand- und Wassereimer, Feuerlöschgeräte, Motorpumpen. Luftschutzwarte hatten an festgelegten Schlüsselposten Aufstellung genommen. Für alle Alarmstufen galten von der Verdunkelung an militärische Verhaltensregeln.

Der britische Anflug am 13. Februar 1945 gelang ohne lange Vorwarnung. Die Sirenen heulten das Signal des Angriffs. Er begann mit dem inzwischen zum Standard des Coventrierens entwickelten Abwurf der ›Christbäume‹: Flammenkaskaden, die sich langsam auf das Ziel senkten, es ausleuchteten, ansteckten und für die Sprengbomben vorbereiteten.

In der fraglichen Nacht wehte Westwind dicht am Boden. Er driftete die Feuerfladen in den Großen Garten. Der Zaun des Zoos geriet in Brand, ferner das Futtersilo, der ›Wirtschaftshof‹, das Antilopen- und das Giraffenhaus. Das Zaunfeuer war von den zahlreichen und geübten Luftschutzeinheiten rasch unter Kontrolle gebracht. Den Wirtschaftshof ließen sie ausbrennen, denn sie sahen mit sicherem Blick, daß alles andere Kräftevergeudung gewesen wäre. Sein Verlust ließ sich verwinden. Man hatte seit Coventry eine geradezu gefechtstaktische Routine gewonnen und konzentrierte sich gleich auf das Wesentliche, die Rettung der Giraffen und Antilopen. Den Tieren fiel es schwerer, dem Feuer standzuhalten. Die Antilopen zitterten heftig an allen Gliedern, als ihr Käfig aufgerissen wurde. Doch stürzten sie sekundenschnell ins Freie, sprangen unschlüssig kreuz und quer und konnten von ihren Pflegern bald gehalten werden. Neben dem Giraffenhaus waren Sprengbomben eingeschlagen. Die Giraffen ängstigten sich, wagten es in der Verwirrung nicht, das Freie zu suchen, und klammerten sich an ihr brennendes Domizil. Sie mußten mit Gewalt einzeln unter den Flammen des Daches hervorgezogen werden.

Nun, da der Zoo unter Angriff lag, öffnete der Direktor Sailer-Jackson eine schriftliche Geheimanweisung. Sie verlangte für den Fall, daß Menschen durch entsprungene Fleischfresser zu Schaden kommen könnten, die Tötung der Tiere. Dazu waren Sailer und der Wärter Lehmann ausersehen, der sein ganzes Leben im Zoo verbracht hatte. In dieser Weisung lag nichts Außergewöhnliches. London hatte während seiner Bombardierung sämtliche Zootiere getötet.

Ehe Sailer den Befehl ausführen konnte, rollte die zweite Angriffswelle. Die Lancaster-Bomber stießen geradewegs auf den Großen Garten. Doch vermochten sie nicht, den riesigen Park in Flammen zu setzen, sosehr sie sich abmühten. Dadurch verdichtete sich der Hagel von Spreng- und Brandsätzen auf der Schneise, die Tausende von Dresdenern zur Rettung vor dem Feuersturm in der Altstadt aufgesucht hatten. Die Briten wählten die normale zweistufige Coventrierung. In den vergangenen 52 Monaten war das

Modell gründlich ausgereift. Doch blieb das Prinzip gültig: Ein Entwaffnungsschlag legte die Abwehr lahm, und ein Vernichtungsschlag radierte das Objekt aus. Die von den Briten angestrebte Zeitraffung hatte dem Inflammieren allerdings eine neue Dimension zugefügt. Für die erste Angriffswelle benötigte die 5. Bomberflotte in Dresden 25 Minuten. 10 Minuten davon nahm sie sich für das exakte Markieren und Ausleuchten des Ziels, der Altstadt. Auf das gleichseitige Dreieck von zwei Kilometern Basisbreite fielen alsdann fast 1.000 Tonnen Bomben. Noch vor den Brandsätzen wurde eine Schicht Sprengbomben geworfen, um die Dächer abzudecken und die Fenster einzudrücken. Die Vielzahl der gleichzeitig gelegten Brände löste nunmehr eine thermodynamische Reaktion aus, den Feuersturm. Die erhitzte Atmosphäre im Zielareal jagt wie in einem Kamin empor, hinterläßt ein Vakuum, das Luft ansaugt, die heulend in den Brandherd schießt und die Einzelbrände dabei zu einer Flammenhölle anfacht. Dem ist keine Löschtruppe gewachsen.

Das Feuersturmgebiet läßt durch Überentwicklung von Brandgasen auch die Hauskeller zu Todeszellen werden. Die Temperatur von über 1.000 °C schmilzt Sandstein, menschliche Körper werden zu langen, holzkohleähnlichen Stangen geröstet. Personen, denen Druckwellen die inneren Organe zerrissen hatten, schienen unversehrt. In Straßenbahnen fand man Mütter mit ihren Kindern auf dem Schoße sitzend, als seien sie eingenickt. Andere, in heißer Luft erstickt, lagen nackt auf dem Boden, gespreizt, die Kleidung verglüht oder vom Leibe gerissen, das Gesicht in die Erde gepreßt, um Kühle und Feuchtigkeit aus ihr herauszusaugen. Die Körper ließen sich schwer identifizieren. Die Glut hatte sie aufgebläht. Zum Zwecke der Identifizierung wurden die Eheringe mit Drahtzangen von den Fingern geschnitten. Davon sammelte man über 10.000 Stück und bewahrte sie in großen Eimern auf.

Nach der entwickelten Doppelschlagtheorie sind die Abwehrkräfte innerhalb von drei Stunden dermaßen von Rettungsnöten absorbiert, daß eine zweite Angriffswelle den ›knock-out-blow‹ führen kann. Das Telefonnetz ist zusammengebrochen, Hilfe läßt sich nicht herbeirufen. Der Bombenteppich fällt auf einen paralysierten Gegner.

Die Auffanggebiete in den grünen Brandschneisen erwiesen sich als trügerische Fallen. Wer der Feuersturmzone entrinnen konnte, mochte der Behördenanweisung gemäß Atemluft und Sicherheit im

Freien suchen. Der Rasen brennt schwer, es sei denn, er wäre von einer Menschenansammlung bedeckt.

Der Große Garten lag seitwärts der lodernden Altstadt. Die Lotsen der zweiten Angriffswelle, die 32 Minuten währte, unterließen ein neuerliches Bombardement der Brandstätten. Ihr Schein erleuchtete das Flugzeuginnere in sechs Kilometern Höhe. In vier Kilometern war noch eine unangenehme Hitze zu verspüren. Niedriger konnte man wegen der urgewaltigen Luftturbulenzen des Feuersturms, welche die Maschinen wie Laub in den Himmel schleuderten, schlecht fliegen. Die Piloten verdrängten die Gedankenfetzen, wie es am Boden aussähe, und bombardierten die Ränder des Zielgebietes entlang. Der Rauch verflüchtigte sich dort etwas, die Ziele waren erkennbar und lohnender. Den Großen Garten haben die Flieger gewiß gesehen, die Menschenschwärme dort kaum. Was Tausende von Brand- und Sprengbomben in dem nicht bebauten Gebiet ausrichten sollten, bleibt unerfindlich. Sicher aber war es keine Gedankenlosigkeit der Briten, eine Mischung von 55 Prozent Spreng- zu 45 Prozent Brandmunition zu laden. Damit verbindet sich von vornherein der Wille zur Massenauslöschung.

Im Großen Garten, einem Barockpark mit Schlößchen und zwei Seen, angelegt von August dem Starken, ereignete sich eine gräßliche Schlächterei von Mensch und Tier. »Als ich durch die Anlagen ging«, schreibt ein Schweizer Augenzeuge, »sah ich abgerissene Arme und Beine, verstümmelte Körper und Köpfe, die von den Rümpfen gerissen worden und dann weggerollt waren.« Der Park war mit Leichen übersät. »Ich sehe noch immer meine Mutter«, erinnert sich eine seinerzeit 11jährige, »heruntergebeugt und tote Kinder umdrehen oder Teile von toten Kindern, weil sie noch immer verzweifelt nach meinem kleinen Bruder suchte.«

Die Bombardierung des Großen Gartens hatte auch den Zoo getroffen. Die Tiere schrien um ihr Leben, denn alle ihre Käfige brannten, bis auf das Elefantenhaus. Seine Kuppel war durch eine daneben niedergegangene Sprengbombe gehoben, um ihre Achse gedreht worden und wieder auf den Sockel gefallen. Die massiven Eisentüren hatten sich verbogen und aus den Angeln gelöst. Durch die Druckwelle waren die Elefanten aus ihrem Käfig katapultiert worden. Eine Baby-Kuh lag in dem schmalen Wassergraben, die Beine staken gen Himmel. Durch ihre schweren Bauchverletzungen konnte sie sich nicht bewegen. Eine 90-Zentner-Kuh stand, im Bogen über Graben und Zaun geschleudert, mit zitternden Beinen auf dem Weg. Nunmehr begannen Sailer und Lehmann, die Raubtiere zu erschießen.

»Ich bin dabei innerlich ausgebrannt«, sagte Sailer später. »Ich habe mechanisch gehandelt, fast gefühllos, als ob ich keinen Platz für noch mehr Schmerzen im Herz gehabt hätte.« Die Flußpferdterrasse war durch eine 4.000-Pfund-Luftmine zerstört. Im Wasserbassin klaffte ein riesiger Bombenkrater. Die drei Flußpferde lebten noch. Doch lastete der Schutt des geborstenen Daches auf ihnen und drückte sie unter Wasser. Sie benötigten Sauerstoff und kämpften in Todesangst, sich zu befreien. Die gewaltigen Tiere scheiterten und ertranken. Zwei Zwerg-Flußpferde hatten in einem tief in die Erde gewühlten Krater Zuflucht gefunden. Wärter warfen ihnen Strohbündel hinunter, sich zu betten. Eine Zeitbombe wurde den beiden zum Verhängnis und riß sie entzwei. Das zersprengte Gebäude der Flußpferde beherbergte auch das Affenhaus. Die Schimpansen waren in den Fruchtkeller geflohen, hatten dort die Wucht des einstürzenden Gebäudes abbekommen und erstickten. Die höheren Affen konnten aus ihren Käfigen befreit werden und verschwanden auf Nimmerwiedersehen. Einer von ihnen tauchte Monate später im Erzgebirge auf. Ein Gibbon, dem es gelang, unter dem Schutt hervorzukriechen, streckte Sailer seine von den Pfoten abgetrennten Armstumpen entgegen. Von dem Leidensausdruck auf dem Gesicht des Affen übermannt, zog Sailer seine Pistole und schoß ihn nieder. Alle Vögel verbrannten. Nur kurz war ihr gellendes Schreien zu vernehmen. Die Terrasse der südamerikanischen Tiere neben dem Vogelhaus erhielt einen direkten Sprengbombeneinschlag. Auf den umstehenden Bäumen hingen nur noch Fleischfetzen. Das Antilopenhaus brannte ab. Einige Yaks konnten gerettet werden. Lehmann, der Raubtierwächter, drang in das brennende Bärengehege und fand seine geliebte Braunbärenmutter geblendet vor. Sie vertraute Lehmanns Stimme und überließ ihm ihre zwei Jungen. Sie wurden von einer Hündin angenommen, gesäugt und durchgebracht. Die Eisbärin hatte auf ihrem Fell schwere Verbrennungen davongetragen und hielt stumm ihre beiden Einjährigen unter ihren riesigen Tatzen geborgen, damit sie nicht in die Gefahr liefen. Normalerweise hätte niemand dieser Mutter ihre Erstlinge nehmen dürfen. Der alte Lehmann brachte dies zuwege und erlöste das todwunde Tier mit der Pistole. Die Jungen, die mit einer Milchflasche hätten ernährt werden müssen, verhungerten bald, weil keine Milch in den Ruinen Dresdens übrig war.

Am Morgen nach dem Doppelschlag prüften Sailer und die Wärter, welchen der verwundeten Tiere zu helfen war. Der Elefantenkuh traten die Eingeweide aus dem Leib. Das Junge war gleichfalls durch den Schleuderflug in den Wassergraben zu schwer verletzt. Beide wurden erschossen. Dazu waren inzwischen Soldaten beordert. Viele Tiere waren nämlich ins Freie entkommen, darunter Adler, Geier, Hirsche, Rentiere, Affen, und man fürchtete um die Sicherheit. Doch kehrten sie zur Fütterstunde stets in den Zoo zurück und bettelten um Nahrung. Der Zoo besaß nichts mehr und war eine Stätte des Verderbens. Eine Schar Rhesusaffen ging ein an dem Wasser, das sie dort tranken. Die Chemikalien der Brandbomben hatten alles verseucht. Der Schimpanse Pitt, ein wegen seiner Kunststücke in ganz Dresden hochgerühmtes Tier, hatte aus den Trümmern ein Glas eingeweckter Früchte gezogen und dabei einen Bombensplitter in den Unterleib abbekommen. Das war das Werk der Zeitbomben. Pitt starb an Blutvergiftung. Die überlebenden Zebras, Steppenantilopen und Gnus erstickten an den Gasen, die ein schwelender Kohlenhaufen absonderte.

Am Mittag des 14. Februar von 12.17 bis 12.30 Uhr folgte ein dritter Angriff der 8. US-Luftflotte. Sie warf weitere 1.600 Tonnen Brand- und Sprengbomben in die zerstörte Stadt und nahm präzise Ziele bei den Bahnanlagen unter Tieffliegerbeschuß. Die Geleise verliefen parallel zum Zoo. Einige Salven trafen die verbliebenen Tiere, die letzte Giraffe, viele Hirsche. Gerettet wurden jene, die Dresden verließen. Durch Lücken im Zaun entschlüpften Rentiere, Büffel, Hirsche und Bisone. Sie tauchten in den Menschenmassen unter. Und ohne aufeinander zu achten, hastete die gequälte Kreatur aus der brennenden Stadt.

Im Mai 1942 hatte Churchill alle deutschen Städte, die Rüstung produzierten, zum Kriegsgebiet ausgerufen. Vier Wochen vor dem Hamburg-Angriff am 26. Juni 1943 warfen die Briten Flugblätter über Deutschland ab. Die Reichsregierung habe dem Volk Churchills Frontziehung verschwiegen: »Dieses Gebiet ist ein Schlachtfeld und wird es bis zur vollständigen Vernichtung seiner Kriegsindustrien bleiben. Was die Frauen und Kinder betrifft, so haben sie auf einem Schlachtfeld nichts zu suchen.« Sie blieben in dem Schlachtfeld wohnen. Zwanzig Monate später hatten selbst die Büffel eingesehen, daß dies ein Ding der Unmöglichkeit geworden war.

Teil IV
Der Okkupant

Kapitel 9
Rückwärtiges Heeresgebiet. Das Joch und die Kollaboration

Flintenweiber, Gefangenenlager

An der Westkante der Ostfront, zwischen den Rückwärtigen Armeegebieten und den zivilverwalteten Reichskommissariaten, war das Rückwärtige Heeresgebiet eingelassen. Es enthielt den größten Teil des besetzten Rußlands. Karl von Roques bezifferte in Nürnberg seinen Befehlsbereich, den Rücken der Heeresgruppe Süd, mit 300.000 Quadratkilometern und einigen Millionen Einwohnern. Das Gebiet wechselte ständig seine Gestalt, weil es möglichst rasch Flächen an das angrenzende Reichskommissariat Ukraine abzutreten hatte und neue Eroberungen der Armeen von Südosten her einverleibt erhielt.

Roques war mit Truppen schwach bestückt: drei Sicherungsdivisionen zu je zwei Infanterieregimentern und einem Artillerieregiment. »Es waren natürlich solche Leute, die man für die Kampftruppe nicht gut verwenden konnte, d.h. ältere Männer, auch vielleicht etwas gebrechlich, die nicht mehr ganz auf der Höhe waren, also jedenfalls was man so früher unter Landwehr verstand.« Auch das Kommando hielten gereifte Reserveoffiziere aus gehobenen Zivilberufen inne. »Ich brauchte also nicht zu befürchten, daß hier in jugendlichem Übereifer unüberlegt und zu scharf gehandelt würde.« Aus Mangel an notwendiger Erfahrung könnten Anführer, die keine Berufsoffiziere waren, allenfalls Sicherheitsrisiken falsch beurteilt haben. Darum ordnete Roques, selbst ein 61jähriger reaktivierter Ruheständler, in gewissen Fragen die Hinzuziehung der Geheimen Feldpolizei an. Da sie aus kundigen Kriminalbeamten bestand, »die von älteren Polizeioffizieren« geleitet wurden, wußte Roques, daß »Recht und Billigkeit gewahrt blieben«. So lag das Rückwärtige Heeresgebiet, soweit es die Wehrmacht betraf, in den Händen ergrauter, besonnener Soldaten, die mehr als Hitlers Krieg erlebt hatten.

Gefechtsaufgaben stellten sich selten. »Bei der allgemein

deutschfreundlichen Einstellung der Ukrainer«, bezeugte der Kommandeur der Sicherungsdivision 414, Russwurm, »war hier kein Tätigkeitsgebiet für Partisanen« (Dok. Roques 21). Zudem bot die Landschaft keinen Schutz. Nur in dem Wald- und Sumpfgebiet südwestlich von Nikopol hielt sich 1941 eine Partisanengruppe von 600 bis 800 Mann verborgen, die mit ihren automatischen Gewehren, Maschinenpistolen und kleinen Panzerfahrzeugen der Division vier Wochen hindurch arge Schwierigkeiten bereiteten. Widerstandsnester entstanden beiläufig aus versprengten Rotarmisten, die den Anschluß an die heillose Fluchtbewegung ihrer Einheiten verpaßt hatten, der Einkesselung entkommen oder Gefangenenlagern entwichen waren, auch angesichts der dortigen Hunger- und Seuchenepidemien die Festnahme mieden und Unterschlupf als Landarbeiter suchten, anderenfalls aber, um der akuten Denunziationsgefahr vorzubeugen, in Waldverstecken sich mit untergetauchten KPdSU-Kadern zusammenfanden und den Kampf fortsetzten. Über die Rote Luftwaffe knüpfte sich der Kontakt zur regulären Streitmacht. Sie lenkte den Wunsch der Flüchtlinge nach Selbstbehauptung auf die klassische Freischärlerei: Sabotage und Zivilkontrolle. Denn der natürliche Instinkt des Zivils drängt zur Kollaboration mit dem Besatzer.

Als die Rückwärtigen Militärbehörden gewahrten, daß sich das Partisanentum aus der Unzahl vagabundierender Existenzen nährte, deklarierten sie jeden Vagabunden der Einfachheit halber zum Partisanen. Auch die sowjetischen Fallschirmspringer, die weit hinter den Linien landeten, galten im Rückwärtigen Heeresgebiet Süd als Partisanen, soweit sie »als Zivilist« gegen die Wehrmacht operierten (NOKW 2626). Es könne ja sein, erläuterte Roques in Nürnberg, daß jemand »für die Partisanen irgendeine Hilfeleistung durchführen wollte«.

Ein regulärer Luftwaffenangehöriger, der Partisanen versorgt, munitioniert und befehligt, ist nach der Haager Landkriegsordnung Kombattant, sofern seiner Fliegerkleidung ein Uniformzeichen anhaftet und er in Befehlsmission handelt. Anscheinend folgten die rückwärtigen Kommandeure der handlicheren Devise der Wehrmacht – ›wer Partisanen hilft, ist selber Partisan‹ – und entschieden nach Lage der Dinge, ob Pardon zu gewähren sei oder nicht. Roques hat dies abgeleugnet, doch die Befehlslage in seinem Gebiet ist eindeutig: »Nur wenn Fallschirmjäger sich unaufgefordert bei einer deutschen Dienststelle melden oder durch ukrainische Miliz, der sie sich freiwillig gestellt haben, dorthin bringen lassen, werden sie als Kriegsgefangene behandelt« (NOKW 2626). Das entspricht der auch im OKH-Befehl vom 13. September 1941 aufgestellten Regel, Attacken »gegen unsere rückwärtigen Verbindungen« abseits der Linien als nominelle Freischärlerei zu behandeln (NOKW 1718). Dazu rechnete auch eine Menschengruppe, welche die Akten als ›Flintenweiber‹ verzeichnen.

Einsatzgruppe C meldete am 12. Dezember 1941 die Hinrichtung von 1.365 Juden, Kommunisten und Partisanen, »darunter 53 Kriegsgefangene und einige jüdische Flintenweiber«. Roques' Stabschef zählt am 10. Januar 1942 die Tötung von »476 Banditen, darunter 136 Juden und 6 Flintenweiber« durch Heeresangehörige (NOKW 2902).

> »Hierbei interessieren uns folgende Fragen«, heißt es im Nürnberger Verhör: »Zunächst die eine: Was verstand man unter Flintenweibern?«
>
> »Das sind weibliche Personen«, erwiderte Roques, »die eine Waffe tragen, wahrscheinlich eine Flinte«, denn als solche waren sie ihm gemeldet worden: »Eine Frau, die ein Gewehr trug«, meldete die 213. Sicherungsdivision dem Berück*, »und 13 Kriegsgefangene, welche im Bahnhof Golandry entflohen waren, wurden vom Wachbataillon 703 am 13. September 1941 erschossen.« (NOKW 1540). War die ›Frau mit Gewehr‹ ebenfalls Kriegsgefangene?

Die Widernatur der 800.000 sowjetischen Kriegsteilnehmerinnen übertraf nach Gefühl der Wehrmacht die Frage, ob Partisan oder Kombattant. Endgültig ist die Materie durch OKW-Erlaß vom 6. März 1944 geregelt: »Da gegen die aus dem Operationsgebiet abgeschobenen kriegsgefangenen Frauen im allgemeinen abwehrmäßige Bedenken bestehen, wird die sicherheitspolizeiliche Untersuchung in der Regel die politische Unzuverlässigkeit dieser Frauen ergeben. Derartige Frauen sind – wie andere politisch unzuverlässige sowjetische Kriegsgefangene – aus der Kriegsgefangenschaft zu entlassen und der Sicherheitspolizei zu übergeben.« (NOKW 4636)

Die SD-Leute folterten routinemäßig den Todeskandidaten abwehrdienliche Auskünfte aus dem Leibe. Wie häufiger geht die Quälerei mit dem von den Generälen verpönten Fotografieren einher. Der Vorgang gewann größeres Publikum. »Sie rissen einem die Kleider vom Körper, hängten uns an den Armen auf, fotografier-

* Befehlshaber des Rückwärtigen Heeresgebietes

ten. Wenn sie Fotos knipsten, tat es richtig weh. Ansonsten war ich wie bleiern. Mit den Händen kann man nur die Brüste zudecken ... Ich habe miterlebt, wie Menschen wahnsinnig wurden. Ich habe mitangesehen, wie der kleine Kolenka – er war noch nicht einmal 1 Jahr alt und wir lehrten ihn ›Mama‹ sagen –, wie er, als man ihm seine Mutter entriß, zum ersten Mal ›Mama‹ schrie. Das war kein Wort, war unendlich mehr als ein Wort, nur ein Kleinkind kann einen solchen Laut ausstoßen. Wenn Sie wüßten, was für Menschen ich dort begegnet bin! Sie starben im Gestapo-Keller, und oft war es so, daß nur das Gemäuer um ihre Tapferkeit wußte. Heute, 40 Jahre danach, kniee ich im Geiste vor ihnen nieder. ›Sterben ist immer noch das einfachste‹, pflegten sie zu sagen.« Die jüngst gesammelten Zeugnisse der ›Flintenweiber‹ überliefern neben der Berufsschinderei der Polizisten deren weitererreichende Bestürzung vor dem Phänomen der Waffenträgerin. Die Deutschen vergaßen darüber zeitweise die Prügel. Gewissenhaftere Verhörer forschten nach der Spur der Entartung im Flintenweib.

Die Deutschen haben zumeist mit der Präposition ›als‹ ausgerottet. Der Gefangene ›als‹ Saboteur, Jude, Hetzer usw. leitete über von der fremden Person zu der wohlbekannten Artanlage. Darum ist es ein Intensiverlebnis des Verwaltungsmenschen, der Wirklichkeit seiner Schablonen zu begegnen. »Es war schon der dritte Untersuchungsrichter«, heißt es in dem Bericht der Partisanin Sofia Werestschak aus der Gegend von Schitomir im Reichskommissariat Ukraine, »und er behauptete von sich, gelernter Historiker zu sein. Dieser Gestapo-Mann wollte von mir wissen, wieso wir solche Menschen sind, und warum uns die Ideen soviel bedeuteten ... übrigens sprach er perfekt russisch. An die vier Stunden fragte er, und ich gab ihm Antwort, so gut es mich die gesellschaftswissenschaftlichen Fächer in der Schule und an der Uni gelehrt hatten. Ha, wie das auf ihn wirkte! Er griff sich an den Kopf, rannte im Zimmer auf und ab, blieb auch mal wie angewurzelt stehen und starrte mich an, und zum ersten Mal schlug er mich nicht.«

Der gelernte Historiker überantwortete die Sofia dem Erschießungskommando, dem sie durch Familieneinfluß entronnen ist. Bei intellektuell minder empfänglichen SD-Leuten weckten die Flintenweiber den Drang zur Hexenverbrennung. In Minsk wurde eine Sprengstoffattentäterin entkleidet auf einen Scheiterhaufen gebunden, der aus den Leichen exhumierter Juden errichtet worden war. Eine sowjetische Majorin, die mit dem Wort »Das ist für dein Vaterland« einem Schinder das Gesicht bespuckt hatte, versetzte ein SS-Rudel im KZ Stutthoff in infantile Regredienz. Die deutsche Märchenwelt schlug durch. Nach späterer Feststellung des Landgerichts Tübingen wurde die Frau gemeinschaftlich in das Krematorium gezerrt: »C. schrie dabei ›in den Ofen mit ihr‹. Vor dem Ofen angekommen, wurde eine Tür aufgerissen. Dabei stellten die SS-Leute fest, daß die ausstrahlende Hitze es wohl unmöglich mache, die Frau so in den Ofen zu schieben. Bei diesen Versuchen sind der Frau die Haare am Kopf weggebrannt. Dann kam ein SS-Mann darauf, die immer noch lebende und sich heftig wehrende Frau auf die sogenannte Pfanne zu legen, mit der im Normalfall die Leichen in den Ofen geschoben wurden. Unter größter Gewaltanwendung wurde die Frau auf die Pfanne gelegt ... Die Frau kam bei diesen Versuchen, sie in den Ofen zu schieben, mit dem Kopf immer wieder hoch. Zuletzt nahmen die SS-Leute eine lange Stange, die vorn abgewinkelt war, und schoben mit dieser Stange die Frau in den Ofen ... dann wurde die Ofentür zugemacht und die Frau verbrannte bei lebendigem Leibe. Die SS-Leute benahmen sich anschließend wie verrückt.«

Mit den Verrückten an der Pfanne ist der Befehlshaber des Rückwärtigen Heeresgebietes von Roques schwerlich zu verwechseln, auch wenn er ihresgleichen die Opfer zuführte. Wenn man so will, ist der Begriff des fanatisierten Flintenweibs ebenso verrückt. Die Wehrmacht ist allerdings weniger dem Hexenwahn erlegen, sondern trachtete, ›volkskriegsähnliche‹ Zustände zu bannen. Wer rote Majorinnen in Vernichtungslager abschiebt, bedarf zunächst einer der Haager Landkriegsordnung nicht geläufigen Kategorie. Alsdann braucht es einen Menschenschlag, den die Gestalt des Flintenweibes enragiert. Derartige Konzepte konnte das Heer nur mit einem abseitigen Mob verwirklichen, der vielfältig praktisch vorging, indessen oft zügellos seiner Besessenheit frönte. Eine Fixierung, die den Generälen übel aufstieß, als sie sich lakonisch von den störend gewordenen Schablonen trennten. Nunmehr hatte man einen Schwarm Lemuren der NSDAP und SS am Hals, die es unstillbar nach der Untermenschenhatz der sechs Barbarossa-Monate gelüstete. Die Rußlandfahrer verbanden damit ursprünglich praktische Zwecke. Sie deklarierten laufend Personen und Gruppen zu überschaubaren Klassen, so daß sie in die brachiale Kolonialverwaltung paßten. Alles nicht ordnungsgemäß angemeldete Volk figurierte als Freischärler, alles Judentum als Inkarnation des abgeschafften Bolschewismus, die ganze Bauernschaft als tributpflichtige Knechtsnaturen, daneben die Spezies teils kindlicher, teils bastardischer Kosaken und Tataren usw., die mit Gesang aus moskowitischen in Reichsdienste traten.

Über die Klassifizierung erhob sich im deutschen Lager permanenter Streit. Was zweckdienlich, was praktikabel und sicher war, dünkte von Jahr zu Jahr verschieden. Die Umgestaltung der Sowjetunion begegnete endlosen Hindernissen. Weniges funktionierte nach Plan, und desto mehr verlangte Korrektur. Ende 1942 waren nahezu zwei Millionen Quadratkilometer Land erobert, ein Drittel der Bevölkerung war aus dem sowjetischen Zwangsverband entlassen. Die neuen Ordnungsvorstellungen erschöpften sich anfangs in einer Art ›deutschen Indiens‹. Nachdem die indische Gegenwehr dem Eindringling in der Zeit seiner schwindelnden Erfolge 240.000 Tote beigebracht hatte, interessierten sich die Generäle zögernd für ›Ostpolitik‹.

Ostpolitik will die Insassen des Eroberungsraums als Partner gewinnen, die bolschewistische Bastion isolieren und mit vereinten Kräften schleifen. Die eigene Energie würde dazu nicht langen, soviel war vorhersehbar. Mit plattem Zwang ließ sich den ukrainischen Bauern die 1941er Ernte entwenden. Doch wer wollte ein Gebiet, das sich selbst, ein fechtendes Heer nebst den mit industrieller Zulieferung befaßten Westeuropäern verköstigen mußte, als Sklavenplantage führen? Die sieben Millionen Tonnen Weizen, die Berlin als jährlichen Nettoüberschuß errechnet hatte, gediehen nur bei Gegenleistungen. Selbst die deutsche Polizei wäre außerstande gewesen, sämtliche Landwirtschaftsbetriebe zu kontrollieren. An die Stelle des abgelösten Zwangsverteilungsapparates mußte auch irgendeine Güterzirkulation treten. Die flugs begründete Zentrale Handelsorganisation (ZHO), die allen Waren- und Handelsverkehr im Okkupationsgebiet abwickelte, benötigte allein eine Million Mitarbeiter. Landesbewohner, wen sonst? Zudem konsumierte das Heer eine Unzahl Dienstleistungen von Köchen, Aufwärterinnen, Chauffeuren, Stallburschen usw. Der Verschleiß der Militärmaschine entwickelte jede Menge Bedarf an Mechanikern, Sattlern, Schmieden, Eisenbahnern. Das Ostheer stand zum besetzten Rußland in einem Wirtsverhältnis, das unter dem kolonialen Habitus und der Henkersmine nur Schaden nahm. Unliebsam oder nicht, das war eine Tatsache. Die unverhoffte Wende zum stationären Krieg zivilisierte den Wehrmachtsgeneral zusehends.

Pflegestätte der geläuterten Ansprüche war das Rückwärtige Heeresgebiet. Hier, wo die Hektik des Gefechts abgeflaut und die Ordnung älteren Kavalieren anvertraut war, die kein sonderlicher Ehrgeiz mehr stach, mußte die Versorgungsbasis installiert werden, die das ganze Operationsgebiet proviantierte, beginnend mit dem Schutz der Nachschublinien. Das ist die klassische Funktion der Etappe, und verabredungsgemäß sollte sie das Gelände schnellstmöglich in die Reichskommissariate transferieren. Wie Roques dem Gericht einredete, machte er sich ständig überflüssig. Erst wurde der Geländegewinn ausgiebig von den Armeen festgehalten, danach eifersüchtig von Gauleiter Koch, dem Satrapen der Ukraine, eingezogen. Wollte man dem Angeklagten glauben, hat er nur flüchtig existiert.

Richtig daran ist, daß im Rückwärtigen Heeresgebiet die zivilen Verwaltungsaufgaben vorwiegen und Militärtruppen ausgedünnt sind. Die Sicherungsdivisionen halfen oft vorn bei den Armeen aus, und Roques zufolge hätte er hauptsächlich Bäckereikompanien, Werkstattkompanien und Schlächtereien kommandiert, Schnee von den Wegen schippen sowie den Weizen mähen lassen. Ein so »kleiner Mann«, als welcher Roques sich ausgab, ist der ›Berück‹ allerdings nicht gewesen.

Von 1942 an zögerte das Heer, den Landvögten der NSDAP Verwaltungsgebiete zu übertragen. Ein gewisser Arno Schickedanz, früher ›Völkischer Beobachter‹, der designierte »König der kaukasischen Völker«, hat sein Regnum nicht mehr angetreten. Der Nordkaukasus, das Rückwärtige Gebiet der Heeresgruppe A, blieb Domäne von Karl von Roques. Unter den tatarischen, kalmückischen, kosakischen und Turkstämmen der Region erprobte die Militärverwaltung jenes ideologiefreie Kollaborationsmodell, das zehn Jahre später als die verpaßte Siegesstrategie beschrieben wurde. Seinerzeit, im Frühstadium des kalten Ost-West-Kriegs, dünkten die Erfahrungen der Hitlerarmee höchst aufschlußreich. Würde die Sowjetbevölkerung zu einer als Befreierin deklarierten Invasionsmacht überlaufen? Die alten Wehrmachtsgeneräle waren, wie sie sich nunmehr entsannen, seit Juni 1941 von dieser Idee beseelt gewesen. Hitler, Himmler und Koch in ihrer Verrücktheit hatten alles vereitelt. Sonst läge der Bolschewismus längst in Scherben.

Kein Zweifel, daß die Deutschen neben dem weltanschaulichen Terrorkrieg hilfsweise einen Befreiungskrieg entworfen hatten. Die

Partisanen dieser Linie lagerten in Rosenbergs Ostministerium und genossen beträchtliche Unterstützung aus dem OKH, den Heeresgruppen Mitte, A und B. Roques hat von diesen Umtrieben in Nürnberg nicht viel Aufhebens gemacht. Es hätte an seiner Belastung wenig geändert, sondern allenfalls das Format eines Berücks beleuchtet, der in dem großflächigen Operationsgebiet Schrecken und Elend verwaltete oder das aufgeklärte Patronat. Je nach Sicht der Lage. Kein anderer Angeklagter hat eine ähnliche Hölle beaufsichtigt wie das Rückwärtige Heeresgebiet Süd und sich in Jahresfrist zum leutseligen Schutzgeist der bunten Berg- und Reiterstämme entwickelt.

Roques erscheint vor Gericht wesenlos, glasig, eine Molluske, von den Gezeiten des Krieges durchzogen. Von seiner Kunst hingen Erfolg und Mißerfolg nicht ab. All seine Pflicht war aufgehalste Notwendigkeit und unlustige Abfertigung, trübes Warten und bloß nichts Überflüssiges Wissen-Wollen. Im Kreuzverhör bewies er ein enervierendes Geschick darzulegen, was jenseits seiner Befehlsgewalt, außerhalb seiner Territorialzuständigkeit, innerhalb seines Krankheitsurlaubs, verborgen durch strenge Geheimhaltung und verzerrt durch irrige Formulierung geschehen war. Nichts verdankte sich seiner Initiative, alles hatten die Untergebenen angerichtet, die Vorgesetzten anders entschieden. Roques hegte keine Rechtsauffassungen, camouflierte keine Rettungsabsichten, erzog niemanden in seinem Sinne. Er wickelte die Dinge ab, genau wie sie weiter vorne oder weiter hinten für erforderlich gehalten wurden. Aus welchen Gründen, das entzog sich so weit vom Schuß seinem Urteil. Die Notwendigkeiten der Gefechtslage ereigneten sich Hunderte von Kilometern entfernt, und die politischen Entscheidungen fielen doppelt so weit westlich. Mit Hitler brauchte er sich nicht zu messen, weil dieser seine Existenz überhaupt nicht wahrnahm. Sie entzog sich jeglichem Gestaltungswillen und war nur der Abguß des Dramas im Feld. Dies Bild diente der Selbstverteidigung vor Gericht, war aber keineswegs purer Schwindel.

Vermutlich offenbarte sich der originale Roques auf den Vorhalt, der 24. Infanteriedivision für einen Gefangenenabschub seine »Anerkennung für diese Leistung« ausgesprochen zu haben. Die Leistung schloß die Erschießung von tausend Gefangenen ein (NOKW 2615, Tagesbefehl vom 26. Oktober 1941). Roques erläuterte, »daß diese Zahl tausend sich bezieht auf die Gesamtzahl der von der 24. Infanteriedivision abtransportierten 200.000 Kriegsgefangenen, daß also ungefähr 0,5% – also auf 200 Gefangene 1 Toter und nicht etwa wegen Erschöpfung, sondern wegen Widersetzlichkeit und Fluchtversuchen – gestorben oder erschossen wurde. Ich habe das ganz klar und deutlich gesagt, daß ich niemals einen solchen Tagesbefehl gegeben hätte, wenn die Division irgendein Vorwurf getroffen haben würde.«

»Haben Sie diesen Vorfall untersucht, wo 1.000 Personen erschossen wurden oder vor Erschöpfung gestorben sind?«

»Ich habe mich auch darüber ganz klar und eindeutig ausgesprochen neulich, daß nämlich eine solche Veranlassung, hier eine Untersuchung anzustellen, gar nicht gegeben war.«

»Und ohne diesen Fall untersucht zu haben, erließen Sie den Tagesbefehl, worin Sie ihre Anerkennung ausdrückten?«

»Ja, nicht die Anerkennung dafür, daß es 1.000 Kriegsgefangene gewesen sind, sondern für die unverhältnismäßig reibungslose Durchführung des ungeheuer schwierigen Abtransports dieser gefangenen Massen. Dafür habe ich meine Anerkennung ausgesprochen.«

»Aber das geschah zu einer Zeit, als Sie genau wußten, daß 1.000 Leute getötet worden waren, stimmt das?«

»Jawohl.«

Es handelt sich bei dem Geschehen um den berüchtigten Marsch nach Krementschug. Die Gefangenen gehörten zu jenen fünf Armeen, die in der Schlacht bei Kiew Mitte September eingekesselt worden waren. Zehn Tage später wurde der Kessel aufgelöst und die Besatzung auf die Dulags im Rückwärtigen Heeresgebiet Süd verteilt. Roques stand vor ärgsten Problemen. Mit 665.000 Mann lieferte diese eine Schlacht fast drei Viertel des Gefangenenanfalls, den die Wehrmacht für den Feldzug eingeplant hatte. Die Quote war allerdings bereits Anfang August weit überschritten. Die Auflösungsepidemie in der Roten Armee sprengte alles Maß. Ganze Divisionen gaben sich geschlagen. Das Zeugnis, das Hans von Tettau, Kommandeur der 24. Infanteriedivision zugunsten Roques' in Nürnberg ablegte, verriet Phantasie und Umsicht. Mit 53 Jahren wußte dieser General Bescheid, wie ein beschwerlicher Gefangenenmarsch ordentlich improvisiert wird. Die Rotarmisten mußten den Weg von 400 Kilometern ins deutsche Hinterland zu Fuß zurücklegen. Waggonraum mochte man für solche Zwecke nicht blockieren.

Die 24. Division, eine Reservetruppe der Heeresgruppe Süd, hatte an der Kiew-Schlacht teilgenommen, erhielt anschließend einen Marschbefehl zur Krim und sollte, weil es gerade auf dem Weg lag, 200.000 Gefangene vom Dulag Chorol nach Krementschug geleiten, 90 Kilometer dnjeprabwärts. Das beeidete Tettau. Die Gefangenen seien in miserabler körperlicher Verfassung angetreten. Darum habe er die Tagesleistung auf 20 bis 25 Kilometer beschränkt. Ein motorisiertes Bataillon sei den Kolonnen vorausgeeilt und habe in den Dörfern entlang der Strecke Verpflegung organisiert. An den Rastplätzen seien Kochgelegenheiten aufgestellt worden, um heiße Getränke zuzubereiten. Den Verwundeten standen eigene Lagerstätten offen, in denen deutsche und russische Sanitäter dauernd die Marschtüchtigkeit der Kranken begutachtet hätten. Invalide seien in Sammellager einquartiert worden und dort trotz aller Fürsorge an ihren Wunden oder aus Erschöpfung verstorben. Noch Transportfähige habe man nach Möglichkeit in Pferdefuhrwerken befördert. Allerdings seien die Gefangenen über Dolmetscher gewarnt worden, während der Rastperioden keine Fluchtversuche zu unternehmen: »Es war den Gefangenen die Verbindung und der Verkehr mit der Zivilbevölkerung verboten, und das war ihnen bekanntgemacht. Wenn sie das trotzdem taten, so wurde dies als Ungehorsam und als Undisziplin aufgefaßt.« In diesem Falle werde legal von der Waffe Gebrauch gemacht. Daran habe sich trotzdem manch einer nicht gehalten. So kamen die vielen Toten zustande.

Auf seiten der Gefangenen existierten andere Erinnerungen an den Marsch nach Krementschug. Der jüdische Rotarmist Henneck Bluminstick wußte nichts von Offizieren zu erzählen, die fliegende Teeküchen besorgten. Unteroffiziere und Feldwebel seien beritten die Kolonnen hinauf- und hinabpatrouilliert, Offiziere in offenen Personenwagen vorübergerollt.

»Von Chorol nach Krementschug mußten wir gruppenweise zu zwanzig, fünf Mann in die Breite, antreten. Die Juden mußten voranmarschieren, die was noch beim Leben geblieben waren. Und dann sind ein Teil Kommissare, ein Teil Offiziere, die mußten auch vorn an die Spitze gehen unter ganz strenger Bewachung. Nachher sind alle anderen Nationen rangekommen, nach Herausmarsch von Chorol nach Krementschug. Leute, was versucht haben, was zu essen reinbekommen in die Reihen, wenn sie da bloß einer rechts oder links von die Reihe raus ist, ist sofort erschossen worden. Leute, was nicht weitergehen konnten, die sind sofort erschossen worden und sind auf die Straße rechts und links hingelegt worden. Die müssen auf die Art hingelegt worden mit dem Gesicht zur Erde und die Hände ganz vorn.« Bluminstick schätzte die Zahl der Erschossenen auf 1.200 bis 1.500 Mann. Die Schützen waren Soldaten, die im Beisein von Offizieren und Feldwebeln angelegt hätten.

»Können Sie dem Gericht sagen, wie viele Leute damals transportiert wurden, wie groß der Transport war?«

»Mir haben geschätzt 12.000 bis 15.000.«

Das ist der Unterschied. In der Tat wäre es eine andere Art von Marsch, der jeden zehnten Teilnehmer vom Wachpersonal erschossen oder an Wunden sterbend zurückläßt. Unwahrscheinlich dünkt, daß eine dermaßen drakonische Begleitmannschaft auf soviel Widersetzlichkeit stößt. Es müßte sich denn um eine Gefangenenmeuterei handeln. Einmal angenommen, die 24. Infanteriedivision hätte nur ein Zehntel der vorgeblichen Anzahl, 20.000 Mann, transportiert. Ebensoviel konnten die Infanteristen mühelos in Schach halten. Mangels Aufruhrs blieben allenfalls die Erschöpften und Siechen zu erschießen übrig. So hat es Bluminstick geschildert. Weder Roques noch Tettau vermochten dem Gericht Beweise für eine 200.000köpfige Kolonne anzubieten. Sie stellten die Behauptung auf. Laut Halders Tagebuch wurde eine Division pro 20.000 Gefangene für das erforderliche Bewachungsverhältnis gehalten. Es fällt auch schwer, zu glauben, daß Tettau fast ein Drittel des Kiew-Kessels nach Südosten verbracht hat. Seine Meldung an Roques besagt vielmehr, daß »in Alexandrija von Dulag 182 bisher für Dauerunterkunft für 20.000 nichts geschehen. Nowoukrainka angeblich nur für 10.000« (NOKW 1615). Alexandrija liegt zwei Tagesmärsche südlich von Krementschug entfernt und Nowoukrainka mehr als das Doppelte in westlicher Richtung. Offenbar irrlichterte Tettau mit den geschwächten Gefangenen kreuz und quer durch das schlammige Gelände auf der Suche nach einem Lager mit zusätzlicher Aufnahmekapazität. Die Dulags zogen sich weit auseinander, und die Rotarmisten hielten die Strapazen nicht durch. Man wußte schon nicht wohin mit den Gesunden. So wurden die Erschöpften in Eile aus Ratlosigkeit, Nervosität und Überdruß getötet.

Die Nürnberger Anklage stützt ihren Vorwurf auf die Aussage des Lagerarztes im Dulag Chorol. Dr. Hans Früchte, zur fraglichen Zeit ein 26jähriger Offizier, hat neben dem Pioniergeneral Bruns das krasseste Belastungszeugnis eines Wehrmachtsangehörigen im OKW-Prozeß abgelegt: »Das Lager Chorol war überfüllt, und es kam der Befehl, etwa 20.000 Kriegsgefangene auf dem Landweg per Fußmarsch nach Krementschug zu transportieren. Ich bekam als Arzt von der Lagerleitung den Auftrag, beim Durchpassieren der Gefangenen durch das Lagertor Aufstellung zu nehmen und schwach und erschöpft aussehende Kriegsgefangene herauszusondern.«

Die deutsche Prozeßpartei, die solch einen Zeugen kaum verhohlen als US-Kollaborateur behandelte, fragte Früchte höhnisch, ob den angeblich erschossenen Invaliden Marschtüchtigkeit attestiert worden sei:

»Nun, hatten Sie denn diese Ihrer ärztlichen Pflicht entsprechende Untersuchung gründlich durchgeführt, Herr Zeuge?«

»So gründlich es möglich war. Ich kann nicht als Lagerarzt – auch wenn ich 50 russische Hilfsärzte habe – 10.000 Russen in einer halben Stunde untersuchen. Ich habe in der Früh um 7 Uhr den Befehl bekommen: ›Es geht heute ein Transport ab mit 10.000 Leuten. Gehen Sie ins Lager und schauen Sie, wenn die durchgetrieben werden durch das Lagertor. Wer schwach ist, suchen Sie heraus.‹ Ich bin rausgegangen, habe das getan, und sie sind abmarschiert.«

»Wurden bei dieser Untersuchung auch die russischen Hilfsärzte mit eingeschaltet, die 50 Stück, von denen Sie eben sprachen?«

»Nein.«

»Warum nicht?«

»Weil eine Kolonne nicht durch 50 Leute passieren kann, wo jeder nach eigenem Gutdünken heraussucht.«

»Herr Zeuge, hatten Sie das Gefühl oder die Auffassung, als die Marschkolonne durchgezogen war, daß die Marschunfähigen von Ihnen herausgesucht worden seien?«

»Das ist schwer zu sagen, denn ich wußte nicht, was für Anforderungen genau an die Leute gestellt worden sind. Ich wußte nicht, in wieviel Tagen ... Ich wußte, sie kommen nach Krementschug, das war 90 km entfernt. Ich wußte nicht, in wieviel Tagen die Leute hingetrieben werden, ob unterwegs für Verpflegung oder Unterkunft gesorgt worden ist.«

Wenn Tettaus Teeküchen und Proviantsysteme seinen Angaben in Nürnberg entsprochen haben, kann Früchtes Erinnerung nicht zutreffen, »daß kurz nach dem Marsch den Angehörigen des Lagers bekannt geworden ist, durch Soldaten, die teilweise den Marsch gemacht haben als Begleitmannschaften, daß die Leute, die nicht weiterkonnten, erschossen worden sind, daß die Leichen an der Straße liegenblieben und daß die ganze Strecke bis Chorol durch Leichen gezeichnet war.«

Die Anklage hielt Tettau für einen verlogenen Zeugen. Seine eidesstattliche Versicherung, daß Marschunfähigen keinerlei Leid geschehen sei, wird durch seinen eigenen Befehl schattiert, der unter dem Datum vom 18. Oktober 1941, offenbar noch immer auf der Suche nach Unterbringung, der 24. Division einschärft, »wo es die Aufrechterhaltung der Disziplin unter den Gefangenen erfordert, ist mit schärfsten Mitteln durchzugreifen. Dagegen verbietet uns die Ehre als Soldat und die Ehrfurcht vor dem Leben, gegen wehrlose und tatsächlich erschöpfte Kriegsgefangene die Waffe zu gebrauchen.« Um »einer Verrohung der Truppe vorzubeugen«, beschränkte Tettau den »Waffengebrauch des einzelnen Mannes« auf die Abwehr von Gefahr im Verzug: »Nur noch bei plötzlichen Fluchtversuchen und ausgesprochenen Widersetzlichkeiten!« Der besorgte Tonfall ist unverkennbar. Auch bleibt die Sorge keineswegs auf Tettau beschränkt. Eine Kommandeurbesprechung vom 17. November vermerkt im Protokoll »Erschießung marschunfähiger Kriegsgefangener bei 24. Infanteriedivision. Gegenmaßnahmen.« (NOKW 1610)

Im Ergebnis macht es geringen Unterschied, Invalide zu erschießen, weil sie die nötige Nahrung und Pflege entbehren, oder Flüchtige, die diesem Los entrinnen wollen. Es ist insoweit eine Frage des Zeitpunkts. Die Mühen Tettaus, Roques' und ihresgleichen, einen Point d'honneur aus ihrem Bedacht zu machen, haben nicht viel geholfen. Der Einzug der Deutschen führte ein Gefangenensterben herbei, daß es die Menschlichkeit oder Unmenschlichkeit der Befehlshaber bedeutungslos machte. Die Dimension übersteigt die Macht des Erbarmens. Ein Feldheer von drei Millionen Mann, dem ein Gefangenenheer von dreieinhalb Millionen Mann in die Hände fällt, ist normalerweise lahmgesetzt. Seine Mobilität stockte auch ohne die brüchige Versorgungs- und Nachschublage der Wehrmacht im Rußlandwinter 1941/42, die mit Grund annahm, daß es in diesen Wochen um das Ganze ging. Die Heeresspitze bedurfte keines Beschlusses, um die Mißlichkeit der Lage den Gefangenen aufzubürden. Was zuviel war, starb.

Im Februar 1942 begannen sich die Technokraten in Berlin über die Gestorbenen zu ärgern. Kostbare Arbeitskraft war vergeudet. Der Bedarf fiel aber erst an, als der Sieg vor Moskau im Dezember ausblieb. Die Gefangenen sind letzlich der Siegeserwartung geopfert worden. Gewiß hätten mehr Humanisten wie Tettau im Offizierskorps die Sterbequote leicht gedämpft. Das Überwiegen des Desinteresses, der stumpfen Apathie, rührte aber aus dem Eindruck, daß alles andere so oder so zwecklos sei. Wie auch immer man die Gefangenen ansah, als Gefäße der Heiligkeit des Lebens oder als lästiges Getier, ihr Tod war in Mengen besiegelt, an denen alle Brüderlichkeit verzagen mußte.

Verwundete, denen Tettau auf dem Marsch die Kugel ersparen wollte, endeten in infektiösen Käfigen, die kein Offizier mehr zu Gesicht bekam. Es waren bakterielle Vernichtungsstätten. Aus dem Dulag Stalino in der Südukraine sind Aufzeichnungen Heinz Herres erhalten, des 32jährigen 1. Generalstabsoffiziers des XLIX. Gebirgskorps. Seine Inspektion führte ihn in eine frühere Volkshochschule, die gestuft war nach Kammern wie die ewige Qual. Die Namen der Kammern lauteten »Arbeitsfähige«, »bedingt Taugliche«, »Untaugliche«. Der Lagerkommandant, ein überreizter Reserveoffizier, gebot über eine Wächterschaft alkoholisierter deutscher Landesschützen und düsterer Gesellen örtlichen Ursprungs. Als Insignien ihrer Macht dienten eine Armbinde und ein Knüppel.

Die Kammer der ›Arbeitsfähigen‹ stand leer, denn die Bewohner arbeiteten. Der Boden war von einer Kruste gefrorener Exkremente überzogen. Anders die Kammer der ›Halbtauglichen‹. Darin steckten die Gefangenen aufrecht zusammengepfercht zu einem stöhnenden, bleichen Klumpen bärtiger, schmutzstarrender, stinkender Männer. Nur die Toten zog ihre Schwere zu Boden. Deren zweihundert wurden täglich an den Füßen herausgezogen.

Die Landesschützen sorgten sich heftig um die Gesundheit des Gastes. Die Kammern brüteten Typhus. Den Insassen nutzte keine Hilfe mehr. Das Personal war über allen Rassendünkel hinaus. Es rückte nicht gegen das rote Untermenschentum zu Feld. Es beaufsichtigte einen infektiösen Teig, dem das Leben stetig und unweigerlich entwich. Die Gefangenen von Stalino waren in einen Zustand getaucht, den weder Haß noch Mitleid erreichten. Ihre Wächter empfanden überhaupt nichts mehr, und den Stabsoffizier würgten Scham und Ekel.

Über der Kammer der ›Untauglichen‹ hing süßer Verwesungsdunst. Lebende und Tote kauerten hier ineinandergeklammert, als wolle jeder den anderen an sein Ufer retten. Die Körper lagerten, wie so oft in diesem Krieg, gestapelt.

Herre bekundete seinen Abscheu und schalt die Wachen wie den Kommandanten, die völlig einvernehmlich mit der Heeresspitze verfuhren. Im Protokoll der sechs Wochen zuvor abgehaltenen Stabschefbesprechung aller östlichen Heeresgruppen und Armeen in Orscha vom 13. November 1941 heißt es: »Der Generalquartiermeister greift in die Auseinandersetzung ein und erklärt: Nichtarbeitende Kriegsgefangene in den Gefangenenlagern haben zu verhungern« (NOKW 1535). Halder persönlich hatte die Tagung eröffnet, doch sieben Jahre später in Nürnberg »keine bestimmte Erinnerung« zurückbehalten. Zumal »an diese Erklärung«, von seinem Untergebenen, dem Generalquartiermeister Wagner, beigesteuert, »kann ich mich persönlich nicht erinnern. Ich habe sie in der Niederschrift gelesen.«

Die Arglist des OKH rief die Hygieniker der SS auf den Plan. Den Hungerstrategen waren die Konsequenzen ihres Plans nicht gewärtig. Die halbherzigen Morde schienen der Polizei sicherheitsbedenklich. Der Winter halte die Keime noch eingeeist. Im Sommer griffen Ruhr und Typhusepidemien voraussichtlich auf die Truppe über. Vom Humanitätsstandpunkt sei außerdem geboten, einem qualvollen Ende durch Hunger, Frost und Seuchen zuvorzukommen und unter den etwa 75 Prozent Arbeitsunfähigen radikal durchzugreifen mit Erschießungen. (NO 420)

Der Wehrmacht widerstrebte es, Verletzte, größtenteils Gefangene ohne Arm, Bein oder mit offener Tuberkulose, hinzurichten. Männer, die ein Kombattantendasein nicht wiederaufnehmen konnten, gefährdeten kaum die Sicherheit und mochten in die Fürsorge der Zivilbevölkerung entlassen werden. Hier machte die Polizei die wirksameren Argumente geltend. Krüppel, die, auf Bettelei angewiesen, das Gelände durchstreiften, würden früher oder später den Partisanen in die Hände fallen. Diese bemächtigten sich selbstverständlich der von deutschen Behörden ausgestellten Entlassungspapiere, um sie Spitzeln und Saboteuren zu übertragen. Infolgedessen untersagte das OKW am 22. September 1942 die Entlassung Arbeitsunfähiger, Verwundeter und Kranker und befahl Übergabe an den Polizeichef im Hinterland, »der für die Weiterleitung bzw. Beschäftigung sorgen« werde. (NOKW 19)

Die Lagerkommandanten folgten dem Erlaß zumeist bereitwillig, weil er ihre Dienststellen stark entlastete. Das Folgende dünkte dermaßen ungewöhnlich, daß selbst in den Reihen der Himmler-Polizei Stockungen auftraten, wie aus einem Vorgang in Schitomir im Reichskommissariat Ukraine ersichtlich: In Ausführung des OKW-Erlasses vom 22. September übergab der Wehrmachtsstandortkommandant dem Höheren SS- und Polizeichef hundert arbeitsunfähige Gefangene. Der ließ sie per Kurier dem Kommandeur der Sicherheitspolizei aushändigen mit der Botschaft: »Und Sie schicken sie über den Jordan!« Der Kommandeur weigerte sich. Einigen Gefangenen fehlten beide Arme oder Beine. Unter dem Vorwand, daß eine Tötung sich eventuell an Wehrmachtsangehörigen in russischem Gewahrsam rächen könne, wurden die Krüppel aus der Stadt geschafft und am Waldessaum ausgesetzt. Pflichtschuldig suchte der Kommandeur bei seinem unmittelbaren Vorgesetzten, dem Befehlshaber der Sicherheitspolizei in Kiew, Deckung zu erlangen. Einen Tag währte dort Ratlosigkeit. Am 23. Dezember 1942 erging der Tötungsbefehl: Um deutschen Behörden keine zusätzlichen Lasten aufzubürden, könnten die Krüppel nicht erhalten werden.

Die Hinrichtungen vollzog die Polizei nach dem Genickschußprinzip. Es erfordert, daß die Opfer der ersten Salve sich mit dem Gesicht zum Boden einer Grube betten, die Nachfolgenden auf die Leichen ihrer Kameraden.

An den im November 1942 in Stalino Ausgesonderten erprobte die Polizei ein zur Judenvernichtung konstruiertes Instrument, den Gaswagen. Der Abwehroffizier des Lagers beaufsichtigte das Verfahren und erstattete dem Lagerkommandanten Bericht. Weil offenbar Soldaten an der Zuführung beteiligt waren, brachte der Offizier leise Bedenken vor: Um solche Gefangene, »die ohne Bein oder zu schwach waren, um stehen zu können«, in dem Wagen unterzubringen, wurde »einer auf dem anderen in drei Schichten aufgestapelt, wie man Holzscheite stapelt. Das Wimmern, Schreien und Flehen der verstümmelten und kranken Kriegsgefangenen sowie deren Anblick war für die deutschen Wehrmachtsangehörigen ein erschütterndes, unvergeßliches Bild.« Selbst im ertaubten Gefühlsleben der Landesschützen von Stalino löste die Tat eine Beklommenheit aus. Nach späterer Feststellung des Landgerichts Tübingen vom 22. Dezember 1964 »spielten sich im Inneren der Gaskammer furchtbare Szenen ab. In ihrer Todesangst schlugen die Gefangenen wild um sich, rauften sich die Haare aus, verkrallten sich ineinander und bohrten sich teilweise selbst und gegeneinander die Augen aus.«

Die Mehrzahl der Opfer verlor 1942 den Gefangenenstatus nicht, weil sie invalide war. Die Invalidität entstand, weil sie Gefangene waren. »Die Masse der Kriegsgefangenen ist aus Entkräftung arbeitsunfähig«, meldete Roques' Stabschef von Krosigk am 20. Dezember 1941 an das OKH. »Das Massensterben der unterernährten Kriegsgefangenen in den Dulags erregt zunehmend Aufmerksamkeit in der Bevölkerung. Nur schnelle Entlassung der Ukrainer und Abschub in Sammeltransporten in das Reichskommissariat kann wenigstens einen Teil dieser Arbeitskraft für das kommende Frühjahr erhalten und bedenklichem Stimmungsumschwung der ukrainischen Bevölkerung vorbeugen« (NOKW 1605). Dies ist ein bemerkenswert frühes Zeugnis der Hinwendung zur Ostpolitik.

Das Rückwärtige Heeresgebiet spürte die Mängel der Vernichtungsstrategie heftiger als die Front, die von Roques nichts erwartete, als daß er die Nachschublinien frei hielt. Es wäre ihm schwer geworden, etwa Medikamente für die Dulags abzuzweigen, auch wenn die militärische Unvernunft tagtäglich offenbarer wurde. Aus einem Befehl der 454. Sicherungsdivision vom 2. August 1941 geht hervor, daß zur Gefangenenpflege »nur russisches Wirtschaftsgerät sowie russische Verbandsmittel, vor allem aber russische Sera zu verwenden sind« (NOKW 2617). Roques' Entlastungszeuge Dr. Schuntermann bestätigte die allgemeine Praxis des Heeres, kein eigenes Sanitätsmaterial an die Lager zu liefern.

Nachdem die Gefangenen ihr Los überblickten, nahm der in die Massenkapitulation eingemündete Selbsterhaltungstrieb umgekehrte Richtung. Während der Arbeitseinsätze und auf Transporten wandten sich die Gefangenen zur Massenflucht, überwältigten das Wachpersonal, ergriffen dessen Waffen und tauchten im Zivil oder bei den Partisanen unter. Beides streute im Besatzungsgebiet das Gift der Renitenz. Die Partisanen wiederum entdeckten ein ideales Rekrutierungsfeld, übten sich in Fluchthilfe und organisierten Gruppenausbrüche. Unter diesen Umständen entdeckte man im Rückwärtigen Heeresgebiet Süd die Perspektive, aus Gegnern Partner zu machen.

Stabschef Krosigk fügte seinem Schreiben an den Generalquartiermeister des Heeres ein Zahlenwerk über den Bestand der Dulags Stalino, Alexandrija, Nowoukrainka und des Stammlagers 346 bei. Dort saßen insgesamt 52.513 Personen ein:

»Sterblichkeit der Kriegsgefangenen nach Lager:
a) Dulag 160:10 Tote täglich auf 12.959 Kriegsgefangene = 28,02% jährlich
b) Dulag 182:18 Tote täglich auf 7.507 Kriegsgefangene = 87,05% jährlich
c) Dulag 205:21 Tote täglich auf 9.271 Kriegsgefangene = 82,06% jährlich
d) Stalag 346:50 Tote täglich auf 22.776 Kriegsgefangene = 80,1% jährlich«. (NOKW 1605)

Von den 52.000 Gefangenen waren 21.000 Ukrainer. Diese möge man als prospektive Verbündete des Reiches entlassen (NOKW 1605). Krosigk und Generalquartiermeister Wagner wußten sich in diesen Fragen eins. Bereits am 25. Juli hatte Roques' Stabschef bei einer von Wagner einberufenen Konferenz zur Übergabe von Militärverwaltungsgebiet an das Reichskommissariat die Nützlichkeit der ukrainischen freiwilligen Miliz empfohlen (PS 197). Heeresgruppe Süd wurde von 11.000 ungarischen Juden bedrängt, welche die verbündete Regierung Bardossy über den Dnjestr abgeschoben hatte. Sie verstopften die Nachschubwege und wurden auf ein Angebot des Höheren SS- und Polizeiführers Friedrich Jeckeln beseitigt, eine der ersten Massenvernichtungsaktionen des Feldzugs. Zu solchen Aufgaben fühlte sich vehement die Ukrainer-Miliz hingezogen. Wagner und Krosigk betrachteten es als Hitlerschen Irrsinn, die Söhne eines solchen Volkes verhungern zu lassen.

Hitler hintertrieb die Ostpolitik. Die Judenfrage war seine persönliche Mission, kein Herrschaftsmittel. Er wollte sie nicht mit den Ukrainern teilen.

Die Sterblichkeitsstatistik des Rückwärtigen Heeresgebiets Süd präsentierte die Nürnberger Anklage ungeachtet der daran geknüpften kritischen Tendenz. Roques verschlimmerte das Grausen vor der hochgerechneten Lagertodesrate von 80 Prozent durch seine Entschuldigungen. Im November habe er geurlaubt, später jedoch vernommen, daß »diese Meldungen besonders übertriebene Angaben gemacht haben an den Generalquartiermeister beim OKH, um Erleichterungen für die Kriegsgefangenen durchzusetzen«.

Der Dienstweg der in einer gewöhnlichen Zehntagesmeldung vom Berück an das OKH geleiteten Statistik bewies beider Verantwortung. Roques räumte schließlich seine Zuständigkeit für die Gefangenenversorgung ein. Das bezeugte auch Halder. Seine eigene Haftung schob er auf den todkranken Brauchitsch. In Militärverwaltungsangelegenheiten habe der Generalquartiermeister unter direktem Befehl des Heereschefs gestanden. »Was der einzelne Frontbefehlshaber von diesen Dingen gewußt hat, kann ich nicht sagen. Die Kommandeure, die ihre Augen auf den Feind gerichtet hatten und die Operationen führten, haben sicher nur nebenher von diesen Dingen gehört. Ich erinnere mich nicht an eine Aussprache über diesen Punkt mit einem der Frontkommandeure.« Besonders nachdrücklich erinnerte sich Halder nicht an jene in Orscha, die er selbst eröffnet hatte. Auf die Frage nach der Pflicht einer Armee, ihre Gefangenen zu versorgen, erwiderte Halder: »Gewiß war es die Pflicht der Armee. Aber über die Grenzen der stärkeren Gewalt kommt auch der beste Wille nicht hinweg.« Diese Gewalten bestanden in Hitler und den »außerordentlichen Schwierigkeiten, die durch die Witterung, durch die Straßen beim Rücktransport, durch die mangelnde Unterkunft und die Schwierigkeiten der Verpflegung zwangsläufig entstanden sind«. Halder wand sich mit solchen Redensarten um den simplen Sachverhalt, den Roques' Verteidigung aus dem Mund seines Quartiermeisters, Oberst Schall, dem Gericht zu Gehör brachte:

Die Rationen für Gefangenennahrung waren auf dem östlichen Kriegsschauplatz vom Generalquartiermeister des Heeres festgelegt. Die Verantwortung des Berück bestand darin, dieser Dienststelle genügende Zufuhr abzuringen. Als die Typhusepidemien außer Kontrolle zu geraten drohten, habe das OKH eingelenkt, berichtete Schall. Am 16. Januar 1942 unterrichtete die Quartiermeisterei des Berück das OKH, daß 40.000 Gefangene im Südabschnitt binnen weniger Monate zugrunde gehen müßten (NOKW 3461). Diese Nachrichten dienten nicht zu Wagners Beruhigung. Die Alarmrufe der Rückwärtigen Befehlsstelle deutete die Anklage später als Schuldgeständnisse, »daß hier Tausende und Zehntausende von Kriegsgefangenen an der Folge von Vernachlässigung, Mißhandlung und Verletzung der Kriegsgesetze und Kriegsbräuche starben, das Ergebnis einer Politik, die sogleich bei Beginn des Rußlandfeldzugs in dem Rückwärtigen Gebiet der Heeresgruppe Süd von Roques selbst eingeführt wurde«. Er führte sie aus, wie widerwillig auch immer. Die Einführung besorgten Brauchitsch und Halder. Denn das von letzterem ausgegebene Handbuch für den Generalstabsdienst bestimmt unter Abschnitt III

Buchstabe A »Grundsätzliches«: »1. Der obere Führer trägt für seinen Befehlsbereich Alleinverantwortung. 2. Die Offiziere und Beamten des Stabes sind seine Gehilfen« (NOKW 1878). Halder war ein kapitaler, Roques ein sehr viel entfernterer Tatgehilfe.

Die US-Anklagebehörde hat Halders Anteil Roques zugerechnet. Halder war als Kronzeuge der Anklage nominiert, erwies sich allerdings als vollends untauglich. Die US-Regierung mochte ihn nicht vor Gericht stellen. Er tat anderweitig bessere Dienste. Der deutsche Generalstab hatte sich unter Halder Mitte 1947 neu konstituiert und zog im Auftrag der ›Historical Division‹ der US-Armee Bilanz. Feldmarschälle, Armeeführer, Stabsoffiziere, ein Korps von 150 Mann, schickten sich in Neustadt/Hessen an »die Übergabe der reichen Erfahrungen des ältesten Generalstabs der Welt an den Westen«, wie ein versonnener Teilnehmer berichtet: »Der deutsche Generalstab überantwortete hier seinen großen, 200jährigen Auftrag bewußt seinem Nachfolger, dem derzeitigen Beschützer des Abendlands und der christlichen Kultur.« Die Erbschaft verpflichtete. Als loyale Behörde nahm die Anklage von Halders Verstrickungen in die Gefangenenmorde so leichthin Kenntnis, wie es eben ging, und hielt sich an Roques schadlos, denn im Rückwärtigen Heeresgebiet gediehen die abgefeimten Pläne zur flagranten Tat.

»Es wurden in Rußland von Anfang an zuerst auch die Mongolen und andere Asiaten ausgesondert«, berichtete der Lagerarzt Dr. Früchte. »Später wurden die Juden extra gehalten und die Mongolen extra gehalten. Wir wußten zuerst nicht, als wir nach Rußland hereinkamen, was mit diesen Leuten geschehen sollte. In meinem ersten Lager habe ich angenommen, daß diese Leute ausgesondert werden, daß sie – wie die Juden in Polen in einem Ghetto sind – so auch in gesonderte Lager kommen sollten. Aber schon im Verlauf der ersten Woche erfuhren wir durch Soldaten, die Transporte nach Schitomir begleitet hatten, daß in Schitomir bereits im Anfang August 1941 sämtliche ankommenden Juden, sämtliche mit den Kriegsgefangenen ankommenden Juden erschossen worden sind. Die Juden, die wir später im Lager gesondert hielten, wurden restlos durch die später eintreffenden SD-Kommandos erschossen.«

»Erinnern Sie sich, ob SD-Kommandos je in Dulag 160 kamen?«

»Das Dulag 160 wurde im Mai ungefähr – es muß der 12. Mai gewesen sein – von einem SD-Kommando betreten. Der damalige Kommandeur sagte uns offen gegenüber, er habe die Anweisung, dem SD in seinem Lager freie Hand zu lassen. Der SD hat die Juden – und sämtliche dagewesenen Juden wurden nicht weiter verhört oder vernommen, sondern es gab noch eine Reihe anderer Personen, die als verdächtige oder als unerwünschte Personen eingesperrt waren. Diese verdächtigen Personen hat der SD ganz kurz verhört, und dann wurden am 15. Mai 1942 sämtliche Juden des Lagers und sämtliche anderen unerwünschten Personen vom SD erschossen. Vom Lager weggeführt zu einer Erschießungsgruppe.«

Der Lagerkommandant habe die Erschießung der jüdischen Kriegsgefangenen mißbilligt, »aber er hat sie als feststehende Tatsache hingenommen, an der sowieso nichts zu ändern ist, sogar als ich es versuchte, einige jüdische Ärzte vor dem Erschießen zu retten. Ich habe gesagt: ›Da sind ein paar Ärzte, die ich unbedingt brauche‹, dann sagte ich: ›Es sind noch ein paar Halbjuden da, die brauchen auch nicht unbedingt erschossen zu werden.‹ Das hat er mir abgelehnt und hat wörtlich gesagt: ›Damit fangen wir gar nicht erst an, die würden ja doch über kurz oder lang erschossen. Da lassen wir sie lieber gleich erschießen.‹ Das war wörtlich seine Aussage, wenn Sie auf diese Aussage Wert legen, da ist ein anderer Arzt in München noch da, der mit mir den Lagerkommandanten gebeten hat, die Ärzte, ein paar jüdische Ärzte, wenigstens übrig zu lassen, und dem er es auch im selben Gespräch abgelehnt hat.«

Den Zeitpunkt datierte Früchte auf Nachfrage in die Märzmitte 1942, als bereits ein schonender Umgang mit den Gefangenen üblich war. Doch versagte das Heer Juden den Gefangenenstatus. »Juden brauchten nicht notiert zu werden. Die waren ja genauso wie Zivilisten ohne irgendwelche Formalitäten zu erschießen.« Darüber habe man nicht extra Buch geführt. »Ich habe kein Dokument dieser Art in Erinnerung. Ich nehme an, daß die Lagerführung das gemeldet hat als ›dem SD übergeben‹. Und dem SD übergeben bedeutete das gleiche wie eine Todesart.«

»Haben Sie über diese Judenerschießungen«, fragte Roques' Anwalt Dr. Tipp, »eine Meldung gemacht?«

»Ich?«

»Ja, Sie.«

»Nein.«

»Warum nicht?«

»Wem hätte ich Meldung machen sollen? Wem zum Beispiel?«

»An die Stelle, der Sie gewöhnlich meldeten.«

»An den 2. Stabsoffizier?«

»Gewiß. Wenn Sie es so wollen.«
»Nein, wie soll ich eine Sache melden, die befohlen ist. Ich kann doch keine Meldung machen, daß die Kriegsgefangenen gestern ihr Mittagessen bekommen haben.«
»Herr Zeuge, die Angelegenheit ist meines Erachtens zu ernst, um hier Witze zu machen.«
»Ich mache keine Witze.«
»Das erscheint mir aber ein Witz, Herr Zeuge.«
»Ich kann keine Selbstverständlichkeiten melden.«
»Sie finden es also selbstverständlich, daß Kriegsgefangene praktisch vor Ihren Augen erschossen werden?«
»Das war damals eine Selbstverständlichkeit. Für jeden Offizier, für jeden Landser der deutschen Wehrmacht war es eine absolute Selbstverständlichkeit, daß jeder Jude erschossen wird.«
»Herr Zeuge, haben Sie jemals einen Befehl gesehen, der die Erschießung von Juden befohlen hat?«
»Nein.«
»Haben Sie jemals persönlich erfahren, daß irgendeiner Ihrer vorgesetzten Offiziere befohlen hat, Juden zu erschießen?«
»Nein.«
»Woher ziehen Sie den Schluß, daß es für jeden Offizier und für jeden Landser eine Selbstverständlichkeit war, daß Juden erschossen werden?«
»Weil es jeder Offizier und jeder Landser gewußt hat.«
»Verzeihung Herr Zeuge. Sie können aussagen über Ihr persönliches Wissen. Es ist Ihre persönliche Geschmackssache, was Sie wissen oder was Sie nicht wissen. Aber woher Sie wissen wollen, was die Millionen deutschen Soldaten an der Ostfront gewußt haben oder nicht, das ist mir schleierhaft.«
Anklage: »Wenn Euer Ehren gestatten! Ich erhebe gegen diese Art von Befragung Einspruch. Das ist bloßes Argumentieren mit dem Zeugen. Das ist ein Ansprache.«
Vorsitzender Richter Young: »Sie brauchen ihm keine Ansprache zu halten. Wenn Sie ihm weitere Fragen stellen wollen …«
Anklage: »Ich halte das für absolut unzulässig.«
Richter Young: »Stellen Sie ihm Fragen!«
Dr. Tipp: »Herr Zeuge, wie viele Offiziere und Soldaten der deutschen Wehrmacht waren an der Ostfront eingesetzt?«
Früchte: »Ich weiß es nicht.«
»Ungefähr!«

»Ich habe keine Ahnung.«

»Vielleicht wissen Sie etwas anderes. Wieviel Prozent – dem Prozentsatz nach ausgedrückt … – Offiziere und Mannschaften der Ostfront haben Sie persönlich gesprochen?«

»Mit 200 Offizieren und Tausenden von Landsern.«

»Sie haben gesprochen mit 200 Offizieren und Tausenden von … Landsern?

»Ja.«

»Und wie lange waren Sie an der Ostfront?«

»Den ganzen Feldzug über.«

»Und alle diese Offiziere haben Ihnen bestätigt, daß sie es wußten?«

»Ja.«

»Alle von ihnen?«

»Ja.«

»Herr Zeuge, Sie stehen hier unter Eid, wissen Sie das?«

»Ja.«

»Und Sie sagen, daß Sie alle diese 200 Offiziere und alle diese Tausende von Landsern gefragt haben: ›Was wissen Sie über Judenerschießungen?‹ Wollen Sie das behaupten? Ja oder nein, Herr Zeuge?«

»Dieses Thema ist wohl fast mit jedem, mit dem man überhaupt länger als drei Minuten gesprochen hat, irgendwie mal gestreift worden. Und ich habe keinen getroffen, der gesagt hatte: Das ist mir eine völlig neue Sache. Ich weiß nichts davon. Was erzählst du mir? Das war für jeden ein Faktum.«

Ein Offizier, der gleichfalls in Nürnberg unter Eid stand, wollte das Faktum nicht gekannt haben, obgleich er mit dem Anführer der SD-Truppen, welche die Lager durchkämmten, laufend das Mittagessen einnahm. Roques und der Höhere SS- und Polizeiführer des Rückwärtigen Heeresgebiets Süd, Friedrich Jeckeln, bezogen meist an demselben Ort ihren Dienstsitz. Weil Jeckeln schon darum »sehr viel mit den Offizieren des Stabes von mir abends zusammensaß und er meistens neben mir saß, so war die Verbindung ohne weiteres hergestellt durch Gespräche«.

Anders als der gekränkte Ohlendorf, der im Quartier des unnahbaren Manstein als emporgekommener Zivilist geschnitten wurde, galt Jeckeln im Rückwärtigen Heeresgebiet Süd für eine Kapazität. Als Führer von drei gebrechlichen Sicherungsdivisionen stützte sich Roques zwangsläufig auf den tüchtigen Schergen. »Diese gesellschaftlichen Berührungen waren absolut dienstlich, auch die Mittags- und Abendmahlzeiten. Da wurde sehr viel Dienstliches gesprochen.«

Halder, ein weiterer Offizier, der die Behandlung jüdischer Gefangener erst in Nürnberg erfuhr, auch wenn der Befehl, aus den Lagern »politisch untragbare und verdächtige Elemente auszusondern« (NOKW 2423), aus seinem Stabe rührte, erinnerte das Gericht an die Maschen des Dienstwissens. Den Aussonderungsbefehl hatte er möglicherweise gelesen, »aber ich kann es nicht mehr mit Sicherheit sagen«, denn dies betraf die Abteilung ›Kriegsverwaltung‹. Damit hatte Halder nichts zu tun, auch wenn sein eigener Aussonderungsbefehl vom 3. April 1941 den Kopf »OKH/Generalstab des Heeres/Generalquartiermeister/Abteilung Kriegsverwaltung Nr. II« trägt.

Richtig ist, daß das Heer den Mord untragbarer und verdächtiger Gefangener bis Oktober 1941 eigenhändig ausführte, Judentum aber kein hinreichender Verdachtsgrund war. Als Heydrichs Einsatzbefehl Nr. 14 dazu die Kommandos ermächtigte, wurde »die Aussonderung untragbarer Elemente ausschließlich deren Aufgabe«. Sie erging mit diesen Worten durch OKH-Befehl vom 7. Oktober 1941, wiederum mit Absender: »Oberkommando des Heeres/Generalstab des Heeres/Generalquartiermeister/Abteilung Kriegsverwaltung«.

Jeckelns Aufgabe war für Roques nicht ›dienstlich‹, sondern ›politisch‹. Dienstsache war hingegen Ziffer 2b des OKH-Befehls: »Der Einsatz der Sonderkommandos ist im Einvernehmen mit den Befehlshabern des Rückwärtigen Heeresgebiets (Kriegsgefangenenbezirkskommandanten) so zu regeln, daß die Aussonderung möglichst unauffällig vorgenommen und die Liquidierung möglichst ohne Verzug und so weit abseits von den Dulags und den Ortschaften durchgeführt werden, daß sie den sonstigen Kriegsgefangenen und der Bevölkerung nicht bekannt werden.« (NOKW 3422) Das war aufgrund von Angst und Neugier bei den Russen, auch bei der Mitteilsamkeit der Deutschen, schwer durchführbar. Einen Erfolg wußte Roques einzig dahingehend zu vermelden, daß ihm selbst nichts bekannt wurde. Im Gelände wußten alle Bescheid. Der Anklagezeuge Bluminstick berichtete von Dulag 160 in Chorol: »Nach Hereinkommen im Lager hat es geheißen: Volksdeutsche, was unter russische Armee eingezogen gewesen sind, sofort raustreten mit seinem Gepäck. Nachher sind diese Volksdeutschen mit Armbinde auf ihre rechte Arm gekommen und haben den Befehl ausgegeben, alle Nationen, jede nach seine Nation antreten: die Russen, Ukrainer, kaukasische Völker und besonders Juden ... Weil es geheißen hat in ersten Befehl, als die Volksdeutschen als Dolmetscher ins Lager gekommen sind, die Kommissare kommen sofort heraus, Juden werden ausgesondert. Das ist kein Problem.«

»Herr Zeuge, woher wissen Sie das alles?«

»Weil das alles durchgegangen ist durch das Lager. Die Dolmetscher haben das bekanntgemacht. Sie sollten die Juden herausholen, die sind alle Kommunisten und werden erschossen.«

Das mußte auch die Bevölkerung wissen, schon aus Ordnungsgründen.

Bluminstick, der einem jüdischen Straßenbaukommando zugeteilt war, hatte dabei von einer Ukrainerin ein Stück Brot zugesteckt erhalten. »In dieser Zeit hat ein deutscher Offizier das bemerkt und hat die Ukrainerin gefragt, warum die mir Brot gegeben hat? Die Antwort war diese: ›Er ist Gefangener, er hat Hunger.‹ Auf diese Antwort hat der deutsche Offizier – wie ich nachher erfahren habe, das war der Chef vom Dulag – gesagt: ›Für diese gibt es kein Brot, das sind Juden, die kommen sowieso im Himmelfahrtkommando.‹«

Bluminstick gelang es, sich unbemerkt unter die russischen Gefangenen zu mischen. Die Juden wurden aus dem Lager geschafft, »und da hat man die Dolmetscher gefragt, wo die Leute hinkommen. Und da haben die geantwortet: ›Die kommen bestimmt nicht mehr, die sind in Himmel gekommen.‹«

Roques hatte bereits ehe es das OKH erlaubte, am 24. August, verfügt, daß der »SD an der Durchschleusung der Gefangenen teilzunehmen habe, um die möglicherweise untragbaren Elemente auszuscheiden« (NOKW 2595). Allein der Kessel von Uman entlud 100.000 Gefangene, die vom Personal der Geheimen Feldpolizei nicht mehr effektiv zu überprüfen waren. Als die 0,6 Millionen Rotarmisten des Kiew-Kessels auf die Dulags zukamen, beauftragte das Heer den SD. »Schwierigkeiten in der Durchschleusung von Kriegsgefangenenlagern wurden erst durch einen neuerlichen Erlaß des OKH behoben«, lobt Einsatzguppe C am 3. November 1941. »Dem SD größtmögliche Befugnisse eingeräumt.« (NOKW 3157)

Aus den vordersten Armeegefangenensammelstellen, die mit der Selektion wenig vertraut waren, sind Proteste einiger Kommandanten gegen das Eindringen des SD festgehalten. Im Rückwärtigen Gebiet bestand mehr Sinn für die gegenseitige Abhängigkeit. »Es sind nur wenige Kommissare ermittelt worden«, heißt es aus Dulag 240, »die Abwehr hat völlig versagt.« Auch Früchte bezeugte, dies sei »praktisch kaum oder nur sehr selten vorgekommen«, mutmaßte indessen, daß die Kampfverbände sich befehlsgemäß verhalten hätten und »die Kommissare meistens schon, bevor die Gefangenen in das Lager gekommen sind, liquidiert worden sind. Ich weiß nur von 2 Fällen: Einmal in Lager Kirowograd, wo ein Politruk, ein Mann, der als Politruk beschuldigt war, vom Gerichtsoffizier und vom Kommandanten verhört worden ist. Und das zweite Mal im Hauptlager Chorol, wo ein Feldpolizist bei Zuführung einer Gruppe von Gefangenen in das Lager einen Kommissar sofort herausgeholt und an Ort und Stelle erschossen hat. Er wollte ihn schon im Lager erschießen. Ich war zufällig im Lager anwesend und habe gesagt, ›im Lager wird hier niemand erschossen‹. Er hat ihn ausziehen lassen, die Kleider, und an der nächsten Ecke über den Haufen geschossen.«

Die Angeklagten, die dem Gericht die Lehre der kunstvoll fingierten Kommissarmorde beeidet hatten, gaben sich entsetzt. Leebs Verteidiger Laternser ließ Zweifel protokollieren, daß Früchte wirklich Arzt gewesen sei, und Tipp insinuierte, daß ein Arzt notwendigerweise die Tatschuld trage:

»Ich interessiere mich für einen speziellen Punkt hier. In welchem Dienstrang sind Sie damals gewesen?«

»Assistenzarzt.«

»Das war doch Offizier?«

»Ja.«

»Sie haben erzählt, daß ein Feldpolizist diesen Mann vor Ihren Augen erschießen wollte. Ist das richtig?«

»Ja.«

»Welchen Rang hatte denn der Feldpolizist?«

»Oberfeldwebel.«

»Hm. Er war also im Dienstrang niedriger als Sie?«

»Ja.«

»Darf ich Sie fragen, was Sie unternommen haben, um diese Erschießung vor Ihren Augen zu verhindern?«

»Gar nichts.«

»Warum haben Sie nichts unternommen?«

»Weil es lächerlich gewesen wäre.«

»Sie finden es lächerlich, daß man die Erschießung eines Menschen verhindert? Dann habe ich zu diesem Punkt keine weiteren Fragen.«

Die magere Ausbeute an Kommissaren befriedigte bei weitem

nicht den Wunsch, das Gefangenenheer gründlich durchzusieben. Zur Identifikation der Rädelsführer waren Spitzel und Dolmetscher vonnöten. Die Verhöre kosteten Zeit und verlangten polizeiliches Geschick. »Nach alter kommunistischer Taktik«, vermerkt ein Einsatzgruppenbericht aus Kiew vom 12. Oktober 1941, »leugneten diese Burschen jede politische Tätigkeit. Erst bei Gegenüberstellung mit einwandfreien Zeugen bequemten sich fünf Kommissare zu einem Geständnis. Sie wurden am 29. September erschossen« (NO 3155). Mit der Zuständigkeit des SD wurde die Prozedur noch schwerfälliger, insoweit der Berliner Flügel im Reichssicherheitshauptamt an der Kriegswichtigkeit seiner Horden teilhaben wollte. Hinfort verlangte Abteilung IV A/A 1/A 1c namentliche Meldung der in den Lagern ausgesuchten Verdachtspersonen, wühlte in den Akten und befragte die russischen Emigranten in ihrem Sold, ob Erkenntnisse vorlägen. Wenn nicht, grübelte man über die beigegebenen Personalien, welche Gefangenen Wissensträger seien und wozu sie befragt werden könnten. Die Entscheidung durchlief die Stuben der Sachgebietsleiter, Referatsleiter, Gruppenleiter, des Amtschefs und gelangte per Fernschreiben nach Rußland oder in ein Verwahr-KZ.

Einsatzbefehl Nr. 9 hatte, um der Unauffälligkeit willen, die Tötungen aus dem Operationsgebiet in Konzentrationslager gelegt. Dort ersann man eine komplizierte, als medizinische Untersuchung getarnte Genickschußmethode. Der Schußkanal führte durch eine Meßlatte, die Mörder trugen Arztkittel, und ein Schallplattenkonzert übertönte die Todesschreie. Ganz unverhohlen gestaltete sich hingegen die Judenaussonderung. »In Borispol«, berichtete Einsatzgruppe C, »wurden auf Anforderung des Kommandanten der dortigen Kriegsgefangenenlager durch einen Zug des Sonderkommandos 4a am 14.10.1941 752 und am 18.10.1941 357 jüdische Kriegsgefangene, darunter einige Kommissare und 78 vom Lagerarzt übergebene jüdische Verwundete, erschossen.« Das ereignete sich wenige Tage nach Einlaß des SD in die Dulags des Operationsgebietes. »Die reibungslose Durchführung der Aktion«, setzte der Vermerk hinzu, »war nicht zuletzt auf die tatkräftige Unterstützung durch die dortigen Wehrmachtsdienststellen zurückzuführen.« (NO 2830)

Den krassen Bericht Früchtes ergänzt das Zeugnis eines renommierten Spitzenbeamten des Ostministeriums, Dr. Otto Bräutigam. Früchtes Wissen rührte von Erzählungen aus dem Monat

August: »Schon im Verlauf der ersten Woche erfuhren wir durch Soldaten, die Transporte nach Schitomir begleitet hatten, daß in Schitomir bereits Anfang August 1941 sämtliche ankommenden Juden, sämtliche mit den Kriegsgefangenen ankommenden Juden erschossen worden sind.« Das war nichts Ungewöhnliches. In den westlichen des Operationsgebiets aufgeschlagenen Lagern, unter Obhut Reineckes im OKW, sonderte die Polizei seit Beginn des Feldzugs generell Juden und ›Asiaten‹ aus. Eine Praxis, die im OKH »alle Offiziere empört habe«, wie der Anklagezeuge Dr. Otto Bräutigam mitteilte. Es wurden »schon damals große Befürchtungen laut, daß ein Gewinnen des Krieges in Frage gestellt sei, wenn man nicht die Völker anständig behandele«. Das ist in einem Satz das Programm der Ostpolitik. Bräutigam, ihr geistiges Oberhaupt, hatte zwanzig Jahre im Auswärtigen Dienst zugebracht, siebzehn Jahre sowjetische Angelegenheiten bearbeitet, teils in Moskau, teils in Georgien, zuletzt als Generalkonsul in Batum, Kaukasus. Dann stieß er als profunder Rußlandkenner zum Rosenberg-Ministerium und blieb nach dem Scheitern der Mission wie Halder und seine Analysegruppe eine für die USA attraktive, farbige Figur. Als Rosenbergs Verbindungsoffizier zum OKH waren ihm »alle Berichte der Heeresgruppen und Armeen selbst zugänglich, die sich mit politischen und verwaltungstechnischen Fragen befaßten«. So heißt es in seiner Denkschrift aus dem Jahre 1954 über die versäumten Gelegenheiten.

Die systematische Gefangenentötung, bezeugte Bräutigam vor Gericht, habe in seinem Hause heftige Aufregung verursacht, vor allem hinsichtlich der Asiaten. »Denn es war ja die Politik des Ostministeriums, die auch mit dem Auswärtigen Amt abgestimmt war, gerade die in den letzten Jahrhunderten von Rußland unterworfenen Völker, also die Kaukasier und die Turkestaner, gegen die Russen und gegen die Bolschewiken auszuspielen.« Statt dessen hatte man »zahllose Mohammedaner, also Turkestaner, Kaukasier, liquidiert, weil man sie fälschlicherweise für Juden gehalten hatte und aus dem Grunde, weil auch die Mohammedaner beschnitten waren.« Heydrich und Reinecke nahmen bereitwillig Lehre an. Die Vorfälle waren im OKW-Sektor geschehen und ließen sich auf Wink abstellen. Anders die Tötung der jüdischen Gefangenen, die, wie der Generalstab wohl wußte, einer weiterreichenden Systematik zurechneten. Allerdings kam kein Enthusiasmus auf. »Die Hinrichtung der Juden wurde von den Offizieren des OKH, als sie bekannt wurde, sehr lebhaft besprochen, und zwar ganz allgemein mit den Ausdrücken des Abscheus und der Ablehnung.« Halders Eide auf seine Unwissenheit sind damit nicht vereinbar. Die Judenvernichtung ist »im OKH allgemein bekannt« gewesen. Informationen steuerte im deutschen Generalstab nicht die Wißbegier, sondern der Dienstweg. Deshalb wurden die Vernichtungsnachrichten »ja aufgrund eines bestimmten Verteilers dem OKH-Quartiermeister zur Kenntnis der Offiziere gebracht«.

Die Wehrmacht stellte sich vor der Nachwelt kollektiv dumm, um dem Vorwurf des Pflichtversäumnisses auszuweichen. Gründet aber die hermetische Verlogenheit, derer sich selbst Offiziere befleißigten, die unerschrocken genug Hitler und seinen Henkersknechten in den Weg getreten sind, in Scheu vor Strafe und Schande? Warum hat Bräutigam als einziger der Gestaltungsfiguren des Rußlandfeldzugs in Nürnberg die evidente Kenntnis der Massenmorde bezeugt? Der OKW-Prozeß enthält so surreale Auftritte wie den des Militärrichters im Rückwärtigen Heeresgebiet Süd, Helmuth Thoms, der für Roques beschwor, daß der Begriff der ›Exekutivmaßnahme‹ in den Akten als ›Verhaftung‹ aufzufassen sei und ›Liquidieren‹ das Durchführen eines Strafverfahrens bedeute. Der Berück selbst hat den Terminus ›Vernichtung‹ in seinen Akten arglos überlesen. Es sei »der deutsche Fachausdruck für das Ziel jedes Kampfes. Vernichtung hat mit dem Begriff Ausrottung nichts zu tun.« Roques entgegnete auf die Frage, ob sein ständiger Tischpartner, der Höhere SS- und Polizeiführer Jeckeln, ihn nicht über die 44.000 im Spätsommer 1941 getöteten ukrainischen Juden informiert habe: »Mir erzählt? Der Höhere SS- und Polizeiführer? Aber nicht eine Silbe.« Als Freund Himmlers war er ihm grundunsympathisch. »Es hätte auch gar keinen Zweck gehabt, sich mit ihm darüber zu unterhalten.« Roques zählte während dieser Bekundung 68 Jahre und hatte noch 17 Monate zu leben. Was konnten ihm die erbärmlichen Ausflüchte nutzen?

Will man Bräutigam folgen, so hätten die Stabsoffiziere, die »absolut für das – wir sagten: eine gesunde positive Ostpolitik« – engagiert waren, auf Abhilfe gesonnen. Er sei vorstellig geworden, »daß dort von dieser Stelle aus vielleicht militärpolitische Gesichtspunkte geltend gemacht werden konnten, die gegen diese Massenliquidierungen von Juden im Osten sprachen«. Auch bei engstirniger Betrachtung ließ der Fall der jüdischen Kriegsgefangenen ein Veto zu. Der Schluß liegt nahe, daß die von Bräutigam berichtete

Animosität gegen die Massaker im privaten Stilgefühl wurzelte. Nach Abwägung aller militärpolitischen Gesichtspunkte fand sich offenbar keiner, der zur Revision der Judenpolitik nötigte. Anders als die ›asiatischen‹ Muslime, die aus gesundem ostpolitischen Raisonnement alsbald verschont wurden, ließen die Juden sich schlecht gegen die Bolschewisten ausspielen. Leichter waren hingegen die unfreiwillig bolschewisierten Ukrainer gegen die Juden auszuspielen.

Die Horde

Auch Hitler verfolgte eine Ostpolitik, keine positive, jedoch eine negative, keine gesunde, aber eine für kranke Seelen. Er war ein Mann seiner Zeit und hatte lange genug im Wiener Gebildetenmilieu geweilt, um Geschmack an der Tiefenpsychologie zu finden. Die Trieblehre war ihm auf den Leib geschneidert, und niemand hat es weiter darin gebracht als dieser passionierte Autodidakt. Sein fortwirkender Genius besteht offenkundig darin, dem Mißbehagen in der Kultur einen funktionsfähigen Gegenentwurf zu bieten. Die Generäle waren in ihrer zauderlichen Phase 1938 bis 1940 im militärischen Kräftevergleich gefangen gewesen. Sie hätten niemals vermutet, daß sich mit der psychologischen Ausbeutung von Angst, Selbstsucht, Dünkel, den Ködern des Fremdenhasses, der Menschenquälerei, der Raublust, kurz der politischen Zuspitzung von Destruktionsenergie, so gewaltige Schübe erzielen ließen, auch auf dem militärischen Sektor. Mit diesen Gaben beförderte Hitler den Generalstab bis zum Juni 1941 in Siege, die dieser sich nie im Leben zugetraut hätte. Warum sollte das Arcanum, nun, da man seine Wirkung ernst nahm, im Stalin-Reich versagen, das dazu wie geschaffen schien? Kaum einer der Generäle versäumte später, seine spezielle Rußlandliebe zu bekennen. Die Unendlichkeit des Raumes verlockte ihr Streben ebenso wie der Opferwille, die Glaubensinbrunst und das kindliche Zutrauen der russischen Stämme. Militärs haben einen Hang dazu, wenngleich sie ihn im Kriege in minder schwärmerischen Begriffen ausdrückten. Sie wähnten sich am Pol der absoluten Herrschaft. Geographie und Geschichte versprachen diesen Ort dem jähen Zugriff des Eroberers. Die Ostpolitiker und Hitler stimmten insoweit überein, daß Völkerscharen gegeneinander auszuspielen waren. Hitler bestand allerdings auf dem Grundsatz, daß die Wehrmacht nicht nach Osten gezogen sei, um Ukrainern und Kosaken die Freiheit zu schenken. Dieses Ziel ist erst entstanden, nachdem sich der deutsche Generalstab als zivilisatorische Vorhut der US-Armee ausgab.

Der Zwist zwischen ›gesunder Ostpolitik‹ und Hitlers Instrumenten bestand tatsächlich in der Frage, worauf die deutsche Herrschaft sich in Rußland sicherer stütze: auf den Nationalismus der Völker, das privatwirtschaftliche Interesse, die Religion oder auf die Entfesselung aufgestauter Angst und Aggression gegen den inneren Feind, das Judentum, die Kommissare, die Gottlosen, die bolschewistisch verseuchten Städte. Außerdem bestand das seit zwanzig Jahren am Orte diskutierte Dilemma fort, ob dem Ernährungsproblem besser durch eine konfiskatorische Kommandowirtschaft oder durch Anreize für den bäuerlichen Erwerbstrieb beizukommen sei. Im deutschen Volke hatte Hitler eine Balance zwischen den destruktiven und den Aufbauenergien hergestellt. Sie schlossen einander keineswegs aus. Warum sollten sich ostbegeisterte Generalstäbler in Himmlers scheußlichen Putsch der Vernichtungsinstinkte einmischen? Eine Sabotage militärischer Interessen hat ein Halder wohl wahrheitsgemäß nicht darin entdecken können. Es handelte sich allerdings um ein politisches Ordnungsinstrument, das den militärischen Geist abstieß.

Ähnlich unangenehm berührte die konservative Generalität fast alle Einvernahme des Zivils in das moderne Kriegsgeschehen. Doch fühlte man sich in eine Zeitenwende gestellt. »Es sei eben noch Revolution«, versicherte Halder dem OKH-Offizier Helmuth Groscurth im Januar 1940 ahnungsvoll, »und man könne nichts an unseren heiligen Traditionen messen.« Das sollte auch nicht geschehen. Die Akten verzeichnen Einwände gegen exzessive Abwicklungsmanieren in Judenmassakern. Im Prinzip blieb die Abstinenz von Soldaten geboten. Sie schwebten in ständiger Versuchung, in Himmlers revolutionäre Methoden hineingerissen zu werden.

Früchtes erste Erinnerung an die Tötung jüdischer Gefangener rührt vom August 1941. Die Opfer seien nach Schitomir geschafft worden. Dazu findet sich nur ein einziger Grund. Schitomir war Sitz der Einsatzgruppe C mit ihrem Kommando 4a unter Standartenführer Paul Blobel, einem gescheiterten Architekten, der sechs Jahre zuvor in das Nachrichtenwesen eingestiegen war. Blobel arrangierte in Schitomir ein blutiges Spektakel, welches flüchtig in

Lokaltraditionen wurzelte, für ein deutsches Rückwärtiges Heeresgebiet aber ohne Vorbild war. Man bewegte einen bolschewistischen Volksrichter jüdischer Abstammung namens Kieper, der in der Stadt kaum Sympathie genoß, unter der Folter zu einem Massenmordgeständnis. Auch sein Mitarbeiter gestand. Zu beider öffentlicher Hinrichtung schlug Blobel auf der Mitte des Marktplatzes einen großen Galgen auf und bestimmte einen Termin. »Den Richtplatz«, vermeldet der Dienstbericht, »umsäumte eine vieltausendköpfige Menschenmenge. Sehr stark war auch die Wehrmacht vertreten. An der Hinrichtung mußten außerdem 402 Juden, die von dem Einsatzkommando 4a gesammelt worden waren, teilnehmen. Vor der Durchführung der Exekution wurden über den Lautsprecherwagen einer Propagandakompanie die Greueltaten Kiepers und seiner Gehilfen sowie die ihnen zugedachte Strafe in deutscher und ukrainischer Sprache bekanntgegeben … Die Urteilsverkündung wurde wiederholt durch Rufe der Zustimmung und Beifall unterbrochen« (NO 2846). Propagandakompanien und Lautsprecherwagen standen dem Kommando 4a nicht zur Verfügung. Sie gehörten zur 6. Armee. In Blobels Szenerie kam ihnen die Kommunikation zu. Die Wehrmacht, die den Ort erst seit knapp einer Woche fest in Händen hielt, erklärte den Ukrainern, warum Kommando 4a die Juden strafte. Das gelang ihr. Auf dem Marktplatz keimte eine ausgelassene Stimmung. Zivilisten und Soldaten bejubelten die Ankunft der 402 Juden, die sich auf dem Platze niederhockten, die Arme hinter dem Kopf verschränkt. Auf Geheiß riefen sie wieder und wieder den Satz: »Herr, gib uns unseren Moses wieder, wir wollen in das gelobte Land.« Dies weckte allgemeines Vergnügen. Dann wurden die Ukrainer über Lautsprecher aufgerufen hervorzutreten, sofern jemand mit den Juden eine Rechnung zu begleichen habe. Wer sich meldete, mochte die Daniederhockenden beliebig mißhandeln. Dann wurden die Hinrichtungskandidaten entblößt, gehenkt und die 402 Juden erschossen. »Die Organisation«, meldete Kommando 4a – »sowohl bei der Hinrichtung der beiden jüdischen Mörder als auch bei der Erschießung – kann als vorbildlich bezeichnet werden.« (NO 2846)

Möglicherweise kehrten die Wachsoldaten, die Früchte aufgeräumt von einer Tötung jüdischer Gefangener in Schitomir berichteten, von diesem Ereignis zurück. Die Stadt zählte einen Judenanteil von 42 Prozent, über 28.000 Personen. Dies beleuchtet die Brisanz des Ereignisses, das an sich keiner auswärtigen Opfer bedurfte. Doch sind Propagandamotive vorstellbar, zumal feststeht, daß Blobel bereits im Juli 1941 elf gefangene Rotarmisten für ein anderes, militärmedizinisches Experiment zu Tode bringen ließ. Das Rückwärtige Gebiet egalisierte Heer und Himmler-Polizei. Sicherungsdivisionen, Geheime Feldpolizei und Einsatzkommandos wirkten hier kollegialer zusammen als unter den anmaßenden Frontgenerälen. Das lag an der nämlichen Aufgabenstellung. Der Raum mußte militärisch gesichert werden als Korridor für den Nachschub in die Gefechtszone und politisch präpariert zur Übergabe an die Zivilverwaltung. Die zwei Funktionen schnitten sich in der Judenpolitik. »Sabotageakte«, befahl Roques am 16. August 1941, »sind, sofern der Täter nicht zu ermitteln ist, nicht den Ukrainern, sondern den Juden und Russen zur Last zu legen. Ihnen gegenüber sind daher Repressalien anzuwenden.« Dem steht der Satz voran: »Es muß der Eindruck entstehen, daß wir gerecht sind« (NOKW 1691). Gerecht ist nicht, wer irgendeinen Täter straft, sondern die Strafe dem gibt, der sie verdient hat. Das Gerechteste ist die Vergeltung. Am Objekt der Vergeltung bestand in der Ukraine kein Zweifel.

»In Lemberg«, heißt es im Einsatzgruppenbericht C vom 16. Juli, »trieb die Bevölkerung etwa 1.000 Juden unter Mißhandlungen zusammen und lieferte sie in das von der Wehrmacht besetzte GPU-Gefängnis ein« (NO 2938). Die Wehrmacht, die nach dem Zeugnis des Generalmajors Max Winkler Anfang Juli »mit Begeisterung und Blumen empfangen« worden war, wußte mit dem Mordansinnen nichts anzufangen. Zudem mißfiel ihr die Anarchie in der Stadt. »Die Ukrainer zogen Juden aus ihren Wohnungen und mißhandelten sie auf der Straße.« Daraufhin verbot der Stadtkommandant das Pogrom. Sobald die Einsatzgruppe C nachgerückt war, schürte sie bedachtsam den Volkszorn, gab sich als Vollstrecker zu erkennen und erschoß 7.000 von 190.000 Lemberger Juden »als Vergeltung für die unmenschlichen Greueltaten« (NO 2938). Die Geheimpolizei der gewichenen Sowjetmacht hatte nämlich in letzter Stunde über 80.000 ukrainische Oppositionelle eingekerkert, getötet und verstümmelt. In Lemberg stapelten sich 3.000 gräßlich zugerichtete Leichen in den Gefängniskellern.

Stalin hatte nach dem deutschen Angriff alle politischen Verdachtspersonen internieren lassen, damit sie dem Eindringling nicht ihre Dienste anböten. In den Schwellenländereien der UdSSR, dem Baltikum und der Ukraine, eine ziemlich realistische

Erwartung. Die Berija unterstellten Polizeikräfte beschickten das innerstaatliche Konzentrationslagersystem und bildeten insoweit das Parallelorgan zu den Einsatzgruppen. Beide ereilte der Auftrag, den Rücken der kämpfenden Truppe von feindlichen Elementen freizuhalten. Der Unterschied bestand darin, daß die GPU ihre Gegner jahrzehntelang kannte. Die Gegner kannten auch die GPU. In Lemberg entfachten die ukrainischen Separatisten angesichts der nahenden Deutschen einen Aufstand, um ihre Anverwandten und Gefährten den Henkern zu entreißen. Wie abzusehen, würden die Stalinisten zur Abschreckung ein Exempel statuieren. Vorbeugend benannten sie den Preis der Kollaboration. Tagelang feuerten die Polizisten auf die mit dem Gesicht zum Boden gewandten Gefangenen. Laufende Lkw-Motoren hüllten die Schußgeräusche ein.

Der Terror trieb die Lemberger erst recht ins deutsche Lager. Doch stand der wie vom Blitz gefällten Sowjetmacht in der Hast kein anderes Disziplinierungsinstrument zur Wahl. Vertrauen braucht Zeit und Angst wirkt sofort.

Nachdem die Rote Armee bereits das Weite gesucht hatte, löste der Lemberger Aufstand ein Gemetzel in den GPU-Gefängnissen aus, das nach Aussage der deutschen Heeres-Feldpolizei in den Folterzellen bis zu zwanzig Zentimeter hohe Blutkrusten hinterließ. Die »asiatischen Henkermethoden« sind von der Kriegspropaganda grell publiziert worden. Einzelheiten wecken Ritualmordphantasien. Gekreuzigte Priester, zerfleischte Frauenkörper, an Metzgerhaken aufgehängte Kinder bebildern die Eindrücke des Feldpolizeichefs: »Hier haben die Juden, die sich mit ihrer bekannten Einfühlungsgabe schnell auf die sowjetischen Machthaber umstellen konnten, sich als besonders gefügige Werkzeuge der GPU gezeigt« (Dok. Gesamtverteidigung 1–6). Nach glaubhaften Zeugnissen ist ein Teil der Gefangenen totgeprügelt worden, und Merkmale härtester Folter zeichneten die wandhoch aufgeschichteten Toten. Ähnlich ausschweifend gaben sich landesweit auch die Ukrainer dem Vergeltungsrausche hin. Die Gespinste des Bürgerkriegs von 1918 bis 1920 wurden lebendig. Seinerzeit hatte der ukrainische Nationalismus sein Heil abwechselnd im roten und im weißen Lager gesucht. Er schlug sich naturgemäß auf die Seite der mundigeren Autonomieversprechen. Konstant aber figurierten die Juden als Unglück der Ukraine. In den Dörfern und Städten des Südens und Westens wurde der Pogrom heimisch. Zuletzt stempelte die Gegenrevolution Bolschewismus, Krieg und Judentum zu verschiedenen Aspekten desselben Übels, das 1941 sogleich wiedererstand im Typus jener »Sekretärin des Gefängnisses, die Jüdin Bronstein, die mit Pistolenschüssen zahlreiche Gefangene eigenhändig ermordet hat« (Dok. Gesamtverteidigung 8). Auf dieser Klaviatur wußten die Deutschen frei zu phantasieren. Sie fanden kein empfänglicheres Publikum in Europa.

Sowenig Himmlers Judenvertilger in Rußland ohne ein Wehrmachtsinteresse vorstellbar sind, so unstrittig begegnete ihnen dort ein aufmerksamer Lokalgeist. Wie hängen diese drei Elemente miteinander zusammen? Das versuchten die Amerikaner den Deutschen in Nürnberg vergebens zu entlocken.

Halder schwankte angesichts der Frage, wieweit das willkürliche Hinmetzeln von Tausenden von Menschen im Operationsgebiet des Heeres Störungen bewirke. Die Frage diente dazu, dem Heeresstabschef Unterlassungen anzukreiden. Nach Meinung der Ankläger hätten die Generäle nämlich mühelos Operationshindernisse vorschützen können. Wenn sie das Abschlachten so rundum verwarfen, wie Bräutigam suggeriert, hätten sie die üblichen Bedenken, Sorgen und Verbote zu Protokoll gegeben. Es gelang ihnen ja gar, Hitler die Kommissare wieder auszureden. Das Anliegen besaß allerdings Substanz. Mit der Judenvernichtung hätten die Befehlshaber indessen ein Hindernis reklamieren müssen, das keineswegs existierte. Nein, sie schadete den Okkupanten nicht. Trieb sie die Bürger in das Partisanenlager? Allenfalls einige Juden, die von den Partisanen oft genug widerstrebend geduldet wurden: Wie komme es, daß sie noch lebten? Ob sie für die Deutschen gearbeitet hätten? Ob sie die Nahrung vergiften wollten? In Weißrußland, dem Zentrum des Untergrunds, waren Juden vor 1943 zum Kampfe überhaupt nicht zugelassen. Den Partisanen lag allenfalls an wehrtüchtigen Männern, die eine Waffe mitbrachten. Es suchten aber Scharen jüdischer Familien Zuflucht in den Wäldern. Sie belasteten die dünne Nahrungskette zwischen Bauern und Guerilla und wurden halb aus Not, halb aus Animosität nicht selten zurück in das Ghetto gescheucht.

In der Regel kümmerte sich die Partisanenbewegung nicht um die Judenvernichtung. Die Bahnanschläge in der Reichsverkehrsdirektion Kiew stiegen zwischen Juni und Oktober 1942 von 300 auf 780 monatlich. Die Direktion Minsk verzeichnete Mitte 1943 500 Sprengungen täglich. Tausende von Eisenbahnern und Wachsoldaten wurden dabei getötet und verletzt. Judenmassaker sind hingegen nicht sabotiert worden. Das Nürnberger Gericht konfrontierte Angeklagten für Angeklagten mit dem Mißverhältnis zwischen einigen hundert Einsatzgruppenschützen in einem Heeresgruppengebiet und Hunderttausenden von Opfern wie in der Ukraine. Wie konnten so winzige Einheiten auf sich gestellt und versteckt so viele Menschen aus dem Wege räumen?

»Herr Präsident«, antwortete Roques, »ich kann meine Hand ins Feuer legen! Wenn meine Truppen etwas davon gehört hätten, dann hätten die das gemeldet und dann würde ich es gehört haben und meine Maßnahmen getroffen haben, darüber kann gar kein Zweifel bestehen. Der SD muß das selbstverständlich unter größter Geheimhaltung durchgeführt haben, denn sonst hätte ich etwas davon hören müssen.«

Nimmt man die Aussagen aller Angeklagten zusammen, dann sind in den sowjetischen Grenzen von 1940 unter größter Geheimhaltung von 3.000 Polizisten unter den Augen von weit über drei Millionen hochwachsamer Soldaten sowie 60 Millionen militär- und zivilverwalteten Sowjetbürgern über zwei Millionen Personen ausgerottet worden, ohne daß jemand einem Wehrmachtsgeneral ein Sterbenswort verraten hätte. So lautet die Auskunft nahezu einer gesamten Generation. Das kann aber nicht sein. Diese Theorie steht hinsichtlich der Verbindungen zwischen Heer und Henkersmannschaft in krassestem Widerspruch zur Aktenbeweislage. Sie kündet von einem zumal in den rückwärtigen Gebieten nachgerade kollegialen Zusammenwirken. Ebenfalls beziehungsreich, nur bisher unlänglich dokumentiert, verlaufen die Linien zur Zivilbevölkerung.

Der Rußlandfeldzug brachte mindestens vier Millionen Juden in den deutschen Machtbereich. 1,9 Millionen Personen aus den sowjetisch annektierten Gebieten: Ostpolen mit 1,3 Millionen, Baltikum mit 255.000, Bukowina und Bessarabien mit 330.000. Aus Weißrußland stammten 317.500 Personen, 250.000 aus dem deutsch besetzten Teil der Sowjetrepublik Rußland und 1,5 Millionen aus der Ukraine. Sie wohnten zu 99 Prozent in den Städten. Von den vier Millionen Juden im Okkupationsgebiet lebten 84 Prozent inmitten notorisch antisemitischer Wirtsvölker, allen voran Balten, Galizier und Ukrainer. Der traditionelle Judenhaß christlicher Prägung hat mit Hitlers Ausrottungskampagne wenig mehr als das Objekt gemeinsam. Ebenso richtig ist aber, daß die Traditionalisten auf den Unterschied nicht viel gaben.

Abgesehen von den lokalen Banden tötungswütiger Handlanger verharrte die Mitwelt in überwiegend maliziöser Betrachtung. Das alles war in seiner sturen Methodik nicht ihr Geschäft. Doch es bestand Verständnis. Die Einsatzgruppen hörten, wie schlimm die Juden gehaust und wie übel sie dem Volke mitgespielt hätten. Aus Weißrußland sind sporadische Äußerungen des Mitleids, des Abscheus und Schreckens verzeichnet. Gelegentlich klagten die Einsatzgruppen über mangelnde Pogromlust. Doch fügt sich dies ein in die allgemein mißbilligte russische Lethargie. »Man fand sich sehr schnell mit dem Verschwinden der Juden ab« (NO 2825). Die Stimmungsberichte verzeichnen über die Jahre vielerlei einheimische Besorgnisse: Der Boden könnte an die Großgrundbesitzer zurückfallen. Die Zwangsarbeit im Reich sei schikanös organisiert, die Kriegsgefangenschaft eine Tortur. Es gibt aber keine Unzufriedenheit, weil zu viele Juden umkommen. Nirgends in Europa, selbst in Polen nicht, ist die Hilfsbereitschaft so spärlich wie in Sowjetrußland. In den meisten Regionen hinterläßt das Los, das die Deutschen den Juden bereiten, Häme und Respekt.

Brigadeführer Dr. Stahlecker hat in einer oft zitierten Passage seines Berichts vom Oktober 1941 erwähnt, daß die Stimulation der Lokalbevölkerung zum Pogrom dem Zweck diente, »für die spätere Zeit die feststehende und beweisbare Tatsache zu schaffen, daß die befreite Bevölkerung aus sich selbst heraus zu den härtesten Maßnahmen gegen den bolschewistischen und jüdischen Gegner gegriffen hat, ohne daß eine Anweisung deutscher Stellen erkennbar ist« (L 180). Wollten sich die Deutschen vorsichtshalber aus der Verantwortung stehlen? Kaum, denn sie rechneten fest mit dem Ruhm in der Nachwelt. Für die westliche Mitwelt wiederum waren offene Gemetzel unter der Jurisdiktion der deutschen Heeresverwaltung nichts Verzeihliches. In Lemberg hielten sich zur Zeit des Juni-Pogroms 160.000 Juden auf. Sollten sie alle mit Stangen, Dolchen und Revolvern auf der Straße niedergemacht werden?

Die Einsatzgruppenführer genehmigten öffentliche Ausschreitungen innerhalb von 48 Stunden nach Einnahme einer Stadt. Die Militärbefehlshaber reagierten auf jegliche Publikumsaktion empfindlich. Nach dem Zeugnis des Kommandanten im galizischen Dobromil, Hauptmann Bernhard Croissant, war in seiner Stadt »die ukrainische Miliz damals eingespannt«. Man habe zusehen müssen, wie diese unter der Regie des SD »mit den Gewehren die Leute auf dem Markt zusammentrieb. Das ist nicht in sehr sanfter Weise geschehen ... Ich habe damals den Eindruck empfangen von dem Befehlshaber, daß ihm dieser ganze Vorgang innerlich sehr nahe ging und er aufs unliebsamste beeindruckt war.« Befehlshaber war Roques, dessen Unmut den Stadtkommandanten wiederum davon entband, etwas zum Schutz der Juden vor den Milizionären zu veranlassen: »Ich mußte ja damals unter dem Eindruck stehen, daß diese Dinge ja dem Befehlshaber nicht unbekannt geblieben sind, denn ich habe gesehen, wie die Vorgänge selbst ihn erschüttert haben. Aus dieser Tatsache allein entfiel doch für mich als Hauptmann die Pflicht, hier eine Meldung zu erstatten.«

Das Mißbehagen der Generäle an tumultösen Judenaktionen ist solide dokumentiert. Stahleckers Wunsch nach einem furiosen Lokalbeitrag kann nicht darin begründet sein, die Armeechefs und Berücks zu entlasten. Diese bevorzugten schweigende Gräber am Waldessaum. Der Anschein der kochenden Volksseele diente auch nicht der Täuschung Dritter. Antisemitismus ist Selbsttäuschung. Nach Stahleckers Worten verschafft die partnerschaftliche Judenverfolgung den Schein einer Befreiung, die darüber hinaus keine Freiheiten enthält. Es steht den Ukrainern und Balten kurzfristig frei, die Juden totzuschlagen, sonst nichts. ›Für die spätere Zeit‹ des Kolonialverhältnisses hält der Kolonialist alsdann den ›Beweis‹ in der Hand, daß die endgültige Beseitigung des Übels der Wunsch der Bodensassen war. Kraft deutschen Einmarsches hat er sich erfüllt. »Die Reaktion der Bevölkerung auf diese Erlösung von den Juden war hier sehr stark«, meldete Einsatzkommando 5 am 17. September 1941 aus der westlichen Ukraine, »so daß es schließlich zu einem Dankgottesdienst kam« (NO 3151). Das sollte nicht der einzige Dank bleiben.

Die Judenvernichtung in Rußland war Besatzungspolitik. Von den über zwei Millionen Getöteten fiel etwa ein Drittel den Einsatzgruppen zum Opfer, die übrigen den Horden der Höheren SS- und Polizeiführer. Nach Installation der Reichskommissariate und dauerhafter Rückwärtiger Heeresgebiete wurde auch die Polizei seßhaft. Die fliegenden Kommandos gingen in stationäre Organe über, die sich massiv mit einheimischen Hilfskräften auffüllten, ungeübten und wahllos rekrutierten Männern. Sie hatten sich zur Partisanenbekämpfung angedient und waren damit dem Okkupanten restlos ausgeliefert. Im Oktober 1941 gebot ein Einsatzkommando von 170 Mann in Lettland über 8.200 lettische Hilfspolizisten. Damals gehörte das Baltikum bereits zum Reichskommissariat Ostland, welches im Herbst 1942 lokale Schutztruppen von

56.000 Mann beschäftigte. Mit ihnen vermochten die Deutschen jene Mehrzahl der Juden aufzuspüren, die dem ersten Ansturm entweichen konnten. Die Einsatzgruppen eigneten sich nur, die in den Städten verharrenden Gemeinden zu erschießen, meist Frauen, Kinder, Gebrechliche, Greise. Diese waren den Berserkern ausgeliefert, die Entwichenen ihrem Lande preisgegeben. Bot es nicht Platz genug, noch 1,3 Millionen tödlich gehetzter Menschen zu verstecken? Die Augen der Deutschen reichten nicht weit. Ein feindseligeres Wirtsvolk hätte ihnen mehr Juden entwunden. In der Tat beschäftigte es der Besatzer aber mit Judenjagd, um es sympathischer zu stimmen und näher an ihn zu binden.

Der Erfolg spricht für sich. Ohne die Anzahl und Ergebenheit der Hilfstruppen war das Gelände nicht zu durchkämmen, und ohne die Animosität der Landbevölkerung hätten die umherirrenden Flüchtlinge in der schieren Raumtiefe Geborgenheit gefunden. Das Land war ein naturgegebener Schlupfwinkel. Nirgends sonst in Europa existierten so ausgedehnte No-go-Gebiete, in die sich der Besatzer selten oder nie hineintraute. Schlimmstenfalls wären die Juden dort verhungert. Sie sind den Deutschen aber zugeführt worden. Nach der Masse der Opfer und der Bereitwilligkeit der Kollaboration handelt dieser Abschnitt der Endlösung nicht von einer besetzten, sondern einer verbündeten Nation. Trifft das Bündnis auch nur für diesen Belang zu, ist es insoweit selbst unter Hitlers Partnern unerreicht.

Den russischen Antisemitismus hat bereits der Zar zu Ende des 19. Jahrhunderts als taktisches Herrschaftsmittel mobilisiert. Labile Herrscher benötigen gemeingefährliche Komplotteure. Viel Erfolg war Nikolaus II. hierin nicht beschieden. Besser fuhr damit die weiße Konterrevolution nach dem Oktoberaufstand 1917. Seither scheute die Sowjetmacht den Antisemitismus, der sich latent gegen sie selbst richtete. Darum rückte sie ihm nur zaghaft zu Leibe, was sonst nicht ihrer Art entsprach. Hier gärte eine Kraft, der man besser einen Spielraum ließ. So entfaltete sich in dem Staat, der alles kontrollierte, ein wildwüchsiger Antisemitismus.

Neben den traditionell anfälligen Bauern und städtischem Plebs erlagen zunehmend Arbeiterkomsomolzen dem Ressentiment, ferner proletarisierte Landflüchtige, Klerikale und Frauen. Es kleidete sich in den Vorwurf der Arbeitsscheu, der Privilegien, des schnelleren Zugriffs auf Posten, der Drückebergerei bei dem Militärdienst. Übel, die der stalinistischen Bürokratie durchweg vorwerfbar waren. Vorsorglich bestand sie jedoch am allerwenigsten aus Juden. Das in die bolschewistische Revolution eingeflossene jüdisch-intellektuelle Moment ist in den Säuberungen von 1936 bis 1938 zielstrebig ausgerottet worden. In den Moskauer Schauprozessen gelangte ein international verschworener »Block der Schädlinge« ans Licht, »tollwütige Hunde«, »schamlose Verschacherer unserer Heimat«, »unserer geheiligten Sowjeterde«, »nichtswürdige Wichte« voller »bestialischer Tücke«, »Todeskälte und Übelgeruch«, das »verfluchte Otterngezücht«, »Doppelzüngler«, »räudige Hunde«, »gefährliches Aas«, »bluttriefende Verbrecher«, »bei lebendigem Leibe verfaulte Nichtswürdige«, welche »zur Unterwühlung der militärischen und wirtschaftlichen Macht der UdSSR, zur Beschleunigung der Niederlage der UdSSR im Kriege« laufend »Eisenbahnkatastrophen organisieren«, Patrioten mit »Fingerhutpräparaten« vergiften, mit »Diphtheriekulturen« verseuchen, die Versorgung sabotieren, »besonders in Butter Glas und Nägel werfen«, und darum »gänzlich aus dem Leben geworfen«, »gänzlich gestrichen werden«, denn »der Zorn unseres Volkes wird die Verräter vernichten, wird sie zu Staub machen und vom Antlitz der Erde hinwegfegen«. Der Abguß der antisemitischen Verwerfungen ist komplett, ohne das jüdische Muster zu erwähnen. Bekanntermaßen sind aber die Hauptangeklagten, Trotzki, Sinowjew, Radek, Juden und genügend Moisses, Nathans und Lewins werden als Gehilfen enttarnt, um Rückschlüsse auf die Art der »Ungeheuer« zuzulassen, »die unsere Heimat dem Feinde verschachern wollten«.

Der NKWD hat an den Schacher ebensowenig geglaubt wie die zaristische Geheimpolizei an die Verschwörung der Weisen von Zion. Beide Organe haben ihre Beweise seelenruhig gefälscht. Das kindliche Volk begreift die drohenden Gefahren nur mittels derber Symbole. Als die deutsche Wehrmachtspropaganda den Russen beibrachte, daß jüdische Drahtzieher sie in den Krieg lanciert hätten, den nur Dummköpfe ausföchten, bestand bereits ein gewisses Vorverständnis. Das Land wimmelte von getarnten Schädlingen. Wenn das altbolschewistische ZK Lenins von ihnen zersetzt war, warum nicht auch das Stalins? Die falschen Larven und die Hintermänner gehörten ausgemerzt. Davon war, als die Wehrmacht einzog, seit fünf Jahren unentwegt die Rede. Daß sich die Komplotteure schlußendlich als Juden entpuppten, beglaubigte nur den Irrsinn.

Die Deutschen hatten das nationalistische Klima im Gefolge

der Stalinschen Säuberungen wohl verspürt. »Eine Entwicklung«, meldete Militärattaché Köstring, einer der späteren Ostpolitiker, aus Moskau, »die sich von den ›Errungenschaften der Revolution‹ frei machte, an das bewährte Alte und Tradition anschloß, soweit es unter jetzigen Verhältnissen brauchbar war, sich von der verschwommenen Weltrevolutionsidee frei machte, um das Volk zum nationalen Handeln und vor allem zum Wehrwillen zu erziehen. Eine Evolution, die mit der Beseitigung jeder möglichen Opposition – den ›Säuberungen‹ – in asiatischer Weise begann.«

Die asiatische Säuberung enthielt Vorahnungen der germanischen, die ihr keine drei Jahre später folgte. Der Arm des politischen Terrors, das NKWD, bot dem rassischen Terror die offene Flanke, beobachtete Köstring: »In sehr vielen Stellen der so verhaßten Geheimpolizei waren Juden.« Das will nichts besagen, denn an sehr vielen Stellen des Organs wirkten auch Antisemiten. Doch als sich vom Sommer 1938 an die Polizisten untereinander blutig dezimierten, fütterten sie das Publikum mit sachdienlichen Erkenntnissen. Wie der Berück Roques wollte auch das NKWD gerecht erscheinen, indem es den Terror Juden unterschob. So weckte man für sich Verständnis. Denn »dieser Haß war latent immer vorhanden«, bemerkte Köstring, »so daß selbst Stalin ihm Rechnung trug«. Jüdische Funktionäre und Ärzte wurden demonstrativ ausgetauscht, jüdische Linksintellektuelle, die vor Hitler in Sowjetrußland Zuflucht suchten, fanden einen pompösen Empfang, »verschwanden dann aber spurlos«. Doch blieb das Regierungshandeln zwieschlächtig, darin stimmen alle Zeugnisse überein. Der KPdSU-Staat scheute in dem christlichen Anti-Judaismus die Tradition, die seine Existenz anfocht. Außerdem machte sich auf diesem Felde ein anderer Magnet bemerkbar.

Die Reichskristallnacht vom November 1938, deren ausschweifende Barberei »die Presse der ganzen Welt zu einer wüsten deutschfeindlichen Hetze benutzte«, stieß Köstring zufolge im russischen Volk keineswegs auf Ablehnung. »Es war dazu noch mit zu vielen Erinnerungen an eigene Pogrome verbunden.« Der Stalinismus versorgte das alte Angedenken mit »neuer Nahrung«. Köstring sah Stalin um einen mittleren Kurs bemüht, als Subjekt und Objekt des Judenhasses in einem. Davon sei auch der Führer unterrichtet worden, um ihn von der Parole des Judäo-Bolschewismus abzubringen. Hitler aber hielt sie für viel wertvoller als alle Realitätsanalysen. Haßkonzentration ist auch eine Realität.

Das politische Kapital, das die Judenpolitik seit 1941 im besetzten Rußland einbrachte, ist ablesbar an der Reaktion der Moskauer Regierung. Sie bezog nämlich die dichtesten Informationen über ihr Volk. Der kolossale Propagandabetrieb hat Hitlers Judenvernichtung im Lande schlechterdings ignoriert. Selten, wie die Maßnahmen in Presse, Regierungsnoten und Bulletins verzeichnet sind, mengt sie die Sprachregelung kleinlaut unter die Greuel gegen Ukrainer, Kaukasier und Weißrussen. Die Juden wurden demzufolge des Durchschnittsgeschicks der Sowjetbevölkerung teilhaftig. Massenausrottungen wie in Kiew, das zu einem Viertel, und in Odessa, das zu einem Drittel von Juden bewohnt wurde, galten dem ›sowjetischen Volk‹. Die Zensur entstellte selbst den Bericht des Großschriftstellers Alexei Tolstoi über den Charkower Einsatzgruppenprozeß vom Dezember 1943. Die Anklage nennt die Opfer »friedliche sowjetische Bürger«, behandelt indessen den Gaswageneinsatz, so daß im Gerichtssaal keine Verwechslungen entstanden. Überdies waren alle Beschuldigten geständig und brauchten ihre Toten nicht zu verhehlen. Aber sie entsannen sich im Gerichtssaal, wohlpräpariert, nur der Morde, nicht der Judenmorde. So blieb die Judenpolitik ein Thema, das die Okkupanten und das russische Volk unter sich ausmachten.

Als die Wehrmacht aus dem Lande geflohen war und von der Roten Armee triumphierend durch Rumänien, Ungarn und Polen geschoben wurde, veröffentlichte Moskau einen Bericht über das Lager Auschwitz. Der Name der Juden kommt darin nur beiläufig vor. Statt dessen entdeckten die jüdischen Heimkehrer in den von Deutschen geleerten Gebieten, daß sich dort manches verändert hatte. Der Empfang der Bevölkerung fiel eisig und feindselig aus. In Charkow wurde die Wiedereröffnung des jüdischen Theaters verboten, ebenso der jiddische Rundfunk. Die antisemitische Prägung der Ukraine dünkte dermaßen bedrohlich, daß sich die Überlebenden des Nachts nicht auf das Pflaster wagten. Hitlers Schatten hatten sie zuvor schon in ihren Refugien erreicht. Hunderttausende evakuierter und geflohener Juden begegneten im zentralasiatischen Landessektor unerwarteter Verachtung: Sie galten als arbeitsscheu und wurden der härtesten Fron zugeteilt; sie verschuldeten den Krieg, ohne in ihm zu kämpfen, horteten immense Reichtümer, während sie doch den Tod Christi verantworteten. Das war das Echo der Deutschen. Die Gegend kannte zuvor kaum solche Ideen. Goebbels strahlte sie über Rundfunk aus, und invalide Rotarmisten schleppten sie aus den Frontgebieten ein. Den dortigen Geist beurteilte die Führung als anfällig, und sie wies jüdische Offiziere an, arttypische Namen zu ändern. Feigheit vor dem Feind, wie sie ansonsten für todeswürdig galt. Mag sein, daß solch ein Verstecken in der Mannschaft den Argwohn weckte, den Waffendienst böswilligen Mächten zu leisten, den Juden, die sich dem Kampf entzogen und bereicherten. Den Zweifel nährte die Wehrmacht aus ihrem ideologischen Fundus: »Stalin und seine Helfershelfer«, heißt es in einem Flugblatt aus der deutschen Frühjahrsoffensive 1942, »treiben Euch im Interesse der Juden und des internationalen Kapitalismus ins Verderben.« Solche Parolen fanden reichen Glauben. Die Deutschen ließen allein im Gefechtsgebiet der 6. Armee innerhalb der Heeresgruppe Süd binnen eines Monats, dem August 1942, vier Millionen Flugblätter antisemitischer Propaganda auf die gegnerischen Stellungen wehen.

Die Rotarmisten interessierten sich lebhaft für die deutschen Botschaften. Obwohl auf ihren Besitz die Todesstrafe stand, bewahrte man die Zettel am Leibe, trieb sogar Handel mit ihnen. Die Wehrmacht wertete sie nämlich als Überläuferpaß. Der Machthaber, der auf einem Blatt Papier das Leben zertifiziert, druckt sicherlich etwas Gescheites darauf. Judenhaß war in dem Staat, der die Opposition ausrottete, das Opium des Anti-Bolschewisten. Stalin zumindest glaubte daran: Wer sonst nicht rebellieren konnte, huldigte dem Gespenst des Judäo-Bolschewismus und rebellierte gegen die Juden. Das war eine nützliche Sache. Was dem Bolschewismus schaden konnte, absorbierten die Juden, und was diesen zustieß, tat ihm nicht weh. So erklärt sich, daß der Stalinismus den Judenhaß nicht schürte, jedoch zuließ.

Obwohl das NKWD in den rückeroberten Gebieten radikale Vergeltung an den Kollaboranten übte, ließ es die Antisemiten ungeschoren. Dies, obwohl die Deutschen bis zur Besinnungslosigkeit den Untergang des Bolschewismus durch Untergang der Juden ausgerufen hatten. In Charkow wurden vier Prozent der Bevölkerung wegen Deutschfreundlichkeit erschossen. Dazu gehörte auch Geschlechtsverkehr mit Wehrmachtssoldaten. Nur Hitlers Lieblinge, die Antisemiten, setzten ihre Leidenschaft, wenn auch weit moderater, fort. Dies scheint ziemlich ungereimt. Den Juden wurde vorsorglich mitgeteilt, daß die tiefe Spur der deutschen Besatzer Zeit benötige, um zu verblassen. Viele insbesondere derer, die mit den Partisanen gekämpft hatten, emigrierten nach Palästina. Der Antisemitismus ist auch nach Jahrzehnten nicht verblaßt. Die KPdSU schätzte ihn sowenig und duldete ihn soweit wie immer. Es steckt mehr darin als die Spur des früheren Besatzers, der davon selber längst geheilt ist.

In der schweigenden Toleranz einer ganz und gar intoleranten Partei ist ein Sinn zu vermuten. Die Bolschewiki schwiegen vor, während und nach der Okkupation zu einem Gebaren, das sie als prinzipiell ihnen feindlich gesonnen ansahen. Seine Besonderheit ist, daß die Feindschaft denjenigen, dem sie letztlich gilt, nicht trifft. Sie wird abgelenkt auf einen Dritten. Er zieht Destruktivität zumal durch seine Wehrlosigkeit auf sich. Hat Stalins Herrschaft am Einsatzgruppenbefehl gelitten? Der Befehl identifizierte, wie die weiße Konterrevolution zwanzig Jahre zuvor, Bolschewismus und Judentum. Die Identifikation stimmte nicht. Das war der Mehrzahl der Beteiligten zweifelsohne bewußt. Wenn alle Juden beseitigt waren, stand der Sowjetstaat immer noch. Daran ging er unmöglich zugrunde.

Die deutschen Ostpolitiker favorisierten, anders als der destruktive Hitler, die Systemüberwindung. Waren nicht Nationalitätenfrage und Landreform offene Lunten? Eine Privatisierung des Bodens und die Entlassung der Unionsvölker in die Eigenstaatlichkeit brächte das Moskowitische Imperium lawinenartig zum Einsturz. Denkbar ist, daß Stalin angesichts solcher Aussichten den Mord an einigen Millionen Juden vorzog. Als erster Massenmörder seines Jahrhunderts konnte ihn das Unrecht nicht betrüben. Wogegen sollte er protestieren? Auch hätte ihm der Protest die abtrünnigen Litauer, Ukrainer und Krimtataren nicht nähergebracht. Er hätte dem Vorwurf der Judenuntertänigkeit entsprochen. Damit hausierten die Deutschen, die aber keine Anhänglichkeit suchten.

Ihre Judenpolitik beanspruchte, den Bolschewismus zu entwurzeln; eine überaus halbherzige Absicht. Als designierte Kolonialmacht schien ihnen Stalins Kommandowirtschaft einstweilen unentbehrlich. Sie wollten ebensowenig von Millionen ukrainischen Landbesitzern Abgaben eintreiben wie mit fünf Regionalstaaten verhandeln. Geheimpolizei, Indoktrination und Arbeitslagersystem blieben als Institute an Ort und Stelle. Es schwanden hingegen der Industrieentwicklungsgedanke, der großrussische Chauvinismus und der Proletkult. Diese Elemente hatten sich allerdings von selbst erledigt. Die Industrie war demontiert, die Arbeiter evakuiert worden, der verbleibende Teil begann sich vor Hunger auf die Dörfer zu zerlaufen. Der Patriotismus löste sich in regionale Nationalismen auf. Worin eigentlich bestand die Zerschlagung des bolschewistischen Jochs? Das fragten die deutschen Ostpolitiker Mal um Mal und zitierten haarsträubende Beispiele einer Besatzungspolitik, die den asiatischen Stalinterror an Blutzoll übertrafen.

Gelegentlich wurde auch »die planmäßige Erschießung der Juden durch dazu eigens abgestellte Formationen der Ordnungspolizei« zitiert. In einem Brief des Rüstungsinspektorats Ukraine an General Thomas im OKW-Rüstungsamt vom 2. Dezember 1941 heißt es dazu weiter: »Diese Aktion erfolgte durchaus öffentlich unter Hinzuziehung ukrainischer Miliz, vielfach leider auch unter freiwilliger Beteiligung von Wehrmachtsangehörigen. Die Art der Durchführung der Aktionen, die sich auf Männer und Greise, Frauen und Kinder jeden Alters erstreckte, war grauenhaft. Die Aktion ist in der Massenhaftigkeit der Hinrichtungen so gigantisch, wie bisher keine in der Sowjetunion vorgekommene gleichartige Maßnahme.« (PS 3257)

Seltsam mag scheinen, daß ein deutscher Militärverwaltungsbeamter in einem Dienstschreiben an Hitlers Generalstab das Judenmassaker an den Stalinsäuberungen mißt. Sieht man von den Begründungsformeln ab, stehen die Maßnahmen allerdings durch ihre pure Dimension im Zusammenhang. Woran sollte man sie 1941 anders als aneinander messen? Der Schreiber sieht nur das Allernächstliegende, die Kontinuität der Massenauslöschung. Dies gewahrte in Rußland ein jeder, nebst der stumpfsinnigen Willkür der Staatsmacht. Sie pflanzt sich in den Deutschen fort. Der Eindruck war fatal und unabweislich. Ob Reichskommissar Koch einige hundert Waldbewohner um Rowno als Partisanen erschießen ließ, um sein Jagdrevier zu entvölkern, oder ob sich das NKWD auf 40.000 Eisenbahner warf, die wegen zeitweiliger Stationierung in der Mandschurei Verdacht erregten, das sind schwer zu differenzierende Etappen der Menschenverachtung. Weil das deutsche Heer mit antibolschewistischen Schlachtrufen einmarschierte, gleichwohl den Bolschewistenterror allenfalls zu steigern trachtete, darum klaffte die von den Ostpolitikern beredt ausgemalte Identitätslücke. Wer waren die Befreier, die von nichts befreiten?

Der auf ihre Flugblätter aufgedruckte Überläuferpaß begann etwa mit den Sätzen: »Vorzeiger dieses Scheines wünscht kein sinnloses Blutbad im Interesse der Juden und Kommissare. Er verläßt die geschlagene Rote Armee und geht auf die Seite der deutschen Wehrmacht über.« Ab Mai 1942 waren die Deutschen nicht mehr in der Lage, die Rotarmisten von den Kommissaren zu befreien. Von nun an wollten sie die Kommissare gleichfalls befreien. Von wem? Von sich selbst. In einem Flugblatt »an die Politarbeiter der Roten Armee« wird ihnen vorgeschlagen, »als eine ehrenhafte Pflicht gegenüber ihrem Volke am Bau eines neuen Lebens ihrer befreiten Heimat mitzuwirken«. Man wisse, daß die Kommissare »häufig gegen ihren Willen gezwungen waren, ihre Arbeit auf den Betrug der breiten Massen der Roten Armee zu gründen ... Angesichts dieses Umstands erklärt das deutsche Oberkommando amtlich: Alle deutschen Passierscheine, die für Soldaten und Offiziere gelten, werden hiermit als auch für die Politarbeiter gültig erklärt.« Wer mag dies Zwangspersonal wider Willen gezwungen haben?

Übergelaufene Kommissare kritisierten, daß der Kommissarbefehl psychologisch falsch angelegt gewesen sei. Die Rotarmisten hätten dem Versuch widerstanden, sie mit den Kommissaren zu entzweien. Der Keil sei abgeglitten. Dies rühre auch daher, daß die ›jüdischen Kommissare‹ nahezu nie Juden gewesen seien. Außerdem wären die Kommissare sogleich übergelaufen, wenn man ihnen die Chance dazu gelassen hätte. Nachdem sich das Heer vom konstruktiven Geist der Kommissare überzeugt hatte, deren hohe Tapferkeit mancher Divisionskommandeur längst zu achten wußte, blieb nicht viel zu säubern übrig. Die einzig zuverlässigen jüdischen Schädlinge waren die Juden selbst. Das hatten Hitler und Himmler schon immer gesagt. Den Juden blieb als einzigen das Überlaufen verwehrt, und ihnen widerfuhr, was dem Bolschewismus lauthals verheißen wurde, die Beseitigung mit Stumpf und Stiel.

Wir wissen nicht, was dabei im Kopf der Generäle vor sich ging. Das, was sie angaben – gar nichts –, ist seit Nürnberg widerlegt. Eine andere Auskunft hat ihnen später niemand abverlangt. Es existieren darüber auch keine schlüssigen Dokumente. Immerhin fällt auf, daß die Fiktion des Judäo-Bolschewismus beiden Kriegsparteien Dienste tat. Für Stalin war dies eine alte Schimäre, die harmloseste und einzige Hülse zugelassener Opposition. Für die Wehrmacht verhielt es sich ähnlich. Das Judentum war Gravitationspunkt antibolschewistischer Affekte. In dem nord-südlichen Gürtel, den die Wehrmacht eroberte, mit meist eingefleischtem Ungestüm. Es war das Nächstliegende, Einfachste und Schnellste, den Bolschewismus durch Judenmord zu überwinden. Eine andere Façon der Überwindung war zumindest nicht vorgesehen. Wenn die Zukunft nichts Besseres zu bieten hatte, blieb die Vergeltung für die schlechte Vergangenheit übrig. Zweifellos ein niedriges, verächtliches Begehr, das die Wehrmacht jener Asphaltsoldateska überließ, die es danach verlangte. Dem Generalstab konnte nicht gefallen, was sie anstellte. Darum schaute er weg. Ein positiver Befreiungskrieg kam nicht in Frage. Der Kolonialgedanke schien eine wehrwirtschaftliche Notwendigkeit. Stalin schaute gleichfalls weg. Aus Gewohnheit und aus Bequemlichkeit. Auch für ihn war dieser Weg seiner Beseitigung das einfachste. Eine Bodenverteilung und ein Gürtel baltisch-ukrainisch-kaukasischer Nationalstaaten würden seine Wiederkehr dramatisch erschwert haben. Mit der Kolonialpolitik und den Judenmassakern hingegen wußte er mühelos umzugehen. Letztere erschienen ihm dermaßen praktisch, daß er 1952, kurz vor seinem Ende, Vorbereitungen in verwandter Richtung traf.

Der OKW-Prozeß ist solchen Zusammenhängen nicht nachgegangen. Die Anklage suchte die Komplizenschaft der Generäle mit Hitlers Rassenwahn nachzuweisen. Die Angeklagten versteiften sich auf eine absurde Ahnungslosigkeit. Keines von beiden überzeugte. Der einzige Wahn der Generäle war ihre Siegeszuversicht. Innerhalb dieses utopischen Rahmens dachten sie äußerst zweckmäßig, auch wenn darüber untereinander, mit Hitler und den Reichskommissaren ein Dauerstreit schwelte.

Das Beweisergebnis im Fall Roques drängt nach einer Deutung des Heeresinteresses an der Judenpolitik, weil im Rückwärtigen Heeresgebiet Süd die Truppe Teilnehmerin an Vernichtungsaktionen gewesen ist. Das Ausmaß reicht beträchtlich über die in der Verhandlung gegen die Armee-, Stabs-, Korps- und Divisionschefs ermittelten Hilfen hinaus. Wöhler und Salmuth hatten die Sonderkommandos dirigiert und benutzt, pochten in Nürnberg aber auf deren ›Fachweisungen‹. Für das Heer besorgte der SD Sicherheit und für Himmler hinterrücks Judenmorde. Auf unterer Ebene mochten Verwechslungen, Unvorschriftsmäßigkeiten passiert sein. Die Befehlslage schob indessen einen festen Riegel zwischen militärische Sicherung und politische Maßnahme. Manstein und Wöhler hatten Ohlendorf gewähren lassen, ob mit oder ohne Zustimmung.

So lautete der Anklagevorwurf. Die Beschuldigten wiederum widmeten vermeintlich alle Anstrengungen der Front, mischten sich nicht in Himmlers Ressort und waren infam getäuscht worden. Wer diese exzellenten Männer für Esel, leseunkundig und pflichtvergessen hält, mag ihren Einlassungen folgen. Insoweit besteht die These eines Heeresinteresses am Judenuntergang in einer Unterstellung. Sie unterstellt eingehaltenen Befehlsweg, normales Begriffsvermögen und Wahrnehmung der Dienstpflicht. Unterstellt man statt dessen eine permanente Ausnahmesituation, autistische Befangenheit in operative Probleme und angestrengten Realitätsverdrängung an der gesamten Ostfront, dann haben Halder und Manstein ›nichts gewußt‹. Das hier erörterte Problem wäre konstruiert, fiktiv und übler Wille.

Anders wiegt die Beweislast bei Roques. Und was Roques verantwortete und wußte, das verantwortete und wußte sein Vorgesetzter von Rundstedt, der Chef der Heeresgruppe Süd, und dessen vorgesetzte Stelle, das Oberkommando des Heeres. Die Akten des Rückwärtigen Heeresgebiets verzeichnen lakonisch unter dem 22. Januar 1942, daß »136 Juden erschossen wurden« (NOKW 2843). Der Eintrag der 444. Sicherungsdivision entspricht dem Eintrag im Bericht der 454. Sicherungsdivision, der fünf Monate zuvor, am 31. August 1941, feststellt, »daß die dortigen Juden mit Partisanenbanden und Fallschirmabspringern sympathisieren. Bei Haussuchungen wurden Gewehre und Munition gefunden, obwohl am Vortage die sofortige Waffenabgabe durch Plakate bekanntgegeben war. Aufgrund dieser Feststellungen wurde das Dorf umstellt, die Juden auf dem Dorfplatz versammelt und auf Anordnung des Bataillonskommandeurs 63 Mann exekutiert« (NOKW 2589). In Uman, meldet der Bericht der Einsatzgruppe C, »kam es bereits am 21. September 1941 zu Ausschreitungen gegen die Juden durch Angehörige der Miliz unter Beteiligung zahlreicher Wehrmachtsangehöriger. Jüdische Wohnungen sind während dieser Vorkommnisse sämtlich demoliert und aller Gebrauchs- und Wertgegenstände beraubt worden. Auch hieran waren fast ausschließlich Angehörige der Wehrmacht beteiligt« (NO 3404). Diese nahmen mit, was die ordentlichen Heeresdienststellen übriggelassen hatten. Nach Vorschrift der 213. Sicherungsdivision vom 3. Juli 1941 zählte zu den »Aufgaben der Feldkommandanturen und Ortskommandanturen« unter Ziffer 6: »Ablieferung der in jüdischer Hand befindlichen Devisen, Valuten, Effekten sowie der Edelmetalle und Edelsteine in jeder Form«. Das Erkennen der Besitzer war gewährleistet durch »Anlegung eines Einwohnerverzeichnisses, aus dem Nationalität, Rasse und Beruf erkennbar sind«. Darauf folgte »alsbaldige und getrennte Unterbringung der jüdischen Bevölkerung, Kennzeichnung durch Armbinden« (NOKW 2951). Einzelheiten regelte Abteilung VII im Hauptquartier Roques', der die »Durchführung besonderer Maßnahmen gegen die Juden« übertragen war. (NOKW 3551)

Eine Maßnahme in der Regie der 454. Sicherungsdivision war die Einführung der Nürnberger Gesetze auf das Rückwärtige Heeresgebiet Süd: »Jude ist oder gilt: der von mindestens drei der Rasse nach jüdischen Großeltern abstammt. 2. Wer zwei jüdische Großeltern hat und sich zum Judentum durch Religionszugehörigkeit oder Heirat bekennt.« Zur rascheren Orientierung erfolgte die »Kennzeichnung jüdischer Geschäfte« sowie »Kenntlichmachung der Juden (weiße Armbinde am rechten Oberarm mit blauem Davidsstern« (NOKW 2628). Nach einem Einsatzgruppenbericht aus Schitomir befahl die dortige Feldkommandantur die Ghettobildung. Als anschließende Stufe »wurde in einer Besprechung in dieser Angelegenheit, welche am 18. September mit der Feldkommandantur (Hauptquartier des Rückwärtigen Heeresgebietes) stattfand, beschlossen, die Juden von Schitomir vollständig und endgültig zu liquidieren«. Über den Vollzug heißt es an gleicher Stelle: »Am 19. September 1941 wurde das Judenviertel ab 4.00 Uhr früh geräumt, nachdem es am Abend vorher von 60 Mann ukrainischer Miliz umstellt und abgesperrt worden war. Der Abtransport erfolgte mit 12 Lkw, von denen ein Teil die Feldkommandantur bzw. die Stadtverwaltung von Schitomir zur Verfügung gestellt hatte. Nachdem der Abtransport erfolgt war und die notwendigen Vorbereitungen mit Hilfe von 150 Gefangenen getroffen worden waren, wurden insgesamt 3.145 Juden registriert und exekutiert. Dem Beauftragten der Nationalsozialistischen Volkswohlfahrt in Schitomir, Boss, konnten ca. 25–30 t an Wäsche, Bekleidung, Schuhwerk, Geschirr usw., welche bei der Aktion beschlagnahmt worden waren, zur Verwertung zugeführt werden. Beschlagnahmte Wertgegenstände und Geld wurden dem Sonderkommando 4a zugeführt.« (NO 3140)

Ausmaß und Bedeutung solcher Aktionen überstiegen die Befugnis eines Feldkommandanten. Wie der Höhere SS- und Polizeiführer am 1. August 1941 angelegentlich einer Tötung von

1.658 Juden dem Berück bestätigte, erfolgte diese Aktion im »Einvernehmen mit dem Kommandanten des Rückwärtigen Gebietes der Heeresgruppe Süd, von Roques« (NOKW 1165). Dem Angeklagten, der sich von seinem Verteidiger als »Berufsoffizier des alten kaiserlichen Heeres« portraitieren ließ, »erzogen im Geiste der unbedingten Pflichterfüllung und militärischen Schlichtheit«, war persönlicher Antisemitismus fremd. Während seiner Stationierung in Brüssel hatte er, einquartiert in jüdischem Logis, Schonung walten lassen und selbst das Obst in den Gartenanlagen nicht angerührt (Dok. Roques 10). In seinem Hauptquartier in Lemberg gewährte er seinerseits den Juden Gastfreundschaft. Jüdische Schauspielerinnen durften mit ihren Angehörigen im Stabsgebäude wohnen, und Jüdinnen servierten im Casino. Wer wagte dies im Juli in Lemberg, wenn nicht der deutsche Berück? (Dok. Roques 28). Deutlicher ließ sich der Abstand von dem galizischen Pogrom-Pöbel nicht ausdrücken.

Roques mühte sich vor allem, seine Truppen aus den Massakern herauszuhalten. Dazu existieren drei Befehle; anscheinend war ein Teil der Männer schwer zu zügeln. »Soldaten und auch Offiziere haben selbständig Erschießungen von Juden vorgenommen oder sich daran beteiligt.« Solches Benehmen »untergräbt die Manneszucht und das Ansehen der Wehrmacht«. Jegliches »eigenmächtige Erschießen von Landeseinwohnern, auch von Juden, durch einzelne Soldaten, sowie jede Beteiligung an Exekutivmaßnahmen der SS- und Polizeikräfte sind daher als Ungehorsam mindestens disziplinarisch zu ahnden, sofern nicht gerichtliches Einschreiten notwendig ist.« Der Befehl vom 1. September 1941 bedroht wildgewordene Einzelgänger, die falsch verstandene Sühne am Judentum unter Mitnahme brauchbarer Artikel vollziehen. Plünderung stehe unter Strafe. »Dabei macht es keinen Unterschied, ob die Sachen Juden oder anderen Landeseinwohnern gehören.« (NOKW 2594)

Roques nahm seine Verbote ernst. Als Gerichtsherr im Rückwärtigen Heeresgebiet ließ er Soldaten wegen Plünderns von Judenwohnungen mit dem Tode bestrafen (Dok. Roques 62). So dringlich tat Abschreckung not. »Ich erwarte in dieser Hinsicht eine ständige Überwachung der Truppe, sofortiges scharfes Durchgreifen aller Vorgesetzten ohne Rücksicht auf Zuständigkeit und persönliche Unannehmlichkeit.« Dies gebot weniger der Schutz der Juden als »die Manneszucht und das Ansehen der Wehrmacht«. Der schmale Grat zwischen kontrolliertem Terror und Disziplinlosigkeit verlangte höchste Wachsamkeit. Der Truppe drohte Gefahr: »Ein Versagen in dieser Hinsicht, auch gegenüber anscheinend geringfügigen Übergriffen, führt dazu, daß den Vorgesetzten die Führung entgleitet und diese zu einer Horde wird« (NOKW 2594). Dem Oberkommando der Heeresgruppe Süd unter Feldmarschall von Rundstedt waren gleichfalls Unregelmäßigkeiten zu Ohren gekommen, und es ließ über Roques die Ermahnung verteilen: »Beteiligung von Wehrmachtsangehörigen an Exzessen der ukrainischen Bevölkerung gegen die Juden ist verboten, ebenso das Zuschauen oder Fotografieren bei der Durchführung der Maßnahmen des Sonderkommandos.« (NOKW 541)

Wie die 454. Sicherungsdivision in ihrem Oktober-Bericht meldet, »wird das Vorgehen gegen die Juden allgemein begrüßt« (NOKW 2654). Doch wünschten die Befehlshaber diesen aus den Lokalverhältnissen rührenden Affekt auf den SD, die ukrainischen Milizen und punktuell den Straßenmob eingegrenzt. »Namentlich in bereits befriedeten Gebietsteilen«, befiehlt Roques im September 1941, seien »Exekutivmaßnahmen gegen bestimmte Bevölkerungsteile (insbesondere Juden) ausdrücklich den Kräften des Höheren SS- und Polizeiführers vorbehalten« (NOKW 2594). Das schließt indessen keineswegs die Mithilfe aus, wie man daraus leicht entnehmen könnte. Das Mißverständnis räumt Roques durch Befehl vom 20. März 1942 beiseite: »Alle Dienststellen sind gehalten, das Kommando bei der Durchführung seiner Aufgaben zu unterstützen (Transportmöglichkeiten, Unterbringung, Verpflegung). Ersuchen der Kommandos um Gestellung von Absperrdiensten ist nach Möglichkeit stattzugeben.« (NOKW 2909)

Der Vorbehalt trifft den Fall, wo Himmler-Leute Soldaten Schießbefehle erteilen. »Heranziehung von Wehrmachtsangehörigen zur aktiven Teilnahme an Exekutionen ist verboten« (NOKW 2909). Dergestalt wollte sich Roques dem SD nicht ausliefern, bekannte er in Nürnberg. »Denn für eine Exekution, an der Soldaten beteiligt sind, muß der befehlende Vorgesetzte dieser Soldaten auch die Verantwortung übernehmen.« Eine Verantwortung für Akte des SD »erschien der Heeresgruppe und auch mir nicht vertretbar«. Die Einsatzkommandos freuten sich über die Scheu bei den Militärs, die »nur zur Absperrung« taugten, wie Jeckeln vermerkt. Das steigerte seinen Wert. »Die Sicherheitspolizei«, meldet Gruppe C, sei »mitunter der letzte Rettungsanker für Wehrmacht«. Diese benötigte massenhaft Hinrichtungen, ohne sie vollstrecken zu wollen. »So laufen zur Zeit bei sämtlichen Dienststellen der Einsatzgruppen fortgesetzte Meldungen der Wehrmacht über festgestellte kommunistische Funktionäre und Juden ein.« (NO 2846)

Die scharfen Enthaltungsbefehle wissen von den Eindrücken, welche die Soldaten aus den baltisch-ukrainischen Pogromen und den Polizeimassakern davontrugen. Darum wertete die Anklage diese Befehle als Belastung. Die unter der Hoheit der Armeechefs und Berücks initiierten Szenen zerrütteten das Gemüt der Männer in einem Grade, daß ihnen die interessierte Betrachtung verwehrt wurde. Wen es nicht aus selbstverleugnender Pflicht, sondern aus Neigung dorthin zog, der bedeutete für das Heer ein Risiko. Darum die ›ständige Überwachung der Truppe‹ zum Schutz vor Maßnahmen, welche die Befehlshaber teils erlaubten und teils verlangten.

Das strenge Fotografierverbot rührte aus der Voraussicht, daß die von verrohten Landsern festgehaltenen Bilder der Prahlerei im Heimaturlaub dienten. Allzu leicht konnten Abzüge dabei dem Feind zugespielt werden. Die Generäle begriffen, welche Schande die Gegenpropaganda damit auf die deutsche Offiziersehre laden konnte. Wie befürchtet, verraten die Bilder seit Nürnberg, was nach einhelliger Beteuerung des Heeres kein Auge seinerzeit erblickt hat: Sie zeigen die niedergestreckten Leichen Hunderter unbekleideter Jüdinnen, zwischen denen mit gezückter Waffe der halbtrunkene deutsche Polizist torkelt. Derweil filzen Soldaten die abgelegten Kleiderhaufen. Es sind zufriedene Litauer zu sehen, die, auf ihre Eisenstangen gelehnt, ausruhen vom Zerschmettern der Greisenschädel zu ihren Füßen. Fotografien aus Schitomir weisen die Trauben von Soldaten nach, die auf den Dächern um den Marktplatz hockten, um Blobels Prügelfest besser besichtigen zu können. Der Ort war Sitz der Einsatzgruppe C und des Oberkommandos der 6. Armee zugleich. Auch Offiziere des Stabes folgten den Geschehnissen. Ihre Öffentlichkeit diente der Kundgabe des Volkszorns, ließ sich zudem praktisch schwer umgehen, löste in dem ungefestigten Fußvolk allerdings peinliche Entgleisungen aus.

Im lettischen Libau erschienen im Juli 1941 Marinesoldaten, die gehört hatten, »daß hier immer Juden erschossen würden, sie wollten sich das ansehen«. In Lemberg rächen Wehrmachtssoldaten inmitten des galizischen Pogroms Verstümmelungen, die sowjetische Polizei an gefangenen Fliegerkameraden angerichtet hatte. »Hunderte von Juden«, heißt es im Tagebuch eines Einsatzkommandoangehörigen, »mit blutüberströmten Gesichtern, Löchern in den Köpfen, gebrochenen Händen und heraushängenden Augen laufen die Straßen entlang. Einige blutüberströmte Juden tragen andere, die zusammengebrochen sind. Am Eingang der Zitadelle stehen Soldaten mit faustdicken Knüppeln und schlagen hin, wo sie treffen. Am Eingang drängen die Juden heraus, daher liegen Reihen von Juden übereinander wie Schweine und wimmern sondergleichen, und immer wieder traben die hochkommenden Juden blutüberströmt davon. Wir bleiben noch stehen und sehen, wer das Kommando führt. ›Niemand‹. Irgend jemand hat die Juden freigelassen. Aus Wut und Haßgefühl werden nun die Juden getroffen. Nichts dagegen, nur sollten sie die Juden in diesem Zustand nicht herumlaufen lassen.«

Die Stabsoffiziere, welche in Schitomir die Hinrichtung von vierhundert Mißhandelten inspizierten, erteilten den unerfahrenen Polizeischützen Ratschläge. Da diese die Kugeln zu zweit auf die Schädel abgaben, sprang die Knochendecke entzwei, so daß den Schützen Blut und Gehirnmasse ins Gesicht spritzte. Die Offiziere empfahlen den sauberen Genickschuß, »weil bei Herzschüssen etwa 25 % nicht richtig getroffen waren und weil bei den Kopfschüssen nicht nur die Opfer die Schützen ansehen mußten, sondern darüber hinaus noch einmal ein Prozentsatz von 5 % nicht tödlich getroffen war«. Laut Aussage eines Obersturmführers im Kommando 4a hatten Soldaten bei dieser Gelegenheit Fangschüsse abgegeben. »Ich sah, daß ein Major der Wehrmacht ein schweres MG, das ihm von Landsern gegeben worden war, die es hielten, senkrecht zur Grube hinhielt und einen ganzen Gurt Schüsse in die Grube jagte. Wenn ich mich recht erinnere, hat er noch ausgerufen: ›Da leben ja noch welche.‹« Auch behielten die Betrachter aus dem Heer die Szenerie besser im Blick. Sie gewahrten rechtzeitig Fluchtversuche und reagierten auf Gefahr im Verzuge. Aufgefordert von den Polizisten, beteiligten sich Soldaten probehalber an der Schießerei. »Es ist auch vorgekommen«, entsann sich später ein Zugführer des Kommandos 4a, »daß uns Wehrmachtsangehörige die Karabiner aus den Händen genommen haben und selbst an unserer Stelle im Exekutionskommando mitschossen.«

Die Schützen, ob Soldaten oder Polizisten, betrachteten das Massakrieren der ausgekleideten Familien als Bewährung ihres

Herrentums. Wenn es ihnen elend beim Blutvergießen erging, zwangen sie sich zu regelmäßiger Gegenwart, um den Nerven Härte anzuerziehen. Ein Angehöriger der Einsatzgruppe C, der »nur etwa fünfmal abschießen konnte«, bekannte später: »Es wurde mir übel, mir war es wie im Traum. Nachher wurde ich ausgelacht, weil ich nicht mehr schießen konnte. Ein Soldat oder Gefreiter von der Wehrmacht hat mir den Karabiner abgenommen und sich selbst in die Schützenkette gestellt.«

Die Phrasen der Mansteins vom Soldaten als völkischem Rächer werden verdaut von unbeholfenen Väternaturen, die nach dem Erschießen von Kindern ins Brüten verfallen. Die völkische ist die rettende Antwort, die in der Schützenlinie lautet, »die Kinder haben ein zäheres Leben wie die Alten«. Wieder und wieder beteuerten die Vollstrecker später die enormen Strapazen, die ihnen auferlegt waren. Die Frauen schrien und weinten am Exekutionsplatz. Sie umfaßten den Offizieren die Knie. Greise murmelten Gebete. Blut und von den Geschossen abgesprengte Körperfetzen bedeckten die Erde. Im Rausch ihrer Triebidiotie droschen mit Peitschen, Knüppeln und Schläuchen bewehrte Schinder auf die gelähmten Opfer ein. Die SS bekämpfte vergebens die »bolschewistischen Methoden« in ihren Reihen. Der Vernichtungsvorgang bestialisierte die Beiwohnenden. Nach kurzer Zeit klagten die Einsatzkommandos, daß »Wehrmachtsangehörige sich in übelster Form gegen die Juden, die auf die Erschießung warteten, vergriffen, indem sie mit Knüppeln auf sie einschlugen. Die Juden kamen teilweise blutüberströmt an der Sammelstelle an.« Selbst Blobel erlitt einen Nervenzusammenbruch. »Er sprach davon, daß man so viele Juden nicht erschießen könne, man bräuchte einen Pflug, um sie unterzupflügen. Er war vollständig weg. Er drohte, Wehrmachtsoffiziere mit seiner Pistole zu erschießen.«

Blobel beruhigte sich nach einer Spritze, die Mannschaft nach einer Ration Schnaps und der ideologischen Einkehr. Sie schrieben ihren Gattinnen nach Deutschland, daß sie im Daseinskampfe stünden und als Volk der Zukunft die nötige Unbeugsamkeit erwürben: »Nur wer sich selber in der Zucht hat, kann über andere urteilen oder herrschen.« Die Zucht des Herrschers ist die Kraft, Leiden auszuteilen. So wurde alles Fußvolk in Heer und Gefolge zum Herren, je gefühlloser es auf die ohnmächtige Beute der Menschenjagd einhieb. Hier war der ideologische Sud der höheren Befehle, durchgesickert auf den letzten Mann vor der Leichengrube, am Ziel. Die Phrasen waren gerade richtig, den Subalternen zeitweilig die bürgerlichen Hemmungen auszutreiben.

In den Generalstäben konnte man sich über die Schlächterei leicht entrüsten. Die Sicherungsdivisionen, Feldpolizisten und Einsatzkommandos mußten sie durchstehen. Roques meinte, die Männer in der Etappe zu schonen, indem er ihre Dienste auf Begleitfunktionen reduzierte: Sammeln, Transportieren, Absperren. Die Anblicke waren irritierend genug, die Landser sollten ihnen nicht einzeln und aus Wißbegier, sondern im Verband unter der Führung eines Offiziers begegnen. Der Schuß als politischer Akt blieb den SS-Polizisten vorbehalten, deren Führer ihrerseits »bei den doch ungewöhnlich harten Maßnahmen, die auch in deutschen Kreisen Aufsehen erregen mußten«, vorzogen, »daß die einheimische Bevölkerung selbst als natürliche Reaktion gegen jahrzehntelange Unterdrückung durch die Juden und gegen den Terror durch die Kommunisten in der vorangegangenen Zeit die ersten Maßnahmen von sich aus getroffen hatte« (L 180). Die Befehle für Kommandos lauteten dementsprechend, »daß zu der eigentlichen schmutzigen Arbeit die Angehörigen der einheimischen Bevölkerung heranzuziehen seien, wofür besondere Einheiten aufzustellen seien. Man wollte mit dieser Maßnahme das seelische Gleichgewicht unserer eigenen Leute erhalten.« Das Gleichgewicht der Einheimischen aber sollte sich durch den Schmutz wiederherstellen.

In ihrem Inneren strebten die Litauer, sich vor allem vom eigenen Makel zu reinigen. Viele mittlere Beamte und Polizisten hatten während der sowjetischen Annexion still kollaboriert und lieferten den Patriotismus nun nach. Sie stürzten auf die Juden, welche die Sowjets ehrlich begrüßt, doch wenig von ihnen profitiert hatten.

Die Deutschen hatten ideologisch und organisatorisch einen Plan gefaßt, dessen politische und affektive Brisanz sie in den Lokalverhältnissen wähnten. Teils befriedigt, teils angewidert stellte man fest, wie dankbar die Balten ihre Schmach an den Juden ausließen. Ein Stabsoffizier des Ritters von Leeb, der im litauischen Kowno Vorbereitungen zur Quartiernahme des Oberkommandos der Heeresgruppe Nord traf, wurde Ende Juni 1941 Zeuge eines Massakers, das ein 25jähriger Sträfling mit einem armdicken Holzknüppel, der ihm bis zur Brust reichte, an einer Gruppe von fünfzig Juden verübte. Einen nach dem anderen zog er aus der Gruppe hervor und zerschmetterte ihm den Hinterkopf. Eine Bürgerwehr mit Armbinden und Gewehren hielt die Opfer in Schach. »Auf einen kurzen

Wink trat der Nächste schweigend vor und wurde auf die bestialischste Weise mit dem Holzknüppel zu Tode geprügelt, wobei jeder Schlag vom begeisterten Zuruf seitens der Zuschauer begleitet wurde.« Die zuschauenden Soldaten fühlten sich flauer. Kowno war Rückwärtiges Gebiet, Angehörige der 16. Armee umringten dicht den Tatort. Sie schwiegen und mischten sich nicht ein. Ein Gefreiter der 562. Bäckereikompanie nahm Erinnerungsbilder auf, »da ich Fotoamateur war«.

Leebs Stabsoffizier von Bischoffshausen erschrak angesichts »des furchtbarsten Geschehens, das ich im Verlaufe von zwei Weltkriegen gesehen habe«. Der Boden war mit Toten und Halbtoten übersät, welch letztere sich wimmernd aufzurichten suchten. Die Litauer hielten einen Wasserschlauch auf das Pflaster, damit die Blutlachen abflossen. Auf die Sterbenden wurde so lange eingehämmert, bis sie kein Lebenszeichen mehr abgaben. Ähnliche Szenen häuften sich während der letzten Junitage in Kowno. 3.800 Juden fielen den geradewegs dem Zuchthaus entronnenen ›Freiheitskämpfern‹ zum Opfer.

Das Geschehen sprach sich unter den am Orte liegenden Einheiten herum. Sie eilten zu den Schauplätzen, um den Volkszorn mitzuerleben. Von den Juden hieß es, daß sie die Litauer geschäftlich betrogen hätten. Die GPU habe die Nationalisten bedrängt und in den Kerker geworfen. Bizarre Geschichten kamen in Umlauf. Ein jüdischer Kommissar habe eine Bürgerin vor den Augen des gefesselten Gatten vergewaltigt, geschlachtet, ihr Herz abgetrennt, in einer Pfanne gebraten und verzehrt. So veranschaulichten sich die Litauer den Begriff des jüdischen Kommissars bildhafter als das OKW, doch gleich ihm um Motive für die Abrechnung bemüht. Frauen trugen ihre Kinder zum Massaker, hoben sie über die Köpfe oder stiegen auf Kisten und Stühle, um Zeugen der Blutorgie zu sein. Brausender Beifall, Bravorufe, Händeklatschen und Gelächter stachelten die Totschläger an. »Nachdem alle erschlagen waren«, berichtet ein Angehöriger der 16. Armee, »legte der Junge die Brechstange beiseite, holte sich eine Ziehharmonika, stellte sich auf den Berg der Leichen und spielte die litauische Nationalhymne. Das Verhalten der anwesenden Zivilpersonen, Frauen und Kinder, war unwahrscheinlich, denn nach jedem Erschlagenen fingen sie an zu klatschen und bei Beginn des Spiels der Nationalhymne wurde gesungen und geklatscht.«

Als die Nachricht in den Stäben der 16. Armee und der Heeresgruppe anlangte, reagierten sie flexibel. Eigentümlicherweise hörte von Bischoffshausen dort die nämliche Devise, die auch den Einsatzkommandos von Heydrich mit auf den Weg gegeben worden war: »Daß es sich hier anscheinend um ein spontanes Vorgehen der litauischen Bevölkerung handele, die an Kollaborateuren der vorausgegangenen russischen Besatzungszeit und an Volksverrätern Vergeltung übe. Mithin müßten diese grausamen Exzesse als rein innerpolitische Auseinandersetzung angesehen werden, mit denen – wie auch ›von oben‹ angeordnet worden sei – der litauische Staat selber, d.h. ohne Eingreifen der deutschen Wehrmacht, fertig zu werden hätte.« Davon abgesehen zeigten sich die Offiziere über die barbarischen Litauer entrüstet. Ein litauischer Staat sollte ihnen nicht zuteil werden. Die Stäbe wußten, daß sie die Rückwärtigen Gebiete einem Reichskommissariat Ostland zu übergeben hatten.

Als den Litauern ein halbes Jahr später dämmerte, daß ihre ganze Staatlichkeit sich im Erschlagen der Juden erschöpfte, begannen sie diese zu bedauern. Das Einsatzkommando 3 hatte in der Zwischenzeit nämlich 135.000 Juden vernichtet, das Pogromgemetzel hingegen um 20.000. Im Sold der Einsatzführer dienten die lokalen Schlächter der ersten Stunde nunmehr als deutsche Hilfspolizei. Gerüchteweise zirkulierte die Auskunft, die Freiheitskämpfer würden bei den Exekutionen gefilmt, um Material gegen sie in der Hand zu haben. Unter Umständen konnten die Litauer als ebensolche Sowjetkollaborateure gelten, als welche sie die Juden straften. Das war nicht zuletzt aus Gefälligkeit geschehen. Wenn die Deutschen einem Litauerstaat zustimmten, dann am ehesten einem verwandten, wüst antisemitischen. Stahlecker selbst hatte Pogromwünsche an die Balten herantragen lassen, die Himmler als niedrige und zu zwei Drittel unnütze Rasse einstufte. »Der Längen-Breiten-Index des Kopfes beträgt bei den Esten 80,7«, maß Einsatzgruppe A. »Eindeutschungswille nicht vorhanden« (NO 2832). Ein Kleinteil sollte germanisiert, die übrigen zur Arbeit ins Reich deportiert, ihr Siedlungsraum an Deutsche und Holländer verteilt werden. Inzwischen wußten viele Rächer selbst nicht mehr, warum, wie unbefangene Heeresangehörige schon im Juni gerätselt hatten, ausgerechnet das Judentum die baltische Knechtung büßen mußte. Die Litauer wollten die Sympathie der Deutschen, die Deutschen die der Litauer steigern. Einen anderen Berührungspunkt besaßen sie nicht.

Wenn man so will, haben auf diesem Wege Hitler und Himmler

ihr Vernichtungsinteresse verwirklicht. Idee und Befehl sind aber inmitten des Kriegs nur im Rahmen des ausführenden Mediums bedeutsam. Dies waren nicht die 3.000 Einsatzmänner, sondern das Heer und die Militärverwaltung. Die Kommandos handelten der Form nach halbautonom, der Sache nach innerhalb eines Besatzungskonzepts. Nach der Aktenlage dünkte es die Generäle oft entsetzlich. Besser wäre es, die Juden zu sterilisieren, klagte Franz von Roques, der Berück im Norden. Im Stile von Kowno sei die Judenfrage nicht lösbar. Hitler ließ ausrichten, daß er keine rassischen, sondern politischen Erwägungen hegte. Hier finde eine notwendige »Flurbereinigung« statt. Leeb beschloß, »daß man sich fernhält«. An »Ausschreitungen der litauischen Freischärler« konnte die Heeresgruppe schwerlich teilnehmen. Im Umfange, wie die spontanen Exzesse abebbten, beruhigten sich auch die Befehlshaber. Einer ordentlichen Maßnahme der deutschen Polizei stellten sie nichts in den Weg.

In den baltischen, galizischen und ukrainischen Lokalverhältnissen wurde der Flurbereinigung augenscheinlich ein Sinn beigemessen. Im Hinterland der Heeresgruppe von Leebs, das Franz von Roques unterstand, fügte man sich dieser Einsicht ebenso wie im Südabschnitt Rundstedts, hinter dem Karl von Roques wachte. Franz war ein noch passionierterer Ostpolitiker als Karl und entschiedener Befürworter einer litauischen Selbstverwaltug. »Da die Völker Litauens, Lettlands und Estlands«, schreibt Rosenbergs Abgesandter Dr. Kleist, »die deutsche Besatzung nicht nur passiv hinnahmen, sondern die deutsche Armee jubelnd als Befreier begrüßten und sich zur Weiterführung des Krieges gegen Rußland zur Verfügung stellten, waren alle Voraussetzungen zu einer Kooperation im besten Sinne des Wortes gegeben.« Im schlechtesten Sinne bewirkte sie für die Zeit der Exekutivgewalt von Leebs und Franz von Roques' 20.000 Judenmorde in zehn Wochen. Litauen und Lettland wurden mangels Gegnern am 25. Juli und am 1. September in Zivilverwaltung überführt. Die Vernichtungsintensität verdoppelte sich.

Auch aus den Reichskommissariaten drangen Klagen über die rasenden Litauer. Gauleiter Kube mochte seine Juden diesen Polizeiknechten nicht länger ausliefern. Franz von Roques sprach von den Einsatzleuten samt und sonders als den »Kopfjägern«. Selbst Karl Jäger, der für Litauen eingesetzte Kommandoführer, soll durch seinen Auftrag nachhaltig zerrüttet worden sein. Mit Ausnahme einer Schicht von Berserkern und Voyeuren hat niemand Gefallen daran gefunden.

Mißfallen vereitelt nicht die Pflichtaufopferung. Die Befehlshaber haben sich unter die Notwendigkeit dieses Ziels gebeugt. Sobald sie nämlich Exekutionen für schädlich ansahen, wiesen sie die Henker in ihre Schranken. Dr. jur. Strauch, Kommandeur der Sicherheitspolizei im Mittelabschnitt, zuvor Chef des Einsatzkommandos 2, meuterte 1943: »Während die Weißruthenen die Juden totschlagen wollten, hat die Wehrmacht die Juden an die Spitze gebracht.« Eine Anzahl, die zur Instandsetzung der Betriebe verschont worden sei, habe sich unentbehrlich zu machen gewußt und könne nur umständlich beseitigt werden. Verglichen mit den Balten und Ukrainern hegten die Weißrussen einen minder schäumenden Antisemitismus. Es gab für die Deutschen weniger Kapital aus Massakern zu schlagen, und sie eröffneten dort mehr und längerfristig Ghettos als sonst irgendwo. Das Heer stand im Verdacht, die Juden ihres Fleißes wegen zu begünstigen. Schwebend zwischen Leben und Tod, bewiesen sie atemlosen Einsatz und eine flehentliche Geschicklichkeit.

Weißrußland war ein rohstoffarmes, kärgliches Agrarland mit einer vermischten, gedrückten Bevölkerung, welche die Deutschen zum Zeichen einer völkischen Identität Ruthenen nannte. Das Judentum stellte 190.000 Einwohner, die vergleichsweise unauffällig leben konnten. Minsk beherbergte mehrere brauchbare Rüstungsfabriken und war Sitz einer Reichsverkehrsdirektion, die im Frühjahr 1942 ihr Bahnstreckennetz verdoppelte und ihren Brückenbau vervierfachen mußte. »Vorläufig«, entschied Gauleiter Kube, »werden die notwendigen Ansprüche der Wehrmacht, die in der Hauptsache Arbeitgeber des Judentums ist, berücksichtigt.« Im Gebiet Minsk-Land hingegen »ist das Judentum völlig ausgemerzt, ohne daß der Arbeitseinsatz dadurch gefährdet worden ist«. Die 10.000 Liquidierungen in der Stadt beträfen »überwiegend Alte, Frauen und Kinder, der Rest bestand aus nicht einsatzfähigen Juden«. (PS 3428)

Minsk lag seit dem 1. September 1941 innerhalb der Grenzen des Reichskommissariats, das die Forderungen der Wehrmacht selbstverständlich respektierte. Dennoch setzte sich das Heer über Kubes Zuständigkeit hinweg und intervenierte anstandslos in seinem Gebiet: »Durch einen Übergriff des Rückwärtigen Heeresgebietes sind die von uns getroffenen Vorbereitungen für die Liquidierung der Juden im Gebiet Glebokie gestört worden. Das Rückwärtige Heeresgebiet hat, ohne Fühlung mit mir zu nehmen, 10.000 Juden liquidiert, deren systematische Ausmerzung von uns sowieso vorgesehen war« (PS 3428). Vermutlich galt der Übergriff einer Aufstandsbewegung in den Ghettos von Gisna, Braslaw und Glebokie. Tausenden von Juden gelang der Ausbruch in die sumpfigen Wälder am Westufer der Dwina nahe Polozk. Die Sicherungsdivisionen suchten die Ausbrecher wieder einzusammeln, bevor sie sich zu den Partisanen durchschlugen, und kümmerten sich bei der anfälligen Vergeltung nicht um Kubes Systematik. Desungeachtet stand auch dieser im Ruche der »Judenhörigkeit«. Den Gauleiter überfiel angesichts blondhaariger Judenmädchen in den Ghettos gelegentlich eine Schwäche. »Nach einer nicht hundertprozentig verbürgten Nachricht«, meldete Dr. Strauch, »soll er bei dieser Gelegenheit an jüdische Kinder Bonbons verteilt haben.« Die auch bei vielen Generälen verbürgten menschlichen Rührungen und toleranten Manieren kreisten indes in ganz anderen Bahnen als das Pflichtgefühl, verlangte es nun Ausrottung oder Schonung. Bezeichnenderweise stützte sich Kube ähnlich wie die Heeresgruppe Mitte in seinem Amte bereitwillig auf jüdische Handwerks- und Dienstleistungen. Den drei Friseuren war gar gestattet, den Judenstern abzulegen, damit die Verwaltungsangestellten sich nicht davon geniert fühlten.

Für die Wehrmacht konzentrierte sich die Judenfrage wie nahezu der ganze Rußlandkrieg auf die Ukraine. Im Baltikum fallen zehn Prozent der Morde in die Zeit der Militärbesatzung. Die über 200.000 Morde der Einsatzgruppen C und D hingegen sind zum größten Teil innerhalb der exekutiven Gewalt der Heeresgruppe Süd verübt worden, im Kampfgebiet, im Rückwärtigen Armee- und Heeresgebiet.

Die zahlreichsten Judengemeinden lebten in Odessa und in Kiew. Odessa stand unter rumänischer Militärverwaltung, die Ohlendorfs Spezialisten den Eintritt verwehrte. Sie beharrte auf ihrem eigenen Pogrom. In Kiew kam es am 29. und 30. September 1941 zu der umfänglichsten Ausrottungsaktion der Deutschen im Rußlandkrieg. Ihr Erfolg resultierte aus der festen Zusammenarbeit von Kommando 4a und Heer. Karl von Roques, den Dienstfunktion und Einsatzgebiet in mehr Judenmorde verwickelt hatten als alle übrigen Angeklagten zusammen, führte in Nürnberg einen zähen Zwist darüber, ob Kiew in den fraglichen Tagen bereits dem Berück zugeschlagen war oder noch in der Gewalt der 6. Armee stand. In letzterem Falle ginge das Kiew-Massaker dem berüchtigten von Reichenau zur Last, der 1948 physisch und moralisch ein toter Mann war. Tatsächlich stand die Opferzahl von 33.000 Personen aber in keinerlei Bezug zur Grausamkeit eines höheren Befehlshabers. Sie ergab sich aus der ungewöhnlich offenen Kooperation der örtlichen Heeres- und Polizeiorgane.

Nach der in Karl von Roques' Befehl vom 1. September 1941 im Rückwärtigen Heeresgebiet Süd niedergelegten Zuständigkeitsregel gehörte die Judenvernichtung den Einsatzkommandos. Doch war den Sicherungsdivisionen ein Spielraum für »Kollektivmaßnahmen« gelassen. »Die Truppe selbst erledigt auf der Stelle nur solche Landeseinwohner, die feindseliger Handlungen überführt oder verdächtig sind.« Da Juden definitionsgemäß feindselig veranlagt sind, bereitet die Vernichtung kein prinzipielles Hindernis. Voraussetzung ist eine unfreundliche Handlung im Hinterland, wie sie im Kriege vorkommt. In seiner Sorge, daß reizbare Soldaten mit Einsatzkommandos wüste Unternehmungen starten könnten, gebot Roques den »Befehl von Offizieren; dabei sind Kollektivmaßnahmen an die Dienststellung mindestens eines Bataillonskommandeurs gebunden«. (NOKW 2594)

Kiew war von General Wlassow, dem späteren Überläufer, hart verteidigt worden. Die Stawka hatte den Rückzug ihrer 37. Armee aus dem rasch sich zusammenziehenden Ring ungebührlich verzögert. So blieb Wlassow Zeit, sorgfältig einen älteren Plan ins Werk zu setzen. Am 19. September zog das XXIX. Armeekorps in die Stadt ein, fünf Tage später zerbarst sie zu ihren Füßen. Das Oberkommando der 6. Armee hatte aus tiefem Argwohn eine Woche zuvor beschränkten Zugang zur Stadt angeordnet, solange sie nicht gründlich gesäubert sei. Am Tage des Falls erreichte die Deutschen ein Wink. Alle mutmaßlich als Stabs- und Mannschaftsquartiere dienenden Gebäude enthielten Sprengsätze. Als kommenden Tags in der Zitadelle eine Bombe in den Stab einer Artillerieeinheit einschlug, zogen Suchtrupps aus. Sie wurden fündig, aber nur zum Teil.

Am 24. September explodierte mit gewaltigem Knall das Hotel Continental, das Teile des Korpsstabs beherbergte. Dies war der Auftakt. Ferngezündet durch Funkwellen erfolgte eine Kettensprengung, die schließlich bei Erfassung eines Munitionslagers neben der Hauptpost einen Großbrand entfesselte, der sich alsbald auf eine Fläche von zwei Quadratkilometern ausdehnte. Das Feuerwehrregiment ›Sachsen‹ war machtlos. Die Wasserzufuhr stockte. Pionierbataillone zündeten zur Dämmung der übergreifenden Flammen eigenen Sprengstoff, um Brandschneisen zu schlagen und »die Erhaltung der Stadt Kiew« zu gewährleisten. Dabei leisteten die Rettungskräfte Erhebliches und erlitten Hunderte von Verlusten.

Die Wehrmacht benötigte die Großstädte als Festungen, als Nachschubdepots, Stabsunterkünfte, Verkehrsumschlagplätze, Fertigungs- und Reparaturstätten usw. Trotz zähen Ringens raste der Brand fünf Tage lang. Das prächtige Stadtzentrum mit den zwei größten Hotels, der Post, dem Funkhaus, dem Telegrafenamt und mehreren Warenhäusern fiel in Asche. Die Minengefahr währte den halben Oktober. Die Pioniere entdeckten und entschärften an der Peripherie, im Güterbahnhof, auf dem Flughafen 10.000 Sprengsätze, höchst kunstgerecht getarnt. In einzelnen Gebäuden, stillen Museen etwa, lagen bis zu dreieinhalb Tonnen Sprengstoff verborgen. Die Stäbe und Kommandostellen mieden es, den Kraftstrom in Betrieb zu nehmen, aus Furcht vor elektrischer Minenzündung. Darum arbeiteten sie in der Dunkelheit bei Petroleum- und Kerzenlicht. (PS 53)

Nach genereller Vorschrift waren Saboteure unter Parteifunktionären und Juden zu suchen. Letztere wurden den Stadtkommandanten auch aus der Bevölkerung als die Brandstifter angegeben. Die Zerstörung der Stadt erboste hellauf ihre Einwohner, die den Schaden davontrugen. Jeder achte, 50.000 Personen, verlor Obdach und Besitz. Die Rote Armee, unfähig, den Ort zu verteidigen, zu 665.000 Mann nordöstlich im Kessel gefangen, zerbombte über Funkwellen aus der Ferne die eigene Stadt, welche die Deutschen opfermütig zu retten suchten. Eine verquere Konstellation, die dem populären Befreiungsgestus der Wehrmacht in der Ukraine entgegenkam. »Wegen der in Kiew erfolgten Sprengungen und der daraus entstandenen Großfeuer«, heißt es in einer Einsatzgruppenmeldung vom 7. November, »war die Erregung der Bevölkerung gegen die Juden außerordentlich groß. Hinzu kommt, daß Juden sich nachweislich an der Brandstiftung beteiligt hatten. Die Bevölkerung erwartete deshalb von den deutschen Behörden entsprechende Vergeltungsmaßnahmen.« (NO 3140)

Der Stadtkommandant gewann indessen bald Gewißheit, daß die Explosionen nicht jüdisches, sondern Wlassows Werk waren. Man entdeckte Fernzündapparate und eine Sprengkarte mit fünfzig eingezeichneten Objekten. Am 25. September zog Blobel mit dem Einsatzkommando 4a in die Stadt. Ein Trupp war auf Geheiß der 6. Armee bereits am 19. September von der Vorhut zu Erkundungszwecken mitgeführt worden. Inmitten des Wirrwarrs nahmen die Polizisten ihre Routinearbeit auf. »Bei den ersten Aktionen 1.600 Festnahmen. Maßnahmen eingeleitet zur Erfassung des gesamten Judentums. Exekution von mindestens 50.000 Juden vorgesehen. Wehrmacht begrüßt Maßnahmen und erbittet radikales Vorgehen. Stadtkommandant öffentliche Hinrichtung von 20 Juden befürwortet« (NO 3145). In Nürnberg trug Karl von Roques seine Lesart dieser Meldung vom 28. September vor: »Im übrigen glaube ich hier in dieser Einsatzmeldung noch auf einen Punkt aufmerksam machen zu müssen, nämlich, welch großer Unterschied in der Auffassung von sogenannten radikalen Maßnahmen bestand zwischen der Wehrmacht und dem SD. Wie es hier in dem Bericht heißt, befürwortet das Einsatzkommando die Hinrichtung von mindestens 50.000 Juden, der Stadtkommandant dagegen eine solche von 20 Juden. Obwohl mir dieser Stadtkommandant nicht unterstand, glaube ich doch, das besonders herausstellen zu müssen.«

Die Zahlenangaben um das Kiew-Massaker enthalten Rätsel. Die für die Stadt zuständige 454. Sicherungsdivision schreibt in ihrem Tätigkeitsbericht vom 2. Oktober: »Die Juden in der Stadt waren aufgefordert worden, sich zwecks zahlenmäßiger Erfassung und zur Unterbringung in einem Lager an bestimmter Stelle einzufinden. Es meldeten sich etwa 34.000, einschließlich der Frauen und Kinder. Alle wurden, nachdem sie ihre Wertsachen und Kleidungsstücke hatten abgeben müssen, getötet, was mehrere Tage in Anspruch nahm« (NOKW 3176). Der Wunsch des Stadtkommandanten nach Erhängung von 20 Personen widerspricht gar nicht der Absicht des Kommandos zur Tötung von 50.000. Nur sollten diese unter Vorwänden aus der Stadt gelotst und diskret getötet werden. Der Stadtkommandant, Generalmajor Eberhard, regte ein zusätzliches Blutschauspiel an, wie es vor den Augen derselben 6. Armee von Blobel im August in Schitomir abgehalten worden war. Auch die dort aufgetretene Propagandakompanie 637 stand zufällig am Ort.

Eigentümlicherweise kam der Plan des Stadtkommandanten, Teil eines weit größeren Vorhabens, nicht zustande. Zwei Tage vor der fraglichen Einsatzmeldung vom 28. September hatte eine Besprechung stattgefunden, an der neben Eberhard der Kommandoführer Blobel, der Chef der Einsatzgruppe C, Dr. Rasch, der Höhere SS- und Polizeiführer des Rückwärtigen Heeresgebiets, Jeckeln, und der Abwehroffizier des XXIX. Armeekorps teilnahmen. Es war eine Krisensitzung inmitten der noch unkontrollierten Brände und Explosionen. Offenbar beschloß man, sich eines Teils der Juden Kiews zu entledigen. Die Sicherheitsdivision hatte eine Schrumpfung der Einwohnerschaft auf die Hälfte, 400.000 Personen, ausgemacht, und das Einsatzkommando schätzte den jüdischen Anteil auf über ein Drittel, 150.000 Personen. Diese Zahl entspricht der Friedensbelegung und scheint zu hoch gegriffen. Mangels zuverlässigerer Angaben sind davon zumindest 50.000 Personen als evakuiert und wehrdienstverpflichtet abzuziehen. Immerhin ging die Konferenz bei dem Stadtkommandanten von der Tötung jedes dritten Juden aus.

Zu diesem Zwecke bediente man sich einer ungewöhnlichen Methode. Die Opfer wurden nicht durch das Kommando ausgekämmt und abtransportiert, sondern durch 2.000 Wandanschläge der Wehrmacht für den 29. September, 8.00 Uhr, an eine Straßenecke in den Friedhofsbezirk befohlen. In der Nähe lag auch der Güterbahnhof, und die Anordnung war als Evakuierungsmaßnahme deklariert. Die Propagandakompanie hatte die Anschläge geschwind in der Druckerei der von ihr produzierten Zeitung ›Ostfront‹ angefertigt. Am Wochenende, dem 27. und 28. September, heftete die ukrainische Miliz die grauen Packpapierzettel an und brachte beruhigende Gerüchte in Umlauf.

Als die Deutschen den Erfolg erblickten, waren sie auf ihr Täuschungsmanöver über die Maßen stolz. Der Aufruf war an alle vermeintlich 150.000 Juden gerichtet und drohte bei Nichtbefolgung den Tod an. Allerdings faßte der Versammlungspunkt kaum ein Fünftel der herbeizitierten Gemeinde. Eine vom 3. November datierte Einsatzgruppenmeldung gesteht, daß man »zunächst nur mit einer Beteiligung von 5.000 bis 6.000 Juden gerechnet hatte«. Was dann? Nach Beschlußlage und öffentlicher Ankündigung hätte man nunmehr 44.000 Menschen mit Gewalt aus ihren Behausungen zerren müssen. Unabhängig von der Frage, ob die Einsatzmänner ein solches Pensum bewältigen konnten, ohne auf Heereskräfte zurückzugreifen, liegt bei der aufgebrachten Stimmungslage ein anderer Gedanke nahe. Denkbar wäre nämlich gewesen, daß, bei einer partiellen Renitenz der Juden gegen den Gestellungsbefehl des Stadtkommandanten, nach öffentlicher Hinrichtung von zwanzig Rädelsführern die aufgeputschten Ukrainer Tausende von

Juden den Deutschen zugetrieben hätten. In Fortführung der Juni-Ereignisse in Lemberg und der August-Aktion von Schitomir gewiß der politisch und organisatorisch kürzeste Weg.

Für die Annahme existiert kein Beleg. Allerdings hat man nach der überraschenden Ankunft von 34.000 Personen bei den Friedhöfen das vorgesehene Schauspiel fallengelassen. Die nunmehrige Aufgabe, nur durch das Organisationsgeschick der Wehrmacht lösbar, bestand in der Beschwichtigung jener riesigen Menschenschar, die ihren Marsch zum Schießplatz abwarten mußte, ohne es zu merken. Die Juden trauten der Wehrmacht, auch wenn sie Soldaten und Einsatzpolizei schwerlich unterschieden. Zweifelnden erzählten die Alten, daß sie 1918 vom kaiserlichen Heer vorzüglich behandelt worden seien. Außerdem klingt das Jiddische der deutschen Sprache ähnlich, und einige beruhigten sich damit, daß darin eine nationale Verwandtschaft zum Ausdruck komme. Die Evakuierung zeige am Ende gar ein fürsorgliches Interesse.

Der Großteil der Versammelten bestand aus alten Leuten, Kindern, jungen Frauen, die ohnehin wenig Widerstandskraft aufbrachten. Die jungen Männer dienten in der Armee oder waren mit Fabrikbelegschaften hinter den Ural verlegt worden. So klammerten sich die Wehrlosen an ihre Illusionen von des Kaisers Offizieren. Sonst hätten sie dem Aufruf nicht Folge geleistet. Unter den aufgebrachten Ukrainern war ihres Bleibens nicht länger. Anders erklärt sich schwerlich, daß die Juden »infolge einer überaus geschickten Organisation bis unmittelbar vor der Exekution noch an ihre Umsiedlung glaubten«. (NO 3157)

Beehrt meldete Einsatzgruppe C aus Kiew die exzellente Zusammenarbeit mit den militärischen Stäben und das unlängst erst in den niederen Einheiten erwirkte Verständnis für die Judenfrage. Ohne Zweifel hat das Malheur in Kiew das Heer heftig beeindruckt. Die Einkesselung von 665.000 Mann trug ihm einen historischen Sieg ein, den die Sprengstoffsabotage nicht ernstlich zu trüben vermochte. Doch war der Wehrmacht solch ein verdrießlicher Einzug in die besiegte Stadt neu. Hitler befahl, von nun an die großen Festungen des Feindes von außen her dem Erdboden gleichzumachen und nur noch in unbelebte Trümmerhaufen einzuziehen. Mit solch weltfremdem Ansinnen wußte das Heer nichts anzufangen, ausgenommen Leeb vor Leningrad.

Bei der heftigen Reizbarkeit der Deutschen gegenüber Dolchstößen, Heckenschützen und Saboteuren mag die Krisenrunde bei dem Kiewer Stadtkommandanten am 26. September von Vergeltungshunger geplagt worden sein. Das Kommandanturgebäude selbst lag in Schutt. In der ukrainischen Hauptstadt konnte man es nicht mit Feuerlöschen bewenden lassen. Doch scheint die avisierte Anzahl von 50.000 Opfern für eine Vergeltungsmaßnahme extrem hoch. Das hieß weit über zwei Drittel der von Einsatzgruppe C in zehn Wochen Getöteten binnen zweier Tage beseitigen. Unter Bobels Annahme, daß 96 Prozent der Juden den Gestellungsbefehl verweigern würden, begab sich der Stadtkommandant erst recht unter Zugzwang. Die Ukrainer rechneten nun fest damit, daß die Mehrzahl der Gemeinde, wie angekündigt, beiseite geschafft werde. Nirgends sonst, selbst in Simferopol nicht, hat sich das Heer für die Judenvernichtung verbürgt. Doch am Morgen des 29. September »fanden sich über 30.000 Juden ein« (NO 3157). Dem plötzlichen Menschenanfall standen zuwenig Vernichtungskräfte gegenüber. Die Schützen hatten in 48 Stunden Tötungsraten zu erzielen wie Auschwitz bei höchster Anspannung nicht.

Vermutlich war die Besatzung in Kiew, so wie berichtet, von der Zahl überrumpelt. Die 454. Sicherungsdivision, das XXIX. Armeekorps, Einsatzgruppe C und zwei Polizeibataillone Jeckelns benötigten all ihr Geschick, die Situation in der Stadt zu kontrollieren. Das überquellende Sammelgebiet mußte großräumig abgesperrt, die Opfer in kleineren Marschkolonnen zum Schießplatz begleitet, die bang Wartenden in Schach gehalten und den Ukrainern in ihrer Erregung der Zutritt verwehrt werden. All das ereignete sich in der Nordweststadt, wo die Geräusche der Maschinenpistolen nicht ganz überhört werden konnten. »Wir mußten die Drecksarbeit machen«, berichtete Jahrzehnte später ein Obersturmführer im Kommando 4a. »Ich denke ewig daran, daß der Generalmajor Eberhard in Kiew sagte: ›Schießen müßt Ihr!‹«

Wach- und Absperrdienste leistete, übereinstimmend mit den allgemeinen Anweisungen, das Heerespersonal. Die Truppen waren attackiert und Juden hinreichend verdächtig. Anschuldigungen lagen vor, keine plausiblen, doch wem sonst wollte man ausreichend massiv vergelten? Auf dies ständige Problem erging die Routineantwort. Hätte denn die Stadtkommandantur in Kiew am 29. und 30. September einen konfus vorbereiteten Vergeltungsexzeß geübt, nur weil sie die überzählig angetretenen Opfer schlecht heimschicken konnte? Augenscheinlich ist die Menge für eine Vergeltungsmaßnahme übergroß, für eine schockartige Rassenvernichtung indes zu gering. Zwei Drittel wurden nicht erfaßt, sondern in den der Polizei eigentümlichen Stufenschritten vernichtet. Ein 34.000köpfiges Kontingent überstieg das Vermögen der Kommandos. In Dimension und Anlage handelte es sich um ein Wehrmachtsunternehmen mit Polizeikräften als Schützenhilfe.

Zwei Hinweise existieren, die den außergewöhnlichen Soldateneinsatz näher beleuchten. Die Septemberaktion in Kiew war von Anbeginn auf jenen Größenrahmen angelegt, der ungefähr eintrat. In der plakatierten Anordnung verpflichteten sich die Deutschen zu einer großflächigen Maßnahme. Man dachte etappenweise vorzugehen, steuerte aber eine Richtzahl an. Sie erscheint in der ersten Meldung des Sonderkommandos vom 28. September, 50.000 Personen, und kehrt wieder in der abschließenden Notiz eines Hauptmanns Dr. Dr. Koch vom 5. Oktober 1941. Der Verbindungsoffizier des Ostministeriums bei der Heeresgruppe Süd meldet in seinem Bericht über den Brand von Kiew: »Obdachlos sind etwa 50.000 Menschen; sie wurden notdürftig in verlassenen Quartieren untergebracht« (PS 53). Unverblümter notiert Roques' 454. Sicherungsdivision am 2. Oktober in ihrem Tätigkeitsbericht: »Die Obdachlosen sollen größtenteils in freigewordenen Judenwohnungen untergebracht worden sein« (NOKW 2129). Am Montag, dem 29., hatten die Erschießungen in einem welligen Wiesengelände namens Babi Jar nicht weit vom Sammelplatz begonnen, am 30. waren sie beendet. Die Toten lagen in einer 400 Meter langen, 10 Meter tiefen Schlucht aufgeschichtet. Pioniertruppen sprengten am 1. Oktober die Ränder der Schlucht ab, um das Massengrab zuzudecken. Zur selben Zeit bezogen die Obdachlosen die ausgeleerten Wohnungen.

Die Befehlsgewalt über die Stadt Kiew ist zur fraglichen Zeit Gegenstand eines Gezänks zwischen der 6. Armee und dem Rückwärtigen Heeresgebiet gewesen. Dies hat die 454. Sicherungsdivision weit mehr aufgeregt als das Massaker. Offenbar aufgrund der explosiven Lage beschloß die Armee, die der Sicherungstruppe unterstehende Feldkommandantur 195 wieder herauszulösen und die Stadt Generalmajor Eberhard, dem Kommandeur der 113. Infanteriedivision, zu unterstellen. Roques' betagte Polizisten fühlten sich in ihrer Ehre gekränkt, »da Heeresgruppe Süd entschieden, daß gesamtes Stadtgebiet Kiew der 454. Sicherungsdivision untersteht« (NOKW 3526). Dies verzeichnet ihr Kriegstagebuch unter dem 28. September. Weil in der Stadtkommandantur eine andere

Ansicht bestand, eilte Roques' Stabschef von Krosigk am 1. Oktober an Ort und Stelle und einigte sich mit Generalmajor Eberhard, »daß ausschließlich die 454. Sicherungsdivision bzw. die von ihr eingesetzte Feldkommandantur 195 für Kiew einschließlich der ostwärts des Dnjepr gelegenen Stadtteile zuständig sei«. (NOKW 2129)

In Nürnberg nahm der Zuständigkeitsanspruch die umgekehrte Richtung, und Roques schwor, »daß Kiew noch lange nicht reif gewesen sei, um es zum Rückwärtigen Heeresgebiet zu schlagen«. Es war ihm nicht einmal vergönnt, »diese größte und schönste Stadt der Ukraine, die Hauptstadt dieses Landes, vor meinem Urlaub nur mal anzusehen«. Als er sich in der zweiten Oktoberhälfte auf den Weg begeben habe, sei ihm von dem Höheren SS- und Polizeiführer der Zutritt nach Kiew verwehrt worden. Allerdings hatte sein Stabschef am Tage nach dem Gemetzel und während der Einebnung von Babi Jar in der Stadt geweilt. Zudem als Gast seiner eigenen Sicherungsdivision, die das Ereignis exakt in ihrem Tätigkeitsbericht vermerkt. Die Nürnberger Anklage erachtete es als »undenkbar, daß Roques' Stabschef in Kiew in einem Büro einer untergeordneten Einheit gewesen sein könnte, welche offizielle Kenntnis von der Tötung dieser 34.000 Personen hatte und dessen ungeachtet ihm über diesen Vorfall keinen Bericht erstattet hätte ... Er war verpflichtet, das Leben dieser Menschen zu schützen.« Daran hatte er allerdings das geringste Interesse.

Krosigk wurde herbeigerufen, um die Zuständigkeit der Sicherungsdivision zu schützen. Das galt als vordringlicheres Problem. Es verlangte den Nachweis gleicher Härte, nicht größerer Rechtsbedenken. »Kriegführung im Osten«, heißt es in den Schlußausführungen Rechtsanwalt Tipps, »stellt nun einmal jede Wehrmacht vor Aufgaben, die mit Mitteln, wie sie das europäische Rechtsdenken herausgebildet haben, nicht zu bewältigen sind.« Davon fehle der Anklage jegliche Vorstellung. »Wenn die amerikanische Wehrmacht, wovor der Himmel die Welt behüten möge, in die Lage versetzt werden sollte, in Rußland Krieg zu führen, so wird sie zwangsläufig zu denselben Erfahrungen und wohl auch zu denselben Ergebnissen kommen.«

Das ist die Frage. Kam Roques zu den Ergebnissen, weil seine Aufgabe gemäß europäischem Rechtsdenken unlösbar schien? Oder war sie unlösbar, weil von nazistischem Rechtsdenken vernebelt? Darüber stellten Amerikaner und Deutsche seit den Nürnberger Prozessen intensive Überlegungen an. Denn beide dünkte der Ausgang des Krieges auf eigene Weise verkehrt. Die Generäle wähnten ihre Niederlage als unverdient. Den Amerikanern mißfiel der Triumph Stalins. So prüfte man den Rußlandfeldzug auf Fehler. Der Kardinalfehler bestand in Hitler, dem Vater des Gedankens. Seine kolonialen Ziele, klagten die Generäle, hätten sie am Sieg gehindert. Heimgekehrt zu den europäischen Rechtstraditionen, vertauschten sie ihren wüsten Terrorkrieg mit einem Befreiungsfeldzug, den sie ohne weiteres gewonnen hätten. Im Grunde seien sie aufgebrochen als Avantgarde der Zivilisationswelt. Mit dieser Losung vermochten sie bei Hitler allerdings nicht durchzudringen. Er legte auf den Nimbus des Befreiers keinen Wert. Litauern, Ukrainern und Krimtataren zu Staaten zu verhelfen, war ihm das Opfer deutscher Soldaten nicht wert. Das hatte er den Generälen fortlaufend entgegnet. Ludendorff habe 1915 den Polen als Entgelt für Waffenhilfe gegen Nikolaus I. die Staatwerdung versprochen. Doch habe Deutschland das Zarenreich aus eigener Kraft zermürbt, Lenin in einen Eisenbahnwaggon gesetzt und ihm die Macht ausgehändigt. In Brest-Litowsk sei ferner zugunsten der Ukrainer Autonomie ausgehandelt worden. In allen Fällen habe Deutschland nachträglich nichts als Nachteile und Verrat geerntet.

Hitler war ein Abkömmling Habsburgs und hegte für die Selbstsüchte querulierender Nationalitäten eine eingefleischte Geringschätzung. Sie achteten die Wehrmacht einzig als Werkzeug ihrer Separatziele und waren zum Betrug geboren. Doch spekulierten auch die Generäle auf zeitweilige Werkzeuge. »Wir brauchen nicht nur das Land«, erkannte von Roques im September 1942, »sondern auch das Volk.« Zwischen dem Besatzer und den Besetzten entspinne sich eine Interessengemeinschaft. »Die innere Bereitschaft der Zivilbevölkerung, mit uns zusammenzuarbeiten, muß als ein entscheidender Faktor anerkannt werden.« Daran lasse es die ukrainische Zivilverwaltung des Reichskommissars Koch missen. Seine »Irrtümer« zerstörten die Partnerschaft.

Satrapen, Überläufer

Roques fungierte seit Juli 1942 als Berück der Heeresgruppe A. Der verhängnisvoll gegabelte Zug zur Wolga und in den Kaukasus war unterwegs. Kosakische Reiterschwadrone schützten die utopisch überdehnten Nachschublinien ins Reich. Kiew hingegen stand seit dem 20. Oktober 1941 unter Zivilverwaltung des Reichskommissariats Ukraine. »Was haben wir nun in einem Jahr erreicht?« heißt es in der aufschlußreichen Denkschrift eines Wissenschaftsreisenden, des deutschen Geologen Prof. Thomson. »Wir sind von mindestens 75 % der zurückgebliebenen Bevölkerung aufrichtig als Befreier begrüßt worden.« Nach Hunderten von Gesprächen »zwischen Minsk und der Krim« registrierte Thomson in allen Kreisen und Ständen schwere Enttäuschung. »Z. Zt. hält nur noch die Furcht vor den Bolschewisten und deren Rache weite Kreise der Bevölkerung an unserer Seite.« Allerdings erlägen die Deutschen verzerrten Vorstellungen von der zwanzigjährigen Bolschewistenherrschaft. »Was in den NKWD-Zellen vor sich ging, davon erfuhr die breite Masse nichts. Erschießungen von Hunderten oder Tausenden regen die Bevölkerung nicht auf. An Hinrichtungen sind sie gewöhnt. Der ›stramme Unteroffizierston‹, der leider von vielen unserer Behörden gepflegt wird, ist für sie ein rotes Tuch.« Der Bolschewismus habe das verletzliche Ehrgefühl berücksichtigt »und einige negative Erscheinungen der kaiserlichen Zeit ausgemerzt, wie z.B. das Anschreien und Prügeln in der Öffentlichkeit«. Eben daran habe sich die deutsche Zivilverwaltung gütlich getan. Gefangene, Arbeiter, selbst Frauen seien auf offener Straße angebrüllt und geprügelt worden. Dies sei unter Stalin niemandem widerfahren. »Der Unterschied zwischen wirklichem Herrentum, das zum Glück in unserer Wehrmacht und Waffen-SS reichlich vertreten ist, und dem den Herren spielenden Spießer, der leider in der Etappe und in der Zivilverwaltung auch an hoher Stelle anzutreffen ist, wird von ihm deutlich empfunden.« Der Typus des auftrumpfenden Spießers verwechsele Härte mit Brutalität. Er markiere den Herren durch tumbes Zertrampeln aller Kulturwerte. Zuvor noch nie aus seinem Nest herausgekommen, habe er seine Ostkarriere durch das Studium zweier Bücher begründet, hege darob eine feste Meinung über alles und sei durch nichts mehr zu belehren. Wenngleich durch seine sture Arbeitskraft bedingt brauchbar, »ist er hier im Osten auf kolonialem Boden einfach eine Katastrophe«. (PS 303)

Inbegriff der Diktatur des Parvenus war Reichskommissar Koch, der ›Rote Erich‹. Ursprünglich Sympathisant des revolutionären Sozialismus, war er frühzeitig zum linken, dem Strasser-Flügel der NSDAP gewechselt und trug die Mitgliedsnummer 90. Koch, von drolliger Gestalt, wußte den Führer mit den verblasensten Plänen zu amüsieren, hatte es dadurch bis zum Gauleiter in Ostpreußen gebracht, und als sich Hitler und Stalin verbündeten, fügte sich der Bruch in seinem Leben unverhofft zusammen. Er begrüßte den Pakt mit tiefer Genugtuung. Als ihm zwei Jahre später das Reichskommissariat Ukraine angetragen wurde, welches einschließlich seines Gaues ein Regnum von der Ostsee bis zum Schwarzen Meer eröffnete, zögerte Koch, ehe ihn der Gedanke des Zugewinns einer »Helotenrasse« verlockte. Fortan begriff er die Ukrainer als seine »Neger«. Von ihren Plantagen gelobte er ganz Europa zu ernähren mit Überschüssen von fünf, sieben Millionen Tonnen Weizen. Hitler steigerte den Ertrag gesprächsweie auf zehn bis zwölf Millionen Tonnen. Davon wurde es aber nicht mehr. 1942 importierte Deutschland 226.000 Tonnen und 1943 7.000 Tonnen Weizen aus der gesamten UdSSR.

Hinter Koch standen die Berliner Ernährungsbürokraten des Wirtschaftsstabs Ost, die den Russen einen »dehnbaren Magen« zuschrieben und die Beute durch Reduktion des bäuerlichen Verzehrs anreichern wollten. Aus den Pedanten entwickelten sich Phantasten. Die Schreibtische bogen sich unter »zig Millionen Menschen«, die in den Hungertod zu schicken seien (PS 2718). Völkerpsychologisch Beschlagene schärften ihren ostwärts ziehenden Kollegen »Befehlston, keine Erklärungen und Begründungen« ein. »Dem Russen imponiert nur das Handeln, weil er selbst weibisch und sentimental ist.« Das Rußlandabenteuer beförderte graue Beamtenseelen in Übermenschenrang. Ihre Fügsamkeit wich verwegenem Gehabe. »Der Russe sieht im Deutschen aus jahrhundertelanger Erfahrung ein höheres Wesen« (USSR 89). Das bereits machte den Russen unersetzlich, und die Ausrottungsphantasien blieben Denkschrift, worin sich hauptsächlich das Naturell überdrehter Staatssekretäre spiegelte. Ihr kindischer Hang, Schicksalsmächte zu spielen, dem Menschengewürm biblische Plagen auf den Hals zu schicken, verstieg sich zu hellem Blödsinn wie der Vertilgung Kiews vom Erdboden vermittels künstlich entfachter Seuchenepidemien.

Mit solchen Plänen beschäftigte sich das Reichskommissariat unter Koch, der ungern und selten in der Ukraine weilte. Sein Geschäft bestand in der Bekämpfung der Rosenbergschen Ostpolitik sowie dem Ersinnen endloser Vorschriften und Schikanen zu Lasten seiner Untertanen. Wirtschaftlich hat er aus der Provinz nicht viel herausgeholt. Koch verteidigte seine Landvogtmanier mit der Erpressung von Gütern. Doch lieferten die Kohlereviere im Donezbecken nie mehr als zehn Prozent der sowjetischen Friedensproduktion. Zuvor mußten einhundert Millionen Reichsmark investiert werden. Die Landwirtschaft verweilte noch unterhalb des verheerenden Standes, den ihr der Kollektivismus beigebracht hatte. Als die Berliner Bürokraten, längst ernüchtert, Produktionsanreize für die Bauern feilboten, klammerte sich der verstockte Koch an fortgesetztes Demütigen und Strafen. Privates Land und Vieh verwehrte er noch, als ihm Anfang 1944 das Land aus der Hand geschlagen wurde. Besessen schleppte er dem Sauckel-Apparat Arbeiter für den Reichseinsatz zu, die bei der hiesigen Bodenbestellung bitterlich fehlten. Den Ukrainern mißgönnte er Universitäten, Schulbücher, eine intellektuelle Schicht. Degradiert zu dienstbaren Tölpeln, taugten sie besser, dem Rattenkönig zu huldigen.

Kochs NSDAP-Karriere ging eine Existenz als Bahnschalterbeamter in Wuppertal-Elberfeld voraus. An der Spitze der Reichs- und Gebietskommissariate stand eine Garnitur arrivierter Domestiken. Kellner, Buchhalter, verkrachte Künstler, Bankrotteure, Strolche, gescheiterte Landwirte, die minderwertige Heloten begehrten, um sich ihres Emporkommens zu vergewissern. Der instrumentelle Wehrmachtsterror der sechs Barbarossa-Monate von Juni bis Dezember 1941 grassierte fortan bei der Zivilverwaltung in der Charaktergestalt boshafter Kreaturen, denen der Kolonialstil erstes Lebensbedürfnis war. Hitler hing an rohen Kauzen wie Koch. Im Reichskommissariat Ukraine regierte das Chaos, jedoch unter eiserner Loyalität zu dem ursprünglichen Raub- und Knebelziel. Anders als die Generäle konnten die zivilen Statthalter vom Aroma der Reitpeitsche nicht ablassen. Hitler war variabel, litt diese Gabe aber nicht bei anderen. Die Generäle kannten keine Grundsätze, nur Werkzeuge, und dazu zählten sie letztlich auch ihn, den Feldherrn aus den Sielen. Auf dem Schauplatz der zweiten deutschen Offensive experimentierten die Befehlshaber der Heeresgruppen A und B bereits mit den sublimeren Konzepten der Ostpolitiker.

Im Nordkaukasus, wo sich Karl von Roques der Irrtümer seines früheren Lebens in der Ukraine entschlug, standen ihm Experten wie Bräutigam zur Seite. Köstring, der alte Militärattaché des Reiches, wurde zum Inspekteur der kaukasischen Hilfstruppen bestellt. Generalquartiermeister Wagner und der Major in der Organisationsabteilung des OKH, Claus Graf von Stauffenberg, liehen dem Projekt enthusiastischen Beistand. Die Losung ging um, daß Rußland allein mit Hilfe der Russen zu gewinnen sei.

Der Fall des Berücks von Roques in Nürnberg läßt die Heeresgruppe A außer acht. Auch in deren Rücken durchzogen Einsatzkommandos das Gelände und löschten beharrlich Insassen von Kranken- und Irrenhäusern aus. Das waren meist stabile Gebäude mit vielen Betten, wie sie nicht oft in der Region vorkamen und dauernd von Militärs gesucht werden. Allein diese Greuel erscheinen weniger als Elemente einer universellen Vernichtungskampagne. Sie fallen als düstere Reminiszenz der 41er Offensive aus dem Rahmen bedeutend menschenfreundlicherer Absichten.

Die gütigen Züge der Angeklagten dementieren allerdings nicht ihre Untaten, sondern erläutern sie. Der britische Historiker Gerald Reitlinger meinte darin einen Wesenszwiespalt zu erkennen: »Wer sich ein Bild von der Besetzung der Sowjetunion nur aus den Tatsachen macht, die sich aus den Beweisstücken ergeben, welche dem Nürnberger Gericht vorlagen, ein Bild von Unterdrükkung, Mord und Elend, an dessen Richtigkeit freilich nicht zu zweifeln ist, wird überrascht sein, wieviel Sentimentalität und Romantik die Einstellung der deutschen Wehrmacht zu den Russen bestimmte.« Verwunderlicher noch dünkt, daß Terror und Romantik sich in kurzem Abstand denselben Befehlshabern entäußern. Was hat sie veranlaßt, den fremdartigen Kosaken, Kalmücken und Tataren den Zauber gotischer Abstammung anzudichten, wohingegen man die hochwüchsigen, blondhaarigen Weißrussen wegen slawischen Untermenschentums gequält hatte? Kochs Helotenprovinz mutet an sich nicht widersinniger an als die schwärmerische Heimholung von Sewastopol unter der Ortsbezeichnung ›Theoderichshafen‹. Anzunehmen ist, daß Heeresgruppe A keine Persönlichkeitsspaltung durchmachte und weniger nach Äußerlichkeiten und Ahnenforschung ging als nach Versorgungsleistungen, Nachschublinien, Hilfstruppen. Östlich Rostows funktionierte keine Bahnstrecke, und das erzieherische Gefühl, im Raume zu ersticken, tastete nach einem gastlichen Halt. Darum wurde die Truppe instruiert, die Kaukasusvölker als Freunde zu behandeln, den Bergvölkern die Bodenverteilung zu gestatten, durch Musterbetragen Vertrauen zu erwerben, jede strenge Maßnahme zu begründen, Eigentum zu respektieren und Requisitionen zu bezahlen. Dieser

Heeresgruppenbefehl vom Sommer 1942 proklamiert jene »Ostidiotie«, die Koch zufolge ebenfalls »ausgerottet« gehörte.

Die Deutschen waren ausgezeichnete Rußlandkenner. Millionen Soldaten und Offiziere hatten 1914 bis 1918 im Lande gestanden oder Gefangenschaft erlebt. Dem Reich diente ein Spalier von Rußlanddeutschen, aus dem Baltikum und den weitverstreuten deutschen Siedlungen gebürtig, sowie Scharen gestaltungshungriger Emigranten. Sie alle erboten sich, als Mittelmänner zwischen dem ermattenden Eindringling und einer Klientel taktischer Verbündeter aufzutreten. Die Verheerungen der Stalin-Despotie und der Drang ihrer Opfer waren sorgsam registriert. Daraus erwuchsen dem Reich Freunde. Dem kleinen Nomadenvolk der Kalmükken, denen die Bolschewisten ihr Vieh getötet hatten, um sie seßhaft zu machen, erschienen die brausenden deutschen Armeen als Erretter aus dem Übel. Nicht anders erging es dem 25-Millionen-Volk der Ukrainer, deren fünf Millionen bei der Landkollektivierung zur sibirischen Zwangsarbeit verschleppt worden waren. Ein Drittel davon hatte der Bau des Weißmeerkanals umgebracht.

Das Bersten der Tyrannei war im Sommer 1941 der erste Eindruck, den die Invasoren gewannen. Alles freute sich am Überfall. Der Empfangsjubel in der Ukraine und die Bereitschaft Hunderttausender Kriegsgefangener der südlichen Republiken, in den Kampf gegen ihre früheren Kameraden einzutreten, entzündete die Phantasie der Ostpolitiker. Deutsche und Sowjetvolk konnten den Sowjetismus Seite an Seite liquidieren. Er ginge, bei Anwendung der richtigen Psychologie, an sich selbst zugrunde. Das Bürokratenlaster, den Untermenschen zu ketten, verpaßte den geschichtlichen Ruf zur Sanierung Rußlands. Der dumme Kolonialgedanke ignorierte nicht nur die zentrale Chance des Krieges, er war zudem funktionsuntüchtig. Zu einer wirksamen Realisierung der Helotenpolitik, nach der Koch und seine Glücksritter schmachteten, gehörte ein gewaltiger Unterdrückungsapparat. So viele Beamte konnte das Reich gar nicht delegieren. Das Lebensraum- und Kolonialgeschwätz war für die Generäle ab Sommer 1942 erledigt. Damit ließ sich kein Krieg führen. Die Wehrmacht verlangte nach georgischen, armenischen, turkestanischen Legionen, »Untermenschen mit Eisernem Kreuz«.

Niemand pochte dringlicher auf Umkehr als die vormaligen Gouverneure des Schreckens, die Befehlshaber der Rückwärtigen Gebiete. »Mit einem Rußland als nur deutsche Kolonie wird der

Russe sich nicht abfinden«, mahnte der Berück Mitte im März 1942. Darauf wurde nunmehr geachtet, zumal von den Stellen, denen die Nachschublinien unterstanden: »Vorbedingung einer nachhaltigen Partisanenbekämpfung ist die Freundwilligkeit der russischen Bevölkerung« (PS 1685). Der Preis der Freundschaft ließ sich nicht abhandeln: nationale Autonomie und Bodenverteilung. Dagegen erhoben die Generäle keine Einwände. Wie konnte sie ein Gürtel deutschfreundlicher Satellitenstaaten von Estland bis Aserbaidschan bedrücken?

Anders gestaltete sich etwa die Lage der 14.000 Landwirtschaftsführer. Dieses niedergelassene Zivilverwaltungskorps, teils Beamte, teils Bauern, kontrollierte Anbau und Abgaben in den Kolchosen »im Interesse der deutschen Kriegswirtschaft« (NI 3777), längerfristig auch im persönlichen. Sie fühlten sich schon auf eigener Scholle, rechneten auf Koch, der die Ukrainer später hinter die Wolga werfen wollte, und traktierten einstweilen ihre Kolchosbauern in Gutsherrenmanier. Durch das Hinterland vagabundierten Schwärme von Parasiten, Wichtigtuern und Abstaubern, die sich als eigentliche Erobererrasse gebärdeten. Industrien und Gewerbebetriebe würden durch »Organisationen, Gesellschaften und Gebilde aller Art« annektiert, klagte Finanzminister Schwerin von Krosigk im September 1942, die seit einiger Zeit wie Pilze aus dem Boden schössen, ohne daß sich die deutschen Dienststellen in den Zuständigkeiten auskennten. »Wir selbst wissen nicht, was zu einer Behörde gehört, zu einer behördenähnlichen Gesellschaft oder zu der großen Gruppe eigennütziger Hyänen des Schlachtfeldes.« Privatiers drängelten in das schüttere Verwaltungsnetz und bewilligten sich märchenhafte Einkommen. Gewinnsüchtige Ignoranten übten die Treuhänderschaft über Firmen aus, »bei denen gering entlohnte Einheimische kraft ihrer besseren Kenntnis der Verhältnisse die wirkliche Arbeit leisten«. (NG 4900)

Der Interessenverein krallte sich auf Gedeih und Verderb in die Kolonialidee. Seine Wohlfahrt vertrug keine autonomen Republiken und keine Bodenverteilung. Dazu fehlte das wichtigste, Zehntausende von Landvermessern, wie Koch dem Führer anvertraute. Die Endausläufer des Weltanschauungskriegs wurden verteidigt von rafflustigen Benachteiligten, die in dem Lebensraum über sich hinauswuchsen. Die realitätsnahe Ostpolitik hingegen war das Bedürfnis der verirrten Militärkaste, der die Stoffe der Kriegführung ausgingen. Was ihnen unter den Händen zerrann, Mannstärke, Versorgung, Geländekontrolle, sollte ihnen aus dem Arsenal des Feindes zuwachsen. Das Mißgeschick ihres vorjährigen Ansturms wollen sie durch gegnerischen Zerfall vollendet sehen. Der glatte Seitenwechsel des Zivils war ihr letztes Aufgebot. Die Militärs interessierten sich durchaus nicht für die Emanzipation der Kalmücken. Sie suchten Ersatz für die überlangen Nachschubwege, für den stumpfen Terror, der zur Sicherung der Rückgebiete nicht ausreichte, und für unersetzliches deutsches Blut. Auch wenn Agrarmarkt und staatliche Entflechtung im Sowjetreich Liebhabereien deutscher Professoren und beamteter Ressortleiter gewesen sind, hingen die Vollzugsfelder doch vom Heere ab.

Auf einer Konferenz des Rosenberg-Ministeriums mit Stabsoffizieren und Befehlshabern Rückwärtiger Gebiete im Dezember 1942 tritt ein waghalsiges Konzept zutage: »Grundsätzliche Änderung der deutschen Haltung« zwecks »Angliederung von mehr als einer halben Million Russen, Ukrainer usw. an die Wehrmacht«. Daß ausgerechnet inferiore Ostvölker dem weltbesten Heere zu seinem entglittenen Siege verhelfen sollten, war für weltanschaulich festgelegte Gemüter ein Schock. Himmler, der Promoter der Untermenschenlehre, benötigte zwei Jahre, ihn zu verarbeiten. Den Generälen genügte vollauf »die Bereitschaft, gegen Sowjets im Bandenkrieg an der Front oder hinter der Front zu kämpfen«. Daran würde es nicht fehlen, »wenn es gelingt, eine völlige Abkehr von den bisherigen Methoden vor Augen zu führen«.

Die bisherigen Methoden glossierte der Nachrichtenchef des Ostheeres, General Reinhard Gehlen, luzide als ausgedienten Blödsinn: »Der Russe ist objektiv minderwertig; er ist somit als rechtloses Ausbeutungsobjekt anzusehen, zwecks hoher Arbeitsleistung kärglich am Leben und auf niedrigstem Wissensniveau zu erhalten.« Auf diese Beschreibung hin zieht kein Überläufer gegen seine Landsleute zu Felde. »Einsatzbereite Persönlichkeiten wollen nicht als Landsknechte dastehen, die ihr Vaterland ›für ein Stück Brot‹ verraten.« Wofür dann? Die Generäle ließen sich nicht lumpen und boten ein eigenes, entstalinisiertes Vaterland zum Preis. »Die Parole für diesen Raum kann angesichts der Bedeutung des Augenblicks nur lauten: Aufnahme der Bevölkerung als Verbündete im Kampf gegen die Sowjets unter verständnisvoller Zulassung eines Eigenlebens mit den erforderlichen politischen und wirtschaftlichen Konsequenzen.«

So vollmundig wie die Generalstäbler und Berücks es in Rosenbergs Büro formulierten, vermochten sie die Sowjetunion indessen nicht zu verteilen. Ihr Versuchsgelände, die Rückwärtigen Gebiete der Heeresgruppen A und B, waren von Stämmen besiedelt, die gar keine Staatwerdung anstrebten. Das moslemische Bergvolk der Karatschaier erhielt die Liquidierung seiner Kolchosen und Kollektive bewilligt: »Laut Verfügung der Heeresgruppe A ist der frühere Staatsbesitz im Autonomen Gebiet der Karatschaier dem Volk der Karatschaier zu treuen Händen übergeben worden.« Als zu alledem die Gründung einer karatschaischen Reiterschwadron bekanntgegeben wurde, kannte der Jubel keine Grenzen. Die Befreier nahmen Pferde, Hammel, Kühe, den Koran und prächtige Säbel entgegen. Im ganzen Süden erfuhr das Heer einen triumphalen Empfang. Es gelobte sich, anders als in der Ukraine, die Sympathien in kriegerische Leistung umzusetzen. In der Tat überfielen die 16 Kalmückenschwadrone sowjetische Restverbände, die durch die Steppe irrten, mit hemmungsloser Wut. Mit knapper Not retteten die Deutschen das Leben der Gefangenen und vermißten auch sonst neben enormen Reiterkunststücken den greifbaren militärischen Nutzen. Die Verbündeten bewegten sich auf Ponys fort und konnten weder passabel bewaffnet noch ausgebildet werden. All die durcheinandergewürfelten usbekischen, kasachischen, kirgisischen und tadschikischen Reitereien überforderten die Führungskraft des deutschen Unteroffiziers. Seiner Auffassung nach galt es hier, eine wüste Kolonialtruppe zu schleifen. Die Erlaubnis, Seite an Seite mit der Wehrmacht zu fechten, stellte eine solch beispiellose Vergünstigung dar, daß sich weitere Courtoisie erübrigte. Soweit östliche Legionen zur Sicherheit mit deutschen Landsern vermischt waren, hielten diese den Einsatz für eine Zumutung und fanden keinen Sinn in der Allianz als den, ihr Blut zu schonen. Das nagte an der Zuverlässigkeit des Partners. Damit war es ohnedem schwach bestellt. Wenn auf der Gegenseite Stammesbrüder fochten, fehlte zum Überlaufen nur ein Schritt. Hin und wieder wurde er getan. Von da an bestand genereller Argwohn.

Hitler verfolgte schaudernd, wie die Befehlshaber und Ostexperten sich mit Hunderten von Komitees, Sippen, Dorfatamanen und gefangenen Stalin-Generälen abgaben, um daraus eine Truppe zu schmieden. Sie fahndeten fieberhaft nach einer nationalen Führerfigur, die ähnlich ihrer eigenen, die Bruchstücke der gesplitterten Union verschmölze zu einer unwiderstehlichen, stürmischen Befreiungsarmee. Warum eine solche Kraft sich dauerhaft deutschen

Interessen verschreiben sollte, wußte niemand Hitler darzulegen. Unschlüssig, wie er war, hielt er den Zank zwischen Kolonialisten und Ostpolitikern im vagen. Politische Kriegführung behagte ihm. Nützliche Kreaturen, betrogene Werkzeuge, aufgewiegelte Instinkte und destabilisierte Gegner waren wahrlich sein Metier. Darum zweifelte er, daß theoretische Tröpfe wie Rosenberg damit zurecht kämen. Die hölzernen Generäle verstanden erst recht nichts von der Psychologie des Verrats. Diese kalkulierten in fixen Größen und ließen sich von der Aussicht auf eine Million Mann zu ihrer Verfügung blenden. Hitler hingegen witterte die Mentalität, die Generationen währende Knechtschaft bewirkt: Wankelmut, Undank, Treuelosigkeit, Kapitulation. Auf ukrainische Armeen wäre niemals Verlaß. In der Gefahr gäben sie nach, lösten sich auf, und Auflösung pflanzt sich fort in die gesamte Front. Solche Verbündete ruinierten nur die eigenen Nerven. Die deutsche Truppe aber verlöre das Kriegsziel aus dem Auge. Für die Befreiung der Esten und Kalmücken opfert der Soldat nicht sein Leben. Wenn die Rote Armee aufweichte, dann nicht wegen der Lockungen eines Überläuferverbandes von mäßiger Kampfkraft.

Die Generäle, ausgelaugt von der dauernden Knappheit, reckten sich einem Phantom entgegen. Wie stets stopften sie Löcher, um andere aufzureißen. Um den Krieg zu gewinnen, gaben sie das Kriegsziel preis. Die gefesselten Nationalitäten ließen das Reich die Befreiungsschlacht schlagen, verbündeten sich ihm eine Zeitlang, trieben anschließend selbstsüchtige Kleinstaatenpolitik und lieferten sich dem Meistbietenden aus. Was nutzte der Sieg, wenn er in den leidigen Vorzustand einmündete? Das Reich benötigte den krisenfesten eurasischen Kontinentalblock. Ein Gewimmel einander spinnefeindlicher Sezessionsstaaten, die sich Beistand bei Türken, Briten, im Baltikum, in Skandinavien liehen, beförderte nicht den Endkampf mit den Anglo-Amerikanern, verstrickte die Deutschen stattdessen in absurde Fehden zwischen Balten und Polen, Weißrussen und Ukrainern, Mongol- und Turkvölkern und händigte die Macht einer Clique weltfremder Phantasten aus, die Hitler als definitive Nutznießer der Ostpolitik ansah. Rosenbergs Gewährsleute, die ergebenen Marionetten künftiger Nationalregierungen, entstammten der Emigrantenboheme. Dort war Hitler absolut heimisch. Niemand übertraf seine Verachtung gestrandeter, nichtsnutziger Existenzen. Er begehrte keine Operettenrepubliken nach Statur dieser lebensuntüchtigen Sektierer, sondern den Staat Stalins. Der Rußlandkrieg hat seine Gestalt aus dem Versuch, dieses Zwangsgebilde gleichzeitig aufzulösen und zu beerben. Daher das Equilibrium von Bolschewistenfresserei und bolschewistenmäßigem Terror.

An und für sich sind die zwei Despotien gar nicht zu verwechseln. Der Führer quälte im Reiche Minderheiten, getragen von soliden Mehrheiten. Diese wünschten, daß Marxisten und Juden Deutschlands Elend heimgezahlt werde. Stalin hat vor dem Kriege keinen Mehrheitswillen vollstreckt. Die Landkollektivierung und die Große Säuberung haben vielmehr die Überzahl des Volkes mit beispiellosem Terror gefügig gepreßt. Der jugoslawische Kommunist Milovan Djilas beobachtete in Stalins Umgebung ein Daseinsgefühl von Eroberern in Feindesland. Dementsprechend ist zu Recht angemerkt worden, daß allein die Agrarkollektivierung mehr Opfer gekostet hat als der Erste Weltkrieg an allen Fronten. Mit der Auflösung des bäuerlichen Kleineigentums sind zwischen 1929 und 1934 15 Millionen überschüssiger Personen aus der Landwirtschaft gejagt worden. Deportiert in die Weißmeerregion und nach Zentralasien, fiel schließlich die Hälfte der Vernichtung durch Arbeit zum Opfer. Weitere sieben Millionen Personen hat die KPdSU durch Konfiskation ihrer Agrarprodukte dem Hungertod ausgeliefert. Dann wurde die Partei dezimiert. Etwa 15 Millionen Personen gelangten in das Lagersystem, das eine zweistellige Millionenzahl nicht überlebt hat.

Bevor Hitler in diesen Menschenverschleiß- und Vernichtungsstaat einfiel, enthielt sein Mordregister nichts entfernt damit Vergleichbares. Keineswegs, weil er der harmlosere Despot war, sondern weil er nicht ähnliche Menschenmengen vergewaltigte. Hitler beherrschte in Deutschland ein Drittel der Menschenanzahl, die Stalin kommandierte, hatte aber bis zum Juni 1941 nicht ein Prozent von dessen Blutopfern erreicht. Schwer vorstellbar, wer im Reich bis zum Juni 1941, außer den 100.000 Geisteskranken und einigen tausend Oppositionellen, hätte vernichtet werden sollen. Von Ende Juni bis Anfang Oktober 1941 erzielten Wehrmacht und SD außerhalb von Kampfhandlungen ein Vielfaches aller Toten aus bisher acht Jahren Nationalsozialismus. Zuvor rührten die radikalsten Maßnahmen aus der Besetzung Polens, die von der SS in kollegialem Austausch mit dem im Ostsektor des Landes tätigen NKWD verübt wurden. Dessen Radikalismus, wie etwa die pauschale Ausrottung des polnischen Offizierskorps, trauten sich die deutschen Polizisten einstweilen noch nicht zu. Neu war ihnen auch die systematische Anstiftung der ukrainischen und weißrussischen Minderheiten, das vormalige polnische Herrenvolk zu erschlagen. Im Baltikum und in Galizien kamen die Einsatzkommandos 21 Monate später auf diese Methode zurück. Nicht, daß Hitler Stalin imitiert hätte, auch wenn er dessen Grausamkeit rühmte. Unzweifelhaft aber stand Hitler zum ersten Male im Begriff, einer Menschenmenge von der Größe seiner eigenen Bevölkerung, 60 Millionen, Plagen zu bereiten, die jenen Stalins auf die Dauer gleichkamen. Das Schicksal der Kriegsgefangenen im Rückwärtigen Heeresgebiet kennt seiner Dimension nach nur einen Vorläufer, die von der KPdSU 1933 in der Ukraine angezettelte Hungersnot.

Die Heeresoffiziere hatten den Anblick abertausendfacher Auszehrung an reglos ihnen preisgegebenen Männern noch niemals erlebt. In der Ukraine kannte man die blauverfärbte Haut über skelettierten oder aufgedunsenen Körpern, die erloschenen Augen in noch atmenden Gesichtern, die wie gefallenes Laub verstreuten Leichen, die im Schneewasser und in den Bauernhütten verwesten. Das Gefangenensterben war die zweite Ausrottung innerhalb von acht Jahren. Die erste hatte fünf Millionen Ukrainer, zwanzig Prozent der Bevölkerung, hinweggerafft. Dorfgemeinden gingen restlos ein, wie von dem Hauch der Pest berührt. Zehntausende von Bauern krochen durch Wälder und Sümpfe in die Großstädte, um zu betteln. In Kiew las man allmorgendlich hundert Leichen auf. Der Boden wurde zur Sphäre des Dahinscheidens. Menschen lagen ausgestreckt danieder, von Ungeziefer angenagt. Die Polizei karrte Schlangen von Sterbenden von der Schwelle der Brotläden in Gruben am Ortsrand. Die Hungernden hatten die Kraft nicht mehr, um zu stehen, noch, um zu sprechen. Sie flüsterten und bewegten unendlich langsam die geschwollenen Glieder. Es gab keine Kinder. Die Kindheit war aus den vergreisten Gesichtern gewichen. Ihre Münder wollten sich nicht mehr schließen, die Nasen staken, Schnäbeln gleich, in fratzenhaft zugerichteten Köpfen. Die Bauern brachten die Kleinen vor dem Tode in die Städte, die von Waisen überquollen. Man steckte sie bei Gelegenheit in eingezäunte Areale, ließ keine Nahrung ein und wartete, bis die Schreie verstummten. Auf dem Lande verfielen Eltern dem Wahnsinn. Manche verzehrten ihre Nachkommen. Die Parteifunktionäre lebten auskömmlich. Sie hatten die Hungerepidemie als Umwälzung der Klassenstruktur ausgelöst. Das Kleineigentum starb ab zum Beweise, daß außerhalb des kollektiven Landwirtschaftssystems kein Leben Zukunft besitze. So legitimierten sich die stalinistischen Erzieher, die dahingehend erzogen waren, daß der Fortschritt fossile Gesellschaftselemente verschlingt.

In der ›Entkulakisierung‹ kamen Schädlinge um, deren geschichtlich ausgelaufenes Leben dem Staat verfallen war. Die Große Säuberung rief weitere Millionen Personen auf, die wie Aas die Luft verpesteten. Die Redensarten sind alt, doch hatte dergestalt noch keiner Ernst damit gemacht. Das Aas war Deklarationssache. Der Fäulnisgeruch lag jenseits der Wahrnehmung und wurde staatlich verkündigt. Die Verkündiger selbst, die Geheimpolizisten, wurden nach einer Zeit selbst zu Aas, Trägern des Faschismus usw. So willkürlich die Nominierung zum Volksschädling geschah, wurde sie dennoch für Tatsache gehalten. Nur der Betroffene glaubte an einen Irrtum. Die Existenz der Fäulnis stand außer Zweifel. Obwohl ein kolossaler Beamtenapparat an der Enttarnung arbeitete, traf sie beliebige Personen. Den Gemeinden wurden Sollziffern an abzuliefernden Schädlingen befohlen. Das Quantum war entscheidend, nicht die Richtigkeit des Nachweises. Es gab ihn gar nicht. Den Nachweis des Schädlings bildete die Polizei, die ihn suchte.

Das alles erregte Hitlers ehrlichsten Respekt. Seine privaten Bemerkungen zu Stalin, den er wie keinen zweiten preist, heben vier Eigenschaften hervor:

1. Die weltanschauliche Ungebundenheit. »Der Bolschewismus ist ihm ein Mittel zum Zweck.« Die Ideologie tarne die Machtexpansion, »in Wirklichkeit ist er nur Rußland«. Die »bolschewistische Idee« diene als Phrase für den »Hunnensturm«. Das Endziel, »die Bolschewisierung Europas«, appelliert an die »Blödsinnigkeit unserer Massen«, damit »die Türen geöffnet« würden.
2. Die vollendete Instrumentalität des Terrors: »Die Juden hat er benutzt, um die Intelligenz der Ukraine zu beseitigen. Dann hat er Züge von Juden nach Sibirien geschickt.« Feinde werden ausgerufen, um soziale Kontrolle auszuüben. Die Charakteristik des Feindes gehorcht Nützlichkeitserwägungen.
3. Die Aufbauleistung: »Stalin hätte mit der Zeit eine ungeheuer industrialisierte Welt aufgerichtet, unter gänzlicher Mißachtung der breiten Massen, aber mit einer gewissen Phraseologie und unter Hebung des Lebensstandards seiner Unterführer.« Die Größe der aus dem Boden gestampften Industriekomplexe und

Verkehrslinien aber sind das Sprungbrett zur Weltherrschaft: »Wenn Stalin noch 10 bis 15 Jahre an der Arbeit geblieben wäre, wäre Sowjetrußland der gewaltigste Staat der Erde geworden, da können 150, 200, 300 Jahre vergehen, das ist so eine einmalige Erscheinung!«

4. Die Einheit von Vernichtungsenergie und geschichtlichem Werk: »Der Stalin ist auf der einen Seite eine Bestie, auf der anderen ein Gigant. Die sozialen Dinge sind ihm egal. Er läßt die Leute verrecken. Das ist ihm wurscht.« Das Verrecken dient indes nicht blutrünstigem Machtgenuß, sondern erfolgt aus selbstloser Askese: »Man muß sagen: das ist eine ungeheuere Persönlichkeit, ein richtiger Asket, der mit eiserner Faust dieses Riesenreich zusammengefaßt hat. Nur, wenn einer sagt, das ist ein sozialer Staat, das ist ein ungeheurer Schwindel! Das ist ein staatskapitalistischer Staat: 200 Millionen Menschen, Eisen, Mangan, Nickel, Öl, Petroleum und was man will – unbegrenzt. An der Spitze ein Mensch, der sagte: Finden Sie den Verlust von 13 Millionen Menschen zuviel für eine große Idee?«

Demzufolge bestand Stalins einziger Fehler darin, nicht Hitler zu sein. Was immer dieser dem Marschall zum Ruhm anrechnete, strebte er seinerseits an: die Ausbeute des sowjetischen Wirtschaftspotentials als Basis zur Welterstürmung. Stalins Mittel schienen sachgerecht und hatten sich bewährt. Nichts widersprach dem, darin fortzufahren. Änderungen resultierten aus der Notwendigkeit, den epochalen Mann abzulösen. Hitler dünkte sich dazu genau der richtige, gebot er doch gleichfalls über eine Ideologie, die ihm die Pforten der Blödiane öffnete, über die Askese, das Leben millionenfach dem Geschichtsziel zu opfern, und über die eiserne Faust, Riesenreiche zu verschmelzen.

So trat Deutschlands populistischer Führer, nachdem er einige mürbe europäische Länder mit mäßiger Gewaltanstrengung unter Kontrolle gebracht hatte, in eine Welt ein, die mit einer Destruktivkraft ohnegleichen grandios eingepfercht und aufgebaut wurde. Hier fanden Hitler und seine Getreuen die ideale Schmiede ihrer Erobererbahn, nebst dem Faszinosum eines Machtgebrauchs, der das Massenprinzip mit dem Vernichtungsprinzip koppelte: Überflüssige Esser, Ballaste der Ordnung, Hülsen verschlissener Arbeitskraft, Keime des Widerstands, Inkarnationen des Volkszorns und beliebige Exempel der Abschreckung gingen zugrunde, um die richtigen Organe der Produktionsschlacht zu drillen. Was immer die Kolonialstrategen erfinden mochten, existierte schon. So schlüpften sie in Stalins würgerisches Kolchos- und Abgabesystem wie in seinen erprobten Flächenterror. Die Terrormannschaften waren allerdings weit dürftiger, der Krieg machte eigene Ansprüche geltend, und die Gegenseite behauptete ihre gereiften Zwangskapazitäten.

Die ostpolitische Alternative der Humanisten bei der Heeresgruppe A mündete hauptsächlich in Trecks panisch geängstigter Kosaken, Kalmücken, Osseten, Tadschiken, die den Rückzug behinderten. Ende Dezember 1942, von Roques war soeben aus Altersgründen in den Ruhestand geschieden, zerbrach das Patronat über die nordkaukasische Autonomiebewegung. Deutsche Niederlagen hatte sie nie in Betracht gezogen. Der Kollaps der allgewaltigen Sowjetmacht erschien dermaßen schmählich und der Siegeslauf der Wehrmacht so unaufhaltsam, daß sich keine Entscheidung stellte. Der gewichene Druck ließ den Jubel erschallen. Als die Rote Armee zurückkehrte, wußten die Stämme, die Hitler als dem neuen Khan gehuldigt und ihm goldenes Zaumzeug dargebracht hatten, was sie erwartete.

Heeresgruppe A bildete einen Flüchtlingsstab, der neben der Organisation der eigenen winterlichen Rückzugsbewegung den Exodus der Befreiten steuerte. Die Truppe verpflegte sie und wies den Marschsäulen die Routen an. So gelangten die Kalmücken in 18 Monaten nach Schlesien, die Kosaken nach Norditalien und die Kaukasier in die österreichischen Alpen. Zurückbleibende wurden von den Verfolgern niedergemacht. Insgesamt schleppten sich Millionen derer, denen die Ostpolitiker kunstvoll Vertrauen eingeflößt hatten, mit dem Heere nach hinten, statt ihm nach vorn zu verhelfen. Hitler sah seine Ahnungen bestätigt. »Letzten Endes gewinnt man keinen Krieg mit politischen Salontricks.« (NO 1856)

Die Bevölkerung im Besatzungsgebiet reagierte nicht minder berechnend als die Ostpolitiker. Als Stalin und die Wehrmacht um die Entscheidung stritten, verhielt sich das Zivil lähmend passiv. Zwischen den Mahlsteinen gedeihen keine politischen Ideale. Die Ungeduldigen, die vorzeitig dem Falschen aufgewartet hatten, hefteten sich an seine Fersen und fielen ihm zur Last. Nach der Rückeroberung rottete Stalins Polizei wie eh und je aus, was zweifelhafte Loyalität bewiesen hatte. In Charkow tötete das NKWD jeden vierten zurückgebliebenen Einwohner.

Die Ostpolitik saugte ihren Honig unter den Bedingungen unangefochtener, weiträumiger Besatzungsherrschaft. Als der Befreiungsappell reüssierte, schien er nicht nötig, und als er nötig wurde, hat er nicht mehr reüssiert. Die Kollaborationstruppen liefen mit scharfer Waffe zu Stalin über, die Bauern gehorchten den Partisanen und die weichende Wehrmacht bekehrte sich erneut zu der Regel, intensiveren Schrecken auszuströmen als die Sowjets.

Teil V
Gerechter und ungerechter Krieg

Kapitel 10
Die Verteidigung der schlechten Sache

Atomschlag; Verträge

Im Herbst 1948, als das Nürnberger Gericht sein Urteil im OKW-Prozeß beriet, brachte der Nationale Sicherheitsrat der Vereinigten Staaten von Amerika den Plan eines Rußland-Kriegs zu Papier. Er sah den Abwurf von 300 Atombomben vor. Zu Zielen waren Waffenfabriken, Elektrizitätswerke, Flugplätze, Nachschub-Basen, Ölanlagen, Kommunikationslinien und Befehlszentren bestimmt. Hierzu zählten die Städte Moskau, Leningrad, Kiew, Minsk, Charkow, Rostow, Sewastopol, Odessa, Baku, Taschkent, Omsk, Nowosibirsk, Irkutsk, Kabarowska und Wladiwostok. Die Voraussetzung der amerikanischen Luftoffensive sei eine sowjetische Aggression gegen Westeuropa. Dessen Einverleibung in das Sowjetimperium blähe den roten Kriegsapparat ungebührlich auf. »Sowjetische Herrschaft über das Machtpotential Eurasiens, ob durch militärischen Angriff oder durch politische und subversive Mittel, wäre für die Vereinigten Staaten strategisch und politisch nicht hinnehmbar.«

Die westeuropäischen Staaten hatten sich im Frühjahr 1948 in Brüssel zum Abschluß eines Beistandspakts versammelt. Indes traute Washington den Nationen nicht die zur Selbstverteidigung gehörige Einmütigkeit zu. Labil und permissiv veranlagt, seien diese Demokratien längst von den Parteigängern und künftigen Kollaborateuren des Bolschewismus durchsetzt. Die Rote Armee benötige höchstens dreieinhalb Monate, um Kontinentaleuropa zu unterwerfen. So traten die USA am 4. April 1949 einer westlichen Militärallianz bei. Dadurch würde der erwartete Sowjetangriff ein Bündnisfall sein, und der Atomschlag erfolge in Selbstverteidigung.

Der Sowjetunion, der stärksten Landmacht der Erde, vermochten die Europäer nichts Aufhaltsames entgegenzustellen. Zwischen 1940 und 1948 hatte Stalin 116 Millionen Menschen auf

877.000 Quadratkilometern unter seine Kontrolle gebracht. »Kommunistische Ideologie und sowjetisches Verhalten stellen klar, daß die letztliche Zielsetzung der Führer der UdSSR in der Weltherrschaft besteht.«

Sie zündeten im August 1949 ihre erste Atombombe und verfügten Ende des Jahres über vielleicht zehn Exemplare. Bis zu Stalins Tod im Jahre 1953 waren über einhundert Stück hergestellt. Den Vereinigten Staaten, die bereits 1949 dreihundert Atombomben besaßen, empfahl sich insoweit die Entfesselung eines Präventivkriegs. Rechtspflichten erscheinen unter Umständen abwegig. »Angreifer ist, wer die erste Atombombe abwirft«, höhnte Carl Schmitt im Oktober 1947. »Pflicht zum Abwarten des Abwerfens der ersten Atombombe!« Doch mag die Prävention, wie Hitler erfuhr, das Fiasko heraufbeschwören, dem sie zuvorkommen will. Das Pentagon prüfte seine Möglichkeiten und resignierte vor den militärischen Risiken. Der Air Force fehlte die Kapazität zu einer konzentrierten Vernichtungsattacke. ›Dropshot‹, der Plan des Nationalen Sicherheitsrates, kreiste deshalb um die lähmende Vergeltung für einen um das Jahr 1957 erwarteten sowjetischen Blitzangriff auf Westeuropa. Die ausgerechnet während des OKW-Prozesses sich zuspitzenden Feindseligkeiten verleiteten den Rechtsanwalt von Keller, dem Angeklagten Lehmann zugute zu halten: »Angesichts der Entwicklung, die das Verhältnis der Sowjetunion zu der übrigen Staatswelt inzwischen angenommen hat, liegt die Frage nahe, ob nicht das gegenwärtige Verfahren, soweit es – zumal unter Beschränkung auf die eine Seite – Fragen der Kriegführung gegenüber Rußland zum Gegenstand hat, schon zu einem Anachronismus geworden ist.« Die zur Beurteilung stehenden Methoden der Wehrmacht stellten den jetzigen Widersachern der Sowjetunion die Frage, »wieweit diese Maßnahmen durch außergewöhnliche Verhältnisse und Erscheinungen auf der anderen Seite verursacht worden sind«. Nachdem Deutschland lange genug »die sehr starke Expansionskraft des russischen Staates aufgefangen hat«, sah Leebs Verteidiger Laternser die Eindämmung der »slawischen Massen« den Westalliierten überantwortet, »und wir können schon heute den Einfluß beobachten, den diese Tatsache auf ihre Militärpolitik ausübt«.

Die Nürnberger Gerichte wünschten die alliierte Kriegführung nicht erörtert. Der Verteidigung wurde regelmäßig bedeutet, daß eventuelle Untaten der Gegenseite die Klienten nicht entschuldigten. Die Regel galt als konstitutiv, hat aber nicht zum Ruhme des

Verfahrens beigetragen. Es war dies naturgemäß ein Begehr der Anklagebehörde. »Ich denke, man soll zwei Dinge vermeiden«, hatte der britische Ankläger Sir Maxwell-Fyfe bei der Vorbereitung des Hauptkriegsverbrecherprozesses gewarnt: »Das eine ist Nazipropaganda, das andere ist der Prozeß über die Handlungen der anklagenden Länder. Wir möchten nicht, daß die Verteidigung den Prozeß umdreht zu einem Angriffsversuch und in den Augen der Öffentlichkeit ein Prozeß gegen die Handlungen der Anklageländer herauskommt.« Die Prozesse waren volkserzieherisch motiviert, sollten Abscheu vor der Nazi-Barbarei und Zuversicht in die Rechtskultur der siegreichen Republiken stiften. Als Humanitätsstreiter erhoben sie sich zerschunden, doch in Ehren vom Schlachtfeld und bekräftigten vor den Geschlagenen und der Welt, unter welchem Zeichen gesiegt ward. Nun war es aller Zeichen, dazu mußte es blank sein.

Eine wirksame Verteidigung konnte allein in dem Argument bestehen, daß die Kriegführung beider Seiten sich den militärischen Aufgaben nach unterschied, nicht im Rechtsgewissen. Die Westalliierten hatte keine Kontrolle riesiger Besatzungsgebiete mitten im Landkrieg beschwert. »Es war ein Alptraum, den wir nie vergessen werden«, wie Feldmarschall Jodl in seiner Zelle haderte. »Kampf in einer Wildnis von Raum und Schnee ... Und jetzt stellen diese verdammten Juristen dumme Fragen darüber, wer ein Dokument abgezeichnet hat! Das kann einen doch wirklich zum Platzen bringen. Warum lesen sie nicht über Napoleons Rückzug von Moskau nach! Unserer war noch schlimmer.« Die schlimmsten Greuel waren zwar in der Zeit des deutschen Einmarschs verübt und vor dem Feldzug angeordnet worden, doch nicht mutwillig. Die Wehrmacht nahm sich das jämmerliche Schwinden der Grande Armée zu Herzen. Derart wollte sie nicht verenden. Deshalb mußte die Generalität dem Volkskrieg vorbeugen, wie Laternser enthüllte: »Der Partisanenkampf ist ein integrierender Teil der russischen Kriegführung. Schon 1812 fiel der Beteiligung der russischen Bevölkerung am Kampf ein wesentlicher Anteil an der Katastrophe Napoleons zu. Auch das deutsche Oberkommando wußte von diesem zu erwartenden traditionellen Partisanenkampf ...«

Der US-Sicherheitsrat hatte ebenfalls das Debakel einer Rußlandarmee vor Augen. Er trachtete den Torheiten Hitlers auszuweichen: »Die Lehren der Geschichte, die Weiten der UdSSR und der große Aufwand an Mannstärke und Logistik, alles deutet auf die enormen Schwierigkeiten einer größeren Landoperation in der UdSSR.« Eben jener Tortur der Wehrmacht wollte man sich keinesfalls unterziehen. Bevor der Gegner nicht die Fähigkeit eingebüßt habe, sein Heer zu rüsten, zu versorgen und zu transportieren, sei kein Einmarsch ratsam. Für die Besetzung waren 23 Divisionen veranschlagt, ein Sechstel der Angriffsformation der Wehrmacht. Die Strategen rechneten nämlich damit, daß der Gebrauch der Atomwaffe »Bedingungen von Chaos und äußerster Konfusion schaffen würde«. Einstweilen blieben die Begriffe davon abstrakt. »Es scheint jedoch logisch, davon auszugehen, daß der psychologische Effekt, richtig genutzt, ein bedeutsamer Faktor ist für die Zeit und den Aufwand, die zur Beendigung der Feindseligkeiten aufgewendet werden müssen.« Weil die Zerstörung neben der Sowjetunion auch ihre politischen Satelliten treffen sollte, fürchteten die Planer Nachteile für den Warenaustausch. Die materiellen Schäden bewirkten womöglich den Zusammenbruch der westlichen Wirtschaft. »Es könnte sich in Zukunft empfehlen, das Konzept zur Vernichtung der physischen Mittel des Feindes zur Kriegführung aufzugeben zugunsten eines Konzeptes, das auf die Zerstörung seines Willens zielt durch selektive Angriffe auf begrenzte Komplexe oder Massenangriffe auf Menschen mit minimalen Schäden an physischem Besitz.«

Der Atom-Schlag dünkte aus doppeltem Grund unausweichlich. Die US-Streitkräfte waren der Aufgabe nicht leicht gewachsen. Im Gefecht zu Lande würden sie, zumal bei der Unzuverlässigkeit der europäischen Verbündeten, die Rote Armee kaum aufhalten. Zum Luftkrieg wiederum bedurfte es dringend britischer Flugplätze. Der kriegsentscheidenden Schockwirkung halber sollte das Zerstörungswerk innerhalb von dreißig Tagen vollbracht sein. So lange mochten die Startbahnen Vergeltungsschlägen widerstehen. Allerdings kalkulierte die Air Force Maschinenverluste von 55 Prozent. Wie der Zweite Weltkrieg lehrte, würden bereits bei der Hälfte die Piloten zu meutern beginnen. Darum schien konventionelles Bombardement riskant. Zehn Atomexplosionen täglich hinterließen aber gewiß den erforderlichen Eindruck.

Moskau und Leningrad würden am neunten Tage untergehen. Plan ›Dropshot‹, mitentworfen von dem US-Vizepräsidenten, dem Außenminister, dem Kriegsminister, dem CIA-Direktor, hätte in einem Monat mehr Zivilisten ausgerottet als die Wehrmacht in drei Jahren. Selbst den Nürnberger Anwälten, die unter der Kategorie der militärischen Notwendigkeit nahezu jeden Terror für erlaubt hielten, fehlten für eine solche Defensivstrategie die Begriffe. Orientiert an dem verflossenen Luftkrieg, konstatierte von Keller für seinen Klienten Lehmann: »Wer im Jahre 1907 im Haag die Delegierten gefragt hätte: ›Ist bei Fortentwicklung der Waffen eine Situation möglich, in der bei der Kampfhandlung eines einzigen Tages 180.000 Zivilpersonen im Einklang mit dem Völkerrecht getötet werden?‹, der würde von einem Sturm der Entrüstung weggefegt worden sein!« Daran besteht kein Zweifel. Eigentümlich ist nur, daß den Anwälten jede Entrüstung fernlag. Sie hüteten sich geflissentlich, die Zivilbombardements zu kriminalisieren, baute doch darauf die ganze Unschuld ihrer Klientel.

Die Deutschen suchten dem Gericht die wahrlich wissenswerte Antwort zu entlocken, wie der Stand des Kriegsrechts 1939 bis 1948 gewesen sei. Sie legten darin außerordentliche Beschlagenheit an den Tag. Das Gericht selbst sei rechtsfehlerhaft konstituiert. Als ordentlichen Kriegsgefangenen gebühre den Wehrmachtsführern nach Artikel 65, Genfer Konvention, ein Richterkollegium ihnen ranggleicher Offiziere. Die Feldmarschälle erachteten allenfalls eine Kommission amerikanischer 4-Sterne-Generäle für befugt und sachkundig. Den Rang hatten in der US-Armee zwei Personen inne, Eisenhower und MacArthur.

Neben den falschen Richtern wurde falsches Recht gerügt. Kontrollratsgesetz Nr. 10 inkriminiere teils nachträglich erfundene, teils verschwommene Delikte. Kein Offizier auf der Welt hätte dergleichen im Kriege für strafbar halten können. Allerdings galten die Nürnberger Normen allein für Straftäter der »europäischen Achse«. Sie wirkten sich auch später gegen keinen weiteren aus. Das ist ein mit der Universalität des Völkerrechts schlecht verträgliches Exempel. Schon die im Hauptkriegsverbrecherprozeß proklamierte Verpflichtung der Weltbürger auf das Völkerrecht weckte in den Anwälten heftige Skepsis. Der Gedanke ist erhebend, doch unrealisierbar.

Die Generäle waren zweifelsohne geschriebenem Kriegsrecht und faktischem Kriegsbrauch unterworfen. Ganz richtig erinnerte die Verteidigung daran, daß Haager Landkriegsordnung und Genfer Konvention den Soldaten nicht gradewegs binden. Er gehorcht nicht über den Kopf seines Kriegsherren hinweg dem Humanitätsgebot. Die Regeln sind eine Verabredung zwischen den unterzeichneten Staaten. »Die Vertragsmächte«, heißt es dort, »werden ihren Landheeren Verhaltensmaßregeln geben, welche der dem vorliegenden Abkommen beigefügten Ordnung der Gesetze und Gebräuche des Landkrieges entsprechen« (HLKO, Art. 1). So folgte der deutsche Offizier deutschem Recht, das die Haager Abmachungen als § 158 Militärstrafgesetzbuch statuierte. Dasselbe Militärstrafrecht verpflichtete ihn zugleich zum Befehlsgehorsam. Darin liegt die ganze Crux.

Befiehlt ein Staat jene Kriegsverbrechen, die er kraft Verbindlichkeiten nach Haager Landkriegsordnung prinzipiell verbietet, stürzt er den Untergebenen in einen Konflikt. Der Befehlsempfänger kann aber nicht laufend grübeln, ob ein Befehl mit der Kriegsordnung konform geht, Nachfragen stellen, Einspruch erheben. Er muß gehorchen, soll nicht das Heer in Diskussionen versinken. Darum empfängt der Vorgesetzte gewöhnlich einen Vertrauensvorschuß und ist der Untergebene im Gegenzug von der Haftung für ausgeführte Unrechtsbefehle bewahrt. Dies rechnet in den Streitkräften zu den praktischen Erfordernissen. Kein Staat toleriert, daß seine Subjekte zwiefachem Recht anhängen. Soviel räumen auch die USA dem Bürger nicht ein. Die Verteidiger präsentierten dem hochgestimmten OKW-Gericht die einschlägige Musterentscheidung des amerikanischen Obersten Gerichtshofs aus dem Jahre 1931, den Fall MacIntosh*.

Mackintosh, ein in den Vereinigten Staaten lebender kanadischer Staatsangehöriger, hatte dort um Einbürgerung nachgesucht. Seines Standes Theologe, wünschte er, die erforderliche Loyalitätserklärung mit einer Einschränkung zu versehen. Sofern die Vereinigten Staaten in einen Krieg einträten, wollte MackIntosh seine Gefolgschaft an eine Prüfung der Gründe binden. Einer nach seinem Urteil amoralischen Sache müsse er die Treue versagen. In einen ungerechten Krieg lasse ihn das Gewissen nicht ziehen. Der Oberste Gerichtshof hat diese Theorie mit fünf zu vier Stimmen verworfen. Der amerikanische Kongreß erklärt den Krieg, stellt die Armee auf und bestimmt, wer und auf welche Weise darin dient. Wenn aber Theologen eine überstaatliche Rechtsauslegung verweigert werde, fragte Laternser vor Gericht, wie könnten durch den Soldateneid gebundene Personen »ihren Gehorsam von ihrer eigenen Entscheidung abhängig machen«? Eine derartige Regel »würde in jedem Staate das Ende jeder wirksamen militärischen Organisation bedeuten«.

Es kann nicht jeder Soldat Krieg nach eigener Façon führen, seinen Frieden mit dem Gegner schließen und gegen die Regierung

* siehe Anmerkungen

rebellieren. In der postulierten Treue des Bürgers zum Völkerrecht entdeckte Carl Schmitt »die sehr konkrete, tiefere und unheimliche Frage, ob der Einzelne auch selbständig über Krieg und Frieden entscheiden soll«. Alsdann hätte auch jedermann Anspruch, privat zum Krieg und Bürgerkrieg zu schreiten. »Jawohl, Rückkehr zum Privatkrieg!« Die moralisierende Gesellschaft zerfällt in pazifistische Fahnenflüchtige, landesverräterische Saboteure und aufständische Wegelagerer. Das Recht des Querulanten aufzubegehren, verleiht ihm der Menschheitsgedanke. Die Angelsachsen sind aber von Thomas Hobbes, ihrem Staatsdenker, über dreihundert Jahre hinweg dazu erzogen worden, daß einzelne keineswegs im Staate Freund und Feind nominieren dürfen. Das wußten auch die Amerikaner, zumindest aber fünf von neun Bundesrichtern. Vier gehorchten bereits dem Diktat des Privatgewissens.

In den Augen der früheren Wehrmacht sublimierte der Nürnberger Völkerrechtsenthusiasmus die Bestialitäten der gerechten Kriegspartei. Die Amoralität des Geschlagenen legitimiert den an ihm vollstreckten Strafkrieg. Nach maßgefertigten Ausnahmegesetzen erwiesen sich die Deutschen als Outlaws und ihre Bezwinger als Zivilisationsretter. »Wahrhaftig«, notierte Carl Schmitt, »sie sitzen auf ihrer Gerechtigkeit wie auf einer Beute und erlauben keine sachliche Erörterung dieses Rechts. Die neue Lehre vom gerechten Krieg macht auch die Gerechtigkeit zur Beute ...« Der Sieger erbeute nämlich die Heiligkeit seiner Sache. Angesichts der schaurigen Innovationen, welche die westlichen Luftmarschälle der Kriegskunst vermacht hatten, bedurften sie dringend der Rechtsgründe. Die Neuzeit arbeite daran, den Menschen nuklear oder bakteriell zu vernichten. Der kriminell ausgetragene Krieg könne schlechterdings kein anderer als der gerechte Krieg sein. »Sonst darf er nicht stattfinden, und wer ihn gewinnt, wird keinen am Leben lassen, der an seiner Gerechtigkeit zweifelt.« Wer die Mörder ausschicke, müsse das Recht bestimmen können. »Man muß legal arbeiten.« Die »Helden und Märtyrer« des deutschen Heeres würden als Feinde der Menschheit beschimpft, damit die an Deutschland verübten Verbrechen als Humanitätsopfer erschienen. »Es gibt Verbrechen gegen und Verbrechen für die Menschlichkeit. Die Verbrechen gegen die Menschlichkeit werden von Deutschen begangen. Die Verbrechen für die Menschlichkeit werden an Deutschen begangen.« Was dies Volk aus dem Kriege gerettet hatte und fürderhin hegen sollte, war sein überlegenes Ethos. »Wir brauchen nicht zu weinen, weil wir die Atombombe nicht geworfen haben.« Es war keine vorhanden, die man hätte werfen können.

Die Sieger statuierten am 8. August 1945, dem Tag der Hiroshima-Bombe, freisinnig, was ihnen als Völkerrecht gefiel. Im Hauptkriegsverbrecherprozeß erschienen alsbald die Verfasser des Londoner Statuts teils als Ankläger, teils als Richter, um eben die Tatbestände zu ermitteln, deren Strafbarkeit sie soeben untereinander ausgemacht hatten. Dergestalt entsteht aber kein internationales Recht. Daß einer der Signatare der Justizmörder Iona Nikitschenko gewesen war, Vorsitzender in Stalins Schauprozessen, der 1946 die Personalunion von Gesetzgeber und Richter, von Weltgewissen und Unmensch verkörperte, bot der Verteidigungsseite jahrelang Stoff triftiger Polemik. »Die Mörder der einen sitzen über die Mörder der anderen zu Gericht«, notierte Carl Schmitt. Hinweise auf ihre Befangenheit verbitten sie sich. Das justizförmige Stadium des Krieges aller gegen alle breche an. »Dann ist jeder nicht nur jedes anderen Mörder, sondern auch Richter.« Gleich ein Dutzend erprobter Scheusale aus der Zeit der Stalinschen Säuberung stellten sich der Nürnberger Judikatur zur Seite, Folterknechte, Ermittler, Staatsanwälte, an der Spitze Andrej Wyschinski. Wyschinski betrieb eine amtliche »Kommission zur Leitung der Nürnberger Prozesse«, weilte am Gerichtsort und bearbeitete hinter den Kulissen die westlichen Kollegen. Er prüfte ihre Anklageplädoyers gemäß einer »Liste von Themen, die für die gerichtliche Erörterung unzulässig sind«, und ließ »unserer Meinung nach anstößige Stellen entfernen«. Lord Shawcross, einer der Zensierten, hielt Wyschinski für den Befehlshaber der sowjetischen Prozeßpartei, »seltsamerweise setzten uns seine Besuche überhaupt nicht in Erstaunen«. So hat Wyschinski das Verfahren überwacht, ausgerechnet Stalin am 6. November 1943 die Bestrafung des Angriffskriegs lanciert und Nikitschenko, der Henker Sinowjews, Kamenews und Pjatakows, den juristischen Kraftakten des Londoner Statuts nachgeholfen.

Die vier Siegermächte gebärdeten sich dabei wie Erlaßorgane für Völkerrecht. Maxwell-Fyfe mochte »es nicht dem Gericht überlassen, selbst auszulegen, welches die Grundrechte des Völkerrechts, die es anwenden soll, sind«. Auch US-Ankläger Jackson hegte Befürchtungen, »daß zu unserer Unterstützung das Völkerrecht, so wie es die letzten Jahre über bestanden hat, zu schwach ist«. Das Gericht könne mit Leichtigkeit feststellen, daß im Staatsauftrag handelnde Personen keine Straftatbestände nach Völkerrecht begingen. Darum müssen »wir ein Abkommen zwischen den 4 Mächten machen, welches in gewissem Sinne die Funktion der Gesetzgebung erfüllt«.

Entweder hat das Statut den Nürnberger Gerichtshof ermächtigt, Strafurteile nach Völkerrecht zu fällen, dann war es Sache der Richter, sich darin auszukennen. Oder die Signatare verkündeten Gesetze, dann waren diese kein Völkerrecht. Wenig überzeugend ist, daß Angeklagte der Verletzung eines Rechts geziehen wurden, das selbst den Richtern vorsorglich expliziert werden mußte, damit sie es begriffen. Daß Divisionskommandeure gegen die Führung eines Angriffskriegs meutern sollen, um nicht wegen Verstoßes gegen den Kellogg-Briand-Pakt eingesperrt zu werden, konnte allerdings kein Jurist von selber wissen.

Der Pakt von 1928, die Rechtsgrundlage des Anklagepunktes ›Aggression‹, verzeichnet im Text nirgends dies Wort, geschweige denn eine Verbotsdrohung. Feierlicher Miene verzichteten die Unterzeichner auf das Mittel des Krieges. Weil alle von der Impraktikabilität ihres Gelöbnisses überzeugt waren, erläuterten sie nebenher sich und einander, was sie im Grunde meinten. Kellogg, der Autor, hatte in den Konferenzen einer französischen Formulierungshilfe entraten, die zum Verzicht auf den puren Angriffskrieg riet. Er wollte eine Aussage gegen das generelle Übel des Krieges treffen. Doch in einem Begleitschreiben zu seinem Entwurf erläuterte Kellogg den interessierten Regierungen, was dem Krieger der Zukunft näher widerfahren solle: Er verlöre seine im Pakt verbrieften Rechte. Die übrigen Signatare wären nicht länger an einen Kriegsverzicht zu seinen Gunsten gebunden. Das verstanden die Briten als Abschaffung der ärgerlichen Neutralität. Dem Kriegführer dürfe im Sinne der Völkerbundsatzung von keiner Seite Hilfe zufließen. Er wäre blockiert. Stimson aber, der im Januar 1945 als Kriegsminister den Präsidenten drängen sollte, wegen Verletzung des Kellogg-Briand-Pakts Gericht zu halten, sperrte sich 16 Jahre zuvor selbst gegen das britische Sanktionsmodell. Der Pakt wirke allein durch den Einfluß der Weltmeinung und das Gewissen der Unterzeichner. Der Kongreß lehnte gar ein Waffenembargo gegen den Aggressor ab.

Briand, der zweite Namenspatron, fuhr fort, den Pakt auf eine »höchst spezifische und verabscheute Form«, nämlich die »selbstsüchtige und willkürliche Kriegführung«, zu beziehen. Gebrandmarkt mit dem Siegel der Illegalität, werde sich der Willkürkrieger die Zurückweisung und Feindschaft aller Mitunterzeichner einhandeln. All dies hat Hitler nicht erdulden müssen. Es ist auch später nie mit Aggressoren demgemäß verfahren worden. Ebensowenig hat Artikel 2 gehalten, was er trügerisch versprach: »Die Hohen Vertragschließenden Parteien vereinbaren, daß die Regelung und Entscheidung aller Streitigkeiten und Konflikte, die zwischen ihnen entstehen können, welche oder welchen Ursprungs sie auch seien mögen, niemals anders als durch friedliche Mittel angestrebt werden soll.« Strebsamkeit kostet nichts. Es war nämlich von vornherein ausgemacht, daß, unbeschadet allen Strebens, es den Nationen freistünde, jederzeit »ihr Territorium vor Angriffen oder Invasionen zu verteidigen«, wie die US-Regierung wissen ließ. Sie stimmte außerdem in Notenwechseln wortgleich mit Briand überein: »Jede Nation ist allein befugt, darüber zu entscheiden, ob die Umstände einen Rückgriff auf den Krieg zur Selbstverteidigung erfordern.« England und Japan pflichteten der Auslegung bei. Wer sich wehren muß, gibt die Entscheidung darüber nicht preis.

Der Verteidigungsfall ist sehr auslegbar. Kellogg etwa schloß ausdrücklich Maßnahmen darin ein, »Dinge zu verhüten, die das Land gefährden könnten« (»to prevent things, that might endager the country«). Ähnlich habe Hitler die Generäle im Februar 1941 instruiert, plädierte Laternser in Nürnberg: »Feldmarschall von Leeb hatte damals weder die Möglichkeit noch das Recht, diese Angaben Hitlers, deren Grundlagen im wesentlichen aus dem Gebiet der Politik stammten, nachzuprüfen ... Hitler hatte nicht gesagt, daß ein Angriff seitens der Sowjetunion unmittelbar bevorstehe. Aus seinen Ausführungen war aber hervorgegangen, daß er einen solchen Angriff in einem für Deutschland ungünstigen Zeitpunkt mit Sicherheit erwarte. Mit dieser durchaus nicht unvernünftigen Annahme, an die seine Zuhörer glaubten, waren die Voraussetzungen für die Ausübung des Rechts der Selbsterhaltung gegeben.« Darüber mußten sich die Generäle erst gar nicht den Kopf zerbrechen. »Wie hätte jemals einer der Angeklagten auf den Gedanken kommen können, daß er wegen Verbrechens gegen den Frieden zur Verantwortung gezogen werden würde, wenn er als Soldat die Befehle befolgte, die seine Regierung aufgrund ihrer Entscheidung über Krieg und Frieden ihm gab?« Außerdem stand die Wehrmacht bereits im zwanzigsten Monat im Feld, und Hans Reinhardt ließ seinen Verteidiger daran erinnern: »Ein Truppenführer, der in diesem Augenblick seine Truppe verlassen hätte, wäre in den Augen seiner Soldaten, seines Volkes und vor sich selbst ein Deserteur gewesen.« Die Ächtung des Kriegs als Mittel rationaler Politik führt außerdem zu einem desto irrationaleren Krieg. Auch Hitler gab sich als Adept Kelloggs und Briands zu erkennen, geißelte die jüdische Kriegstreiberei und hieß seine Truppe, die endliche Vernichtung der Vernichter in Angriff zu nehmen. Wer wollte sich dem entziehen? »Der Kellogg-Pakt schafft freie Bahn«, notiert Carl Schmitt. Der Atavismus des Krieges sei abgeschafft zugunsten des Atavismus der Ächtung. Den Geächteten zu erlegen ist aber ein Sittlichkeitsgebot. Es treibt den Vernichter des Vernichters zur »creatio ex nihilo«, der Neuordnung der Welt nach dem Tabula-rasa-Prinzip. »Der Krieg als Mittel der globalen Erdherrschaft ist der gerechte Krieg. Die Welt wird zum Gegenstand ...« Die alten Weltmächte wußten aber besser mit dem Gegenstand umzugehen als der aggressive Hitler. Das Aggressionsverbot macht zwangsläufig die Verteidigung zum idealen Angriff. »Sich verteidigen, das heißt, den Angriff dem Gegner zuspielen.« Alsdann mobilisiere man das Ächtungssystem der Kollektivsicherheit: »Jeder ist mitangegriffen, und der gerecht globale, globalgerechte Weltkrieg kann beginnen; rührend, das Friedenssicherung zu nennen.«

Auch der Waffenstillstand münde nicht in den Frieden ein. Der gerechte Krieger, der im Mittelalter die Unterworfenen versklaven und ihren Boden beschlagnahmen durfte, erbeute heutzutage die Verfassung und das Regime des Besiegten. Als niedergerungener Satan hat er seine Sozialexistenz verwirkt. Den Beweis seiner Ungerechtigkeit führt ein Gericht. »Der Sieger im gerechten Krieg macht sich zum Richter über einen Verbrecher, und je nach dem Maß des Verbrechens darf der Richter den Verbrecher hängen, lebenslänglich einsperren, einer Hungerkur und Zwangserziehung unterziehen, oder was er sonst für gerecht hält. Unbegreifliche Naivität dieser Juristen, die nicht sehen wollen, daß die Wurzel all dieser Problematik in der Lehre vom gerechten Krieg liegt.«

So färbt die Ungerechtigkeit des Aggressors das Urteil über die Militärs, auch ohne daß ihnen die Aggression ernstlich anzulasten war. Offenkundig begründete der kuriose Kellogg-Briand-Pakt für einen Panzergeneral nicht die Rechtspflicht zur Fahnenflucht. Gleichwohl schmälerte die schlechte Sache, die er verfocht, sein gutes Recht als Belligerent. Das Klima in Nürnberg entsprach jedenfalls nicht der Regel, daß Leeb als Justus hostis in Rußland weilte und die Heckenschützen, die ihr Land verteidigten, gesetzlose Banditen waren. So will es indessen das Kriegsrecht, demgemäß wollten die Angeklagten die Befehle ausgeführt haben. Doch messe das amerikanische Zivilgericht mit zweifacher Elle. Weil es die Wehrmacht der Aggression zieh, kriminalisiere man ihre Kampfesweise, die unter ähnlichen Umständen jeder Armee recht und billig sei.

Die »Nürnberger Gerichte«, bilanzierte Rechtsanwalt Otto Kranzbühler 1949, »waren bei der Behandlung des militärischen Befehls etwas die Gefangenen ihrer eigenen These. Sie erklärten in einigen Fällen, der militärische Befehl sei nur dann bindend, wenn er rechtsgültig sei, und er sei nicht rechtsgültig, wenn er etwas Verbotenes befehle. Der entscheidende Gesichtspunkt fehlt dabei, nämlich daß gerade die typischen Kriegshandlungen, z.B. Tötung von Menschen und Zerstörung von Gütern, nach den Maßstäben des Friedens immer verboten sind. Das Problem ist also, inwieweit der Kriegszweck solche Handlungen erlaubt und inwieweit sich der Untergebene dabei auf die Auffassung des Vorgesetzten verlassen darf. Die amerikanischen Gerichte nährten sich im tiefsten Grunde sehr stark von der Vorstellung, daß der gesamte Krieg ein Verbrechen ist und daher der Kriegszweck nichts erlaubt. Diese grundsätzliche Einstellung scheint mir die Erklärung dafür zu sein, daß die in Nürnberg aufgestellten Maßstäbe über die Verbindlichkeit des Befehls von keiner Armee der Welt akzeptiert werden können.« Zwar handelt der OKW-Prozeß von den Maßstäben des Kriegsrechts, das allerdings zur Zeit des Zweiten Weltkriegs lose geknüpft war. Seither sind die Normen präziser, der Krieg ist davon aber nicht milder geworden. Er schreibt sich seine Bräuche selbst.

Repressalienbrauch; Subjugation

Die Maschen der Haager Landkriegsordnung sind in dem Repressalienrecht und der Generalklausel der ›militärischen Notwendigkeit‹ untergebracht. Repressalien bestehen aus Unrechtshandeln, das gewisse Umstände legitimieren. Verletzt der Gegner die Regel, mögen grundsätzlich verbotene Maßnahmen dagegen ergriffen werden. »Die Repressalie«, erläuterte von Keller für den kundigen Lehmann dem Gericht, »ist nicht in sich legal, aber sie wird legal als Abwehr feindlichen Unrechts. Um das durch ein Beispiel klarzumachen: Eine Truppe wird von Freischärlern aus einem Dorf beschossen. Die Schuldigen sind trotz Nachforschungen nicht zu finden. Die Truppe hat schwere Verluste. Wiederholungen sind zu befürchten. Der Befehlshaber ordnet daher an, das Dorf anzuzünden. Das ist eine Repressalie, eine an sich verbotene Maßnahme, die Recht wird, weil sie feindliches Unrecht für die Zukunft abwehren will. Der Untergebene, der sie anbefohlen bekommt, übersieht oft gar nicht, welche Voraussetzungen zugrunde liegen.« Ein vorwärtseilender Verband kann eine Brückensprengung verdachtsweise aus umliegenden Dörfern heraus operierenden Saboteuren zuschreiben. Die Nachricht hinterbleibt einer Sicherungsdivision, die eine Kompanie mit Repressalien beauftragt. Es braucht den Vollstrecker nicht zu kümmern, ob zwischen den Dörflern und den Saboteuren nachweisliche Zusammenhänge bestehen. Er verläßt sich selbstverständlich auf die Befehlskette. Ob sie zum Verbrechen anstiften, ist den Befehlen nicht zwangsläufig zu entnehmen. Darüber geben oft nur Umstände Auskunft, die nicht auf jeder Befehlsebene neu kontrolliert werden.

Repressalien verletzen Unschuldige, soweit der Schuldigen nicht Herr zu werden ist. Das ist ohnedem das Axiom der totalen Kriegführung. Die Anwälte zitierten ölig die Vorschriften der amerikanischen und britischen Militärhandbücher, die maßgeblichen Kommentatoren des internationalen Rechts und mit eigenem Ingrimm die Anordnungen der Militärbefehlshaber im besetzten Deutschland.

Um unterschwelliger Parteilichkeit des Nürnberger Gerichts vorzubeugen, erklärten die Deutschen geradewegs, daß die Russen dem Aggressor rechtlich verpflichtet gewesen seien. Denn, wie der führende Kommentator ›Oppenheim-Lauterpacht‹ klassisches Völkerrecht darlegt, hängen Kriegsursachen und Kriegsregeln keinesfalls zusammen: »Was immer die Ursache eines ausgebrochenen Krieges sein mag und ob sie eine sogenannte gerechte Sache darstellt oder nicht – es gelten dieselben Regeln des Internationalen Rechts hinsichtlich dessen, was die Belligerenten im Rahmen ihrer Kriegführung nicht tuen dürfen, tuen sollen und tuen müssen. Die Regeln Internationalen Rechtes gelten für jeden Krieg, was immer auch seine Ursachen sind.« Das scheint ein weltfremdes Prinzip. Wenn das Weltgewissen den Aggressor rechtlos setzt, »hors de la loi«, wie Briand proklamierte, dann werden die Angegriffenen ihn schwerlich als Justus hostis achten. Das Volk beschießt ihn aus

Selbsthilfe und wegen Gefahr in Verzug. Das Verbrechen soll am raschen Erfolg gehindert werden. Soviel muß der Outlaw ertragen. Da auch seine Truppe in vermeintlicher Selbsterhaltung einrückt, fühlt sie sich zu Repressalien befugt, und alsbald gilt keinerlei Recht mehr.

Die Antinomie ist unauflöslich. Es walten in ihr die beiden konträren Anschauungen des gerechten Kriegs und der Gewaltschranken innerhalb des freien Kriegführungsrechtes. Die gerechte Sache entschlägt sich der Regeln und ist sich selber Rechts genug. Kriegsregeln wiederum legitimieren jeden Krieg, selbst den Hitlerischen. Die Anklagebehörde habe eingewendet, »bei einem Angriffskrieg seien diese Rechtsgrundsätze nicht anwendbar«, kritisierte von Keller, »die Bevölkerung habe ein Recht zum Widerstand auch bei effektiver Besatzung. Diese These ist unhaltbar.« Zumindest bestand darin Übereinstimmung in den Feldhandbüchern der westalliierten Nationen. Das ›British Manual of Military Law‹ schreibt: »Friedliche Einwohner dürfen nicht getötet oder verwundet noch in der Regel gefangengenommen werden. Wenn sie allerdings einen Versuch machen, feindselige Handlungen zu begehen, haben sie keinen Anspruch auf die Rechte der Streitkräfte und können als Kriegsverbrecher hingerichtet werden« (Kapitel XIV, Paragraph 19). Personen, die »in einem Gebiet unter feindlicher militärischer Besetzung«, besagt Paragraph 349 der ›US Rules of Land Warfare‹, »sich in Waffen gegen die Behörden, die von der Besatzungsmacht errichtet werden, erheben, ... können mit dem Tode bestraft werden, ohne Rücksicht darauf, ob sie sich einzeln oder in kleinen oder in großen Banden erhoben haben, ob sie von ihrer vertriebenen Regierung dazu aufgerufen wurden oder nicht« (Basic Field Manual, 1940). »Dort, wo die schuldigen Personen nicht identifiziert, zur Rechenschaft gezogen und bestraft werden können«, verlangt Artikel 358e des US-Reglements Kollektivmaßnahmen. »Dörfer oder Häuser usw. können verbrannt werden für feindselige Akte, die aus ihnen heraus begangen werden.«

Zum Beleg für die französische Auffassung führte von Keller den Kommentar zum Kriegsrecht von Pillot an, der »eine gewisse Interessensolidarität unter den Einwohnern einer Ortschaft« feststellt. »Wenn die Besatzungsordnung zu Unrecht verletzt worden ist, kann begreiflicherweise die Gesamtheit der Bewohner herangezogen werden, die Folgen des Fehlers eines der ihrigen zu tragen.« Fehler, die dem Täter die Todesstrafe eintragen, listet der britische

Kommentar ›Hall-Higgins‹ auf: »Informationslieferung an den Feind, Wegweiserdienste, welche die Invasionstruppen absichtlich irreleiten, Zerstörung von Telegrafen, Kanälen oder Brücken, Brandstiftung in Vorratslägern und Soldatenquartieren.« Von dem Erfordernis eines gerichtlichen Verfahrens sei nirgends die Rede, bemerkt Keller:

»Die Folge ist, daß der auf frischer Tat ergriffene Täter einem völkerrechtlich nicht beschränkten, dem Ermessen unterliegenden Vorgehen, einem ›summarischen Verfahren‹ unterworfen werden darf.« Die US-Regeln raten, daß kein Täter ohne Gerichtsurteil bestraft werden solle. Mit einer solchen Soll-Vorschrift – »aber das beruht nicht auf völkerrechtlicher Bindung« – verzichteten die Amerikaner auf eine Muß-Vorschrift. »Das deckt sich vollkommen mit der deutschen amtlichen Auffassung.« Die Kriegssonderstrafrechtsordnung von 1939 verbürge für gegnerische Straftäter prinzipiell einen Prozeß, allerdings mit dem Vorbehalt, daß der Gegner gleicherweise verfahre. »Daß von der Sowjetunion nicht die gleichen Rechtsgarantien zu erwarten waren, sollte angesichts der allgemein bekannten Methoden der GPU, später NKWD, gegenüber ihren eigenen Staatsangehörigen wie gegenüber den Angehörigen von Feindländern keines Beweises bedürfen.« Damit war der Gerichtsbarkeitserlaß Barbarossa pariert.

Insoweit der Erlaß Schandtaten deutscher Soldaten gegen sowjetisches Zivil von der Militärgerichtsbarkeit ausnahm, entgegnete die Nürnberger Verteidigung unwirsch, kraft welchen Satzes das Kriegsrecht den Befehlshaber dazu verpflichte? Ob er den Täter diziplinarisch oder justitiell strafen ließ, müsse die amerikanischen Ankläger wahrlich nicht kümmern. Schließlich gehörten sie selbst einer Justiz an, die gar keinen Verfolgungszwang kenne. In den USA gilt das Opportunitätsprinzip. Warum gereicht die nämliche Prozedur dem deutschen Offizier zum Verbrechen? Anstößig dünkt zwar die Barbarossa-Order, sowjetische Zivilpersonen auf blanken Verdacht hin zu strafen. Verdächtige aber bleiben zu Kriegszeiten nicht grundsätzlich ungeschoren. Zur Entlastung wies von Keller auf die Besatzungspolitik in Deutschland hin: »Nach dem geheimen ›Arrest Categories Handbook‹ des Alliierten Hauptquartiers waren in Deutschland und Österreich etwa 300.000 Personen in automatischen Arrest zu nehmen. Das Vorliegen irgendeiner strafbaren Handlung war nicht die Voraussetzung hierfür, es genügte vielmehr die Zugehörigkeit zu bestimmten

Organisationen oder die Dienstleistung in bestimmten Ämtern. Von den Organisationen sagt die Einleitung des Handbook: ›Man kann nicht sagen und tatsächlich ist es unwahrscheinlich, daß die ernsthafteste Gefahr für die Sicherheit der Besatzungsstreitkräfte von einer der aufgelisteten Organisationen ausgeht‹« (Dok. Lehmann 475). »Trotzdem wurde diese ›Arrest Policy‹ mit der Sicherheit der Besatzungstruppe begründet.«

Der Vergleich berührt die vorübergehende Internierung von Angehörigen der SS, des SD, der Gestapo, des Führerkorps der NSDAP. Keller gab an, daß noch 1948 höhere Funktionsträger dergestalt verwahrt wurden. »Die Alliierten Maßnahmen betreffen Personen, bei denen nicht nur keine strafbaren Handlungen vorzuliegen brauchen, bei denen vielmehr nicht einmal eine konkrete Gefährdung verlangt wird; es genügt, daß sie *gefährlich sein können.*« Die legendäre Direktive JCS 1067 der Vereinigten Stabschefs an General Eisenhower vom April 1945 ermächtigte explizit, »alle Personen, die möglicherweise bei weiterem Verbleiben auf freiem Fuß die Erfüllung ihrer Ziele gefährden könnten, sind ebenfalls zu verhaften und festzuhalten« (Dok. Lehmann 329). Eineinhalb Jahre später erlaubt die Weisung Nr. 38 des Alliierten Kontrollrats »die Internierung von Deutschen, die, ohne bestimmter Verbrechen schuldig zu sein, als für die Alliierten gefährlich zu erachten sind« (Dok. Lehmann 330). Und noch zweieinviertel Jahre nach der Kapitulation befugte das US-Außenministerium den General Clay zu Arrestierungen aus »übergeordneten Erwägungen militärischer Notwendigkeit« (Dok. Lehmann 331). »Ich erspare mir«, setzte von Keller eisig hinzu, »auf die gerichtsbekannten Zustände in der russischen Zone einzugehen.« Immerhin urteilte das Nürnberger Gericht nach einem von Marschall Schukow mitunterzeichneten Gesetzestext. In den Schweigelagern, die das NKWD in seiner Besatzungszone, zumeist in den Baulichkeiten der vorherigen KZs errichtete, starben zwischen 1945 und 1950 schätzungsweise 40 Prozent der Insassen, 65.000 Gegner der Besatzungsordnung.

Durch die mit dem Arrest einhergehende Isolation verbuchte Keller auch den deutschen Nacht-und-Nebel-Erlaß als kriegsbräuchlich gedeckt: »Die so in automatischen Arrest gekommenen Hunderttausende von Deutschen wurden durch die Besatzungsbehörde nach der Kapitulation bis Ende 1945, zum Teil noch länger, von der Öffentlichkeit vollkommen abgeschlossen. Sie durften in den Lagern weder Briefe noch andere Nachrichten absenden oder empfangen. Das Verbot betraf in den Internierungslagern unterschiedslos die Hunderttausende von Deutschen, die dort eingesperrt waren, unter ihnen viele Mütter von kleinen Kindern und viele schwangere Frauen. Es betraf in gleicher Weise die vielen Tausende von deutschen Soldaten, die in Internierungslager kamen, obwohl sie einen Anspruch auf Kriegsgefangenschaft hatten mit dem Recht, schon am ersten Tag schreiben zu dürfen (Dok. Lehmann 351, 352, 361). Auch in Kriegsgefangenenlagern selbst bestand das Verbot (vergl. Dok. Lehmann 365–370, 377). Das Verbot bestand auch in englischen, französischen und norwegischen Lagern. Diese Maßnahmen der Alliierten zur Absperrung von der Außenwelt waren aufgrund höherer Anweisungen erlassen. Das wurde den Internierten auch mitgeteilt. Alle Proteste waren vergeblich (Dok. Lehmann 351, 353, 356, 357, 359). Ausnahmen vom Postverbot wurden auch bei Todesfällen nicht zugelassen (Dok. Lehmann 359). Die Befolgung des Postverbots wurde gegenüber den Internierten durch Arrest und Geldstrafe erzwungen (Dok. Lehmann 352, 359, 361). Außenstehende, die versuchten, sich Lagern zu nähern, wurden beschossen (Dok. Lehmann 353). Besonders bemerkenswert ist: Auch die Angehörigen und Frauen der so von der Außenwelt abgeschnittenen Internierten wurden mit schweren Strafen bedroht, wenn sie brieflich oder telefonisch über die Internierten Mitteilungen zu machen versuchten. Nach den Zensurbestimmungen der Militärregierung, Abschnitt I, 6g, ist es verboten, Namen von Personen, die von den Alliierten Streitkräften festgenommen, verhaftet, verhört oder interniert wurden, mitzuteilen, ebenso die Lage oder Beschreibung von Internierungsplätzen. Nach Nr. 7 dieser Zensurbestimmung wird jede vollendete oder versuchte Umgehung oder Verletzung dieser Vorschrift mit jeder gesetzlichen Strafe, also auch der Todesstrafe, bedroht. Es kann also eine Mutter, die ihrer Tochter brieflich das Lager mitteilt, in dem sie ihren internierten Mann festgestellt hat, mit jeder Strafe bestraft werden. Diese Abschließung von der Öffentlichkeit wurde im allgemeinen erst Anfang 1946, also acht bis neun Monate nach der Kapitulation, aufgehoben. Diese alliierten Maßnahmen wurden begründet mit der Notwendigkeit, die Alliierten Truppen zu sichern, also mit militärischen Notwendigkeiten, so Handbook for Arrest Policy, Einleitung, Nr. 3, so Anweisung an General Eisenhower vom April 1945, Teil I, 2b (Dok. Lehmann 329), so die Direktive für General Clay vom 11. Juli 1949. (Dok. Lehmann 331).«

Die Lagerordnung der NKWD-KZs verfügte: »Der Hauptzweck der Lager besteht in der völligen Isolierung der im Lager befindlichen Kontingente und in der Verhütung der Flucht.« Dem diente das Verbot von Schriftwechsel, Besuch, Lärm und Gesang. Todesfälle sind den Angehörigen bis heute nicht offenbart worden.

Ob die alliierten Okkupanten Kriegsbräuche setzten, ist von dem Nürnberger Gericht nicht debattiert worden. Der Verweis der angeführten Befehle auf militärische Erfordernisse und Sicherheitsfragen spricht immerhin für ein Kriegsanliegen. Ein Gutachten der Völkerrechtsabteilung des US-Heeresministeriums vom 10. Dezember 1946 zur Anwendbarkeit der Haager Landkriegsordnung und der Genfer Konvention auf das besetzte Deutschland kommt indes zu gewundenen Resultaten: »Viele Akte der Vier Mächte, des Kontrollrats und der Militärregierung in der US-Besatzungszone sind unvereinbar mit der Theorie der Kriegerischen Besetzung nach den Bestimmungen der Haager Landkriegsordnung.« Dementsprechend hätten weder deutsche Territorien unter polnische Verwaltung gestellt noch Gesetze in allen Sparten geändert, das deutsche Strafprozeßrecht dem Belieben der Militärregierung anheimgegeben, die Entnazifizierung und die Zensur installiert werden dürfen. Vernünftigerweise könne man den Alliierten jedoch nicht absichtliche Mißachtung der Haager Landkriegsordnung unterstellen. Die Schwierigkeit liegt woanders: »Beide Haager Abkommen und die Akten der Beratungen, die zu ihrer Annahme im Jahre 1907 führten, schweigen sich darüber aus, auf welche Situation genau sich die Regeln beziehen.«

Rat wußte allein ein gewisser Feilchenfeld, der 1943 in seinem Werk ›The International Economic Law of Belligerent Occupation‹ zu der Erkenntnis gelangt war: »Abschnitt III der Landkriegsordnung gilt ausdrücklich nur für den typischen Fall der occupatio bellica, wenn ein Belligerent das Teilgebiet eines Feindstaates überrannt hat, während beide Armeen noch im Felde stehen und weder ein Waffenstillstand oder Friedensvertrag geschlossen worden sind.« Man mag dies so erraten, doch weiß der Text davon kein Sterbenswort. Dank Feilchenfeld hielt das Kriegsministerium seine Operationen außerhalb der Haager Regel für völkerrechtlich anerkannt. Auch das Urteil im Nürnberger Hauptkriegsverbrecherprozeß schloß sich der Feilchenfeldschen Lehre an. Daraus folgert, daß

1945 Kriegsrechtswidrigkeiten wie Entnazifizierung und Automatical Arrest von Eisenhower nicht befohlen worden wären, solange noch deutsche Truppen kämpften. Hätte nur Keitel, anstatt sich aufhängen zu lassen, mit drei Waffen-SS-Divisionen in den österreichischen Alpen durchgehalten, so hätte kein Gauleiter eingesperrt werden dürfen.

»›Der Sieger darf nicht‹«, glossierte Schmitt die ganze Debatte. »Der Sieger darf nicht, aber der Bücherschreiber darf bestimmen, was der Sieger darf.« Der Krieg gegen den Geächteten, kein Staatenkrieg, vielmehr ein Weltbürgerkrieg, sei ein Bellum politicum. Der Sieger im gerechten Krieg kennt keine Feinde mehr, nur noch Verbrecher. In der Tat meint Abschnitt III der Haager Landkriegsordnung eine andere Militärbesetzung als jene der Wehrmacht in Rußland oder der Alliierten in Deutschland. Das hatte auch Feilchenfeld durchschaut. Die Haager Signatare räumten dem Okkupanten gerade so viele Rechte im Land ein, wie seine Sicherheit und Versorgung unbedingt verlangten. Selbstverständlich sollte er nicht sämtliche ihm politisch mißliebige Personen internieren. Der Gedanke lag ihm ohnedies fern. Der Besatzer übte nämlich die Gewalt treuhänderisch für den jenseits der Linien kämpfenden Feindstaat aus. Dessen Landesordnung war sowenig wie irgendmöglich zu beschädigen. Denn der Feind sollte fortexistieren, möglicherweise verkürzt um ein annektiertes Gebiet, aufgeschlossener gegen den Freihandel, gezähmt durch den Wechsel zu einem versöhnlicheren Herrschergeschlecht und was der milden Kriegsziele mehr waren. Vernichtungskriege (»wars of extermination«) waren vor dem 20. Jahrhundert lange nicht geführt worden, erinnert Feilchenfeld. »Seit der polnischen Teilung im 17. Jahrhundert bis zum Beginn dieses Krieges fällt keine Situation ins Gedächtnis, wo es zur vollständigen Beseitigung durch Eroberung eines größeren Staates in Europa oder Amerika gekommen wäre.« Der ›war of extermination‹ fügt sich nicht in die schlanken Bahnen der Haager Artikel. Die Haager Staatenwelt wollte einander nicht auslöschen und hatte für die Eventualität auch keine Vorkehrung getroffen. Auf die Kapitulation einer Armee folgten Friedensgespräche mit der amtierenden Staatsregierung, nicht deren Verhaftung. Nach der Kapitulation von Reims und Berlin war das Reich hingegen exterminiert, seine Führung entleibt, desertiert, verlumpt, in Acht und Bann. Zugunsten dieser Staatsregierung nahm der Okkupant das Land nicht in Obhut. Eisenhower war aller Pflichten ledig.

Vermutlich stimmt diese amerikanische Deutung der Haager Landkriegsordnung. Abschnitt III nötigt die Besatzungsmacht zu Rücksichten auf die ansässige Staatsgewalt. Ist sie geplatzt oder zur Liquidation bestimmt, gehen auch die ihr geschuldeten Beschränkungen des Okkupanten unter. Sie sind keineswegs als Komfort für die Bevölkerung gedacht. Die Zivilisten genießen allein als Staatsbürger Schutz. Erlischt der Staat, erlischt ihr Schutz.

Die Nürnberger Verteidigung wandte ein, es könne um die Rechte der Bevölkerung im Besatzungsgebiet nicht vor der Kapitulation besser bestellt sein als nachher. Umgekehrt könne ein Okkupant wie die deutsche Rußlandarmee nicht während der Kampfhandlungen und angesichts einer sie tödlich bedrohenden Widerstandsbewegung schärferen Restriktionen unterworfen sein als die US-Army nach Gefechtsabschluß. Residierte sie doch »in einem besetzten Land, in dem sich gegen die Besatzungsmacht kaum eine Hand erhoben hat«. Gleichgültig, ob sie in Deutschland im Rahmen der Haager Landkriegsordnung stehe oder nicht, »keine Besatzungsmacht ist von der Anwendung der Grundsätze der Menschlichkeit befreit«.

War es unmenschlich, die Gestaposchergen unter Verschluß zu setzen und das rassistische Schrifttum zu kassieren? Die Gutartigkeit der westlichen Okkupanten hat die Rechtlossetzung der Okkupierten verhüllt. Zudem war vom Dritten Reich nicht viel Legalität übriggelassen worden. Welche Freiheiten konnten noch entzogen werden? Die militärische Erziehungsdiktatur diente der Wiedergeburt des Rechtes, ausgenommen die sowjetische Zone. Auch dort galt der Dispens von Abschnitt III, Haager Landkriegsordnung. Ob das Zivil der Benevolenz oder Despotie des Siegers anheimfiel, stand in dessen Belieben. Aus freien Stücken wählte er Gnade oder Ungnade. Den US-Völkerrechtlern zufolge zügelte ihn keine rechtliche Bindung. »Anerkannt ist, daß er seinem besiegten Gegner jede erwünschte Bedingung diktieren kann.«

Im Konzept der Unterwerfung (»concept of subjugation«) gehen die hinderlichen Rechte einer kriegführenden Nation verlustig, ihres bewaffneten und ihres unbewaffneten Teils. Nachdem Deutschland »die Qualitäten und Fähigkeiten verloren hatte, welche die Rechtsperson eines Staates ausmachen«, lösten sich auch die übrigen Rechtstitel auf. »Die Rechte des Belligerenten wurden keinem Teil des deutschen Volkes mehr zugestanden.« Es hatte sie verwirkt. Der politische Wille, den Weltunruhestifter abzuwrakken, überragte bei weitem die Sorge, wie 1907 im Haag der Geltungskreis der Occupatio bellica aufgefaßt worden war. Die Alliierten haben ihr Begehr im Potsdamer Abkommen dem Völkerforum vorgetragen und Billigung gefunden. »Sie beabsichtigten«, schreiben die US-Juristen, »einige deutsche Gebiete an andere Nationen zu übertragen und die politische Regierungs- und Sozialstruktur des Restes zu reformieren, um einen neuen Staat zu schaffen, der die Zustimmung der Sieger fände. Um solch eine Absicht zu verwirklichen, erkannten die Alliierten lange vor der Kapitulation, daß es notwendig werden würde, die Gesetze zu ändern, in private Besitzrechte einzugreifen und die Einwohnerschaft mit einer neuen politischen Ideologie zu durchdringen. Die zur Realisierung dieser Ziele im voraus aufgestellten Pläne waren von so weitreichender Wirkung, daß sie die Befugnisse eines Militärbesatzers überschritten, wie sie von den maßgebenden Lehrern des Völkerrechts definiert sind.« Mit der Unterschrift unter die bedingungslose Kapitulation nebst ihrem Verfall zu World-Outlaws hätten Jodl und Keitel denn eine Blankovollmacht erteilt. Demzufolge entließen sie die Bevölkerung sowohl aus dem Belligerenten-Status nach Haager Landkriegsordnung wie aus der Rechtsgenossenschaft eines Staatsvolkes. Der bankrottierende Staat ließ es allein zurück. Im Interregnum zwischen Krieg und Frieden gründeten sich die Besatzungsdiktaturen der Militärgouverneure. Sie riefen ihre Provinzen zum juristischen Niemandsland aus, das ihnen gestattete, was immer sie wollten.

Jene Bürger, denen die Okkupanten nunmehr beibrachten, daß sie internationale Pflichten zu erfüllen gehabt hätten, müßten billigerweise auch internationale Rechte genießen. Das räumten die US-Völkerrechtler gern ein. Der Souverän des Landes, sei er auch Besatzer, dürfe keine Verbrechen gegen die Menschlichkeit verüben. Vor den Gebaren der Wehrmacht ›Mord, Ausrottung, Versklavung, Deportation oder andere unmenschliche Handlungen, Verfolgung aus politischen, rassischen oder religiösen Gründen‹ gemäß Kontrollratsgesetz Nr. 10 waren die Deutschen gefeit. Infolgedessen wurden die aus politischen Gründen verfolgten Nationalsozialisten von der US-Armee aus ›Sicherheitsgründen‹ interniert. Die Rubrik tut nichts zur Sache. Die ehemaligen Nazi-KZs, in denen die Schweigelager der sowjetischen Zone quartierten, kannten ebenfalls keine politisch Verfolgten, sondern laut Lagerordnung »Verhaftete, die verbrecherische Handlungen, aufgeführt in den Paragraphen a, b, c, d, e, f, g des 1. Punktes des Befehls des Volkskommissars für Innere Angelegenheiten der UdSSR (NKWD) Nr. 00315 vom 18. April 1945 begangen haben«. Der Inhalt des Befehls blieb drei Generationen lang geheim.

Internationale Rechte und Pflichten sind vagabundierende Titel. Man trifft sie unregelmäßig an. Die Nürnberger Verteidiger haben die Beteuerungen des Völkerrechtsgedankens hämisch glossiert, aber nicht angefochten. Während der Gerichtshof unentwegt ausgab, was die Regeln seien, suchten die Deutschen eine andere Rechnung aufzumachen. Was eigentlich hatte den Parteien die Kriegs- und nachfolgende Besatzungszeit hindurch als feste Übung gegolten? Völkerrecht bestehe aus der unter den Völkern waltenden Umgangsform. Das Londoner Statut, ein schönes sittliches Bekenntnis, beschrieb nicht die Staatenpraxis. Aggression und Verfolgung können ebensogut als ständige Staatengewohnheit wie als Bruch achtbarer Maximen gezählt werden. Außerdem sind diese Delikte beliebig auslegbar formuliert. »Was als Grausamkeit, als Unmenschlichkeit anzusehen ist, dafür gibt es keinen festen Maßstab«, rügte von Keller, um bissig nachzusetzen: »Einen Anhalt bieten die Kriegsmaßnahmen, die die in der Fortbildung des Völkerrechts führenden Staaten getroffen haben.«

Weil die Deutschen ihre eigenen Greuel mit dem anglo-amerikanischen Luftbombardement, der Zerschlagung des Reiches, den Untaten der Roten Armee verrechneten, zogen sie still die Quersumme, das Völkerrecht sei eine Fiktion. Es gebe kein das Eigennutzprinzip der Staaten überwölbendes Firmament. Doch hütete man sich, den Kündern des Humanitätsregulums auf Erden zu widersprechen. Das Hinfälligkeitsargument findet sich in den Kriegsverbrecherprozessen der Zeit einzig in Tokio ausgesponnen. Der indische Richter Pal hat in seinem Minderheitsvotum im ›International Tribunal of the Far East‹ der westlichen Staatenwelt die Kraft zur Rechtsgenossenschaft abgesprochen. Pal fand keine Schuld an den Führern der japanischen Achsenmacht und votierte für Freispruch:

Die Funktion des Rechtes bestehe normalerweise darin, das Verhalten zwischen Personen nach Regeln zu ordnen, die von dritter Seite erlassen würden. Diese Instanz ist gemeinhin der Staat. Seine eigenen Verbrechen finden schwer ihren Meister. Gilt es, das Betragen von Staaten und Staatspersonal völkerrechtlich zu ordnen, prallt der Versuch auf das Souveränitätsprinzip. Der Staat entscheide selbständig darüber, an welche internationale Regel er sich binde und was sie im gegebenen Falle gebiete. Solange die Staaten dieses Privileg innehielten, seien sie Richter in eigener Sache. Die Völkerrechtsregeln bildeten kein Recht im üblichen Sinne. »Selbst wenn wir belieben, dafür den Namen des ›Rechts‹ zu benutzen, wirkt es als solches nur in bestimmter Weise und seine Verletzung führt nirgendwo hin. Seine Verletzung wird aus dem simplen Grunde darum kein Verbrechen, weil nur der Tatverdächtige selbst darüber befindet, was er verbrochen hat.« Ist er zufällig Kriegsverlierer, mögen es ihm andere beibringen. Ereilt ihn die Strafe alsdann, weil er Unrecht hat oder weil er dem Recht des Stärkeren ausgeliefert ist?

»Um das Element des Verbrechens in das internationale Leben einzuführen, müßte eine internationale Gemeinschaft existieren, die unter die Herrschaft des Rechts gebracht würde. Doch gibt es eine solche Gemeinschaft bisher nicht. Die Ausdrücke ›Völkerrecht‹ und ›Internationale Gemeinschaft‹ werden beide in Beziehung auf das internationale Leben nur in ganz besonderem Sinne benutzt. Zweifellos gibt es in gewisser Hinsicht solch eine Gemeinschaft, doch wer sagt, daß dies eine Gemeinschaft unter Aufsicht des Rechtes sei, der weitert nur die Bedeutung sowohl von Recht wie von Gemeinschaft, um damit sehr eigentümliche Probleme anzugehen. Abgesehen vom Bereich ausdrücklich akzeptierter internationaler Verpflichtungen gibt es keine internationale Gemeinschaft. Da diese Verpflichtungen nur im begrenzten Raume einer explizit eingegangen, partiellen Interessengemeinschaft liegen, muß das individuelle Interesse jedes Staates alle Erwägungen bestimmen. Das moderne Völkerrecht ist entwickelt worden als Mittel, außenpolitische Kontakte zu stabilisieren, und weniger als Lebensäußerung einer echten Gesellschaft.« Insgesamt neigte Pal zu dem Urteil, ein humanistisches Universalrecht der Völker sei ein »Aberglauben des 18. Jahrhunderts«, eine Religion, die Juristen und Philosophen gestiftet hätten, um den verblassenden Katechismus der Priester zu ersetzen.

Staaten mögen in ihren Grenzen Ordnungen aufstellen, die mehr oder minder an die Gerechtigkeit gelehnt sind. Der Umgang zwischen den Staaten aber ist rechtlos. Sie sind Outlaws. Heilsame Maßnahmen, wie sie zeitweilig getroffen werden, und einige feste Gepflogenheiten im politischen und Handelsverkehr stiften längst keine verläßliche Herrschaft des Rechts, wie Pal sie reklamierte.

Das ist nicht durchsetzbar. Wogegen verstieße dann ein ›internationales Verbrechen‹? Kein Mensch genießt einen Rechtsschutz davor, von seinem Staate aus niederträchtigstem Grunde ausgemerzt zu werden. Den Täter trifft kein internationaler Verfolgungszwang. Hitler persönlich mag frei durch die Welt ziehen, denn dem Staatsoberhaupt gebührt diplomatische Immunität, eine völkerrechtliche Geschäftsregel, die sicher gilt. Alle Entscheidungsnot lastet auf einer labilen, schutzlosen Charge, dem Untergebenen.

Das Ende des europäischen Normalkriegs

»Ein Verbrechen«, erläuterte von Keller dem Gericht zugunsten Lehmanns, »ist nach dem Recht aller Länder eine Handlung, die die Staatsgewalt mißbilligt und deshalb mit Strafe bedroht. Deshalb ist es schon begrifflich nicht möglich, die Befehle eben dieser Staatsgewalt als Verbrechen im Sinne des internen Strafrechts anzusehen. Daraus folgt: Es bestand im Dritten Reich, wenn Hitler als Staatsoberhaupt etwas befahl, weder die Verpflichtung noch eine Berechtigung zur Gehorsamsverweigerung.« Die Nürnberger Ankläger haben unentwegt den Paragraphen 47 des Deutschen Militärstrafgesetzbuches zitiert. Darin wird dem Untergebenen gedroht, daß ihn die wissentliche Ausführung krimineller Befehle Strafe koste. Demzufolge hätte die deutsche Wehrmacht nach Paragraph 47 MStGB den Gehorsam kündigen müssen. »Diese Betrachtung geht fehl«, entgegnete von Keller. »Der maßgebende Paragraph 47 des Militärstrafgesetzbuches setzt voraus, daß über dem befehlenden Vorgesetzten eine mächtigere Instanz steht, die den Untergebenen schützt, wenn er einem unrechtmäßigen Befehl nicht gehorcht, also ein höherer Vorgesetzter oder ein unabhängiges Gericht, unabhängig im Sinne der Gewaltenteilung. Diese Voraussetzungen treffen dann nicht zu, wenn das Staatsoberhaupt selbst, der Inhaber der gesamten Staatsgewalt, einen Befehl gibt, der zu beanstanden wäre.« Der Staat gebietet seinen Militärs nicht, bei Strafe gegen staatliche Befehle zu meutern, zumindest nicht im Führerstaat.

Fatalerweise hatten just die Armeen der anglo-amerikanischen Rechtsstaaten ihre Angehörigen von den Folgen falschen Gehorsams freigestellt. Das ›British Manual of Military Law‹ von 1944 bestimmt: »Mitglieder der Streitkräfte, die solche Verletzungen der anerkannten Regeln der Kriegführung begehen, die von ihren Befehlshabern befohlen worden sind, sind keine Kriegsverbrecher und können daher vom Feind nicht bestraft werden« (Paragraph 443). Laut Paragraph 347 der ›US-Rules of Land Warfare‹ werden »Angehörige der Streitkräfte nicht bestraft für diese Vergehen, falls sie auf Befehl oder mit Sanktion ihrer Regierung oder Befehlshaber begangen worden sind«. Die Regel galt bis 1944, als Völkerrechtler die betreffenden Regierungen warnten, daß »die Anwendung des Grundsatzes absoluter Nichtverantwortlichkeit, wie er in den englischen und amerikanischen ›rules‹ anzutreffen ist, viele Aburteilungen von Kriegsverbrechen der Achse unmöglich machen würde«. Die Verfasser der hinderlichen Vorschrift hatten »in erster Linie unsere eigenen Soldaten im Sinne und weil es das Ziel war, sie für Kriegszeiten vollständig von Verantwortlichkeit zu befreien. Indessen erstreckt sich dieser Grundsatz auch auf feindliche Soldaten, bei denen eine Verfolgung wünschenswert sein kann; und in dieser Hinsicht mag sich das anglo-amerikanische Muster als störend erweisen.« 1944 wurden die Dienstregeln der britischen und amerikanischen Armeen geändert. Ihre Männer erhielten Verantwortung aufgeladen, damit die deutschen Kriegsverbrecher besser der Völkerrechtsverstöße zu überführen waren. Nicht lange, nachdem die Besatzer die Prozesse abgeschlossen hatten, kehrten die Briten bei der Neufassung ihres Handbuchs zu der ursprünglichen Regel zurück. Die eigenen Soldaten sollen gehorchen um jeden Preis, die gegnerischen diskutieren.

Auch die Amerikaner meinten es mit amerikanischer Kommandogewalt bitterernst. »Die Proklamation Nr. 1 des Generals Eisenhower verlangt«, erinnerte von Keller das Gericht, »daß alle Verordnungen der Befehlshaber ›unverzüglich und bedingungslos‹ befolgt werden müssen.« Was, wenn die deutschen Hilfskräfte entdeckten, daß etwa die Proklamation Nr. 2 des Kontrollrats vom 20. September 1945, welche die Zwangsarbeit von Deutschen in Rußland ermöglichte, rechtswidrig sei? »War dann die Teilnahme an den gegen ihren Einspruch befohlenen Maßnahmen der Russen ein Verbrechen?« Die Deutschen beschwerten sich bei den Okkupanten laufend wegen Völkerrechtsverstößen. Doch »das Leben schafft überall Lagen, die einen befriedigenden Ausweg nicht öffnen und die ein Opfer an Einsicht verlangen. Das gilt für die Männer, die heute als Deutsche unter den Militärregierungen in hohen

Regierungsstellen tätig sind, nicht anders als für ihre Vorgänger unter Hitler.«

Die Anwälte verlangten von dem Gericht ein Einsehen, daß in der Diktatur »keine tatsächliche, praktisch verwertbare Möglichkeit zum offenen Ungehorsam bestand«. Wenn Eisenhower keine Verweigerung duldete, wie erst Hitler? »Niemand aber kann bestraft werden, wenn es aus einer Lage keinen Ausweg gibt.« Wer, Keller zufolge, »etwas Praktisches erreichen wollte«, fand drei Wege zur Auswahl:

»1. Widerspruch.
2. Wenn das nicht half, Verzögerung.
3. Wenn auch das nicht half, Abschwächung und Milderung im Rahmen der eigenen Möglichkeiten.«

Ein Mann in verantwortlicher Stellung, gesonnen, ein kleineres Übel herbeizuführen, um ein größeres abzuwenden, machte Zugeständnisse dort, wo Hitler unverbesserlich war, und wählte seine Worte, damit sie nicht von vornherein das Ziel verrieten. »Der klarste Beweis dafür, daß andere Wege nicht möglich waren, ist, daß alle maßgebenden Männer Deutschlands, und zwar gerade die mächtigsten unter ihnen, so und nur so gehandelt haben, soweit sie Hitler überhaupt Widerstand leisteten.« Abgesehen von einem kleinen Zirkel jener Führer, die Hitler unbedingt hörig waren, wirkten zwei Oppositionskreise: eine große Mittelgruppe Unzufriedener, die teils zustimmten, teils nicht, und schließlich die putschistische Widerstandsbewegung.

Die zwei Gruppen hätten sich in der Praxis völlig gleich verhalten: »Sie haben widersprochen, sie haben verzögert, sie haben gemildert, aber sie haben – wenn das alles vergeblich blieb – die Befehle ausgeführt. Typische Beispiele dafür sind der Generaloberst Halder und der Admiral Canaris. Daß manche Angehörige daneben noch andere Wege gegangen sind (Vorbereitung eines Umsturzes, Verbindung mit dem Ausland), ist eine Sache für sich und darf mit dem Problem selbst nicht vermengt werden. Zunächst: Eine rechtliche Verpflichtung zum Umsturz gibt es nicht. Und außerdem: Zu irgendeinem Erfolg haben diese Schritte nicht geführt. Sie zeigen nur folgendes: Daß deutsche Generale mitten im Krieg zu solchen Mitteln gegriffen haben, ist der stärkste Beweis dafür, daß dies eine Lage ohne Vorgang und Beispiel war. Sie hielten die Situation für so verzweifelt, daß sie Wege gingen, die für einen deutschen General früher außerhalb der Möglichkeit auch nur des Gedankens daran gelegen hätten. Aber daneben führten sie Hitlers Befehle aus, weil es eben nicht anders ging.« Die Anklagebehörde in ihrer Voreingenommenheit interessiere sich gar nicht dafür, klagte Laternser, was ein Offizier mit einem völkerrechtswidrigen Ansinnen wie dem Kommissarbefehl beginnen solle: »Es war ganz ausgeschlossen, einen schriftlichen Gegenbefehl zu erlassen. In Deutschland sowenig wie in irgendeinem anderen Staate wäre ein Befehlshaber befugt gewesen, einen Gegenbefehl zu erlassen.« Überdies hätte er nicht den mindesten Nutzen gezeitigt. Der Gegenbefehl wäre für Hitler zu einer Lebensfrage geworden, von der seine ganze Autorität abhing. Ihr zuliebe würde er alle Machtmittel auf den einen Punkt konzentriert haben. Dergestalt konnte nichts anderes als eine radikale, uneingeschränkte Durchführung des Kommissarbefehls herauskommen. »Sicherlich hätte ein solcher Gegenbefehl den Tod von vielen Tausenden gefangener Kommissare bedeutet, denen durch die versteckte Art und Weise, wie der Kommissarbefehl sabotiert wurde, das Leben gerettet worden ist ... Es gab damals keinen besseren Weg als den der Sabotage, den die deutschen Befehlshaber gewählt haben.«

Befehle können nur innerhalb der militärischen Befehlskette sabotiert werden. In die Okkupation Rußlands teilten sich indessen drei Organe, das Heer, die Polizei und die Zivilverwaltung. Sie besaßen je eigene Kompetenzen und Befehlswege. »Sie waren wie durch einen eisernen Vorhang getrennt«, erklärte Laternser dem Gericht. »Nur die oberste Spitze, Hitler, war gemeinsam. Unter ihm teilten sich die Zuständigkeiten. Unterhalb dieser Spitze war jedes Eingreifen von dem einen in den anderen Sektor unmöglich.« Hitler wiederum verfolgte im Kriege mit der Sowjetunion eigene Ziele. Sie waren weltanschaulicher Art und hatten mit der militärischen Aufgabe nichts gemein. Ihr widmete sich die Wehrmacht, die davon gänzlich ausgefüllt war. »Für die Durchführung seiner weiteren Absichten hielt Hitler die Wehrmacht mit Recht für ungeeignet. Diese Maßnahmen übertrug er daher besonderen Organisationen, die unabhängig von der Wehrmacht arbeiteten und ihr nicht unterstellt waren.«

Die Sonderorganisationen führten zwei Aufträge mit sich. Zuvorderst erfüllten sie »unverdächtige Sicherheitsaufgaben, vor die jede Armee im feindlichen Gebiet gestellt ist und die sehr häufig besonderen Polizeieinheiten übertragen werden, wie Sicherstellung von Objekten und einzelnen Personen sowie Erforschung und

Bekämpfung von illegalen Widerstandsbestrebungen unter der feindlichen Bevölkerung. Daß die Organe der Polizei in dieser Hinsicht auf Zusammenarbeit mit der Abwehr des Heeres verpflichtet waren, ergibt sich aus der Natur dieser Aufgabe von selbst.«

Weil Sicherheitsangelegenheiten ins Quartiermeisterressort fallen, haben Generalquartiermeister Wagner und Heydrich ein diesbezügliches Abkommen geschlossen. »Der unmittelbare Schutz der Truppe war Aufgabe der Geheimen Feldpolizei, also der Armee; alle anderen Aufgaben sicherheitspolizeilicher Natur waren den Einsatzgruppen und ihren Sonderkommandos in eigener Zuständigkeit und Verantwortlichkeit übertragen. Aus keiner Stelle dieses Befehls ist zu entnehmen, daß die Einsatzgruppen neben ihrer spezifisch sicherheitspolizeilichen Tätigkeit auch den Auftrag hatten, die jüdische Bevölkerung in den besetzten Gebieten im Wege von Massenexekutionen auszurotten.« Das in dem Abkommen vermerkte Einspruchsrecht der Generäle konnte sich selbstverständlich nur auf die darin beschriebenen Tätigkeiten beziehen. Der theoretisch mögliche Stopp der Einsatzgruppen bei Beeinträchtigungen von Operationen war »offensichtlich nur eine rein papierene Konzession an die Wehrmacht ohne praktische Bedeutung, denn die Einsatzgruppen führten ihre rassenpolitische Mordtätigkeit an Juden auf Grund spezieller Befehle Hitlers aus. Niemand wird annehmen, daß Hitler die Durchführung seiner Ausrottungspläne von der Zustimmung eines militärischen Befehlshabers abhängig gemacht hätte.«

Weil Hitler »der abgrundtiefe Gedanke an eine Vernichtung des Judentums wie eine Besessenheit beherrscht haben muß«, würde er »die Gelegenheit zur Durchführung« um keinen Preis verstreichen lassen. Das gewaltig große Territorium und der Tumult des Krieges haben die Aktion verschluckt. Im Baltikum mit einem Flächeninhalt der Britischen Inseln »operierte eine kleine Polizeieinheit von etwa 500 Mann Aktionsstärke«. 700 Kilometer entfernt von einer Front mit 600 Kilometern Länge ließ sich aus dem Mordtreiben kein Operationshindernis der Heeresgruppe Nord konstruieren. Überdies hatte die Heeresführung keine Ahnung davon, was sich so weit rückwärts am Waldessaum ereignete. Hitler und Himmler hielten ihre Operationsziele geheim. »Sie wollten offenbar Versuche, diese Politik zu stören, vermeiden und befürchteten ungünstige Auswirkung auf die Beziehung der Wehrmacht zu Hitler.« Das hatte Erfolg. Die Generäle ließen sich täuschen, besorgten ihr verlustreiches Geschäft oder ignorierten, was ohnedem jenseits ihres Einflusses lag. An dem Rassenvernichtungsprogramm versagten die verzögernden, lindernden, sabotierenden Nothilfen. Außerdem diente das dreigestaffelte Okkupationssystem – Gefechtsgebiet, Rücken, Zivilverwaltung – der bitternötigen Entlastung des Militärs. »Sobald man sich dem Problem von der juristischen Seite nähert, wird es klar, daß die scharfe Trennung der Machtbefugnisse und Verantwortlichkeiten zwischen Einsatzgruppen und Wehrmacht jede Verantwortlichkeit von Wehrmachtsbefehlshabern für die Mordtaten der Polizeiorgane Himmlers ausschließt.« Kein Befehlshaber hafte für ein Verbrechen, wenn es außerhalb seiner Macht steht, den Täter zu hindern.

Die Einsatzgruppen verübten ihre rassenpolitische Ausrottungstätigkeit kraft höheren Befehls Hitlers. Er setzte sie in die Lage, jeden störenden Eingriff von anderer Stelle zu annullieren. »Sobald man das Argument der Anklagebehörde, daß die deutschen Befehlshaber wegen Gefährdung der Operationen die Judenerschießungen hätten ausschließen können, seiner abstrakten Natur entkleidet und es auf einen bestimmten Sachverhalt anzuwenden versucht, verliert es offensichtlich sofort jeden Anschein von Vernunft.«

Der Anklagevorwurf basierte auf Abschnitt III der Haager Landkriegsordnung, der die »militärische Autorität über das Gebiet des feindlichen Staates« regelt. Artikel 43 verpflichtet den Okkupanten zu Garantie von Ordnung, Sicherheit und Landesgesetz. Darum hat er die Ermordung einer Million Zivilisten durch wen auch immer zu unterbinden. Die Amerikaner beschuldigten die Befehlshaber der Heeresgruppen, Rückwärtigen Heeresgebiete und Armeen der Zusammenarbeit mit den Einsatzgruppen sowie der Versäumnisse in Ausübung der exekutiven Gewalt. Zusammenarbeit im Rahmen des Wagner-Heydrich-Abkommens räumten die Generäle ein. Sie erstreckte sich indessen auf den sicherheitspolizeilichen, mitnichten auf den rassenpolitischen Bereich. Letzterer findet sich in der Vereinbarung nicht erwähnt, darum konnte er schwerlich Gegenstand der Gemeinsamkeit gewesen sein. Gegen die Judenmassaker hätte man zumindest Einspruch erhoben, wären sie nur früher bekannt geworden.

Das Versäumnis der Inhaber der vollziehenden Gewalt hat Carl Schmitt in einer flüchtigen Skizze seines Tagebuches aufgelöst. Rechtsanwalt Behling hat das Argument wenig später zugunsten des gebrochenen Oberbefehlshabers Küchler vorgetragen; der Ritter von Leeb hielt den Winkelzug für eines deutschen Feldmarschalls unwürdig. Nach einigen Jahren aber erschien Schmitts Idee dermaßen gescheit, daß man ihre Abwesenheit zum größten Rechtsfehler ausrief, der in den Nürnberger Urteilen zu finden sei: Der Irrtum beruhe auf »einer völligen Verkennung der einfachsten Grundsätze des völkerrechtlichen Kriegsrechts«. Ein Blick auf Abschnitt III der Haager Landkriegsordnung lehrt, daß sie die Identität des Besatzers verschweigt. Welcher ist der Inhaber der Vollzugsgewalt im Besatzungsgebiet?

In Nürnberg waren die Parteien überwiegend davon ausgegangen, daß der Heeresgruppenchef, die höchste Befehlsstelle im Operationsgebiet, die Vollzugsgewalt in der Etappe dem Berück überträgt. Weil die Feldmarschälle sich auf rein operative Führung der Armeen beschränkten, ruhte die praktische Ausübung der Vollzugsgewalt beim Territorialherrn, dem Armeeoberbefehlshaber. Die Insassen seines Gebiets unterstanden seiner Obhut. Das entnahmen die Amerikaner dem ›Handbuch des Deutschen Generalstabs‹. Die Verletzung der darin niedergelegten Kompetenzordnung ist aber nicht strafbar. Das Kriegsvölkerrecht wiederum sagt über die Verantwortung des Militärbefehlshabers im Besatzungsgebiet nichts aus. Die Haager Landkriegsordnung notiert die Pflicht des »Okkupanten«. Der Ausdruck meint gewiß keinen Feldmarschall oder Generalobersten. Besatzungsmacht ist eine Armee, welche im Feindesland die Autorität ihres Staates durchsetzt. Er ist der Okkupant und Adressat der Haager Landkriegsordnung.

Laut Generalstabshandbuch erhält der Armeechef »die Befugnis der Ausübung der vollziehenden Gewalt in diesem Gebiet« (NOKW 1878). Ist sie ihm von Hitler übertragen, ist sie auch von Hitler einzuschränken. Das Kriegsrecht wird davon nicht tangiert. Hitler konnte als Staatsoberhaupt und Oberbefehlshaber der Wehrmacht das Operationsgebiet rückwärts begrenzen durch die Zivilverwaltung. Warum sollte er nicht gemäß Richtlinien vom 13. März 1941 befehlen dürfen: »Im Operationsgebiet des Heeres erhält der Reichsführer SS zur Vorbereitung der politischen Verwaltung Sonderaufgaben vom Führer« (PS 447). Der Oberbefehlshaber pflegt seine Befehle nicht zu begründen. Es existiert kein Beweis dafür, daß Hitler seine Generäle informierte, wie der ihnen aberkannte Teil der Exekutive gestaltet werde. Sie drängten sich nicht nach zusätzlichen Aufgaben, und Hitler mochte ihnen anstandslos mitgeteilt haben, daß Hunderte von Kilometern hinter dem Schauplatz der Gefechte ein kleiner Polizeitrupp den Übergang zur Zivilverwaltung vorbereite. Wie er dies anstellte, mußte

Heeresführer, die bis Wintereinbruch 1941 nach Moskau und zum Don rasen sollten, nicht zwingend interessieren. Jedenfalls war ihnen eine Vergewisserung von der Haager Landkriegsordnung nicht auferlegt. Darum spielte es in ihren Augen letztlich keine Rolle, was sie wußten. Sie hätten denn gegebenenfalls von Himmlers Untaten in der Diktatur erfahren, wo sie nichts zu sagen hatten. Folglich klagten sie die »Zustände« an, »die anständige Menschen besten Herkommens in tragischste Situationen gebracht haben«. Nicht mangelnder Charakter, beschwor Laternser das Gericht, habe die Offiziere auf die Nürnberger Anklagebank verschlagen. »Sie sind hier, weil es ihr Schicksal war, in Stellungen zu gelangen und insbesondere von der Führung in Situationen gebracht zu werden, für die auch heute die Anklagebehörde keinen besseren, damals gangbaren Ausweg anzugeben vermag. Meine Herren Richter! Es waren Situationen, denen militärische Führer irgendeines anderen Landes bisher noch nicht ausgesetzt waren.«

Wenn nicht Hitlers politischer Hintersinn, die Tiefen Rußlands und die Furiosität des bolschewistischen Volkskriegs den Befehlshabern ihre Exekutivbefugnisse kürzten und das Repressalienrecht aufzwangen, so standen sie unter Befehlsnotstand. Hitler ließ nicht mit sich spaßen. »Offiziere oder Unteroffiziere«, drohte er in Ergänzung zum Kommandobefehl, »die aus irgendeiner Schwäche versagen, sind unnachsichtig zu melden oder unter Umständen, wenn Gefahr im Verzug ist, selbst sofort zur schärfsten Verantwortung zu ziehen.«

Der Verweis auf Befehlszwang löst allerdings nur den von Schuld, der den Befehl nicht freudig befolgt, anreichert, übererfüllt. Die Heeresführer können keineswegs als servile Kreaturen Hitlers gelten. Zum Beweis machte Laternser eine denkwürdige Rechnung auf:

»Von 17 Feldmarschällen, die im Heere Dienst taten, wurden 10 im Laufe des Krieges ihrer Stellung enthoben.
3 büßten ihr Leben ein im Zusammenhang mit dem Attentat gegen Hitler am 20. Juli 1944,
2 fanden im Felde den Tod,
1 wurde gefangengenommen. Nur ein einziger blieb bis zum Kriegsende ungemaßregelt im Dienst.
Von 36 Generalobersten wurden
26 aus ihrem Posten entfernt,

3, die im Zusammenhang mit dem 20. Juli 1944 hingerichtet wurden,
2, die in Unehre verabschiedet wurden.
7 fielen im Felde und nur 3 blieben ungemaßregelt bis zum Kriegsende im Dienst.

Ob deutsche Männer mit der Einstellung dem Urteil der Geschichte standhalten, das wird einmal eine objektive Geschichtsschreibung festzustellen haben. Ankläger, die nur ein Zerrbild sehen und sehen wollen, werden hierbei keine Rolle mehr spielen.«

Den Urheber des Zerrbilds vertraute Carl Schmitt in der Stille des Sauerlands seinem Tagebuch an: »Die Mörder Christi.« Ganz Amerika sondere nur eine Stimme ab, die der Rache. Die naiven Amerikaner aber waren nur Werkzeuge des erfahreneren Verderbers. »Die ganz jungen, geschichtslosen Völker und das ganz alte, geschichtsüberladene Volk der Juden treffen sich in diesem Punkt, im Eifer der Kriminalisierung.« Sie prägten Delikte wie »Genozide, Völkermorde, rührender Begriff, ich habe ein Beispiel am eigenen Leibe erlebt: Ausrottung des preußischen Beamtentums im Jahre 1945. Man treibt sie in den Selbstmord.« Was können die »armseligen Antisemiten« der Kunst der Juden anhaben? »Sieh Dir nur den süßen Henry Morgenthau an. Reiner Zufall, daß wir noch leben.«

Den Bund von Judentum und Amerikanismus ergänzt ein drittes Element, die deutschen Emigranten. In der Nürnberger Anklagebehörde wähnte Schmitt die Fusion der Furien vollendet. Amerikanische Deutschemigranten jüdischer Rasse, die Doktoren Robert Kempner, Ossip Flechtheim, im Hinterland Hans Kelsen, der »Veranstalter juristischer Vernichtungsmittel«, machen sich über Menschen her, die schuldig wurden, weil sie handeln mußten. »Schlimmer als die Kriminellen sind die Kriminalisierer.« Den Kriminellen fehlt jede Niedertracht, sie sind Tragiker, denn »die Tat selbst ist schon ein Verbrechen, Untat. Das ergibt dann: Tragik.« Anders die Kriminalisierer, »die ihre Rache genießen« und veranlagungsgemäß handeln. »Die Emigranten sind unberechenbar und meistens partiell gestört in moralischer Hinsicht ... Sie sind durch Recht und Rechthaberei außer sich und außerhalb der menschlichen Maße geraten, sie führen den gerechten Krieg, das Schauerlichste, was menschliche Rechthaberei erfunden hat.« Allerdings besteht keine Pflicht, in diesem Krieg zu verlieren. »Der Gegner einer Macht, die einen gerechten Krieg führt, ist deshalb eo ipso in gerechter Notwehr.« Am 12. Januar 1950 bringt Schmitt seine Notwehr zu Papier. »Salus ex Judaeis? Perditio ex Judaeis? Erst einmal Schluß mit diesen vordringlichen Judaeis!« Sie waren noch nicht endgültig stumm.

Die Hysterie der hart attackierten deutschen Seite hätte ein Blick auf die angelsächsische Prozeßordnung beschwichtigen können, wäre sie nicht nach jeder Niederlage von Judenkomplotten verwirrt. Anklage und Verteidigung sind im britisch-amerikanischen Kriminalverfahren Rivalen von hemmungsloser Parteilichkeit. Eine jede Partei bringt grundsätzlich nur solche Tatsachen und Schlüsse vor, die ihre Sache fördern. Dem Interessenstreit ist überantwortet, alle erdenklichen Aspekte des Falles den abwägenden Richtern einzuschärfen. Die Kontrahenten besorgen sich die Beweismittel für ihren Fall nach eigener Findigkeit. So kommt am meisten zutage. Es existieren keine amtlich zusammengetragenen Gerichtsakten. Die Deutschen redeten sich aber lieber ein, daß die vom Gegner beschlagnahmten Wehrmachtsschriftsachen arglistig durchkämmt, zerstückelt und zu einer Kette von Schaudernachrichten aufgereiht worden seien. Hätten die Angeklagten nur gleichberechtigten Zugang zu dem Beutegut, vermöchten sie die Manipulation umgehend zu enttarnen. Seit das Schrifttum der Bundesrepublik rückerstattet worden ist, hat sich indessen kein wesentlich anderes Bild ergeben.

Die Verteidiger, welche das anglo-amerikanische Verfahrensrecht famos zu nutzen wußten, münzten den eingeschränkten Aktenzugang klug zu ihrer Unschuldspropaganda: Die Aktenbeweise beruhten auf Kompilationen. Das international firmierende Tribunal tagte nach unfair praktizierten anglo-amerikanischen Verfahrensregeln. Besatzungsgericht, das es fraglos war, urteilte es in der Sache nach nebulös geschöpftem Völkerrecht. Es bezichtigte die Generäle lauter Verbrechen nach der Haager Landkriegsordnung und Genfer Konvention, welche es selbst ignorierte. Denn Militärs hätte ein Gericht aus Militärs zugestanden, welche die Notwendigkeiten des Krieges kannten. Von Rechts wegen galten inländische Straf- und Prozeßregeln.

Nach Artikel 43 Haager Landkriegsordnung muß der Besatzer, sofern nicht seine Sicherheit berührt ist, die Lokalgesetze anwenden. Sofern die Straftat auf fremdem Territorium begangen wurde, greift auch das Territorialprinzip. »Die Befehlshaber, die die Begehung solcher Handlungen angeordnet haben«, heißt es in den ›US-Rules of Land Warfare‹, »können von dem Kriegführenden, in dessen Hände sie fallen, bestraft werden« (Artikel 347). Dann gilt das

Recht am Tatort. Abgesehen von dem gebrechlichen Aggressionsvorwurf hatten die Angeklagten im OKW-Prozeß ihre Kriegs- und Unmenschlichkeitsverbrechen überwiegend in der Sowjetunion begangen. Weil den Wehrmachtsangehörigen auch in der Fremde sein Heimatgesetz band, galt konkurrierend deutsches und sowjetisches Recht. Als Deutscher stand er unter Gehorsamsgebot und Befehlsnotstand, als Täter in Rußland wiederum fragt sich, ob nach Ortsrecht überhaupt Straftaten anfällig geworden waren.

Sowjetische Kombattanten fochten nicht im Schutze der Genfer Konvention und der Haager Landkriegsordnung. Diese Vereinbarungen erkannte die Sowjetunion nicht an. Für sowjetische Zivilisten galt nach allgemeinem Kriegsbrauch der Standard des Ortsrechts. Das aber räumte dem Souverän beliebige Maßnahmen ein. Zur Klärung der diesbezüglichen Rechtsmaterie hatte die Verteidigung ein Gutachten bei dem vor und nach 1945 bestrenommierten Gelehrten Prof. Reinhard Maurach in Auftrag gegeben (Dok. Gesamtverteidigung 79). Maurach untersuchte zunächst die Vertragslage.

Die Genfer Konvention ist nach, die Haager Landkriegsordnung vor der Gründung der Sowjetunion geschaffen. Letztere trug die Unterschrift des Zarenreiches, des Initiatoren der Haager Konferenz von 1899. Die Regierung der Bolschewiki hatte sich indessen von sämtlichen zaristischen Verpflichtungen losgesagt, ausgenommen solche, denen sie nachträglich beigetreten war. Dazu zählte das Haager Seeneutralitätsabkommen sowie das Genfer Abkommen über die Verwundeten und Kranken im Felde, doch weder das Haager Abkommen über die Verhütung und Schlichtung von Konflikten noch die Landkriegsordnung.

Die Genfer Konvention vom 29. Juli 1929 über die Behandlung von Kriegsgefangenen hatte die Sowjetunion nicht unterzeichnet. Sie soll nach Auskunft der Nürnberger Verteidigung bei Kriegsbeginn Kontaktangebote der Reichsregierung zu Gefangenenfragen ausgeschlagen haben. Die Beweise dafür beschränkten sich auf die eidesstattliche Erklärung des Freiherrn Prof. Dr. Bolko von Richthofen, der 1943 als Offizier »vom OKW oder vom Auswärtigen Amt« erfahren haben will, daß britische Vermittlungsversuche bei dem Botschafter der UdSSR Iwan M. Maisky fruchtlos endeten. »Die Sowjetunion sieht in gefangenen Angehörigen der sowjetischen Wehrmacht nur Verräter, an deren Schicksal sie nicht interessiert sei« (Dok. Gesamtverteidigung 79). Soviel ist richtig. Wozu sollte die Rote Armee um Schonung von Kapitulanten nachkommen, die sie selbst nicht schonte? Eine Behandlung nach Genfer Abkommen garantierte dem Rotarmisten Kost und Quartier von deutschem Niveau. Schlimmeres konnte Stalin nicht widerfahren. Solchen Verlockungen wollte er seine armselige Truppe nicht aussetzen. »Einzig Ablehnung auf sowjetischer Seite«, bezeugt von Richthofen. Fest steht, daß die Sowjetunion vom Internationalen Roten Kreuz vergebens um Beitritt zur Genfer Konvention ersucht worden ist. Präsident Roosevelt hat seinen Verbündeten im Frühjahr 1942 dazu gedrängt, Gefangenenlisten mit der Wehrmacht auszutauschen. »Mr. Molotow erwiderte nachdrücklich, seine Regierung sei nicht geneigt, mit den Deutschen über Dinge zu verhandeln, die ihnen auch nur den leisesten Vorwand für die Behauptung liefern könnten, sie hielten sich an irgendwelche Regeln ...« So vermeldet es das Gesprächsprotokoll. »Er bekundete keinerlei Interesse an dem Vorschlag des Präsidenten.« Wie das deutsche Interesse an regelgerechtem Krieg gelagert war, ist eine Frage für sich. Jedenfalls konnte die Wehrmacht der gegnerischen Weigerung gewiß sein.

Bezeichnenderweise hat die sowjetische Regierung zu Kriegsbeginn ein Dekret veröffentlicht, das den Wehrmachtsgefangenen die Genfer Privilegien einräumt, die internen Anweisungen lauteten anders. Doch ist Stalin der Konvention ferngeblieben, um den eigenen Soldaten die Vergünstigungen abzuschneiden. Die Deutschen wiederum hätten sie 1941 praktisch gar nicht bieten können. Beide Seiten haben ein Scheinmanöver angezettelt, weil ihnen eine völkerrechtliche Bindung lästig war. Wer ihr entgehen möchte, sucht seinen Grund in der gegnerischen Barbarei. Belege boten sich zuhauf. Maurach, der Gutachter, schnürte sie rechtlich zur Generalvollmacht für den Vernichtungskrieg:

»Es ist mithin zu untersuchen, ob die UdSSR ein Staat ist, der den Anspruch auf Zugehörigkeit zur Völkergemeinschaft erheben und demgemäß verlangen kann, daß die Haager und die Genfer Bindungen von ihrem Gegner eingehalten werden, obwohl sie selbst es abgelehnt hat, diesen Abkommen beizutreten.« Niemand könne die Vorteile der Vertragstreue reklamieren, ohne die Nachteile zu tragen. Doch »zu einem Kriege außerhalb des Völkerrechts wird die Auseinandersetzung erst dann, wenn einer der Kriegführenden durch Wesen und Zielsetzung beweist, daß er die Völkerrechtsidee grundsätzlich leugnet«. Wer kapitalistischen Staaten das

Existenzrecht abstreite und sich als Motor der Weltrevolution ausgebe, verlasse die gesittete Staatenfamilie. Allerorts Umsturz und Expansion predigen, zeitigt Folgen. Wenn Krieg als »Teilakt des Klassenkampfes« ausgefochten wird, darf sich der Gegner grundsätzlich dem auf ihn gezielten Vernichtungswillen anpassen. »Hierfür gibt es jedoch eine bestimmte untere Grenze, die nicht unterschritten werden darf. Diese Grenze wird durch die sogenannten elementaren Rechte der Unbeteiligten und Unschuldigen gezogen.« Das deutsche Oberkommando habe nämlich grundsätzlich diesen Krieg im Sinne und Rahmen des Völkerrechts angesiedelt. Das zeige bereits der Kommissarbefehl. Warum sonst hätte man soviel Mühe angestellt, Kommissare, Freischärler und Rotarmisten überhaupt auseinanderzuhalten? Folglich galt die Rote Armee als Kombattantenorganisation. Dem trug das Reich insoweit Rechnung, als es »die Lebensrechte der Kriegsgefangenen als untere Grenze respektierte«. Wenn nicht das Leben, so blieb das Lebensrecht zweifellos erhalten. Stalin hielt es ganz ähnlich. Die obwaltenden Landesverhältnisse begrenzten laut Maurach die deutschen Pflichten: »Das Okkupationsregime darf nicht dazu führen, daß die Bevölkerung durch die Okkupation mehr Rechte eingeräumt erhält, als ihr bisher zustanden. Alles, was sie verlangen kann, ist, nicht wesentlich schlechter gestellt zu werden als nach dem bisherigen Rechtszustande.«

Maurachs Wissenschaft bestimmte die Stellung der Unterworfenen aus ihrer Staatsbürgerschaft. Darin stimmen auch Feilchenfeld und die Juristen des US-Heeresministers überein. Die Nachkriegsdeutschen entbehrten Rechte, weil ihr Staat verschollen war, die Sowjetbürger, weil sie im Staat der Bolschewiki lebten. »Der okkupierende Staat hat weder Veranlassung noch die rechtliche Möglichkeit, der Bevölkerung des okkupierten feindlichen Gebiets sein eigenes Rechtssystem aufzuzwingen. Die Bevölkerung lebt grundsätzlich unter ihrem nationalen Recht weiter. Das ist ein allgemein anerkannter Satz des Völkerrechts.« Je hinfälliger das Landesrecht, desto magerer der Völkerrechtsschutz:

Der Sowjetbürger hat keinen Anspruch auf gerichtliches Verfahren. Die politische Polizei besitzt grenzenlose Kompetenzen einschließlich sofortiger Erschießung. Verfassungsgarantien wie rechtliches Gehör, Verteidigung, Begnadigung existieren nicht, ebensowenig das Recht auf Privateigentum. Deshalb konnte die Wehrmacht gar nicht plündern. Öffentliches Eigentum darf der Besatzer, nach Artikel 53 Haager Landkriegsordnung in gleicher Weise nutzen wie der gewichene Staat selbst. Artikel 12 der Sowjetverfassung bestimmt die allgemeine Arbeitspflicht, Artikel 122 die Gleichberechtigung der Frau. Dies beinhaltet auch gleiche Pflichten. Weil kein Recht auf Freizügigkeit besteht, ist der Staat prinzipiell befugt, »seine Staatsbürger jederzeit an einem beliebigen Ort und zu einer beliebigen Arbeit, auch gegen den Willen des Staatsbürgers, einzusetzen«. Jede Wohnsitzverlegung war durch Verwaltungsanordnung unbeschränkt zulässig. »Es braucht an dieser Stelle nicht weiter dargelegt zu werden, in welchem Umfang die UdSSR in ihrem Inneren die Zwangsarbeitslager des Innenministeriums (früher OGPU) ausgebaut hat, und in welchem Umfang sie von sog. unfreier Arbeitskraft Gebrauch macht. Neutrale schätzen die unfreien Arbeiter der UdSSR gegenwärtig auf 12–15 Millionen Menschen. Der Einsatz zur Zwangsarbeit erfolgt ohne gerichtliches Urteil. Einzige Voraussetzung ist die politische Suspektheit der betreffenden Person.« Nicht genug damit, galt obendrein der kriegsbedingte Ausnahmezustand. Seine drakonischen Abwehrmaßnahmen hätten den Deutschen billigerweise auch im Angriff zugestanden. Doch schöpften sie ihre Rechtsbefugnisse gar nicht bis zur Neige aus. »Schon bei Zugrundelegung der ›normalen‹ Verhältnisse der UdSSR bedeuten die Eingriffe der deutschen Okkupationsbehörden keine Verletzung der Minimalrechte der Bevölkerung nach nationalem sowjetischen Recht.« Stalin konnte schwerlich die Kriegsregeln einklagen, auf daß die Wehrmacht den Sowjetbürgern mehr Rechte gewähre als er selbst. Weil die Bürger rechtlos waren, konnte die Okkupation, nach Artikel 43 Haager Landkriegsordnung, »unter Beachtung der Landesgesetze« erfolgen, die jeden Terror zuließen.

Eine gewisse Regelwidrigkeit räumte die Verteidigung hinsichtlich jener Haager Bestimmungen ein, die den Arbeitseinsatz des Zivils zu Kriegszwecken untersagen. Als die Staaten 1899 und 1907 den fraglichen Artikel 52 verabredeten, dachten sie an die Dienste von Kutschern, Hufschmieden und Zimmerleuten. Es wollte den Deutschen nun nicht in den Sinn, daß ihre Industrien und die Arbeiterwohnviertel aus der Luft zerstört werden durften, ohne daß ersatzhalber die Ressourcen der Besatzungsgebiete heranzuziehen wären. Dem Wirtschaftskrieg zwischen Weltmächten die antiquierten Beschränkungen des Artikels 52 auferlegen zu wollen, läuft dem gesunden Menschenverstand zuwider. Niemand nimmt solche Regeln ernst. »Sie gehen durchweg von den kleinräumigen Verhältnissen der europäischen Kriege des 19. Jahrhunderts aus«, befand

Maurach. »Man glaubte, daß sich der Krieg auf beschränktem, mehr oder minder dicht besiedeltem, im wesentlichen dem Heer und der Kultur erschlossenem Raum abspielen würde.« Ein Landkrieg, der jahrelang über Millionen Quadratkilometern tobt, die sich für den Besatzer zu einem unkontrollierbaren Dschungel ausweiten, gehorcht nicht Artikeln, die sich am preußisch-österreichischen Treffen von 1869 orientieren.

Die riesigen, von der Sowjetunion abgelösten Besatzungsgebiete konnten nur überleben, wenn sie einem anderen Wirtschaftskreislauf angeschlossen wurden. Geld, Energie, Tausch, Beschäftigung gerieten zwangsläufig in die Zentrifuge der deutschen Kriegswirtschaft. Soviel ließe sich zur Not gar unter Artikel 43 Haager Landkriegsordnung verbuchen, welcher Fürsorge und Wiederherstellung von Wirtschaft und Ordnung gebietet. Die Unterscheidung von ziviler und militärischer Produktion ist allerdings nicht mehr gemäß Artikel 52 zu fällen. Wer buchstabengetreu den Einsatz erbeuteter Arbeitskraft zur Kriegsgüterherstellung meiden wollte, fände außerhalb der Landwirtschaft kaum Beschäftigungsfelder. »In einem modernen Krieg«, beteuerte Rechtsanwalt Frohwein, »der die Völker im ganzen ergreift, der den totalen Arbeitseinsatz aller am Krieg beteiligten Völker bringt, der durch die Hungerblokkade ein ganzes Volk trifft, der durch Bomben und Atombomben in Stunden oder Minuten ganze Städte oder Landesteile auslöscht, ist schließlich kein Arbeitseinsatz denkbar, der nicht in einem gewissen Zusammenhang mit den Kriegshandlungen stünde.« Zumindest darf nicht die erstere Form der Wirtschaftskriegführung als legitim und letztere als Verbrechen gelten. Nach Maurach »steht außer Zweifel, daß das geltende Kriegskonventionsrecht nicht mehr streng im Geiste seiner 1899 und 1907 zusammengetretenen Schöpfer – der militärischen Experten der europäischen Großmächte – ausgelegt werden kann. Vielmehr hat sich die Auslegung dieser Bestimmungen dem modernen Großraum-Krieg anzupassen.« Es können nicht Brauchtümer musealer Feldzüge fortgelten. »Das ist so«, notierte Carl Schmitt, »als wollte man Vorschriften für den Waffengebrauch, die für Pistolen gegeben sind, auf den Gebrauch von Atombomben anwenden.« Das Recht geht mit der Waffe.

Nach deutscher Lesart hätte der Großraum-Krieg in drei Varianten stattgefunden: 1. der anglo-amerikanische Luftkrieg, 2. der kommunistische Volkskrieg, 3. die deutsche Lebensraumnahme. Unabhängig von der politischen Bühne der Aggressoren und Verteidiger wirkten im Zweiten Weltkrieg jene drei Kriegssorten aufeinander ein. Weil jeder für sich jenseits der Haager Landkriegsordnung operierte, beharrten die Deutschen auf dem kombinierten Austritt aller aus dem europäischen Normalkrieg. Jede Partei hatte einen anderen, doch keine den gewöhnlichen Krieg geführt. Die Nürnberger Siegerjustiz betrachtete rachbegierig allein den deutschen Umbruch der alten Manier. In Wirklichkeit habe die Wehrmacht damit reagiert auf die Fortentwicklung des Waffenhandwerks und der ideologischen Militanz bei ihren Widersachern. So radikalisierte einer den anderen.

Der anglo-amerikanische Luftkrieg ziele von vornherein nicht auf das klassische Militärinstrument der gegnerischen Armee, sondern lösche die industrielle Kriegführungskapazität und die Bevölkerungsmoral. Damit folgten die Angelsachsen der traditionellen Belagerungsmentalität der Seemächte. Während die Wehrmacht dem kontinentalen Verständnis eines Kriegs zwischen Streitkräften anhing, habe sich 1939 bis 1945 das anglo-amerikanische Prinzip des Kriegs zwischen Völkern historisch durchgesetzt. Die maritime Hungerblockade im Ersten Weltkrieg hatte dem Reiche die Achillesferse seiner Position veranschaulicht. Daher rührte die Ausflucht zum belagerungsfesten Kontinentalblock.

Die Okkupation großer Landmassen setzte ähnlich wie das Luftbombardement den Belligerenten in Zwiespalt zu dem herkömmlichen Kriegsbrauch. Doch war es die pure Selbstverständlichkeit, den Bombenangriff gegen das deutsche Rüstungspotential mit verschärftem Rückgriff auf Menschen- und Rohstoffvorräte der besetzten Ländereien zu beantworten. Daraus wiederum folgten natürliche Ordnungsprobleme. Zudem suchte die Sowjetunion mit Hilfe des landesüblichen Partisanentums eben den ökonomischen Nießbrauch ihres Territoriums zu vereiteln. Sie verbrannte die Nahrungsvorräte bis zur Ernte auf dem Halm, sprengte Industrieanlagen, Brücken, Wege, tötete Hilfswillige und organisierte Sabotageanschläge gegen deutsche Kommunikationslinien und Quartiere. Halder bezeugte zuzeiten allein 1.200 bis 1.600 Eisenbahnunterbrechungen täglich. Den völkerrechtswidrigen Partisanenkampf, den die deutsche Führung von vornherein erwartet hatte, befahl Stalin in seiner Rundfunkrede, die vom 3. bis zum 7. Juli 1941 täglich gesendet wurde. Partisanentradition, Praktiken ideologischer Massenfanatisierung und professioneller Geheimpolizeiterror summierten sich zu einem revolutionären Kriegstypus, für den die Deutschen nicht gemacht waren. Sie zogen als redliches Heer alten Zuschnitts in das Land, wo wie der Würgeengel der Tod aus dem Nichts auf sie eindrang.

Die allgegenwärtigen Heckenschützen trugen Maske und Immunitätsrechte unbeteiligten Zivils einher, wurden aber stabsmäßig als Kombattanten eines terroristischen Spezialkriegs angeführt. Die Distinktion waffentragender Streitkräfte und kampflos verharrenden Zivils trägt das gesamte Kriegsrecht. Krieg als Veranstaltung der Krieger fordert deren äußerste Disziplin. Das Prinzip bindet aber gleichermaßen das Zivil. Duldet es in seinem Schonraum maskierte Kombattanten, ist das Invasionsheer seiner Bindungen ledig. Sie sind ein Vertrag auf Gegenseitigkeit. »Es ist einer der Zwecke des Kriegsrechts«, schreiben die britischen ›Rules of Land Warfare‹, »sicherzustellen, daß eine Einzelperson endgültig wählen muß, ob sie zu der einen oder anderen Klasse gehören will, und daß es ihr nicht erlaubt sein soll, die Vorrechte beider zu genießen, besonders soll es einer Einzelperson nicht erlaubt sein, Mitglieder der Armee der gegnerischen Nation zu töten oder zu verwunden und darauf, wenn sie gefangen wird oder sich in Lebensgefahr befindet, zu behaupten, ein friedlicher Bürger zu sein.« (Paragraph 17)

»Die Partisanen«, monierte Laternser, »tragen ihre Waffen nicht offen, außer wenn sie selbst Vorteile davon hatten. Am Tage gaben sie sich als harmlose Zivilisten und erkundeten unter der Maske friedlicher Bauern die Gelegenheit für Überfälle und Sabotageakte. Nachts, oder wenn sie in der Übermacht waren, sprengten sie Eisenbahnanlagen und Schienen, legten Minen und überfielen Fahrzeugkolonnen und Truppenunterkünfte ... Der leitende Grundsatz der russischen Partisanenvorschrift war, daß der Partisan alles vernichten müsse, was er erreichen könne. Nach dem Aufruf Stalins war jeder Deutsche niederzumachen. Daß die Partisanen sich nicht mit Gefangenen belasteten, ergibt sich schon aus ihrer illegalen Existenz im Rücken der deutschen Heere. Die in ihre Hände gefallenen deutschen Soldaten wurden aber nicht nur getötet. Die aufgestachelten Instinkte und die slawische Neigung zur Grausamkeit führten meist dazu, daß die Partisanen ihre Gefangenen zu Tode marterten und grausam verstümmelten.«

Indem die Partisanen und Zerstörungsbataillone das preisgegebene Land verwüsteten, damit es dem Besetzer keinen Halt böte, trafen sie empfindlicher noch die zurückbleibenden Landsleute. Das Volkskriegskonzept, das den Großraum unbewohnbar macht, bekriegt notwendigerweise auch das eigene Volk. Wer systematisch

Vorräte, Unterkünfte und Transportwege vernichtet, liefert es der Fürsorge eines Besatzers aus, der selbst um die blanke Existenz ringt. Neben dem Massensterben gefangener Rotarmisten in der strengen Winterkälte 1941/42, verteidigte Rechtsanwalt Frohwein den seinerzeitigen Oberbefehlshaber der 3. Panzerarmee, »hatten auch die deutschen Truppen im gleichen Winter aus den gleichen Gründen ganz ungewöhnlich hohe Ausfälle. Wenn schon diese Ausfälle bei den eigenen Truppen nicht vermieden werden konnten, wie kann man dann gegen Generaloberst Reinhardt einen Vorwurf erheben, wenn es sich um Kriegsgefangene handelt?«

Die Insassen der abgeriegelten Kessel des Herbstes 1941 hatten vor ihrer Gefangengabe, die ihnen unter Aufsicht der Kommissare auf den Tod verboten war, wochenlang gehungert. In dem Zustand fielen sie rettungslos den Typhusepidemien zum Opfer. Nachdem sich die Nachschubverbindungen konsolidierten, erhielten arbeitende Kriegsgefangene bei der 3. Panzerarmee Verpflegungssätze, »die in den meisten Positionen höher waren als die damaligen Sätze der deutschen Schwerarbeiter in der Heimat. Wenn man sie aber im Verhältnis zu den heutigen Lebensmittelrationen der deutschen Zivilbevölkerung betrachtet, dann erscheint es fast wie ein Wunder, daß ein russischer Kriegsgefangener damals jede Woche 2.850 gr. Brot (der Schwerarbeiter in der Heimat 2.600 gr. Brot) 350 gr. Fleisch, 130 gr. Fett, 175 gr. Marmelade, 225 gr. Zucker, 1.550 gr. Gemüse und 4.250 gr. Kartoffel erhielt« (Befehl v. 22. Juli 1942, Dok. Reinhardt 368). Im Oktober 1940 habe Reinhardt die Heeresgruppe Mitte informiert, daß die Einhaltung der Verpflegungssätze aus den inländischen Nahrungsmitteln gefährdet sei. Unbeschadet gegenlautender Befehle werde er seine Gefangenen »unter Zurhilfenahme der Wehrmachtsbestände, d.h. also mit deutscher Soldatenverpflegung, ernähren«. Dafür übernehme er persönlich die Verantwortung. »Wenn die Welt einmal die Statistik über die Zahl der Toten unter den deutschen Kriegsgefangenen in den Lagern der Alliierten, auch der Amerikaner, nach dem Einmarsch in Deutschland bis zur Kapitulation und nach der Kapitulation zu sehen bekommt, oder wenn in der Welt einmal eine Statistik der Todesfälle unter den deutschen Kriegsgefangenen in der Sowjetunion veröffentlicht werden sollte – dann dürfte in diesem Punkt jede Anklage gegen Generaloberst Reinhardt von selbst verstummen.« Zu diesem Zeitpunkt hatten die Statistiker bereits dafür gesorgt, daß ihre Tabellen den Vergleich zu jenen des Generalobersten Reinhardt nie würden aushalten müssen.

Entwaffnung

Seit 1947 wurden die Unterlagen über die Kriegsgefangenenlager der amerikanischen Besatzungstruppen in Deutschland beseitigt. Darunter jene der Militärpolizei, welche die zweihundert Gehege der US-Zone bewachte. Als 1986 ein kanadischer Journalist, auf der Suche nach einem unerkannten Massenvernichtungsverbrechen, in den National Archives, Washington, dem Gewahrsam der deutschen Kapitulationstruppen nachforschte, fand er viele leere Aktendeckel. Als aber Rechtsanwalt Frohwein im OKW-Prozeß den halbversteckten Hinweis fallenließ, wußte er offenbar, was sich in den Rheinwiesen-Lagern zugetragen hatte. Zudem würden beliebig viele Zeugen dem Gericht Erlebnisse beeidet haben, wie sie dem Flakoffizier Charles von Luttichau, einem Deutsch-Amerikaner, widerfahren waren, der sich den Besatzern in der Gegend von Remagen gestellt hatte:

»An diesem Abschnitt des Rheins regnete es in jenem Frühjahr fast ohne Unterbrechung. An mehr als der Hälfte der Tage bekamen wir überhaupt nichts zu essen.« Das Remagen-Lager war als ›Prisoner of War Temporary Enclosure‹ (PWTE) aufgeschlagen: Freiflächen auf kahlem Feld, in ›cages‹ – Käfige – unterteilt, mit Stacheldraht eingezäunt, von Wachtürmen umstanden – nebst der Kommandantur die einzigen Gebäude. Der Dienstbefehl der Pioniere vom 1. Mai 1945 untersagte es, die Gefangenen feste Unterkünfte einrichten zu lassen. »Die Latrinen waren Baumstämme«, berichtet Luttichau, »die man über Gräben am Stacheldrahtzaun geworfen hatte. Wenn wir schlafen wollten, blieb uns nichts anderes, als mit Händen ein Loch zu graben und uns dann in dem Loch zusammenzudrängen. Weil so viele krank waren, mußten die Männer ihre Notdurft auf dem Boden verrichten. Bald waren viele von uns zu schwach, um sich vorher die Hosen herunterzuziehen. Bald war unsere ganze Kleidung besudelt, genau wie der Boden, auf dem wir gehen, sitzen und liegen mußten. Zu Anfang gab es überhaupt kein Wasser, nur Regen. Dann, nach zwei Wochen, konnten wir nur ein paar Mundvoll bekommen, nachdem wir stundenlang und manchmal die ganze Nacht hindurch danach angestanden hatten ...«

Hunderttausend Männer, eingepfercht auf freiem Feld, wie in Bretzenheim bei Kreuznach, durchweichen den Boden zwangsläufig zu Schlick und Jauche. »Ein Teil der Landser am tiefer liegenden Ende meines Camps lag buchstäblich in einem See von Urin.« Geschwächte und verkrüppelte Insassen krochen zu den Latrinen, weil das Gehen im Schlamm zu mühselig war. »Amputierte schlidderten wie Amphibien durch den Matsch, durchnäßt und fröstelnd«, heißt es aus Rheinberg. Das Lager Bretzenheim »glich einem riesigen Ameisenhaufen. Die Belegungsstärke in den einzelnen Camps war teilweise so hoch, daß nicht einmal alle Gefangenen Platz zum Liegen hatten.« Sie verbrachten die Nacht stehend oder sitzend aneinandergepreßt, wenn nicht Kälte und Nässe dauernde Bewegung verlangten. Gruppen von Männern hüpften und schaukelten, suchten in das Innere ihres Knäuels zu dringen, um dort Wärme einzusaugen.

Die Gestorbenen wurden lastwagenweise abtransportiert. Deutsche Kommandos trugen die entkleideten Körper in Schubkarren auf meterhohe Stapel. »Auf unserem Weg nach Bosenheim«, berichtet eine Zeugin der Kreuznacher Stadtverwaltung, »kamen wir am Lagerfriedhof vorbei. Dort stand ein Lastwagen voller Leichen. Die Toten waren im Gesicht grün und pelzig wie ein Mausfell. Man sagte uns, daß sich der Typhus im Lager verbreitet habe.« Zudem grassierte die Ruhr. »Ich muß an dieser Stelle bekennen, daß ich viele Gefangene gesehen habe, die buchstäblich verreckten. Sie verröchelten jammervoll, während es aus allen Körperöffnungen quoll.« Im Bodenschlamm keimten unweigerlich Seuchen, und amerikanische Inspektoren notierten die Dringlichkeit sanitärer Vorkehrungen, von Feldbetten, Decken, Küchen: »Der für notwendig erachtete Standard kann mit den vorhandenen Mitteln nicht einmal annähernd erreicht werden.« Eine Fleckfieberepidemie hätte das gesamte Besatzungsgebiet einschließlich der Besatzer befallen. So gelangten Schilder an das Remagener Lagertor »Typhus, Betreten verboten!«, und die Gefangenen wurden mit DDT besprüht. Die Militärärzte diagnostizierten sorgsam die Todesursachen: neben Ruhr hauptsächlich Lungenentzündung, Starrkrampf, Blutvergiftung.

Die Rheinufer-Lager entstanden im April 1945, als die Westverbündeten 3,4 Millionen Gefangene erbeuteten, eine vorausgesehene Zahl. Das Invasionsheer sammelte kapitulierende Truppen, Lazarettinsassen, zivile Hilfskräfte, weibliches Wehrmachtsgefolge, deren Kinder, umspannte den Platz mit Draht und MG-Schützen. Auf Flüchtige wurde scharf geschossen. »Ich kann mich erinnern, daß ein 17jähriger oft am Draht stand und weinte. Er konnte die Zeit nicht abwarten. Auch er lag eines Morgens erschossen am Draht. Wir mußten zur Abschreckung an ihm vorbei marschieren. Eine Gesichtshälfte war weggeschossen und viele riefen: ›Mörder, Mörder!‹« Man möchte diese Szenerien für Greuelpropaganda halten, wenn nicht US-Colonels ähnliches überlieferten: Am 20. April 1945,

Hitlers Geburtstag, stürmte es im Westen. »Regen, Schneeregen und Schnee wechselten sich ab, ein bis auf die Knochen durchdringender, kalter Wind fegte von Norden her über die Ebenen des Rheins, wo sich die enclosure befand. Eng zusammengedrängt, um sich gegenseitig zu wärmen, bot sich den Blicken auf der anderen Seite des Stacheldrahts ein tief erschreckender Anblick: nahezu 100.000 ausgemergelte, apathische, schmutzige, hagere Männer mit leerem Blick, bekleidet mit schmutzigen, feldgrauen Uniformen, knöcheltief im Schlamm stehend. Hier und da sah man schmutzigweiße Flecken. Bei genauerem Hinsehen erkannte man, daß es sich um Männer mit verbundenem Kopf und verbundenen Armen handelte. Der deutsche Divisionskommandeur berichtete, daß die Männer seit mindestens zwei Tagen nichts gegessen hätten und daß die Beschaffung von Wasser ein Hauptproblem sei – dabei war der Rhein, der hohen Wasserstand führte, nur 200 Meter entfernt.« Selbst der kümmerliche Rest der US-Akten bezeugt massenhaft verübte Kriegsverbrechen nach Artikel 10 bis 15 der Genfer Konvention. Sie gebietet Baracken, Betten, Wäsche, Kleidung, Küchen, Hygiene, Medizin. Mangelten dem amerikanischen Nachschub denn Wasserpumpen, Bauholz, Zelte, Medikamente?

Als Luttichau, gelernter Militärhistoriker, dem Remagener Lagerkommandanten die Genfer Konvention vorhielt, die gleiche Kost für Gefangene wie für die Männer der Gewahrsamsarmee vorschreibt, erfuhr er, daß nicht etwa Versorgungsengpässe die gesetzliche Ration blockierten. Es fehlte etwas anderes: »Vergiß die Konvention«, erwiderte der Kommandant. »Du hast keine Rechte.« Damit befand er sich in enger Übereinstimmung mit seinem Kriegsherrn, der seit September 1944 ratschlagte, wie die Konvention günstig zu unterlaufen sei.

Die Wehrmacht würde nach einer Nibelungenschlacht auf dem Reichsboden überwältigt und alsdann aufgelöst werden. Weder eine militärische noch sonst eine staatliche Behörde bliebe erhalten, die Männer zu demobilisieren und heimzuschicken, nur kriminelle Organe. Elf Millionen Personen fielen dem Sieger in die Hände. Dieser mußte ihnen das Ende ihres stolzen Imperiums veranschaulichen. Sie sahen die zerstörten Städte, waren aber selbst nicht zerstört sondern äußerst kombattiv. So durchliefen sie einen kurzen aber erzieherischen Gewahrsam, und es bestand kaum die Möglichkeit und sicherlich kein Wille, ihn nach den Kavaliersbräuchen der Genfer Konvention auszustatten. Die Kapitulanten erfuhren sich nicht als ehrenvoll Unterlegene sondern als elende Werkzeuge eines Mordbrenners. Die Sendboten der Zivilisationswelt aber walteten in der Heimat des Terrors nach Ortssitte als totale Herrschaft. Das wurde verstanden.

Am 10. März 1945 ersuchte Eisenhower den Vereinigten Generalstab plangemäß um die Genehmigung einer eigenen Haftkategorie, den »Disarmed Enemy Forces« (DEF). Die Briten stimmten zu, deklarierten ebenfalls eine irreguläre Gefangenenklasse, das »Surrendered Enemy Personnel« (SEP), sicherten ihm allerdings eine späterhin verläßliche Grundversorgung zu. Um nicht das Niveau der Wehrmacht und ihrer notorischen Konventionsbrüche zu teilen, beschlossen die Vereinigten Stabschefs: »Eine öffentliche Erklärung bezüglich des Status von deutschen Streitkräften oder entwaffneten Truppen wird nicht abgegeben.« Die Alliierten beteuerten unentwegt, die Wehrmachtsangehörigen nach den Grundsätzen der Genfer Konvention zu behandeln, zumal als sie dem Internationalen Roten Kreuz den Zutritt zu den Lagern sperrten.

In zwei Schritten verschwand die Garantie der Konvention, ihr Kontrollmechanismus. Die Wehrmachtsgefangenen besaßen theoretisch zwei Anwälte, das Rote Kreuz und die Schutzmacht. Das Rote Kreuz leistet gemeinhin humanitären Beistandsdienst, wenn der Gewahrsamsstaat in Pflichtverzug gerät. Die Schutzmacht nimmt Beschwerden entgegen, prüft ihre Stichhaltigkeit, unterrichtet die schuldnerische Regierung und nötigt sie zur Abhilfe. Formell ist eine Schutzmacht Mandatar des Gefangenenursprungslands. Als das Dritte Reich in Auflösung überging, hatten die Verbündeten der Schweizer Regierung das Amt der Schutzmacht für Wehrmachtsgefangene angetragen. Wie sich herausstellte, nur auf eine winzige Übergangszeit.

Für die Aberkennung der Schweizer Schutzfunktion fand sich ein passabler Völkerrechtsgrund. Weil das Deutsche Reich erloschen war, konnte die Schweiz nicht in Vertretung eines nicht-existenten Gebildes handeln. Statt seiner herrschte nun in Deutschland die Besatzungsarmee. Sie war gewissermaßen Gewahrsamsmacht und Heimatregierung in einem. Es schien ihr überflüssig, das Rote Kreuz die Lager inspizieren zu lassen, um zu hören, wie es innen aussah. Das wußten die Gefangenenhalter selbst am besten. Sie fürchteten indessen, es könne sich aus einer Schweizer Schutzmachtfunktion eine marginale Fortexistenz des Reiches deuten lassen. Dieses aber wünschten sie rückstandslos annulliert. Sie trauten dem Zusammenbruch nicht und behielten ein erhebliches Quantum der Wehrmacht unter Verschluß, nich zuletzt als Arbeitsreservoir.

Briten, Franzosen und Amerikaner bereuten als folgenreiches Versäumnis, das Reich 1918 nicht okkupiert zu haben. Es hatte seine Niederlage nicht sinnfällig gekostet und folglich angezweifelt. Die geschlagenen Truppen waren samt Fahnen und Kapelle unter Jubel heimgekehrt. Halb nur entwaffnet, sabotierten die in Freikorps zusammengerotteten Berufssoldaten die Friedensordnung mit Mord und Hetze. Die deutschen Männer sollten kein zweites Mal den Siegerwillen vereiteln. In den Käfigen erlebten sie, was das kaiserliche Heer partout nicht gestehen wollte, die Schmach der totalen Niederlage. Wer vor Elend in seine Hose uriniert, erlernt Demut. Der DEF-Status erzog zur inneren Kapitulation. Ob gewollt, ob billigend toleriert, ob achtlos übersehen, das wissen wir nicht. Den Briten lag der Missionsgedanke nicht sonderlich, und sie sorgten sich mehr um die Präzedenzwirkung einer solch krassen Aufhebung der Genfer Konvention. Auch Feldmarschall Montgomery hielt sie in Teilen für unpraktikabel. Bei gleicher Speisung von Besatzungs- und Gefangenenheer würde die Wehrmacht reicher ernährt als das britische Volk. Es lebte miserabel genug. Eine Privilegierung der Hitler-Armeen war politisch unzumutbar.

Die Alimentation des Feindes kann nie volkstümlich sein. Doch zu Kriegszeiten zwingt die Sorge um die eigenen Männer zu Rechtsrücksichten. Die Wehrmacht hielt zwei Millionen Westgefangene als Faustpfand, denen sie 1.500 Kalorien täglich zuführte, die Hälfte der Mindesterfordernis. Weitere 2.000 Kalorien spendete die Heimat; den Postverkehr garantierte das Rote Kreuz. Ebenso hielt es die westliche Allianz. Kriegsrecht braucht Gegenseitigkeit.

Die Kapitulation beendete den Vertragszustand und lieferte die Gefangenen der humanitären Fürsorge ihrer Bewacher aus, die indes Besatzungspolitik vorzogen. Quartiermeister Littlejohn retournierte überschüssigen Proviant in die USA, die zögerten, geschlagene Hitlersoldaten zu verpflegen. Sie sollten aus dem eigenen ruinierten Lande leben, doch ohne allesamt und allzu schnell heimzukehren, bevor die Sicherheit stabilisiert war. Darum verwehrte man den Gefangenen bis Januar den Postaustausch. Ungewißheit lähmt und Nahrungspenden können leicht Waffen enthalten. Das Rote Kreuz aber, das in Genf Abermillionen Lebensmittelpakete hortete, wurde gehindert, sie zu verteilen, weil diese Instanz mit ihrer seichten Brüderlichkeit für untauglich galt, die hartherzigen Deutschen zu zähmen. Den Besatzer störte ein neutrales Humanitätsorgan, hatte ihn doch das Menschlichkeitsgebot herbeigerufen und Gut und Blut gekostet, weil Liebesgaben nicht viel ausrichten. So ging ein Großteil der angerollten Genfer

Vorräte unter erheblichem Transportaufwand in die Schweiz zurück. Unterdessen rauften die Gefangenen die letzten Grasbüschel aus dem Boden und aßen kleine Portionen, um das Hungergefühl im Magen zu beruhigen. »Es gab allerdings auch meist ältere Gefangene, die von diesem Gras jede Menge kochten und aßen und deshalb daran starben. Sie lagen morgens mit aufgeblähten Bäuchen in ihren Löchern.« Die »Hungerdiät«, meldete ein Lagerkommandant dem erschrockenen Abgesandten der Militärregierung, resultiere nicht aus Mangel, sondern aus Erziehungsabsicht: »Diese Nazis bekommen eine Dosis ihrer eigenen Medizin verpaßt.« Als Konstrukteur des demokratischen Deutschlands erwiderte der Besucher, daß dergleichen »selbstverständlich in Widerspruch zu unserer Politik stünde«. Das stimmt. Warum aber appellierte das Internationale Rote Kreuz wochenlang an die amerikanische Politik, Hilfsgüter entgegenzunehmen?

Die Okkupanten wollten weder vom Roten Kreuz noch von der Genfer Konvention etwas wissen, denn der Vertragspartner, das Deutsche Reich, war als erloschen deklariert mitsamt den ihm geschuldeten Rechtspflichten. So kam die wunderliche Idee der zwei streitenden Amerikaner zustande, welche Ernährung von Kriegsgefangenen für eine Beschlußfrage der Politik hielt. Ebendies will die Genfer Konvention vermeiden. Es hilft nicht, Regierungen und Gouverneure ratschlagen zu lassen, ob in den Rheinwiesen-Lagern Zelte, Betten, Decken und Medikamente politisch förderlich sind.

Neun Zehntel der gestorbenen Wehrmachtgefangenen erlag Krankheiten, die fehlender Witterungs- und Seuchenschutz auslöst. Nicht Hunger und Durst, sondern die Ruhr raffte die meisten Männer hinweg. Das Übel bestand in der Anlage punitiver Gehege. Die amerikanische Politik umging die Gesetzesschranke, indem sie ihre Armee aus den Bindungen der Konvention entließ. Nur ändert diese Formalie den Tatbestand sowenig wie die Geltungslücke der Konvention in Rußland. Ersatzhalber galt hier wie dort allgemeiner Kriegsbrauch. Kein irgend erdenklicher Rechtszustand erlaubt den Einschluß von Kapitulanten in verseuchten Quartieren. Eisenhower selbst bereitete am 4. August 1945 den Formalien ein Ende: »Mit sofortiger Wirkung sind alle im US-Gewahrsam in der amerikanischen Besatzungszone in Deutschland befindlichen Angehörigen der Deutschen Streitkräfte als entwaffnete feindliche Streitkräfte zu betrachten und nicht als Personen mit Kriegsgefangenenstatus.« Zahlen sind strittig, doch betraf die Degradierung noch etwa zwei Millionen Mann. Ihre Rationen sanken, und die Sterberate kletterte.

Zur selbigen Zeit übergaben Amerikaner und Briten Hunderttausende ihrer Gefangenen zu Reparationsarbeiten an Frankreich. Eigentümlicherweise wurde zuvor den Franzosen das förmliche Versprechen abgenommen, die Genfer Konvention zu respektieren. Die Empfänger leisteten jedwede Garantie, sahen sie doch, wie viele Gefangene arbeitsunfähig eingetroffen und auch nicht vorschriftsmäßig regenerierbar waren. Die Männer kamen vielfach in Lumpen, weil die Haft im Freien die Kleider zerschlissen hatte. So schob man die Verantwortung für das Jammerbild alsbald im Kreise. Der Beauftragte des Internationalen Roten Kreuzes in Frankreich drängte die Amerikaner Ende September, 200.000 Deutsche zurückzunehmen, anderenfalls sie den Winter nicht überlebten. Infolge der »Verpflichtungen, die sich aus der Unterzeichnung der Genfer Konvention durch die Vereinigten Staaten ergeben«, seien die Kranken zudem nach Artikel 68 zu repatriieren. Der Kriegsgefangenenreferent des Roten Kreuzes in den USA Henry Dunning hörte von dem Gewährsmann der Organisation in Frankreich, »die Situation der deutschen Gefangenen in Frankreich sei in vielen Fällen schlimmer als in den ehemaligen deutschen Konzentrationslagern. Er hat mir Fotografien von menschlichen Skeletten gezeigt und Briefe von französischen Lagerkommandanten, die um ihre Ablösung gebeten haben, weil sie keine Hilfe von der französischen Regierung erhalten und es nicht mehr ertragen können, zuzusehen, wie die Gefangenen aus Mangel an Nahrung sterben.«

In den linksrheinischen Lagern um Dietersheim bei Bingen vegetierten inmitten der 100.000 Insassen 30.000 Greise, Frauen, Kinder unter acht, Jugendliche unter vierzehn Jahren, Schwerkranke und Krüppel. Die lokalen französischen Einheiten versuchten nicht allein, unbrauchbare Arbeitskraft zu repatriieren, es galt auch, Disziplinlosigkeit unter den eigenen Leuten zu bekämpfen. Wehrlose flößen nicht jedermann chevalereske Manieren ein. Kommandeure meldeten, ein Teil der Mannschaften bewiese »unter dem Vorwand, unter den Deutschen gelitten zu haben, unerträgliche Inhumanität«. Trunkene feuerten des Nachts aus automatischen Waffen in die Lager, vergebliche Fluchtversuche wurden auf dem Fleck durch Liquidation geahndet. Ein Infanterieregiment verfiel dermaßen dem Rachedurst, daß der Kommandeur um seine Auflösung nachsuchte.

Bezeichnenderweise erfuhren die Gefangenen am meisten Barmherzigkeit im französischen Zivil. Es verspürte weniger als Armee und Politik den Schimpf des Zusammenbruchs im Mai 1940 auf sich sitzen. Bauern benachbarter Dörfer spendeten gelegentlich Obst, Milch und Brot. Ende 1945 war es dem Roten Kreuz gelungen, amerikanische Hilfsgüter heranzuschaffen. Wieviele Opfer der Zwischenzustand gekostet hat, ist ungewiß. Colonel Philip S. Lauben, Abteilungsleiter für deutsche Angelegenheiten in Eisenhowers Hauptquartier, nannte vierzig Jahre nach den Geschehnissen die Vogesen »ein einziges großes Todeslager«. Frankreich, das 937.000 Gefangene verwahrte, meldet 24.000 Verstorbene; für die USA, die 3,8 Millionen Gefangene einbrachten, sind 4.500 Todesfälle errechnet, nach eigenen Angaben davon 3.000 in den Rheinwiesen-Lagern.

Die Amerikaner hatten dort am 8. Mai 985.000 Gefangene interniert, über ein Viertel ihrer Ausbeute. Aus den anderen US-Lagern sind keine ähnlichen Zustände vermeldet und man lastet sie örtlichen Kommandanten an. Das überzeugt nicht. Untergebene maltraitieren nirgends hunderttausende von Gegnern sträflich ohne Deckung bei höheren Stellen. Die Rheinwiesen-Lager sind ein vernichtendes Gemeinschaftserlebnis des deutschen Heeres gewesen, um seine Verluste ranken sich düstere Legenden. Die enorme Diskrepanz der französischen und der amerikanischen Sterberate weist auf eine verborgene Untat. In einem Wochenbericht des US-Militärgouverneurs vom 25. 9. 1945 erscheint die Zahl von 11.120 Toten. Irritierend ist weniger die Menge als der Verbleib. Die deutsche Kriegsgräberfürsorge kennt etwa 5.300 Grabstätten am Rhein. Die Gebeine zahlloser weiterer Männer hätten in 45 Jahren an die Oberfläche kommen müssen. Die Gemeinde Kreuznach, die für ihre Lager Galgenberg und Bretzenheim 3.000 Tote beziffert, teilte behutsam mit: »Die Amerikaner haben im Jahr 1945 nach Aussagen Bretzenheimer Bürger verstorbene oder erschossene Gefangene mit unbekanntem Ziel abtransportiert.« Will man Veteranen der Waffen-SS glauben, wären die Transportziele verlassene Bergwerkstollen im Ruhrgebiet, vielleicht in Lothringen gewesen. Wer spurenlos bestattet, sprengt Minen. Verlohnen aber einige Tausende zusätzlicher Toter eine solch schaurige Energie? Dazu bedürfte es krimineller Sonderkommandos, die ihr Wissen aus Scham oder Prahlerei irgenwann preisgäben. Nichts von alledem ist bekanntgeworden. Keine verscharrten Gebeine und keine Bekenntnisse kamen zu Tage. Es bleiben mysteriöse Zahlenkolonnen zurück und der nachwirkende Ohnmachtseffekt in Deutschland, der wüste Spekulationen nährt. Selbst die These von einer Million Opfer fand verbreiteten Glauben.*

* Siehe Anmerkungen

Den deutschen Suchdiensten ist davon nichts bekannt, allerdings wurden ihnen für die Zeit der Gefangenenschwemme nach dem 8. Mai keine Angaben mehr geliefert. Der Fortfall der Genfer Konvention enthob die Gewahrsamsmacht der Registrierpflicht. Wen sie im Kampfe und wen im Lager tötete, weiß sie selbst nicht. Ihre Gefangenen sind durchgezählt, dann transportiert, verlagert, überstellt, erneut gezählt, die Differenzen zählen nach Hunderttausenden, doch Tod und Rechenfehler sind nicht mehr auseinanderzuhalten. Nur die Camp-Kommandeure konnten ihre Tagesbilanz kennen, wollten sie aber oft nicht wissen oder korrigierten die Belegzahlen nach oben, um mehr Rationen zu ergattern und über ihre deutschen Hilfswilligen auf dem Schwarzmarkt zu verschieben.

Kollaborateure boten sich in Fülle, »sie hatten alles, was uns fehlte, und als bei uns die Leute im Lager gespenstisch zu verfallen begannen, wurden sie feist und rosig. Sie wurden unerträglich anmaßend. Bat man nur um eine Auskunft, so wurde man angeschrieen, und in allen aufkommenden Streitfällen hielten sie es mit den Amerikanern, von deren Gnaden sie ja lebten – eine letzte Prachtausgabe des deutschen Feldwebels.« In den Händen dieser Ordnungspolizei lag der Leichentransport, von dem sie später ›nichts gewußt‹ haben. Die Gefangenen selbst müßten sich Namen und Gesichter Verschollener eingeprägt und sie bei späteren Nachforschungen der Suchdienste identifiziert haben. Doch zuletzt blieb das große Operationsfeld des Führers, der moralische Zerfall, auch seiner Truppe nicht erspart. Das gewaltige Instrument zerbrach. Getrennt von ihren Einheiten und Vorgesetzten, »war diese Gesellschaft weithin krank, physisch und psychisch«. Viele hockten tagelang in ihren Erdlöchern, stierten vor sich hin, verweigerten Nahrungsaufnahme und Reinigung, stumm, seelisch abgeschnitten von den Kameraden dem Vegetationsprozeß hingegeben. Andere schwelgten in den zurückliegenden Kämpfen, bramabarsierten, hielten Ansprachen zu ihrem politischen Irrweg, drangen so lange mit immer gleichen Fragen auf die Nachbarn ein, bis diese Prügel austeilten. Wieder andere redeten unentwegt vor sich hin, klagten Gott an, suchten Streit, übergossen die Welt mit Hohn, Spott und Zoten oder brachen in Tränen aus. Der lebenstüchtigere Teil hielt das Bild vor Augen nicht mehr für wahr und berichtete entzückt von der Zukunft, die ein ruhigeres Dasein und sanftere Menschen hervorbrächte. Die Identität der Deutschen Wehrmacht ist in diesen Wochen erloschen, und es mag sein, daß darüber das Erlöschen von 50.000 Gefangenen unaufmerksamer registriert wurde.

Wie die meisten Kriegsverbrechen ist auch dieses untergegangen im ›fog of war‹. Nicht einmal die Nürnberger Verteidigung nahm sonderliches Interesse an seiner Aufhellung. Ihre Klienten, von dem beispiellosen Mißgeschick betroffen, mit all ihren exakt geführten Akten in die Hände eines Siegers zu geraten, der mit dem Verlierer keinen Handel schließen, sondern ihn aufs äußerste bloßstellen wollte, hätten die Rheinwiesen-Lager mühelos gegen die hochgemute Klägerseite ausspielen können. Ob der Generaloberst Reinhardt waggonweise angelieferte Rotkreuznahrung vor Hungerlagern hätte retour gehen lassen, steht dahin.

Das Unrecht der US-Generäle vermag Reinhardts Verbrechen nicht zu bessern, den Ruf des Nürnberger Militärgerichtshofs indessen auch nicht. Er war ermächtigt von eben der Besatzungsbehörde, die Untaten der Art verantwortete, die sie Reinhardt und seinesgleichen vorwarf. Die Verteidigung hat die Formalbefugnis des Tribunals hartnäckig in Zweifel gezogen und deshalb den Obersten Gerichtshof der Vereinigten Staaten bemüht. Ferner wird die Kriegspraxis der Alliierten von den Angeklagten laufend als Maßstab der eigenen Verfehlungen zitiert. Nur an der einzig unstrittigen, nach den eigenen Normen verwerflichen Untat ihrer Ankläger nimmt die Nürnberger Verteidigung keinerlei Interesse. Warum nicht? All ihre Sottisen gegen die Besatzungspolitik in Deutschland entlasten die Wehrmachtsgeneräle nicht sonderlich. Sie wußten dem Gegner keine Massenvernichtungsverbrechen vorzurechnen. Das Flächenbombardement mag als solches beurteilt werden; das Urteil hat sich aber im Fortgang der Kriegsbräuche nicht durchgesetzt. Das Gefangenensterben nach Waffenstillstand traf hingegen Teile einer rechtlich strengstens geschützten Gruppe. Dafür konnte nicht einmal militärische Notwendigkeit beansprucht werden.

Das Institut des Pardons muß bestehen, wie selbst die Wehrmachtsführer in Vollzug des Kommissarbefehls einsahen. Anders gibt es keine Kapitulation. Wäre den 325.000 Männern im Ruhrkessel im April 1945 ihr anschließendes Gefangenenschicksal vor Augen gestanden, hätten sie womöglich nicht ganz so kampflos aufgegeben. General Bradley ersparte sich Verluste, weil seine Streitmacht als rechtszuverlässig galt. Der Statusverlust der DEF-Kapitulanten blieb ein Geheimbefehl, vorgeschaltet dem lauten Bekenntnis zur Konvention. Zwar mag der totale Krieg die Unversehrtheit des Zivils preisgeben, nur die der Gefangenen keinesfalls. Mit dem Handel haben auch die in Nürnberg Beschuldigten nicht aufgewartet. Weder hegten sie diese Ansicht noch entdeckten sie einen Vorteil darin, das Sterben in den Dulags mit dem in den Rheinwiesen zu verrechnen. Sie suchten die Verrechnung mit dem Flächenbombardement. Im Zivilangriff lag der Fortschritt der Kriegführung, welcher der Wehrmacht allein nicht anzulasten war. Derartiger Terror wurde zwischen 1939 und 1945 zu Land und Luft gebräuchlich. Die deutschen, amerikanischen und französischen Gefangenenmißhandlungen aber vermochten einander nicht zu legitimieren. Alle drei hatten sie, verschieden intensiv, Kriegsverbrechen verübt. Wenn zwei unbehelligt davonkamen, war der Dritte schwerlich rehabilitiert. Darum rief Reinhardt auch nicht das Urteil des Gerichts, sondern das Urteil der Geschichte an. Sie würde dereinst zutage fördern, daß er nicht viel verwerflicher als andere Befehlshaber dieses Krieges war und womöglich etwas gnädiger. Angesichts der Todesraten bei dem deutschen Gefangeneneinsatz in Frankreich nimmt sich die Schinderei der russischen Hilfskräfte bei der 3. Panzerarmee nicht berechtigt, doch minder beispiellos aus.

In dem Verdikt der ›Sklavenarbeit‹, wie es die Nürnberger Anklage vorgebracht hat, sind ausschließlich die Zwangsmomente formuliert. Rechtsanwalt Frohwein beharrte hingegen auf dem Sachverhalt eines gesetzlichen und mitnichten körperlichen Zwangs. Es sei eine völkerrechtlich unbeanstandete Arbeitsdienstpflicht erlassen worden, wie dies der Alliierte Kontrollrat in Deutschland bis zum Kindesalter von 14 Jahren für notwendig halte. Arbeit für das deutsche Volk sei grundsätzlich mit Bezahlung, Verpflegung, Unterbringung entgolten worden. Arbeitszeitregelungen, Prämien, Einrichtung von Werksküchen, Krankenversorgung, Unterstützung der Familie bei Auswärtsbeschäftigung des Ernährers, all die ehedem heißbegehrten Sozialmaßnahmen der Truppe in Rußland fänden keinerlei Erwähnung mehr. Statt dessen lege die Anklage den Wehrmachtsführern pure Selbstverständlichkeiten zur Last, die in den Alliierten Besatzungsstreitkräften für Deutschland tägliche Übung seien. Wenn ein Befehl der 6. Panzerarmee auf flüchtige Kriegsgefangene ohne Vorwarnung schießen heiße, so »ist das genau der gleiche Befehl, der auch fast für alle amerikanischen Kriegsgefangenenlager sogar noch nach der Kapitulation ausgegeben worden ist. Ich habe selbst im Lager erlebt, daß sich überall Plakate befanden, auf denen es hieß, daß auf jeden Gefangenen ohne Anruf geschossen würde, wenn er sich innerhalb des Lagers der Drahtumzäunung auf mehr als einen Meter nähere. Es ist auch nach diesem Befehl oft verfahren worden. Selbst der amerikanische Kommandant des Nürnberger Gerichtsgefängnisses, Oberst Andrus, hat einen derartigen Befehl gegeben.« Ähnliches gelte für das Töten versprengter Rotarmisten. Nichts anderes hätten US-Truppen in Südbayern den bei der Bevölkerung untergeschlüpften Wehrmachtssoldaten angedroht.

Das Jahrhundert des Terrors

Die Deutschen bezichtigten die Nürnberger Ankläger und Richter, in ihrer verwaschenen Jurisprudenz das Kriegsrecht laufend mit persönlichen Humanitätsvorstellungen zu vermengen. Es zähle hier aber allein das harte Gesetz der Wirklichkeit. Rechtsquelle ist die gewohnheitsbildende Staatenpraxis, die selbst geschriebene Artikel annulliert. Die laut Haager Landkriegsordnung verbotene Gaswaffe fand im Ersten Weltkrieg breite Anwendung, als die deutsche Seite den Bann brach. Das Recht der Völker wird Altpapier, wenn sie sich nicht danach richten. Theoretisch befugt die Regelwidrigkeit einer Partei ihren Kontrahenten zur Repressalie. Worin sie bestehen darf, darüber schweigt die Haager Landkriegsordnung. Die Signatare mochten bei der Beratung von einer Repressalienordnung nichts hören. Es hinterläßt einen unguten Eindruck, im züchtigen Kanon des Kriegsrechts den Durchstieg zur Rechtlosigkeit zu weisen. So bleibt die Wahl der Repressalie dem Militärbefehlshaber überlassen. Er kann Gleiches mit Gleichem vergelten und, wenn der Feind nicht von der Übeltat abläßt, diese praktisch zur Gewohnheit machen. Der Abschrekkung halber kann die Repressalie auch schmerzlicher ausfallen als der Anlaß. Hier will der Brauch zwar eine gewisse Proportionalität der Vergeltung, was der Befehlende indes als maßvoll oder unnötig ansieht, ist seine Angelegenheit. Der Kriegsbrauch legt ihn nicht fest.

Den Nürnberger Richtern, die gern nach eigenem Gutdünken Bräuche aufstellten, von denen zuvor niemand wußte, bot die Verteidigung am liebsten Exempel aus der Praxis der Militärbesatzung Deutschlands dar: Hier zeigten sich reale Anhaltspunkte dafür, was rechtsfolgsame Okkupanten für ein richtiges Sühnemaß hielten. In Stuttgart habe General Lattre de Tassigny die Erschießungsquote von 25 deutschen Geiseln für die Tötung eines französischen Soldaten angedroht. In Berlin seien von der Roten Armee für den Bedarfsfall Geiselerschießungen im Verhältnis von fünfzig zu eins, im Harz durch die Amerikaner von zweihundert zu eins festgesetzt worden. Im Februrar 1945 hätten die Russen in Soldin (Neumark) 120 Deutsche für die Tötung eines Majors erschossen.

Die Beispiele sind selten, daß martialische Drohungen der Alliierten blutig realisiert worden sind. Nach Ansicht der Verteidigung blieb es, im Unterschied zur Wehrmachtsbesetzung Europas, nicht darum bei der Eventualität, weil die Sieger das Schießen scheuten. Nein, die Deutschen waren klug und fügten sich. Sie betrugen sich so loyal, wie es die Haager Landkriegsordnung den Bewohnern des Besatzungsgebietes auferlegt. Es explodierten keine Eisenbahnbrücken noch Offizierskasinos. Hitlers Verbrannte-Erde-Befehl wurde nicht ausgeführt. Dienstleistungen für die Alliierten sind pünktlich erbracht worden. Die als Reparationsarbeiter außer Landes Einberufenen flüchteten nicht in die Wälder. Dort lebten keine Partisanenbanden unter dem Befehl der SS. Deshalb blieb es den Besatzern erspart, Ernst zu machen. Die angedrohten Repressalien galten für Fälle, die nicht eintraten. Es bedurfte nicht der Abschreckung. Hitler war tot, die Wehrmacht am Boden, die Partei zerstoben, die Gestapo interniert. Niemand davon übte Einfluß und Kontrolle aus. Keiner konnte zur Macht zurückkehren. Den Alliierten fiel es darum leichter, in Worten strenge, in Taten unblutige Okkupanten zu sein. Die Härte, Zivilisten zu vernichten, hatten sie im Luftkrieg genugsam bewiesen. Als Landeseroberer reichte ihnen das Verwarnen aus, wie von Keller anmerkt, weil »die mögliche Bedrohung der Sicherheit der alliierten Besatzungstruppen durch Deutsche nach der Kapitulation niemals in einen ernsthaften Vergleich zu der tatsächlichen Gefahr gesetzt werden kann, die die Widerstandsbewegung im Krieg für die deutschen Besatzungstruppen bedeutete«. Das war der Erfolg der anglo-amerikanischen Luftkriegsstrategie. Dem okkupierenden Heer soll der Verschleiß in langwieriger Gegenwehr regulärer und irregulärer Kampfverbände erspart bleiben. Die Bomberflotten bereiten dem Einmarsch den Boden. Weil Briten und Amerikaner die längste Zeit des Krieges nicht über ein Landheer geboten, der Wehrmacht den Kontinent streitig zu machen, griffen sie keineswegs mutwillig, sondern aus militärischer Notwendigkeit zum Bombenterror. Die moderne Klassik kombinierter Boden-Luft-Strategie brachte General Spaatz, der Oberkommandierende der US-Air-Force, auf die Formel: »Zerstörung der moralischen Widerstandskraft des deutschen Volkes bis zu dem Punkt, an dem die Fähigkeit zum bewaffneten Widerstand vernichtend geschwächt war.« Aus militärischer Notwendigkeit brachten die Alliierten Waffen in Anschlag, die nach dem Urteil im Nürnberger IG-Farben-Prozeß »einige der Vorschriften der Haager Bestimmungen außer Kraft gesetzt oder unanwendbar gemacht haben«. Die Möglichkeit besteht. Die ganze Haager Landkriegsordnung schwebt unter dem Vorbehalt ihrer Präambel, »die Leiden des Krieges zu mildern, soweit es die militärischen Interessen gestatten«.

Der Begriff der militärischen Notwendigkeit legitimiert, wie die Repressalie, eine eigentlich kriegsrechtswidrige Handlung, setzt aber kein gegnerisches Unrecht voraus. Bedingung ist hier eine unabwendbare Zwangslage, welche die Gefahr der Niederlage birgt. Das Nürnberger Urteil gegen die Generäle der Balkanfront hielt zwar die Kampfregeln für bindend, »selbst auf die Gefahr hin, eine Schlacht oder selbst einen Krieg zu verlieren«. Die Auskunft mutet aber weltfremd an. Dazu neigten die Unterhändler der Haager Konferenz mitnichten. Sie standen mit kundigen Militärs im Bunde, die wußten, daß Gesetze dem praktischen Verhalten Rechnung tragen sollen. Anders nützen sie niemandem. So wählte die Haager Konferenz 1907 in der sogenannten Martensschen Klausel einen salomonischen Zwischenweg. Den Generälen wurde, für den Fall existentieller Bedrängnis, die Zuflucht zu Sondermaßnahmen eröffnet gegen die Versicherung der Rücksichtnahme auf die »Gesetze der Menschlichkeit«. Das sind lose Floskeln. Doch meinten die Deutschen in Nürnberg, daß sich Militärfachleute rasch auf den Sinn verstünden, der den Worten erst innerhalb einer gegebenen Kriegslage zuwachse. Die Torheiten der Nürnberger Judikatur lägen in der Laienhaftigkeit von Richtern und Anklägern. Teils, daß sie die Konzession zum Regelverstoß bei militärischer Notwendigkeit nicht begriffen, teils, daß ihnen das Einsehen in taktische Gebräuche fehlte. Nur erfahrene Offiziere wissen die in der Drangsal gebotenen Schläge vom Zufügen überflüssigen Leids aus Rachsucht und sinnloser Zerstörungslust zu unterscheiden. Artikel 23 Haager Landkriegsordnung erlaube etwa die Wüstlegung eines Schutzgürtels auf dem Rückzug. Das gebe selbst die Anklage zu. »Nur darüber, was militärisch notwendig ist, hat sie völlig abwegige Vorstellungen, die keine militärische Sachkenntnis erkennen lassen.« Wenn eine unter dem Druck eines stark überlegenen Feindes weichende Armee, von ihren Rückzugslinien abgeschnitten, oft von allen Seiten eingeschlossen, bei mangelhafter Verpflegung und Montur, der Eiseskälte ohne Mäntel, Handschuhe und Ohrenschützer preisgegeben, um den Verfolger abzuschütteln, Zeit zu schaffen und freies Schußfeld zu gewinnen, Brücken und Eisenbahnen zerstöre, jede Ortschaft, jedes Haus niederbrennen lasse, damit den Russen ein Nachsetzen und Quartierfassen im Gelände unmöglich werde, so ist dies militärisch und rechtlich billigenswert. »Das wird jeder Soldat der Welt anerkennen.«

In Bandengebieten wiederum erwies sich die Vernichtung ganzer Dörfer als letzter Ausweg, die abwesenden Partisanen unschädlich zu machen. Alle vorherigen Versuche, durch Propaganda, Flugblattabwurf und V-Leute das Zivil von den Banden zu trennen und die Banditen zur Aufgabe zu bewegen, hatten nicht gefruchtet. »Wo ist der Unterschied«, fragte Frohwein, »zwischen den Folgen dieser Kämpfe und den Zerstörungen und Tötungen von Tausenden unschuldiger Deutscher, die durch die Luftangriffe der Alliierten auf friedliche Städte und Dörfer entstanden sind?« Es werde offenbar für zulässig erachtet, wenn man die Partisanendörfer mit Bombenflugzeugen ausradiert und zusätzlich die Einwohner verbrannt hätte. Doch habe man auf dieses Recht verzichtet, »ausschließlich aus der Überlegung, daß dann zwangsläufig auch unschuldige Menschen Opfer dieser Angriffe werden mußten«. Ähnliche Argumente machte von Leeb zu der Hungerblockade Leningrads geltend.

Der Artilleriebeschuß einer belagerten Stadt ragt als mittelalterliches Kampfmittel in die Epoche des Luftkriegs. Wie der jahrhundertealte Brauch des Aushungerns dem Feldmarschall als Verbrechen ausgelegt werden sollte, blieb das Rätsel der US-Ankläger. Die Paragraphen 51 und 54 ihrer eigenen ›Rules of Land Warfare‹ bestimmen: »Es gibt keine Rechtsnorm, die den Befehlshaber einer Belagerungsstreitmacht zwingt, der Bevölkerung einschließlich Frauen, Kindern, alten Leuten, Kranken, Verwundeten, Angehörigen neutraler Mächte oder vorübergehend Anwesenden zu gestatten, die belagerte Örtlichkeit zu verlassen, selbst wenn ein Bombardement bevorsteht. Es ist vollkommen dem Entschluß des belagernden Befehlshabers überlassen, ob und unter welchen Bedingungen er ihnen gestattet, den Platz zu verlassen ... Auf Personen, die versuchen, ohne die erforderliche Erlaubnis einen belagerten Platz zu verlassen oder in ihn hineinzugelangen, darf geschossen werden.« De Martens selbst, einer der Väter der Haager Landkriegsordnung, hielt es für unstatthaft, daß der Kommandant einer auszuhungernden Stadt seine Chancen durch den

Abschub überflüssiger Esser verbesserte. So werde die Blockade nur endlos in die Länge gezogen und verfehle den militärischen Zweck. Weil die Luftwaffe die Festung Leningrad in wenigen Stunden massiv hätte zerstören können, erachtete es Laternser als »interessanten Beitrag zu dem Problem der Einseitigkeit dieser Kriegsverbrecher-Prozesse«, daß die Leningrad zugedachten Vernichtungspläne als Belastung herangezogen wurden, »während von der Gegenseite derartige Absichten gegen unverteidigte deutsche Städte in so furchtbarem Umfange drei Jahre lang nicht nur auf dem Papier verwirklicht worden sind«.

In der Tat verfügt der von den Deutschen gern zitierte Artikel 25 Haager Landkriegsordnung das Verbot des Beschusses unverteidigter Städte, »mit welchen Mitteln es auch sei«. Wird aus dem Inneren militärischer Widerstand geboten, ist der Gegner zur Attacke berechtigt. Zuvorderst haftet der Leningrader Stadtkommandant für die Einwohner selbst. Er soll sie nicht zu Schutzschilden seiner Militärverteidigung einsetzen. Solch einen Mißbrauch des Zivilstatus braucht der Angreifer nicht zu respektieren.

Artikel 25 schweigt insoweit zum Luftbombardement, als er ein ballistisches Geschoß aus dem Kanonenrohr meint. Doch richtet der Artikel sich sinngemäß nicht gegen die elliptische Flugbahn im Gegensatz zur vertikalen. Selbstverständlich will die Regel am Kampf nicht teilhabendes Zivil verschont wissen. Man mag durch die Existenz von Jagdgeschwadern sämtliche deutsche Städte für ›verteidigt‹ halten. Die Jäger können eine eindringende Bomberstaffel ebenso angreifen wie eine Festungsartillerie die Sturmtruppen. Nein, die Flugverteidigung verharrt nicht in rein passiver, protektiver Haltung. Sinn der Jägerwaffe ist, die Eindringlinge in dem heimischen Luftraum zu vernichten. Doch umgekehrt sieht, anders als der Angreifer zu Lande, der Bomber die Jagdwaffe nicht als sein Vernichtungsziel. Auch will er die Stadt nicht erobern. Es soll nicht dem Gegner das Territorium abgenommen werden, sondern der Bevölkerung ihr Leben. Die Hungerblockade übt Druck auf die Wehrlosen aus, um den hinter ihnen verschanzten Stadtkommandanten zur Aufgabe dieser Taktik zu zwingen. Es ist ja seine Entscheidung, das Zivil in der Kampflinie zu plazieren. Er stelle sich zur Schlacht oder kapituliere! Die bombende Partei hingegen wählt das Zivil zum Schlachtopfer, weil sie sich zu schwach dünkt, den Feind in seinen Streitkräften niederzukämpfen. Darum massakriert sie die Ohnmächtigen. Das ist ein Unterschied.

Allerdings stellt sich die Frage, ob nicht die anglo-amerikanische Partei nach den deutschen Angriffen auf London und Coventry ihrer Bindungen aus Artikel 25 ledig geworden ist? Alsdann wären die britischen Flächenbombardements eine Repressalie gewesen in einer Vergeltungsrate von eins zu siebenundzwanzig. Das gilt als soeben hinnehmbar. Zudem haben Sperrle und Kesselring ihre 23.000 Opfer binnen vier Monaten erzielt und die Anglo-Amerikaner ihre 635.000 über 56 Monate verteilt. Die Deutschen griffen gern zu Zahlenexperimenten, um ihren Ruf als Vernichtungsfanatiker wegzurechnen. Bezogen auf Zeit, Dauer und Flächeninhalt sei ihr Besatzungsregime in Rußland minder blutig als stets angenommen. Nach Aussage Halders verzeichnete das Heer 1.200 bis 1.600 Eisenbahnunterbrechungen täglich durch Sabotage. Obendrein wurden Straßen vermint, Fahrzeugkolonnen und Quartiere überfallen. Zur Vergeltung kamen im Bereich der Heeresgruppe Nord »auf jede der zwanzig Divisionen der 16. Armee je Tag etwa 2 Partisanen, die wegen ihrer illegalen Tätigkeit hingerichtet wurden«, zählte Laternser. »Bei einer durchschnittlichen Frontbreite und -tiefe von 20 km für jede Division entfielen diese 2 Partisanen auf einen Bereich von etwa 400 qkm.«

Auch wenn die Vergeltung auf Hunderttausende bloßer Verdachtspersonen und Unschuldige ausgedehnt worden ist, wollen diese Maßnahmen in Relation zu den Bräuchen im Zweiten Weltkrieg beurteilt werden. »Es ist daher für den ganzen Bereich dieses Prozesses unmöglich«, verlangte von Keller in Verteidigung Lehmanns, »die Betrachtung der deutschen Maßnahmen auf irgendeinem Gebiet der Kriegführung von der Würdigung der Maßnahmen zu lösen, die die Alliierten als durch die militärische Notwendigkeit gerechtfertigt erachtet haben.«

Es ist insbesondere gegen die Angeklagten Warlimont, Lehmann und Reinecke aus dem OKW vorgebracht worden, daß sie wüste Vergeltungsbefehle formulierten, ehe das Vergoltene eingetreten war. Die Rote Armee wußte im April/Mai 1941 noch gar nichts vom Überfall. Ähnliches wurde auch gegen den vorgeblichen Repressaliencharakter der anglo-amerikanischen Flächenbombardierung eingewendet. Kronzeuge dafür war just der US-Hauptankläger General Telford Taylor, der in seinem Schlußbericht zu den Nürnberger Prozessen schreibt: »Wenn die ersten schwer bombardierten Städte ... unter den Händen der Deutschen und nicht unter denen der Alliierten litten, so waren trotzdem die Ruinen deutscher und japanischer Städte das Ergebnis nicht von Repressalien, sondern einer überlegten Politik, und sie gaben beredtes Zeugnis dafür, daß das Luftbombardement von Städten und Fabriken ein anerkannter Teil der modernen Kriegführung, so wie sie alle Nationen betreiben, geworden ist.«

Derselben Auffassung muß auch die Armee gewesen sein, der Taylor den Rapport erstattete. Ihr Plan ›Dropshot‹ sah als einzige Voraussetzung für den Abwurf von 370 Atombomben einen sowjetischen Panzerdurchbruch in die Norddeutsche Tiefebene vor. Eine Repressalie für roten Bombenterror gegen Rotterdam, London und Coventry findet sich nirgends erwähnt. Auch hat die spätere Kriegsgeschichte Taylors Feststellung bestätigt. Das Zivilbombardement fand gewohnheitsrechtliche Akzeptanz. Entgegenstehende Bestimmungen der Haager Landkriegsordnung sind dem ›non-usus‹ verfallen: durch Nichtanwendung außer Kraft gesetzt. Wann wäre dies geschehen? Angenommen, die deutschen Angriffe auf Warschau, Rotterdam, London, Coventry und Belgrad hätten die Anglo-Amerikaner aus ihrer Vertragspflicht entlassen, dann doch nur gegenüber der vertragsbrüchigen Seite. Durch welche Nationen aber ist die ›Anerkennung‹ dieses ›Teils der modernen Kriegführung‹ erfolgt? Reichten die deutschen und anglo-amerikanischen Aktionen 1939 bis 1945 hin, um alle Welt von der Rechtmäßigkeit einer atomaren Vernichtung Moskaus und Leningrads zu überzeugen? Immerhin galt es den Verzicht auf jahrhundertelang gehegte Prinzipien der älteren Kriegführung.

»Es ist eine Ironie«, notierte Liddell Hart im Sommer 1942, »daß die Verteidiger der Zivilisation ihren Sieg von der barbarischsten, ungeschicktesten Weise abhängig machen, in der je ein Krieg in der modernen Zeit gewonnen worden ist.« Selbst Fuller, der die Barbarei, allerdings zugunsten der faschistischen Mächte, herbeigeredet hatte, sah vor dem Resultat »die schlimmsten Verwüstungen der Goten, Vandalen, Hunnen, Sedschuken und Mongolen verblassen«.

Die einzigen, welche die Modernisierung öffentlich begrüßten, waren die Wehrmachtsgeneräle in Nürnberg. Sie verhehlten auch nicht den Gegensatz zur bisherigen Praxis und höhnten die Anglo-Amerikaner ob ihrer lahmen Ausflüchte. Es handelte sich weder um Vergeltung für Coventry noch um Zerstörung militärischer Ziele nebst unvermeidlicher Begleitschäden. Vielmehr hatten die feindlichen Luftstäbe exakt ins Werk gesetzt, was in den Vorkriegsjahren als Revolution der Kriegskunst ersonnen, präpariert und allgemein erwartet worden war, die Terrorisierung des städtischen Zivils.

General Giulio Douhet, der italienische Faschist und Prophet des Luftkriegs, hat die rechtliche Teilung des Feindes in Kombattanten und Zivilisten einer versunkenen Welt zugerechnet: Kriegstätigkeit bestehe in zwei Versuchen: 1. ein Stück Erdoberfläche zu besetzen; 2. die Besetzung zu verhindern. Der Aufeinanderprall beider Mühen ist die Front. Dort suchen die Kombattanten eine Entscheidung. Hinter dem Schauplatz des Treffens erstreckt sich die Domäne des Zivils, das sich in den Waffengang nicht einmischt. Dazu hat es seine Abordnung, die Streitkräfte entsandt. Die im Ersten Weltkrieg zutage getretene Industrialisierung des Krieges vermischt die vordem getrennten Gefilde von Militär und Zivil. Denn hinter der Front staffelt sich tief das Land zu einem Versorgungsbetrieb. Er führt ihr auf Geschwindwegen einen steten Strom menschlicher und materieller Reserven zu. Die überquellende Ausstattung der Front aus der Raumtiefe macht sie undurchdringlich. Daran ist im Ersten Weltkrieg die männliche Jugend Europas jahraus jahrein verblutet, ohne daß man einander wirksam überwältigen konnte. Der Nährboden des Hinterlands ersetzte den Verschleiß, bis eine Partei ihre Ressourcen ausgeschöpft hatte. Weil die Haltbarkeit der Front unter diesen Umständen gar nicht von ihr selbst, sondern von ihrer Alimentierung aus dem Zivilraum abhing, mußte eine »Raumwaffe« her. Sie benötigte die Gabe, die Front unversehrt zu überwinden und ihren Ernährer auszuschalten. Das Mittel war das Flugzeug, dem der natürliche Schirm des Zivils, sein Heer, nichts anhaben konnte. »Die Angriffe der Raumwaffe«, schreibt Douhet, »können sich auf Organismen werfen, die moralisch und materiell verwundbar und im Prinzip nicht in der Lage sind, sich durch Kampfhandlung und Gegenwirkung zu wehren.« Der Wert jener Waffe bestehe darin, daß keine Kombattanz etwas gegen sie ausrichtet. Ihr Adressat muß hilflos sein, sonst wirkt sie nicht. »Sie vermag schnell und unvermutet schon mit dem ersten Schlag den Todesstoß bis ins Herz des Gegners zu führen.« Dies zivile Herz ist ohnmächtig und allmächtig zugleich. Es ist der Drahtzieher des Widerstands. Ist das Herz getroffen, fällt der Körper von selber um.

Begreiflicherweise sind faschistisch orientierte Köpfe wie Douhet, Fuller und Ludendorff die beredtesten Verfechter dieser Lehre.

Ihnen stellt sich nicht das Hindernis der Personenrechte. Hinter der Front siedeln keine Individualwesen, sondern trotzt ein völkischer Organismus. Er rackert und befeuert die Truppen in Gestalt unverbrüchlicher Gemeinschaft. Als Schicksalsverband widerfährt der Volksgemeinschaft auch das Erlöschen. Sie verbrennt überindividuell. Die Autoren befassen sich nicht mit der militärischen Irrelevanz soviel kindlicher und greiser Personen. Daran stumpft die Waffe nicht ab. Individuelle Schuldlosigkeit löst keinen vom Los seiner Sippe. Noch der letzte Säugling haftet für seinen Führer, seinen Lebensraum und das Daseinsgesetz seines Volkes.

Douhet phantasiert die ärgsten Qualen, den Opferwillen der Population zu testen. Es ist ein Test auf ihre »moralische Rüstung«, den völkischen Zusammenhalt, den Einsatz aller Leben für den Bestand der nationalen Art. Die Selektion der Tüchtigsten erfolgt nach ihrer Begabung, »daß man Angriffe des Feindes über sich ergehen lassen muß, um ihm größere zuzufügen«. Man prüfe ihn durch »flüssige und langsam verdunstende Giftstoffe, welche die Atmosphäre wochenlang vergiften«. Dazu braucht es Abwurfbehälter mit zeitverschobener Zündung. »Die Vergasung selbst muß tagelang anhalten.« Die Raumwaffe sprengt die tausendjährigen, organisch gewachsenen Formen des Krieges. »Das fast gleichzeitige Auftauchen der Gaswaffe muß die radikale Umwälzung noch gewaltiger machen.« Die Raumwaffe trägt den Krieg über die alte Schranke der Front. Das von seiner Wehrmacht entblößte Zivil, die städtische Gemeinde, atmet alsdann den giftigen Schwaden. »Man hat ausgerechnet, daß man mit 80 bis 100 Tonnen Gift schon heute Weltstädte wie London, Berlin oder Paris in eine tödliche Gaswolke hüllen und durch planmäßige Belegung mit Spreng-, Zünd- und Gasbomben vernichten kann, weil die Vergasung das Löschen der Brände verhindert. Man hat unter anderem ein System des Angriffs ausgedacht, welches als ›Gasmantel‹ bezeichnet wird. Es besteht darin, über einer Stadt eine unsichtbare Giftgaswolke zu erzeugen, welche schwerer als die Luft ist. Langsam auf die Erde herabsinkend, vernichtet sie alles, was ihr begegnet, sei es in den Kellern oder auf den Dachgärten der Wolkenkratzer.«

Die Vernichtung der »weniger widerstandsfähigen Glieder der ringenden Völker« erfüllt den Strategen des Terrors mit Bedauern. »Gewiß ist der Gedanke, daß die Entscheidung eines derartigen Krieges notgedrungen durch die Zerschmetterung aller materiellen und moralischen Kräfte eines Volkes herbeigeführt werden muß, erschütternd.« Doch bestätigt sich in dem »Zustand von größter

Tragik« keineswegs sinnlose Vernichtungswut. Terror kalkuliert. Der Gasmantel gilt nicht denen, die er umhüllt. Ihre Vernichtung ist ein Menetekel, das anderer Fügsamkeit anstrebt. »Man stelle sich einmal vor, was im Leben einer Großstadt vor sich geht, deren Zentrum im Umkreis von rund 250 Metern durch eine 20-Tonnen-Last von Luftzerstörungsmaterial verheert wird. Einschlag auf Einschlag. Brände, Explosionen, einstürzende Häuserfronten. Darüber wälzt sich das Giftgas. Die Feuersbrünste greifen um sich, die Verbindung zwischen den Brandherden und ihrer Umgebung ist unterbrochen, immer heller lodern die Brände, während das Gas seinen furchtbaren Weg zieht.«

Wie reagiert die Mehrheit der Unversehrten auf die Opfer des Terrors? »Die Nachricht des Unheils verbreitet sich wie ein Lauffeuer.« Der Anblick feindlicher Flieger löst helle Panik aus. Die Verwüstung weiterer Siedlungsgebiete folgenden Tags zertrennt die Loyalitätsbande zwischen Volk und Führern. »Ein vollständiger Zerfall des Staatsapparates ist unvermeidlich und der Augenblick nicht mehr fern, da die Bevölkerung, scheinbar schutzlos den Angriffen der feindlichen Luftflotte preisgegeben, unter dem gemeinsamen Drang des Selbsterhaltungstriebs, die Einstellung des Kampfes um jeden Preis fordern wird, vielleicht noch bevor ihre Armee und ihre Flotte überhaupt zum Aufmarsch und Eingreifen kam.« Das ist eine verlockende Perspektive.

Der strategische Terror begünstigt den Angreifer. »Man wird nicht darauf warten können, daß der Gegner die sogenannten unmenschlichen und durch Verträge verbotenen Waffen zuerst anwendet, um dann erst für die Verwendung ähnlicher Waffen eine moralische Rechtfertigung zu besitzen, denn diese Rechtfertigung, die übrigens überflüssig wäre, würde mit Abtretung der Initiative an den Feind bezahlt werden müssen. Eine zwingende Notwendigkeit wird alle sofort und rücksichtslos zu den Waffen greifen lassen, die zwar international verboten, aber in Anbetracht der Tragödie, die in Szene geht, alle Verträge zu wertlosen Papierfetzen macht.«

Die Wertlosigkeit der Verträge liegt jedoch nicht am Papier. Als Reflexe ausgestorbener Kriegsformen begrenzen sie nicht mehr, wie beabsichtigt, die Verluste. »Die Einteilung der Kriegsmittel in menschliche und unmenschliche hat bereits im Weltkrieg ihre Bedeutung verloren.« Die menschlichere Artillerie bewirkte nämlich keine Entscheidung, sondern rottete die riesenhaften Volksheere Jahrgang für Jahrgang aus. Je schockierender die Waffe wirkt, desto schneller endet der Krieg und desto weniger kostet er Blut. »Die Mittel, die in ihm Verwendung finden, werden ausschließlich nach ihrer Wirkung unterschieden, d.h. nach dem Schaden, den sie dem Gegner zufügen können. Wer auf Leben und Tod kämpft – und anders kann man heutzutage nicht mehr kämpfen –, hat das heilige Recht, alle vorhandenen Mittel zu benutzen, um nicht selbst zugrunde zu gehen. Sich in den Untergang des eigenen Volkes zu schicken, um nicht gegen irgendwelche papierenen Konventionen zu verstoßen, wäre Wahnsinn.«

Eigentümlicherweise ist dieses von Faschisten formulierte Terrorkonzept vom Kriege zu deren Überwältigung in Einsatz gekommen. Für Briten und Amerikaner lag der Hauptkriegsschauplatz die längste Zeit über in der Luft. Nach anfänglicher Zurückhaltung setzte sich der ›Douhetismus‹ wie zwangsläufig durch. Um den Mangel eines gegen Hitlers Kontinentalreich aufzubietenden Heeres wettzumachen, verlegten sich die Alliierten auf Douhets Schockwaffe. Anstelle des ›Gasmantels‹ entwickelten sie den nuklearen Strahlenmantel. Der US-Außenminister Stimpson vertrat die Theorie, wie von Keller in Nürnberg dargelegt, »daß durch die Anwendung der Atombombe ›a tremendous shock‹ ausgelöst werden müsse. ›Such an effective shock would save many life.‹« Von einer Truppenlandung auf den japanischen Hauptinseln erwarteten sich die Amerikaner Millionenverluste. Welche Regierung verantwortete aus Rechtsgründen diesen Aderlaß an Bürgern, wenn sie über Mittel gebietet, das feindliche Zivil zur Einsicht zu bringen? Die Radikalisierung des Bombardements war nur die Kehrseite des japanischen Fanatismus. Etwas anderes als die Atombombe wirkte nicht.

Diese Logik war den Nürnberger Angeklagten wohlvertraut. Wer es für völkerrechtsmäßig halte, durch einen solchen ›tremendous shock‹ in einem Augenblick fast 100.000 Menschenleben von Nicht-Kombattanten zu vernichten, der könne es nicht für ein verbotenes ›Terror-Programm‹ halten, eine höchst gefährliche und völkerrechtswidrige Aufstandsbewegung »nach anderen und härteren Grundsätzen zu behandeln, als früher üblich war«. Die Wehrmacht führte einen Terrorkrieg zu Lande, der nicht vom Futurismus der ›Raumwaffe‹ zehrte. Indessen hatten auch die Deutschen einen Raum zu bändigen, aus dem endlose Ressourcen des Widerstands quollen. Er dehnte sich zudem nicht nur hinter der gegnerischen Front, sondern auch hinter der eigenen. Diese unkontrollierbaren Gebietseroberungen mochten nur allzuleicht vom Gegner als Schlinge benutzt werden, die sich im Nacken des Heeres zusammenzog und es vom Nachschub und von Rückzugslinien abschnitt. Der Raum reichte selbst für die avanciertesten Raumwaffen zu tief, wie die gigantisch gerüsteten USA 1948 feststellten. Die Wehrmacht mußte den Terror, den dreihundert atomare Schockbomben auslösen, gewissermaßen eigenhändig verbreiten. Daran gemessen, waren die Mittel der Wehrmacht altbackener Art und darum von den Papierverträgen exakt erfaßt und verboten. Das Quantum der Vernichtung erreichte aber moderne Dimensionen.

Durch Einwirkung der Wehrmacht sind in Rußland mehr unschuldige Unbeteiligte zu Tode gekommen als durch alle übrigen Armeen auf allen übrigen Schauplätzen des Weltkriegs zusammen, der Ferne Osten eingeschlossen. Doch konnten die Mittel für legitim gelten, dann auch das Quantum der Opfer. »Die Anforderung an die Menschlichkeit können in der Luft nicht anders aussehen als auf der Erde«, klagte Keller. In einem Kriege, der unmittelbar vor seinem Ende in 24 Stunden die Stadt Dresden ausgelöscht habe, gälten für die Behandlung von Zivilpersonen anscheinend andere Grundsätze, als sie vor vierzig Jahren als angemessen erachtet worden seien. »Dabei macht es keinen Unterschied, ob solche Maßnahmen der Alliierten mit der Fortentwicklung der Waffen zusammenhängen oder nicht ... Wer zum Schaden der Zivilbevölkerung den Begriff der militärischen Notwendigkeit im Bereich der Waffenwirkung so weit ausdehnt, wie die Alliierten es getan haben, der muß dem Gegner gleiches Recht in anderen Bereichen dieses Krieges zubilligen. Und auch Abwehrmaßnahmen gegen eine Widerstandsbewegung und gegen Partisanen sind Krieg. Auch sie dienen der Erzwingung des Sieges, auch sie sollen eigenes und feindliches Blut sparen, wie es nach der Erklärung des ›Secretary of State‹ Stimpson durch die Anwendung der Atombombe in Japan geschehen sollte. Es ist auch nicht möglich, nur bei einem Teil der Kriegsmaßnahmen, nämlich bei den Maßnahmen der Sieger, zu sagen, daß das Völkerrecht dynamisch sei, dasselbe Völkerrecht aber bei den Kriegsmaßnahmen der Besiegten für statisch zu halten und auf den Anschauungen zu verharren, die – angeblich – bei der Schaffung der Haager Landkriegsordnung gegolten haben.« Das Maß, die Handlungen des Heeres in Rußland zu bewerten, seien nicht die antiquierten Vertragsartikel der Jahrhundertwende, sondern der Rahmen der alliierten Kriegsmittel. Wenn es möglich sei, Hunderttausende von unbeteiligten Zivilpersonen durch Kampfhandlungen zu töten, und wenn diese Entwicklung zusammenfalle mit der allgemeinen Entwicklung des Krieges zur Massenvernichtung der Zivilbevölkerung durch Kampfwaffen, dann könne der Gegner nicht den Grundsätzen des Jahres 1907 verpflichtet bleiben.

Die Generäle ließen auf Freispruch plädieren. Feldmarschall von Leeb sprach im Namen der Angeklagten das Schlußwort. Er begann mit der Aufzählung der Tugenden des deutschen Offiziers: die Treue, die innere Verbundenheit zwischen Offizier und Mann, der Gehorsam, das Pflichtbewußtsein, die Selbstlosigkeit, der persönliche Einsatz. Nichts davon hatte gelitten: »Wir haben im Ersten Weltkrieg gegen kein Recht verstoßen, und wir sind im Zweiten Weltkrieg dieselben geblieben. Wir sind nicht von verbrecherischen Instinkten geleitet gewesen, wie die Anklage glauben machen will. Es ist nicht notwendig und auch gar nicht möglich, uns die Maske vom Gesicht zu reißen, weil wir keine Maske getragen haben.« Der Krieg aber sei ein harter Lebenskampf zwischen zwei Völkern. Als das Staatsoberhaupt den Beginn von Kriegshandlungen befahl, erfüllten die Generäle ihre Soldatenpflicht. Nachdem sie auf Gegenwehr um jeden Preis stießen, wurde das Notwendige eingeleitet. »Wir mußten uns gegen diese entartete Kriegführung wirksam schützen. Wir waren in Notwehr.«

Kapitel 11
Die Pflicht des Offiziers

Der Dienst im Unrechtsstaat

Der Zweite Weltkrieg, der den Sieg doch der gerechten Sache schenkte, läßt schwer erkennen, was in ihm das Recht gewesen ist. Das verwundert nicht. Gerechter Krieg und Kriegsrecht finden schwer zueinander, sie gedeihen in je verschiedenen Zeitaltern.

Die Sonne des Rechtes bescheint sehr unähnliche Kontrahenten. Es bindet gleichermaßen das Heer der christlichen Ritter wie die Horden der Barbaren. Weil sie im gemeinsamen Gefecht stehen, mag dem Lauteren seine Rechtsfolgsamkeit militärische Nachteile eintragen. Der Barbar belädt sich mit Schande, aber er gewinnt. Darum besitzt die Haager Landkriegsordnung eine Allbeteiligungsklausel. Die Abmachungen sollen nur gelten, solange alle Konfliktparteien sie einhalten. Gegenüber der Vertragsnatur der Haager Artikel dominiert im Genfer Rechtswerk die Humanitätspflicht. Immerhin schränkt die Kriegsgefangenenkonvention ihren Geltungsbereich ein »entre les belligerants qui y participent«. Weil die deutschen Kriegsverbrechen überwiegend die sowjetische Seite trafen, die keinem der Vertragswerke angehörte, behalfen sich die Nürnberger Gerichte mit der Allzuständigkeit des Völkerrechts. Es beruht nur zu einem Teil auf geschriebenem Text, zum anderen Teil auf Gewohnheit.

Die Bestimmungen von Haag und Genf, entschieden die Richter, fixierten das gemeingültige Gewohnheitsrecht. Das möchte noch angehen. Die Gewohnheiten haben sich im Zweiten Weltkrieg aber allseits gewandelt. Wer könnte davon absehen? Die Verfügbarkeit neuer Waffen hat alte Schonprinzipien aufgelöst. Außerdem reagieren die Gegner aufeinander und bilden die Gewohnheiten wechselseitig. Die deutsche Seite gab sich im nachhinein peinlich formell. Sie suchte in Nürnberg Anschluß an die Kriegshandlungen der Alliierten: Recht verstanden, halte sich die Bilanz der Grausamkeiten die Waage. Die Wehrmacht habe für die falsche

Sache gefochten, allein mit zulässigen Mitteln. Deren Zulässigkeit ergebe sich, wider allen Augenschein, in bezug zur gegnerischen Praxis. Denn die Alliierten hatten die guten Ziele mit unguten Mitteln erreicht. Kraft dieser Verschlingung wäre folglich das halbe Kriegsrecht außer Kurs geraten.

Der alliierten Seite oblag ein zweifaches Amt: Hitler zu schlagen und ihn regelgemäß zu schlagen. Die gerechte Sache zu vertreten und sie rechtmäßig zu vertreten. Was tat es, wenn die zwei Aufgaben nicht gleicherweise gelöst wurden, vielleicht nicht lösbar waren, jedenfalls mit unterschiedlichem Erfolg abschlossen? Wäre alsdann das Recht der gerechten Sache dargebracht worden? In dem Zwist haben sich die verschiedenen Erlösungskrieger Mal um Mal verstrickt. Konnte das Axiom der Völkerrechtsväter außer acht bleiben, daß die gerechte Sache selten, die Rechtsregel jedoch leicht auszumachen sei? Wie mag ferner eine Allianz, deren erste Front von Stalin und deren zweite Front im Luftraum mit Flächenbombardements gehalten wurde, Gerechtigkeit für sich beanspruchen? Hier ein Verbrecher in der Enge, dort, als Fegefeuer, ein verbrecherisches Mittel. Oder war vielmehr das herkömmliche Kriegsrecht, ein Trost des freien Kriegführungsrechts, durch die Ächtung des Angriffs flexibilisiert? Kann der Angreifer, der ja nach Völkerbundsatzung auch der Neutralität der Neutralen verlustig ging, in den vollen Genuß der Kriegsrechte kommen? Ist ihm die Vernichtung seiner Städte nicht zuzumuten, gleichsam eine Belagerung aus freiem Himmel, die Umkehr des Störenfrieds zu erpressen? Verschanzt er sich nicht hinter den Rechtsgütern wie der Festungskommandant hinter den Unschuldskindern der Zitadelle? Und muß der Eindringling im Einmarschgebiet den zivilen Widerstand nicht dulden, weil es widersinnig wäre, den Angriff zu kriminalisieren und dem Angegriffenen die Notwehr zu verweigern?

Auf die rechtlichen Kernfragen des Zweiten Weltkriegs hat das Nürnberger Gericht keine Antworten gesucht. Dermaßen weitgehende Rechtsschöpfungen trauten die Richter sich nicht zu. Der allgemeine Teil des OKW-Urteils kreist um den Grundsatz der Strafhaftung des Staatspersonals gegenüber dem Völkerrecht. Er begründete nämlich die Zuständigkeit des Gerichts.

Den Richtern gefiel ihre Berufung zur Instanz des Völkerrechts, und nichts kränkte sie ärger als der Vorwurf, politische Vollstrecker der siegreichen Kriegspartei zu sein. Das Nürnberger Tribunal wollte eine Vernunftsära einläuten. Fortan wachte ein internationales Rechtsgewissen über die Ausschreitungen von Outlaw-Staaten wie Nazi-Deutschland. Indessen ist der Titel der ›Siegerjustiz‹ gar nicht abwegig. Falsch daran ist nur die Hautgout. Kein anderer als der militärische Sieger über einen Völkerrechtsbrecher vermöchte ihn vor den Richter zu bringen. Ohne die Niederwerfung des Täters läßt sich nirgends Recht realisieren, national sowenig wie international. Die nationale Gemeinschaft leistet dem Tatopfer einen gewissen Schutz, indem sie den Täter der Verfolgung aussetzt. Davon ist die Staatengemeinschaft weit entfernt. Sie führt keine Kriege, um Verbrecher zu fassen. Den Verbrechen Hitlers in Polen hat die Mehrzahl der umgebenden Staaten tatenlos beigewohnt. Kein Mensch ist währenddessen der Idee verfallen, daß das Völkerrecht die Pflicht auflege, Straftäter zu jagen.

1946 erfuhren die Beschuldigten in Nürnberg, daß sie fälschlicherweise dem deutschen Binnenrecht gefolgt seien. Jeder General hätte wissen müssen, daß er zuvorderst nicht seinem Kriegsherrn, sondern dem internationalen Recht Gehorsam schuldete. Wenn aber der Täter verpflichtet wäre, völkerrechtlich geächtete Handlungen zu meiden, müßte die internationale Gemeinschaft selbst willens sein, ihr Recht zu vertreten. Vollends irreal ist, den Empfängern verbrecherischer Staatsaufträge Ungehorsam abzuverlangen. Die Kraft dazu bringt die Überzahl erfahrungsgemäß nicht auf. An dem Zustand hat sich auch nichts geändert, nachdem die OKW-Richter dekretierten: »Es ist ja gerade der Wesenskern des Statuts*, daß Einzelpersonen internationale Pflichten haben, die über die nationalen Gehorsamspflichten hinausgehen, die ihnen ein Einzelstaat auferlegt hat.« Eine solche Inpflichtnahme zugunsten einer Weltrechtsgenossenschaft setzte dort ein Realisierungsbemühen voraus. Solange die Staatenwelt mit der kriminellen Regierung im Verkehr steht, Handelsverträge abwickelt, Kultur und Sport austauscht, Bankette hält, sabotiert nicht ausgerechnet der Subalterne den Befehl. Keinen Menschen kümmert sein Risiko. Die Welt geht ihren Interessen nach, er den seinigen.

»Es ist selbstverständlich«, weiß hingegen das OKW-Urteil, »daß die Politik der Staaten von Menschen gemacht wird. Wenn Menschen eine Politik machen, die nach Völkerrecht strafbar ist, so sind sie strafrechtlich für ihre Handlungen verantwortlich. Das ist die

* i.e. Londoner Statut

logische und unvermeidliche Schlußfolgerung.« Fehlt allein, daß sie gezogen wird.

Von einer völkerrechtlichen Strafhaftung, gemäß OKW-Urteil »längst anerkannt«, war vor Nürnberg wenig verlautet. Die Richter zitierten vier Präzedenzen: den Fall eines Ritters Hagenbach aus dem Jahr 1474, die Lehren des Hugo Grotius von 1625, ein Autor, der das Abführen besiegter Frauen und Kinder in die Sklaverei zugestand; den gescheiterten Fall Wilhelms II. von Hohenzollern sowie eine Entscheidung des Obersten Gerichtshofs der USA von 1942, den Fall Quirin. Danach konnte ein jeder wissen, daß Völkerrecht Landesrecht bricht. Allein, so leichthin kommen internationale Regeln nicht zustande. Den Anspruch hat selbst das US-Obergericht nicht erhoben. Ähnlich wie den irrig angeführten Wilhelm, der nach Versailler Friedensvertrag bewußt keiner Straftat, sondern der Verletzung der »Heiligkeit der Verträge« geziehen wurde, zitiert das OKW-Gericht den US-Supreme Court grob widersinnig.* Er verkündete 1942, wie seinerzeit selbstverständlich, daß amerikanisches Kriegsrecht umgewandeltes Völkerrecht sei. Der US-Kongreß hat es kraft gesetzgeberischer Kompetenz in eine nationale Norm überführt. Genauso steht es im Haager Regularium geschrieben. Das Kriegsrecht besteht in der Angleichung heimischer Militärstrafgesetzbücher in einigen international verabredeten Belangen. Hinzu rechnet eine Handvoll allseits anerkannter Bräuche. Was solchermaßen nicht verboten ist, gilt als erlaubt. Die Völkerrechtspflichten des Staates verkündet die Regierung ihren Bürgern als Gesetze. Alles andere ist Fiktion. Die Nürnberger Richter sind dem aber nicht grundlos aufgesessen.

Hitlers Befehlsgewalt über das Soldaten- und Beamtenheer hatte eine Destruktivität entbunden, die schlechtweg nicht als legal firmieren kann. Der Streit um die personale Bindungswirkung des Völkerrechts beläuft sich letzten Endes auf die strittige Verbindlichkeit des Führerbefehls. Die in Landesrecht transformierten internationalen Kriegsregeln gelten nämlich gesäumt von den übrigen dort herrschenden Gesetzen, etwa der militärischen Gehorsamspflicht. Wenn Hitler, ihr Adressat, seine Führung kriminell ausgeübt hat, dann gemessen an der Elle eines höheren Rechtes. Existiert aber eine den Unrechtsstaat überwölbende Gesetzlichkeit, dann nicht im Geheimen. Sie wäre weltbekannt. Über Unmoral läßt sich streiten, Recht bindet alle. Durfte Hitler seine Verbrechen nicht befehlen, durften die Generäle

* siehe Anmerkungen

ihm auch nicht folgen. »Hitler war von 1938 an oberster Befehlshaber der Wehrmacht und höchste Zivil- und Militärinstanz im Dritten Reich«, heißt es im OKW-Urteil. »Wenn man es unter diesen Umständen als Entschuldigung gelten lassen wollte, daß ein Angeklagter auf den Befehl seiner Regierung oder seines Vorgesetzten gehandelt habe, dann würde das praktisch darauf hinauskommen, daß jede in der Anklageschrift aufgeführte Straftat nur Hitler allein zur Last gelegt werden könnte, weil er allein die Befugnis des Staates zur Gesetzgebung und die uneingeschränkte Ermächtigung zum Erlaß von Anordnungen an die Zivil- und Militärbehörden besaß. Dieser Gedankengang ist sinnwidrig und kann nicht als richtig anerkannt werden.«

Im Namen welchen Rechtes ließe sich den Führertreuen ihre Gefolgschaft anlasten? Darin bestand das durchschnittliche Verhalten. Ein anderes Gesetz hat die Überzahl der Bediensteten nicht wahrgenommen. Infolgedessen mußten ihnen Nachkriegsgerichte vorhalten, was kaum einer wußte, doch jeder hätte wissen sollen. Die Nürnberger wie die bundesdeutschen Gerichte bedienten sich dazu eines im nachhinein gefertigten Hilfsrechtes. Der Nürnberger Gerichtshof nannte es ›Völkerrecht‹ und der Bundesgerichtshof ›Kernbestand des Rechts‹. Beide meinten damit ungefähr dasselbe: Wenn der Staatsauftrag kraß gegen das Humanitätsgebot verstößt, wird er unbeachtlich. Die Zivilisation kennt in allen Völkern und Zeiten lebendige Grundwerte. Darin findet das Landesgesetz seine Schranke. Verstößt es gegen den sittlichen Gemeinbesitz des Menschengeschlechts, so weiß der Untergebene, daß er Unrecht begeht. Das Wissen ist ihm auch dann zuzumuten, wenn es nahezu allen abging.

Dies Postulat der Nachkriegsgerichte dünkte sie ihre erzieherische Mission. Wer, wenn nicht sie, sollte den künftigen Befehlsunterworfenen einschärfen, daß rechtliche Anordnungen nicht automatisch rechtens sind? Der Hitler-Staat konnte als Exempel verbrecherischer Befehlsgewalt in die Geschichte ragen. Das Exempel mußte statuiert werden. Die OKW-Richter argumentierten schwach in der Herleitung des Rechts, doch schlüssig betreffs seiner Notwendigkeit. Als allgemeinen Rechtszweck nannten sie einzig die Prävention. Die Zivilisationsnorm brauchte nach Hitler Befestigung. Dem Handeln der Staatsangehörigen war ein einprägsamer Rahmen zu schlagen:

»Der Zweck und die Wirkung des Völkerrechts besteht in seinem einschränkenden oder richtunggebenden Einfluß auf die Völker. Da die Völker Personengesamtheiten sind, d.h. Einheiten, die sich aus einer Vielzahl von Einzelmenschen zusammensetzen, und da ein Volk nur durch seine Organe und Vertreter planen und handeln kann, besteht die einzig wirksame Möglichkeit, die Handlungen der Völker einzuschränken oder in eine bestimmte Richtung zu lenken, in der Kontrolle über die Organe und Vertreter der Völker, die die Staatspolitik entwerfen und in die Tat umsetzen. Da der Staat nur eine Personengesamtheit ohne eigene Willensfähigkeit, ein Begriff ohne eigenes Leben ist, kann er als solcher keine Pläne machen, keine Politik entwerfen, keine Vernunfterwägungen anstellen, keine Furcht empfinden, und seine Handlungen können nur beschränkt oder verhindert werden durch Einflußnahme auf die natürlichen Personen, die seine Organe und Vertreter sind. Es würde eine völlige Verkennung der Wirklichkeit und eine bloße juristische Spiegelfechterei bedeuten, wenn man sagen wollte, daß nur der Staat, d.h. ein Begriff ohne eigenes Leben, schuldig ist und daß gegen seine lebendigen Organe und Vertreter, die seine Politik entwerfen und ausführen, kein Vorwurf erhoben werden kann.« Anders als durch die Bestrafung jener Organe und Vollstrecker der Politik könne dem Völkerrecht keine Geltung verschafft werden. Demzufolge hätte für die Zeit vor dem Nürnberger Tribunal kein Völkerrecht gegolten. Besser, man liest den Gedanken des Gerichts umgekehrt: Ohne die hilfsweise Annahme eines strafbewehrten Völkerrechts wären die fraglichen Staatsorgane schwer zu fassen.

Der Messianismus der US-Juristen, die kriminelle Energie von Staaten durch Androhung von Kerker und Strang zu zügeln, mutet inzwischen einfältig an. Es ist ja eine leere Drohung geblieben. Staatsverbrecher können daraus nur den Schluß ziehen, daß ein extrem ungewöhnliches Pech dazu gehört, sich Nürnberger Konsequenzen zuzuziehen. Die hämische Skepsis der deutschen Verteidigung in die erzieherische Kraft internationaler Strafnormen wirkt viel realitätsnäher. An der tatsächlichen Weise des Staatshandelns richten Recht und Humanitätsschranken wenig aus. Sie brechen sich ohnmächtig am Daseinskampf der Nationen. Diese kennen allein das Erfolgsgesetz. Recht, das dem im Wege steht, frömmelt als Papiergebot dahin. Der Nürnberger Entwurf eines Globalrechts für Staatsbeauftragte ist als anrührende Sozialutopie steckengeblieben, zwingend plausibel und abseits der Welt. An sich will es nicht einleuchten, warum sie zwei so selbstverständliche Sätze nicht verträgt, wie Kontrollratsgesetz Nr. 10 unter Artikel II, Abschnitt 4a–b aufführt. Das OKW-Gericht bezeichnet sie richtig als grundlegende und bindende Vorschrift, auf der seine ganze Tätigkeit beruhe.

»4 (a) die Tatsache, daß jemand eine amtliche Stellung eingenommen hat, sei es die eines Staatsoberhauptes oder eines verantwortlichen Regierungsbeamten, befreit ihn nicht von der Verantwortlichkeit für ein Verbrechen und ist kein Strafmilderungsgrund.

(b) Die Tatsache, daß jemand unter dem Befehl seiner Regierung oder seines Vorgesetzten gehandelt hat, befreit ihn nicht von der Verantwortlichkeit für ein Verbrechen; sie kann aber als strafmildernd berücksichtigt werden.«

Was ist so irreal an der Auffassung, daß ein Mord im Staatsdienst nicht besser davon wird und keinen Strafausschluß begründet? Das fragten die amerikanischen Juristen die Deutschen in Nürnberg Mal um Mal. Diese mochten nicht bestreiten, daß unter Hitler gemordet worden war. Das Problem lag woanders. Mord als Rechtsbruch ist eine staatlich gesetzte Unrechtsnorm. Dem Bürger fehlte entweder die Einsicht oder der Hebel, sich einem mordenden Staat zu verweigern. Eine jahrhundertealte Instanz des Rechts wird nicht so geschwind als Verbrecherhöhle begriffen, und wer sich dem Augenschein nicht länger verschließen kann, findet als Funktionsteil eines Staatsorgans schwer darin Versteck. Man kann sich den Unschuldswinkel nicht immer aussuchen. Der Befehl durchwandert seine institutionelle Bahn und erreicht den zuständigen Sachbearbeiter. Auch das OKW-Gericht mühte sich vergebens, das Kontrollratsgesetz Nr. 10, Artikel II, 4a–b mit den Realitäten einer militärischen Befehlskette abzugleichen. An welcher Stelle verlangt die Pflicht des Kettenglieds, die Kette zu unterbrechen?

»Befehle sind die Grundlage, auf der jede Armee arbeitet. Grundlage für die Disziplin eines jeden Heeres ist, daß Befehle dazu gegeben sind, daß sie auch ausgeführt werden. Auf diesem Grundsatz beruht die Disziplin. Ohne diesen Grundsatz kann keine Armee schlagkräftig sein, und es gehört sicherlich nicht zu den Obliegenheiten eines Soldaten in untergeordneter Stellung, die Befehle seiner Vorgesetzten auf Zweifel an ihrer Rechtmäßigkeit hin zu überprüfen. In gewissen Grenzen hat er das Recht anzunehmen, daß die ihm erteilten Befehle seiner Vorgesetzten und des Landes, dem er dient, sich im Rahmen des Völkerrechts halten.« Damit sind die Mannschaftsgrade der Völkerheere bereits vom Völkerrecht entpflichtet. Es ist für ihre Begriffe dasselbe wie der

Führerbefehl. Der Rest besteht aus einem Kodex der Befehlshaber- und Kommandeurskaste. Allerdings nicht der ganzen.

»Eine Anzahl der Angeklagten waren Kommandeure von Frontformationen und trugen eine schwere Verantwortung während der eigentlichen Kampfhandlungen. Sie hatten nur beschränkte Möglichkeiten, Rechtsrat einzuholen. Sie waren Soldaten, nicht Juristen. Truppenführer im Felde mit weitgehender Verantwortlichkeit für Operationen können nach Völkerrecht nicht der strafbaren Teilnahme am Erlaß von Befehlen beschuldigt werden, die nicht augenscheinlich verbrecherisch sind, wenn nicht nachgewiesen werden kann, daß sie den nach Völkerrecht strafbaren Charakter gekannt haben. Einem Truppenführer kann nicht zugemutet werden, feine Unterscheidungen über die Rechtmäßigkeit der Befehle zu machen oder in dieser Richtung Schlußfolgerungen zu ziehen. Solange ihm nicht das Gegenteil bekannt ist, ist er berechtigt anzunehmen, daß die Rechtmäßigkeit derartiger Befehle vor ihrem Erlaß in geeigneter Weise geklärt worden ist.« Immerhin seien in der Wehrmacht Befehle an die Front gelangt, die in jeder zivilisierten Nation als Abkehr von Kriegsbrauch und Menschlichkeit gälten. »Dazu braucht man kein Rechtsgutachten ... Jeder Befehlshaber mit normaler Intelligenz muß die Rechtswidrigkeit sehen und verstehen. Jede Teilnahme an der Durchführung solcher Befehle, stillschweigend oder nicht, jede stillschweigende Einwilligung in die Ausführung durch Untergebene stellt eine rechtswidrige Handlung des Befehlshabers dar.«

Die ›Teilnahme an der Durchführung‹ von Dienstverbrechen schmälerte das Gericht um gewisse Routinevorgänge: »Die Weitergabe auf dem Befehlswege ist ein Teil der Ausführung des Befehls. Derartige Befehle verkörpern die Befehlsgewalt des Vorgesetzten, der sie erlassen hat, und des unterstellten Befehlshabers, der sie zur Ausführung weitergibt. Der bloße vermittelnde Verwaltungsakt der Weitergabe eines Befehls, der unmittelbar von einer dem Weitergebenden vorgesetzten Dienststelle an Einheiten gerichtet ist, die dem Weitergebenden unterstellt sind, enthält aber nach unserer Auffassung nicht eine Ausführungshandlung des Befehlshabers, bei dessen Dienststelle derartige Befehle nur durchlaufen. Eine solche Weiterleitung ist lediglich eine büromäßige Handlung, die in vielen Fällen von dem Personal des Befehlshabers ausgeführt wird, ohne daß er selbst von ihr Kenntnis erhält. Der Befehlshaber kann die auf diese Weise übermittelten Befehle nicht überprüfen. Seine Dienststelle ist von der übergeordneten Kommandobehörde nicht als Ausführungsorgan benutzt, sondern übergangen worden.« Was soll das heißen?

Der ›büromäßige Durchlauf‹ ereignet sich naturgemäß in den obersten Befehlsstellen im Feld. Ein Heeresgruppenchef kümmert sich nicht um gefangene Kommissare. Kriegsverbrechen betreffen meist beiläufige Komplexe, Gefangene und Zivilisten. Strategen, die eine Million Mann durch das Gelände bewegen und eine weitere Million Gegner beobachten, operieren oberhalb der Ebene der Missetat. Offenbar wollte das Gericht die emblematische Gestalt des Feldmarschalls von der Haftung für allerlei Niedertracht lösen, die sich außerhalb ihres Gesichtskreises zutragen. Die Befehle dazu mögen oberste Stäbe aushecken, ihre Adressaten sind jedoch mittlere Gliederungen. Der Feldmarschall prüft keine unwesentlichen Einzelheiten. Sein Quartier ist die Durchlaufstelle, die den Befehl allerdings mit der Autorität des Feldmarschalls versieht. Die OKW-Richter erkannten zutreffend, daß die weiterleitende Instanz ihre Befehlsgewalt hinzusetzt. Sie betrachteten diesen Akt aber als Formalie. Der Stratege hat andere Dinge im Sinn, der Schlachtenlenker am Frontabschnitt wiederum verläßt sich im Getümmel auf die Autorität der Oberbefehlshaber, die ihm die Rechtmäßigkeit verbürgen.

Der Befehlshaber verantwortet das Geschehen in seinem Befehlsbereich. Dort könnten sich aber Dinge zutragen, die er nie befohlen hat. Seinen Unterführern mag von der Heeresspitze ein Unrechtsbefehl übermittelt worden sein, ganz ohne sein Zutun. Was dann? In dem Fall ist es, laut OKW-Urteil, mit seiner Verantwortung schwach bestellt.

»1.) Er kann einen Befehl erlassen, der den ersten Befehl aufhebt. 2.) Er kann um seinen Abschied bitten. 3.) Er kann in gewissen Grenzen die Ausführung des Befehls sabotieren. Zur Außerkraftsetzung des Befehls seiner Vorgesetzten fehlt ihm das Recht und die Macht. Ein Gegenbefehl würde den Kommandeur der schwersten Bestrafung aussetzen, würde aber völlig vergeblich sein und in Deutschland zweifellos dazu geführt haben, daß Hitler mit ganz besonderer Aufmerksamkeit die genaueste Befolgung des Befehls beobachtet hätte. Die zweite Möglichkeit, die ihm offenstand, seinen Abschied zu nehmen, war nicht viel besser. In Kriegszeiten haben die Armeeoffiziere im allgemeinen nicht das Recht, um ihren Abschied zu bitten. Dieser Grundsatz gilt auch in der Armee der

Vereinigten Staaten. Ablehnung der Staatspolitik, wie sie in einem Befehl zum Ausdruck kommt, ist kaum eine Begründung für ein Abschiedsgesuch. Wenn in Hitler-Deutschland ein Offizier einen solchen Grund für sein Abschiedsgesuch angegeben hätte, so würde dies wahrscheinlich die ernstesten Folgen für ihn nach sich gezogen haben. Eine andere Möglichkeit der Opposition war, den Befehl zu sabotieren. Dies konnte der Offizier nur mündlich und persönlich tun. Solch eine mündliche und persönliche Aufforderung zur Mißachtung des Befehls konnte niemals einen solchen Umfang annehmen, daß dadurch die Durchführung des Befehls vereitelt werden konnte. Die vierte ihm offenstehende Möglichkeit war, überhaupt nichts zu tun.« Kurz, das Gericht schließt eine Passiv-Haftung aus. Der Offizier trägt nicht die Pflicht, in seinem Befehlsbereich für Einhaltung des Kriegsrechts zu sorgen. Er verantwortet vorwiegend persönliches Handeln. Wenn Hitlers Mordaufrufe ihn umgehen, steht er dafür grundsätzlich nicht ein. Rebellion ist kein Gebot. Befehlsgewalt ermächtigt niemanden, die Dienststelle nach der Stimme des Gewissens zu führen. Der Befehlshaber befiehlt nicht autonom. Seine Autorität transportiert auch den Willen der ihm vorgesetzten Stellen. Diese bestimmen oft über seinen Kopf hinweg. Umgekehrt darf sein Untergebener, der Chef des Stabes, Geringfügigkeiten nach Façon entscheiden.

Die Stelle, die technisch jeder Befehl passiert, ist das Amt des Stabschefs. »Ein Stabschef ist kein Kompanieschreiber«, heißt es im OKW-Urteil. »Eine der Hauptaufgaben des Stabschefs bestand darin, seinem Kommandeur gewisse Obliegenheiten abzunehmen, so daß der Kommandeur sich den von ihm für wichtiger erachteten Dingen widmen konnte. Es war natürlich die Pflicht des Stabschefs, den Kommandeur über die Vorgänge in seinem Befehlsbereich auf dem laufenden zu halten, wenigstens insoweit, als sie dem betreffenden Kommandeur wichtig erschienen. Eine weitere, allgemein anerkannte Funktion des Stabschefs und aller Offiziere des Stabes besteht darin, daß sie in ihrem Zuständigkeitsbereich solche Befehle und Anordnungen vorbereiten, die sie auf diesem Gebiet für notwendig und angezeigt halten, und sie ihren Vorgesetzten zur Genehmigung vorlegen.« Die Genehmigung muß oft pauschal erteilt werden. Vertraute der Vorgesetzte der Einfühlsamkeit des Stabschefs, unterzeichnete dieser Befehle in dessen Namen. »Es wird vorausgesetzt, daß in diesen Befehlen der Wille des Befehlshabers zum Ausdruck kommt. Der Befehlshaber mag diese Befehle gesehen haben und wird sie sehr oft nicht gesehen haben, wird aber in dem bei Kommandostäben üblichen Geschäftsgang über die Befehle informiert, und sie werden als Ausdruck seines Willens anerkannt.«

Eigenen Willen steuert der Chef des Befehlsausgabewesens nicht bei. Darum kann er kriminelle Impulse schwerlich ausdrücken. »Er hat keine Befehlsgewalt über unterstellte Truppen.« Ein von ihm selbst unterzeichnetes Papier verstünden nachgeordnete Einheiten niemals als bindend. Der Befehlshaber unterzeichnet gewöhnlich nur Schriftstücke an höhere Kommandostellen. Den Befehlsverkehr nach unten läßt er seinen Stabschef signieren. Die Stücke tragen die Aufschrift ›im Auftrag‹ oder ›auf Befehl‹. Ob der Befehlshaber den Chef im einzelnen dazu ermächtigt hat oder nicht, ist einerlei. »Wenn die Befehlsgewalt nicht ordnungsgemäß ausgeübt wird, dann ist der Stabschef nicht verantwortlich.«

Das OKW-Gericht fand geschliffene Sätze über den Vorrang von Völker- vor Landesrecht und die Pflichten des Individuums gegenüber dem Humanitätsprinzip. In der militärischen Befehlskette hatten die Richter indessen Mühe, überhaupt eine Rechtshaftung aufzuspüren. Kriegsverbrechen sind für die höchsten Befehlsstellen im Felde zu marginal, um ihnen aufzufallen; die Kampfkommandanten haben keine Zeit für Rechtsbetrachtungen; den Empfängern der Unrechtsbefehle fehlt Spielraum zur Widersetzlichkeit; das Organ der Befehlsausgabe, der Stabschef, ist willenlos, der Kommandeurswillen wiederum geht in Routinefällen auf den Stabschef über. Den Mannschaften gilt der Befehl grundsätzlich als die Inkarnation des Rechts. Desungeachtet ist die absichtsvolle, einverständliche, gleichwohl als Pflichtverstoß verspürte Weiterleitung eines kraß kriegsbrauchwidrigen Befehls als strafwürdig anzusehen. So wurden die OKW-Richter allen Zielen gerecht. Sie bekräftigten ihre völkerrechtliche Gerichtsbarkeit, sie verurteilten die Hitler-Generäle und mieden Festlegungen für die Demontage der Befehlsgewalt. Die Nürnberger Tribunale wollten Präzedenzfälle werden, aber nicht für militärischen Ungehorsam.

Das OKW-Gericht hütete sich, die Passivhaftung des Generals für Vorkommnisse in seinem Befehlsbereich festzuschreiben. Diese, im Prozeß von Manila gegen Yamashita etablierte und durch den Obersten Gerichtshof der USA bestätigte Regel kam in Nürnberg zu Fall. Sie dünkte die Militärs gänzlich unpraktikabel. Das OKW-Urteil erließ ihnen ferner die Verantwortung für sämtliche in ihrem Namen ausgegebenen und ihre Dienststelle durchlaufenden Befehle. Die dadurch den Stabschefs zuwachsenden Verantwortlichkeiten begegnen aber keiner Rechtspflicht. Die Routinesachen sind Niemandsland. Der sie erledigt, verantwortet sie nicht, und der sie verantwortet, kennt sie nicht.

All dies trägt praktischen Erfordernissen Rechnung. Zudem schien es geraten, die Haftung in der Befehlskette zu minimieren. Denn die Richter wußten den Deutschen die bis 1944 vorgeschriebene Straflosigkeit der Untergebenen in den anglo-amerikanischen Streitkräften nicht zu erklären. Waren die beschuldigten Feldmarschälle und Generalobersten Subalterne im Sinne jener Vorschriften? Gewiß, sonst hätte man sie auf den Wink der Rechtsgelehrten nicht flugs beseitigt. Der militärische Gehorsam ist unteilbar. Darum verwarf das Gericht auch die Strafbarkeit von Generälen wegen Aggression. »Der einzelne Soldat oder Offizier, der nicht zur politischen Führung gehört, ist nichts als das Werkzeug der maßgebenden Politik.« Die Kenntnis von dem Angriffscharakter des Krieges reicht nicht aus, das Delikt zu verüben. Militärs können sich keiner militärischen Aggression schuldig machen. Ihnen fehle die Handhabe, das Unheil zu stoppen. Dies ist eine verwunderliche Theorie. Das Verbrechen kommt nirgendwo aus der Welt, indem sich eine Person seiner enthält. Mehr als Enthaltsamkeit verlangt die Rechtspflicht aber nicht, auch nicht weniger. Allerdings beginge ein Befehlshaber, der den für aggressiv erachteten Einmarsch verweigerte, Meuterei im Feld. Dazu mochte das Gericht keinesfalls aufrufen. Die Armee soll Werkzeug bleiben und der Regierung gehorchen. Davon abgesehen, repetierte das Gericht seine Lehre vom Primat der persönlichen Schuldigkeit gegenüber dem Völkerrecht, das den Angriffskrieg strikt untersage. Er ist ein Regierungsverbrechen, das sich im Beschluß erschöpft. Der Vollzug des Verbrechens bleibt einstweilen straffrei:

»Das Völkergewohnheitsrecht hatte sich zur Zeit ihrer Handlungen nach unserer Überzeugung noch nicht so weit entwickelt, daß die Teilnahme von Offizieren, die nicht zur politischen Führung gehörten und auf die Politik keinen richtunggebenden Einfluß ausüben konnten, an einem Angriffskrieg für sich allein nicht als eine strafbare Handlung angesehen werden kann.«

Das Angriffsverbot ermittelten die Richter auf dem Wege logischer Deduktion: »Im Kellogg-Briand-Pakt haben die 63 Signatarmächte, unter ihnen Deutschland, ihre Bereitschaft erklärt, auf den

Krieg als ein Mittel der Staatspolitik zu verzichten.« Aus dieser dürftigen Bekundung wurde der Straftatbestand der Aggression in vier Schritten gefiltert.

1. Kriegsverzicht bedeutet, »daß die zwischenstaatlichen Beziehungen nicht durch Gewalt geändert würden«.
2. Daraus folgt, daß »der Versuch einer solchen Veränderung eine Angriffshandlung darstellt«.
3. Im Kern handelt es sich bei dem Kriegsverzicht von 1928 um einen Angriffsverzicht.
4. Infolgedessen ist der Angriff ein Unrecht. Der Rechtsbruch wird von Politikern verübt, »so sind sie strafrechtlich für ihre Handlungen verantwortlich. Das ist die logische und unvermeidliche Schlußfolgerung.«

Die Logik, die besagt, daß der Angriffskrieg kriminell ist, versagt indessen bei der Bestimmung, wann der Krieg ein Angriff ist. »Ein rechtswidriger Angriffskrieg bedingt notwendigerweise einen rechtmäßigen Krieg zur Verteidigung gegen diesen Angriff.« Jedoch »kann es Situationen geben, in denen die Antwort auf die Frage, ob ein Krieg ein Angriffskrieg ist oder nicht, zweifelhaft und ungewiß ist«. Das Angriffskriterium des OKW-Gerichts, »Veränderung der zwischenstaatlichen Beziehungen durch Waffengewalt«, läßt reichlich Manövrierraum. Wenn man so will, hat die Einvernahme Bessarabiens durch sowjetische Waffengewalt die Beziehungen zu Deutschland verändert. Prävention wäre statthaft, und die Identität des Angreifers bliebe wie seit jeher strittig.

Vorsorglich hielt das Gericht alle Maßnahmen für legitim, »die erforderlich sind, um den Bestand der Nation zu schützen«. Dazu zählt eine schlagbereite Truppe. Ihre Schlagbereitschaft verlangt zuvorderst Disziplin. Disziplin ist nicht zu erzielen, indem man das Militär zum Richter über die Rechtmäßigkeit des Verteidigungsfalles macht. Die Zweifelhaftigkeit der Antwort erfordert, daß ihm die Frage gar nicht erst gestellt wird. Das Militär braucht das Problem Angriffs- oder Verteidigungskrieg nicht zu entscheiden. Militärisch ist dies einerlei, wie die Wehrmachtsgeneräle beteuerten. Die Verteidigung mag faktisch offensiv betrieben werden. Man sieht dem Krieg die Aggression gar nicht an. Den Befehlshabern wird die Entscheidung zum Siege abverlangt, inbegriffen die dazu erforderlichen Mittel.

Den Angeklagten, die vorgaben, sich ihre Überfälle nicht gewählt zu haben, stellten sich unterwegs lauter militärische Notwendigkeiten. Darin verbarg sich das Unmaß der Aufgabe. Den widerstrebenden Feldmarschall Leeb drängte sie in dauernde Notwehr. Das OKW-Gericht hat das deutsche Universalargument der ›militärischen Notwendigkeit‹ in drei Sätzen abgefertigt: »Viele deutsche Autoren vertreten die Auffassung – und bis zu einem gewissen Grade ist sie auch in diesem Verfahren geltend gemacht worden –, daß die militärische Notwendigkeit das Recht einschließe, alles zu tun, was zum Siege beiträgt. Hierzu wollen wir lediglich bemerken, daß ein derartiger Standpunkt alle Menschlichkeit, Anständigkeit und Rechtssicherheit in einem Kriege beseitigen würde. Das Gericht lehnt diese Auffassung ab, da sie dem von den Kulturvölkern anerkannten Brauch zuwiderläuft.«

Schwieriger als der Tadel fiel dem Gericht »die tatsächliche Abgrenzung dessen, was eigentlich militärische Notwendigkeit darstellt«. Der Begriff werde von der Gelehrsamkeit ständig erörtert, lasse sich jedoch nur bei gegebener Lage »nach Abwägung von ins einzelne gehenden Beweisen operativer und taktischer Art entscheiden«. Die Richter räumten einem Kommandeur in ausweglosen Lage die Zuflucht zu Extra-Härten ein, die er zu seiner Rettung vorübergehend über das Zivil verhängen mochte: Evakuierung, großflächige Zerstörungen, Güterbeschlagnahme. Die Deutschen, die sich durch die Summe ihrer Aggressionen einem finalen Daseinskampf ausgesetzt sahen, entschieden stracks: ›Not kennt kein Gebot.‹ Den Satz, daß alles Kriegsrecht dem Vorbehalt der Selbsterhaltung eines Belligerenten gehorche, hat die Nürnberger Judikatur wiederholt verworfen. Die alte Haager Landkriegsordnung könne nicht den Zwängen einer totalen Kriegführung unterworfen werden. Denn es stehe nicht im Belieben eines jeden Staates, als alleiniger Richter über die Anwendbarkeit des Völkerrechts zu entscheiden. Obschon es so ist, darf es nicht sein.

Befehl

Die Richter maßen die Wehrmacht am Buchstaben der Haager und Genfer Konventionen von 1907 und 1929. Verstöße anderer Parteien stünden nicht zur Verhandlung und könnten den deutschen Fall kaum bessern. »Die Akten im vorliegenden Fall«, heißt es im OKW-Urteil, »sind mit Beweisen für Schreckenstaten überfüllt.

Niemals in der Geschichte der unmenschlichen Handlungen, die ein Mensch gegen einen anderen begangen hat, haben so viele unschuldige Menschen in einem solchen Ausmaß gelitten. Millionen Menschen, deren einziges Verbrechen darin bestand, daß sie Juden oder Sowjet-Staatsbürger oder Zigeuner oder Polen waren und als asozial, Untermenschen oder als Tiere bezeichnet wurden, sind einem Verfahren zugeführt worden, das die Anhänger Hitlers entweder ›Sonderbehandlung‹ oder ›Liquidation‹ oder ›Endlösung‹ nannten, und sind ohne Rücksicht auf Alter und Geschlecht vernichtet worden. Kein Volk, keine Armee und kein Heerführer in irgendeiner zivilisierten und unzivilisierten Epoche trage eine so schwere Schuldlast wie das Deutschland Hitlers, seine Armee und seine Führer, wegen der Behandlung dieser unglücklichen Personen. Außerdem wurde die Zivilbevölkerung der von Deutschland überrannten Länder versklavt, zur Zwangsarbeit verschleppt, ausgehungert, gefoltert, ermordet, als Geiseln hingerichtet und im Wege von Vergeltungsmaßnahmen gezwungen, Stellungen zu bauen und scharfe Minen zu beseitigen, ihr öffentliches und privates Eigentum wurde geplündert und zerstört.«

Die Richter rechneten die Kriegsverbrechen ausnahmslos der militärischen Kaste zu. Die Zweiteilung der Ereignisse in einen vernichtungsbesessenen Sektor des Hitlerschen Weltanschauungskriegs und einen von militärischen Zwängen beherrschten Sektor des Wehrmachtskriegs fand im Urteil keinen Widerhall. Die Untaten beruhten größtenteils auf kalter Berechnung. Es gewährt auf Anhieb Vorteile, sich von hemmenden Regeln und Rücksichten des Völkerrechts zu lösen. Die Weltanschauung des totalen Krieges bestehe darin, den Angriff so barbarisch wie möglich vorzutragen. Den Krieg, seit Generationen domestiziert, ja versittlicht, habe die Wehrmacht neu entgrenzt. Seinem Bedarf seien Recht, Verträge und Menschlichkeit hingegeben worden. Die Mißhandlung, Folterung und Ermordung der sowjetischen Kriegsgefangenen übersteige den Grad eines Kriegsrechtsverstoßes. Hier habe das Heer elementares Zivilisationsdenken durchbrochen. »Die Behauptung der Verteidigung über den Zustand vieler russischer Kriegsgefangenen im Augenblick ihrer Gefangennahme können in begrenztem Umfang zur Rechtfertigung der Angeklagten dienen. Sicher waren viele Gefangene infolge Mangels an Nahrung und ausreichender Kleidung sowie infolge von Wunden und Krankheiten bei ihrer Gefangennahme in einer beklagenswerten Verfassung. Es steht außer Frage, daß solche Zustände vorübergehend trotz aller Bemühungen derer, die sie gefangengenommen hatten, viele Härten mit sich bringen und auch viele Todesfälle verursachen mußten. Das Beweismaterial in diesem Falle zeigt jedoch, daß Hunderttausende von russischen Kriegsgefangenen verhungert und erfroren oder infolge ungenügender ärztlicher Hilfe und schlechter Behandlung zugrunde gegangen sind, ohne daß dies auf die erwähnten Zustände zurückgeführt werden kann. Es ist richtig, daß Deutschland im weiteren Verlauf des Krieges eingesehen hat, daß es sich damit selbst eines ungeheuren Zustroms von Arbeitskräften beraubt hatte, die später ein Hauptproblem für das Deutsche Reich wurden. Daraufhin wurde dann die Behandlung der Kriegsgefangenen in gewisser Hinsicht auf den vernünftigeren wirtschaftlichen Grundsatz umgestellt, daß es besser sei, wenn sie sich zu Tode arbeiteten, als wenn man sie einfach sterben ließe. Der Tod des größten Teils der verstorbenen russischen Kriegsgefangenen war nicht eine Folge ihres Zustandes im Zeitpunkt ihrer Gefangennahme. Die Behauptung, daß der Winter 1941/42 der kälteste Winter seit vielen Jahren in diesem Gebiet gewesen sei, kann wohl kaum als Entschuldigung für den Erfrierungstod der Kriegsgefangenen herangezogen werden. In den Gebieten Europas, in denen die Gefangenen gehalten wurden, sind kalte Winter sicher nichts Ungewöhnliches. Kalte Winter sind in diesen Gebieten sogar die Regel und keine Ausnahme. Man kann auch nicht behaupten, daß das deutsche Heer keine Nahrungsmittel für diese Leute gehabt habe. Auf ihrem Vormarsch durch Rußland hatten die Deutschen die Nahrungsmittelvorräte der Bevölkerung mitgenommen, und es gibt kein Beweismaterial dafür, daß die deutschen Soldaten damals Hungers starben. Es sind Unterlagen dafür vorhanden, daß es manchmal Typhusepidemien im deutschen Heer gab, die aber mit den verschiedenen Epidemien, die in den russischen Lagern wüteten, gar nicht verglichen werden können. Es besteht auch kein Zweifel, daß in einzelnen Fällen Soldaten des deutschen Heeres gestorben sind, weil es an Arzneien und ärztlicher Betreuung fehlte, aber das Beweismaterial in diesem Fall zeigt, daß Tausende von russischen Kriegsgefangenen aus Mangel an Betreuung umgekommen sind, während das deutsche Heer, das sie in Gefangenschaft hielt, in dieser Hinsicht keine wesentlichen Entbehrungen litt. Was menschenwürdige Behandlung anbelangt, so zeigt das Beweismaterial nicht nur, daß die deutschen Soldaten keine allgemeine

Anweisung hatten, die russischen Kriegsgefangenen menschenwürdig zu behandeln, sondern daß sie durch Befehl von oben gezwungen worden waren, ein genau entgegengesetztes Verfahren anzuwenden. Die Behandlung der russischen Kriegsgefangenen durch die deutsche Wehrmacht war ein völkerrechtliches Verbrechen, wie das erkennende Gericht hiermit ausdrücklich feststellt.«

Die OKW-Richter haben in dem als Muster konzipierten Teil ihrer Entscheidung die Haftbarkeit des Befehlshabers überaus lokker geknüpft. Sie gedachten Völkerrecht zu schreiben und mußten es bequem gestalten. Andernfalls würden sich die Militärs darauf schwerlich einlassen. Die Deutschen hatten ihre Kriege einstweilen hinter sich. Ihr Treiben mochte mit dem wünschenswerten Rigorismus beurteilt werden. Die Anglo-Amerikaner wähnten hingegen Konflikte nahen. Ihre mutmaßliche Gestalt, die Luftoffensive und die koloniale Guerilla-Abwehr, vertrug keine allzu doktrinären Festlegungen. Schwerer noch fällt, die Verantwortlichkeit innerhalb der Befehlskette zu wägen. Ein Gerichtsbeschluß auf Privathaftung des Untergebenen komplizierte künftigen Gehorsam. Jurisdiktion über die geschlagene Partei nach Spezialgesetz hingegen, das der Gesetzgeber selbst mißachtet, bietet nur geringen Nutzen. Man könne die Angeklagten ebensogut lynchen.

Wozu noch Urteile, wenn sie niemanden überzeugen? Es half dem Rechtsverständnis nicht weiter, daß japanische Militärgerichte abgestürzte US-Bomberpiloten als Kriegsverbrecher hinrichteten und MacArthur nach der Okkupation Japans die Richter als Henker aburteilte. Beides findet plausible Gründe, gälte indes nur dann als gerecht, wenn überall gleich verfahren würde. So büßten die Piloten für Massenvernichtung, was den Amerikanern Gefangenenmord schien, dessen Verfolgung in Japan als Rache der Sieger wirkte. Beide Parteien bezichtigten kreuzweise ihre Prozesse als Kriegführung mit juristischer Maske. Dazu mochte sich das OKW-Gericht nicht hergeben. Im losen Gewirk seiner Rechtsausführungen trachtete es, die Wehrmachtsbefehlshaber allgemein verbindlich zu beurteilen und Milde wie Strenge weitsichtig zu plazieren. Wo anerkannte Regeln fehlten, half wohlerwogenes Gutdünken. John C. Young, Winfried B. Hale und Justin W. Harding durften nach seriöser Tradition ihrem richterlichen Ermessen genügend nachgeben. Ihr Urteil ist ein Kompositum aus gradliniger Anwendung der Vertragstexte, davon ließen sie sich keinen Buchstaben abhandeln – aus Paraphrasen zum Nürnberger Völkerrechtskonstrukt, hier bestand ein Bindung an das Londoner Statut und die Beschlüsse des Hauptkriegsverbrecherprozesses – aus freier richterlicher Rechtsschöpfung, dazu verleitet die angelsächsische Justizschule – und aus persönlicher Beweiswürdigung, wie es allerorten das Privileg des Richters ist.

Der Verderb der sowjetischen Kriegsgefangenen im Winter 1941/42, von den Angeklagten der Grausamkeit der Elemente und der schwachen Konstitution des Gegners zugeschrieben, fiel unter die Vorschrift nach Artikel 4 der Genfer Konvention: »Der Staat, in dessen Gewalt sich die Kriegsgefangenen befinden, ist verpflichtet, für ihren Unterhalt zu sorgen.« Der Rückzug der Sowjetregierung von den Haager und Genfer Vertragswerken beseitigte nicht die deutschen Rechtspflichten. »Materiellrechtlich sind die meisten Verbote sowohl der Haager wie der Genfer Konvention ein klarer Ausdruck der allgemein geltenden Anschauungen der zivilisierten Nationen; sie waren sowohl für Deutschland als auch für die Angeklagten in diesem Verfahren im Krieg gegen Rußland bindend.« Demnach war es auch ungesetzlich, Gefangene wegen Flucht hinzurichten. Versprengte Rotarmisten, die sich dem Aufruf zur Ergebung widersetzten, durften nicht als Freischärler behandelt werden. »Das Gericht ist weiterhin der Ansicht, daß jeder Befehl ein Verbrechen darstellt, aufgrund dessen Kriegsgefangene dem SD, einer Zivilbehörde überwiesen wurden, wo erwiesenermaßen niemand mehr über ihr weiteres Schicksal erfuhr, vor allem dann, wenn aus den Begleitumständen und den bereits veröffentlichten Befehlen mit Wahrscheinlichkeit oder Sicherheit entnommen werden konnte, daß diese Kriegsgefangenen schließlich durch diese mörderische Organisation umgebracht würden.«

Die Aushändigung von Gefangenen zu verbotener Arbeit in der deutschen Rüstungsindustrie kann den Befehlshabern nicht angelastet werden. »Nach dem Abtransport waren die Gefangenen ihrer Kontrolle entzogen.« Ihr Einsatz zum Bau von Befestigungsanlagen im Operationsgebiet wiederum ist in Genf zweideutig geregelt worden. Wenn die Sowjetunion sich Wehrmachtsgefangener im Stellungsbau bedient hat, entsteht dem Gegner daraus keine Erlaubnis, gleichermaßen zu verfahren. Unstrittig sind Baueinsätze in Gefahrenzonen rechtswidrig. Kein Rechtsdunkel verschattet den Kommandobefehl. »Es war ohne weiteres möglich, diesen Befehl als verbrecherisch zu erkennen. In ihm war ganz einfach die Hinschlachtung dieser Sabotage-Trupps angeordnet.«

Als Inbegriff der Wehrmachtsmanier in Rußland gilt seit Nürnberg der Kommissarbefehl. »Dieser Befehl gehört offenbar zu den böswilligsten, verwerflichsten und verbrecherischsten Anordnungen, die je von einer Armee ausgegeben worden sind.« Die Kriminalität des Mordes an den KPdSU- und NKWD-Funktionären werde von den Beschuldigten zugegeben. »Es hat sich niemand gefunden, der ihn zu rechtfertigen oder zu entschuldigen versucht hätte.« Das Gericht glaubte die Version Leebs und Halders, daß der Kommissarbefehl den empörten Heeresführern von Hitler aufgezwungen worden sei:

»Statt nun sich offen und männlich der Ausführung eines verbrecherischen Befehls zu widersetzen, haben einige der Angeklagten versucht, ihn heimlich zu sabotieren oder seine Durchführung zu umgehen. Trotz dieser Ablehnung oder Opposition von seiten der höchsten Kommandostellen enthalten die Akten jedoch eine große Anzahl von Berichten, aus denen hervorgeht, daß Einheiten unter dem Kommando einiger Angeklagter tatsächlich Kommissare hingerichtet haben ... Das hätte vermieden werden können, wenn einige dieser Kommandeure genug Mut aufgebracht hätten, um eine Entscheidung zu erzwingen. Dies ist jedoch nicht geschehen. Der Befehl ist in der ganzen Armee durchgeführt worden. Es wird behauptet, daß mindestens bei einigen Gelegenheiten aufgebauschte oder sogar frei erfundene Statistiken über die Zahl der ermordeten politischen Funktionäre durchgegeben worden seien. Die kalte, harte, unleugbare Tatsache, daß viele Menschen unter Verletzung der Gesetze des Krieges und der Menschlichkeit auf diese Weise hingerichtet wurden, bleibt jedoch bestehen.«

Die Angeklagten, die Vollzugsmeldungen empfangen hätten, wollten keine davon gekannt haben: »Eine solche Kenntnis hätten sie aber haben sollen. Wenn sie nämlich aus ihrer Gegnerschaft und Ablehnung dem Kommissarbefehl gegenüber keinen Hehl gemacht haben, dann muß unbedingt aus diesem Umstand geschlossen werden, daß ihre Untergebenen ihnen die Meldungen über die Ausführung des Befehls gezeigt haben würden. Es war bereits verbrecherisch, den Befehl überhaupt an unterstellte Einheiten weiterzugeben. Wenn die Untergebenen dem Befehl Folge leisteten, dann kann sich der Vorgesetzte nicht mit der Behauptung rechtfertigen, sein Charakter sei so allgemein bekannt gewesen, daß seine Untergebenen den Mut zum Ungehorsam dem Befehl gegenüber hätten aufbringen sollen, den Mut, den er selbst nicht hatte, denn sonst hätte er den Befehl nicht weitergegeben. Diese Entschuldigung verdient nur Verachtung und stellt keine Verteidigung dar.«

Der Gefangene ist eine im Kriegsrecht genau beschriebene, zudem simple Figur. Karger war der Zivilist gesichert, und was opponierendem Zivil geschehen sollte, stand mit keinem Satz erwähnt. Die Genfer Konvention von 1949 hat seine Lage auch nicht verändert. Zivilwiderstand ist im Sinne des Kriegsrechts vogelfreies Verbrechertum. Insoweit fand das OKW-Gericht einige Mühe, Rechtsmaßstäbe für die Greuel der Wehrmacht an sowjetischem Zivil aufzustellen. Gemäß Artikel 52 Haager Landkriegsordnung, waren Verschleppung und Zwangsbeschäftigung von Arbeitskräften in Rüstungsindustrien untersagt. »Es ist eine Tatsache, daß die Wirtschaft des Reiches für die Beschaffung ihrer Arbeitskräfte zu einem großen Teil von diesen Quellen abhängig wurde. Ohne die Mitarbeit der militärischen Behörden in den besetzten Gebieten wäre es nicht möglich gewesen, dieses ungeheure Unternehmen wirksam durchzuführen. Es ist richtig, daß der grundlegende Plan zur Aushebung von Sklavenarbeitern für das Reich nicht von der Wehrmacht stammte. Die Wehrmacht wünschte offenbar, diesen Arbeiterstrom für ihre eigenen Zwecke zu verwenden.«

Requisitionen und Dienstleistungen für die Bedürfnisse des Besatzungsheeres sind legitim. Jedoch gehört sein Unterhalt getrennt von dem Versuch, ein Land auszurauben, weil »Deutschland in einem Falle die Menschen und im anderen Falle das Eigentum für seine eigene Wirtschaft und die Führung des Krieges benötigte«.

Die Vergeltung bürgerlichen Aufbegehrens beurteilten die Richter nach zivilisiertem Rechtsempfinden. Sie hielten sich an die Vorgabe der Haager Landkriegsordnung, die dem Freischärler jegliche Rechtsstellung verweigert. Er genießt mindere Garantien als der übelste Verbrecher, nämlich nicht eine. Sein Schicksal verfällt der Willkür des Gegners. »Es ist tatsächlich zweifelhaft, ob nach dem Völkerrecht ein Gerichtsverfahren erforderlich ist.« Doch »das Beweisergebnis erweckt in uns den dringenden Verdacht, daß die Deutschen die Partisanenbekämpfung als Vorwand für die Ausrottung von Tausenden unschuldiger Menschen benutzt haben«. Die Wehrmachtspolitik bezweckte, Personen aus dem Weg zu räumen, »die als Partisanen klassifiziert wurden, aber nicht zu den Freischärlern gehörten«. Die vom Oberkommando des Heeres getroffene Festlegung, daß Freischärler jener sei, der die Wehrmacht behindert oder andere zu Behinderung auffordert, lade zu blutiger Willkür ein. Für die standrechtliche Erschießung solcher Personen als Partisanen und Banditen liefere das Völkerrecht »keinerlei Rechtsgrundlage«. In Wahrheit liefert es auch kein Verbot, sondern schweigt.

»Die verwerflichste Klassifizierung der Vorschrift war die der ›Partisanenverdächtigen‹. Die Hinrichtungen solcher Verdächtiger waren eine Alltäglichkeit ... Verdacht ist eine Einstellung des Anklägers und nicht eine Einstellung oder Handlung des Beschuldigten. Es ist ein ungeheuerlicher Satz, daß bei mangelndem Schuldbeweis die Einstellung des Anklägers der entscheidende Faktor sein soll, von dem es abhängt, ob der Beschuldigte standrechtlich erschossen wird oder nicht.«

Der Gerichtsbarkeitserlaß Barbarossa, der die Beseitigung vermeintlicher und echter Opponenten dem Gutdünken ›mindestens eines Bataillonskommandeurs‹ anheimstellt, schien den Richtern halb akzeptabel, halb verwerflich. Partisanen hatten dem Brauch nach nichts anderes verdient. Doch »was man auch immer über die summarischen Verfahren gegen Freischärler sagen mag, so ist es jedenfalls rechtswidrig, die summarische Aburteilung von vielen, inhaltlich ganz verschiedenen Vergehen der Willkür eines Subalternoffiziers zu überlassen«. Dieser mag dabei »die feinen Unterschiede im Völkerrecht nicht richtig erkannt haben«. Das wäre kein Wunder, weil Kriegsregeln zur richtigen Ahndung zivilen Widerstands gegen den Okkupanten fehlen. Immerhin verbietet jegliche Rechtskultur »z.B. die Hinrichtung des 19jährigen Mädchens, das ein Spottgedicht auf den deutschen Eroberer ihres Landes geschrieben hat«. Befehlshaber, die den Barbarossa-Erlaß ohne Vorkehrungen gegen derlei Mißbräuche verteilt haben, trifft dafür die Verantwortung. »Denn völkerrechtlich kann Straffälligkeit eintreten, weil die Tat von Natur rechtswidrig ist und in Widerspruch steht zu den menschlichen Grundrechten, die von der zivilisierten Welt als bindend anerkannt werden.« Wo das Kriegsrecht beredt schweigt, will es den Befehlshabern allerdings freie Hand lassen, nicht Natur und Zivilisation befragen. Sie wissen im Krieg keinen Rat.

Die schlimmsten Greuel gegen sowjetisches Zivil, die Judenerschießungen, sind von einer Polizeitruppe verübt worden, die unter fremdem Kommando stand. Laut Anklage hafteten die Befehlshaber gleichwohl für das Leben der Zivilisten im Besatzungsgebiet, verfügten sie doch über die exekutive Gewalt. Eben die, beteuerten die Beschuldigten, sei ihnen im Polizeisektor partiell entzogen worden. Das Gericht behandelte diesen Tatkomplex mit erdenklichster Vorsicht: »Man darf nicht außer acht lassen, daß ein Befehlshaber, gleichgültig, ob er an der Spitze eines Gebietes steht oder nicht, in seiner Zuständigkeit und Tätigkeit sowohl dem Befehl seiner militärischen Vorgesetzten als auch dem Staate selbst unterstellt ist. Er ist ihr Organ und Vertreter für gewisse Zwecke und kann von seinen Vorgesetzten oder von der Regierung aus seiner Stellung nach Belieben entfernt werden.«

Zur Verteilung der Vollzugsgewalt im Operationsgebiet weiß das Völkerrecht kaum Auskunft. Maßgebend sind die Vollmachten, die dem Befehlshaber nach deutschen Gesetzen ausgehändigt worden sind. Dazu schreibt die Heeresdienstvorschrift, daß mit der Bestimmung eines Operationsgebietes im Kriegsfalle die Oberbefehlshaber der Armeen ohne weitere Order die Befugnis zur Ausübung der vollziehenden Gewalt erhalten: »Die vollziehende Gewalt umfaßt die gesamte Staatsgewalt.« Allerdings behalten die obersten Reichsbehörden und die Reichsleitung der NSDAP das Recht, Anordnungen für das Gebiet zu erlassen, doch »nur mit Zustimmung des Inhabers der vollziehenden Gewalt« (NOKW 1878). Das OKW-Urteil räumt indessen ein: »Nach Ansicht des erkennenden Gerichts kann nach Völkerrecht jede Regierung die Ausübung der selbständigen Kommandogewalt des Militärbefehlshabers eines besetzten Gebietes in gewissen Punkten einschränken.« Waren aber die sowjetischen Juden aus der Obhut der Generäle in die Zuständigkeit der Einsatzgruppen überstellt worden?

»Die Verteidigung behauptet, daß die Tätigkeit der Einsatzgruppen der Sicherheitspolizei und des SD außerhalb ihrer Befehlsgewalt als Kommandeure des Besatzungsheeres gelegen habe, da ja der Staat die rechtswidrige Tätigkeit dieser Polizeieinheiten angeordnet und auf diese Weise die Vollzugsgewalt der Besatzungskommandeure eingeschränkt habe.« Die Polizisten besaßen, wie die Generäle versicherten, einen Sicherheitsauftrag und einen Mordauftrag. Ersterer war dem Heer bekannt, letzterer nicht. »Die Besatzungskommandeure haben ausnahmslos bestritten, daß sie irgendwelche Befehle empfangen hätten, aus denen zu ersehen war, daß der Staat planmäßige Anordnungen für die rechtswidrige Tätigkeit der Einsatzgruppen gegeben hatte, oder daß sie anderweitige Kenntnis von diesen Anordnungen gehabt hätten.« Infolgedessen war die Vollzugsgewalt keines der Angeklagten um den

Mordauftrag verkürzt worden. »Solange keine amtlichen Richtlinien seine Vollzugsgewalt in bezug auf diese rechtswidrigen Handlungen in seinem Gebiet einschränkten, hatte er das Recht und die Pflicht, Maßnahmen zu ihrer Verhinderung zu ergreifen. Er kann sicherlich nicht behaupten, daß diese Handlungen durch seine Vorgesetzten seiner Vollzugsgewalt entzogen worden seien, wenn er nichts davon gewußt haben will, daß diese Vorgesetzten Handlungen dieser Art angeordnet hatten.« Mithin war die Zuständigkeit der Generäle für die Unversehrtheit der sowjetischen Juden unangetastet. Denn »eine der Aufgaben eines Besatzungskommandeurs mit Vollzugsgewalt besteht darin, daß er die Ordnung aufrechtzuerhalten und die Zivilbevölkerung gegen rechtswidrige Handlungen zu schützen hatte«. Gewisse Fürsorgepflichten könne er nach anerkanntem Gewohnheitsrecht nicht beiseite schieben oder außer acht lassen, weil seine Regierung eine selbständige Tätigkeit in seinem Gebiet entfalte. »Er verkörpert die Besatzung. Seine Armee hält das Gebiet im Zustande der Unterwerfung. Seine Machtmittel bewahren das besetzte Gebiet vor der Wiederbesetzung durch die Armeen der Nation, zu der es ursprünglich gehört hatte. Er hält die Macht in seinen Händen, durch die eine Zivilbevölkerung seinem Besatzungsheer unterworfen ist, und kann sich nicht damit herausreden, daß die Regierung, die er vertritt, gleichzeitig Leute in das von ihm besetzte Gebiet entsandt und Verbrechen gegen die Bevölkerung durch Ermordung der Bürger begangen habe.«

Dennoch hatte es sich das OKW-Gericht zum Grundsatz gemacht, keine Schuldsprüche wegen Allzuständigkeit des Befehlshabers für die Verbrechen in seinem Verantwortungsbereich zu verhängen. Schließlich hafte auch der Oberbefehlshaber der US-Streitkräfte, der amerikanische Präsident, nicht für alle Straftaten seiner Leute. »Die Tatsache, daß jemand auf dieser Stufenleiter steht, macht ihn allein noch nicht strafbar. Eine persönliche Pflichtverletzung muß hinzukommen. Dazu ist erforderlich, daß ihm entweder die Tat selbst oder eine fahrlässige Unterlassung der erforderlichen Überwachung seiner Untergebenen nachgewiesen wird.« Ein strafrechtlich vorwerfbares Einverständnis mit den Judenmorden liege erst dann vor, wenn 1. die Tatsache zur Kenntnis der Angeklagten gelangt sei und 2. zum rechtzeitigen Moment.

»Die Anklage macht geltend, daß die Kommandeure schon wegen des Ausmaßes des Mordprogramms der Einsatzgruppen in den besetzten Gebieten und aufgrund der den Oberbefehlshabern zur Verfügung stehenden Verbindungen, weiterhin auch aufgrund der Tatsache, daß diese Gebiete unter ihrem Befehl standen, dieses Programm gekannt haben müssen. Es ist richtig, daß die Ausrottung einer so großen Zahl von Menschen unbedingt vielen Einzelpersonen bekannt werden muß, und es ist auch bewiesen, daß in gewissen Gebieten Soldaten an solchen Hinrichtungen teilgenommen haben.« Diese Soldaten stationierten jedoch oft weit von dem Hauptquartier entfernt. Auch pflegten Mannschafts- und untere Offiziersränge wenig Kontakt mit Oberbefehlshabern und Generalstabsoffizieren. Die von den Polizisten angefertigten Meldungen wurden auf eigenen Dienstwegen ihrer Berliner Zentrale übermittelt. Darin erlangten die Kommandostellen des Heeres keine Einsicht.

»Der Befehlshaber einer Armee hat zwei zuverlässige und umfassende offizielle Informationsquellen. 1.: Höhere Befehle, 2.: Berichte von untergeordneten Stellen. Es ist richtig, daß kein höherer Befehl an die angeklagten Truppenführer als Beweismaterial vorgelegt worden ist, aus dem das Massenmordprogramm des Dritten Reiches ersichtlich wäre, mit Ausnahme des Kommissarbefehls, bei dem nicht der SD, sondern das Heer selbst ausführendes Organ war.« Untere Einheiten hingegen folgten der Angewohnheit, Berichte über rechtswidrige Handlungen nicht nach oben zu berichten. Denn ihre Pflicht verlange von ihnen, eben solche Handlungen zu verhindern. Aus Unsicherheit über eventuelle Maßregelungen unterbliebe die Meldung des Wissens. Die Stäbe einer höheren strategischen Kommandostelle wiederum, die in wichtigen Kampfhandlungen begriffen sei, unterrichte den Kommandeur weit seltener über derlei Vorkommnisse, als dies bei niederen Kommandostellen üblich sei. Kurz: »Einem Oberbefehlshaber im deutschen Heer waren oft Tatsachen nicht zugänglich, die den ihm unterstellten Truppen bekannt waren.« Darum erachte das Gericht den Befehlsbereich eines Kommandeurs und seinen strafrechtlichen Haftungsrahmen als ähnlich, aber nicht identisch:

»Ein moderner Krieg wie der letzte erfordert weitgehende Dezentralisierung. Ein hoher Kommandeur kann nicht über alle Einzelheiten der militärischen Operationen seiner Untergebenen unterrichtet sein; er kann ganz zweifellos nicht jede Verwaltungsmaßnahme kennen. Er ist berechtigt anzunehmen, daß die Einzelheiten, die er seinen verantwortlichen Untergebenen überläßt, im Rahmen des rechtlich Erlaubten ausgeführt werden.« Demzufolge mochten die Untergebenen verbrecherischen Befehlen folgen im Vertrauen, daß der Kommandeur die Rechtszulässigkeit sorgsam geprüft habe, und der Kommandeur die kriminelle Fahrlässigkeit von Untergebenen ignorieren in der Annahme, daß jene sich korrekt benähmen. In diesem Spalt kann aber die Kenntnis der Ermordung von mehr als einer Million Personen nicht verschwunden sein. »Aus unserer Darstellung« – soviel hielten die Richter der Ehre der deutschen Generalität zugute – »ergibt sich, daß wir nicht zu einer allgemeinen Feststellung ihrer Kenntnis in dieser Angelegenheit kommen können und notwendigerweise das gegen die einzelnen Angeklagten vorliegende Beweismaterial heranziehen müssen, um diese Frage zu entscheiden.«

Schuld. Die Oberbefehlshaber: der Chef der Heeresgruppe Nord, Feldmarschall Wilhelm Ritter von Leeb; der Chef der Luftflotte 3, Feldmarschall Hugo Sperrle

Das Gericht hat wenig zugunsten der Angeklagten entschieden. Es suchte auch nicht nach anerkennenden Worten. Das Urteil zeichnet ein Spalier eintönig trister Naturen. Ihr Handeln weist sie als eingefleischte Unmenschen aus. Um so beachtlicher der gütige Blick auf den Feldmarschall von Leeb. Er hatte schon im Verhör eine Ehrerbietung genossen, die nicht allein seine 72 Jahre erklären. Roques zählte 68 und bekam beißende Geringschätzigkeit zu verspüren. Anders als etwa der Generaloberst Hoth rechnet Leeb auch nicht zu den militärischen Eminenzen der Wehrmacht. Er war ein respektabler Militärtheoretiker, dessen Denken allerdings der beweglichen, motorisierten Kriegführung seiner Feldzüge im Wege stand. Der barsche katholische Ritter aus Bayern dünkte dermaßen demodé, daß sich eine Kluft zu den schnittigeren Hitler-Generälen auftat. Einige tolerante Formulierungen in den allgemeinen Rechtsausführungen des Gerichts sind Leeb in seinen Nöten auf den Leib gedrechselt. Dieselben Betrachtungen kehren in dem ihm gewidmeten Urteilsabschnitt wieder und leisten praktische Dienste. Die Gesetzesstrenge, mit der das Wehrmachtsgebaren ansonsten gemessen ist, findet sich im Fall Leebs schlechterdings ausgewechselt. Zudem begünstigte ihn sein äußerst hoher Rang. Ein Heeresgruppenchef hat entscheidendere Dinge im Krieg zu veranlassen als Kriegsverbrechen.

Untergliederungen der Heeresgruppe, die Meldungen von den Mordzügen der Einsatzkommandos entgegennahmen, haben den Feldmarschall möglicherweise nicht in Kenntnis gesetzt. »Seine Aufgaben lagen fast ausschließlich auf dem Gebiete der Operationen, und das Oberkommando und sein Stab hatten einen ausschließlich auf das rein Militärische beschränkten Aufgabenbereich.« Soweit die Akten Auskunft geben, ist Leebs Klausur einmal im Oktober 1941 durch die Polizei gestört worden. »Es war eine Anlage zu einem Operationsbefehl der Sicherheitspolizei und des SD über die Verwendung der Einsatzgruppen; dort heißt es, daß die Anordnungen im Einvernehmen mit dem Oberkommando des Heeres fertiggestellt worden seien.« Das Gericht vermißte den Beweis, daß jenes, laut Verteiler an Leebs Hauptquartier gelangte Schreiben zum Oberbefehlshaber durchgedrungen sei. Die darin angeordnete Ermordung von neun Personengruppen, unter ihnen die Juden, konnte vom Stabschef als Routinesache dem Berück zugeleitet worden sein. Zudem wollte das Gericht keineswegs ausschließen, daß die fragliche Liste, die Heydrich einvernehmlich mit dem OKH ausgehandelt hatte, einen bloßen Entwurf darstellte. Nur die Morde waren definitiv. Eventuelle Mitwisserschaft am Wunschdenken der Polizei gereichte Leeb allerdings nicht zum Vorwurf. Die Realitäten ereigneten sich allzuweit von seinem Sitz entfernt, und ihre Befehlsunterlagen, die dort eintrafen, mochten als irreale Phantasiespiele gelten. Das Gericht wählte schlicht die für den Angeklagten günstigste Lesart. »Daher können wir aus dem vorliegenden Beweismaterial nicht entnehmen, daß der Angeklagte Leeb von der Ermordung von Zivilpersonen durch die Einsatzgruppen in seinem Befehlsbereich Kenntnis hatte, oder daß er sich mit solchen Handlungen stillschweigend einverstanden erklärt hat.«

Mit dem Kriegsgefangenenwesen hatte ein Heeresgruppenchef mangels eigener Quartiermeisterabteilung nur vermittels seines Untergebenen, des Berück, zu tun. Doch bereiste Leeb sein Gebiet kreuz und quer, und »es ist vorgebracht worden, daß der Angeklagte von der Vernachlässigung der Kriegsgefangenen gewußt haben müsse, da er sie auf den Straßen gesehen habe. Das ist eine sehr weitgehende Annahme. Wie wir schon ausgeführt haben, hätte der Zustand dieser auf den Straßen befindlichen Kriegsgefangenen leicht eine Folge ihrer Verfassung bei der Gefangennahme und nicht der Vernachlässigung in der Gefangenschaft sein können.«

Wenn Leeb nur durch die Rote Armee vernachlässigte Hungerleider sah, waren dennoch »Gefangene zur Säuberung von Minen eingesetzt«. Das hatte ausweislich der Niederschrift einer Besprechung die Panzergruppe 4 unter Anwesenheit Leebs beschlossen. Denn »wegen starker Verminung der Häuser werden diese z.Zt. noch nicht betreten. (Eine Reihe von Unglücksfällen)«. »Nach unserer Ansicht«, schreibt das Urteil, »sind diese Worte zu vage und lassen zu viele Auslegungen zu.« Gänzlich ungeklärt schien dem Gericht der Weg, den Befehle zur Tötung mißliebiger Kriegsgefangener bei der 12. Infanteriedivision der 16. Armee und der 281. Sicherungsdivision genommen hatten, zwei Gliederungen der Heeresgruppe Nord. Die Anordnung fußte auf dem OKH-Befehl vom 25. Oktober 1941, doch fehlte ein Aktenindiz, daß die Befehlskette den Feldmarschall einschloß. Ein solches lag allerdings bei dem Kommissarbefehl vor.

Der Kommissarbefehl zirkulierte in 340 Exemplaren. Das Oberkommando des Heeres hatte den Befehl an die Armeen der drei Heeresgruppen zur Weiterleitung adressiert. Zu den Armeen wiederum gelangte er über die vorgesetzte Stelle, das Heeresgruppenkommando. Die Heeresgruppen erhielten eine eigene Ausfertigung zur Kenntnisnahme. Das für die Heeresgruppe bestimmte Blatt wurde nicht weitergeleitet. Die von ihr weitergeleiteten Exemplare aber waren an die Armeen gerichtet, im Gebiete Leebs an die 16. und 18. Armee sowie die Panzergruppe 4. »In anderen Worten, die Mitwirkung der Heeresgruppe bei der Übermittlung des Befehls an die unterstellten Einheiten bestand nur in der Weitersendung im verwaltungsmäßigen Geschäftsgang.« Leeb, folgerte das Gericht, »hat den Befehl nicht verteilt«. Er hat ihn vielmehr »an die ihm unterstellten Einheiten weitergegeben«. Das ist der Unterschied. Leeb diente dem OKH als Postumschlagstelle.

Das Gericht nahm für wahr, was alle Angeklagten beteuert hatten. Sie seien von dem Befehl entrüstet gewesen. Die Anschlußbehauptung, man habe eine Konspiration zur Sabotage des Befehls gebildet und zur Täuschung des Führers Vollzugsmeldungen fingiert, schien den Richtern allzu gequält. Sie glaubten nur die halbe Geschichte und korrigierten den ausschlaggebenden Rest mit Güte: »Es mag sein, daß in manchen Fällen Zahlen aus der Luft gegriffen oder übertrieben waren, trotzdem aber müssen wir feststellen, daß zahlreiche Fälle dieser Greueltaten vorgekommen sind.« Dafür aber war die Leitstelle Leeb nicht verantwortlich.

»Er hat gegen den Befehl auf jede Art und Weise protestiert.« Das wußte das Gericht aus erster Hand, von Leeb selbst und seinen Kollegen. Er wollte energischen Protest bei Brauchitsch eingelegt haben, der daraufhin seinen Disziplinarerlaß aufsetzte, »die Durchführung des Kommissarbefehls zu erschweren«. Das hat das Gericht verwechselt. Der Disziplinarerlaß hat mit den Kommissaren nichts zu tun. Er betrifft allein die Ahndung der Delikte von Wehrmachtsangehörigen gegen sowjetisches Zivil im Rahmen des Gerichtsbarkeitserlasses Barbarossa. Die OKW-Richter benötigten indessen irgendeinen Aktenbeweis für ihre Überzeugung, »er hat gegen den Befehl auf jede Art und Weise protestiert«. Seine übrigen Proteste sind nämlich nur von Untergebenen belegt, die als Mittäter in Betracht kamen, die »unterstellten Kommandeure, die er wissen ließ, daß er mit diesem Befehl nicht einverstanden war«. Doch »welche anderen praktischen Schritte konnte Leeb unternehmen?«, fragten seine Richter.

»Er konnte den Befehl nicht aufheben, der von seinem Vorgesetzten, ja sogar vom Staatsoberhaupt herrührte. Hätte er dies versucht, dann wäre das offenbar Ungehorsam gewesen.« Davor scheute Leeb bei anderer Gelegenheit gar nicht zurück. Darum hat er im Januar 1942 schließlich seinen Abschied genommen. Den ›Mut zum Ungehorsam‹ hatten die OKW-Richter einige Seiten ihres Textes zuvor energisch eingefordert: Verachtenswert sei die Ausrede jenes Befehlshabers, der seinen Untergebenen die Verweigerung des Kommissarbefehls suggerierte. ›Den Mut, den er selbst nicht hatte, denn sonst hätte er den Befehl nicht weitergegeben.‹ Die Begünstigung Leebs ist frappant.

Die Hungerblockade Leningrads war mit weniger Verrenkungen zu rechtfertigen. Das Kriegsmittel entspricht uraltem Brauch. Die Anschuldigung, die sich auf den Befehl kaprizierte, Flüchtende aus der Stadt mit Artillerie zu beschießen, scheiterte an der militärischen Logik. Der Belagerer, welcher individuelle Kapitulanten nicht in den tödlichen Ring zurückwerfe, erlaube dem Stadtkommandanten, die Zahl derjenigen zu verringern, die seine Vorräte aufzehren. Dadurch stumpft aber die legitime Hungerwaffe ab.

Wilhelm von Leeb ist eines Anklagepunktes überführt worden. Laut Eintragung im Kriegstagebuch der Heeresgruppe Nord ist von dort der Gerichtsbarkeitserlaß Barbarossa unterstellten Einheiten zugegangen; im Unterschied zum Kommissarbefehl ›auf dem

Dienstwege‹. »Es ist kein Beweis dafür erbracht worden, daß bei der Weitergabe dieses Befehls irgendwelche Aufklärungen oder Anweisungen ergangen sind, die seine rechtswidrige Anwendung hätten verhindern können. Da der Befehl auf dem Dienstweg unmittelbar bei ihm durchlief, trug der Befehl Leebs gewichtige Autorität ebenso in sich wie die von Leebs Vorgesetzten. Unsere Akten ergeben, daß der Befehl von den ihm unterstellten Einheiten in rechtswidriger Weise angewendet worden ist. Da Leeb diese Maßnahme ins Rollen gebracht hat, muß er ein gewisses Maß von Verantwortung für ihre rechtswidrige Anwendung auf sich nehmen.« Seine Verantwortung sei zu mildern um seine Verdienste.

»Er war kein Freund oder Anhänger der NSDAP und ihrer Weltanschauung. Er war Soldat in einem riesenhaften Feldzuge und hatte die Verantwortung für mehrere hunderttausend Soldaten und für eine zahlreiche eingeborene Bevölkerung in einem riesigen Gebiet. Es ist nicht bedeutungslos, daß nicht ein einziger verbrecherischer Befehl als Beweisurkunde vorgelegt worden ist, der seine Unterschrift oder ein Zeichen seiner Billigung trägt.« Hinzuzufügen ist, daß kein einziger verbrecherischer Befehl im Heeresgruppengebiet Nord am Vollzug gehemmt wurde. Warum sollte als NS-Verbrechen anecken, was eingeschworene Widersacher der NS-Lehre tolerierten? Dem Gericht gelang eine zutreffende Bemerkung über die Leebsche Funktion. Es war seine »gewichtige Autorität«, mit der ein Feldmarschall die Verbrecherbefehle expedierte und ihren Vollzug deckte. Mehr brauchte er eigentlich nicht beizusteuern. Darum war Leebs Teilnahme so gewichtig wie der Respekt, den er kommandierte. Der Ruhm des klerikalen Nazi-Fressers zählte in der Wehrmacht. Die Macht seines Einflusses verspürten selbst die Nürnberger Richter. Leeb wurde mit drei Jahren Kerker bestraft.

Hugo Sperrles militärisch maßgebliche Rolle, die eines Pioniers des Flächenbombardements, stand in Nürnberg nicht zur Verhandlung. Das Urteil hatte über zwei Beschuldigungen zu entscheiden: der Einsatz sowjetischer Kriegsgefangener in der Luftbaubrigade 12 der Luftflotte 3 und die Unterstützung der Deportation von Arbeitskräften aus Nordfrankreich und Belgien ins Reich. Das Gericht, welches das Verbot von Gefangenenarbeit in kriegsrelevanten Bereichen für gesetzlich vage formuliert hielt, sah obendrein die faktische Verwendung bei Luftflotte 3 für widerlegt an. Die aktenkundige Teilnahme der Militärbehörden West an der Sauckel-

Aktion belaufe sich hingegen auf Formalien. Man trug nur Sorge, daß »die Zuständigkeit der verschiedenen Dienststellen abgegrenzt werden sollte«. Die Richter entnahmen dies den Aussagen des Entlastungszeugen Günther Blumentritt, Stabschef des Oberbefehlshabers West, der die Verhältnisse aus der Nähe kannte. Sperrle »habe mit diesen Angelegenheiten wenig zu tun gehabt« und » – wie die Akten ergeben – versucht, ihre Wirkung abzuschwächen. Daher hegen wir Zweifel an seiner Schuld in diesem Anklagepunkt.«

Sperrle wurde freigesprochen.

Schuld. Die Armeeführer: der Befehlshaber der 18. Armee, Feldmarschall Georg von Küchler; der Befehlshaber der 4. Panzerarmee, Generaloberst Hermann Hoth; der Befehlshaber der 3. Panzerarmee, Generaloberst Hans Reinhardt

Leebs Nachfolger im Amt des Chefs der Heeresgruppe Nord, Feldmarschall Georg von Küchler, erhielt mehr als das sechsfache Strafmaß des Älteren. Dessen Aufenthalt in Rußland fand nach sieben Monaten sein Ende. Küchler hingegen stand dort 31 Monate im Feld. Dementsprechend häufiger boten sich ihm Gelegenheiten zu Rechtsverstößen und lief er Risiken, daß sich Spuren durch die Akten zogen. In der Tat verteilt sich aber nur der geringfügigere Teil seiner Belastungen auf die zwei Jahre Oberbefehl der Heeresgruppe Nord. Das Gros verübte er im niedrigeren Rang des Armeeführers. Bei der 18. Armee wiederum weilte er ebenso lange, wie sein Vorgesetzter Leeb die Heeresgruppe befehligte.

Die Armeeführer waren in Nürnberg eine vergleichsweise hart angefaßte Fraktion. Ihrer vorgesetzten Stelle, dem Hauptquartier der Heeresgruppe, kam nämlich die Rechtsfindung der Nürnberger Judikatur zustatten, daß passive Kriminalität nicht zähle. Die bare Duldung mörderischer Verhältnisse belastet den Feldmarschall und Strategen nicht. Er schwebt zu fern vom Ort der blutigen Tat.

Im Laufe des Jahres 1942 wuchsen den Heeresgruppenspitzen neue Funktionen zu. Sie erlangten erweiterte Zuständigkeiten im Gefangenen- und Wirtschaftswesen. An der Gefangenenversorgung der Heeresgruppe Nord unter Küchler nahm das Gericht keinen Anstand. Allerdings waren auf Grundlagen von OKH-Befehlen gefangene Rotarmisten, aufgegriffene Flüchtige und politisch Unliebsame rechtwidrig hingerichtet worden. Ähnlich wie im Falle Leebs konnte das Gericht den genauen Befehlsweg nicht ausmachen. Den Feldmarschall Küchler, der keiner charakterlichen Unschuldsvermutung teilhaftig wurde, »befreit dieser Umstand allein aber noch nicht von der strafrechtlichen Verantwortung für diese Untaten ...« Der Rechtsgrund bestand in der Umformung der Heeresgruppenstäbe im Jahre 1942. Über die dort eingerichteten Gefangenendienststäbe gelangten regelmäßig Hinrichtungsmeldungen in Küchlers Quartier. »Beweise dafür, daß er Maßnahmen getroffen hat, durch die diesen Untaten Einhalt geboten werden sollte, hat der Angeklagte nicht beigebracht. Demgemäß ist aus dem vorhandenen Beweismaterial zu schließen, daß er die Ausführung der erwähnten Befehle nicht nur geduldet, sondern auch gebilligt hat.« Eine aktive, wissentliche Duldung rechnete die Nürnberger Judikatur als Tatteilnahme.

Ein weiterer Schuldspruch erfolgte angelegentlich von Evakuierungsmaßnahmen auf den Rückzügen der 18. Armee im Herbst 1943. Der Armeestab hatte bei der Heeresgruppe dagegen Bedenken angemeldet. Die zweiwöchigen Trecks müßten zu Elendszügen ausarten. Fuhrwerke, Nahrung und Kleidung reichten nicht hin, die Marschunfähigen über 150 Kilometer zu schleppen. Voraussichtlich werde »die an sich deutschfreundliche Bevölkerung bei dem Zustand der Bekleidung, vor allem des Schuhwerks, und bei den zu erwartenden Witterungsverhältnissen alsbald in einem nicht näher beschreiblichen Zustand sein, besonders Frauen und Kinder«. Küchler hatte die Räumung und Zerstörung der Ortschaften östlich seiner Auffanglinie, der Pantherstellung, nach üblichen Grundsätzen konzipiert: »Dem Feind sollen keine verwendbaren Leute überlassen werden«, denn er pflege nach Einmarsch in die rückeroberten Gebiete die gesamte männliche Bevölkerung als Kämpfer einzuziehen. Dem trachtete Küchler zuvorzukommen, ließ alle 18- bis 30jährigen Männer ins Reich schaffen, kommandierte die Frauen zum Bau der Pantherlinie und die Arbeitsuntauglichen, schätzungsweise 50 Prozent, nach hinten, in nebelhafte »endgültige Bergungsräume«. Wehrmachtsangehörige trügen die Pflicht, Bedenken zu überwinden: »Sie müssen eingedenk sein, daß ein Versäumnis sie schwer belastet, die Kriegführung beeinträchtigt und das Blut deutscher Männer kostet.« Weil Küchler daraus kein Recht entstand, das Blut sowjetischer Frauen und Kinder zu opfern, verurteilte das Gericht, »wie erbarmungslos er in Widerspruch zu den Geboten der Menschlichkeit und zu den Gesetzen des Krieges Hunderttausende von hilflosen Menschen aus ihrem Heim verschleppt hat«.

Als Oberbefehlshaber der 18. Armee haftete Küchler für all jenes, was sein Vorgesetzter Leeb nicht wußte, zu mildern wähnte oder wegen Unzuständigkeit ignorierte. Zudem fehlte ihm Leebs greiser Starrsinn. Was diesen auch immer an Ehrenrührigem befleckte, so hatte er sich solche Niedertracht deutscher Menschen nicht vorstellen können, stand er im Streite, weit schlimmerem Unheil zu wehren, und würde er anderenfalls die Schande auf dem Fleck unterbunden haben. Weil Leeb sein Patriarchat auf jegliches Geschehnis in der Heeresgruppe bezog, wußte er von keiner der ihm vorgehaltenen Mißlichkeiten. Denn alles konnte er unmöglich kontrollieren. Das Gericht glaubte aber, daß dieser gebieterische Senex sich angesichts nazistischen Unrechts aufgebäumt hätte. In all seiner Blindheit wies Leeb den Anblick des Ritters wider Tod und Teufel, Küchler hingegen wand sich. Anders als seinem Befehlshaber schlugen ihm Widerstandszeugnisse nicht zu Buche. Sein Einschreiten gegen Einsatzgruppengreuel in Polen würdigten die Richter keiner Erwähnung, da es von einem Befehl vom Juli 1940 überschattet ist. Als zeitweiliger Militärbefehlshaber im zivilverwalteten Polen hatte er einigen, vom Westfeldzug in diesen Raum verlegten Truppen den »im Generalgouvernement durchgeführten Volkstumskampf« erläutert, »z.B. Behandlung der polnischen Minderheiten, der Juden und kirchlichen Dinge«. Küchler hat das Muster der Befehle Reichenaus und Mansteins vom Herbst 1941 geprägt: Der Volkstumskampf bedarf »einmaliger, scharf durchgreifender Maßnahmen«. Sie werden von »bestimmten Verbänden der Partei und des Staates« ergriffen; der Soldat »darf sich nicht einmischen«. Die ›durchgreifenden Maßnahmen‹ waren in Polen andere als die von Reichenau gepriesene »Ausrottung artfremder Heimtücke«. Doch hatte Küchler den Reichenau-Befehl in der 18. Armee verteilt. »Kann man sich darüber wundern, daß es zu Verfolgungen kam, wenn die Armeeoberbefehlshaber solche aufreizenden Hetzbefehle erließen?« fragte das Gericht. Verwunderlich ist, daß laut Beweiswürdigung Küchler ›die harte Sühne am Judentum‹ gar nicht kannte, zu der er angeblich aufreizte. Das Aktenmaterial reiche nicht aus, »um Küchlers strafrechtliche Verantwortung für die Ausrottungsaktionen der Einsatzgruppe A in seinem Befehlsbereich festzustellen«. Es fehlte auch an Beweisen zu Küchlers Wissen über die Kennzeichnung von Juden mit Armbinden und ihren Einschluß in Ghettos, wie es im Bereich der 18. Armee angeordnet war. Die Richter waren aber nach allgemeiner Lebenserfahrung »überzeugt, daß der Angeklagte all diese Maßnahmen gekannt und gebilligt hat«. Warum kannte er die Errichtung der Ghettos, nicht aber ihre Entleerung?

Das Gericht erklärte sich das Rätsel folgendermaßen: Küchler wußte nichts, weil Leeb nichts wußte. Denn hätte Küchler gewußt, dann hätte auch Leeb gewußt. Leeb aber war unwissend, desgleichen Küchler, »und zwar im wesentlichen aus den in diesem Urteil für v. Leebs Straflosigkeit gegebenen Gründen«.

Küchler hatte vor Gericht auch bezeugt, vom Vollzug des Kommissarbefehls in seiner Armee nichts gewußt zu haben. Er habe den Befehl mißbilligt, bei von Leeb Protest erhoben und seinen Untergebenen bedeutet, »daß er nicht befolgt werden soll. Das war meine Lage.« Er habe als Befehlshaber nicht offene Befehlsverweigerung riskieren wollen. Das war auch Leebs Lage. Leeb und Küchler erzählten dem Gericht die gleiche Geschichte, bekamen aber ganz verschiedene Antworten:

»Diese ihm unterstellten Einheiten der 18. Armee haben viele Berichte über die von ihnen ausgeführten Hinrichtungen von Kommissaren erstattet, und Küchler muß von diesen Berichten Kenntnis gehabt haben. Er behauptet, er habe nichts gewußt. Aber er hatte die Pflicht, darüber Bescheid zu wissen, und wir können nicht glauben, daß die Mitglieder seines Stabes ihn nicht auf die Berichte aufmerksam gemacht hätten, wenn er sich wirklich gegen den Befehl ausgesprochen hätte. Es war ein Befehl, der auf den ersten Blick als rechtswidrig erkannt werden mußte, und die Tatsache, daß er Gefahr gelaufen wäre, als ungehorsamer Befehlshaber angesehen zu werden, wenn er den Befehl nicht ausgeführt hätte, ist keine Entschuldigung für die ihm zur Last gelegte Straftat, kann aber als Milderungsgrund angesehen werden.« Indessen wurde die Milde des Gerichtes wieder aufgezehrt von der Vielfalt abstoßender Belastungen.

Als Armeeführer trug Küchler die uneingeschränkte Verantwortung für das Gefangenensterben im Herbst und Winter 1941. Im Stabe der 18. Armee wurden die Sterbequoten nüchtern, wenn auch nicht zustimmend diskutiert. Anfang November errechnete man »100 Mann täglich«, und Ende November wurde das Aussterben eines gesamten Lagers binnen sechs Monaten vermutet, weil schlechte Behandlung und Verpflegung ein Überleben ausschlössen.

Neben den zahlreichen Zivilmorden, die Küchler meist wegen Verteilung des Gerichtsbarkeitserlasses Barbarossa beschwerten, zeichnen ihn insbesondere die Geschehnisse um das Kloster Makarewskaja. »Im Befehlsbereich der 18. Armee befand sich eine Heilanstalt, in der 230 irrsinnige und kranke Frauen untergebracht waren. Nach einer Debatte, in der die Ansicht vertreten wurde, daß diese Unglücklichen ›nach deutschen Begriffen kein lebenswertes Leben mehr darstellten‹, wurde der Vorschlag gemacht, sie hinzurichten. Eine Eintragung im Tagebuch des XXVIII. Armeekorps vom 25. bis 26. Dezember 1941 zeigt, daß ›der Oberbefehlshaber dieser Lösung zugestimmt‹ und ihre Durchführung durch den SD angeordnet hat. Obgleich Küchler alles ableugnet, sind wir überzeugt, daß diese Handlung mit seiner Kenntnis, Zustimmung und seinem Einverständnis erfolgt ist. Wir glauben dem Angeklagten nicht, daß diese grauenhafte Eintragung, wie er behauptet, von irgendeinem jungen und überarbeiteten Offizier herrührt. Die Handlung ist ein Beweis für die wohlüberlegte Durchführung einer Staatspolitik, die dem Angeklagten ebenso wie der ganzen übrigen Welt genau bekannt war.« Küchler wurde nebst zwei weiteren Angeklagten mit zwanzig Jahren Haft bestraft, der Höchststrafe, die das Gericht für einen Befehlshaber im Felde auswarf.

Die Belastungen Hermann Hoths rühren vom Juni 1941, als er den Sturm der Panzergruppe 3 auf der Route Smolensk–Moskau befehligte, bis zum Oktober 1943, dem Jahr, das ihn am Stalingrader Kessel, in den Abwehrschlachten in der Ukraine, im Kursker Bogen bis hin zum Rückzug über den Dnjepr sah. Die OKW-Richter weigerten sich indessen beharrlich, die Kriegsverbrechen im Zusammenhang mit dem Krieg zu erörtern.

Das Urteil zensiert ein Bündel disparater Befehls-, Meldungs- und Tagebuchauszüge gemäß ihrer Konformität mit den Kriegsregeln und -bräuchen. Die eingeflochtenen Zeugenaussagen bewertet das Gericht nicht nach faktischer Stichhaltigkeit, sondern logischer Konsistenz. Das Mögliche gilt als das Richtige, solange es die Gegenpartei nicht entkräftet. Der Strom der Ereignisse war zu gewaltig, zu fern und entzog sich der Rekonstruktion. Im Urteil steckt wenig Realität. Es ist ein Fragment, so wie Hegel das Recht charakterisiert hat. Es sucht Halt an einigen Prinzipien von dürrer Vernunft im Dickicht einer undurchschaubaren Welt. Wenn irgendeines, dann ist das angelsächsische Gericht von der juristischen Einfalt überzeugt. Zumindest verfährt es nicht als Hoheitsorgan der zutreffenden Erkenntnis. Das Gericht tagt als Schiedsrichter streitender Parteien. Sein Entscheid ist dem Gottesurteil nachgebildet. Zwei Gegner fechten geharnischt um den Erfolg ihrer Sache. Der Ankläger hat betriebsam Belastungsstoff gesammelt. Sein zwangsläufig entstandenes Vorurteil ist ihm konzediert. Der Beschuldigte wiederum verteidigt Leben und Freiheit. Dies Gut opfert er schwerlich der Wahrheit. Doch wird er alles Erdenkliche vorbringen, das seiner Entlastung dient. Ziel des Verfahrens ist nicht die Wahrheit, denn der Gerichtssaal begünstigt keine höhere Offenbarung. Es geht um vitalere Fragen. Verfolger und Verfolgter ringen um die Strafsanktion. Das Vergangene ist unkenntlich und seine Erforschung führt zu nicht mehr als einer Hypothese. Der Strafprozeß handelt nicht von der geistigen Rekonstruktion der Geschichte. Er entfaltet eine eigene Handlung, Vorwurf und Dawiderrede, Fang und Flucht. Das Gericht präsidiert einem Disput über die Triftigkeit einzelner Beweise. Es entscheidet die logische Evidenz der vorgetragenen Zeugnisse und beigebrachten Dokumente. Tritt dergestalt die geschichtliche Wahrheit zutage? Wird die Anklage vom Beschuldigten widerlegt, hat sie verloren, wenn nicht, bekommt sie recht.

Die Vereinigten Staaten hatten den deutschen Generalstab einer neobarbarischen Kriegführung bezichtigt, welche die von der Zivilisationswelt angelegten Dämme um die Gewaltfurie zerbrach. Die Deutschen entgegneten, dies sei die Sprache des Jahrhunderts, eine andere verstünde es nicht, die Zivilisationsschranken gehörten zu einer versunkenen Zeit. Zum anderen basierten die Anschuldigungen nicht auf Tatsachen oder berührten nicht die Pflichten der Befehlshaber.

Das Gericht erkannte auf die ungebrochene Gültigkeit des alten Kriegsregulariums. Es wollte nicht wissen, warum die Wehrmacht weitgehend außerhalb seiner Schranken gefochten hatte. Militärtribunale befassen sich nie mit Motiven. Die OKW-Richter entschieden darüber, ob die Befehlshaber die Anklagevorwürfe aufklären konnten.

Die Anklage heftete sich mit Vehemenz an den Kommissarbefehl, weil er überaus klare Rechtsverhältnisse bot. So beurteilte ihn auch das Gericht. »Es ist während des Verfahrens niemals behauptet worden, daß die Kommissare, die manchmal auch als Politruks bezeichnet werden, nicht zur Armee gehört hätten und nicht Soldaten gewesen seien. Seinem Inhalt nach war der Kommissarbefehl eine klare und eindeutige Anweisung zur Erschießung gefangener feindlicher Soldaten, die rechtlich als Kriegsgefangene zu behandeln waren. Der Kommissarbefehl ist daher ein Befehl zum Mord.«

Das wußten auch die Angeklagten. Allerdings betrachteten sie den Vorfall als eher geringfügig. Sie hatten sich dazu in einem verworrenen Tauziehen zwischen Hitler, Himmler und dem OKH entschlossen, an Ort und Stelle alsbald die Untauglichkeit der Sache bemerkt, um Korrektur ersucht, teils den Vollzug gebremst und binnen eines Jahres die formale Rücknahme erreicht. Es war eine der mißglückten Ideen, von denen ihr Krieg übervoll war. Die Opferbilanz wies anderweitig stärkere Verluste auf. Küchler hatte für den Hauptkriegsverbrecherprozeß gar eine Erklärung abgelegt, daß er einen solchen Befehl weder gesehen noch diskutiert noch weitergeleitet habe. Der Generalstab rechnete 1946 offenbar fest, mit Vertuschung davonzukommen. Es diente nicht ihrer Glaubwürdigkeit, als den Angeklagten 1948 eine perfekte Verschwörung zur Sabotage des Befehls erinnerlich wurde.

Hermann Hoth, der sich, wie seine Kameraden, entsann, den Befehl nach unten weitergeleitet, doch keinen Vollzug erwartet zu haben, wurde vom Gericht mit Hohn übergossen: »Seine weitere Aussage läuft darauf hinaus, daß er sicher gewesen sei, daß seine Untergebenen Braunsche Röhren in ihrem Gehirn gehabt und daher die Wellen der Ablehnung hätten auffangen können, die von seinem bekannt ehrenwerten Charakter ausstrahlten: Er habe geglaubt, daß sie den Mut haben würden, dem Befehl den Gehorsam zu verweigern – einen Mut, den er selbst nicht hatte. Daß die Ausstrahlungen, die von seinem Charakter ausgingen, zu schwach, oder daß die Gehirne seiner Untergebenen nicht empfindlich genug waren, um sie aufzufangen, wird durch die Urkunden bewiesen.« Die dort als erschossen gemeldeten Kommissare, hatte Leeb dem Gericht beteuert, seien schlicht im Kampf gefallen. Der Version schloß sich die ganze Anklagebank an: teils gefallen, teils fälschlich tot gemeldet.

»Mit keinem Wort«, erwiderte das Gericht, »wird in dem Kommissarbefehl verlangt, daß Bericht über die in dem Kampf getöteten Leute erstattet werden sollte.« Schon vom ersten und zweiten Tag des Rußlandfeldzuges sei je eine Kommissarerschießung vermeldet. Zu welchem Zweck sollten gefallene Kommissare unaufgefordert in Berichten erwähnt werden? Logischerweise stellten sie Vollzugsmeldungen des Kommissarbefehls dar, die Hoths Nachrichtenoffizier auf 170 politische Kommissare bilanzierte, die im Bereich von Panzergruppe 3 »gefangen und als gesondert abgeschoben von dem Armeekorps gemeldet« wurden. »Die Sonderbehandlung der politischen Kommissare durch die Truppe«, fährt der Nachrichtenoffizier fort, »führte zu einem baldigen Bekanntwerden auf der russischen Seite und Verschärfung des Widerstandswillens.« Zur Vermeidung dessen werde die Sonderbehandlung besser »in weit rückwärts gelegenen Lagern durchgeführt«. Der Vorschlag entbehre jeden Sinnes, folgerte das Gericht, »wenn es nicht tatsächlich eine Sonderbehandlung gegeben hätte, die den Russen bekannt werden konnte«.

Vernünftiger dünkten die Einlassungen der Armeechefs auf den Vorwurf sträflicher Behandlung von Partisanen und Kriegsgefangenen. Die 17. Armee hatte unter Hoth im Frontabschnitt Süd bis Mitte November 1941 366.000 Gefangene gemacht. Nahrung war infolge von Nachschublücken dermaßen knapp, daß die Portionen der Armeeangehörigen halbiert werden mußten. Darum erhielten auch die Gefangenen nicht die vorgesehenen Verpflegungssätze. Sie brachten weder Feldküchen mit sich, noch trugen sie ausreichende Kleidung. Häufig fehlten Schuhwerk und Unterwäsche. Die Gefangenenmenge überstieg die Möglichkeiten überdachter Unterbringung. Sie zu errichten, entbehrte man ausreichender Materialien und Werkzeuge. Die Feststellungen entnahm das OKW-Urteil dem Bericht des Oberquartiermeisters der 17. Armee vom 25. November 1941. Über die Anzahl der Sterbefälle existierte kein Überblick. Für die Wintermonate wurde ein Anstieg mangels Fetten und Eiweiß erwartet. Es häuften sich Lungenentzündungen und Darminfektionen. Von der Gefangenenbeute der Kesselschlacht von Kiew starb nach einem Wettereinbruch täglich ein Prozent. Das Gericht ersah indessen aus demselben Bericht, daß die Gefangenen nicht nach hinten abgeschoben wurden, weil sie zum Eisenbahnerhalt und in Baubataillonen benötigt wurden. Der mangelhafte Bekleidungsstand machte sich besonders beim Arbeitseinsatz im Winter bemerkbar. »Es war völkerrechtlich unzulässig, die Kriegsgefangenen unter diesen unmenschlichen Bedingungen dort zu behalten. Es war Hoths Pflicht, sie an einen Platz zu transportieren, wo sie ordnungsgemäß versorgt werden konnten.«

Hoth hatte im Verhör die Generalauskunft der Wehrmacht zum Gefangenensterben wiederholt. Die Rotarmisten seien in miserabelster Verfassung in seine Obhut gefallen. Sie hätten die Hoffnungslosigkeit ihrer Lage früher erkennen und eher kapitulieren sollen. Dem Gericht schien das Argument die Verwechslung von Ursache und Wirkung. In deutschen Gewahrsam zu treten bedeutete für die Rotarmisten Selbstmord. »Wenn man ihre Behandlung nach der Übergabe in Betracht zieht, versteht man, daß es keinen großen Unterschied für sie machte, ob sie ohne Hoffnung weiterkämpften und hungerten oder ob sie sich ergaben und dann im Lager der 17. Armee im Verhältnis von einem Prozent pro Tag dahinstarben.« Es war auch kein Anreiz, daß die Armee Gefangene in verlassene Gebäude vorschickte, um vom Feinde eingebaute Zeitzünder aufzuspüren. »Die Verwendung von Kriegsgefangenen als Schild für die Truppen ist ein Verstoß gegen das Völkerrecht.«

Das Völkerrecht war rasch überfragt, wenn es die Abwehr der Truppe gegen Partisanenangriffe regeln sollte. Das Gericht wandte sich deshalb dem Umstand zu, daß Partisanen aus der Verborgenheit operieren, zumeist unkenntlich sind, häufig allenfalls Verdacht erregen, doch selten juristisch einwandfrei identifizierbar und überführt sind. In der Wehrmacht, und so auch in der 17. Armee, galt darum der Grundsatz: »Erschießung, soweit begründeter Verdacht von Partisanenbetätigung vorliegt.«

Verdacht mag sich aus eigener Beobachtung ergeben. Dazu bedarf es fester Anhaltspunkte. Aus einem Lage- und Tätigkeitsbericht vom März 1942 an das XLIV. Korps der 17. Armee entnahm das Gericht, »daß die Partisanenjägergruppe, eine Wehrmachtseinheit, Zivilpersonen erschoß, weil sie entweder keine vorschriftsmäßigen Ausweispapiere besaßen oder weil sie Kommunisten waren oder weil sie eine deutschfeindliche Einstellung hatten oder weil sie Juden waren oder weil sie sich weigerten zu arbeiten.« Der zweite Wegweiser zu Verdachtspersonen sind Auskünfte. Doch wie die 17. Armee erfahren hatte, »ist es noch nie vorgekommen, daß ein Verhörter auch nur eine Person belastet hätte, ohne daß er scharf angefaßt worden wäre«. Darum verfertigte die Armee eine Folteranweisung für bestimmte Wissensträger: Kolchos- und Ortsvorsteher, Chauffeure hoher Parteifunktionäre und allgemein »von gequälten Leuten namhaft gemachte Individuen«. Die mit Ochsenziemern abgehaltenen Vernehmungen zwecks Verrats von Partisanen zählten folgerichtig auch zur ›Partisanenvernehmung‹. Denn wer Partisanen nicht freiwillig anzeigt, ist selbst ein solcher. So wurde Hoth wegen zu weiter Auslegung des Partisanenbegriffs verurteilt.

Maßlosigkeit entdeckte das Gericht auch in Hoths Vergeltungsaktion gegen den Ort Bratskaja Zemla südlich von Rostow. Die Teilnahme von Zivilisten an der Verteidigung ihrer Heimstätte kostete die Erschießung aller Männer über fünfzehn Jahre. Als Repressalie gegen Heckenschützenkugeln, Zerstörung von Fernsprechleitungen und Minenanschläge pflegte Hoth jeweils etwa ein Dutzend Geiseln zu töten. Das OKW-Gericht beruft sich in der Geiselfrage auf die Entscheidung seiner Nürnberger Nebeninstanz, des ›Geiselmordprozesses‹. Dort steht im Urteil geschrieben, daß völkerrechtsmäßige Geiseltötung ein Gerichtsurteil und die Einhaltung bescheidener Opferquoten verlange. Dies ist die wohlgemeinte Deklaration dreier Richter gewesen, welche das OKW-Gericht fortan und rückwirkend zum internationalen Rechtssatz erhob. Hoth und seinesgleichen hätten 1942 verabsäumt, die Kriterien einer Kammer des Jahres 1948 zu erfüllen: »Man hat nicht einmal erwähnt, daß sie notwendig sind.« Soviel Vorausblick hieße Hitlers Panzergenerälen Mirakel abverlangen. Hoth erfaßte nämlich juristische Konsequenzen nur mangelhaft. Die Unterbrechung von Judenmassakern der Einsatzkommandos in Artemowsk rechnete er sich vor Gericht als Verdienst an:

»Er hat angegeben, daß er damals seinem Stabschef Vorwürfe gemacht habe, weil dieser ihm von der Anwesenheit des SD in seinem Befehlsbereich keine Kenntnis gegeben hatte; der Stabschef habe erwidert, daß er die Angelegenheit erledigen werde. Der Stabschef erließ einen Befehl des Inhalts, daß ›die Judenaktionen in Artemowsk vertagt sind, bis die Lage an der Front geklärt ist‹.« Die Richter werteten Hoths Widerstandsnachweis anders als gemeint. Er hatte irrtümlich den Anklagevorwurf gestanden. »Zweifellos wußte Hoth nach dem Vorfall von Artemowsk, daß der SD nicht nur polizeiliche Aufgaben hatte, sondern auch als Mordorganisation wirkte. Nachdem Hoth diese Kenntnis erlangt hatte, hat seine eigene Militärpolizei, die unter seinem Befehl stand, ausweislich der Akten Gefangene und Juden regelmäßig dem SD ausgeliefert ... Weder in den Urkunden noch in den Zeugenaussagen findet sich ein Anhaltspunkt dafür, daß Hoth sich noch um den SD gekümmert hat, nachdem er diese Frage seinem Stabschef überlassen hatte, der den erwähnten Vertagungsbefehl erließ. Hoth hatte die Vollzugsgewalt; seine Pflicht war es, die Zivilbevölkerung in seinem Befehlsbereich zu schützen. Obwohl er das Wesen und die Aufgabe des SD kannte, obwohl er die Macht und die Pflicht hatte, dem SD Einhalt zu gebieten, hat er sich um gar nichts gekümmert und den SD in seinem Befehlsbereich nach Belieben schalten und walten lassen.« Hoth wurde zu fünfzehnjähriger Haft verurteilt.

Kein Angeklagter hat seine Befehlssprache mit ähnlich humanen Wendungen durchwirkt wie Hans Georg Reinhardt, Führer der 3. Panzerarmee. Seine Beschuldigung stützte sich auf ein Bündel krasser Order, die von heftigem Schwanken zeugen. Reinhardt hatte zwei Gesichter. Der Kommissarbefehl erreichte ihn als Kommandeur des XLI. Panzerkorps in der Heeresgruppe Nord. Er stand an vierter Stelle der Befehlskette innerhalb des Heeres. Brauchitsch hatte den Befehl aus dem OKH an Leeb geschickt in der Hoffnung, daß sein Vollzug im Felde unterlaufen werde. Darüber hatte er sich mit Leeb dessen Bezeugungen nach geeinigt, der den Befehl in dem nämlichen Glauben ›im verwaltungsmäßigen Geschäftsgange‹ an die Panzergruppe 4 unter Hoepner leitete. Hoepner teilte die Ansicht Brauchitschs und Leebs und hatte sein Mißfallen nach der Erinnerung seines Nachrichtenoffiziers, des Gerichtszeugen Rolf Bruns, sinnfällig gemacht, indem er den Befehl in Anwesenheit seiner Korpskommandeure vorlesen ließ und dabei abfällige Gesten machte. Korpskommandeur Reinhardt meldete, wie alle seine Vorinstanzen, bei dem Vorgesetzten Hoepner Widerspruch an und leitete den Befehl an die vier ihm unterstellten Divisionen weiter. Dabei brachte er mündlich zum Ausdruck, daß die Divisionen dem Befehl nicht gehorchen sollten. So lautete die Aussage.

Zweieinhalb Wochen nach Feldzugsbeginn zeigte die 269. Infanteriedivision dem XLI. Panzerkorps die Erledigung von 34 Politruks an, am selbigen Tage berichtete das XLI. Panzerkorps der Panzergruppe 4 die Hinrichtung von insgesamt 97 Politruks und folgenden Tags unterrichtete Panzergruppe 4 die Heeresgruppe Nord, daß bisher 101 Kommissare ausgemerzt worden seien. Reinhardt »hat sich weiter damit verteidigt, daß alle diese Berichte aus der Luft gegriffen seien ..., das Gericht kann aber angesichts der Berichte nicht glauben, daß in Reinhardts Befehlsbereich aufgrund des Befehls kein einziger Kommissar erschossen wurde«. Wo also war nach richterlicher Ansicht die Kette der Mißbilligung zerbrochen? Genau unterhalb Ritter von Leebs.

Die »Weitergabe durch Hoepner oder Reinhardt war nach den deutschen militärischen Bestimmungen und ganz bestimmt nach Völkerrecht verboten. Wenn das Völkerrecht nicht bloß Theorie bleiben soll, dann müssen Offiziere in hohen Kommandostellen den Mut haben, ihre Mißbilligung eines Befehls, durch den sie zur Verletzung des Völkerrechts und zum Mord angehalten werden, durch klare und unmißverständliche Handlungen zum Ausdruck zu bringen. Eine Division, die von der höchsten militärischen Führung aufgefordert wird, die Zahl der getöteten Kommissare zu melden, konnte nur eine richtige Antwort an die Heeresgruppe geben, nämlich, daß es bei der Division nicht üblich sei, Kriegsgefangene zu ermorden.« Anders als das Gericht es vorschlug, belehrten aber bei der deutschen Wehrmacht nicht Divisionskommandeure die Feldmarschälle.

Nachdem Reinhardt zum Armeechef avanciert war, richtete die 3. Panzerarmee im November 1942 eine Anfrage an die Heeresgruppe, wie die in Partisanengebieten abgesetzten Rotarmisten bei Gefangennahme zu behandeln seien. Die Panzerarmee hatte Hitlers Kommandobefehl vom 21. Oktober gelesen, und es interessierte sie sogleich, »ob sich dieser Befehl lediglich auf die von England* abgesetzten Terrorgruppen bezieht oder sich auch auf die Banden in dem besetzten Gebiet erstreckt«. Nach der Auskunft der Heeresgruppe ordnete die 3. Panzerarmee an, »ohne Zwang der Lage« kapitulierende Partisanen in Gefangenschaft zu nehmen. »Alle übrigen Banditen, auch die uniformierten, sind zu erschießen.« Der Befehl dürfe unteren Einheiten ausschließlich mündlich zugeleitet werden.

»Das war ein rechtswidriger Befehl«, entschied das Gericht. »Reinhardt hat ihn auf dem Dienstwege weitergegeben.« Die im November 1943 verkündete Revision, daß Fallschirmspringer als rechtmäßige Gefangene zu behandeln seien, könne »als Beweis für die persönliche Einstellung des Angeklagten Reinhardt und als ein gewisser Milderungsgrund angeführt werden«. Reinhardt überließ sich seinem Privatempfinden »zu einer Zeit, als die deutsche Armee nicht ganz so siegestrunken und ein bißchen mehr geneigt war, den Russen eine etwas sanftere Behandlung angedeihen zu lassen«.

* in Frankreich

Das Gericht erkannte, daß Reinhardt nicht seinen Neigungen lebte. Wenn die Lage ihnen günstig war, brachte er sie eindrücklich zur Geltung. Ließ ihm die Lage keine Milde übrig, griff er nicht minder grausam durch als andere. Die mildherzigen und die grausamen Naturen haben sich insoweit nicht sonderlich unterschieden. Wie Reinhardt im Jahre 1943 waren die Schinder 1941 ganz in ihrem Element. Beide unterdrückten aber im Ernstfall ihr Naturell und paßten sich der Situation an. Reinhardt hielt es 1941 für überflüssig, seinen Panzerfahrern den Reichenau-Befehl zu verabreichen. Hingegen ließ er den Befehl der Heeresgruppe Nord passieren, der in den Worten seines LIX. Korps lautete: »Bei Verdacht verminter Straßen oder Räume haben Kriegsgefangene oder ansässige Einwohner vorauszugehen oder die Minen zu räumen.«

Aus dem Dezember 1942 fiel dem Gericht eine Notiz aus Reinhardts Rückwärtigen Armeegebiet 590 auf, der zufolge die politische Selektion und Sonderbehandlung gefangener Rotarmisten des Einvernehmens zwischen Feldgendarmerie und SD bedürfte. »Die Aushändigung von Gefangenen darf in jedem Fall nur gegen schriftliche Quittung erfolgen ... Eine Zuteilung kann nur entsprechend dem Bestand an arbeitsfähigen Gefangenen erfolgen. Zum Arbeitseinsatz kommen nur solche Gefangene, bei denen keine Sonderbehandlung zu erwarten und deren Verhör abgeschlossen ist.« So respektierten beide ihre Belange: Der SD schonte Reinhardts Arbeitsbataillone und Reinhardt beachtete das Vernichtungsinteresse des SD. Der persönlichen Einstellung des Generalobersten hat solches schwerlich behagt. Doch konnte er den SD ebensowenig entbehren wie sonst ein Armeeführer.

Je mehr Reinhardts versöhnliche Natur an der Widerspenstigkeit des Zivils versagten, desto dringlicher bedurfte er eines ergänzenden Zwangsorgans. »Reinhardts Armee hat nicht nur die Tätigkeit des SD gekannt, sondern hat lange Zeit mit dem SD zusammengearbeitet, und zwar in der Weise, daß die Armee Männer wie Frauen und Kinder, die aus den verschiedensten Gründen verdächtig waren, in die Konzentrationslager überwies zur Zwangsarbeit ›unter äußerst harter Bedingung‹. Tausende dieser Unglücklichen sind durch Reinhardts Dienststellen in das Reich abtransportiert, oder nach Lublin* und Auschwitz verschickt worden.« Auch wenn Reinhardt die Kenntnis der mörderischen Funktionen

* Majdanek

der Lager nicht nachgewiesen sei, habe er zumindest einen Begriff von den Gebräuchen des SD besessen. Sie gestatteten ihm, Personen aus seiner Verantwortung zu entlassen, mit denen in Ruhe kein Auskommen war. »Die im Armeegebiet erfaßten Bandenhelfer und Bandenverdächtigen«, heißt es im Befehl seines Stabschefs vom 30. März 1943, »sind zur Überführung in Konzentrationslager dem Einsatzkommando der Sicherheitspolizei und des SD zu überstellen.«

Der Bandenverdacht traf weite ›partisanenhörige‹ Gegenden, deren »gesamte wehr- und arbeitsfähige Bevölkerung den Konzentrationslagern Lublin und Auschwitz zugeführt wird«. Im bewaldeten Mittelabschnitt der Front wußte Reinhardt den wachsenden Partisaneneinfluß allein durch Abschub ihrer Rekrutierungs- und Nahrungsbasis einzudämmen. Die Masse der riskanten Menschen war von der ausgedünnten Panzerarmee nicht zu verkraften. Ihr fehlte allerdings freie Transportkapazität. Reinhardt verfügte über keine anderen Auffangräume als die Lagerhöllen des SD. Ein gewissensgeplagter Mann, machte er sich davon besser keine genauen Vorstellungen.

Reinhardt hat viel Phantasie in den Entwurf eines fürsorglichen Patriarchats gesteckt. Die Russen sollten Freude und Vorteil an der Dienstbarkeit finden. Doch übertraf der Hunger nach Kollaboranten bei weitem die Zahl der Anerbötigen. Das Gericht konstatierte eine allgemeine und fortgesetzte Sklavenjagd in Reinhardts Befehlsbereich. Bis zu 50 Prozent der zum Reichseinsatz zwangsverpflichteten Jahrgänge 1925/26 begaben sich auf die Flucht. »Schuldige an SD übergeben«, beschließt eine Konferenz im Hauptquartier der 3. Panzerarmee vom 23. Juli 1943. »Es gibt keine militärische Notwendigkeit«, heißt es im OKW-Urteil, »die eine solche Verwendung von Zivilpersonen durch die Besatzungsmacht rechtfertigt. Wenn sie gegen ihren Willen zur Arbeit gezwungen worden sind, dann kommt es nicht darauf an, ob man ihnen zusätzliche Rationen oder irgendwelche Vorrechte gewährt hat.«

So viele Zusatzrationen konnte Reinhardt beim besten Willen nicht austeilen, wie er Freiwillige benötigte. Der Menschenbedarf überschritt das beträchtliche Kollaborantenpotential. Hinfort schwand die erklärte Benevolenz des Befehlshabers, der dem Zwang zum Zwang unterlag. Die Beweise waren durch die Gegenzeugnisse nicht zu entkräften.

Reinhardt erhielt fünfzehn Jahre Gefängnis.

Schuld. Die Kampfkommandeure: der Kommandeur des XXX. Armeekorps, Generaloberst Hans von Salmuth; der Kommandeur der 50. Infanteriedivision, Generaloberst Karl Hollidt

Hans von Salmuth war in dem rechtlich seichten Feld der Partisanenbekämpfung belastet. Die Akten des XXX. Korps und der 2. Armee designieren gar zu oft Verdächtige als Schuldige und Juden, Kommunisten, Vagabunden als Freischärler. ›Als‹ bedeutet soviel wie ›haftpflichtig gemacht‹.

Seit die Deutschen sich ab Mai 1945 nach Rechtsbegriffen legitimierten, rückten sie die ›Als-Hingerichteten‹ in die Kategorie der Repressalie. Denn ein jeder darf zum Repressalienopfer gewählt werden, das stets unschuldig ist. Es büßt illegale Kampfhandlungen anderer. Eine Extra-Fürsorge der Wehrmacht sei es gewesen, eine kriegsrechtmäßige Vergeltung vornehmlich an jenen zu üben, die am ehesten mit der antideutschen Sache sympathisierten, eben Juden, Kommunisten usw. Repressalien an der Feindschaft zumindest Verdächtigen sei insoweit den Massakern vorzuziehen, welche die Luftkriegsparteien an ganzen Stadtgemeinden vollzogen hätten. Das in der Sache ablenkende Argument wäre eine Rechtserörterung wert gewesen.

Ein Jahr nach dem OKW-Prozeß hat die Genfer Zivilschutzkonvention die Geisel- und Repressalienbräuche im Landkrieg weitgehend untersagt. Die Nürnberger Gerichte hatten ihre Zulässigkeit widerwillig eingeräumt. Das Hinrichten friedfertiger Nicht-Kombattanten sei eine rechtsfremde Barbarei. Um so barbarischer wäre das Zivilbombardement, welches sich seit dem Zweiten Weltkrieg zum festen Kriegsbrauch konsolidiert hat.

Das Urteil gegen den Generalobersten von Salmuth läßt sich auf die Widerwärtigkeiten der Vergeltungspraxis nicht ein. Es folgt dem Nürnberger Grundsatz, daß Verdacht kein Tötungsgrund sei und Geiselerschießungen eines Gerichtsbeschlusses bedürfen. Dagegen hatte das XXX. Korps verstoßen, als es für jeden bei Partisanenanschlägen Gefallenen zehn Geiseln zu töten und aufzuhängen befahl. Die 2. Armee durfte nicht »mehrere hundert Verdächtige erledigt« oder »drei verdächtig aussehende Männer« erschossen haben. »Ein Bericht«, heißt es im Urteil, »ergibt, daß von allen beteiligten Stellen (außer dem SD) 6.000 Personen als Partisanen und Agenten hingerichtet wurden.« Das ist eine außerordentliche

Zahl. Doch wie konnte Hugo Sperrles Luftflotte ebenso viele Personen töten, weil sie Londoner waren, ohne dabei das mindeste Unrecht zu begehen? Wieso legalisiert das Bombenflugzeug die Salmuth vom Gericht schwer zur Last gelegte Devise, »in diesem Kampf ohne Einschränkung auch gegen Frauen und Kinder jedes Mittel anzuwenden, wenn es nur zum Erfolg führt«?

Ein weiterer Salmuth-Befehl, »der nach unserer Überzeugung rechtswidrig ist, gebot: ›Jede Zivilperson und ebenso jeder versprengte Soldat, der innerhalb des vom XXX. Korps besetzten Gebiets im Besitz von Waffen angetroffen wird, ist sofort zu erschießen.‹« Als Mord zählte ferner, daß Rotarmisten »›von einem bestimmten, für jedes Gebiet festgelegten Datum an als Freischärler zu betrachten und entsprechend zu behandeln sind‹. Das erkennende Gericht ist der Ansicht, daß der Angeklagte für die Weiterleitung dieses Befehls strafrechtlich verantwortlich ist.«

Soweit Salmuth straffällige oder politisch unliebsame Kriegsgefangene dem SD ausgeliefert hatte, billigte das Gericht zu, »daß nach dieser Überstellung die Armee keine weitere Aufsicht über die Gefangenen führte und anscheinend weder wußte noch bestimmen konnte, was mit ihnen geschah«. Salmuth habe jedoch zweifelsohne gemerkt, daß er mit einer verbrecherischen Organisation umging. Wie konnte er dies bemerken, ohne von ihrem Vernichtungsgeschäft zu wissen? Die Richter hüteten sich, den Generälen diese Kenntnis als Betriebsnotwendigkeit zu unterstellen, selbst wenn das Urteil aus Salmuths Akten zitiert: »Das Armee-Oberkommando bringt die Aufgaben dieses Sonderkommandos mit der militärischen Abwehr, der Tätigkeit der Geheimen Feldpolizei und der Notwendigkeit der Operationen in Einklang.«

Man bringt keine Aufgaben in Einklang, die man nicht kennt. Das Urteil folgt jedoch strengeren Beweisregeln. Es unterstellt Kenntnisse gewöhnlich innerhalb der militärischen Befehlskette. Hier hat der Befehlshaber zudem die Pflicht zu wissen. Die Polizei handelte innerhalb des Himmlerschen Befehlswegs, und das Gericht hielt den Generälen institutionelle Blindheit zugute. Was immer auf die Schiene einer anderen Institution gebracht wird, geht den Überbringer nichts mehr an. Sein Interesse endet an seinem Zuständigkeitskreis. Konnte das Gericht hingegen den positiven Beweis einer gemeinsamen Mordaktion von SD und Heer führen, war es mit den im Zweifel günstigen Annahmen vorbei. Das

XXX. Korps hatte eine derartige Maßnahme Anfang August 1941 in Kodyma nach Überschreiten der rumänischen Grenze mitgemacht, sehr zu Salmuths Verdruß. Auf der Jagd nach einer angezeigten jüdisch-bolschewistischen Attentäterbande waren Korpsangehörige und Sonderkommando 10a in eine wüst verlaufene Razzia gezogen. Salmuth erteilte seinen Männern einen Rüffel. Nicht wegen der 97 erschlagenen Juden, sondern wegen pflichtwidriger Einmischung in sicherheitspolizeiliche Angelegenheiten. Das war sein Pech. Mithin wußte er, wovon er sprach.

»In keiner der Urkunden oder Zeugenaussagen ist davon die Rede, daß der Angeklagte in irgendeiner Weise gegen die Aktion des SD Protest eingelegt, sie getadelt oder die Entfernung oder Bestrafung des SD beantragt hat. Die einzige Bestrafung bestand anscheinend in der Verhängung von 20 Tagen Arrest über ein Mitglied seines eigenen Stabes wegen unbefugter Teilnahme an dieser Aktion. Selbst wenn wir den recht fadenscheinigen Vorwand als wahr hinnehmen, daß ein paar Juden in Kodyma einen Angriff gegen die Wehrmacht geplant hatten, so bleibt immer noch die erwiesene Tatsache, daß die Hinrichtungen weit über die Bestrafung der an einer solchen Verschwörung beteiligten Personen hinausgingen und daß es sich in Wahrheit um eine Mordaktion gehandelt hat; das erkennende Gericht kommt aufgrund dieser Urkunden und anderen vorgelegten Beweismaterials zu der Feststellung, daß der Angeklagte diese Straftaten geduldet und gebilligt hat. Zweifelsohne muß von diesem Tag an der Angeklagte von der Mordtätigkeit der Sipo und des SD Kenntnis gehabt haben. Wenn er später Kriegsgefangene und Zivilpersonen an diese Organisation überstellte, dann geschah das in Kenntnis des Schicksals, das sie erwartete. Wenn Operationen dieser Einheiten in seinem Gebiet stattfanden, dann wußte der Angeklagte, daß Morde verübt wurden.« Das Gericht verurteilte von Salmuth zu zwanzig Jahren Haft.

Der nächst von Leeb niedrigste Schuldspruch traf den Generaloberst Karl Hollidt. Eine Haftung für den Kommissarbefehl blieb ihm wie von Salmuth erspart. Beide haben ihn weitergereicht und den Untergebenen Ungehorsam empfohlen. Doch präsentierte die Anklage keine eindeutigen Vollzugsmeldungen, und so blieb die Möglichkeit offen, daß das XXX. Armeekorps und die 50. Infanteriedivision keine Kommissare gefunden haben. Eigentümlicherweise sind daraufhin auch keine fiktiven Tötungsmeldungen verfertigt worden.

Hollidt gewann das Wohlwollen des Gerichts als der einzige, der einen kriminellen Befehl nachweislich abmildern ließ. Das haben alle Angeklagten beansprucht, verwiesen aber auf mündliche Proteste, heimliche Winke und diskrete Schliche, die keinerlei Spuren hinterließen. Hollidt hatte ein Geheiß des Gerichtsbarkeitserlasses Barbarossa leicht umformuliert, so daß Personen, deren »Partisanentätigkeit durch ihr eigenes Geständnis oder durch glaubwürdige Zeugenaussagen erwiesen worden ist, ohne Kriegsgerichtsverfahren erschossen werden«. Verdächtige hingegen blieben mithin am Leben. »Diese Einschränkung des Barbarossa-Gerichtsbarkeits-Befehls muß dem Angeklagten eher als Verdienst angerechnet werden und kann nicht zu seinem Nachteil ausgelegt werden.« Zu Hollidts Vorteil legte das Gericht außerdem Aktionen des bekannt kriminellen SD in seinem Rücken aus, weil nicht erwiesen sei, daß sie »über rechtlich zulässige Polizeimaßnahmen gegen die Freischärler in dem von dem Angeklagten befehligten Gebiet hinausgegangen sind«. Bestimmte Dokumente, welche die Erschießung von Kriegsgefangenen vermeldeten, mochten von Unrechtmäßigkeiten zeugen. Doch konnte sich das Gericht kein Einverständnis Hollidts darein vorstellen. »Wir sind der Ansicht, daß solche Vorfälle als Ausschreitungen der Truppe angesehen werden müssen, bei denen der Angeklagte nicht in strafbarer Weise mitgewirkt hat.«

Ein Schuldspruch erging wegen Heranziehung von Gefangenen zu Festungsbauten in der Feuerzone. Dort hatten mehrere Männer durch Granatbeschuß der eigenen Truppe tödliche Verletzungen erlitten. Hollidt stand seinerzeit unerwartet schweren Angriffen gegenüber, und das Gericht erkannte auf eine echte militärische Notwendigkeit: Die Rotarmisten mußten bei der Arbeit inmitten der Kampfeinheiten unvermeidlich Gefahren hinnehmen. »Damals befand er sich auf einem rund 1.500 Kilometer langen Rückzug. Und seine Armee war während dieses Rückzugs verschiedentlich in einer schwierigen, ja erbarmungswürdigen Lage; er hat deshalb seinen Einsatz von Kriegsgefangenen bis zu einem gewissen Grade mit der Zwangslage entschuldigt, in der er sich befand. Das ist keine Rechtfertigung, kann aber als Milderungsgrund berücksichtigt werden.«

Hollidt, als einziger Verurteilter keines Mordes überführt, empfing eine Strafe von fünf Jahren Haft.

Schuld. Die Seekriegsleitung: Stabschef, Admiral Otto Schniewind

Admiral Otto Schniewind »sind in der Hauptsache Verbrechen gegen den Frieden vorgeworfen worden, die schon vorher in diesem Urteil ausgeschieden worden sind«. Die Vorwürfe, Barbarossa-Erlaß und Kommandobefehl in der Marine weitergeleitet zu haben, trugen keine Verurteilung. Ersterer ging an die unterstellten Einheiten, als Schniewind bereits seit einer Woche vom Stab der Seekriegsleitung entlassen war. Der Kommandobefehl »konnte nur wenig oder gar keine Bedeutung für die ihm unterstellten Überwasserstreitkräfte haben«. »Der Angeklagte wird freigesprochen und wird von dem Gerichtsmarschall nach Schluß der Verhandlung in Freiheit gesetzt werden.«

Schuld. Der Etappenchef: der Befehlshaber des Rückwärtigen Heeresgebietes Süd, General Karl von Roques

Karl von Roques war zum Vorsteher jener Hölle ernannt, die den Namen Rückwärtiges Heeresgebiet Süd trug. Hier moderten die Gefangenenarmeen der Kesselschlachten von Kiew und Uman, durchsiebte der SD die Lager und Ortschaften nach Funktionären und Juden, fahndeten die Sicherungsdivisionen im Volke nach Verdachtsanzeichen für deutschfeindliche Komplotte. Der Berück erledigte keine Gefechtsaufgaben, sondern verwaltete ein Gebiet. Er war Territorialherr und registrierte alle Geschehnisse. Die Mittel seiner Herrschaft taugten nicht viel, doch langten sie gegen Wehrlose, Gefangene und Zivilisten. Roques übte eine flüchtige Polizeigewalt über sie aus, die von den Konquistadoren der NSDAP abgelöst wurde. Seine porösen Verbände, die gelegentlich an der Front aushalfen, enthielten angejahrte Polizisten, kampfschwach wie die Vize-Polizei der Einsatzkommandos. Roques' Amt bestand in einer polizeilichen Durcharbeitung letzter Hand, ehe die Territorien in den Status der Arbeitskolonie übergingen. Er sollte die verbliebenen Widerstandselemente ausfiltern sowie der Front die Gefangenen abnehmen, sie gleichfalls selektieren, rückwärtsschleusen, verwahren, irgendwie neutralisieren und unschädlich machen.

Dieser betagte Präfekt hatte erst 1941 den Rang eines Kommandierenden Generals erklommen. Das Gericht entdeckte sein verbrecherisches Format, weil er mit eindeutiger Vollzugsgewalt bekleidet war, Territorialherrschaft und beweiskundliches Tatwissen besaß. Denn Roques war über die Greuel des SD und die Sterbequoten der Gefangenenlager so exakt im Bilde, weil er unbedeutend genug war, sich damit abzugeben. Insgesamt taxierten die Richter seine Verantwortung ebenso hoch wie die des Feldmarschalls, seines Vorgesetzten, niedrig. Auf die Gestalt des Feldmarschalls und Heeresgruppenchefs aber ließen sie ungern einen Schatten fallen. Sie widmeten den Befugnissen eines Heeresgruppenchefs ein Dutzend Zeilen, denen des Berücks ein eigenes Kapitel.

Das Urteil gegen Karl von Roques beginnt mit einem Kolleg über die Pflicht, »welche der mit Befehlsgewalt und Vollzugsgewalt ausgestattete Befehlshaber einer Besatzungsarmee den Kriegsgefangenen und der Zivilbevölkerung gegenüber hat«. Roques' drei Sicherungsdivisionen bildeten aber keine Besatzungsarmee. Deren Befehlshaber war der Chef der Heeresgruppe Mitte, von Rundstedt, der seine Gewalt auf Roques übertragen hatte. Das Gericht hat den Feldmarschällen zugebilligt, daß sie nicht alles wissen können. Zudem ist die kriminelle Verantwortung nicht an die Tatherrschaft geknüpft worden, die Macht, den Unheilslauf zu hemmen, sondern an das Tatwissen. Den Feldmarschall Leeb hat das Unwissen vor Strafe geschützt. Den Armeeführern wurde gelegentlich vorgehalten, was sie hätten wissen sollen. Roques hingegen kannte sich in den meisten Abscheulichkeiten exakt aus. Das Urteil zitiert seine Beschreibung der Selektion von Gefangenen des Dulags 160 im Mai 1942:

»Im Lager war eine Liste angelegt, auf der sämtliche, die keine Juden waren, aber verdächtig waren, standen, denn Juden brauchten nicht notiert zu werden, die waren ja genauso wie Zivilisten ohne irgendwelche Formalitäten zu erschießen. Der SD-Sturmführer hat dann etwa 200 bis 300 verdächtige Personen an sich vorbeipassieren lassen und hat auf der Liste hinter jedem Namen ein ›F‹ gemacht, das hieß ›Frei‹, oder ein ›E‹, das hieß ›Erschießen‹. Alle Leute, die ein ›E‹ bekamen, wurden zu den Juden geschickt und am 15. Mai zusammen mit den Juden erschossen.« Die Aktion verlangte 500 Opfer.

»Diese Aussage macht jeden Kommentar überflüssig.« Sie kam einer Selbstbezichtigung Roques' gleich, »da diese Aktionen in den

Lagern, die seiner Gerichtsbarkeit und Kontrolle unterstanden«, stattfanden, ausgeführt von einem SD, »der diese Lager nur mit seiner Erlaubnis betreten durfte«. Das unterscheidet die Tat von den Judenexekutionen in offenem Gelände. Die Wehrmacht mußte den Mördern die Türe öffnen. Das fiel ihr insoweit leicht, weil sie die Morde bis Oktober 1941 selbst verüben mußte. So lauteten die Befehle des OKH, und das Urteil zitiert das Zeugnis des Lagerarztes von Dulag 160, Hans Früchte, zum Beweise, daß dort entsprechend verfahren wurde: »Es war für die deutschen Besatzungsmannschaften eine Selbstverständlichkeit, daß jeder eingehende Transport von Kriegsgefangenen nach politischen Funktionären untersucht worden ist. Es ist nur zweimal etwas gefunden worden, weil die Leute meist schon vorher liquidiert worden sind.« Um sich die Mühe zu ersparen, hat das OKH am 7. November 1941 »in den Dulags der Rückwärtigen Heeresgebiete zur Aussonderung untragbarer Elemente Sonderkommandos der Sicherheitspolizei und des SD in eigener Verantwortlichkeit nach anliegenden Richtlinien eingesetzt«. Dieser Befehl, der den Kommandos »Einvernehmen mit den Befehlshabern des Rückwärtigen Heeresgebietes« abverlangt, war an Roques auf vierter Stelle des Verteilerschlüssels gerichtet. »Wie aus diesem Befehl selbst ganz klar hervorgeht, wurde er für so bestialisch gehalten, daß nur die unmittelbaren Empfänger ihn lesen durften. Der Befehl bestimmt – und das ist von Wichtigkeit –, daß die örtlichen Kommandeure der Kriegsgefangenen- und Durchgangslager mündlich zu benachrichtigen seien.«

Halder, der Stabschef des bestialischen Befehlsgebers, hatte als Anklagezeuge einem Territorialherrn »alle rechtlichen Befugnisse gesetzgeberischer Art« bescheinigt. So verkündete das Gericht finster Roques' Obliegenheit, »diese Rechte zum Schutze der Kriegsgefangenen in seinem Gebiet auszuüben«. Kraft dieser »großen grundlegenden Verpflichtung« hätte Roques den Befehl vom 7. November Brauchitsch und Halder zurückschicken müssen. Denn »tatsächlich erlassene Befehle sind strafbar, wenn sie eine Außerachtlassung dieser Verpflichtung und eine damit zusammenhängende Tatenlosigkeit erkennen lassen«. Roques finde auch keine Entlastung darin, daß SS-Einheiten, geführt von Himmler, »Handlungen begehen, die Verstöße gegen die ihm obliegenden Verpflichtungen enthalten«. Straflos blieb nur der Zeuge Halder, dessen Dienststelle die SS-Einheiten in Roques' Lager geschickt hatte.

Zugunsten der ahnungslosen Feldmarschälle und willenlosen

Stabschefs avancierte der klägliche Roques zu einem großmächtigen Gebietsherrn, der mit dem Gericht über seine Urlaubstermine 1941/42 stritt, um sich aus der Last seines Wissens davonzustehlen. Dabei war er kein sturer Erfüllungsgehilfe gewesen. Das Urteil erwähnt einen eigenen Befehl des Angeklagten vom 24. August 1941, in dem er längst vor der Initiative des OKH den SD zur Selektion von Gefangenen beordert hatte. Die ihm unterstellten Lagerkommandanten beschränkten sich ebenfalls nicht auf passive Duldung des SD. Ein Einsatzgruppenbericht vom 12. November 1941 meldet unter den »durch das Sonderkommando 4a Exekutierten in erster Linie Juden, und hier wieder ein großer Teil von durch die Wehrmacht überstellten jüdischen Kriegsgefangenen«. Das Massensterben in den Lagern hingegen wird aus Roques' Quartier dem Generalquartiermeister im OKH, Halders Untergebenem Wagner, unverkennbar hilfesuchend angezeigt. Mangels ausreichender Nahrungsmittel werde »bis zum 1. April* voraussichtlich durch die große Sterblichkeit ein Abgang von ca. 15.000 Kriegsgefangenen hierdurch eintreten«. Roques' Stabschef beklagte die wirtschaftliche Verschwendung: »Nur unter gleichzeitiger Verbesserung der Ernährung wird es möglich sein, wenigstens einen Teil der in den Kriegsgefangenen liegenden großen Arbeitskraft zu erhalten. Anderenfalls muß damit gerechnet werden, daß die jetzt noch im Gebiet des Befehlshabers Rückwärtiges Heeresgebiet Süd untergebrachten rund 48.000 Gefangenen in wenigen Monaten durch Tod und Krankheit sich von selbst aufgelöst haben.«

Das Gericht war hier eine rechtliche Feststellung schuldig. Welcher Ort der Heereshierarchie ist hauptverantwortlich für das opferreichste Verbrechen der Wehrmacht gewesen?

Gerichtsurteile sind dem Namen, nicht aber der Sache nach unabhängige Entscheide. Im OKW-Urteil schlagen sich Einflüsse und Erwartungen der amerikanischen Generalität nieder. Diese hatte ein natürliches Interesse an dem Verfahrensergebnis. Erstens wegen der Präzedenzwirkung des allgemeinen Rechtskommentars, zweitens aus Anteilnahme an dem Schicksal und Ruf ihrer nunmehrigen Mitarbeiter aus dem früheren deutschen Generalstab. Auch von dort sind Wünsche eingereicht worden. Die Generalsprozesse fanden im britisch-amerikanischen Militär negative Resonanz. Juristischen Erörterungen der Verbindlichkeit kriminel-

* 1942

ler Befehle können Befehlshaber nichts abgewinnen. Zudem wuchs ihr Verständnis für den ›Sonderkriegsschauplatz‹ Rußland. Die Rote Armee hatte zwischen 1945 und 1948 den Leumund des Unschuldsopfers verloren. Sie war drakonischer Okkupant geworden und tauchte dadurch die Barbarei der Wehrmachtsführer in ein weicheres Licht. Vieles davon war vielleicht doch Notbehelf oder die Überforderung mittlerer Kommandoebenen gewesen. Dieser Tendenz hat das Gericht standhalten müssen. Es verwundert, daß der OKW-Prozeß überhaupt stattfand. Ein OKH-Prozeß konnte nicht daraus werden. Doch belasteten die Hungerepidemien in den Dulags vor allem den Stab des Heeres. Das OKW-Urteil hat sich dieser Schlußfolgerung entzogen und klammerte sich an die Jammergestalt Roques: »Ein Kommentar über das Ausmaß der Vernachlässigung dieser Kriegsgefangenen erübrigt sich. Die Beweisaufnahme hatte ergeben, daß v. Roques während der Zeit, in der diese Zustände herrschten, für die Kriegsgefangenen in seinem Gebiet verantwortlich gewesen ist.«

Nach Feststellung des Gerichts war Roques nicht minder auf das Wohl der ukrainischen Juden verpflichtet. Das Urteil beklagt, »daß Ghettos für die Juden errichtet wurden, daß sie den Davidstern tragen mußten, daß die jüdischen Gottesdienste und andere religiöse Handlungen verboten wurden, daß die jüdischen ritualen Gegenstände beschlagnahmt wurden, daß die Juden alle Wertpapiere in ausländischer Währung, Edelmetalle und Edelsteine abliefern mußten, daß Terrormorde an Personen begangen wurden, die der Partisanentätigkeit verdächtig waren oder zu den Partisanen hielten.« Die Ermordung der, nach Polen, größten jüdischen Gemeinde Europas im Bereich der Heeresgruppe Süd findet im Roques-Urteil keine Erwähnung. Es spricht von »Überstellungen von Juden und Kommunisten an den SD«. Das Gericht hat im Leeb-Urteil ausgiebig Daten und Orte der Einsatzgruppenmorde diskutiert. Bei der Heeresgruppe Nord bot sich nämlich die Mutmaßung an, daß ein Großteil in die Jurisdiktion des Reichskommissariats Ostland fiel. Anders in der Heeresgruppe Süd. Hier interessiert, wie im Fall Kiew, allenfalls, welche Massaker im Kampfgebiet und welche im Rückwärtigen Heeresgebiet stattfanden. In der Tat verteilte sich die Ermordung des ukrainischen Judentums auf beide Zonen. Was Roques wußte und duldete, mußte infolgedessen auch Rundstedt wissen und dulden. Rundstedts Kenntnisse wären zwangsläufig auch Leeb zu Ohren gelangt, dem OKH und alsbald sämtlichen Armeen. Mit dieser Schlußfolgerung wollte das Gericht die deutsche Heeresspitze nicht belasten und schwieg den Fall aus.

Roques wurde mit zwanzig Jahren Haft bestraft.

Schuld. Die Schreibtischgeneräle: der Chef des Allgemeinen Wehrmachtsamtes im OKW, General Hermann Reinecke; der Vizechef des Wehrmachtsführungsstabes, General Walter Warlimont

Ein Viertel der Angeklagten des OKW-Prozesses bestand aus Funktionären des OKW, Lehmann, Warlimont und Reinecke. Die zwei Freigesprochenen, Sperrle und Schniewind, gehörten der Luftwaffe bzw. Marine an, sieben Generäle waren Befehlshaber des Heeres.

Rußland, Tatort der meisten verhandelten Verbrechen, zählte nicht als ›OKW-Gebiet‹. Hier schalteten das OKH und die Oberbefehlshaber. Befehle, die als allgemeine Wehrmachtsangelegenheiten galten, mehrere Kriegsgebiete oder Waffengattungen betrafen, nahmen im OKW ihren Ursprung. Darum mag dieser Stab, auch wegen seiner Nähe zu Hitler, als Haupt der Befehlskette erscheinen. In der Gefangenenverwahrung trifft dies nur im geringeren Maße zu. Die OKW-Zuständigkeit endete im Generalgouvernement Polen. In den Wehrkreisen des Reichsgebiets existierte eine zweigeteilte Aufsicht, eine fachliche durch das Allgemeine Wehrmachtsamt im OKW unter Reinecke und eine disziplinarische über das Lagerpersonal durch die Heeresdienststelle des Oberbefehlshabers des Ersatzheeres. Hermann Reinecke, der ›braune General‹, wurde von seinen Untergebenen in Nürnberg allerdings als »die obere – die beauftragte Stelle zur Bearbeitung des Kriegsgefangenenwesens« belastet. Das Urteil griff daraufhin zu der seiner unwürdigen Wendung: »Das Gericht hält die Feinheiten der Formvorschriften oder der Zuständigkeitsabgrenzungen für unerheblich.«

Weil Reinecke seine Zuständigkeiten mit dem Heer teilte, setzten sich seine Untaten zum Teil aus ›Richtlinien‹ zusammen. Befehle konnte das Lagerpersonal nur von seiner disziplinarisch vorgesetzten Stelle entgegennehmen, dem Ersatzheer. »Ob nun solche Anweisungen als Richtlinien bezeichnet wurden oder nicht«, schreibt dazu das Urteil, »so waren doch die vom OKW erlassenen

›Richtlinien‹ Befehle, die für die unterstellten Einheiten, an die sie gerichtet waren, verbindlich waren«. Das gehe aus den Aussagen mehrerer Kriegsgefangenenkommandeure hervor. Als Mittäter hegten diese allerdings an der Verbindlichkeit des Reinecke-Befehls ein gewisses Interesse. Anderenfalls mochten sie als die Dienstvorgesetzten der Lagerkommandanten nämlich selbst die Befehlsgeber sein. Deswegen wollte sich das Gericht aber die Sicht auf den ›braunen General‹ nicht vernebeln lassen:

»Die Tatsache, daß der Angeklagte keine unmittelbare Befehls- oder Disziplinargewalt über das Lagerpersonal oder Einheiten des Heeres hatte, ist belanglos.« Reinecke habe die grundlegenden Richtlinien im Namen des OKW und Hitlers erlassen, denen Folge geleistet werden mußte. »Das Beweismaterial hat einen erdrückenden Beweis dafür erbracht, daß der Angeklagte Reinecke unter dem Oberbefehlshaber der Wehrmacht die Leitung und Aufsicht im Kriegsgefangenenwesen sowie die Befehlsgewalt über Kriegsgefangenenlager und allgemein im Kriegsgefangenenwesen hatte.« Reinecke habe laufend die Lager inspizieren lassen, sämtliche Vorgänge dort gekannt und »bestimmte Maßnahmen angeordnet«. Die verwerflichste davon war jene, die auch im OKH-Gebiet galt: Der SD erhielt die Vollmacht übertragen, unter den Gefangenen politisch-rassisch unerwünschte Personen zu selektieren und ums Leben zu bringen.

»Ob die Unglücklichen, die ausgesondert wurden, ins Konzentrationslager verbracht wurden, um vergast zu werden, oder sich zu Tode arbeiteten, ob man sich ihrer anderweitig entledigte, wie es so abscheulich vom Zeugen Smolen beschrieben wurde, der bei der politischen Aufnahmeabteilung in Auschwitz tätig war, oder ob sie, wie der Zeuge Ohler, ehemaliger Inspektor der Nürnberger Gestapo, geschildert hat, von den Lagerbehörden zum Bahnhof gebracht wurden, dort gekettet und nach Dachau befördert wurden, wo je fünf ausgeladen, nackt ausgezogen und vom Einsatzkommando erschossen wurden, darauf kommt es nicht an.« Beweiserheblich für Reinecke sei allein, daß er »Vorkehrungen für die Überstellung an solche Organe zu diesem Zweck getroffen hat«. Die Zeugen Bräutigam vom Ostministerium und Lahousen von Canaris' Abwehr hatten der vorangegangenen Verabredung mit Gestapochef Müller beigewohnt. Reinecke sei der willfährige Teil gewesen, der Müllers Ausrottungsplan seine Zustimmung gegeben habe.

Für Müller war die grenzenlose Bereitwilligkeit auszurotten der Hauptbefähigungsnachweis im Kriege. Reinecke wiederum galt als Werkzeug der NSDAP. Beides kann weder General Friedrich Fromm, dem Befehlshaber des Ersatzheeres, noch Feldmarschall Brauchitsch und Generaloberst Halder nachgesagt werden. Ersterer hat Reinecke im Heimatkriegsgebiet gewähren lassen, letzterer duldete vom 7. November an im OKH-Gebiet dieselben Selektionen. Unvorstellbar, daß sie alle nur Müller behilflich sein wollten, zumal das Heer bis zum 7. November 1941 ganz ohne Müller selektierte. In den Heeres-Dulags wurde zuallererst ausgerottet. Das OKW-Urteil ist über die denkbar sachte Tatsachenfeststellung nicht hinausgedrungen. Hat es aber nicht für jede Dienststelle nahegelegen, die gefangengenommenen Wehrfähigen – mutmaßlich fiel ein Großteil russischer Männer irgendwann dem Heer zur Beute – auf mögliche Unruhestifter, Subversanten und Saboteure durchzukämmen? Früher oder später waren alle als Heloten im deutschen Arbeitsdienst vorgesehen, und günstiger als in den Gefangenenlagern ließen sie sich niemals wieder kontrollieren.

In den Lagern des Reichsgebietes hielt man zunächst Bolschewisten- und Judentum für ein grobmaschiges, doch hinlängliches Ausmerzungskriterium. Dabei mußte indessen vielerlei Renitenz und Opposition zurückbleiben. So wurden neben der Hauptrisikogruppe speziellere Gefahrenquellen namhaft gemacht. »Auch hat die Beweisaufnahme ergeben, daß die Kranken und Arbeitsunfähigen, Flüchtlinge und auf der Flucht wiederergriffenen Kriegsgefangenen, polnischen Kriegsgefangenen sowie Angehörige anderer Nationalitäten, die mit deutschen Frauen Geschlechtsverkehr gepflogen hatten, der Gestapo oder der Sipo und dem SD überstellt worden sind und daß der Angeklagte an diesen Handlungen beteiligt war.«

Von allen Seiten wurde auf Reinecke eingewirkt, neben den ideologisch ausgewiesenen Feinden die praktische Seite nicht zu vergessen. Faulenzer und Bummelanten, auch unter den nicht untermenschverdächtigen Italienern und Franzosen, sollten durch Prügel und notfalls exemplarische Hinrichtungen vor versammelter Belegschaft zum Fleiß angespornt werden. Reinecke brachte beflissen Anordnungen zu Papier, wie mit Gewehr, Kolben und Bajonett Arbeitsdisziplin zu erreichen sei: »Die Kriegsgefangenen dürfen keinen Augenblick darüber im Zweifel sein, daß gegen sie rücksichtslos, notfalls mit der Waffe, eingeschritten wird, wenn sie etwa mit ihrer Arbeitskraft zurückhalten, passiven Widerstand leisten oder sogar meutern.« Zu einer Zeit, in der Politruks und Kommissare längst wieder zum Leben zugelassen waren, hielt die Suche nach Drückebergern den Selektionsbetrieb aufrecht.

Auch Reinecke fand einen Grund, warum seine Untaten nicht Ausdruck seiner selbst, sondern höheren Befehls gewesen seien. Wie Ritter von Leeb den Kommissarbefehl im unpersönlichen Verwaltungsakt für den OKH-Chef Brauchitsch befördert hatte, plädierte Reinecke, daß seine Richtlinien immer »im Auftrage« seines Vorgesetzten, des OKW-Chefs Keitel erlassen wurden. »Diese Behauptung«, konzedierten die Richter, »wird im wesentlichen von Beweismaterial gestützt.« Dann schütteten sie ihren Hohn auf den von allen verlassenen braunen Reinecke: »Der Chef des Allgemeinen Wehrmachtsamts war nicht bloß eine Stenotypistin, die lediglich die Befehle ihres Vorgesetzten auf der Maschine abschreibt und in den Briefkasten wirft.« Doch selbst die Stenotypistinnen im OKW, wie Reineckes Sekretärin Liebehild Kattner, waren gewitzt genug, um zu beobachten, daß die Befehlskette in der Wehrmacht beileibe keine Einbahnstraße gewesen ist. Dies entsprach gar nicht dem Kollegialgedanken der deutschen Offiziersschule. Die Führer dicht unterhalb der Spitze brachten mehr mit sich als öden Kadavergehorsam. Das Befehlswerk, das sie in Umlauf setzten, war kein Ordre de Mufti. Was sie ausführten, hatten sie zuvor durchdacht, debattiert und korrigiert. »Es war grundsätzlich so«, erinnerte sich freimütig die Zeugin Kattner, »daß der Entwurf eines solchen Befehls in der Kriegsgefangenenabteilung vorbereitet wurde und dann zum Feldmarschall* ging und von ihm abgezeichnet und mit Datum versehen wurde. Dann kam dieser Befehl, dieser Entwurf zu uns zurück und wurde dann in Reinschrift geschrieben und vom General ›I.A. (Keitel)‹ unterzeichnet.« Das Gericht verurteilte Reinecke zu lebenslangem Gefängnis.

Reinecke und Warlimont erhielten im OKW-Prozeß die Höchststrafen zuerkannt. Demnach hätten sie die schwerste Schuld von allen getragen. Reinecke verbrachte den Krieg überwiegend in Berlin. Mit Keitel, der im ostpreußischen Führersitz weilte, verkehrte er aus der Ferne. Seine weitere Umgebung bestand aus der NSDAP-Parteikanzlei und dem Reichssicherheitshauptamt. Über Walter Warlimont bezeugten die Akten, »daß der Angeklagte wäh-

* Keitel

rend des Krieges im Hauptquartier Hitlers und im ständigen Kontakt mit Keitel und Jodl stand und fast jeden Tag Besprechungen mit Hitler hatte«. Was ließ sich, eingedenk dessen Naturells, noch Fürchterliches neben ihm anstellen? Entweder hat Warlimont, wie beteuert, Hitlers kriminelles Ungestüm unentwegt zähmen wollen. Dann war er zum Scheitern verdammt. Oder er trachtete nach Inspiration seines Meisters, dann war Warlimont erst recht überflüssig. Hitler litt an destruktiven Einfällen keinen Mangel. Weil er sich relativ wenig ein- oder ausreden ließ und niemandem traute noch sonderlich etwas zutraute, war Warlimonts Gestaltungsbereich mager. Im Bunker kommandierte und kontrollierte Hitler alles, mit Sicherheit aber die Vernichtungsbefehle, denn davon versprach er sich Wirkung.

Das Gericht, das bei den Befehlshabern im Felde durchweg betont hatte, daß Kriegsverbrechen aus persönlicher Initiative oder aus krassen Versäumnissen in der Dienstaufsicht rührten, fand Mühe, Warlimonts Tatbeitrag zu beschreiben. Keiner galt übler als der seinige, doch zugleich rechnete büromäßige Abwicklung als läßliches Vergehen. Im Grunde brauchte das Gericht gar nicht die Wahrheit über Warlimont zu ermitteln, sondern allein zu begutachten, wieweit er die Anklagevorwürfe ausräumen konnte.

Warlimont war der beredsamste Angeklagte. Seine Kameraden zeigten sich nur stockend der deutschen Sprache mächtig, gemäß guter Blücherscher Tradition. Warlimont bestritt sein Verhör im Englischen und bewies auch sonst Geistesgegenwart. Das nahm das Gericht gegen ihn ein. Die hilflosen Lügen der ertappten Feldmarschälle wirkten weit ehrlicher. Das Gericht verbuchte dergleichen als geplatzte Kriegslist. Der OKW-Sekretär strapazierte ihren Scharfsinn mit waghalsigen Textinterpretationen und der Zumutung, dem zu glauben. Was er getan hatte, spielte sich auf dem Papier ab. Es gab keine liquidiert gemeldeten Kommissare, die ihn widerlegten. Er war der Formulierer gewesen. Zu jeder Formulierung enthüllte er dem Gericht eine verwickelte Taktik. Er hatte die rettungslos Verlorenen totformuliert, um rettungsfähigen Grenzfällen eine Ausflucht zu verschaffen. Das alles läßt sich so und anders lesen. Vielleicht wollte er nur Manövrierraum für Verhöre und Überläufer öffnen.

Den Ursprung des Paradestücks der Anklage, des Kommissarbefehls, hat das Gericht nicht ausgiebig verfolgt. Die Autorschaft der

Fassung letzter Hand, unterzeichnet von Keitel, ist dunkel. Warlimont hatte sich die Errettung der ›zivilen Kommissare‹, das heißt der Wirtschafts- und Verwaltungsfunktionäre, zugute gehalten. Das Interesse hat auch Rosenberg geltend gemacht. Es war im Sinne der Ziele des Kommissarbefehls vernünftig. Immerhin schmälerte sich der Opferkreis. Dieser humane Nebenertrag übertrifft bei weitem den des vorgeblichen Tumults der Befehlshaber.

»Der Gedanke«, heißt es im Urteil, »Kriegsgefangene im Namen einer weltanschaulichen Kriegführung zu ermorden, stammt nicht von Warlimont. Die Beweisaufnahme hat jedoch ergeben, daß er seinen Teil dazu beitrug, diesem Gedanken die endgültige Fassung zu geben.« Obzwar das Gericht den Inhalt seiner Teilnahme nicht zu nennen weiß, »liegen keine Anhaltspunkte dafür vor, daß Warlimonts Beiträge die Härte des Befehls in irgendeiner Weise milderten«.

Eine Rechtspflicht, Hitler zu mildern, gibt es nicht. Haben Warlimonts Formulierungsbeiträge dies versucht? Die Anhaltspunkte dafür sind von der späteren Historiographie wohl übertrieben gewürdigt worden. War aber eine nicht näher dargelegte Redaktion am Kommissarbefehl bereits Straftat? Hätte Warlimont seinen Sitz im Sekretariat Hitlers von Rechts wegen räumen müssen? Welches Feldkommando der Operation Barbarossa wäre nach dieser Betrachtung rechtsverträglich?

Den Richtern zufolge wurden im OKW die Verbrechensbefehle geschweißt, »die die ganze Art der Kriegführung durchsetzt haben«. Die wichtigsten OKWler, darunter Warlimont, hätten Hitlers Grundgedanken »schließlich zu einem Instrument geformt, welches durch weitreichende Anwendung in den tüchtigen Händen der Wehrmacht und Polizei über zahllose brave Soldaten und unglückliche Zivilisten Leiden und Tod gebracht hat«. So simpel ist es im deutschen Heer zwischen Stabsarbeit und Führung im Feld nicht zugegangen. Haben sich die Feldmarschälle beliebige Instrumente in die Hand drücken lassen, die ein Generalleutnant in Rastenburg für Hitler ausgeklügelt hat?

Warlimont selbst, der eine derartige Rolle vor Gericht nicht akzeptieren konnte, hat seine Beziehungen ins Operationsgebiet als die eines Mittlers ausgegeben. Seine Teilnahme habe im Abgleich der Bedürfnisse Hitlers und der Befehlshaber bestanden. Ganz ähnlich mag das abgelaufen sein. Aus den vielfach komplexen Anwendungsfragen des Kommandobefehls sind genügend Schriftwechsel erhalten, welche Warlimonts Sorgen spiegeln, daß ein Befehl sinngemäß funktioniert. Das Urteil zitiert Frontanfragen, ob britische Militärmissionen bei jugoslawischen Partisanen als Saboteure zu werten seien und was mit Vortrupps geschehen solle, die nach der anglo-amerikanischen Landung durch die Normandie schwärmten? Sind dies Kommandos im Sinne des Kommandobefehls? Hier übermittelte Warlimont, wie »diese Anordnung, von allem Formalismus losgelöst«, zu handhaben sei, dort holte er die Meinung mehrerer Dienststellen ein, um eine durchdachte Einzelentscheidung auszugeben. Gerade die Verbrecherbefehle waren in gute Befehlstechnik zu fassen. Sie stellen die Anwender nämlich vor ungewohnte Situationen. Darum mußten sie wissen, was der Befehlsgeber bezweckte. Dieser wiederum erwog sorgfältig, welche Reibereien bei der Anwendung entstehen mochten.

Das Urteil wirft Warlimont sein vielseitiges Raisonnieren vor, das über den Inhalt der Führerideen hinausgehe. Der Terrorfliegererlaß, der zur Lynchjustiz an abgestürzten britischen Bomberpiloten aufreizte, habe einen Knoten fast unlöslicher Probleme dargeboten. »Die Urheber dieses Plans beabsichtigten, einerseits den Feind einzuschüchtern und andererseits seine Durchführung so zu tarnen, daß sie keine Repressalien hervorrufen würden. Das Problem bestand darin, gewisse Aktionen alliierter Flieger zur Veröffentlichung zu bringen, die angeblich mit dem Völkerrecht im Widerspruch standen und die Flieger ihres Status' als Kriegsgefangene berauben würden. Das war keine einfache Sache.«

Warlimont hat seinen früheren Ehrgeiz, daß die Befehle »sehr überlegt und sorgfältig abgefaßt werden«, später als Rettungswunsch ausgegeben. Das Gericht spürte, daß eine solche Deutung »ebenso kompliziert wie unwahrscheinlich ist«. Dazu gehörte etwa der Hintersinn des Vorschlags, Sabotagetrupps nicht ausnahmslos an Ort und Stelle niederzumachen, sondern besser festzunehmen und »anschließend, nach eigener Vernehmung, an der auch SD zu beteiligen ist, durch die Abwehr dem SD zuzuführen«. Der Angeklagte habe erläutert, »daß es seine Absicht gewesen sei, den Befehl zu sabotieren durch die Anordnung, daß die Abteilung Abwehr die festgenommenen Personen vernehmen sollte; er habe nämlich angenommen, daß die Abwehr unter Canaris dafür sorgen würde, daß die Gefangenen nicht hingerichtet würden«. Doch die Entscheidung hätte keineswegs Canaris getroffen, sondern der Abwehroffizier im Generalstab vor Ort. Das Gericht bezweifelte, daß dieser im Herbst 1942 aus dem fraglichen Wortlaut und der SD-Präsenz eine Gefangenenhilfsaktion entnehmen konnte. »Zu dieser Zeit hatte der Ausdruck ›eingehende Vernehmung‹ schon eine düstere Bedeutung erlangt, besonders, wenn sie von dem SD ausgeführt wurde, der an einem solchen Verhör teilnehmen sollte, und es ist nicht einzusehen, wie ein Eingreifen der Abwehr den Befehl sabotieren konnte, wenn der SD anwesend war.«

Warlimonts Rettungsvorschlag gelangte nicht in den Kommandobefehl, weil er Hitler nicht gefiel. Der Angeklagte, der seine Rettungsabsichten auch mit dem nunmehr rettungslosen Befehl weiterverfolgt haben wollte, lieh seinen Durchführungsverordnungen für die Front bizarre Exegesen: Mit General Foertsch, dem Stabschef des Oberbefehlshabers Südost, wollte er – vorsichtshalber unter gegenlautendem Schriftverkehr – insgeheim Nichtanwendung des Kommandobefehls verabredet haben. Den nämlichen Schwindel hat nahezu die komplette Anklagebank nebst Zeugen zum Kommissarbefehl beeidet. Das Gericht zweifelte an der Warlimont-Foertsch-Verschwörung: »Wie schon wiederholt in diesem Fall betont worden ist, hatte der Chef des Stabes die Pflicht, solche Angelegenheiten seinem Kommandeur vorzutragen.« Anschließend hätte der Kommandeur einige Dutzend Mitverschwörer anwerben müssen. Wie konnte ein Offizier annehmen, daß alle die einzuweihenden Vor- und Nachinstanzen der Befehlskette in die Befehlsverweigerung einwilligten? Das Nürnberger Gericht, daß ihnen sechs Jahre später Ungehorsam zur selbstverständlichen Rechtspflicht machte, ließ leise Selbstzweifel durchblicken, unabsichtlich, aber treffend:

»Das erkennende Gericht schenkt der Behauptung keinen Glauben, daß vom OKH und OKW Befehle erlassen worden seien in der Absicht oder in der Annahme, daß ihre Ausführung unterbleiben werde oder daß ihr Sinn das Gegenteil des Wortlauts darstellte. Die Geschichte der deutschen Wehrmacht und die Akten in dem vorliegenden Falle bieten keinen Anhaltspunkt dafür, daß der deutschen Wehrmacht unterstellte Einheiten und deren Befehlshaber zu beraten pflegten; Befehle sind erteilt worden, um ihrem Wortlaut nach befolgt zu werden.«

Warlimont erhielt eine lebenslängliche Haftstrafe zugemessen.

Schuld. Der Stabschef der 11. Armee: General Otto Wöhler

Passives Dulden und aktives Steuern der Einsatzgruppen berührten sich in der Stelle des Abwehroffiziers im Armeestab. Er unterstand dem Stabschef, dem anderen Ich des Oberbefehlshabers. Armeeführer und Befehlshaber der Rückwärtigen Heeresgebiete waren in Rußland die Inhaber der vollziehenden Gewalt. Nach Beschluß des OKW-Gerichtes blieb die Vollzugsgewalt im Feldzug ungeteilt. Hitler hatte die Befehlshaber nicht davon unterrichtet, daß die jüdischen Bewohner Rußlands von ihrer Obhutspflicht ausgenommen seien. Also bestand sie fort. Gewann ein Territorialherr Kenntnis von der Judenvernichtung in seinem Bereich, war er zum Einschreiten verpflichtet. Dies ist eine übersichtliche, ungezwungene Rechtsauslegung. Ihr Scharnier bildet der Stabschef. Er verfügt notwendigerweise über das belastende Wissen, doch nicht über eigene Befehlsgewalt. Das beschränkt stark seine Verantwortung. Der Befehlshaber verfügt nur über beschränktes Wissen, damit seine Konzentration dem Gefecht zufließt. Den Rest nimmt ihm der Stabschef ab. Es fragte sich, ob die 90.000 erschlagenen Juden auf dem Territorium der 11. Armee ein Rest gewesen sind?

Das Gericht legte die Haftung Stabschef Otto Wöhlers anhand des Kommissarbefehls dar. Er wußte von seinem Eingang und wußte von seiner Durchführung, »aber die Verantwortung für die Durchführung des Befehls im Bereich der 11. Armee trägt der Oberbefehlshaber und nicht der Stabschef. Verbrecherische Handlungen oder Pflichtversäumnisse eines Oberbefehlshabers können nicht ohne weiteres dem Stabschef zur Last gelegt werden. Das Beweismaterial muß eine persönliche Mitwirkung des Stabschefs bei solchen Straftaten seines Oberbefehlshabers erweisen, anderenfalls kann er strafrechtlich nicht verantwortlich gemacht werden.«

Es mochte aber sein, daß ein Stabschef auf eigenes Risiko fehlte, wenn ein Befehl im »Grundcharakter« so beiläufiger Natur war, daß er dem Oberbefehlshaber nicht vorzuliegen brauchte. Das Urteil zitiert einen Durchführungsbefehl zum Gerichtsbarkeitserlaß Barbarossa, »den ein Stabschef normalerweise auf eigene Verantwortung erlassen würde«. Darin ist angeordnet, daß hinreichend der Spionage, Sabotage oder des Partisanentums verdächtige Zivilpersonen nach Vernehmung durch Geheime Feldpolizei zu erschießen seien: »Knaben und junge Mädchen, die vom Gegner mit Vorliebe angesetzt werden, sind nicht auszunehmen.« Wöhler wies darauf hin, daß das geforderte Verhör doch anzeige, welche Mühe man sich mit der Schulduntersuchung bereitet habe. »Die Behauptung«, entgegnete das Gericht, »daß die Verdächtigen vor ihrer Erschießung vernommen worden seien, hat uns nicht beeindruckt. Wie die Akten dieses Verfahrens ergeben, hatten solche Verhöre in erster Linie den Zweck, bestimmte, für die deutsche Armee wertvolle Informationen zu erlangen, und wurden nicht im Interesse der aufgrund dieses Befehls vernommenen Personen durchgeführt.«

Die 90.000 als Träger des Bolschewismus auszurottenden Juden wußten nichts Wertvolles, was die 11. Armee noch hätte interessieren können. »Der Angeklagte bestreitet, von diesem Programm Kenntnis gehabt zu haben.« Der Verteidigungszeuge Ohlendorf, Anführer der Einsatzgruppe D, nannte verschiedene Besprechungen mit Wöhler, in denen jedoch die Judenvernichtung »nicht ausdrücklich besprochen worden sei, da er angenommen habe, der Angeklagte wisse über das Programm Bescheid«. Weil es lange Zeit an vielen Orten und durch Organe ausgeführt wurde, die von der 11. Armee untergebracht, verpflegt und an ihre Einsatzorte gesandt worden seien, folgerte das Urteil: »Zweifellos konnte unter solchen Umständen die Abschlachtung von 90.000 Personen durch diese Polizeieinheiten nicht ohne die Kenntnis des Stabschefs dieser Armee vor sich gehen, es sei denn, daß er ganz außerordentlich untüchtig gewesen wäre. Das Auftreten des Angeklagten als Zeuge in eigener Sache hat auf uns nicht den Eindruck von Untüchtigkeit gemacht, und die Beurteilung durch seine verschiedenen Vorgesetzten, die aus seinen Dienstakten zu ersehen ist, widerlegt eine solche Annahme. Aber wir brauchen uns mit allgemeinen Annahmen nicht zu befassen. Die Akten ergeben, daß der Angeklagte von der Ausrottungstätigkeit dieser Einsatzgruppeneinheiten Kenntnis gehabt hat. Ohlendorf, den der Angeklagte als Zeuge für seine Verteidigung vorgeladen hatte, hat ausgesagt, daß die dem Angeklagten beigeordneten Stabsoffiziere der 11. Armee von dieser Tätigkeit Kenntnis hatten. Er hat weiterhin ausgesagt, daß verschiedene Einheiten der Armee ihm behilflich gewesen seien, indem sie ihn mit Lastwagen für den Transport der Opfer an die Hinrichtungsstellen versorgten, und daß die Armee ihrerseits ihn auch zuweilen um Unterstützung in diesen Angelegenheiten ersucht habe. Zweifelsohne muß der Stabschef ebenso viel gewußt haben wie seine Stabsoffiziere.«

Ohlendorfs Zeugnis könnte gegen das Wort eines Offiziers als dubios gelten, wenn nicht die Anklage genügend Aktenbeweise vorgelegt hätte, die seine Stichhaltigkeit bekräftigten. Darunter drei Meldungen, datiert vom 3. September bis zum 14. November 1941, welche die Tötung von zusammen 12.300 Juden verzeichnen. Der Bericht des Korück aus Melitopol an den Armeestab hält einen Vorfall fest, »der sich in einer Entfernung von 23–30 Kilometern vom Hauptquartier der 11. Armee zutrug«. Die zwei übrigen Schreiben von Ortskommandanturen sind an das Kommando des Rückwärtigen Armeegebiets gerichtet. Die Rückwärtiges Gebiet betreffenden Angelegenheiten gelangten über die Stelle des Oberquartiermeisters in den Generalstab. Wöhler gab an, daß der Oberquartiermeister dies Wissen für sich behalten habe. Das Gericht zog die Heeresdienstvorschrift zu Rate, welche besagt, daß der Oberquartiermeister dem Chef des Generalstabs unterstellt sei. »In seiner Eigenschaft als Chef des Generalstabs der 11. Armee war er verpflichtet, mit den ihm unterstellten Stabsoffizieren die Vorfälle in diesem Befehlsbereich zu besprechen ... Wir können nicht glauben, daß der Angeklagte seine Pflicht so weit vernachlässigt hat, daß seine Kenntnis der die 11. Armee betreffenden Angelegenheiten nur bis zur Grenzlinie des Rückwärtigen Armeegebietes reichte.« Weil Wöhler aber im Unterschied zu seinem Oberbefehlshaber, dem Feldmarschall von Manstein, keine Vollzugsgewalt besaß, leitete sich aus dem vom Oberquartiermeister gewonnenen Wissen keine Straftat ab:

»Seine Strafbarkeit kann sich nur aus Handlungen ergeben, bei denen er selbst teilgenommen oder sonst in Verbindung gestanden hat. Das führt uns zu der Frage, ob er als Stabschef die Einsatzgruppen auf die verschiedenen Örtlichkeiten verteilt hat, in denen sie wirkten und ihre rechtswidrige Tätigkeit ausübten.« Wieder hatte der Entlastungszeuge Ohlendorf bekannt, daß seine rechtswidrige Tätigkeit von Wöhler lokalisiert worden sei. Dazu zitiert das Gericht vier Aktenbeweisstücke. Drei Orte, Stanca, Kischinew und Piatra Neamt, lagen am Rande des Zugs durch Bessarabien. Der Zeitpunkt fiel unter den Befehl des Ritters von Schobert. Der vierte Ort, Genitschesk, wurde Ohlendorf am 6. Oktober 1941 zugewiesen: »Das Einsatzkommando der Sicherheitspolizei bei der 22. Infanteriedivision befindet sich im Gefechtsgebiet der Division. Es muß erwartet werden, daß alle Maßnahmen, insbesondere öffentliche Exekutionen in der Stadt Genitschesk, nach vorherigem Einvernehmen mit der Division, Ic*, getroffen werden.« Das Einvernehmen in Genitschesk war getrübt durch die nachlässige Exekutionsweise, die der Divisionsstab aus dem Fenster verfolgen konnte, sowie durch die häßliche Gafferei einiger Divisionsangehöriger.

Der Vorfall, der 10.000 Opfer kostete, berührte bereits das Regnum Erich von Mansteins bei der 11. Armee. Das Urteil siedelte indes die Verantwortung bei Wöhler an. Die Verteilung von Einsatzgruppeneinheiten fiel unter jenen Restbereich, den Wöhler regeln konnte, ohne Manstein zu fragen. »Diese Befehle fallen vielmehr eindeutig unter die Zuständigkeit des Stabschefs.« Dadurch wäre der Feldmarschall zugleich von dem entsetzlichen Vorwurf der Judenvernichtung befreit. Das Urteil schreibt allerdings, daß auch in dem Routinegeschäft »der Wille des Befehlshabers zum Ausdruck kommt«. Überdies werde er »in dem bei den Kommandostellen üblichen Geschäftsgang über die Befehle informiert, und sie werden als Ausdruck seines Willens anerkannt, wenn er sie nicht ausdrücklich zurückweist«. Manstein hat aber Wöhlers Vorwegnahmen seines Willens nicht zurückgewiesen. Hingegen hat er Beutegut der Einsatzgruppen angefordert. Die Nachfrage nach den Uhren der getöteten Juden, welche Manstein über Wöhler an Ohlendorf richtete, findet sich unter dem Stichwort ›Plünderungen‹ im Wöhler-Urteil jedoch nicht erwähnt. Requisitionen für den Bedarf der Besatzungsarmee sind nach Artikel 250 der Haager Landkriegsordnung nämlich rechtens. »Nach Ansicht des erkennenden Gerichts hat die Beweisaufnahme in diesem Punkt eine strafbare Teilnahme des Angeklagten an Plünderungshandlungen, die durch militärische Notwendigkeit nicht gerechtfertigt waren, nicht ergeben.«

Wöhler wurde zu acht Jahren Haft verurteilt.

Schuld. Der Justitiar: der Chef der Wehrmachtsrechtsabteilung, Generalrichter Rudolf Lehmann

Als letzten Angeklagten führt das OKW-Urteil einen Juristen auf, den Chef der Wehrmachtsrechtsabteilung. Die längste Zeit hatte

* Nachrichtenoffizier

Rudolf Lehmann dort als parteiloser Zivilbeamter gewirkt. Erst im Mai 1944 erhielt er den militärischen Rang eines Generalstabsrichters. Aus seiner Familie waren dem Reich seit Generationen hohe Juristen erwachsen. Der Großvater diente als Oberlandesgerichtspräsident, der Vater als Oberstaatsanwalt. Lehmann gab an, eingeigelt im OKW das Rechtsdenken der alten Schule gegen die Feindseligkeit Hitlers und die Schwäche Keitels verteidigt zu haben. Wenn dem so war, hat die Verteidigung vom Verteidigten nichts mehr übriggelassen. Doch lag dies nicht an Lehmann. »In den letzten 100 Jahren«, schrieb er privat dem Generaloberst Schörner, »hat es die Justiz in Deutschland nicht so schwer gehabt wie in diesem Kriege.« Das mag sein.

Im Urteil seiner amerikanischen Richterkollegen bestand die Kunst dieses Angeklagten darin, »gewisse Maßnahmen« auszuhekken, »durch die man mittels einer verkrampften Rechtskonstruktion dem Befehl einen Anschein von Rechtmäßigkeit geben und ihn somit zur Veröffentlichung geeignet machen könnte«. Wenn man so will, hat Lehmann das Extrem des Kriegsrechts ausgelotet, welches immer schon eine verkrampfte Konstruktion gewesen ist, um nach gewöhnlichen Begriffen rechtswidrigen Handlungen, Menschentötung und Güterzerstörung, ein Gesetzeskleid anzupassen. Abwegiger als unter Hitler kann der Versuch nicht verlaufen, soviel ist wahr.

Dabei sprach das Gericht Lehmann den generellen Gewaltbegrenzungswillen des Kriegsrechts keineswegs ab. Seine Legitimation des Nacht-und-Nebel-Erlasses, der geheimen Verschleppung europäischer Patrioten in die Fänge der deutschen Justiz- und Polizeibehörden, »hat insofern eine gewisse Berechtigung«. Zwar habe Lehmann dem Justizministerium die Aufgabe zugeschanzt, den Beschuldigten Verfahren anzuhängen, »bei denen sie der einfachsten Vorrechte beraubt wurden, die jedes zivilisierte Volk einem Angeklagten vor Gericht zugesteht«. Auch das aber garantierte noch mehr Zivilisation als die Ursprungsidee, »daß diese Unglückseligen der Polizei auf Gnade und Ungnade ausgeliefert werden sollten«. Das wünschte sich Hitler.

In der Not wird das Kriegsrecht weniger. Zweieinhalb Jahre später hatte es der Führer eingeholt. Zwecks eines Terror- und Sabotage-Erlasses wurde der Wehrmachtsrechtsabteilung am 1. Juli 1944 der Hitler-Auftrag zuteil, »bis 2.7., 20.00 Uhr« Vorschläge für einen Befehlsentwurf zur Behandlung feindlicher Terroristen und

Saboteure aus der Zivilbevölkerung in den besetzten Gebieten vorzulegen. »Terror kann nur mit Gegenterror begegnet werden.« So wußte Hitler mit sieben Worten den ganzen modernen Unglauben in Gewaltverzichtsregeln zu formulieren. Das war die Philosophie der Tage Marschall Turennes und des Prinzen Eugen gewesen. Verglichen damit ist die Haager Landkriegsordnung eine Barbarencharta.

Lehmann, im Sommer 1944 bettlägerig, versuchte der Justiz ein Refugium zu retten. Während Hitler im besetzten Europa die Besatzungsgerichtsbarkeit insgesamt habe abschaffen wollen, beseitigte sie Lehmann allein gegen Besatzungsgegner. Menschen, die der Besatzung willfuhren, blieb der Gerichtsweg offen.

Lehmann hatte in Nürnberg die gediegenste Verteidigung vorgetragen. Der Schriftsatz Rupprecht von Kellers bietet bei aller Tendenz eine gescheite Erörterung der Kriegsrechtslage im Zweiten Weltkrieg. Das ›Loi d'armes‹ zeigt sich darin absurd wie im Sac de Limoges 600 Jahre zuvor. Warum durfte der Schwarze Prinz die Stadt brandschatzen und mußte den Rittern des Erzbischofs Pardon schenken? Warum durfte von Leebs Hungerwaffe unbeanstandet eine Million Leningrader Zivilisten entleiben, um Stalin zu pressieren? Um ein Kriegsverbrechen zu begehen, hätte hingegen ausgereicht, fünf sabotageverdächtige NKWD-Banditen hinzurichten. Warum können britische Bomberstaffeln rechtmäßig Schulgebäude und Krankenhäuser einäschern, die Ausgebombten aber den bruchlandenden Piloten nicht lynchen? Lynchjustiz kann nie rechtens sein, was aber tut die Bordmannschaft? Laut OKW-Urteil vollzieht sie »gewisse Aktionen«, die »angeblich mit dem Völkerrecht in Widerspruch standen«. Das ist biegsam ausgedrückt.

Lehmann beschrieb seinen und den gegnerischen Weg als Erosion. Die militärische Notwendigkeit spülte die Verschalungen des 19. Jahrhunderts hinweg. Die Parteien des totalen Krieges hatten gelernt, fast ohne Recht auszukommen. Sie benötigen nur eines, die gerechte Sache. Die gegeneinander eingesetzten Mittel assimilieren sich. Der Angeklagte bezifferte die Opfer seiner Nacht-und-Nebel-Verschleppung auf 7.000 Personen. Wenn die Luftkrieger einen Atomschlag für völkerrechtmäßig hielten, der hunderttausend Zivilleben im Augenblick verschlinge, dann könne es kein ›Terror-Programm‹ sein, welches im Laufe von drei Jahren 7.000 Personen von der Außenwelt abschneide, die des Aufruhrs verdächtig seien.

Die Nürnberger Richter fanden auf die gewundenen Generäle feingedrechselte Antworten. Kein Stabschef sollte büßen, was nicht gemäß Handbuch des Generalstabsdienstes Pflichtvergessenheit war. Der Spruch über den rechtsgelehrten Kollegen fiel anders aus. Es fehlt der Nachweis der Tatbestände. Alle Angeklagten waren Teilnehmer an einem verbrecherischen Aggressionskrieg. Doch rechnete es ihnen nicht zur Schuld, dabeigewesen zu sein. Die Schuld bestand aus einem persönlichen Tatbeitrag. Darin steckt auch die subjektive Seite. Ein Divisionskommandeur im Feld mag auch den bösen Befehl für eine gute Sache halten, da er von oben kommt: Der Feldmarschall sinnt seinen Generälen keine Verbrechen an! Lehmann hingegen erfuhr aus seinem Urteil, daß die Erstellung der Befehle im OKW Gruppenkriminalität gewesen sei. Krieg ist für gewöhnlich Gruppe. Darinnen zieht man aber an verschiedenen Strängen. Leeb wünscht den Kommissarbefehl sabotiert, sein Untergebener Küchler führt ihn aus. Der gutmeinende Feldmarschall ist dafür nicht haftbar. Einer kann unmöglich alles regeln, und wenn es der Chef ist.

Die Aufstellung der Befehle enthält ebensoviel gegensätzliche Intentionen wie der Vollzug. Lehmann, der dem Urteil zufolge bei dem Gerichtsbarkeitserlaß Barbarossa »als der ausschlaggebende Faktor bei der Formulierung der Endfassung dieses Befehls anzusehen ist«, habe Hitlers kriminelle Grundidee »innerhalb seines eigenen Bereichs bis zu einem gewissen Grade abgemildert und das ganze in die Form eines wirksamen militärischen Befehls gefaßt, der dann an die Truppe weitergegeben und dort durchgeführt wurde«. Lehmanns milde Absichten ernteten in Nürnberg indessen nicht ihren Lohn: »Wir brauchen uns mit der Frage, wie weit die Gedanken eines einzelnen in diesen Befehlen verkörpert sind, nur insoweit zu befassen, als Ideen, die auf einen bestimmten Angeklagten zurückzuführen sind, über die Geisteshaltung dieses Angeklagten Aufschluß geben, in der er rechtswidrige Beiträge zu dem rechtswidrigen Ganzen gemacht hat. Die Straftat besteht in der grundsätzlich unerläßlichen Arbeit, die ein Stabsoffizier leistet, daß er das rechtswidrige Ganze in eine praktisch wirksame Form faßt.«

Es zählt nicht die vornehme Geisteshaltung, sondern die Beförderung des rechtswidrigen Ganzen. Dazu braucht keine persönliche Übeltat beigesteuert zu werden. Auch die gute Absicht paßt in den schlechten Zweck. So wird er erst realitätstüchtig. Zudem vermeinen auch die Lumpen Gutes zu vollbringen, hegen davon allerdings einen eigenen Begriff. Das Völkerrechtsgut irrlichtert durch die Welt und erwärmt die Philanthropen. Gewöhnlich tauchen edle und niedrige Geister in ein und dieselbe Verblendung ein, die Charaktere gegenstandslos macht. Das angerichtete Unheil spottete jedem Hintergedanken. Die Tat, schwarz und riesig, schluckt den Täter, was ist sein Trachten noch wert?

So konnte das Urteil zu dem juristisch denkwürdigen Schluß kommen, daß Lehmanns Handlungsweise und Lehmanns Gedanken, »ob sie nun das Gute oder das Böse wollten«, für seine Schuld einerlei waren. Sie sprechen zu seinen Gunsten, aber als beiläufiger Umstand. Seine Rechtsarbeiten »bilden einen Bestandteil der Schlußfassung dieses Befehls«. Hat er auch keinerlei Böses hinzugefügt, so ist er doch »für einen Teil des bösartigen Machwerks als Verfasser verantwortlich«. Es kostete Lehmann sieben Jahre Haft. Der persönliche Kriegsrechtsverstoß erlischt hinter der infernalischen Sache. Wie müßig die Suche nach der subjektiven Untat im Ozean des vergossenen Blutes. Der Generalstabsrichter büßte nicht seine Schuld, ihn traf die Strafe für die mörderische Sache. An ihr bewährt sich kein Gesetz, sie muß untergehen. Findet darin das Fanal der alliierten Partei seinen Grund? Das Nürnberger Urteil beugt sich am Ende dem alten Mandat zum gerechten Krieg. Er mag denn die einzige Zuflucht gewesen sein.

Anhang

Editorial

Der Verfasser hat sich die Akten des Nürnberger OKW-Prozesses zur Hauptquellenbasis genommen. Sie enthält 1.) Das Hauptverhandlungsprotokoll; 2.) Die Plädoyers und Schriftsätze der Prozeßparteien, Anklage und Verteidigung; 3.) Die Beweisdokumente 4.) das Urteil. Zitate sind wie folgt nachgewiesen: Ausschnitte aus der Verhandlungsniederschrift sind unter der Buchseitenzahl im Anmerkungsapparat mit dem Zitatanfang aufgeführt. Das anschließende Kürzel »Pr« bezeichnet das deutschsprachige Protokoll nebst der dortigen Numerierung. Wiedergaben aus den Schriftsätzen entstammen in der Regel den abschließenden Schriftsätzen der Anklage- und Verteidigungsseite. Sie sind im Apparat unter dem Kürzel »ab. Schrs, V« bzw. »-A« vermerkt. Andere Schriftsätze sind unter ihrem Titel und der Signatur des Bayerischen Staatsarchivs, Nürnberg, angegeben. Die Plädoyers gehören zum Hauptverhandlungsprotokoll. Ausschnitte aus den Anklageplädoyers werden jedoch aus der textlich zuverlässigsten Version, der amtlichen Serie »Trials of War Criminals«, Washington 1949-1953 vol. X, XI zitiert. Die Plädoyers des Rechtsanwalts Heinrich Laternser, der den Hauptangeklagten W. von Leeb und die Gesamtverteidigung vertrat, sind von ihm publiziert und werden aus dieser, ebenfalls zuverlässigeren Version zitiert. Neben dem Hauptverhandlungsprotokoll des OKW-Prozesses sind auch die Verhandlungsmitschriften des Nürnberger Einsatzgruppenprozesses und des Hauptkriegsverbrecherprozesses beigezogen worden. Zitate aus dem Einsatzgruppenprozeß sind ebenfalls mit dem Kürzel »Pr« nachgewiesen, sowie der Signatur des Bayerischen Staatsarchivs, Nürnberg, KV, Fall 9, A. Der Hauptkriegsverbrecherprozeß ist publiziert in der verbreiteten amtlichen Serie, »Der Prozeß gegen die Hauptkriegsverbrecher«, Nürnberg 1949, aus der auch zitiert ist.

Das Urteil im OKW-Prozeß steht am Ende des Verhandlungsprotokolls, in seiner deutschen Version jedoch in fehlerhafter Form. Der Verlag Rütten und Loening, Berlin (DDR, 1961), hat unter dem Titel »Fall 12« eine revidierte Übersetzung vorgelegt, aus der hier zitiert ist.

Die Beweisdokumente teilen sich in die Serien der Anklage und der Verteidigung. Die Verteidigungsdokumente sind überwiegend eidesstattliche Erklärungen (Affidavits) und tragen die Namen der Angeklagten nebst einer Nummer. Affidavits sind als Bezeugungen angeführt. Die Verteidigungsdokumente des Admirals Schniewind sind z.T. identisch mit denen des Angeklagten Raeder im Hauptkriegsverbrecherprozeß, die in der gedruckten Sammlung enthalten sind. Auf Grund des prinzipiellen Interesses der Schniewind-Dokumente für den Anklagepunkt »Angriffskrieg« ist bei Überschneidungen das gut zugängliche Raeder-Kürzel gewählt.

Die Anklagedokumente entstammen vorwiegend den Serien NOKW, NO, PS, L, E, NG, NI und USSR.

Die Signaturen aller Beweisdokumente sind in den Buchtext aufgenommen, um eine übersichtliche Trennung zwischen den Äußerungen vor Gericht und den Aktenzitaten zu erzielen. Bei Textpassagen, die abwechselnd direkte und indirekte Zitate enthalten, ist die Dokumentennummer grundsätzlich am Ende der Periode verzeichnet. Alle wörtlichen Wiedergaben, die zwischen der Einführung eines Dokuments im Text und dem Erscheinen der Signatur mit » « gekennzeichnet sind, gehören ein und demselben Aktenstück an. Bei allen eventuellen Zweifelsfällen ist die Signatur wiederholt. Beweisdokumente, die das gesamte Buch hindurch zitiert sind, etwa das Tagebuch des Generaloberst Franz Halder, wurden dort, wo Zweifel ausgeschlossen sind, nicht ständig mit der Signatur versehen. Wenn bereits zitierte Redewendungen im Fortlauf des Textes ein weiteres Mal angeführt werden, sind sie zur Vermeidung falscher Zuordnungen als Begriffe mit halben Anführungszeichen › ‹ markiert. Das Urteil im OKW-Prozeß zitiert seinerseits Beweisdokumente, ohne sie jedoch zu kennzeichnen. Darum sind in Kapitel 12, das dem Urteil gilt, die darin enthaltenen Dokumentenzitate als Urteilszitate behandelt und im Anmerkungsapparat auch so ausgewiesen.

Der Autor befaßt sich mit dem OKW-Prozeß als einzigartiger Quelle und als historischem Ereignis; sein Thema ist im übrigen das Verhalten und die Regeln der Menschen im Kriege, dargestellt am Fall des Rußlandfeldzugs der Deutschen Wehrmacht. Der Fall mußte abgehandelt werden im Rahmen der Ereignisse und Kriegsbräuche des II. Weltkriegs. Darum sind der Stoff, der Aufbau und die Erörterungen des vorliegenden Werkes nicht mit der Gestalt des OKW-Prozesses identisch. Analog zu ihm verfährt allerdings die Großform des Buches: Kapitel 1 entwickelt die dem Prozeß zugrunde liegenden Rechtssätze und Bräuche; Kapitel 2 behandelt die Installation des Nürnberger Gerichtshofs und die Anklageerhebung; die Kapitel 3 bis 9 stützen sich auf die Hauptverhandlung; Kapitel 10 summiert den Standpunkt der Verteidigung; Kapitel 11 befaßt sich mit dem Urteil. Im weiteren bettet der Verfasser den OKW-Prozeß ein in die Entwicklung des Kriegsrechts und der Kriegsbräuche. Die 1948 ermittelten Tatbestände aus dem Rußlandfeldzug wurden ergänzt um die beträchtlichen Ergebnisse der seither dazu angestellten Forschung. Dies gilt besonders für den Komplex der Judenvernichtung. Umgekehrt sind viele aus den Prozeßakten zu gewinnenden Rückschlüsse bisher unbeachtet geblieben. Das Hauptinteresse des Verfassers, den Zusammenhang von Kriegsverbrechen und Kriegshandlung, hat er unabhängig vom OKW-Prozeß dargelegt. Dessen Akten trennen die Delikte durchweg von ihren militärischen Hintergründen. Außerdem sind die Kriegshandlungen der alliierten Seite und der davon mit gebildete Kriegsbrauch im II. Weltkrieg teils aus juristischen, teils aus politischen Gründen nicht verhandelt worden. Alle hier dazu gebotenen Fakten und Erläuterungen gehen nicht auf den OKW-Prozeß zurück. Das gilt insbesondere für das zentrale Faktum des Luftkriegs.

Der Verfasser hat das Beweisverfahren gegen die Angeklagten nach eigener Gewichtung der Tatbestände wiedergegeben. Die tragenden Bestandteile jedes einzelnen Falles sind referiert, doch nehmen historisch und kriminologisch bedeutsame Komplexe größeren Raum ein. Dabei ist eine Einschränkung vorgenommen worden. Der Anklagepunkt »Angriffskrieg«, der in der Hauptverhandlung auf den Austausch stereotyper Argumente beschränkt ist, wird stellvertretend an vier Stellen abgehandelt: Historisch im 2. Kapitel, innerhalb der Anklageerhebung; kriminologisch im 7. Kaptiel am Komplex des Präventivkriegs in

Norwegen; rechtlich im 10. Kapitel, innerhalb des Verteidigungsvorbringens, und im 11. Kapitel, dem Urteil, welches das Delikt insgesamt nicht in der militärischen, sondern in der Sphäre der Politik angesiedelt sieht.

Der Aufbau der Kapitel 3 – 9, Beweisverfahren, weicht von der Chronologie des OKW-Prozesses ab. Der Verfasser hat hier die Reihenfolge der Fälle um drei Achsen gruppiert: 1. Die Befehlskette, 2. der zeitliche Ablauf des Rußlandfeldzugs 3. seine Schauplätze am nördlichen, mittleren und Südabschnitt. Der Fall jedes Angeklagten steht vertikal in der Stufenleiter von Hierarchie und Befehlsweg und hat horizontal seine Schwerpunkte an den wechselnden Zeitphasen und verschiedenen Regionen des Rußlandkriegs. Bei der Wiedergabe des Urteils ist die dort gewählte Reihenfolge der Fälle und die Beweiswürdigung mit der Quelle identisch.

Die vorliegende Arbeit hat der Verfasser als ein Forschungsprojekt bei der Stadt Nürnberg angeregt. Daran besitzt eine Gruppe von Mitarbeitern bedeutsamen Anteil, die mit dem Verfasser den Aktenbestand des OKW-Prozesses erschlossen und diskutiert hat:

Dr. Angelika Beck für die Fälle Warlimont, Küchler, Hoth und Roques; Dr. Jutta Beyer für den Fall Schniewind und die Gesamtverteidigung; Dieter Berthold-Kuhles für die Fälle Reinhardt, Lehmann und Hollidt; Dr. Bruno Heinlein für die Fälle Wöhler und Salmuth; Dagmar Krampitz-Ryssel für den Prozeßablauf; Georg Schreiber für die Fälle Leeb, Warlimont und Küchler.

Prof. Dr. Robert M. W. Kempner, Dr. Alfred Seidl und Prof. Christian F. Rüter gaben wertvolle Anregungen. Der Kulturreferent der Stadt Nürnberg, Prof. Dr. Hermann Glaser, der Leiter des Bildungszentrums, Prof. Dr. Jörg Wollenberg, und der Kulturausschuß der Stadt Nürnberg haben das Projekt »OKW-Prozeß« geschaffen und jahrelang gefördert. Die Mitarbeiter des Bayerischen Staatsarchivs Nürnberg, Dr. Ernst Reinhard Piper, Ulrich Wank und Dr. Ralf Peter Märtin im Piper-Verlag haben dem Verfasser mit Rat und Tat zur Seite gestanden. Er schuldet ihnen allen tiefen Dank.

Quellen und Literatur

1. Ungedruckte Quellen

Der Prozeß der Vereinigten Staaten von Amerika gegen Wilhelm von Leeb und andere (OKW-Prozeß, High Command-Case)

Bayerisches Staatsachiv Nürnberg, KV, Fall 12

Abteilung A:

Stenographische Protokolle.
(Mitschrift der Hauptverhandlung)

Seite:	19–156	Opening Statement der Anklage
	156–1743	Beweisverfahren der Anklage
	1743–2642 7534–7557 8818–8833	Fall Leeb mit allen Zeugenverhören inclusive Halder
	2642–2992 8024–8033 8992–9051	Fall Küchler mit allen Zeugenverhören
	2992–3277 8869–8881	Fall Hoth mit allen Zeugenverhören
	3277–3832 7605–7644 8339–8343 8849–8869 9100–9128	Fall Reinhardt mit allen Zeugenverhören
	3832–4282 7557–7596 8772–8781 8078–8093	Fall Salmuth mit allen Zeugenverhören

Seite	4282–4651 7987–8012 8544–8561 9088–9100	Fall Hollidt mit allen Zeugenverhören
	4651–4876 8383–8386 9141–9152	Fall Schniewind mit allen Zeugenverhören
	4876–5469 7596–7605 8012–8024 8489–8544 8605–8711 8885–8939	Fall Roques mit allen Zeugenverhören
	5469–5962 8343–8364 8770–8772	Fall Wöhler mit allen Zeugenverhören
	5962–6126 8033–8050	Fall Sperrle mit allen Zeugenverhören
	6126–6979 8187–8213 8561–8605 8881–8882 8939–8992 9053–9055 9152–9163	Fall Warlimont mit allen Zeugenverhören
	6979–7635 7644–7659 8093–8187 8213–8231 8711–8723	Fall Reinecke mit allen Zeugenverhören
	7665–7987 8050–8078 8231–8336 8386–8489 8723–8770	Fall Lehmann mit allen Zeugenverhören
	8882–8885	Gesamtverteidigung
	9055–9088 9253–9293	Anklagezeuge Ohlendorf
	9293–9420	Closing Statement Anklage

Seite	9420–9509	Closing Statement Verteidigung
	9509–9801	Schlußplädoyers für die Angeklagten
	9801–9807	Schlußwort Leeb für alle Angeklagten
	9807–10167	Urteil

Abteilung Ae: Englischsprachige Version

Abteilung B: Anklage Generalia (Schriftsätze der Anklagebehörde der Vereinigten Staaten von Amerika, die den Gesamtprozeß betreffen) intus:

- B 91: Vereinigte Staaten gegen W. v. Leeb u.a. Anklageschriftsatz (November 1947)
- B 92: Grundlegende Information, Organisation der Deutschen Wehrmacht (Jannuar 1948)
- B 93: Antwort auf den Antrag der Verteidigung betreffs der Zuständigkeit des Gerichtshofs (7. 1. 1949)
- B 94: Opening Statment der Anklage (5. 2. 1948)
- B 95: Abschließender Schriftsatz für die Vereinigten Staaten von Amerika (10. 8. 1948)
- B 96: Schlußplädoyer (identisch mit B 95)
- B 97: Memoradum Brief der Anklagebehörde, Einführung (12. 8. 1948)
- B 98: Allgemeine Rechtsausführungen (26. 8. 1948)
- B 99: Denkschrift der Anklagebehörde. Verbrechen gegen den Frieden. Anklagepunkt 1–4. Planung, Vorbereitung, Beginn und Führung von Angriffskriegen und Invasionen. Anklagedokumentenbücher Nr. 1–85

Abteilung Be: Englischsprachige Version

Abteilung C: Verteidigung, Generalia, intus:

- C 1: Dokumentenbuch der Gesamtverteidigung: Rechtsgutachten R. Maurach (Mai 1948). Vorgelegt im Juni 1948 durch R. A. Heinrich Laternser.
- C 2: Nachtragsgutachten Maurach. Anlage Eidesstattliche Versicherung Prof. Dr. Bolko von Richthofen.
- C 3: Dokumentenbuch der Gesamtverteidigung Auszugsweise Abschriften aus der Sammlung des Auswärtigen Amtes »Bolschewistische Verbrechen gegen Kriegsrecht und Menschlichkeit«; Greuel in Lemberg, Völkerrechtswidrigkeiten der Roten Armee.

C 4–10: Anträge an das Gericht; an den Chef der Militärregierung für die amerikanische Zone, General Clay; an den District Court, Columbia (C9).
C 12: Kritische Stellungnahme zum Urteil.

Abteilung D–P, Spezialia
Akten der Anklage und Verteidigung, die sich auf einzelne Angeklagte beziehen.
Darin in der Hauptsache: Eröffnungsrede für den Angeklagten; Verteidigungsdokumentenbücher; Anklageschriftsatz; Schlußschriftsätze.

Abteilung D, Hollidt, intus:
D 10: Schriftsatz der Anklage (26. 8. 1948) (Closing Brief)
D 12: Abschließender Schriftsatz der Verteidigung.

Abteilung E, Hoth, intus:
E 7: Abschließender Schriftsatz der Anklage (16. 8. 1948)
E 9: Abschließender Schriftsatz der Verteidigung für Hermann Hoth.

Abteilung F, Küchler, intus:
F 1: Eröffnungsrede für Georg von Küchler.
F 8: Abschließender Schriftsatz der Anklage (12. 8. 1948)
F 11: Abschließender Schriftsatz der Verteidigung.

Abteilung G, Leeb, intus:
G 1: Eröffnungsrede für Wilhelm von Leeb.
G 7: Abschließender Schriftsatz der Anklage (Juli 1948).
G 8: Plädoyer für W. v. Leeb (Juli 1948) und Abschließender Schriftsatz der Verteidigung (12. 8. 1948).

Abteilung H, Lehmann, intus:
H 15: Abschließender Schriftsatz der Anklage gegen Rudolf Lehmann.
H 16: Plädoyer der Verteidigung für R. Lehmann.
H 17: Abschließender Schriftsatz für R. Lehmann.

Abteilung I, Reinecke, intus:
I 15: Abschließender Schriftsatz der Anklage (26. 8. 1948).
I 18: Plädoyer für Hermann Reinecke
I 19: Abschließender Schriftsatz der Verteidigung.

Abteilung J, Reinhardt, intus:
J 1: Eröffnungsrede für Hans Reinhardt.
J 9: Abschließender Schriftsatz der Anklage (26. 8. 1948).
J 11: Schlußansprache für Hans Reinhardt.
J 12: Abschließender Schriftsatz für H. Reinhardt.

Abteilung K, Roques, intus:
K 1: Eröffnungrede für Karl von Roques.
K 7: Abschließender Schriftsatz der Anklage (20. 8. 1948).
K 9: Schlußplädoyer für K. v. Roques.
K 10: Abschließender Schriftsatz der Verteidigung (August 1948).
Abteilung L, Salmuth, intus:
L 1: Eröffnungsrede für Hans von Salmuth.
L 10: Abschließender Schrifsatz der Anklage (26. 8. 1948).
L 13: Abschließender Schriftsatz der Verteidigung
Abteilung M, Schniewind, intus:
M 2: Eröffnungsrede für die Vereinigten Staaten.
M 13: Abschließender Schriftsatz der Anklage (20. 8. 1948).
M 14: Plädoyer für Otto Schniewind.
M 15: Abschließender Schriftsatz der Verteidigung.
Abteilung N, Sperrle, intus:
N 1: Document dealing with Sperrle.
N 6: Abschließender Schriftsatz der Anklage (26. 8. 1948).
Abteilung O, Warlimont, intus:
O 19: Abschließender Schriftsatz der Anklage (28. 8. 1948).
O 22: Plädoyer für Walter Warlimont.
O 23: Abschließender Schriftsatz der Verteidigung.
Abteilung Q, Urteil
Abteilung Qe, Urteil, englische Version.

Beweisdokumente:

Verteidigungsdokumente mit Namen des Angeklagten und Nummer, gesammelt in den Verteidigungsdokumentenbüchern der Abteilungen D–P . Rae. 1–130, (Reader), (z.T. publiziert in: Der Prozeß gegen die Hauptkriegsverbrecher).
Anklagedokumente der Serien NOKW, NO, PS, NG, C, D, EC, F, L, M, R, RF, GB, General Staff 1–20, (z.T. publiziert in: Der Prozeß gegen die Hauptkriegsverbrecher Bd. 19, 21), USSR 1–522 (z.T. publiziert in der Prozeß gegen die Hauptkriegsverbrecher).

Der Prozeß gegen die Hauptkriegsverbrecher: Rep. 502 A, KV, Verteidigung, Handakten Laternser 1 (Denkschrift Manstein).

Der Prozeß gegen Otto Ohlendorf u.a. (Einsatzgruppenprozeß) KV, Fall 9 Abteilung A, Sitzungsprotokoll.

2. Verzeichnis der benutzten Literatur

Aaron, Raymond, Clausewitz, Den Krieg denken, dtsch., Berlin o. J.

Absolon, Rudolf, Das Wehrmachtsstrafrecht im 2. Weltkrieg, Kornelimünster 1958.

Adamowitsch, Ales, **Granin**, Daniil, Das Blockadebuch, dtsch., Berlin (DDR) 1984.

Adler, H. G., Der verwaltete Mensch, Studien zur Deportation der Juden aus Deutschland, Tübingen 1974.

Alexijewitsch, Swetlana, Der Krieg hat kein weibliches Gesicht, dtsch., Hamburg 1989.

Aly, Götz, **Heim**, Susanne, Vordenker der Vernichtung, Frankfurt/M. 1993.

Andrew, Christopher, **Gordievsky**, Oleg, KGB. The Inside Story of its Foreign Operations from Lenin to Gorbachew, London 1990.

Antonow-Owssejenko, Anton, Stalin. Portrait einer Tyrannei, dtsch., München 1984.

Archenholtz, W., Geschichte des Siebenjährigen Kriegs in Deutschland, Berlin 1843.

Armstrong, John A. (Hrsg.), Soviet Partisans in World War II, Madison 1964.

Armstrong, John A., Ukrainian Nationalism 1939-45, New York 1955.

Asprey, Robert B., War in the Shadows, The Guerilla in History, 2 Bde., New York 1975.

Augstein, Rudolf, Preußens Friedrich und die Deutschen, Frankfurt 1981.

Backes, Uwe, **Jesse**, Eckhard, **Zitelmann**, Rainer, Der Schatten der Vergangenheit, Berlin 1990.

Bacque, James, Der geplante Tod. Deutsche Kriegsgefangene in amerikanischen und französischen Lagern 1945-1946, Berlin 1993 (erweiterte Ausgabe).

Baer, C. H., Der Völkerkrieg. Eine Chronik der Ereignisse seit dem 1. Juli 1914, Stuttgart 1914 ff.

Bagramjan, I. Ch., So schritten wir zum Sieg, Berlin 1984.

Bankier, David, The Germans and the Final Solution. Public Opinion under Nazism, Oxford 1992.

Barbusse, Henri, Das Feuer (1916), dtsch., Frankfurt/M. 1986.

Becker, Karl Friedrich, Weltgeschichte, Berlin 1837.

Benz, Wolfgang (Hrsg.), Dimension des Völkermords. Die Zahl der jüdischen Opfer des Nationalsozialismus, München 1991.

Betz, Hermann Dieter, Das OKW und seine Haltung zum Landkriegsvölkerrecht im Zweiten Weltkrieg, Ju. Diss., Würzburg 1970.

Berber, Friedrich, Lehrbuch des Völkerrechts, Bd. II Kriegsrecht, München, Berlin 1962.

Berber, Friedrich, Lehrbuch des Völkerrechts, Bd. III Streiterledigung, Kriegsverhütung, Integration, München, Berlin 1964.

Bergander, Götz, Dresden im Luftkrieg, München 1979.

Bergeron, V., **Furet**, F., **Koselleck**, R., Das Zeitalter der europäischen Revolution 1780-1848, Fischer Weltgeschichte Bd. 26, Frankfurt/Main 1969.

Best, Geoffrey, Humanity in Warfare, London 1983.

Best, Geoffrey, War and Society in Revolutionary Europe, 1770-1870, London 1982.

Besymenski, Lew, Sonderakte Barbarossa, Reinbek 1973.

Bischof, Günter, **Ambrose**, Stephen E., Eisenhower and the German POWs Facts against Falsehood, Baton Rouge, London o. J.

Boberach, Heinz, Meldungen aus dem Reich. Die geheimen Lageberichte des Sicherheitsdienstes der SS 1938-1945, Herrsching 1984.

Boelcke, Willi A., Wollt ihr den totalen Krieg?, München 1969.

Bois, Paul, Les Paysans de L'Ouest, Paris 1960.

Bond, Brian, War and Society in Europe, 1870-1970, London 1984.

Bonwetsch, Bernd, Sowjetische Partisanen 1941-1944, in: Gerhard Schulz (Hrsg.), Partisanen und Volkskrieg, Göttingen 1985.

Boog, Horst, **Förster**, Jürgen, **Hoffmann**, Joachim, **Klink**, Ernst, **Müller**, Rolf-Dieter, **Ueberschär**, Gerd R., Der Angriff auf die Sowjetunion. Das Deutsche Reich und der Zweite Weltkrieg, Bd. 4, hrsg. v. Militärgeschichtlichen Forschungsamt, Stuttgart 1983.

Boog, Horst, **Rahn**, Werner, **Stumpf**, Reinhard, **Wegner**, Bernd, Der Globale Krieg. Die Ausweitung zum Weltkrieg und der Wechsel der Initiative 1941-1943, Das Deutsche Reich und der Zweite Weltkrieg, Bd. 6, hrsg. v. Militärgeschichtlichen Forschungsamt, Stuttgart 1990.

Borger, Hugo, Der Kölner Dom im Jahrhundert seiner Vollendung, Köln 1980.

Boveri, Margret, Tage des Überlebens, München 1977.

Boyle, John Hunter, China and Japan at War 1937-1945. The Politics of Collaboration, Stanford/Cal. 1972.

Brackman, Arnold C., The other Nürnberg. The untold Story of the Tokyo War Crimes Trials, Glasgow 1989.

Bräker, Ulrich, Lebensgeschichte und Natürliche Abenteuer des Armen Mannes im Tockenburg, Zürich 1789, Nachdruck, Zürich 1978.

Bräutigam, Otto, Überblick über die besetzten Ostgebiete während des II. Weltkriegs, Tübingen 1954.

Broszat, Martin, **Jacobsen**, Hans-Adolf, **Krausnick**, Helmut, Anatomie des SS-Staates, München 1967, 2 Bde.

Brown, Anthony (Hrsg.), Operation World War III. The Secret American Plan 'Dropshot' for War with the Soviet Union, London, Melbourne 1978.

Browning, Christopher, Path to Genocide. Essays on Launching the Final Solution, Cambridge 1992.

Browning, Christopher, Wehrmacht Reprisal Policy and the Mass Murder of Jews in Serbia, in: Militärgeschichtliche Mitteilungen, 1983/3.

Brownmiller, Susan, Against Our Will. Men, Woman and Rape, New York 1975.

Buchbender, Ortwin, Das Tönende Erz. Deutsche Flugblattpropaganda gegen die Rote Armee im II. Weltkrieg, Hamburg 1978.

Bullock, Allan, Hitler and Stalin, London 1991.

Bundesministerium für Vertriebene (Hrsg.), Dokumentation der Vertreibung der Deutschen aus Ost-Mitteleuropa, Nachdruck, München 1984.

Calvocoressi, Peter, **Wint**, Guy, **Pritchard**, John, Total War, London 1989.

Canetti, Elias, Masse und Macht, Frankfurt/M. 1987.

Carell, Paul, Unternehmen Barbarossa, Frankfurt/M., Berlin 1963.

Carell, Paul, Verbrannte Erde, Frankfurt/M., Berlin 1966.

Carmichael, Joel, Säuberung, Frankfurt/M., Berlin 1972.

Cases Argued And Decided in the Supreme Court of the United States, Rochester, vol. 283, New York 1931, vol. 317, New York 1943.

Chassin, Ch.-L., La Préparation de la Guerre de Vendée 1789-1793, 3 Bde., Paris 1892.
Churchill, Winston, The Second World War, London 1949; dtsch.: Der Zweite Weltkrieg, Berlin 1985.
Churchill, Churchill speaks. Collected Speeches (ed. Robert Rhodes James), Leicester 1981.
Churchill, Winston, War Speeches, London 1953.
Clausewitz, Carl von, Der Russische Feldzug von 1812, Essen o. J.
Clausewitz, Carl von, Vom Kriege, Berlin 1980.
Cohen, Asher, **Gelber**, Joav, **Wardi**, Charlotte (Hrsg.), Comprehending the Holocaust, Frankfurt/M. 1988.
Collier, Basil, The Defence of the United Kingdom. Official History of the Second World War, U. K. Military Series, London 1957
Comittee for the Compilation of Materials on Damage Caused by the Atomic Bombs in Hiroshima and Nagasaki. The Physical, Medical and Social Effects of the Atomic Bombings, New York 1981.
Conquest, Robert, Ernte des Todes. Stalins Holocaust in der Ukraine 1929-1933, dtsch., München 1988.
Conquest, Robert, Stalin, dtsch., München 1991.
Conquest, Robert, The Great Terror. A Reassessment. New York 1990.
Coudy, Julien, Die Hugenottenkriege in Augenzeugenberichten, München 1980.
Coulaincourt, Général de, Duc du Vicence, Mémoires, Paris 1933.
Craig, Gordon, Die preußisch-deutsche Armee, dtsch., Düsseldorf 1960.
Creveld, Martin van, Hitler's Strategy 1940-1941. The Balkan Clue, London 1973.
Creveld, Martin van, Supplying War, Cambridge 1977.
Creveld, Martin van, Technology and War, London 1989.
Czech, S. Danuta, Kalendarium der Ereignisse im Konzentrationslager Auschwitz-Birkenau 1939-1945, dtsch., Hamburg 1989.
Dahm, Georg, Zur Problematik des Völkerstrafrechts, Göttingen 1956.
Dallin, Alexander, Deutsche Herrschaft in Rußland 1941-1945. Eine Studie über Besatzungspolitik, dtsch., Düsseldorf 1958.
Davidson, Eugene, The Nuremberg Fallacy. Wars and War Crimes since World War II, New York 1973.
Dehio, Ludwig, Gleichgewicht oder Hegemonie, Krefeld o. J.
Delbrück, Hans, Geschichte der Kriegskunst, Berlin 1962, (Original: Berlin 1920).
Delbrück, Hans, Ludendorff, Tirpitz, Falkenhayn, Berlin 1920.
Delbrück, Hans, Weltgeschichte, Berlin 1931.
Djilas, Milovan, Gespräche mit Stalin, Stuttgart/Hamburg o. J.
Domarus, Max, Hitler, Reden und Proklamationen 1932-1945, München 1965.
Douhet, Giulio, Luftherrschaft, Berlin 1935.
Duffy, Christopher, Friedrich der Große und seine Armee, dtsch., Stuttgart 1989.
Duffy, Christopher, Friedrich der Große. Ein Soldatenleben, dtsch., Zürich 1986.
Duffy, Christopher, Red Storm on the Reich, the Soviet March on Germany 1945, New York, 1991.
Duffy, Christopher, Siege Warfare, London/Boston 1985.
Duhamel, Georges, Leben der Martyrer 1914-1916, Zürich/Leipzig o. J.
Dülffer, Jost, Regeln gegen den Krieg? Die Haager Friedenskonferenzen 1899 und 1907 in der internationalen Politik, Berlin o. J.

Eksteins, Morris, Rites of Spring. The Great War and the Birth of the Modern Age, London 1989.

Epstein, Klaus, Mathias Erzberger und das Dilemma der deutschen Demokratie, dtsch., München 1976.

Erfurth, Waldemar, Der finnische Krieg 1941-1944. Authentische Aufzeichnungen aus dem finnischen Hauptquartier, Wiesbaden, München 1977.

Erickson, John, The Road to Berlin, London 1983.

Erickson, John, The Road to Stalingrad, London 1975.

Eschenburg, Theodor, Jahre der Besetzung 1945-1949 (Geschichte der Bundesrepublik Deutschland Bd. 1), Stuttgart/Wiesbaden 1983.

Falkenhayn, Erich v., Die Oberste Heeresleitung 1914/16 in ihren wichtigsten Entschließungen, Berlin 1920.

Fall 12, Das Urteil gegen das Oberkommando der Wehrmacht, Berlin 1961.

Falls, Cyrill (Hrsg.), Große Landschlachten, Frankfurt/M. o. J.

Feilchenfeld, Ernst Hermann, The International Economic Law of Belligerent Occupation, Washington 1943.

Feldman, Gerald, Armee, Industrie und Arbeiterschaft in Deutschland 1914-1918, dtsch. Berlin, Bonn 1985.

Ferencz, Benjamin, Defining International Aggression. A Documentary History and Analyses, New York 1975.

Ferro, Marc, Der Große Krieg 1914-1918, dtsch., Frankfurt/M. 1988.

Fischer, Fritz, Griff nach der Weltmacht. Die Kriegszielpolitik des kaiserlichen Deutschland 1914-1918, Düsseldorf 1961.

Fischer, Fritz, Juli 1914. Wir sind nicht hineingeschlittert. Das Staatsgeheimnis um die Riezler-Tagebücher, Reinbek 1983.

Fischer, Fritz, Krieg der Illusionen. Die deutsche Politik von 1911-1914, Düsseldorf 1969.

Fischer, George, Soviet Opposition to Stalin. A Case Study in World War II. Cambridge(USA) 1952.

Flocken, Jan von, **Klonovsky**, Michael, Stalins Schweigelager in Deutschland 1945-50, Berlin 1991.

Foerster, Wolfgang, Generaloberst Ludwig Beck. Sein Kampf gegen den Krieg, München 1953.

Foot, M. R. D., S. O. E. in France. An Official Account of the Work of the British Special Operations Executive in France, London 1966, Official History of the Second World War, U. K., Military Series.

Forester, C. S., Ein General, dtsch., Berlin 1937.

Forman, Harrison, Inside Red China.

Förster, Jürgen (Hrsg.), Stalingrad. Ereignis, Wirkung, Symbol, München 1992.

Franz, Carl, Lehrbuch der Kriegschirurgie, Berlin 1919.

Fraser, Ronald, Blood of Spain. The Experience of Civil War 1936-1939, London 1981.

Friedman, Leon, The Law of War. A Documentary History, New York 1972.

Fröhlich, Elke (Hrsg.), Die Tagebücher von Josef Goebbels, München 1987.

Froissart, Jean de, (1333-1410), Œuvres de Froissart, Brüssel 1869.

Fuller, J F. C., The Decisive Battles of the Western World and their Influence upon History, London 1956 (gekürzte Ausg., ed. J. Terraine, London 1970).

Fuller, J. F. C. Die entartete Kunst Krieg zu führen, dtsch., Köln 1964.

Fuller, J. F. C., Der Erste der Völkerbundskriege. Seine Zeichen und Lehren für Kommende, Stuttgart 1937.

Fussel, Paul, The Great War and Modern Memory, London/Oxford 1975.

Gallandt, Adolf, Die Ersten und die Letzten, München 1953.

Garthoff, Raymond L., Die Sowjetarmee, dtsch., Köln 1955.

Geiss, Immanuel, Das Deutsche Reich und die Vorgeschichte des Ersten Weltkriegs, München 1985.

Gersdorff, Rudolph Christoph Freiherr von, Soldat im Untergang, Frankfurt/M., Berlin 1977.

Geschichte des Großen Vaterländischen Krieges der Sowjetunion, Berlin 1964.

Gilbert, Gustave M., Nürnberger Tagebuch, Frankfurt 1962.

Gilbert, Martin, Endlösung. Ein Atlas, dtsch., Reinbek 1982.

Gilbert, Martin, The Holocaust, The Jewish Tragedy, London 1986.

Gilbert, Martin, The Official Biography of Winston Spencer Churchill, London 1983.

Gilbert, Martin, The Second World War, London 1989.

Glueck, Sheldon, War Criminals, their Prosecution and Punishment, New York 1944.

Goltz, Colmar von der, Von Rosenbach bis Jena, 1906.

Görlitz, Walter, Kleine Geschichte des deutschen Generalstabs, Berlin 1967.

Görlitz, Walter, Generalfeldmarschall Keitel, Verbrecher oder Offizier, Göttingen 1961.

Gosztony, Peter, Hitlers Fremde Heere. Das Schicksal der nichtdeutschen Armee im Ostfeldzug, Düsseldorf 1976.

Graves, Robert, Goodbye to All That (1929), London 1957.

Grewe, Wilhelm G., Epochen der Völkerrechtsgeschichte, Baden-Baden 1988.

Grewe, Wilhelm G., Machtprojektionen und Rechtsschranken, Baden-Baden 1991.

Grimmelshausen, Jakob von, Der Abenteuerliche Simplicissimus, München 1960.

Groh, Franz, Die vier Genfer Abkommen zum Schutze der Opfer des Krieges vom 12. 8. 1949, in: Dokumente, hrsg. v. d. Forschungsstelle für Völkerrecht und ausländisches öffentliches Recht der Universität Hamburg, Heft XII, Frankfurt/M.-Berlin 1954.

Gröhler, Olaf, Geschichte des Luftkriegs, Berlin (DDR) 1975.

Grondys, L. H., The Germans in Belgium, London 1915.

Groscurth, Helmuth, Tagebücher eines Abwehroffiziers, Stuttgart 1970.

Gross, Jan T., Und wehe Du hoffst. Die Sowjetisierung Ostpolens nach dem Hitler-Stalinpakt 1939-1941, Freiburg 1988.

Grotius, Hugo. De jure belli ac pacis, Libri tres, Paris 1625.

Gruchmann, Lothar, »Nacht- und Nebel«-Justiz, in: Vierteljahreshefte für Zeitgeschichte 29 (1981).

Gruchmann, Lothar, Nationalsozialistische Großraumordnung, Stuttgart 1962.

Guderian, Heinz, Erinnerungen eines Soldaten, Heidelberg 1951.

Gumpert, Martin, Dunant, Frankfurt/M. 1987.

Halder, Franz, Hitler als Feldherr, München 1949.

Hampe, Erich, Der Zivile Luftschutz im Zweiten Weltkrieg, Frankfurt/M. 1963.

Hampson, Norman, A Social History of the French Revolution, London 1963.

Harrison, Tom, Living through the Blitz, London 1976.

Hartmann, Christian, Halder, Generalstabschef Hitlers 1938-1942, Paderborn 1991.

Hassell, Ulrich v., Vom anderen Deutschland, Zürich 1946.

Hastings, Max, Bomber Command, London 1979.

Hastings, Max, The Korean War, London 1988.

Haushofer, Karl, Geopolitik, Berlin 1924.

Haushofer, Karl, Weltpolitik von heute, Berlin 1936.

Hellweg, Fritz, vom Rheinwiesen 1945, Wuppertal 1951.

Herbert, Ulrich, Fremdarbeiter. Politik und Praxis des Ausländer-Einsatzes in der Kriegswirtschaft des Dritten Reiches, Berlin/Bonn 1985.

Herbert, Ulrich (Hrsg), Europa und der ›Reichseinsatz‹. Ausländische Zivilarbeiter, Kriegsgefangene und KZ-Häftlinge in Deutschland 1938-1945, Essen 1991.

Heuer, Gerd F., Die deutschen Generalfeldmarschälle und Großadmirale, Rastatt 1978.

Heusinger, Adolf, Befehl im Widerstreit, Schicksalsstunden der deutschen Armee 1923-1945, Tübingen 1950.

Heydecker, Joe L., Der Nürnberger Prozeß, Köln 1979.

Higgins, Al, A Treatise on International Law, 8. Auflage, Oxford 1924.

Hilberg, Raul, Die Vernichtung der europäischen Juden, dtsch., Frankfurt 1990.

Hillgruber, Andreas, Die gescheiterte Großmacht. Eine Skizze des Deutschen Reiches 1871-1945, Düsseldorf 1980.

Hillgruber, Andreas, Hitlers Strategie, Frankfurt 1965.

Hillgruber, Andreas, Die Zerstörung Europas, Berlin 1988.

Hingley, Ronald, Die Russische Geheimpolizei, Bayreuth 1972.

Hingley, Ronald, Stalin. »Man and Legend«, London 1974.

History of the United Nations War Crimes Commission and the Development of the Laws of War, London 1848.

Hitchcock, Henry, Marching with Sherman, New Haven, London, Oxford 1927.

Höhne, Heinz, Der Orden unter dem Totenkopf, München 1967.

Holl, Adalbert, Als Infanterist in Stalingrad, Erlangen 1978.

Horne, Alistair, Der Frankreichfeldzug 1940, dtsch., Wien, München 1969.

Horne, Alistair, Paris ist tot, es lebe Paris, dtsch., Bern/München 1967.

Horne, Alistar, The Price of Glory, Verdun 1916, London 1962; Ed. London 1986.

Hossbach, Friedrich, Die Entwicklung des Oberbefehls über das Heer in Brandenburg. Preußen im Deutschen Reich von 1655-1945, Würzburg 1964.

Howard, Michael, Der Krieg in der europäischen Geschichte, dtsch., München/Oxford/New York 1976.

Howard, R. T., Ruined and Rebuilt. The Story of the Coventry Cathedral, Coventry1962.

Hubatsch, Walther , Hitlers Weisungen für die Kriegsführung, München 1965.

Ike, Nobutake (ed.) Japans Decision for War. Records of the 1941 Policy Conferences, Stanford 1967.

International Conference. Report of Robert H. Jackson. United States Representative to the International Conference on Military Trials, Department of State, Publication 3080, Washington 1949.

Ipsen, Knut, Völkerrecht, München 1990.

Irving, David, Hitler und seine Feldherren, Franfurt/M., Berlin, Wien 1975.
Irving, David, Der Untergang Dresdens, München 1983.
Irving, David, Die Geheimwaffen des III. Reiches, Reinbek 1968.
Irving, David, Hitlers Krieg. Die Siege 1939-1942, München 1983.
Irving, David, Götterdämmerung 1942-1945, München 1986.
Jacobsen, Hans-Adolf, **Philippi**, Alfred, Franz Halder, Kriegstagebuch, Tägliche Aufzeichnungen des Chefs des Generalstabs des Heeres 1939-1943, 3 Bde., Stuttgart 1962-1964.
Jacobsen, Hans Adolf, Kommissarbefehl und Massenexekutionen sowjetischer Gefangener, in: **Broszat**, **Jacobsen**, **Krausnick**, Anatomie des SS-Staates, München 1967, Bd. II.
Jescheck, Hans Heinrich, Die Verantwortlichkeit der Staatsorgane nach Völkerstrafrecht, Bonn 1952.
Jochmann, Werner, Adolf Hitler. Monologe im Führerhauptquartier 1941-1944, München 1980.
Johnson, James Turner, Just War Tradition and the Restraint of War, Princeton 1981.
Joll, James, The Origins of the First World War, London/New York 1983.
Jones, Archer, The Art of War in the Western World, Oxford/New York 1987.
Jong, Wilhelm de, Zwei Legenden aus dem Dritten Reich, Stuttgart 1974.
Jukes, Geoffrey, Stalingrad, dtsch., Rastatt 1982.
Jünger, Ernst, Strahlungen, Tübingen 1949.
Kant, Immanuel, Theorie-Werkausgabe, hrsg. von Wilhelm Weischedel, Frankfurt 1968.
Katouzu, Homa, The Political Economy of Modern Iran, London 1981.
Keegan, John (Editor), The Times Atlas of the Second World War, London 1989.
Keegan, John, Der Fall Barbarossa, dtsch., München 1981.
Keegan, John, Die Schlacht, dtsch., München 1981.
Keegan, John, The Mask of Command, London 1987.
Keegan, John, The Second World War, London 1989.
Keegan, John, **Holmes**, Richard, Soldiers. A History of Men in Battle, London 1985.
Keen, M. H., The Laws of War in the Late Middle Ages, London, Toronto 1965.
Kehrig, Manfred, Stalingrad, Analyse und Dokumentation einer Schlacht. Stuttgart 1974.
Kempner, Robert M. W., Eichmann und Komplizen, Zürich 1961.
Kempner, Robert M. W., **Haensel**, Carl (Hrsg.), Das Urteil im Wilhelmstraßenprozeß, Schwäbisch Gmünd, 1950.
Kempner, Robert M. W., SS im Kreuzverhör, München 1964.
Kempner, Robert M. W., Das Dritte Reich im Kreuzverhör. Aus den Vernehmungsprotokollen des Anklägers, Düsseldorf 1969.
Kempner, Robert M. W., Ankläger einer Epoche. Lebenserinnerungen, Berlin 1993.
Kennedy, Paul M. (Hrsg.),The War Plans of the Great Powers 1880-1914, London 1979.
Kennedy, Paul, Pacific Onslaught, 7th December 1941/7th Februar 1943, New York 1972.
Kennedy, Paul, Strategy and Diplomacy 1870-1945, London 1983.

Kielmansegg, Peter Graf, Deutschland und der Erste Weltkrieg, Stuttgart 1980.

Klee, Ernst, **Dreßen**, Willi, »Gott mit uns«, Frankfurt 1989.

Klee, Ernst, **Dreßen**, Willi, **Rieß**, Volker, »Schöne Zeiten«. Judenmord aus der Sicht der Täter und Gaffer, Frankfurt/M.1988.

Kleist, Peter, Zwischen Hitler und Stalin, Bonn 1950.

Kleßmann, Eckart, Napoleons Rußlandfeldzug in Augenzeugenberichten, Düsseldorf 1964.

Kluge, Alexander, Schlachtbeschreibung, Frankfurt 1983.

Knieriem, August v., Nürnberg, rechtliche und menschliche Probleme, Stuttgart 1953.

Koniew, Iwan Stepanowitsch, Das Jahr fünfundvierzig, Berlin (DDR) 1969.

Kopelew, Lew, Aufbewahren für alle Zeit, München 1979.

Köstring, Ernst, General, Profile bedeutender Soldaten, Bd. 1, bearbeitet von Hermann Teske, Frankfurt/M. o. J.

Kranzbühler, Otto, Rückblick auf Nürnberg, Hamburg 1949.

Kraus, Herbert, **Heinze**, Kurt, Völkerrechtliche Urkunden zur europäischen Friedensordnung seit 1945, Bonn 1953.

Krausnick, Helmut, Kommissarbefehl und Gerichtsbarkeitserlaß Barbarossa in neuer Sicht, in: Vierteljahreshefte für Zeitgeschichte, 25, 1977.

Krausnick, Helmut, **Wilhelm**, Hans-Heinrich, Die Truppe des Weltanschauungskriegs. Die Einsatzgruppen der Sicherheitspolizei und des SD 1938-1942, Stuttgart 1981.

Kroener, Bernhard, R., **Müller**, Rolf-Dieter, **Umbreit**, Hans, Organisation und Mobilisierung des deutschen Machtbereichs. Kriegsverwaltung, Wirtschaft und personelle Resourcen 1939-1941, hrsg. v. Militärgeschichtlichen Forschungsamt, Das Deutsche Reich und der Zweite Weltkrieg Bd. 5/1, Stuttgart 1988.

Kuby, Erich, Die Russen in Berlin, Rastatt 1988.

Kuby, Erich, Mein Krieg. Aufzeichnungen aus 2129 Tagen, München 1975

Kulturstiftung der deutschen Vertriebenen (Hrsg.), Archivalien und ausgewählte Erlebnisberichte, Bonn 1989.

Kunz, Josef L., Kriegsrecht und Neutralitätsrecht, Wien 1935.

Lael, Richard L., The Yamashita Precedent, War Crimes and Command Responsability, Washington 1982.

Laternser, Heinrich, Die Verteidigung deutscher Soldaten, Bonn 1950.

Lea, Henry Charles, Geschichte der Inquisition im Mittelalter, dtsch., Nördlingen1987 (Nachdruck der deutschen Ausgabe 1905, Original: London/New York 1900).

Leeb, Wilhelm Ritter v., Tagebuchaufzeichnungen und Lagebeurteilungen aus zwei Weltkriegen. Aus dem Nachlaß hrsg. und mit einem Lebensabriß versehen von Georg Meyer, Stuttgart 1976.

Lehmann, Albrecht, Gefangenschaft und Heimkehr. Deutsche Kriegsgefangene in der Sowjetunion, München 1986.

Lehndorff, Hans Graf v., Ostpreußisches Tagebuch. Aufzeichnungen eines Arztes aus den Jahren 1945-1947, München 1961.

Leszczynski, Kazimierz(Hrsg.) Fall 9. Das Urteil im Einsatzgruppenprozeß, Berlin (DDR) 1973.

Lewis, Norman, Naples '44, New York/London 1978.

Li, Lincoln, The Japanese Army in North-China 1937-1941, London/New York 1975.
Liddell Hart, Basil H., The other Side of the Hill, London 1978.
Liddell Hart, Basil H., Geschichte des Zweiten Weltkriegs, Düsseldorf 1972.
Liddell Hart, Basil H., History of the First World War (1930), London 1970.
Liddell Hart, Basil H., Sherman, Soldier, Realist, American, New York 1929.
Longmate, Norman, Air Raid. The Bombing of Coventry, 1940, London 1976.
Lukacs, John, Der letzte europäische Krieg 1939-1941, Stuttgart 1978.
Ludendorff, Erich, Der Totale Krieg, München 1937.
Ludendorff, Erich, Meine Kriegserinnerungen 1914-1918, Berlin 1921.
Luftkrieg über Deutschland, Der, München 1963.
Lutz, Heinrich, Das Ringen um deutsche Einheit und kirchliche Erneuerung, Propyläen Geschichte Deutschlands, Bd. 4.
Lynar, Ernst W. (Hrsg.), Deutsche Kriegsziele 1914-1919, Frankfurt/M., Berlin 1964.
Macdonald, Lyn, Somme, London 1983.
Macdonald, Lyn, The Roses of No Man's Land, London 1980.
Macdonald, Lyn, They Called it Passchendale. The Story of the Third Battle of Ypres and of the Men who Fought it, London 1978.
Maier, Klaus A., **Rohde**, Horst, **Stegemann**, Bernd, **Umbreit**, Hans, Die Errichtung der Hegemonie auf dem Europäischen Kontinent, hrsg. v. Militärgeschichtlichen Forschungsamt, Das Deutsche Reich und der Zweite Weltkrieg, Bd. 2, Stuttgart 1979.
Malaparte, Curzio, Der Zerfall, dtsch., Karlsruhe 1964.
Malaparte, Curzio, Kaputt, dtsch. Karlsruhe 1961.
Manchester, William, The Caged Lion, Winston Spencer Churchill 1932-1940, London 1988.
Mangoldt, Hermann v., Das Kriegsverbrechen und seine Verfolgung in Vergangenheit und Gegenwart, Jahrbuch für Internationales und Ausländisches Öffentliches Recht, Bd. II/3, 1948
Manstein, Erich von, Verlorene Siege, Bonn 1955.
Mao Tse-Tung, Ausgewählte Werke, Band II, dtsch., Peking 1968.
Markow, Walter, Revolution im Zeugenstand, Frankreich 1789-1799, Frankfurt/M. 1987.
Marrus, Michael R., Holocaust in History, London 1988.
Marrus, Michael R., **Paxton**, Robert, Vichy-France, London o. J.
Martin, Jean-Clément, La Vendée et la France, Paris 1987.
Marvick, Arthur, The Home Front. The British and the Second World War, London 1976.
Maschke, Erich (Hrsg.), Zur Geschichte der deutschen Kriegsgefangenen des II. Weltkriegs, 22 Bde., München 1962-1974.
Maschke, Erich (Hrsg.), Die deutschen Kriegsgefangenen des II. Weltkriegs. Eine Zusammenfassung, München 1974.
Maser, Werner, Nürnberg, Tribunal der Sieger. Zürich 1979.
Mason, Francis K., Battle over Britain, London 1969.
Mason, Herbert M., Die Luftwaffe, dtsch., Wien-Berlin 1979.
Massie, Robert K., Peter der Große, dtsch., Frankfurt/M. 1986.
Matlok, Siegfried, Dänemark in Hitlers Hand. Der Bericht des Reichsbevollmächtigten Werner Best, Husum 1988.

Maurach, Reinhard, Die Kriegsverbrecherprozesse gegen deutsche Gefangene in der Sowjetunion, Hamburg 1950.

Maurice, Comte de Saxe, Les Rêveries ou Mémoires sur L'art de la Guerre, La Haye 1756.

Mayer, Arno, Der Krieg als Kreuzzug. Das Deutsche Reich, Hitlers Wehrmacht und die Endlösung, dtsch., Hamburg 1989.

Mc Neill, William H., The Pursuit of Power, Oxford 1983.

McKee, Alexander, Dresden 1945. The Devils Tinderbox, London 1982.

McPherson, James M., Battle Cry of Freedom. The Civil War Era, New York/Oxford 1988.

Meissner, Gustav, Dänemark unterm Hakenkreuz, Berlin 1990.

Messerschmidt, Manfred, Die Wehrmacht im NS-Staat. Zeit der Indoktrination, Hamburg 1969.

Messerschmidt, Manfred, Kommandobefehl und NS-Völkerrechtsdenken, in: Revue de droit pénal militaire et le droit de la guerre 11/1972.

Messerschmidt, Manfred, Kriegstechnologie und humanitäres Völkerrecht in der Zeit der Weltkriege, in: Militärgeschichtliche Mitteilungen 1977/1.

Messerschmidt, Manfred, **Wüllner**, Fritz, Die Wehrmachtsjustiz im Dienste des Nationalsozialismus, Baden-Baden 1987.

Michalka, Wolfgang (Hrsg.), Der Zweite Weltkrieg, Analysen, Grundzüge, Forschungsbilanz, München 1989.

Middlebrook, Martin, First Day on the Somme, London 1971.

Middlebrook, Martin, Der 21. März 1918. Die Kaiserschlacht, dtsch., Berlin 1979.

Middlebrook, Martin, Hamburg, Juli '43, dtsch., Berlin 1983.

Militärgeschichtliches Forschungsamt (Hrsg.), Das Deutsche Reich und der Zweite Weltkrieg, Bd. 1-6, Stuttgart 1979-1990 (wird fortgesetzt).

Militärgeschichtliches Forschungsamt (Hrsg.), Deutsche Militärgeschichte in sechs Bänden 1648-1939, Herrsching 1983.

Milward, Alan, Der Zweite Weltkrieg. Krieg, Wirtschaft und Gesellschaft 1939-1945, dtsch., München 1977.

Mitcham, Samuel, Hitlers Field-Marshalls and their Battles, London 1989.

Minear, Richard H., Victors' Justice, The Tokyo War Crimes Trial, Princeton, New York 1971.

Mommsen, Wolfgang, Das Zeitalter des Imperialismus, Frankfurt/M. 1969.

Mommsen, Wolfgang, Der autoritäre Nationalstaat. Verfassung, Gesellschaft und Kultur im deutschen Kaiserreich, Fischer Weltgeschichte, Bd. 28: Frankfurt 1990.

Montluc, Blaise de, Commentaires, Paris 1821.

Müller, Klaus Jürgen, Armee und Drittes Reich 1933-1939, Paderborn 1987.

Müller-Hillebrand, Burkhard, Das Heer 1933-1945, Bd. I-III, Darmstadt 1954, Frankfurt/M. 1956, Frankfurt/M., 1959.

Nehring, General, Die Geschichte der deutschen Panzerwaffe, Berlin 1969.

Nekrich, Aleksander M., The Punished Peoples. The Deportation and Tragic Fate of Soviet Minorities at the End of the Second World War, New York 1978.

Nekritsch, Alexander, Pjotr Grigorenko, Genickschuß – Die Rote Armee am 22. Juni 1941, dtsch., Frankfurt/M. 1969.

Nichols, George Ward, The Story of The Great March, New York 1865.
Nicolson, Nigel, Napoleon in Rußland, dtsch., Zürich 1987.
O'Brien, Connor Cruise, United Nations, The Sacred Drama, London 1968.
Oberländer, E., Hitler-Stalin-Pakt 1939, Frankfurt 1989.
Oehler, Dietrich, Internationales Strafrecht, Köln 1983.
Oppenheim-Lauterpacht, International Law, 5. Auflage, London 1935, 8. Auflage, Berlin 1955.
Overmans, Rüdiger, 55 Millionen Opfer des Zweiten Weltkriegs? Zum Stand der Forschung, in: Militärgeschichtliche Mitteilungen 1990/2.
Overmans, Rüdiger, Die Toten des Zweiten Weltkriegs in Deutschland. Bilanz der Forschung, in: **Michalka**, Wolfgang (Hrsg.), Der Zweite Weltkrieg (i. A. d. MGFA), München 1989.
Paget, Reginald, Manstein, seine Feldzüge und sein Prozeß, Wiesbaden 1952.
Paul, Wolfgang, Der Heimatkrieg 1939-1945, München 1983.
Palmer, Alan, Napoleon in Russia, London 1967.
Piekalkiewicz, Janusz, Luftkrieg 1939-1945., München 1978.
Plivier, Helmut, Stalingrad, Köln 1983.
Poliakov, Leon, Geschichte des Antisemitismus, Bd. 1-8, Frankfurt/M. 1977-1988.
Pond, George E., The Shenandoah Valley in 1864, New York 1885.
Posen, Barry R, The Sources of Military Doctrine, France, Britain and Germany between the World Wars, Ithaka/London 1984.
Pottgiesser, Hans, Die deutsche Reichsbahn im Ostfeldzug, Neckargemünd 1975.
Press, Bernhard, Judenmord in Riga 1941-1945, Berlin 1988.
Prozeß gegen die Hauptkriegsverbrecher, Der, Bd. 1-39, Nürnberg 1949
Read, James Morgan, Atrocity Propaganda 1914-1919, New Haven 1941.
Reitlinger, Gerald, Haus auf Sand gebaut, dtsch., Hamburg 1962.
Reitlinger, Gerald, Endlösung, dtsch., Berlin 1979.
Retzow, F. A., Charakteristik der wichtigsten Ereignisse des Siebenjährigen Krieges, Berlin 1802.
Reuth, Ralph Georg (Hrsg.), Joseph Goebbels, Tagebücher, München 1992.
Rhodes, Richard, Die Atombombe, dtsch., Nördlingen 1988.
Richardson, William, **Freidin**, Seymour (Hrsg.). The Fatal Decisions, London 1956.
Riezler, Kurt, Tagebücher, hrsg. von Karl Dietrich Erdmann, Göttingen 1972.
Rings, Werner, Leben mit dem Feind. Anpassung und Widerstand in Hitlers Europa, 1939-1945, München 1979.
Ritter, Gerhard, Staatskunst und Kriegshandwerk, 3 Bde., München 1954.
Röling, B. V. A., **Rüter**, C. F. (Hrsg.), The Tokyo Judgement, Amsterdam 1977.
Rönnefarth, Helmuth, **Euler**, Heinrich, Konferenzen und Verträge (Vertrags-Ploetz), Würzburg 1959.
Rosinski, Helmuth, Die Deutsche Armee, Düsseldorf 1970.
Roskill, S. W., Royal Navy, Britische Seekriegsgeschichte 1939-1945, Oldenburg 1961
Rückerl, Adalbert, NS-Prozesse, Karlsruhe 1971.
Rüter, C. F., Justiz und NS-Verbrechen, Bd. 1-22 ff., Amsterdam 1968 ff.
Rumpf, Hans, Das war der Luftkrieg, Oldenburg 1961.
Runciman, Steven, Geschichte der Kreuzzüge, dtsch., München 1983.

Salewski, Michael, Die bewaffnete Macht im Dritten Reich 1933-1939, in: Militärgeschichtliches Forschungsamt, Deutsche Militärgeschichte, Bd. 3, München 1983.

Salewski, Michael, Die deutsche Seekriegsleitung 1935-1945, Frankfurt/M. 1970.

Salewski, Michael, Zeitgeist und Zeitmaschine, Science Fiction und Geschichte, München 1986.

Salewski, Michel, Verdun und die Folgen, in: Wehrwissenschaftliche Rundschau, 3/76, S. 89ff.

Salisbury, Harrison, 900 Tage. Die Belagerung von Leningrad, dtsch., Frankfurt/M. 1970.

Sander, Helke, **Johr**, Barbara, Befreier und Befreite. Krieg, Vergewaltigung, Kinder, München 1992.

Sanders, M. L., **Taylor**, Phillip M., Britische Propaganga im Ersten Weltkrieg 1914-1918, dtsch., Berlin 1990.

Sassoon, Siegfried, Memoirs of an Infantry Officer, London 1930.

Schaffer, Ronald, Wings of Justice. American Bombing in World War II, New York/Oxford 1985.

Schall-Riaucour, Heidemarie Gräfin, Aufstand und Gehorsam. Offizierstum und Generalstab im Umbruch. Leben und Wirken von Generaloberst Franz Halder, Generalstabschef 1938-1942, Wiesbaden 1972.

Schama, Simon, Der zaudernde Citoyen, dtsch., München 1989.

Schellenberg, Walter, Memoiren, Köln 1959.

Scheurig, Bodo, Alfred Jodl. Gehorsam und Verhängnis, Berlin 1991.

Schieder, Theodor, Friedrich der Große, Berlin o. J.

Schieder, Theodor, Handbuch der Europäischen Geschichte, Stuttgart 1979.

Schiller, Friedrich, Geschichte des Dreißigjährigen Kriegs, Historische Schriften, hrsg. von Benno von Wiese, Frankfurt/M., Wien, Zürich o. J.

Schmitt, Carl, Der Nomos der Erde im Völkerrecht des Jus Publicum Europaeum, Berlin 1950.

Schmitt, Carl, Glossarium. Aufzeichnungen der Jahre 1947-1951, Berlin 1991.

Schmitt, Carl, Theorie des Partisanen, Berlin 1962.

Schmitt, Carl, Das international-rechtliche Verbrechen des Angriffskrieges, hrsg. von Helmut Quaritsch, Berlin 1994.

Schramm, Percy E. (Hrsg.), Kriegstagebuch des Oberkommandos der Wehrmacht 1940-1945, Herrsching 1982.

Schuster, Gertrude Maria, Die Kriegsgefangenenlager Galgenberg und Bretzenheim. Kriegsgefangene berichten, Bad Kreutznach 1987.

Schwarz, Solomon, The Jews of the Soviet Union, Syracuse (USA) 1951.

Schwengler, Walter, Völkerrecht, Versailler Vertrag und Auslieferungsfrage, Stuttgart 1982.

Seaton, Albert, Der russisch-deutsche Krieg 1941-1945, dt., Frankfurt/M. 1973.

Seaton, Albert, The German Army 1933-1945, New York 1982.

Secher, Reynald, Le Génoicide Franco-Françqis: La Vendée Venge, Paris 1986.

Sedillot, René, Hat sich die Revolution gelohnt?, dtsch., Göttingen 1989.

Sherwood, Robert E., Roosevelt und Hopkins, Hamburg 1950.

Shils, S. E. A., Janowitz, M, Cohesion and Disintegration in the German Wehrmacht in World War II., in: Public Opinion Quarterly 12 (1948).

Shukow, Georgiy K., Erinnerungen und Gedanken, dtsch., Berlin (DDR) 1974.

Siegert, Karl, Repressalie, Requisition und höhere Befehle, Göttingen 1953.
Smith, Arthur L., Heimkehr aus dem II. Weltkrieg. Die Entlassung der deutschen Kriegsgefangenen, Stuttgart 1985.
Smith, Arthur L., Die vermißte Million, München 1992.
Sorel, Albert, L'Europe et la Revolution Françaíse, 4 Bde., Paris 1907.
Speer, Albert, Der Sklavenstaat, Stuttgart 1981.
Sperber, Manes, Bis man mir Scherben auf die Augen legt, Wien 1977.
Steinert, Marlis G., Die 23 Tage der Regierung Dönitz. Die Agonie des Dritten Reiches, Düsseldorf 1967.
Stimson, Henry L., The Nuremberg Trial. Landmark in Law, in: Foreign Affairs, Januar 1947.
Streim, Alfred, Die Behandlung sowjetischer Kriegsgefangener im »Fall Barbarossa«, Karlsruhe 1981.
Streit, Christian, Keine Kameraden. Die Wehrmacht und die sowjetischen Kriegs-gefangenen 1941-1945, Stuttgart 1978.
Swedish Discipline, The Religious, Civile and Militarie, London 1632.
Tarlé, Eugen, Napoleon in Rußland 1812, dtsch., Zürich 1944.
Tarlé, Eugen, Napoleon, dtsch., Berlin (DDR) 1959.
Taylor, A. J. P., Die Ursprünge des Zweiten Weltkriegs, München 1962.
Taylor, A. J. P., How Wars End, London 1985.
Taylor, A. J. P., The First World War, London 1963.
Taylor, A. J. P., The Second World War, London 1976.
Taylor, A. J. P., War by Timetable: How the First World War Began, London 1969.
Taylor, Telford, Final Report. Washington, Government Printing Office 1949.
Taylor, Telford, Nürnberg und Vietnam, dtsch., München 1971.
Taylor, Telford, Sword and Swastika, London 1953.
Taylor, Telford, The Breaking Wave. The German Defeat in the Summer of 1940, London 1967.
Taylor, Telford, The Anatomy of the Nuremberg Trials, London 1993.
Terkel, Studs, The Good War, London 1986.
Terraine, John, Impacts of War 1914 and 1918, London 1970.
Terraine, John, White Heat. The New Warfare 1914-1918, London 1982.
Terraine, John, The Road to Passchendale, London 1977.
Terraine, John, The First World War, London 1982.
Terraine, John, The First World War, London 1965.
Terraine, John, The Right of the Line. The Royal Air Force in the European War 1939-1945, London 1985.
Terraine, John, The Smoke and the Fire. Myths and Anti-Myths of War 1861-1945, London 1980.
Teske, Hermann, Die silbernen Spiegel, Heidelberg 1952.
Thomas, Hannsheinrich, **Hofmeister**, Hans, Das war Wickrathsberg: Erinnerungen aus den Kriegsgefangenenlagern des Rheinlandes, Minden 1950.
Thorne, Christopher, Racial Aspects of the Far Eastern War of 1941-1945, Oxford 1980.
Thorne, Christopher, The Limits of Foreign Policy. The West, the League and the Far Eastern Crisis of 1931-1933, London 1989.
Thorwald, Jürgen, Wen sie verderben wollen, Stuttgart 1952.

Thorwald, Jürgen, Es begann an der Weichsel, Stuttgart 1953.
Thorwald, Jürgen, Das Ende an der Elbe, Stuttgart 1950.
Tippelskirch, Kurt v., Geschichte des Zweiten Weltkriegs, Bonn 1951.
Tissier, Tony le, The Battle of Berlin 1945, London 1988.
Tolstoi, Leo, Krieg und Frieden, dt. von Werner Bergengruen, München 1953.
Treaty for the Renunciation of War. Text of the Treaty, Notes, Exchanged Instruments of Ratification and of Adherence and other Papers, Department of States Publications 468, **Washington** 1933.
Trials of War Criminals before the Nuremberg Military Tribunals under Control Council Law, no. 10, vol. 1-15, Washington 1950-1953.
Tuchman, Babara, Sand gegen den Wind. Amerika und China 1911-1945, dtsch., Stuttgart 1973.
Tuchman, Barbara, Der stolze Turm, dtsch., München/Zürich 1969.
Tuchman, Barbara, August 1914, dtsch., Frankfurt/M. 1990.
Tutorow, Norman E. (ed.), War Crimes, War Criminals, and War Crimes Trials. Bibliography, New York 1986.
Uhlig, Heinrich, Der verbrecherische Befehl, in: Vollmacht des Gewissens, hrsg. v. d. Europäischen Publikation, Bd. II, Frankfurt, Berlin 1965.
Urlanis, Boris Z., Bilanz der Kriege. Die Menschenverluste Europas vom 17. Jahrhundert bis zur Gegenwart, dtsch., Berlin (DDR) 1965.
Vattel, Emer de, Le Droit Des Gens (1758), dtsch., »Das Völkerrecht oder Grundsätze des Naturrechts angewandt auf das Verhalten und die Angelegenheiten der Staaten und Staatsoberhäupter«, Tübingen 1959.
Verbrechen und Strafe, Der Charkower Prozeß, o.O. (SU) 1944
Verdross, Alfred von, Völkerrecht, Wien 1964.
Vertrag von Versailles, Der, München 1978.
Victoria, Franciscus de, De Indis recenter inventis et de iure belli Hispanorum in barbaros, übers. und hrsg. v. Walter Schätzel, Tübingen 1952.
Volkmann, Udo, Die britische Luftverteidigung, Osnabrück 1982.
Vovelle, Michel, Die Französische Revolution. Soziale Bewegung und Umbruch der Mentalitäten, dtsch., Frankfurt/M. 1985.
Waksberg, Arkadi, Gnadenlos. Andrei Wyschinski, Mörder im Dienste Stalins, dtsch., Bergisch Gladbach 1991.
Wallach, Jehuda, Das Dogma der Vernichtungsschlacht, dtsch., Frankfurt/M. 1967.
Waltzog, Alfons, Recht der Landkriegsführung, Berlin 1942.
War Department, US Basic Field Manual, Rules of Land Warfare, Washington 1940.
Warlimont, Walter, Im Hauptquartier der deutschen Wehrmacht 1939-1945, Frankfurt/M., Bonn 1962.
Watt, Donald Cameron, How War Came, New York 1989.
Watt, Richard M., Der Kaiser geht. Deutschland zwischen Revolution und Versailles, Frankfurt/M. 1971.
Weber, Bernd, Die völkerrechtlicheKriegsverhütungsbestrebungen von 1919 bis zum Beginn des II. Weltkriegs, in: Wehrforschung, 3/1974.
Webster, Charles, **Frankland**, Nobel, The Strategic Air Offensive Against Germany 1939-1945, London 1961.
Wedemeyer, Albert C., Der verwaltete Krieg, dtsch., Gütersloh, 1958.

Wegener, Bernd (Hrsg.), Zwei Wege nach Moskau. Vom Hitler-Stalin-Pakt zum 'Unternehmen Barbarossa', München 1991.

Wehberg, Hans, Die Ächtung des Krieges. Schriften der Deutschen Liga für Völkerbund, Berlin 1930.

Wehberg, Hans, Krieg und Eroberung im Wandel des Völkerrechts, Frankfurt/M./Berlin 1953.

Wehrmachtsberichte, Die, 1939-45, München 1985.

Weinberg, Gerhard L., The Foreign Policy of Hitlers Germany, Diplomatic Revolution in Europe 1933-1936, Chicago, London 1970.

Weinberg, Gerhard L., The foreign policy of Hitlers Germany, Starting World War II, 1937-1939, Chicago, London 1980.

Weinberg, Gerhard L., World in the Balance, Behind the Scenes of World War II. London 1981.

Wellers, Georg, L'Etoile jaune à l'Heure de Vichy. De Drancy à Auschwitz, Paris 1973.

Wendt, Hermann, Verdun 1916. Die Angriffe Falkenhayns im Maasgebiet mit Richtung auf Verdun als strategisches Problem, Berlin 1931.

Werth, Alexander, Rußland im Krieg 1941-1945, dtsch., München/Zürich 1965.

Werth, German, Verdun, die Schlacht und der Mythos, Bergisch Gladbach 1982.

Westphal, Siegfried, Der Deutsche Generalstab auf der Anklagebank, Mainz 1978.

Westphal, Wilfried, Geschichte der deutschen Kolonien, München 1984.

Wiehn, Erhard Roy, Die Schoah von Babij Jar, Konstanz 1991.

Wieland, S. Lothar, Belgien 1914, Frankfurt/M./Bern 1984.

Wilhelm, Hans-Heinrich, Rassenpolitik und Kriegführung, Passau 1991.

Willis, F., A Prelude to Nuremberg. The Punishment of War Criminals of the First World War, Michigan 1976.

Wilmott, H. P., The Great Crusade, London 1989.

Wilson, Dick, When Tigers Fight. The Story of the Sino-Japanese War 1937-1945, London 1982.

Winter, Denis, Death's Men. Soldiers of the Great War, London 1979.

Wirsing, Giselher, Der Maßlose Kontinent, Jena 1942.

Wittich, Karl, Magdeburg, Gustav Adolf und Tilly, Berlin 1874.

Wolf, Werner, Luftangriffe auf die deutsche Industrie 1942-45, München 1985.

Wyschinski, A. J., Gerichtsreden, Berlin 1951.

Zayas, Alfred M. de, Die Anglo-Amerikaner und die Vertreibung der Deutschen, München 1980.

Zayas, Alfred M. de, Die Wehrmacht-Untersuchungsstelle. Deutsche Ermittlungen über alliierte Völkerrechtsverletzungen im Zweiten Weltkrieg, München 1980.

Zechlin, Egmont, Krieg und Kriegsrisiko. Zur deutschen Politik im Ersten Weltkrieg, Düsseldorf 1979.

Zeeden, Ernst Walter, Hegemonialkriege und Glaubenskämpfe, Propyläen Geschichte Europas, Bd. 2, Berlin o. J.

Zöller, Martin, **Leszcynski**, Kazimierz (Hrsg.), Fall 7, Das Urteil im Geiselmordprozeß, Berlin (DDR) 1965.

Anmerkungen

ABKÜRZUNGEN:

Pr.	Verhandlungsprotokoll des OKW-Prozesses.
ab. Schrs. A.	abschließender Schriftsatz der Anklagebehörde im OKW-Prozeß für den jeweiligen Angeklagten.
ab. Schrs. V:	abschließender Schriftsatz der Verteidigungsanwälte jedes Angeklagten.
Pläd.:	mündliches Plädoyer in der Hauptverhandlung.

Signaturen der Akten des OKW-Prosses im Bayerischen Staatsarchiv Nürnberg s. Verzeichnis ungedruckter Quellen.

Kapitel 1

15 **Sac de Limoges**. Vgl. Jean de Froissart (1333-1410), Oeuvres de Froissart, Brüssel 1869, Bd. 8, S. 38ff. Vgl. dazu auch M. H. Keen, The Laws of War in The Late Middle Ages, London/Toronto 1965.

17 **Zum Ritterkrieg, dem Belagerungsbrauch und dem Lösegeldwesen**. Vgl. Keen, ebd., S. 7-63, 119ff., 156ff., und James Turner Johnson, Just War Tradition and the Restraint of War, Princeton 1981, S. 124ff. Christopher Duffy, Siege Warfare, London/Boston 1985.

Die Kreuzzüge gegen die Albigenser. Siehe dazu Henry Charles Lea, Geschichte der Inquisition im Mittelalter, Bd. 1, S. 142-234, Nördlingen 1987 (Nachdruck der deutschen Ausgabe 1905, Original London/New York 1900).

Die Erstürmung Jerusalems. S. Steven Runciman, in: A history of crusades, Cambridge 1950-54, dtsch. Geschichte der Kreuzzüge München 1983, S. 266ff.

18 **»Wenn sich ein Mann ergibt.«** Zitiert nach Keen, a.a.O., S. 243.

19 **Schweizerischer Unabhängigkeitskrieg** und **»Es ging ein Schrecken her«**. S. Hans Delbrück, Weltgeschichte, Dritter Teil, Berlin 1931, S. 87ff. Vgl. auch Delbrück, Zur Natur der Söldnerheere, in: ders., Geschichte der Kriegskunst, Bd. 4, S. 66ff., Berlin 1962, (Fotoreprint der Ausgabe Berlin 1920).

Das Gemetzel der Erstürmung des Schlosses Penne. Gefangenentötung und Lösegeldfrage.. Vgl. Blaise de Montluc in einem Brief, wiedergegeben in: Julien Coudy, Die Hugenottenkriege in Augenzeugenberichten, München 1980, S. 117.

20 **Einführung der Feuerwaffen.** S. Hans Delbrück, Weltgeschichte III, a.a.O. Vgl. dazu auch William H. McNeill, The Pursuit of Power, Oxford 1983, Kap. 3, The Gunpowder Revolution, S. 79ff.

21 **Die ›Schwedische Disziplin‹.** »The Swedish Discipline, Religious, Civile and Militarie«, London 1632. Vgl. dazu J. T. Johnson, Just War, a.a.O., S. 184ff., sowie Hans Delbrück, Kriegskunst IV, a.a.O., S. 205ff.

Angaben zu den Verwüstungen des Dreißigjährigen Kriegs. Vgl. Ernst Walter Zeeden, Hegemonialkriege und Glaubenskämpfe, Propyläen Geschichte Europas, Bd. 2, S. 315ff. Berlin o. J., sowie Heinrich Lutz, Das Ringen um deutsche Einheit und kirchliche Erneuerung, Propyläen Geschichte Deutschlands, Bd. 4, S. 419ff.

Die Schlacht von Wittstock und **»Davor duckten sich die Furchtsamen«**. Jakob von Grimmelshausen, Der Abenteuerliche Simplicissimus, das 27. Kapitel, München 1960, S. 184ff.

22 **Die Einnahme Magdeburgs** und **»Eine Würgeszene«**. S. Friedrich Schiller, Geschichte des Dreißigjährigen Kriegs, Zweites Buch. Zitiert aus ders. Historische Schriften, hrsg. von Benno von Wiese, Frankfurt/Wien/Zürich o. J., S. 521f.

Eine ausführliche quellenkritische Erörterung der fraglichen Vorgänge in Karl Wittich, Magdeburg, Gustav Adolf und Tilly, Berlin 1874.

24 **»Seit Trojas und Jerusalems Zerstörung«**. Zitiert nach Karl Friedrich Bekkers Weltgeschichte, 7. Ausgabe, 8. Teil, Berlin 1837, S. 355.

Die Belagerung Sienas. S. Blaise de Montluc, Commentaires, Paris 1821, hier zitiert nach Montluc, Commentaries, London o. J., S. 308f. Vgl. dazu auch John R. Hale, War and Society in Renaissance Europe, London 1985, S. 192f.

25 **Die Belagerung von Paris**, **die Engländer in Irland**, **Franz I. in der Provence** und **Leonardo da Vinci in Mailand**. S. J. R. Hale, War and Society, ebd., Kapitel 6, Kapitel 3.

26 **»alte barbarische Wildheit«**. Friedrich Schiller, Geschichte des Dreißigjährigen Krieges, Erstes Buch, a.a.O., S. 374.

»Vergessen wir niemals«. Emer de Vattel, Le Droit Des Gens (1758), § 158; dtsch. »Das Völkerrecht oder Grundsätze des Naturrechts angewandt auf das Verhalten und die Angelegenheiten der Staaten und Staatsoberhäupter«, Tübingen 1959, S. 447.

Immmanuel Kant, Metaphysik der Sitten. § 62. Zitiert nach Immanuel Kant, Theorie-Werkausgabe hrsg. von Wilhelm Weischedel, Frankfurt 1968, Bd. VIII, S. 475f.

Die weiteren Zitate gehören zu ›Des öffentlichen Rechts‹ Zweiter Abschnitt, Das Völkerrecht, §§ 53-61, ›Metaphysik‹, ebd., S. 466-75.

27 **»Über das Radikale Böse in der Menschlichen Natur«**. Kant, Die Religion innerhalb der Grenzen der bloßen Vernunft, Theorie-Werkausgabe ebd., Bd. VIII, s. o.

»Daß ein solcher verderbter Hang«. Kant, ebd., S. 680.

»Aber man sieht doch an der Behaglichkeit«. Kant, ebd., S. 681.

28 **»Ein Gesetz in diesem gesetzlosen Zustand«**. Kant, Metaphysik, § 57, ebd., S. 470.

Hugo Grotius. De Jure belli ac pacis, Libri tres (Paris 1625), dtsch. in: ders., Drei Bücher vom Recht des Krieges und des Friedens, Tübingen 1950. Die gegebene Zusammenfassung ist dem Dritten Buch entnommen.

29 **Das Verbrechen der Vergewaltigung »ist mit dem Kriegsrecht nicht unvereinbar«**. Grotius, ebd., Kapitel XIV.

31 **»Einige Leute haben sich zu der ungeheuerlichen Meinung«**. De Vattel, Das Völkerrecht, a.a.O., S. 475.

»Europa stellt ein Staatssystem«. De Vattel, ebd., S. 391.

»Die erstarrten Helden«. De Vattel, ebd., S. 525.

»Völker, die stets zum Losschlagen bereit«. De Vattel, ebd., S. 383.

32 **»Der förmliche Krieg«**. De Vattel, ebd., S. 458.

»Was würde aus den Kriegsgefangenen«. De Vattel, ebd., S. 457.

»Da man sich in Verlautbarungen«. De Vattel, ebd., S. 400.

33 **Belagerung von Pizzighettone**. S. Carlo Goldoni, Geschichte meines Lebens und meines Theaters, dtsch. München 1988, S. 128.

»Nach einer Übung«. De Vattel, Völkerrecht, a.a.O., S. 440.

Schlacht bei Fontenoy. S. H. Delbrück, Kriegskunst, Bd. IV, a.a.O., S. 308 und Jacques Boudet, Fontenoy, 1745, in: Cyril Falls (Hrsg.), Große Landschlachten, Frankfurt/M. o. J., S. 50.

Gefangenentötung in der Schlacht bei Azincourt. Vgl. John Keegan, Die Schlacht, dtsch. München 1981, 2. Kapitel, S. 124ff.

»Hat man dann das Recht«; **»Heute ist die Sache einfach«**. De Vattel, Völkerrecht, a.a.O., S. 441.

34 **Die Rekrutierung sächsischer Kriegsgefangener in König Friedrichs Heer**. Vgl. Christopher Duffy, Friedrich der Große. Ein Soldatenleben, dtsch. Zürich 1986, S. 159f.

35 **Ausplünderung Sachsens**. Zahlenangaben nach Duffy, Friedrich, a.a.O., S. 161.

Die Geiselnahme Leipziger Kaufleute. S. Rudolf Augstein, Preußens Friedrich und die Deutschen, Frankfurt 1981, S. 125, Vgl. auch Duffy, Friedrich, a.a.O., S. 161.

»Dinge von solcher Gemeinheit.« Duffy, Friedrich, ebd., S. 474.

»gemessen an den Maßstäben.« Duffy, Friedrich, ebd. S. 474.

»Eure Majestät schicken mich«. Duffy, ebd., S. 474.

36 **»Er wählte Ungnade«**. Augstein, Preußens Friedrich, a.a.O., S. 293.

»und zwar mit solchem Eifer«. . W. Archenholtz, Geschichte des siebenjährigen Kriegs in Deutschland, Berlin 1843, S. 99. Zitiert nach Duffy, Friedrich, a.a.O., S. 162.

»nach welcher man in den benachbarten Landen«. S. Staatsbetrachtungen über den gegenwärtigen Preußischen Krieg in Deutschland (1761). Zitiert nach Theodor Schieder, Friedrich der Große, Berlin o. J., S. 173f.

Beschlagnahme sächsischer Staatsarchive. S. Augstein, Preußens Friedrich, a.a.O., S. 124.

Übereignung sächsischer Steuereinnahmen. Zahlen nach Schieder, Friedrich, a.a.O., S. 188.

37 **»Daß keine mit einer starken Besatzung«**. F. A. Retzow, Charakteristik der wichtigsten Ereignisse des siebenjährigen Kriegs, Berlin 1802, Bd. II, S. 223; zitiert nach Duffy, Friedrich, a.a.O., S. 288.
»Zu schonen sind die Gebäude«. De Vattel, Völkerrecht, a.a.O., S. 453.

38 **»Will ein Heerführer.«** De Vattel, ebd., S. 451.
»In der ganzen Welt«. De Vattel, ebd., S. 453.

39 **»Man verheert ein Land«**; **»Das Mittel ist zugegebenermaßen«**. De Vattel, ed., S. 453.
»Plage für die Menschheit«. De Vattel, ebd., S. 453.
»Man muß diese Leute«. Zitiert nach Albert Sorel, L'Europe et la Revolution francaise, I. Partie, Les moeurs politiques, 10e, Paris 1907, S. 84.
»Kannibalen«. Sorel, ebd., S. 84.

40 **»So sehe ich letztlich«**. Zitiert nach Delbrück, Kriegskunst, IV, a.a.O., S. 347.
»Humanität«. A. Sorel, L'Europe, a.a.O., S. 81f.

41 **General-Prinzipien**; **»daß unsere Kriege kurtz«**. Friedrich II., zitiert nach Delbrück, Kriegskunst, Bd. IV, a.a.O., S. 358.
Moritz von Sachsen. Zitiert nach J. F. C. Fuller, The Decisive Battles of the Western World 1792-1944 (ed. John Terraine), London 1970, Vol. II, S. 36.

42 **Lazare Carnot, De la defense des places fortes, (1819)**. S. XIII, hier zitiert nach Fuller, Battles, a.a.O., S. 35.
»Ein echter Stratege«. Colmar von der Goltz, Von Roßbach bis Jena, 1906, S. 361. Hier zitiert nach Gerhard Ritter, Staatskunst und Kriegshandwerk, München 1954, S. 59. Vgl. dort auch Ausführungen zur Strategie und Kriegspolitik des Rokoko.

43 **»Mein Gott, warum opfert Ihr König«**. Zitiert nach Christopher Duffy, Friedrich der Große und seine Armee, Stuttgart 1989, S. 311.
»In den Bauch der Erde«. Ulrich Bräker, Lebensgeschichte und Natürliche Abenteuer des Armen Mannes im Tockenburg, Zürich 1789, Nachdruck Zürich 1978, S. 184.

44 **»Schwer verwundete Preußen«**. J. W. von Archenholz, Geschichte, I, a.a.O., S. 169; hier zitiert nach Duffy, Friedrich, a.a.O., S. 242.
»Tausende von Verwundeten«. Unter der Fahne des Herzogs von Bevern. Jugenderinnerungen des Christian Wilhelm von Prittwitz und Gaffron, Berlin 1935, S. 234ff. Hier zitiert nach Duffy, Armee, a.a.O., S. 286.
»Eine Menge verworfener Menschen«. Archenholz, Geschichte, II, a.a.O., S. 112ff. Hier zitiert nach Duffy, Armee, a.a.O., S. 312.

45 **»Die Furcht muß es sein«**. Politische Correspondenz Friedrich des Großen, Berlin 1920, S. 147. Hier zitiert nach Duffy, Friedrich, a.a.O., S. 475.
Bildung der kriegerischen Masse. Siehe Elias Canetti, Masse und Macht, Frankfurt/M. 1987, S. 77ff.

46 **»Da mußten wir zusehen«**. Bräker, Lebensgeschichte, a.a.O., S. 164.

47 **Verfassung von 1791**. Vgl. Geoffrey Best, Humanity in Warfare, London 1983, S. 77.
Jacques Pierre Brissot: »Ein Volk das nach 10 Jahrhunderten«. Rede v. 16. 12. 1791, zitiert nach Walter Markov, Revolution im Zeugenstand, Frankreich 1789-1799, Frankfurt/M. 1987, Bd. 2, S. 198ff.

48 **Jacques Hébert, in: ›Pére Duchesne‹**. Zitiert nach V. Bergeron/F. Furet/R. Koselleck, Das Zeitalter der europäischen Revolution 1780-1848, Fischer Weltgeschichte Bd. 26, Frankfurt 1969, S. 92.

Das Manifest des Herzogs von Braunschweig. Siehe Markov, Revolution, a.a.O., S. 260ff.

Pierre Gaspard Chaumette: »Das Gebiet zwischen Paris«. Zitiert nach Bergeron/Furet/Koselleck, Zeitalter, a.a.O., S. 93.

Erlaß des Konvents zur Massenaushebung vom 23. 8. 1793. Réimpression de l'Ancien Moniteur depuis la Réunion des Etats Généraux jusqu' au Consulat, 25. 8. 1793 (Paris 1840-1845), Bd. XVII, S. 478; Hier zitiert nach J. F. C. Fuller, Die entartete Kunst Krieg zu führen 1789-1961, dtsch. Köln 1964, S. 33.

49 **»So scharfsichtig wie Frettchen«**. Zitiert nach Fuller, ebd., S. 36.

»50.000 wilde Tiere«. Zitiert nach Fuller, ebd., S. 37.

50 **»Die Philanthropie«**. Zitiert nach G. Best, Humanity, a.a.O., S. 82.

Philippe Antoine Merlin de Douai: »Um sich für die Schäden«. Zitiert nach Bergeron/Furet/Koselleck, Das Zeitalter, a.a.O., S. 94.

51 **Napoleons Kriegskosten und Kriegsgewinne**. Vgl. Geoffrey Best, War and Society in Revolutionary Europe, 1770-1870, London 1982, S. 113ff.

Comte de Custine: »Dies ernste Exempel«. Zitiert nach Best, Humanity, a.a.O., S. 80.

52 **»Seine Untertanen in den Krieg«**. Kant, Metaphysik, a.a.O., S. 469.

53 **Krieg in der Vendée**. Vgl. dazu Ch.-L. Chassin, La Préparation de la guerre de Vendée 1789-1793, 3 Bde., Paris 1892. Gemetzel in Machecoul. Siehe ders. ebd., Bd. 3, S. 937ff. Zur Vendée vgl. ferner Paul Bois, Les Paysans de L'Ouest, Paris 1960; Jean-Clément Martin, La Vendée et la France, Paris 1987, Reynald Secher, Le Génocide franco-francais: La Vendée Venge, Paris 1986, P. Doré-Graslin, Itinéraire de la Vendée militaire, Angers 1979, Simon Schama, Der zaudernde Citoyen, dtsch. München 1989, S. 684.

54 **»Ich verbrenne und töte weiterhin alle«**. Zitiert nach Rene Sedillot, Hat sich die Revolution gelohnt? dtsch. Göttingen 1989, S. 27.

12 »colonnes infernales«. Vgl. Secher, Le Génocide, a.a.O.

»Minen, Gas oder andere Möglichkeiten«. Zitiert nach Schama, Citoyen, a.a.O., S. 777.

55 **Terror in Lyon und Nantes**. S. Norman Hampson, A Social History of the French Revolution, London 1963, S. 217; vgl. dazu auch Schama, Citoyen, a.a.O., S. 776.

Verlustzahlen des Vendée-Krieges. S. Jean-Clément Martin, La Vendée, a.a.O.; nicht inbegriffen sind einige zigtausend Verluste der republikanischen Armee. Vgl. dazu auch Schama, S. 778.

Erlaß der Nationalversammlung vom 4. 5. 1792. In: Proces verbal de l'Assemblée National, Paris 1792, vol. 8, S. 76ff.

56 **»Die Republik besteht in der Ausrottung.«** Zitiert nach Schama, Citoyen, a.a.O., S. 775.

»der nicht fühlen würde«. Zitiert nach Michel Vovelle, Die Französische Revolution. Soziale Bewegung und Umbruch der Mentalitäten, Frankfurt/M. 1985, S. 105.

Greuel auf dem Marsch Toledo-Cordoba. S. Geoffrey Best, War and Society, a.a.O., S. 177.

Greuel des Iberischen Kriegs.S. G. Best, War and Society, a.a.O., Kapitel 12, S. 168ff. Robert Asprey, War in the Shadows, The Guerilla in History 2 Bde., New York 1975, S. 137ff., Eugen Tarlé, Napoleon, dtsch. Berlin (DDR) 1959, S. 261ff.

58 **Vorgänge in Oporto**. Dazu s. Robert B. Asprey, War in the Shadows, The Guerilla in History, ebd., New York 1975, S. 140.

Marschall Jean Louis Lannes in Saragossa: **»Was für ein Krieg«**. Zitiert nach Eugen Tarlé, Napoleon, Berlin (DDR) 1959, S. 262ff.

59 **Sir Thomas Picton: »Ihre Grausamkeiten...«**. Zitiert nach Asprey, War, s.o., S. 144.

Lord Wellington: »Jedes Dorf ist eine Festung«. Zitiert nach Asprey, War, a.a.O., S. 132.

60 **Preußisches Landsturmedikt und Kommentar Carl Schmitts** in ders., Theorie des Partisanen, Berlin 1962, S. 47f.

61 **Karl XII in Rußland; Wortwechsel Jeferyes und Zar Peter**. Zitiert nach Robert K. Massie, Peter der Große. Sein Leben und seine Zeit, dtsch. Frankfurt/M. 1986, S. 453.

»Statt einer furchterweckenden Armee«. Massie, ebd., S. 403.

»Als ob es für das Umbringen«. L. Tolstoi, Krieg und Frieden, übertragen von Werner Bergengruen, München 1953, S. 1341.

»Der Knüppel des Volkskriegs«. Tolstoi, ebd., S. 1341.

62 **Nationale Gliederung der Napoleonischen Rußlandarmee**. Siehe Boris Z. Urlanis, Bilanz der Kriege. Die Menschenverluste Europas vom 17. Jahrhundert bis zur Gegenwart, Berlin (DDR) 1965, S. 78.

»Das wäre möglich gewesen«. Carl von Clausewitz, Der Russische Feldzug von 1812, Essen o. J., S. 196.

»Der Leichnam eines Feindes«. Mémories du général de Coulaincourt, Duc de Vicence, Paris 1933. Hier zitiert nach Eckart Kleßmann: Napoleons Rußlandfeldzug in Augenzeugenberichten, Düsseldorf 1964, S. 135.

Napoleons Rußlandfeldzug. Siehe dazu Carl von Clausewitz, Russischer Feldzug, a.a.O., Nigel Nicolson, Napoleon in Rußland; dtsch. Zürich 1987, Eugen Tarlé, Napoleon in Rußland 1812, dtsch. Zürich 1944; Eugen Tarlé, Napoleon a.a.O., Alan Palmer, Napoleon in Russia, London 1967.

63 **»arme Männer auf der Suche«**. Zitiert nach Nicolson, Napoleon, a.a.O., S. 142.

Clausewitz: »Nie im Leben«. In ders., Russischer Feldzug, a.a.O., S. 159.

64 **Wilsons Zeugnis eines Lebendbegräbnisses**; **»deren Köpfe«**. Zitiert nach Nicolson, Napoleon, a.a.O., S. 172.

Die Verlustzahlen der Grande Armée. Siehe dazu die Erörterung Nicolsons, ebd., S. 228.

Die Gefangenen in der Kirche von Wjasma. E. Tarlé, Napoleon in Rußland, a.a.O., S. 315.

200.000 französische Soldatenverluste 1813-1815. Zahlenangabe nach B. Urlanis, Bilanz, a.a.O., S. 73.

65 **Betrachtungen zu Napoleon auf den Kongressen in Wien und Aachen.** Zitiert nach Walter Schwengler, Völkerrecht, Versailler Vertrag und Auslieferungsfrage, Stuttgart 1982, S. 43ff.

67 **Zum Verhältnis von christlichem Missionsauftrag, Landnahme und gerechtem Krieg**. Vgl. Carl Schmitt, Der Nomos der Erde im Völkerrecht das Jus

Publicum Europaeum, Berlin 1950. Dort insbes. Kap. I, 5, Die Landnahme als konstituierender Vorgang des Völkerrechts, sowie Kapitel II, Die Landnahme einer neuen Welt.

Francisco de Vitoria: »Die Indianer sind Menschen«. Zitiert nach Schmitt, Nomos, ebd., S. 76.

68 **Verluste der Revolutions- und Napoleonischen Kriege, der Kriege 1815-1914, der Kolonialkriege, des lateinamerikanischen Kriegs Spaniens und des Kriegs der USA gegen die Philippinen**. Zahlenangaben dazu nach den Berechnungen von Boris Urlanis, Bilanz, a.a.O., S. 311ff.

Maxim Maschinengewehr. Vgl. dazu William H. Mc Neill, The Pursuit of Power, Oxford 1983, Kap. 7, und Brian Bond, War and Society in Europe, 1870-1970, London 1984, S. 42f.

69 **Der Brief des Generalleutnants von Trotha an die Hereros.** Abgedruckt in der Ausgabe des ›Vorwärts‹ vom 16. 12. 1905; Wiedergabe bei Wilfried Westphal, Geschichte der deutschen Kolonien, München 1984, S. 176.

70 **Kolonialisierung eines Fünftels der Erde, und »seit den Mongoleneinfällen«**. S. Fuller, Entartete Kunst, a.a.O., S. 145.

Sanitätswesen in den napoleonischen Kriegen und im Krimkrieg. S. dazu Boris Urlanis, Bilanz, a.a.O., Teil II, Kapitel 2, Abschnitt 3 und 4; ferner John Keegan und Richard Holmes, Soldiers. A History of Men in Battle. London 1985, S. 148f.

71 **Amerikanischer Sezessionskrieg**. Vgl. dazu Marching with Sherman, the Letters and Campaign Diaries of Henry Hitchcock, Major and Assistant Adjudant General of Volunteers, Edited by M. A. DeWolfe Howe, New Haven/London/Oxford 1927; The story of The Great March from the Diary of a Staff Officer. By Brevet Major George Ward Nichols, Aid-De-Camp To General Sherman, New York 1865; J. F. C. Fuller, Die Entartete Kunst, a.a.O.

J. F. C. Fuller, The Decisive Battles of the Western World and their influence upon history, Vol. III, From the American Civil War to the End of the Second World War. (Original-Ausgabe) London 1956; James M. McPherson, Battle Cry of Freedom, The Civil War Era, New York/Oxford 1988; John Keegan, The Mask of Command, London 1987; John Keegan, Richard Holmes, Soldiers, a.a.O.;

Boris Urlanis, Bilanz, a.a.O.; Hans Delbrück, Weltgeschichte, a.a.O., V. Teil.

72 **»unausgesetzt auf den Feind einhämmern«**. Delbrück, Weltgeschichte, a.a.O., S. **101.**

73 **»Army of Shenandoah«**. Vgl. George E. Pond, The Shenandoah Valley in 1864, New York 1885; H. Delbrück, Weltgeschichte, a.a.O., S. 102; G. Best, Humanity in Warfare, a.a.O., S. 206f.

»nichts zu lassen als die Augen«, zitiert nach Best, ebd., S. 195.

»Attila des amerikanischen Kontinents«. Jefferson Davis, The Rise and Fall of the Confederate Gouvernment (1881), Bd. II, S. 279.

»See the books«. George T. Sherman, 1875, S. 128.

74 **Brand Atlantas; »Das sind die Maschinenfabriken«; »überzieht eine fürchterliche Stille«** S. Nichols, The Story, a.a.O., S. 38f.

75 **»die diesen Krieg erzwungen haben«; »stellen Sie soviele Wachen«**. Hitchcock, Marching with Sherman, a.a.O., S. 53.

»Ein Drittel des gesamten Horizonts«; **»Nunmehr stehen die Skelette«**. Hitchcock ebd., S. 57.
Bahnhof von Millen; »eine Holzkonstruktion«. S. Nichols, The Story, a.a.O., S. 80.
Waldbrand. »Als wir uns einen ihrer Wälder«. Nichols, ebd., S. 153.

76 **»old darkey von Tennille**; **»von den Yanks«**. S. Hitchcock, Marching, a.a.O., S. 119f.
»Täglich und stündlich.« Nichols, The Story, a.a.O., S. 71.
»Es kocht einem das Blut«. Nichols ebd., S. 150.
»Es gibt im Süden eine Klasse von Leuten«. Nichols, The Story, a.a.O., S. 119.

77 **»Ich habe die verstümmelten Körper«**. Nichols, ebd., S. 194.
»avenging Nemesis«. Nichols, ebd., S. 175.
»Unsere Arbeit war eine Art Vernichtung«. Nichols, ebd., S. 81.
»Thank the Almighty God«. Nichols, ebd., S. 161.
»Dieser Verlust«; **»Visit of Sherman's army«**. Nichols, ebd., S. 170.

78 **»Ihre eingebildete, unnahmbare Sicherheit«**. **»verkörpert in unserer Armee«**; Nichols, ebd., S. 170f.
»Die traurige Wahrheit ist«. Nichols, ebd., S. 67.

79 **»Offensichtlich ist es ein Prinzip«**; **»am Ende eine Gnade«**. Hitchcock, Marching, a.a.O., S. 125.

80 **»Nichts kann diesen Krieg beenden«**. Hitchcock, ebd., S. 82.
»Er muß Zerstörung und Elend«. Nichols, The Story, a.a.O., S. 77. Zu General Sherman vgl. Basil Liddell Hart, Sherman, Soldier, Realist, American, New York 1929 und James Reston Jr., Sherman and Vietnam, New York 1985.
»Ich muß mein Herz«. Hitchcock, Marching, a.a.O., S. 77.

81 **Francis Lieber und Henry Wager Halleck**. Der Lieber Code ist wiedergegeben in Leon Friedman, The Law of War. A Documentary History 2 Bde., New York 1972, Bd. I, S. 158-186.

84 **»In Gefangenschaft geraten**«. Hitchcock, Marching, a.a.O., S. 110.
Urteil im Andersonville-Prozeß gegen Captain Henry Wirz, einschl. Zitaten aus den Verhandlungen. Auszugsweiser Abdruck in Friedman, Law, a.a.O., Bd. I, S. 783-798. Zu den Gefangenenlagern im Süden vgl. auch James M. Mc. Pherson, Battle Cry of Freedom. The Civil War Era, New York 1988, S. 791ff.

86 **»Der Anblick des Schlachtfelds«**. Zitiert nach Martin Gumpert Dunant, Frankfurt/M. 1987, S. 66f.
Napoleon III. bei Sedan. Vgl. auch Gumpert, Dunant, a.a.O., S. 224f. und Alistair Horne, Paris ist tot, es lebe Paris, dtsch. Bern/München 1967, S. 57.
Genfer Rotkreuzkonvention von 1864. Abdruck in Friedman, Law Bd. 1, a.a.O., S. 187ff.

88 **Moltke an Bluntschli**. Publiziert in Revue de droit international, Bd. 13, 1881, S. 79-84.
Auszug in Best, Humanity, a.a.O., S. 144f.
Friedrich Nietzsche. Zitate aus den Schriften, Zur Genealogie der Moral, München 1983 und Die fröhliche Wissenschaft, Stuttgart 1976.

91 **Kanonade von Paris .** Vgl. Alistair Horne,a.a.O., S. 207f.

Haager Landkriegsordnung und Abkommen zur friedlichen Erledigung von Streitfällen. Wiedergegeben in Friedman, Law, a.a.O., Bd. I, S. 221ff., S. 204ff. Novellierte und im weiteren endgültige Fassung von 1907, dtsch. in Reichsgesetzblatt, Berlin, 1910, S. 132ff. (HLKO) und S. 5ff. (Friedliche Erledigung Streitfälle).

95 **»In meiner Praxis«**. S. Die Große Politik der Europäischen Kabinette, Berlin 1924-25, Bd. XV, S. 4320. Vgl. auch Barbara W. Tuchman, Der stolze Turm, dtsch. München/Zürich 1969, Kapitel 5, Krieg oder Frieden, Den Haag 1899 und 1907, S. 320. Zur Haager Friedenskonferenz siehe ferner Best, Humanity, a.a.O., Kapitel 3, The Legislative Foundations 1815-1914, S. 128ff., und Jost Dülffer, Regeln gegen den Krieg? Die Haager Friedenskonferenzen 1899 und 1907 in der internationalen Politik, Berlin o. J.

96 **Roaring Jake; das Militärgerichtsurteil gegen General Jacob H. Smith (1902)**. Wiedergegeben in Friedman, Law, a.a.O., S. 799ff. Vgl. dazu auch Asprey, War in the Shadows, a.a.O., S. 206ff.

98 **»gingen wir in dem Entgegenkommen«; »Die erste jüdische Volksküche«.** Erich Ludendorff, Meine Kriegserinnerungen 1914-1918, Berlin 1921, S. 154.

»Kein anderes Volk«. Ludendorff, ebd., S. 158.

›Deutscher Verbrechenskalender‹. S. M. L. Sanders, Philip M. Taylor, Britische Propaganga im Ersten Weltkrieg 1914-1918, dtsch. Berlin 1990, S. 119. Zur Greuelpropaganda vgl. auch L. H. Grondys, The Germans in Belgium, London 1915, sowie James Morgan Read, Atrocity Propaganda 1914-1919, New Haven 1941.

Germans Burn Babies«, und folgende Zitate aus der Okkupationszeit in Belgien. S. Lothar Wieland, Belgien 1914, Frankfurt/M./Bern 1984, S. 14ff. Zum deutschen Terror in Belgien vgl. John Terraine, The Smoke and the Fire, Myths and Anti-Myths of War 1861-1945, London 1980, S. 26ff.; ferner Barbara Tuchman, August 1914, dtsch. Frankfurt/M. 1990, Kapitel 17.

99 **Kriegsführung 1914-1918.** Vgl. John Terraine, White Heat. The New Warfare 1914-1918, London 1982; J. Terraine, The Smoke and the Fire, a.a.O., J. Terraine Impacts of War 1914 und 1918; London 1970; J. Terraine, The Road to Passchendale, London 1977; J. Terraine, The First World War, London 1965; Denis Winter, Death's Men, Soldiers of the Great War, London 1979; Martin Middlebrook, First Day on the Somme, London 1971; M. Middlebrook, Der 21. März 1918. Die Kaiserschlacht, dtsch. Berlin 1979; Lyn Macdonald, Somme, London 1983; L. Macdonald, The Roses of No Man's Land, London 1980; L. Macdonald, They called it Passchendale. The story of the Third Battle of Ypres and of the men who fought it. London 1978; Robert Graves, Goodbye to All That (1929 1), London 1957; Siegfried Sassoon, Memoirs of an Infantry Officer, London 1930; Paul Fussel, The Great War and modern memory, London/Oxford 1975; Morris Eksteins, Rites of Spring. The Great War and the Birth of the Modern Age, London 1989; Ernst Jünger, In Stahlgewittern; ders., Das Wäldchen 125; ders., Feuer und Blut, in Ernst Jünger, Sämtliche Werke, Stuttgart 1978, Bd. 1; Ernst Jünger, Das Abenteuerliche Herz, Stuttgart 1987; Henry Barbusse, Das Feuer (1916), dtsch. Frankfurt/M. 1986; C. S. Forester, Ein General, dtsch. Berlin 1937; John Keegan/Richard Holmes, Soldiers, a.a.O.; John Keegan, Die Schlacht, a.a.O.; John Keegan, The Mask of Command, a.a.O.; Jehuda Wallach, Das

Dogma der Vernichtungsschlacht. Die Lehren von Clausewitz und Schlieffen und ihre Wirkung in zwei Weltkriegen, dtsch. Frankfurt/M. 1967; J. F. C. Fuller. Die entartete Kunst, a.a.O., Basil H. Liddell Hart, History of the First World war (1930 1), London 1970; Marc Ferro, Der Große Krieg 1914-1918, dtsch. Frankfurt/M. 1988; A. J. P. Taylor, The First World War, London 1963; A. J. P. Taylor, How Wars End, London 1985; Barbara Tuchman, August 1914, a.a.O.; Peter Graf Kielmansegg, Deutschland und der Erste Weltkrieg. Stuttgart 1980; Martin van Creveld, Technology and War, London 1989; M. Van Creveld, Supplying War, Cambridge 1977; Archer Jones, The Art of War in the Western World, Oxford/New York 1987; Michael Howard, Der Krieg in der europäischen Geschichte, dtsch. München/Oxford/New York 1976; Hans Delbrück, Ludendorff, Tirpitz, Falkenhayn, Berlin 1920; Carl Franz, Lehrbuch der Kriegschirurgie, Berlin 1919.

107 **»Leben der Märtyrer 1914-1916«**. Von Georges Duhamel, Zürich/Leipzig o. J. »Es erfüllt uns«. Ebd., S. 122.

»Von einer Kugel zu sterben«. Horne, Price of Glory, Ed. London 1986, S. 190.

108 **»Wir baten Gott«**. Horne, ebd., S. 198.

Verdun-Schlacht. Vgl. dazu Hermann Wendt, Verdun 1916. Die Angriffe Falkenhayns im Maasgebiet mit Richtung auf Verdun als strategisches Problem, Berlin 1931; Alistar Horne, The Price of Glory, Verdun 1916, London 1962; Ed. London 1986 (gekürzt); German Weerth, Verdun, die Schlacht und der Mythos, Bergisch Gladbach 1982. Michel Salewski, Verdun und die Folgen, in Wehrwissenschaftliche Rundschau, 3/76, S. 89ff.

109 **Falkenhayn-Plan**. S. Erich von Falkenhayn, Die Oberste Heeresleitung 1914/16 in ihren wichtigsten Entschließungen, Berlin 1920, Anhang.

110 **»einen tiefen endemischen Fehler«**. S. John Terraine, First World War, a.a.O., S. 408.

117 **I. Weltkrieg**. **Aggressor**. Vgl. dazu Fritz Fischer, Griff nach der Weltmacht. Die Kriegszielpolitik des kaiserlichen Deutschland 1914-1918, Düsseldorf 1961; Fritz Fischer, Krieg der Illusionen. Die deutsche Politik von 1911-1914, Düsseldorf 1969. Ludwig Dehio, Gleichgewicht oder Hegemonie, Krefeld o. J.; Gerhard Ritter, Staatskunst und Kriegshandwerk, a.a.O.; Andreas Hillgruber, Die gescheiterte Großmacht, Eine Skizze des Deutschen Reiches 1871-1945, Düsseldorf 1980; Egmont Zechlin, Krieg und Kriegsrisiko. Zur deutschen Politik im Ersten Weltkrieg, Düsseldorf 1979; Kurt Riezler, Tagebücher. Eingeleitet und hrsg. von Karl Dietrich Erdmann, Göttingen 1972; Deutsche Kriegsziele 1914-1919, Hrg. von Ernst W. Graf Lynar, Frankfurt/M./Berlin 1964; Fritz Fischer, Juli 1914; Wir sind nicht hineingeschlittert. Das Staatsgeheimnis um die Riezler-Tagebücher, Reinbek 1983; Immanuel Geiss, Das Deutsche Reich und die Vorgeschichte des Ersten Weltkriegs, München 1985; Wolfgang Mommsen, Das Zeitalter des Imperialismus, Frankfurt/M. 1969; Fischer Weltgeschichte, Bd. 28; W. Mommsen, Der autoritäre Nationalstaat; Verfassung, Gesellschaft und Kultur im deutschen Kaiserreich, Frankfurt 1990; A. J. P. Taylor, War by Timetable: How the First World War Began, London 1969; Paul M. Kennedy (Hrsg.) The War Plans of the Great Powers 1880-1914, London 1979; James Joll, The Origins of the First World War, London/New York 1983.

118 **Friedensvertrag.** S. Der Vertrag von Versailles, München 1978. Zur Konferenzdiplomatie siehe Schwengler, Völkerrecht, a.a.O., S. 71ff.
Wilsons 14-Punkte-Plan und »Die Menschheit« in: Helmuth Rönnefarth und Heinrich Euler, Konferenzen und Verträge, Vertrags-Ploetz, Teil II, Würzburg 1959.S. 23f.

119 **Zu den näheren Umständen der deutschen Friedensbereitschaft**. S. Klaus Epstein, Mathias Erzberger und das Dilemma der deutschen Demokratie, dtsch. München 1976. Richard M. Watt, Der Kaiser geht. Deutschland zwischen Revolution und Versailles, dtsch. Frankfurt/M. 1971.

120 **Beschlüsse und Dokumente des Völkerbunds** in: Dix Ans de Coopération Internationale, Genève, Secretariat de la Société des Nations, 1930. Vgl. auch Hans Wehberg, Die Ächtung des Krieges. Schriften der Deutschen Liga für Völkerbund, Berlin 1930; ders., Krieg und Eroberung im Wandel des Völkerrechts, Frankfurt/M./Berlin 1953. Bernd Weber, Die völkerrechtlichen Kriegsverhütungsbestrebungen von 1919 bis zum Beginn des II. Weltkriegs. In ›Wehrforschung‹, 3/1974, S. 78ff.

123 **Mandschurischer Konflikt und Völkerbund**. Vgl. dazu Christopher Thorne, The Limits of Foreign Policy. The West, the League and the Far Eastern Crisis of 1931-1933; Peter Calvocoressi/Guy Wint/John Pritchard: Total War, Bd. 2, Teil 1, London 1989. The Tokyo Judgement. The International Military Tribunal For The Far East, 29. April 1946 – 12. November 1948. Hrsg. B. V. A. Röling und C. F. Rüter, Bd. 1, Judgement, Bd. 2, Dissenting Opinions Judges Pal und Röling, Amsterdam 1977.
Verluste im chinesisch-japanischen Krieg. Zahlenangaben nach John Keegan (Editor), The Times Atlas of the Second World War, London 1989, S. 204f. Zuverlässige Angaben existieren hier nicht. Die Quellen differieren, weil Opfer des Bürgerkriegs, der Kuomintang-Armee, der Nanking-Regierung und der Mandschurei hier mitgezählt werden, dort nicht. Vgl. dazu die Wiedergabe und Erörterung der Zahlen bei Rüdiger Overmans, 55 Millionen Opfer des Zweiten Weltkriegs? Zum Stand der Forschung nach mehr als 40 Jahren in: Militärgeschichtliche Mitteilungen, 2/90, S. 115. Die Mehrzahl der Quellen nennt Zivilverluste zwischen 8,75 und 10 Millionen Personen. 1,3 Mio. Militärtote beziffern Urlanis (op. cit.) und Encyclopaedia Britannica.

124 **Der chinesisch-japanische Krieg**. Vgl. dazu Röling/Rüter, Tokyo Judgement a.a.O.; Calvocoressi/Wint/Pritchard, Total War; Bd. 2, Teil 1, London 1989; Barbara Tuchman, Sand gegen den Wind. Amerika und China 1911-1945, dtsch. Stuttgart 1973; Dick Wilson, When Tigers Fight. The Story of the Sino-Japanese War 1937-1945, London 1982; Lincoln Li, The Japanese Army in North-China 1937-1941, London/New York 1975; John Hunter Boyle, China and Japan at War 1937-1945. The Politics of Collaboration, Stanford, Cal. 1972; Keegan, Atlas, a.a.O., S. 32f., S. 194f.; Mao Tse-Tung, Ausgewählte Werke, Band II, Die Periode des Widerstandskrieges gegen die Japanische Aggression, Peking 1968.

125 **»Den Chinesen nicht als menschliches Wesen«**. Vorfall aus der nördlichen Provinz Kiangsi vom Mai 1940. Zitiert nach Harrison Forman, Inside Red China, S. 119.

126 **»Weil der chinesische Konflikt«**; **Aussage Muto**. Zitiert nach Arnold C.

Brackman, The other Nürnberg, The untold Story of the Tokyo War Crimes Trials, Glasgow 1989, S. 187f.

»mit der Steigerung der technischen Vernichtungsmittel«. Carl Schmitt, Nomos, a.a.O., S. 298f.

129 Schlacht in Schanghai und Zahlenangaben. Vgl. dazu Wilson, Tigers, a.a.O., S. 71.

130 Wettstreit Mukai-Noda. S. Wilson, ebd., S. 71.

»Die Regel«. Zitiert nach Wilson, ebd., S. 72.

131 Man fühle sich nicht allzu wohlig. S. Wilson, ebd., S. 72.

»Damit wir keine Probleme bekommen«; »Wir fingen eine vierköpfige Familie«. Zitiert nach Röling/Rüter, Tokyo Judgement, a.a.O., Bd. I, Urteil, S. 393.

132 Marokkanische Kolonialtruppen. S. Norman Lewis, Naples ›44, New York/London 1978, S. 143. Zu Vergewaltigungen im Kriege siehe auch Susan Brownmiller, Against Our Will. Men, Woman and Rape, New York 1975, dtsch. Gegen unseren Willen, Vergewaltigung und Männerherrschaft, Frankfurt 1980, Kap. 3. Helke Sander, Barbara Johr, Befreier und Befreite. Krieg, Vergewaltigung, Kinder, München 1992.

134 »Der schnellste, sicherste Weg«. Zitiert nach Wilson, Tigers, a.a.O., S. 79.

136 Zerstörung der Flußdeiche. S. Tuchman,Sand, a.a.O., S. 189; Verlustzahlen nach Calvocoressi/Wint/Pritchard, Total War, Bd. 2, a.a.O., S. 218.

Stärke der japanischen Besatzungstruppen und Besatzungskosten. Zahlenangaben nach H. P. Wilmott, The Great Crusade, London 1989, S. 161f.

138 »Alle-Drei-Politik«und **Dorf im Norden**. S. Wilson, Tigers, a.a.O., S. 140.

139 25-Millionen-Dollar Kredit. S. Tuchman,Sand, a.a.O., S. 192.

»Ich bin ein Mann Ostasiens«. Zitiert nach Wilson, Tigers, a.a.O., S. 165f.

Zur Strategie des Pazifischen Kriegs. Vgl. Paul Kennedy, Pacific Onslaught, 7th December 1941/7th Februar 1943, New York 1972 und H. P. Wilmott, The Great Crusade. a.a.O., S. 159ff.

143 »Der Prestigeverlust des britischen Personals«. Zitiert nach Christopher Thorne, Racial Aspects of the Far Eastern War of 1941-1945, Oxford 1980, S. 346.

»Gelbe Zwerge«, »Untermenschen«, »Ratten«. Zitiert nach Thorne, ebd., S. 341.

»Diese Nation schlagen«. Zitiert nach Thorne, ebd., S. 350.

144 Strategiekonferenz, 5. 11. 1941. S. Nobutake Ike (ed.) Japans Decision For War. Records of the 1941 Policy Conferences, Stanford 1967.

Landungsoperationen Neu-Guinea. S. Keegan, Atlas, a.a.O., S. 118f., S. 120.

»Ihr müßt hinnehmen«. Zitiert nach Calvocoressi u. a., Total War, II, a.a.O., S. 535.

145 St. Paul's College, Manila. S. Brackman, Another Nuremberg, a.a.O., S. 268f.

»Zeitweilig wurde dieser Verzehr«. Röling/Rüter, The Tokyo Judgement, a.a.O., Bd. 1, Urteil, S. 410.

»Ich habe Burschen gesehen«. Zitiert nach Studs Terkel, The Good War, London 1986, S. 62.

146 »Wir waren in einem schrecklichen Geschäft.« Terkel, ebd., S. 200ff.

US-Militärgerichtsverfahren in Manila. Vgl. Richard L. Lael, The Yamashita Precedent. War Crimes and Command Responsibility, Washington 1982.

147 **»ist verbunden mit hoher Autorität«**; **»operieren in einem Vakuum«; »Dort, wo Mord«**. Friedman, The Law of War, a.a.O., Bd. 2, S. 1597.

148 **»Die Traditionen des kämpfenden Mannes«; »Der Soldat«**. Friedman ebd., S. 1598f.

»feindliche Einrichtungen«. Zitiert nach Max Hastings, The Korean War, London 1988, S. 221.

149 **»Die neue Technik des Krieges«**. J. F. C. Fuller, Der Erste der Völkerbundskriege. Seine Zeichen und Lehren für Kommende, Stuttgart 1937, S. 204.

»In der neuen Form«. Fuller, ebd. S.203.

150 **»Denn sie trägt den Krieg«**. Fuller, ebd., S.204.

»die Erweckung eines Instinkts«. **»Schrecken zu erregen«**. Fuller, ebd., S.204.

»daß ihre Moral«. Fuller, ebd., S.53.

»Von Brisanzgranaten zermalmt«. Fuller, ebd., S.56.

151 **»Die größte Demoralisierung«**. Fuller, ebd., S.261.

Genfer Protokoll vom 17. 6. 1925. Wiedergegeben in Friedman, Law, Bd. 1, a.a.O., S. 454ff.

»Denn gleich einem Menschen«. Fuller, Völkerbundskriege, a.a.O., S. 192.

»Der sicherste Schutz«. Fuller, ebd., S. 222.

»ihre Form eines coup d'etat«. Fuller, ebd., S. 201.

»vor allem schreckerregend«. Fuller, ebd., S. 203.

152 **»Ein Volk in Waffen; »die Idee, ein Volk in Disziplin«**. Fuller, ebd., S. 106.

»daß es am sichersten ist, still zu sitzen« . Fuller ebd., S. 222.

»Schiffsdrill«. Fuller, ebd., S. 224.

153 **300 Tonnen Bomben über England**. Siehe Barry R. Posen, The Sources of Military Doctrine. France, Britain and Germany between the World Wars. Ithaka/London 1984, S. 145.

»Tausende von Flugzeugen«. Zitiert nach Hans Rumpf, Das war der Luftkrieg«; Oldenburg 1961, S. 73.

154 **»Bomben haben keine Augen«**. Zitiert nach Ronald Schaffer, Wings of Justice, American Bombing in World War II, New York/Oxford 1985, S. 141.

155 **»die Versicherung, daß wir nicht willkürlich«**. Zitiert nach Max Hastings, Bomber Command, London 1981, S. 205.

»Zivilverluste von schätzungsweise 900.000 Toten«. Zitiert nach John Terraine, The Right of the Line, London 1988, S. 505.

156 **»dann muß man sich von diesem Bild«**. Zitiert nach Schaffer, Wings, a.a.O., s. 63.

»de-housing«. Vgl. Memorandum Lord Cherwell, Auszug bei Hastings, Bomber Command, a.a.O., S. 150f.

»Moral ist ein kosmetisches Wort«. Terraine, Right of the Line, a.a.O., S. 261.

»den Tod von nahem riechen«. Zitiert nach Hastings, Bomber Command, a.a.O., S. 205.

»Man glaubt, daß die Vernichtung«. Jünger, Strahlungen, a.a.O., S. 418.

157 **57.000 Kinder unter 14 Jahren**. Zahlenangabe nach Erich Hampe, Der Zivile Luftschutz im Zweiten Weltkrieg, Frankfurt/M. 1963, S. 176.

»mehr einem Feueranzünder«. Zitiert nach Hastings, Bomber Command, a.a.O., S. 173.

158 **Abwurf von 96.000 Stabbrandbomben**. Zahlenangabe nach Rumpf, Luftkrieg, a.a.O., S. 62f.

»Wie entsetzlich müssen diese Menschen«. Zitiert nach Martin Middlebrook, Hamburg, Juli ›43, dtsch. Berlin 1983, S. 306.

159 **Eine weitverbreitete Theorie**. Vgl. Telford Taylor, Nürnberg und Vietnam, dtsch. München 1971, S. 164.

Opferzahl von 900.000 Personen. Zahlenangabe nach Schaffer, Wings, a.a.O., S. 148.

160 **Angriff auf Tokyo am 10. 3. 1945**. Zahlenangabe nach Schaffer, ebd., S. 132.

304.000 Gefallene, Verwundete, Vermißte. Zahlenangabe nach Tony Le Tissier, The Battle of Berlin, 1945. London 1988, S. 225.

»Die restlichen deutschen Städte«. Zitiert nach Hastings, Bomber Command, a.a.O., S. 452.

»For us there are no civillians«. Zitiert nach Schaffer, Wings, a.a.O., S. 142.

161 **Entwurf einer Luftkriegsregelung**. Wiedergabe in Friedman, Law, a.a.O., Bd. 1, S. 437ff.

162 **»Wir müssen der Tatsache«**. Zitiert nach Richard Rhodes, Die Atombombe, dtsch. Nördlingen 1988, S. 483.

»Wir besitzen kein Landheer«. Winston Churchill, The Second World War, Vol II, London 1949, S. 567.

163 **»Die große Amoralität«**. Zitiert nach Terraine, Right of the Line, a.a.O., S. 683.

»Wir erwarten, daß die Tatsache«. Zitiert nach Schaffer, Wings, a.a.O., S. 95.

165 **Zerstörung des Rhein-Ruhrgebiets**. S. Janusz Piekalkiewicz, Luftkrieg 1939-1945, München 1982, S. 544ff.

Zerstörungen in Köln. S. Hiltraud Kier, in:Hugo Borger, Der Kölner Dom im Jahrhundert seiner Vollendung, Bd. 2, Köln 1980, S. 263f.

»Wenn wir zurückschlagen könnten«. Heinz Boberach, Meldungen aus dem Reich. Die geheimen Lageberichte des Sicherheitsdienstes der SS 1938-1945, Herrsching 1984, Bd. 14, S. 5462.

»Rache unsererseits«. Ebd., S. 5431.

»Der Herrgott würde so etwas«. Ebd., S. 5449.

»Es liegen auch Stimmen vor«. Ebd., S. 5449

166 **Nacht vom 11. auf den 12. Juni 1943**. Zahlenangabe nach J. Piekalkiewicz, Luftkrieg, a.a.O., S. 544.

167 **2430 Getötete, Mai 1943 Wuppertal**. Zahlenangabe ebd. S. 540.

»Ihr Mörder tragt viel Schmerzen«. Boberach (Hrsg.) Meldungen, a.a.O., Bd. 14, S. 5432.

169 **75 % Endlösungsopfer in 11 Monaten.** Zahlenangabe nach Christopher Browning, Path to Genocide. Essays on Launching the Final Solution. Cambridge 1992, S. 169.

328.000 Personen in Hitlers Gewalt. Zahlen errechnet nach Ingo Arndt, Heinz Boberach, Deutsches Reich, in: Wolfgang Benz (Hrsg.), Dimension des Völkermords. Die Zahl der jüdischen Opfer des Nationalsozialismus, München 1991, S. 23-66.

Die bolschewistische Methode der Vernichtung. Nürnberger Dokument NO 1818.

170 **423.000 Juden im Frühjahr 1940**. Zahl errechnet nach Wolfgang Benz, Dimensionen, a.a.O. und Martin Gilbert, Endlösung. Ein Atlas, Reinbek 1982.

»Alle ethnischen Elemente«. S. Asher Cohen, Joav Gelber, Charlotte Wardi, (Hrsg.), Comprehending the Holocaust, Frankfurt/M. 1988, S. 208f.

Joseph Goebbels, Tagebucheintrag vom 7. März 1942. S. Ralph Georg Reuth (Hrsg.) Joseph Goebbels, Tagebücher, München 1992, Bd. 4, S. 1763.

173 **»Heute erst erkennen wir das Ausmaß«**. Max Domarus, Hitler, Reden und Proklamationen, München 1965, Bd. 4, S. 1849.

»nur das nackte Leben«. Reuth, Goebbels-Tagebücher, a.a.O., Bd. 4, S. 1640.

»Wir leben in einer Zeit« . Reuth, ebd., S. 1640

»Was geht diese Verbrechernaturen«, »Er spielt den Biedermann«. Reuth, ebd., S. 1640.

»Wir wissen, welche Kraft«, Domarus, Hitler, a.a.O., S. 1808.

»ging über Volk und Volk«. Domarus, ebd., S. 1920

174 **»ein allmähliches Zusammenschmelzen«**. Domarus, ebd., S. 1873.

»die Ausrottung des Judentums in Europa«. Rede v 30. 1. 1939. Domarus, Hitler, a.a.O., Bd. 3, S. 1058.

»Von denen, die damals lachten«. Domarus, Hitler, a.a.O., Bd. 4, S. 1937.

»Weltbrandstifter«. Domarus, ebd., S. 1772, **»jüdische Schicht als Parasit«**, Domarus, ebd., S. 1869.

»seine Rolle in Europa ausgespielt«, Domarus, ebd. S. 1663.

»harte Fäuste, mit allen Vorbereitungen«. Domarus, ebd., S. 1777.

»nicht die arischen Völker ausgerottet«. Domarus, ebd., S. 1920.

»das Ergebnis dieses Krieges«. Domarus, ebd., S. 1829.

»jene Maßnahmen«.Domarus, ebd., S. 1779.

175 **»Fahrt durch das Ghetto«**. Reuth, Goebbels-Tagebücher, a.a.O., Bd. 3, S. 1340.

»Der Jude ist ein Abfallprodukt«. Reuth, ebd., S. 1342.

»Hier hocken die Juden«. Reuth, Goebbels-Tagebücher, a.a.O., Bd. 4, S. 1695.

»Fahrt über polnische Straßen«. »Allerdings bin ich auch nicht«. »Und wir hätten diese Stadt«. »Unterwegs polnische Höhlenwohnungen«. Reuth, Goebbels-Tagebücher, a.a.O., Bd. 3, S. 1340, 1344, 1351.

»Der Führer meint, der Bolschewismus«, »Stalin sei«. Reuth, Goebbels Tagebücher, a.a.O., Bd. 4, S. 1368.

176 **»daß, wenn Stalin auf der Bühne«**. Domarus, Hitler, a.a.O., Bd. 4, S. 1773.

»Instrument in der Hand«. Domarus, ebd., S. 1762.

»Deutschland den Deutschen«. Domarus, ebd., S. 1057.

177 **»30 % Berliner Juden arbeiten**. Reuth, Goebbels-Tagebücher, a.a.O., Bd. 4, S. 1649.

»gewaltige Front«. Domarus, Hitler, a.a.O., Bd. 4, S. 1821.

»die europäisch-arischen Völker«. Domarus, ebd., S. 1829.

»das junge, erwachende Europa«. Domarus, ebd., S. 1869.

»die wahre Jugend«. Domarus, ebd., S. 1867.

3.000 Kopf Verwaltungspersonal, 100 000 Polizisten. Zahlenangaben nach Michael R. Marrus, Holocaust in History, London 1988 und Michael R. Marrus, Robert Paxton, Vichy-France and the Jews, New York 1983.

antisemitische Maßnahmen in Vichy-Frankreich. S. Juliane Wetzel, Frankreich und Belgien, in: Benz, Dimensionen, a.a.O., S. 105-136. Vgl. auch Georg Wellers, L'Etoile jaune à l'Heure de Vichy. De Drancy à Auschwitz, Paris 1973.
25.000 aus Belgien deportierte Juden. Zahlenangaben nach J. Wetzel, ebd.

179 **Einsatzgruppen töten 3-4 % der sowjetischen Juden in 4 Monaten**. Quote errechnet nach Gert Robel, Sowjetunion, in: Benz, Dimensionen, a.a.O., S. 499 und Hans-Heinrich Wilhelm, Einsatzgruppe A, in: Helmut Krausnick, H. H. Wilhelm, Die Truppe des Weltanschauungskriegs, Stuttgart 1982.

180 **»In den großen Städten«**. Reuth, Goebbels-Tagebuch, a.a.O., Bd. 4, S. 1648.
»im Osten müssen die Juden die Zeche«. Reuth, ebd., S. 1659.
»zumal ihre desolate Hauptstadt«. Reuth, ebd., S. 1695.
»Zu Tausenden«. Reuth, ebd., S. 1694f.
»Dieser jüdische Terrorismus«. Reuth, ebd., S. 1756.
»Es wird hier ein ziemlich barbarisches Verfahren«. Reuth, ebd. S. 1776.

181 **»Es kann Nebel bei uns sein«**. S. J. Piekalkiewicz, Luftkrieg, a.a.O., S. 548.
»So sagen sie jetzt«. Domarus, Hitler, a.a.O., Bd. 4, S. 1777.
»ein November 1918«. Domarus, ebd., a.a.O., Bd. 4, S. 1869.

182 **»das Gebiet, das in Europa«**. Domarus, ebd. S. 1777.
»Das kann man uns glauben«; **»Wenn einer glaubt«**; **»tritt nicht mehr ein bürgerliches«**. Domarus, ebd., S. 1777.
»wir sitzen fest in Europa«. Reuth, Goebbels-Tagebücher, a.a.O., Bd. 4, S. 1709.
»wurde im Reichstag eine Friedenserklärung«; **»auch im November«**. Reuth, ebd., S. 1805.

183 **»Die Juden sind ein europäisches Unglück«**. Reuth, ebd., S. 1762.
»Ich sehe eine sehr große Gefahr«. Reuth, ebd., S. 1804.
»Jedenfalls halten wir uns an den Juden«. Reuth, ebd., S. 1813.
»erklärt noch einmal seine Forderung«. Reuth, ebd., S. 1804.
Vier Millionen Soldaten. Eineinhalb Millionen Zivilisten durch Bombardement und Vertreibungsfolgen. Zu den Zahlenangaben vgl. Angabem der divergierenden Quellen und kritische Erörterung bei Rüdiger Overmans, 55 Millionen Opfer des Zweiten Weltkriegs? Zum Stand der Forschung nach mehr als 40 Jahren, in: Militärgeschichtliche Mitteilungen, 2/90, S. 111 und ders., Die Toten des Zweiten Weltkriegs in Deutschland unter besonderer Berücksichtigung der Wehrmacht- und Vertreibungsverluste. In: Der Zweite Weltkrieg. Analysen, Grundzüge, Forschungsbilanz. Hrsg. von W. Michalka. München 1989, S. 858-873. Im Größenrahmen der Militärverluste stimmen die Quellen weitgehend überein in einer Anzahl zwischen 3,5 und 4,3 Millionen Personen. Neuere Forschungen weisen in höhere Richtung. Die Angaben zu den Luftkriegsopfern divergieren zwischen 410.000 und 635.000 Personen, je nachdem welches Territorium zugrundegelegt wird. Letztere Zahl ist auf das Staatsgebiet von 1942 zu beziehen. Strittig sind die Vertreibungsverluste. Hier stehen Zahlenangaben von 2,2 Millionen Personen in den meisten Quellen einer zuverlässigeren Berechnung des Bundesarchivs aus dem Jahre 1974 gegenüber, die 600.000 Umgekommene beziffert. (S. Bericht des Bundesarchivs vom 28. Mai 1974, in: Kulturstiftung der deutschen Vertriebenen, (Hrsg) Archivalien und ausgewählte Erlebnisberichte, Bonn 1989, S. 53.

184 **»daß das vielleicht das Entscheidende«**. Domarus, Hitler, a.a.O., Bd. 4, S. 1826.
»Je weiter sich diese Kämpfe«, Domarus, ebd., S. 1829.
Abtransport von 22.000 Juden. S. M. Gilbert, Endlösung, Atlas, a.a.O., S. 80.

185 **Die Ghettos als Zuschußregionen.** Vgl. dazu Götz Aly, Susanne Heim, Vordenker der Vernichtung. Frankfurt/M. 1993 und Christopher Browning, The Path to Genocide, a.a.O.

186 **»Die Versorgung der bisher mit 1,5 Mio. Juden«**. Zitiert nach Frank Golczewski, Polen, in: Benz, Dimensionen, a.a.O., S. 470.
Judenvernichtung im aufgelösten Polen, im Landungsgebiet der Westalliierten und im Bereich Verbündeter. Quoten berechnet auf Basis der Zahlenangaben bei Benz, Dimensionen, a.a.O., S. 15f.
700.000köpfige Gemeinde Ungarns. Vgl. Laszlo Varga, Ungarn, in: Benz, Dimensionen, ebd., S. 331-352.

187 **Artikel im ›Hakenkreuz-Banner‹ vom 1. 8. 1943**. Wiedergegeben nach David Bankier, The Germans and the Final solution. Public Opinion under Nazism, Oxford 1992, S. 150ff.

Kapitel 2

191 **Keitel in Karlshorst**. Vgl. Aufzeichnungen Keitels in: Walter Görlitz (Hrsg.) Generalfeldmarschall Keitel, Verbrecher oder Offizier, Göttingen 1961; Verhaftung in Flensburg, vgl. Joe L. Heydecker, Der Nürnberger Prozeß, Köln 1979, S. 39f., Bodo Scheurig, Alfred Jodl, Gehorsam und Verhängnis, Berlin 1991, S. 347f. sowie Marlis G. Steinert, Die 23 Tage der Regierung Dönitz. Die Agonie des Dritten Reiches, Düsseldorf 1967.

192 **Brief Jacksons; »Gefangene unter dem Verdacht«,** zitiert nach Telford Taylor, Final Report. Washington, Government Printing Office 1949, S. 52.

193 **Hauptziele der Besatzung.** Taylor, ebd., S. 53.

194 **»Der Befehl zur Ablegung des Hoheitszeichens«**. Vgl. Steinert, Die 23 Tage, a.a.O., S. 249.
»Gangster Manstein«. S. Rudolph Christoph Freiherr von Gersdorff, Soldat im Untergang, Frankfurt/Berlin 1977, S. 197.
»Es kommt nicht in Frage«. Ausgewiesen in Repertorium Bayerisches Staatsarchiv Nürnberg; Denkschrift Manstein in: s. Handakten Laternser 1, Verteidigung IMT, Rep. 502A, KV, Verteidigung,

195 **»Alle nazistischen Gesetze«; »Kriegsverbrecher«**. Potsdamer Abkommen, Amtsblatt des Kontrollrats in Deutschland, Ergänzungsheft 1, S. 13ff. Kapitulationsurkunden von Reims und Karlshorst in: Jahrbuch für Internationales und Ausländisches Öffentliches Recht I, 1948, S. 185-188, sowie in: Percy Ernst Schramm (Hrsg.), Die Niderlage 1945, München 1962, S. 450ff.

196 **Verluste 16.4. bis 8. 5. 1945**. Zahlenangaben nach Tony le Tissier, The Battle of Berlin 1945, London 1988, S. 225.
»No states' land«. Zitiert nach Eberhard Menzel, Deutschland, ein Kondominium oder Koimperium? in: Jahrbuch für Internationales und Ausländisches Öffentliches Recht (184) S. 43ff.

197 **Stalin, »wer immer«**. Zitiert nach Theodor Eschenburg, Jahre der Besetzung 1945-1949 (Geschichte der Bundesrepublik Deutschland Bd. 1) Stuttgart/Wiesbaden 1983, S. 28.
Nach ihrer Auffassung«. Eschenburg, Jahre, ebd. S. 24.
199 **Versailler Vertrag**. In: Der Vertrag von Versailles, München 1978.
201 **»traurigster und schmerzhaftester Auftritt«**. Zitiert nach F. Willis, A Prelude to Nuremberg. The Punishment of War Criminals of the First World War, Michigan 1976, ebd., S. 294.
Reichsgericht Leipzig, 800 Fälle. Zahl nach Willis, A Prelude, ebd., S. 326.
204 **»Soldatentod«**. Zitiert nach Keitel, Memoirs, a.a.O., S. 237.
Deutsche Kritik an Nürnberg. Hierfür stellvertretend und umfassend August von Knieriem, Nürnberg, rechtliche und menschliche Probleme, Stuttgart 1953.
205 **Kontrollratsgesetz Nr. 10**. In: Amtsblatt des Kontrollrats in Deutschland, Nr. 3 vom 3.1. 1946, S. 50ff.
206 **Londoner Statut**. In: Taylor, Final Report, a.a.O., S. 238f.
Piratenschiff. Einsatzgruppenurteil in Kazimierz Leszczynski,(Hrsg.) Fall 9. Das Urteil im Einsatzgruppenprozeß, Berlin (DDR) 1973.
209 **»Fest steht, daß Kriegsverbrechen«**. Der Prozeß gegen die Hauptkriegsverbrecher vor dem Internationalen Militärgerichtshof, Nürnberg 1947, Bd. 22, S. 533.
»Der deutsche Feldscher«. In: Sowjetischer Anklagevortrag vom 8. bis zum 26. 2. 1946. Der Prozeß gegen die Hauptkriegsverbrecher vor dem Internationalen Militärgerichtshof, Nürnberg 1947, Bd. 7, S. 166ff.bis Bd. 8, S. 330.
213 **Den Juden ihren Tod aberkennen**. Von den 820 Protokollseiten des sowjetischen Anklagevortrags befassen sich fünfeinhalb Seiten mit der Judenvernichtung.
215 **10,5 Mio. Zivil- und Gefangenentote**. Zahlen nach John Keegan (ed.), The Times Atlas of the Second World War, London 1989, S. 204f. Die Zahlen zu den Kriegsverlusten der Sowjetunion sind ungesichert. Neuere sowjetische Angaben aus dem Jahr 1989 beziffern 40 Millionen Tote, davon 15-20 Millionen Soldaten und 20-25 Millionen Zivilisten. Dieser Umfang findet nach dem Zusammenbruch der SU zunehmend Bestätigung. Der hier angeführten Zahlenangabe liegen 7 Millionen Ziviltote zugrunde, eine im unteren Bereich der von den wichtigen Quellenwerken genannten Menge. Auch die genannte Anzahl von 9,5 Millionen Militärtoten ist als Minimum zu betrachten. Die Mehrzahl der Quellen beziffert mehr als 13 Millionen Opfer, von denen etwa 2 Millionen auf dem fernöstlichen Kriegsschauplatz fallen. S. zu dem Komplex die Wiedergabe der verschiedenen Angaben und kritische Erörterung in der Arbeit Rüdiger Overmans': 55 Millionen Opfer des Zweiten Weltkrieges? Zum Stand der Forschung nach mehr als 40 Jahren, in: Militärgeschichtliche Mitteilungen, 2/90, S. 111.
»Wenn es ihrer Verteidigung zweckdienlich«; »Wo es der Sachverhalt«. Der Prozeß gegen die Hauptkriegsverbrecher, a.a.O., Bd. 22. S. 595.
216 **»Auch würde ein«**. Zitiert nach Taylor, Final Report, a.a.O., S. 272f.
»Es ist jedoch ein Umstand«. Taylor, ebd., S. 112.
Prozeß gegen von Leeb und andere. Dazu Auszüge aus Verhandlungen, Beweismaterialien, Plädoyers sowie das Urteil in: Trials of War Criminals

Before The Nuernberg Military Tribunals under Control Council Law Nr. 10 volume X-XI, Washington 1950. Der deutschsprachige Urteilstext in: Fall 12, Das Urteil gegen das Oberkommando der Wehrmacht, Berlin (DDR) 1961.

217 **»Männer, die keine Berufsnazis« »Schlüsselstellungen«; »den moralischen Verfall«.** Telford Taylor, Final Report, a.a.O., S. 108; Z4.

»Die Verhandlungen«. Connor Cruise O'Brien, United Nations, The Sacred Drama, London 1968, S. 280f.

218 **»Die Akten dieser Prozesse«.** Taylor, Final Report, a.a.O., S. 109f.

220 **Rassische Gründe.** Telford Taylor in: Studs Terkel, The Good War, London 1986, S. 461.

»We wanted Germany«. Taylor in: Terkel, Good War, ebd., S. 462.

221 **United Nations War Crimes Commission.** Vgl. History of the United Nations War Crimes Commission and the development of the laws of war, London 1948.

Haager Landkriegsordnung »Gesetze und Gebräuche des »Landkriegs in: Reichsgesetzblatt 1910, S. 1301 **und Genfer Kriegsgefangenenkonvention. Genfer Konvention z. Behandlungen von Kriegsgefangenen** in: Reichsgesetzblatt 1934, II S. 227.

»das Interesse der Menschlichkeit«. Londoner Statut, in: Taylor, Final Report, a.a.O. **Die Völkerbundcharta** ist Bestandteil des Versailler Vertrags, a.a.O.

222 **Die Charta der Vereinten Nationen**, in: Herbert Kraus, Kurt Heinze, Völkerrechtliche Urkunden zur europäischen Friedensordnung seit 1945, Bonn 1953, Nr. 6.

»niemand der gegen ihn«. Henry L. Stimson, The Nuremberg Trial, Landmark in Law. In: Foreign Affairs, Januar 1947.

Krieg herrscht durch Kriegserklärung. Vgl. Haager Konvention zum Beginn der Feindseligkeiten vom 18. 10. 1907, Art. 1-2 in: Friedman, Law, a.a.O., Bd. 1. S. 303, und Reichsgesetzblatt 1910, S. 82.

224 **»den Soldaten auf eine Art«.** Ab. Schrs. A. Anklagepunkt I, S.. 14.

225 **»ob die Sache«.** Verteidigungsplädoyer Laternser für den deutschen Generalstab in: Der Prozeß gegen die Hauptkriegsverbrecher, a.a.O., Bd.22, S.58 Vgl. auch ab. Schrs. V, Leeb.

»Tatsächlich hat die aufgeworfene Frage«; »Leeb wußte«. Ab Schrs. A., Anklagepunkt I, S. 33.

227 **»das Unternehmen des Einfalls«.** Kontrollratsgesetz 10 in: Amtsblatt des Kontrollrats in Deutschland, Nr. 3 vom 3. 1. 1946, S. 50ff.

»gehörte der Vorhut«. Denkschrift der Anklagebehörde Punkt 1-4, S. 185.

228 **103 Divisionen.** Zahlen nach Burkhard Müller-Hillebrand, Das Heer 1933-1945, Bd. I, Darmstadt 1954.

»den Soldaten auf eine Art«. Ab. Schrs. A, Anklagepunkt I, S. 14.

»Ich sehe darin«. General Ernst Köstring, Profile bedeutender Soldaten, Bd. 1, bearbeitet von Hermann Teske, Frankfurt/M. o. J. S. 307.

»Gute Beziehungen«. Siegfried Westphal, Der Deutsche Generalstab auf der Anklagebank, Mainz 1978, S. 39.

229 **»es entschuldigt Leeb nicht«.** Denkschrift der Anklagebehörde, Anklagepunkte 1-4, S. 148.

230 **»aktiv gewesen«**. Anklageschrift (Indictment), Trials of War Criminals, vol. X, a.a.O.

231 **»Der Invasion von Dänemark und Norwegen«**. Trials of War Criminals, vol. X, a.a.O., S. 99.

232 **»Jesuitenschwein«**. Halder-Tagebuch, NOKW 3140.

234 **»Yokohama bis Spanien«**. Zitiert nach Martin van Creveld, Hitler's Strategy 1940-1941. The Balkan Clue. London 1973.

Stalin, Bestie und Gigant. **Churchill und Judentum.** S. Werner Jochmann, Adolf Hitler, Monologe im Führerhauptquartier 1941-1944, München 1980, S. 336, S. 93.

237 **»die bedeutsamste Entscheidung«**. Van Creveld, The Balkan Clue, a.a.O., S. 81.

238 **»Kleine Nationen«**. Winston S. Churchill, Der Zweite Weltkrieg, Bd. 1, Buch 1, Berlin 1985, S. 186 (Hier übersetzt aus dem engl. vom Verfasser).

245 **1,7 Mio. jugoslawische Kriegstote**. Zahlen errechnet nach: Bevölkerung und Raum in der Weltgeschichte, (Bevölkerungs-Ploetz) Bd. 4, Würzburg 1965, S. 202f. sowie Keegan, Atlas, a.a.O., S. 204f.

248 **Nationalsozialistische Indoktrination der Wehrmacht**. Vgl. dazu Manfred Messerschmidt, Die Wehrmacht im NS-Staat, Zeit der Indoktrination, Hamburg 1969.

Urteil im Geiselmordprozeß. Publiziert in: Martin Zöller und Kazimierz Leszcynski (Hrsg.), Fall 7, Das Urteil im Geiselmordprozeß, Berlin (DDR) 1965.

250 **3,3 Mio. Mann Aufmarschstärke und 5,7 Mio. Mann Gefangene.** Zahlenangabe nach Militärgeschichtliches Forschungsamt, Der Angriff auf die Sowjetunion, Das Deutsche Reich und der Zweite Weltkrieg, Bd. 4, Stuttgart 1983, S. 270, sowie Christian Streit, Keine Kameraden. Die Wehrmacht und die sowjetischen Kriegsgefangenen 1941-1945, Stuttgart 1978, S. 10.

255 **»Auch wenn nicht erwartet wird«**. Ab. Schrs. A, Leeb, S. 126aff.

257 **»eine laufend fortzunumerierende Liste«**. Zitiert nach Alfred M. de Zayas, Die Wehrmachtsuntersuchungsstelle. Deutsche Ermittlungen über alliierte Völkerrechtsverletzungen im Zweiten Weltkrieg, München 1979, S. 196.

Kapitel 3

263 **Seit Moltkes Tagen.** S. Telford Taylor, Sword and Swastika, London 1953, Kapitel 1.

264 **»Eine von Finsternis umgebene Wissenschaft«**. Les Reveries, ou Memoires sur l'art de la guerre, de Maurice, Comte de Saxe, La Haye, 1756.

»Generalstab«. Vgl. Helmut Rosinski, Die Deutsche Armee, Düsseldorf 1970; Gordon Craig, Die preußisch-deutsche Armee, Düsseldorf 1960.

266 **»In den Frontkämpfen«**. Rosinski, Deutsche Armee a.a.O. S. 147.

16. Bayerisches Reserveinfanterieregiment; Vgl. John Keegan, The Mask of Command, London 1987, S. 237.

267 **»die höchste Äußerung«**. General Ludendorff, Der Totale Krieg, München 1937, S. 10.

»Sorgsame Betrachtung«. Ebd., S. 21.
»Unheil der Rassenmischung«. Ebd., S. 20.
»Im Volke liegt der Schwerpunkt«. Ebd., S. 28.
»volkszerstörenden Treiben«. Ebd., S. 10.
»jüdische Weltrepublik«. Ebd., S. 13.
»Der Mann, der den totalen Krieg«. Ebd., S. 110.
»Feldherrntum fand«. Ebd., S. 107.
»verhängnisvolle Vielköpfigkeit«. Ebd., S. 110.
»selbständigen Kriegsminister«. Ebd., S. 108.

268 »Generalstabswirtschaft«. Ebd. S. 110.
»Die Lehre vom Feldherrn, der über der gesamten«. Ebd., S. 113.
»ausfertigende Befehlsstelle«. Ebd., S. 111.
»Es ist nun einmal nicht anders«. Ebd. S. 111.
»Wie Deutschlands bedeutsamste Institution«. Keegan, The Mask of Commend, a.a.O., S.. 267.

269 Militärhistoriker J. F. C. Fuller. Ders., Die entartete Kunst Krieg zu führen (The conduct of War), dtsch. Köln 1964, S. 155ff.

270 »Erinnerung an Leichen«. John Keegan, Mask of Commend, a.a.O., S. 309.

272 »Weimarer Reichswehr«. Vgl. H. Rosinski, Deutsche Armee, a.a.O., S. 205ff.
Oberster Befehlshaber der Wehrmacht. Vgl. Michael Salewski, Die bewaffnete Macht im Dritten Reich 1933-1939, in: Militärgeschichtliches Forschungsamt, Deutsche Militärgeschichte, Bd. 3, München 1983, S. 183-210.

276 Generalstabschef Beck, Schriftsatz vom 20. Mai 1937. Zitiert nach Wolfgang Foerster, Generaloberst Ludwig Beck. Sein Kampf gegen den Krieg. München 1953, S. 62.
Herausbildung der Spitzengliederung der deutschen Wehrmacht. Vgl. Percy E. Schramm, Kriegstagebuch des Oberkommandos der Wehrmacht 1940-1941, Teilband I, S. 111 ff.
Niederlage Frankreichs. Vgl. Alistair Horne, To lose a Battle, France 1940, dtsch. Der Frankreichfeldzug 1940, Wien, München 1969, Manes Sperber, Bis man mir Scherben auf die Augen legt. All das Vergangene..., Wien 1977, S. 250.

277 Sprit, Gummi, Chrom. Vgl. Alan Milward, Der Zweite Weltkrieg. Krieg, Wirtschaft und Gesellschaft 1939-45. München 1977, Kapitel 8.

278 Preußens Strategen. S. John Keegan, Der Fall Barbarossa, München 1981, S. 32.
Verluste im finnisch-sowjetischen Winterkrieg. Zahlen nach John Keegan,Atlas, a.a.O. S. 40.
Stalins Säuberungen, Zahlen nach Robert Conquest, The great Terror. A Reassessment. New York 1990, S. 450. Vgl. auch Militärgeschichtliches Forschungsamt, Der Angriff auf die Sowjetunion, Stuttgart 1983, S. 51 und John Keegan, Der Fall Barbarossa, a.a.O. S. 20.

279 Treibstoffvorräte für 3 Monate. S. Martin van Creveld, Supplying War, London 1977, S. 150.
2000 Kfztypen. Vgl. van Crevfeld, ebd., S. 150.

281 Juli 1939. Vgl. Helmut Krausnick, Hans-Heinrich Wilhelm. Die Truppe des Weltanschauungskriegs. Die Einsatzgruppen der Sicherheitspolizei und des SD 1938-1942, Stuttgart 1981, S. 34

282 **November 1939, Polizeivollmachten im Westfeldzug und Besatzungsherrschaft in West- und Südosteuropa**. Vgl. dazu Krausnick, Wilhelm, ebd., S. 107ff.
»Das Aufrollen der Rassenfrage«, 22.2.40. Zitiert nach Krausnick, Wilhelm, ebd. S. 108.

283 **»das schon 1812 bewährte Verfahren«**, Die ›Loßberg-Studie‹ ist vollständig wiedergegeben bei Lew Besymenski, Sonderakte Barbarossa, Reinbek 1973, S. 304-310. Zitat S. 305.
Schlieffen zur russischen Armee. Vgl. John Keegan, Der Fall Barbarossa, a.a.O. S. 32f.
Weisung Nr. 21. Wiedergegeben in: Walther Hubatsch (Hrsg.), Hitlers Weisungen für die Kriegsführung, München 1965, S. 96ff.

284 **»Dieser kommende Feldzug«**. Kriegstagebuch des Wehrmachtsführungsstabs, L, vom 3.3.1941. Walter Warlimont, Im Hauptquartier der deutschen Wehrmacht 1939-1945, Frankfurt/M., Bonn 1962, S. 167f.
»Einzig in seiner Art«; »genießt ein Oberst wie Warlimont«. ab. Schrs. A. S. 20.

285 **»Es gab damals keinen Einspruch«.** Pr. 6394.
»daß die besonderen Verhältnisse in Rußland«. Pr. 2395.
Memoiren Warlimont. Ders., Im Hauptquartier, a.a.O.

286 **deutsche Historiker.** Stellvertretend Hans-Adolf Jacobsen, in Buchheim, Broszat, Jacobsen, Krausnick, Anatomie des SS-Staates, München 1967, Bd. 2, S. 127ff. Bodo Scheurig, Alfred Jodl, a.a.O., Helmut Krausnick, Kommissarbefehl und Gerichtsbarkeitserlaß Barbarossa in neuer Sicht, in Vierteljahreshefte für Zeitgeschichte, 25, 1977, S. 692.
»das größte Mißtrauen«; »herauszubringen, was der Zweck«. Pr. 1909f.
Verhandlungsführer Schellenberg. Vgl. Walter Schellenberg, Memoiren, Köln 1959, S. 172ff.

288 **»außerordentliche Erregung«; »zerstören wir die Disziplin«.** Pr. 1901.
»Nichts Neues«; »Keine Belege«. Warlimont, Im Hauptquartier a.a.O. S.177.

293 **»herausgebrochen«.** Pr. 6433
»also, daß diese zivilen Funktionäre«. Pr. 6427.
»nämlich eine politische Überprüfung«, Pr. 6427.
»Beseitigung«. »Überprüfung«. Pr. 6404.
»glaubte ich, daß die Oberbefehlshaber«. Pr. 6434.
»insbesondere ist«, und **»barbarisch asiatischen Kampfmethoden«**. zitiert nach Werner Maser, Nürnberg, Tribunal der Sieger. Zürich 1979, S. 213.

294 **Die kritische Historiographie.** Stellvertretend: Jürgen Förster, Das Unternehmen »Barbarossa« als Eroberungs- und Vernichtungskrieg in: Militärgeschichtliches Forschungsamt, Der Angriff auf die Sowjetunion. Das Deutsche Reich und der Zweite Weltkrieg Bd. 4, a.a.O. S. 413ff. Andreas Hillgruber, Hitlers Strategie. Frankfurt 1965, ders., Zur Geschichte des Zweiten Weltkriegs, in: Die Zerstörung Europas, Berlin 1988, Manfred Messerschmidt, Die Wehrmacht im NS-Staat, Hamburg 1969.

295 **»Das waren einwandfrei Soldaten«; »Schönig, wissen Sie«.** Pr. 747f. Pr. 747-755.
»daß die Exekution«, Pr. 750.

296 **»Ich weiß nur«**, Pr. 755.
Der Kommandobefehl. Vgl. dazu Manfred Messerschmidt, Kommandobefehl und NS-Völkerrechtsdenken, in Revue de droit pénal militaire et le droit de La guerre 11/1972, S. 110ff. Zur Tätigkeit britischer Kommandos vgl. M. R. D. Foot, SOE in France. An Account of the Work of the British Special Operations Executive in France, London 1966, History of the Second World War (amtliche Serie).

298 **»War es Ihnen nicht klar, daß alliierte Truppen«**; **»Ich habe in diesem Fall«**. Pr. 6797.
»Sechs bis acht Pioniere«. Pr. 6441.
»Wollten Sie sagen, daß die Insel Sercq«; **»Das weiß ich auch nicht«**. Pr. 6794.
»Herr Zeuge, ich möchte Sie etwas fragen«. Pr. 6794.

299 **Wehrmachtsbericht vom 7. 10. 1942.** Die Wehrmachtsberichte 1934-1945, Bd. 2. München 1985, S. 312.
»Dieser Gedanke ist mir nicht gekommen«. Pr. 6828.
»Die Polizei war an allen Sabotageakten«. Pr. 6805.

302 **»Ja, wenn Sie auf das Wort ›schriftlich‹**. Pr. 6810.

303 **Preußische Befehlstechnik.** Vgl. Walter Görlitz, Kleine Geschichte des deutschen Generalstabs, Berlin 1967, S. 48.
»denn sie sind sehr versteckt«; **»Er hat sie doch gemerkt«**. Pr. 6826.

305 **»Ich kann mich nicht erinnern«**. Pr. 8565.

306 **2000 Jäger und Bomber.** Zahlenangaben nach A. J. P. Taylor, The Second World War, London 1976, S. 78, Francis K. Mason, Battle over Britain, London 1969, S. 615 und Klaus A. Maier Die Luftschlacht um England, in: Militärgeschichtliches Forschungsamt, Die Errichtung der Hegemonie auf dem europäischen Kontinent, Das Deutsche Reich und der Zweite Weltkrieg, Bd. 2, Stuttgart 1979, S. 408.Deutsche Maschinen- und Personalverluste bei Maier, ebd. Mason beziffert 23.000 britische Ziviltote für die Zeit von Juli bis Dezember 1941. Taylor rechnet einschließlich der Opfer des Jahres 1941 30.000 Ziviltote. Keegan gibt in dem Atlas of the Second World War, a.a.O. S. 204f., 60.000 britische Ziviltote für die Zeit des Kriegs an.

307 **Luftbombardement Japans**. Zahlenangaben nach Ronald Schaffer Wings of Judgment American Bombing in World War II, New York 1985, S. 148; und The Comittee For The Compilation Of Materials On Damage Caused By The Atomic Bombs In Hiroshima And Nagasaki, (The Physical, Medical and Social Effects of The Atomic Bombings) New York 1981, S. 367.
»An absolutely devastating exterminating attack«. Winston S. Churchill, The Second World War, Vol II, Their Finest Hour, Book II, S. 567. (Appendix A).
Verbrennung Lübecks. Zahlenangabe nach Wolfgang Paul, Der Heimatkrieg 1939-1945, München 1983, S. 108. Hastings, Bomber Command, a.a.O., S. 174, beziffert 312 Tote, 1425 zerstörte und 1976 stark beschädigte Häuser.

308 **Industriezerstörung**. Vgl. dazu Werner Wolf, Luftangriffe auf die deutsche Industrie 1942-45, München 1985.

309 **»Man hat manchmal den Eindruck«**. zitiert nach Janusz Piekalkiewicz, Luftkrieg 1939-1945., München 1978, S. 592.
»Keiner der Insassen«. Ernst Jünger, Strahlungen, Tübingen 1949, S. 568.

Anatom Baniecki. Der Luftkrieg über Deutschland, München 1963, S. 122ff.
»Die Anwendung der neuen Waffe«; **»Man glaubt, daß die Vernichtung möglich«**. Jünger, Strahlungen, a.a.O. S. 418.

310 **»Legen Sie den Engländern«**. Zitiert nach David Irving, Die Geheimwaffen des III. Reiches, Reinbek 1968, S. 28.
Raketen V1, V2. Zahlenangaben nach A. J. P. Taylor The Second World War, a.a.O. S. 202.

312 **Essen Lynching Case**. S. Law Reports of War Criminals, Vol. 1, London 1947, S. 88.

315 **»Lynchjustiz auszuschalten«**. Pr.2882.
»daß alle diese Gefangenen selbstverständlich«. Pr.6587.
»um damit diejenigen, die davon nicht ablassen«. Pr.6887.

316 **»Alles Gewicht liegt bei den Papieren«**. Pr. 6747.
»militärischer Aufsicht«. Pr. 6899.
»als verschollen gelten«. Pr. 7065.
»das war ja immer sein Leitmotiv«. Pr. 7065.
»es war ein ausgesprochenes Gummiwort«. Pr. 6837.
»Eine Beschönigung«. Pr. 6834.
»Ich weiß nicht wann und auf welche Weise«. Pr. 6834.

317 **»Kann ich annehmen, Herr Zeuge«**; **»Nein, das kann ich nicht sagen«**. Pr. 6835.
»Dann hätten Sie doch das Risiko«. Pr. 6836.
»Ich habe auch nicht gesagt«. Pr. 6837.
»Ich habe mich damals damit abgefunden«. Pr. 6836.
»besondere Behandlung«. Pr. 6837.
»Nein, ich habe ja gesagt«. Pr. 6838.

319 **»baby-killing-schemes«**. Zitiert nach Schaffer, Wings, a.a.O. S. 83.

321 **Genfer Zivilschutzabkommen 1949**. Bundesgesetzblatt 1954 II, S. 781. Franz Groh, Die vier Genfer Abkommen zum Schutze der Opfer des Krieges vom 12. 8. 1949 in: Dokumente hrsg. v. d. Forschungsstelle für Völkerrecht und ausländisches öffentliches Recht der Universität Hamburg, Heft XII, Frankfurt-Berlin 1954.
»Der Auf der Tat ertappte Spion«; **»Nachdem die gesetzmäßige Gewalt«**. S. Haager Landkriegsordnung, Reichsgesetzblatt, Berlin 1910, S. 132ff.
»bei der Weite des Raums«; **»Militärgerichte müssen«**. Warlimont, Im Hauptquartier, a.a.O. S. 168.

322 **»Wenn es möglich ist«**. Zitiert nach Krausnick, Kommissarbefehl, a.a.O. S. 692.
»wenn es von Anfang an klar«. Pr. 8262.
»Das konnte klar sein«. Pr. 8262.
»Sie sagen als jetzt«. Pr. 8262.
»Wenn der Fall schon ganz klar war«. Pr. 8262.

324 **»in Operationsgebiete Straftaten«.**; **»die Beweislage so klar«**. Zitiert nach Krausnick, Kommissarbefehl, a.a.O., S. 692.

328 **»Hoffnungslose Feldwebel«**. Ulrich von Hassell, Vom anderen Deutschland, Zürich 19466, S. 209.
»er hatte Einfälle«. Franz Halder, Hitler als Feldherr, München 1949, S. 20.

329 **»28.000 Todesurteile.** Zahlen nach Manfred Messerschmidt, Fritz Wüllner,

Die Wehrmachtsjustiz im Dienste des Nationalsozialismus, Baden-Baden 1987, S. 77f.

330 **»man alles auf eine Karte setzen muß«**. Pr. 7769.
»dann deshalb weil sie«. Pr. 7821.

331 **»Die Befehlshaber konnten«**. Pr. 7822.
»selbstverständliche Meinung«. Pr. 8261.
»Hier sagen Sie«. Pr. 8266.
»nämlich den Grund für diese«. Pr. 8266.
»so, wie ich das beschrieben habe«. 8267.
»Insel... auf der unabhängige Richter«. ab. Schrs. V., S. 31.

332 **»Besessenheit von der Idee«**. Pr. 7985.

333 **»schwerer Prozeßverstoß«**. Schrs. Rep 50 i IV C 12; KV, Fall 12, S. 20., Bayerisches Staatsarchiv, Nürnberg.

334 **»nach Lust und Laune«**. Opening statement Anklage, Trials, a.a.O., Vol. 10, S. 91.

335 **Die Besatzungsherrschaft in Westeuropa.** Vgl. dazu John Lukacs, Der letzte europäische Krieg. Stuttgart 1978; und Werner Rings, Leben mit dem Feind. Anpassung und Widerstand in Hitlers Europa 1939-1945, München 1979.

337 **»Die Bevölkerung eines besetzten Gebietes«**; bis **»reines Verbrechertum«**. ab. Schrs. V., S. 115 u. 118.
Deutsch Kriegsstrafverfahrensordnung. Abgedruckt in: Rudolf Absolon, Das Wehrmachtsstrafrecht im 2. Weltkrieg, Kornelimünster 1958. S. 136ff.

338 **»Revolutionär von Format«**. Pr. 7843.

339 **»Also, auf der einen Seite«.** Pr. 8311.
»Über die festgelegten Vergehen«. Pr. 8311.

341 **100.000 Verschleppte**. Zahl nach Lothar Gruchmann »Nacht- und Nebel«-Justiz. Die Mitwirkung deutscher Strafgerichte an der Bekämpfung des Widerstandes in den besetzten westeuropäischen Ländern 1942-1944. Vierteljahreshefte für Zeitgeschichte 29 (1981) S. 342-396.

343 **»Wer hat die Leute ausgewählt«**. Pr. 8295.
»Wenn in Frankreich«. Pr. 8295f.
»Die einzige Tatsache«.»Mit einer Stellungnahme«. Pr. 8296.
»Wie sie von der Gestapo«. Pr. 8296.

344 **»Wenn dem Gerichtsherrn«**. Pr. 8296.
»An wen wäre dann«.»Richter oder Polizei«;»Das ist alles«. Pr. 8297.

345 **»weil ich es für falsch hielt«**. Pr. 78901.
»Ich habe ja gerade das Gegenteil«. Pr. 7902.
»war in den Augen der Polizei«. Pr. 7897.

346 **38.000 zusätzliche Güterwagen**. Zahl nach Raul Hilberg, Die Vernichtung der europäischen Juden, Frankfurt 1990, S. 671.

349 **33. oder 34 Transport**. S. Danuta Czech, Kalendarium der Ereignisse im Konzentrationslager Auschwitz-Birkenau 1939-1945, Hamburg 1989, S. 304f.

352 **65 OOO Tote.** Zahl nach Lothar Gruchmann, Nacht-und-Nebel-Justiz, a.a.O., S. 396.

353 **Halder Tagebuch**. Vgl. die Edition von Hans-Adolf Jacobsen und Alfred Philippi, Franz Halder, Kriegstagebuch, Tägliche Aufzeichnungen des Chefs des Generalstabs des Heeres 1939-1943, 3 Bde., Stuttgart 1962-1964. KTB hier

und im folgenden jedoch zitiert mit der Nürnberger Beweisdokumentennr. NOKW 3140.

354 **Das Dreifache der Verluste des Westfeldzugs** (das sind dort 30.093 Tote) Zahlenangabe nach: Militärgeschichtliches Forschungsamt, Das Deutsche Reich und der II. Weltkrieg, Bd. 2, Die Errichtung der Hegemonie auf dem Europäischen Kontinent, a.a.O., S. 307. Entgegen der ersten Verlustrechnung, die 26.455 Tote beziffert hatte, ergab eine Nachrechnung des OKW im Sommer 1944 die Anzahl von 46.059 Toten. S. OKW/AWA/WVW (V) Azt 61, gKdos vom 30. 8. 1944, Betr.: Statistik der Menschenverluste im Kriege, RM 7/807, Bundesarchiv-Militärarchiv, Freiburg i. Br.

355 **230.000 Mann tot** . Zahl nach Burkhard Müller-Hillebrand, Das Heer 1933-1945 Bd. 3, Frankfurt 1959, S. 19.
Zusammenbruch der sowjetischen Südwestfront. Zahlenangabe nach Albert Seaton, The German Army 1933-1945, New York 1982, S. 178.
Eine Division zu Bewachung und Transport von 20.000 Gefangenen. Verf. kann die Zahlenangabe Halders schwer nachvollziehen. Das Verhältnis von einer Divisionen zu 200.000 Gefangenen entspräche etwa der häufig genannten, erwünschten Relation von 1:10. Die fragliche Zahl findet sich im Original des Tagebuchs, in der unter Halders Beteiligung angefertigten Version als Nürnberger Anklagedokument NOKW 3140, wie auch in der von ihm durchgesehenen Publikation des Tgb. von Jacobsen/Philippi (op. cit.) Dennoch ist die Angabe hier unter Vorbehalt zitiert. Ein starkes Indiz für die Richtigkeit in Bezug auf den Kiewer Kessel sind die Umstände des Gefangenenmarsches von Chorol nach Krementschug, bewacht von der 24. Infanteriedivision, s. Kapitel 9, S. 753ff. Für die Argumentation des Verfassers wäre im allgemeinen das Verhältnis von einer Division pro 200.000 Gefangenen ein ebenso überzeugender Beleg.
Gefangen enbeute von 3,3 Millionen. Zahl nach Percy E. Schramm (Hrsg.), Kriegstagebuch des Oberkommandos der Wehrmacht, München 1982, Bd. I, S. 1106.

356 **»Führungspersonal, Offiziere, politische Kommissare«**. OKH, Gen. Qu., Nr. II, 0315/g. Kds. Chefs. Hier zitiert nach Christian Streit, Keine Kameraden, a.a.O., S. 76ff.

357 **Literatur zum OKW-Erlaß vom 16.6.1941**. Vgl. Alfred Streim, Die Behandlung sowjetischer Kriegsgefangenen im »Fall Barbarossa«, Karlsruhe 1981, insb. S. 52ff.
300.000 Gefangene. Zahl nach Christian Streit, Keine Kameraden. Die Wehrmacht und die sowjetischen Kriegsgefangenen 1941-1945, Stuttgart 1978, S. 130.
»Tötung aller jener Elemente«; Prototyp eines allzeit willfährigen«; »daß der Rotgardist«. Der Prozeß gegen die Hauptkriegsverbrecher, a.a.O., Bd. 2, S. 500f.
»und zwar nach ganz eigenartigen Gesichtspunkten«. Ebd., S. 505f.

358 **»Antibolschewistische Kreise«; »an einer korrekten Behandlung«**. Pr. 437.
»daß sich das Offizierskorps losmachen müsse«. PR. 439.

365 **»Die weiße Weste«**. Pr. 443.
»Millionen von Russen«. John Lukacs, Der letzte europäische Krieg, a.a.O., S. 126ff.

368 **310.000 Tote und Vermißte.** Zahl nach Müller-Hillebrand, Das Heer, Bd. 3, a.a.O., S. 266.
371 **»Initiator der Aussonderung«**. Pr. 28.
376 **»Soviel ich weiß aus der Gefangenschaft«**. Pr. 7289.
»Das ist eine Bemerkung«. Pr. 7322.
»kenne ich Auschwitz nicht«. Pr. 7401f.
»ich weiß auch heute noch nicht, was Kugel«. Pr. 7372.
377 **»Befehl, einen Befehlsentwurf«**. Pr. 7204.
»Zu prüfen, ob die Befehle«. Pr. 7146.
»einer der höchsten Wehrmachtsoffiziere«. Pr. 8958.
»alle Offiziere empört«. Pr. 8958.
»Befürchtungen laut«. Pr. 8958.
durch brauchbare Führungsgedanken. Halder, Hitler als Feldherr, a.a.O. S. 20.
380 **T. N. Dupuy, A Genius for War,** London 1977, S. 302

Kapitel 4

380 **Preußisches Offiziersideal**. Vgl. dazu Görlitz, Generalstab, a.a.O., Rosinski, Die Deutsche Armee a.a.O.; Dupuy, Genius,a.a.O. , Keegan, Mask of Command, a.a.O., Craig, Die preußisch-deutsche Armee, a.a.O.
383 **Anciennitätsprinzi**p. Vgl. Telford Taylor, Sword and Swastika, London 1953, S. 228, S. 312. Senioritätslisten des Heeres auf S. 378ff.
384 **Leeb, Vita**, Vgl. Samuel Mitcham, Hitlers Field-Marshalls and their battles, London 1989, S. 125ff., Wilhelm Ritter von Leeb, Tagebuchaufzeichnungen und Lagebeurteilungen aus zwei Weltkriegen. Aus dem Nachlaß hrsg. und mit einem Lebensabriß versehen von Georg Meyer, Stuttgart 1976, Gerd F. Heuer, Die deutschen Generalfeldmarschälle und Großadmirale, Rastatt 1978, S. 76ff.
Clausewitzens Lehre. Vgl. Carl Clausewitz, Vom Kriege, Berlin 1980; Yehuda L. Wallach, Das Dogma der Vernichtungsschlacht, a.a.O., Raymond Aaron, Clausewitz, Den Krieg denken, Berlin o. J.
Einmarsch mit 500.000 Mann. Zum militärischen Verlauf des Feldzugs im Jahre 1941 vgl. hier und im weiteren: Militärgeschichtliches Forschungsamt, Der Angriff auf die Sowjetunion. Das Deutsche Reich und der Zweite Weltkrieg, Bd. 4, a.a.O. Bernd Wegner (Hrsg.), Zwei Wege nach Moskau. Vom Hitler-Stalin-Pakt zum ›Unternehmen Barbarossa‹, München 1991; Albert Seaton, Der russisch-deutsche Krieg 1941-1945, Frankfurt/M. 1973; Basil Liddell Hart, Geschichte des Zweiten Weltkriegs, Düsseldorf, Wien 1972; John Erickson, The Road to Stalingrad, London 1975; John Keegan, The Second World War, London 1989; ders. Der Fall Barbarossa, a.a.O.; ders. (Editor) The Times Atlas of the Second World War (Rußlandfeldzug bearbeitet von John Erickson) London 1989; Martin van Creveld, Supplying War, Cambridge 1977; Erich von Manstein, Verlorene Siege, Bonn 1955; Paul Carell, Unternehmen Barbarossa, Frankfurt/Berlin 1963; Alexander Werth, Russia at war, New York 1964; dtsch. Rußland im Krieg 1941-1945, Mün-

chen/Zürich 1965; Alexander Nekritsch, Pjotr Grigorenko, Genickschuß – Die Rote Armee am 22. Juni 1941, Frankfurt/M. 1969. K. Shukow, Erinnerungen und Gedanken, dtsch. Bd. 1, Berlin (DDR) 1974.Zur ideologischen Seite des Barbarossa-Feldzugs vgl. auch Arno Mayer, Der Krieg als Kreuzzug. Das Deutsche Reich, Hitlers Wehrmacht und die Endlösung, dtsch. Hamburg 1989. Verf. entlehnt dem Werk im folgenden der Terminus ›Judäo-Bolschewismus‹, ohne sich seinen begrifflichen Implikaten und weiteren Darlegungen anzuschließen.

386 **Belagerung Leningrads**. Vgl. dazu Harrison E. Salisbury 900 Tage, Die Belagerung von Leningrad. dtsch. Frankfurt/M. 1970; Werth, Rußland im Krieg, a.a.O., Dritter Teil, S. 235-80; Ales. Adamowitsch, Daniil Granin, Das Blockadebuch, Berlin (DDR) 1982.
»Wie die Stadt selbst«. Leeb, Kriegstagebuch, a.a.O., S. 368.
»Schiffsverkehr auf dem Ladoga-See«. Leeb, ebd., S. 368.
»ist nun auch der Seeweg«. Leeb, ebd, S. 388f.

387 **300-400 Verwundete täglich**. Zahlen nach Werth, Rußland im Krieg, a.a.O., S. 253.

389 **»daß die Stadt sich ergab«**. Pr. 2338.
»Die Russen haben nun«. Pr. 2340.

390 **»die Nerven behält«**. Leeb, Kriegstagebuch, a.a.O., S. 373f., hier Kriegstagebuch, Heeresgruppe Nord, Eintrag vom 24.10.1941.
»vorwärts der eigenen Linien«. Leeb, ebd. S. 374, hier Kriegstagebuch, Heeresgruppe Nord v. 27.10.1941.
»Auch dann wird«. Leeb, ebd., S. 374, hier Kriegstagebuch Heeresgruppe Nord v. 24.10.1941.

391 **»Es ist heute«**. Leeb, ebd., S. 373.
»ein ungenauer Ausdruck«; ... **»wenn Kinder kamen«**. Pr. 2444.

392 **»Jeder, der sich ergeben hatte«**; **»und hat es getan«**. Pr. 2439f.; 2442f.
»Wie sich das dann«. Pr. 2433.
»Das hat der Betreffende«. Pr. 2428.

393 **»Das habe ich bisher nicht in Zusammenhang«**, **Hirngespinst Hitlers«**. Pr. 2430.
»Ich hatte nur soviel Munition«. Pr. 2428.

394 **»Nach dem was ich«**. Pr. 2442.
»Was sollen wir mit einer 3 1/2 Millionen Stadt«, zitiert nach Christian Hartmann, Halder, Generalstabschef Hitlers 1938-1942, Paderborn 1991.
»Über P. (d. i. Petersburg) ›soll der Pflug‹«, zitiert nach David Irving, Hitlers Krieg Die Siege 1939-1942, München 1983, S.372.

395 **»Ich muß mich auch verteidigen«**. Pr. 2346.
»Der russische Partisan« . Pr. 2362.
»Mein Eigentum«. Pr. 2346.
»Der Russe an sich«. Pr. 2362.
»Hitler hat uns«. Pr. 2375.

396 **»Der Kampf Hitlers«**. Pr. 2262.
»Wenn der Frontsoldat«. Pr. 2262.
»dem Kommunismus abspenstig«. Pr. 2337.
»Ich war nicht Territorialherr«. Pr. 2337.
»daß bei der gesamten Bevölkerung«. Pr. 2263.
»und im Anschluß«. Pr. 2262.

397 **»und konnte man feststellen«**. Pr. 2337.
»dann müssen wir daraus folgern«. ab. Schrs. A, S. 43.
398 **»Die Generäle wollen«**. Pr. 2376.
»Seine operativen Vorstellungen«. Pr. 2376.
»Woroschilow schob«; **»Dieser Sack«**. Pr. 2378.
Urteil der Militärgeschichtsschreibung. Hierfür stellvertretend Ernst Klink in: Militärgeschichtliches Forschungsamt, Der Überfall auf die Sowjetunion, a.a.O. und Basil Liddell Hart, Geschichte des Zweiten Weltkriegs, a.a.O.
399 **»Ich fühlte mich«**. Pr. 2380.
»Wir suchen noch immer«. ab. Schrs. A., S. 128a.
»unglaublicher und schimpflicher Versuch«. ab. Schrs. A., S. 45a.
»Als Chef des Generalstabs«. Leeb, Kriegstagebuch, a.a.O., S. 86.
400 **»Stellt das Ihrer Meinung«**; **»Die Anordnung«**. Pr. 2022.
»Zur Zeit nicht mit Sicherheit«. Westphal, Der deutsche Generalstab, a.a.O., S. 65.
»Alle Befehlshaber«; **»eine rechtliche Dummheit«**; **»Wider die Überlieferung«.** Pr. 2317.
401 **»Er hat durch mich«**. Pr. 2535.
Heinemeyer. Pr. 2619ff.
»wir befürchteten«. Pr. 2130.
»Der Russe hat versucht«. Pr. 2150.
»Gewöhnlich war das «. Pr. 2150f.
»Sie bedeutete eine Abnahme«; **»Das verstehe ich nicht«**. Pr. 2024.
402 **Der politische Kommissar der Roten Armee.** Vgl. dazu Raymond L. Garthoff, Die Sowjetarmee, dtsch. Köln 1955, S. 66f., 256f., 280ff.; John Keegan, Fall Barbarossa, a.a.O., S. 14-29;.Jürgen Hoffmann, Die Kriegführung aus der Sicht der Sowjetunion, in: Militärgeschichtliches Forschungsamt, Der Überfall auf die Sowjetunion, a.a.O., S. 719-35.
403 **»Der Russe ist«**, **»Es handelt sich bei diesemn Maßnahmen«** bis **»euer Kampf ist sinnlos«.** Zitiert nach Hans-Heinrich Wilhelm, Rassenpolitik und Kriegführung, Passau 1991, S. 138f. (handschriftliche Notiz für einen Vortrag vor Divisionskommandeuren vom 25. 4. 1941).
Schlagt sie«. Zitiert nach Ortwin Buchbender, Das Tönende Erz. Deutsche Propaganda gegen die Rote Armee im II. Weltkrieg, Hamburg 1978.
404 **Sowjetische Verluste in den ersten drei Wochen**. Zahlenangaben nach Hoffmann, in: Militärgeschichtliches Forschungsamt, Der Überfall auf die Sowjetunion, a.a.O., S. 716.
405 **»retten können«**. Gersdorff, Soldat, a.a.O., S. 100ff.
406 **»Herr Zeuge«**bis **»Nein , das wollte ich nicht«**. Pr. 2206-19.
407 **»Ich halte Ihnen vor«**; **»Ich hoffe es«** Pr. 2471.
»Nun, – war es für diese«; **»Nun, das war ein ziemlich armseliges«**. Pr. 2471.
408 **»Ob da ein ein Sonderfall«**. Pr. 2547.
409 **»Sie hatten also«**. Pr. 2028.
»In meinem Heeresbereich«. Pr. 2388.
»Die Verantwortung«. Pr. 2628.
411 **»Denn eine Truppe«**. Pr. 2337.
412 **»Feind jeder menschlichen«**. Pr. 2342.
Kritiker der Wehrmacht. Die These des weltanschaulichen Kriegs wird von

nahezu allen kundigen Historikern des Feldzugs geteilt, darunter Jürgen Förster, Andreas Hillgruber, Helmut Krausnick, Manfred Messerschmidt, , Bernd Wegner, Hans-Adolf Jacobsen u.a.

413 **»in einem solchen Umfange«**; **»viele hundert Km«**. Pr. 2356.
»mit denen das Oberkommando«. Pr. 2351.
Partisanenbewegung und Juden. Vgl. John A. Armstrong (Hrsg.), Soviet Partisans in World War II, Madison 1964, S. 279.

414 **»daß in Kowno«**. Pr. 2352.
Pogrom in Kowno. Dazu die ausführliche Dokumentation von Ernst Klee,- Willi Dreßen,Volker Rieß, »Schöne Zeiten«, Judenmord aus der Sicht der Täter und Gaffer. Frankfurt/M., S. 31-44; vgl. auch unten, Kapitel 9. Zu Judenmassakern der Balten vgl. auch Margers Vestermanis, Der lettische Anteil an der »Endlösung« in: Uwe Backes/Eckhard Jesse/Rainer Zitelmann, Der Schatten der Vergangenheit, Berlin 1990.
»Was taten Sie«. Pr. 2352.

416 **»Höchstwahrscheinlich der einzige«**. ab. Schrs. A, S. 77.
»Anfang Dezember«. Pr. 834.

417 **»sich sofort der Angelegenheit«**; **»Von allen Anrufen«**. Pr. 834-836.

418 **»ich mich damit exponiere«**. Pr. 837. **»Die ganze Sache«... »ja, das war der übliche Ausdruck geworden«**. Pr. 839f. Die von General Bruns bezeugten Vorgänge sind Teil der Vernichtung des Rigaer Ghettos vom 29.11.-1.12.1941 und vom 8.-9.12.1941. Vgl. dazu Bernhard Press, Judenmord in Riga 1941-1945, Berlin 1988, S. 96-132; Krausnick, Wilhelm, Die Truppe des Weltanschauungskrieges, a.a.O., S. 565ff., Margis Vestermanis, Der lettische Anteil, a.a.O., S. 436f.; Raul Hilberg, Die Vernichtung der europäischen Juden, a.a.O., S. 369.

419 **»Derartige Massenerschießungen«** . Pr. 839.

420 **»Das ist ja auch logisch«**. ab. Schrs. V., S. 140.
»beschränkte sich auf«; »als eine Art Reichskommissar«. ab. Schrs. V. S. 144.
»als eine Art Reichskommissar«. Ebd. S. 137.
»operative und strategische«. Ebd. S. 136.
»einmaligen Abwehrkrieg«. Ebd. S. 136.
»Eine Grenze der Zumutbarkeit«, »Die Verantwortung«, »so besteht die Gefahr«. Ebd. S.146a.
»auf dem russischen Kriegsschauplatz«. Ebd. S. 135.
»Ich wies schon«; »für die Auslegung«. Ebd. S. 147.

424 **»Heute hatte der Jude«**. In: Werner Jochmann (Hrsg.) Monologe im Führerhauptquartier, München 1980. Zitate aus den Eintragungen zwischen dem 18. und 21. Oktober 1941.

425 **»Halder erklärte«**. Pr. 2010ff.
»Zweifellos auf gewisse«. Pr. 2098.

426 **Mansteins Protest gegen Arierparagraphen**. Denkschrift und Reflexionen Mansteins wiedergegeben in Klaus Jürgen Müller, Armee und Drittes Reich 1933-1939, Paderborn 1987, S. 183-189.
Tötungen in Winniza, Uman, Odessa. Zahlenangabe nach M. Gilbert, Endlösung, Atlas, a.a.O., S. 68.
Vernichtung von 25.000 Juden in Odessa. Zahl und Vorgänge nach Hilberg, Die Vernichtung, a.a.O., S. 320ff.

429 **»Der letzte Mann«**. Pr. 2868.
»Es waren halt Deutsche«. Pr. 2869.
»War es der Selbsterhaltungstrieb«. Pr. 2869.
»während es bei uns«. Pr. 2869.
430 **Christopher R. Browning: The Final Solution in Serbia.** The Semlin Judenlager – a case study, in Yad Vashem Studies 15 (1983), S. 55-90. Ders. Wehrmacht reprisal policy and the mass murder of Jews in Serbia, in: Militärgeschichtliche Mitteilungen 1983, H. 33, S. 31-47.
433 **»Die Antwort ist klar«**. ab. Schr. A, Punkt 2-3, S. 127.
434 **Generalmajor Fuller 1939**. S. Krausnick Wilhelm, Die Truppe, a.a.O., S. 506.
435 **Antisemitismus in der Abendlandsgeschichte**, vgl. Leon Poliakov, Geschichte des Antisemitismus Bd. 1-8, Frankfurt 1977-1988.
436 **»Haben Sie einen derartigen Befehl«**. Pr. 2922f.
»weil Sie mit den Partisanen«. Pr. 2846.
437 **»Das ist eigentlich dasselbe«**. Pr. 2846.
439 **»Vater Küchler«**. s. Samuel Mitcham, Hitlers Fieldmarshals and their battles, a.a.O., S. 258.
»eigentlich meistens«. **»die Gabe der Rede«**. **»Da spürte Hitler die Kluft«**. Pr. 2960.
441 **»Es waren die Verhältnisse«**. Pr. 2814f.
»Aus der Gefangenschaft«. ab. Schrs. A. Punkt 2-3, S. 35.
442 **»Wenn er sich einer Bande«**. Pr. 2694.
443 **»Die grauenhafte Kälte«** . ab. Schrs. V. S. 85.
»Winterkatastrophe«; »Naturereignis«. ab. Schrs. V. S. 84.
»Der Russe ist ja«. Pr. 2810.
»ein Bild des Jammers« . Pr. 2810.
444 **»Es sind runde Zahlen«.** Pr. 2811.
»Der betreffende Bericht«. ab. Schrs. A. Punkt 2-3, S. 51.
445 **»Hitler sah den Krieg«**. Pr. 2342f.
446 **»Irrenanstalten bei Nord«**. Vgl. dazu die ausführliche Anmerkung Halders aus dem Jahr 1962 in: H. A. Jacobsen, A. Philippi (Hrsg.), Franz Halder, Kriegstagebuch, a.a.O., Bd. 2, S. 252ff., Anm. 8.
»Gedanken rundweg abgelehnt«. **»auf dem Standpunkt zu beharren«.** Eidesstattliche Versicherung Halder, Küchler Dok. 99.
447 **»eine der schwersten Beschuldigungen«**. ab. Schrs. V., S. 238.
»eine Erweiterung des Euthanasieprogramms«. ab. Schrs. V., S. 249.
»tagelang und nächtelang«. Pr. 2859f.
»ich habe aber keinen Anhalt«. Pr. 2859f.
450 **»Diese Eintragung«**. Pr. 2850.
»ganz außerordentlich bewegt«. Pr. 2859f.

Kapitel 5

452 **»sturer Durchrenner«**. Halder, Kriegstagebuch (NOKW 3140).
»Hier fanden wir die Spuren«. Günther Blumentritt, Moskau, in: William Richardson and Saymour Freidin, The Fatal Decisions, London 1956, S. 49.

453 **Gefangene, Panzer und Geschütze aus den Kesselschlachten Bialystok, Minsk.** Zahlenangaben nach ›Die Wehrmachtsberichte‹ 1939-1945, München 1985, Bd. 1, S. 614 (Eintrag v. 11.7. 1941).

»Sehen Sie sich doch nur die Entfernungen an«. Blumentritt, Moskau, a.a.O., S. 41.

454 **»Angesichts der geographischen Lage«**. Blumentritt, ebd., S. 42.

»Was in diesem Traum nicht vorkam« . Blumentritt, Moskau, ebd., S. 32.

Gefangennahme in Smolensk und Wjasma. Zahlenangaben nach ›Die Wehrmachtsberichte‹, a.a.O., Bd. 1, S. 637 und 701.

»astronomische Proportionen«. Blumentritt, Moskau, a.a.O., S. 53.

455 **»Denn zu einem ordentlichen Siege«**. Carl von Clausewitz, Der russische Feldzug von 1812, Essen o. J., S. 63.

456 **»weil sie dort am meisten verstärkt«**. Clausewitz, ebd., S. 88.

»Eine Armee von 90 000 Mann«. Clausewitz, ebd., S. 135.

»Im Gegenteil, erst daraufhin hat der Krieg« . Blumentritt, Moskau, a.a.O., S. 72.

457 **»daß nach der Masse der Erfahrungen«**. Carl von Clausewitz, Vom Kriege, Berlin 1980, S. 663.

Guderian zu Hitler über die Bedeutung Moskaus. Dazu Paul Carell, Unternehmen Barbarossa, Frankfurt, Berlin 1963, S. 98f. Vgl. auch Adolf Heusinger, Befehl im Widerstreit, Schicksalsstunden der deutschen Armee 1923-1945, Tübingen 1950 und Heinz Guderian, Erinnerungen eines Soldaten, Heidelberg 1951.

»Hätte Bonaparte im Jahre 1812«. Clausewitz, Vom Kriege, a.a.O., S. 662.

»Unstrittig wäre dies mehr in dem Geist«. Clausewitz, Der Russische Feldzug, a.a.O., S. 112.

»Bonaparte hatte sich«. Clausewitz, ebd., S. 85.

458 **»den Zickzack in den Einzelanordnungen«**. Halder, Kriegstagebuch (Eintrag v. 22. 8. 1941) (NOKW 3140)

»gegen eine Welt von Feigheit«. Zitiert nach David Irving, Hitlers Krieg, Die Siege 1939-1942, München 1983, S. 364.

»Gefangene und Beute aus den Schlachten bei Kiew und Wjasma. Zahlenangaben nach ›Die Wehrmachtsberichte‹, a.a.O., Bd. 1, S. 682 und 702.

459 **»geradezu klassisch«**. Halder Kriegstagebuch (Eintragungen v. 4., 5., 9. und 10. 1941). Hier zitiert nach Christian Hartmann, Halder, Generalstabschef Hitlers 1938-1942, Paderborn 1991, S. 283.

»Um diese Operation«. Zitiert nach Heidemarie Gräfin Schall-Riaucour, Aufstand und Gehorsam. Offizierstum und Generalstab im Umbruch. Leben und Wirken von Generaloberst Franz Halder, Generalstabschef 1938-1942, Wiesbaden 1972, S. 172.

»der größte lebende Staatsmann«; **»im Einvernehmen mit uns«**. Zitiert nach D. Irving, Hitlers Krieg, a.a.O., S. 369.

461 **»daß der für die Angriffsvorbereitungen notwendigste Zulauf«**. Kriegstagebuch der Heeresgruppe Mitte v. 12. 11. 1941, hier zitiert nach Ch. Hartmann, Halder, a.a.O., s. 292.

25.000 getötete Juden im Rückwärtigen Gebiet der HG Mitte. Zahlenangabe errechnet nach Martin Gilbert, Endlösung. Ein Atlas, Reinbek 1982, s. 76.

Zu den Winterkämpfen vor Moskau. Vgl. Ernst Klink, Der Angriff auf Moskau, in: Militärgeschichtliches Forschungsamt, Der Angriff auf die Sowjetunion, Das Deutsche Reich und der Zweite Weltkrieg a.a.O., Bd. 4, S. 568-627; Albert Seaton, Der russisch-deutsche Krieg, a.a.O., Kurt von Tippelskirch, Geschichte des Zweiten Weltkriegs, Bonn 1951; Günther Blumentritt, Moskau a.a.O., Basil Liddell Hart, Geschichte des Zweiten Weltkriegs, Düsseldorf 1972; Paul Carell, Unternehmen Barbarossa, a.a.O.

464 **»am Ende«**. zitiert nach E. Klink, Der Angriff, a.a.O., S. 599.

465 **»Nach ein paar Nächten«**. Blumentritt, Moskau, a.a.O., S. 67.

466 **»Wir dürfen und müssen mit Recht«**. Zitiert nach E. Klink, Der Angriff, a.a.O., S. 614.

Panzerwaffe und Memoirenliteratur. Vgl. Heinz Guderian, Erinnerungen eines Soldaten, Heidelberg 1951; Erich von Manstein, Verlorene Siege, a.a.O., General Walther Nehring, Die Geschichte der deutschen Panzerwaffe, Berlin 1969.

468 **»die Erinnerungslosigkeit«**. Gersdorff, Soldat, a.a.O., S. 198.

469 **»sie nur, weil sie Kommissare sind«**. Pr. 3055.

471 **»Nein, befehlen konnte er«.** Pr. 3221.

»Er trug Uniform«. Pr. 3252.

»Der war doch Zivilist«. Pr. 3252.

474 **»wütend, daß nun wieder«**. Pr. 3218.

479 **»Ein Blutrausch hatte das Land«.** Dazu ausführlich Bernhard Press, Judenmord in Riga 1941-1945, Berlin 1988, S. 44ff.

485 **»seit Jahrhunderten an ein strenges Regiment«**. Pr. 3133.

486 **›Normalkrieg‹ führen**. Der Begriff wird von Andreas Hillgruber dem nazistischen Weltanschauungskrieg gegenübergestellt. Die Westfeldzüge wären demzufolge ›Normalkriege‹, Operation Barbarossa ideologisch bestimmter Krieg gewesen. Eine Erörterung der schwer zu vergleichenden militärischen Aufgaben fehlt, desgleichen die Differenzierung der durchaus unterschiedlichen Befehlslage in den Phasen des Rußlandfeldzugs. Auch fragt sich, inwieweit der alliierte Luftkrieg im Westen ›Normalkrieg‹ war. Eine entsprechnende Norm hat nicht existiert. Vgl. Hillgruber, Hitlers Strategie, a.a.O., S. 516ff.

487 **»den Befehl vom militärischen Standpunkt«**. Pr. 3104.

»wenn es möglich gewesen wäre«; **»keine Fante«**. Pr. 3106.

489 **»Da mußten diese Störenfriede«**. Pr. 3123.

»die gesamte russische Bevölkerung«. Pr. 3113.

490 **Militärischer Verlauf der Sommeroffensive 1942**. Vgl. dazu Bernd Wegner, Hitlers zweiter Feldzug gegen die Sowjetunion, in: Wolfgang Michalka, Der Zweite Weltkrieg, Analysen, Grundzüge, Forschungsbilanz, München 1989, S. 652ff.; Militärgeschichtliches Forschungsamt, Der globale Krieg. Das Deutsche Reich und der Zweite Weltkrieg, Bd. 6, Stuttgart 1990, Bernd Wegner, Der Krieg gegen die Sowjetunion 1942/43, S. 761ff.; John Keegan, The Second World War, a.a.O., S. 220ff. ders. Atlas, a.a.O., S. 62f., S. 100ff.; Nehring, Geschichte der deutschen Panzerwaffe, a.a.O., S. 249ff.

1.400.000 Mann Verluste. Als Stichdatum ist der Beginn des Kaukasuszugs, Ende Juni 1942 gewählt. Verluste umfassen Tote, Gefangene und aus dem

Armeegebieten abtransportierte Verwundete, Zahlenangabe errechnet aus: Militärgeschichtliches Forschungsamt, Der globale Krieg, a.a.O., Tabellen S. 780ff., S. 787. Vgl. auch Halder, Tagebuch (NOKW 3240), der bis 31. 7. 1942 1.238.788 Mann Verluste beziffert bzw. 44,65% der Stärke des Heers von 1941; vgl. ferner Nehring, Panzerwaffe, a.a.O., S. 265.

Stalingrad. Vgl. dazu Manfred Kehrig, Stalingrad, Analyse und Dokumentation einer Schlacht. Stuttgart 1974; Militärgeschichtliches Forschungsamt, Der globale Krieg, a.a.O., S. 962ff; Jürgen Förster (Hrsg.), Stalingrad. Ereignis, Wirkung, Symbol, München 1992; John Erickson, The Road to Stalingrad; The Road to Berlin, London 1983; Adalbert Holl, Als Infanterist in Stalingrad, Erlangen 1978; Geoffrey Jukes, Stalingrad. Die Wende im Zweiten Weltkrieg, dtsch. Rastatt 1982; John Keegan, Second World War a.a.O., S. 226ff.; ders. Atlas, a.a.O., S. 100ff.; Manstein, Verlorene Siege a.a.O., S. 319ff.; Paul Carell, Unternehmen Barbarossa, S. 520ff.; Theodor Plivier, Stalingrad, Köln 1983.

491 Tag des Befehls 227. **»Nicht ein Schritt zurück«**. S. Martin Gilbert, The Second World War, London 1989, S. 346.

»Tötet jeden von ihnen«. Gilbert, ebd., S. 346. Vgl. auch Alfred M. de Zayas, Die Wehrmachtsuntersuchungsstelle, München 1979, S. 285ff. und Joachim Hoffmann in:Militärgeschichtliches Forschungsamt, Der Angriff auf die Sowjetunion, a.a.O., S. 783ff.

»Es kann nur so gewesen sein«. Pr. 3177.

494 »russischen Seele«; »Ein sympathisches, unverbrauchtes Volk«. Pr. 3011f.

498 Militärhistoriker Yehuda L. Wallach. vgl. ders. Das Dogma, a.a.O.

500 Verlustzahlen Heeresgruppe B. Angaben nach: Militärgeschichtliches Forschungsamt, Der globale Krieg- Das Deutsche Reich und der Zweite Weltkrieg Bd. 6, Stuttgart 1990, S. 780f. Exakte Zahlen sind auch hier wegen der Austauschverhältnisse zwischen den Heeresgruppen A und B nicht zu nennen. Als präzise werden Zahlen für die gesamte Südfront deklariert. Von September bis zur Schließung des Kessels Ende November sind über 227.000 Mann Verluste genannt. Für die Heeresgruppe B sind unter dem obigen Vorbehalt 131.000 Mann Verluste gezählt. Demgegenüber beziffert Erickson in Keegan, Atlas, a.a.O., S. 101 für die Zeit vor der Einkesseleung 700.000 Mann Verluste. Er nimmt die Stalingradoperation von der Frontlinie des 27. Juni zum Ausgangspunkt, an der bis zu ihrem Schwenk in den Kaukasus auch die Heeresgruppe A in den Gefechten am unteren Donbogen beteiligt war. Vor allem rechnet Erickson die rumänischen, ungarischen, italienischen und kroatischen Verbände als Teil der deutschen Streitmacht. Da die Heeresgruppen A, B und Don in diesem Feldzug zu 40-50% aus Divisionen der Verbündeten bestand, ist die Rechnung so besehen sinnvoll (vgl. Tabelle der Kriegsgliederung in: MGFA, Das Deutsche Reich, Bd. 6, a.a.O., S. 933 und 1030). Da aber die fraglichen Divisionen in ihrer Stärke teils extrem unterbesetzt waren und zudem noch keine gesicherten Verlustzahlen exisitieren, sind die Angaben Ericksons Vermutungen, die hier mit dieser Einschränkung des Renommes des Wissenschaftlers wegen angeführt seien. Zu den Verbündetentruppen vgl. auch Peter Gosztony, Hitlers Fremde Heere. Das Schicksal der nichtdeutschen Armee im Ostfeldzug, Düsseldorf, Wien 1976.

502 **Sack von Demjansk und Zahlenangaben**. Vgl. dazu Carell, Unternehmen Barbarossa, a.a.O., S. 384ff.

Überlebende des Kessels und Verluste der Stalingrad-Armee. Das Militärgeschichtliche Forschungsamt gibt für die am Zug zum Don und an die Wolga beteiligten deutschen Verbände in der Zeit von Juli 1942 bis Januar 1943 rund 500.000 Mann Verluste an. (Das Deutsche Reich. Bd. 6, a.a.O., S. 781f.) Demgegenüber nennt Erickson in Keegan, Atlas, a.a.O., S. 105 1,5 Millionen Mann Verluste, verteilt auf die deutsche 6. Armee, die deutsche 4. Panzerarmee, die 3. und 4. rumänische Armee und die 8. italienische Armee. In diese Betrachtungsweise wäre die im der Heeresgruppe B fechtende 2. ungarische Armee einzubeziehen, die im Donbogen aufgerieben wurde. Das Militärgeschichtliche Forschungsamt beziffert die Stärke der im Stalingrader Raum operierenden deutschen und rumänischen Verbände kurz vor Kesselschließung mit 721.000 Mann, darunter 300.000 Mann der 6. Armee und 122.000 Mann der 4. Panzerarmee. (Das Deutsche Reich, Bd. 6, Der Globale Krieg, a.a.O., S. 1003ff.)

Dies entspricht bei knapp 300.000 Mann und 17 aufgelisteten Divisionen (S. 1030) einer normalen Stärke von 17.000 Mann pro Division. Da insgesamt 38 Divisionen der Verbündeten aufgeführt sind und allein die Italiener mit 10 Divisionen 32.000 Mann Verluste erlitten, s. Gerhard Schreiber in: Jürgen Förster (im Auftr. d. MGFA), Stalingrad, Ereignis, Wirkung, Symbol, München 1992, S. 278, muß von einem erheblichen Verlust der Verbündeten ausgegangen werden. Die angeführte Vermutung (1,5 Mio) Ericksons scheint überaus hochgegriffen, zumal derselbe Autor an anderer Stelle zustimmend die Behauptung des sowjetischen Oberkommandos erwähnt, daß ein Viertel der deutschen Südfront bis Ende 1942 verlorengegangen sei. Erickson berechnet die Verluste des Wolga-Zuges mit einem Viertel der gesamten Verbündetenarmee. Die im vorliegenden Text angegebene Zahl von einer knappen Million ist ein Mittelwert, der sich aus dem Verlust des deutschen Ostheeres, den lückenhaften Zahlenangaben der Verbündeten sowie der Anzahl ihrer beteiligten und zerschlagenen Einheiten ergibt.

Zuverlässigere Angaben existieren inzwischen über das Schicksal der Insassen des Kessels. Rüdiger Overmans nennt in: Förster, Stalingrad, a.a.O., S. 442 unter Einbeziehung der Berechnungen Manfred Kehrigs in Stalingrad, a.a.O., S. 671f., 225.000 Mann – eingeschlossen Rumänen, Italiener und einheimische Hilfswillige – 250.00 Eingeschlossene (Kehrig rd. 244.000). Im Kessel gefallen sind 62.000 Mann; 110.000 Mann gerieten in Gefangenschaft. Dort sind 105.000 Mann gestorben. (Förster, Stalingrad, a.a.O., S. 442).

Abwehrschlachten in der Ukraine und im Kursker Bogen. Zum militärischen Verlauf vgl. Keegan, Atlas, a.a.O., S. 124ff.; ders., Second World War, a.a.O., S. 478; Seaton, Der russisch-deutsche Krieg, a.a.O., S. 261ff.; Paul Carell, Verbrannte Erde, Berlin 1966, S. 13ff.: Erickson, Road to Berlin, a.a.O.; Manstein, Verlorene Siege, a.a.O., S. 397ff.; Nehring, Panzerwaffe, a.a.O., S. 276ff.

505 **»die Menschenreserven der Sowjetunion«**. Manstein, Verlorene Siege a.a.O., S. 510.

»an sich stärkste Kampfform«; »wollten die Sowjets«. Manstein ebd. S.475.

507 **»für die Welt wie ein Fanal«**. Zitiert nach Carell, Verbrannte Erde, a.a.O. S. 18.

508 **70 % Panzerstärke, 65% der Flugzeuge**. Zahlen nach Keegan, Atlas, a.a.O., S. 124.
»Schwanengesang der Panzergruppe«. Zitiert nach Geschichte des Großen Vaterländischen Krieges der Sowjetunion, Bd. 3, Berlin 1964, S. 328.
512 **»diese Ströme von Menschen«**. Pr. 3090.
Dnjeprübertritt. Vgl. Manstein, Verlorene Siege, a.a.O., S. 507ff.; Carell, Verbrannte Erde, a.a.O., S. 298ff.; Keegan, Atlas, a.a.O., S. 126f.
Sowjetischer Partisanenkrieg. vgl. dazu hier und im folgenden John A. Armstrong, Soviet Partisans in World War II., Madison, 1964; R. L. Garthoff, Die Sowjetarmee, a.a.O.; Bernd Bonwetsch, Sowjetische Partisanen 1941-1944, in Gerhard Schulz (Hrsg.), Partisanen und Volkskrieg, Göttingen 1985.
Amerikanische Nachkriegsforschungen. S. E. A. Shils und M. Janowitz, Cohesion and Disintegration in the German Wehrmacht in World War II., Public Opinion Quarterly 12 (1948).
516 **»Es wurde nicht mit dem Hitlergruß«**. Pr. 3030.
518 **»Ob diese Männer Freiwillige waren«**. ab. Schrs. V., S. 22.
520 **»von jeher berüchtigste Partisanengebiet«**. Pr. 3196.
»wo um ein Haar der Feldmarschall«. Pr. 3198.
»Wir überlegten uns sehr«; **»Die Partisanen steckten nicht**. Pr. 3198.
521 **»Aber Herr Generaloberst«**. Pr. 3199.
»Sie brauchen nicht zu glauben«; **»Es muß jeder Befehl«**. Pr. 3201.
»daß nun wirklich wild drauflos«. Pr. 3199.
525 **»in den deutschen Führern und Soldaten«**. ab. Schrs. V., S.129.
»echte Notwehr«. ab. Schrs. V., S.130.
»Ich frage nur«. ab. Schrs. V., S.132.
»Wenn die Bevölkerung eines Landes«. ab. Schrs. V., S. 136. Vgl. auch: War Department, US Basic Field Manual, Rules of Land Warfare, Washington 1940.
531 **»auch friedliebende Privatpersonen«**. Pr. 3480.
»eine ganze Reihe von Menschen«. Pr. 3480.
»endlich aus der Bandenhörigkeit«. Pr. 3480.
»War es nicht in Wirklichkeit«; »Nein, das steht nicht hier«. Pr. 3576.
532 **»Selbstverständlich«**. Pr. 3576.
534 **»Es durfte kein Soldat«; »Sie wollen also sagen«; »ist überhaupt nicht zur Kenntnis«**. Pr. 3571f.
538 **»nur mit größtem Widerwillen«**. Pr. 3477.
»heimtückisch, hinterhältig«. Pr. 3476.
»Wir sind nicht dazu da«. Pr. 3477.
»Zwingende, reine Notwehr«. Pr. 3476.
539 **»jeder Transport«**. Pr. 965.
»widerspricht meiner Auffassung«. Pr. 3554.
»so sorgfältig und genau«. Pr. 3467.
»erfahrenen Kriminalbeamten«. Pr. 3467.
540 **»um auf hinterlistige Weise«**, ab. Plädoyer V., S. 28f. (Bayerisches Staatsarchiv Nürnberg KV, Fall 12, J11).
»Ich kann zwischen den Totenbüchern und mir«. Pr. 3455.
»im Lager offenbar eben erfahren«. Pr. 3745.
»Wenn der Oberquartiermeister mich nicht«. Pr. 3799.

»ich habe von diesen kleinen Transportfragen«; »Mich aber nun aufgrund dieser Transportfragen«; »denn es war eine ganz selbstverständliche«. Pr. 3456.
»Wenn ich aber nur mit der Tatsache«. Pr. 3457.

541 **»Der SD trieb dieses Handwerk«**. Pr. 3459.

544 **»Beseitigung«; »elemination« – »Eine gewöhnliche Entfernung«**. Pr. 3442-3446.
»Wenn Sie die Absicht gehabt hätten«. Pr. 3584.
»Das habe ich dem Nachrichtenoffizier«. Pr. 3584.

545 **»den Verdacht hatte«**. Pr. 3443.
»Ich will etwas beseitigen«. Pr. 3584.
»Der SD hat von mir«. Pr. 3595.
»Ich habe in meinem ganzen Leben«. Pr. 3444.

546 **»Hoepner gewiß«. »durch Handbewegung«**.Pr.3658.

547 **»Wir hoffen«**. Pr. 3336f.
»wir gemahnt wurden«; »Zahlenspiele«. Pr. 3338.
»Das war ein Zahlenspiel«. Pr. 3591.
»diese riesige Verschwörung«; »Wenn in Deutschland«; Pr. 3530f.

548 **»kann nicht und will nicht«**. Pr. 3530f.
»einer aus meinem Bereich ausscheidenden«. Pr. 3533.
»ein Mann namens Heydrich«. Pr. 3534.
»Bestrafungen von Kommissaren«. ab. Schrs. V., S. 24

551 **Denkschrift Gehlen**. Vgl. dazu Hans-Heinrich Wilhelm, Die Prognosen der Abteilung Fremde Heere Ost 1942-1945 in: Wilhelm, de Jong, Zwei Legenden aus dem Dritten Reich, Stuttgart 1974, S. 59ff.

552 **Operation Bagration** (Einschließung der Heeresgruppe Mitte). Vgl. dazu Seaton, Der russisch-deutsche Krieg, a.a.O., S. 328ff.; Keegan, Atlas, a.a.O., S. 148f.; Kurt von Tippelskirch, Geschichte Des Zweiten Weltkriegs, Bonn 1951, S. 530ff.

553 **Marschall Rokossowskis 1. Weißrussische Front**. Zum Einmarsch der roten Armee ins Reich vgl. Christopher Duffy Red Storm on the Reich, New York 1991 und Tony Le Tissier, The Battle of Berlin 1945, a.a.O.
Verlust der HG Mitte. . Zahlenangabe nach Müller-Hillebrand, Das Heer, Bd. 3, a.a.O., S. 168f. u. S. 266; vgl. ferner Schramm (Hrsg.), Kriegstagebuch des OKW, Bd. 4, S. 858.

555 **Stalin zu Djilas**. S. Milovan Djilas, Gespräche mit Stalin, Stuttgart/Hamburg o. J., S. 134.
Greuel in Goldapp und Gumbinnen. Vgl. dazu Alfred M. de Zayas, Die Anglo-Amerikaner und die Vertreibung der Deutschen, München 1980, S. 79ff.. Bundesministerium für Vertriebene (Hrsg.), Dokumentation der Vertreibung der Deutschen aus Ost-Mitteleuropa I, Die Vertreibung der deutschen Bevölkerung aus den Gebieten der Oder-Neiße, Bd. 1, München 1984, S. 1ff; Hans Graf von Lehndorff, Ostpreußisches Tagebuch, Aufzeichnungen eines Arztes aus den Jahren 1945-1947, München 1961; Lew Kopelew, Aufbewahren für alle Zeit, München 1979, S. 91ff.
Disziplinlosigkeiten in Berlin. Vgl. dazu Margret Boveri, Tage des Überlebens, München 1977; Erich Kuby, Die Russen in Berlin, Rastatt 1988.

556 **Verteidigungsriegel Heeresgruppe Mitte und Heeresgruppe A, Angriffsstärke** 1. Ukrainische Front, 1. Weißrussische Front. Zahlenangaben nach Keegan, Atlas, a.a.O., S. 174.

557 **Hindenburgs Gebeine**. Vgl. Jünger, Strahlungen, a.a.O., S. 611.
Zivilarbeiter im Kursker Bogen. Zahlen nach Keegan, Second World War, a.a.O., S. 466.
558 **»denn sie stand unter dem gleichen Druck«**. Pr. 3399.
559 **»In einer Zeit, in der die Sowjetunion«**. ab. Schrs. V., S. 74.
Mannstärke der Wehrmacht Mitte 1944 und Verluste. Zahlen nach Alan S. Milward, Der Zweite Weltkrieg, a.a.O., S. 219.
Sowjetische Panzerproduktion 1942-1944. Zahlen nach Milward, ebd. S. 226.
560 **»der in der Durchführung«**. ab. Schrs. A., S. 40.
»ein systematisches, verbrecherisches System«. Ebd. S. 54.
»Sie ist unsympathisch« . Werner Rings, Leben mit dem Feind, Anpassung und Widerstand in Hitlers Europa, 1939-1945, München 1979, S. 127.
561 **260 Mio. Menschen unter Besatzungsherrschaft**. Zahl nach Rings, ebd., S. 101.
845.000 französische Rüstungsarbeiter. Rings, ebd. S. 125.
»es ist also keine Übertreibung«. Rings, ebd. S. 125.
500.000 russische Arbeitsanbieter; 1 Mio. Hilfsfreiwillige. Zahlen nach Rings, ebd. S. 126. Vgl. dazu auch Ulrich Herbert (Hrsg.), Europa und der »Reichseinsatz«. Ausländische Zivilarbeiter, Kriegsgefangene und KZ-Häftlinge in Deutschland 1938-1945, Essen 1991.
562 **»In allen Fragen der Arbeitsgewinnung«; »an die fachlichen Weisungen«**. ab. Schrs. V., S. 93.
»Auflagen auf dem besonderen Dienstweg«. Pr. 3414.
566 **Verlustziffern; von 46.000 Toten monatlich und 1000 Gefallene täglich**. Zahlen nach B. Müller-Hillebrand, a.a.O., S. 266.
»Jeder Zwang bedeutet Stimmungsbeeinflussung«. Pr. 3413.
568 **»da ja durch Wegziehen«**. Pr. 3411.
»halte ich auch für ausgeschlossen«. Pr. 3397.
569 **»aus den bisher bandenhörigen Dörfern«; »im Gegensatz zu der willig«**. Pr. 3393.
570 **»Diese Verordnung legte nur«** . ab. Schrs. V., S. 81.
571 **»geschieht ja unter der Voraussetzung«**. Pr. 3402.

Kapitel 6

577 **Zahlen zum Schicksal dtsch. Kgf. in Rußland**. S. Erich Maschke (Hrg.) Zur Geschichte der deutschen Kriegsgefangenen des II. Weltkriegs, 22 Bde., München 1962-1974, Bd. IV, S. 206ff. Vgl. auch ders. (Hrg.) Die deutschen Kriegsgefangenen des II. Weltkriegs. Eine Zusammenfassung, München 1974. Arthur L. Smith, Heimkehr aus dem II. Weltkrieg , Die Entlassung der deutschen Kriegsgefangenen, Stuttgart 1985, Reinhard Maurach: Die Kriegsverbrecherprozesse gegen deutsche Gefangene in der Sowjetunion, Hamburg 1950.
50.000 Mann zu Kriegsverbrechern deklariert.S. Albrecht Lehmann, Gefangenschaft und Heimkehr. Deutsche Kriegsgefangene in der Sowjetunion, München 1986, S. 28.

578 **»Vorsorge«** und **»hat sich vielfach«**. Pr. 4355.
»den Leuten so viel Spaß«. Pr. 4050.
»daß es sie gefreut hat«. Pr. 4050.
»Die Leute waren so etwas«. Pr. 3947.
»Die Bevölkerung sehnte sich«. Pr. 3948.
579 **»daß in dem besetzten Gebiet«**. Pr. 4050.
»Die Truppe war so ermattet«. Pr. 4366.
»So sollte der Kampf«. Pr. 4357f.
582 **Stalins Rundfunkbefehle**. S.. Alfred M. de Zayas, Die Wehrmacht-Untersuchungsstelle. Deutsche Ermittlungen über alliierte Völkerrechtsverletzungen im Zweiten Weltkrieg. München 1980, S. 296f.
»Offiziere und Soldaten«; **»wenn Du einen Deutschen getötet«**. Ebd. S. 286f.
583 **Wirkung des deutschen Einmarschs.** Vgl. Curzio Malaparte, Der Zerfall, Karlsruhe 1964, S. 130ff.
»gefangengenommen wurde«. de Zayas, Wehrmachts-Untersuchungsstelle, a.a.O., S. 281.
584 **Kommissare des 9. sowjetischen Korps**; s. de Zayas, ebd., S. 297.
»Wer kapitalistische oder faschistische Gedanken«. de Zayas, ebd., S. 296.
»Auf dem Schlachtfeld«. de Zayas, ebd., S. 278.
»Bei Bija Sala«. de Zayas, ebd., S. 278f.
»ihren innerstaatlichen Schreckensmethoden«. de Zayas, ebd., S. 305.
585 **»als Folge dieser Maßnahmen«**. de Zayas, ebd., S. 288.
»In letzter Zeit«. de Zayas, ebd., S. 290.
586 **»Die Offiziere haben verboten«**; **»daß deutsche Kriegsgefangene«**. de Zayas, ebd., S. 291.
»Mitte März«. de Zayas, ebd., S. 302.
»ich darf vorausschieben«. Pr. 4357.
»in der Front«;»Wenn Sie so wollen«. Pr. 4473.
587 **»Wie ein Wanderprediger«**. Pr. 4353.
588 **»ein immer sachliches Urteil«;»Als Infanterist«**. Manstein, Verlorene Siege, a.a.O., S. 532.
590 **»mit gemeinsamen Kräften kleine Fabriken in Gang gebracht«**. Pr. 3944.
591 **»Die hatten ja gar keine«**. Pr. 3942.
»dafür gesorgt«. Pr. 3943.
»daß das Erntefest«. Pr. 3945.
592 **»meist nur einige«**. Pr. 3960.
»Da, meine Herrn Richter«. Pr. 3942.
»lebten die Leute«. Pr. 3945.
»im Gebiete des Don«. Pr. 3948.
»Und es ist ja spaßig«. Pr. 3958.
»das wirklich mit Partisanen«. Pr. 3958.
593 **»darüber sind diese total«**. Pr. 3958.
»ein überragender Soldat«. Pr. 5563.
»Der fähigste deutsche General«. B. H. Liddell Hart, The other Side of the Hill, London 1978, S. 94.
»daß er Ideen«. Liddell Hart, ebd., S. 98.
»beste Kopf«. Heinz Guderian, zitiert bei Mitchum, Hitler's Field Marshals, a.a.O., S. 241. Vgl. auch David Irving, Hitlers Krieg, München 1983, S. 129.

594 **»Diese Selbständigkeit der Unterführer«**. Der Prozeß gegen die Hauptkriegsverbrecher, a.a.O., Bd. 20, S. 664.
»Man kann als Offizier nicht«. Pr. 5854.
»Deutsches Militärstrafgesetzbuch § 47. S. Absolon, Das Wehrmachtsstrafrecht, a.a.O., S. 14.
»Ich konnte es mir«. Pr. 3887.
»Wer auch nur einmal«. Pr. 5764.
595 **»in gewissen Kreisen«**. Pr. 5581.
»einen Riß«. Pr. 5580.
»kann man ja«. Pr. 5578.
»ein ausgesprochen schlechtes«. Pr. 5570.
»Dinge gefordert«. Pr. 5570.
»hatte ich nach meiner Überzeugung«. Pr. 5580.
»Warum haben Sie nicht«. Pr. 5580.
»daß ich als Soldat«. Der Prozeß gegen die Hauptkriegsverbrecher, Bd. 20, a.a.O., S. 663.
596 **»teilweise bis 100 km«**. ebd., S. 676.
»Ich erinner mich genau«. Pr. 5582.
»der Feldmarschall von Manstein«. Pr. 5582.
597 **»Er war ein Soldat«**. Pr. 5563.
»Seine Arbeit ging«. Pr. 5563.
«Welche Vorkehrungen«. Pr. 5761.
»Welche Maßnahmen«. Pr. 5761.
»ein absoluter Hitler-Ergebener«. Pr. 3889.
»den Grundsätzen des von mir«. Pr. 4335.
»Menschen, die in meiner Gewalt«. Pr. 4335.
»soldatischen und menschlichen«. Pr. 3887.
»Befehle von höchster Stelle«. Pr. 4337.
»nicht sinnvoll«. Pr. 3889.
598 **»Ich habe diesen Befehl«**. Pr. 3888.
»Ich habe ihnen gesagt«. Pr. 3888.
»Wenn ich den Befehl«. Pr. 4335.
einer Bitte von mir«. Pr. 4335.
»warum haben Sie ihn nicht einfach«; **»Da ich die Dinge«**. Pr. 3888.
599 **»sinnlose These«**. ab. Schrs. d. A. , S. 7.
600 **»Nun weiß ich, daß«**. Pr. 4339.
»klar wurde, daß der«. Manstein, Verlorene Siege; a.a.O., S. 177.
Aufbruch und Operationsziele der 11. Armee. Vgl. Albert Seaton, Der russisch-deutsche Krieg, a.a.O., S. 105ff. und Ernst Klink, Die Schlacht um die Ukraine und die Krim in: Militärgeschichtliches Forschungsamt, Der Angriff auf die Sowjetunion, a.a.O., S. 509ff.
603 **Umanschlacht**. Zahlenangaben nach Seaton, Der russisch-deutsche Krieg, a.a.O., S. 109.
604 **Jassy-Pogrom**. Vgl. Hilberg, Die Vernichtung der europäischen Juden, a.a.O., S. 821 und Curzio Malaparte, Kaputt, Karlsruhe 1961, S. 118ff.
»Scharen von Soldaten«. Malaparte, ebd., S. 139.
605 **»Im östlichen Europa«**. Malaparte, ebd., S. 124.
»einer jener alter, bayerischen Edelleute«. Malaparte, ebd., S. 223f.

»ein alter Soldat«; **»sich in bestimmte Dinge«**. Ebd., S. 124.
»ihm liegt nichts an den Juden«; **»er wird mir erwidern«**. Malaparte, ebd., S. 119.
Operationsbefehl »München«. S. Jürgen Förster, Militärische Aspekte der Einbeziehung Rumäniens in die Planung »Barbarossa«, in: Militärgeschichtliches Forschungsamt, Der Überfall auf die Sowjetunion, a.a.O., S. 346.
606 Juden jenseits des Pruth. Zahl errechnet nach Hilberg, Die Vernichtung, a.a.O., S. 826, sowie nach Martin Gilbert, Endlösung, Reinbek 1982, S. 70f.
607 »vollkommen wahnsinnig«. Pr. 3002.
»Dieser Ort Belzy«; **»wobei klargelegt wurde«**. Pr. 5698.
608 »rassischen Grundlage«. Förster, Militärische Aspekte, a.a.O., S. 346.
610 Juden Zündstoff in der Ukraine. Vgl. Hilberg, Die Vernichtung, a.a.O., S. 346.
»mit allen Mitteln«. Krausnick, Wilhelm, Die Truppe des Weltanschauungskriegs, a.a.O., S. 199.
611 »der wirtschaftlichen Befriedung« und Erntehilfe. S. Krausnick, Wilhelm, ebd., S. 215.
Stalin-Befehl vom 3. Juli 1941. S. Joachim Hoffmann, Die Kriegführung aus der Sicht der Sowjetunion, in: Militärgeschichtliches Forschungsamt, Der Überfall auf die Sowjetunion, a.a.O., S. 732.
618 »diese Sache zu untersuchen«. Pr. 4073.
619 »Das waren ja alles Leute«. Pr. 4026.
620 »Ich glaube, ich darf mal«. Pr. 4034.
»denn er mußte doch annehmen«. Pr. 4025.
»Doch nicht gegen Juden«. Pr. 4035.
Historiographie. Vgl. Hilberg, Die Vernichtung, a.a.O., Krausnick Wilhelm, Die Truppe, a.a.O.
»zeigt das Beweismaterial«. Ab Schrs. V., S. 63
»Nicht deswegen, weil die Juden«. Pr. 4142.
622 »Gerade bei uns auf der Krim«. Pr. 4126.
625 »Das ist der Fall«. Pr. 5898.
»Ich habe nach meiner Erinnerung«. Pr. 5896.
»Es ist einwandfrei«. Pr. 5894.
»gegen die rassische Verfolgung«. Pr. 5680.
626 »da ich nicht annahm«. Pr. 5920.
627 »daß dieser Mann«. Pr. 5910f.
628 Zur »abwehrmäßigen Sicherung« 13.000 Personen. Krausnick Wilhelm, Die Truppe, a.a.O., S. 201.
»Haben denn diese 50 Mann«; **»Das kann ich nicht beurteilen«**. Pr. 5915.
630 »Eine Abordnung«. Manstein, Verlorene Siege, a.a.O., S. 233.
»mit der Marschregelung«. Der Prozeß gegen die Hauptkriegsverbrecher, a.a.O., Bd. 20, S. 675.
»Führer der SS«. Ebd. S. 674.
»keine Meldung bekommen«. Ebd., S. 674.
»Ich habe in meinem Bereich«. Ebd. S. 678.
In Nikolajew. S. Aussage Ohlendorf in: Der Prozeß gegen die Hauptkriegsverbrecher, a.a.O., Bd. 4, S. 352.
631 »Ich muß sagen«. Ebd. S. 700.

»Man kann das so und so«. Pr. 5870.
»wie war es möglich«. Pr. 5915.
»Und Sie behaupten also«; »Nein«. Pr. 5918.
Geschwätzigkeit deutscher Soldaten. Vgl. dazu Ortwin Buchbender, Reinhold Sterz, Das andere Gesicht des Krieges, Feldpostbriefe 1939-1945, München 1982.
632 **»jedenfalls nicht erwiesen«**. Pr. 5918.
»nicht um – sagen wir -«. Pr. 5740.
»Wenn tatsächlich«. Pr. 5840.
»In Deutschland«. Pr. 5861.
Speer. S. Albert Speer, Der Sklavenstaat. Stuttgart 1981, S. 127ff.
633 **Wort eines deutschen Feldmarschalls**. S. Der Prozeß gegen die Hauptkriegsverbrecher, a. a. O., Band 22, S. 96 und Pr. 1855
»Ja, ich kann mir nicht vorstellen«. Pr. 9268.
634 **»Mein offizieller Titel«**. Pr. 9066.
»durchaus in Konkurrenz«. Pr.9067.
»Gebiet zur Sicherung«. Pr. 9067f.
»Aber auch hier«. Pr. 9068.
635 **»Bei der Unterstellung«**. Der Prozeß gegen die Hauptkriegsverbrecher, a.a.O., Bd. 20, S. 675.
637 **»daß in den ersten sechs Monaten«**. Pr. 9079.
»alle drei«. Pr. 9263.
»In der Regel«. Pr. 9267.
639 **»eingegriffen haben«**. Der Prozeß gegen die Hauptkriegsverbrecher, a.a.O., Bd. 20, S. 703.
»Man kann also fragen«. Ebd., S. 703.
640 **»auf der Ebene«**. Pr. 5721.
»Ich war Berater«. Pr. 5721.
»dem Oberbefehlshaber haben in diesen Dingen«. Pr. 5722.
»aus sachlichen Gründen«. Pr. 5722.
»Es ist für mich sehr schwer«. Pr. 5722.
641 **»diese Meldungen«**. Pr. 5724.
»nie etwas davon gehört«. Pr. 2101.
»vielen Personen, die ihre Vergangenheit«. S. Heinz Höhne, Der Orden unter dem Totenkopf, München 1967, S. 476.
»Nachdem nun diese«. Pr. 9280ff.
644 **»Einheitsführer von etwa 500 Mann«**. Pr. 623f.
Obersturmbannführer Seetzen. Biografische Angaben s. Krausnick, Wilhelm, Die Truppe des Weltanschauungskriegs, a.a.O., S. 642.
646 **»In dicht besiedelten Gebieten**. Aussage Ohlendorf im Nürnberger Einsatzgruppenprozeß, Fall 9, Trials of War Criminals under Control Council Law Nr. 10, a.a.O., Vol. 4, Washington 1949, S. 1278.
»Wenn es sich um Durchsuchungen«. Pr. 9274ff.
647 **Verluste des deutschen Ost-Heeres 1941**. Zahl nach Müller-Hillebrand, Das Heer, Bd. 3, a.a.O., S. 266. Anders, doch schwer nachvollziehbar die Zehn-Tagesmeldung des Generalquartiermeisters des Heeres vom 25. 3. 1942 (225.559 Tote bis 20. 3. 1942), wiedergegeben in Militärgeschichtliches Forschungsamt, Der globale Krieg, a.a.O., S. 787. Im Unterschied dazu Tabelle

ebd., S. 780, mit der Zahl von ca. 245.000 blutigen Verlusten allein vom 1. 1. 1941 bis 20. 3. 1942.

648 **Der 32jährige Oberregierungsrat**. Angaben zur Person Braune nach den mündlichen Verhandlungen des Einsatzgruppenprozesses. Bayerisches Staatsarchiv Nürnberg, KV, Fall 9, A, Pr. 3068f.; 3176ff.

649 **Tötung der Schwerverletzten in Feodosia**. S. de Zayas, Wehrmachts-Untersuchungsstelle, a.a.O., S. 308ff.

Landung der Rotarmisten in Kertsch. Vgl. dazu Erich von Manstein, Verlorene Siege, Bonn 1955, S. 239ff., sowie Paul Carell, Unternehmen Barbarossa, Berlin 1963, S. 279ff.

»Weil man durch das Eis«. Pr. 5691

651 **»Zur Partisanenbekämpfung waren Formationen«**. Der Prozeß gegen die Hauptkriegsverbrecher a.a.O., Bd. IV, S. 530f.

652 **»da die Truppenzahl der Polizei«; es galt, die Bestimmung«; »die Vernichtung der Juden«**. Ebd. S. 530f.

Befehlsstelle Braunes in der Ortskommandantur von Simferopol. Vgl. dazu auch Krausnick, Wilhelm, Die Truppe, a.a.O., S. 267, im übrigen auch mit anderer Auffassung zum Partisanenkampf der Kommandos als hier vertreten.

653 **»Braune kam empört aus Eupatoria«**. Der Prozeß der Vereinigten Staaten gegen Ohlendorf u. a. (Einsatzgruppenprozeß), Fall 9, Pr 624.

654 **»nicht als meine Aufgabe«; »Die Vergeltung selbst«**. Ebd. S. 623.

»Ich glaube, daß darüber kein Zweifel mehr besteht«; »nervenmäßig kaputt«; »zu ihrem eigenen Schutz«. Ebd., S. 642.

Sprengungen des Pionier-Bataillons 70. S. Manstein, Verlorene Siege, a.a.O., S. 248.

657 **2.500 Tötungen von Juden in Kertsch vom 1.-3. 12. 1941**. Zahlenangabe nach M. Gilbert, Endlösung. Ein Atlas, S. 87.

Tatarendörfer am Nordabhang des Jailagebirges. Vgl. dazu Aleksandr M. Nekrich, The Punished Peoples. The Deportation and tragic fate of Soviet minorities at the end of the Second World War, New York 1978, S. 29.

658 **Anzahl der Juden auf der Krim**. Zahlenangabe nach Hilberg, Die Vernichtung der Europäischen Juden, a.a.O., S. 305. Hilberg berechnet 50 Millionen Personen. Damit unvereinbar ist die oft, auch von Martin Gilbert, Endlösung, Ein Atlas, a.a.O., S. 86f., angeführte Zahl von 91.678 Todesopfern auf der Krim. Die Zahl basiert auf der Einsatzgruppenmeldung der Einsatzgruppe D, die allerdings deren gesamtes Gebiet einschließlich Bessarabiens und der südlichen Ukraine einbezieht. Darauf hat bereits Manstein in Nürnberg hingewiesen. Die von Gilbert einzeln angeführten Tötungen auf der Krim (basierend auf Einsatzgruppenmeldungen) ergeben 23.800 Todesopfer. Die Einsatzgruppe D ging von 40.000 bei ihrem Eintreffen verbliebenen Personen aus. (NO 2828)

659 **»Lebensader der Armee«** und weitere Angaben zur Transportlage. S. Manstein, Verlorene Siege a.a.O., S. 246.

660 **»das Armeeoberkommando stellte das Verlangen«**. Nürnberger Fall 9, Pr. 607f.

»Ist es richtig, daß die Armee«; »Die Armee stellte die Lastwagen«. Ebd. Pr. 608.

»So wie ich es verstehe, hat die Armee«; »Ich darf aber zur Klärung«. Pr. 9280).

661 **»Unsere Gedanken waren damals«; »Sie wissen, daß auch Kinder«; »Jawohl, Herr Präsident«**. Fall 9, (Einsatzgruppenprozeß) Pr. 3256f.
»wer Herr Ohlendorf«. Ebd. Pr. 3256.

664 **»In Simferopol wurde vom Armeeoberkommando«**. Der Prozeß gegen die Hauptkriegsverbrecher, a.a.O., Bd. 4, S. 352.

665 **»Feldmarschall von Manstein hat also«**. Fall 9, Pr. 692.
»Nein, das kann ich nicht sagen«. Ebd., S. 692.
»Es ist höchstwahrscheinlich«; »Ich kann mir jedenfalls«. Ebd., S. 692.
»Diese Tätigkeit vollzog sich«. Ebd. Pr. 766.
»als Gedanke«. Pr. 2082.

666 **»Es kommt auf den örtlichen Standort«**. Pr. 2083.
»unlogisch«. Pr. 5665.
»Störung der Operationen«. Pr. 5665.

667 **»Ich glaube nicht«**. Pr. 5837.
»die Juden grundsätzlich töten«. Pr. 5738.
»Ich bestreite«. Pr. 5665f.

668 **»aufgetragen, den Ohlendorf«**. Pr. 5652.

669 **»wobei ich aber abstreite«**. Pr. 5904.

670 **23.000 Juden auf der Krim**. Zahl nach Martin Gilbert, Endlösung, a.a.O., S. 83, 87.
»An die Ausgabe«. Der Prozeß gegen die Hauptkriegsverbrecher, a.a.O., Bd. 21, S. 9.
»ging auf unmittelbaren Befehl«. Pr. 5934.
»die gelegentlich der Umsiedlung«. Pr. 5649.
»Hinterlassenschaften«. Pr. 5652.
»Glauben Sie, daß es logisch«. Pr. 5905.

671 **»Ja, er konnte die Uhr«; »Das ist möglich«**. Pr. 5905.

672 **»einen besonders gut durchgebildeten«**. Pr. 1915.

673 **»solche Sachen ergeben«**. Pr. 5865.
»Es war damals eben«. Pr. 5866.
»und ich weiß noch«. Pr. 5682f.

Kapitel 7

677 **»unendlichen Weite der Räume«**. Pr. 1887.
Besetzung des Iran. Vgl. Homa Katouzu, The Political Economy of Modern Iran, London 1981, S. 134f.
»angebliche Bedrohung«. ab. Schrs. V., S. 138.

678 **»Ich kann nur sagen«**. Pr. 1821.

680 **44 % Stahlimporte aus Schweden**.S. Alan S. Milward
Der Zweite Weltkrieg. Krieg, Wirtschaft und Gesellschaft 1939-1945, a.a.O. S. 335.

681 **»Es ist der Handelsgeist«**. Immanuel Kant, Zum Ewigen Frieden, Werke, hrsg. von Wilhelm Weischedel, Darmstadt 1964, Bd. 9, S. 226.

683 **»Was würde geschehen«**. Winston Churchill, War Speeches, London 1953, Vol. 1, S. 237.

684 **»Das ganze norwegische Problem«**. Pr. 4739.

»einer gesicherten Ausnutzung«. Zitiert nach Michael Salewski, Die deutsche Seekriegsleitung 1935-1945, Bd. 1, Frankfurt/M. 1970, S. 180.

Haager Seeneutralitätsabkommen. Betreffend die Rechte und Pflichten der Neutralen im Falle eines Seekrieges. Reichsgesetzblatt 1910, S. 348. Vgl. auch Friedman, Law, a.a.O., Bd. I.

685 **Die Neutralitätspflicht.** S. Haager Abkommen zu den Rechten und Pflichten neutraler Staaten. Reichsgesetzblatt 1910, S. 151.

»Sie alle hoffen«. Zitiert nach William Manchester, The Caged Lion, Winston Spencer Churchill 1932-1940, London 1988, S. 598.

686 **»Sozialdemokraten und Radikale**. S. Theodor Schieder Handbuch der Europäischen Geschichte, Bd. 7, 2, Stuttgart 1979, S. 22, Die skandinavischen Staaten seit dem Ende des I. Weltkriegs.

»Nur Finnland«. Winston Churchill: Churchill speaks: Winston S. Churchill in peace and war. Collected speeches (ed. Robert Rhodes James), Leicester 1981 S. 618 ff. (1. 2. 1940).

»Wir müssen nach Belgien gehen«. Zitiert nach Manchester, Caged Lion, a.a.O., S. 598.

»gegen jene furchtbare Linksschwenkung«. Winston S. Churchill, Der Zweite Weltkrieg, Bd. 1, Buch 2, Bern/München 1985, S. 92.

britisches Kriegskabinett ohne Operationspläne. S. Martin Gilbert, The Official Biography of Winston Spencer Churchill, Vol VI, Finest Hour, London 1983, S. 193.

»ohne auf eine formale Einladung«. Zitiert nach Gilbert, ebd., S. 199.

»Mittel zukünftiger Aggression«;»Es hätte ein sehr kurzer Krieg«. Zitiert nach Gilbert ebd., S. 201f.

687 **»Das Schiff verletzt«**. Zitiert nach Manchester, Caged Lion, a.a.O., S. 622.

688 **»Vor deutschem Terror zitternd«**. Churchill, Second World War, Vol. 1, Book 2, a.a.O., S. 562ff., dtsch. ders. Der Zweite Weltkrieg, Bd. 1, 2, a.a.O. S. 207.

690 **»Trotz all ihrer Brutalität«**. Zitiert nach Gilbert, Finest Hour, a.a.O., S. 190f.

»höchstwahrscheinlich von der Macht«. Zitiert nach Gilbert ebd., S. 189.

691 **ganz im Ton Hitlers**. Vgl. B. Liddell Hart, Geschichte des Zweiten Weltkriegs, Düsseldorf 1972, S. 81.

692 **Protest Ribbentrops**. Manchester, Caged Lion, a.a.O., S. 634.

»Besetzung Norwegens und Dänemarks«. Zitiert nach David Irving, Hitlers Krieg, München 1983, S. 147.

In Dänemark halfen Matrosen. S. John Lukacs, Der letzte europäische Krieg, a.a.O., S. 66.

Norwegens 13.000 Mann Armee. Lukacs, ebd., S. 227.

»Wenn wir in den ersten Kriegstagen«. Gilbert, Finest Hour, a.a.O., S. 194.

693 **»Eindruck eines erschreckenden Versagens«.»Szenen kopfloser Erregung«; »Rühmt doch«**. Warlimont, Im Hauptquartier, a.a.O., S. 95.

694 **»daß das Betreten des dänischen Bodens«**. Zitiert nach Siegfried Matlok, Dänemark in Hitlers Hand. Der Bericht des Reichsbevollmächtigten Werner Best, Husum 1988, S. 19f.

Unter seinem sozialdemokratischen Ministerpräsidenten. Vgl. John Lukacs,

Der letzte europäische Krieg, a.a.O., S. 252 sowie Werner Rings, Leben mit dem Feind, a.a.O., S. 45ff., Gustav Meissner, Dänemark unterm Hakenkreuz, Berlin 1990, insbes. S. 153ff.

697 **»einer der fragwürdigsten Punkte«**. Liddell Hart, Geschichte des Zweiten Weltkriegs, a.a.O., Bd. 1, S. 84.

698 **Oslo-Gruppe**. Vgl. Donald Cameron Watt, How War Came, New York 1989, S. 61.

699 **Klagen Churchills**. S. Winston S. Churchill Der Zweite Weltkrieg, Bd.1, Buch 2, a.a.O., S. 221.

»Neutralität und nochmals Neutralität«. Churchill, ebd., S. 259.

»Wir haben gemäß den Prinzipien«; **»Wir kämpfen dafür«**. Churchill, ebd., S. 182ff.

700 **»Seine Auswirkung auf dritte Staaten«**; **»Der schuldige Belligerent«**. Oppenheim-Lauterpacht, International Law Bd. II, 8. Auflage, 1955 § 292b, S. 644.

702 **»Wenn der Engländer in Norwegen«**. Pr. 4727.

703 **Wolframpreis**. S. Milward, Der Zweite Weltkrieg, a.a.O., S. 343.

704 **»Der Neutrale«**. Ab. Schrs. V., S. 136.

»So gesehen«. Ab. Schrs. V., S. 139.

»Diesen Eindruck habe ich«. Pr. 4738.

705 **Im Belagerungsring**. S. Gerald Feldman, Armee, Industrie und Arbeiterschaft in Deutschland 1914-1918, dtsch. Berlin, Bonn 1985, Kap. VI-IX.

die geostrategischen Propheten. Vgl. Albert C. Wedemeyer, Der verwaltete Krieg, dtsch. Gütersloh, 1958.

Herzland. Vgl. Karl Haushofer, **Weltmeere und Weltmächte. Berlin 1937, ders.**, Geopolitik, Berlin 1924, ders., Weltpolitik von heute, Berlin 1934; Auf der Ebene der NS-Publizistik s. Giselher Wirsing, Der Maßlose Kontinent, Jena 1942; ferner Lothar Gruchmann, Nationalsozialistische Großraumordnung, Stuttgart 1962; Paul Kennedy, Mahan versus Mackinder: Two Interpretations of British Sea Power, in ders. Strategy and Diplomacy 1870-1945, London 1983.

707 **»Man kann sehr wohl«**. Ab. Schrs. V., S. 23.

708 **»Die zielstrebige sowjetische Regierung**. Vgl. Heinrich Laternser, Die Verteidigung deutscher Soldaten, a.a.O., S. 300f.

»Handelt es sich um einen Angriffskrieg?«. Pr. 6139.

709 **»Im übrigen ist es«**. Pr. 4707.

»Eingreifen«; Polizeiaktion«. Ab. Schrs., S. 48.

»bewaffnete Intervention«.

»Defensivmaßnahme«. Pr. 4709; **»die Art und Weise«**. Pr. 4743f.

»Sollten die Deutschen«. Ab. Schrs. V., S. 100.

»daß Schniewind«. Ebd., S. 81.

»muß ich mich beziehen«. Pr. 4759.

»Denn zu diesem Zeitpunkt«. Pr. 4760.

»Das ergab sich«. Pr. 4761.

710 **»sämtliche Verteidigungsgüter«**. Zitiert nach Oppenheim-Lauterpacht, International Law, Bd. II, a.a.O., S. 638.

Devisenvorräte des Treasury. S. Paul Kennedy, Strategy versus Finance, in ders., Strategy and Diplomacy 1870-1945, a.a.O., S. 101f.

»weder die Überstellung der Zerstörer«. Oppenheim-Lauterpacht, International Law, Bd. II, a.a.O., S. 638.

711 **»Diskriminierung des Aggressors«**. Oppenheim-Lauterpacht, International Law, Bd. II, a.a.O., § 229Aa, S. 639.
»nie völlig aufgehört, ein Bestandteil des Völkerrechts«. Ebd., S. 639. Zur Wiederkehr des bellum justum, vgl. ebd., S. 221.
»Im modernen Krieg«. Oppenheim-Lauterpacht, ebd., S. 642.

712 **»Der Einwand der Notwehr«**. Robert M. W. Kempner/Carl Haensel (Hrsg.), Das Urteil im Wilhelmstraßenprozeß, Schwäbisch Gmünd, 1950, S. 12ff.

Kapitel 8

714 **»Die Stadt Coventry«**. Zitiert nach Udo Volkmann, Die britische Luftverteidigung, Osnabrück 1982, S. 214.

715 **Mischungsverhältnis zwischen Brand- und Sprengbomben, Bombenfüllungen, Brandschutztechnik.** Vgl. dazu Erich Hampe, Der zivile Luftschutz im Zweiten Weltkrieg, Frankfurt/M. 1963, S. 537ff. und S. 380ff.

716 **»Eng verschachtelte Altstadtgebiete«**. Hampe, ebd., S. 381.
»Die unmittelbar in Werksnähe«. Zitiert nach Klaus A. Maier, Die Luftschlacht um England in: Militärgeschichtliches Forschungsamt, Die Errichtung der Hegemonie auf dem Europäischen Kontinent. Das Deutsche Reich und der Zweite Weltkrieg, Bd. 2, Stuttgart 1979, S. 392.
Den deutsch-britischen Luftkrieg behandeln ferner:
Udo Volkmann: Die britische Luftverteidigung, a.a.O.; Telford Taylor: The Breaking Wave. The German Defeat in the Summer of 1940. London 1967; Charles Webster/Nobel Frankland, The Strategic Air Offensive Against Germany 1939-1945, London 1961, Official History of the Second World War, United Kingdom Military Series; Basil Collier, The Defence of the United Kingdom,London 1957, Military Series; Erich Hampe, Der Zivile Luftschutz, a.a.O.; John Terraine, The Right of the Line, The Royal Air Force in the European War 1939-1945, London 1985; Max Hastings, Bomber Command, London 1979; Manfred Messerschmidt, Kriegstechnologie und humanitäres Völkerrecht in der Zeit der Weltkriege, in Militärgeschichtliche Mitteilungen, 1977/1, Janusz Piekalkiewicz, Luftkrieg 1939-1945, a.a.O.; Hans Rumpf, Das war der Bombenkrieg, a.a.O.; Olaf Gröhler, Geschichte des Luftkriegs, Berlin (DDR) 1975; Adolf Gallandt, Die Ersten und die Letzten. München 1953; Tom Harrison, Living through the Blitz, London 1976; Arthur Marvick, The Home Front, The British and the Second World War, London 1976.

719 **Zunkunftsroman**. Vgl. Michael Salewski, Zeitgeist und Zeitmaschine, Science Fiction und Geschichte, München 1986.
Der letzte Tagangriff. S. Collier, Defence, a.a.O., S. 209f.;
350 Bomber. Zahlenangabe nach Collier, Defence, a.a.O., S. 222;

720 **Nachtattacken auf Liverpool**. S. Collier, Defence, a.a.O., S. 211ff.
bedauerlicher Irrtum«. Gallandt, Die Ersten, a.a.O., S. 53.
Zerstörungen in Guernica. S. Herbert M. Mason, Die Luftwaffe, dtsch. Wien-Berlin 1979, S. 177ff.; vgl. auch Ronald Fraser, Blood of Spain, The

Experience of Civil War 1936-1939, London 1981, S. 298ff. und Groehler, Geschichte des Luftkriegs, a.a.O., S. 196.

721 **»daß in diesem Krieg«**. Zitiert nach Volkmann, Die britische Luftverteidigung, a.a.O., S. 77.

Telford Taylor. S. ders. The Breaking Wave, a.a.O., S. 191.

722 **Nacht des 24. August**. Taylor ebd., S. 155.

Zufälligkeit der Verwechselung. Vgl. Maier, Luftschlacht, in: Militärgeschichtliches Forschungsamt, Die Errichtung der Hegemonie, a.a.O., S. 386ff.

81 britische Bomber nach Berlin. S. Taylor, Breaking Wave, a.a.O., S. 156.

»Es wird die Stunde kommen«; »Deshalb werden wir nach heute«.S. Max Domarus, Hitler, Reden und Proklamationen 1932-1945, Bd. II, München 1965, S. 1577ff.

723 **»streng darauf geachtet«**. Zitiert nach Willi A. Boelcke, Wollt ihr den totalen Krieg, München 1969, S. 129f.

»London nur noch eine einzige Rauchfahne«. Hier und im folgenden zitiert nach Elke Fröhlich (Hrsg.), Die Tagebücher von Josef Goebbels, Teil 1, Bd. 4, München 1987, S. 314-363.

724 **»Das ist die Hölle«**. Ebd.

Nacht vom 7. auf den 8. September. S. Taylor, Breaking Wave, a.a.O., S. 158 und Collier, Defence, a.a.O., S. 237.

»Die Militärs teilen«; »Ist Amerikas Presse«. Fröhlich, Die Tagebücher, a.a.O., S. 314-363.

»über kurz oder lang ihre jetzige Taktik«. Boelcke, Wollt ihr den totalen Krieg, a.a.O., S. 118.

Freiburg. S. Taylor, Breaking Wave, a.a.O., S. 114f.

»auch die Humanitäts-Mascherie«; »bisher noch nicht«. Zitiert nach Fröhlich, Die Tagebücher a.a.O.314-363.

725 **14.000 Londoner Todesopfer**. Zahlen nach Tom Harrison, Living through the Blitz, a.a.O., S. 97.

»reine Wohnviertel«. S. Maier, Luftschlacht, in: Militärgeschichtliches Forschungsamt, Die Errichtung der Hegemonie, Das Deutsche Reich und der Zweite Weltkrieg, Bd. 2, a.a.O., S. 392.

durchschnittlich 160 Bomber. Zahlenangaben nach Collier, Defence, a.a.O., S. 256.

Vernichtung Dresdens. Zahlenangaben nach Piekalkiewicz, Luftkrieg, a.a.O., S. 919.

»das eigentlich konservative, hartnäckig-sture Engländertum«. Zitiert nach Maier, Luftschlacht, in: Militärgeschichtliches Forschungsamt, Die Errichtung der Hegemonie, S. 394.

726 **Die Einwohner von Coventry.** Die Bombardierung der Stadt ist hier und im folgenden dargestellt nach Norman Longmate, Air Raid. The Bombing of Coventry, 1940, London 1976.

Geschichte, Gestalt und Brand der Kathedrale. Vgl. Propst R. T. Howard, Ruined and rebuilt. The story of the Coventry Cathedral, Coventry 1962.

728 **X-Gerät und Störsender.** Vgl. Volkmann, Die britische Luftverteidigung, a.a.O., S. 207ff. und Longmate, Air Raid, a.a.O., S. 60ff.

729 **Kampfgruppe 100.** Vgl. Groehler, Geschichte des Luftkriegs. A.a.., S. 283.

733 **»Daß ein so glorreicher, schöner Bau«**. Howard, Ruined and rebuilt, a.a.O., S. 16.

»Ungeheure Feuersbrünste«. Die Wehrmachtsberichte 1939-45, München 1985, Bd. 1, S. 360.

»Kann er ein Wissender«. Fünf Gesänge August 1914 in: Rainer Maria Rilke, Sämtliche Werke, Bd. II, Frankfurt 1956, S. 89.

Beschuß der Kathedrale von Reims. Vgl. dazu auch die deutsche Gegendarstellung bei C. H. Baer, Der Völkerkrieg. Eine Chronik der Ereignisse seit dem 1. Juli 1914, Bd. 7, Stuttgart 1916, S. 164ff. und Bd. 2, Stuttgart 1914, S. 115ff. mit der Stellungnahme der deutschen Regierung:

»Eine starke Artilleriegruppe der Franzosen war so aufgestellt, daß sich die in geringer Entfernung hinter ihr liegende Kathedrale gerade in der deutschen Schußlinie befand und durch jedes zu hoch gehende Artilleriegeschoß gefährdet werden mußte. Offenbar lag dieser Aufstellung der französischen Artillerie die Erwägung zugrunde, daß man die Deutschen so in die Zwangslage bringe, zwischen zwei sehr unangenehmen Möglichkeiten zu wählen: Entweder sie verzichteten aus Ehrfurcht vor der Kathedrale auf die Beschießung der in ihrer Nähe stehenden Batterien. Dann fügten diese ohne selbst gefährdet zu sein, den deutschen Truppen die schwersten Verluste zu. Oder man faßte schweren Herzens den – militärisch übrigens ganz selbstverständlichen – Entschluß, das Feuer der französischen Batterien zu erwidern. Dann hatten die Franzosen die gewünschte Handhabe, uns Deutsche vor aller Welt als rohe Barbaren hinzustellen... Zieht man zu alledem noch die Tatsache in Betracht, daß der nördliche Turm der Kathedrale zur Aufstellung einer Winkerstation für Beobachtungszwecke mißbraucht worden ist, so muß man sagen, daß die bekannten Vorwürfe gegen die deutsche Truppenführung von ebensoviel militärischer Naivität wie perfider Böswilligkeit zeugen... Wenn die als Kugelfang benützte Kathedrale trotz aller hier angeführten Tatsachen vor völliger Zerstörung bewahrt geblieben ist, so liegt darin nicht nur ein Beweis für die große Treffsicherheit unserer Artillerie, sondern auch ein ehrendes Zeugnis dafür, daß deutsche Geistes- und Herzensbildung sich auch inmitten des Krieges betätigen und ebenso ehrlich wie erfolgreich die Denkmäler einer Kultur zu schonen suchen, die in Frankreich leider nur noch durch leblose Zeugen aus grauer Vorzeit verkörpert zu sein scheint.«

734 **»Diese Kathedrale«**. Zitiert nach ›Reims, Louvain‹,.o.O, o.J.. S. 61f.

735 **568 von 328.000 Einwohnern**. Zahlen und Gestalt der Toten siehe Longmate, Air Raid, a.a.O., S. 157, 189f., 223.

Vergeltungsangriff auf Mannheim. S. Webster/Frankland, Strategie Air Offensive, a.a.O., S. 215ff.

23.000 britische Ziviltote. Zahlenangabe nach Francis K. Mason, Battle Britain 1969, S. 615.

736 **»Die zerstörten Hauptstädte«**. Anklageschriftsatz, Bayerisches Staatsarchiv Nürnberg. B 95, S. 160; Vgl. auch B 99, Fall 12.

57.000 Kinder unter 14 Jahren. Zahlen nach Hampe, Der Zivile Luftschutz, S. 176.

»Baedekerangriffe«. S. Piekalkiewicz, Luftkrieg, a.a.O., S. 402.

737 **Altphilologen auf der Krim.** S. Volker Losemann, Nationalsozialismus und Antike. Hamburg 1977, S. 163.

Dresdner Stadtverwaltung. Der Luftangriff auf Dresden ist dargestellt nach Götz Bergander, Dresden im Luftkrieg, München 1979.
Die Bombardierung des Zoos. Dokumentiert nach Aussagen des Personals von Alexander McKee, Dresden 1945, The Devils Tinderbox, London 1982, S. 74ff., 154., 193-196, 222f., 320.

740 **»Als ich durch die Anlagen ging«**. Zitiert nach David Irving, Der Untergang Dresdens, München 1983, S. 222.
»Ich sehe immer noch meine Mutter«. Irving, ebd. S. 226.

742 **»Dieses Gebiet ist ein Schlachtfeld«**. Zitiert nach Bergander, Dresden im Luftkrieg, a.a.O., S. 402f.

Kapitel 9

745 **»Es waren natürlich«**. Pr. 4999.
»Ich brauchte also nicht«. Pr. 5101.
»die von älteren Polizeioffizieren«. Pr. 5101.
»Recht und Billigkeit«. Pr. 5306.

746 **»für die Partisanen irgendeine Hilfsleistung«**. Pr. 5261.

747 **»Hierbei interessieren uns«**. Pr. 5150.
»Sie rissen einem«. zitiert nach Swetlana Alexejewitsch, Der Krieg hat kein weibliches Gesicht, dtsch. Hamburg 1989, S. 221.
»Es war schon der dritte«. ebd.**, S. 220.**
Sprengstoffattentäterin in Minsk. S. Urteil des Landgerichts Koblenz vom 21. 5. 1963 in: C. F. Rüter, Justiz und NS-Verbrechen, Bd. 19, Amsterdam 1978, S. 160ff.
»das ist für Dein Vaterland« und Urteil des Landgerichts Tübingen. Zitiert nach Alfred Streim, Die Behandlung sowjetischer Kriegsgefangener im »Fall Barbarossa«, Karlsruhe 1981, S. 153f.

750 **7 Mio. t Weizen.** S. Milward, Der Zweite Weltkrieg, a.a.O., S. 270.
Zentrale Handelsorganisation. Zur deutschen Besatzungsherrschaft hier und im folgenden vgl. Alexander Dallin, Deutsche Herrschaft in Rußland 1941-1945; eine Studie über Besatzungspolitik. Düsseldorf 1958. Gerald Reitlinger, Haus, auf Sand gebaut, dtsch. Hamburg 1962, Otto Bräutigam, Überblick über die besetzten Ostgebiete während des II. Weltkriegs. Tübingen 1954; Jürgen Thorwald, Wen sie verderben wollen, Stuttgart 1952; George Fischer, Soviet Opposition to Stalin, A Case Study in World War II. Cambridge(USA) 1952; John A. Armstrong, Ukrainian Nationalism, 1939-45, New York 1955.

751 **»kleiner Mann«**. Pr. 5332.

752 **»daß diese Zahl«**. Pr. 5279.

753 **»Haben Sie diesen Vorfall«.... »Ich habe mich auch darüber«**. Pr. 5279.
»Und ohne diesen Fall«... »Jawohl«. Pr. 5281.
665.000 Gefangene aus dem Kiewer Kessel. Zahlenangabe nach ›Die Wehrmachtsberichte‹, a.a.O., Bd. 1, Seite 682.

754 **»Es war den Gefangenen die Verbindung«**. Pr.8500.
»Von Chorol nach Krementschug«; »können Sie dem Gericht sagen«. Pr. 8927f.

756 **»Das Lager Chorol«**. Pr.8894.
»Nun, hatten Sie denn diese, ihrer ärztlichen Pflicht entsprechende«; »Das ist schwer zu sagen«. Pr.8913.
»daß kurz nach dem Marsch«. Pr.8895.
757 **Zeuge Tettau**. Vgl. die anders akzentuierte Darstellung bei Streit, Keine Kameraden, a.a.O., S. 169.
Feldheer von 3 Mio Mann; 3,5 Mio Gefangene. Zahlenangaben nach Müller-Hillebrand, Das Heer, Bd. II, und PS. 81, PS. 1201.
758 **Dulag Stalino** . S. Thorwald, Wen sie verderben wollen, a.a.O., S. 50; Die Darstellung fußt auf dem Bericht Herres.
759 **»keine bestimmte Erinnerung«**. Pr. 1994.
»an diese Erklärung«. Pr. 1995.
760 **»Und Sie schicken Sie«**. Alfred Streim, Die Behandlung sowjetischer Kriegsgefangener, a.a.O., S. 168.
»die ohne Bein«. Streim, ebd. S. 178.
761 **Dr. Schuntermann**. Pr. 4983.
762 **Angebot Jeckeln**. S. Gerald Reitlinger, Endlösung, dtsch., Berlin 1974, S. 467 und ders., Haus auf Sand, a.a.O., S. 203f.
»diese Meldungen«. Pr. 5266.
763 **»Was der einzelne Frontbefehlshaber«**. Pr. 1994.
»Gewiss war es die Pflicht«. Pr. 1996.
Oberst Schall. Pr. 4895ff. und 5965ff.
»daß hier Tausende«. Ab. Schrs. A., S. 41.
764 **»die Übergabe der reichen Erfahrung«**. Hermann Teske, Die silbernen Spiegel, Heidelberg 1952, S. 241f.
»Es wurden in Rußland. Pr. 8890.
»Erinnern Sie sich, ob SD-Kommandos«; »Das Dulag 160«. Pr. 8891.
765 **»aber er hat sie als feststehende Tatsache«**. Pr. 8914.
»Juden brauchten nicht notiert«. Pr. 8922.
»Haben Sie über diese Judenerschießungen« ... »An den 2. Stabsoffizier«. Pr. 8903f.
766 **»gewiß«. ... »Ungefähr«**. Pr. 8903f.
767 **»Ich habe keine Ahnung«. ... »Dieses Thema ist wohl fast mit jedem«**. Pr. 8903f.
»sehr viel mit den Offizieren«. Pr. 5337.
»Diese gesellschaftlichen Berührungen«. Pr. 5337.
768 **»aber ich kann es nicht mehr mit Sicherheit«**. Pr. 2095.
»OKH/Generalstab«. Streit, Keine Kameraden, a.a.O., S. 331, Anm. 58.
»Nach Hereinkommen im Lager«. Pr. 8924.
769 **»Herr Zeuge, woher wissen Sie«**. Pr.8933.
»In dieser Zeit hat ein deutscher Offizier«... »und da hat man die Dolmetscher«. Pr. 8925.
Kessel von Uman. Zahlenangabe nach Seaton, Der russisch-deutsche Krieg 1941-1945, a.a.O., S. 109.
»Sinn für Abhängigkeit«; »Es sind nur wenig Kommmissare«. S. Streim, Die Behandlung sowjetischer Kriegsgefangener, a.a.O., S. 238f.
770 **»praktisch kaum«; »die Kommissare meistens«**. Pr. 888ff.
771 **Abteilung IVA/A1/A1c**. S. Alfred Streim, Die Behandlung sowjetischer Kriegsgefangener, a.a.O., S. 97f.

772 **»Schon im Verlauf der ersten Woche«**. Pr. 8891.
»alle Offiziere empört«. Pr. 8958.
»alle Berichte der Heeresgruppen«. Bräutigam, Überblick, a.a.O., S.
»Denn es war ja die Politik«. Pr. 8955.
»Zahllose Mohammedaner«. Pr. 8955.

773 **»Die Hinrichtung der Juden«...«im OKH allgemein bekannt«; »ja, aufgrund eines bestimmten Verteilers«**. Pr. 8951f.
Militärrichter Helmuth Thoms; »der deutsche Fachausdruck«. Pr. 8519ff.
»Mir erzählt?« Pr. 5339.
»Es hätte auch gar keinen Zweck«. Pr. 5390.
»absolut für das«.... »daß dort von dieser Stelle«. Pr. 8952.

775 **»Es sei eben noch Revolution«**. Helmuth Groscurth, Tagebücher eines Abwehroffiziers, Stuttgart 1970, S. 241; vgl. auch Streit, Keine Kameraden, a.a.O., S. 52.

776 **Erhängung Kiepers in Schitomir** und **»Herr gib uns unseren Moses«**. Vgl. Alfred Streim, Zum Beispiel die Einsatzgruppen, in Adalbert Rückerl, NS-Prozesse, Karlsruhe 1971, S. 73.

777 **militärmedizinisches Experiment.** S. Streim in: Rückerl, ebd., S. 74f.
Pogrom in Lemberg. Vgl. Reitlinger, Endlösung, dtsch. Berlin 1979, S. 257f.
7.000 von 190.000 Lemberger Juden. Zahlen nach Solomon Schwarz, The Jews of the Soviet Union, Syracuse (USA) 1951, S. 223.
80.000 ukrainische Oppositionelle getötet von Geheimpolizei. Zahlenangabe nach 88d Congress, 2d Session, Communist Takeover and Occupation of Ukraine. Special Report No. 4 of the Select Committee on Communist Aggression; House of Representatives, eighty-third Congress, second session December 31, 1954. Vgl. dazu auch de Zayas, Wehrmachtsuntersuchungsstelle, a.a.O., S. 348.
3.000 Leichen. S. Jan T. Gross, Und wehe Du hoffst. Die Sowjetisierung Ostpolens nach dem Hitler-Stalinpakt 1939-41, Freiburg 1988, S. 158-167.

778 **Tagelang feuerten die Polizisten**. Ebd.

779 **Juden von Partisanen widerstrebend geduldet und verhört**. S. Salomon Schwarz, The Jews in the Soviet Union, a.a.O., S. 321-30.
Reichsverkehrsdirektionen Kiew und Minsk. Zahlen nach Hans Pottgiesser, Die deutsche Reichsbahn im Ostfeldzug. Neckargemünd 1975, S. 84-103.

780 **»Herr Präsident«**. Pr. 5396.
4 Millionen Juden im deutschen Machtbereich. Zahlen nach Schwarz, a.a.O., S. 15. Vgl. auch Hilberg, Die Vernichtung, a.a.O., S. 304f.

781 **»die ukrainische Miliz eingespannt«; »mit den Gewehren die Leute«**. Pr. 8669.

782 **Einsatzgruppen und einheimische Hilfskräfte**. Zahlenangaben nach H.-H. Wilhelm, Einsatzgruppe A, in: Krausnick, Wilhelm, Die Truppe, a.a.O., S. 478 und 287 sowie Gert Robel, Sowjetunion, in: Benz, Dimensionen des Völkermords, a.a.O., S. 528f. Zur Verwandlung der Einsatzgruppen in stationäre Polizei sowie die Verstärkung durch Waffen-SS, vgl. Christopher Browning, Path to Genocide, a.a.O., S. 86–121.
»Ich mußte ja damals«. Pr. 8684.

783 **Sowjetmacht und Antisemitismus**. Dazu Salomon Schwarz, The Jews, a.a.O., insbs. S. 311-347.

784 **Säuberungen von 1936-1938**. Vgl. Robert Conquest, The Great Terror, a.a.O., Joel Carmichael, Säuberung, Frankfurt/Berlin 1972; Ronald Hingley, Die Russische Geheimpolizei, Bayreuth 1972; Christopher Andrew and Oleg Gordievsky, KGB. The Inside Story Of Its Foreign Operations From Lenin To Gorbachew, London 1990
»Block der Schädlinge« bis **»Feinde verschachern wollten«**. A. J. Wyschinski, Gerichtsreden, Berlin 1951.
785 **»Eine Entwicklung«**. General Ernst Köstring, bearb. v. H. Teske, a.a.O., S. 309.
»In sehr vielen Stellen«. Köstring, ebd., S. 130, vgl. auch Schwarz, The Jews, a.a.O., S. 344.
»dieser Haß war latent« bis **»neuer Nahrung«**. Köstring, a.a.O., S. 130.
786 **Charkower Einsatzgruppenprozeß**. Anklageschrift, Verhandlungsprotokoll, Urteil und Pressebericht in: Verbrechen und Strafe, Der Charkower Prozeß über die von den deutsch-faschistischen Eindringlingen in der Stadt Charkow und Umgebung während der zeitweisen Okkupation verübten Greueltaten, o. O. (Sowjetunion) 1944.
»friedliche sowjetische Bürger«. Hilberg, Die Vernichtung, a.a.O., S. 1134; Schwarz, The Jews, a.a.O., S. 338.
787 **»Stalin und seine Helfershelfer«** und Zahlenangabe Flublätter s. Buchbender,.Das tönende Erz. Deutsche Flugblattpropaganda gegen die Rote Armee im II. Weltkrieg, Hamburg 1978, S. 183.
4 % der Charkower Bevölkerung erschossen. S. Joachim Hoffmann, »Die Kriegführung aus der Sicht der Sowjetunion« in: Militärgeschichtliches Forschungsamt, Der Überfall auf die Sowjetunion, a.a.O., S. 782.
789 **Waldbewohner um Rowno erschossen**. S. Reitlinger, Ein Haus, a.a.O., S. 245f.
40.000 Eisenbahner. S. Carmichael, Säuberungen, a.a.O., S. 193.
790 **»Vorzeiger dieses Scheins«**. Buchbender, Das tönende Erz. Deutsche Propaganda gegen die Rote Armee im II. Weltkrieg; a.a.O., S. 196.
»an die Politarbeiter«. Ebd., S. 163.
Kritik übergelaufener Kommissare. Ebd., S. 162.
791 **Vorbereitungen in verwandter Richtung**. Vgl. Robert Conquest, Stalin, München 1991, S. 368; Ronald Hingley, Stalin. Man and Legend, London 1974, S. 412ff. Anton Antonow-Owssejenko, Stalin Portrait einer Tyrannei, München 1984, S. 353
794 **»Berufsoffizier des alten kaiserlichen Heeres«**. Ab. Schrs. V., S. 3
795 **»nur zur Absperrung«**.. Krausnick, Wilhelm, Die Truppe des Weltanschauungskriegs, a.a.O., S. 189.
796 **»daß hier immer Juden«**. Zitiert nach Ernst Klee, Willi Dreßen, Volker Rieß, »Schöne Zeiten«. Frankfurt 1988, S. 128.
797 **»Hunderte von Juden«**. Zitat ebd., S. 90.
Offiziere empfahlen Genickschuß. Ebd., S. 114.
»Es ist auch vorgekommen«. Zitat ebd., S. 150.
798 **»nur etwa fünfmal«**. Zitat ebd., S. 66.
»Die Kinder haben«. Zitat ebd., S. 66.
»Wehrmachtsangehörige sich in übelster Form«. Zitat ebd., S. 111.
»Er sprach davon«. Zitat ebd., S. 109 (Aussage des SS-Obersturmführers August Häfner, Sonderkommando 4a, bei einem Strafverfahren an dem LG Darmstadt, Urteil im Jahre 1973).

»Nur, wer sich selber«. Zitat ebd., S. 160.

799 **»daß zu der eigentlichen schmutzigen Arbeit«**. Zitat ebd., S. 82.

»Auf einen kurzen Wink«. Zitat ebd., S. 36

800 **»da ich Fotoamateur«**. Zitat ebd., S. 40.

»des furchtbarsten Geschehens«. Zitat ebd., S. 36, Auskunft gegenüber der Zentralen Stelle der Sonderjustizverwaltungen Ludwigsburg im Jahr 1954.

3.800 Juden. Zahl nach Stahlecker-Bericht, Einsatzgruppe A, (L-180).

Litauische Kollaboration während der sowjetischen Besatzung. Vgl. dazu die Denkschrift Heydrichs, wiedergegeben in: Hans-Heinrich Wilhelm, Rassenpolitik und Kriegführung, a.a.O., S. 156, sowie Margis Vestermanis, Der lettische Anteil an der ›Endlösung‹, in: Uwe Backes, Eckhard Jesse, Rainer Zitelmann, Die Schatten der Vergangenheit, Berlin 1990.

»Nachdem alle erschlagen«. Zitiert nach Klee/Dreßen/Rieß, »Schöne Zeiten«, a.a.O., S. 39.

801 **»Daß es sich hier«**. Zitat ebd., S. 36.

135.000 Juden. S. Jäger-Bericht, ebd., S. 52-62.

Gerüchte. Ebd., S. 129.

802 **die Juden sterilisieren.** S. Wilhelm Ritter von Leeb, Tagebuchaufzeichnungen hrsg. von Georg Meyer, a.a.O., S. 288.

daß man sich fernhält«. Krausnick, Wilhelm, Die Truppe, a.a.O., S. 204.

»Da die Völker Litauens«. Peter Kleist, Zwischen Hitler und Stalin, Bonn 1950, S. 157.

Schätzungsweise 20.000 Judenmorde. Zahl kalkuliert nach Jäger-Bericht, in: Klee, Dreßen, Rieß, »Schöne Zeiten«, S. 52ff.; Hans-Heinrich Wilhelm, Die Einsatzgruppe A in: Wilhelm Krausnick, Die Truppe des Weltanschauungskriegs, a.a.O., S. 596f. und Margis Vestermanis, Der lettische Anteil an der ›Endlösung‹, a.a.O., S. 426; Wilhelm, Offene Fragen der Holocaust-Forschung. Das Beispiel des Baltikums, in: Eckard Jesse, Rainer Zitelmann, Die Schatten der Vergangenheit, a.a.O., S. 403.

»Kopfjäger«. Kleist, Zwischen Hitler und Stalin, a.a.O., S. 156.

803 **»Während die Weißruthenen«**. Klee, Dreßen, Rieß, Schöne Zeiten, a.a.O., S. 176.

Reichsverkehrsdirektion Minsk. S. Pottgießer, Die Deutsche Reichsbahn, a.a.O., S. 45f.

804 **Ghettoaufstand Gisna, Braslaw und Glebkoie**. S. Gilbert, Endlösung, a.a.O., S. 104f.

Drei Friseure. S. Krausnick, Wilhelm, Die Truppe, a.a.O., S. 587.

Zehn Prozent im Baltikum und 200.000 Morde der E.-gruppen und D. Zahlenangaben s. Anmerkung zu S. 802 und s. Robel, Sowjetunion in: Benz, Dimensionen des Völkermords, a.a.O., S. 543, 556.

805 **Explosionen in Kiew**. S. Ernst Klink, »Die Operationsführung. Die Schlacht um die Ukraine und die Krim. In: Militärgeschichtliches Forschungsamt, Der Überfall auf die Sowjetunion, a.a.O., S. 515f.

807 **»Im übrigen glaube ich hier«**. Pr. 5195.

808 **Zur Anzahl der in Kiew verbliebenen Juden**. Vgl. Schwarz, The Jews, a.a.O., S. 229f.; eine andere Schätzung trifft Reitlinger, Die Endlösung, a.a.O., S. 570f.

809 **Die Juden trauten der Wehrmacht**. Zur Perspektive der Opfer vgl. Erhard Roy Wiehn, Die Schoah von Babij Jar, Konstanz 1991.

810 **»Wir mußten die Drecksarbeit«**. Ernst Klee, Willi Dreßen, »Gott mit uns«, Frankfurt 1989, S. 127.

812 **»daß Kiew noch lange nicht«**. Pr. 5196.
»diese größte und schönste Stadt«. Pr. 5197.
»undenkbar, daß Roques' Stabschef«. Ab. Schrs. A, S. 74.
»Kriegführung im Osten«. Ab. Schrs. V., S. 114.
»Wenn die amerikanische Wehrmacht«. Ebd., S. 115.

813 **»Wir brauchen nicht nur das Land«**. Zitiert nach Alexander Dallin, Deutsche Herrschaft, a.a.O., S. 558f.

816 **»Neger«.** Zitiert nach Dallin, ebd., S. 159.
Weizenimporte. S. Dallin, ebd., S. 320 und Milward, Der Zweite Weltkrieg, a.a.O., S. 277.
»dehnbarer Magen«. Reitlinger, Haus auf Sand, a.a.O., S. 136.

816 **Kohlereviere im Donezbecken**. S. Otto Bräutigam, Überblick, a.a.O., S. 44.

817 **»Wer sich ein Bild«**. Reitlinger, Haus auf Sand, a.a.O., S. 29.

818 **Heeresgruppenbefehl Sommer 1942**. S. Dallin, Deutsche Herrschaft, a.a.O., S. 253.
»Ostidiotie... ausgerottet«. Reitlinger, Haus auf Sand, a.a.O., S. 264.
25-Millionenvolk der Ukrainer. Zahlenangaben nach Robert Conquest, Ernte des Todes. Stalins Holocaust in der Ukraine 1929-1933, Kapitel 16.
»Untermenschen mit Eisernem Kreuz. Zitat Hans von Herwarth bei Dallin, Deutsche Herrschaft, a.a.O., S. 555.

819 **14.000 Landwirtschaftsführer**. S. Dallin, Deutsche Herrschaft, a.a.O., S. 328ff.
zehntausende Landvermesser. S. Reitlinger, Haus auf Sand, S. 249.

820 **»Grundsätzliche Änderung«**. Dallin, Deutsche Herrschaft, a.a.O., S. 561.
»die Bereitschaft, gegen Sowjets«. Dallin, ebd., S. 560f.
»Der Russe ist objektiv minderwertig«. Dallin, ebd., S. 559f.
»Die Parole für diesen Raum«. Dallin, ebd., S. 561.

821 **»Laut Verfügung der Heeresgruppe A«**. Dallin, ebd., S. 258;

823 **Jugoslawischer Kommunist Djilas.** S. G. R.. Urban, Stalinism: Its Impact on Russia and the World, Aldershot 1985, S. 218f. Hier zitiert nach Allan Bullock, Hitler and Stalin,
London 1991, S. 528.
Opfer der Agrarkollektivierung. Zahlenangaben und Bewertung S. Robert Conquest, Ernte des Todes, a.a.O., S. 364-74;
Vgl. auch Conquest, The Great Terror, a.a.O., S. 484f.
Besetzung Polens, SS in Austausch mit NKWD. Vgl. Jan T. Gross, »Und wehe du hoffst«, a.a.O.; Jan T. Gross, »Die Sowjetisierung Ostpolens 1939-1941« in: Bernd Wegener (Hrsg.) Zwei Wege nach Moskau. Vom Hitler-Stalin-Pakt zum ›Unternehmen Barbarossa‹. München 1991, S. 56-75; E. Oberländer, »Hitler-Stalin-Pakt 1939«, Frankfurt 1989; Tomasz Szarota, Polen unter deutscher Besatzung, 1939-1941, vergleichende Betrachtungen, in Wegener, Zwei Wege, a.a.O., S. 40-56.

824 **Aushungerung der Ukraine**. S. Conquest, Ernte des Todes, a.a.O., insbes. Kapitel 6, 12, 13, 15, 16.

825 **Hitlers Bemerkungen über Stalin**. S. W. Jochmann (Hrsg.)Adolf Hitler, Monologe, a.a.O., S. 180, 336, 363, 366.

827 **Flüchtlingsstab der Heeresgruppe A.** S. dazu Jürgen Thorwald, »Wen sie verderben wollen«, a.a.O.

»Letzten Endes«. (NO 1856), hier zitiert nach Dallin, Deutsche Herrschaft, a.a.O., S. 664.

Stalins Polizei in Charkow. S. Joachim Hoffmann, Die Kriegführung aus der Sicht der Sowjetunion, in: Militärgeschichtliches Forschungsamt, Der Angriff auf die Sowjetunion, a.a.O., S. 782.

Kapitel 10

831 **Plan eines Rußlandkriegs.** S. Anthony Cave Brown, (Hrsg.), Operation: World War III, The Secret American Plan ›Dropshot‹ for War with the Soviet Union, London, Melbourne 1978.

Abwurf von 370 Atombomben. Ebd., S. 370.

Moskau, Leningrad, Kiew u. a.. Ebd., S. 204f.

»Sowjetische Herrschaft«. Ebd., S. 29.

116 Millionen Menschen auf 877.000 km^2. Ebd., S. 39.

832 **»Kommunistische Ideologie**. Ebd., S. 37.

»Angreifer ist, wer«. Carl Schmitt, Glossarium. Aufzeichnungen der Jahre 1947-1951, Berlin 1991, S. 34f.

»Angesichts der Entwicklung«...»wieweit diese Maßnahmen«. Ab. Schrs. V. Lehmann, S. 48f.

833 **»Ich denke man soll«**. International Conference on Military Trials, S. 102.

»Es war ein Alptraum«. Gustave M. Gilbert, Nürnberger Tagebuch, Frankfurt 1962, S. 245f.

»Der Partisanenkampf ist ein integrierender Teil«. Eröffnungsrede der Verteidigung. Pr. 1746-1764. Publiziert in: Heinrich Laternser, Verteidigung deutscher Soldaten, a.a.O., S. 267.

»Die Lehren der Geschichte«. Brown, Operation, a.a.O., S. 165.

834 **»Bedingungen von Chaos«; »Es scheint jedoch logisch«**. Ebd., S. 22f.

»Es könnte sich in Zukunft«. Ebd., S. 23

835 **»Wer im Jahre 1907«**. Ab. Schrs. V. Lehmann, S. 144.

836 **MacIntosh-Fall**. In: Cases Argued And Decided in the Supreme Court of the United States, Rochester, New York 1931, Vol. 283, Spalten 605-635. United States, Petitioner v. Douglas Clyde MacIntosh. Das tragende Argument der Entscheidung lautet: »The Constituion, therefore, wisely contemplating the ever present possibility of war, declares that one of its purposes is to provide for the common defense; In express terms Congress is empowered ›to declare war‹, which necessarily connotes the like power to wage war with all the force necessary to make it effective; and ›to raise ... armies‹, which necessarily connotes the like power to say who shall serve in them and in what way ... whether any citizen shall be exempt from serving in the armed forces of the nation in time of war is dependent upon the will of Congress and not upon the scruples of the individual.« Da der Kongreß, nicht die Verfassung, ein allgemeines Kriegsdienstverweigerungsrecht aus Gewissensgründen eingeräumt habe, könne er es auch jederzeit abschaffen. »No other conclusion is compatibel with the well-nigh limitless extent of the war powers as above illustrated, which include, by necessary implication, the power in the last extremity, to compel the armed service of any citizen in the land, without regard to his objections or his views in respect of the justice or morality of the particular war or of war in general.« (283 U.S., 632–624).

»dem Staat moralische oder bewaffnete Hilfe«. Zitiert nach Laternser, Verteidigung, a.a.O., S. 292.

»ihren Gehorsam von ihrer eigenen Entscheidung«. Laternser, ebd., S. 301.

837 **»die sehr konkrete Frage«**; **»Jawohl, Rückkehr«**. Carl Schmitt, Glossarium, a.a.O., S. 171.

»Wahrhaftig, sie sitzen«. Schmitt, ebd., S. 229.

»sonst darf er nicht stattfinden«. Schmitt, ebd., S. 200.

»Man muß legal arbeiten«. Schmitt, ebd., S. 302.

»Helden und Märtyrer«. Schmitt, ebd., S. 178.

«Es gibt Verbrechen gegen«. Schmitt, ebd., S. 282

»Wir brauchen nicht zu weinen«. Schmitt, ebd., S. 176.

838 **»Die Mörder der einen«**; **»Dann ist jeder«**. Schmitt, ebd., S. 115f.

»Kommission zur Leitung der Nürnberger Prozesse«. S. Arkadi Waksberg, Gnadenlos. Andrei Wyschinski, Mörder im Dienste Stalins, dtsch. Bergisch Gladbach 1991, S. 363.

»Liste von Themen«. Ebd., S. 363.

»seltsamerweise setzten uns seine Besuche«. Ebd., S. 365.

Stalin lanciert am 6.11.1943 die Strafbarkeit des Angriffskriegs. S. abweichendes Urteil des holländischen Richters Röling in Rüter, The Tokyo Trial, a.a.O., Bd. 2, S. 1058.

»es nicht den Gerichten überlassen«. Zitiert nach Knieriem, Nürnberg, a.a.O., S. 28.

»daß zu unserer Unterstützung«. Zitiert nach Knieriem ebd., S. 29.

839 **Divisionskommandeure gegen Angriffskrieg meutern**. U. a. stand der Angeklagte Reinhardt unter der Beschuldigung, als Generalleutnant und Kommandeur der 4. Panzerdivision Polen angegriffen zu haben.

Kellogg-Briand Pakt von 1928. In: Konferenzen und Verträge, Vertrags-Ploetz, Teil II, 4. Bd., Würzburg 1959, S. 103f. Verbindlicher Wortlaut in Friedman, Law of War, Bd. 1, a.a.O., S. 467ff.

Kellogg in den Beratungen. Begleitende und auslegende Schriftwechsel hier und im folgenden, siehe Treaty for the renunciation of war. Text of the Treaty, notes, exchanged instruments of ratification and of adherence and other papers. Department of States publications 468, Washington 1933, insbes. S. 51, 57, 68, 73. Vgl. dazu auch Opinion Röling in Rüter, The Tokyo Trial, Bd. II, a.a.O., S. 1053ff., sowie Opinion Pal, ebd., S. 527-1038.

Stimson, britisches Sanktionsmodell und US-Kongreß. Vgl. Opinion Pal, Rüter, ebd., S. 620.

»höchst spezifische und verabscheute Form«. Treaty for the Renunciation of War. US Goverment Printing Office, Washington 1933, S. 314.

840 **»Jede Nation allein ist befugt«**; (Briand: »Each nation in this respect will always remain free to defend its territory against attack or invasion; it alone is competent to decide, whether circumstances require recourse to war in self-defense«.) In: Treaty for the renunciation of war. Depart. of State publ. a.a.O., S. 68 (identische Stellungnahme der USA, S. 57).
»Dinge zu verhüten«. US Senate Comittee on Foreign Relations, December 7, 1928, S. 5.
»Feldmarschall von Leeb hatte damals«, Laternser, Verteidigung, a.a.O., S. 303.
»Wie hätte jemals einer«. Ebd. S. 293.
»Ein Truppenführer, der in diesem Augenblick«. Ab. Schrs. V, Reinhardt, S. 21.

841 **»Der Kellogg-Pakt schafft freie Bahn«**; **»Der Krieg als Mittel«**. Schmitt, Glossarium, a.a.O., S. 309.
»Sich verteidigen, das heißt«. Schmitt ebd., S. 68.
»jeder ist mitangegriffen«. Schmitt, ebd., S. 252.
»erbeuten heutzutage die Verfassung«. Schmitt, ebd., S. 269.
»Der Sieger im gerechten Krieg«. Schmitt, ebd., S. 70.

842 **»Die Nürnberger Gerichte waren«**. Otto Kranzbühler, Rückblick auf Nürnberg, Hamburg 1949, S. 13.
»Die Repressalie ist nicht«. Ab. Schrs. V. Lehmann, S. 148.

843 **»Was immer die Ursachen«**. Oppenheim-Lauterpacht, International Law, 5. Auflage, Bd. II, 1935, S. 181.

844 **»bei einem Angriffskrieg«**. Ab. Schrs. V. Lehmann, S. 115f.
»Friedliche Einwohner«; **»in einem Gebiet unter feindlicher Besetzung«**; **»Dort, wo die schuldigen Personen«**. Zitiert nach Knieriem, Nürnberg, a.a.O., S. 387.
»eine gewisse Interessensolidarität«. Zitiert nach ab. Schrs. V. Lehmann, S. 151.

845 **»Informationslieferung«**. Al Higgins, A Treatise on International Law, 8. Auflage, Oxford 1924, S. 562.
»Die Folge ist, daß der«. Ab. Schrs. V. Lehmann, S. 67.
»Das deckt sich vollkommen«. Ebd., S. 68.
»Daß von der Sowjetunion nicht«. Ebd., S. 70.
»Nach dem geheimen Arrest Categories Handbook«. Ebd., S. 136.

846 **»Die alliierten Maßnahmen«**. Ebd., S. 146f.
»Ich erspare mir«. Ebd., S. 154b.
Schweigelager des NKWD. Zahlen nach P. J. Winters, Die Sowjetunion müßte die Akten zur Verfügung stellen, in: ›Frankfurter Allgemeine Zeitung‹ vom 27. 7. 1991. Vgl. dazu auch Jan von Flocken, Michael Klonovsky, Stalins Lager in Deutschland 1945-1950, Berlin 1991.
»Die so in automatischen Arrest«. Ab. Schrs. V. Lehmann, S. 137.

848 **»Der Hauptzweck der Lager«**. zitiert nach Winters, Die Sowjetunion, Frankfurter Allgemeine Zeitung, 27. 7. 1991.
»Viele Akten der vier Mächte«. Gutachten der Völkerrechtsabteilung des Heeresministeriums der Vereinigten Staaten zur Anwendbarkeit der Haager Landkriegsordnung und Genfer Konvention auf das besetzte Deutschland, in: Jahrbuch für Internationales Recht, Bd. 6 (1956) S. 300ff.

»Abschnitt III der Landkriegsordnung«. Ernst Hermann Feilchenfeld, The International Economic Law of Belligerent Occupation, Washington 1942, S.16.

849 **»Der Sieger darf nicht«**. Schmitt, Glossarium, a.a.O., S. 71.

»War of extermination«. Feilchenfeld, The International Economic Law, a.a.O., S. 54.

850 **»in einem besetzten Land«**. Ab. Schrs. V. Lehmann, S. 146.

»keine Besatzungsmacht ist von der Anwendung«. Ebd., S. 145.

»Anerkannt ist, daß er«. Gutachten der Völkerrechtsabteilung, a.a.O., S. 302.

»concept of subjugation«; **»die Qualitäten und Fähigkeiten«**; **»Die Rechte des Bellingerenten«**. Ebd., S. 305.

851 **»Sie beabsichtigten, einige deutsche Gebiete«**. Ebd., S. 304.

»Verhaftete, die verbrecherische Handlungen«. Winters in: FAZ, a.a.O.

852 **»Was als Grausamkeit«**. Ab. Schrs. V. Lehmann, S. 142.

853 **»Selbst, wenn wir belieben«**...**»Um das Element des Verbrechens«**...**»Aberglauben des 18. Jahrhunderts«**. Röling/Rüter, The Tokyo Trial, Bd. II, a.a.O., S. 562f.

854 **»Ein Verbrechen ist nach dem Recht«**. Ab. Schrs. V. Lehmann, S. 2.

»Diese Betrachtung geht fehl«. Ebd., S. 1f.

855 **»Mitglieder«** und **»Angehörige der Streitkräfte nicht bestraft«**. Zitiert nach Knieriem, Nürnberg, a.a.O., S. 264.

»die Anwendung des Grundsatzes«. Sheldon Glueck, War Criminals, their Prosecution and Punishment, New York 1944, S. 157ff., ausführliche Abhandlung der Frage in Kapitel 9, S. 140-158.

Neufassung des britischen Handbuchs. S. Knieriem, Nürnberg, a.a.O., S. 267.

»Die Proklamation Nr. 1«; **»War dann die Teilnahme«**...**»das Leben schafft überall Lagen«**. Ab. Schrs. V. Lehmann, S. 6f.

856 **»keine tatsächliche Möglichkeit«**. Ebd., S. 2.

»Niemand kann bestraft werden«...**»etwas Praktisches erreichen«**...**»Widerspruch«**. Ebd., S. 4

»Der klarste Beweis dafür«; **»Sie haben widersprochen«**. Ebd., S. 5.

857 **»Es war ganz ausgeschlossen«**; **»Sicherlich hätte ein solcher Gegenbefehl«**. Schlußplädoyer, in: Laternser, Verteidigung, a.a.O., S. 307.

»Sie waren wie durch einen eisernen Vorhang«. Eröffnungsrede, ebd., S. 272.

»Für die Durchführung«. Ebd. S. 269.

»unverdächtige Sicherheitsaufgaben«. Ebd., S. 271.

858 **»Der unmittelbare Schutz der Truppe«; »offensichtlich nur eine rein papierene Konzession«**. Schlußplädoyer, ebd., S. 325.

»der abgrundtiefe Gedanke«; **»operierte eine kleine Polizeieinheit«**; **»Sie wollten offenbar Versuche«**. Eröffnungsrede, ebd., S. 264.

859 **»Sobald man sich dem Problem«**. Eröffnungsrede, ebd., S. 271.

»Sobald man das Argument«. Schlußplädoyer, ebd., S. 326.

Carl Schmitt, Tagebuchskizze. S. ders. Glossarium, a.a.O., S. 147.

860 **»einer völligen Verkennung der einfachsten Grundsätze«**. Knieriem, Nürnberg, a.a.O., S. 436.

861 »Zustände, die anständige Menschen«; »Sie sind hier«. Eröffnungsrede in: Laternser, Verteidigung a.a.O., S. 254f.
»Offiziere oder Unteroffiziere«. Zitiert nach Knieriem, Nürnberg, a.a.O., S. 466.
»Von 17 Feldmarschällen«. Eröffnungsrede in: Laternser, Verteidigung, a.a.O., S. 255.

862 »Die Mörder Christi«. Carl Schmitt, Glossarium, a.a.O., S. 232.
»Die ganz jungen, geschichtslosen Völker«. Schmitt, ebd., S. 287.
»Genozide, Völkermorde«. Schmitt, ebd., S. 265.
»armselige Antisemiten«. Schmitt ebd.
»Sieh dir nur den süßen Henry Morgenthau«. Schmitt, ebd., S.307.
»Veranstalter juristischer Vernichtungsmittel«. Schmitt, a.a.O., S. 162.
»Schlimmer als die Kriminellen«. Schmitt, ebd., S. 307.
»die Tat selbst ist schon ein Verbrechen«. Schmitt, ebd. S. 252.
»die ihre Rache genießen«. Schmitt, ebd. S. 290.
»Die Emigranten sind unberechenbar«. Schmitt ebd., S. 252.
»Der Gegner einer Macht«. Schmitt, ebd., S. 200.

863 »Salus ex Judaeis«. Schmitt, ebd., S. 252.
»Die Befehlshaber«. War Department, US Basic Field Manual, Rules of Land Warfare, Washington 1940.

865 »Mr. Molotow erwiderte nachdrücklich«. Zitiert nach Robert E. Sherwood, Roosevelt und Hopkins, Hamburg 1950, S. 453f.

867 Verabredung von Artikel 52, Haager Landkriegsordnung. Vgl. Knieriem, Nürnberg, a.a.O., S. 506.

868 »In einem modernen Krieg«. Ab. Schrs. V. Reinhardt, S. 52.
»Das ist so, als wollte man Vorschriften«. Schmitt, Glossarium, a.a.O., S. 127.

869 Halder bezeugte 1200-1600 Eisenbahnunterbrechungen. S. Laternser, Verteidigung, a.a.O., S. 316.

870 »Es ist einer der Zwecke«. Zitiert nach Knieriem, Nürnberg, S. 386.
»Die Partisanen tragen ihre Waffen«. Laternser, Verteidigung, a.a.O., S. 316.

871 »hatten auch die deutschen Truppen«. Ab. Schrs. V. Reinhardt, S. 66.
»die in der meisten Positionen höher« . Ebd., S. 70f.
»unter Zurhilfenahme der Wehrmachtsbestände«. Ebd., S. 71
»Wenn die Welt einmal«. Ebd., S. 67.

872 Beseitigung der Unterlagen der US-Militärpolizei. S. James Bacque, Der Geplante Tod. Deutsche Kriegsgefangene in amerikanischen und französischen Lagern 1945-1946, dtsch. Berlin 1990 (erweiterte Ausgabe Berlin 1993), S. 261.
»An diesem Abschnitt des Rheins«; »Die Latrinen« Bacque, ebd., S. 54.
»Ein Teil der Landser«. Zitiert nach Schuster, Kriegsgefanenenlager, a.a.O., S. 20.

873 »Amputierte schlidderten«. Heinz Janssen, Erinnerungen an eine Schreckenszeit, Rheinberg 1983, a.a.O., zititert nach Bacque, Der geplante Tod, S. 52.
»glich einem riesigen Ameisenhaufen«. Zitiert nach Schuster, Kriegsgefangenenlager, a.a.O., S. 18.
»Auf unserem Weg nach Bosenheim«. Zitiert nach Schuster, ebd., S. 30.

»Ich muß an dieser Stelle«. Zitiert nach Schuster, ebd., S. 31.
»der für notwendig erachtete Standard«. Zitiert nach Bacque, Der geplante Tod, a.a.O., S. 64.
»Ich kann mich erinnern«. Zitiert nach Schuster, Kriegsgefangenenlager, a.a.O., S. 39.

874 **»Regen, Schneeregen und Schnee«**. Zitiert nach Baque, ebd. S. 51
gelernter Militärhistoriker. Vgl. Charles V. P. von Lüttichau, Senior Historiker, Office of Military History, US Army, Washington DC, »Ardennen 1944« in: Cyrill Falls (Hrsg.) Große Landschlachten, dtsch. Frankfurt/M. o. J., Original by Weidenfeld and Nicolsen, Ltd. London 1964.
»Vergiß die Konvention«. Zitiert nach Baque ebd., S. 54
Ratschlagen im September 1944. S. Arthur L. Smith, Die ›vermißte‹ Million. Zum Schicksal deutscher Kriegsgefangener nach dem zweiten Weltkrieg, München 1992 S. 90.

875 **Werkzeuge eines Mordbrenners**. Vergl. auch Arthur L. Smith, Feindbild Deutschland. Die politische Erziehung der amerikanischen Soldaten im Zweiten Weltkrieg, in: Günter Wagenlehner (Hrsg) Feindbild. Geschichte – Dokumentation – Problematik, Frankfurt a. M. 1989.

876 **»Eine öffentliche Erklärung«**. Zitiert nach Bacque, a.a.O., S. 42.
Quartiermeister Littlejohn. S. Bacque, Der geplante Tod, a.a.O., S. 123.
Postaustasch. S. Smith, Die ›vermißte‹ Million, a.a.O., S. 38.
Lebensmittelpakete in Genf. S. Bacque, Der geplante Tod, a.a.O., S. 38.
Untauglichkeit des Roten Kreuzes. S. Smith, Die vermißte Million, a.a.O., S. 38 f.
Tagesration von 1.500 Kalorien. Siehe Bacque, a.a.O., S. 89.

877 **»Es gab allerdings auch meist ältere Gefangene«**. Zitiert nach Schuster, Kriegsgefangenenlager, a.a.O., S. 25.
»Hungerdiät«; »diese Nazis«; »selbstverständlich in Widerspruch«. Zitiert nach Bacque, Der geplante Tod, a.a.O., S. 177.
Todesursache von neun Zehntel der Verstorbenen. Zahlenangabe nach Bacque, ebd. S. 193.
»Mit sofortiger Wirkung«. Zitiert nach Bacque, ebd. S. 77.
Degradierung von 2 Mio. Mann. Zahl nach Baque, ebd., S. 71.

878 **Rücknahme von 200.000 Kriegsgefangenen; »Verpflichtungen, die sich«**. S. Baque, ebd., S. 122.
»die Situation der deutschen Gefangenen«. Zitiert nach Baque, ebd., S. 114.
Lager Dietersheim. Zahlen nach Baque, ebd., S. 104f.
»unter dem Vorwand«. Zitiert nach Baque, ebd., S. 110

879 **985.000 Gefangene**. Zahlenangabe nach Smith, Die vermißte Million, a.a.O., S. 95, Dokument 7.
11.120 Tote im Wochenbericht. Zahlenangabe nach Smith, ebd., S. 98, Dokument 9.
»Ein einziges großes Todeslager«. Zitiert nach Baque, ebd., S. 127.
937.000 Gefangene Frankreichs. Zahlenangaben nach Werner Ratza, Anzahl und Arbeitsleistungen der deutschen Kriegsgefangenen, in: Erich Maschke, Die deutschen Kriegsgefangenen des Zweiten Weltkriegs: Eine Zusammenfassung, München 1974, S. 200f., 207f., 224ff.
5.300 Grabstätten; Die Gemeinde Kreuznach; »Die Amerikaner haben im

Jahr 1945«. S. Kurt W. Böhme, Die deutschen Kriegsgefangenen in amerikanischer Hand, München 1973, in: E. Maschke, Zur Geshichte der deutschen Kriegsgefangenen des Zweiten Weltkriegs, a.a.O., Bd X, 2 S. 196 und Gertrude M. Schuster, Kriegsgefangenenlager.

These von einer Million Opfer. Vgl. Bacque, Der geplante Tod, a.a.O., Bacques Publikation hat die Erinnerung an die Rheinwiesenlager belebt, zugleich aber durch absurde Zahlenspekulationen in die Irre geführt. (Zur Kritik s. Rüdiger Overmans, German Historiography, the War Losses and the Prisoners of War, in: Günter Bischof, Stephen E. Ambrose (ed.) Eisenhower and the German POWs. Facts against Falsehood, Baton Rouge, London 1992; Arthur L. Smith, Die ›vermißte Million‹. Zum Schicksal deutscher Kriegsgefangener nach dem Zweiten Weltkrieg, München 1992). Die Schwierigkeit der Verlustzählung liegt ausschließlich darin begründet, daß von 11,1 Mio. deutschen Kriegsgefangenen 6,9 Mio. nicht in den Genuß der Schutzrechte der Genfer Konvention kamen: 3,1 Mio. fielen in sowjetische, 194.000 in jugoslawische Hand und 3,6 Mio. wurden von Briten und Amerikanern nach der Kapitulation eingebracht. (S. W. Ratza, Anzahl und Arbeitsleistung der deutschen Kriegsgefangenen, in: Maschke, Zusammenfassung, a.a.O., S. 207f.; Rüdiger Overmans, German Historiography, a.a.O., S. 147.) Nur die 4,2 Mio. von Briten und Amerikanern vor dem 8. Mai 1945 Gefangengenommenen sind nach der namentlichen Registrierpflicht der Konvention erfaßt. Die übrigen, von den Gewahrsamsmächten flüchtig durchgezählten Gruppen, konnten von deutscher Seite nicht mehr exakt berechnet werden. Die Angaben der Alliierten sind hier mehr oder minder schwer nachvollziehbar. Nach Auffassung Overmans' sind die Statistiken der von Erich Maschke geleiteten Forschungskommission, die alle verfügbaren Quellen ausgewertet hat, Annäherungswerte: »Es ist durchaus möglich, daß die Todeszahlen bei jedem Land, oder bei allen zusammen, die aufgelisteten Zahlen um einige Zehntausende übertrifft.« (op. cit., S. 155) Für Großbritannien gibt die Maschke-Kommission 3,63 Mio. Gefangene und 1.254 Tote an. Dies entspricht einer Sterblichkeit von 0,035 % p.a., nach härtesten Kämpfen und dementsprechenden Verwundungen. Dies will schwer einleuchten, andererseits sind im 4. Quartal 1945 alle bis auf 350.000 Gefangene entlassen, und aus den britischen Lagern keine systematischen Kriegsrechtsverstöße gemeldet worden. (Vgl. dazu Helmut Wolff, Die deutschen Kriegsgefangenen in britischer Hand, in: Maschke, Zur Geschichte der deutschen Kriegsgefangenen, Bd. XI, 1, a.a.O.). Im vorliegenden Text sind die amerikanischen mit den französischen Verlustzahlen aus dem Jahre 1945 verglichen worden. Zu den Verlusten in den Rheinwiesenlagern vergl. Kurt W. Böhme, Die deutschen Kriegsgefangenen in amerikanischer Hand, in: Maschke, Zur Geschichte, Bd. X, 2, München 1973, S. 194–205. Beide Mächte haben nach gesichertem Befund über jeweils ein Quartal des Jahres 1945 krass rechtswidrige Zustände in zumindest einem Teil ihrer Läger geduldet. Der Vergleich will lediglich einen Bezugsrahmen schaffen, an dem die allgemein als unwahrscheinlich geltenden US-Angaben zu prüfen sind. Der Vergleich steht unter drei Vorbehalten. 1.) Die französischen Angaben, rd. 15.000 Tote für das Jahr 1945 (s. Maschke, op. cit., Bd. XIII, S. 88), werden für viel zu niedrig angesehen. Ferner wurden Gefangene in Frankreich zum Räumen ausgedehnter Minenfelder eingesetzt. Die dabei angefallenen hohen Verluste haben im US-Gewahrsam kein Pendant. 2.) Die dortigen kriminellen Haftverhältnisse sind überwiegend aus den 16 Rheinwiesenlagern vermeldet, die im 3. Quartal 1945 zwischen 985.000 und 557.000 Insasssen enthielten. In der Zeit verwahrten die USA insgesamt 3,4 Mio. Gefangene. Deren Überzahl war in Lagern von weit niedrigerer Mortalität als in den Rheinwiesen untergebracht. Deren Verlustzahl beträgt in der höchsten Zeitzeugenschätzung 32.000 Tote. Der Volksbund Deutscher Kriegsgräberfürsorge weiß von 5.300 Grabstätten. Das sind bereits 760 Opfer mehr als die Maschke-Kommission für über 3 Mio. Gefangene der USA angibt. Überträgt man die untertriebene französische Sterberate von 1945 allein auf die Insassenzahl der Rheinwiesenlager ergibt sich dort eine Rahmengröße von ca. 20.000 Todesopfern. Die Ungereimtheiten hinsichtlich der Opferzahl bleiben bestehen, möglicherweise dauerhaft. Sie beziehen sich ausschließlich auf die Frage, wieviele Wehrmachtsangehörige nicht mehr die Kraft aufbrachten, einen Gewahrsam zu überstehen, der ein Massensterben achtlos, ohne Not in Kauf nahm. (Zu den Lagerverhältnissen in westalliierten Gewahrsamen in Deutschland vgl. Wolfgang Benz, Angelika Schardt (Hrsg.), Kriegsgefangenenschaft. Berichte über das Leben in Gefangenenlagern der Alliierten, München 1991; Fritz von Hellweg, Rheinwiesen 1945, Wuppertal 1951; Heinz Janssen, Erinnerungen an eine Schreckenszeit, Rheinberg 1983; Hansheinrich Thomas, Hans Hofmeister, Das war Wickrathsberg: Erinnerungen aus den Kriegsgefangenenlagern des Rheinlandes. Gemeinsam erlebt und dargestellt, Minden 1950; Gertrude Maria Schuster, Die Kriegsgefangenenlager Galgenberg und Bretzenheim, Kreuznach 1987; Manfred Hornung PW, Tatsachenbericht über die Kriegsgefangenenlager der westlichen Verbündeten des 2. Weltkriegs, Wien 1959; Emil Blum, Kriegsgefangene in Frankreich. Dokumente der Deutschen Evangelischen Kirche, Tübingen 1948.)

Eine gewisse Autorität mag der Appell des früheren Kölner Oberbürgermeisters Konrad Adenauer beanspruchen, der, einer Gesprächsnotiz eines US-Besatzungsoffiziers zufolge, im Juni 1945 klagte: »Den ganzen Rhein entlang, von Remagen-Sinzig bis nach Ludwigshafen wurden die deutschen Kriegsgefangenen eingepfercht, hatten wochenlang keinerlei Schutz vor der Witterung, kein Trinkwasser, keine medizinische Versorgung und nur ein paar Scheiben Brot zu essen. Sie konnten sich nicht einmal auf den Erdboden legen. Vielen Hunderttausenden ging es so... Diese Menschen starben zu Tausenden. Sie standen Tag und Nacht bis an den Knöcheln im nassen Schlamm! Die Zustände sind in den letzten Wochen besser geworden... Ich weiß, daß die russischen Gefangenen im Winter 1941/42 sehr schlecht von den Deutschen behandelt wurden, und wir sollten uns dieser Tatsache schämen, aber ich denke, daß Sie nicht in gleicher Weise verfahren sollten... Bitte erlauben Sie mir, offen zu sagen... die Alliierten haben dieselben Methoden wie leider auch die Deutschen benutzt. Es ist wahr, daß sie beim Gebrauch dieser Methoden nicht genauso weit gegangen sind, aber die Methoden sind dieselben.« (Bacque op. cit. S. 218).

880 **»sie hatten alles, was uns fehlte«**. Zitiert nach Schuster, Kriegsgefangenenlager, a.a.O., S. 34.

»war diese Gesellschaft weithin krank«, und **Zustand der deutschen Kriegsgefangenen**. S. Kurt W. Böhme, Die deutschen Kriegsgefangenen, a.a.O., S. 194.

881 **325.000 Männer im Ruhrkessel**. Zahlenangabe nach Overmans, Historiography, a.a.O., S. 147.

882 **»ist das genau der gleiche Befehl«**. Ab. Schrs. V, S. 57.

883 **General Lattre de Tassigny, Erschießungsquoten im Harz und in Soldin.** Zahlen nach Knieriem, Nürnberg, a.a.O., S. 413.

884 **»die mögliche Bedrohung der Sicherheit«**. Ab. Schrs. V. Lehmann, S. 154c.
»Zerstörung der moralischen Widerstandskraft«. Foreign Affairs, April 1946. Zitiert nach Knieriem, Nürnberg, a.a.O., S. 472.

885 **»einige der Vorschriften«**. Zitiert nach Knieriem, ebd., S. 480.
»selbst auf die Gefahr hin«. Zitiert nach Knieriem, ebd., S. 480.
»Nur darüber, was militärisch notwendig ist«; ab. Schrs. V. Reinhardt, S. 110.

886 **»Das wird jeder Soldat«**. Ebd., S. 111.
»Wo ist der Unterschied; »ausschließlich aus der Überlegung«. Ebd. S. 148.
»Es gibt keine Rechtsnorm«. War Department, US Basic Field Manual, a.a.O.

887 **»interessanter Beitrag«**. Laternser, Verteidigung, a.a.O., S. 22.

888 **23.000 Opfer Sperrles und Kesselrings; 635.000 Opfer der Anglo-Amerikaner**. Zahlenangaben Sperrle-Kesselring nach Francis K. Mason, Battle over Britain, London 1969, S. 615, Angloamerikaner nach statistisches Bundesamt in Wehrkunde XI (1962) S. 275. Vgl. auch Manfred Messerschmidt, Kriegstechnologie und humanitäres Völkerrecht in der Zeit der Weltkriege in: Militärgeschichtliche Mitteilungen, 1987/1, S. 107.
»auf jede der 20 Divisionen«. Laternser, Verteidigung, a.a.O., S. 320.
»Es ist daher für den ganzen Bereich«. Ab. Schrs. V. Lehmann, S. 142f.
»Wenn die ersten schwer bombardierten Städte«. Telford Taylor, Final Report, a.a.O., S.65.

889 **»Es ist eine Ironie«**; **»die schlimmsten Verwüstungen«**. zitiert nach Max Hastings, Bomber Command, a.a.O., S. 208
»die schlimmsten Verwüstungen der Goten«

890 **Giulio Douhet**. Vgl. ders., Luftherrschaft, Berlin 1935.
»Die Angriffe der Raumwaffe«. Douhet, ebd., S. 71.
»Sie vermag schnell und unvermutet«. Douhet, ebd., S. 17.

891 **»moralische Rüstung«; »daß man Angriffe des Feindes«**. Douhet, ebd., S. 74.
»flüssige und langsam verdunstende Giftstoffe«. Douhet, ebd., S. 68.
»Die Vergansung selbst«. Douhet, ebd. S. 22.
»Das fast gleichzeitige Auftauchen«. Douhet, ebd., S. 67.
»Man hat ausgerechnet«. Douhet, ebd., S. 68.
»weniger widerstandsfähigen Glieder«; »Gewiß ist der Gedanke«; »Zustand von größter Tragik«. Douhet, ebd., S. 51.

892 **»Man stelle sich einmal vor«; »Die Nachricht des Unheils«**. Douhet, ebd., S. 49.
»Ein vollständiger Zerfall«. Douhet, ebd., S. 50.
»man wird nicht darauf warten«. Douhet, ebd., S. 72.
»Die Einteilung der Kriegsmittel«; »Die Mittel, die in ihm Verwendung«. Douhet, ebd., S. 67.

893 **»daß durch die Anwendung«; »nach anderen und härteren Grundsätzen«**. Ab. Schrs. V. Lehmann, S. 144.

894 **»Die Anforderung an die Menschlichkeit«; »Dabei macht es keinen Unterschied«**. Ebd., S. 143f.

895 **»Wir haben im I. Weltkrieg«; »Wir mußten uns gegen diese entartete Kriegführung«**. Pr. 9801ff.

Kapitel 11

896 **»entre les belligerant qui y participent«.** Wortlaut der deutschen Fassung ist demgegenüber mehrdeutig. Die französische, authentische Version beschränkt den Geltungsbereich der Konvention klar auf ihre Unterzeichner.

898 **Tatenlosigkeit angesichts der Verbrechen Hitlers in Polen.**
Vgl. dazu A. J. P. Taylor, Die Ursprünge des Zweiten Weltkriegs, München 1962.
OKW-Richter dekretierten. Das Urteil im OKW-Prozeß ist enthalten im Sitzungsprotokoll, Pr. 9807-10167. Genauer formuliert ist die Fassung im englischsprachigen Protokoll, Bayerisches Staatsarchiv Nürnberg KV, Fall 12, Ae, Publiziert in: Trials of War Criminals, Vol XI, a.a.O. Im Folgenden ist zitiert aus der revidierten Übersetzung in Fall 12, Das Urteil gegen das Oberkommando der Wehrmacht, Berlin(DDR) 1961.
»Es ist ja gerade der Wesenskern des Statuts«. Fall 12, a.a.O., S. 43.
»Es ist selbstverständlich, daß die Politik«. Fall 12, a.a.O., S. 61.

899 **»längst anerkannt«; Ritter Hagenbach, Hugo Grotius, Wilhelm II. und Fall Quirin.** Fall 12, a.a.O., S. 42ff.
»Heiligkeit der Verträge«. Der Vertrag von Versailles, a.a.O., Art. 227.
Entscheidung des US Supreme Court 1942, »ex parte Richard Quirin« in: Cases Argued And Decided in the Supreme Court of the United States, Rochester, New York 1943, Vol. 317, 1ff. Der für das OKW-Gericht entscheidende Satz lautet: »From the very beginning of its history this Court has recognized and applied the law of war as including that part of the law of nations which prescribes, for the conduct of war, the status, rights and duties of enemy nations as well as of enemy individuals« (317 U.S. 27-28) Allerdings läßt das Urteil nicht den geringsten Zweifel darüber, daß Kriegsvölkerrecht mit der Einschränkung anzuwenden ist, daß es als Gesetz des Kongresses oder als Richterrecht in nationales Recht inkorporiert ist. (317 U.S. 29) »The Constitution thas invests the President as Commander in Chief with the power to wage war which Congress has declared, and to carry into effect all laws passed by Congress for the Conduct of war and for the government and regulation of the Armed Forces, and all laws defining and punishing offenses against the law of nations, including those which pertain to the conduct of war«. (317 U.S. 26).

900 **»Hitler war von 1938 an«.** Fall 12, a.a.O., S. 81.
»Wenn man es unter diesen Umständen« . Ebd.
»Kernbestand des Rechts«. S. dazu die Grundsatzentscheidung des Bundesgerichtshofs in: BGHSt. Bd. 2, S. 234, 237.
»Der Zweck und die Wirkung des Völkerrechts«. Fall 12, a.a.O., S. 82.

901 **Kontrollratsgesetz Nr. 10, Artikel II, Abschnitt 4a-b**
Amtsblatt des Kontrollrats in Deutschland, Nr. 3 vom 3. 1. 1946 S. 50ff.

902 **»Befehle sind die Grundlage«.** Fall 12, a.a.O., S. 84.

903 **»Eine Anzahl der Angeklagten«.** ebd., S. 85.
»Dazu braucht man kein Rechtsgutachten«. Ebd., S. 86.
»Die Weitergabe auf dem Befehlswege«. Ebd., S. 84.

904 **»Er kann einen Befehl erlassen«.** Ebd., S. 85f.

905 **»Ein Stabschef ist kein Kompanieschreiber«.** Ebd., S. 89.
»Es wird vorausgesetzt, daß in diesen Befehlen«. Ebd., S. 88.

906 **»Er hat keine Befehlsgewalt«**. Ebd., S. 88.
»Wenn die Befehlsgewalt nicht ordnungsgemäß«. Ebd., S. 88.
Passivhaftung des Generals. Vgl. dazu Richard L. Lael, The Yamashita Precedent, War Crimes and Command Responsability, Washington 1982.
907 **»Der einzelne Soldat oder Offizier«**. Fall 12, a.a.O., S. 60.
Das Völkergewohnheitsrecht hatte sich«; »Im Kellogg-Briand Pakt haben die Signatarmächte«. Ebd., S. 60.
908 **»daß die zwischenstaatlichen Beziehungen«; »der Versuch einer solchen Veränderung«; »so sind sie strafrechtlich«**. Ebd., S. 61.
»Ein rechtswidriger Angriffskrieg«; »kann es Situationen«. Ebd., S. 58.
»Veränderung der zwischenstaatlichen Beziehungen«. Ebd. S. 61.
»die erforderlich sind, um den Bestand«. Ebd., S. 58f.
909 **»Viele deutsche Autoren«; »die tatsächlich Abgrenzung dessen«; »nach Abwägung«**. Ebd., S. 119.
»Die Akten im vorliegenden Fall«. Ebd., S. 68.
910 **»Die Behauptung der Verteidigung«**. Ebd., S. 116.
913 **»Materiellrechtlich sind die meisten Verbote«**. Ebd., S. 112.
»Das Gericht ist weiterhin der Ansicht«. Ebd., S. 115
»Nach dem Abtransport waren die Gefangenen«. Ebd., S. 112.
»Es war ohne weiteres möglich«. Ebd., S. 102.
914 **»Dieser Befehl gehört offenbar«**. Ebd., S. 90.
»Es hat sich niemand gefunden«; »Statt sich nun offen und männlich«; »Eine solche Kenntnis«. Ebd., S. 95.
915 **»Es ist eine Tatsache«; »Deutschland in einem Falle«**. Ebd., S. 118.
»Es ist tatsächlich zweifelhaft«. Ebd., S. 98.
»das Beweisergebnis erweckt in uns«; »die als Partisanen klassifiziert«. Ebd. S. 105ff.
916 **»keinerlei Rechtsgrundlage«; Die verwerflichste Klassifizierung«**. Ebd., S. 105ff.
»was man auch immer über summarische Verfahren«. Ebd., S. 98.
»die feinen Unterschiede im Völkerrecht«. Ebd., S. 100.
»die Hinrichtung des 19jährigen Mädchens«. Ebd., S. 100.
»Denn völkerrechtlich kann Straffälligkeit eintreten«. Ebd., S.121.
917 **»Man darf nicht außer acht lassen«**. Ebd., S. 122.
»Nach Ansicht des erkennenden Gerichts«. Ebd., S. 123.
»Die Verteidigung behauptet«; »Die Besatzungskommandeure haben ausnahmslos«. Ebd. S. 125.
918 **»Solange keine amtlichen Richtlinien«; »eine der Aufgaben eines Besatzungskommandeurs«**. Ebd., S. 125.
»Er verkörpert die Besatzung«. Ebd., S. 123.
»Die Tatsache, daß jemand«. Ebd., S. 122.
»Die Anklage macht geltend«. Ebd., S. 125.
919 **»Der Befehlshaber einer Armee«**. Ebd., S. 127.
»Einen Oberbefehlshaber im deutschen Heer«. Ebd., S. 126.
»Ein moderner Krieg wie der letzte«. Ebd., S. 122.
920 **»Aus unserer Darstellung ergibt sich«**. Ed., S. 127.
921 **»Seine Aufgaben lagen fast ausschließlich«**. Ebd., S. 133.
»Es war eine Anlage zu einem Operationsbefehl«. Ebd., S. 141.

»Daher können wir aus dem vorliegenden Beweismaterial«. Ebd., S. 141.
»es ist vorgebracht worden«. Ebd., S. 139.

922 **»Gefangene zur Säuberung von Minen«; »wegen starker Verminung«; »nach unserer Ansicht sind diese Worte«**. Ebd., S. 138.
»In anderen Worten, die Mitwirkung der Heeresgruppe«; »hat den Befehl nicht verteilt«; »an die ihm unterstellten Einheiten weitergegeben«. Ebd., S. 136f.
»Es mag sein, daß in manchen Fällen«. Ebd. S. 137.

923 **»Er hat gegen den Befehl«**. Ebd., S. 137.
»die Durchführung des Kommissarbefehls erschweren« »unterstellten Kommandeure«; »welche anderen praktischen Schritte«; »Er konnte den Befehl nicht«. Ebd., S. 136.

924 **»auf dem Dienstwege«; »Es ist kein Beweis dafür erbracht«**. Ebd., S. 140.
»Er war kein Freund oder Anhänger der NSDAP«. Ebd., S. 144.
»gewichtige Autorität«. Ebd., S. 140f.

925 **»die Zuständigkeit der verschiedenen Dienststellen«; »habe mit dieser Angelegenheit wenig zutun«; »wie die Akten ergeben«**. Ebd., S. 145f.

926 **»befreit dieser Umstand allein«; »Beweise dafür, daß er Maßnahmen«**. Ebd., S. 150.
»die an sich deutschfreundliche Bevölkerung«. Ebd., S. 158.
»Dem Feind sollen keine verwendbaren Leute«. Ebd., S. 157.
»endgültige Bergungsräume«. Ebd., S. 158.
»Sie müssen eingedenk sein«. Ebd. S. 159.

927 **»wie erbarmungslos er«**. Ebd., S. 159.
»im Generalgouvernement durchgeführten Volkstumskampf«; »darf sich nicht einmischen«. Ebd., S. 161.
»Ausrottung artfremder Heimtücke«; »Kann man sich drüber wundern«. Ebd., S. 163.

928 **»um Küchlers strafrechtliche Verantwortung«**. Ebd., S. 160.
»überzeugt, daß der Angeklagte«. Ebd., S. 163.
»und zwar im wesentlichen«. Ebd., S. 161.
»daß er nicht befolgt werden soll«. Ebd., S. 148.
»Diese ihm unterstellten Einheiten«. Ebd., S. 149.

929 **»100 Mann täglich«**. Ebd., S. 151.
»Im Befehlsbereich der 18. Armee«. Ebd., S. 160.

931 **»Es ist während des Verfahrens«; »Seine weitere Aussage«**. Ebd., S. 165.
»Mit keinem Wort wird in dem Kommissarbefehl«. Ebd. S. 166.

932 **»gefangen und als gesondert abgeschoben«; »führte zu einem baldigen Bekanntwerden«**. Ebd., S. 166f.
»wenn es nicht tatsächlich eine Sonderbehandlung«. Ebd., S. 167.
»Es war völkerrechtlich unzulässig«. Ebd., S. 169f.

933 **»wenn man ihre Behandlung nach der Übergabe«**. Ebd., S. 170.
»Die Verwendung von Kriegsgefangenen als Schild«. Ebd., S. 171.
»Erschießung soweit begründeter Verdacht«. Ebd., S. 176.
»daß die Partisanenjägergruppe«. Ebd., S. 175.
»ist es noch nie vorgekommen«; »von gequälten Leuten«. Ebd., S. 174f.

934 **»Man hat nicht einmal erwähnt«**. Ebd., S. 104.
»Er hat angegeben«; »Zweifellos wußte Hoth nach dem Vorfall«. Ebd., S. 178f.

935 »hat sich weiter damit verteidigt«. Ebd., S. 181.
936 »Weitergabe durch Hoepner«. Ebd., S. 181.
»ob sich dieser Befehl«; »ohne Zwang der Lage«; »Alle übrigen Banditen«; »Das war ein rechtswidriger Befehl«; »als Beweis für die persönliche Einstellung«; »zu einer Zeit, als die deutsche Armee«. Ed., S. 183f.
937 »Bei Verdacht verminter Straßen«. Ebd., S. 184.
»Die Aushändigung von Gefangenen«. Ebd., S. 186.
»Reinhardts Armee hat nicht nur die Tätigkeit des SD«. Ebd. S. 196.
938 Die im Armeegebiet erfaßten Bandenhelfer«. Ebd., S. 196.
»gesamte wehr- und arbeitsfähige Bevölkerung«. Ebd., S. 192.
»Schuldige an SD übergeben«. Ebd., S. 192.
»Es gibt keine militärische Notwendigkeit«. Ebd., S. 187.
939 »mehrere hundert Verdächtige«; »Ein Bericht ergibt«. Ebd., S. 203.
940 »in diesem Kampf ohne Einschränkung«. Ebd., S. 204.
»der nach unserer Überzeugung«; »von einem bestimmten, für jedes Gebiet festgelegten Datum«. Ebd., S. 201f.
»daß nach dieser Überstellung«. Ebd., S. 202.
»Das Armeeoberkommando bringt die Aufgaben«. Ebd., S. 209.
941 »In keiner der Urkunden«. Ebd., S. 208f.
942 »Partisanentätigkeit durch ihr eigenes Geständnis«; »Diese Einschränkung«; »über rechtlich zulässige Polizeimaßnahmen«. Ebd., S. 215.
»Wir sind der Ansicht«. Ebd., S. 213.
»Damals befand er sich«. Ebd., S. 212f.
943 »sind in der Hauptsache Verbrechen gegen den Frieden«; »konnte nur wenig oder gar keine Bedeutung«; »Der Angeklagte wird freigesprochen«. Ebd., S. 216.
944 »welche der mit Befehlsgewalt«. Ebd., S. 219.
»Im Lager war eine Liste ausgelegt«; »Diese Aussage macht jeden Kommentar«; »da diese Aktionen«. Ebd., S. 224f.
945 »der diese Lager«. Ebd., S. 224f.
»Es war für die deutschen Besatzungsmannschaften«. Ebd., S. 222f.
»in den Dulags der Rückwärtigen Heeresgebiete«. »Einvernehmen mit den Befehlshabern«. »Wie aus diesem Befehl«. Ebd., S. 223f.
»alle rechtlichen Befugnisse«; »diese Rechte zum Schutze«; »großen grundlegenden Verpflichtung«; »tatsächlich erlassene Befehle«; »Handlungen begehen, die Verstöße«. Ed., S. 218f.
946 »durch das Sonderkommando 4a«. Ebd., S. 227.
»bis zum 1. April voraussichtlich«; »Nur unter gleichzeitiger Verbesserung«. Ebd., S. 223.
947 »Ein Kommentar über das Ausmaß«. Ebd., S. 232.
»daß Ghettos für die Juden«. Ebd., S. 235.
»Überstellungen von Juden und Kommunisten«. Ebd., S. 235.
948 »die obere, die beauftragte Stelle«. Ebd., S. 239.
»Das Gericht hält die Feinheiten«. Ebd., S. 242.
»Ob nun solche Anweisungen«. Ebd., S. 239f.
949 »Die Tatsache, daß der Angeklagte«. Ebd., S. 240.
»das vorliegende Material hat einen erdrückenden Beweis«; »bestimmte Maßnahmen«. Ebd., S. 242.

»Ob die Unglücklichen«. »Vorkehrungen für die Überstellung«. Ebd., S. 245.

950 **»Auch hat die Beweisaufnahme ergeben«**. Ebd., S. 245.
»Die Kriegsgefangenen dürfen«. Ebd., S. 247.

951 **»Im Auftrage«; »Diese Behauptung«**. Ebd., S. 240.
»Es war grundsätzlich so«. Ebd., S. 241.
»daß der Angeklagte«. Ebd., S. 273.

953 **»Der Gedanke, Kriegsgefangene im Namen«; »liegen keine Anhaltspunkte«**. Ebd., S. 254f.
»die die ganze Art der Kriegsführung«; »schließlich zu einem Instrument«. Ebd., S. 273.

954 **»diese Anordnung«**. Ebd., S. 262.
»Die Urheber dieses Planes«. Ebd., S. 265.
»sehr überlegt und sorgfältig«; »ebenso kompliziert wie unwahrscheinlich«; »anschließend, nach eigener Vernehmung«; »daß es seine Absicht«; »Zu dieser Zeit hatte der Ausdruck«. Ebd., S. 255f.

955 **»Wie schon wiederholt in diesem Fall«**. Ebd., S. 260.
»Das erkennende Gericht«. Ebd., S. 260.

956 **»aber die Verantwortung für die Durchführung«; »Grundcharakter«; »den ein Stabschef normalerweise«**. Ebd., S. 275f.
»Knaben und junge Mädchen«. Ebd., S. 277.

957 **»Die Behauptung, daß die Verdächtigen«**. Ebd., S. 277.
»Der Angeklagte bestreitet«. Ebd., S. 278.
»nicht ausdrücklich besprochen«. Ebd., S. 279.
»Zweifellos konnte unter solchen Umständen«. Ebd., S. 279.

958 **»der sich in einer Entfernung«**. Ebd., S. 279f.
»In seiner Eigenschaft als Chef des Generalstabs«; »Seine Strafbarkeit«. Ebd., S. 280f.
»Das Einsatzkommando der Sicherheitspolizei«. Ebd., S. 281f.

959 **»Diese Befehle fallen vielmehr«**. Ebd., S. 282.
»der Wille des Befehlshabers«; »in dem bei den Kommandostellen«. Ebd., S. 278.
»Nach Ansicht des erkennenden Gerichts«. Ebd., S. 278.

960 **»In den letzten 100 Jahren«**. Dokument Lehmann, 419/412.
»gewisse Maßnahmen durch die man«. Fall 12, a.a.O., S. 286.
»hat insofern eine gewisse Berechtigung«; »bei denen sie der einfachsten Vorrechte«; »daß diese Unglückseligen«. Ebd., S. 287.
»bis 2. 7., 20 Uhr«.

961 **»Terror kann nur mit Gegenterror«**. Ebd., S. 265.
»gewisse Aktionen«, »angeblich mit dem Völkerrecht«. Ebd., S. 265.

962 **»als der ausschlaggebende Faktor«; »innerhalb seines eigenen Bereichs«; »wir brauchen uns mit der Frage«**. Ebd., S. 286.

963 **»ob sie nun das Gute«; »bilden einen Bestandteil der Schlußfassung«**. Ebd., S. 285.
»für einen Teil des bösartigen Machwerks«. Ebd., S. 287.

Sachregister

Ortsregister

Personenregister

SCHWEDEN
Stockholm
Helsinki
Finnischer Meerbusen
Ladoga-See
Leningrad
Krasnoje-Selo
Schlüsselburg
Puskin
Makarewskaja
Tichwin
Reval
Estland
Peipus See
Wolchow
Nowgorod
Pleskau
Demjansk
OSTSEE
Riga
Lettland
Noworshew
Reichs-
Litauen
kommissariat
Dünaburg
Lowat
Düna
Danzig
Danzig-West preußen
Königsberg
Memel
Kowno
Polozk
Borodi
Gumbinnen
Goldap
Ostpreußen
Wilna
Glebokie
Witebsk
Wjasma
Mos
Isakow
Katyn
Ostland
Orscha
Smolensk
Warthe
Borissow
Posen
Weichsel
Bezirk
Bialystok
Minsk
Treblinka
Bialystok
Chelmno
Bug
Beresina
Warthegau
Warschau
Bobruisk
Brya
Oder
Lodz
Generalgouvernement
Brest-Litovsk
Pinsk
Pripjet
Dnjepr
Gomel
Desna
Lublin
Sümpfe
Majdanek
Pripjet
Auschwitz
Krakau
Belzec
Rovno
Schitomir
Sumy
Distrikt
Lemberg
Kiew
Borispol
SLOWAKEI
Galizien
Reichskommissariat
Char
Donau
Chorol
Winitza
Polta
Uman
Krementsc
Budapest
Mogiljew
UNGARN
Yampol
Nowoukrainka
Czernowitz
Soroca
Kodyma
Ukraine
Balta
Bug
Transnistrien
Bratskaja Zemla
Belzy
Dnjestr
Ananjew
Theiß
Nikopol
Piatra Neamt
Jassy
Nikolajew
Kischinew
Cherson
Melito
Save
Thingina
Odessa
Dnjepr
Sereth
Pruth
Perekop
Gen
RUMÄNIEN
Dshanskoi
Krim
Karasu
Ploiesti
Eupatoria
Simferopol
Bukarest
Bachtschisarei
Sewastopol
Jalta
Donau
BULGARIEN
SCHWARZES
Maßstab
0 100 200 300 400 km
Schauplätze der angeführten Kriegsverbrechen und Kriegshandlungen
Istanbul

Perm
Kama
Semenows-Koje
Jaroslawl
Wjatka
Gorkij
Wolga
Kasan
Moskau
Oka
Naro-Fominsk
Serpuchow
Tula
Kuibyschew
SOWJETUNION
Saratow
Don
Woronesch
Kursk
Stary Oskol
Belgorod
Ural
Donez
Stalingrad
Woroschilowgrad
Stalino
Donezk
Wolga
Don
Taganrog
Mariupol
Rostow
Astrachan
Ellista
Meer
Krasnodar
Kuban
Stawropol
Maikop
KASPISCHES MEER
Tbilissi
Baku